《中国人口统计年鉴》编委会

中国人口统计年鉴

CHINA POPULATION STATISTICS YEARBOOK

1988

国家统计局人口统计司编

中国展望出版社

前言

我国是世界上人口最多的国家。人口问题，包括人口数量的控制、人口素质的提高、人力资源的开发、人民生活的安排等等，是我国社会和经济发展中的重大问题。因此，及时提供准确而丰富的人口信息，是各级政府、有关部门和研究单位的迫切要求，也为国内外人口专家学者所关注。

为了及时地向各级党政机关、业务部门、科研单位、工厂企业和事业单位提供最新的人口数据，以满足国内外对人口信息的需求，国家统计局人口统计司从1988年开始编辑出版《中国人口统计年鉴》。

《中国人口统计年鉴》的编辑出版，以面向社会、服务于社会为宗旨，适应改革开放的需要，收集发表最新的人口统计信息，有计划、有步骤地发表人口普查、人口抽样调查、年度人口统计、历史人口、国际人口等数据和与人口有关的一些统计资料。

本年鉴收集了1987年全国1%人口抽样调查、残疾人抽样调查、深入的生育力调查、人口变动抽样调查、儿童调查和年度人口统计的最新资料，以期能满足广大读者的需求。

本年鉴的编辑得到公安部三局、全国残疾人抽样调查办公室等单位的大力支持，谨此致谢。

由于我们缺乏经验，不妥之处在所难免，敬请读者指正。

《中国人口统计年鉴》编辑委员会

一九八八年九月

编辑说明

一、本年鉴的资料一般始于1949年，终于1987年。由于受篇幅的限制，多数表只列主要年份和近期年份的数字。从内容分，包括六大部分：（一）一九八七年各种人口抽样调查数据；（二）一九八七年度公安年报人口统计数据；（三)历年人口统计数据；（四）三次全国人口普查数据；（五）世界主要国家人口数据；（六）全国行政区划和自然状况。

二、所有行政区划名称(包括排列顺序)和数字均保持当年的情况。建国后行政区划变动较多，其中省级区划变动主要有以下几次：

1. 1955年撤销热河省，将原热河省所辖县、市分别划归河北省、辽宁省和内蒙古自治区。

2. 1955年撤销西康省，其行政区划并入四川省。

3. 1955年10月1日成立新疆维吾尔自治区，撤销新疆省。

4. 1958年3月5日成立广西壮族自治区，撤销广西省。

5. 1958年10月25日成立宁夏回族自治区。宁夏原属甘肃省管辖。

6. 1958年天津市由中央直辖市改为河北省辖市，1967年又恢复为中央直辖市。

三、为了适应我国经济建设和社会发展的需要，本年鉴同时公布人口统计、人口普查、人口变动抽样调查数字，由于统计的方法不同以及某种客观原因，数字不可能完全一致，请大家在使用时加以注意。

四、市镇人口，是指经国务院批准设市的市区人口（不含市辖县）和经省级人民政府批准的建制镇人口。由于建国以来先后数次变更市镇建制标准，各时期的口径不完全一致。1953年人口普查时规定聚居人口在2,000人以上为城镇人口。1955年国务院规定聚居人口在2,000人以上可以设镇，人口在10万人以上的城镇可以设市。1963年设镇的条件改为：人口在3,000人以上，其中非农业人口70%以上；人口在2,500人以上，不足3,000人，其中非农业人口在85%以上。设市的条件改为：人口在10万人以上，其中非农业人口在80%以上。1984年新建制的标准是乡(原公社)人口在2万以上，其中非农业人口在10%以上者，可以撤乡改镇；县城达到设市标准的，改为市的建制。因此，1984年后新建制的市和镇包括大量的农业人口，在使用时应加以注意。

五、本年鉴中的总人口，除特别注明者外，均未包括台湾、香港、澳门以及国外华侨人数。表后所列“其他”一项主要是指中国人民解放军和短期派往国外工作或学习的间接调查人数。

六、书中各部分数字，除注明为电子计算机汇总外，其余均为手工汇总数据。

七、有的机器汇总表，分项数字加总不等于总数，相差1、2或3、4，这是电子计算机本身运算所允许的。

八、表中符号意义：“—”表示没有数字，“…”表示数字很小，不便列示。

目　录

二、1987年全国第二期生育力调查主要数据

三、1987年中国儿童情况抽样调查主要数据

第二部分　1987年度人口统计数据

第三部分　历年人口统计数据

第四部分　三次全国人口普查数据

一、第一次全国人口普查主要数据

二、第二次全国人口普查主要数据

第五部分　世界主要国家人口数据

第六部分　全国自然状况和行政区划

一、自然状况

二、全国行政区划

附图：

第 一 部 分

1987年人口抽样调查数据

一、1987年全国1%人口变动抽样调查主要数据

（电子计算机汇总）

中华人民共和国国家统计局

关于1987年全国1%人口抽样调查主要数字的公报

一九八七年十一月

根据国务院的决定，我国1987年进行了全国1%人口的抽样调查。调查登记的标准时间为1987年7月1日0时。这次调查采取分层、三阶段、整群抽样的方法，在大陆29个省、自治区、直辖市中抽选了1,045个县、市（市辖区），共调查登记了10,711,652人（含现役军人）。调查登记从今年7月1日开始在各级政府的领导下和各族人民群众的积极支持配合下，经过广大调查人员和全体工作人员的认真调查和辛勤工作，于7月15日完成了全部现场调查工作，取得了大量的人口数据。现将手工汇总的主要数字公布如下：

一、总人口

根据这次人口抽样调查，结合前几年的调查数据，经推算，1987年7月1日0时，大陆29个省、自治区、直辖市和现役军人的人口数共107,233万人。同第三次人口普查的1982年7月1日0时的100,818万人相比，五年间增加了6,415万人，增长6.36%，平均每年增加1,283万多人，年平均增长率为1.24%。这次调查登记的10,711,652人，约占全国人口总数的0.999%。

二、人口出生率和死亡率

在这次抽样调查的人口中，1987年上半年出生人口为104,949人，死亡人口为34,624人，自然增加人口为70,325人，据此估计，1987年全年人口出生率约为21.2‰；死亡率约为6.4‰；自然增长率约为14.8‰。

三、性别构成

在这次抽样调查的人口中，男性为5,473,066人，占51.1%；女性为5,238,586人，占48.9%；性别比（以女性人口为100）为104.5。

四、年龄构成

在这次抽样调查的人口中，14岁以下的少年儿童为3,071,549人，15岁至64岁的人口为7,055,087人，65岁及65岁以上的老年人口为585,016人。与1982年第三次人口普查相比，少年儿童占总人口的比重由33.45%下降为28.68%，15岁至64岁人口占总人口的比重由61.66%上升为65.86%，老年人口的比重由4.89%上升为5.46%。经计算，目前我国人口的年龄中位数为24.2岁，比1982年人口普查的22.9岁提高了1.3岁。

五、文化程度构成

在这次抽样调查的人口中，具有大学毕业文化程度的70,791人，具有大学肄业文化程度的

(含大学在校生)23,903人,具有高中文化程度的749,408人，具有初中文化程度的2,283，894人，具有小学文化程度的3,868、378人。高中、初中、小学文化程度的人分别包括高中、初中、小学毕业生、肄业生和在校生。

同1982年人口普查数字相比,每10万人中拥有各种文化程度的人数都有不同程度的提高。大学文化程度的由617人提高到884人,高中文化程度的由6,784人提高到6,996人，初中文化程度的由17,884人提高到21,322人，小学文化程度的由35,256人提高到36,114人。其中拥有大学文化程度的人数增加最快，五年间增长了43.27%，平均每年递增7.5%。

在这次抽样调查的人口中，文盲、半文盲（12岁以及12岁以上不识字或识字很少的人）为2,205,642人。文盲、半文盲人口占总人口的比重由1982年人口普查的23.6%下降为20.6%，下降了3个百分点。

六、各民族人口

在这次抽样调查的人口中，汉族为9,852,384人，各少数民族为859,268人,与1982年人口普查相比,汉族人口占总人口的比重由93.3%下降为92.0%；各少数民族人口占总人口的比重由6.7%上升为8.0%。

七、家庭户人口

这次人口抽样调查，共调查家庭户2,483,850户,家庭户人口为10,515,086人,占全部人口的98.2%。平均每个家庭的人口为4.2人，比1982年人口普查的4.4人减少0.2人。

八、市、镇总人口

在这次人口抽样调查的10,679,292人(不含现役军人）中，居住在市（不含市辖县）、镇的为3,965,287人。其中,居住在市的为2,032,574人。与1982年人口普查相比,市、镇人口占全部人口的百分比由20.6%上升为37.1%,其中市人口占全部人口的百分比由14.4%上升为19.0%；镇人口占全部人口的百分比由6.2%上升为18.1%。市、镇人口比重的大幅度增加，反映了随着我国的改革开放政策和国家建设的发展，城市化速度的加快。但应当着重说明,由于行政区划的变动，在市镇人口中包含了一部分农业人口。

九、抽样误差

这次人口抽样调查，在95%的把握程度下，半年出生率的抽样误差范围为±0.11‰，死亡率的抽样误差范围为±0.06‰。据此数据看，调查结果符合设计要求，数据质量是可信的。

目前，国家统计局计算中心和各省、自治区、直辖市统计局计算站正在进行全部调查资料的数据处理工作。

1. 省、自治区、直辖市的人口数和性别比

单位：人

地　区	人口数			占全国总人口百分比			性别比（女=100）
	合计	男	女	合计	男	女	
总　计	10,679,308	5,441,469	5,237,838	100.00	50.95	49.05	103.89
北　京	97,936	49,151	48,785	0.92	0.46	0.46	100.75
天　津	82,434	41,579	40,855	0.77	0.39	0.38	101.77
河　北	571,449	291,090	280,359	5.35	2.73	2.63	103.83
山　西	268,904	140,215	128,689	2.52	1.31	1.21	108.96
内　蒙	205,503	105,645	99,859	1.92	0.99	0.94	105.79
辽　宁	377,337	191,522	185,814	3.53	1.79	1.74	103.07
吉　林	234,964	119,568	115,397	2.20	1.12	1.08	103.61
黑龙江	339,080	172,215	166,865	3.18	1.61	1.56	103.21
上　海	123,640	61,426	62,214	1.16	0.58	0.58	98.73
江　苏	632,598	320,193	312,406	5.92	3.00	2.93	102.49
浙　江	409,673	207,964	201,709	3.84	1.95	1.89	103.10
安　徽	527,262	271,279	255,983	4.94	2.54	2.40	105.98
福　建	278,242	141,363	136,879	2.61	1.32	1.28	103.28
江　西	355,468	180,945	174,523	3.33	1.69	1.63	103.68
山　东	790,567	397,992	392,575	7.40	3.73	3.68	101.38
河　南	792,405	399,324	393,081	7.42	3.74	3.68	101.59
湖　北	506,560	256,111	250,448	4.74	2.40	2.35	102.26
湖　南	576,453	297,314	279,139	5.40	2.78	2.61	106.51
广　东	643,171	326,477	316,694	6.02	3.06	2.97	103.09
广　西	399,929	206,665	193.264	3.74	1.94	1.81	106.93
四　川	1,043,906	538,549	505,356	9.78	5.04	4.73	106.57
贵　州	305,477	156,011	149,467	2.86	1.46	1.40	104.38
云　南	350,620	177,498	173,123	3.28	1.66	1.62	102.53
西　藏	20,847	10,260	10,587	0.20	0.10	0.10	96.92
陕　西	309,411	159,483	149,928	2.90	1.49	1.40	106.37
甘　肃	209,725	107,300	102,425	1.96	1.00	0.96	104.76
青　海	41,955	20,993	20,962	0.39	0.20	0.20	100.15
宁　夏	42,875	21,473	21,402	0.40	0.20	0.20	100.33
新　疆	140,915	71,864	69,050	1.32	0.67	0.65	104.08

2. 省、自治区、直辖市的户数和人口数

单位：户、人、

地区	户数			人口数			家庭户平均每户人数
	合计	家庭户	集体户	合计	家庭户	集体户	
总计	2,489,529	2,483,831	5,698	10,679,308	10,515,224	164,084	4.23
北京	26,458	26,402	56	97,936	94,743	3,193	3.59
天津	21,897	21,808	89	82,434	80,586	1,849	3.70
河北	136,310	135,892	418	571,449	552,860	18,590	4.07
山西	64,856	64,725	131	268,904	261,159	7,745	4.03
内蒙	47,401	47,313	88	205,503	204,063	1,440	4.31
辽宁	96,840	96,686	154	377,337	371,159	6,178	3.84
吉林	56,733	56,665	68	234,964	232,884	2,081	4.11
黑龙江	81,316	81,228	88	339,080	337,193	1,887	4.15
上海	34,721	34,595	126	123,640	120,684	2,957	3.49
江苏	163,773	163,335	437	632,598	615,306	17,292	3.77
浙江	109,976	109,886	90	409,673	408,828	845	3.72
安徽	119,239	119,030	209	527,262	523,922	3,340	4.40
福建	57,886	57,781	105	278,242	277,171	1,071	4.80
江西	74,239	74.172	66	355,468	354,094	1,374	4.77
山东	195,536	195,197	339	790,567	779,651	10,916	3.99
河南	179.903	179,729	175	792,405	788,479	3,926	4.39
湖北	117,503	117,103	400	506,560	495,030	11,530	4.23
湖南	138,492	138,166	326	576,453	563,980	12,473	4.08
广东	136,057	135,468	588	643,171	632,836	10,335	4.67
广西	77,944	77,860	84	399,929	397,785	2,143	5.11
四川	255,347	254,574	773	1,043,906	1,021,332	22,573	4.01
贵州	63,975	63,884	91	305,477	303,223	2,254	4.75
云南	71,525	71,141	385	350,620	345,473	5,148	4.86
西藏	3,697	3,697	—	20,847	20,847	—	5.64
陕西	68,650	68,464	185	309,411	300,707	8,705	4.39
甘肃	42,073	41.961	112	209,725	208,141	1,584	4.96
青海	7,925	7,916	9	41,955	41,785	171	5.28
宁夏	8,819	8,811	8	42,875	42,804	70	4.86
新疆	30,439	30,340	99	140,915	138,498	2,417	4.56

3．省、自治区、直辖市分市、镇、县人口

单位：人、%

地区别 性别	合计	市		镇		县	
		人口数	占合计百分比	人口数	占合计百分比	人口数	占合计百分比
总计	10,679,308	1,930,154	18.07	2,008,736	18.81	6,740,417	63.12
男	5,441,469	980,007	18.01	1,025,731	18.85	3,435,731	63.14
女	5,237,838	950,147	18.14	983,006	18.77	3,304,685	63.09
北京	97,936	58,018	59.24	5,356	5.47	34,562	35.29
男	49,151	28,926	58.85	2,734	5.56	17,491	35.59
女	48,785	29,092	59.63	2,622	5.38	17,071	34.99
天津	82,434	52,679	63.90	5,203	6.31	24,552	29.78
男	41,579	26,353	63.38	2,656	6.39	12,570	30.23
女	40,855	26,326	64.44	2,548	6.24	11,982	29.33
河北	571,449	104,524	18.29	95,838	16.77	371,088	64.94
男	291,090	53,248	18.29	49,936	17.15	187,907	64.55
女	280,359	51,276	18.29	45,902	16.37	183,182	65.34
山西	268,904	66,596	24.77	63,886	23.76	138,423	51.48
男	140,215	36,090	25.74	33,138	23.63	70,986	50.63
女	128,689	30,505	23.70	30,747	23.89	67,436	52.40
内蒙	205,503	59,504	28.96	40,394	19.66	105,606	51.39
男	105,645	30,046	28.44	20,411	19.32	55,188	52.24
女	99,859	29,458	29.50	19,983	20.01	50,418	50.49
辽宁	377,337	140,941	37.35	99,979	26.50	136,417	36.15
男	191,522	70,754	36.94	50,850	26.55	69,919	36.51
女	185,814	70,187	37.77	49,130	26.44	66,498	35.79
吉林	234,964	74,831	31.85	93,106	39.63	67,027	28.53
男	119,568	37,786	31.60	47,126	39.41	34,656	28.98
女	115,397	37,046	32.10	45,981	39.85	32,370	28.05
黑龙江	339,080	95,221	28.08	110,050	32.46	133,809	39.46
男	172,215	47,827	27.77	55,701	32.34	68,687	39.88
女	166,865	47,394	28.40	54,349	32.57	65,122	39.03
上海	123,640	68,799	55.64	6,998	5.66	47,843	38.70
男	61,426	34,487	56.14	3,607	5.87	23,332	37.98
女	62,214	34,312	55.15	3,391	5.45	24,511	39.40

地区别 性别	合计	市		镇		县	
		人口数	占合计百分比	人口数	占合计百分比	人口数	占合计百分比
江苏	632,598	78,640	12.43	103,472	16.36	450,487	71.21
男	320,193	40,609	12.68	52,924	16.53	226,660	70.79
女	312,406	38,031	12.17	50,548	16.18	223,827	71.65
浙江	409,673	88,499	21.60	100,562	24.55	220,611	53.85
男	207,964	45,053	21.66	50,458	24.26	112,453	54.07
女	201,709	43,446	21.54	50,105	24.84	108,159	53.62
安徽	527,262	67,829	12.86	78,488	14.89	380,945	72.25
男	271,279	34,259	12.63	40,626	14.98	196,393	72.40
女	255,983	33,570	13.11	37,862	14.79	184,551	72.10
福建	278,242	46,039	16.55	64,513	23.19	167,690	60.27
男	141,363	23,000	16.27	32,214	22.79	86,149	60.94
女	136,879	23,039	16.83	32,298	23.60	81,541	59.57
江西	355,468	50,929	14.33	46,067	12.96	258,472	72.71
男	180,945	25,827	14.27	23,204	12.82	131,914	72.90
女	174,523	25,103	14.38	22,863	13.10	126,558	72.52
山东	790,567	233,597	29.55	201,024	25.43	355,946	45.02
男	397,992	117,330	29.48	102,248	25.69	178,414	44.83
女	392,575	116,267	29.62	98,775	25.16	177,532	45.22
河南	792,405	86,705	10.94	75,579	9.54	630,120	79.52
男	399,324	43,958	11.01	37,775	9.46	317,591	79.53
女	393,081	42,747	10.87	37,805	9.62	312,529	79.51
湖北	506,560	73,444	14.50	128,928	25.45	304,188	60.05
男	256,111	36,815	14.37	64,486	25.18	154,811	60.45
女	250,448	36,629	14.63	64,442	25.73	149,378	59.64
湖南	576,453	48,445	8.40	103,006	17.87	425,002	73.73
男	297,314	25,897	8.71	53,143	17.87	218,274	73.42
女	279,139	22,548	8.08	49,863	17.86	206,728	74.06
广东	643,171	84,978	13.21	88,433	13.75	469,760	73.04
男	326,477	42,910	13.14	45,540	13.95	238,028	72.91
女	316,694	42,068	13.28	42,893	13.54	231,732	73.17

（续2完）

地区别 性别	合计	市 人口数	市 占合计百分比	镇 人口数	镇 占合计百分比	县 人口数	县 占合计百分比
广西	399,929	22,851	5.71	106,424	26.61	270,653	67.68
男	206,665	11,520	5.57	55,056	26.64	140,089	67.79
女	193,264	11,331	5.86	51,368	26.58	130,565	67.56
四川	1,043,906	102,886	9.86	170,966	16.38	770,053	73.77
男	538,549	53,179	9.87	89,082	16.54	396,288	73.58
女	505,356	49,707	9.84	81,885	16.20	373,765	73.96
贵州	305,477	42,353	13.86	57,707	18.89	205,417	67.24
男	156,011	21,544	13.81	29,498	18.91	104,969	67.28
女	149,467	20,810	13.92	28,209	18.87	100,448	67.20
云南	350,620	55,837	15.93	45,477	12.97	249,307	71.10
男	177,498	28,046	15.80	23,255	13.10	126,197	71.10
女	173,123	27,791	16.05	22,222	12.84	123,110	71.11
西藏	20,847	—	—	—	—	20,847	100.00
男	10,260	—	—	—	—	10,260	100.00
女	10,587	—	—	—	—	10,587	100.00
陕西	309,411	53,538	17.30	53,732	17.37	202,142	65.33
男	159,483	27,582	17.29	27,923	17.51	103,978	65.20
女	149,928	25,956	17.31	25,808	17.21	98,164	65.47
甘肃	209,725	23,801	11.35	32,108	15.31	153,816	73.34
男	107,300	12,188	11.36	16,380	15.27	78,733	73.38
女	102,425	11,613	11.34	15,728	15.36	75,084	73.31
青海	41,955	7,440	17.73	3,036	7.24	31,480	75.03
男	20,993	3,761	17.91	1,510	7.19	15,723	74.89
女	20,962	3,679	17.55	1,526	7.28	15,757	75.17
宁夏	42,875	5,349	12.48	7,390	17.24	30,136	70.29
男	21,473	2,680	12.48	3,702	17.24	15,091	70.28
女	21,402	2,669	12.47	3,688	17.23	15,045	70.30
新疆	140,915	35,880	25.46	21,015	14.91	84,019	59.62
男	71,864	18,333	25.51	10,551	14.68	42,980	59.81
女	69,050	17,547	25.41	10,465	15.15	41,039	59.43

4. 省、自治区、直辖市分性别的文盲、半文盲人口状况

单位：人

地区	12岁及12岁以上人口			文盲、半文盲人口			文盲、半文盲占12岁及12岁以上人口百分比		
	合计	男	女	合计	男	女	合计	男	女
总计	8,319,581	4,214,878	4,104,704	2,227,396	665,537	1,561,858	26.77	15.79	38.05
北京	81,775	40,732	41,043	10,960	2,838	8,122	13.40	6.97	19.79
天津	67,606	33,952	33,653	10,256	2,490	7,766	15.17	7.33	23.08
河北	440,930	223,060	217,870	109,755	32,785	76,969	24.89	14.70	35.33
山西	209,486	109,209	100,277	42,943	15,062	27,882	20.50	13.79	27.80
内蒙	156,670	80,553	76,117	36,563	12,873	23,690	23.34	15.98	31.12
辽宁	305,924	154,906	151,018	40,226	11,715	28,511	13.15	7.56	18.88
吉林	186,064	94,219	91,844	32,139	10,612	21,527	17.27	11.26	23.44
黑龙江	264,918	134,072	130,847	48,935	15,645	33,290	18.47	11.67	25.44
上海	104,366	51,610	52,757	15,355	3,437	11,919	14.71	6.66	22.59
江苏	522,652	262,911	259,741	144,363	38,080	106,283	27.62	14.48	40.92
浙江	335,669	169,308	166,362	83,112	24,951	58,161	24.76	14.74	34.96
安徽	412,159	210,646	201,513	159,673	50,750	108,923	38.74	24.09	54.05
福建	206,512	104,260	102,252	66,747	16,598	50,149	32.32	15.92	49.04
江西	259,855	131,126	128,729	79,698	20,833	58,865	30.67	15.89	45.73
山东	621,283	309,414	311,869	183,423	52,161	131,262	29.52	16.86	42.09
河南	610,497	303,871	306,625	188,664	58,124	130,540	30.90	19.13	42.57
湖北	393,587	197,801	195,785	98,290	27,718	70,571	24.97	14.01	36.05
湖南	449,327	231,807	217,520	89,414	24,859	64,556	19.90	10.72	29.68
广东	481,826	241,892	239,934	96,198	19,388	76,810	19.97	8.02	32.01
广西	290,786	148,958	141,827	65,855	15,899	49,955	22.65	10.67	35.22
四川	853,003	439,470	413,533	223,215	72,777	150,437	26.17	16.56	36.38
贵州	224,394	114,187	110,207	90,771	28,152	62,619	40.45	24.65	56.82
云南	258,053	130,155	127,897	110,677	37,225	73,453	42.89	28.60	57.43
西藏	14,820	7,175	7,645	10,399	4,199	6,200	70.17	58.53	81.10
陕西	239,984	123,260	116,724	69,493	23,753	45,740	28.96	19.27	39.19
甘肃	163,792	83,499	80,293	71,946	24,282	47,663	43.92	29.08	59.36
青海	30,378	15,126	15,253	15,680	5,504	10,175	51.61	36.39	66.71
宁夏	30,712	15,327	15,385	10,901	3,630	7,271	35.49	23.69	47.26
新疆	102,556	52,371	50,185	21,746	9,197	12,549	21.20	17.56	25.01

5. 省、自治区、直辖市分

地　区	合计			大学毕业			大学肄业或在校		
	小计	男	女	小计	男	女	小计	男	女
总　计	6,964,129	4,013,464	2,950,664	68,956	49,577	19,379	23,461	15,417	8,043
北　京	76,344	40,785	35,559	5,064	3,098	1,966	1,880	1,164	716
天　津	62,469	34,090	28,379	2,302	1,494	808	425	278	147
河　北	376,716	214,126	162,591	2,885	2,073	812	2,416	1,652	764
山　西	191,138	106,953	84,185	1,501	1,104	397	207	131	76
内　蒙	138,208	77,064	61,145	2,432	1,641	792	643	353	290
辽　宁	293,593	157,557	136,036	5,138	3,628	1,510	795	467	328
吉　林	173,658	93,792	79,866	2,469	1,769	700	1,887	1,072	815
黑龙江	244,644	133,280	111,364	3,306	2,236	1,070	703	412	290
上　海	95,940	51,700	44,241	4,872	3,425	1,447	2,085	1,266	820
江　苏	426,403	249,893	176,509	5,636	4,268	1,369	1,014	696	318
浙　江	284,146	160,722	123,424	2,095	1,563	533	252	177	76
安　徽	295,714	183,973	111,741	2,635	2,038	597	351	254	97
福　建	166,484	102,290	64,194	1,752	1,310	442	233	161	72
江　西	219,078	131,572	87,505	1,588	1,169	420	195	131	63
山　东	498,765	289,433	209,332	3,536	2,635	900	564	389	174
河　南	491,221	282,782	208,439	2,310	1,751	559	481	309	172
湖　北	339,214	193,012	146,203	3,593	2,550	1,043	678	399	279
湖　南	408,412	232,412	176,000	1,690	1,339	351	1,979	1,399	580
广　东	437,101	250,388	186,714	2,640	2,020	620	580	406	174
广　西	260,077	152,098	107,979	973	759	214	766	525	241
四　川	704,106	405,491	298,616	3,185	2,391	794	2,096	1,654	442
贵　州	160,102	101,388	58,714	1,144	820	324	1,006	626	380
云　南	177,207	109,651	67,556	1,048	768	279	122	79	43
西　藏	5,479	3,539	1,940	—	—	—	—	—	—
陕　西	195,370	112,626	82,744	2,734	1,924	810	1,723	1,162	561
甘　肃	105,946	67,250	38,696	697	550	147	102	75	27
青　海	18,072	11,500	6,572	215	151	64	30	20	10
宁　夏	23,951	13,949	10,003	393	282	111	15	9	6
新　疆	94,571	50,151	44,419	1,122	823	300	230	149	81

性别人口的文化程度状况

（续完）

地区	高中			初中			小学		
	小计	男	女	小计	男	女	小计	男	女
总计	736,653	449.508	287,146	2,266,138	1,388,063	878,075	3,868,921	2,110,899	1,758,022
北京	17,043	8,293	8,750	30,014	16,240	13,774	22,344	11,991	10,353
天津	12,858	6,622	6,236	23,511	13,276	10,235	23,372	12,419	10,953
河北	38,726	23,735	14,991	132,664	79,711	52,952	200,026	106,954	93,071
山西	20,932	12,408	8,524	71,567	42,456	29,111	96.931	50,853	46,078
内蒙	18,854	10,550	8,304	49,660	29,455	20,205	66,619	35,065	31,554
辽宁	36,732	20,255	16,477	118,375	64,995	53,381	132,552	68,212	64,340
吉林	27,295	14,925	12,370	55,787	32,101	23,686	86,219	43,925	42,294
黑龙江	35,972	19,433	16,539	87,912	50,171	37,741	116,752	61,029	55,723
上海	22,016	11,689	10,327	38,551	20,694	17,858	28,415	14,626	13,789
江苏	54,793	34,565	20,228	157,669	96,205	61,464	207,290	114,159	93,130
浙江	25,766	15,353	10,413	98,102	57,379	40,723	157,930	86,251	71,679
安徽	25,087	16,688	8,399	95,904	65,488	30,415	171,738	99,505	72,233
福建	15,890	10,631	5,259	40,683	28,052	12,631	107,926	62,136	45,789
江西	18,593	12,767	5,826	52,287	36,338	15,950	146,415	81,168	65,247
山东	50,019	32,188	17,831	177,493	111,750	65,743	267,153	142,470	124,683
河南	49,885	32,160	17,725	183,067	113,192	69,874	255,479	135,370	120,108
湖北	38,596	23,957	14,639	111,303	69,228	42,075	185,044	96,877	88,167
湖南	36,195	23,260	12,935	117,955	72,116	45,840	250,593	134,299	116,295
广东	46,998	32,116	14,882	126,563	79,218	47,345	260,320	136,627	123,693
广西	22,215	14,753	7,462	67,999	43,574	24,424	168,124	92,485	75,638
四川	44,684	26,285	18,399	198,677	120,593	78,085	455,464	254,568	200,896
贵州	10,332	6,410	3,923	42,864	29,230	13,634	104,756	64,302	40,454
云南	10,891	6,754	4,137	41,532	27,382	14,149	123,613	74,666	48,947
西藏	8	4	4	304	225	79	5,168	3,310	1,858
陕西	25,914	15,863	10,050	70,551	43,080	27,471	94,448	50,596	43,852
甘肃	13,288	8,889	4,400	32,104	21,442	10,662	59,755	36,294	23,460
青海	1,914	1,026	888	5,264	3,427	1,836	10,649	6,875	3,774
宁夏	2,838	1,662	1,176	8,454	5,060	3,395	12,251	6,936	5,315
新疆	12,318	6,267	6,052	29,323	15,984	13,339	51,775	26,928	24,649

6. 省、自治区、直辖

地区别 性别	合计	0—4岁	5—9岁	10—14岁	15—19岁
总计	10,679,308	992,680	969,101	1,109,894	1,280,717
男	5,441,469	519,862	501,375	571,580	651,863
女	5,237,838	472,818	467,726	538,314	628,855
北京	97,936	7,613	6,626	5,697	8,730
男	49,151	3,942	3,469	2,991	4,507
女	48,785	3,672	3,156	2,706	4,223
天津	82,434	6,880	5,998	5,395	7,121
男	41,579	3,537	3,090	2,741	3,633
女	40,855	3,343	2,909	2,654	3,48
河北	571,449	59,873	53,868	47,689	61,312
男	291,090	31,438	27,846	24,541	31,176
女	280,359	28,436	26,022	23,148	30,135
山西	268,904	25,425	23,746	28,585	30,540
男	140,215	13,323	12,337	14,840	15,581
女	128,689	12,102	11,409	13,746	14,959
内蒙	205,503	20,319	20,400	22,609	24,631
男	105,645	10,538	10,378	11,511	12,394
女	99,859	9,780	10,022	11,098	12,237
辽宁	377,337	27,893	32,879	30,391	39,974
男	191,522	14,377	16,719	15,639	20,066
女	185,814	13,516	16,160	14,752	19,908
吉林	234,964	19,054	21,688	22,271	28,690
男	119,568	10,040	11,157	11,278	14,407
女	115,397	9,014	10,531	10,993	14,282
黑龙江	339,080	28,843	32,865	36,673	41,139
男	172,215	14,878	16,905	18,627	20,616
女	166,865	13,965	15,960	18,047	20,523
上海	123,640	9,043	7,829	5,825	7,450
男	61,426	4,597	3,982	2,997	3,757
女	62,214	4,446	3,846	2,828	3,694

市人口年龄状况

单位：人

20--24岁	25—29岁	30—34岁	35—39岁	40—44岁	45—49岁	50—54岁
1,215,136	743,644	897,052	713,752	526,631	469,552	461,122
608,135	380,365	457,891	365,808	271,862	244,291	238,697
607,001	363,280	439,161	347,943	254,769	225,262	222,425
10,751	10,141	10,171	6,975	5,143	5,226	5,843
5,426	5,073	5,071	3,441	2,529	2,480	2,897
5,325	5,068	5,100	3,535	2,615	2,746	2,946
8,847	7,950	8,893	6,108	4,522	3,938	4,393
4,397	4,037	4,453	3,112	2,264	1,911	2,195
4,450	3,913	4,440	2,996	2,257	2,027	2,198
64,308	42,707	52,133	40,830	28,157	23,926	25,217
31,841	21,712	26,822	20,764	14,428	12,358	13,335
32,467	20,995	25,311	20,066	13,729	11,568	11,882
28,426	22,295	22,976	17,731	12,840	11,470	12,355
14,513	11,882	12,021	9,474	6,865	6,176	6,647
13,912	10,413	10,955	8,257	5,975	5,294	5,708
23,059	18,199	18,003	12,990	8,746	9,173	8,563
11,614	9,344	9,071	6,627	4,399	4,692	4,618
11,445	8,856	8,932	6,363	4,346	4,481	3,946
46,434	33,842	38,572	27,522	18,468	17,692	17,291
23,190	17,140	19,559	13,932	9,382	8,816	8,659
23,244	16,702	19,013	13,589	9,086	8,876	8,632
28,143	20,931	22,301	17,391	10,753	10,003	9,223
14,206	10,438	11,317	8,802	5,311	5,153	4,686
13,938	10,493	10,984	8,589	5,442	4,850	4,537
39,424	30,111	30,877	23,234	15,061	15,066	14,047
19,962	15,164	15,485	11,617	7,325	7,386	7,165
19,462	14,946	15,392	11,617	7,736	7,680	6,881
11,142	14,002	15,392	10,594	6,998	5,377	7,001
5,621	7,039	7,815	5,483	3,585	2,671	3,369
5,521	6,964	7,578	5,110	3,413	2,706	3,632

地区别 性别	合计	0—4岁	5—9岁	10—14岁	15—19岁
江苏	632,598	43,665	46,567	49,903	72,569
男	320,193	23,074	24,074	25,732	36,704
女	312,406	20,591	22,493	24,171	35,865
浙江	409,673	28,980	31,341	36,013	43,490
男	207,964	15,391	16,271	18,646	22,108
女	201,709	13,590	15,070	17,367	21,382
安徽	527,262	45,240	49,564	57,492	72,759
男	271.279	23,970	26,085	29,987	37,540
女	255,983	21,270	23,480	27,505	35,218
福建	278,242	30,907	28,127	32,060	32,821
男	141,363	16,083	14,524	16,456	16,792
女	136,879	14,823	13,604	15,604	16,029
江西	355,468	38,345	38,027	48,363	42,451
男	180,945	20,085	19,719	25,024	21,803
女	174,523	18,260	18,308	23,339	20,648
山东	790,567	75,112	67,199	73,635	91,373
男	397,992	39,819	34,690	37,885	45,943
女	392,575	35,293	32,509	35,750	45,430
河南	792,405	71,841	79,449	88,485	97,907
男	399,324	38,351	41,170	45,786	49,537
女	393,081	33,490	38,270	42,699	48,370
湖北	506,560	50,967	44,641	47,126	63,205
男	256,111	26,346	22,875	24,460	31,881
女	250,448	24,622	21,767	22,666	31,324
湖南	576,453	56,465	49,429	61,292	73,025
男	297,314	29,015	25,532	31,578	37,633
女	279,139	27,450	23,898	29,715	35,392
广东	643,171	71,157	67,808	63,582	71,520
男	326,477	37,544	35,460	32,839	36,348
女	316,694	33,613	32,348	30,744	35,172

（续1）

20—24岁	25—29岁	30—34岁	35—39岁	40—44岁	45—49岁	50—54岁
73,225	46,036	59,765	49,607	36,425	31,832	30,702
36,230	23,446	30,729	25,843	19,486	16,920	15,805
36,995	22,590	29,036	23,763	16,939	14,912	14,897
47,236	33,312	39,296	32,239	20,931	17,026	19,571
23,055	16,731	19,867	16,440	10,776	9,127	10,284
24,181	16,581	19,429	15,799	10,155	7,899	9,287
65,666	25,395	38,944	35,048	26,750	24,659	23,473
32,514	13,094	20,182	18,216	14,382	13,399	12,580
33,152	12,301	18,761	16,833	12,367	11,259	10,893
30,779	20,608	21,905	16,148	11,301	10,542	11,204
15,312	10,479	11,068	8,387	5,962	5,608	5,764
15,467	10,130	10,837	7,762	5,339	4,934	5,439
38,179	24,697	25,595	20,227	14,224	13,478	13,417
19,106	12,566	13,022	10,253	7,237	6,923	6,889
19,073	12,131	12,572	9,974	6,987	6,555	6,528
85,496	57,035	70,282	56,956	41,179	33,256	33,884
41,760	29,067	35,745	28,888	21,106	16,989	17,151
43,736	27,968	34,537	28,067	20,073	16,266	16,733
89,104	47,732	65,634	53,991	36,676	30,486	32,111
44,156	23,884	33,034	27,255	18,767	15,567	16,113
44,947	23,848	32,600	26,736	17,909	14,919	15,998
58,728	38,481	41,129	32,296	24,642	21,500	22,418
29,063	19,450	20,843	16,328	12,445	11,034	11,711
29,665	19,031	20,286	15,968	12,197	10,466	10,706
71,322	33,880	44,952	37,895	27,326	26,057	24,937
36,004	17,582	23,555	19,928	14,469	14,102	13,246
35,318	16,298	21,397	17,967	12,857	11,955	11,691
68,650	47,980	50,233	38,496	27,433	26,490	27,892
34,631	24,704	25,324	20,014	14,684	13,838	14,374
34,019	23,276	24,909	18,483	12,749	12,652	13,518

地区别 性别	合计	0—4岁	5—9岁	10—14岁	15—19岁
广西	399,929	46,468	45,312	45,941	46,521
男	206,665	24,990	23,771	23,830	24,217
女	193,264	21,478	21,541	22,112	22,303
四川	1,043,906	78,283	71,511	127,157	141,467
男	538,549	40,975	37,212	64,985	72,266
女	505,356	37,308	34,298	62,172	69,201
贵州	305,477	31,271	34,002	43,122	39,032
男	156,011	16,155	17,555	22,149	19,937
女	149,467	15,116	16,447	20,973	19,095
云南	350,620	37,319	37,884	44,477	43,180
男	177,498	19,090	19,354	22,792	21,991
女	173,123	18,229	18,529	21,685	21,189
西藏	20,847	2,458	2,597	2,604	2,394
男	10,260	1,302	1,265	1,366	1,137
女	10,587	1,156	1,332	1,238	1,257
陕西	309,411	32,817	25,819	31,152	38,480
男	159,483	17,257	13,350	16,148	19,904
女	149,928	15,560	12,469	15,003	18,576
甘肃	209,725	20,487	18,338	23,574	30,323
男	107,300	10,614	9,516	12,145	15,545
女	102,425	9,874	8,822	11,430	14,779
青海	41,955	4,466	5,021	5,515	5,613
男	20,993	2,267	2,572	2,767	2,838
女	20,962	2,199	2,449	2,747	2,775
宁夏	42,875	4,821	5,211	5,567	5,373
男	21,473	2,400	2,673	2,817	2,670
女	21,402	2,421	2,538	2,751	2,703
新疆	140,915	16,667	15,354	17,697	17,629
男	71,864	8,466	7,826	9,024	8,932
女	69,050	8,201	7,528	8,673	8,697

(续2)

20—24岁	25—29岁	30—34岁	35—39岁	40—44岁	45—49岁	50—54岁
44,781	24,387	27,695	21,651	16,881	16,697	16.043
23,197	12,737	14,427	11,322	8,749	8,795	8,048
21,583	11,650	13,268	10,329	8,132	7,901	7,995
123,165	52,650	90,414	74,238	61,854	50,530	44,169
62,301	27,818	46,875	38,771	32,768	27,004	23,721
60,864	24,832	43,540	35,466	29,086	23,525	20,448
32,381	15,069	21,297	17,256	14,844	14,093	11,741
16,472	7,793	10,822	8,803	7,548	7,198	6,116
15,909	7,276	10,475	8,453	7,296	6,894	5,625
39,656	21,941	24,719	18,406	15,809	14,486	13,984
19,886	11,280	12,570	9,272	8,088	7,401	7,082
19,771	10,661	12,149	9,134	7,721	7,085	6,901
2,120	1,640	1,070	938	1,088	904	886
1,096	814	529	443	495	495	364
1,025	826	540	495	593	409	522
33,933	25,354	24,572	19,575	15,885	14,355	13,227
17,596	13,200	12,526	9,813	7,857	7,100	6,747
16,337	12,153	12,046	9,763	8,028	7,255	6,480
26,046	12,280	15,208	12,947	11,548	10,445	9,092
13,115	6,348	7,651	6,510	5,760	5,433	4,684
12,931	5,932	7,557	6,437	5,788	5,011	4,408
4,917	2,265	2,557	2,160	2,034	2,031	1,646
2,424	1,164	1,289	1,047	919	1,105	838
2,493	1,100	1,268	1,113	1,115	926	807
4,679	2,732	3,301	2,419	1,994	1,776	1,451
2,226	1,365	1,636	1,190	963	896	735
2,453	1,367	1,665	1,229	1,032	880	716
14,539	9,991	9,165	7,884	7,120	7,037	5,343
7,222	5,012	4,582	3,834	3,313	3,710	2,874
7,318	4,978	4,583	4,051	3,807	3,327	2,469

地区别 性别	55—59岁	60—64岁	65—69岁	70—74岁	75—79岁	80—84岁
总计	395,070	319,472	242,405	172,255	101,548	49,967
男	204,657	161,972	117,550	79,012	42,312	18,319
女	190,413	157,500	124,855	93,242	59,236	31,648
北京	4,873	3,615	2,613	1,854	1,202	612
男	2,465	1,795	1,279	926	530	243
女	2,409	1,820	1,334	928	672	369
天津	3,939	3,056	2,199	1,539	1,030	460
男	2,014	1,556	1,113	784	494	186
女	1,925	1,500	1,086	755	536	274
河北	22,011	17,574	12,312	9,711	6,110	2,826
男	11,159	8,780	6,024	4,689	2,692	1,196
女	10,852	8,794	6,288	5,023	3,417	1,629
山西	10,233	8,074	6,146	4,435	2,466	923
男	5,385	4,155	3,105	2,184	1,229	416
女	4,848	3,920	3,041	2,251	1,237	508
内蒙	6,353	4,890	3,375	2,267	1,229	557
男	3,562	2,780	1,896	1,252	639	262
女	2,791	2,110	1,479	1,014	590	295
辽宁	15,040	11,380	8,183	5,566	3,554	1,899
男	7,875	5,979	4,403	2,790	1,766	911
女	7,165	5,401	3,781	2,776	1,788	988
吉林	8,048	6,277	4,371	2,913	1,779	810
男	4,147	3,315	2,337	1,515	892	414
女	3,902	2,962	2,034	1,398	888	397
黑龙江	11,261	8,101	5,466	3,611	2,052	917
男	6,053	4,435	3,002	1,933	1,050	439
女	5,207	3,666	2,465	1,678	1,002	478
上海	6,746	5,731	4,293	2,947	1,850	1,002
男	3,215	2,738	2,003	1,307	771	356
女	3,531	2,993	2,290	1,640	1,079	646

（续3）

85—89岁	90—94岁	95—99岁	100岁以上	年龄中位数	少年系数	老年系数	长寿水平
15,617	3,034	559	99	24.18	28.76	5.48	7.66
4,892	838	150	38	24.06	29.27	4.84	5.70
10,725	2,195	409	62	24.30	28.23	6.15	9.39
207	35	5	1	29.74	20.36	6.67	8.48
74	12	1	—	29.29	21.16	6.24	6.80
133	23	4	1	30.23	19.54	7.10	10.04
134	28	5	—	29.51	22.17	6.54	7.41
49	15	0	—	29.35	22.53	6.35	5.94
85	13	4	—	29.67	21.80	6.74	8.85
757	108	22	1	24.91	28.25	5.57	7.51
260	23	5	1	24.82	28.80	5.12	6.28
496	85	17	—	25.00	27.68	6.05	8.65
200	32	3	1	24.66	28.92	5.28	5.20
70	11	2	—	24.86	28.88	5.00	4.46
130	21	2	1	24.45	28.95	5.59	5.95
112	24	3	—	23.40	30.82	3.68	5.59
51	15	2	—	23.61	30.69	3.90	4.77
62	10	1	—	23.18	30.94	3.46	6.61
628	111	16	1	27.08	24.16	5.29	8.47
263	48	8	—	27.15	24.40	5.32	7.61
365	62	8	1	27.00	23.91	5.26	9.39
263	42	12	—	24.63	26.82	4.34	6.84
129	19	5	—	24.60	27.16	4.44	6.57
134	23	7	—	24.66	26.46	4.23	7.14
287	41	6	—	23.94	29.01	3.65	6.11
147	24	5	—	23.91	29.27	3.83	5.56
140	17	2	—	23.96	28.75	3.47	6.75
337	67	15	1	32.01	18.36	8.50	8.75
100	18	4	—	31.67	18.85	7.42	6.55
237	49	11	1	32.37	17.87	9.57	10.55

地区别 性别	55—59岁	60—64岁	65—69岁	70—74岁	75—79岁	80—84岁
江苏	26,921	22,209	17,875	12,050	7,354	4,174
男	13,474	10,633	8,221	5,161	2,848	1,375
女	13,447	11,576	9,654	6,890	4,506	2,800
浙江	17,677	14,714	11,167	7,823	4,958	2,713
男	9,147	7,692	5,429	3,604	2,047	989
女	8,530	7,022	5,738	4,219	2,912	1,724
安徽	19,321	17,140	11,942	7,673	3,456	1,978
男	10,329	8,646	5,394	3,022	1,168	576
女	8,993	8,494	6,549	4,652	2,288	1,401
福建	10,089	7,976	5,753	3,826	2,440	1,227
男	5,282	4,048	2,672	1,590	877	340
女	4,807	3,929	3,081	2,237	1,562	887
江西	10,932	9,782	7,858	5,227	2,964	1,294
男	5,636	4,985	3,826	2,252	1,106	411
女	5,297	4,797	4,032	2,975	1,858	883
山东	30,728	24,516	20,507	14,082	9,189	4,445
男	15,303	11,645	9,537	6,499	3,832	1,593
女	15,425	12,872	10,970	7,583	5,357	2,852
河南	27,896	25,378	19,093	13,404	7,908	3,900
男	13,960	12,539	8,678	5,714	3,044	1,350
女	13,936	12,839	10,414	7,690	4,864	2,550
湖北	17,705	16,018	11,988	8,735	4,377	1,904
男	9,286	8,137	5,820	3,920	1,681	647
女	8,419	7,881	6,168	4,814	2,696	1,258
湖南	21,345	16,735	13,194	9,648	5,459	2,595
男	11,344	8,491	6,621	4,551	2,370	1,001
女	10,001	8,244	6,574	5,097	3,089	1,594
广东	23,848	19,378	14,547	10,996	7,152	4,015
男	11,924	9,489	6,669	4,584	2,510	1,127
女	11,924	9,889	7,878	6,411	4,642	2,888

（续4）

85—89岁	90—94岁	95—99岁	100岁以上	年龄中位数	少年系数	老年系数	长寿水平
1,376	297	44	2	28.61	22.15	6.82	9.01
368	62	7	—	28.40	22.76	5.63	6.32
1,007	235	37	2	28.84	21.53	8.04	11.12
967	199	19	2	27.84	23.51	6.80	9.16
298	56	5	1	27.74	24.19	5.98	6.70
669	143	14	1	27.94	22.82	7.64	11.37
639	102	17	3	23.00	28.88	4.90	6.38
171	21	2	1	22.81	29.51	3.82	4.06
467	82	15	2	23.18	28.23	6.04	8.22
429	86	11	2	22.58	32.74	4.95	8.07
102	15	2	—	22.34	33.29	3.96	4.77
328	71	9	2	22.82	32.17	5.97	10.70
338	58	11	2	21.37	35.09	4.99	6.18
89	10	2	—	20.99	35.83	4.25	4.03
249	48	9	2	21.75	34.33	5.76	8.02
1,418	240	31	4	25.20	27.32	6.31	8.25
465	70	6	—	24.89	28.24	5.53	6.34
953	170	25	4	25.56	26.38	7.11	9.82
1,143	219	38	10	23.43	30.26	5.77	7.47
360	56	4	—	22.93	31.38	4.81	5.58
783	163	34	10	23.89	29.12	6.74	9.00
579	100	15	4	24.16	28.18	5.47	5.95
164	15	2	3	24.02	28.77	4.78	4.08
416	85	13	1	24.29	27.57	6.17	7.59
743	139	15	—	23.44	29.00	5.52	7.20
252	38	4	—	23.55	28.97	4.99	5.55
491	102	11	—	23.34	29.04	6.07	8.72
1,525	377	86	6	23.55	31.49	6.02	10.35
336	58	21	1	23.14	32.42	4.69	6.22
1,189	319	65	5	23.97	30.54	7.39	13.42

地区别 性别	55—59岁	60—64岁	65—69岁	70—74岁	75—79岁	80—84岁
广西	13,661	10,619	8,785	9,530	4,516	2,425
男	6,987	5,304	4,217	2,977	1,908	901
女	6,674	5,314	4,568	3,553	2,608	1,524
四川	40,538	31,519	23,501	17,056	9,469	4,571
男	21,923	16,690	11,581	7,716	3,799	1,598
女	18,615	14,829	11,920	9,340	5,670	2,974
贵州	10,359	6,387	5,424	4,648	2,850	1,250
男	5,420	3,263	2,652	2,225	1,243	513
女	4,939	3,124	2,772	2,422	1,607	738
云南	12,461	9,073	7,115	5,391	3,066	1,239
男	6,351	4,463	3,438	2,486	1,322	482
女	6,110	4,610	3,677	2,905	1,744	757
西藏	668	634	368	270	139	49
男	323	281	169	109	45	26
女	345	353	199	161	94	23
陕西	10,152	8,543	7,038	4,989	2,313	965
男	5,452	4,625	3,660	2,654	1,128	394
女	4,701	3,918	3,378	2,335	1,185	571
甘肃	6,089	5,065	3,746	2,609	1,312	501
男	3,265	2,686	1,862	1,281	620	219
女	2,824	2,379	1,884	1,328	692	282
青海	1,331	976	627	433	241	90
男	657	478	305	188	94	30
女	674	498	322	244	147	60
宁夏	1,080	868	671	503	263	121
男	575	479	358	272	140	59
女	505	390	314	231	122	62
新疆	3,764	3,242	2,247	1,519	849	504
男	2,146	1,864	1,280	827	468	268
女	1,618	1,379	967	692	381	236

（续5完）

85—89岁	90—94岁	95—99岁	100岁以上	年龄中位数	少年系数	老年系数	长寿水平
792	162	53	9	21.79	34.44	5.82	10.15
228	43	14	3	21.44	35.12	4.98	7.62
564	119	39	6	22.17	33.70	6.72	12.31
1,459	302	48	3	24.15	26.53	5.40	7.26
441	98	6	—	24.29	26.58	4.69	5.11
1,018	203	42	3	24.00	26.47	6.17	9.22
382	60	6	4	20.83	35.48	4.79	8.10
121	22	2	1	20.69	35.80	4.35	6.56
261	38	4	3	20.97	35.15	5.25	9.51
339	56	15	4	21.61	34.13	4.91	6.29
120	18	7	3	21.43	34.50	4.44	5.10
219	38	8	1	21.78	33.76	5.40	7.33
19	—	—	—	20.72	36.74	4.05	4.57
—	—	—	—	20.22	38.33	3.40	4.17
19	—	—	—	21.34	35.20	4.68	4.87
197	37	5	2	24.00	29.02	5.02	5.01
61	10	1	1	23.83	29.32	4.96	3.72
136	27	5	1	24.17	28.70	5.09	6.40
99	11	2	1	22.31	29.75	3.95	4.61
39	7	1	—	22.21	30.08	3.75	3.95
61	5	2	1	22.41	29.41	4.15	5.28
26	5	1	2	20.36	35.76	3.39	5.16
7	2	—	1	20.11	36.23	2.99	3.64
18	3	1	1	20.59	35.28	3.80	6.46
33	6	3	—	20.55	36.38	3.73	6.63
17	2	2	—	20.44	36.74	3.95	5.96
16	4	2	—	20.65	36.03	3.51	7.42
189	90	49	35	20.96	35.28	3.89	9.94
112	51	32	21	21.09	35.23	4.26	9.83
77	39	18	14	20.85	35.34	3.51	10.07

7. 省、自治区、直

地　　区	在业人口			一、农、
	小　计	男	女	小　计
总　　计	5,845,692	3,243,470	2,602,222	4,147,404
北　　京	55,902	30,878	25,024	12,242
天　　津	47,897	27,251	20,647	12,791
河　　北	313,937	181,218	132,719	243,402
山　　西	139,951	84,796	55,155	91,299
内　　蒙	102,288	60,095	42,193	63,937
辽　　宁	204,389	120,483	83,905	92,259
吉　　林	111,587	70,957	40,630	63,382
黑 龙 江	151,257	96,942	54,315	77,524
上　　海	76,908	40,505	36,402	10,570
江　　苏	395,703	206,668	189,034	205,434
浙　　江	231,289	137,557	93,732	112,647
安　　徽	297,035	163,583	133,451	232,370
福　　建	133,609	80,256	53,353	91,744
江　　西	179,656	98,314	81,342	137,488
山　　东	443,842	242,628	201,213	341,704
河　　南	457,994	240,505	217,489	393,769
湖　　北	286,218	153,404	132,814	208,348
湖　　南	305,092	177,988	127,104	237,888
广　　东	337,789	182,432	155,356	229,834
广　　西	211,824	111,776	100,048	184,887
四　　川	611,439	334,453	276,986	490,211
贵　　州	160,017	83,112	76,906	138,614
云　　南	191,333	98,878	92,455	164,235
西　　藏	12,219	5,952	6,267	11,589
陕　　西	164,434	92,319	72,115	130,922
甘　　肃	114,058	60,817	53,241	96,415
青　　海	20,668	10,844	9,824	16,719
宁　　夏	21,112	10,931	10,181	14,921
新　　疆	66,244	37,928	28,317	40,258

辖市各行业人口状况

林、牧、渔、水利业		二、工业		
男	女	小计	男	女
2,180,689	1,966,715	900,773	526,559	374,214
5,817	6,425	20,302	11,308	8,994
7,122	5.668	20,596	11,013	9,583
134,816	108,586	38,860	24,127	14,733
50,759	40,539	27,456	20,174	7,281
37,113	26,824	14,449	8,443	6,006
52,188	40,072	62,455	37,135	25,320
42,479	20,904	20,588	11,486	9,102
53,844	23,681	37,990	21,934	16,056
3,998	6,572	40,876	20,714	20,161
86,732	118,702	118,362	65,238	53,124
67,880	44,767	77,786	40,491	37,294
121,220	111,150	33,390	21,034	12,355
51,750	39,994	20,778	13,335	7,443
70,212	67,275	22,766	14,572	8,193
177,283	164,420	52,955	30,742	22,213
199,278	194,491	27,745	16,256	11,488
106,629	101,720	38,412	21,485	16,927
131,948	105,940	38,726	26,069	12,657
117,737	112,097	52,292	24,888	27,404
94,787	90,100	10,358	6,180	4,178
254,084	236,127	64,930	43,144	21,786
69,868	68,746	8,704	5,147	3,557
81,253	82,982	9,579	5,756	3,823
5,389	6,200	94	75	19
70,199	60,723	18,585	12,441	6,144
48,780	47,635	7,166	4,567	2,599
8,354	8,365	1,322	818	504
7,130	7,791	2,515	1,513	1,002
22,038	18,220	10,738	6,470	4,268

地区	三、地质普查和勘探业			四、建筑业			
	小计	男	女	小计	男	女	小计
总计	4,302	3,060	1,242	132,975	115,601	17,374	108,980
北京	19	13	7	3,052	2,514	538	1,966
天津	6	4	1	1,611	1,307	304	2,065
河北	93	85	8	4,994	4,190	804	5,352
山西	142	101	41	3,769	3,171	598	3,640
内蒙	222	176	46	3,036	2,225	811	2,838
辽宁	145	100	45	9,433	7,572	1,861	7,244
吉林	104	77	27	3,117	2,483	643	4,209
黑龙江	299	208	91	4,530	3,299	1,231	4,416
上海	22	18	4	3,535	3,089	446	3,106
江苏	630	493	137	19,687	18,887	801	9,601
浙江	11	6	5	10,778	10,156	622	5,867
安徽	13	11	2	5,024	4,363	661	5,512
福建	270	165	105	4,255	3,809	446	3,093
江西	12	9	4	3,592	3,300	293	2,734
山东	106	77	29	9,177	8,184	992	6,291
河南	1,015	611	404	4,863	4,368	495	5,687
湖北	678	494	184	4,165	3,561	603	4,679
湖南	50	46	4	5,684	5,229	455	4,356
广东	16	12	4	9,613	8,607	1,007	7,737
广西	2	1	1	1,506	1,119	388	2,227
四川	26	21	5	7,908	6,766	1,142	7,668
贵州	135	120	15	1,297	961	336	1,484
云南	41	34	6	1,971	1,697	274	1,714
西藏	—	—	—	109	94	15	53
陕西	60	51	9	1,452	1,145	307	1,767
甘肃	16	11	5	1,198	1,056	142	1,386
青海	70	48	22	493	310	183	307
宁夏	15	8	7	712	495	217	398
新疆	83	59	24	2,413	1,644	769	1,585

五、交通运输、邮电通讯业		六、商业、公共饮食业物资供销和仓储业			七、房地产管理、公用事业、居民服务和咨询服务业		
男	女	小 计	男	女	小 计	男	女
90,644	18,337	207,848	111,282	96,566	54,691	31,871	22,820
1,607	359	4,484	2,215	2,269	3,099	1,682	1,416
1,718	347	3,776	1,974	1,803	1,280	730	550
4,827	525	7,651	4,449	3,202	2,013	1,166	847
3,098	542	4,365	2,053	2,313	875	465	411
2,206	632	5,610	2,725	2,885	1,299	585	715
5,817	1,427	12,741	6,116	6,625	2,918	1,488	1,430
3,257	951	8,152	4,038	4,113	1,704	801	903
3,359	1,057	9,941	4,745	5,196	2,284	1,110	1,174
2,426	680	6,451	3,426	3,025	3,078	1,816	1,262
7,903	1,698	16,338	9,865	0,473	4,954	3,441	1,513
5,220	648	10,874	5,681	5,194	3,512	2,094	1,418
4,389	1,123	8,891	4,726	4,166	2,288	1,337	951
2,847	245	5,327	3,145	2,182	1,442	971	471
2,151	584	4,223	2,140	2,083	1,212	829	383
5,522	769	11,216	6,399	4,817	2,700	1,569	1,131
4,462	1,225	8,994	5,087	3,906	2,400	1,444	955
3,733	946	11,868	5,980	5.888	2,499	1,506	993
3,831	525	7,520	3,768	3,752	2,035	1,156	879
6,736	1,000	18,102	11,166	6.936	3,892	2,301	1,591
1,795	433	5,886	3,168	2,718	1,447	751	696
6,543	1,125	17,340	8,835	8,506	3,947	2,582	1,365
1,171	313	3,344	1,636	1,707	460	246	213
1,494	220	4,296	2,110	2,186	1,053	544	509
53	—	26	26	—	—	—	—
1,545	222	3,389	1,743	1,645	926	551	375
1,079	308	2,619	1,601	1,018	411	217	194
251	56	512	237	276	143	63	80
317	80	677	322	355	245	117	128
1,287	297	3,234	1,905	1,329	573	307	266

地区	八、卫生、体育和社会福利事业			九、教育、文化艺术和广播电视事业			十、科学研究和综合技术服务事业	
	小计	男	女	小计	男	女	小计	男
总计	43,003	21,290	21,173	118,883	69,904	48,979	12,251	7,467
北京	1,135	359	776	4,077	1,938	2,139	2,027	1,231
天津	774	306	468	1,974	976	998	366	235
河北	1,817	1,030	787	4,851	2,878	1,973	780	427
山西	1,267	654	613	3,605	1,929	1,675	439	255
内蒙	1,153	481	673	4,143	2,259	1,884	609	373
辽宁	3,026	1,232	1,795	5,515	2,618	2,897	1,117	706
吉林	1,710	748	962	4,185	2,318	1,867	616	403
黑龙江	2,157	935	1,222	5,596	2,904	2,693	362	200
上海	1,599	513	1,086	3,514	1,762	1,752	964	608
江苏	3,134	1,614	1,520	8,245	5,277	2,968	723	529
浙江	1,555	786	768	3,901	1,918	1,983	176	128
安徽	1,358	751	607	4,620	3,174	1,446	343	127
福建	989	539	450	2,810	1,585	1,225	107	71
江西	1,023	595	429	3,528	2,224	1,304	91	44
山东	3,807	1,986	1,820	7,546	4,622	2,924	814	434
河南	2,544	1,513	1,031	6,981	4,456	2,525	228	158
湖北	2,337	1,171	1,166	6,582	3,942	2,640	550	356
湖南	1,287	704	582	3,905	2,399	1,506	84	52
广东	2,406	1,179	1,226	5,979	3,787	2,192	303	188
广西	742	421	321	2,851	2,034	817	108	63
四川	3,085	1,830	1,255	8,762	5,098	3,665	219	137
贵州	634	316	317	2,534	1,573	962	216	142
云南	881	399	482	3,127	2,081	1,047	90	49
西藏	23	15	8	270	244	26	—	—
陕西	842	419	422	3,906	2,346	1,560	501	316
甘肃	626	348	278	1,834	1,303	531	53	33
青海	189	90	99	463	361	102	39	22
宁夏	209	93	116	580	349	231	37	19
新疆	694	262	433	2,999	1,551	1,448	289	162

女	十一、金融、保险业			十二、国家机关、政党机关和社会团体			十三、其它行业		
	小 计	男	女	小 计	男	女	小 计	男	女
4,784	12,675	7,920	4,755	97,041	73,982	23,059	4,865	3,201	1,664
796	229	109	120	3,177	2,033	1,144	93	52	41
131	212	122	90	2,436	1,735	701	11	8	3
352	479	323	156	3,623	2,888	735	22	12	10
184	335	211	124	2,006	1,558	448	753	367	386
236	736	439	297	4,198	3,026	1,171	58	44	14
411	715	468	248	6,377	4,704	1,673	441	339	102
213	524	303	222	3,270	2,542	728	24	20	5
162	486	310	177	5,657	4,091	1,566	16	5	10
356	290	153	138	2,892	1,976	916	10	5	5
195	864	572	292	7,458	5,946	1,512	272	173	99
48	551	321	230	2,912	2,297	615	720	579	142
216	461	296	165	2,743	2,147	596	21	8	13
36	246	159	87	2,508	1,847	661	39	32	7
47	609	366	243	2,339	1,843	496	38	30	8
380	956	620	336	5,625	4,615	1,011	945	575	370
70	502	304	198	3,227	2,542	686	39	26	13
194	633	362	270	5,366	4,123	1,242	102	63	39
31	376	246	131	2,952	2,366	586	230	173	57
115	784	517	267	6,583	5,144	1,439	248	169	79
45	246	199	47	1,517	1,222	295	45	36	9
82	815	457	358	6,090	4,665	1,425	437	292	145
74	270	174	96	2,246	1,719	527	81	39	42
41	455	308	147	3,865	3,129	736	27	23	4
—	4	4	—	53	53	—	—	—	—
185	165	96	69	1,887	1,453	434	33	13	20
21	325	230	95	1,937	1,540	396	72	51	21
17	36	19	18	369	267	102	5	4	1
18	86	52	33	704	509	195	13	5	8
127	283	182	102	3,023	2,001	1,022	71	59	12

8. 省、自治区、直

地区	在业人口			一、各类
	小计	男	女	小计
总计	5,845,692	3,243,470	2,602,222	262,536
北京	55,902	30,878	25,024	8,093
天津	47,897	27,251	20,647	5,297
河北	313,937	181,218	132,719	11,918
山西	139,951	84,796	55,155	7,579
内蒙	102,288	60,095	42,193	8,156
辽宁	204,389	120,483	83,905	15,888
吉林	111,587	70,957	40,630	9,113
黑龙江	151,257	96,942	54,315	12,866
上海	76,908	40,505	36,402	9,416
江苏	395,703	206,668	189,034	21,206
浙江	231,289	137,557	93,732	10,272
安徽	297,035	163,583	133,451	10,525
福建	133,609	80,256	53,353	5,752
江西	179,656	98,314	81,342	6,717
山东	443,842	242,628	201,213	17,227
河南	457,994	240,505	217,489	13,509
湖北	286,218	153,404	132,814	13,961
湖南	305,092	177,988	127,104	8,675
广东	337,789	182,432	155,356	12,783
广西	211,824	111,776	100,048	5,058
四川	611,439	334,453	276,986	18,434
贵州	160,017	83,112	76,906	5,002
云南	191,333	98,878	92,455	6,339
西藏	12,219	5,952	6,267	330
陕西	164,434	92,319	72,115	7,071
甘肃	114,058	60,817	53,241	3,780
青海	20,668	10,844	9,824	1,006
宁夏	21,112	10,931	10,181	1,374
新疆	66,244	37,928	28,317	5,190

辖市各职业人口状况

专业技术人员		二、国家机关、党群组织、企事业单位负责人		
男	女	小计	男	女
146,276	116,261	103,088	90,381	12,707
3,633	4,460	3,505	2,676	830
2,506	2,792	2,344	1,897	447
6,950	4,968	4,512	4,109	403
3,979	3,599	2,752	2,477	275
3,964	4,192	3,358	2,880	479
7,555	8,334	7,695	6,493	1,202
4,387	4,726	3,973	3,426	547
6,075	6,792	5,495	4,647	848
4,748	4,668	3,607	2,950	657
12,843	8,364	10,548	9,437	1,111
5,312	4,960	5,411	4,867	544
6,354	4,171	4,184	3,758	426
3,276	2,476	1,706	1,539	167
3,913	2,804	2,270	2,020	250
10,030	7,197	6,918	6,201	717
8,013	5,495	4,140	3,717	422
7,876	6,085	6,085	5,338	748
5,160	3,515	3,513	3,073	439
8,005	4,778	4,624	4,107	517
3,437	1,622	1,527	1,359	169
10,626	7,808	4,967	4,471	495
2,858	2,144	1,738	1,530	208
3,957	2,382	2,372	2,102	269
289	41	23	23	—
4,115	2,956	2,138	1,926	212
2,453	1,326	1,215	1,148	66
627	379	269	229	39
729	645	510	453	58
2,608	2,582	1,688	1,528	160

(续1)

地区	三、办事人员和有关人员			小计
	小计	男	女	
总计	80,189	56,287	23,902	156,831
北京	2,814	1,612	1,203	3,105
天津	1,718	1,113	605	2,725
河北	3,448	2,402	1,046	6,103
山西	2,419	1,646	773	3,257
内蒙	3,140	2,005	1,134	3,277
辽宁	5,777	3,686	2,090	8,770
吉林	2,559	1,798	761	4,751
黑龙江	4,291	2,906	1,385	6,499
上海	3,686	2,426	1,260	4,588
江苏	6,085	4,502	1,582	14,223
浙江	2,926	2,068	858	10,115
安徽	2,989	2,201	788	6,584
福建	1,773	1,275	498	4,719
江西	1,684	1,206	478	3,528
山东	4,799	3,585	1,214	7,958
河南	3,295	2,460	835	6,693
湖北	3,632	2,472	1,160	8,895
湖南	2,237	1,616	621	6,174
广东	4,552	3,434	1,118	14,595
广西	1,061	789	272	4,788
四川	5,922	4,287	1,635	12,920
贵州	1,513	1,058	455	2,483
云南	2,081	1,577	503	2,874
西藏	26	26	—	8
陕西	2,104	1,491	613	2,501
甘肃	1,450	1,087	363	1,663
青海	278	195	83	405
宁夏	390	261	129	472
新疆	1,542	1,102	440	2,157

四、商业工作人员		五、服务性工作人员		
男	女	小　计	男	女
85,049	71,782	138,996	68,203	70,794
1,540	1,566	5,069	2,275	2,794
1,479	1,246	3,330	1,715	1,615
3,714	2,388	5,560	3,019	2,541
1,518	1,739	3,401	1,774	1,627
1,370	1,907	3,436	1,551	1,885
4,046	4,725	9,545	4,093	5,452
1,971	2,780	4,658	2,182	2,476
2,859	3,640	7,334	3,169	4,165
2,616	1,972	7,451	3,243	4,208
9,284	4,939	13,479	7,813	5,666
5,974	4,141	7,231	3,527	3,704
3,292	3,292	5,394	2,624	2,770
2,943	1,776	2,741	1,429	1,312
1,754	1,774	2,834	1,342	1,492
4,715	3,243	7,447	4,123	3,324
3,614	3,079	4,898	2,559	2,340
4,440	4,455	7,061	3,302	3,759
3,157	3,017	4,642	2,475	2,167
9,429	5,167	8,838	3,920	4,918
2,563	2,225	2,919	1,255	1,664
6,430	6,490	11,192	6,030	5,162
1,118	1,365	1,291	503	789
1,342	1,532	2,481	1,032	1,448
8	—	19	19	—
1,305	1,196	2,331	1,202	1,129
939	724	1,280	634	646
184	220	301	139	163
221	251	544	205	339
1,225	932	2,291	1,049	1,242

地　　区	六、农林牧渔劳动者			
	小　计	男	女	小　计
总　　计	4,141,652	2,179,305	1,962,347	960,242
北　　京	11,495	5,282	6,213	21,783
天　　津	12,809	7,157	5,653	19,639
河　　北	242,990	134,360	108,630	39,374
山　　西	91,649	51,130	40,519	28,793
内　　蒙	64,119	37,262	26,858	16,744
辽　　宁	92,000	52,098	39,902	64,533
吉　　林	63,042	42,240	20,803	23,395
黑　龙　江	77,187	53,277	23,910	37,528
上　　海	9,644	3,446	6,198	38,498
江　　苏	205,098	86,692	118,406	124,729
浙　　江	113,591	69,119	44,472	81,443
安　　徽	232,338	121,488	110,850	34,969
福　　建	92,752	52,776	39,976	24,110
江　　西	137,575	70,328	67,247	24,930
山　　东	339,225	176,334	162,890	60,265
河　　南	393,392	198,984	194,408	31,968
湖　　北	205,650	104,254	101,395	40,896
湖　　南	238,994	132,983	106,011	40,586
广　　东	229,735	118,068	111,667	62,640
广　　西	185.045	94,959	90,086	11,424
四　　川	490,529	254,537	235,991	67,451
贵　　州	138,458	69,741	68,717	9,380
云　　南	164,202	81,306	82,896	10,983
西　　藏	11,585	5.389	6,196	229
陕　　西	130,931	70,255	60,676	17,357
甘　　肃	96,184	48,660	47,525	8,487
青　　海	16,508	8,215	8,294	1,890
宁　　夏	14,907	7,129	7,779	2,905
新　　疆	40,017	21,836	18,181	13,319

（续2完）

七、生产工人、运输工人和有关人员		八、不便分类的其他劳动者		
男	女	小计	男	女
616,713	343,529	2,157	1,257	900
13,836	7,947	37	25	12
11,367	8,272	33	17	16
26,643	12,732	33	22	11
22,220	6,573	102	52	50
11,032	5,712	58	31	27
42,391	22,142	180	122	58
14,899	8,496	96	55	42
23,979	13,549	58	30	27
21,063	17,430	23	13	10
75,896	48,833	334	201	133
46,497	34,945	300	193	108
23,838	11,131	52	28	24
16,990	7,120	56	27	29
17,716	7,214	118	34	84
37,638	22,628	3	3	—
21,108	10,860	99	50	50
25,700	15,195	39	23	16
29,348	11,238	271	176	96
35,457	27,183	22	12	10
7,414	4,010	—	—	—
48,059	19,391	24	11	13
6,215	3,164	153	90	64
7,561	3,423	2	1	1
199	30	—	—	—
12,025	5,332	2	—	2
5,896	2,501	—	—	—
1,250	641	10	4	5
1,926	979	10	8	2
8,550	4,769	41	31	10

9. 省、自治区、直

地　区	不在业人口数			在
	小　计	男	女	小　计
总　计	1,761,941	605,182	1,156,758	396,826
北　京	22,098	7,871	14,226	6,354
天　津	16,263	4,961	11,303	3,558
河　北	96,082	26,047	70,035	19,790
山　西	51,197	14,920	36,277	9,458
内　蒙	39,887	13,122	26,765	9,553
辽　宁	81,785	24,304	57,482	18,849
吉　林	60,365	16,136	44,228	13,140
黑龙江	89,442	24,864	64,577	17,451
上　海	24,036	9,345	14,691	5,503
江　苏	96,761	40,644	56,117	25,550
浙　江	82,049	20,099	61,950	8,993
安　徽	77,931	27,654	50,277	19,562
福　建	53,540	14,045	39,495	7,682
江　西	51,078	17,804	33,275	10,791
山　东	130,779	42,970	87,809	29,599
河　南	94,636	33,512	61,123	24,334
湖　北	77,607	29,027	48,580	16,615
湖　南	104,174	33,202	70,972	20,345
广　东	102,835	38,203	64,632	22,939
广　西	50,383	22,298	28,085	13,384
四　川	155,516	60,923	94,592	32,304
贵　州	37,065	17,039	20,025	10,870
云　南	39,607	17,383	22,224	10,526
西　藏	968	375	593	180
陕　西	55,189	20,409	34,780	17,117
甘　肃	33,267	14,208	19,058	11,305
青　海	6,286	2,543	3,743	1,681
宁　夏	6,163	2,652	3,511	2,380
新　疆	24,952	8,620	16,332	7,013

辖市不在业人口状况

单位：人

校学生		家务劳动		
男	女	小计	男	女
238,805	158,021	888,298	114,408	773,890
3,413	2,941	7,482	519	6,963
1,853	1,705	6,917	293	6,625
11,242	8,548	56,815	4,209	52,606
5,200	4,258	29,140	2,011	27,128
5,021	4,532	21,029	2,351	18,678
9,557	9,292	38,634	2,036	36,598
6,951	6,188	32,544	930	31,614
9,072	8,379	47,306	1,023	46,282
2,976	2,527	3,859	405	3,454
15,032	9,918	33,568	7,499	26,069
5,381	3,611	50,362	2,728	47,634
13,130	6,432	40,502	4,995	35,507
5,112	2,570	32,175	1,791	30,384
7,566	3,225	26,981	2,825	24,155
18,018	11,580	72,038	8,621	63,417
14,843	9,490	43,816	5,805	38,011
10,096	6,519	42,755	9.239	33,516
13,093	7,253	59,765	7,135	52,630
14,870	8,069	52,199	9,496	42,702
8,707	4,677	25,555	7,674	17,881
20,145	12,159	73,884	13,876	60,008
7,101	3,768	15,211	3,998	11,213
6,587	3,939	18,138	5,168	12,969
116	64	570	180	390
10,162	6,955	26,751	4,116	22,635
7,181	4,124	14,252	3,077	11,175
946	734	2,685	609	2,076
1,380	1,000	2,287	451	1,836
3,452	3,561	11,077	1,345	9,732

地区	待升学			待国家统一分配			市
	小计	男	女	小计	男	女	小计
总计	20,951	12,262	8,690	2,892	1,612	1,279	36,029
北京	359	167	191	120	66	54	364
天津	27	10	17	19	9	10	391
河北	929	510	419	103	48	54	1,102
山西	627	318	309	85	51	34	1,242
内蒙	322	165	157	62	34	29	1,408
辽宁	403	203	201	120	52	68	1,906
吉林	122	61	61	62	34	28	1,238
黑龙江	453	210	244	169	102	67	3,214
上海	126	65	61	95	44	51	417
江苏	1,522	965	557	90	45	45	1,444
浙江	1,161	688	474	86	42	44	1,195
安徽	944	611	332	309	219	90	1,265
福建	257	161	96	89	54	34	743
江西	354	252	103	23	12	12	976
山东	854	483	371	154	75	78	1,121
河南	768	443	325	143	65	78	1,107
湖北	754	458	296	123	63	60	1,440
湖南	1,353	886	467	178	85	93	915
广东	570	381	190	115	60	54	3,833
广西	431	293	138	30	23	7	1,920
四川	5,549	3,256	2,293	310	219	90	3,600
贵州	1,083	624	460	31	15	16	1,384
云南	404	231	173	41	23	17	634
西藏	—	—	—	—	—	—	—
陕西	618	333	285	98	51	47	893
甘肃	336	189	147	62	38	24	862
青海	82	44	38	2	—	2	211
宁夏	55	28	24	12	6	6	170
新疆	488	226	263	162	75	87	1,036

镇待业		退休退职			其他		
男	女	小计	男	女	小计	男	女
17,774	18,255	186,470	113,259	73,211	230,474	107,062	123,412
218	146	5,421	2,576	2,844	1,997	911	1,086
177	213	4,184	2,040	2,144	1,167	579	588
496	605	5,541	3,978	1,563	11,803	5,564	6,239
578	663	4,516	3,617	899	6,130	3,144	2,986
647	761	4,019	2,965	1,054	3,494	1,940	1,554
898	1,008	14,185	7,381	6,804	7,688	4,176	3,511
576	662	5,669	3,579	2,090	7,591	4,005	3,586
1,454	1,760	10,911	7,621	3,290	9,938	5,383	4,555
242	175	12,988	5,215	7,774	1,047	398	649
703	741	14,651	8,457	6,194	19,935	7,342	12,593
600	596	9,738	5,551	4,187	10,514	5,110	5,404
587	678	6,630	4,267	2,363	8,718	3,844	4,874
361	382	3,694	2,245	1,449	8,899	4,320	4,579
417	559	4,692	3,225	1,467	7,261	3,507	3,754
459	662	8,945	6,463	2,482	18,069	8,850	9,219
564	542	7,484	4,709	2,775	16,984	7,082	9,902
711	729	8,830	5,020	3,811	7,090	3,441	3,649
441	474	6,931	4,735	2,196	14,687	6,828	7,859
2,144	1,689	10,625	5,930	4,694	12,555	5,321	7,233
1,113	807	3,618	2,003	1,615	5,445	2,485	2,961
1,843	1,757	16,580	11,128	5,453	23,288	10,456	12,832
693	691	3,042	2,007	1,034	5,443	2,601	2,843
313	321	3,530	2,093	1,437	6,335	2,966	3,369
—	—	4	4	—	214	75	139
430	462	3,714	2,224	1,490	5,998	3,093	2,906
385	477	1,609	1,175	435	4,841	2,164	2,677
124	87	548	365	183	1,077	455	623
76	94	520	336	184	743	376	367
524	512	3,651	2,350	1,302	1,525	649	876

10. 省、自治区、直辖市15岁

地区	15岁及15岁以上人口数			未婚			
	合计	男	女	小计	男	女	小计
总计	7,607,632	3,848,652	3,758,980	2,057,575	1,191,346	866,228	5,016,173
北京	78,000	38,749	39,250	18,266	10,254	8,013	54,918
天津	64,161	32,211	31,949	14,622	8,061	6,561	45,494
河北	410,020	207,265	202,754	99,799	58,214	41,585	282,483
山西	191,148	99,715	91,432	48,279	29,167	19,112	129,389
内蒙	142,175	73,217	68,958	39,341	22,634	16,707	95,404
辽宁	286,174	144,787	141,387	68,567	38,192	30,375	201,775
吉林	171,952	87,093	84,859	44,101	24,303	19,798	118,025
黑龙江	240,699	121,806	118,893	62,095	34,098	27,998	165,434
上海	100,944	49,850	51,094	20,881	12,232	8,649	73,069
江苏	492,463	247,312	245,151	126,996	72,443	54,553	330,249
浙江	313,339	157,657	155,682	83,292	49,198	34,094	206,418
安徽	374,966	191,237	183,729	116,202	67,122	49,081	232,575
福建	187,149	94,300	92,848	49,291	29,695	19,597	123,577
江西	230,734	116,117	114,617	61,471	36,245	25,226	152,220
山东	574,621	285,598	289,022	147,918	82,464	65,454	386,375
河南	552,630	274,017	278,612	151,370	84,793	66,577	360,933
湖北	363,825	182,431	181,394	98,072	55,361	42,711	239,375
湖南	409,266	211,190	198,076	115,134	68,675	46,459	264,286
广东	440,624	220,635	219,989	132,559	78,485	54,074	273,276
广西	262,208	134,074	128,133	78,408	47,001	31,407	163,297
四川	766,955	395,377	371,578	213,399	128,330	85,068	497,290
贵州	197,082	100,151	96,931	56,742	32,253	24,489	127,004
云南	230,940	116,261	114,679	63,254	36,068	27,186	151,110
西藏	13,188	6,327	6,860	5,018	2,698	2,319	6,616
陕西	219,623	112,728	106,896	59,295	35,348	23,947	145,911
甘肃	147,325	75,025	72,300	42,359	24,609	17,750	95,527
青海	26,954	13,387	13,566	7,630	4,392	3,238	17,301
宁夏	27,275	13,583	13,692	7,263	3,969	3,293	18,641
新疆	91,196	46,548	44,649	25,953	15,045	10,908	58,201

及15岁以上人口的婚姻状况

单位：人

有配偶		丧偶			离婚		
男	女	小计	男	女	小计	男	女
2,471,505	2,544,668	495,766	157,053	338,713	38,118	28,747	9,371
27,051	27,867	4,375	1,199	3,175	441	246	195
22,818	22,676	3,774	1,168	2,606	270	163	107
138,610	143,873	26,042	9,060	16,982	1,696	1,381	315
65,100	64,289	12,000	4,161	7,839	1,480	1,287	192
47,379	48,025	6,864	2,769	4,094	567	435	132
100,297	101,478	14,407	5,309	9,098	1,424	988	436
58,694	59,330	9 093	3,606	5,487	733	489	243
82,334	83,100	12,126	4,679	7,448	1,043	696	347
36,020	37,049	6,394	1.308	5,080	600	290	309
164,497	165,752	33,510	9,108	24,401	1,709	1,264	445
101,259	105,159	21,688	5,579	16,109	1,941	1,621	319
115,052	117,523	24,278	7,459	16,820	1,910	1,605	305
60,455	63,123	13,255	3,278	9,977	1,025	873	152
74,330	77,890	15,731	4,472	11,259	1,312	1,070	242
189,806	196,569	38,484	11,921	26,563	1,844	1,407	437
175,567	185,366	38,228	11,950	26,278	2,099	1,707	391
117,048	122,328	24,584	8,569	16,015	1,795	1,454	341
130,822	133,465	27,570	9,727	17,843	2,276	1,967	309
133,479	139,797	32,705	6,977	25,728	2,084	1,694	390
79,885	83,412	18,984	5,923	13,061	1,518	1,265	253
246,086	251,203	53,099	18,562	34,537	3,168	2,398	770
62,692	64,311	12,555	4.632	7,923	781	574	207
74,321	76,789	15,307	5,090	10,217	1,269	782	487
3,130	3,486	1,246	428	818	308	71	236
71,523	74,387	13,394	5,008	8,386	1,024	849	175
46,762	48,765	8,715	3,103	5,612	725	552	173
8,336	8,965	1,691	509	1,182	332	152	181
9,132	9,509	1,257	411	846	114	71	43
29,019	29,181	4,413	1,092	3,321	2,630	1,392	1,238

11. 省、自治区、直辖市

地　　区	年中人口数	出生			
		合　计	男	女	性别比（女＝100）
总　计	1,0514,670	229,235	120,570	108,665	110.95
北　京	96,081	1,583	832	751	110.76
天　津	81,241	1,449	732	717	102.13
河　北	561,794	13,676	7,226	6,450	112.03
山　西	265,043	5,390	2,773	2,618	105.92
内　蒙	202,425	3,901	2,013	1,888	106.61
辽　宁	371,626	6,794	3,548	3,245	109.33
吉　林	232,032	4,187	2,192	1,994	109.92
黑龙江	334,946	6,283	3,230	3,054	105,75
上　海	121,600	1,880	958	922	103,95
江　苏	625,850	10,141	5,457	4,684	116.49
浙　江	406,236	6,575	3,565	3,009	118.46
安　徽	520,290	9,776	5,275	4,501	117.18
福　建	273,827	6,170	4,243	2,927	110.81
江　西	349,498	8,438	4,409	4,029	109.43
山　东	777,131	17,654	6,351	8,30	112.62
河　南	779,769	17,388	9,390	7,998	117.40
湖　北	497,673	12,006	6,266	5,740	109.16
湖　南	567,489	12,508	6,480	6,028	107.51
广　东	631,263	14,612	7,611	7,001	108.71
广　西	392,528	10,831	5,785	5,045	114.66
四　川	1,029,959	22,748	12,052	10,695	112.68
贵　州	300,227	7,445	3,848	3,596	107.00
云　南	344,417	8,825	4,549	4,277	106.36
西　藏	20,427	691	360	330	109.09
陕　西	303,959	7,667	4,008	3,659	109.52
甘　肃	206,375	4,661	2,406	2,255	106.72
青　海	41,204	1,071	541	530	102.21
宁　夏	41,931	1,070	548	522	104.87
新　疆	137,829	3,817	1,919	1,897	101.17

1986年人口自然变动情况

单位：人

出生率（‰）	死亡 合计	男	女	性别比（女=100）	死亡率（‰）
21.80	58,003	31,350	26,653	117.62	5.51
16.47	458	246	212	115.81	4.76
17.83	430	236	194	121.57	5.28
24.34	2,915	1,620	1,295	125.04	5.18
20.33	1,579	870	709	122.64	5.95
19.26	953	582	371	156.97	4.70
18.28	1,681	900	781	115.33	4.52
18.04	1,156	656	499	131.48	4.98
18.75	1,458	851	607	140.12	4.35
15.45	704	370	334	110.73	5.78
16.20	3,438	1,853	1,584	116.97	5.49
16.18	2,410	1,310	1,100	119.14	5.93
18.79	2,535	1,353	1,181	114.57	4.87
22.53	1,548	860	688	124.91	5.65
24.14	1,932	970	962	100.74	5.52
22.71	4,503	2,430	2,073	117.23	5.79
22.29	4,046	2,156	1,890	114.06	5.18
24.12	3,151	1,657	1,494	110.89	6.33
22.04	3,517	1,854	1,663	111.49	6.19
23.14	3,120	1,700	1,420	119.74	4.94
27.59	2,238	1,233	1,005	122.67	5.70
22.08	6,204	3,327	2,877	115.64	6.02
24.79	1,634	822	812	101.21	5.44
25.62	2,460	1,276	1,184	107.83	7.14
33.80	79	45	34	133.33	3.85
25.22	1,684	992	693	143.11	5.54
22.58	992	536	455	117.83	4.80
25.99	261	138	123	112.42	6.32
25.52	191	106	85	125.35	4.55
27.69	727	400	327	122.19	5.27

12. 省、自治区、直辖市的

地区	年中人口数	出生 合计	男	女	性别比（女=100）
总计	1,892,050	33,078	17,228	15,850	108.69
北京	56,873	760	398	362	110.06
天津	51,954	850	426	425	100.28
河北	102,285	2,022	1,013	1,008	100.48
山西	64,853	1,002	497	504	98.61
内蒙	58,072	1,054	540	515	104.85
辽宁	138,587	2,242	1,173	1,069	109.66
吉林	73,085	1,328	677	651	103.87
黑龙江	93,569	1,607	833	775	107.44
上海	67,497	1,091	565	525	107.60
江苏	77,211	1,054	566	488	116.04
浙江	87,462	1,305	690	616	111.99
安徽	66,871	955	499	455	109.56
福建	45,365	827	425	402	105.57
江西	49,929	904	472	432	109.29
山东	229,579	4,948	2,627	2,321	113.16
河南	84,985	1,352	717	635	112.93
湖北	71,946	1,121	583	538	108.26
湖南	46,555	684	378	306	123.32
广东	82,375	1,585	858	727	117.94
广西	22,369	427	235	192	122.51
四川	100,889	1,677	876	800	109,47
贵州	41,509	944	470	473	99.43
云南	55,044	1,035	517	518	99.82
西藏	146	—	—	—	—
陕西	52,194	972	515	457	112.72
甘肃	23,404	455	235	220	107.08
青海	7,288	99	54	45	118.10
宁夏	5,191	73	36	37	97.84
新疆	34,962	706	354	352	100.66

市1986年人口自然变动情况

单位：人

出生率（‰）	死亡 合计	男	女	性别比（女=100）	死亡率（‰）
17.48	8,841	4,895	3,946	124.05	4.67
13.35	243	133	110	121.03	4.28
16.63	289	163	126	128.66	5.56
19.76	430	248	182	136.66	4.20
15.44	234	128	106	120.43	3.61
18.15	214	136	78	174.21	3.68
16.17	543	319	224	142.46	3.92
18.17	368	200	169	118.35	5.03
17.17	443	261	182	143.21	4.73
16.16	394	212	182	116.82	5.83
13.64	352	208	144	143.75	4.56
14.92	551	305	245	124.39	6.29
14.27	252	151	100	151.08	3.76
18.22	235	129	106	121.96	5.17
18.11	213	104	110	94.30	4.27
21.55	1,196	655	542	120.87	5.21
15.90	351	190	160	118.69	4.12
15.57	310	173	138	125.19	4.31
14.68	214	110	104	105.18	4.60
19.24	378	210	168	125.17	4.59
19.08	100	50	50	100.00	4.48
16.61	479	244	236	103.42	4.75
22.73	199	99	99	100.00	4.79
18.80	378	195	183	106.89	6.87
—	—	—	—	—	—
18.61	204	120	84	141.93	3.91
19.45	114	63	51	124.19	4.87
13.56	23	17	7	252.94	3.21
14.08	14	6	7	88.88	2.60
20.18	118	65	52	124.62	3.36

13. 省、自治区、直辖市的

地区	年中人口数	出生			
		合计	男	女	性别比（女＝100）
总计	**1,965,011**	**41,996**	**22,113**	**19,883**	**111.21**
北京	5,239	88	50	38	130.86
天津	5,107	91	44	46	95.65
河北	93,506	2,415	1,300	1,115	116.61
山西	62,954	1,329	674	655	102.96
内蒙	39,571	782	409	373	109.80
辽宁	97,670	1,847	964	883	109.15
吉林	91,581	1,656	848	808	104.93
黑龙江	108,177	2,074	1,058	1,016	104.14
上海	6,773	83	42	41	102.85
江苏	101,350	1,393	730	662	110.30
浙江	99,071	1,604	868	735	118.04
安徽	76,559	1,439	777	663	117.26
福建	63,379	1,350	718	632	113.56
江西	45,011	1,135	603	531	113.61
山东	196,455	4,401	2,355	2,046	115.07
河南	73,899	1,799	972	826	117.66
湖北	125,457	2,997	1,573	1.424	110.51
湖南	101,295	2,167	1,138	1,029	110.58
广东	87,488	1,787	935	852	109.78
广西	103,837	2,903	1,533	1,370	111.95
四川	166,203	3,519	1,856	1,664	111.54
贵州	56,141	1,364	717	647	110.80
云南	43,978	1,027	550	476	115.50
西藏	26	—	—	—	—
陕西	52,529	1,295	664	631	105.17
甘肃	31,215	650	325	325	100.00
青海	2,992	82	39	43	90.90
宁夏	7,225	132	72	59	122.14
新疆	20,323	589	296	293	101.06

镇1986年人口自然变动情况

单位：人

出生率（‰）	死亡 合计	男	女	性别比（女＝100）	死亡率（‰）
21.37	12,197	6,666	5,531	120.51	6.20
16.87	24	13	11	121.73	4.60
17.72	23	14	8	171.42	4.49
25.82	421	237	184	128.94	4.50
21.11	393	214	178	120.00	6.23
19.76	172	101	71	141.88	4.35
18.90	424	216	208	103.94	4.33
18.07	427	247	180	137.10	4.65
19.16	452	256	197	129.76	4.18
12.32	33	17	16	107.40	4.85
13.74	572	313	259	120.93	5.64
16.18	546	295	250	117.92	5.50
18.80	365	203	162	124.83	4.76
21.29	383	208	175	119.26	6.04
25.20	196	100	96	103.70	4.36
22.40	1,198	648	550	117.76	6.09
24.34	392	219	173	126.31	5.30
23.88	661	322	339	95.19	5.26
21.38	573	316	257	123.11	5.65
20.42	2,423	1,311	1,112	117.93	27.69
27.95	627	350	276	126.90	6.03
21.17	873	516	357	144.79	5.25
24.29	271	139	132	105.44	4.82
23.34	247	115	132	87.67	5.61
—	—	—	—	—	—
24.64	242	153	89	171.42	4.59
20.81	130	70	60	116.43	4.15
27.43	22	11	11	103.57	7.44
18.21	24	14	10	134.61	3.35
28.96	85	46	39	120.20	4.18

14. 省、自治区、直辖市的

地区	年中人口数	出生 合计	男	女	性别比（女=100）
总计	6,657,609	154,161	81,229	72,932	111.37
北京	33,969	735	384	351	109.28
天津	24,180	508	262	246	106.54
河北	366,003	9,239	4,913	4,327	113.54
山西	137,236	3,059	1,601	1,458	109.79
内蒙	104,783	2,064	1,064	1,000	106.33
辽宁	135,370	2,705	1,412	1,293	109.17
吉林	67,366	1,203	668	535	124.80
黑龙江	133,200	2,602	1,339	1,263	106.01
上海	47,331	705	350	355	98.67
江苏	447,289	7,694	4,160	3,534	117.71
浙江	219,703	3,666	2,008	1,658	121.05
安徽	376,860	7,382	3,999	3,383	118.19
福建	165,083	3,993	2,101	1,892	111.00
江西	254,557	6,399	3,333	3,066	108.73
山东	351,097	8,304	4,369	3,935	111.03
河南	620,885	14,237	7,701	6,537	117.80
湖北	300,270	7,889	4,110	3,778	108.78
湖南	419,639	9,658	4,965	4,693	105.80
广东	461,400	11,240	5,818	5,422	107.31
广西	266,322	7,501	4,017	3,484	115.30
四川	762,868	17,552	9,320	8,231	113.23
贵州	202,577	5,137	2,661	2,476	107.45
云南	245,395	6,763	3,481	3,282	106.06
西藏	20,254	691	360	330	109.09
陕西	199,235	5,401	2,829	2,571	110.02
甘肃	151,756	3,556	1,846	1,710	107.96
青海	30,924	890	449	441	101.68
宁夏	29,515	865	439	426	103.07
新疆	82,544	2,522	1,270	1,253	101.33

县1986年人口自然变动情况

单位：人

出生率 (‰)	死亡 合计	男	女	性别比 (女=100)	死亡率 (‰)
23.15	36,965	19,789	17,175	115.21	5.55
21.64	191	99	91	108.80	5.60
21.00	118	59	59	99.31	4.87
25.24	2,064	1,134	930	122.00	5.63
22.29	952	528	424	124.31	6.93
19.69	567	345	222	155.76	5.41
19.98	714	365	349	104.69	5.27
17.85	361	210	151	139.45	5.35
19.53	562	334	228	146.58	4.22
14.90	277	140	136	103.01	5.84
17.20	2,514	1,333	1,181	112.82	5.61
16.68	1,313	709	604	117.52	5.97
19.58	1,918	999	919	108.77	5.08
24.18	930	522	408	128.09	5.63
25.13	1,522	766	756	101.29	5.97
23.65	2,109	1,128	981	114.93	6.00
22.93	3,303	1,747	1,556	112.22	5.31
26.27	2,180	1,162	1,018	114.17	7.25
23.01	2,731	1,428	1,302	109.66	8.50
24.36	319	179	140	127.58	0.69
28.16	1,511	833	679	122.63	5.67
23.00	4,852	2,567	2,285	112.35	6.36
25.35	1,164	583	581	100.46	5.74
27.56	1,835	966	869	111.08	7.47
34.09	79	45	34	133.33	3.89
27.10	1,238	719	519	138.46	6.21
23.43	748	404	344	117.14	4.92
28.78	215	110	105	104.46	6.95
29.32	153	86	67	127.81	5.18
30.55	524	288	236	121.98	6.35

15. 省、自治区、直

地区	户				
	合计	一人户	二人户	三人户	四人户
总计	**2,483,831**	**137,291**	**235,857**	**515,637**	**599,614**
北京	26,402	1,717	3,588	8,640	6,549
天津	21,808	1,363	2,661	7,529	4,895
河北	135,892	7,739	14,031	28,541	37,295
山西	64,725	4,174	7,235	13,022	16,561
内蒙	47,313	1,980	4,125	9,990	11,443
辽宁	96,686	3,406	10,010	31,829	24,119
吉林	56,665	1,518	4,661	16,061	14.546
黑龙江	81,228	2,199	7,198	21,138	20,909
上海	34,595	2,520	4,788	12,367	7,865
江苏	163,335	12,430	18,386	43,959	41,860
浙江	109,886	8,724	12,880	27,949	29,710
安徽	119,030	7,196	9,994	19,510	26,770
福建	57,781	2,950	4,122	8,073	12,037
江西	74,172	3,235	5,245	10,169	15,713
山东	195,197	12,210	22,051	45,076	49,189
河南	179,729	9,222	15,822	33,235	41,173
湖北	117,103	5,475	11,283	22,651	30,437
湖南	138,166	7,789	14,526	25,623	37,254
广东	135,468	10,352	10,903	17,634	27,146
广西	77,860	4,064	4,964	8,735	13,436
四川	254,574	15,883	25,367	58,272	66,342
贵州	63,884	3,010	4,992	8,717	12,031
云南	71,141	2,790	5,276	10,322	14,419
西藏	3,697	165	255	435	420
陕西	68,464	2,104	5,370	12,743	18,386
甘肃	41,961	820	1,927	5,517	9,948
青海	7,916	255	472	913	1,396
宁夏	8,811	250	613	1,406	1,783
新疆	30,340	1,748	3,112	5,579	5,932

辖市家庭户的规模

单位：人

数					
五人户	六人户	七人户	八人户	九人户	十人以上
479,021	264,438	135,424	63,789	28,679	24,080
3,430	1,455	620	241	99	64
2,770	1,396	612	296	143	142
25,501	12,584	5,703	2,600	1,087	811
12,696	6,430	2,834	1,090	426	256
9,432	5,411	2,724	1,245	545	419
15,634	7,051	2,841	1,137	409	250
10,315	5,505	2,429	1,012	379	239
15,344	8,257	3,779	1,458	561	385
4,227	1,698	672	287	93	76
27,052	11,446	4,904	2,003	773	522
18,778	7,481	2,840	1,001	353	171
25,929	15,674	8,068	3,524	1,456	909
12,650	7,873	4,628	2,404	1,321	1,723
16,087	11,167	6,426	3,199	1,585	1,346
35,036	17,075	8,151	3,534	1,547	1,329
36,883	21,997	11,730	5,538	2,344	1,786
24,316	12,367	6,047	2,623	1,118	737
30,621	13,436	5,645	2,125	707	439
27,328	18,568	11,044	5,996	3,078	3,420
15,585	12,131	8,662	5,035	2,710	2,537
47,762	23.308	10,232	4,417	1,825	1,167
13,763	10,459	6,044	2,942	1,182	743
13.827	10,551	6,845	3,728	1,819	1,563
533	522	477	435	206	248
15,196	7,874	3,833	1,687	674	597
9,892	6,524	3,626	1,878	944	885
1,629	1,232	838	506	306	369
1,745	1,359	832	454	190	177
5,061	3,606	2,338	1,392	799	773

地区	占			
	一人户	二人户	三人户	四人户
总计	5.42	9.50	21.04	23.86
北京	6.50	13.59	32.72	24.80
天津	6.25	12.20	34.52	22.45
河北	5.70	10.32	21.00	27.44
山西	6.45	11.18	20.12	25.59
内蒙	4.18	8.72	21.11	24.19
辽宁	3.52	10.35	32.92	24.95
吉林	2.68	8.22	28.34	25.67
黑龙江	2.71	8.86	26.02	25.74
上海	7.29	13.84	35.75	22.74
江苏	7.61	11.26	26.91	25.63
浙江	7.94	11.72	25.43	27.04
安徽	6.05	8.40	16.39	22.49
福建	5.11	7.13	13.97	20.83
江西	4.36	7.07	13.71	21.18
山东	6.26	11.30	23.09	25.20
河南	5.13	8.80	18.49	22.91
湖北	4.68	9.63	19.34	26.03
湖南	5.64	10.51	18.54	26.96
广东	7.64	8.05	13.02	20.04
广西	5.22	6.38	11.22	17.26
四川	6.24	9.96	22.89	26.06
贵州	4.71	7.81	13.65	18.83
云南	3.92	7.42	14.51	20.27
西藏	4.47	6.90	11.78	11.37
陕西	3.07	7.84	18.61	26.85
甘肃	1.95	4.59	13.15	23.71
青海	3.22	5.96	11.53	17.64
宁夏	2.84	6.96	15.96	20.24
新疆	5.76	10.26	18.39	19.55

（续完）

家庭户总数百分比					
五人户	六人户	七人户	八人户	九人户	十人以上
19.06	10.69	5.54	2.64	1.21	1.03
12.99	5.51	2.35	0.91	0.37	0.24
12.70	6.40	2.80	1.36	0.66	0.65
18.77	9.26	4.20	1.91	0.80	0.60
19.61	9.93	4.38	1.68	0.66	0.40
19.94	11.44	5.76	2.63	1.15	0.88
16.17	7.29	2.94	1.18	0.42	0.26
18.20	9.72	4.29	1.79	0.67	0.42
18.89	10.17	4.65	1.80	0.69	0.47
12.22	4.91	1.94	0.83	0.27	0.22
16.56	7.01	3.00	1.23	0.47	0.32
17.09	6.81	2.58	0.91	0.32	0.16
21.78	13.17	6.78	2.96	1.22	0.76
21.89	13.63	8.01	4.16	2.29	2.98
21.69	15.06	8.66	4.31	2.14	1.82
17.95	8.75	4.18	1.81	0.79	0.68
20.52	12.24	6.53	3.08	1.30	0.99
20.76	10.56	5.16	2.24	0.95	0.63
22.16	9.72	4.09	1.54	0.51	0.32
20.17	13.71	8.15	4.43	2.27	2.52
20.02	15.58	11.12	6.47	3.48	3.26
18.76	9.16	4.02	1.73	0.72	0.46
21.54	16.37	9.46	4.61	1.85	1.16
19.44	14.83	9.62	5.24	2.56	2.20
14.42	14.11	12.89	11.78	5.58	6.70
22.20	11.50	5.60	2.46	0.98	0 87
23.57	15.55	8.64	4.48	2.25	2.11
20.57	15.57	10.58	6.39	3.87	4.66
19.80	15.42	9.45	5.16	2.15	2.01
16.68	11.89	7.71	4.59	2.63	2.55

16. 全国分性别、年龄的人口

单位：人

年龄别	人口数			占总人口数百分比			性别比（女＝100）
	小计	男	女	小计	男	女	
总计	10,679,308	5,441,469	5,237,838	100.00	50.95	49.05	103.89
0—4	992,680	519,862	472,818	9.30	4.87	4.43	109.95
0	227,182	118,792	108,390	2.13	1.11	1.01	109.60
1	201,033	106,009	95,024	1.88	0.99	0.89	111.56
2	185,282	97,059	88,223	1.73	0.91	0.83	110.02
3	181,595	95,079	86,516	1.70	0.89	0.81	109.90
4	197,589	102,922	94,666	1.85	0.96	0.89	108.72
5—9	969,101	501,375	467,726	9.07	4.69	4.38	107.19
5	219,204	113,802	105,402	2.05	1.07	0.99	107.97
6	180,944	93,626	87,318	1.69	0.88	0.82	107.22
7	190,113	99,056	91,057	1.78	0.93	0.85	108.78
8	194,043	99,759	94,284	1.82	0.93	0.88	105.81
9	184,797	95,132	89,665	1.73	0.89	0.84	106.10
10—14	1,109,894	571,580	538,314	10.39	5.35	5.04	106.18
10	194,434	100,404	94,030	1.82	0.94	0.88	106.78
11	203,511	104,950	98,561	1.91	0.98	0.92	106.48
12	220,499	113,327	107,172	2.06	1.06	1.00	105.74
13	239,837	123,494	116,344	2.25	1.16	1.09	106.15
14	251,613	129,405	122,207	2.36	1.21	1.14	105.89
15—19	1,280,717	651,863	628,855	11.95	6.10	5.89	103.66
15	251,004	128,955	122,049	2.35	1.21	1.14	105.66
16	270,182	137,899	132,284	2.53	1.29	1.24	104.24
17	257,518	131,285	126,234	2.41	1.23	1.18	104.00
18	270,612	137,082	133,530	2.53	1.28	1.25	102.66
19	231,400	116,642	114,758	2.17	1.09	1.07	101.64
20—24	1,215,136	608,135	607,001	11.38	5.69	5.68	100.19
20	220,523	109,561	110,962	2.06	1.03	1.04	98.74
21	239,533	119,542	119,990	2.24	1.12	1.12	99.63
22	237,492	118,586	118,906	2.22	1.11	1.11	99.73
23	248,003	124,202	123,801	2.32	1.16	1.16	100.32
24	269,585	136,243	133,342	2.52	1.28	1.25	102.18

（续1）

年龄别	人口数			占总人口数百分比			性别比（女＝100）
	小计	男	女	小计	男	女	
25—29	743,644	380,365	363,280	6.96	3.56	3.40	104.70
25	158,948	79,560	79,388	1.49	0.74	0.74	100.22
26	114,773	57,526	57,247	1.07	0.54	0.54	100.49
27	139,389	71,772	67,617	1.31	0.67	0.63	106.15
28	143,079	73,879	69,200	1.34	0.69	0.65	106.76
29	187,455	97,627	89,828	1.76	0.91	0.84	108.68
30—34	897,052	457,891	439,161	8.40	4.29	4.11	104.27
30	184,105	94,418	89,687	1.72	0.88	0.84	105.28
31	172,083	87,871	84,212	1.61	0.82	0.79	104.35
32	190,547	97,406	93,141	1.78	0.91	0.87	104.58
33	179,327	91,175	88,152	1.68	0.85	0.83	103.43
34	170,989	87,020	83,969	1.60	0.81	0.79	103.63
35—39	713,752	365,808	347,943	6.68	3.43	3.26	105.13
35	167,576	85,094	82,483	1.57	0.80	0.77	103.17
36	144,401	73,478	70,923	1.35	0.69	0.66	103.60
37	148,907	77,116	71,792	1.39	0.72	0.67	107.42
38	130,577	66,977	63,600	1.22	0.63	0.60	105.31
39	122,289	63,144	59,146	1.15	0.59	0.55	106.76
40—44	526,631	271,862	254,769	4.93	2.55	2.39	106.71
40	122,809	63,460	59,349	1.15	0.59	0.56	106.93
41	107,999	55,153	52,846	1.01	0.52	0.49	104.36
42	103,521	53,363	50,158	0.97	0.50	0.47	106.39
43	98,149	50,964	47,185	0.92	0.48	0.44	108.01
44	94,154	48,922	45,231	0.88	0.46	0.42	108.16
45—49	469,552	244,291	225,262	4.40	2.29	2.11	108.45
45	97,839	50,697	47,141	0.92	0.47	0.44	107.54
46	95,819	50,104	45,715	0.90	0.47	0.43	109.60
47	90,258	46,548	43,710	0.85	0.44	0.41	106.49
48	92,353	47,969	44,384	0.86	0.45	0.42	108.08
49	93,284	48,972	44,311	0.87	0.46	0.41	110.52

（续2）

年龄别	总人口数			占总人口数百分比			性别比（女＝100）
	小计	男	女	小计	男	女	
50—54	461,122	238,697	222,425	4.32	2.24	2.08	107.32
50	95,404	49,641	45,763	0.89	0.46	0.43	108.47
51	92,804	48,174	44,630	0.87	0.45	0.42	107.94
52	90,111	46,218	43,893	0.84	0.43	0.41	105.29
53	91,543	47,295	44,248	0.86	0.44	0.41	106.89
54	91,260	47,370	43,891	0.85	0.44	0.41	107.93
55—59	395,070	204,657	190,413	3.70	1.92	1.78	107.48
55	83,119	43,253	39,866	0.78	0.41	0.37	108.49
56	81,344	42,651	38,693	0.76	0.40	0.36	110.23
57	79,337	41,138	38,199	0.74	0.39	0.36	107.70
58	75,530	38,727	36,803	0.71	0.36	0.34	105.23
59	75,741	38,888	36,853	0.71	0.36	0.35	105.52
60—64	319,472	161,972	157,500	2.99	1.52	1.47	102.84
60	70,142	36,013	34,129	0.66	0.34	0.32	105.52
61	64,048	32,711	31,337	0.60	0.31	0.29	104.38
62	66,552	33,837	32,715	0.62	0.32	0.31	103.43
63	62,600	31,345	31,255	0.59	0.29	0.29	100.29
64	56,130	28,066	28,063	0.53	0.26	0.26	100.01
65—69	242,405	117,550	124,855	2.27	1.10	1.17	94.15
65	55,382	27,331	28,051	0.52	0.26	0.26	97.44
66	52,344	25,689	26,656	0.49	0.24	0.25	96.37
67	50,034	24,283	25,751	0.47	0.23	0.24	94.30
68	43,596	20,755	22,842	0.41	0.19	0.21	90.86
69	41,049	19,493	21,555	0.38	0.18	0.20	90.43
70—74	172,255	79,012	93,242	1.61	0.74	0.87	84.74
70	40,927	19,227	21,700	0.38	0.18	0.20	88.60
71	36,219	16,738	19,481	0.34	0.16	0.18	85.92
72	33,553	15,216	18,338	0.31	0.14	0.17	82.97
73	33,655	15,371	18,284	0.32	0.14	0.17	84.07
74	27,900	12,461	15,439	0.26	0.12	0.14	80.71

（续3完）

年龄别	人口数			占总人口百分比			性别比（女=100）
	小计	男	女	小计	男	女	
75—79	101,548	42,312	59,236	0.95	0.40	0.55	71.43
75	24,701	10,729	13,972	0.23	0.10	0.13	76.79
76	22,523	9,666	12,857	0.21	0.09	0.12	75.18
77	20,201	8,457	11,744	0.19	0.08	0.11	72.01
78	18,608	7,397	11,210	0.17	0.07	0.10	65.98
79	15,515	6,063	9,452	0.15	0.06	0.09	64.14
80—84	49,967	18,319	31,648	0.47	0.17	0.30	57.89
80	13,660	5,242	8,417	0.13	0.05	0.08	62.28
81	11,551	4,332	7,218	0.11	0.04	0.07	60.02
82	9,704	3,565	6,140	0.09	0.03	0.06	58.06
83	8,140	2,852	5,287	0.08	0.03	0.05	53.95
84	6,913	2,328	4,585	0.06	0.02	0.04	50.76
85—89	15,617	4,892	10,725	0.15	0.05	0.10	45.61
85	5,184	1,662	3,523	0.05	0.02	0.03	47.17
86	4,292	1,338	2,954	0.04	0.01	0.03	45.30
87	2,826	880	1,947	0.03	0.01	0.02	45.18
89	1,908	610	1,298	0.02	0.01	0.01	46.95
99	1,406	403	1,003	0.01	0.00	0.01	40.19
90—94	3,034	838	2,195	0.03	0.01	0.02	38.18
90	1,140	352	788	0.01	0.00	0.01	44.59
91	695	176	519	0.01	0.00	0.00	34.00
92	535	139	396	0.01	0.00	0.00	35.23
93	393	105	287	0.00	0.00	0.00	36.71
94	270	65	205	0.00	0.00	0.00	31.84
95—99	559	150	409	0.01	0.00	0.00	36.80
95	174	42	132	0.00	0.00	0.00	31.57
96	152	46	106	0.00	0.00	0.00	42.81
97	137	41	96	0.00	0.00	0.00	43.12
98	54	12	42	0.00	0.00	0.00	28.40
99	42	10	32	0.00	0.00	0.00	30.53
100岁及以上	99	38	62	0.00	0.00	0.00	60.69

17. 1986年全国各年龄别人口死亡状况

单位：人

年龄别	1986年年中人口数			1986年死亡人口			死亡率(‰)		
	合计	男	女	合计	男	女	合计	男	女
总计	10,511,356	5,354,619	5,156,736	58,002	31,350	26,652	5.51	5.85	5.16
0—4	987,561	516,333	471,228	6,078	3,164	2,914	6.15	6.12	6.18
0	202,282	106,657	95,625	4,478	2,381	2,096	22.13	22.32	21.92
1	185,940	97,375	88,566	679	326	352	3.65	3.35	3.97
2	181,975	95,283	86,692	426	219	207	2.33	2.29	2.38
3	197,894	103,067	94,827	272	126	145	1.37	1.22	1.53
4	219,470	113,952	105,518	225	111	113	1.02	0.97	1.07
5—9	945,033	488,384	456,649	703	401	302	0.74	0.82	0.66
5	181,144	93,735	87,409	195	107	88	1.07	1.13	1.00
6	190,270	99,154	91,116	173	102	71	0.90	1.02	0.77
7	194,149	99,824	94,325	132	74	57	0.67	0.74	0.60
8	184,915	95,198	89,717	95	55	40	0.51	0.57	0.45
9	194,555	100,474	94,081	109	64	45	0.56	0.63	0.48
10—14	1,167,126	600,500	566,625	658	367	291	0.56	0.61	0.51
10	203,610	105,003	98,607	110	65	46	0.54	0.61	0.46
11	220,607	113,394	107,212	117	68	49	0.52	0.59	0.45
12	239,978	123,572	116,405	130	61	69	0.54	0.49	0.59
13	251,758	129,495	122,263	157	95	62	0.62	0.73	0.50
14	251,173	129,034	122,138	144	79	66	0.57	0.61	0.53
15—19	1,251,555	633,160	618,395	1,243	657	586	0.99	1.03	0.94
15	270,358	137,988	132,371	190	103	87	0.70	0.74	0.65
16	257,768	131,414	126,354	219	107	112	0.85	0.81	0.88
17	270,922	137,239	133,683	264	134	130	0.97	0.97	0.97
18	231,710	116,814	114,896	306	173	133	1.32	1.47	1.16
19	220,797	109,705	111,092	264	140	124	1.19	1.27	1.11
20—24	1,155,056	578,932	576,124	1,372	755	618	1.18	1.30	1.07
20	239,818	119,692	120,126	275	150	125	1.14	1.25	1.03
21	237,814	118,747	119,067	292	150	142	1.22	1.26	1.19
22	248,330	124,394	123,936	293	162	130	1.17	1.30	1.05
23	269,921	136,433	133,489	309	178	130	1.14	1.30	0.97
24	159,173	79,666	79,507	203	114	90	1.27	1.42	1.13

(续1)

年龄别	1986年年中人口数			1986年死亡人口			死亡率(‰)		
	合计	男	女	合计	男	女	合计	男	女
25—29	769,835	395,795	374,040	895	492	402	1.16	1.24	1.07
25	114,929	57,600	57,329	134	59	74	1.16	1.03	1.29
26	139,573	71,877	67,696	139	78	61	0.99	1.09	0.89
27	143,274	73,996	69,278	181	108	73	1.26	1.46	1.04
28	187,688	97,758	89,930	199	111	88	1.05	1.13	0.97
29	184,370	94,564	89,806	242	135	107	1.31	1.42	1.19
30—34	881,854	449,317	432,537	1,258	680	578	1.42	1.51	1.33
30	172,312	87,995	84,317	238	118	120	1.38	1.34	1.42
31	190,843	97,575	93,267	262	149	113	1.37	1.53	1.20
32	179,571	91,328	88,243	235	140	95	1.30	1.53	1.07
33	171,263	87,172	84,091	268	142	126	1.56	1.62	1.49
34	167,865	85,246	82,619	255	130	124	1.51	1.52	1.50
35—39	670,309	344,930	325,380	1,241	669	572	1.85	1.93	1.75
35	144,664	73,619	71,046	254	129	125	1.75	1.75	1.75
36	149,178	77,265	71,913	266	149	117	1.78	1.93	1.62
37	130,843	67,133	63.710	253	132	121	1.93	1.96	1.89
38	122,530	63,278	59,252	199	100	99	1.62	1.58	1.66
39	123,094	63,635	59,459	269	159	111	2.18	2.49	1.86
40—44	503,054	259,912	243,142	1,337	777	560	2.65	2.98	2.30
40	108,248	55,295	52,952	236	137	99	2.17	2.47	1.86
41	103,783	53,516	50,267	249	138	112	2.40	2.57	2.22
42	98,417	51,118	47,299	225	131	93	2.28	2.57	1.97
46	94,444	49,081	45,363	288	166	122	3.04	3.37	2.69
44	98,162	50,902	47,260	339	205	134	3.45	4.02	2.84
45—49	469,234	244,510	224,724	1,927	1,153	773	4.10	4.71	3.43
45	96,180	50,318	45,862	343	210	132	3.56	4.18	2.87
46	90,619	46,753	43,866	331	194	136	3.64	4.15	3.10
47	92,790	48,235	44,555	386	239	148	4.16	4.94	3.31
48	93,716	49,239	44,477	424	245	179	4.52	4.96	4.02
49	95,929	49,964	45,964	444	265	178	4.62	5.30	3.87

(续2)

年龄别	1986年中人口数			1986年死亡人口			死亡率(‰)		
	合计	男	女	合计	男	女	合计	男	女
50—54	452,045	234,229	217,816	2,903	17,65	1,137	6.41	7.53	5.22
50	93,326	48,489	44,837	487	292	194	5.21	6.02	4.33
51	90,708	46,578	44,130	493	326	166	5.43	7.00	3.76
52	92,196	47,678	44,519	628	381	248	6.81	7.98	5.56
53	92,009	47,808	44,201	653	383	270	7.09	8.02	6.09
54	83,806	43,676	40,130	642	383	259	7.66	8.76	6.46
55—59	386,619	200,136	186,483	4,165	2,505	1,659	10.77	12.51	8.89
55	82,092	43,081	39,011	745	436	309	9.07	10.12	7.91
56	80,247	41,656	38,591	772	473	299	9.61	11.36	7.73
57	76,456	39,305	37,151	845	499	346	11.05	12.70	9.31
58	76,659	39,457	37,201	879	528	352	11.47	13.37	9.45
59	71,165	36,637	34,528	923	569	354	12.96	15.52	10.25
60—64	310,708	156,992	153,716	5,535	3,394	2,141	17.81	21.61	13.92
60	65,135	33,339	31,797	1,024	614	410	15.71	18.40	12.89
61	67,707	34,546	33,161	1,055	644	412	15.58	18.63	12.41
62	63,802	32,096	31,706	1,104	674	430	17.30	21.00	13.57
63	57,339	28,840	28,499	1,109	692	416	19.33	24.01	14.60
64	56,725	28,171	28,553	1,243	770	473	21.91	27.33	16.56
65—69	235,241	113,740	121,501	6,471	3,810	4,661	27.50	33.49	21.89
65	53,722	26,528	27,194	1,168	699	469	21.74	26.35	17.24
66	51,489	25,164	26,325	1,210	694	517	23.50	27.56	19.63
67	45,016	21,583	23,433	1,303	784	519	28.94	36.31	22.16
68	42,520	20,353	22,166	1,330	819	511	31.26	40.22	23.04
69	42,494	20,111	22,383	1,459	815	644	34.34	40.52	28.78
70—74	164,070	74,898	89,172	7,434	4,129	3,305	45.31	55.11	37.06
70	37,699	17,593	20,107	1,425	838	586	37.79	47.64	29.16
71	35,173	16,104	19,069	1,530	825	705	43.48	51.23	36.94
72	35,491	16,363	19,128	1,636	889	747	46.10	54.31	39.07
73	29,478	13,333	16,145	1,425	809	615	48.33	60.71	38.10
74	26,228	11,506	14,722	1,419	767	651	54.09	66.68	44.24

（续3完）

年龄别	1986年年中人口数			1986年死亡人口			死亡率（‰）		
	合计	男	女	合计	男	女	合计	男	女
75—79	97,878	40,483	57,395	6,781	3,396	3,385	69.28	83.86	58.97
75	24,081	10,482	13,599	1,418	743	675	58.87	70.90	49.60
76	21,667	9,224	12,443	1,398	702	696	64.54	76.12	55.95
77	20,116	8,130	11,986	1,345	669	676	66.88	82.34	56.39
78	16,935	6,731	10,204	1,336	651	685	78.89	96.67	67.16
79	15,079	5,916	9,163	1,284	630	653	85.12	106.56	71.29
80—84	46,909	17,031	29,877	4,984	2,199	2,785	106.25	129.05	93.21
80	12,846	4,919	7,927	1,153	522	631	89.73	106.15	79.54
81	10,889	4,059	6,829	1,100	488	611	100.99	120.26	89.53
82	9,191	3,301	5,890	1,026	475	551	111.64	143.81	93.61
83	7,951	2,756	5,195	913	386	528	114.88	139.99	101.56
84	6,032	1,996	4,036	792	328	464	131.34	164.28	115.04
85—89	13,911	4,434	9,477	2,173	815	1,358	156.20	183.58	143.29
85	5,049	1,621	3,429	655	271	383	129.71	167.90	111.84
86	3,360	1,077	2,282	535	201	334	159.36	186.62	146.49
87	2,328	752	1,576	395	128	268	169.78	169.58	169.87
88	1,758	533	1,225	323	118	205	183.76	221.18	167.47
89	1,416	450	965	264	97	168	186.68	214.90	173.52
90—94	2,729	720	2,009	672	184	488	246.33	255.55	243.02
90	899	241	658	209	54	155	232.60	224.15	235.69
91	711	190	521	196	59	136	275.18	311.69	261.83
92	516	144	372	116	35	81	225.86	243.73	218.94
93	360	89	271	72	21	50	198.42	237.25	185.62
94	243	56	187	79	14	65	326.93	258.74	347.28
95—99	563	156	407	144	28	115	253.99	179.48	283.25
95	194	53	141	56	10	46	286.16	179.76	326.43
96	169	48	120	38	5	33	224.60	110.02	270.55
97	78	15	63	21	7	15	271.07	434.19	232.49
98	53	14	39	16	5	11	295.32	347.90	275.74
99	69	25	44	13	2	11	192.61	78.69	258.93
100岁及以上	67	26	41	28	7	21	423.66	285.20	509.81

18. 1986 年全国月份

地区	类别	全年	1月	2月	3月	4月
全国	合计	58,003	4,172	5,276	4,962	4,623
	男	31,350	2,254	2,804	2,611	2,570
	女	26,653	1,918	2,472	2,351	2,053
市	合计	8,841	753	772	795	697
	男	4,895	409	430	427	380
	女	3,946	344	342	368	316
镇	合计	12,197	810	1,047	1,075	1,032
	男	6,666	424	591	552	581
	女	5,531	385	456	523	451
县	合计	36,965	2,609	3,456	3,093	2,894
	男	19,789	1,420	1,782	1,632	1,608
	女	17,175	1,189	1,674	1,460	1,286

死亡人口分布状况

单位：人

5 月	6 月	7 月	8 月	9 月	10 月	11 月	12 月
4,499	4,725	4,714	4,812	4,595	5,280	5,100	5,244
2,443	2,604	2,551	2,662	2,556	2,802	2,764	2,729
2,056	2,121	2,163	2,150	2,038	2,478	2,337	2,515
660	674	645	692	720	762	824	846
380	380	375	388	404	419	447	455
281	294	270	304	317	342	377	391
1,001	966	992	1,067	978	1,045	1,079	1,105
542	539	536	598	556	546	609	593
459	427	456	469	422	500	470	513
2,838	3,085	3,078	3,053	2,896	3,473	3,198	3,293
1,521	1,686	1,640	1,677	1,597	1,837	1,708	1,681
1,317	1,399	1,438	1,377	1,299	1,635	1,490	1,612

19. 1986年全国育龄妇女分

年龄别	1986年年中育龄妇女数	出生婴儿总数		第一胎		第二
		合计	生育率	合计	生育率	合计
总计	2,789,984	225,001	80.65	117,343	42.06	68,298
15—19岁	617,767	11,644	18.85	10,594	17.15	100,1
15	132,284	41	0.31	41	0.31	—
16	126,234	271	2.15	262	2.07	9
17	133,530	1,177	8.81	1,131	8.47	45
18	114,758	3,046	26.54	2,828	24.65	210
19	110,962	7,109	64.07	6,331	57.06	737
20—24岁	575,427	119,761	208.13	84,994	147.71	29,522
20	119,990	14,191	118.26	12,264	102.21	1,792
21	118,906	21,613	181.77	17,361	146.00	3,837
22	123,801	28,551	230.62	20,911	168.91	6,734
23	133,342	34,762	260.70	22,866	171.48	10,036
24	79,388	20,644	260.04	11,594	146.04	7,122
25—29岁	373,579	58,404	156.34	18,181	48.67	25,763
25	57,247	12,713	222.08	6,268	109.50	4,830
26	67,617	12,717	188.07	4,944	73.12	5,430
27	69,200	10,976	158.61	3,060	44.23	5,010
28	89,828	12,017	133.77	2,381	26.50	5,888
29	89,687	9,982	111.30	1,527	17.03	4,605
30—34岁	431,957	27,078	62.69	2,841	6.58	10,930
30	84,212	7,788	92.48	1,073	12.74	3,477
31	93,141	6,875	73.81	700	7.52	3,013
32	88,152	5,387	61.11	498	5.65	2,137
33	83,969	3,927	46.77	328	3.91	1,398
34	82,483	3,101	37.59	242	2.94	905

胎次的年龄别的生育状况

单位：人、‰

胎	第　　三　　胎		第　　四　　胎		五 胎 及 五 胎 以 上	
生育率	合　计	生育率	合　计	生育率	合　计	生育率
24.48	23,636	8.47	8,672	3.11	7,052	2.53
1.62	45	0.07	4	0.01	—	—
—	—	—	—	—	—	—
0.07	—	—	—	—	—	—
0.34	1	0.01	—	—	—	—
1.83	7	0.06	0	0.00	—	—
6.64	37	0.34	3	0.03	—	—
51.30	4,721	8.20	462	0.80	62	0.11
14.94	124	1.03	9	0.08	1	0.01
32.27	391	3.29	21	0.17	3	0.03
54.39	833	6.73	69	0.56	5	0.04
75.26	1,688	12.66	149	1.12	24	0.18
89.72	1,685	21.23	214	2.70	29	0.36
68.96	10,548	28.23	2,933	7.85	979	2.62
84.37	1,329	23.22	241	4.22	44	0.77
80.30	1,861	27.52	395	5.84	87	1.28
72.41	2,144	30.99	589	8.51	172	2.48
65.54	2,708	30.15	784	8.73	256	2.85
51.35	2,505	27.93	924	10.30	420	4.69
25.30	6,815	15.78	3,779	8.75	2,713	6.28
41.29	1,963	23.31	855	10.15	420	4.99
32.35	1,718	18.44	923	9.91	520	5.59
24.25	1,379	15.65	790	8.96	583	6.61
16.65	976	11.62	644	7.67	581	6.92
10.97	779	9.44	567	6.87	608	7.37

年龄别	1986年年中育龄妇女数	出生婴儿总数		第一胎		第二
		合计	生育率	合计	生育率	合计
35—39岁	324,809	6,325	19.47	529	1.63	996
35	70,923	2,053	28.95	197	2.78	440
36	71,792	1,533	21.36	131	1.82	266
37	63,600	1,186	18.65	73	1.14	148
38	59,146	836	14.13	75	1.27	88
39	59,349	717	12.08	54	0.92	53
40—14岁	242,562	1,525	6.29	170	0.70	80
40	52,846	488	9.23	85	1.61	27
41	50,158	371	7.40	20	0.40	22
42	47,185	274	5.81	24	0.51	21
43	45,231	190	4.21	22	0.48	4
44	47,141	202	4.27	20	0.42	6
45—49岁	223,883	264	1.18	32	0.14	7
45	45,715	104	2.28	8	0.17	3
46	43,710	58	1.34	7	0.16	2
47	44,384	41	0.93	9	0.20	1
48	44,311	32	0.73	3	0.06	1
49	45,763	27	0.60	6	0.13	—

（续完）

胎	第五胎		第四胎		五胎及五胎以上	
生育率	合计	生育率	合计	生育率	合计	生育率
3.07	1,328	4.09	1,272	3.92	2,200	6.77
6.20	509	7.17	382	5.38	526	7.42
3.71	342	4.76	300	4.17	495	6.89
2.33	239	3.76	263	4.14	463	7.28
1.49	126	2.13	185	3.12	362	6.11
0.90	113	1.90	143	2.40	354	5.97
0.33	158	0.65	199	0.82	918	3.78
0.50	62	1.16	72	1.36	243	4.60
0.44	50	0.99	57	1.13	223	4.44
0.44	22	0.48	35	0.75	172	3.64
0.09	14	0.31	16	0.34	135	2.99
0.13	10	0.22	20	0.43	145	3.08
0.03	21	0.09	24	0.11	180	0.81
0.07	7	0.14	9	0.19	78	1.71
0.04	5	0.12	5	0.10	40	0.91
0.02	3	0.06	6	0.13	23	0.52
0.02	2	0.05	4	0.08	23	0.51
—	3	0.08	1	0.03	17	0.36

20. 1986年全国市育龄妇女

年龄别	1986年年中育龄妇女数	出生育儿总数		第一胎		第二
		合计	生育率	合计	生育率	合计
总计	549,944	32,573	59.23	23,479	42.69	6,271
15—19岁	98,040	807	8.23	743	7.58	63
15	20,349	3	0.15	3	0.15	—
16	19,994	22	1.08	20	1.01	1
17	21,870	94	4.30	88	4.04	6
18	19,023	211	11.08	199	10.49	11
19	16,804	478	28.43	432	25.69	45
20—24岁	110,373	16,322	147.88	14.025	127.07	1,988
20	19,905	1,190	59.78	1,080	54.28	100
21	21,330	2,212	103.71	1,955	91.64	234
22	25,467	3,696	145.12	3,226	126.69	421
23	27,795	5,586	200.96	4,786	172.19	702
24	15,876	3,639	229.20	2,977	187.53	532
25—29岁	89,079	11,019	123.70	7,374	82.78	2,609
25	14,704	2,849	193.76	2,309	157.06	458
26	17,436	2,808	161.03	2,119	121.56	527
27	16,506	2,068	125.30	1,304	79.00	517
28	20,845	1,873	89.84	997	47.81	595
29	19,587	1,422	72.58	644	32.89	512
30—34岁	90,715	3,613	39.83	1,161	12.80	1,447
30	18,776	1,116	59.42	442	23.52	418
31	19,861	913	45.97	283	14.24	373
32	18,885	735	38.94	220	11.64	320
33	16,896	498	29.45	130	7.68	217
34	16,296	351	21.54	87	5.37	119

分胎次的年龄别的生育状况

单位：人、‰

胎	第三胎		第四胎		五胎及五胎以上	
生育率	合计	生育率	合计	生育率	合计	生育率
11.40	1,785	3.24	585	1.06	454	0.83
0.65	1	0.01	0	0.00	—	—
—	—	—	—	—	—	—
0.07	—	—	—	—	—	—
0.26	—	—	—	—	—	—
0.60	—	—	—	—	—	—
2.67	1	0.05	0	0.02	—	—
18.02	278	2.52	24	0.22	7	0.07
5.03	9	0.46	0	0.02	—	—
10.97	22	1.02	1	0.04	1	0.04
16.54	44	1.71	4	0.16	0	0.02
25.25	85	3.06	9	0.34	3	0.12
33.48	118	7.45	9	0.58	2	0.16
29.28	792	8.89	187	2.10	8	0.65
31.17	69	4.67	11	0.75	2	0.11
30.20	129	7.40	29	1.66	4	0.22
31.31	189	11.47	47	2.83	11	0.69
28.55	221	10.58	44	2.10	17	0.79
26.13	185	9.42	56	2.87	25	1.26
15.95	572	6.31	254	2.80	178	1.97
22.26	176	9.39	52	2.79	27	1.45
18.76	149	7.51	70	3.55	38	1.90
16.94	103	5.43	56	2.95	37	1.98
12.83	75	4.42	41	2.40	36	2.13
7.33	69	4.24	35	2.15	40	2.46

年龄别	1986年年中育龄妇女数	出生婴儿总数		第一胎		第二
		合计	生育率	合计	生育率	合计
35—39岁	**64,591**	**701**	**10.85**	**159**	**2.46**	**161**
35	14,481	236	16.28	57	3.95	67
36	14,666	174	11.87	37	2.51	49
37	12,383	120	9.69	30	2.44	21
38	11,696	93	7.95	19	1.67	19
39	11,364	78	6.87	15	1.31	4
40—44岁	**48,056**	**90**	**1.87**	**14**	**0.28**	**3**
40	10,271	25	2.39	7	0.72	—
41	9,844	24	2.40	3	0.26	1
42	9,106	21	2.27	1	0.14	1
43	9,204	17	1.82	2	0.26	1
44	9,631	4	0.44	—	—	—
45—49岁	**49,091**	**20**	**0.42**	**4**	**0.07**	**—**
45	9,707	12	1.21	3	0.34	—
46	9,882	4	0.36	0	0.04	—
47	9,686	3	0.26	—	—	—
48	9,787	1	0.08	—	—	—
49	10,030	2	0.18	—	—	—

（续完）

胎	第三胎		第四胎		五胎及五胎以上	
生育率	合计	生育率	合计	生育率	合计	生育率
2.49	125	1.93	100	1.55	156	2.42
4.65	48	3.31	29	1.99	34	2.38
3.34	35	2.37	22	1.50	31	2.14
1.72	17	1.39	22	1.77	29	2.37
1.59	12	1.00	10	0.83	33	2.86
0.39	13	1.18	18	1.56	28	2.43
0.06	14	0.28	17	0.36	42	0.87
—	7	0.65	4	0.43	6	0.58
0.09	2	0.16	6	0.64	12	1.24
0.15	3	0.29	4	0.49	11	1.20
0.09	3	0.29	2	0.25	9	0.93
—	—	—	—	—	4	0.44
—	3	0.06	2	0.03	12	0.24
—	1	0.12	1	0.09	6	0.66
—	2	0.19	0	0.04	1	0.09
—	—	—	—	—	3	0.26
—	—	—	0	0.04	0	0.04
—	—	—	—	—	2	0.18

21. 1986年全国镇育龄妇女

年龄别	1986年年中育龄妇女数	出生婴儿总数		第一胎		第二
		合计	生育率	合计	生育率	合计
总计	538,214	41,255	76.65	22,675	42.13	12,537
15—19岁	116,507	1,822	15.64	1,705	14.63	113
15	24,768	5	0.21	5	0.21	—
16	24,236	37	1.52	37	1.52	—
17	25,073	182	7.24	177	7.08	4
18	21,576	471	21.85	451	20.88	21
19	20,855	1,127	54.05	1,034	49.60	88
20—24岁	113,690	22,633	199.08	17,077	150.21	4,813
20	23,209	2,503	107.86	2,225	95.86	265
21	23,454	3,948	168.33	3,266	139.25	616
22	24,597	5,523	224.53	4,302	174.91	1,087
23	26,905	6,829	253.83	4,876	181.23	1,699
24	15,525	3,829	246.67	2,408	155.11	1,146
25—29岁	74,051	10,738	145.00	3,345	45.17	5,067
25	11,360	2,400	211.29	1,191	104.88	937
26	13,513	2,329	172.33	915	67.69	1,062
27	13,993	2,049	146.46	569	40.69	1,001
28	17,827	2,216	124.32	422	23.65	1,201
29	17,358	1,743	100.42	248	14.28	865
30—34岁	83,788	4,816	57.47	474	5.66	2,287
30	16,286	1,348	82.80	179	10.98	652
31	18,136	1,251	68.98	121	6.68	638
32	17,057	964	56.50	74	4.36	455
33	16,272	723	44.43	56	3.46	315
34	16,038	529	33.01	43	2.71	227

分胎次的年龄别的生育状况

单位：人、%

胎	第三胎		第四胎		五胎及五胎以上	
生育率	合计	生育率	合计	生育率	合计	生育率
23.29	3,826	7.11	1,300	2.42	916	1.70
0.97	5	0.04	—	—	—	—
—	—	—	—	—	—	—
—	—	—	—	—	—	—
0.16	—	—	—	—	—	—
0.97	—	—	—	—	—	—
4.22	5	0.23	—	—	—	—
42.34	680	5.98	59	0.52	3	0.02
11.41	12	0.52	1	0.05	0	0.02
26.28	64	2.72	2	0.08	—	—
44.19	121	4.92	13	0.51	—	—
63.14	236	8.77	16	0.59	2	0.09
73.84	247	15.93	28	1.79	—	—
68.43	1,741	23.52	456	6.16	128	1.73
82.52	229	20.16	38	3.36	4	0.36
78.61	286	21.17	52	3.87	13	0.98
71.57	362	25.89	88	6.31	28	2.00
67.36	431	24.20	125	7.04	37	2.08
49.84	432	24.91	152	8.76	46	2.63
27.30	1,129	13.47	559	6.67	367	4.38
40.06	337	20.68	115	7.04	66	4.04
35.17	280	15.45	139	7.67	73	4.02
26.66	223	13.09	128	7.48	84	4.91
19.34	184	11.34	94	5.75	74	4.55
14.18	104	6.50	84	5.24	70	4.38

年龄别	1986年年中育龄妇女数	出生婴儿总数		第一胎		第二
		合计	生育率	合计	生育率	合计
35—39岁	62,251	1,020	16.39	57	0.91	241
35	13,734	342	24.91	27	1.96	105
36	14,093	285	20.26	11	0.77	67
37	12,077	169	13.98	2	0.15	38
38	11,171	120	10.78	8	0.76	18
39	11,176	103	9.25	8	0.76	13
40—44岁	46,041	197	4.27	16	34	15
40	10,025	56	5.64	3	0.30	5
41	9,479	61	6.42	4	0.46	7
42	9,001	33	3.62	2	0.22	2
43	8,541	17	2.04	3	0.35	—
44	8,995	29	3.25	3	0.36	0
45—49岁	41,885	30	0.71	2	0.50	1
45	8,679	9	1.09	—	—	—
46	8,254	6	0.71	—	—	—
47	8,431	8	0.98	1	0.15	1
48	8,243	4	0.45	—	—	—
49	8,278	2	0.30	1	0.10	—

（续完）

胎	第三胎		第四胎		五胎及五胎以上	
生育率	合计	生育率	合计	生育率	合计	生育率
3.87	239	3.84	196	3.14	288	4.62
7.62	85	6.20	54	3.97	71	5.16
4.77	77	5.47	50	3.58	80	5.68
3.15	41	3.43	40	3.28	48	3.97
1.64	24	2.18	31	2.81	38	3.39
1.14	11	1.02	20	1.77	51	4.57
0.32	28	0.60	26	0.56	113	2.44
0.54	10	0.96	12	1.22	26	2.62
0.73	15	1.54	6	0.66	29	3.05
0.25	1	0.10	1	0.11	26	2.94
—	—	—	5	054	10	1.16
0.04	3	0.29	2	0.20	21	2.36
0.02	4	0.10	4	0.10	18	0.44
—	2	0.19	2	0.25	6	0.65
—	—	—	—	—	6	0.71
0.12	1	0.14	1	0.15	4	0.42
—	1	0.15	—	—	2	0.30
—	—	—	1	0.11	1	0.09

22．1986年全国县育龄妇女

年龄别	1986年年中育龄妇女数	出生婴儿总数		第一胎		第二
		合计	生育率	合计	生育率	合计
总计	1,701,826	151,173	88.83	71,189	41.83	49,490
15—19岁	403,220	9,014	22.36	8,147	20.20	825
15	87,168	33	0.38	33	0.38	—
16	82,004	212	2.59	204	2.49	8
11	86,587	902	10.41	865	9.99	36
18	74,159	2,363	31.87	2,178	29.38	177
19	73,303	5,504	75.09	4,866	66.38	604
20—24岁	351,364	80,806	229.98	53,892	153.38	22,720
20	76,877	10,497	136.55	8,959	116.53	1,428
21	74,122	15,453	208.48	12,140	163.79	2,987
22	73,737	19,333	262.19	13,382	181.48	5,226
23	78,642	22,347	284.16	13,203	167.89	7,635
24	47,987	13,176	274.57	6,208	129.37	5,445
25—29岁	210,449	36,647	174.14	7,462	35.46	18,087
25	31,183	7,464	239.36	2,767	88.75	3,434
26	36,668	7,580	206.72	1,910	52.09	3,841
27	38,701	6,858	177.21	1,187	30.67	3,492
28	51,156	7,928	154.97	963	18.82	4,092
29	52,741	6,817	129.26	635	12.05	3,229
30—34岁	257,454	18,649	72.44	1,206	4.68	7,196
30	49,149	5,324	108.32	452	9.20	2,406
31	55,144	4,711	85.42	296	5.37	2,003
32	52,211	3,688	70.64	204	3.90	1,363
33	50,801	2,706	53.27	142	2.80	866
34	50,149	2,220	44.28	111	2.22	558

分胎次的年龄别的生育状况

单位：人、‰

胎	第三胎		第四胎		五胎及五胎以上	
生率育	合计	生育率	合计	生育率	合计	生育率
29.08	18,025	10.59	6,787	3.99	5,681	3.34
2.05	40	0.10	3	0.01	—	—
—	—	—	—	—	—	—
0.10	—	—	—	—	—	—
0.41	1	0.01	—	—	—	—
2.39	7	0.10	0	0.01	—	—
8.24	32	0.43	3	0.04	—	—
64.66	3,763	10.71	379	1.08	52	0.15
18.57	103	1.34	8	0.10	1	0.01
40.30	306	4.12	18	0.24	2	0.03
70.87	668	9.06	52	0.71	4	0.06
97.09	1,367	17.38	124	1.57	18	0.23
113.46	1,319	27.50	177	3.70	26	0.54
85.95	8,014	38.08	2,290	10.88	793	3.77
110.13	1,032	33.09	192	6.17	38	1.23
104.74	1,446	39.43	314	8.56	70	1.90
90.24	1,593	41.16	454	11.73	132	3.42
79.98	2,056	40.20	615	12.01	203	3.96
61.21	1,888	35.79	715	13.57	350	6.64
27.95	5,114	19.86	2,966	11.52	2,168	8.42
48.96	1,450	29.50	688	14.00	327	6.65
36.32	1,288	23.36	714	12.95	410	7.43
26.10	1,054	20.18	606	11.61	462	8.94
17.05	717	14.11	510	10.03	472	8.28
11.13	605	12.07	448	8.93	498	9.93

年龄别	1986年年中育龄妇女数	出生婴儿总数		第一胎		第二
		合计	生育率	合计	生育率	合计
35—39岁	197,968	4,604	23.26	314	1.59	594
35	42,707	1,475	34.54	113	2.64	268
36	43,032	1,074	24.95	83	1.93	150
37	39,140	897	22.92	41	1.04	89
38	36,279	622	17.15	47	1.29	51
39	36,809	536	14.55	31	0.84	36
40—44岁	148,465	1,239	8.34	141	0.95	62
40	32,550	407	12.50	75	2.29	21
41	30,835	287	9.29	13	0.43	14
42	29,078	221	7.59	21	0.71	17
43	27,486	156	5.68	16	0.59	3
44	28,515	168	5.89	17	0.58	6
45—49岁	132,906	213	1.60	26	0.20	6
45	27,329	83	3.03	4	0.16	3
46	25,575	49	1.92	7	0.26	2
47	26,267	31	1.16	8	0.29	—
48	26,282	2	1.06	3	0.11	1
49	27,455	23	0.84	5	0.18	—

（续完）

胎	第三胎		第四胎		五胎及五胎以上	
生育率	合计	生育率	合计	生育率	合计	生育率
3.00	964	4.87	976	4.93	1,756	8.87
6.27	376	8.79	298	6.99	421	9.85
3.49	230	5.34	227	5.28	383	8.91
2.27	181	4.61	202	5.15	386	9.86
1.42	90	2.48	144	3.96	290	8.00
0.98	88	2.39	105	2.86	275	7.48
0.41	117	0.79	156	1.05	763	5.14
0.65	45	1.39	55	1.69	211	6.48
0.46	34	1.09	44	1.42	182	5.89
0.58	19	0.65	30	1.02	135	4.63
0.12	11	0.41	9	0.32	117	4.24
0.21	8	0.27	18	0.65	120	4.19
0.04	13	0.10	18	0.13	150	1.13
0.11	4	0.13	6	0.20	66	2.42
0.07	3	0.13	4	0.16	33	1.29
—	2	0.06	4	0.17	17	0.65
0.04	1	0.05	3	0.12	20	0.75
—	3	0.13	0	0.01	14	0.51

23. 1986年全国按生育胎次

地区	全年有生育妇女		生育第一胎妇女		生育第二胎妇女	
	人数	其中生双胞胎人数	人数	其中生双胞胎人数	人数	其中生双胞胎人数
总计	223,624	1,375	116,802	540	67,782	516
市	32,351	222	23,350	129	6,221	50
镇	40,983	273	22,554	121	12,436	102
县	150,290	883	70,898	291	49,125	365
各胎次所占比重（%）						
总计	100	0.61	52.23	0.24	30.31	0.23
市	100	0.69	72.18	0.40	19.23	0.16
镇	100	0.67	55.03	0.30	30.35	0.25
县	100	0.58	47.17	0.19	32.69	0.24

24. 1987年上半年全国按生育胎

地区	上半年有生育妇女		生育第一胎妇女		生育第二胎妇女	
	人数	其中生双胞胎人数	人数	其中生双胞胎人数	人数	其中生双胞胎人数
总计	103,563	668	51,067	242	33,644	271
市	15,552	96	11,025	57	3,143	26
镇	19,097	141	9,770	47	6,536	65
县	68,913	432	30,272	139	23,965	180
各胎次所占比重（%）						
总计	100	0.65	49.31	0.23	32.49	0.26
市	100	0.62	70.89	0.37	20.21	0.17
镇	100	0.74	51.16	0.25	34.23	0.34
县	100	0.62	43.93	0.20	34.78	0.26

和双胞胎分的生育妇女状况

单位：人

生育第三胎妇女		生育第四胎妇女		生育第五胎及以上妇女	
人数	其中生双胞胎人数	人数	其中生双胞胎人数	人数	其中生双胞胎人数
23,437	199	8,604	68	6,999	52
1,756	29	577	7	447	7
3,795	31	1,291	9	907	10
17,886	139	6,735	52	5,646	36
10.48	0.09	3.85	0.03	3.13	0.02
5.43	0.09	1.78	0.02	1.38	0.02
9.26	0.08	3.15	0.02	2.21	0.02
11.90	0.09	4.48	0.04	3.76	0.02

次和双胞胎分的生育妇女状况

单位：人

生育第三胎妇女		生育第四胎妇女		生育第五胎及以上妇女	
人数	其中生双胞胎人数	人数	其中生双胞胎人数	人数	其中生双胞胎人数
11,369	81	4,120	36	3,363	38
903	8	272	1	208	4
1,772	18	590	8	429	3
8,693	55	3,258	27	2,725	31
10.98	0.08	3.98	0.04	3.24	0.04
5.81	0.05	1.75	0.01	1.34	0.02
9.28	0.09	3.09	0.04	2.24	0.02
12.61	0.08	4.73	0.04	3.95	0.04

25. 全国分市、镇、

地区	户				
	合计	一人户	二人户	三人户	四人户
总计	2,483,831	137,291	235,857	515,637	599,614
市	487,003	27,892	56,152	147,580	115,709
镇	470,272	27,291	47,922	104,128	116,501
县	1,526,556	82,108	131,783	263,929	367,404

地区	占家庭			
	一人户	二人户	三人户	四人户
总计	5.42	9.50	21.04	23.86
市	5.62	11.66	30.93	23.51
镇	5.68	10.02	22.05	24.57
县	5.26	8.54	17.08	23.76

26. 全国分市、镇、

地区	合计	一个民族户		两个民
		合计	占家庭户百分比	合计
总计	2,483,831	2,423,214	97.56	59,807
市	487,003	474,553	97.44	12,369
镇	470,272	457,378	97.26	12,735
县	1,526,556	1,491,283	97.69	34,704

县家庭户的规模

单位：人

数					
五人户	六人户	七人户	八人户	九人户	十人以上
479,021	264,438	135,424	63,789	28,679	24,080
75,333	35,441	15,888	7,175	3,154	2,680
87,649	45,610	22,459	10,083	4,631	3,998
316,040	183,388	97,077	46,530	20,895	17,402

（续完）

户总数百分比					
五人户	六人户	七人户	八人户	九人户	十人以上
19.06	10.69	5.54	2.64	1.21	1.03
15.17	7.23	3.24	1.46	0.64	0.54
18.64	9.92	4.94	2.23	1.03	0.91
20.63	12.20	6.58	3.21	1.47	1.25

县的民族混合户状况

单位：人

族户	三个民族户		四个及以上民族户	
占家庭户百分比	合计	占家庭户百分比	合计	占家庭户百分比
2.41	789	0.03	20	0.00
2.54	76	0.02	4	0.00
2.71	156	0.03	4	0.00
2.27	557	0.04	13	0.00

27. 全国一对夫妇和子女、其他

妻子年龄别	合计	一对夫妇户	一对夫妇一个子女	一对夫妇一个子女一个亲属
总计	1,245,979	136,120	410,261	6,869
19岁以下	5,712	2,530	2,841	74
20—24岁	143,867	25,054	85,974	1,682
25—29岁	189,598	8,337	100,060	1,714
30—34岁	240,145	3,876	87,620	1,480
35—39岁	167,181	1,927	29,005	564
40岁及以上	499,474	94,397	104,761	1,355

28. 全国市一对夫妇和子女、其他

妻子年龄别	合计	一对夫妇户	一对夫妇一个子女	一对夫妇一个子女一个亲属
总计	272,033	33,014	126,066	2,365
19岁以下	396	188	184	5
20—24岁	19,033	5,132	11,680	241
25—29岁	42,576	3,405	31,329	633
30—34岁	59,280	2,177	38,345	714
35—39岁	41,328	1,029	15,102	289
40岁及以上	109,420	21,082	29,426	484

亲属、非亲属的家庭户状况

单位：人

一对夫妇一个子女一非亲属	一对夫妇两个子女	一对夫妇两个子女一个亲属	一对夫妇两个子女一非亲属	一对夫妇三个以上子女户	一对夫妇、三个及三个以上子女和其他亲属或非亲属
628	465,451	7,683	548	209,512	8,907
1	257	6	—	3	—
83	30,178	634	22	217	22
179	74,280	1,366	58	3,291	314
141	122,606	2,073	134	20,888	1,329
39	85,187	1,414	118	46,847	2,079
185	152,943	2,190	216	138,266	5,163

亲属、非亲属的家庭户状况

单位：人

一对夫妇一个子女一非亲属	一对夫妇两个子女	一对夫妇两个子女一个亲属	一对夫妇两个子女一非亲属	一对夫妇三个以上子女户	一对夫妇、三个及三个以上子女和其他亲属或非亲属
324	85,520	1,547	160	22,108	928
—	16	0	—	2	—
32	1,896	33	—	17	1
104	6,728	139	11	210	18
92	16,134	319	21	1,410	68
21	20,244	414	46	4,014	171
76	40,503	642	82	16,455	670

29. 全国镇一对夫妇和子女、其他

妻子年龄别	合　　计	一对夫妇户	一对夫妇一个子女	一对夫妇一个子女一个亲属
总　　计	239,996	27,351	83,606	1,560
19岁以下	937	433	449	14
20—24岁	27,721	5,146	17,191	372
25—29岁	38,871	1,576	22,105	441
30—34岁	48,078	628	18,120	334
35—39岁	32,398	320	5,353	117
40岁及以上	91,990	19,248	20,388	238

30. 全国县一对夫妇和子女、其他

妻子年龄别	合　　计	一对夫妇户	一对夫妇一个子女	一对夫妇一个子女一个亲属
合　　计	733,950	75,755	200,589	2,944
19岁以下	4,379	1,908	2,207	56
20—24岁	97,113	14,776	57,104	1,068
25—29岁	108,151	3,355	46,626	640
30—34岁	132,787	1,071	31,154	433
35—39岁	93,455	578	8,551	159
40岁及以上	298,064	54,066	54,947	588

亲属、非亲属的家庭户状况

单位：人

一对夫妇一个子女一非亲属	一对夫妇两个子女	一对夫妇两个子女一个亲属	一对夫妇两个子女一非亲属	一对夫妇三个以上子女户	一对夫妇、三个及三个以上子女和其他亲属或非亲属
153	90,975	1,582	125	33,205	1,439
1	40	—	—	—	—
23	4,837	113	5	32	2
57	13,851	281	9	511	40
22	25,105	470	40	3,168	191
11	18,492	292	25	7,456	334
38	28,650	427	47	22,038	872

亲属、非亲属的家庭户状况

单位：人

一对夫妇一个子女一非亲属	一对夫妇两个子女	一对夫妇两个子女一个亲属	一对夫妇两个子女一非亲属	一对夫妇三个以上子女户	一对夫妇、三个及三个以上子女和其他亲属或非亲属
151	288,957	4,554	263	154,199	6,540
—	201	5	—	2	—
28	23,445	488	16	168	20
18	53,701	946	38	2,570	256
26	81,367	1,284	73	16,310	1,069
7	46,451	709	48	35,377	1,574
71	83,791	1,122	87	99,771	3.620

31. 全国按丈夫年龄

丈夫年龄别	妻子年龄小				
	一　岁	二　岁	三　岁	四　岁	五　岁
总　计	216,659	250,134	214,038	175,790	137,561
15—19岁	201	55	19	1	—
15	—	—	—	—	—
16	—	—	—	—	—
17	2	—	—	—	—
18	30	4	3	—	—
19	169	52	16	1	—
20—24岁	21,288	13,794	7,070	3,119	974
20	480	232	61	9	2
21	1,315	656	299	68	25
22	3,379	1,893	689	314	67
23	5,899	4,182	1,992	719	262
24	10,214	6,832	4,029	2,009	618
25—29岁	34,432	31,742	24,908	18,864	12,885
25	8,821	6,175	3,670	1,903	928
26	4,657	6,294	3,783	2,064	1,004
27	5,286	5,762	6,878	3,861	2,088
28	6,816	5,135	5,097	5,596	3,092
29	8,852	8,377	5,480	5,439	5,773
30—34岁	57,744	50,429	37,481	25,829	16,949
30	11,572	8,020	6,259	4,041	3,793
31	10,882	10,047	6,159	4,354	2,508
32	11,626	11,131	8,981	5,089	3,213
33	12,384	10,128	8,439	6,254	3,196
34	11,280	11,103	7,643	6,091	4,238
35—39岁	44,280	45,203	38,733	29,867	21,097
35	10,859	10,883	9,071	5,783	4,399
36	9,625	8,897	7,600	6,022	3,601
37	8,987	9,957	8,056	6,368	4,555
38	7,950	7,661	7,464	5,816	4,177
39	6,858	7,805	6,543	5,877	4,364

分的夫妇年龄差状况

单位：人

于丈夫年龄					妻子年龄等于丈夫年龄
六岁	七岁	八岁	九岁	十岁以上	
101,809	75,999	56,179	40,544	97,858	242,199
—	—	—	—	—	345
—	—	—	—	—	—
—	—	—	—	—	3
—	—	—	—	—	10
—	—	—	—	—	82
—	—	—	—	—	250
334	64	19	1	2	26,390
—	—	—	—	1	777
4	—	—	—	—	1,993
20	2	—	—	1	3,999
74	5	3	—	—	7,072
236	57	16	1	—	12,549
6,376	3,157	1,396	602	383	33,437
342	140	30	7	2	6,037
427	177	73	21	6	3,726
975	407	156	70	20	6,268
1,469	810	351	158	92	6,621
3,162	1,623	786	346	263	10,784
12,187	8,891	6,144	4,129	5,741	53,159
4,054	2,213	1,166	559	502	10,767
2,231	2,552	1,356	750	694	9,660
1,789	1,750	1,827	1,021	1,226	11,941
1,967	1,068	1,108	1,155	1,548	10,698
2,148	1,309	686	644	1,771	10,093
13,811	8,371	5,089	3,058	6,772	38,092
2,808	1,377	788	479	1,686	9,709
2,550	1,569	868	508	1,283	7,973
2,693	1,846	1,177	607	1,332	8,159
2,862	1,656	1,150	769	1,140	6,480
2,897	1,922	1,106	696	1,331	5,771

丈夫年龄别	妻子年龄小				
	一　岁	二　岁	三　岁	四　岁	五　岁
40—44岁	27,332	29,745	28,244	24,615	20,030
40	6,800	7,173	7,012	5,393	4,656
41	5,930	6,263	5,754	5,365	3,762
42	5,190	5,889	5,357	4,918	4,316
43	4,833	5,459	5,345	4,361	3,749
44	4,579	4,961	4,776	4,579	3,548
45—49岁	21,517	22,944	22,925	21,124	18,268
45	4,463	4,976	4,946	4,467	4,255
46	4,629	4,655	4,784	4,550	3,808
47	4,146	4,524	4,261	3,964	3,489
48	4,068	4,423	4,490	3,963	3,374
49	4,211	4,367	4,444	4,180	3,343
50—54岁	20,168	20,609	20,276	18,790	16,325
50	4,094	4,341	4,317	4,123	3,567
51	4,203	4,289	4,143	3,696	3,322
52	4,121	4,032	3,844	3,624	3,144
53	3,975	4,125	4,113	3,615	3,136
54	3,776	3,821	3,859	3,731	3,156
55—59岁	15,162	15,908	15,360	14,755	13,547
55	3,647	3,646	3,389	3,211	2,897
56	3,233	3,578	3,370	3,141	2,833
57	2,874	2,978	3,267	3,029	2,713
58	2,790	2,759	2,650	2,783	2,521
59	2,617	2,948	2,684	2,591	2,583
60岁及以上	19,534	19,704	19,022	18,827	17,486

（续1）

丈夫年龄于 六岁	七岁	八岁	九岁	十岁以上	妻子年龄等于丈夫年龄
14,642	10,282	6,849	4,497	8,184	22,446
3,198	2,134	1,312	775	1,483	5,915
2,896	1,967	1,333	847	1,390	4,563
2,782	2,107	1,412	934	1,667	4,356
3,055	1,970	1,496	958	1,760	3,912
2,712	2,105	1,297	984	1,883	3,700
14,212	10,940	7,887	5,530	11,300	18,002
2,816	2,165	1,513	1,026	2,167	3,845
3,128	2,159	1,603	1,128	2,114	3,736
2,702	2,269	1,489	970	2,217	3,186
2,748	2,155	1,656	1,145	2,344	3,630
2,819	2,192	1,626	1,261	2,459	3,606
13,239	9,988	7,549	5,346	12,321	18,201
2,702	2,108	1,581	1,089	2,652	3,726
2,805	1,946	1,557	1,098	2,530	3,651
2,596	1,979	1,394	1,052	2,362	3,505
2,504	1,943	1,534	988	2,350	3,620
2,631	2,011	1,483	1,119	2,427	3,700
11,153	9,287	7,322	5,537	12,504	13,739
2,343	1,853	1,409	1,013	2,428	2,921
2,293	1,836	1,501	1,110	2,495	2,897
2,261	1,886	1,401	1,135	2,428	2,818
2,098	1,839	1,532	1,098	2,456	2,732
2,157	1,874	1,480	1,182	2,698	2,372
15,856	15,019	13,924	11,843	40,651	18,387

丈夫年龄别	妻子年龄大			
	一岁	二岁	三岁	四岁
总计	150,230	88,603	45,772	21,600
15—19岁	337	287	178	117
15	—	1	—	—
16	4	4	1	2
17	12	15	14	4
18	77	72	43	35
19	244	194	120	76
20—24岁	15,703	7,560	3,318	1,259
20	647	478	289	141
21	1,510	1,053	592	193
22	2,836	1,907	614	169
23	5,551	2,029	747	332
24	5,159	2,093	1,076	425
25—29岁	20,182	11,431	5,583	2,158
25	2,465	1,593	759	368
26	2,673	1,377	863	357
27	3,536	2,486	1,119	381
28	4,898	2,541	1,179	465
29	6,610	3,434	1,663	587
30—34岁	32,469	17,418	7,500	2,706
30	6,288	3,699	1,608	586
31	6,602	3,442	1,546	584
32	6,997	3,786	1,762	543
33	6,399	3,623	1,301	503
34	6,183	2,867	1,282	491
35—39岁	21,798	11,306	5,041	1,771
35	5,297	2,856	1,199	412
36	4,774	2,403	1,048	360
37	4,465	2,307	1,175	397
38	3,737	1,957	898	361
39	3,526	1,783	722	242

（续2）

于丈夫年龄					
五岁	六岁	七岁	八岁	九岁	十岁以上
10,563	5,348	2,903	1,795	1,093	2,356
48	10	8	3	1	9
—	—	—	—	—	1
1	—	1	—	—	—
4	—	—	—	—	1
13	4	1	0	1	3
31	5	6	2	—	4
494	169	49	52	23	63
40	7	6	3	3	4
42	19	6	10	4	6
88	26	9	5	6	17
127	40	14	14	4	18
196	77	12	19	5	18
788	298	124	62	34	93
140	41	17	6	4	12
102	38	19	9	9	11
155	64	16	15	8	21
192	63	31	19	7	17
199	93	41	12	7	32
940	357	184	93	68	186
243	59	39	24	9	28
183	79	43	16	17	22
188	79	28	24	14	35
159	62	41	16	13	41
167	77	32	14	15	60
723	386	195	149	90	210
170	78	34	27	16	51
145	57	23	24	16	43
157	84	48	37	21	32
144	76	52	33	18	45
107	90	38	28	19	39

丈夫年龄别	妻子年龄大			
	一岁	二岁	三岁	四岁
40—44岁	12,507	6,842	3,200	1,504
40	3,110	1,506	647	271
41	2,515	1,288	602	305
42	2,387	1,282	626	334
43	2,197	1,365	660	298
44	2,298	1,401	665	296
45—49岁	11,080	7,036	3,965	2,242
45	2,316	1,385	639	343
46	2,222	1,199	730	424
47	2,018	1,389	808	402
48	2,294	1,518	829	496
49	2,231	1,545	959	576
50—54岁	12,232	8,766	5,487	3,145
50	2,462	1,683	1,023	625
51	2,456	1,778	1,020	520
52	2,336	1,637	1,036	633
53	2,550	1,835	1,172	672
54	2,429	1,833	1,236	696
55—59岁	10,378	7,583	4,944	2,941
55	2,332	1,677	1,070	670
56	2,180	1,579	1,103	630
57	2,170	1,807	942	505
58	1,902	1,240	884	611
59	1,794	1,280	946	525
60岁及以上	13,543	10,374	6,556	3,757

(续3完)

于丈夫年龄					
五岁	六岁	七岁	八岁	九岁	十岁以上
769	379	245	184	110	250
157	74	46	42	19	57
163	67	53	41	23	36
138	68	44	32	20	46
136	74	44	40	27	43
175	96	57	29	20	68
1,170	608	385	203	140	372
177	94	61	39	23	63
200	101	58	29	24	81
203	120	83	32	26	71
271	150	83	42	31	63
321	143	100	61	37	95
1,740	963	496	319	196	428
324	145	105	54	46	94
352	226	107	75	45	95
372	181	94	56	32	90
342	197	100	65	27	72
351	214	89	67	46	77
1,590	896	498	320	183	335
341	153	97	67	44	88
304	166	100	77	40	56
305	203	104	70	32	73
328	202	101	53	44	63
311	173	95	52	23	55
2,299	1,282	720	412	248	395

二、1987年全国第二期生育力调查主要数据

（电子计算机汇总）

说　　明

为了深入了解中国生育力水平和发展趋势，分析研究妇女生育水平的变化及原因，提高我国在生育力和人口学以及其它方面的调查研究能力，为国家制定人口政策提供更为丰富的科学资料，国家统计局于1987年4月在北京、辽宁、山东、广东、贵州和甘肃五省一市进行了第二期深入的生育力调查。

生育力调查的对象为50岁以下已婚妇女，对被抽中户调查时，凡在场的50岁以下已婚的妇女都进行调查。调查内容包括个人调查表、住户调查表和社区调查表三种表式。个人调查表是生育力调查的主调查表，内容包括被调查的本人和家庭的基本情况、本人婚姻史、生育史、怀孕史、哺乳史、本人对避孕方法的了解和应用，以及丈夫基本情况等。

根据样本设计，北京市抽选50岁以下的已婚妇女7,000人，其它五个省分别抽选6,000人，代表本省、市的生育力水平。五省一市共抽选了210个县、市（区）的858个乡、镇、街道，2,194个村委会、居委会，共计完成调查的住户49,458户，完成率为97.7%；完成个人调查的已婚育龄妇女39,210名，完成率为98.5%。

本资料是初步分析的部分结果表。详细资料请参阅《中国第二期深入的生育力调查初步报告》和《中国第二期深入的生育力调查国家报告》。

1. 1987年育龄妇女分年龄组的婚姻状况

地区	婚姻状况	合计		年龄组						
		人数	%	15—19	20—24	25—29	30—34	35—39	40—44	45—49
北京	未婚	3,232	29.5	99.3	65.6	13.0	3.0	1.3	0.2	0.2
	有配偶	7,626	69.7	0.7	34.3	86.7	96.4	97.7	97.9	96.2
	离婚分居	33	0.3	—	0.1	0.3	0.5	0.5	0.3	0.7
	丧偶	58	0.5	—	0	0	0.1	0.5	1.6	2.9
	总计	10,949	100.0	100.0	100.0	100.0	100.0	100.0	100.0	100.0
辽宁	未婚	2,862	30.0	99.0	56.1	5.1	1.4	0.8	0.1	—
	有配偶	6,599	69.2	1.0	34.9	94.5	97.9	98.2	97.6	96.1
	离婚分居	24	0.2	—	—	0.3	0.5	0.5	0.4	0.1
	丧偶	54	0.6	—	—	0.1	0.2	0.5	1.9	3.8
	总计	9,539	100.0	100.0	100.0	100.0	100.0	100.0	100.0	100.0
山东	未婚	2,967	32.2	97.8	56.5	4.2	0.7	0.2	0.1	0
	有配偶	6,164	67.0	2.2	43.5	95.4	98.6	99.1	98.0	95.8
	离婚分居	10	0.1	0	0	0.2	0.4	0.1	0	0.1
	丧偶	60	0.7	0	0	0.2	0.3	0.6	1.8	4.1
	总计	9,201	100.0	100.0	100.0	100.0	100.0	100.0	100.0	100.0
广东	未婚	3,960	36.5	97.7	58.2	13.0	2.2	1.1	0.1	0.3
	有配偶	6,784	62.4	2.3	41.7	86.7	96.8	98.7	96.2	93.5
	离婚分居	17	0.2	—	0.1	0.2	0.2	0.2	0.2	0.6
	丧偶	103	0.9	—	—	0.2	0.8	0.9	3.5	5.6
	总计	10,864	100.0	100.0	100.0	100.0	100.0	100.0	100.0	100.0
贵州	未婚	3,123	31.7	95.3	40.6	3.1	0.5	0.2	—	—
	有配偶	6,505	65.9	4.6	58.9	96.3	98.3	98.1	96.6	95.9
	离婚分居	36	0.4	0.1	0.4	0.4	0.4	0.6	0.6	0.3
	丧偶	200	2.0	—	0.1	0.2	0.8	1.1	2.8	3.8
	总计	9,864	100.0	100.0	100.0	100.0	100.0	100.0	100.0	100.0
甘肃	未婚	2,623	30.3	89.7	30.0	2.9	0.3	0.2	0.3	0.2
	有配偶	5,873	67.8	10.2	69.4	96.5	99.0	98.0	96.4	93.5
	离婚分居	26	0.3	0.1	0.2	0.4	0.3	0.3	—	0.6
	丧偶	141	1.6	—	0.4	0.2	0.5	1.5	3.3	5.7
	总计	8,663	100.0	100.0	100.0	100.0	100.0	100.0	100.0	100.0

2．近十年来育龄妇女的非标准化及标准化平均初婚年龄

单位：岁

类　别	年　份	北京	辽宁	山东	广东	贵州	甘肃
非标准化平均初婚年龄	1977	25.4	22.9	23.5	22.7	22.0	21.1
	1978	25.4	23.2	23.9	22.9	22.5	21.6
	1979	25.4	23.2	23.7	23.2	22.6	21.3
	1980	25.1	23.0	23.6	23.1	22.4	20.5
	1981	24.8	22.9	23.5	22.9	22.1	20.3
	1982	24.4	22.9	23.3	22.8	21.5	20.2
	1983	24.4	22.9	23.1	22.7	21.1	20.5
	1984	24.5	22.5	22.9	22.7	21.2	20.2
	1985	24.0	22.4	22.6	22.9	21.5	20.4
	1986	23.9	22.4	22.5	22.9	21.4	20.6
标准化平均初婚年龄	1977	26.0	22.6	23.6	23.2	21.7	20.7
	1978	25.8	22.9	24.0	23.1	22.1	21.3
	1979	25.7	22.9	23.6	23.1	22.1	21.2
	1980	25.8	22.6	23.4	23.3	21.9	20.6
	1981	25.4	22.7	23.4	23.1	21.9	20.7
	1982	24.9	22.5	23.2	23.0	21.7	20.8
	1983	24.7	22.6	23.0	23.2	21.7	21.3
	1984	25.0	22.4	22.9	23.1	21.9	20.7
	1985	24.2	22.4	22.8	23.1	21.8	20.7
	1986	24.0	22.3	22.7	23.1	22.0	21.1

3. 近十年来育龄妇女的总和初婚率

年　　份	北　京	辽　宁	山　东	广　东	贵　州	甘　肃
1977	0.713	1.042	0.846	0.802	0.692	0.850
1978	0.884	1.081	0.898	0.887	0.728	0.974
1979	1.151	1.021	1.013	1.008	0.974	1.072
1980	1.376	1.165	1.189	1.134	1.176	1.358
1981	1.423	1.173	1.301	1.065	1.103	1.211
1982	1.292	0.941	1.190	1.072	1.126	0.975
1983	1.163	0.814	0.980	1.027	1.019	1.010
1984	1.062	0.910	0.971	0.928	0.933	0.768
1985	1.068	0.886	1.007	0.854	1.012	0.964
1986	0.899	0.661	0.831	0.668	0.868	0.904

4. 已婚妇女各年龄组平均生育子女数

单位：个

地区	年龄组							
	15—19	20—24	25—29	30—34	35—39	40—44	45—49	总　计
北　京	0.80	0.59	0.98	1.28	1.75	2.49	3.04	1.63
辽　宁	—	0.69	1.11	1.54	2.30	3.19	3.97	1.97
山　东	0.43	0.71	1.28	1.76	2.43	3.33	4.09	2.19
广　东	0.47	1.08	1.82	2.52	3.11	3.80	4.46	2.67
贵　州	0.38	1.01	2.13	3.15	3.99	4.97	5.99	3.47
甘　肃	0.28	1.10	2.00	2.66	3.42	4.28	5.47	2.79

5. 按生育子女数分的已婚妇女百分比

北 京

单位：%

年龄组	生育子女数										总计人数
	0	1	2	3	4	5	6	7	8	合 计	
15—19	20.0	80.0	—	—	—	—	—	—	—	100.0	10
20—24	44.1	53.2	2.6	0.1	—	—	—	—	—	100.0	658
25—29	15.1	73.4	10.2	1.3	—	—	—	—	—	100.0	1,718
30—34	3.9	69.3	22.5	3.8	0.5	—	—	—	—	100.0	1,909
35—39	1.5	41.4	41.8	12.2	2.2	0.7	0.2	—	—	100.0	1,262
40—44	1.5	12.6	44.8	23.9	11.7	4.4	0.9	0.1	0.1	100.0	1,030
45—49	0.9	5.7	33.1	29.6	17.2	9.0	2.9	0.9	0.7	100.0	1.035
合 计	8.8	48.0	25.6	10.5	4.4	1.9	0.6	0.1	0.1	100.0	7,622

辽 宁

（续）

年龄组	生育子女数										总计人数
	0	1	2	3	4	5	6	7	8	合 计	
15—19	37.5	56.3	—	6.3	—	—	—	—	—	100.0	16
20—24	33.9	63.1	2.7	0.3	—	—	—	—	—	100.0	778
25—29	5.6	79.9	12.3	2.0	—	—	—	—	—	100.0	1,289
30—34	1.8	53.7	34.9	8.5	0.9	0.2	—	—	—	100.0	1,675
35—39	1.8	16.4	46.1	24.5	8.7	2.0	0.5	—	—	100.0	1,270
40—44	1.0	3.6	24.5	37.2	20.2	9.0	3.1	1.0	0.4	100.0	830
45—49	1.8	1.6	13.0	26.2	23.1	17.9	9.7	4.2	2.4	100.0	709
合 计	6.3	40.8	25.0	14.9	7.0	3.5	1.5	0.6	0.4	100.0	6,567

山 东

（续）

年龄组	生育子女数										总计人数
	0	1	2	3	4	5	6	7	8	合 计	
15—19	60.0	37.5	2.5	—	—	—	—	—	—	100.0	40
20—24	38.0	53.8	8.1	—	—	—	—	—	—	100.0	695
25—29	5.6	65.1	25.6	3.3	—	—	—	—	—	100.0	1,028
30—34	1.2	38.0	46.4	11.9	2.3	0.1	—	—	—	100.0	1,501
35—39	1.3	10.9	45.9	30.5	9.2	1.4	0.7	0.1	—	100.0	1,255
40—44	1.4	2.6	20.5	34.8	24.4	11.3	3.6	0.8	0.4	100.0	908
45—49	1.4	2.6	8.8	20.2	28.6	22.8	10.2	4.7	0.7	100.0	697
合 计	6.6	29.5	30.0	17.2	9.4	4.6	1.8	0.7	0.1	100.0	6,124

广 东

(续)

年龄组	生育子女数										总计人数
	0	1	2	3	4	5	6	7	8	合 计	
15—19	54.8	42.9	2.4	—	—	—	—	—	—	100.0	42
20—24	24.5	47.7	23.4	3.9	0.6	—	—	—	—	100.0	898
25—29	6.9	34.7	35.8	15.9	5.9	0.6	0.2	—	—	100.0	1,287
30—34	1.1	18.1	32.1	29.8	15.0	3.0	0.8	—	0.1	100.0	1,619
35—39	1.0	6.7	25.1	33.3	20.5	9.2	3.4	0.7	0.1	100.0	1,163
40—44	0.9	2.8	15.3	27.3	24.9	15.0	9.2	2.8	1.6	100.0	847
45—49	1.0	1.4	7.6	16.1	25.2	24.6	15.4	5.3	3.5	100.0	798
合 计	5.7	19.5	25.2	22.1	14.6	7.3	3.8	1.1	0.3	100.0	6,654

贵 州

(续)

年龄组	生育子女数										总计人数
	0	1	2	3	4	5	6	7	8	合 计	
15—19	63.9	34.0	2.1	—	—	—	—	—	—	100.0	97
20—24	29.2	45.3	21.0	4.1	0.3	—	0.1	—	—	100.0	1,021
25—29	5.3	23.0	38.2	23.6	7.8	1.7	0.2	0.2	—	100.0	831
30—34	1.1	8.8	22.2	31.6	22.5	8.5	3.6	1.2	0.5	100.0	1,455
35—39	0.7	1.8	11.7	24.6	27.4	19.6	9.4	3.0	1.8	100.0	1,177
40—44	1.2	0.9	5.4	14.4	18.3	22.5	16.8	11.9	8.6	100.0	1,030
45—49	0.4	0.7	3.3	7.1	11.0	19.5	18.2	17.9	21.9	100.0	878
合 计	6.8	13.1	16.6	18.5	15.5	11.9	7.7	5.2	4.7	100.0	6,489

甘 肃

(续完)

年龄组	生育子女数										总计人数
	0	1	2	3	4	5	6	7	8	合 计	
15—19	72.7	26.8	0.5	—	—	—	—	—	—	100.0	198
20—24	27.7	42.5	24.1	4.9	0.8	—	—	—	—	100.0	1,198
25—29	3.8	24.3	46.1	20.8	4.4	0.4	0.1	—	—	100.0	768
30—34	1.1	12.4	35.7	30.9	13.7	3.6	1.7	0.6	0.3	100.0	1,117
35—39	1.7	4.3	15.9	34.3	24.4	13.4	4.6	1.0	0.5	100.0	1,021
40—44	1.5	1.9	7.9	19.3	27.4	22.1	11.9	4.7	3.3	100.0	850
45—49	1.8	3.2	4.8	8.8	17.4	20.4	20.4	11.6	11.4	100.0	602
合 计	9.7	16.8	22.6	19.7	13.6	8.5	5.1	2.2	1.8	100.0	5,754

6. 育龄妇女初育年龄中位数及初婚至初育的间隔年数

地　　区	25—29	30—34	35—39	40—44	45—49
北　京					
初育年龄中位数(岁)	25.8	26.6	26.4	24.3	23.1
初婚年龄中位数(岁)	24.4	25.3	24.9	22.7	21.0
初婚至初育间隔(年)	1.4	1.3	1.5	1.6	2.1
辽　宁					
初育年龄中位数(岁)	24.4	25.1	23.7	22.4	22.5
初婚年龄中位数(岁)	23.1	23.8	22.2	20.8	20.4
初婚至初育间隔(年)	1.3	1.3	1.5	1.6	2.1
山　东					
初育年龄中位数(岁)	24.4	25.0	23.7	22.9	22.8
初婚年龄中位数(岁)	23.2	23.6	22.1	20.9	20.4
初婚至初育间隔(年)	1.2	1.4	1.6	2.0	2.4
广　东					
初育年龄中位数(岁)	24.3	24.4	23.3	22.6	23.2
初婚年龄中位数(岁)	23.1	23.0	21.6	20.8	20.9
初婚至初育间隔(年)	1.2	1.4	1.7	1.8	2.3
贵　州					
初育年龄中位数(岁)	23.2	22.8	22.3	22.1	22.7
初婚年龄中位数(岁)	21.6	20.9	20.3	19.7	19.8
初婚至初育间隔(年)	1.6	1.9	2.0	2.4	2.9
甘　肃					
初育年龄中位数(岁)	22.3	21.5	20.5	20.3	21.0
初婚年龄中位数(岁)	20.7	19.4	18.3	17.7	17.7
初婚至初育间隔(年)	1.6	2.1	2.2	2.6	3.3

7. 近十年来总和生育率及标准化一般生育率

地区	1977	1978	1979	1980	1981	1982	1983	1984	1985	1986
总和生育率(个)										
北京	1.45	1.41	1.43	1.58	1.66	1.92	1.43	1.42	1.35	1.48
辽宁	1.90	2.39	2.08	1.67	1.68	1.64	1.18	0.89	1.04	1.29
山东	2.34	2.28	2.26	1.88	2.14	2.18	1.93	1.59	1.70	1.98
广东	2.83	3.12	3.33	3.21	3.28	3.16	2.98	2.71	2.43	2.16
贵州	4.51	3.83	4.38	4.05	4.53	4.52	3.67	3.41	3.33	3.69
甘肃	2.73	3.12	3.12	2.52	2.77	3.06	2.78	2.84	2.34	2.68
标准化一般生育率(‰)										
北京	47.3	46.1	46.7	52.2	55.5	63.6	47.3	47.1	43.9	47.6
辽宁	62.1	76.6	66.5	55.0	55.8	53.6	38.7	29.2	33.3	40.6
山东	74.7	71.5	72.6	60.1	68.9	70.6	62.7	50.2	54.1	62.7
广东	89.9	94.7	103.5	99.2	104.8	100.2	94.6	86.4	77.7	70.3
贵州	113.6	96.4	109.6	101.7	113.0	114.9	95.1	88.3	85.5	95.2
甘肃	86.4	96.5	97.7	80.5	89.4	99.4	90.6	92.7	75.5	87.4

8. 各年龄组的在婚妇女曾使

北京

年龄组	口服避孕药	宫内避孕环	其它女性避孕法	避孕套
15—19	20.0	—	—	20.0
20—24	22.8	11.9	4.7	28.5
25—29	27.3	37.1	8.8	48.3
30—34	40.6	60.0	7.8	42.1
35—39	47.6	64.5	4.7	36.5
40—44	49.7	55.8	4.9	37.1
45—49	45.2	46.1	4.4	40.5
合计	39.0	48.9	6.4	40.5

辽宁

年龄组	口服避孕药	宫内避孕环	其它女性避孕法	避孕套
15—19	—	18.8	—	—
20—24	9.5	37.5	3.7	10.8
25—29	12.3	77.4	5.5	19.8
30—34	14.8	84.3	2.7	16.3
35—39	14.5	71.8	1.6	15.7
40—44	12.9	67.3	1.2	17.0
45—49	12.2	59.5	1.5	21.6
合计	13.1	71.2	2.8	16.8

山东

年龄组	口服避孕药	宫内避孕环	其它女性避孕法	避孕套
15—19	2.5	10.0	—	—
20—24	2.6	30.1	0.9	4.9
25—29	6.6	68.1	2.9	12.9
30—34	9.8	79.4	1.8	8.8
35—39	7.6	78.7	1.0	6.4
40—44	8.6	77.3	0.3	6.0
45—49	9.9	71.7	0.6	7.9
合计	7.8	70.1	1.4	8.0

用避孕方法的百分比状况

体外排精法	安全期	注射避孕针	男性绝育法	女性绝育法	总计
—	—	—	—	—	40.0
6.7	8.1	0.5	0.0	0.0	83.2
8.5	15.5	0.6	0.0	1.6	147.7
7.1	16.6	1.3	0.2	7.5	183.1
6.6	14.3	1.6	0.7	15.7	192.2
8.1	13.6	2.0	1.2	24.5	196.9
6.7	16.3	1.7	2.2	22.7	185.8
7.4	14.8	1.3	0.6	11.1	170.0

（续）

体外排精法	安全期	注射避孕针	男性绝育法	女性绝育法	总计
—	—	—	—	—	18.8
2.3	1.3	0.0	0.0	0.3	65.4
3.0	3.5	0.5	0.0	5.8	127.8
4.3	3.8	0.7	0.0	30.3	157.2
3.1	3.3	0.6	0.0	56.8	173.4
5.9	4.6	0.4	0.7	59.0	169.0
4.0	6.0	0.1	0.2	41.9	148.0
3.7	3.7	0.4	0.2	31.8	143.7

（续）

体外排精法	安全期	注射避孕针	男性绝育法	女性绝育法	总计
2.5	5.0	—	—	—	20.0
1.0	0.4	0.0	0.9	1.7	42.4
1.0	2.9	0.0	6.5	7.9	108.8
0.8	1.9	0.3	17.4	29.5	149.7
0.5	1.4	0.3	25.5	44.2	165.7
0.6	1.6	0.1	25.4	42.4	162.4
1.0	2.7	0.3	17.2	26.2	137.6
0.8	1.9	0.2	16.4	27.0	133.4

广东

年龄组	口服避孕药	宫内避孕环	其它女性避孕法	避孕套
15—19	—	7.1	—	—
20—24	2.1	18.2	0.7	3.2
25—29	3.7	37.6	1.8	5.0
30—34	6.8	60.7	1.7	6.5
35—39	10.7	70.5	1.4	8.3
40—44	13.6	68.0	0.7	12.5
45—49	10.4	63.0	1.5	13.5
合计	7.5	52.9	1.4	7.6

贵州

年龄组	口服避孕药	宫内避孕环	其它女性避孕法	避孕套
15—19	—	3.1	—	—
20—24	3.4	13.5	0.1	0.3
25—29	6.5	42.4	0.7	2.3
30—34	7.3	54.2	0.5	1.9
35—39	8.0	62.1	0.1	2.3
40—44	8.8	61.7	0.0	3.2
45—49	9.6	65.8	0.1	1.0
合计	7.1	49.6	0.3	2.1

甘肃

年龄组	口服避孕药	宫内避孕环	其它女性避孕法	避孕套
15—19	—	2.0	—	—
20—24	2.4	20.4	0.9	0.9
25—29	5.5	42.2	3.3	3.3
30—34	6.0	57.2	4.0	4.0
35—39	8.0	59.1	4.3	4.3
40—44	6.7	59.9	3.6	3.7
45—49	8.5	55.0	6.2	6.2
合计	5.7	46.0	1.1	3.3

()

体外排精法	安全期	注射避孕针	男性绝育法	女性绝育法	总计
—	—	—	—	—	7.1
2.1	3.0	0.2	0.6	6.6	36.6
3.6	5.0	0.2	6.3	27.0	90.3
4.0	5.8	1.8	15.0	50.7	152.0
3.5	5.3	1.1	18.5	58.2	177.5
3.6	7.3	0.5	14.7	46.0	167.0
5.2	7.9	0.1	12.0	30.4	143.9
3.6	5.6	0.5	11.5	38.1	128.5

(续)

体外排精法	安全期	注射避孕针	男性绝育法	女性绝育法	总计
—	—	—	—	—	3.1
0.3	1.0	0.6	0.5	0.9	20.5
1.8	1.0	0.6	7.4	13.9	76.7
1.0	1.1	0.9	20.6	33.0	120.5
0.8	1.3	0.7	22.4	40.3	137.8
0.6	1.4	0.5	18.8	31.3	126.3
1.1	1.0	0.2	13.9	19.9	114.7
0.9	1.1	0.6	14.5	24.2	100.4

(续)

体外排精法	安全期	注射避孕针	男性绝育法	女性绝育法	总计
—	—	—	—	0.5	2.5
0.3	0.5	0.2	0.1	10.7	35.9
0.7	1.4	1.0	0.1	42.2	98.3
1.2	1.5	1.0	0.2	65.4	138.1
0.9	2.0	1.5	0.2	69.7	147.3
1.0	1.7	1.2	0.9	60.8	136.9
1.2	2.6	0.4	0.9	43.6	118.9
0.8	1.5	0.8	0.4	46.4	106.0

9． 各年龄组的在婚妇女目前正

北 京

年 龄 组	口服避孕药	宫内避孕环	其它性方法	避孕套
15—19	10.0	—	—	20.0
20—24	13.4	10.5	1.5	13.9
25—29	13.0	30.0	2.0	23.1
30—34	13.0	45.7	1.2	16.8
35—39	14.1	43.8	0.7	13.0
40—44	13.6	32.1	0.9	14.4
45—49	9.6	18.7	0.8	14.3
合 计	12.8	33.3	1.2	16.7

辽 宁

年 龄 组	口服避孕药	宫内避孕环	其它性方法	避孕套
15—19	—	12.5	—	—
20—24	3.4	34.2	1.4	5.9
25—29	3.5	62.1	1.3	6.2
30—34	3.5	48.6	0.4	4.5
35—39	2.2	32.4	0.4	1.9
40—44	1.7	28.2	0.1	3.7
45—49	0.9	32.6	0.4	0.5
合 计	2.7	42.1	0.6	4.4

山 东

年 龄 组	口服避孕药	宫内避孕环	其它性方法	避孕套
15—19	2.5	7.5	—	—
20—24	1.2	27.1	0.1	2.4
25—29	1.7	51.5	0.8	5.3
30—34	2.1	33.7	0.7	2.7
35—39	1.0	21.3	0.2	1.5
40—44	1.6	20.9	0.2	1.7
45—49	1.6	35.6	0.3	0.7
合计	1.6	31.6	0.4	2.5

在使用避孕方法的百分比状况

体外排精法	安全期	注射避孕针	男性绝育法	女性绝育法	目前未避孕
—	—	—	—	—	70.0
2.1	1.2	0.2	0.0	0.0	54.0
1.5	1.9	0.1	0.0	1.6	24.2
0.6	2.1	0.2	0.2	7.6	9.8
1.1	2.4	0.1	0.7	15.6	5.4
1.5	2.3	0.2	1.2	24.5	7.9
1.4	3.1	0.4	2.2	22.6	24.7
1.2	2.2	0.2	0.6	11.1	18.0

体外排精法	安全期	注射避孕针	男性绝育法	女性绝育法	目前未避孕
—	—	—	—	—	87.5
0.5	0.7	0.0	0.0	0.3	53.6
0.6	0.8	0.2	0.0	5.8	19.3
0.9	0.5	0.0	0.0	30.4	11.2
0.4	0.6	0.0	0.0	56.8	5.0
1.2	1.0	0.0	0.7	59.0	4.1
1.5	0.3	0.0	1.2	41.9	15.2
0.8	0.7	0.0	0.2	31.8	16.4

体外排精法	安全期	注射避孕针	男性绝育法	女性绝育法	目前未避孕
—	2.5	—	—	—	85.0
0.1	0.1	0.0	0.9	1.7	65.9
0.3	0.8	0.1	6.5	7.8	24.4
0.3	0.5	0.0	17.4	29.2	13.1
0.1	0.2	0.0	25.5	44.1	6.1
0.3	0.6	0.1	25.4	42.3	6.7
0.4	0.7	0.0	17.2	26.0	16.1
0.3	0.5	0.0	16.4	26.9	19.6

广　东

年龄组	口服避孕药	宫内避孕环	其它女性方法	避孕套
15—19	—	7.1	—	—
20—24	1.0	12.6	0.2	1.4
25—29	0.6	20.0	0.7	1.7
30—34	1.4	16.4	0.3	1.0
35—39	1.0	14.7	0.3	0.5
40—44	1.8	24.9	0.0	1.0
45—49	0.6	27.0	0.0	0.9
合计	1.1	18.5	0.3	1.2

贵　州

年龄组	口服避孕药	宫内避孕环	其它女性方法	避孕套
15—19	—	3.2	—	—
20—24	2.2	12.4	0.0	0.2
25—29	3.5	28.3	0.2	0.1
30—34	1.7	24.4	0.1	0.5
35—39	1.5	23.2	0.1	0.3
40—44	2.2	34.9	0.0	0.5
45—49	1.0	42.2	0.0	0.4
合计	1.9	26.5	0.1	0.3

甘　肃

年龄组	口服避孕药	宫内避孕环	其它女性方法	避孕套
15—19	—	—	—	—
20—24	1.4	15.5	0.2	0.2
25—29	2.2	21.3	0.7	0.9
30—34	0.8	18.5	0.3	0.8
35—39	1.6	18.6	0.1	1.2
40—44	1.2	23.7	0.1	1.0
45—49	2.1	29.3	0.4	1.2
合计	1.4	19.5	0.3	0.8

（续）

体外排精法	安全期	注射避孕针	男性绝育法	女性绝育法	目前未避孕
—	—	—	—	—	92.9
0.8	0.7	0.1	0.4	6.6	76.1
1.0	0.8	0.0	6.0	27.0	41.5
0.4	0.8	0.1	15.0	50.2	13.6
0.2	0.7	0.1	18.5	57.6	6.1
0.6	1.1	0.0	14.7	45.6	9.4
1.2	0.9	0.0	12.0	30.4	24.3
0.6	0.9	0.1	11.4	37.8	27.5

（续）

体外排精法	安全期	注射避孕针	男性绝育法	女性绝育法	目前未避孕
—	—	—	—	—	96.8
0.1	0.6	0.3	0.5	0.9	82.8
0.6	0.2	0.1	7.4	13.8	45.6
0.3	0.3	0.2	20.6	32.9	18.9
0.1	0.2	0.2	22.4	40.3	11.8
0.3	0.6	0.0	18.8	31.1	11.3
0.1	0.4	0.1	13.9	19.8	22.2
0.2	0.4	0.2	14.5	24.2	31.7

（续完）

体外排精法	安全期	注射避孕针	男性绝育法	女性绝育法	目前未避孕
—	—	—	—	0.5	98.5
0.1	0.3	0.1	0.1	10.7	71.6
0.1	0.7	0.3	0.1	42.2	31.5
0.4	0.4	0.2	0.2	65.3	13.1
0.0	0.2	0.1	0.4	69.6	8.3
0.4	0.2	0.2	0.9	60.8	11.6
0.0	0.7	0.0	0.9	43.4	22.0
0.1	0.4	0.1	0.4	46.3	30.7

三、1987年全国儿童抽样调查主要数据

中国儿童情况抽样调查领导小组

国　　家　　统　　计　　局

关于一九八七年中国儿童情况抽样调查主要数字的公报

一九八七年十月二十四日

经国务院办公厅批准，1987年7月在内蒙古、黑龙江、浙江、山东、湖北、广东、四川、云南、宁夏九省、自治区进行了一次儿童情况抽样调查。这次调查经过两年多的准备，在抽中84个县、市人民政府的统一领导和广大群众的积极支持下，经过万余名调查员和医务工作人员共同努力，到8月31日，已全部完成调查登记、体检工作，并进行了质量抽查和手工汇总。抽查结果，人口总数差错率为1‰，儿童人数差错率0.9‰，儿童性别差错率为0.8‰，调查质量符合要求。现将手工汇总的主要数字公布如下：

一、儿童的基本情况

九省、自治区共调查家庭户192,369户，总人口811,717人，其中儿童234,661人（儿童指0-14岁，下同）。

按城、乡分组情况如下：

	被调查户数	被调查人口总数（人）	其中儿童人数（人）	儿童人数占总人口数 %
1、城　　市	53,561	199,096	47,828	24.0
2、平原农村	42,421	181,432	51,121	28.2
3、丘陵农村	43,039	185,871	56,168	30.2
4、山区或高原农村	53,348	245,318	79,544	32.4

这次调查，儿童占总人口的比重为28.9%，比1983年底儿童基本情况抽样调查时的31.4%下降了2.5个百分点；平均每户有儿童1.2人，比1983年底儿童基本情况抽样调查时的1.3人减少0.1人。

儿童占总人口的比重，城市为24%，农村为30.5%，城市儿童占总人口的比重明显低于农村。

在被调查的全部儿童中，独生子女为46,246人占19.7%。在城市47,828名儿童中，独生子女为20,688人，占43.3%；在农村186,833名儿童中，独生子女为25,558人，占13.7%。城市独生子女比重明显高于农村。

二、儿童接受教育情况

在141,591名6—14岁儿童中，上小学的95,615人，上初中的12,838人，上高中的88人，全部在校学龄儿童为108,541人，学龄儿童在校率为76.7%（城市学龄儿童在校率为84.5%，农村为74.6%），比1983年底儿童基本情况抽样调查时的75.7%略有增加。

在被调查的93,070名学龄前儿童中，入托儿所、幼儿园和学前班的只有21,065人，占22.6%，要需动员社会各方面力量来加强儿童的学前教育。

在被调查的全部儿童中，有92.9%的儿童与父母生活在一起，由双亲抚养，这对儿童身心健康成长具有重要的作用。据对14岁儿童家长意向调查，有82.5%的家长平常比较注意培养儿童独立生活的能力，有72.3%的家长对孩子的学习要求比较严格，有51.3%的家长希望子女将来上大学。

总的来看，儿童的精神状况、思想素质基本上是好的，据对14岁儿童意向调查，82.4%的儿童把为祖国四化做贡献、努力工作作为自已的奋斗目标。

三、儿童预防保健情况

母乳喂养婴儿是科学育儿的重要方法，有助于婴儿健康成长。被调查的32,640名0-1岁儿童中，在0-3个月时用母乳喂养的21,685人，占66.4%。

在被调查的93,070名0-5岁儿童中，接种麻疹疫苗的儿童有77,173人，占82.9%；接种卡介苗的儿童有56,802人，占61%。

明显和严重不健康儿童所占比重较小。全部被调查儿童中，经医务人员体检，先天畸形的儿童有2,314人，占9.9‰；后天致残的儿童有1,020人，占4.3‰：急性感染性腹泻和呼吸道感染是两种儿童常见疾病，对儿童健康影响较大。在调查的全部儿童中，两周内患过这两种常见疾病的有42,209人，占18%。

在被调查的141,591名6-14岁儿童中，有66,786人患有龋齿、龋患率为47.2‰。有关部门应采取措施，切实加强儿童的卫生保健工作。

这次调查的资料，正在用电子计算机进行处理。

中国儿童情况抽样调查得到了联合国儿童基金会的资助。

1. 抽样调查的户数、人口数、儿童人数

地区	户数（户）	人口数（人）			0—14岁儿童		平均每户人数（人／户）	平均每户儿童数（人／户）
		合计	男	女	人数（人）	占合计数的%		
总计	192,369	811,717	412,487	399,230	234.661	28.91	4.22	1.22
城市	53,561	199,096	99.459	99,637	47,[illegible]28	24.02	3.72	0.89
农村	138,808	612,621	313,028	299,593	186,833	30.50	4.41	1.35
其中：								
平原农村	42,421	181,432	91,652	89,780	51,121	28.18	4.28	1.21
丘陵农村	43,039	185,871	95,007	90,864	56,168	30.22	4.32	1.31
山区农村	53,348	245,318	126,369	118,949	79.544	32.42	4.60	1.49
内蒙	15,114	66,863	34,464	32,399	20,076	30.03	4.42	1.33
黑龙江	18,395	77,028	39,224	37,804	22,789	29.59	4.19	1.24
浙江	25,124	89,919	45,819	44,100	20,558	22.86	3.58	0.82
山东	21,312	86,058	43,436	42,622	22,285	25.90	4.04	1.05
湖北	18,644	78,821	39,798	39,023	22,924	29.08	4.23	1.23
广东	21,572	101,532	51,697	49,835	31,410	30.94	4.71	1.46
四川	42,646	173,349	88,537	84,812	47,250	27.26	4.06	1.11
云南	81,885	84,250	42,195	42,055	28,428	33.74	4.46	1.51
宁夏	10,677	53,897	27,317	26,580	18,941	35.14	5.05	1.77
各地区占总计比重(%)								
城市	27.84	24.53	24.11	24.96	20.38			
农村	72.16	75.47	75.89	75.04	79.62			
其中：								
平原农村	30.56	29.62	29.28	29.97	27.36			
丘陵农村	31.01	30.34	30.35	30.33	30.06			
山区农村	38.43	40.04	40.37	39.70	42.57			
内蒙	7.86	8.24	8.36	8.12	8.56			
黑龙江	9.56	9.49	9.51	9.47	9.71			
浙江	13.06	11.08	11.11	11.05	8.76			
山东	11.08	10.60	10.53	10.68	9.50			
湖北	9.69	9.71	9.65	9.77	9.77			
广东	11.21	12.51	12.53	12.48	13.39			
四川	22.17	21.35	21.46	21.24	20.13			
云南	9.82	10.38	10.23	10.53	12.11			
宁夏	5.55	6.64	6.62	6.66	8.07			

2. 抽样调查的

地区	合计	0—5岁	6—14岁	0岁
总计	234,661	93,070	141,591	17,082
城市	47,828	19,516	28,312	3,221
农村	186,833	73,554	113,279	13,861
其中：				
平原农村	51,121	20,742	30,379	4,120
丘陵农村	56,168	21,871	34,297	4,060
山区农村	79,544	30,941	48,603	5,681
内蒙	20,076	8,328	11,748	1,305
黑龙江	22,789	8,286	14,503	1,354
浙江	20,558	8,214	12,344	1,588
山东	22,285	9,228	13,057	1,611
湖北	22,924	10,015	12,909	2,000
广东	31,410	13,875	17,535	2,394
四川	47,250	17,197	30,053	3,790
云南	28,428	10,960	17,468	1,923
宁夏	18,941	6,967	11,974	1,117

地区	6岁	7岁	8岁	9岁
总计	13,625	14,336	14,538	14,309
城市	2,759	3,005	3,058	2,921
农村	10,866	11,331	11,480	11,388
其中：				
平原农村	2,899	3,229	3,240	3,076
丘陵农村	3,422	3,367	3,486	3,411
山区农村	4,545	4,735	4,754	4,901
内蒙	1,299	1,338	1,233	1,120
黑龙江	1,413	1,583	1,681	1,457
浙江	1,092	1,316	1,335	1,374
山东	1,281	1,404	1,447	1,331
湖北	1,342	1,446	1,333	1,347
广东	2,133	2,123	2,091	1,857
四川	2,400	2,105	2,259	2,458
云南	1,532	1,645	1,891	2,130
宁夏	1,133	1,376	1,268	1,235

分 年 龄 儿 童 人 数

单位：人

1 岁	2 岁	3 岁	4 岁	5 岁
15,558	13,851	14,186	15,751	16,636
3,115	2,918	3,036	3,564	3,662
12,443	10,939	11,150	12,187	12,974
3,659	3,137	2,955	3,318	3,553
3,671	3,206	3,349	3,653	3,932
5,113	4,596	4,846	5,216	5,489
1,193	1,295	1,402	1,539	1,594
1,352	1,252	1,206	1,525	1,597
1,156	1,079	1,215	1,536	1,640
1,568	1,349	1,492	1,606	1,602
1,799	1,651	1,590	1,569	1,406
2,294	2,364	2,354	2,162	2,307
3,321	2,087	2,134	2,679	3,186
1,706	1,675	1,792	1,976	1,888
1,169	1,105	1,001	1,159	1,416

（续完）

10 岁	11 岁	12 岁	13 岁	14 岁
14,645	16,315	17,574	18,147	18,102
2,914	3,130	3,207	3,485	3,833
11,731	13,185	14,367	14,662	14,269
3,048	3,486	3,799	3,789	3,813
3,473	3,901	4,324	4,335	4,578
5,210	5,798	6,244	3,538	5,878
1,057	1,305	1,419	1,484	1,493
1,431	1,551	1,751	1,822	1,814
1,355	1,379	1,393	1,454	1,646
1,323	1,493	1,567	1,527	1,684
1,319	1,447	1,466	1,635	1,574
1,688	1,736	1,874	2,098	1,935
3,157	3,926	4,627	4,639	4,482
2,057	1,977	2,085	2,105	2,046
1,258	1,501	1,392	1,383	1,428

3. 各年龄儿童占

地　区	合　计	0—5岁	6—14岁	0　岁	1　岁	2　岁	3　岁	4　岁
总　计	100.00	39.66	60.34	7.28	6.63	5.91	6.04	6.71
城　市	100.00	40.80	59.20	6.73	6.51	6.10	6.35	7.45
农　村	100.00	39.37	60.63	7.42	6.66	5.86	5.97	6.52
其中：								
平原农村	100.00	40.57	59.43	8.06	7.16	6.13	5.78	6.49
丘陵农村	100.00	38.94	61.06	7.23	6.54	5.71	5.96	6.50
山区农村	100.00	38.90	61.10	7.14	6.43	5.78	6.09	6.56
内　蒙	100.00	41.48	58.52	6.50	5.94	6.45	6.98	7.67
黑龙江	100.00	36.36	63.64	5.94	5.93	5.50	5.29	6.69
浙　江	100.00	39.96	60.04	7.73	5.62	5.25	5.91	7.47
山　东	100.00	41.41	58.59	7.23	7.04	6.05	6.69	7.21
湖　北	100.00	43.69	56.31	8.73	7.85	7.20	6.94	6.84
广　东	100.00	44.17	55.83	7.62	7.30	7.53	7.49	6.88
四　川	100.00	36.40	63.60	8.02	7.03	4.42	4.52	5.67
云　南	100.00	38.55	61.45	6.77	6.00	5.89	6.30	6.95
宁　夏	100.00	36.78	63.22	5.90	6.17	5.83	5.28	6.12

4. 各年龄儿童占

地　区	合　计	0—5岁	6—14岁	0　岁	1　岁	2　岁	3　岁	4　岁
总　计	28.91	11.47	17.44	2.10	1.92	1.71	1.75	1.94
城　市	24.02	9.80	14.22	1.62	1.56	1.47	1.52	1.79
农　村	30.50	12.01	18.49	2.26	2.03	1.79	1.82	1.99
其中：								
平原农村	28.18	11.43	16.75	2.27	2.02	1.73	1.63	1.83
丘陵农村	30.22	11.77	18.45	2.18	1.98	1.72	1.80	1.97
山区农村	32.42	12.61	19.81	2.32	2.08	1.87	1.98	2.13
内　蒙	30.03	12.46	17.57	1.95	1.78	1.94	2.10	2.30
黑龙江	29.59	10.76	18.82	1.76	1.76	1.63	1.57	2.00
浙　江	22.86	9.13	13.73	1.77	1.29	1.20	1.35	1.71
山　东	25.90	10.73	15.17	1.87	1.82	1.57	1.73	1.87
湖　北	29.08	12.70	16.38	2.54	2.28	2.09	2.02	1.99
广　东	30.94	13.67	17.27	2.36	2.26	2.33	2.32	2.13
四　川	27.26	9.92	17.34	2.19	1.92	1.20	1.23	1.55
云　南	33.74	13.01	20.73	2.28	2.02	1.99	2.13	2.35
宁　夏	35.14	12.93	22.22	2.07	2.17	2.05	1.86	2.15

总儿童数的比重

单位：%

5 岁	6 岁	7 岁	8 岁	9 岁	10 岁	11 岁	12 岁	13 岁	14 岁
7.09	5.81	6.11	6.20	6.10	6.24	6.95	7.49	7.73	7.71
7.66	5.77	6.28	6.39	6.11	6.09	6.55	6.71	7.29	8.01
6.94	5.82	6.06	6.14	6.09	6.28	7.06	7.69	7.85	7.64
6.95	5.67	6.32	6.34	6.02	5.96	6.82	7.43	7.41	7.46
7.00	6.09	6.00	6.21	6.07	6.18	6.94	7.70	7.72	8.15
6.90	5.71	5.95	5.98	6.16	6.55	7.29	7.85	8.22	7.39
7.94	6.47	6.67	6.14	5.58	5.26	6.50	7.07	7.39	7.44
7.01	6.20	6.95	7.38	6.39	6.28	6.81	7.68	8.00	7.96
7.98	5.31	6.40	6.49	6.68	6.59	6.71	6.78	7.07	8.01
7.19	5.75	6.30	6.49	5.97	5.94	6.70	7.03	6.85	7.56
6.13	5.85	6.31	5.82	5.88	5.75	6.31	6.39	7.13	6.87
7.35	6.79	6.76	6.66	5.91	5.37	5.53	5.97	6.68	6.16
6.74	5.08	4.45	4.78	5.20	6.68	8.31	9.79	9.82	9.49
6.64	5.39	5.79	6.65	7.49	7.24	6.95	7.33	7.41	7.20
7.48	5.98	7.27	6.69	6.52	6.64	7.93	7.35	7.30	7.54

总人口数的比重

单位：%

5 岁	6 岁	7 岁	8 岁	9 岁	10 岁	11 岁	12 岁	13 岁	14 岁
2.05	1.68	1.77	1.79	1.76	1.80	2.01	2.17	2.24	2.23
1.84	1.39	1.51	1.54	1.47	1.46	1.57	1.61	1.75	1.93
2.12	1.77	1.85	1.87	1.86	1.91	2.15	2.35	2.40	2.33
1.96	1.60	1.78	1.79	1.70	1.68	1.92	2.09	2.09	2.10
2.12	1.84	1.81	1.88	1.84	1.87	2.10	2.33	2.33	2.46
2.24	1.85	1.93	1.94	2.00	2.12	2.36	2.55	2.67	2.40
2.38	1.94	2.00	1.84	1.68	1.58	1.95	2.12	2.22	2.23
2.07	1.83	2.06	2.18	1.89	1.86	2.01	2.27	2.37	2.35
1.82	1.21	1.46	1.48	1.52	1.51	1.53	1.55	1.62	1.83
1.86	1.49	1.63	1.68	1.55	1.54	1.73	1.82	1.77	1.96
1.78	1.70	1.83	1.69	1.71	1.67	1.84	1.86	2.07	2.00
2.27	2.10	2.09	2.06	1.83	1.66	1.71	1.85	2.07	1.91
1.84	1.38	1.21	1.30	1.42	1.82	2.26	2.67	2.68	2.59
2.24	1.82	1.95	2.24	2.53	2.44	2.35	2.47	2.50	2.43
2.63	2.10	2.55	2.35	2.29	2.33	2.78	2.58	2.57	2.65

5. 儿童性别比情况

地区	儿童数（人）			占合计%		性别比
	合计	男	女	男	女	（女＝100）
总计	234,661	122,067	112,594	52.02	47.98	108.41
城市	47,828	24,705	23,123	51.65	48.35	106.84
农村	186,833	97,362	89,471	52.11	47.89	108.82
其中：						
平原农村	51,121	26,580	24,541	51.99	48.01	108.31
丘陵农村	56,168	29,124	27,044	51.85	48.15	107.69
山区农村	79,544	41,658	37,866	52.37	47.63	109.96
内蒙	20,076	10,313	9,763	51.37	48.63	105.63
黑龙江	22,789	11,740	11,049	51.52	48.48	106.25
浙江	20,558	10,794	9,764	52.51	47.49	110.55
山东	22,285	11,664	10,621	52.34	47.66	109.82
湖北	22,924	11,763	11,161	51.31	48.69	105.39
广东	31,410	16,635	14,775	52.96	47.04	112.59
四川	47,250	24,636	22,614	52.14	47.86	108.94
云南	28,428	14,710	13,718	51.74	48.26	107.23
宁夏	18,941	9,812	9,129	51.80	48.20	107.48
各地区占总计比重（%）						
城市	20.38	20.24	20.54			
农村	79.62	79.76	79.46			
其中：						
平原农村	27.36	27.30	27.43			
丘陵农村	30.06	29.91	30.23			
山区农村	42.57	42.79	42.34			
内蒙	8.56	8.45	8.67			
黑龙江	9.71	9.62	9.81			
浙江	8.76	8.84	8.67			
山东	9.50	9.55	9.43			
湖北	9.77	9.64	9.91			
广东	13.39	13.63	13.12			
四川	20.13	20.18	20.09			
云南	12.11	12.05	12.19			
宁夏	8.07	8.04	8.11			

6. 儿童入托（园）、学前班情况

地区	0—5岁儿童数（人）	入托（园）、学前班儿童 人数（人）	入托（园）、学前班儿童 占0—5岁的%	未入托（园）、学前班儿童 人数（人）	未入托（园）、学前班儿童 占0—5岁的%	入托（园）儿童 人数（人）	入托（园）儿童 占入托（园）、学前班的%	入学前儿童 人数（人）	入学前儿童 占入托（园）、学前班的%
总计	93,070	21,065	22.63	72,005	77.37	12,238	58.10	8,827	41.90
城市	19,516	10,090	51.70	9,426	48.30	7,858	77.88	2,232	22.12
农村	73,554	10,975	14.92	62,579	85.08	4,380	39.91	6,595	60.09
其中：									
平原农村	20,742	4,199	20.24	16,543	79.76	1,348	32.10	2,851	67.90
丘陵农村	21,871	3,840	17.56	18,031	82.44	1,674	43.59	2,166	56.41
山区农村	30,941	2,936	9.49	28,005	90.51	1,358	46.25	1,578	53.75
内蒙	8,328	1,693	20.33	6,635	79.67	752	44.42	941	55.58
黑龙江	8,286	2,641	31.87	5,645	68.13	1,087	41.16	1,554	58.84
浙江	8,214	3,119	37.97	5,095	62.03	2,425	77.75	694	22.25
山东	9,228	3,123	33.84	6,105	66.16	1,472	47.13	1,651	52.87
湖北	10,015	2,154	21.51	7,861	78.49	1,326	61.56	828	38.44
广东	13,875	2,028	14.62	11,847	85.38	1,107	54.59	921	45.41
四川	17,197	3,274	19.04	13,923	80.96	1,710	52.23	1,564	47.77
云南	10,960	2,155	19.66	8,805	80.34	1,845	85.61	310	14.39
宁夏	6,967	878	12.60	6,089	87.40	514	58.54	364	41.46
各地区占总计比重（%）									
城市	20.97	47.90		13.09		64.21		25.29	
农村	79.03	52.10		86.91		35.79		74.71	
其中：									
平原农村	28.20	38.26		26.44		30.78		43.23	
丘陵农村	29.73	34.99		28.81		38.22		32.84	
山区农村	42.07	26.75		44.75		31.00		23.93	
内蒙	8.95	8.04		9.21		6.15		10.66	
黑龙江	8.90	12.54		7.84		8.88		17.61	
浙江	8.83	14.81		7.08		19.81		7.86	
山东	9.91	14.82		8.48		12.03		18.70	
湖北	10.76	10.22		10.92		10.83		9.38	
广东	14.91	9.63		16.45		9.05		10.44	
四川	18.48	15.54		19.34		13.97		17.72	
云南	11.77	10.23		12.23		15.08		3.51	
宁夏	7.49	4.17		8.46		4.20		4.12	

7. 儿 童 在

地 区	6—14岁儿童数	在校儿童 人数	在校儿童 占6—14岁 %	未在校儿童 人数	未在校儿童 占6—14岁 %
总 计	141,591	108,541	76.66	33,050	23.34
城 市	28,312	24,050	84.95	4,262	15.05
农 村	113,279	84,491	74.59	28,788	25.41
其中：					
平原农村	30,379	23,844	78.49	6,535	21.51
丘陵农村	34,297	25,803	75.23	8,494	24.77
山区农村	48,603	34,844	71.69	13,759	28.31
内 蒙	11,748	9,049	77.03	2,699	22.97
黑 龙 江	14,503	11,385	78.50	3,118	21.50
浙 江	12,344	10,229	82.87	2,115	17.13
山 东	13,057	10,267	78.63	2,790	21.37
湖 北	12,909	10,486	81.23	2,423	18.77
广 东	17,535	12,209	69.23	5,426	30.37
四 川	30,053	23,126	76.95	6,927	23.05
云 南	17,468	13,012	74.49	4,456	25.51
宁 夏	11,974	8,778	73.31	3,196	26.69
各地区占总计比重（%）					
城 市	20.00	22.16		12.90	
农 村	80.00	77.84		87.10	
其中：					
平原农村	26.82	28.22		22.70	
丘陵农村	30.28	30.54		29.51	
山区农村	42.91	41.24		47.79	
内 蒙	8.30	8.34		8.17	
黑 龙 江	10.24	10.49		9.43	
浙 江	8.72	9.42		6.40	
山 东	9.22	9.46		8.44	
湖 北	9.12	9.66		7.33	
广 东	12.38	11.25		16.12	
四 川	21.22	21.30		20.96	
云 南	12.34	11.99		13.48	
宁 夏	8.46	8.09		9.67	

校　　情　　况

单位：人

小学在校生		初中在校生		高中在校生	
人数	占在校儿童%	人数	占在校儿童%	人数	占在校儿童%
95,615	88.09	12,838	11.83	88	0.08
19,366	80.52	4,613	19.18	71	0.30
76,249	90.25	8,225	9.73	17	0.02
20,779	87.15	3,059	12.83	6	0.02
23,096	89.51	2,702	10.47	5	0.02
32,374	92.91	2,464	7.07	6	0.02
7,549	83.43	1,497	16.54	3	0.03
10,159	89.23	1,218	10.70	8	0.07
7,934	77.56	2,273	22.22	22	0.22
8,874	86.43	1,389	13.53	4	0.04
9,202	87.76	1,267	12.08	17	0.16
10,852	88.89	1,352	11.07	5	0.04
21,479	92.88	1,644	7.11	3	0.01
11,587	89.05	1,411	10.84	14	0.11
7,979	90.90	787	8.96	12	0.14
20.25		35.93		80.68	
79.75		64.07		19.32	
27.25		37.19		35.29	
30.29		32.85		29.41	
42.46		29.96		35.29	
7.90		11.66		3.41	
10.63		9.49		9.09	
8.30		17.70		25.00	
9.28		10.82		4.54	
9.62		9.87		19.32	
11.35		10.53		5.68	
22.46		12.81		3.41	
12.12		10.99		15.91	
8.34		6.13		13.64	

8. 独生子女情况

单位：人

地区	0—14岁儿童数	独生子女 人数	独生子女 占儿童%	非独生子女 人数	非独生子女 占儿童%
总计	234,661	46,246	19.71	188,415	80.29
城市	47,828	20,688	43.25	27,140	56.75
农村	186,833	25,558	13.68	161,275	86.32
其中：					
平原农村	51,121	9,070	17.74	42,051	82.26
丘陵农村	56,168	8,048	14.33	48,120	85.67
山区农村	79,544	8,440	10.61	71,104	89.39
内蒙	20,076	3,605	17.96	16,471	82.04
黑龙江	22,789	4,435	19.46	18,354	80.54
浙江	20,558	6,937	33.74	13,621	66.26
山东	22,285	5,395	24.21	16,890	75.79
湖北	22,924	4,304	18.78	18,620	81.22
广东	31,410	3,472	11.05	27,938	88.95
四川	47,250	11,387	24.10	35,863	75.90
云南	28,428	4,705	16.55	23,723	83.45
宁夏	18,941	2,006	10.59	16,935	89.41
各地区占总计比重(%)					
城市	20.38	44.73		14.40	
农村	79.62	55.27		85.60	
其中：					
平原农村	27.36	35.49		26.07	
丘陵农村	30.06	31.49		29.84	
山区农村	42.57	33.02		44.09	
内蒙	8.56	7.79		8.74	
黑龙江	9.71	9.59		9.74	
浙江	8.76	15.00		7.23	
山东	9.50	11.67		8.97	
湖北	9.77	9.31		9.88	
广东	13.39	7.51		14.83	
四川	20.13	24.62		19.03	
云南	12.11	10.17		12.59	
宁夏	8.07	4.34		8.99	

9. 儿童与父母生活情况

单位：人

地区	0—14岁儿童数	与父母生活在一起		未与父母生活在一起	
		人数	占0—14岁的%	人数	占0—14岁的%
总计	234,661	217,971	92.89	16,690	7.11
城市	47,828	43,773	91.52	4,055	8.48
农村	186,833	174,198	93.24	12,635	6.76
其中：					
平原农村	51,121	48,338	94.56	2,783	5.44
丘陵农村	56,168	52,678	93.79	3,490	6.21
山区农村	79,544	73,182	92.00	6,362	8.00
内蒙	20,076	19,304	96.15	772	3.85
黑龙江	22,789	21,862	95.93	927	4.07
浙江	20,558	19,247	93.62	1,311	6.38
山东	22,285	20,820	93.43	1,465	6.57
湖北	22,924	21,555	94.03	1,360	5.97
广东	31,410	28,826	91.77	2,584	8.23
四川	47,250	43,343	91.73	3,907	8.27
云南	28,428	25,710	90.44	2,718	9.56
宁夏	18,941	17,304	91.36	1,637	8.64
各地区占总计比重(%)					
城市	20.38	20.08		24.30	
农村	79.62	29.92		75.70	
其中：					
平原农村	27.36	27.75		22.03	
丘陵农村	30.06	30.24		27.62	
山区农村	42.57	42.01		50.35	
内蒙	8.56	8.86		4.63	
黑龙江	9.71	10.03		5.55	
浙江	8.76	8.83		7.86	
山东	9.50	9.55		8.78	
湖北	9.77	9.89		8.20	
广东	13.39	13.22		15.48	
四川	20.13	19.89		23.41	
云南	12.11	11.80		16.28	
宁夏	8.07	7.94		9.81	

10．0—5岁儿童卡介苗接种情况

单位：人

地区	0—5岁儿童数	已种卡介苗		未种卡介苗	
		人数	占0—5岁的%	人数	占0—5岁的%
总计	93,070	56,802	61.03	36,268	38.97
城市	19,516	15,656	80.22	3,860	19.78
农村	73,554	41,146	55.94	32,408	44.06
其中：					
平原农村	20,742	13,322	64.23	7,420	35.77
丘陵农村	21,871	11,950	54.64	9,921	45.36
山区农村	30,941	15,874	51.30	15,067	48.70
内蒙	8,328	2,789	33.49	5,539	66.51
黑龙江	8,286	5,096	61.50	3,190	38.50
浙江	8,214	7,109	86.55	1,105	13.45
山东	9,228	6,407	69.43	2,821	30.57
湖北	10,015	5,753	57.44	4,262	42.56
广东	13,875	6,197	44.66	7,678	55.34
四川	17,197	10,952	63.69	6,245	36.31
云南	10,960	6,498	59.29	4,462	40.71
宁夏	6,967	6,001	86.13	966	13.87
各地区占总计比重(%)					
城市	20.97	27.56		10.64	
农村	79.03	72.44		89.36	
其中：					
平原农村	28.20	32.38		22.90	
丘陵农村	29.73	29.04		30.61	
山区农村	42.07	38.58		46.49	
内蒙	8.95	4.91		15.27	
黑龙江	8.90	8.97		8.80	
浙江	8.83	12.51		3.05	
山东	9.91	11.28		7.78	
湖北	10.76	10.13		11.75	
广东	14.91	10.91		21.17	
四川	18.48	19.28		17.22	
云南	11.77	11.44		12.30	
宁夏	7.49	10.57		2.66	

11．0—14岁儿童最近两周患病情况

单位：人

地区	0—14岁儿童数	最近两周内患病		最近两周内未患病	
		人数	占0—14岁的%	人数	占0—14岁的%
总计	234,661	42,209	17.99	192,452	82.01
城市	47,828	8,837	18.48	38,991	81.52
农村	186,833	33,372	17.86	153,461	82.14
其中：					
平原农村	51,121	7,900	15.45	43,221	84.55
丘陵农村	56,168	9,636	17.16	46,532	82.84
山区农村	79,544	15,836	19.91	63,708	80.09
内蒙	20,076	2,871	14.30	17,205	85.70
黑龙江	22,789	2,691	11.81	20,098	88.19
浙江	20,558	2,961	14.40	17,597	85.60
山东	22,285	3,606	16.18	18,679	83.82
湖北	22,924	4,435	19.35	18,489	80.65
广东	31,410	7,029	22.38	24,381	77.62
四川	47,250	8,877	18.79	38,373	81.21
云南	28,428	6,818	23.98	21,610	76.02
宁夏	18,941	2,921	15.42	16,020	84.58
各地区占总计比重（%）					
城市	20.38	20.94		20.26	
农村	79.62	79.06		79.74	
其中：（占农村%）					
平原农村	27.36	23.67		28.16	
丘陵农村	30.06	28.87		30.32	
山区农村	42.57	47.45		41.51	
内蒙	8.56	6.80		8.94	
黑龙江	9.71	6.38		10.44	
浙江	8.76	7.02		9.14	
山东	9.50	8.54		9.71	
湖北	9.77	10.51		9.61	
广东	13.39	16.65		12.67	
四川	20.13	21.03		19.94	
云南	12.11	16.15		11.23	
宁夏	8.07	6.92		8.32	

12. 6—14岁儿童患龋齿情况

单位：人

地区	6—14岁儿童数	患龋齿 人数	患龋齿 占6—14岁的%	未患龋齿 人数	未患龋齿 占6—14岁的%
总计	141,591	66,786	47.17	74,805	52.83
城市	28,312	15,295	54.02	13,017	45.98
农村	113,279	51,491	45.46	61,788	54.54
其中：					
平原农村	30,379	13,295	43.76	17,084	56.24
丘陵农村	34,297	15,226	44.39	19,071	55.61
山区农村	48,603	22,970	47.26	25,633	52.74
内蒙	11,748	4,106	34.95	7,642	65.05
黑龙江	14,503	6,740	46.47	7,763	53.53
浙江	12,344	7,383	59.81	4,961	40.19
山东	13,057	5,677	43.48	7,380	56.52
湖北	12,909	5,498	42.59	7,411	57.41
广东	17,535	10,592	60.40	6,943	39.60
四川	30,053	12,952	43.10	17,101	56.90
云南	17,468	9,653	55.26	7,815	44.74
宁夏	11,974	4,185	34.95	7,789	65.05
各地区占总计比重（%）					
城市	20.00	22.90		17.40	
农村	80.00	77.10		82.60	
其中：（占农村%）					
平原农村	26.82	25.82		27.65	
丘陵农村	30.28	29.57		30.87	
山区农村	42.91	44.61		41.49	
内蒙	8.30	6.15		10.21	
黑龙江	10.24	10.09		10.38	
浙江	8.72	11.06		6.63	
山东	9.22	8.50		9.87	
湖北	9.12	8.23		9.91	
广东	12.38	15.86		9.28	
四川	21.22	19.39		22.86	
云南	12.34	14.45		10.45	
宁夏	8.46	6.27		10.41	

13．0—5岁儿童麻疹疫苗接种情况

单位：人

地区	0—5岁儿童数	已种麻疹疫苗		未种麻疹疫苗	
		人数	占0—5岁的%	人数	占0—5岁的%
总计	93,070	77,173	82.92	15,897	17.08
城市	19,516	17,915	91.80	1,601	8.20
农村	73,554	59,258	80.56	14,296	19.44
其中：					
平原农村	20,742	17,723	85.44	3,019	14.56
丘陵农村	21,871	17,951	82.08	3,920	17.92
山区农村	30,941	23,584	76.22	7,357	23.78
内蒙	8,328	7,418	89.07	910	10.93
黑龙江	8,286	7,167	86.50	1,119	13.50
浙江	8,214	7,721	94.00	493	6.00
山东	9,228	7,985	86.53	1,243	13.47
湖北	10,015	8,999	80.86	1,016	10.14
广东	13,875	10,068	72.56	3,807	27.44
四川	17,197	13,165	76.55	4,032	23.45
云南	10,960	8,061	73.55	2,899	26.45
宁夏	6,967	6,589	94.57	378	5.43
各地区占总计比重（%）					
城市	20.97	23.21		10.07	
农村	79.03	76.79		89.93	
其中：（占农村%）					
平原农村	28.20	29.91		21.12	
丘陵农村	29.73	30.29		27.42	
山区农村	42.07	39.80		51.46	
内蒙	8.95	9.61		5.72	
黑龙江	8.90	9.29		7.04	
浙江	8.83	10.00		3.10	
山东	9.91	10.35		7.82	
湖北	10.76	11.66		6.39	
广东	14.91	13.05		23.95	
四川	18.48	17.06		25.36	
云南	11.77	10.44		18.24	
宁夏	7.49	8.54		2.38	

14．0—14岁儿童后天致残情况

单位：人

地区	0—14岁儿童数	后天致残		未后天致残	
		人数	占0—14岁的%	人数	占0—14岁的%
总计	234,661	1,020	0.43	233,641	99.57
城市	47,828	149	0.31	47,679	99.69
农村	186,833	871	0.47	185,962	99.53
其中：					
平原农村	51,121	203	0.40	50,918	99.60
丘陵农村	56,168	249	0.44	55,919	99.56
山区农村	79,544	419	0.53	79,125	99.47
内蒙	20,076	80	0.40	19,996	99.60
黑龙江	22,789	67	0.29	22,722	99.71
浙江	20,558	62	0.30	20,496	99.70
山东	22,285	83	0.37	22,202	99.63
湖北	22,924	117	0.51	22,807	99.49
广东	31,410	65	0.21	31,345	99.79
四川	47,250	266	0.56	46,984	99.44
云南	28,428	177	0.62	28,251	99.38
宁夏	18,941	103	0.54	18,838	99.46
各地区占总计比重(%)					
城市	20.38	14.61		20.41	
农村	79.62	85.39		79.59	
其中：（占农村%）					
平原农村	27.36	23.31		27.38	
丘陵农村	30.06	28.59		30.07	
山区农村	42.57	48.11		42.55	
内蒙	8.56	7.84		8.56	
黑龙江	9.71	6.57		9.73	
浙江	8.76	6.08		8.77	
山东	9.50	8.14		9.50	
湖北	9.77	11.47		9.76	
广东	13.39	6.37		13.42	
四川	20.13	26.08		20.11	
云南	12.11	17.35		12.09	
宁夏	8.07	10.10		8.06	

15. 0—14岁儿童先天畸型情况

单位：人

地区	0—14岁儿童数	先天性畸型		未先天性畸型	
		人数	占0—14岁的%	人数	占0—14岁的%
总计	234,661	2,314	0.99	232,347	99.01
城市	47,828	520	1.09	47,308	98.91
农村	186,833	1,794	0.96	185,039	99.04
其中：					
平原农村	51,121	480	0.94	50,641	99.06
丘陵农村	56,168	536	0.95	55,632	99.05
山区农村	79,544	778	0.98	78,766	99.02
内蒙	20,076	181	0.90	19,895	99.10
黑龙江	22,789	158	0.69	22,631	99.31
浙江	20,558	167	0.81	20,391	99.19
山东	22,285	199	0.89	22,086	99.11
湖北	22,924	244	1.06	22,680	98.94
广东	31,410	169	0.54	31,241	99.46
四川	47,250	532	1.13	46,718	98.87
云南	28,428	474	1.67	27,954	98.33
宁夏	18,941	190	1.00	18,751	99.00
各地区占总计比重(%)					
城市	20.38	22.47		20.36	
农村	79.62	77.53		79.64	
其中：（占农村%）					
平原农村	27.36	26.76		27.37	
丘陵农村	30.06	29.88		30.07	
山区农村	42.57	43.37		42.57	
内蒙	8.56	7.82		8.56	
黑龙江	9.71	6.83		9.74	
浙江	8.76	7.22		8.77	
山东	9.50	8.60		9.51	
湖北	9.77	10.55		9.76	
广东	13.39	7.30		13.45	
四川	20.13	22.99		20.11	
云南	12.11	20.48		12.03	
宁夏	8.07	8.21		8.07	

16. 0—1岁儿童出生后0—3个月母乳喂养情况

单位：人

地区	0—1岁儿童数	接受母乳喂养		未接受母乳喂养	
		人数	占0—1岁的%	人数	占0—1岁的%
总计	32,640	21,685	66.44	10,955	33.56
城市	6,336	3,412	53.85	2,924	46.15
农村	26,304	18,273	69.47	8,031	30.53
其中：					
平原农村	7,779	5,313	68.30	2,466	31.70
丘陵农村	7,731	5,522	71.43	2,209	28.57
山区农村	10,794	7,438	68.91	3,356	31.09
内蒙	2,498	1,905	76.26	593	23.74
黑龙江	2,706	2,047	75.65	659	24.35
浙江	2,744	1,301	47.41	1,443	52.59
山东	3,179	2.234	70.27	945	29.73
湖北	3.799	2,784	73.28	1,015	26.72
广东	4.688	1,908	40.70	2,780	59.30
四川	7.111	5,450	76.64	1,661	23.36
云南	3,629	2,319	63.90	1,310	36.10
宁夏	2,286	1,737	75.98	549	24.02
各地区占总计比重（%）					
城市	19.41	15.73		26.69	
农村	80.59	84.27		73.31	
其中：（占农村%）					
平原农村	29.57	29.08		30.71	
丘陵农村	29.39	30.22		27.51	
山区农村	41.04	40.70		41.79	
内蒙	7.65	8.79		5.41	
黑龙江	8.29	9.44		6.02	
浙江	8.41	6.00		13.17	
山东	9.74	10.30		8.63	
湖北	11.64	12.84		9.26	
广东	14.36	8.80		25.38	
四川	21.79	25.13		15.16	
云南	11.12	10.69		11.96	
宁夏	7.00	8.01		5.01	

四、全国残疾人抽样调查
手工汇总主要数据

全国残疾人抽样调查领导小组

中华人民共和国国家统计局

关于全国残疾人抽样调查主要数据的公报

一九八七年十二月七日

经国务院批准，我国进行了第一次全国残疾人抽样调查，并由民政部、国家统计局、国家计委、卫生部、国家教委、公安部、财政部和中国残疾人福利基金会、中国盲人聋哑人协会等部门联合组成的全国残疾人抽样调查领导小组负责统一部署。经过两年多时间的充分准备，大陆29个省、自治区、直辖市于1987年4月1日开始全面调查。在各级人民政府的直接领导和调查区各族人民的大力支持下，420个调查队、10,815名队员和3万余名干部、陪调员共4万多人，逐户进行认真调查登记，至5月中旬全部完成了入户调查、复查和调查质量抽查任务。经对各省、自治区、直辖市手工汇总数据和调查质量进行综合审核，证明这次调查是成功的。现将全国手工汇总的主要数据公布如下：

一、调查的基本情况

这次调查采用概率比例抽样方法，在29个省、自治区、直辖市抽取424个县（市、市辖区），再逐级抽取乡（镇、街道）和村民（居民）委员会，共3,169个调查单位，平均每个调查单位500人左右。

全国共调查了369,816户、1,579,314人，调查总人数占全国总人口数的1.50‰。

住户调查员入户见面1,537,455人，占调查总人数的97.35%；按照《残疾人筛查表》筛出可疑残疾人176,888人，占调查总人数的11.20%。眼科、耳鼻喉科、儿科、骨外科和精神科医生分科对筛出的可疑残疾人逐人进行检查、诊断，并按分类的《残疾标准》确定残疾人和划分残疾等级。

二、残疾人数及其比例

调查结果：有残疾人的家庭66,888户，占调查总户数18.10‰；确定视力、听力语言、智力、肢体、精神病五类残疾和综合残疾共77,343人，占调查总人数的4.9‰。各类残疾人数及各占调查总人数的比例分别是：听力语言残疾26,516人，占16.79‰；智力残疾15,233人，占9.65‰；肢体残疾11,304人，占7.16‰；视力残疾11,303人，占7.16‰；精神病残疾2,907人，占1.84‰；综合残疾10,080人，占6.38‰。

根据这次抽样调查的结果推算总体，全国各类残疾人总数约有5,164万人。其中：听力语言残疾约1,770万人；智力残疾约1,017万人，肢体残疾约755万人；视力残疾约755万人；精神病残疾约194万人；综合残疾约673万人。

三、调查质量的抽查和评价

各省、自治区、直辖市在入户调查复查完毕后，按照《登记质量抽样检查细则》的规定，随机抽取86个调查单位重新入户核查。经对10,080户、43,228人的核查结果：住户调查人数的差错率为1.06‰，残疾人数的差错率为1.16‰，符合设计的质量要求。全国残疾人抽样调查的精确度在95%以上，超过了原设计的要求。

这次调查的全部资料，正由国家经济信息中心用电子计算机进行处理。经机器处理的丰富数据，将为今后发展我国残疾人事业提供可靠的依据。

1. 全国残疾人抽样调

地　区	1986年底总人口数	调查户数			调查人数	
		总户数	有残疾户		总人数	抽样比（‰）
			户　数	百分比		
全国总计	1,053,972,907	369,456	66,888	18.1	1,579,314	1.50
北京市	9,751,240	6,843	1,052	15.4	25,940	2.66
天津市	8,187,687	5,186	755	14.6	20,058	2.45
河北省	56,170,282	19,196	3,515	18.3	77,944	1.39
山西省	26,550,735	12,214	1,976	16.2	50,921	1.92
内蒙古自治区	20,292,799	7,138	1,120	15.7	30,357	1.50
辽宁省	37,260,367	13,251	1,847	13.9	51,918	1.39
吉林省	23,152,985	8,573	1,665	19.4	35,804	1.55
黑龙江省	33,315,456	11,461	1,551	13.5	50,605	1.52
上海市	12,323,316	8,836	1,125	12.7	31,609	2.56
江苏省	62,699,034	22,804	3,759	16.5	87,569	1.40
浙江省	40,700,659	13,597	2,196	16.2	50,814	1.25
安徽省	52,172,139	13,604	2,405	17.7	60,157	1.15
福建省	27,493,015	10,619	2,125	20.0	50,960	1.85
江西省	35,093,518	11,184	2,053	18.4	52,144	1.49
山东省	77,763,607	27,153	4,307	15.9	109,035	1.40
河南省	78,078,400	26,786	5,783	21.6	117,666	1.51
湖北省	49,890,234	14,230	3,396	23.9	61,362	1.23
湖南省	56,957,250	19,967	3,439	17.2	80,147	1.41
广东省	63,463,288	18,079	3,098	17.1	88,533	1.40
广西壮族自治区	39,458,845	10,077	2,358	23.4	51,864	1.31
四川省	103,195,334	36,131	6,943	19.2	145,198	1.41
贵州省	30,079,945	8,567	1,564	18.3	40,891	1.36
云南省	34,556,411	10,732	2,705	25.2	52,219	1.51
西藏自治区	2,024,938	964	296	30.7	5,321	2.63
陕西省	30,426,319	12,104	2,191	18.1	51,800	1.70
甘肃省	20,710,789	7,590	1,656	21.8	37,424	1.81
青海省	4,124,585	2,897	539	18.6	15,105	3.66
宁夏回族自治区	4,243,331	2,953	430	14.6	15,080	3.55
新疆维吾尔自治区	13,836,399	6,720	1,039	15.5	30,869	2.23

查手工汇总主要数据（一）

入户见面		筛出可疑残疾人		定性残疾人	
人　数	见面率	人　数	百分比	人　数	定性率
1,537,455	97.35	176,888	11.2	77,343	4.897
25,390	97.9	3,103	12.0	1,201	4.63
19,779	98.6	1,611	8.03	861	4.29
76,582	98.3	10,707	13.7	4,062	5.21
49,421	97.1	5,140	10.1	2,257	4.43
29,025	95.6	2,887	9.51	1,282	4.22
51,370	98.9	4,113	7.92	2,113	4.07
35,090	98.0	3,452	9.64	2,061	5.76
48,622	06.1	3,992	7.89	1,774	3.51
31,358	99.2	2,365	7.48	1,274	4.03
85,726	97.9	9,460	10.8	4,204	4.80
49,419	97.3	6,322	12.4	2,436	4.79
59,391	98.7	5,908	9.82	2,760	4.59
49,648	97.4	6,510	12.8	2,428	4.76
50,703	97.2	6,062	11.6	2,357	4.52
105,639	96.9	14,000	12.8	4,885	4.48
112,278	95.4	19,972	17.0	6,790	5.77
59,998	97.8	7,737	12.6	3,960	6.45
78,880	98.4	8,595	10.7	3,907	4.87
85,614	96.7	6,288	7.10	3,500	3.95
50,798	97.9	5,734	11.1	2,866	5.53
141,345	97.3	15,644	10.8	7,934	5.46
39,534	96.7	3,449	8.43	1,846	4.51
51,034	97.7	7,535	14.4	3,318	6.35
5,082	95.5	962	18.1	385	7.24
49,859	96.3	4,868	9.40	2,629	5.08
36,458	97.4	4,354	11.6	1,909	5.10
14,629	96.8	1,790	11.9	642	4.25
14,672	97.3	1,204	7.98	512	3.40
30,111	97.5	3,124	10.1	1,190	3.86

2. 全国残疾人抽样调查手

地区	分类残疾人数					
	听力语言残疾		智力残疾		肢体残疾	
	人数	百分比	人数	百分比	人数	百分比
全国总计	26,516	1.68	15,233	0.96	11.304	0.72
北京市	442	1.70	169	0.65	253	0.98
天津市	343	1.71	78	0.39	183	0.91
河北省	1,626	2.08	440	0.57	735	0.94
山西省	752	1.48	379	0.74	513	1.01
内蒙古自治区	491	1.62	230	0.75	181	0.60
辽宁省	663	1.28	355	0.68	387	0.75
吉林省	483	1.35	720	2.01	305	0.85
黑龙江省	460	0.91	346	0.68	351	0.69
上海市	441	1.40	171	0.54	158	0.50
江苏省	1,785	2.04	581	0.66	473	0.54
浙江省	1,057	2.08	394	0.78	286	0.56
安徽省	903	1.50	552	0.92	312	0.52
福建省	935	1.83	518	1.02	311	0.61
江西省	713	1.37	533	1.02	379	0.73
山东省	1,529	1.40	850	0.78	936	0.86
河南省	2,618	2.22	880	0.75	837	0.71
湖北省	1,443	2.35	632	1.03	480	0.78
湖南省	1,354	1.69	691	0.86	573	0.71
广东省	1,122	1.27	807	0.91	441	0.50
广西壮族自治区	727	1.40	1,053	2.03	300	0.58
四川省	2,860	1.97	1,961	1.35	960	0.66
贵州省	502	1.23	458	1.12	331	0.81
云南省	1,055	2.02	928	1.78	273	0.52
西藏自治区	64	1.20	23	0.43	174	3.27
陕西省	832	1.61	510	0.98	400	0.77
甘肃省	569	1.52	477	1.27	313	0.84
青海省	199	1.32	159	1.05	127	0.84
宁夏回族自治区	187	1.24	79	0.52	103	0.68
新疆维吾尔自治区	361	1.17	259	0.84	229	0.74

工汇总主要数据（二）

及其所占比例

视力残疾		精神病残		综合残疾	
人　数	百分比	人　数	百分比	人　数	百分比
11,303	0.72	2,907	0.18	10,080	0.64
120	0.46	76	0.29	141	0.54
86	0.43	35	0.17	136	0.68
486	0.62	819	0.24	586	0.75
250	0.49	107	0.21	256	0.50
181	0.60	37	0.12	162	0.53
324	0.62	139	0.27	245	0.47
224	0.63	89	0.25	240	0.67
329	0.65	80	0.16	208	0.41
237	0.75	95	0.30	172	0.54
706	0.81	96	0.11	563	0.64
324	0.64	101	0.20	274	0.54
498	0.83	82	0.14	413	0.68
258	0.51	115	0.23	291	0.57
372	0.71	65	0.12	295	0.57
633	0.58	237	0.22	700	0.64
1,106	0.94	170	0.14	1,179	1.00
764	1.25	79	0.13	562	0.91
686	0.86	135	0.17	468	0.58
577	0.65	154	0.17	399	0.45
376	0.73	72	0.14	338	0.65
927	0.64	331	0.23	895	0.62
243	0.59	87	0.21	225	0.55
528	1.01	79	0.15	455	0.87
53	1.00	17	0.32	54	1.02
436	0.84	94	0.18	357	0.69
291	0.78	62	0.16	197	0.53
70	0.46	13	0.09	74	0.49
73	0.48	22	0.15	48	0.32
145	0.47	49	0.16	147	0.48

第　二　部　分

1987年度人口统计数据

一、全国人口概况

1. 总 人 口

单位：人

地区	总户数（户）	总人口			平均每户人数	性别比（女=100）
		合计	男	女		
全国总计	258,341,375	1,069,164,090	550,948,904	518,215,186	4.14	106.32
北京	2,994,089	9,926,150	5,063,736	4,862,414	3.32	104.14
天津	2,308,645	8,324,515	4,241,574	4,082,941	3.61	103.89
河北	14,220,198	56,957,951	29,285,797	27,672,154	4.01	105.83
山西	6,687,083	26,908,122	14,111,645	12,796,477	4.02	110.28
内蒙	4,868,729	20,535,985	10,737,778	9,798,207	4.22	109.59
辽宁	10,118,461	37,773,636	19,304,474	18,469,162	3.73	104.52
吉林	5,726,739	23,363,983	11,968,943	11,395,040	4.08	105.04
黑龙江	8,102,864	33,639,815	17,222,960	16,416,855	4.15	104.91
上海	3,801,850	12,495,087	6,287,744	6,207,343	3.29	101.30
江苏	17,236,785	63,480,088	32,417,148	31,062,940	3.68	104.36
浙江	11,672,963	41,211,921	21,373,805	19,838,116	3.53	107.74
安徽	12,783,857	52,866,217	27,499,888	25,366,329	4.14	108.41
福建	6,111,768	28,005,196	14,471,757	13,533,439	4.58	106.93
江西	7,562,209	35,589,531	18,422,715	17,166,816	4.71	107.32
山东	19,603,742	78,894,784	40,291,936	38,602,848	4.02	104.38
河南	17,796,619	79,334,734	40,737,930	38,596,804	4.46	105.55
湖北	12,111,832	50,580,806	26,086,909	24,493,897	4.18	106.50
湖南	14,858,500	57,826,065	30,125,904	27,700,161	3.89	108.76
广东	14,154,444	64,472,237	33,213,174	31,259,063	4.55	106.25
广西	8,076,349	40,163,961	20,820,489	19,343,472	4.97	107.64
四川	26,789,893	104,583,717	54,138,432	50,445,285	3.90	107.32
贵州	6,617,388	30,513,897	15,653,665	14,860,232	4.61	105.34
云南	7,214,588	35,129,988	17,869,363	17,260,625	4.87	103.53
西藏	362,778	2,079,499	1,023,122	1,056,377	5.73	96.85
陕西	7,237,946	30,881,941	16,125,687	14,756,254	4.27	109.28
甘肃	4,385,380	21,034,099	10,870,429	10,163,670	4.80	106.95
青海	834,970	4,175,345	2,138,319	2,037,026	5.00	104.97
宁夏	879,620	4,351,553	2,245,877	2,105,676	4.95	106.66
新疆	3,221,086	14,063,267	7,197,704	6,865,563	4.37	104.84

2.非农业、农业人口

单位：人

地区	总人口	非农业人口		农业人口	
		人数	占总人口%	人数	占总人口%
全国总计	**1,069,164,090**	**212,682,730**	**19.89**	**856,481,360**	**80.11**
北京	9,926,150	6,011,720	60.56	3,914,430	39.44
天津	8,324,515	4,563,536	54.82	3,760,979	45.18
河北	56,957,951	8,122,861	14.26	48,835,090	85.74
山西	26,908,122	5,722,564	21.27	21,185,558	78.73
内蒙	20,535,985	6,059,386	29.51	14,476,599	70.49
辽宁	37,773,636	15,521,703	41.09	22,251,933	58.91
吉林	23,363,983	8,835,237	37.82	14,528,746	62.18
黑龙江	33,639,815	13,916,419	41.37	19,723,396	58.63
上海	12,495,087	8,223,072	65.81	4,272,015	34.10
江苏	63,480,088	11,752,643	18.51	51,727,445	81.49
浙江	41,211,921	6,660,513	16.16	34,551,408	83.84
安徽	52,866,217	7,836,447	14.82	45,029,770	85.18
福建	28,005,196	4,663,479	16.65	23,341,717	83.35
江西	35,589,531	6,582,218	18.49	29,007,313	81.51
山东	78,894,784	10,450,043	13.25	68,444,741	86.75
河南	79,334,734	9,630,458	12.14	69,704,276	87.86
湖北	50,580,806	11,107,807	21.96	39,472,999	78.04
湖南	57,826,065	8,431,488	14.58	49,394,577	85.42
广东	64,472,237	14,315,030	22.20	50,157,207	77.80
广西	40,163,961	5,105,336	12.71	35,058,625	87.29
四川	104,583,717	15,204,810	14.54	89,378,907	85.46
贵州	30,513,897	3,727,940	12.22	26,785,957	87.78
云南	35,129,988	4,194,250	11.94	30,935,738	88.06
西藏	2,079,499	292,940	14.09	1,786,559	85.91
陕西	30,881,941	5,577,314	18.06	25,304,627	81.94
甘肃	21,034,099	3,364,046	15.99	17,670,053	84.01
青海	4,175,345	1,213,791	29.07	2,961,554	70.93
宁夏	4,351,553	973,703	22.38	3,377,850	77.62
新疆	14,063,267	4,621,976	32.87	9,441,291	67.13

3. 市非农业、农业人口

单位：人

地区	总人口	非农业人口		农业人口	
		人数	占总人口%	人数	占总人口%
全国总计	261,114,269	129,743,553	49.69	131,370,716	50.31
北京	6.710,344	5,468,540	81.49	1,241,804	18.51
天津	5,543,775	4,314,271	77.82	1,229,504	22.18
河北	11,069,556	5,487,038	49.57	5,582,518	50.43
山西	6,658,724	3,564,233	53.53	3,094,491	46.47
内蒙	5,953,909	3,677,752	61.77	2,276,157	38.23
辽宁	18,322,588	12,456,531	67.98	5,866,057	32.02
吉林	9,011,940	5,332,028	59.17	3,679,912	40.83
黑龙江	12,469,513	8,420,850	67.53	4,048,663	32.47
上海	7,217,737	7,111,295	98.53	106,442	1.47
江苏	18,036,502	7,416,910	41.12	10,619,592	58.88
浙江	12,455,706	3,784,257	30.38	8,671,449	69.62
安徽	8,663,352	4,147,201	47.87	4,516,151	52.13
福建	4,459,425	2,233,380	50.08	2,226,045	49.92
江西	6,148,792	2,946,904	47.93	3,201,888	52.07
山东	24,588,869	6,696,047	27.23	17,892,822	72.77
河南	8,349,750	5,301,490	63.49	3,048,260	36.51
湖北	20,227,119	7,036,795	34.79	13,190,324	65.21
湖南	12,319,036	4,592,046	37.28	7,726,990	62.72
广东	12,547,688	6,510,601	51.89	6,037,087	48.11
广西	5,623,940	2,324,658	41.34	3,299,282	58.66
四川	16,028,730	7,248,439	45.22	8,780,291	54.78
贵州	5,268,838	1,993,381	37.83	3,275,457	62.17
云南	5,586,801	2,053,702	36.76	3,533,099	63.24
西藏	191,526	126,310	65.95	65,216	34.05
陕西	5,773,287	3,158,791	54.71	2,614,496	45.29
甘肃	5,562,217	2,319,592	41.70	3,242,625	58.30
青海	684,732	582,121	85.01	102,611	14.99
宁夏	1,133,898	657,451	57.98	476,447	42.02
新疆	4,505,975	2,780,939	61.72	1,725,036	38.28

4. 县辖镇非农业、农业人口

单位：人

地区	总人口	非农业人口 人数	非农业人口 占总人口%	农业人口 人数	农业人口 占总人口%
总计	236,656,692	61,426,137	25.96	175,230,555	74.04
北京	479,477	373,591	77.92	105,886	22.08
天津	396,058	158,891	40.12	237,167	59.88
河北	9,949,924	1,816,639	18.26	8,133,285	81.74
山西	8,724,552	1,805,444	20.69	6,919,108	79.31
内蒙	3,931,712	1,951,545	49.64	1,980,167	50.36
辽宁	8,481,578	2,489,391	29.35	5,992,187	70.65
吉林	6,964,306	3,088,413	44.35	3,875,893	55.65
黑龙江	8,982,555	4,239,447	47.20	4,743,108	52.80
上海	770,948	568,700	73.77	202,248	26.23
江苏	10,776,365	2,894,683	26.86	7,881,682	73.14
浙江	8,815,487	2,365,141	26.83	6,450,346	73.17
安徽	7,892,138	2,644,260	33.50	5,247,878	66.50
福建	8,289,809	1,838,891	22.18	6,450,918	77.82
江西	5,010,624	2,403,009	47.96	2,607,615	52.04
山东	22,150,690	2,861,351	12.92	19,289,339	87.08
河南	11,497,499	2,776,786	24.15	8,720,713	75.85
湖北	16,042,832	3,156,125	19.67	12,886,707	80.33
湖南	10,254,635	2,780,998	27.12	7,473,637	72.88
广东	42,961,737	7,093,380	16.51	35,868,357	83.49
广西	9,668,302	1,848,123	19.12	7,820,179	80.88
四川	13,439,329	5,105,524	37.99	8,333,805	62.01
贵州	4,086,114	1,212,463	29.67	2,873,651	70.33
云南	4,318,027	1,432,429	33.17	2,885,598	66.83
西藏	71,970	58,945	81.90	13,025	18.10
陕西	6,671,160	1,926,802	28.88	4,744,358	71.12
甘肃	2,919,371	801,477	27.45	2,117,894	72.55
青海	746,778	408,066	54.64	338,712	45.36
宁夏	569,969	239,972	42.10	329,997	57.90
新疆	1,792,746	1,085,651	60.56	707,095	39.44

5. 市 人 口 分 组

单位：人

组别	按市总人口分组			按市非农业人口分组		
	市个数	人数	占市总人口%	市个数	人数	占市非农业人口%
总计	381	261,114,269	100.00	381	129,743,553	100.00
200万以上	15	52,881,416	20.25	8	30,636,684	23.61
100万—200万	58	71,256,244	27.29	17	22,249,073	17.15
90万—100万	15	14,367,184	5.50	6	5,797,777	4.47
80万—90万	18	15,198,288	5.82	2	1,633,175	1.26
70万—80万	21	15,866,235	6.08	6	4,518,302	3.48
60万—70万	29	18,551,530	7.10	10	6,437,322	4.96
50万—60万	32	17,601,596	6.74	6	3,164,044	2.44
40万—50万	40	17,734,686	6.79	16	7,131,671	5.50
30万—40万	50	17,768,494	6.80	34	11,562,442	8.91
20万—30万	56	13,967,210	5.35	53	12,523,169	9.65
10万—20万	34	5,172,181	1.98	118	17,041,257	13.13
10万以下	13	749,205	0.29	105	7,048,637	5.43

注：本表总人口不包括市辖县人口。

6. 按县总人口分组的县数

单位：人

地区	县数	5万人以下	5万至10万	10万至20万	20万至30万	30万至50万	50万至80万	80万至100万	100万人以上
全国总计	**1,977**	**140**	**106**	**291**	**325**	**513**	**363**	**134**	**105**
北京	8	—	—	—	2	4	2	—	—
天津	5	—	—	—	—	2	3	—	—
河北	131	—	1	15	41	56	18	—	—
山西	96	2	13	33	30	17	1	—	—
内蒙	72	9	11	14	23	13	2	—	—
辽宁	39	—	1	—	3	16	16	3	—
吉林	33	—	1	2	8	12	8	1	1
黑龙江	60	1	5	4	14	26	9	1	—
上海	10	—	—	—	—	4	6	—	—
江苏	54	—	—	—	2	7	15	13	17
浙江	58	—	1	4	6	23	16	6	2
安徽	65	—	1	4	2	14	21	9	14
福建	58	—	1	14	10	20	6	2	5
江西	78	—	2	13	22	23	15	1	2
山东	86	1	—	1	2	23	38	15	6
河南	111	—	—	—	6	24	54	17	10
湖北	54	—	1	2	4	19	15	11	2
湖南	80	—	—	5	9	21	28	11	6
广东	92	—	2	7	13	28	20	12	10
广西	76	—	--	11	11	30	13	7	4
四川	174	17	16	22	13	28	33	21	24
贵州	73	—	1	15	23	21	10	2	1
云南	114	1	10	36	34	27	4	1	1
西藏	70	64	6	—	—	—	—	—	—
陕西	89	4	9	23	19	23	10	1	—
甘肃	67	7	3	22	14	21	—	—	—
青海	37	19	8	5	1	4	—	—	—
宁夏	16	1	2	5	6	2	—	—	—
新疆	71	14	11	34	7	5	—	—	—

7. 按县总人口

地区	合计	5万人以下	5万至10万	10万至20万
全国总计	808,049,821	4,020,714	7,892,141	44,310,212
北京	3,215,806	—	—	—
天津	2,780,740	—	—	—
河北	45,888,395	—	96,244	2,487,989
山西	20,249,398	98,598	1,081,948	4,992,430
内蒙	14,582,076	289,445	828,818	1,985,857
辽宁	19,451,048	—	76,708	—
吉林	14,352,043	—	78,660	296,960
黑龙江	21,170,302	43,647	354,180	595,894
上海	5,277,350	—	—	—
江苏	45,443,586	—	—	—
浙江	28,756,215	—	83,320	580,338
安徽	44,202,865	—	91,059	600,977
福建	23,545,771	—	82,250	2,047,316
江西	29,440,739	—	166,106	2,183,167
山东	54,305,915	40,631	—	199,483
河南	70,984,984	—	—	—
湖北	30,353,687	—	77,017	381,459
湖南	45,507,029	—	—	780,499
广东	51,924,549	—	159,407	1,149,726
广西	34,540,021	—	—	1,684,547
四川	88,554,987	610,604	1,048,857	3,112,126
贵州	25,245,059	—	64,101	2,373,148
云南	29,543,187	31,282	789,308	5,526,233
西藏	1,887,973	1,523,593	364,380	—
陕西	25,108,654	171,760	705,246	3,577,237
甘肃	15,471,882	196,810	231,664	3,392,331
青海	3,490,613	521,382	555,686	728,560
宁夏	3,217,655	20,452	158,213	823,960
新疆	9,557,292	472,510	798,969	4,809,975

分组的人口数

单位：人

20万至30万	30万至50万	50万至80万	80万至100万	100万以上
81,426,724	199,906,510	226,721,441	119,504,658	124,267,421
507,152	1,641,151	1,067,503	—	—
—	758,655	2,022,085	—	—
10,644,289	22,159,597	10,500,276	—	—
7,284,035	6,226,960	565,427	—	—
5,741,343	4,685,714	1,050,899	—	—
761,780	6,187,170	9,768,153	2,657,237	—
1,994,190	4,582,858	5,296,585	980,190	1,122,600
3,485,940	10,127,539	5,673,854	889,248	—
—	1,670,024	3,607,326	—	—
540,800	2,850,238	9,911,022	11,753,754	20,387,772
1,411,150	9,171,160	9,886,021	5,558,531	2,065,695
531,165	5,642,640	12,544,438	8,139,136	16,653,450
2,496,377	7,865,986	3,702,397	1,635,640	5,715,805
5,619,581	8,997,196	9,468,072	872,856	2,133,761
540,436	9,775,865	23,709,919	13,367.740	6,671,841
1,589,839	9,321,106	33,685,196	15.247,037	11,141,806
955,705	7,840,394	9,066,470	9,725,843	2,306,799
2,196,411	7,730,529	18,335,037	9,696,125	6,768,428
3,202,927	11,258,133	12,998,775	10,782,258	12,373,323
2,821,265	10,818,683	8,145,352	6,287,818	4,782,356
3,119,132	11,239,700	21,301,635	18,317,188	29,805,745
5,811,966	7,981,129	5,984,323	1,821,640	1,208,752
8,626,854	10,069,149	2,419,676	951,397	1,129,288
—	—	—	—	—
4,724,859	9,097,532	6,011,000	821,020	—
3,348,597	8,302,480	—	—	—
272,817	1,412,168	—	—	—
1,449,520	765,510	—	—	—
1,748,594	1,727,244	—	—	—

二、省、自治区、直辖市分县、市户数及人口数

1. 省、自治区、直辖市分县、市户数及人口数

北京市 天津市 河北省

地　　区	总户数（户）	总人口（人）	非农业人口占总人口%
全国总计	258341375	1069164090	
北京市	2,994,089	9,926,150	60.56
区	2,032,620	6,710,344	81.49
东城区	209,679	644,501	99.99
西城区	247,302	761,590	99.99
崇文区	136,989	429,342	99.96
宣武区	177,653	569,364	99.91
朝阳区	360,023	1,194,845	78.62
丰台区	194,535	655,437	73.20
石景山区	78,044	267,462	91.74
海淀区	351,751	1,219,968	85.61
门头沟区	74,102	256,091	57.77
房山区	202,542	711,744	29.17
县	961,469	3,215,806	16.89
昌平县	128,019	398,005	29.58
顺义县	149,032	502,071	11.34
通县	174,948	565,432	21.49
大兴县	134,591	465,012	18.49
平谷县	99,064	364,397	9.46
怀柔县	74,741	247,650	15.00
密云县	122,459	413,737	13.06
延庆县	78,615	259,502	13.63
天津市	2,308,645	8,324,515	54.82
区	1,618,099	5,543,775	77.28
和平区	143,644	497,214	99.96
河东区	170,461	564,639	99.60
河西区	187,213	614,392	98.47
南开区	185,805	642,526	98.48
河北区	175,566	587,849	99.54
红桥区	170,958	558,843	99.07
塘沽区	122,146	414,057	76.28
汉沽区	49,714	157,977	63.39

地　　区	总户数（户）	总人口（人）	非农业人口占总人口%
大港区	74,399	275,372	58.56
东郊区	75,850	276,206	22.75
西郊区	77,869	285,398	22.04
南郊区	95,513	350,877	20.31
北郊区	88,961	318,425	32.70
县	690,546	2,780,740	8.96
宁河县	80,115	307,497	12.35
武清县	184,401	751,393	7.56
静海县	120,628	451,158	9.39
宝坻县	129,134	568,949	8.80
蓟县	176,268	701,743	8.85
河北省	14,220,198	56,957,951	14.26
石家庄市	717,964	2,622,184	41.11
石家庄市区	345,372	1,218,738	80.98
井陉县	87,861	297,631	6.87
获鹿县	87,030	314,608	7.43
栾城县	71,933	299,481	4.49
正定县	125,768	491,726	6.90
唐山市	1,677,358	6,233,761	21.35
唐山市区	418,390	1,435,585	68.25
丰润县	174,528	629,352	7.32
丰南县	119,769	472,954	9.79
滦县	132,588	494,612	8.13
滦南县	134,784	526,415	4.39
乐亭县	123,010	474,907	6.50
迁安县	148,990	575,278	8.85
迁西县	89,712	331,607	7.75
遵化县	159,952	594,589	6.44
玉田县	140,936	575,311	5.35
唐海县	34,699	123,151	15.20
秦皇岛市	642,746	2,353,181	18.83
秦皇岛市区	152,652	463,549	71.91
青龙县	118,791	495,506	3.71

河北省

（续1）

地区	总户数（户）	总人口（人）	非农业人口占总人口%	地区	总户数（户）	总人口（人）	非农业人口占总人口%
昌黎县	135,666	510,257	9.19	磁县	123,600	527,836	6.55
抚宁县	134,510	500,334	5.11	涉县	96,372	336,029	7.33
卢龙县	101,127	383,535	4.95	永年县	161,117	657,724	4.28
邯郸市	491,731	1,921,239	42.32	馆陶县	54,264	244,899	4.40
邯郸市区	250,889	1,027,814	75.70	**邢台地区**	1,093,771	4,720,745	6.74
邯郸县	72,095	305,616	2.35	南宫市	98,686	405,377	13.49
武安县	168,747	587,809	4.73	沙河市	89,103	358,647	16.12
邢台市	197,837	768,983	38.35	临城县	40,880	167,792	6.24
邢台市区	98,785	371,810	76.02	内丘县	51,924	218,739	5.28
邢台县	99,052	397,173	3.08	柏乡县	35,860	153,237	4.41
保定市	393,511	1,564,665	32.44	隆尧县	92,880	409,917	4.64
保定市区	161,650	601,384	77.68	任县	55,425	255,309	3.75
满城县	91,729	379,375	4.49	南和县	53,687	253,765	3.36
清苑县	140,132	583,906	3.99	宁晋县	134,783	601,948	4.17
张家口市	290,739	945,459	55.59	巨鹿县	67,236	296,570	3.97
张家口市区	204,052	643,941	79.38	新河县	35,146	145,868	5.44
宣化县	86,687	301,518	4.77	广宗县	52,666	222,707	3.74
承德市	216,490	812,518	33.69	平乡县	48,482	223,214	3.25
承德市区	100,563	342,471	69.66	威县	111,380	468,558	7.35
承德县	115,927	470,047	7.49	清河县	63,746	280,321	4.20
沧州市	284,026	1,212,180	21.56	临西县	61,887	258,776	12.83
沧州市区	78,394	310,137	70.59	**石家庄地区**	1,184,811	4,737,007	5.09
沧县	129,056	576,387	2.57	辛集市	143,780	542,786	9.77
青县	76,576	325,656	8.48	晋县	113,075	430,343	4.25
邯郸地区	1,135,978	4,924,648	4.40	深泽县	56,923	220,683	8.76
大名县	128,083	618,176	4.17	无极县	103,546	416,208	3.84
魏县	143,354	650,196	3.16	藁城县	155,937	627,177	3.52
曲周县	70,639	319,454	3.95	赵县	105,981	450,943	3.25
丘县	39,778	171,472	3.93	新乐县	84,211	366,899	4.41
鸡泽县	41,792	190,273	3.00	高邑县	35,206	145,066	6.45
肥乡县	58,075	257,787	3.98	元氏县	73,415	319,169	4.57
广平县	45,894	201,486	4.24	赞皇县	46,738	190,354	4.46
成安县	72,543	294,715	3.88	平山县	104,851	400,094	4.50
临漳县	100,467	454,601	3.77	灵寿县	71,678	269,160	4.82

地区	总户数（户）	总人口（人）	非农业人口占总人口%
行唐县	89,470	358,125	4.43
保定地区	**1,790,924**	**7,485,746**	**6.33**
涿州市	119,995	484,684	15.37
定州市	221,496	945,570	6.59
易县	120,289	490,779	4.98
徐水县	106,939	488,891	6.75
涞源县	64,576	242,207	8.64
定兴县	106,276	466,077	4.96
完县	66,447	270,584	5.39
唐县	115,681	453,254	4.67
望都县	54,565	227,894	5.75
涞水县	73,770	299,411	6.01
高阳县	63,785	266,346	7.21
安新县	83,503	352,302	3.42
雄县	65,047	282,863	4.75
容城县	49,843	206,508	4.67
新城县	92,955	423,899	8.20
曲阳县	103,906	441,752	4.68
阜平县	49,694	193,843	5.43
安国县	84,503	346,080	6.17
博野县	51,792	216,559	4.24
蠡县	95,862	386,243	4.70
张家口地区	**870,502**	**3,108,774**	**7.82**
张北县	101,915	362,725	7.81
康保县	77,569	270,149	5.70
沽源县	58,351	218,030	8.85
尚义县	50,003	182,360	6.45
蔚县	119,513	415,004	7.62
阳原县	69,038	244,725	6.07
怀安县	63,052	231,105	7.91
万全县	55,071	193,078	6.63
怀来县	81,697	293,838	13.18
涿鹿县	88,033	303,617	9.33
赤城县	73,450	276,694	5.66
崇礼县	32,810	117,449	6.86
承德地区	**598,677**	**2,467,108**	**7.07**
宽城县	54,324	214,890	5.75
兴隆县	75,758	294,125	8.19
平泉县	99,039	420,154	8.38
滦平县	75,817	309,354	5.16
丰宁县	86,404	350,829	7.04
隆化县	93,490	389,030	6.46
围场县	113,845	488,726	7.55
廊坊地区	**734,038**	**3,104,843**	**10.14**
廊坊市	135,112	544,950	24.92
三河县	84,981	352,210	11.52
大厂回族自治县	26,868	96,244	10.42
香河县	68,153	272,358	6.70
永清县	69,211	325,407	4.81
固安县	76,300	337,231	6.69
霸县	105,838	445,910	7.46
文安县	88,850	375,789	5.04
大城县	78,725	354,744	5.52
沧州地区	**1,032,233**	**4,357,230**	**7.93**
任丘市	156,299	606,945	16.21
泊头市	111,178	464,402	13.87
河间县	142,182	643,495	4.35
肃宁县	62,722	272,513	5.28
献县	102,898	463,054	3.99
吴桥县	63,541	252,365	6.86
东光县	75,957	297,387	5.60
南皮县	69,939	294,943	5.06
盐山县	77,143	336,149	3.77
黄骅县	96,711	400,487	10.49
孟村回族自治县	33,061	152,029	5.96
海兴县	40,602	173,461	5.24
衡水地区	**866,862**	**3,617,680**	**7.38**
衡水市	78,370	300,766	29.82

地　　区	总户数（户）	总人口（人）	非农业人口占总人口%	地　　区	总户数（户）	总人口（人）	非农业人口占总人口%
冀　县	86,868	336,047	5.21	沁　县	38,726	158,740	11.19
枣强县	80,355	340,342	5.87	沁源县	34,933	150,053	10.44
武邑县	66,834	283,567	4.81	**晋城市**	469,668	1,844,393	12.13
深　县	121,438	514,086	5.32	晋城市区	158,087	633,110	18.75
武强县	44,339	188,556	5.88	沁水县	50,545	200,111	9.04
饶阳县	60,296	250,926	5.99	阳城县	101,942	363,963	8.89
安平县	69,619	277,691	5.51	高平县	102,990	413,517	9.21
故城县	91,337	388,238	5.46	陵川县	56,104	233,692	7.07
景　县	100,062	446,093	4.70	**雁北地区**	638,423	2,471,313	10.25
阜城县	67,344	291,368	5.22	阳高县	64,708	249,215	8.79
				天镇县	45,999	181,967	8.61
山西省	6,687,083	26,908,122	21.27	广灵县	40,055	148,084	7.17
太原市	580,337	2,444,561	62.02	灵丘县	52,622	195,019	7.77
太原市区	458,149	1,975,957	74.89	浑源县	73,291	299,712	10.68
清徐县	64,115	247,806	7.85	应　县	63,693	251,926	6.13
阳曲县	35,795	132,789	8.31	山阴县	54,084	183,698	9.42
娄烦县	22,278	88,009	6.69	朔　县	64,633	262,728	17.17
大同市	263,719	1,037,859	71.28	平鲁县	36,464	153,476	8.86
大同市区	263,719	1,037,859	71.28	左云县	28,265	105,588	13.72
阳泉市	300,629	1,098,234	35.01	右玉县	22,958	95,506	9.61
阳泉市区	142,252	524,404	63.75	大同县	39,858	151,493	6.47
平定县	85,168	312,616	8.91	怀仁县	51,793	192,901	17.07
盂　县	73,209	261 214	8.53	**临汾地区**	748,516	3,243,898	15.95
长治市	679,697	2,755,604	17.83	临汾市	128,892	550,803	30.85
长治市区	118,359	485,212	60.36	侯马市	38,410	164,243	43.11
长治县	75,356	291,715	7.60	曲沃县	42,303	185,967	10.29
潞城县	41,949	175,353	13.06	翼城县	64,269	262,133	9.99
屯留县	50,717	216,406	5.92	襄汾县	91,275	402,984	6.43
长子县	73,473	308,054	6.44	洪洞县	129,408	565,427	7.65
壶关县	62,175	248,235	6.54	霍　县	50,699	222,433	30.48
平顺县	40,806	158,639	6.14	古　县	18,456	75,062	10.23
黎城县	39,234	144,181	8.03	安泽县	17,073	70,211	10.00
武乡县	50,410	200,198	8.68	浮山县	29,136	119,370	10.50
襄垣县	53,559	218,818	14.87	吉　县	19,889	85,045	10.15

山西省　内蒙古自治区

（续4）

地　区	总户数（户）	总人口（人）	非农业人口占总人口%	地　区	总户数（户）	总人口（人）	非农业人口占总人口%
乡宁县	36,340	167,100	8.52	偏关县	23,960	88,589	11.71
蒲　县	16,337	77,152	13.80	**吕梁地区**	690,195	2,770,275	12.05
大宁县	10,659	49,722	13.89	汾阳县	79,267	322,552	13.13
永和县	11,183	48,876	10.62	文水县	82,447	338,308	7.33
隰　县	18,210	81,996	14.88	交城县	43,880	172,542	11.88
汾西县	25,977	115,374	8.29	孝义县	82,471	341,903	25.58
运城地区	918,915	3,963,837	10.88	兴　县	53,645	220,019	7.78
运城市	104,223	451,271	20.80	临　县	120,936	465,170	6.05
永济县	83,885	354,545	13.51	柳林县	59,346	228,457	8.96
芮城县	75,586	312,177	5.15	石楼县	18,727	79,489	8.43
临猗县	105,977	452,204	4.52	岚　县	32,274	139,009	7.12
万荣县	81,508	353,395	4.14	方山县	28,736	108,416	8.05
新绛县	58,962	258,555	9.67	离石县	40,638	160,112	25.26
稷山县	57,806	263,774	5.99	中阳县	27,010	105,080	13.67
河津县	61,325	272,375	14.57	交口县	20,818	89,218	14.40
闻喜县	76,739	322,565	11.96	**晋中地区**	692,205	2,720,466	18.33
夏　县	63,863	287,947	5.97	榆次市	108,556	430,786	41.65
绛　县	55,492	238,949	17.07	榆社县	30,139	126,324	9.06
平陆县	48,036	204,110	6.39	左权县	39,168	153,372	8.29
垣曲县	45,513	191,970	25.16	和顺县	32,072	130,144	9.50
忻州地区	704,779	2,557,682	13.00	昔阳县	64,802	239,783	7.70
忻州市	116,202	405,079	20.93	寿阳县	57,885	209,985	10.18
定襄县	54,175	191,353	9.89	太谷县	60,823	252,926	19.87
五台县	86,143	297,369	6.98	祁　县	59,551	228,998	13.26
原平县	117,361	421,578	18.17	平遥县	105,506	425,565	10.75
代　县	53,848	181,941	12.79	介休县	80,388	315,864	20.58
繁峙县	57,151	207,727	6.65	灵石县	53,315	206,719	24.90
宁武县	32,788	134,468	16.13				
静乐县	34,352	138,092	9.07	**内蒙古自治区**	4,868,729	20,535,985	29.51
神池县	23,656	87,962	8.70	**呼和浩特市**	349,570	1,308,966	50.02
五寨县	24,343	92,338	11.81	呼和浩特市区	226,037	828,255	73.08
岢岚县	18,371	71,371	9.92	土默特左旗	80,018	313,253	9.89
河曲县	34,053	121,449	10.66	托克托县	43,515	167,458	11.08
保德县	28,376	118,366	9.47	**包头市**	420,193	1,665,259	60.27

内蒙古自治区

（续5）

地区	总户数（户）	总人口（人）	非农业人口占总人口%
包头市区	283,415	1,133,725	82.55
土默特右旗	81,316	318,399	13.10
固阳县	55,462	213,135	12.20
乌海市	69,288	268,818	91.39
乌海市区	69,288	268,818	91.39
赤峰市	898,633	3,926,334	14.24
赤峰市区	222,843	915,616	34.46
阿鲁科尔沁旗	59,639	262,461	7.78
巴林左旗	73,606	326,231	8.13
巴林右旗	28,438	152,179	13.93
林西县	56,395	226,515	11.69
克什克腾旗	54,843	228,626	12.04
翁牛特旗	94,799	422,502	7.09
喀喇沁旗	70,856	341,305	9.06
宁城县	116,972	529,499	6.28
敖汉旗	114,242	521,400	5.21
呼伦贝尔盟	560,847	2,419,966	56.86
海拉尔市	51,677	191,769	86.80
满洲里市	34,932	124,845	89.42
扎兰屯市	84,837	391,273	30.29
牙克石市	98,772	397,531	89.29
阿荣旗	60,214	301,315	13.48
莫力达瓦达斡尔族自治旗	53,170	254,120	18.53
额尔古纳右旗	15,994	64,895	56.67
额尔古纳左旗	40,195	171,289	94.76
鄂伦春自治旗	63,090	285,842	65.57
鄂温克族自治旗	31,807	122,357	74.59
新巴尔虎右旗	6,642	29,919	48.97
新巴尔虎左旗	8,607	37,135	47.91
陈巴尔虎旗	10,910	47,672	55.43
兴安盟	296,558	1,476,991	23.98
乌兰浩特市	52,126	205,844	68.74
科尔沁右翼前旗	76,995	400,640	16.83

地区	总户数（户）	总人口（人）	非农业人口占总人口%
科尔沁右翼中旗	38,279	209,173	23.60
扎赉特旗	66,653	369,572	12.36
突泉县	62,505	291,762	17.19
哲里木盟	575,399	2,659,759	19.30
通辽市	159,324	658,929	35.29
霍林郭勒市	9,034	37,918	94.57
科尔沁左翼中旗	95,091	468,210	13.45
科尔沁左翼后旗	73,491	364,895	13.33
开鲁县	76,817	343,244	10.43
库伦旗	31,553	157,934	17.52
奈曼旗	80,052	383,654	8.37
扎鲁特旗	50,037	244,975	15.40
锡林郭勒盟	200,945	843,280	33.76
二连浩特市	1,995	8,181	96.79
锡林浩特市	25,909	105,244	71.30
阿巴嘎旗	9,408	38,205	50.35
苏尼特左旗	6,463	28,658	43.79
苏尼特右旗	16,235	63,742	45.95
东乌珠穆沁旗	11,240	53,936	51.05
西乌珠穆沁旗	13,448	64,897	41.85
太仆寺旗	54,236	213,071	13.43
镶黄旗	6,743	27,752	37.63
正镶白旗	16,455	70,474	16.21
正蓝旗	16,304	73,782	23.67
多伦县	22,509	95,338	18.93
乌兰察布盟	836,483	3,204,718	14.71
集宁市	49,074	171,330	89.21
武川县	41,927	165,562	10.82
和林格尔县	44,947	178,161	9.23
清水河县	29,309	117,592	13.01
卓资县	60,788	236,186	11.72
化德县	40,840	156,808	8.71
商都县	82,873	332,494	6.95
兴和县	70,352	292,273	7.50

内蒙古自治区 辽宁省

（续6）

地区	总户数（户）	总人口（人）	非农业人口占总人口%
丰镇县	80,697	299,084	17.21
凉城县	72,363	233,437	7.14
察哈尔右翼前旗	70,183	277,803	8.96
察哈尔右翼中旗	59,153	224,061	9.89
察哈尔右翼后旗	53,575	213,558	10.66
达尔罕茂明安联合旗	26,053	104,579	20.01
四子王旗	54,349	201,790	11.75
伊克昭盟	291,735	1,158,202	15.88
东胜市	32,268	130,770	51.21
达拉特旗	69,823	293,603	9.10
准格尔旗	65,136	228,517	12.78
鄂托克前旗	13,787	61,329	11.83
鄂托克旗	24,219	97,809	16.45
杭锦旗	31,886	131,309	12.75
乌审旗	20,500	85,983	10.87
伊金霍洛旗	34,116	128,882	8.97
巴彦淖尔盟	328,603	1,451,914	23.06
临河市	84,688	383,861	28.94
五原县	55,528	243,345	17.16
磴口县	22,757	96,629	34.07
乌拉特前旗	64,503	295,515	20.55
乌拉特中旗	27,994	115,886	20.79
乌拉特后旗	11,692	44,187	50.95
杭锦后旗	61,441	272,491	15.31
阿拉善盟	40,475	151,778	51.38
阿拉善左旗	29,774	115,861	51.98
阿拉善右旗	5,846	21,626	46.70
额济纳旗	4,855	14,291	53.59
辽宁省	10,118,461	37,773,636	41.09
沈阳市	1,530,588	5,496,728	64.86
沈阳市区	1,242,371	4,368,271	78.10
新民县	160,733	647,102	15.13
辽中县	127,484	481,355	11.59
大连市	1,400,847	4,988,578	41.86
大连市区	697,074	2,276,451	71.11
瓦房店市	258,330	973,247	24.33
新金县	209,229	792,312	14.82
长海县	20,303	76,708	19.33
庄河县	215,911	869,860	11.55
鞍山市	715,455	2,672,890	52.13
鞍山市区	361,954	1,326,826	86.54
海城市	264,305	1,001,655	20.02
台安县	89,196	344,409	12.97
抚顺市	581,241	2,154,683	62.42
抚顺市区	357,499	1,294,712	88.88
抚顺县	55,493	208,736	11.96
新宾县	78,915	307,002	22.96
清原县	89,334	344,233	28.70
本溪市	392,769	1,473,430	60.85
本溪市区	238,213	858,507	84.52
本溪县	82,356	315,039	31.96
桓仁县	72,200	299,884	23.43
丹东市	709,293	2,735,808	32.94
丹东市区	187,989	608,451	80.71
凤城县	153,085	598,620	24.85
岫岩县	116,830	484,232	16.31
东沟县	149,708	604,455	13.75
宽甸县	101,681	440,050	22.52
锦州市	1,284,297	4,715,107	29.06
锦州市区	239,669	807,006	79.43
锦西市	180,474	647,272	36.19
兴城市	135,184	506,804	18.50
绥中县	154,441	570,103	12.51
锦县	164,943	622,511	12.31
北镇县	132,325	517,055	13.79
黑山县	165,449	619,565	19.94

辽宁省　吉林省

（续7）

地　　区	总户数（户）	总人口（人）	非农业人口占总人口%
义　县	111,812	424,791	13.75
营口市	548,103	2,002,339	33.93
营口市区	156,479	525,729	74.46
营口县	170,133	645,536	20.52
盖　县	221,491	831,074	18.70
阜新市	457,501	1,776,767	42.36
阜新市区	195,699	704,378	86.30
阜新蒙古族自治县	165,744	687,322	11.36
彰武县	96,058	385,067	17.31
辽阳市	459,770	1,685,149	35.69
辽阳市区	173,971	597,821	77.04
辽阳县	158,707	602,515	11.79
灯塔县	127,092	484,813	14.39
盘锦市	262,405	972,632	42.92
盘锦市区	106,529	386,716	79.55
大洼县	90,720	332,756	21.00
盘山县	65,156	253,160	15.76
铁岭市	884,726	3,474,070	23.40
铁岭市区	87,366	298,411	76.70
铁法市	49,023	185,986	64.47
铁岭县	95,777	381,905	8.01
开原县	153,678	578,068	20.53
西丰县	87,450	336,494	17.68
昌图县	233,101	956,303	14.80
康平县	73,271	308,429	17.76
法库县	105,060	428,474	13.79
朝阳市	891,466	3,625,455	19.26
朝阳市区	90,010	343,947	58.72
北票市	157,346	610,398	30.49
朝阳县	144,561	617,046	4.87
建平县	126,574	521,017	13.13
凌源县	144,629	584,833	18.28
喀喇沁左翼蒙古族自治县	95,814	388,121	11.51
建昌县	132,532	560,093	10.77

地　　区	总户数（户）	总人口（人）	非农业人口占总人口%
吉林省	5,726,739	23,363,983	37.82
长春市	1,423,442	6,027,182	35.18
长春市区	525,859	2,002,054	77.76
榆树县	252,027	1,122,600	10.28
农安县	204,208	980,190	12.04
九台县	176,631	750,876	21.81
德惠县	171,558	791,016	13.06
双阳县	93,159	380,446	16.62
吉林市	996,439	3,986,052	44.36
吉林市区	321,882	1,199,445	80.96
永吉县	175,191	735,690	15.60
舒兰县	152,737	631,457	28.75
盘石县	124,501	520,796	30.50
蛟河县	118,645	481,119	37.19
桦甸县	103,483	417,545	39.05
四平市	713,613	2,841,865	29.33
四平市区	107,174	371,404	78.99
公主岭市	222,279	918,025	22.94
梨树县	189,588	768,264	20.49
伊通县	105,717	431,020	15.18
双辽县	88,855	353,152	30.23
辽源市	299,841	1,157,670	41.19
辽源市区	109,635	386,129	85.01
东丰县	95,036	379,371	23.78
东辽县	95,170	392,170	14.88
通化市	522,307	2,110,864	39.33
通化市区	102,035	380,026	80.08
梅河口市	135,816	547,442	35.00
通化县	58,499	250,716	20.59
柳河县	82,327	352,808	22.55
辉南县	91,694	363,245	39.31
集安县	51,936	216,627	27.80
浑江市	303,125	1,184,152	59.49

地　　区	总户数（户）	总人口（人）	非农业人口占总人口%
浑江市区	179,967	692,212	66.21
抚松县	71,347	281,078	58.44
靖宇县	32,201	132,202	39.99
长白朝鲜族自治县	19,610	78,660	36.87
白城地区	966,770	4,077,927	25.99
白城市	90,774	314,308	65.51
洮南市	120,390	489,802	28.34
扶余市	216,405	915,043	18.95
长岭县	113,234	519,501	13.02
前郭蒙古族自治县	130,683	578,985	23.73
大安县	99,969	411,273	31.41
镇赉县	66,025	295,634	27.28
通榆县	74,325	316,462	25.71
乾安县	54,965	236,919	19.29
延边朝鲜族自治州	501,202	1,978,271	52.65
延吉市	62,028	240,334	81.29
图们市	27,178	103,584	79.11
敦化市	116,651	452,132	49.18
龙井县	79,693	304,247	44.64
和龙县	63,567	242,761	52.26
汪清县	61,243	268,969	44.86
珲春县	42,204	164,758	42.48
安图县	48,638	201,486	43.96
黑龙江省	8,102,864	33,639,815	41.37
哈尔滨市	1,026,895	3,911,572	66.83
哈尔滨市区	750,979	2,707,381	85.98
阿城市	139,379	586,466	31.45
呼兰县	136,537	617,725	16.51
齐齐哈尔市	1,345,092	5,731,902	31.73
齐齐哈尔市区	376,691	1,325,644	76.82
龙江县	119,796	562,679	14.80
讷河县	149,926	675,621	16.20

地　　区	总数户（户）	总人口（人）	非农业人口占总人口%
依安县	92,837	467,775	17.57
泰来县	69,525	320,849	21.28
甘南县	84,139	361,548	19.42
杜尔伯特蒙古族自治县	49,273	226,968	21.80
富裕县	64,620	276,999	24.88
林甸县	52,429	235,607	19.28
克山县	106,892	462,634	18.67
克东县	61,505	266,313	21.44
拜泉县	117,459	549,265	14.46
鸡西市	288,019	1,093,857	65.81
鸡西市区	222,403	823,138	79.00
鸡东县	65,616	270,719	25.72
鹤岗市	178,806	612,144	80.41
鹤岗市区	178,806	612,144	80.41
双鸭山市	114,733	441,227	81.96
双鸭山市区	114,733	441,227	81.96
大庆市	215,495	879,591	68.36
大庆市区	215,495	879,591	68.36
伊春市	332,588	1,277,495	82.60
伊春市区	221,661	835,314	92.22
铁力县	94,775	375,321	69.13
嘉荫县	16,152	66,860	38.11
佳木斯市	934,053	3,785,114	33.94
佳木斯市区	168,198	586,828	76.59
同江市	31,018	121,889	27.52
富锦县	92,275	393,501	22.92
桦南县	93,588	423,985	25.36
依兰县	82,510	354,884	26.93
集贤县	68,618	293,252	22.71
桦川县	50,468	223,050	14.33
宝清县	96,803	395,187	17.39
汤原县	76,180	323,035	26.38
绥滨县	39,608	162,579	27.49

地　　区	总户数（户）	总人口（人）	非农业人口占总人口%	地　　区	总户数（户）	总人口（人）	非农业人口占总人口%
萝北县	57,553	218,486	46.18	青冈县	92,252	439,724	15.75
饶河县	32,429	119,297	21.88	肇源县	89,751	426,221	19.66
抚远县	11,464	43,647	37.19	肇州县	82,241	387,246	15.16
友谊县	33,341	125,494	54.15	庆安县	73,153	338,960	17.88
七台河市	172,570	689,025	39.19	明水县	69,385	331,469	16.52
七台河市区	88,336	338,634	53.91	绥棱县	71,364	303,467	37.12
勃利县	84,234	350,391	24.97	**黑河地区**	384,465	1,521,852	35.02
牡丹江市	770,549	3,096,914	47.90	黑河市	37,382	139,198	58.57
牡丹江市区	177,953	654,380	81.18	北安市	114,720	441,283	46.13
绥芬河市	6,336	23,191	65.75	五大连池市	5,563	20,726	30.73
宁安县	97,174	415,877	32.57	嫩江县	111,926	467,327	23.22
海林县	106,805	436,067	52.24	德都县	76,903	311,889	28.49
穆棱县	68,251	290,878	38.88	逊克县	19,304	73,564	30.70
东宁县	47,485	188,524	43.02	孙吴县	18,667	67,865	31.67
林口县	94,826	410,249	29.29	**大兴安岭地区**	114,310	454,971	87.78
密山县	98,850	406,342	31.13	呼玛县	76,834	309,080	86.34
虎林县	72,869	271,406	48.98	塔河县	21,157	83,032	91.41
松花江地区	955,769	4,275,929	24.54	漠河县	16,319	62,859	90.04
宾县	125,141	572,756	16.07				
双城县	156,053	709,044	18.99	**上海市**	3,801,850	12,495,087	65.81
五常县	195,901	889,248	24.26	**区**	2,162,463	7,217,737	98.53
巴彦县	136,708	640,589	15.96	黄浦区	212,585	693,192	98.64
木兰县	54,689	236,441	21.80	南市区	243,056	770,365	99.05
通河县	56,380	228,568	46.87	卢湾区	147,739	471,709	99.84
尚志县	130,534	552,030	37.77	徐汇区	198,335	686,230	98.26
方正县	46,820	212,286	40.30	长宁区	158,655	519,895	97.59
延寿县	53,543	234,967	22.03	静安区	148,798	485,896	99.96
绥化地区	1,270,240	5,868,222	21.03	普陀区	210,441	707,504	98.23
绥化市	175,257	745,586	28.36	闸北区	204,219	674,363	97.99
安达市	97,326	428,730	30.64	虹口区	254,032	831,561	99.68
肇东市	165,967	758,163	22.21	杨浦区	288,335	1,024,894	99.30
海伦县	165,615	794,145	16.27	吴松区	61,906	220,284	94.92
望奎县	98,127	467,935	17.42	闵行区	34,362	131,844	86.94
兰西县	89,802	446,576	16.16	**县**	1,639,387	5.277,350	21.07

地　区	总户数（户）	总人口（人）	非农业人口占总人口%	地　区	总户数（户）	总人口（人）	非农业人口占总人口%
上海县	119,918	411,802	18.19	武进县	358,714	1,249,489	6.18
嘉定县	142,203	504,276	25.17	金坛县	163,002	520,052	9.01
宝山县	88,781	318,580	19.45	溧阳县	212,626	729,520	11.42
川沙县	181,587	621,075	22.53	**苏州市**	1,627,682	5,461,380	22.89
南汇县	234,625	685,119	17.76	苏州市区	238,896	736,246	88.21
奉贤县	177,873	521,399	17.36	张家港市	250,310	801,559	8.79
松江县	143,937	491,919	22.36	常熟市	307,138	1,012,820	14.81
金山县	149,411	531,621	24.93	太仓县	131,405	441,168	15.73
青浦县	138,939	447,723	17.98	昆山县	159,416	548,756	15.62
崇明县	262,113	743,836	23.23	吴县	329,647	1,175,484	10.03
				吴江县	210,870	745,347	14.37
江苏省	17,236,785	63,480,088	18.51	**南通市**	2,246,443	7,557,490	18.51
南京市	1,357,812	4,797,736	45.66	南通市区	120,715	428,191	71.47
南京市区	716,995	2,390,681	82.49	海安县	271,777	958,709	17.11
江宁县	186,010	711,320	7.95	如皋县	358,390	1,402,381	13.63
江浦县	74,072	275,618	13.34	如东县	331,841	1,107,550	14.21
六合县	157,963	635,990	11.28	南通县	467,714	1,524,555	18.23
溧水县	104,703	380,363	6.44	海门县	307,041	1,002,969	19.63
高淳县	118,069	403,764	7.17	启东县	388,965	1,133,135	9.28
无锡市	1,193,526	4,008,618	28.11	**连云港市**	790,403	3,117,197	15.79
无锡市区	293,205	878,000	85.64	连云港市区	145,953	485,276	65.26
江阴县	300,020	1,051,599	12.71	赣榆县	217,697	857,849	5.34
无锡县	295,492	1,046,797	9.37	东海县	222,746	913,269	4.33
宜兴县	304,809	1,032,222	13.87	灌云县	204,007	860,803	10.47
徐州市	1,727,465	7,258,819	15.06	**淮阴市**	1,997,931	9,264,884	9.50
徐州市区	244,580	855,654	87.95	淮阴市区	108,169	399,871	52.79
丰县	201,784	876,242	5.13	宿迁市	215,423	1,005,356	6.87
沛县	215,806	922,057	10.20	淮安市	265,572	1,093,244	9.12
铜山县	350,904	1,[illegible]6,818	3.49	淮阴县	163,309	726,797	7.11
睢宁县	230,408	1,029,571	4.24	灌南县	45,266	599,560	6.28
邳县	297,370	1,274,671	4.28	沭阳县	302,658	1,379,807	5.63
新沂县	186,559	793,806	6.45	泗阳县	206,076	989,227	6.04
常州市	936,708	3,132,144	22.10	涟水县	194,711	888,903	6.53
常州市区	202,366	633,083	76.56	泗洪县	177,425	846,943	8.70

江苏省　浙江省

（续11）

地区	总户数（户）	总人口（人）	非农业人口占总人口%
洪泽县	85,378	348,751	15.29
盱眙县	146,873	656,121	7.46
金湖县	87,071	330,304	11.89
盐城市	2,075,960	7,390,089	12.14
盐城市区	355,050	1,286,499	15.91
东台市	342,922	1,136,970	13.84
响水县	127,357	484,194	12.86
滨海县	267,792	985,908	8.01
阜宁县	257,615	1,026,563	7.74
射阳县	282,661	970,621	11.61
建湖县	216,498	754,538	13.69
大丰县	226,065	744,796	13.22
扬州市	2,530,132	8,986,503	13.47
扬州市区	137,218	408,439	69.44
仪征市	150,694	552,417	18.57
泰州市	78,554	218,694	64.50
兴化市	442,140	1,454,321	—
高邮县	214,224	812,054	11.13
宝应县	240,735	871,169	8.82
靖江县	175,052	623,592	10.64
泰兴县	348,936	1,376,662	7.34
江都县	294,609	1,050,369	10.72
邗江县	143,895	550,057	3.87
泰县	304,075	1,068,729	7.91
镇江市	752,723	2,505,228	20.81
镇江市区	141,020	430,758	78.71
丹阳市	239,843	776,824	11.71
丹徒县	131,543	461,694	4.25
句容县	152,152	570,770	8.83
扬中县	88,165	265,182	7.98
浙江省	11,672,963	41,211,921	16.16
杭州市	1,576,645	5,576,322	28.89
杭州市区	386,963	1,291,623	81.22
萧山市	334,886	1,114,073	14.00

地区	户总数（户）	总人口（人）	非农业人口占总人口%
桐庐县	99,668	368,926	12.80
富阳县	163,457	572,939	10.25
临安县	136,417	484,864	10.30
余杭县	218,146	844,476	16.24
建德县	126,334	464,587	15.89
淳安县	110,774	434,834	9.04
宁波市	1,647,761	4,981,467	19.81
宁波市区	367,303	1,048,493	49.63
余姚市	260,280	788,591	14.78
慈溪县	317,154	936,596	11.30
奉化县	148,065	466,234	13.72
象山县	159,267	513,973	11.46
宁海县	158,244	548,224	6.95
鄞县	237,448	679,356	12.20
温州市	1,620,098	6,439,940	14.29
温州市区	145,133	543,900	70.48
瑞安市	267,058	1,076,495	14.27
瓯海县	119,112	509,926	5.34
洞头县	29,703	121,328	7.56
乐清县	245,527	972,727	7.55
永嘉县	186,972	789,662	6.10
平阳县	181,908	734,542	12.23
苍南县	271,957	1,028,153	9.63
文成县	89,212	348,083	5.51
泰顺县	83,516	315,124	5.37
嘉兴市	883,079	3,082,442	18.92
嘉兴市区	219,997	708,994	29.11
海宁市	164,105	606,572	16.41
嘉善县	115,579	358,934	18.85
平湖县	129,582	456,484	14.73
海盐县	98,643	343,641	14.69
桐乡县	155,173	607,817	15.11
湖州市	663,238	2,382,694	18.26
湖州市区	282,684	985,489	21.76

地　　区	总户数（户）	总人口（人）	非农业人口占总人口%	地　　区	总户数（户）	总人口（人）	非农业人口占总人口%
德清县	100,552	387,210	14.72	云和县	27,075	110,812	16.18
长兴县	162,817	586,757	19.56	龙泉县	60,109	254,485	12.84
安吉县	117,185	423,238	11.53	庆元县	39,853	179,406	6.05
绍兴市	1,183,029	4,026,139	12.98	缙云县	114,035	408,847	6.68
绍兴市区	80,141	264,656	63.93	遂昌县	56,439	220,518	11.76
绍兴县	256,401	902,055	10.85	松阳县	56,898	219,959	8.39
上虞县	213,227	725,770	10.64	景宁畲族自治县	38,367	168,792	6.40
嵊县	216,373	716,585	8.08	**台州地区**	1,361,313	5,027,942	8.64
新昌县	125,685	421,001	8.27	椒江市	111,002	396,820	17.44
诸暨县	291,202	996,072	8.61	临海市	258,031	1,025,826	8.03
金华市	1,205,658	4,141,098	10.73	黄岩县	254,071	906,605	10.27
金华市区	84,509	276,209	47.59	温岭县	292,753	1,037,542	7.35
兰溪市	180,713	618,716	11.80	仙居县	110,033	411,633	6.47
金华县	165,183	542,419	4.90	天台县	138,873	506,207	5.64
永康县	129,045	485,513	7.75	三门县	94,188	379,821	5.38
武义县	88,370	312,936	10.94	玉环县	102,362	363,488	10.39
东阳县	221,267	745,268	7.54				
磐安县	56,279	200,345	5.39	**安徽省**	12,783,857	52,866,217	14.82
义乌县	179,374	605,449	8.64	**合肥市**	912,343	3,573,956	25.46
浦江县	100,918	354,243	6.25	合肥市区	246,526	927,013	72.21
衢州市	618,020	2,253,170	12.21	长丰县	199,164	802,050	7.00
衢州市区	64,847	215,484	47.75	肥西县	237,923	864,648	9.34
江山市	135,400	534,648	8.81	肥东县	228,730	980,245	10.56
衢县	145,565	501,127	4.47	**芜湖市**	592,364	2,208,959	27.38
龙游县	111,368	377,683	10.84	芜湖市区	152,191	516,648	79.25
常山县	77,201	299,769	9.82	芜湖县	135,621	508,600	10.14
开化县	83,639	324,459	9.94	繁昌县	108,944	420,664	17.54
舟山市	305,796	951,628	20.70	南陵县	131,207	494,878	9.39
舟山市区	204,760	652,234	22.34	青阳县	64,401	268,169	8.80
岱山县	76,309	216,074	15.21	**蚌埠市**	600,856	2,675,332	21.90
嵊泗县	24,727	83,320	22.03	蚌埠市区	175,388	638,699	65.67
丽水地区	608,326	2,349,079	10.69	怀远县	206,944	988,055	8.00
丽水市	90,880	306,883	20.85	五河县	116,572	555,128	8.87
青田县	124,670	479,377	9.01	固镇县	101,952	493,450	7.72

地　区	总户数（户）	总人口（人）	非农业人口占总人口%	地　区	总户数（户）	总人口（人）	农业非人口占总人口%
淮南市	408,751	1,666,722	42.05	滁州市	96,109	376,961	29.74
淮南市区	277,034	1,111,161	58.97	天长县	126,957	527,530	11.93
凤台县	131,717	555,561	8.21	来安市	101,527	419,660	11.71
马鞍山市	253,473	986,410	36.02	全椒县	93,502	377,982	15.40
马鞍山市区	106,257	384,498	72.47	定远县	159,983	730,335	11.08
当涂县	147,216	601,912	12.74	凤阳县	129,171	583,277	12.99
淮北市	349,902	1,454,723	26.19	嘉山县	124,088	536,886	14.25
淮北市区	129,379	513,841	63.19	**六安地区**	1,536,038	5,832,759	11.40
濉溪县	220,523	940,882	5.98	六安市	56,869	176,163	75.45
铜陵市	140,979	572,730	42.47	六安县	370,782	1,336,084	6.96
铜陵市区	60,957	246,724	84.76	寿　县	289,644	1,104,500	13.06
铜陵县	80,022	326,006	10.47	霍丘县	360,467	1,385,884	7.78
安庆市	118,584	448,390	52.34	舒城县	241,487	889,918	9.99
安庆市区	118,584	448,390	52.34	金寨县	137,843	586,467	8.55
阜阳地区	2,673,343	11,261,780	7.34	霍山县	78,946	353,743	13.59
阜阳市	54,526	215,225	76.06	**宣城地区**	560,054	2,251,383	13.64
亳州市	262,117	1,124,921	8.55	宣州市	189,767	753,894	14.66
阜阳县	283,282	1,188,640	2.89	郎溪县	80,358	319,496	12.24
临泉县	336,163	1,466,331	4.54	广德县	114,158	470,212	10.34
太和县	301,341	1,235,152	4.93	宁国县	90,063	360,687	15.88
涡阳县	237,588	1,059,271	7.49	泾　县	85,708	347,094	14.84
蒙城县	205,202	921,362	7.78	**巢湖地区**	990,775	4,046,942	10.14
阜南县	276,410	1,169,516	5.07	巢湖市	194,456	742,170	15.44
颍上县	323,204	1,205,759	7.75	庐江县	258,873	1,078,668	8.96
界首县	146,570	593,173	8.69	无为县	300,851	1,262,319	7.73
利辛县	246,940	1,082,430	4.61	含山县	97,944	386,833	13.88
宿县地区	1,043,386	4,548,372	8.48	和　县	138,651	576,952	8.28
宿州市	58,627	229,409	57.25	**徽州地区**	445,840	1,791,482	14.42
砀山县	174,033	704,572	7.20	黄山市	36,332	150,338	14.25
萧　县	257,317	1,019,734	5.74	屯溪市	28,738	107,297	59.41
宿　县	234,966	1,059,162	6.33	绩溪县	43,993	179,468	15.96
灵壁县	179,071	855,471	4.90	旌德县	35,332	145,591	10.72
泗　县	139,372	680,024	5.29	歙　县	148,534	578,815	8.36
滁县地区	831,337	3,552,631	14.51	休宁县	62,640	262,996	10.32

地　　区	总户数（户）	总人口（人）	非农业人口占总人口%	地　　区	总户数（户）	总人口（人）	非农业人口占总人口%
黟　　县	24,765	91,059	14.05	三明市区	55,382	221,200	68.25
祁门县	40,627	172,312	16.62	永安市	60,389	277,322	38.68
石台县	24,879	103,606	11.52	明溪县	19,030	101,995	17.93
安庆地区	**1,325,832**	**5,993,646**	**7.55**	清流县	24,829	129,834	14.73
怀宁县	152,463	704,390	7.63	宁化县	57,715	305,903	10.43
桐城县	161,560	723,889	7.69	大田县	57,795	288,214	9.47
枞阳县	201,898	896,505	7.62	尤溪县	74,488	344,079	8.27
潜山县	119,632	516,964	6.10	沙　　县	44,656	212,853	19.81
太湖县	111,637	507,977	5.77	将乐县	26,860	145,118	16.31
宿松县	151,690	691,392	8.08	泰宁县	21,902	114,315	13.12
望江县	115,255	525,293	5.20	建宁县	24,939	130,217	12.58
岳西县	82,513	378,078	6.89	**泉州市**	**1,093,587**	**5,332,259**	**10.74**
东至县	109,494	493,857	7.70	泉州市区	100,702	453,911	36.89
贵池县	119,690	555,301	12.03	惠安县	222,010	1,059,238	6.71
				晋江县	222,449	1,074,504	13.83
福建省	**6,111,768**	**28,005,196**	**16.65**	南安县	235,834	1,208,961	5.70
福州市	**1,229,308**	**5,090,872**	**23.07**	安溪县	158,161	814,141	5.82
福州市区	344,154	1,236,560	67.28	永春县	98,994	464,768	10.19
闽侯县	122,327	563,578	9.42	德化县	55,437	256,736	8.55
连江县	123,898	568,695	7.83	金门县	—	—	—
罗源县	49,859	221,034	10.57	**漳州市**	**849,281**	**3,920,811**	**14.37**
闽清县	66,567	269,599	13.05	漳州市区	81,064	323,942	52.28
永泰县	68,144	310,009	8.56	龙海县	177,733	767,926	11.51
长乐县	148,545	611,443	8.99	云霄县	78,811	357,023	13.49
福清县	233,617	1,010,880	7.77	漳浦县	136,384	686,780	7.87
平潭县	72,197	299,074	8.88	诏安县	112,470	503,975	10.59
厦门市	**243,332**	**1,061,036**	**37.92**	长泰县	34,416	166,567	9.33
厦门市区	139,812	569,757	63.21	东山县	36,290	170,534	29.74
同安县	103,520	491,279	8.58	南靖县	63,941	310,529	10.71
莆田市	**506,871**	**2,462,740**	**7.15**	平和县	98,056	485,337	7.29
莆田市区	59,274	279,019	28.17	华安县	30,116	148,198	10.10
莆田县	261,214	1,362,222	3.51	**建阳地区**	**591,878**	**2,700,301**	**22.55**
仙游县	186,383	821,499	6.05	南平市	92,876	431,447	37.64
三明市	**467,985**	**2,271,050**	**21.16**	邵武市	61,744	272,211	29.88

地　　区	总户数（户）	总人口（人）	非农业人口占总人口%	地　　区	总户数（户）	总人口（人）	非农业人口占总人口%
顺昌县	47,146	220,332	27.06	**景德镇市**	284,362	1,245,082	33.92
建阳县	66,664	306,937	21.97	景德镇市区	152,747	589,643	53.38
建瓯县	98,799	459,159	17.68	乐平县	131,615	655,439	16.41
浦城县	87,594	376,898	15.02	**萍乡市**	275,999	1,328,187	30.41
崇安县	41,349	186,469	19.23	萍乡市区	275,999	1,328,187	30.41
光泽县	29,345	135,108	20.33	**九江市**	909,215	3,835,178	17.18
松溪县	31,910	137,906	13.98	九江市区	104,420	400,203	67.08
政和县	34,451	173,834	10.18	九江县	60,238	284,754	9.70
宁德地区	639,707	2,706,876	12.77	瑞昌县	75,049	357,902	16.45
宁德县	75,494	339,511	17.75	武宁县	72,306	327,766	9.34
福鼎县	123,682	460,293	13.24	修水县	197,741	667,100	8.34
霞浦县	108,684	432,039	11.71	永修县	70,327	320,738	20.75
福安县	118,986	498,018	15.07	德安县	34,369	158,983	23.49
古田县	80,725	378,908	13.73	星子县	41,610	199,635	10.88
屏南县	31,467	153,322	8.75	都昌县	129,296	578,944	6.47
寿宁县	47,205	208,636	6.51	湖口县	56,996	234,202	11.26
周宁县	32,371	153,899	7.76	彭泽县	66,863	304,951	9.31
柘荣县	21,093	82,250	9.43	**新余市**	199,874	913,401	21.98
龙岩地区	489,819	2,459,251	13.80	新余市区	137,593	635,032	23.46
龙岩市	89,310	394,056	31.44	分宜县	62,281	278,369	19.59
长汀县	73,274	401,426	13.31	**鹰潭市**	198,107	903,370	20.20
永定县	81,283	410,836	8.56	鹰潭市区	28,886	123,364	56.43
上杭县	80,040	412,953	8.81	贵溪县	101,808	481,349	15.55
武平县	60,824	320,081	6.73	余江县	67,413	298,657	12.72
漳平县	50,482	241,135	15.19	**赣州地区**	1,321,491	6,724,620	12.68
连城县	54,606	278,764	11.63	赣州市	78,839	630,133	56.42
				赣县	88,968	460,791	7.88
江西省	7,562,209	35,589,531	18.49	南康县	130,246	663,761	8.73
南昌市区	762,138	3,477,578	36.31	信丰县	111,514	548,525	8.16
南昌市	304,002	1,259,728	79.64	大余县	50,033	243,554	24.73
南昌县	181,575	872,856	11.23	上犹县	48,037	247,818	9.55
新建县	110,308	543,193	11.98	崇义县	33,183	175,818	15.12
安义县	43,151	199,839	12.17	安远县	50,101	272,797	8.06
进贤县	123,102	601,962	11.96	龙南县	48,780	250,388	11.85

地　　区	总户数（户）	总人口（人）	非农业人口占总人口%	地　　区	总户数（户）	总人口（人）	非农业人口占总人口%
定南县	31,672	165,288	10.32	吉安市	62,685	274,390	51.33
全南县	33,983	166,740	24.43	井冈山市	11,779	50,995	27.14
宁都县	120,355	593,997	9.80	吉安县	101,924	494,660	12.89
于都县	130,270	693,370	9.51	吉水县	83,556	423,388	9.75
兴国县	110,477	572,462	7.74	峡江县	29,766	142,328	15.09
瑞金县	92,778	490,977	9.29	新干县	56,834	263,681	9.31
会昌县	66,975	348,829	9.33	永丰县	63,825	334,941	9.42
寻乌县	47,434	237,016	8.86	泰和县	84,694	444,171	10.82
石城县	47,846	232,356	9.91	遂川县	87,084	451,365	7.60
宜春地区	971,550	4,414,574	17.67	万安县	47,496	244,763	11.87
宜春市	164,788	795,838	18.20	安福县	71,494	347,640	18.45
丰城县	218,070	1,040,073	17.56	永新县	75,845	414,676	10.10
高安县	145,029	661,336	13.03	莲花县	43,617	210,897	8.54
清江县	103,280	476,506	18.81	宁冈县	14,165	73,921	11.87
奉新县	59,103	245,252	17.95	**抚州地区**	660,067	3,085,334	16.79
万载县	88,702	414,970	12.98	抚州市	44,084	178,083	62.69
上高县	75,806	286,208	19.93	临川县	140,092	641,142	6.49
宜丰县	57,354	246,651	24.75	南城县	53,316	254,969	17.96
靖安县	29,552	121,191	23.38	黎川县	41,388	199,180	19.49
铜鼓县	29,866	126,549	25.74	南丰县	45,217	228,323	14.89
上饶地区	1,144,642	5,490,391	13.09	崇仁县	53,222	258,910	16.30
上饶市	38,394	153,196	80.71	乐安县	62,898	299,907	18.62
上饶县	144,545	720,259	5.32	宜黄县	41,465	181,200	15.06
广丰县	135,023	627,301	7.44	金溪县	49,024	229,852	13.28
玉山县	108,108	483,852	9.07	资溪县	21,838	92,185	20.24
铅山县	79,160	357,007	16.31	东乡县	69,530	343,433	13.08
横峰县	38,054	168,266	13.09	广昌县	37,993	178,150	15.10
弋阳县	68,321	311,178	14.92				
余干县	134,066	699,281	7.78	**山东省**	19,603,742	78,894,784	13.25
波阳县	205,489	1,093,688	12.34	济南市	1,013,526	3,941,584	35.58
万年县	66,031	301,658	12.11	济南市区	590,228	2,144,236	58.64
德兴县	63,191	270,257	28.73	章丘县	223,906	938,243	8.06
婺源县	64,260	304,448	11.73	长清县	115,157	500,985	7.34
吉安地区	834,764	4,171,816	13.94	平阴县	84,235	358,120	9.09

山东省

（续17）

地区	总户数（户）	总人口（人）	非农业人口占总人口%	地区	总户数（户）	总人口（人）	非农业人口占总人口%
青岛市	1,650,330	6,411,627	24.40	安丘县	238,688	1,003,832	5.49
青岛市区	385,932	1,296,738	92.47	寿光县	222,098	945,650	8.13
胶州市	162,987	687,236	11.16	临朐县	198,412	790,086	5.33
崂山县	188,415	676,034	10.30	昌乐县	123,409	524,433	7.26
即墨县	244,630	1,000,481	5.71	昌邑县	168,031	653,384	7.23
胶南县	204,648	822,002	5.85	高密县	193,050	801,103	7.68
莱西县	164,768	679,624	6.78	五莲县	125,812	488,602	6.76
平度县	298,950	1,249,512	5.39	**济宁市**	1,397,692	6,031,426	12.77
淄博市	737,918	2,830,929	29.40	济宁市区	197,070	792,881	28.92
淄博市区	626,876	2,372,496	33.77	曲阜市	130,430	557,114	9.60
桓台县	111,042	458,433	6.78	兖州县	127,038	533,305	22.39
枣庄市	694,662	2,911,372	15.24	邹县	212,145	924,339	17.62
枣庄市区	394,943	1,644,607	18.06	微山县	124,810	563,763	8.36
滕县	299,719	1,266.765	11.58	鱼台县	77,037	353,745	8.42
东营市	358,146	1,484,581	18.54	金乡县	115,365	514,026	7.25
东营市区	136,730	557,082	38.90	嘉祥县	154,261	653,969	4.49
垦利县	50,725	199,483	7.24	汶上县	130,838	618,096	5.40
利津县	66,127	279,527	6.37	泗水县	128,698	520,188	5.43
广饶县	104,564	448,489	5.87	**泰安市**	1,498,732	5,940,884	13.65
烟台市	1,635,745	6,072,093	13.25	泰安市区	348,727	1,352,892	16.18
烟台市区	228,621	756,923	48.77	莱芜市	292,896	1,074,027	14.37
龙口市	153,599	577,978	13.52	新泰市	317,275	1,199,704	15.52
莱阳市	210,095	862,669	8.25	宁阳县	172,947	742,912	9.19
蓬莱县	135,467	485,038	8.13	肥城县	203,665	888,412	14.46
招远县	146,035	553,807	7.49	东平县	163,222	682,937	8.01
掖县	216,756	862,827	8.28	**威海市**	696,264	2,325,739	9.18
栖霞县	179,491	663,579	6.05	威海市区	69,235	232,990	30.48
海阳县	190,451	700,127	5.84	乳山县	173,765	630,158	6.32
牟平县	163,001	568,514	7.49	文登县	219,089	714,978	7.09
长岛县	12,229	40,631	25.39	荣成县	234,175	747,613	6.96
潍坊市	1,962,790	8,078,725	10.29	**惠民地区**	892,176	3,672,881	8.02
潍坊市区	270,587	1,073,066	30.96	滨州市	122,525	498,188	21.69
青州市	195,551	807,599	10.55	惠民县	137,736	577,246	6.09
诸城市	227,152	990,970	6.06	阳信县	100,056	396,225	4.63

山东省　河南省

（续18）

地　　区	总户数（户）	总人口（人）	非农业人口占总人口%	地　　区	总户数（户）	总人口（人）	非农业人口占总人口%
无棣县	96,017	394,971	5.46	莒县	263,015	971,811	3.93
沾化县	93,017	359,104	6.35	沂水县	270,147	1,015,555	5.50
博兴县	104,214	430,187	6.95	沂源县	152,091	550,354	9.67
邹平县	153,333	656,020	5.81	蒙阴县	124,707	471,975	7.71
高青县	85,278	360,940	5.75	平邑县	213,251	847,039	3.98
德州地区	1,351,187	5,790,539	9.16	费县	207,208	800,889	4.03
德州市	79,793	290,067	58.14	沂南县	206,617	798,601	4.30
陵县	128,780	554,170	6.55	临沭县	132,808	541,632	4.74
平原县	105,043	428,099	8.04	**菏泽地区**	1,722,745	7,530,189	7.18
夏津县	113,255	446,280	5.61	菏泽市	239,974	1,036,831	14.24
武城县	81,472	333,478	7.31	曹县	249,688	1,135,696	5.56
齐河县	140,621	610,162	7.33	定陶县	111,449	496,029	6.43
禹城县	102,660	443,196	8.39	成武县	120,372	508,260	6.48
乐陵县	103,717	552,910	5.54	单县	217,107	942,074	6.39
临邑县	97,683	443,565	8.05	巨野县	163,153	698,781	5.72
商河县	122,200	535,368	5.42	梁山县	137,542	595,328	7.67
济阳县	106,602	476,751	5.68	郓城县	213,845	916,074	5.31
宁津县	106,851	415,584	5.66	鄄城县	144,408	622,388	5.24
庆云县	62,510	260,909	5.35	东明县	125,207	578,728	6.59
聊城地区	1,148,859	4,752,941	9.05				
聊城市	179,914	750,553	18.56	**河南省**	17,796,619	79,334,734	12.14
临清市	160,685	617,881	14.93	**郑州市**	1,124,016	5,005,196	25.71
阳谷县	149,654	647,016	6.53	郑州市区	386,614	1,581,483	67.34
莘县	192,632	796,034	4.91	荥阳县	129,368	563,586	7.09
茌平县	117,634	489,424	6.26	中牟县	114,996	553,984	5.81
东阿县	89,629	378,927	7.63	新郑县	107,256	517,072	6.10
冠县	151,210	654,403	4.53	巩县	148,313	661,892	8.66
高唐县	107,501	418,703	6.68	登封县	105,453	514,253	5.30
临沂地区	2,842,970	11,119,274	6.34	密县	132,016	612,926	5.47
临沂市	343,419	1,410,302	13.13	**开封市**	865,404	3,843,545	16.46
日照市	267,394	1,003,839	9.72	开封市区	179,369	647,760	72.99
郯城县	180,444	815,074	5.16	杞县	187,843	846,272	4.78
苍山县	237,743	988,587	3.36	通许县	103,831	472,026	4.59
莒南县	244,126	903,616	4.15	尉氏县	148,115	697,039	4.12

（续19）

地区	总户数（户）	总人口（人）	非农业人口占总人口%
开封县	123,849	588,496	4.36
兰考县	122,397	591,952	7.35
洛阳市	1,203,444	5,320,768	18.15
洛阳市区	271,844	1,089,653	64.01
偃师县	159,892	709,708	5.54
孟津县	91,799	396,865	6.58
新安县	99,604	462,093	7.72
栾川县	63,597	270,022	9.74
嵩县	105,310	461,829	4.59
汝阳县	81,471	354,604	5.28
宜阳县	117,877	564,551	8.34
洛宁县	88,173	399,577	6.19
伊川县	123,877	611,866	4.72
平顶山市	1,051,186	4,678,948	13.12
平顶山市区	200,665	866,187	46.53
宝丰县	90,941	408,623	6.19
叶县	159,151	717,044	3.68
鲁山县	166,513	733,946	6.97
临汝县	168,851	766,544	7.26
郏县	104,933	482,205	4.19
襄城县	160,132	704,399	4.57
安阳市	1,033,655	4,400,910	13.10
安阳市区	149,904	557,842	66.63
林县	223,906	862,260	5.35
安阳县	233,256	985,108	5.05
汤阴县	84,363	370,258	8.90
滑县	213,175	1,027,856	4.81
内黄县	129,051	597,586	4.41
鹤壁市	248,700	1,111,346	21.94
鹤壁市区	79,382	336,789	56.69
浚县	121,845	565,327	6.28
淇县	47,473	209,230	8.33
新乡市	985,589	4,437,365	15.67
新乡市区	146,559	558,797	77.50
新乡县	76,997	356,509	4.90
汲县	96,605	412,338	16.68
辉县	159,823	658,156	6.56
获嘉县	64,510	310,700	7.27
原阳县	101,707	505,725	5.44
延津县	82,174	384,010	6.11
封丘县	125,107	597,442	4.56
长垣县	132,107	653,688	4.94
焦作市	699,242	3,201,574	18.84
焦作市区	122,787	535,013	68.03
修武县	48,045	242,062	8.88
博爱县	74,960	358,542	8.93
武陟县	110.500	521,217	6.00
沁阳县	80,171	374,271	10.90
温县	74,714	339,968	6.74
孟县	66,134	290,520	8.45
济源县	121,931	539,981	12.23
濮阳市	621,253	2,825,641	10.40
濮阳市区	69,402	256,691	36.26
濮阳县	196,173	898,296	8.94
清丰县	123,413	579,998	9.21
南乐县	83,522	401,019	4.65
范县	86,265	402,729	7.50
台前县	62,478	286,908	6.40
许昌市	685,860	3,079,808	10.60
许昌市区	72,962	260,574	69.94
禹县	222,864	994,641	7.13
长葛县	122,331	563,506	5.95
许昌县	153,301	723,903	2,41
鄢陵县	114,402	537,184	4.15
漯河市	478,660	2,068,403	9.84
漯河市区	55,217	170,097	64.95
舞阳县	121,678	521,601	5.25
临颍县	126,625	577,514	5.31

地　　区	总户数（户）	总人口（人）	非农业人口占总人口％	地　　区	总户数（户）	总人口（人）	非农业人口占总人口％
郾　城　县	175,140	799,191	4.37	西　平　县	157,097	742,460	4.82
三门峡市	412,606	1,808,866	16.70	上　蔡　县	231,187	1,124,182	3.35
三门峡市区	43,957	167,053	56.32	汝　南　县	162,368	733,486	6.80
义　马　市	21,179	99,126	60.25	平　舆　县	172,957	804,134	3.59
渑　池　县	63,323	291,097	13.64	新　蔡　县	181,404	869,221	4.92
陕　　县	70,438	306,337	11.15	正　阳　县	141,307	622,174	6.77
灵　宝　县	133,905	609,542	9.20	**南阳地区**	2,077,954	9,187,236	8.46
卢　氏　县	79,804	335,711	5.44	南　阳　市	94,703	312,200	66.66
商丘地区	1,411,902	6,343,854	6.86	南　召　县	119,491	539,567	12.50
商　丘　市	56,560	211,558	68.66	方　城　县	202,550	867,894	4.98
虞　城　县	194,887	855,551	4.17	西　峡　县	90,780	390,371	7.54
商　丘　县	196,342	912,352	5.34	南　阳　县	220,268	1,018,397	4.64
民　权　县	141,018	645,425	5.83	镇　平　县	188,082	839,157	7.22
宁　陵　县	99,468	467,520	5.47	内　乡　县	135,751	575,217	6.21
睢　　县	141,608	622,420	4.79	淅　川　县	141,819	631,154	5.77
夏　邑　县	197,722	855,620	3.44	社　旗　县	124,834	559,664	6.32
柘　城　县	156,658	723,623	3.91	唐　河　县	240,313	1,112,266	5.05
永　城　县	227,639	1,049,785	5.19	邓　　县	289,330	1,321,105	5.51
周口地区	1,833,704	8,462,581	6.60	新　野　县	148,017	649,388	6.35
周　口　市	63,690	232,954	52.66	桐　柏　县	82,016	370,856	11.66
扶　沟　县	130,361	585,020	5.63	**信阳地区**	1,544,608	6,559,485	10.09
西　华　县	154,468	712,830	6.66	信　阳　市	69,351	243,951	72.21
商　水　县	204,494	944,225	3.65	息　　县	164,564	743,456	6.43
太　康　县	231,507	1,068,415	4.85	淮　滨　县	118,126	518,414	7.79
鹿　邑　县	186,685	901,349	4.41	信　阳　县	226,328	917,200	8.02
郸　城　县	215,083	1,022,521	4.26	潢　川　县	156,047	649,031	11.46
淮　阳　县	241,004	1,101,510	6.03	光　山　县	152,776	665,315	7.86
沈　丘　县	205,219	974,661	6.57	固　始　县	314,540	1,295,769	6.70
项　城　县	201,193	919,096	6.05	商　城　县	127,723	592,980	6.42
驻马店地区	1,518,836	6,999,208	6.49	罗　山　县	149,482	631,224	7.52
驻马店市	60,905	222,022	50.34	新　　县	65,671	302,145	8.33
确　山　县	123,397	541,709	6.14				
泌　阳　县	171,004	789,430	5.16	**湖北省**	12,111,832	50,580,806	21.96
遂　平　县	117,210	550,390	5.65	**武汉市**	1,618,773	6,293,398	56.01

地区	总户数(户)	总人口(人)	非农业人口占总人口%
武汉市区	975,976	3,571,168	86.99
汉阳县	114,362	451,967	16.70
武昌县	124,615	536,005	21.46
黄陂县	223,881	954,024	13.52
新洲县	179,939	780,234	12.64
黄石市	301,122	1,235,055	41.35
黄石市区	122,532	480,070	89.56
大冶县	178,590	754,985	10.70
十堰市	86,712	354,291	71.01
十堰市区	86,712	354,291	71.01
沙市市	78,997	294,409	83.59
沙市市区	78,997	294,409	83.59
宜昌市	114,480	424,498	83.19
宜昌市区	114,480	424,498	83.19
襄樊市	1,457,628	6,064,131	19.19
襄樊市区	112,165	460,753	76.19
随州市	325,562	1,316,523	13.69
老河口市	108,036	426,673	25.81
襄阳县	266,228	1,111,181	10.41
枣阳县	220,317	902,273	17.79
宜城县	110,329	478,011	14.34
南漳县	130,209	572,656	14.22
谷城县	119,218	511,437	14.77
保康县	65,564	284,624	7.24
鄂州市	204,936	851,445	20.53
鄂州市区	204,936	851,445	20.53
荆门市	224,957	973,451	19.31
荆门市区	224,957	973,451	19.31
黄冈地区	1,481,253	6,196,324	10.60
麻城市	235,254	1,021,722	7.24
武穴市	156,066	609,495	14.15
黄冈县	156,987	600,041	17.39
红安县	131,869	571,165	9.54
罗田县	120,440	518,390	9.41
英山县	92,357	374,158	8.28
浠水县	207,048	889,238	10.03
蕲春县	200,082	809,727	11.73
黄梅县	181,150	802,388	9.24
孝感地区	1,162,911	4,985,437	12.63
孝感市区	291,304	1,227,538	11.39
应城市	121,704	546,138	15.86
安陆市	110,296	531,039	13.93
大悟县	116,494	524,662	9.22
应山县	189,376	759,578	12.91
云梦县	116,489	494,490	12.19
汉川县	217,248	901,992	13.60
咸宁地区	619,514	2,966,552	20.58
咸宁市	100,991	415,077	29.26
蒲圻市	91,514	424,501	26.62
嘉鱼县	72,792	301,454	27.38
通城县	73,824	394,211	11.76
崇阳县	66,798	377,776	17.93
通山县	72,472	331,737	15.53
阳新县	141,123	721,796	17.72
荆州地区	2,379,264	10,314,378	17.39
石首市	129,902	564,947	16.92
仙桃市	292,067	1,277,670	16.23
洪湖市	167,659	775,276	22.89
天门市	334,815	1,448,815	11.98
江陵县	220,938	964,097	26.84
松滋县	211,721	855,574	14.01
公安县	226,678	940,664	16.06
监利县	253,490	1,195,618	14.93
潜江县	192,933	812,535	22.19
钟祥县	213,602	893,331	15.23
京山县	135,459	585,851	19.70
郧阳地区	656,610	2,767,935	10.83
丹江口市	107,292	437,911	23.45

湖北省　湖南省

（续22）

地　　区	总户数（户）	总人口（人）	非农业人口占总人口%
郧　　县	134,883	565,839	9.59
郧西县	115.510	482,053	6.85
竹山县	108,185	458,553	7.99
竹溪县	83,520	350,695	8.63
房　　县	107,219	472,884	9.06
宜昌地区	841,085	3,314,165	12.57
枝城市	93,646	366,634	18.63
宜昌县	141,499	551,516	9.81
枝江县	127,612	512,315	14.74
当阳县	112,073	449,181	15.31
远安县	48,213	212,718	20.19
兴山县	46,237	183,458	11.89
秭归县	114,182	412,135	8.04
长阳县	104,561	424,290	8.23
五峰县	53,062	201,918	8.49
鄂西土家族苗族自治州	866,893	3,468,320	7.75
恩施市	173,546	694,660	12.25
利川市	179,478	732,415	5.49
建始县	116,538	482,295	6.59
巴东县	122,548	471,320	7.50
宣恩县	76,084	308,634	5.46
咸丰县	82,787	324,550	5.91
来凤县	65,084	256,445	9.08
鹤峰县	50,828	198,001	8.64
直辖行政单位	16,697	77,017	24.10
神农架林区	16,697	77,017	24.10
湖南省	14,858,500	57,826,065	14.58
长沙市	1,405,673	5,212,346	25.27
长沙市区	354,551	1,226,819	83.95
长沙县	220,229	770,534	5.41
望城县	192,051	717,078	9.86
浏阳县	312,350	1,263,140	6.81
宁乡县	326,492	1,234,775	7.21
地　　区	总户数（户）	总人口（人）	非农业人口占总人口%
株洲市	818,550	3,279,354	19.45
株洲市区	141,956	527,110	70.46
醴陵市	211,393	887,038	11.55
株洲县	124,270	473,052	7.90
攸　　县	189.502	702,257	9.06
茶陵县	113,576	521,145	8.49
酃　　县	37,853	168,752	11.14
湘潭市	665,857	2,515,167	22.00
湘潭市区	172,079	629,468	65.30
湘乡市	216,857	828,580	9.52
湘潭县	276,921	1,057,119	5.99
衡阳市	1,661,571	6,185,899	14.67
衡阳市区	175,374	630,695	70.65
来阳市	280,602	1,073,831	11.83
衡阳县	280,112	1,030,991	6.16
衡南县	239,585	920,260	5.59
衡山县	95,177	358,783	8.38
衡东县	166,968	589,600	8.19
常宁县	185,879	739,693	11.48
祁东县	237,874	842,046	6.75
邵阳市	1,685,988	6,370,602	9.80
邵阳市区	130,893	483,103	47.18
邵东县	283,036	1,056,966	6.68
新邵县	185,472	674,256	6.84
邵阳县	222,985	825,457	5.05
隆回县	261,185	972,163	4.90
武岗县	168,985	630,769	9.46
洞口县	179,324	693,667	7.93
新宁县	135,259	511,918	6.39
绥宁县	69,722	301,093	8.44
城步苗族自治县	49,127	221,210	10.72
岳阳市	1,142,879	4,472,739	13.74
岳阳市区	115,414	439,921	59.94
汨罗市	176,250	639,954	9.11

地区	总户数（户）	总人口（人）	非农业人口占总人口%
岳阳县	184,656	745,926	5.77
平江县	226,286	906,154	6.60
湘阴县	162,690	600,719	11.24
临湘县	102,929	428,120	11.82
华容县	174,654	711,945	10.08
益阳地区	1,043,399	4,060,787	13.61
益阳市	105,017	383,492	43.53
益阳县	182,618	725,491	5.84
南县	171,635	668,729	15.15
沅江县	171,177	668,645	13.92
桃江县	198,705	749,653	8.41
安化县	214,247	864,777	9.95
常德地区	1,611,207	6,092,602	13.52
常德市	71,936	237,317	80.08
津市市	68,450	223,218	33.90
常德县	239,813	915,243	9.06
安乡县	126,888	518,607	17.16
汉寿县	176,908	723,884	11.20
澧县	223,689	835,145	9.61
临澧县	107,388	409,718	9.21
桃源县	244,349	918,802	7.94
石门县	175,148	664,030	9.41
慈利县	176,638	646,638	7.98
娄底地区	916.460	3,491,993	14.26
娄底市	71,190	276,696	39.98
冷水江市	77,094	300,867	43.34
涟源市	264,609	964,035	11.34
双峰县	229,104	824,958	7.12
新化县	274,463	1,125,437	7.90
郴州地区	984,077	3,989,001	14.35
郴州市	56,173	209,076	76.98
资兴市	84,205	342,671	30.24
郴县	74,719	320,821	10.52
桂阳县	175,184	679,374	7.84

地区	总户数（户）	总人口（人）	非农业人口占总人口%
永兴县	142,812	556,648	12.80
宜章县	106,102	479,438	10.40
嘉禾县	76,659	290,997	7.20
临武县	72,550	277,288	8.52
汝城县	75,586	325,952	6.72
桂东县	36,880	155,658	7.28
安仁县	83,207	351,078	6.17
零陵地区	1,242,432	4,925,527	9.22
永州市	125,611	525,819	14.42
冷水滩市	94,324	380,539	19.61
东安县	135,506	524,423	7.58
道县	143,564	571,984	7.52
宁远县	169,063	668,009	4.74
江永县	62,814	202,508	9.52
江华瑶族自治县	77,175	341,604	8.53
蓝山县	74,572	304,241	7.20
新田县	92,328	325,809	5.68
双牌县	34,427	149,471	10.12
祁阳县	233,048	871,120	9.14
怀化地区	998,633	4,287,562	13.24
怀化市	106,155	445,816	25.03
洪江市	24,889	86,591	63.06
黔阳县	92,048	381,149	15.21
沅陵县	131,653	592,954	12.13
辰溪县	102,587	445,371	15.64
溆浦县	181,773	766,461	8.23
麻阳县	70,127	306,792	7.98
新晃侗族自治县	55,419	233,353	9.54
芷江侗族自治县	77,999	310,381	9.34
会同县	69,962	310,532	7.37
靖州苗族侗族自治县	45,917	214,017	12.07
通道侗族自治县	40,104	194,145	7.40
湘西土家族苗族自治州	681,774	2,942,486	10.46
吉首市	47,152	205,012	33.57

（续24）

地　　区	总户数（户）	总人口（人）	非农业人口占总人口%
大庸市	95,015	371,368	11.50
泸溪县	50,286	228,630	11.20
凤凰县	66,708	310,539	8.25
花垣县	50,840	223,662	9.40
保靖县	55,701	244,746	8.45
古丈县	25,887	112,473	9.15
永顺县	91,513	408,069	8.45
桑植县	95,368	398,307	6.60
龙山县	103,304	439,680	7.33
广东省	14,154,444	64,472,237	22.20
广州市	1,817,216	7,355,348	45.93
广州市区	953,833	3,417,112	79.55
花县	105,304	469,489	22.99
从化县	83,916	409,792	12.63
新丰县	43,572	205,016	12.70
龙门县	55,701	272,409	16.69
增城县	134,794	630,163	14.98
番禺县	184,683	724,205	23.16
清远县	202,408	971,404	14.43
佛冈县	53,005	255,758	10.51
韶关市	885,439	4,459,256	23.40
韶关市区	89,248	381,057	85.06
曲江县	68,968	347,014	18.90
始兴县	40,245	215,777	15.51
南雄县	78,084	418,629	15.73
仁化县	33,165	160,903	32.35
乐昌县	86,856	446,478	32.27
连县	99,914	453,420	17.52
阳山县	83,259	437,493	9.03
英德县	160,304	870,629	15.08
翁源县	62,742	320,605	13.49
连山壮族瑶族自治县	20,111	96,553	17.34
连南瑶族自治县	29,043	133,696	14.72

地　　区	总户数（户）	总人口（人）	非农业人口占总人口%
乳源瑶族自治县	33,500	177,002	16.00
深圳市	138,795	556,055	55.06
深圳市区	71,622	286,927	85.46
宝安县	67,173	269,128	22.64
珠海市	107,335	441,711	37.31
珠海市区	43,543	175,345	63.06
斗门县	63,792	266,366	20.36
汕头市	1,974,062	9,400,753	18.40
汕头市区	189,788	786,660	65.25
潮州市	262,136	1,239,110	22.32
澄海县	146,796	685,013	17.54
饶平县	166,935	794,067	16.98
南澳县	13,628	62,854	24.88
潮阳县	330,916	1,820,389	11.09
揭阳县	304,284	1,344,511	11.51
揭西县	130,122	649,806	15.27
普宁县	257,008	1,277,192	8.13
惠来县	172,389	741,151	14.82
佛山市	969,498	3,729,398	30.41
佛山市区	94,238	332,837	79.55
中山市	270,247	1,090,322	23.30
三水县	80,127	316,947	27.76
南海县	243,236	885,380	25.33
顺德县	223,383	872,051	28.87
高明县	58,267	231,861	22.11
江门市	1,263,039	5,498,034	21.29
江门市区	74,007	253,257	76.13
新会县	217,545	842,437	24.10
台山县	222,971	957,027	15.81
恩平县	92,063	397,840	23.26
开平县	149,409	612,222	20.00
鹤山县	81,856	321,972	17.46
阳江县	250,007	1,236,723	19.09
阳春县	175,181	876,556	13.22

广东省　　广西壮族自治区　　(续25)

地区	总户数(户)	总人口(人)	非农业人口占总人口%
湛江市	1,076,267	4,965,521	17.64
湛江市区	231,449	967,886	37.59
吴川县	139,745	682,680	15.43
廉江县	227,820	1,085,743	12.26
遂溪县	142,910	676,263	10.82
海康县	223,590	1,038,674	12.13
徐闻县	110,753	514,275	14.51
茂名市	991,234	4,738,010	11.66
茂名市区	104,615	468,226	31.97
信宜县	188,715	891,436	7.91
高州县	255,408	1,180,775	8.77
电白县	231,267	1,187,406	10.82
化州县	210,229	1,010,167	9.92
海南行政区	1,368,740	6,150,762	19.77
海口市	68,179	311,733	73.11
三亚市	65,146	329,161	23.92
通什市	22,200	96,676	42.67
琼山县	123,032	528,547	15.74
文昌县	118,399	490,425	14.27
琼海县	92,906	395,884	13.23
万宁县	108,656	458,895	12.30
定安县	64,347	269,444	15.09
屯昌县	49,997	227,106	16.44
澄迈县	96,427	405,195	14.98
临高县	74,475	337,226	14.96
儋县	141,176	658,556	19.95
东方黎族自治县	61,365	293,156	19.59
乐东黎族自治县	77,471	400,914	13.97
琼中黎族苗族自治县	43,249	183,595	18.10
保亭黎族苗族自治县	32,960	149,564	14.03
陵水黎族自治县	56,336	269,719	14.93
白沙黎族自治县	33,599	152,455	13.19
昌江黎族自治县	38,820	192,511	29.81
梅县地区	848,204	4,118,037	14.22
梅县市	160,843	765,023	24.26
大埔县	99,258	464,668	12.26
丰顺县	110,615	551,518	10.65
五华县	171,903	939,453	9.60
兴宁县	208,668	970,188	13.36
平远县	46,664	222,139	13.51
蕉岭县	50,253	205,048	16.76
惠阳地区	1,585,240	7,845,994	17.99
惠州市	49,124	199,478	65.89
东莞市	303,022	1,248,639	22.15
惠阳县	90,771	459,103	14.66
紫金县	109,109	605,621	9.95
和平县	80,796	409,924	10.49
连平县	63,182	315,144	14.15
河源县	116,178	588,235	16.59
博罗县	131,972	663,087	14.25
惠东县	103,992	554,877	19.91
龙川县	142,716	725,558	10.64
陆丰县	221,435	1,191,743	17.09
海丰县	172,943	884,585	23.17
肇庆地区	1,129,375	5,213,358	14.32
肇庆市	47,758	198,239	78.68
高要县	174,297	750,527	12.61
四会县	83,443	361,280	20.99
广宁县	99,281	476,601	10.53
怀集县	121,677	662,404	7.93
封开县	77,060	377,292	12.24
德庆县	67,742	310,847	12.78
云浮县	105,348	464,946	13.44
新兴县	85,025	377,436	11.14
郁南县	87,929	412,674	13.75
罗定县	179,815	821,112	8.51
广西壮族自治区	8,076,349	40,163,961	12.71

广西壮族自治区

（续26）

地　　区	总户数（户）	总人口（人）	非农业人口占总人口%
南　宁　市	520,280	2,402,548	32.30
南宁市区	241,004	998,737	66.09
邕　宁　县	156,149	806,118	7.09
武　鸣　县	123,127	597,693	9.82
柳　州　市	334,040	1,494,358	43.62
柳州市区	173,445	679,267	82.59
柳　江　县	84,246	453,761	8.73
柳　城　县	76,349	361,330	14.15
桂　林　市	249,107	1,146,938	34.10
桂林市区	114,904	478,169	71.32
阳　朔　县	56,298	279,711	8.98
临　桂　县	77,905	389,058	6.42
梧　州　市	181,145	828,141	29.55
梧州市区	76,325	272,019	75.00
苍　梧　县	104,820	556,122	7.31
北　海　市	250,529	1,134,525	18.36
北海市区	47,934	184,600	53.95
合　浦　县	202,595	949,925	11.44
南宁地区	991,359	5,063,828	8.32
凭　祥　市	16,563	83,377	18.62
横　　　县	191,358	924,134	6.54
宾　阳　县	156,630	805,377	10.26
上　林　县	85,127	401,626	5.41
隆　安　县	63,101	343,416	5.98
马　山　县	98,024	510,922	7.13
扶　绥　县	78,219	380,024	10.89
崇　左　县	58,094	306,017	12.19
大　新　县	62,282	334,725	7.60
天　等　县	70,541	378,691	4.32
宁　明　县	64,497	347,478	9.83
龙　州　县	46,923	248,041	11.90
柳州地区	674,685	3,501,449	9.71
合　山　市	27,570	123,691	40.96
鹿　寨　县	80,146	417,406	13.86
象　州　县	60,520	318,433	7.48
武　宣　县	61,358	338,333	7.60
来　宾　县	142,378	773,703	6.88
融　安　县	60,386	289,139	12.54
三江侗族自治县	60,110	304,916	6.83
融水苗族自治县	80,960	425,904	9.76
金秀瑶族自治县	26,592	134,763	8.54
忻　城　县	74,665	375,161	4.90
桂林地区	716,308	3,189,759	9.07
灵　川　县	66,913	319,153	10.28
全　州　县	180,350	715,660	6.71
兴　安　县	80,488	345,467	9.71
永　福　县	47,804	248,765	8.95
灌　阳　县	68,226	258,855	6.26
龙胜各族自治县	35,009	162,206	8.90
资　源　县	36,447	156,332	8.15
平　乐　县	73,810	377,560	11.58
荔　浦　县	73,466	347,693	9.70
恭　城　县	53,795	258,068	12.35
梧州地区	620,823	3,164,082	9.56
岑　溪　县	120,823	609,539	6.66
藤　　　县	138,650	726,474	8.31
昭　平　县	59,180	320,466	9.85
蒙　山　县	35,487	175,685	8.93
贺　　　县	135,148	704,684	11.72
钟　山　县	81,172	387,092	13.82
富川瑶族自治县	50,363	240,142	7.62
玉林地区	1,571,809	8,164,078	6.79
玉　林　市	255,725	1,283,161	10.32
贵　　　县	243,832	1,294,601	7.87
桂　平　县	235,168	1,315,349	6.98
平　南　县	192,788	997,082	6.15
容　　　县	117,321	599,146	6.56
北　流　县	177,685	901,071	4.96

地　　区	总户数（户）	总人口（人）	非农业人口占总人口%	地　　区	总户数（户）	总人口（人）	非农业人口占总人口%
陆川县	129,980	651,308	5.17	**成都市**	2,333,567	8,873,027	26.28
博白县	219,310	1,122,360	4.36	成都市区	737,564	2,694,265	59.89
百色地区	614,984	3,351,843	8.44	金堂县	201,137	778,954	7.28
百色市	53,728	279,762	29.95	双流县	204,329	819,012	11.38
田阳县	61,887	321,537	9.62	温江县	66,977	252,040	14.92
田东县	66,905	361,708	10.83	郫县	111,456	403,443	11.32
平果县	79,896	403,980	5.88	新都县	142,528	512,538	12.09
德保县	62,653	342,037	5.24	彭县	192,323	721,816	12.81
靖西县	100,669	547,562	5.17	灌县	133,822	519,081	21.96
那坡县	32,463	186,949	6.04	崇庆县	152,019	600,335	9.90
凌云县	29,309	161,391	4.89	大邑县	112,241	461,598	10.26
乐业县	21,281	122,094	6.65	邛崃县	148,860	601,935	9.09
田林县	33,869	202,303	5.62	蒲江县	59,149	241,236	8.03
隆林各族自治县	52,435	312,143	4.12	新津县	71,162	266,774	13.50
西林县	19,889	110,377	6.87	**重庆市**	3,894,042	14,476,369	24.42
河池地区	668,319	3,431,565	10.22	重庆市区	816,897	2,888,519	75.42
河池市	57,510	272,303	27.14	长寿县	218,985	842,968	13.94
宜山县	104,767	520,452	12.95	巴县	341,925	1,226,073	10.96
罗城仫佬族自治县	60,692	329,540	10.09	綦江县	225,593	903,974	19.92
环江毛南族自治县	60,488	316,113	14.77	江北县	269,061	1,011,719	9.43
南丹县	53,613	252,853	19.17	江津县	391,868	1,420,156	12.69
天峨县	20,993	128,093	6.75	合川县	411,030	1,461,502	11.43
凤山县	30,991	164,712	5.81	潼南县	212,400	821,332	5.69
东兰县	50,903	268,880	4.85	铜梁县	200,094	774,535	8.28
巴马瑶族自治县	49,466	274,508	5.84	永川县	250,116	976,749	14.01
都安瑶族自治县	178,706	904,111	3.74	大足县	208,073	828,338	8.96
钦州地区	682,961	3,290,847	8.88	荣昌县	192,438	748,132	14.68
钦州市	204,273	968,854	10.59	璧山县	155,562	572,372	8.69
上思县	38,780	181,945	13.51	**自贡市**	730,260	2,879,782	19.91
防城各族自治县	97,228	457,915	14.92	自贡市区	242,021	940,290	40.04
灵山县	212,202	1,050,046	5.36	荣县	211,787	848,874	9.86
蒲北县	130,478	632,087	9.41	富顺县	276,452	1,090,618	10.36
				攀枝花市	189,771	864,522	47.81
四川省	26,789,893	104,583,717	14.54	攀枝花市区	122,967	560,628	68.46

四川省

（续28）

地　　区	总户数（户）	总人口（人）	非农业人口占总人口 %	地　　区	总户数（户）	总人口（人）	非农业人口占总人口 %
米易县	38,857	176,561	11.02	**内江市**	2,230,674	8,335,248	10.88
盐边县	27,947	127,333	7.89	内江市区	90,879	320,577	64.14
泸州市	1,051,301	4,253,975	12.85	内江县	225,827	889,405	4.32
泸州市区	102,388	377,766	65.83	乐至县	228,380	835,737	6.29
泸县	359,606	1,374,764	5.92	安岳县	373,302	1,414,239	5.58
合江县	203,005	801,232	9.10	威远县	177,463	688,872	14.02
纳溪县	109,976	473,703	5.37	资中县	313,534	1,188,918	9.27
叙永县	131,182	587,836	12.50	资阳县	269,516	959,190	19.86
古蔺县	145,144	638,674	7.01	简阳县	360,422	1,334,224	9.07
德阳市	963,528	3,474,938	12.50	隆昌县	191,351	704,086	14.13
德阳市区	214,484	782,224	23.83	**乐山市**	1,549,016	6,372,805	13.67
绵竹县	131,959	446,036	9.30	乐山市区	267,592	1,049,615	31.33
中江县	356,706	1,328,394	5.44	仁寿县	341,780	1,430,848	5.99
广汉县	144,409	520,028	14.54	眉山县	185,876	735,894	10.42
什邡县	115,970	398,256	14.72	犍为县	127,034	546,129	13.40
绵阳市	1,251,967	4,807,074	12.90	井研县	103,970	406,814	7.69
绵阳市区	238,218	870,516	27.95	峨眉县	93,646	390,964	23.99
江油县	206,868	795,859	20.61	夹江县	82,267	332,895	12.44
三台县	360,142	1,378,016	6.12	洪雅县	73,648	318,712	7.80
盐亭县	158,138	598,745	5.56	彭山县	75,798	292,191	10.32
安县	123,417	463,370	8.02	沐川县	51,058	239,450	8.43
梓潼县	91,131	371,319	6.75	青神县	49,379	192,417	11.01
北川县	34,319	152,422	9.40	丹棱县	35,271	150,405	6.99
平武县	39,734	176,827	10.59	峨边彝族自治县	25,880	127,039	15.46
广元市	660,845	2,804,489	11.90	马边彝族自治县	35,817	159,432	8.59
广元市区	188,239	831,638	20.41	万县地区	2,114,852	7,885,928	8.11
旺苍县	92,836	413,548	16.44	万县市	92,094	292,717	49.82
青川县	45,884	207,160	10.74	万县	312,376	1,224,331	5.10
剑阁县	144,211	597,831	5.65	开县	366,999	1,342,722	6.07
苍溪县	189,675	754,312	5.28	忠县	259,993	942,218	7.72
遂宁市	864,130	3,311,932	8.72	梁平县	216,701	809,753	7.55
遂宁市区	323,332	1,216,388	10.89	云阳县	310,571	1,146,250	6.73
蓬溪县	302,225	1,161,793	6.37	奉节县	235,036	891,888	6.96
射洪县	238,573	933,751	8.82	巫山县	141,895	529,854	5.32

地　区	总户数(户)	总人口(人)	非农业人口占总人口%
巫溪县	126,003	481,201	6.52
城口县	53,184	224,994	7.55
涪陵地区	1,510,683	6,089,053	9.47
涪陵市	242,952	1,003,283	16.66
垫江县	202,142	796,128	7.58
南川县	149,458	619,837	13.29
丰都县	188,570	731,915	7.96
石柱土家族自治县	111,994	439,664	7.32
武隆县	87,294	370,412	8.22
彭水苗族土家族自治县	133,589	549,822	7.64
黔江土家族苗族自治县	101,628	416,990	6.07
酉阳土家族苗族自治县	165,873	652,215	7.06
秀山土家族苗族自治县	127,188	508,787	6.38
宜宾地区	1,043,518	4,521,789	13.99
宜宾市	159,633	655,562	34.66
宜宾县	206,668	894,620	6.72
南溪县	88,923	370,646	14.03
江安县	108,181	461,142	9.91
长宁县	87,123	386,914	8.45
高县	105,569	453,663	8.97
筠连县	70,194	322,449	10.39
珙县	76,630	354,530	21.50
兴文县	87,204	391,545	10.74
屏山县	53,393	230,718	9.71
南充地区	2,655,715	9,801,664	8.17
南充市	72,309	252,882	66.33
华蓥市	85,081	327,471	26.84
南充县	367,257	1,376,822	5.90
南部县	322,439	1,211,716	5.13
岳池县	264,018	1,014,598	5.56
营山县	226,163	822,702	5.25
广安县	280,237	1,076,008	7.18
蓬安县	171,092	626,201	6.27
仪陇县	244,330	896,080	4.38
武胜县	198,815	720,881	5.38
西充县	188,053	631,599	6.67
阆中县	235,921	844,704	7.78
达县地区	2,389,715	9,480,923	9.16
达县市	59,422	233,195	71.65
达县	305,370	1,234,406	5.16
宣汉县	258,343	1,048,295	7.84
开江县	128,869	482,611	8.63
万源县	96,755	411,217	11.51
通江县	149,802	628,876	6.91
南江县	124,177	543,153	7.24
巴中县	277,334	1,080,055	6.71
平昌县	187,220	764,403	8.47
大竹县	251,901	951,008	7.69
渠县	332,633	1,229,278	8.55
邻水县	202,029	803,653	6.49
白沙工农区	15,860	70,773	22.10
雅安地区	318,074	1,375,541	14.38
雅安市	71,973	286,064	32.71
名山县	57,787	244,831	5.78
荥经县	28,733	125,200	11.04
汉源县	72,569	314,959	6.14
石棉县	25,678	111,668	26.70
天全县	28,928	135,314	9.33
芦山县	21,564	107,420	8.32
宝兴县	10,842	50,085	11.13
阿坝藏族羌族自治州	148,683	739,323	19.33
汶川县	17,921	89,990	28.90
理县	8,494	41,381	19.57
茂县	15,661	86,405	9.97
松潘县	12,426	62,881	17.07
南坪县	9,795	49,450	17.88
金川县	12,545	65,810	17.91
小金县	13,434	69,831	11.28

地　区	总户数（户）	总人口（人）	非农业人口占总人口%
黑水县	12,280	56,355	17.43
马尔康县	12,656	56,573	42.12
壤塘县	6,047	28,562	19.81
阿坝县	9,582	47,503	11.22
若尔盖县	10,888	56,140	16.73
红原县	6,954	28,442	24.20
甘孜藏族自治州	**161,320**	**799,280**	**15.14**
康定县	18,942	93,801	35.90
泸定县	14,349	66,442	14.16
丹巴县	12,173	57,384	20.50
九龙县	8,056	41,458	9.27
雅江县	6,835	35,700	12.53
道孚县	8,988	43,806	21.94
炉霍县	7,347	35,931	17.66
甘孜县	11,020	52,414	9.26
新龙县	6,776	39,332	16.58
德格县	11,594	56,787	6.93
白玉县	7,544	37,798	11.16
石渠县	12,696	57,186	5.91
色达县	7,135	30,891	10.98
理塘县	7,867	41,655	8.87
巴塘县	8,930	46,304	11.72
乡城县	4,038	23,135	11.28
稻城县	4,465	24,588	8.30
得荣县	2,559	14,668	12.22
凉山彝族自治州	**728,232**	**3,436,055**	**10.77**
西昌市	104,598	445,130	27.92
木里县	19,180	107,719	13.54
盐源县	52,086	257,111	6.35
德昌县	33,685	156,172	10.18
会理县	80,529	382,200	11.94
会东县	63,930	318,899	5.22
宁南县	31,948	145,880	6.97
普格县	24,656	119,936	8.59

地　区	总数户（户）	总人口（人）	非农业人口占总人口%
布拖县	26,442	122,240	7.45
金阳县	25,158	117,161	4.77
昭觉县	42,572	193,536	6.61
喜德县	24,540	115,846	8.48
冕宁县	56,001	260,806	9.59
越西县	42,214	200,419	8.59
甘洛县	28,820	146,632	8.25
美姑县	31,824	144,966	5.12
雷波县	40,049	201,402	8.48
贵州省	**6,617,388**	**30,513,897**	**12.22**
贵阳市	**335,998**	**1,431,074**	**65.54**
贵阳市区	335,998	1,431,074	65.54
六盘水市	**492,639**	**2,288,596**	**15.81**
六盘水市区	365,151	1,683,583	19.46
水城县	127,488	605,013	5.67
遵义地区	**1,291,405**	**5,857,334**	**10.47**
遵义市	88,740	362,754	68.19
遵义县	255,849	1,208,752	6.83
桐梓县	117,761	539,628	7.37
绥阳县	92,564	415,257	5.60
正安县	101,822	492,782	4.45
道真县	58,212	283,646	4.74
务川县	74,886	334,308	4.90
凤冈县	72,526	325,270	4.44
湄潭县	90,723	382,813	6.68
余庆县	52,667	241,977	6.23
仁怀县	102,903	468,222	6.12
赤水县	63,028	264,477	18.98
习水县	119,724	537,448	6.46
铜仁地区	**713,976**	**3,117,156**	**7.78**
铜仁市	62,372	269,826	23.31
江口县	41,319	184,249	7.72
玉屏侗族自治县	28,250	112,996	13.41

贵州省

（续31）

地　区	总户数（户）	总人口（人）	非农业人口占总人口%
石阡县	67,894	310,478	5.08
思南县	118,271	512,238	5.75
印江具	78,159	341,876	5.25
德江县	83,205	367,302	6.01
沿河县	107,565	442,469	5.26
松桃苗族自治县	112,179	511,619	4.16
万山特区	14,762	64,101	31.67
黔西南布依族苗族自治州	497,944	2,348,364	7.04
兴义市	116,615	549,894	9.71
兴仁县	74,872	346,668	6.34
普安县	47,740	222,275	5.66
晴隆县	50,279	227,031	8.81
贞丰县	58,998	269,487	6.08
望谟县	40,840	225,500	3.71
册亨县	32,386	171,617	5.12
安龙县	76,214	335,892	7.08
毕节地区	1,214,774	5,588,720	5.68
毕节县	223,513	999,125	8.33
大方县	169,886	768,750	4.63
黔西县	146,341	662,353	7.07
金沙县	104,700	500,767	7.14
织金县	160,334	745,226	4.48
纳雍县	131,415	601,281	4.29
威宁彝族回族苗族自治县	173,160	822,515	3.69
赫章县	105,425	488,703	5.39
安顺地区	683,838	3,251,760	13.97
安顺市	54,243	218,297	60.53
安顺县	82,663	406,519	7.62
开阳县	74,462	357,883	9.81
息烽县	44,800	213,324	11.39
修文县	52,363	252,022	14.40
清镇县	83,512	400,350	18.68
平坝县	60,599	284,366	18.90
普定县	69,233	323,252	4.69
关岭布依族苗族自治县	53,489	255,733	6.28
镇宁布依族苗族自治县	56,848	277,431	9.01
紫云苗族布依族自治县	51,626	262,583	4.12
黔东南苗族侗族自治州	726,991	3,512,975	8.34
凯里市	74,695	356,348	29.03
黄平县	61,667	294,081	5.49
施秉县	25,583	126,570	6.16
三穗县	36,217	168,122	6.29
镇远县	43,978	216,045	18.96
岑巩县	37,916	174,967	5.71
天柱县	71,808	339,491	5.57
锦屏县	37,447	181,835	7.61
剑河县	33,266	172,543	5.54
台江县	25,961	136,362	5.96
黎平县	80,467	397,987	4.66
榕江县	50,435	255,988	6.63
从江县	51,147	253,959	4.24
雷山县	25,467	123,447	5.59
麻江县	43,121	180,027	5.01
丹寨县	27,816	135,203	6.35
黔南布依族苗族自治州	659,823	3,117,918	10.98
都匀市	93,123	397,062	32.38
荔波县	27,094	136,481	6.06
贵定县	52,443	240,229	17.74
福泉县	54,457	240,551	9.20
瓮安县	77,987	362,145	7.47
独山县	59,556	273,343	9.56
平塘县	50,933	248,805	3.86
罗甸县	48,146	259,208	4.16
长顺县	38,449	199,766	6.23
龙里县	37,308	168,961	8.11
惠水县	68,254	341,462	8.63
三都水族自治县	51,973	249,905	4.69

云南省

（续32）

地　区	总户数（户）	总人口（人）	非农业人口占总人口%
云南省	7,214,588	35,129,988	11.94
昆明市	828,742	3,413,311	37.96
昆明市区	405,377	1,547,191	73.93
呈贡县	32,500	133,428	15.11
晋宁县	57,711	233,015	13.58
安宁县	33,418	127,974	9.77
富民县	28,178	124,265	6.85
宜良县	82,920	356,775	8.49
路南彝族自治县	40,077	193,405	5.72
嵩明县	64,763	289,859	8.89
禄劝彝族苗族自治县	83,798	407,399	2.91
东川市	60,280	277,066	23.72
东川市区	60,280	277,066	23.72
昭通地区	836,837	3,988,466	5.95
昭通市	117,861	573,877	14.46
鲁甸县	56,549	272,911	3.29
巧家县	92,046	446,761	3.24
盐津县	58,819	294,115	5.86
大关县	43,152	211,540	4.79
永善县	77,243	346,819	4.63
绥江县	27,050	127,712	10.21
镇雄县	205,619	951,397	3.66
彝良县	84,763	406,544	4.01
威信县	57,093	278,755	4.11
水富县	16,642	78,035	14.92
曲靖地区	1,036,541	4,979,212	8.87
曲靖市	169,483	792,117	20.17
马龙县	34,002	172,745	12.35
宣威县	238,807	1,129,288	7.88
富源县	105,232	522,435	6.25
罗平县	85,156	428,974	6.05
师宗县	54,231	278,832	5.37
陆良县	96,549	478,097	7.19
寻甸回族彝族自治县	83,288	411,210	4.11
会泽县	169,793	765,514	6.12
楚雄彝族自治州	465,026	2,253,773	9.88
楚雄市	79,014	387,816	18.47
双柏县	28,120	144,705	6.51
牟定县	37,074	188,342	6.45
南华县	43,254	207,762	6.55
姚安县	38,682	180,834	4.89
大姚县	57,865	266,530	7.40
永仁县	19,834	95,772	7.92
元谋县	35,606	178,435	6.77
武定县	48,159	231,091	4.89
禄丰县	77,418	372,486	15.15
玉溪地区	381,044	1,739,141	10.27
玉溪市	73,785	305,033	17.91
江川县	49,477	214,030	5.65
澄江县	28,489	127,813	7.42
通海县	53,799	221,068	9.14
华宁县	36,007	174,181	6.02
易门县	33,310	158,905	19.32
峨山彝族自治县	27,072	129,671	10.31
新平彝族傣族自治县	44,959	238,563	6.56
元江哈尼族彝族傣族自治县	34,146	169,877	7.09
红河哈尼族彝族自治州	700,664	3,433,242	15.57
个旧市	85,719	356,622	58.41
开远市	49,676	224,058	38.14
蒙自县	55,824	266,636	17.61
屏边苗族自治县	23,077	130,802	6.96
建水县	96,025	431,537	11.13
石屏县	54,393	258,880	9.41
弥勒县	85,345	418,237	7.92
泸西县	61,505	305,557	7.63
元阳县	58,821	321,360	4.20
红河县	40,167	202,921	6.03

地区	总户数（户）	总人口（人）	非农业人口占总人口%	地区	总户数（户）	总人口（人）	非农业人口占总人口%
金平苗族瑶族傣族自治县	46,471	278,697	4.42	巍山彝族回族自治县	52,243	263,476	5.61
绿春县	29,167	169,656	5.28	永平县	28,962	152,085	5.73
河口瑶族自治县	14,474	68,279	12.87	云龙县	34,823	180,192	5.56
文山壮族苗族自治州	508,463	2,807,960	5.93	洱源县	55,049	281,946	4.93
文山县	65,584	338,250	14.42	剑川县	27,176	144,920	7.30
砚山县	65,200	352,620	5.48	鹤庆县	44,581	235,701	5,55
西畴县	44,039	222,622	4.76	**保山地区**	397,825	2,032,395	6.36
麻栗坡县	45,871	244,944	4.76	保山市	146,204	707,482	8.20
马关县	61,030	321,789	6.42	施甸县	52,667	281,741	3.79
丘北县	61,143	357,198	5.44	腾冲县	98,677	509,407	6.84
广南县	107,806	622,320	3.33	龙陵县	43,750	236,339	5.18
富宁县	57,790	348,217	4.39	昌宁县	56,527	297,426	4.53
思茅地区	407,429	2,167,325	8.41	**德宏傣族景颇族自治州**	159,200	845,443	11.55
思茅县	25,459	129,490	32.84	畹町市	1,972	8,608	30.66
普洱哈尼族彝族自治县	35,380	181,182	12.48	潞西县	47,204	274,480	14.38
墨江哈尼族自治县	64,581	372,272	5.40	梁河县	25,161	134,472	8.20
景东彝族自治县	65,468	333,338	4.87	盈江县	39,493	214,751	7.76
景谷傣族彝族自治县	48,825	271,920	6.38	陇川县	27,748	137,629	11.58
镇沅县	36,826	199,112	5.88	瑞丽县	17,622	75,503	15.80
江城哈尼族彝族自治县	14,118	83,863	12.45	**丽江地区**	201,236	971,804	9.09
孟连傣族拉祜族佤族自治县	19,902	92,133	8.06	丽江纳西族自治县	62,605	306,857	15.19
				永胜县	72,720	340,542	5.22
澜沧拉祜族自治县	81,161	430,944	6.26	华坪县	28,421	136,035	8.76
西盟佤族自治县	15,709	73,071	9.38	宁蒗彝族自治县	37,490	188,370	6.39
西双版纳傣族自治州	153,103	720,268	15.61	**怒江傈僳族自治州**	82,008	411,014	9.84
景洪县	70,257	304,400	20.20	泸水县	27,438	137,857	14.39
勐海县	50,238	259,618	9.57	福贡县	16,215	80,165	9.19
勐腊县	32,608	156,250	16.71	兰坪县	31,900	161.710	5.84
大理白族自治州	588,984	2,887,244	8.61	贡山独龙族怒族自治县	6,455	31,282	12.14
大理市	101,603	406,931	29.65	**迪庆藏族自治州**	55,682	298,519	10.50
漾鼻彝族自治县	16,660	87,803	8.23	中甸县	21,423	115,414	15.75
祥云县	78,546	383,530	4.16	德钦县	10,199	54,684	9.98
宾川县	54,656	284,158	4.15	维西傈僳族自治县	24,060	128,421	6.00
弥渡县	55,511	270,262	5.13				
南涧彝族自治县	39,174	196,240	4.12	**临沧地区**	351,524	1,903,805	6.37

地　区	总户数（户）	总人口（人）	非农业人口占总人口%
临沧县	48,602	246,746	14.51
凤庆县	71,373	383.332	4.49
云　县	66,672	364,104	4.06
永德县	50,678	290,572	3.55
镇康县	22,552	134,409	5.42
双江拉祜族佤族布朗族傣族自治县	24,950	141,414	6.06
耿马傣族佤族自治县	39,948	204,947	7.98
沧源佤族自治县	26,749	138,281	7.91
西藏自治区	362,778	2,079,499	14.09
拉萨市	55,612	341,664	35.43
拉萨市区	16,978	117,679	89.90
林周县	4,936	29,707	5.04
当雄县	4,941	32,003	7.51
尼木县	4,417	25,622	3.92
曲水县	4,712	26,085	6.07
堆龙德庆县	6,079	35,099	10.42
达孜县	7,281	39,145	8.97
墨竹工卡县	6,268	36,324	4.14
昌都地区	81,127	478,818	7.43
昌都县	9,580	72,730	27.42
江达县	10,235	55,294	3.72
贡觉县	6,416	38,387	3.82
类乌齐县	5,616	30,707	5.17
丁青县	7,346	47,459	2.92
察雅县	8,313	46,001	3.62
八宿县	5,938	31,766	5.58
左贡县	6,471	35,264	4.04
芒康县	10,115	64,665	3.05
洛隆县	6,886	32,135	4.51
边坝县	4,211	24,410	3.46
山南地区	55,625	269,988	8.50
乃东县	10,591	42,829	20.94
扎囊县	5,736	32,564	5.01
贡嘎县	7,017	40,075	5.34
桑日县	2,915	13,286	4.90
穷结县	3,343	15,554	5.64
曲松县	2,452	13,784	12.35
措美县	2,385	11,532	7.84
洛扎县	3,137	16,072	5.91
加查县	2,993	15,143	6.62
隆子县	6,116	27,281	5.86
错那县	3,295	13,654	8.66
浪卡子县	5,645	28,214	4.75
日喀则地区	85,628	521,089	8.77
日喀则市	10,873	73,847	27.79
南木林县	9,635	57,938	2.14
定日县	6,862	37,268	2.63
萨迦县	5,734	37,941	2.90
拉孜县	6,493	37,015	3.99
昂仁县	6,757	36,812	4.02
谢通门县	6,047	33,251	3.23
定结县	2,135	13,673	7.81
仲巴县	2,604	13,093	5.27
吉隆县	1,814	9,643	9.55
聂拉木县	1,782	10,647	11.16
萨嘎县	1,494	8,983	12.43
江孜县	8,363	54,178	9.94
白朗县	5,017	35,041	2.45
仁布县	4,332	27,183	3.00
康马县	2,742	16,964	5.42
亚东县	1,753	10,191	42.05
岗巴县	1,191	7,421	7.83
那曲地区	49,225	278,714	10.31
那曲县	9,765	59,575	22.52
嘉黎县	3,182	18,488	7.65
比如县	6,634	34,122	6.33
聂荣县	4,087	22,249	5.79

地　　区	总户数（户）	总人口（人）	非农业人口占总人口%	地　　区	总户数（户）	总人口（人）	非农业人口占总人口%
安多县	4,728	26,997	13.10	宜君县	18,837	85,039	8.71
申扎县	7,394	37,393	5.77	**宝鸡市**	711,852	3,137,241	18.50
索县	4,728	27,526	4.77	宝鸡市区	99,847	376,632	79.83
班戈县	4,370	25,292	6.33	宝鸡县	145,660	667,319	12.57
巴青县	4,337	27,072	6.82	凤翔县	98,468	450,898	5.87
阿里地区	11,118	57,061	13.57	岐山县	98,912	415,101	13.93
普兰县	1,484	6,887	9.09	扶风县	86,001	395,758	5.33
札达县	892	4,829	14.89	眉县	59,493	264,701	6.92
噶尔县	1,088	8,700	48.84	陇县	46,793	216,887	7.25
日土县	1,009	5,381	9.01	千阳县	25,933	116,421	8.17
革吉县	2,141	9,560	5.38	麟游县	15,703	76,333	7.30
改则县	2,624	12,842	4.78	凤县	25,256	109,588	30.18
措勤县	1,880	8,862	6.05	太白县	9,786	47,603	17.48
林芝地区	24,443	132,165	23.60	**咸阳市**	910,784	4,045,703	14.64
林芝县	2,629	28,096	49.69	咸阳市区	154,737	683,289	45.71
墨脱县	2,467	8,815	6.89	兴平县	110,075	475,385	17.12
米林县	3,503	16,370	22.30	三原县	79,986	337,287	13.04
工布江达县	3,398	20,692	12.65	泾阳县	94,563	422,203	6.69
波密县	5,631	25,094	27.93	乾县	101,315	454,425	5.31
察隅县	4,530	22,482	10.19	礼泉县	88,412	383,124	5.08
朗县	2,285	10,616	9.98	永寿县	33,973	155,936	6.13
				彬县	56,128	265,981	6.07
陕西省	7,237,946	30,881,941	18.06	长武县	33,800	147,386	6.19
西安市	1,407,339	5,744,588	36.60	旬邑县	48,052	218,464	4.52
西安市区	689,797	2,576,926	70.73	淳化县	37,172	158,279	5.79
长安县	185,066	798,977	8.61	武功县	72,571	343,944	8.35
蓝田县	128,084	563,291	6.77	**渭南地区**	1,020,907	4,479,172	13.02
临潼县	131,293	563,262	12.13	渭南市	167,534	713,997	16.49
周至县	112,358	537,537	4.81	韩城市	71,718	319,162	23.25
户县	112,804	504,834	12.74	华县	74,187	314,245	17.64
高陵县	47,937	199,761	7.25	华阴县	45,719	192,836	31.17
铜川市	160,146	745,938	44.76	潼关县	27,849	116,998	13.68
铜川市区	84,713	402,833	69.28	大荔县	128,710	567,907	8.01
耀县	56,596	258,066	18.37	蒲城县	143,900	642,995	8.67

陕西省 甘肃省

（续36）

地区	总户数（户）	总人口（人）	非农业人口占总人口%
澄城县	76,834	338,485	16.04
白水县	51,055	235,743	12.13
合阳县	87,127	383,458	5.79
富平县	146,274	653,346	8.15
汉中地区	847,316	3,492,741	13.72
汉中市	114,218	426,136	36.59
南郑县	126,351	511,532	9.05
城固县	120,363	468,194	10.68
洋县	100,261	421,716	4.94
西乡县	95,425	400,468	8.52
勉县	100,697	399,130	14.84
宁强县	67,868	318,249	8.09
略阳县	40,358	190,735	21.56
镇巴县	53,116	278,210	5.17
留坝县	10,319	44,134	11.95
佛坪县	8,340	34,237	15.05
安康地区	635,513	2,744,673	9.92
安康县	188,148	821,020	15.90
汉阴县	65,013	262,870	7.07
石泉县	40,331	175,149	11.33
宁陕县	16,486	71,710	13.00
紫阳县	76,965	331,965	8.08
岚皋县	38,192	173,393	6.30
平利县	53,570	230,753	5.91
镇坪县	12,888	56,647	8.67
旬阳县	100,146	423,144	5.46
白河县	43,774	198,022	7.33
商洛地区	518,957	2,199,884	6.45
商县	114,115	487,525	10.00
洛南县	100,775	416,968	7.67
丹凤县	66,420	270,253	5.00
商南县	48,939	215,893	4.87
山阳县	93,118	390,220	4.09
镇安县	61,728	271,991	4.40
柞水县	33,862	147,034	6.19
延安地区	367,540	1,628,240	15.09
延安市	65,057	274,312	35.06
延长县	28,745	124,904	10.27
延川县	31,351	134,225	12.05
子长县	43,131	182,404	11.41
安塞县	28,309	132,748	6.97
志丹县	19,362	94,895	8.28
吴旗县	22,139	104,327	6.33
甘泉县	14,796	61,585	15.87
富县	26,799	122,564	12.78
洛川县	33,484	159,769	8.68
宜川县	23,321	99,299	9.97
黄龙县	11,658	45,786	18.04
黄陵县	19,388	91,422	20.23
榆林地区	657,592	2,663,761	9.25
榆林县	79,097	325,640	20.71
神木县	72,078	280,623	9.18
府谷县	43,018	174,070	8.81
横山县	59,648	248,868	4.80
靖边县	46,945	210,990	6.26
定边县	53,038	247,713	8.78
绥德县	76,646	287,701	9.37
米脂县	45,464	181,651	9.07
佳县	55,910	211,868	5.83
吴堡县	18,710	68,316	9.84
清涧县	45,317	179,037	6.86
子洲县	61,721	247,284	6.52
甘肃省	4,385,380	21,034,099	15.99
兰州市	563,369	2,374,926	50.21
兰州市区	367,429	1,416,130	79.13
永登县	89,624	435,966	10.33
皋兰县	28,737	140,711	5.36

地　区	总户数（户）	总人口（人）	非农业人口占总人口%
榆中县	77,579	382,119	5.05
嘉峪关市	20,725	97,998	76.55
嘉峪关市区	20,725	97,998	76.55
金昌市	79,073	358,177	37.46
金昌市区	32,240	143,398	68.46
永昌县	46,833	214,779	16.76
天水市	557,490	2,765,190	11.60
天水市区	214,702	982,958	23.33
清水县	50,322	256,489	4.37
秦安县	89,506	476,179	5.06
甘谷县	87,884	463,634	5.12
武山县	70,689	348,740	6.37
张家川回族自治县	44,387	237,190	4.28
白银市	264,025	1,346,693	18.35
白银市区	70,467	336,022	56.08
会宁县	89,767	458,855	3.29
靖远县	69,138	371,935	7.09
景泰县	34,653	179,881	9.59
酒泉地区	185,586	778,681	29.33
玉门市	45,900	185,197	49.22
酒泉市	67,568	281,572	28.68
敦煌市	25,387	108,373	18.63
金塔县	26,657	116,290	10.07
肃北蒙古族自治县	2,201	9,562	36.62
阿克塞哈萨克族自治县	1,786	6,726	42.03
安西县	16,087	67,961	25.59
张掖地区	232,398	1,083,793	12.09
张掖市	90,016	406,980	19.21
肃南裕固族自治县	6,861	34,514	22.11
民乐县	42,067	203,798	3.82
临泽县	24,697	125,041	6.58
高台县	29,002	136,252	7.26
山丹县	39,755	177,208	10.92
武威地区	325,822	1,587,208	10.75

地　区	总户数（户）	总人口（人）	非农业人口占总人口%
武威市	173,998	825,592	15.11
民勤县	52,262	252,144	5.48
古浪县	61,745	311,519	3.62
天祝藏族自治县	37,817	197,953	10.50
定西地区	490,270	2,425,523	6.47
定西县	78,293	387,498	10.52
通渭县	69,142	371,559	2.62
陇西县	81,107	402,586	11.07
渭源县	59,116	292,135	2.83
临洮县	91,835	439,487	5.32
岷县	78,144	380,676	6.03
漳县	32,633	151,582	4.75
陇南地区	477,335	2,308,070	6.55
武都县	97,389	452,967	8.09
宕昌县	52,178	255,752	3.96
成县	46,466	217,099	8.77
康县	40,106	189,927	4.50
文县	47,738	214,454	9.92
微县	39,088	191,489	8.67
两当县	9,612	46,320	13.20
礼县	84,400	430,539	4.12
西和县	60,358	309,523	4.85
平凉地区	367,689	1,832,384	9.81
平凉市	79,993	372,098	24.85
泾川县	60,448	281,200	4.66
灵台县	41,080	204,562	4.45
崇信县	16,165	79,496	7.19
华亭县	33,133	155,017	24.14
庄浪县	63,647	346,462	2.58
静宁县	74,223	393,549	3.28
庆阳地区	425,633	2,017,557	8.44
西峰市	54,905	245,703	18.30
庆阳县	51,337	248,003	20.41
环县	51,943	265,199	3.98

（续38）

地　区	总户数（户）	总人口（人）	非农业人口占总人口%	地　区	总户数（户）	总人口（人）	非农业人口占总人口%
华池县	20,747	100,970	9.93	循化撒拉族自治县	16,573	92,521	8.98
合水县	28,788	133,121	8.88	**海北藏族自治州**	48,575	246,135	32.15
正宁县	40,009	187,055	5.29	门源回族自治县	25,191	133,914	25.18
宁　县	92,080	425,384	4.89	祁连县	7,511	37,559	28.05
镇原县	85,824	412,122	2.83	海晏县	7,296	34,388	53.14
临夏回族自治州	286,402	1,504,635	8.00	刚察县	8,577	40,274	41.24
临夏市	35,354	157,196	47.55	**黄南藏族自治州**	26,491	139,778	17.25
临夏县	56,759	301,181	1.13	同仁县	12,053	62,591	24.71
康乐县	35,118	184,364	2.91	尖扎县	6,701	38,028	13.04
永靖县	34,628	178,381	11.61	泽库县	7,737	39,159	9.42
广河县	24,165	140,550	2.73	**直辖行政单位**	4,648	23,542	15.68
和政县	28,730	153,632	3.26	河南蒙古族自治县	4,648	23,542	15.68
东乡族自治县	37,181	205,793	2.11	**海南藏族自治州**	69,012	347,972	26.61
积石山保安族东乡族撒拉族自治县	34,467	183,538	1.60	共和县	26,661	131,299	48.72
甘南藏族自治州	109,563	553,264	15.55	同德县	6,860	38,236	12.77
临潭县	25,963	126,495	6.01	贵德县	17,377	78,969	10.80
卓尼县	14,542	84,207	9.32	兴海县	8,281	44,373	10.25
舟曲县	22,394	112,849	8.55	贵南县	9,833	55,095	19.36
迭部县	8,807	47,718	28.57	**果洛藏族自治州**	24,244	109,567	18.17
玛曲县	5,732	27,931	13.64	玛沁县	5,787	26,620	31.93
碌曲县	5,478	24,039	16.14	班玛县	3,619	17,832	15.71
夏河县	26,647	130,025	30.47	甘德县	4,900	20,225	7.95
青海省	834,970	4,175,345	29.07	达日县	4,614	20,137	12.23
西宁市	217,714	988,664	61.24	久治县	3,394	15,164	11.55
西宁市区	146,467	622,761	84.60	玛多县	1,930	9,589	29.02
大通回族土族自治县	71,247	365,903	21.48	**玉树藏族自治州**	43,215	215,376	12.16
海东地区	338,332	1,822,893	9.28	玉树县	13,299	60,586	20.54
平安县	18,579	95,924	22.14	杂多县	5,467	29,836	9.08
民和回族土族自治县	54,698	312,241	7.61	称多县	7,258	36,315	10.27
乐都县	53,701	272,817	12.88	治多县	3,820	17,874	12.41
湟中县	78,112	407,364	6.10	囊谦县	9,634	53,505	5.77
湟源县	24,891	124,096	19.74	曲麻莱县	3,737	17,260	11.63
互助土族自治县	57,864	326,660	5.31	**海西蒙古族藏族自治州**	62,739	281,418	68.80
化隆回族自治县	33,914	191,270	7.27				

地　　区	总人数（户）	总户口（人）	非农业人口占总人口%
格尔木市	15,850	61,971	89.16
乌兰县	33,016	147,981	77.87
都兰县	10,658	56,495	34.16
天峻县	3,215	14,971	25.54
宁夏回族自治区	879,620	4,351,553	22.38
银川市	181,729	760,122	46.30
银川市区	110,984	433,621	72.39
永宁县	36,288	163,599	11.99
贺兰县	34,457	162,902	11.30
石嘴山市	136,151	592,908	48.77
石嘴山市区	65,819	263,872	92.25
平罗县	50,877	237,282	14.87
陶乐县	4,421	20,452	16.70
惠农县	15,834	71,302	9.88
银南地区	300,938	1,487,524	16.57
吴忠市	46,590	234,582	25.64
青铜峡市	41,879	201,823	19.80
中卫县	55,451	270,063	14.56
中宁县	40,773	192,122	11.14
灵武县	41,318	203,204	24.21
盐池县	25,683	132,751	13.56
同心县	49,244	252,979	7.30
固原地区	260,802	1,510,999	5.70
固原县	72,812	417,055	9.87
海原县	48,208	281,559	4.43
西吉县	57,811	348,455	3.38
隆德县	31,676	172,586	5.09
泾源县	15,486	86,911	6.02
彭阳县	34,809	204,433	3.25
新疆维吾尔自治区	3,221,086	14,063,267	32.87
乌鲁木齐市	299,081	1,223,070	82.37
乌鲁木齐市区	260,758	1,055,852	93.40

地　　区	总户数（户）	总人口（人）	非农业人口占总人口%
乌鲁木齐县	38,323	167,218	12.72
克拉玛依市	44,390	197,367	92.41
克拉玛依市区	44,390	197,367	92.41
石河子市	134,654	543,431	55.37
石河子市区	134,654	543,431	55.37
奎屯市	53,819	220,182	52.19
奎屯市区	53,819	220,182	52.19
吐鲁番地区	94,518	452.458	21.61
吐鲁番市	44,600	209,060	26.88
鄯善县	31,765	150,659	16.84
托克逊县	18,153	92,739	17.47
哈密地区	97,783	395,651	45.42
密哈市	72,151	277,513	55.30
巴里坤哈萨克自治县	21,704	100,828	21.78
伊吾县	3,928	17,310	24.69
昌吉回族自治州	273,150	1,216,895	30.86
昌吉市	61,,125	243,715	47.87
米泉县	30,935	139,829	32.61
呼图壁县	36,011	163,301	32.56
玛纳斯县	30,966	139,666	22.42
奇台县	44,118	208,999	22.61
阜康县	27,012	114,241	38.00
吉木萨尔县	26,478	123,616	18.28
木垒哈萨克自治县	16,505	83,528	18.62
伊犁地区	341,394	1,676,625	28.29
伊宁市	56,436	244,417	66.14
伊宁县	50,266	309,030	13.76
察布查尔县	24,067	137,989	28.34
霍城县	59,533	281,776	20.86
巩留县	25,634	120,924	25.05
新源县	47,294	229,970	26.88
昭苏县	24,412	123,795	23.58
特克斯县	22,093	109,825	20.65
尼勒克县	22,659	118,899	23.82

新疆维吾尔自治区

（续40完）

地区	总户数（户）	总人口（人）	非农业人口占总人口%
塔城地区	153,914	731,133	27.80
塔城市	27,664	122,023	34.17
额敏县	32,654	151,991	37.87
乌苏县	33,523	152,944	25.35
沙湾县	30,052	155,685	14.82
托里县	12,836	68,221	28.01
裕民县	8,838	40,964	24.84
和布克赛尔蒙古自治县	8,347	39,305	32.82
阿勒泰地区	98,581	488,827	37.14
阿勒泰市	37,225	170,977	45.59
布尔津县	9,628	53,331	28.58
富蕴县	15,170	77,860	41.94
福海县	10,984	52,464	32.99
哈巴河县	10,873	60,777	24.91
青河县	8,175	43,009	28.45
吉木乃县	6,526	30,409	36.33
博尔塔拉蒙古自治州	68,246	306,606	25.76
博乐市	33,990	146,231	30.78
精河县	20,452	95,837	20.76
温泉县	13,804	64,538	21.79
巴音郭楞蒙古自治州	188,980	803,986	38.24
库尔勒市	55,971	234,497	59.08
轮台县	16,419	75,868	17.71
尉犁县	18,867	73,806	21.73
若羌县	6,991	26,167	21.47
且末县	8,729	39,152	27.15
焉耆回族自治县	22,538	101,398	33.53
和静县	37,203	162,890	38.14
和硕县	12,589	49,216	34.11
博湖县	9,673	40,992	25.04
阿克苏地区	353,002	1,592,732	24.12
阿克苏市	87,451	348,668	42.53
温宿县	35,835	160,415	20.59
库车县	68,898	327,723	23.74
沙雅县	31,482	150,525	15.81
新和县	24,094	118,299	16.95
拜城县	36,005	160,362	17.63
乌什县	32,063	151,334	14.87
阿瓦提县	30,657	142,992	16.88
柯坪县	6,517	32,414	19.36
克孜勒苏柯尔克孜自治州	71,118	345,270	18.92
阿图什市	30,547	155,338	20.30
阿克陶县	26,848	126,084	10.06
阿合奇县	5,253	27,233	25.28
乌恰县	8,470	36,615	38.84
喀什地区	622,152	2,588,184	19.47
喀什市	50,722	214,104	74.23
疏附县	71,865	300,205	6.90
疏勒县	54,382	222,317	11.75
英吉沙县	38,642	166,304	13.17
泽普县	30,863	125,288	25.75
莎车县	117,645	475,260	14.51
叶城县	67,414	283,361	19.55
麦盖提县	39,036	152,549	19.30
岳普湖县	25,751	103,323	10.77
伽师县	58,773	240,131	8.10
巴楚县	63,458	282,040	19.10
塔什库尔干塔吉克自治县	3,601	23,302	24.94
和田地区	326,304	1,280,850	12.82
和田市	33,961	122,600	54.36
和田县	49,840	189,298	4.46
墨玉县	80,849	315,026	5.85
皮山县	42,284	171,798	13.13
洛浦县	47,421	180,958	8.51
策勒县	26,899	110,173	10.83
于田县	38,672	164,575	9.27
民丰县	6,378	26,422	20.79

第 三 部 分

历年人口统计数据

一、全国历年户数、人口数

1. 全国历年户数、人口数

单位：万户、万人

年份	户数	人口数			占总人口的百分比		性别比
		合计	男	女	男	女	(女=100)
1949	—	54,167	28,145	26,022	51.96	48.04	108.2
1950	—	55,196	28,669	26,527	51.94	48.06	108.1
1951	—	56,300	29,231	27,069	51.92	48.08	108.0
1952	—	57,482	29,833	27,649	51.90	48.10	107.9
1953	13,579	58,796	30,468	28,328	51.82	48.18	107.6
1954	13,553	60,266	31,242	29,024	51.84	48.16	107.6
1955	13,754	61,465	31,809	29,656	51.75	48.25	107.3
1956	14,048	62,828	32,536	30,292	51.79	48.21	107.4
1957	14,431	64,653	33,469	31,184	51.77	48.23	107.3
1958	14,420	65,994	34,195	31,799	51.82	48.18	107.5
1959	14,661	67,207	34,890	32,317	51.91	48.09	108.0
1960	14,746	66,207	34,283	31,924	51.78	48.22	107.4
1961	15,307	65,859	33,880	31,979	51.44	48.56	105.9
1962	15,533	67,295	34,517	32,778	51.29	48.71	105.3
1963	15,637	69,172	35,533	33,639	51.37	48.63	105.6
1964	15,759	70,499	36,142	34,357	51.27	48.73	105.2
1965	15,953	72,538	37,128	35,410	51.18	48.82	104.9
1966	16,098	74,542	38,189	36,353	51.23	48.77	105.1
1967	16,341	76,368	39,115	37,253	51.22	48.78	105.0
1968	16,671	78,534	40,226	38,308	51.22	48.78	105.0
1969	17,072	80,671	41,289	39,382	51.18	48.82	104.8
1970	17,515	82,992	42,686	40,306	51.43	48.57	105.9
1971	17,962	85,229	43,819	41,410	51.41	48.59	105.8
1972	18,222	87,177	44,813	42,364	51.40	48.60	105.8
1973	18,555	89,211	45,876	43,335	51.42	48.58	105.9
1974	18,906	90,859	46,727	44,132	51.43	48.57	105.9
1975	19,311	92,420	47,564	44,856	51.47	48.53	106.0
1976	19,787	93,717	48,257	45,460	51.49	48.51	106.2
1977	20,235	94,974	48,908	46,066	51.50	48.50	106.2
1978	20,641	96,259	49,567	46,692	51.49	48.51	106.2
1979	20,986	97,542	50,192	47,350	51.46	48.54	106.0
1980	21,396	98,705	50,785	47,920	51.45	48.55	106.0
1981	22,057	100,072	51,519	48,553	51.48	48.52	106.1
1982	22,538	101,541	52,310	49,231	51.52	48.48	106.3
1983	23,000	102,495	52,865	49,630	51.58	48.42	106.5
1984	23,476	103,475	53,423	50,052	51.63	48.37	106.7
1985	24,134	104,532	54,011	50,521	51.67	48.33	106.9
1986	24,927	105,721	54,605	51,116	51.65	48.35	106.8
1987	25,834	107,240	55.409	51,831	51.67	48.33	106.9

2. 全国历年人口密度

年　　　份	人口数（万人）（含港澳台）	人口密度（人／km^2）
1949	55,092	57.4
1950	56,187	58.5
1951	57,289	59.7
1952	58,503	61.0
1953	59,864	62.4
1954	61,378	63.9
1955	62,622	65.3
1956	64,029	66.7
1957	65,896	68.7
1958	67,283	70.1
1959	68,547	71.4
1960	67,594	70.4
1961	67,292	70.1
1962	68,787	71.7
1963	70,719	73.7
1964	72,112	75.1
1965	74,170	77.3
1966	76,214	79.4
1967	78,081	81.3
1968	80,291	83.7
1969	82,503	86.0
1970	84,869	88.4
1971	87,133	90.8
1972	89,114	92.9
1973	91,183	95.0
1974	92,869	96.8
1975	94,472	98.4
1976	95,812	99.8
1977	97,106	101.2
1978	98,445	102.6
1979	99,780	104.0
1980	101,000	105.2
1981	102,412	106.7
1982	103,925	108.3
1983	104,888	109.3
1984	105,910	110.4
1985	107,041	111.5
1986	—	—

注：①各年度人口数系根据人口统计年报、台湾当局统计月报和联合国年鉴有关数字计算的，只做计算人口密度用。

②全国面积按959.7万平方公里计算。

3. 省、自治区、直辖市部

地区	1957		1965		1970		1975
	户数	人口数	户数	人口数	户数	人口数	户数
总计	14,428	64,653	15,957	72,538	17,515	82,992	19,311
北京	86	401	157	776	169	771	188
天津	68	323	86	435	95	423	157
河北	929	4,150	954	4,289	1,039	4,774	1,079
山西	398	1,596	442	1,872	492	2,111	533
内蒙古	198	920	268	1,296	175	744	196
辽宁	470	2,410	548	2,808	678	3,389	737
吉林	247	1,255	318	1,639	399	2,131	458
黑龙江	299	1,486	415	2,134	513	2,685	620
上海	147	690	242	1,094	253	1,072	272
江苏	1,062	4,523	1,110	4,624	1,215	5,252	1,316
浙江	617	2,528	667	2,957	742	3,316	827
安徽	775	3,356	786	3,286	873	3,940	953
福建	339	1,465	365	1,760	407	2,047	450
江西	462	1,860	490	2,209	544	2,584	582
山东	1,203	5,403	1,289	5,711	1,395	6,441	1,510
河南	1,079	4,867	1,144	5,240	1,229	5,991	1,342
湖北	719	3,078	763	3,505	833	4,027	887
湖南	883	3,622	934	3,901	996	4,481	1,092
广东	901	3,796	937	4,231	1,018	4,811	1,083
广西	430	1,939	538	2,445	574	2,817	618
四川	1,542	7,216	1,652	7,137	1,783	8,342	2,079
贵州	359	1,689	398	1,821	452	2,180	506
云南	395	1,910	446	2,160	495	2,509	538
西藏	27	127	28	136	27	145	34
陕西	369	1,813	432	2,144	472	2,427	525
甘肃	262	1,461	268	1,346	296	1,588	330
青海	36	205	45	230	57	283	59
宁夏			44	227	54	285	64
新疆	126	564	191	789	240	976	276
其他	—	—	—	336	—	450	—

分年份户数、人口数

单位：万户、万人

人口数	1980		1985		1986		1987	
	户数	人口数	户数	人口数	户数	人口数	户数	人口数
92,420	21,396	98,705	24,112	104,532	24,927	105,721	25,834	107,240
823	223	886	274	960	285	975	299	993
700	180	751	217	808	222	819	231	832
4,913	1,207	5,168	1,330	5,547	1,384	5,617	1,422	5,696
2,340	581	2,476	632	2,626	648	2,655	669	2,691
853	403	1,877	462	2,007	474	2,029	487	2,054
3,622	792	3,487	951	3,686	977	3,726	1,012	3,777
2,371	480	2,211	546	2,298	558	2,315	573	2.336
3,183	680	3,204	772	3,311	789	3,332	810	3,364
1,077	305	1,146	353	1,217	365	1,232	380	1,250
5,636	1,472	5,938	1,640	6,214	1,681	6,270	1,724	6,348
361	923	3,827	1,081	4,030	1,122	4,070	1,167	4,121
4,493	1,051	4,893	1,174	5,156	1,237	5,217	1,278	5,287
2,310	499	2,518	572	2,713	590	2,749	611	2,801
2,969	645	3,270	699	3,460	727	3,509	756	3,559
6,972	1,672	7,296	1,864	7,695	1,900	7,776	1,960	7,890
6,758	1,480	7,286	1,675	7,713	1,723	7,808	1,780	7,933
4,408	975	4,684	1,119	4,931	1,162	4,989	1,211	5,058
4,991	1,198	5,281	1,335	5,623	1,407	5,696	1,486	5,783
5,355	1,180	5,780	1,333	6,253	1,373	6,346	1,415	6,447
3,201	676	3,538	757	3,873	783	3,946	808	40,16
9,467	2,212	9,820	2,453	10,188	2,560	10,320	2,679	10,458
2,531	553	2,777	614	2,968	635	3,008	662	3,051
2,884	591	3,173	667	3,406	691	3,456	721	3,513
70	34	185	35	199	36	203	36	208
2,690	585	2,832	677	3,002	698	3,043	724	3,088
1,807	362	1,918	410	2,041	420	2,071	439	2,103
338	68	377	79	407	81	412	84	418
338	70	374	81	415	84	424	88	435
1,155	299	1,283	310	1,361	315	1,384	322	1,406
450	—	450	—	424	—	324	—	324

4. 台湾、香港、澳门历年人口数

单位：万人

年份	台湾	香港、澳门	年份	台湾	香港、澳门
1949	739	186	1969	1,433	399
1950	755	236	1970	1,468	409
1951	787	202	1971	1,499	405
1952	813	213	1972	1,529	408
1953	844	224	1973	1,556	416
1954	875	237	1974	1,585	425
1955	908	249	1975	1,615	437
1956	939	262	1976	1,651	444
1957	969	274	1977	1,681	451
1958	1,004	285	1978	1,714	472
1959	1,043	297	1979	1,748	490
1960	1,079	308	1980	1,781	514
1961	1,115	318	1981	1,814	526
1962	1,151	341	1982	1,846	538
1963	1,188	359	1983	1,873	520
1964	1,226	387	1984	1,899	536
1965	1,263	369	1985	1,923	586
1966	1,299	373	1986	1,945	—
1967	1,330	383	1987	1,967	—
1968	1,365	392			

注：本表系根据台湾当局统计月报和联合国人口年鉴有关资料综合而成。

5. 全国主要年份县按人口数分组

单位：个

	1953	1957	1964	1975	1982	1986	1987
总　　计	2,139	2,046	2,121	2,128	2,132	2,015	1,977
5万人以下	232	183	225	155	145	142	140
5～10万	284	227	199	122	119	106	106
10～20万	594	544	494	354	315	302	291
20～30万	393	347	386	379	365	328	325
30～50万	391	418	461	540	539	519	513
50～80万	201	256	288	366	398	377	363
80～100万	36	51	51	132	145	134	134
100万人以上	8	20	17	80	106	107	105

二、全国历年市、镇人口数

1. 全国历年市、镇人口数

（1954—1987年）　　　　单位：万人

年份	全国总人口	市镇总人口			市镇总口人中的非农业人口		
		合计	市	镇	合计	市	镇
1954	60,266.4	9,252.9	5,767.5	3,485.4	—	—	—
1955	61,465.0	9,361.1	5,884.3	3,476.8	—	—	—
1956	62,828.3	9,715.2	6,343.4	3,371.8	—	—	—
1957	64,653.4	10,619.5	6,902.3	3,717.2	—	—	—
1958	65,994.5	13,685.1	9,793.6	3,891.5	—	—	—
1959	67,206.9	14,980.7	10,427.8	4,552.9	—	—	—
1960	66,207.0	15,348.0	11,770.6	4,577.4	—	—	—
1961	65,859.4	14,782.7	10,277.2	4,505.5	10,602.7	7,003.9	3,598.8
1962	67,295.5	13,726.4	9,670.8	4,055.6	9,818.8	6,534.5	3,284.3
1963	69,172.0	13,369.2	9,255.0	4,114.2	10,007.1	6,607.4	3,399.7
1964	70,499.1	12,950.1	9,317.2	3,632.9	9,885.4	6,944.0	2,941.4
1965	72,537.9	13,045.0	9,251.9	3,793.1	10,169.9	7,087.2	3,082.7
1966	74,542.0	13,412.7	9,394.2	4,018.5	10,301.2	7,164.2	3,137.0
1967	76,368.2	—	9,544.2	—	10,609.2	7,221.2	3,388.0
1968	78,534.2	—	9,587.2	—	10,472.2	7,214.2	3,258.0
1969	80,671.2	—	9,530.2	—	10,401.2	7,018.2	3,343.0
1970	82,992.0	—	9,847.6	—	10,525.5	7,113.4	3,412.1
1971	85,229.1	14,493.2	10,047.4	4,445.8	10,708.7	7,330.5	3,378.2
1972	87,177.1	14,927.6	10,363.9	4,563.7	11,069.7	7,535.3	3,534.4
1973	89,211.1	15,339.8	10,609.5	4,730.3	11,348.5	7,689.5	3,659.0
1974	90,859.1	15,594.6	10,774.9	4,819.7	11,458.3	7,748.6	3,709.7
1975	92,420.2	16,055.9	11,105.0	4,950.9	11,608.9	7,851.9	3,757.0
1976	93,717.7	16,341.3	11,300.6	5,040.7	11,791.6	7,956.1	3,835.5
1977	94,973.7	16,668.5	11,515.4	5,153.1	11,955.9	8,055.0	3,900.9
1978	96,259.1	17,245.2	11,929.3	5,315.9	12,444.2	8,404.8	4,039.4
1979	97,542.8	18,495.9	12,940.1	5,555.8	13,312.3	9,037.1	4,275.2
1980	98,705.6	19,140.7	13,447.6	5,693.1	13,863.2	9,448.3	4,414.9
1981	100,072.4	20,171.1	14,331.9	5,839.7	14,320.3	9,828.0	4,492.3
1982	101,540.6	21,155.8	14,940.2	6,215.6	14,715.0	10,136.2	4,578.8
1983	102,494.9	24,122.8	17,895.2	6,227.6	15,234.2	10,751.6	4,482.6
1984	103,475.0	33,006.2	19,558.8	13,447.4	16,689.4	11,461.2	5,228.2
1985	104,530.1	38,244.3	21,611.2	16,633.1	17,970.8	12,249.9	5,720.9
1986	105,397.3	43,428.6	23,059.6	20,369.0	18,191.1	12,228.3	5,962.8
1987	106,916.4	49,777.1	26,111.7	23,665.7	19,117.0	12,974.4	6,142.6

2. 全国历年非农业人口

单位：万人

年　　份	总人口数	非农业人口		农业人口	
		人口数	%	人口数	%
1949	54,167	9,441	17.4	44,726	82.6
1950	55,196	9,137	16.6	46,059	83.4
1951	56,300	8,674	15.4	47,626	84.6
1952	57,482	8,291	14.4	49,191	85.6
1953	58,796	8,729	14.8	50,067	85.2
1954	60,266	9,229	15.3	51,037	84.7
1955	61,465	9,335	15.2	52,130	84.8
1956	62,828	10,002	15.9	52,826	84.1
1957	64,653	10,618	16.4	54,035	83.6
1958	65,994	12,210	18.5	53,784	81.5
1959	67,207	13,567	20.2	53,640	79.8
1960	66,207	13,731	20.7	52,476	79.3
1961	65,859	12,415	18.9	53,444	81.1
1962	67,295	11,275	16.7	56,024	83.3
1963	60,172	11,584	16.7	57,588	83.3
1964	70,499	16,177	16.6	58,822	83.4
1965	72,538	12,122	16.7	60,416	83.3
1966	74,542	12,340	16.6	62,202	83.4
1967	76,368	12,637	16.5	63,731	83.5
1968	78,534	12,554	16.0	65,980	84.0
1969	80,671	12,403	15.4	68,262	84.6
1970	82,992	12,660	15.3	70,332	84.7
1971	85,229	13,350	15.7	71,879	84.3
1972	87,177	13,632	15.6	73,545	84.4
1973	89,211	13,992	15.7	75,219	84.3
1974	90,859	14,079	15.5	76,780	84.5
1975	92,420	14,278	15.4	78,142	84.6
1976	93,717	14,157	15.5	79,200	84.5
1977	94,974	14,674	15.5	80,280	84.5
1978	96,259	15,230	15.8	81,029	84.2
1979	97,542	16,186	16.6	81,356	83.4
1980	98,705	16,800	17.0	81,905	83.0
1981	100,072	17,413	17.4	82,659	82.6
1982	101,541	17,910	17.6	83,631	82.4
1983	102,495	18,378	17.9	84,117	82.1
1984	103,475	19,686	19.0	83,789	81.0
1985	104,532	21,054	20.1	83,478	79.9
1986	105,721	20,902	19.8	84,819	80.2
1987	106,916	21,268	19.9	85,648	80.1

3. 全国历年城市数、人口数

年份	市数（个）	户数（万户）	人口数（万人）	其中：非农业人口数（万人）
1953	166	1,074	5,249	1,353
1954	165	1,168	5,798	—
1955	163	1,229	5,884	—
1956	175	1,313	6,343	—
1957	177	1,435	6,902	—
1958	175	1,498	7,358	—
1959	183	1,567	7,925	—
1960	—	—	—	—
1961	208	1,683	8,299	7,032
1962	198	1,596	7,695	6,529
1963	174	1,558	7,921	6,609
1964	169	1,832	9,317	6,944
1965	171	1,799	9,252	7,087
1966	175	—	9,394	7,164
1967	175	—	9,544	7,221
1968	175	—	9,587	7,214
1969	175	—	9,530	7,058
1970	176	—	9,848	7,113
1971	180	2,044	10,047	7,331
1972	181	2,109	10,364	7,535
1973	181	2,173	10,609	7,690
1974	181	2,228	10,775	7,749
1975	184	2,344	11,105	7,852
1976	187	2,436	11,301	7,956
1977	189	2,528	11,515	8,055
1978	191	2,629	11,929	8,445
1979	203	2,865	12,940	9,037
1980	217	3,020	13,447	9,448
1981	229	3,330	14,332	9,828
1982	239	3,551	14,940	10,136
1983	271	4,311	17,895	10,752
1984	295	4,752	19,559	11,461
1985	324	5,352	21,611	12,250
1986	347	5,912	20,684	12,552
1987	381	6,841	26,111	12,974

4. 全国历年市

（1953—1987年）

年份	合计		10万人以下		10—30万人	
	人数	个	人数	个	人数	个
1953	52,487	166	4,270	63	11,953	68
1954	57,675	165	3,503	53	12,763	74
1955	58,843	163	3,656	54	12,311	69
1956	63,434	175	4,002	60	13,259	72
1957	69,023	177	3,666	54	13,002	72
1958	97,936	175	1,391	19	10,873	59
1959	104,278	183	1,026	16	10,566	59
1960	—	—	—	—	—	—
1961	101,637	208	1,983	30	15,042	82
1962	95,573	198	2,216	32	15,318	79
1963	91,416	174	1,265	18	14,194	74
1964	89,810	169	1,129	16	13,609	75
1965	89,157	171	975	14	14,587	82
1966	90,580	175	950	15	14,490	82
1967	92,080	175	910	14	14,420	81
1968	92,510	175	930	14	14,120	79
1969	91,940	175	800	12	14,940	82
1970	93,976	176	840	13	15,419	82
1971	95,973	180	816	12	14,767	80
1972	99,138	181	969	13	14,015	75
1973	101,594	181	899	12	14,304	75
1974	103,249	181	819	11	14,719	76
1975	106,550	184	703	11	15,568	78
1976	108,506	187	530	9	15,511	79
1977	110,654	189	637	10	14,945	76
1978	114,793	191	646	10	14,888	75
1979	124,901	203	840	12	15,330	77
1980	129,976	217	1,185	16	15,518	80
1981	138,819	229	1,092	15	16,549	86
1982	145,161	239	1,298	17	17,305	91
1983	174,714	271	747	10	17,096	88
1984	191,350	295	609	10	18,033	89
1985	211,872	324	530	11	19,293	93
1986	230,596	347	534	11	19,090	91
1987	261,114	381	749	13	19,139	90

注：1958—1963年市总人口猛增主要原因是市的郊区扩大，包括农业人口较多。

按人口数分组

单位：个(市)、千人

30—50万人		50—100万人		100—200万人		200万人以上	
人数	个	人数	个	人数	个	人数	个
3,957	10	11,288	16	7,053	5	13,966	4
3,861	10	12,191	17	10,258	7	15,099	4
3,960	10	12,433	18	11,619	8	14,864	4
5,166	13	12,283	17	9,245	7	19,479	6
6,215	17	14,452	20	10,877	8	20,811	6
14,900	38	26,066	36	20,813	16	23,893	7
16,154	38	29,339	43	23,327	18	23,866	7
—	—	—	—	—	—	—	—
13,590	34	32,045	45	13,984	10	24,993	7
12,730	32	28,219	39	12,325	9	24,765	7
12,261	31	24,412	34	13,786	10	25,498	7
11,501	29	24,488	33	13,127	9	25,956	7
10,881	28	21,246	29	13,408	18	28,060	8
10,550	28	22,080	31	14,560	11	27,950	8
11,280	30	22,510	31	14,740	11	28,220	8
12,000	32	22,450	31	14,900	11	28,110	8
12,240	32	21,950	30	14,730	11	27,280	8
10,148	27	24,560	34	16,235	12	26,774	8
13,414	36	21,609	30	18,314	14	27,053	8
15,543	41	20,446	28	20,799	16	27,366	8
15,349	40	21,013	29	22,319	17	27,710	8
15,293	39	21,999	30	20,599	16	29,820	9
15,108	38	21,919	30	33,303	19	29,944	9
16,096	41	23,740	32	22,560	17	30,069	9
16,805	43	24,222	33	21,777	17	32,268	10
15,924	41	25,654	36	24,558	19	33,123	10
17,469	45	26,818	37	27,769	21	36,675	11
19,368	50	25,434	36	26,859	22	41,612	13
19,551	50	29,353	41	29,567	24	42,707	13
17,841	46	33,543	47	31,539	25	43,635	13
23,754	61	47,081	66	41,670	33	44,366	13
27,618	71	52,926	75	46,729	37	45,435	13
30,396	78	60,613	85	54,844	44	46,196	13
32,643	84	69,946	99	61,322	49	47,061	13
35,503	90	81,585	115	71,256	58	52,882	15

5. 全国主要年份市按

年份	合计		10万人以下		10一30万人	
	人数	个	人数	个	人数	个
1959	74,401	183	2,695	42	14,028	81
1960	—	—	—	—	—	—
1961	81,854	208	3,551	55	15,829	88
1962	75,813	198	3,396	55	14,223	81
1963	75,070	174	2,328	35	13,394	77
1964	66,078	169	3,084	44	11,951	71
1965	67,509	171	3,086	44	12,469	73
1966	68,280	175	2,830	42	13,130	78
1967	68,850	175	2,790	41	13,180	78
1968	68,780	175	2,750	41	13,910	80
1969	67,220	175	2,340	36	13,590	82
1970	66,634	176	2,732	40	14,210	81
1971	68,806	180	2,584	39	14,435	83
1972	70,853	181	2,508	36	14,521	84
1973	72,395	181	2,287	33	15,287	87
1974	72,986	181	2,139	31	15,679	89
1975	74,019	184	2,199	33	15,373	87
1976	75,061	187	2,150	32	15,900	90
1977	76,049	189	2,173	32	15,865	90
1978	79,547	191	1,950	29	15,946	91
1979	85,871	203	2,058	32	16,517	93
1980	89,983	217	2,868	43	17,840	98
1981	93,782	229	3,320	49	19,056	103
1982	97,121	239	3,649	55	19,553	105
1983	103,278	271	4,240	62	22,219	126
1984	110,374	295	4,650	69	24,302	137
1985	118,259	324	5,127	77	26,778	150
1986	122,283	347	6,169	92	28,370	159
1987	129,744	381	7,049	105	29,564	171

非农业人口数分组

单位：个（市）、千人

30—50万人		50—100万人		100万—200万人		200万人以上	
人数	个	人数	个	人数	个	人数	个
9,216	24	15,107	21	13,928	10	19,427	5
—	—	—	—	—	—	—	—
9,849	26	16,753	24	12,627	9	23,245	6
10,027	27	14,335	21	10,847	8	22,985	6
10,616	28	12,993	19	12,136	9	23,603	6
8,724	23	12,546	18	11,160	8	18,613	5
8,977	23	12,910	18	11,333	8	18,734	5
8,390	22	13,990	20	11,410	8	18,530	5
8,710	23	14,100	20	11,400	8	18,670	5
8,640	22	13,540	19	11,520	8	18,420	5
9,470	25	15,110	21	9,220	6	17,490	5
8,932	23	15,050	21	8,898	6	16,812	5
8,243	22	17,554	25	9,060	6	16,930	5
9,952	26	16,601	23	10,242	7	17,029	5
9,203	24	17,027	24	11,425	8	17,166	5
9,313	24	17,201	24	11,422	8	17,232	5
9,945	26	17,842	25	11,354	8	17,306	5
10,371	27	17,936	25	11,375	8	17,329	5
10,620	28	18,571	26	11,469	8	17,351	5
11,824	31	19,945	27	9,851	7	20,031	6
12,830	35	20,578	28	12,644	9	21,244	6
11,848	31	22,313	30	11,063	8	24,050	7
11,995	31	20,376	28	14,424	11	24,611	7
11,939	31	19,929	28	16,854	13	25,197	7
13,388	35	20,400	26	17,309	13	25,722	7
14,824	39	22,131	30	15,827	12	28,640	8
16,963	45	21,919	30	18,176	14	29,296	8
15,980	42	22,369	31	19,514	15	29,831	8
18,694	50	21,551	30	22,249	17	30,637	8

6. 省、自治区、直辖

地区	1957	1965		1970		1975	
	市镇人口	市镇人口	其中：非农业人口	市镇人口	其中：非农业人口	市镇人口	其中：非农业人口
全国总计	9,949	13,045	10,170	14,424	10,525	16,055	11,621
北京市	342	505	432	470	387	511	423
天津市	284	435	343	423	306	469	340
河北省	489	441	297	495	321	560	380
山西省	261	307	222	352	246	438	281
内蒙古自治区	139	330	368	227	174	264	214
辽宁省	864	1,132	945	1,312	950	1,321	958
吉林省	372	579	463	697	503	767	572
黑龙江省	540	827	704	1,020	847	1,161	941
上海市	634	698	689	643	580	614	604
江苏省	648	688	556	663	504	741	559
浙江省	362	423	298	477	294	494	321
安徽省	292	388	310	432	331	523	373
福建省	277	357	235	399	243	439	527
江西省	235	372	250	391	257	491	305
山东省	480	662	373	817	412	895	449
河南省	472	576	355	641	380	793	443
湖北省	421	485	409	520	418	638	497
湖南省	320	406	331	445	355	532	405
广东省	506	717	542	773	544	876	598
广西壮族自治区	199	241	183	273	198	315	229
四川省	749	864	664	946	701	1,038	776
贵州省	203	225	175	282	207	298	212
云南省	193	260	178	337	216	335	213
西藏自治区	16	11	11	14	6	15	12
陕西省	265	334	241	402	284	435	296
甘肃省	207	213	162	218	163	267	187
青海省	41	43	34	65	53	63	53
宁夏回族自治区		41	29	68	45	70	48
新疆维吾尔自治区	98	149	135	172	150	242	220
其他		336	336	450	450	450	450

市部分年份市、镇人口数

单位：万人

1980		1985		1986		1987	
市镇人口	其中：非农业人口	市镇人口	其中：非农业人口	市镇人口	其中：非农业人口	市镇人口	其中：非农业人口
19,140	13,863	38,244	17,971	43,757	18,515	51,101	19,441
572	487	640	549	655	564	719	584
512	388	565	434	579	439	594	447
671	469	1,749	657	2,013	699	2,102	730
503	337	1,483	490	1,512	516	1,538	537
535	433	870	522	927	541	989	563
1,419	1,139	2,482	1,425	2,570	1,448	2,680	1,495
854	639	1,422	786	1,471	812	1,598	842
1,233	993	1,929	1,183	2,038	1,205	2,145	1,266
667	659	749	736	780	752	799	768
902	717	1,596	970	2,059	959	2,881	1,031
569	381	1,534	599	1,780	589	2,127	615
663	452	975	569	1,527	647	1,656	679
498	300	1.163	385	1,202	396	1,275	407
614	377	965	490	1,029	509	1,116	535
1,030	545	4,088	896	4,449	894	4,674	956
895	558	1,440	730	1,674	761	1,895	808
786	612	1,883	886	2,357	939	3,627	1,019
671	499	1,724	672	1,879	701	2,257	737
1,069	733	1,877	1,067	3,744	1,209	5,551	1,360
388	292	1,483	385	1,506	397	1,529	417
1,336	902	2,599	1,164	2,823	1,204	2,947	1,235
543	258	875	307	904	314	936	321
396	260	901	327	1,000	336	991	349
24	18	21	18	25	17	26	19
522	349	1,167	480	1,203	492	1,244	509
290	214	771	285	813	303	848	312
75	64	138	94	140	96	143	99
80	55	146	74	170	84	170	90
373	283	585	367	600	368	630	387
450	450	424	424	324	324	324	324

7. 58个城市部

市名	1956		1961		1965		1970	
	总人口	非农业人口	总人口	非农业人口	总人口	非农业人口	总人口	非农业人口
北京市	383.8	301.5	456.1	396.7	476.3	410.4	439.1	366.0
天津市	302.6	259.1	385.9	318.8	474.9	342.7	423.0	306.5
石家庄市	49.7	35.4	74.0	44.1	65.0	45.7	70.0	48.4
唐山市	75.0	52.6	88.8	63.8	95.4	65.7	98.3	64.5
秦皇岛市	21.6	13.5	25.1	16.4	27.1	17.1	28.9	17.6
太原市	96.3	76.5	122.9	94.5	126.2	91.8	134.1	94.2
大同市	35.5	26.6	72.7	40.7	51.4	39.7	62.0	43.6
呼和浩特市	28.6	19.5	51.6	32.8	50.5	33.8	55.7	36.3
包头市	30.6	29.3	97.3	72.0	77.6	64.1	92.7	77.1
沈阳市	224.8	216.6	314.2	261.5	338.1	265.6	317.8	230.0
大连市	141.4	92.4	123.6	103.7	129.5	106.8	109.1	84.9
鞍山市	73.9	62.3	86.7	76.3	94.0	80.1	96.2	78.2
抚顺市	78.7	69.4	90.1	87.1	96.5	92.9	86.9	83.5
丹东市	40.3	29.3	44.1	33.5	43.9	34.6	41.1	30.3
长春市	91.2	75.5	125.3	100.5	132.7	103.1	124.7	89.2
吉林市	54.3	47.8	78.9	63.1	80.7	64.8	78.5	60.3
哈尔滨市	142.7	127.9	194.8	173.0	201.0	177.1	200.0	172.0
上海市	634.9	548.0	641.2	638.2	643.1	638.9	580.2	576.4
南京市	134.2	113.0	162.3	137.3	169.0	139.7	152.0	120.5
无锡市	57.9	44.4	61.7	48.4	62.0	47.1	56.4	39.9
苏州市	60.4	43.5	59.8	49.2	55.2	45.9	50.5	40.3
常州市	29.7	23.9	41.2	29.9	35.1	28.2	33.3	26.3
南通市	26.8	14.7	27.4	14.2	28.2	14.0	29.3	13.1
连云港市	22.9	17.1	23.7	15.8	26.8	18.0	29.7	14.5
杭州市	73.3	62.1	96.9	76.5	96.5	74.3	94.5	70.7
宁波市	25.9	22.8	120.9	48.9	39.8	25.8	37.8	25.7
温州市	23.1	20.7	69.4	27.9	70.3	27.0	77.6	27.8
合肥市	28.5	22.3	51.2	40.1	47.8	36.2	51.9	37.5
福州市	59.1	45.3	82.9	58.9	86.9	58.6	82.1	52.2
厦门市	22.1	18.5	38.1	25.3	40.0	24.2	40.2	22.2
南昌市	49.2	42.2	68.2	59.5	73.3	60.2	60.9	48.6
济南市	82.4	70.2	109.0	84.3	107.0	84.4	105.7	79.4

分年份人口数

单位：万人

1975		1980		1985		1986		1987	
总人口	非农业人口	总人口	非农业人口	总人口	非农业人口	总人口	非农业人口	总人口	非农业人口
465.7	389.9	530.9	454.8	586.4	510.4	596.8	522.3	671.0	546.8
455.2	333.5	494.5	376.1	538.1	420.3	545.9	424.4	554.4	431.4
82.8	60.4	100.2	78.3	115.8	93.2	118.7	95.8	121.9	98.7
106.2	69.8	126.2	82.8	138.5	93.8	141.0	95.9	143.6	98.0
32.6	20.2	37.3	24.2	43.6	30.8	44.8	32.0	46.4	33.3
148.7	103.1	166.4	120.6	188.2	139.1	192.9	144.0	197.6	148.0
75.3	48.4	84.6	57.3	100.1	70.4	102.0	72.4	103.8	74.0
63.7	42.3	69.9	47.9	79.2	56.8	81.0	58.6	82.8	60.5
99.1	81.3	102.3	83.7	109.7	90.5	111.9	91.3	113.4	93.6
335.9	235.3	382.6	284.4	420.1	325.3	428.5	333.5	436.8	341.1
122.8	96.2	141.5	116.5	162.9	137.8	168.2	142.2	227.6	161.9
102.1	82.0	115.1	96.8	127.8	110.9	129.8	112.2	132.7	114.8
89.2	85.3	114.4	99.2	124.1	109.9	127.0	112.6	129.5	115.1
44.3	32.6	51.3	39.8	57.9	46.6	59.4	48.0	60.8	49.1
143.5	108.2	164.3	126.4	186.5	147.4	190.9	151.2	200.2	155.7
89.0	68.0	101.8	78.3	113.8	90.6	116.9	94.0	119.9	97.1
212.3	178.0	241.9	205.0	262.5	225.2	266.8	229.0	270.7	232.8
557.0	553.1	601.3	598.3	698.3	687.1	710.2	698.7	721.8	711.2
166.6	131.4	203.3	165.1	224.9	191.9	228.9	191.9	239.1	197.2
61.2	43.7	76.5	60.5	84.3	72.5	86.1	72.5	87.8	75.2
53.3	42.6	64.3	54.4	70.9	63.4	72.2	63.5	73.6	64.9
40.5	28.7	46.9	38.1	52.3	46.1	53.8	46.2	63.3	48.5
32.0	15.4	36.9	21.5	41.1	30.9	42.0	29.3	42.8	30.6
33.3	18.7	36.9	22.6	45.9	28.8	47.2	29.4	48.5	31.7
100.9	75.7	113.1	87.9	124.7	101.8	127.1	102.6	129.2	104.9
40.4	27.2	44.3	31.4	102.1	55.2	103.3	50.8	104.8	52.0
86.6	30.5	95.1	34.6	53.1	37.2	53.6	37.6	54.4	38.3
59.6	43.0	77.0	51.8	88.1	62.5	90.2	64.5	92.7	66.9
96.7	56.9	107.5	66.5	118.9	78.4	120.5	80.6	123.7	83.2
44.8	25.5	49.2	29.2	54.6	34.4	55.8	35.1	57.0	36.0
77.0	62.0	100.9	80.0	111.6	90.9	119.2	94.1	126.0	100.3
112.3	83.9	125.5	97.9	142.9	115.9	146.4	118.8	214.4	125.7

市名	1956		1961		1965		1970	
	总人口	非农业人口	总人口	非农业人口	总人口	非农业人口	总人口	非农业人口
青岛市	106.3	78.2	86.3	83.2	91.2	85.7	90.7	82.3
烟台市	14.4	12.5	45.9	16.9	20.8	15.8	21.2	15.8
郑州市	70.8	41.3	99.4	56.8	102.2	62.8	106.3	61.8
洛阳市	42.5	21.0	54.0	30.6	61.8	35.0	69.4	39.7
武汉市	200.8	177.0	247.7	204.5	252.4	215.8	243.4	202.4
沙市市	11.6	9.6	14.3	11.6	13.8	12.0	14.9	13.3
襄樊市	8.9	6.6	13.0	9.0	14.0	9.4	18.5	13.8
长沙市	70.2	63.4	91.4	68.1	76.8	66.8	74.2	63.2
广州市	171.0	154.8	240.8	193.9	243.0	198.3	251.6	187.5
深圳市	—	—	—	—	—	—	—	—
珠海市	—	—	—	—	—	—	—	—
汕头市	29.6	27.9	42.6	30.7	35.5	32.8	34.7	31.8
湛江市	18.5	11.2	53.0	16.0	58.0	16.3	62.2	16.3
南宁市	25.5	22.3	43.0	33.9	45.4	36.3	42.8	30.0
柳州市	19.1	16.2	32.1	26.2	34.1	27.3	38.6	31.3
北海市	8.9	5.6	—	—	11.5	4.8	12.8	5.5
成都市	103.9	85.5	153.9	112.2	165.1	116.2	174.5	115.5
重庆市	200.9	160.0	213.4	172.6	217.3	168.9	222.1	165.6
贵阳市	44.9	32.1	89.3	63.0	96.2	65.9	106.6	70.1
昆明市	85.8	52.7	92.1	59.1	93.8	63.5	94.6	63.4
拉萨市	—	—	6.3	—	7.7	7.7	7.4	6.0
西安市	125.0	99.0	156.7	116.9	167.0	123.3	178.1	128.7
兰州市	62.8	53.4	96.3	73.0	103.6	83.4	112.1	87.3
西宁市	27.8	15.1	—	—	30.8	24.9	38.7	31.4
银川市	9.0	5.8	20.6	13.4	19.4	13.6	25.9	15.9
乌鲁木齐市	22.1	21.6	—	—	51.3	49.6	59.9	58.7

（续完）

1975		1980		1985		1986		1987	
总人口	非农业人口	总人口	非农业人口	总人口	非农业人口	总人口	非农业人口	总人口	非农业人口
93.6	87.7	111.8	97.9	125.1	116.2	127.3	117.7	129.7	119.9
23.7	18.3	36.4	23.1	71.7	32.7	73.4	35.5	75.7	36.9
117.9	67.5	133.7	81.9	158.7	100.3	161.1	102.4	158.1	106.5
80.3	47.2	93.0	54.7	104.7	64.9	106.3	66.9	109.0	69.7
263.6	218.8	307.4	257.5	339.6	296.4	349.3	302.4	357.1	310.7
18.0	14.6	22.1	18.8	25.4	22.1	27.7	23.0	29.4	24.6
23.0	18.2	28.7	24.2	42.1	31.5	44.2	33.4	46.1	35.1
82.8	69.4	101.9	81.2	115.7	95.9	119.3	100.1	122.7	103.0
268.9	194.2	302.5	228.9	328.9	256.9	335.9	265.0	341.7	271.8
—	—	32.1	6.8	23.2	18.9	25.7	21.6	28.7	24.5
—	—	12.7	4.2	15.5	8.9	16.5	10.0	17.5	11.1
62.6	37.8	69.2	43.7	76.1	48.9	77.4	50.0	78.7	51.3
72.8	21.2	83.0	26.8	92.1	33.6	94.7	35.2	96.8	36.4
51.9	37.1	63.4	48.8	93.1	59.9	96.3	62.8	99.9	66.0
44.9	35.5	54.7	44.4	63.9	52.4	65.5	53.9	67.9	56.1
13.9	6.0	16.1	7.3	17.6	8.8	18.0	9.5	18.5	10.0
185.8	118.3	215.0	133.2	258.3	159.1	264.2	157.2	269.4	161.4
231.9	165.5	254.5	186.2	277.9	208.0	283.2	212.8	288.9	2.179
119.0	74.8	127.7	81.4	137.5	89.3	140.3	91.6	1431.1	93.8
113.7	75.0	137.4	97.5	148.8	107.7	151.6	111.1	154.7	114.4
9.6	8.2	12 1	10.8	10.8	9.5	10.8	9.5	11.8	10.6
191.0	136.6	209.1	153.2	232.8	173.2	238.7	177.7	257.7	182.3
125.5	96.5	137.4	105.2	135.4	106.3	139.1	109.7	141.6	112.1
48.6	39.9	54.6	45.1	59.9	50.4	61.3	51.9	62.3	52.7
29.9	18.4	34.5	22.0	39.7	26.8	41.2	29.2	43.4	31.4
81.1	76.7	91.9	86.2	100.3	93.5	103.8	95.8	105.6	98.6

三、全国历年人口自然变动情况

1. 全国历年人口自然变动情况

单位：人

年份	出生		死亡		自然增长	
	人数	‰	人数	‰	人数	‰
1949	—	36.00	—	20.00	—	16.00
1950	20,230,000	37.00	9,840,000	18.00	10,390,000	19.00
1951	20,630,000	37.00	9,480,000	17.00	11,150,000	20.00
1952	21,050,000	37.00	9,670,000	17.00	11,138,000	20.00
1953	22,151,000	37.00	8,140,000	14.00	13,370,000	23.00
1954	22,452,764	37.97	7,793,436	13.18	14,659,328	24.79
1955	19,786,598	32.60	7,454,391	12.28	12,332,207	20.32
1956	19,763,839	31.90	7,062,613	11.40	12,701,226	20.50
1957	21,666,320	34.03	6,875,025	10.80	14,791,295	23.23
1958	19,052,129	29.22	7,811,500	11.98	11,240,629	17.24
1959	16,473,628	24.78	9,699,285	14.59	6,774,343	10.19
1960	13,892,917	20.86	16,934,400	25.43	—3,041,483	—4.57
1961	11,886,239	18.13	9,392,179	14.33	2,494,060	3.80
1962	24,600,717	37.22	6,660,952	10.08	17,939,765	27.14
1963	29,537,421	43.60	6,842,280	10.10	22,695,141	33.50
1964	27,292,153	39.34	8,021,711	11.56	19,270,442	27.78
1965	27,040,904	38.06	6,782,065	9.55	20,258,839	28.51
1966	25,775,000	35.21	6,491,000	8.87	19,284,000	26.34
1967	25,626,000	34.12	6,360,000	8.47	19,266,000	25.65
1968	27,565,000	35.75	6,358,000	8.25	21,207,000	27.50
1969	27,152,000	34.25	6,392,000	8.06	20,760,000	26.19
1970	27,360,000	33.59	6,223,000	7.64	21,137,000	25.95
1971	25,670,000	30.74	6,130,000	7.34	19,540,000	23.40
1972	25,659,000	29.92	6,563,000	7.65	19,096,000	22.27
1973	24,631,250	28.07	6,211,692	7.08	18,419,558	20.99
1974	22,354,336	24.95	6,611,227	7.38	15,743,109	17.57
1975	21,093,256	23.13	6,711,521	7.36	14,381,735	15.77
1976	18,535,528	20.01	6,752,382	7.29	11,783,146	12.72
1977	17,867,130	19.03	6,484,528	6.91	11,382,602	12.12
1978	17,449,164	18.34	5,979,818	6.29	11,469,346	12.05
1979	17,270,876	17.90	6,021,801	6.24	11,249,075	11.66
1980	17,790,000	18.21	6,190,000	6.34	11,600,000	11.87
1981	20,689,704	20.91	6,290,103	6.36	14,399,601	14.55
1982(抽样)	—	21.09	—	6.60	—	14.49
1983(抽样)	—	18.22	—	6.86	—	11.94
1984(抽样)	—	17.50	—	6.69	—	10.81
1985(抽样)	—	17.80	—	6.57	—	11.23
1986(抽样)	—	20.77	—	6.69	—	14.08
1987(抽样)	—	21.04	—	6.65	—	14.39

2. 全国历年市人口自然变动情况

单位：人

年份	出生		死亡		自然增长	
	人数	‰	人数	‰	人数	‰
1949	—	—	—	—	—	—
1950	—	—	—	—	—	—
1951	—	—	—	—	—	—
1952	—	—	—	—	—	—
1953	—	—	—	—	—	—
1954	2,358,076	42.45	448,448	8.07	1,909,628	34.38
1955	2,367,444	40.67	541,129	9.30	1,826,305	31.37
1956	2,327,861	37.87	456,456	7.43	1,871,405	30.44
1957	2,968,539	44.48	565,501	8.47	2,403,038	36.01
1958	3,469,457	33.55	953,287	9.22	2,516,170	21.33
1959	2,781,573	29.43	1,031,813	10.92	1,749,760	18.51
1960	3,081,784	28.05	1,513,837	13.71	1,567,947	14.26
1961	2,240,295	21.96	1,184,002	11.61	1,056,293	10.35
1962	3,475,013	35.98	810,260	8.39	2,664,753	27.59
1963	4,054,718	45.00	647,534	7.19	3,407,184	37.81
1964	2,922,944	33.02	656,905	7.42	2,266,039	25.60
1965	2,430,680	27.61	518,449	5.89	1,912,231	21.72
1966	—	—	—	—	—	—
1967	—	—	—	—	—	—
1968	—	—	—	—	—	—
1969	—	—	—	—	—	—
1970	—	—	—	—	—	—
1971	2,072,672	21.92	518,500	5.52	1,554,172	16.40
1972	1,965,696	20.10	539,841	5.52	1,425,855	14.58
1973	1,816,259	18.09	517,908	5.16	1,298,351	12.93
1974	1,546,188	15.08	557,585	5.44	988,603	9.64
1975	1,614,200	15.25	593,854	5.61	1,020,346	9.64
1976	1,470,677	13.64	738,140	6.85	732,537	6.79
1977	1,531,341	13.93	633,434	5.76	897,907	8.17
1978	1,589,140	14.04	596,027	5.27	993,113	8.77
1979	1,700,268	13.89	626,045	5.11	1,074,223	8.78
1980	1,820,000	14.17	700,000	5.48	1,120,000	8.69
1981	2,348,047	16.45	734,309	5.14	1,613,738	11.31
1982(抽样)	—	18.24	—	5.28	—	12.96
1983(抽样)	—	15.99	—	5.92	—	10.07
1984(抽样)	—	15.00	—	5.86	—	9.14
1985(抽样)	—	14.02	—	5.96	—	8.06
1986(抽样)	—	17.39	—	5.75	—	11.64
1987(抽样)	—	—	—	—	—	

3. 全国历年县人口自然变动情况

年份	出生		死亡		自然增长	
	人数	‰	人数	‰	人数	‰
1949	—	—	—	—	—	—
1950	—	—	—	—	—	—
1951	—	—	—	—	—	—
1952	—	—	—	—	—	—
1953	—	—	—	—	—	—
1954	20,094,688	37.51	7,344,988	13.71	12,749,700	23.80
1955	17,419,154	31.74	6,913,252	12.60	10,505,902	19.14
1956	17,435,978	31.24	6,606,157	11.84	10,829,821	19.40
1957	18,697,781	32.81	6,309,524	11.07	12,388,257	21.74
1958	15,582,672	28.41	6,858,213	12.50	8,724,459	15.91
1959	11,815,307	23.78	7,258,085	14.61	4,557,222	9.17
1960	9,282,274	19.35	13,708,812	28.58	—4,426,538	—9.23
1961	9,439,962	17.35	8,103,647	14.89	1,336,315	2.46
1962	21,125,704	37.43	5,850,692	10.37	15,275,012	27.06
1963	25,482,703	43.38	6,194,746	10.55	19,287,957	32.83
1964	24,369,209	40.27	7,364,806	12.17	17,004,403	28.10
1965	24,610,224	39.54	6,263,616	10.07	18,346,608	29.47
1966	—	—	—	—	—	—
1967	—	—	—	—	—	—
1968	—	—	—	—	—	—
1969	—	—	—	—	—	—
1970	—	—	—	—	—	—
1971	23,957,328	31.81	5,611,500	7.57	17,985,828	24.24
1972	23,693,304	31.19	6,023,159	7.93	17,670,145	23.26
1973	22,814,991	29.36	5,693,784	7.33	17,121,207	22.03
1974	20,808,148	26.23	6,053,642	7.63	14,754,506	18.60
1975	19,479,056	24.17	6,117,667	7.59	13,361,389	16.58
1976	17,064,851	20.85	6,014,242	7.35	11,050,609	13.50
1977	16,335,789	19.70	5,851,094	7.06	10,484,695	12.64
1978	15,860,024	18.91	5,383,791	6.42	10,476,233	12.49
1979	15,570,608	18.49	5,395,756	6.41	10,174,852	12.08
1980	15,970,000	18.82	5,490,000	6.47	10,480,000	12.35
1981	18,341,657	21.55	5,555,794	6.53	12,785,863	15.02
1982(抽样)	—	21.97	—	7.00	—	14.97
1983(抽样)	—	19.89	—	7.69	—	12.20
1984(抽样)	—	17.90	—	6.73	—	11.17
1985(抽样)	—	19.17	—	6.66	—	12.51
1986(抽样)	—	21.94	—	6.74	—	15.20
1987(抽样)	—	—	—	—	—	—

4. 省、自治区、直辖市部

地区	1957			1961			1965		
	出生率	死亡率	自然增长率	出生率	死亡率	自然增长率	出生率	死亡率	自然增长率
全国总计	44.48	8.47	36.01	18.13	14.33	3.80	38.00	9.50	28.50
北京	44.25	8.10	36.15	25.73	10.81	14.92	23.10	6.70	16.40
天津	45.21	8.13	37.08	—	—	—	—	—	—
河北	43.80	9.09	34.71	15.41	13.43	1.98	31.80	8.40	23.40
山西	44.83	9.33	35.50	19.04	12.20	6.84	34.00	10.40	23.60
内蒙	50.69	10.09	40.60	22.05	8.61	13.44	38.00	9.60	28.40
辽宁	51.36	9.09	42.27	17.28	17.14	0.14	36.20	7.10	29.10
吉林	47.65	11.15	36.50	26.45	12.04	14.41	40.50	9.70	30.80
黑龙江	48.68	9.50	39.18	27.25	11.12	16.13	40.40	8.00	32.40
上海	46.00	6.06	39.94	22.49	7.70	14.79	17.00	5.70	11.30
江苏	38.10	7.40	30.70	18.60	13.22	5.38	36.90	9.50	27.40
浙江	40.87	7.51	33.36	17.56	9.83	7.73	36.50	8.10	28.40
安徽	39.65	7.44	32.21	12.29	8.07	4.22	41.80	7.20	34.60
福建	36.70	6.20	30.50	17.42	11.87	5.55	41.10	7.30	33.80
江西	45.33	9.34	35.99	21.00	11.54	9.46	38.90	9.40	29.50
山东	44.79	8.85	35.94	21.54	18.49	3.05	35.50	10.20	25.30
河南	41.62	8.54	33. 8	15.25	10.20	5.05	36.10	8.50	27.60
湖北	44.18	9.83	34.35	27.22	9.08	18.14	35.10	10.00	25.10
湖南	41.87	8.74	33.13	12.51	17.48	−4.97	42.30	11.20	31.10
广东	42.44	6.19	36.25	21.51	10.74	10.77	36.30	6.80	29.50
广西	42.87	7.84	35.03	15.97	20.08	−4.11	42.40	9.00	33.40
四川	42.22	10.83	31.39	11.65	28.01	16.36	42.40	11.50	30.90
贵州	41.12	8.77	32.35	15.81	20.04	−4.23	50.00	15.20	34.80
云南	41.04	13.72	27.32	19.41	11.83	7.58	44.10	13.00	31.10
西藏	—	—	—	—	—	—	—	—	—
陕西	45.98	6.21	39.77	20.98	8.76	12.22	34.70	13.00	21.70
甘肃	47.68	8.20	39.48	14.76	11.48	3.28	45.30	12.30	33.00
青海	37.64	9.11	28.53	11.43	11.68	−0.25	48.70	9.10	39.60
宁夏	—	—	—	13.02	10.71	2.31	48.10	9.30	38.80
新疆	34.62	6.24	28.38	25.50	1.02	14.48	41.70	11.10	30.60

分年份人口自然变动情况

单位：‰

1970			1975			1980		
出生率	死亡率	自然增长率	出生率	死亡率	自然增长率	出生率	死亡率	自然增长率
33.59	7.64	25.95	23.13	7.36	15.77	16.98	6.34	10.64
20.68	6.37	14.31	9.94	6.53	3.41	15.58	6.30	9.28
19.29	6.35	12.94	13.94	6.59	7.35	13.45	6.03	7.42
26.76	6.48	20.28	15.57	7.22	8.35	19.64	7.27	12.37
31.11	8.13	22.98	23.22	7.85	15.37	17.50	6.73	10.77
28.92	5.81	23.11	22.19	5.68	16.51	18.51	5.46	13.05
27.40	5.14	22.26	16.36	6.16	10.20	15.84	5.60	10.24
33.17	6.33	26.84	20.48	6.74	13.74	17.85	6.20	11.65
34.81	5.80	29.01	21.97	5.43	16.54	23.57	7.24	16.33
13.85	4.99	8.86	9.43	6.01	3.42	12.57	6.49	6.08
30.69	6.85	23.84	17.86	6.46	11.40	14.69	6.57	8.12
26.16	5.97	20.19	19.49	6.31	13.18	15.10	6.29	8.81
37.19	6.44	30.75	22.13	5.68	16.45	15.52	4.73	10.79
33.42	6.02	27.40	28.83	6.54	22.29	18.65	6.54	12.11
31.56	7.74	23.82	33.98	8.01	25.97	16.01	5.30	10.71
33.91	7.34	26.57	21.56	7.53	14.03	15.29	6.61	8.68
31.59	7.43	24.16	22.75	7.66	15.09	17.25	5.22	12.03
29.92	7.70	22.22	19.93	7.88	12.05	16.52	7.09	9.43
37.22	10.16	27.06	25.04	8.34	16.70	16.19	6.87	9.32
29.64	5.89	23.75	21.03	6.06	14.97	20.72	5.41	15.31
31.14	6.76	24.38	27.53	6.77	20.76	22.87	5.88	16.99
52.70	12.60	40.10	29.14	8.86	20.28	11.93	6.81	5.12
43.10	10.78	32.32	37.52	10.53	26.99	21.00	7.04	13.96
28.51	8.15	20.36	29.54	8.68	20.86	17.83	7.42	10.41
19.44	7.64	11.80	22.35	9.05	13.30	22.35	8.20	14.15
26.76	6.28	20.48	21.70	8.16	13.54	16.15	7.23	8.92
39.46	7.94	31.52	20.96	7.42	13.54	16.51	5.53	10.98
39.93	7.56	32.37	31.95	8.24	23.71	22.26	6.09	16.17
40.36	6.43	33.93	36.34	7.74	28.60	27.37	5.67	21.70
36.67	8.23	28.44	33.10	8.74	24.36	21.83	7.70	14.13

地区	1981			1982			1983		
	出生率	死亡率	自然增长率	出生率	死亡率	自然增长率	出生率	死亡率	自然增长率
全国总计	**17.64**	**6.19**	**11.45**	**18.53**	**6.11**	**12.42**	**15.11**	**6.09**	**9.02**
北京	17.65	6.02	11.63	20.82	5.67	15.15	15.62	5.48	10.14
天津	17.84	5.98	11.86	19.98	5.62	14.36	17.30	5.25	12.05
河北	19.74	6.32	13.42	19.35	5.94	13.41	14.99	5.74	9.25
山西	16.96	6.55	10.41	18.52	6.51	12.01	15.44	6.35	9.09
内蒙	17.27	4.90	12.37	18.41	4.78	13.63	15.20	4.81	10.39
辽宁	16.59	5.26	11.33	18.85	5.44	13.41	13.75	5.03	8.72
吉林	15.67	5.87	9.80	16.76	5.83	10.93	12.92	5.35	7.57
黑龙江	13.07	4.83	8.24	18.45	4.88	13.57	12.91	4.49	8.42
上海	16.79	6.45	10.34	18.51	6.28	12.23	15.41	6.89	8.52
江苏	15.38	5.85	9.53	16.44	5.75	10.69	11.97	5.95	6.02
浙江	16.60	6.06	10.54	18.28	5.94	12.34	15.30	6.37	8.93
安徽	14.18	4.81	9.37	15.00	4.78	10.22	14.13	5.28	8.85
福建	21.09	5.91	15.18	23.38	5.83	17.55	18.74	5.90	12.84
江西	15.88	6.33	9.55	16.48	6.07	10.41	15.89	6.02	9.87
山东	16.48	6.41	10.07	17.05	6.10	10.95	13.55	5.87	7.68
河南	18.52	6.57	11.95	18.07	6.21	11.86	15.06	6.32	8.74
湖北	16.33	7.07	9.26	17.26	7.20	10.06	14.52	7.20	7.32
湖南	18.01	6.62	11.39	21.98	6.77	15.21	16.64	6.79	9.85
广东	21.77	5.46	16.31	21.33	5.33	16.00	18.34	5.55	12.79
广西	22.52	5.55	16.97	21.66	5.64	16.02	18.68	5.60	13.08
四川	15.94	6.77	9.17	15.84	6.88	8.96	11.79	6.82	4.97
贵州	22.38	7.43	14.95	20.41	7.60	12.81	19.04	6.95	12.09
云南	20.23	7.30	12.93	21.49	7.44	14.05	17.37	7.42	9.95
西藏	24.37	8.76	15.61	24.47	7.66	16.81	27.02	8.65	18.37
陕西	17.40	6.78	10.62	19.02	6.67	12.35	16.46	6.52	9.94
甘肃	16.56	5.34	11.22	17.52	5.63	11.89	15.00	5.46	9.54
青海	20.86	5.70	15.16	19.46	5.10	14.36	16.33	5.30	11.03
宁夏	24.66	4.85	19.81	24.93	4.39	20.54	18.31	4.06	14.25
新疆	21.09	7.46	13.63	21.16	6.65	14.51	19.55	7.00	12.55

（续完）

1984			1985			1986		
出生率	死亡率	自然增长率	出生率	死亡率	自然增长率	出生率	死亡率	自然增长率
13.85	5.93	7.92	13.62	5.83	7.79	20.77	6.69	14.08
15.44	5.45	9.99	14.43	5.50	8.93	—	—	—
16.01	5.42	10.59	14.53	5.78	8.75	—	—	—
14.03	5.76	8.27	13.40	5.69	7.71	—	—	—
14.40	5.97	8.43	14.16	5.98	8.18	—	—	—
16.59	4.48	12.11	13.80	4.46	9.34	—	—	—
10.78	5.01	5.77	11.85	5.27	6.58	—	—	—
11.84	5.34	6.50	11.93	5.34	6.59	—	—	—
11.02	4.46	6.56	10.74	4.29	6.45	—	—	—
13.66	6.52	7.14	12.74	6.69	6.05	—	—	—
10.42	5.90	4.52	10.84	5.87	4.97	—	—	—
12.52	5.99	6.53	12.11	6.05	6.06	—	—	—
12.95	5.32	7.63	12.75	5.16	7.59	—	—	—
18.87	5.59	13.28	17.49	5.38	12.11	—	—	—
14.82	5.88	8.94	14.28	5.54	8.74	—	—	—
12.99	6.03	6.96	11.75	5.90	5.85	—	—	—
11.23	6.32	4.91	11.51	6.22	5.29	—	—	—
13.54	6.90	6.64	13.20	6.69	6.51	—	—	—
14.56	6.76	7.80	14.44	6.46	7.98	—	—	—
17.51	5.15	12.36	15.68	5.01	10.67	—	—	—
21.49	5.21	16.28	19.46	5.05	14.41	—	—	—
10.24	6.78	3.46	12.79	6.67	6.12	—	—	—
14.69	6.58	8.11	14.95	6.37	8.58	—	—	—
17.18	6.67	10.51	16.79	6.56	10.23	—	—	—
23.94	8.02	15.92	23.32	10.13	13.19	—	—	—
16.61	6.15	10.46	16.09	5.99	10.10	—	—	—
15.66	5.24	10.42	14.32	4.99	9.33	—	—	—
15.94	5.10	10.84	14.21	4.58	9.63	—	—	—
18.61	3.78	14.83	17.09	3.77	13.32	—	—	—
19.87	6.48	13.39	19.80	6.39	13.41	—	—	—

四、全国历年人口迁移状况

1. 全国历年人口迁移状况

（1954—1987年）　　　　单位：人

年度	平均人口	迁入		迁出		净迁移	
		人数	‰	人数	‰	人数	‰
1954	590,455,703	22,314,496	37.79	20,924,272	35.44	1,390,224	2.35
1955	605,886,796	25,296,809	41.75	24,207,925	39.95	1,088,884	1.80
1956	618,634,649	30,042,818	48.56	28,212,926	45.61	1,829,892	2.95
1957	637,204,774	27,427,621	43.04	25,918,330	40.68	1,509,291	2.36
1958	648,278,039	31,884,568	49.18	30,689,857	47.34	1,194,711	1.84
1959	660,249,901	31,383,114	47.53	28,167,273	42.66	3,215,841	4.87
1960	661,902,432	33,127,135	50.05	32,022,946	48.38	1,104,189	1.67
1961	656,234,818	19,311,812	29.43	21,022,044	32.03	—1,710,232	—2.60
1962	660,994,675	21,509,942	32.54	22,845,520	34.56	—1,335,578	—2.02
1963	677,523,708	13,093,691	19.33	13,858,620	20.45	—764,929	—1.12
1964	693,641,908	14,014,973	20.20	14,021,046	20.21	—6,073	—0.01
1965	710,485,095	16,083,855	22.64	16,100,976	22.66	—17,121	—0.02
1966	697,211,098	14,047,938	20.15	13,256,689	19.01	791,249	1.14
1967	328,423,582	6,006,922	18.29	5,987,902	18.23	19,028	0.06
1968	261,260,065	2,725,370	21.91	5,868,619	22.46	—143,249	—0.55
1969	265,275,198	6,096,515	22.98	6,279,170	23.67	—182,655	—0.69
1970	619,406,500	1,039,659	21.05	13,162,264	21.25	—122,605	—0.20
1971	671,078,823	13,144,667	19.59	11,503.519	17.14	1,641,148	2.45
1972	857,490,467	15,927,889	18.58	15,654,449	18.26	273,440	0.32
1973	877,292,665	14,328.562	16.33	12,878,764	14.68	1,449,798	1.65
1974	895,739,558	13,512,341	15.09	13,005,817	14.52	506,524	0.57
1975	911,775,064	16,445,466	18.04	15,339,872	16.82	1,105,594	1.22
1976	926,065,276	16,241,018	17.54	15,214.946	16.43	1,026,072	1.11
1977	938,829,226	15,546,696	18.56	14,547.066	15.49	999,630	1.07
1978	951,534,573	18,308,188	19.24	17,295,838	18.18	1,012,350	1.06
1979	964,511,143	23,312,813	24.17	21,939,397	22.75	1,373,416	1.42
1980	976,742,780	19,641,131	20.11	18,687,935	19.13	953,196	0.98
1981	989,390,583	20,980,215	21.21	19,861,223	20.07	1,118,992	1.14
1982	1,003,695,156	17,299,087	17.24	16,069,833	16.01	1,229,254	1.23
1983	1,015,942,313	15,215,932	14.98	14,352,516	14.13	863,416	0.85
1984	1,025,612,852	17,876,015	17.43	16,496,217	16.08	1,379,798	1.35
1985	1,035,798,856	19,682,888	19.00	17,428,340	16.83	2,254,548	2.17
1986	1,047,528,603	18,352,541	17.52	16,190,143	15.46	2,162,398	2.06
1987	1,061.568,499	19,732,083	18.59	16,718,075	15.75	3,014,008	2.84

2. 省、自治区、直辖市部分年份人口迁移状况

北 京

单位：人

年 度	平均人口	迁 入		迁 出		净 迁 移	
		人 数	‰	人 数	‰	人 数	‰
1955	5,214,488	426,368	81.77	420,286	80.60	6,082	1.17
1960	7,080,226	522,146	73.75	223,705	31.60	298,441	42.15
1965	7,708,432	302,679	39.27	318,601	41.33	—15,922	—2.06
1970	7,690,000	146,016	18.99	215,800	28.06	—69,784	—9.07
1975	8,186,450	225,357	27.53	166,843	20.38	58,514	7.15
1980	8,783,744	244,967	27.89	180,159	20.51	64,808	7.38
1981	8,939,318	198,524	22.21	145,635	16.29	52,889	5.92
1982	9,104,585	189,343	20.80	148,372	16.30	40,971	4.54
1983	9,262,616	181,364	19.58	124,542	13.45	56,822	6.13
1984	9,402,882	165,359	17.59	126,939	13.50	38,420	4.09
1985	9,536,845	185,256	19.11	118,436	12.42	63,820	6.69
1986	9,677,058	194,827	20.13	132,351	13.67	62,476	6.46
1987	9,838,695	181,757	18.47	126,313	12.84	55,444	5.63

天 津

年 度	平均人口	迁 入		迁 出		净 迁 移	
		人 数	‰	人 数	‰	人 数	‰
1955	4,836,743	213,233	44.09	282,396	58.39	—69,163	—14.30
1960	6,073,718	198,906	32.75	147,972	24.36	50,934	8.39
1965	6,385,739	81,665	12.79	124,624	19.52	—42,959	—6.73
1970	—	—	—	—	—	—	—
1975	6,945,447	124,074	17.86	70,935	10.20	53,139	7.65
1980	7,463,978	79,411	10.64	41,327	5.54	38,084	5.10
1981	7,570,614	264,997	35.00	239,974	31.70	25,023	3.30
1982	7,703,165	225,120	29.22	192,978	25.05	32,142	4.17
1983	7,832,186	80,532	10.28	68,922	8.80	11,610	1.48
1984	7,937,240	101,312	12.76	80,685	10.17	28,627	2.59
1985	8,036,455	88,538	11.01	61,268	7.62	27,270	3.39
1986	8,135,839	87,507	10.76	59,383	7.30	28,124	3.46
1987	8,256,101	93,625	11.34	69,127	8.37	24,498	2.97

河　北

（续1）

年　度	平均人口	迁　入		迁　出		净迁移	
		人　数	‰	人　数	‰	人　数	‰
1955	35,253,116	1,241,830	35.23	1,066,698	30.26	175,132	4.97
1960	37,626,481	1,676,535	44.56	1,850,995	49.19	—174,460	—4.63
1965	40,361,749	558,849	13.85	626,382	15.52	—67,533	—1.67
1970	—	—	—	—	—	—	—
1975	48,872,930	786,464	16.09	685,089	14.02	101,375	2.07
1980	51,361,305	982,990	19.14	976,966	19.02	6,024	0.12
1981	52,119,548	1,158,406	22.23	1,076,029	20.53	88,377	1.70
1982	53,062,752	898,430	16.03	840,786	15.85	57,614	1.08
1983	53,882,425	802,048	14.39	676,329	12.55	125,719	2.34
1984	54,538,460	985,012	18.06	782,982	14.36	202,030	3.70
1985	55,174,949	794,080	14.39	634,883	11.51	159,197	2.88
1986	55,822,764	855,085	15.32	661,507	11.85	193,578	3.47
1987	56,564,116	870,166	15.38	676,018	11.95	194,148	3.43

山　西

年　度	平均人口	迁　入		迁　出		净迁移	
		人　数	‰	人　数	‰	人　数	‰
1955	14,960,900	1,022,283	68.33	885,874	59.21	136,409	9.12
1960	16,937,947	884,712	52.23	761,630	44.97	123,082	7.26
1965	18,479,677	445,713	24.12	410,764	22.23	34,949	1.89
1970	20,800,000	511,738	24.60	479,782	23.07	31,956	1.53
1975	23,209,616	436,398	18.80	412,994	17.79	23,404	1.01
1980	24,618,313	709,468	28.82	650,185	26.41	59,283	2.41
1981	24,926,153	720,308	28.90	652,514	26.18	67,794	2.72
1982	25,273,843	578,005	22.87	515,497	20.40	62,508	2.47
1983	25,591,534	528,127	20.64	500,021	19.54	28,106	1.10
1984	25,863,280	603,960	23.35	563,414	20.74	67,546	2.61
1985	26,134,332	508,845	19.47	468,033	17.91	40,812	1.56
1986	26,407,936	636,096	24.09	582,796	22.07	53,300	2.02
1987	26,729,428	570,933	21.36	478,893	17.92	92,040	3.44

内 蒙

(续2)

年 度	平均人口	迁 入		迁 出		净迁移	
		人 数	‰	人 数	‰	人 数	‰
1955	8,222,500	718,000	87.32	517,600	62.95	200,400	24.37
1960	11,268,000	2,300,000	204.12	1,239,962	110.04	1,060,038	94.08
1965	12,750,653	524,100	41.10	488,780	38.33	35,320	2.77
1970	14,755,000	563,000	38.16	736,300	49.90	—173,300	—11.74
1975	17,215,500	465,300	27.03	490,900	28.52	—25,600	—1.49
1980	18,641,500	520,500	27.92	574,200	30.80	—53,700	—2.88
1981	18,897,133	490,700	25.97	554,436	29.34	—63,736	—3.37
1982	19,199,000	517,900	26.98	525,615	27.38	—7,715	—0.40
1983	19,463,965	440,459	22.63	421,787	31.67	18,672	0.96
1984	19,703,987	510,874	25.93	466,408	23.67	44,466	2.26
1985	19,959,930	571,999	28.66	531,056	26.61	40,943	2.05
1986	20,179,751	557,781	27.64	548,884	27.20	8,897	0.44
1987	20,414,392	622,960	30.52	594,480	29.12	28,480	1.40

辽 宁

年 度	平均人口	迁 入		迁 出		净迁移	
		人 数	‰	人 数	‰	人 数	‰
1955	21,977,010	2,063,673	93.90	2,057,001	93.60	6,672	0.30
1960	25,410,874	2,168,878	85.35	1,915,620	75.39	253,258	9.96
1965	27,712,884	633,556	22.86	698,020	25.19	—64,464	—2.33
1970	30,643,555	803,233	26.21	1,051,421	34.31	—248,188	—8.10
1975	32,695,580	952,730	29.14	1,016,495	31.90	—63,765	—1.95
1980	34,647,709	979,010	28.26	932,658	26.92	46,352	1.34
1981	35,108,895	987,300	28.12	896,781	25.54	90,519	2.58
1982	35,634,724	851,208	83.89	759,767	21.32	91,441	2.57
1983	36,105,952	645,568	17.88	590,651	16.36	54,917	1.52
1984	36,419,165	647,927	17.79	599,783	16.47	48,144	1.32
1985	36,704,830	742,942	20.24	674,147	18.37	68,795	1.87
1986	37,061,261	740,302	19.98	690,350	18.63	49,952	1.35
1987	37,517,001	741,823	19.77	675,306	18.00	66,517	1.77

吉 林

（续3）

年 度	平均人口	迁 入		迁 出		净 迁 移	
		人 数	‰	人 数	‰	人 数	‰
1955	11,919,090	1,568,540	131.60	1,532,234	128.55	36,306	3.05
1960	13,626,310	1,548,446	113.64	1,010,257	74.14	538,189	39.50
1965	16,171,361	664,819	41.11	721,253	44.60	—56,434	—3.49
1970	18,303,188	597,364	32.64	614,216	33.56	—16,852	—0.92
1975	20,492,276	761,049	37.14	745,318	36.37	15,731	0.77
1980	21,976,238	631,006	28.71	609,756	27.75	21,250	0.96
1981	22,207,081	687,911	30.98	707,511	31.86	—19,600	—0.88
1982	22,442,758	564,746	25.11	576,886	25.70	—12,140	—0.54
1983	22,635,535	399,019	17.63	429,374	18.97	—30,355	—1.34
1984	22,769,985	433,357	19.03	458,350	20.13	—24,993	—1.10
1985	22,912,523	513,326	22.40	525,757	22.95	—12,431	—0.55
1986	23,066,535	488,952	21.20	519,658	22.53	—30,706	—1.33
1987	23,258,484	538,843	23.17	554,442	23.84	—15,599	—0.67

黑龙江

年 度	平均人口	迁 入		迁 出		净 迁 移	
		人 数	‰	人 数	‰	人 数	‰
1955	13,054,745	1,570,542	120.30	1,358,047	104.03	212,495	16.27
1960	17,522,477	2,432,248	138.81	1,571,293	89.67	860,955	49.14
1965	20,936,181	936,702	44.74	812,020	38.79	124,682	5.95
1970	24,845,885	974,728	39.23	769,432	30.97	205,296	8.26
1975	29,142,769	978,851	33.59	849,019	29.13	129,832	4.46
1980	31,862,502	862,724	27.08	810,251	25.43	52,473	1.65
1981	32,215,174	754,957	23.43	790,667	24.54	—35,710	—1.11
1982	32,601,729	715,197	21.94	646,895	19.84	68,302	2.10
1983	32,933,613	515,234	15.64	576,973	17.52	—61,739	—1.88
1984	33,005,224	568,669	17.23	736,322	22.31	—167,653	—5.08
1985	33,034,072	695,451	21.05	783,083	23.70	—87,632	—2.65
1986	33,214,823	615,159	18.52	723,313	21.78	—108,152	—3.26
1987	33,477,635	618,710	18.48	649,070	19.39	—30,360	—0.91

上　海

（续4）

年　度	平均人口	迁　入		迁　出		净迁移	
		人　数	‰	人　数	‰	人　数	‰
1955	9,420,570	393,898	41.81	978,727	103.89	—584,829	—62.08
1960	10,423,439	237,697	22.80	265,903	25.21	—28,206	—2.71
1965	10,900,050	161,697	14.83	206,458	18.94	—44,779	—4.11
1970	10,832,725	58,527	5.40	370,955	34.24	—312,428	—28.84
1975	10,752,502	212,096	19.73	217,199	20.20	—5,103	—0.47
1980	11,393,311	287,559	25.24	210,834	18.51	76,725	6.73
1981	11,546,811	236,223	20.46	192,127	16.64	44,096	3.82
1982	11,716,752	234,601	20.02	196,557	16.78	38,044	3.24
1983	11,872,636	226,773	19.10	190,821	16.07	35,952	3.03
1984	11,993,994	196,551	16.39	174,842	14.58	21,709	1.81
1985	12,107,371	182,951	15.11	129,933	10.73	53,018	4.38
1986	12,245,110	197,703	16.15	135,040	11.03	62,663	5.12
1987	12,409,201	221,706	17.87	153,987	12.41	67,719	5.46

江　苏

年　度	平均人口	迁　入		迁　出		净迁移	
		人　数	‰	人　数	‰	人　数	‰
1955	39,629,720	1,878,115	47.39	1,703,419	42.98	174,696	4.41
1960	42,935,804	1,413,724	32.93	1,422,332	33.13	—8,608	—0.20
1965	45,677,495	644,210	14.10	775,037	16.97	—30,827	—2.87
1970	—	—	—	—	—	—	—
1975	56,009,095	773,534	13.10	636,913	11.37	96,621	1.73
1980	59,153,738	1,137,684	19.23	1,046,231	17.69	91,453	1.54
1981	59,742,180	1,041,217	17.43	927,821	15.53	113,396	1.90
1982	60,495,924	878,517	14.52	718,346	11.87	160,171	2.65
1983	61,119,647	783,217	12.81	688,073	11.26	95,144	1.55
1984	61,532,071	913,735	14.85	810,398	13.17	103,337	1.68
1985	61,924,548	932,690	15.06	821,656	13.27	111,034	1.79
1986	62,416,928	850,812	13.63	749,548	12.01	101,264	1.62
1987	63,089,561	952,304	15.09	811,205	12.89	141,099	2.23

浙 江

(续5)

年 度	平均人口	迁 入		迁 出		净 迁 移	
		人 数	‰	人 数	‰	人 数	‰
1955	24,035,873	686,613	28.57	692,130	28.80	—5,517	—0.23
1960	29,369,166	875,721	32.53	801,419	30.39	56,302	2.14
1965	29,159,513	454,809	15.60	460,511	15.79	—5,702	—0.19
1970	32,844,091	567,356	17.27	633,279	19.28	—65,923	2.01
1975	35,876,695	408,908	11.40	350,702	9.78	58,206	1.62
1980	38,094,538	712,466	18.70	643,273	16.89	96,193	1.81
1981	38,490,469	885,125	23.00	847,294	22.01	37,831	0.99
1982	38,979,172	678,452	17.41	629,206	16.14	49,246	1.27
1983	39,437,098	620,379	15.73	580,663	14.72	39,716	1.01
1984	39,780,936	743,923	18.70	700,280	17.60	43,643	1.10
1985	40,113,235	948,254	23.64	842,807	21.01	105,447	2.63
1986	40,498,117	557,394	13.76	505,596	12.48	51,798	1.28
1987	40,956,290	635,665	15.52	568,118	13.87	67,547	1.65

安 徽

年 度	平均人口	迁 入		迁 出		净 迁 移	
		人 数	‰	人 数	‰	人 数	‰
1955	31,927,759	839,285	26.29	762,024	23.87	77,261	2.42
1960	32,655,577	1,281,244	39.24	2,148,127	65.78	—866,883	—26.54
1965	32,334,159	748,568	23.15	791,889	24.49	—43,321	—1.34
1970	38,510,000	563,275	14.63	427,029	11.09	136,246	3.54
1975	44,506,774	712,942	16.02	608,217	13.67	104,725	2.35
1980	48,479,912	645,775	13.51	599,553	12.37	55,222	1.14
1981	49,246,659	788,046	16.00	713,122	14.48	74,924	1.52
1982	49,862,355	718,193	14.48	617,484	12.38	100,709	2.02
1983	50,391,574	635,531	12.62	594,048	11.80	41,483	0.82
1984	50,796,623	746,353	14.69	663,050	13.05	83,303	1.64
1985	51,293,523	980,410	19.11	878,655	17.13	101,755	1.98
1986	51,864,939	817,912	15.77	709,420	13.68	108,492	2.09
1987	50,519,118	824,419	15.70	715,634	13.63	108,785	2.07

福 建

(续6)

年 度	平均人口	迁入		迁出		净迁移	
		人数	‰	人数	‰	人数	‰
1955	13,667,230	435,350	31.85	429,305	31.41	6.045	0.44
1960	15,804,445	992,420	62.79	895,070	56.63	97,350	6.16
1965	17,316,252	417,803	24.13	439,169	25.36	—21,366	—1.23
1970	20,105,977	472,091	23.48	301,106	14.98	170,985	8.50
1975	22,840,926	404,964	17.73	385,933	16.90	19,031	0.83
1980	25,028,533	503,762	20.13	465,633	18.60	38,124	1.53
1981	25,373,395	451,296	17.79	440,355	17.35	10,941	0.44
1982	25,804,608	339,126	13.14	329,507	12.77	9,619	0.37
1983	26,219,095	289,292	11.03	273,955	10.45	15,337	0.58
1984	26,583,153	297,514	11.19	290,026	10.91	7,488	0.28
1985	26,949,658	385,213	14.29	365,277	13.55	19,936	0.74
1986	27,311,997	289,531	10.60	275,381	10.08	14,150	0.52
1987	27,749,105	323,952	11.67	296,083	10.67	27,869	1.00

江 西

年 度	平均人口	迁入		迁出		净迁移	
		人数	‰	人数	‰	人数	‰
1955	17,520,615	664,867	37.95	609,639	34.80	55,228	3.15
1960	20,019,059	1,307,569	65.32	1,247,024	62.29	60,545	3.03
1965	21,765,809	495,055	22.74	478,837	22.00	16,218	0.74
1970	25,440,000	852,163	33.50	687,478	27.02	164,685	6.48
1975	29,284,111	570,099	19.47	515,984	17.62	54,115	1.85
1980	32,495,869	687,844	21.17	675,249	20.78	12,595	0.39
1981	32,870,598	895,956	27.26	839,487	25.54	56,469	1.72
1982	33,261,360	537,256	16.15	530,797	15.96	6,459	0.19
1983	33,663,224	525,406	15.61	465,243	13.82	60,163	1.79
1984	34,024,272	689,298	17.91	561,885	16.51	47,413	1.40
1985	34,403,989	737,984	21.45	629,769	18.31	108,215	3.14
1986	34,847,958	706,915	20.29	548,316	15.73	158,599	4.55
1987	35,341,524	780,868	22.09	608,792	17.23	172,076	4.86

山 东

（续7）

年 度	平均人口	迁入		迁出		净迁移	
		人 数	‰	人 数	‰	人 数	‰
1955	51,917,668	1,763,464	33.97	1,672,971	32.22	90,293	1.75
1960	53,429,245	1,884,106	35.26	3,028,440	56.68	—1,144,334	—21.42
1965	56,581,920	780,822	13.80	1,138,719	20.13	—357,897	—6.33
1970	—	—	—	—	—	—	—
1975	69,237,231	1,049,118	15.15	1,066,418	15.40	—17,300	—0.25
1980	72,639,851	1,298,990	17.88	1,276,823	17.58	22,167	0.30
1981	73,456,253	1,239,943	16.88	1,211,945	16.50	27,998	0.38
1982	74,445,409	1,262,299	16.96	1,173,895	15.77	88,404	1.19
1983	75,289,242	865,617	11.50	760,113	10.10	105,504	1.40
1984	76,003,345	1,110,715	14.61	962,815	12.67	147,900	1.94
1985	76,658,851	1,002,298	13.07	879,464	11.47	122,834	1.60
1986	77,355,304	992,503	12.83	869,032	11.23	123,471	1.60
1987	78,329,195	1,309,237	16.71	1,119,385	14.29	189,852	2.42

河 南

年 度	平均人口	迁入		迁出		净迁移	
		人 数	‰	人 数	‰	人 数	‰
1955	45,956,832	1,338,504	29.13	1,288,148	28.03	50,356	1.10
1960	49,041,084	1,955,862	39.88	2,065,785	42.12	—109,923	—2.24
1965	51,696,132	782,593	15.14	815,657	15.78	—33,064	—0.64
1970	59,470,000	615,000	10.34	625,000	10.51	—10,000	—0.17
1975	67,025,031	798,079	11.91	723,453	10.79	74,626	1.12
1980	72,374,203	1,280,396	17.69	1,248,242	17.25	32,154	0.44
1981	73,412,217	1,293,745	17.62	1,255,921	17.10	38,124	0.52
1982	74,582,076	1,086,866	14.57	998,437	13.39	88,429	1.18
1983	75,554,119	1,072,717	14.20	1,013,718	13.42	58,999	0.78
1984	76,187,395	1,206,733	15.84	1,070,131	14.05	186,602	1.79
1985	76,794,804	1,356,378	17.66	1,131,100	14.73	225,278	2.93
1986	77,603,503	1,316,466	16.96	1,083,287	13.96	233,179	3.00
1987	78,706,567	1,488,123	18.91	1,163,924	14.79	324,199	4.12

湖 北

（续8）

年 度	平均人口	迁入 人数	迁入 ‰	迁出 人数	迁出 ‰	净迁移 数	净迁移 ‰
1955	29,006,489	621,241	21.42	576,972	19.89	44,269	1.53
1960	32,081,372	868,448	27.07	969,793	30.23	—101,345	—3.16
1965	34,612,753	662,952	19.15	669,333	19.34	—6,381	—0.19
1970	39,606,834	913,450	23.06	922,415	23.29	—9,001	—0.23
1975	43,784,697	914,759	20.89	840,509	19.20	74,250	1.69
1980	46,586,167	894,902	19.21	894,594	19.20	308	0.01
1981	47,124,017	905,082	19.21	819,123	17.38	85,959	1.83
1982	47,706,327	830,318	17.40	749,070	15.70	81,248	1.70
1983	48,181,301	818,850	17.00	827,550	17.18	—8,700	—0.18
1984	48,557,047	1,059,107	21.81	970,647	19.99	88,460	1.82
1985	49,035,173	1,510,802	30.81	1,298,812	26.49	211,990	4.32
1986	49,599,961	1,068,030	21.53	942,701	19.01	125,329	2.52
1987	50,235,520	1,222,093	20.35	894,808	17.81	127,285	2.54

湖 南

年 度	平均人口	迁入 人数	迁入 ‰	迁出 人数	迁出 ‰	净迁移 人数	净迁移 ‰
1955	34,412,152	1,357,167	39.44	1,433,661	41.66	—76,494	—2.22
1960	36,506,567	1,225,372	33.57	1,756,122	48.10	—530,750	—4.53
1965	38,432,987	714,229	18.58	746,009	19.41	—31,780	—0.83
1970	44,193,850	669,690	15.15	599,843	13.57	69,847	1.58
1975	49,461,069	797,931	16.13	726,131	14.68	71,800	1.45
1980	52,520,038	986,154	18.78	983,043	18.72	3,111	0.06
1981	53,205,020	1,223,637	23.00	1,146,046	21.54	77,591	1.46
1982	54,060,855	870,059	16.09	848,852	15.70	21,207	0.39
1983	54,807,758	855,842	15.62	825,143	15.06	30,699	0.56
1984	55,353,770	1,034,848	18.70	961,155	17.36	73,693	1.34
1985	55,920,043	1,129,132	20.19	977,722	17.52	149,400	2.67
1986	56,592,057	1,115,902	19.72	928,552	16.41	187,350	3.31
1987	57,391,657	1,253,687	21.84	984,199	17.15	269,488	4.69

广 东

(续9)

年度	平均人口	迁入		迁出		净迁移	
		人数	‰	人数	‰	人数	‰
1955	34,170,895	1,231,060	36.03	1,237,107	36.20	—6,047	—0.17
1960	37,555,521	1,051,128	27.99	1,029,018	27.40	22,110	0.59
1965	41,896,821	689,606	16.54	699,120	16.77	—9,514	—0.23
1970	47,570,000	754,262	15.86	751,617	15.80	2,645	0.06
1975	53,118,539	774,679	14.58	723,896	13.63	50,783	0.95
1980	57,305,098	1,066,363	18.61	959,213	16.74	107,150	1.87
1981	58,321,307	1,044,604	17.91	959,522	16.45	85,082	1.46
1982	59,353,956	866,402	14.60	802,136	13.51	64,266	1.09
1983	60,307,552	769,105	12.75	691,978	11.47	77,127	1.28
1984	61,203,568	1,059,075	17.30	964,017	15.75	95,058	1.55
1985	62,095,223	1,143,559	18.42	979,732	15.72	167,371	2.70
1986	62,997,207	978,869	15.54	818,297	12.93	190,572	2.55
1987	63,967,762	1,072,921	16.77	851,699	13.31	221,222	3.46

广 西

年度	平均人口	迁入		迁出		净迁移	
		人数	‰	人数	‰	人数	‰
1955	20,466,792	592,552	28.95	520,420	25.43	72,132	3.52
1960	21,876,337	696,057	31.82	687,503	31.43	8,554	0.39
1965	24,031,787	432,440	17.99	409,294	17.03	23,146	0.96
1970	27,810,000	447,415	16.09	407,985	14.67	89,430	1.42
1975	31,655,400	468,095	14.79	421,218	13.31	46,877	1.48
1980	35,043,771	672,198	19.18	567,261	16.19	104,937	2.99
1981	35,756,240	638,336	17.35	626,832	17.53	11,504	0.32
1982	36,484,704	479,116	13.13	362,082	9.92	117,034	3.21
1983	37,085,181	410,042	1..06	386,290	0.42	23,752	0.64
1984	37,693,794	661,882	17.56	546,750	14.51	115,052	3.05
1985	38,393,873	541,072	14.09	448,144	11.67	92,928	2.42
1986	39,094,156	562,254	14.38	438,976	11.23	123,278	3.15
1987	39,811,403	593,314	14.90	462,743	11.62	130,571	3.28

四　川

（续10）

年　度	平均人口	迁　入		迁　出		净迁移	
		人　数	‰	人　数	‰	人　数	‰
1955	67,196,245	2,022,177	30.09	1,830,157	27.24	192,020	2.86
1960	67,585,565	2,427,503	35.92	2,306,663	34.13	120,840	1.79
1965	70,176,445	1,835,084	26.15	1,698,483	24.20	136,601	1.95
1970	82,172,734	1,684,541	20.50	1,585,934	19.30	98,607	1.20
1975	93,688,971	1,355,242	14.47	1,289,674	13.77	65,568	0.70
1980	97,968,837	1,725,531	17.61	1,715,034	17.51	10,497	0.10
1981	98,718,094	1,971,978	19.98	1,860,760	18.85	111,218	0.13
1982	99,730,544	1,507,593	15.21	1,446,226	14.50	61,367	0.62
1983	100,487,893	1,413,388	14.07	1,413,481	14.07	—93	—0.88
1984	100,936,341	1,522,697	15.09	1,521,971	15.08	726	0.01
1985	101,496,474	1,873,095	18.45	1,733,756	17.08	139,339	1.37
1986	102,535,319	1,791,579	17.47	1,675,639	16.34	115,940	1.13
1987	103,889,525	2,000,731	19.26	1,710,970	16.47	289,761	2.79

贵　州

年　度	平均人口	迁　入		迁　出		净迁移	
		人　数	‰	人　数	‰	人　数	‰
1955	15,787,296	130,427	8.26	137,665	8.72	—7,238	—0.46
1960	17,086,074	1,117,453	65.40	1,248,080	73.05	—130,627	—7.65
1965	17,863,495	609,038	34.09	545,135	30.52	63,903	3.57
1970	21,440,000	673,789	31.48	489,307	22.82	184,482	8.61
1975	24,971,794	374,528	15.00	370,275	14.83	4,253	0.17
1980	27,538,332	367,920	13.36	381,588	13.86	—13,668	—0.50
1981	28,017,272	592,849	21.16	518,743	18.52	74,106	2.64
1982	28,509,962	377,398	13.24	371,375	13.03	6,023	0.21
1983	28,883,330	403,277	13.96	380,321	13.17	22,956	0.79
1984	29,166,538	445,355	15.27	407,375	13.97	37,980	1.30
1985	29,498,793	476,757	16.16	372,477	12.63	104,280	3.53
1986	29,879,509	529,420	17.72	443,135	14.83	86,285	2.89
1987	30,296,921	499,408	16.48	408,273	13.48	91,135	3.00

云 南

（续11）

年 度	平均人口	迁 入		迁 出		净迁移	
		人 数	‰	人 数	‰	人 数	‰
1955	18,034,301	802,717	44.51	839,973	46.58	-37,256	-2.07
1960	19,144,487	927,795	48.46	929,377	48.55	-1,581	-0.09
1965	21,209,990	768,176	36.22	641,213	30.23	126,963	5.99
1970	—	—	—	—	—	—	—
1975	28,516,293	482,558	16.92	441,465	15.48	41,093	1.44
1980	31,540,895	553,482	17.55	519,651	46.48	33,831	1.07
1981	31,980,794	706,782	22.10	641,558	20.06	65,224	2,04
1982	32,529,105	465,209	14.30	465,813	14.32	-604	-0.02
1983	33,010,514	488,802	14.81	442,967	13.42	45,835	1.39
1984	33,406,603	594,766	17.80	554,211	16.59	40,555	1.21
1985	33,842,422	648,349	19.16	565,796	16.72	82,553	2.44
1986	34,309,275	654,875	19.08	582,321	16.97	72,554	2.11
1987	34,843,199	683,940	19.63	570,039	16.36	113,901	3.27

西 藏

年 度	平均人口	迁 入		迁 出		净迁移	
		人 数	‰	人 数	‰	人 数	‰
1955	—	—	—	—	—	—	—
1960	—	—	—	—	—	—	—
1965	—	—	—	—	—	—	—
1970	—	—	—	—	—	—	—
1975	1,675.437	25,445	15.19	22,062	13.13	3,,443	2.06
1980	1,840,873	30,797	16.73	27,799	15.10	2,998	1.63
1981	1,856,170	26,558	14.31	52,249	28.15	-25,691	-13.84
1982	1,876,031	21,639	11.53	37,152	19.80	-15,513	-8.27
1983	1,911,949	22,736	11.89	25,305	13.24	-2,569	-1.35
1984	1,949,107	23,163	11.88	45,991	23.60	-22,828	-11.72
1985	1,980,806	22,247	11.23	21,742	10.98	505	0.25
1986	2,009,873	19,326	9.62	23,451	11.67	-4,125	-2.05
1987	2,052,219	45,942	22.39	32,469	15.87	13,473	6.57

陕 西

（续12）

年度	平均人口	迁入		迁出		净迁移	
		人数	‰	人数	‰	人数	‰
1955	16,871,016	788,358	46.73	620,550	36.78	167,808	9.95
1960	19,223,377	1,195,658	62.20	935,225	48.65	260,433	13.55
1965	21,221,064	529,371	24.95	544,844	25.67	-15,473	-0.72
1970	22,690,000	428,513	19.76	431,863	19.91	-3,350	-0.15
1975	26,737,554	481,866	18.02	473,970	17.73	7,896	0.29
1980	28,192,509	645,405	22.89	615,784	21.84	29,621	1.05
1981	28,479,726	731,327	25.68	692,230	24.31	39,097	1.37
1982	28,843,286	636,828	22.08	604,554	20.96	32,274	1.12
1983	29,175,019	589,730	20.21	593,741	20.35	-4,014	-0.14
1984	29,482,971	677,855	22.99	641,528	21.76	36,327	1.23
1985	29,837,216	623,632	20.90	566,862	19.00	56,770	1.90
1986	30,221,736	634,295	20.99	567,245	18.77	67,050	2.22
1987	30,654,130	703,799	22.96	595,610	19.43	108,189	3.53

甘 肃

年度	平均人口	迁入		迁出		净迁移	
		人数	‰	人数	‰	人数	‰
1955	11,848,476	420,098	35.46	343,973	29.03	76,125	6.43
1960	12,990,593	765,137	58.90	777,320	59.84	-12,183	-0.94
1965	13,177,370	427,452	32.44	309,317	23.47	118,135	8.97
1970	15,589,122	121,206	7.78	514,860	33.03	-393,654	-25.25
1975	17,913,540	367.015	20.49	353,993	19.76	13,022	0.73
1980	19,061,092	482,741	25.33	485,784	25.49	-3,043	-0.16
1981	19,299,148	474,984	24.61	459,341	23.80	15,643	0.81
1982	19,581,414	457,832	23.38	462,738	23.63	-4,906	-0.25
1983	19,811,887	390,547	19.71	361,731	18.26	28,816	1.45
1984	20,015,477	407,504	20.36	368,406	18.41	39,098	1.95
1985	20,284,450	471,344	23.24	400,844	19.76	70,500	3.48
1986	20,561,847	516,427	25.12	425,551	20.69	90,876	4.42
1987	20,872,444	485,595	23.26	379,348	18.17	106,247	5.09

青 海

(续13)

年 度	平均人口	迁 入		迁 出		净 迁 移	
		人 数	‰	人 数	‰	人 数	‰
1955	1,798,401	73,432	40.83	51,401	28.58	22,031	12.25
1960	2,662,022	182,526	68.57	122,002	45.83	60,524	22.74
1965	2,249,638	132,814	59.04	115,107	51.17	17,707	7.87
1970	2,773,288	151,266	54.54	130,879	47.19	20,387	7.35
1975	3,331,215	102,755	30.85	95,082	28.54	7,673	2.31
1980	3,744,618	121,385	32.42	124,151	33.15	-2,766	-0.73
1981	3,792,496	98,609	26.00	109,044	28.75	-10,435	-2.75
1982	3,871,942	114,146	29.48	129,407	33.42	-15,261	-3.94
1983	3,926,796	82,496	21.01	88,825	22.49	-5,829	-1.48
1984	3,970,883	160,059	40.31	115,204	29.01	44,855	11.30
1985	4,044,919	175,315	43.34	141,525	34.99	33,790	8.35
1986	4,099,176	120,241	29.33	112,112	27.35	8,129	1.98
1987	4,419,965	110,365	26.59	109,065	26.28	1,300	0.31

宁 夏

年 度	平人口均	迁 入		迁 出		净 迁 移	
		人 数	‰	人 数	‰	人 数	‰
1955	1,606,305	62,826	39.11	52,538	32.71	10,288	6.40
1960	2,126,192	206,995	87.35	153,444	72.17	53,551	25.18
1965	2,208,416	90,443	40.95	57,699	26.13	32,744	14.82
1970	2,719,951	80,760	29.69	75,867	27.90	4,893	1.79
1975	3,225,839	86,624	26.85	72,548	22.49	14,076	4.36
1980	3,689,265	140,011	37.95	118,631	32.16	21.380	5.79
1981	3,785,470	138,245	36.52	113,945	30.10	24,300	6.42
1982	3,882,087	101,171	26.06	86,804	22.36	16,367	3.70
1983	3,956,801	101,163	25.57	93.152	23.54	8,011	2.83
1984	4,021,954	112,659	28.01	94,308	23.45	18,351	4.56
1985	4,103,462	143,670	35.01	113,059	27.55	30,611	7.46
1986	4,194,773	165,591	39.48	127,926	30.50	37,665	8.98
1987	4,297,442	151,153	35.17	118,905	27.67	32,248	7.50

新　疆

（续14完）

年　度	平均人口	迁入		迁出		净迁移	
		人数	‰	人数	‰	人数	‰
1955	5,173,569	370,189	71.55	307,009	59.34	63,180	12.21
1960	6,840,473	800,848	117.07	512,865	74.98	287,983	42.09
1965	7,666,413	558,628	72.87	358,701	46.79	199,927	26.08
1970	9,600,600	390,276	40.65	339,860	35.40	50,416	5.25
1975	11,401,783	594,006	52.10	566,697	49.70	27,309	2.40
1980	12,696,041	380,690	29.93	354,057	27.89	26,633	2.09
1981	12,931,431	332,570	25.72	376,511	29.12	-43,941	-3.40
1982	13,094,731	296,117	22.61	302,599	23.11	-6,482	-0.50
1983	13,171,871	258,671	19.64	267,296	20.29	-8,625	-0.65
1984	13,312,787	275,833	20.72	283,344	21.28	-7,511	-0.56
1985	13,526,089	308,299	22.79	334,079	24.70	-25,780	-1.91
1986	13,723,883	290,787	21.19	310,375	22.62	-19,588	-1.43
1987	13,949,833	334,044	23.95	339,170	24.31	-5,126	-0.36

五、全国部分年份社会劳动者人数

1．全国部分年份社会劳动者人数

（年底数）　　　　单位：万人

年份	社会劳动者总计	职工人数 合计	职工人数 全民所有制单位	职工人数 城镇集体所有制单位	职工人数 合营	职工人数 私营	城镇个体劳动者	农村集体和个集劳动者
1949	18,082	809	494	9	10	296	724	16,549
1952	20,729	1,603	1,187	23	26	367	883	18,243
1957	23,771	3,101	2,103	650	346	2	104	20,566
1962	25,916	4,321	3,309	1,012	—		216	21,373
1965	28,670	4,965	3,738	1,227	—	—	171	23,534
1970	34,432	6,216	4,792	1,424	—	—	96	28,120
1975	38,168	8,198	6,426	1,772	—	—	24	29,946
1976	38,834	8,673	6,860	1,813	—	—	19	30,142
1977	39,377	9,112	7,196	1,916	—	—	15	30,250
1978	39,856	9,499	7,451	2,048	—	—	15	30,342
1979	40,581	9,967	7,693	2,274	—	—	32	30,582
1980	41,896	10,444	8,019	2,425	—	—	81	31,371
1981	43,280	10,940	8,372	2,568	—	—	113	32,227
1982	44,706	11,281	8,630	2,651	—	—	147	33,278
1983	46,004	11,515	8,771	2,744	—	—	231	34,258
1984	47,597	11,890	8,637	3,216	37	—	339	35,368
1985	49,873	12,358	8,990	3,324	44	—	450	37,065
1986	51,282	12,809	9,333	3,421	55	—	483	37,990
1987	52,783	13,214	9,654	3,488	72	—	569	39,000

2. 全国部分年份城镇新就业人数

单位：万人

项　　目	1978年	1980年	1981年	1982年	1983年	1984年	1985年	1986年	1987年
总　　计	544.4	900.0	820.0	665.0	628.3	721.5	813.6	793.1	799.1
一、就业人员主要来源									
城镇劳动力	274.9	622.5	534.3	408.1	406.5	449.7	502.3	431.6	411.7
农村劳动力	148.4	127.4	92.0	66.0	68.2	123.0	150.2	166.5	166.8
大学、中专、技校毕业生	37.7	80.0	107.9	117.4	93.4	81.7	88.5	99.3	117.1
其　　他	83.4	70.1	85.8	73.5	60.2	67.1	72.6	95.7	103.5
二、就业人员安置去向									
全民所有制单位	392.0	572.2	521.0	409.3	373.7	415.6	499.1	536.3	499.4
城镇集体所有制单位	152.4	278.0	267.1	222.3	170.6	197.3	203.8	223.8	214.0
从事个体劳动		49.8	31.9	33.4	84.0	108.6	110.7	33.0	85.7

注：从1984年起全民所有制单位安置的人数中包括安置到合营单位的人数。

3. 全国部分年份城镇待业人数及待业率

年　份	城镇待业人员（万人）	其中：青年 人数（万人）	其中：青年 占城镇待业人员%	待业率（%）
1952	376.6	—	—	13.2
1957	200.4	—	—	5.9
1978	530.0	249.1	47.0	5.3
1980	541.5	382.5	70.6	4.9
1981	439.5	343.0	78.0	3.8
1982	379.4	293.8	77.4	3.2
1983	271.4	222.0	81.8	2.3
1984	235.7	195.9	83.1	1.9
1985	238.5	196.9	82.6	1.8
1986	264.4	209.3	79.2	2.0
1987	276.6	235.1	85.0	2.0

4. 全国部分年份建筑施工人口数

位单，万人

年份	总计	全民所有制建筑施工企业	城镇集体所有制建筑施工企业	农村建筑队
1980	982.7	481.8	166.2	334.7
1981	1,034.0	509.3	175.9	348.8
1982	1,154.3	532.9	200.1	421.3
1983	1,285.3	544.5	258.1	482.7
1984	1,531.2	554.2	293.5	683.5
1985	1,701.3	576.7	334.8	789.8
1986	1,800.6	617.3	376.4	806.9
1987	1,873.5	639.2	405.9	828.4

5. 全国部分年份社会商业、饮食业、服务业人员数

（年底数）　　单位：万人

项目	1957年	1965年	1978年	1980年	1985年	1986年	1987年
总计	895.5	707.3	937.8	1,395.9	3,138.2	3,243.3	3,495.3
（一）商业	703.0	531.3	777.4	1,106.8	2,407.9	2,479.5	2,680.7
1.企业管理机构	24.0	60.6	118.3	170.1	231.9	238.4	233.3
其中：兼营业务的	—	—	45.3	69.2	89.2	91.1	91.2
2.企业经营机构	668.4	447.2	608.0	881.8	2,113.6	2,174.2	2,379.5
（1）农副产品采购机构	99.5	48.5	88.5	130.3	165.8	170.2	201.7
（2）工业品批发机构		43.3	69.7	70.9	106.7	110.5	108.9
（3）零售机构	568.9	335.9	447.4	637.7	1,796.0	1,843.0	2,012.5
（4）其他机构	—	19.5	2.4	42.9	45.1	50.5	56.4
3.仓储运输机构	10.6	23.5	51.1	54.9	62.4	66.9	67.9
（二）饮食业	115.5	102.0	104.4	176.5	376.4	393.9	422.4
（三）服务业	77.0	74.0	56.0	112.6	353.9	369.9	392.2

注：本表商业企业管理机构包括饮食业、服务业管理机构数。

六、全国部分年份各级各类学校数、教师数和学生数

1. 全国部分年份各级各类学校数

单位：所

年份	普通高等学校	中等学校	中等专业学校			普通中学	农业中学职业中学	小学	幼儿园	盲、聋、哑学校
			合计	中等技术学校	中等师范学校					
1952	201	6,059	1,710	794	916	4,298	—	526,964	6,531	—
1957	229	12,474	1,320	728	592	11,096	—	547,306	16,420	66
1962	610	24,756	1,514	956	558	19,521	3,715	668,318	17,564	261
1965	434	80,993	1,265	871	394	18,102	61,626	1,681,939	19,226	266
1970	434	106,041	1,087	685	402	104,954	—	961,131	…	—
1975	387	125,718	2,213	1,326	887	123,505	—	1,093,317	171,749	246
1976	392	194,595	2,443	1,461	982	192,152	—	1,044,274	442,650	269
1977	404	203,753	2,485	1,457	1,028	201,268	—	982,291	261,936	286
1978	598	165,105	2,760	1,714	1,046	162,345	—	949,323	163,952	292
1979	633	147,266	3,033	1,980	1,053	144,233	—	923,532	165,629	289
1980	675	124,760	3,069	2,052	1,017	118,377	3,314	917,316	170,419	292
1981	704	112,505	3,132	2,170	962	106,718	2,655	894,074	130,296	302
1982	715	107,829	3,076	2,168	908	101,649	3,104	880,516	122,107	312
1983	805	105,045	3,090	2,229	861	96,474	5,481	862,165	136,306	318
1984	902	104,017	3,301	2,293	1,008	93,714	7,002	853,740	166,526	326
1985	1,016	104,848	3,557	2,529	1,028	93,221	8,070	832,309	172,262	350
1986	1,054	104,936	3,782	2,741	1,041	92,967	8,187	820,846	173,376	387
1987	1,063	105,151	3,913	2,854	1,059	92,857	8,381	807,406	176,775	414

注：中等学校不包括技工学校和工读学校，1952、1957、1962年中等学校合计数中包括工农中学及预科（以下同）。

2. 全国部分年份各级各类学校职工数

单位：万人

年份	普通高等学校	中等学校	中等专业学校 合计	中等专业学校 中等技术学校	中等专业学校 中等师范学校	普通学校	农业中学职业中学	小学	幼儿园	盲、聋哑学校
1952	7.2	26.0	8.1	3.9	4.2	17.6	—	152.7	1.9	—
1957	15.5	53.4	13.6	10.6	3.0	39.4	—	198.1	10.1	0.1
1962	33.5	77.8	13.7	11.1	2.6	62.2	2.0	262.0	16.1	0.3
1965	33.3	110.5	12.2	10.1	2.1	67.7	30.6	407.5	16.2	0.4
1970	31.2	153.3	7.9	5.6	2.3	145.4	—	390.9	—	—
1975	40.8	282.1	17.7	12.8	4.5	264.4	—	554.3	37.8	0.6
1976	44.0	355.7	19.7	13.9	5.8	336.0	—	564.1	76.3	0.6
1977	47.2	409.6	21.0	15.1	5.9	388.6	—	559.0	54.5	0.7
1978	51.8	415.4	23.7	17.6	6.1	391.7	—	562.0	46.9	0.7
1979	57.4	413.4	26.1	19.4	6.8	387.2	—	587.5	53.3	0.7
1980	63.2	423.6	29.8	22.3	7.5	389.7	4.1	605.4	61.0	0.8
1981	66.6	411.7	32.6	24.9	7.7	374.5	4.6	616.5	59.9	0.9
1982	73.0	399.7	35.2	27.2	8.0	358.2	6.3	611.3	63.7	0.9
1983	76.3	396.4	36.4	28.4	8.0	348.8	11.2	606.0	67.4	1.0
1984	80.4	400.7	37.9	29.4	8.5	346.6	16.2	603.0	73.7	1.0
1985	87.1	417.6	40.3	31.3	9.0	355.7	21.6	602.1	79.8	1.1
1986	93.1	437.7	43.6	33.9	9.7	368.9	25.2	606.5	88.1	1.2
1987	96.9	455.3	45.9	35.7	10.2	381.3	28.1	608.5	94.1	1.3

3. 全国部分年份各级各类学校教师数

单位：万人

年份	普通高等学校	中等学校	中等专业学校			普通中学	农业中学职业中学	小学	幼儿圆	盲、聋哑学校
			合计	中等技术学校	中等师范学校					
1952	2.7	13.0	3.5	1.5	2.0	9.4	—	143.5	1.4	—
1957	7.0	29.4	5.8	4.3	1.5	23.4	—	188.4	5.0	0.1
1962	14.4	47.3	6.1	4.7	1.4	39.9	1.3	251.1	7.0	0.2
1965	13.8	70.9	5.5	4.4	1.1	45.7	19.7	385.7	6.2	0.3
1970	12.9	121.3	3.9	2.6	1.3	117.4	—	361.2	—	—
1975	15.6	216.5	7.3	4.8	2.5	209.2	—	520.2	23.7	0.3
1976	16.7	280.9	8.0	5.2	2.8	272.9	—	528.9	51.4	0.4
1977	18.6	327.4	8.7	5.8	2.9	318.7	—	522.6	33.5	0.4
1978	20.6	328.1	9.9	6.9	3.0	318.2	—	522.6	27.7	0.4
1979	23.7	319.1	11.3	7.9	3.4	307.8	—	538.2	29.5	0.5
1980	24.7	317.1	12.8	9.1	3.7	302.0	2.3	549.9	41.1	0.5
1981	25.0	300.9	13.6	9.8	3.8	284.4	2.9	558.0	40.1	0.5
1982	28.7	287.1	15.0	11.0	4.0	268.1	4.0	550.5	41.5	0.5
1983	30.3	282.6	15.6	11.6	4.0	259.7	7.3	542.5	43.3	0.6
1984	31.5	282.2	16.1	11.9	4.3	255.7	10.4	537.0	49.1	0.6
1985	34.4	296.7	17.4	12.8	4.6	265.2	14.1	537.7	55.0	0.7
1986	37.2	311.5	19.3	14.3	5.0	275.8	16.4	541.4	60.5	0.7
1987	38.5	326.6	21.0	15.6	5.4	287.0	18.5	547.4	65.1	0.8

4. 全国部分年份各级各类学校在校学生数

单位 万人

年份	普通高等学校	中等学校	中等专业学校 合计	中等技术学校	中等师范学校	普通中学	职业中学农业中学	小学	幼儿园	盲、聋哑学校
1952	19.1	314.5	63.6	29.1	34.5	249.0	—	5,110.0	42.4	—
1957	44.1	708.1	77.8	48.2	29.6	628.1	—	6,428.3	108.8	0.8
1962	83.0	833.5	53.5	35.3	18.2	752.8	26.7	6,923.9	144.6	1.8
1965	67.4	1,431.8	54.7	39.2	15.5	933.8	443.3	11,620.9	171.3	2.3
1970	4.8	2,648.3	6.4	3.2	3.2	2,641.9	—	10,528.0	—	—
1975	50.1	4,536.8	70.7	40.5	30.2	4,466.1	—	15,094.1	620.0	2.7
1976	56.5	5,905.5	69.0	38.6	30.4	5,836.5	—	15,005.5	1,395.5	2.9
1977	62.5	6,848.8	68.9	39.1	29.8	6,779.9	—	14,617.6	896.8	3.0
1978	85.6	6,637.2	88.9	52.9	36.0	6,548.3	—	14,624.0	787.7	3.1
1979	102.0	6,024.9	119.9	71.4	48.5	5,905.0	—	14,662.9	879.2	3.2
1980	114.4	5,677.8	124.3	76.1	48.2	5,508.1	45.4	14,627.0	1,150.8	3.3
1981	127.9	5,014.6	106.9	63.2	43.7	4,859.6	48.1	14,332.8	1,056.2	3.3
1982	115.4	4,702.8	103.9	62.8	41.1	4,528.5	70.4	13,972.0	1,113.1	3.4
1983	120.7	4,634.1	114.3	68.8	45.5	4,397.8	122.0	13,578.0	1,140.3	3.4
1984	139.6	4,860.9	132.2	81.1	51.1	4,554.2	174.5	13,557.1	1,294.7	3.6
1985	170.3	5,092.6	157.1	101.3	55.8	4,706.0	229.5	13,370.2	1,479.7	3.8
1986	188.0	5,321.6	175.7	114.6	61.1	4,889.9	256.0	13,182.5	1,629.0	4.1
1987	195.9	5,403.1	187.4	122.3	65.1	4,948.1	267.6	12,835.9	1,807.8	4.3

5. 全国部分年份各级各类学校招生数

单位：万人

年份	普通高等学校	中等学校	中等专业学校 合计	中等技术学校	中等师范学校	普通中学	农业中学职业中学	小学	盲、聋哑学校
1952	7.9	174.6	35.1	16.9	18.2	138.3	—	1,149.3	—
1957	10.6	261.6	12.3	6.0	6.3	249.3	—	1,249.2	—
1962	10.7	298.8	3.9	2.6	1.3	280.0	14.9	1,586.3	—
1965	16.4	673.0	20.8	14.6	6.2	345.7	306.6	3,296.0	—
1970	4.2	1,420.7	5.4	2.5	2.9	1,415.3	—	2,831.8	—
1975	19.1	2,478.0	34.4	18.4	16.0	2,443.6	—	3,352.1	0.5
1976	21.7	3,240.2	34.8	19.3	15.5	3,205.4	—	3,161.1	0.5
1977	27.3	3,397.4	36.6	20.8	15.8	3,360.8	—	3,111.5	0.6
1978	40.1	2,743.6	44.7	26.8	17.9	2,698.9	—	3,315.4	0.6
1979	27.5	2,391.0	49.1	26.5	22.6	2,341.9	—	3,101.7	0.6
1980	28.1	2,011.8	46.8	25.3	21.5	1,934.3	30.7	2,942.3	0.6
1981	27.9	1,810.5	43.3	23.8	19.5	1,740.5	26.7	2,749.2	0.6
1982	31.5	1,726.9	41.9	24.1	17.8	1,642.4	42.6	2,671.7	0.6
1983	39.1	1,700.4	47.8	28.7	19.1	1,576.9	75.5	2,544.0	0.6
1984	47.5	1,713.4	54.6	35.1	19.5	1,546.9	93.9	2,472.9	0.7
1985	61.9	1,789.8	66.8	45.3	21.5	1,606.9	116.1	2,298.2	0.7
1986	57.2	1,824.4	67.7	45.0	22.7	1,643.9	112.8	2,258.2	0.9
1987	61.7	1,834.2	71.5	48.5	23.0	1,649.5	113.2	2,094.6	0.9

6. 全国部分年份各级各类学校毕业生数

单位：万人

年份	普通高等学校	中等学校	中等专业学校 合计	中等专业学校 中等技术学校	中等专业学校 中等师范学校	普通中学	农业中学 职业中学	小学	盲、聋哑学校
1952	3.2	28.9	6.8	4.1	2.7	22.1	—	149.0	—
1957	5.6	145.2	14.6	9.6	5.0	129.9	—	498.0	—
1962	17.7	237.5	30.5	15.9	14.6	202.5	4.5	559.0	—
1965	18.6	232.5	9.1	7.3	1.8	209.8	13.6	667.6	0.2
1970	10.3	689.3	2.8	1.7	1.1	686.5	—	1,652.5	—
1975	11.9	1,519.5	24.8	12.4	12.4	1,494.7	—	1,999.4	0.3
1976	14.9	1,757.1	33.9	19.1	14.8	1,723.2	—	2,489.5	0.3
1977	19.4	2,178.4	34.0	17.9	16.1	2,144.4	—	2,573.9	0.3
1978	16.5	2,398.5	23.2	11.9	11.3	2,375.3	—	2,287.9	0.3
1979	8.5	2,402.5	18.1	7.9	10.2	2,384.4	—	2,087.9	0.3
1980	14.7	1,629.9	41.0	20.1	20.9	1,581.0	7.9	2,053.3	0.4
1981	14.0	1,710.2	60.5	36.5	24.0	1,640.3	9.4	2,075.7	0.4
1982	45.7	1,400.4	44.6	24.2	20.4	1,342.7	13.1	2,068.9	0.4
1983	33.5	1,254.5	37.5	23.0	14.5	1,195.4	21.6	1,980.7	0.3
1984	28.7	1,205.6	37.6	23.8	13.8	1,140.2	27.8	1,995.0	0.4
1985	31.6	1,279.1	42.9	26.2	16.7	1,194.9	41.3	1,999.9	0.4
1986	39.3	1,388.5	49.6	32.1	17.5	1,281.0	57.9	2,016.1	0.5
1987	53.2	1,496.9	57.8	38.9	18.9	1,364.1	75.0	2,043.0	0.4

7. 全国部分年份培养研究生的单位数

单位：个

年份	合计	高等学校	中国科学院	中国社会科学院	国务院各部委	省、自治区、直辖市的科研机构
1962	173	114	49	10		
1963	190	121	60	…	9	
1964	219	129	76	…	14	
1965	234	134	81	…	19	
1978	370	208	73	18	71	
1979	508	300	84	20	79	25
1980	586	316	89	21	102	58
1981	593	338	98	1	101	55
1982	633	330	111	1	134	57
1983	680	345	115	1	162	57
1984	696	358	116	1	161	60
1985	740	388	119	1	173	59
1986	755	395	121	1	177	61
1987	755	408	113	1	177	56

8. 全国部分年份研究生数

单位：人

年份	在学人数	招生数	毕业生数
1952	2,763	1,785	627
1957	3,178	334	1,723
1962	6,130	1,287	1,019
1965	4,546	1,456	1,665
1978	10,934	10,708	9
1979	18,830	8,110	140
1980	21,604	3,616	476
1981	18,848	9,363	11,669
1982	25,847	11,080	4,058
1983	37,166	15,642	4,497
1984	57,566	23,181	2,756
1985	87,331	46,871	17,004
1986	110,371	41,310	16,950
1987	119,248	38,759	27,395

9. 全国部分年份高等学校分科在校学生数

单位：人

年份	合计	工科	农科	林科	医药	师范
1952	191,147	66,583	13,262	2,209	24,752	31,551
1957	441,181	163,026	33,823	6,065	49,107	114,795
1962	829,699	345,247	66,863	13,862	108,470	137,561
1965	674,436	295,273	53,447	9,793	82,861	94,268
1970	47,815	11,623	1,090	330	13,235	9,140
1975	500,993	186,298	36,137	6,085	86,336	97,362
1976	564,715	198,079	50,529	8,612	98,381	109,731
1977	625,319	209,004	53,631	7,194	93,822	165,105
1978	856,322	287,648	53,712	7,915	112,990	249,940
1979	1,019,950	345,430	58,399	10,997	127,400	311,168
1980	1,143,712	383,520	70,494	11,681	139,569	338,197
1981	1,279,472	461,265	78,837	13,618	158,986	321,444
1982	1,153,956	398,214	64,327	11,472	164,038	289,448
1983	1,206,823	418,545	67,951	13,501	140,051	313,339
1984	1,395,656	479,527	77,497	15,128	143,855	361,827
1985	1,703,115	580,168	88,535	17,499	157,388	425,047
1986	1,879,994	645,117	93,218	19,171	170,317	481,831
1987	1,958,725	686,319	92,209	19,466	182,154	507,963

（续完）

年份	文科	理科	财经	政法	体育	艺术
1952	13,511	9,563	21,974	3,830	325	3,587
1957	19,643	28,660	12,048	8,245	3,252	2,517
1962	40,098	88,433	12,096	3,796	6,334	6,939
1965	46,038	62,232	18,119	4,144	4,026	4,235
1970	7,240	4,357	90	—	—	710
1975	37,115	33,888	7,092	267	6,880	3,531
1976	42,379	39,285	6,569	410	5,843	4,397
1977	35,038	41,817	7,992	576	6,357	4,783
1978	46,153	64,170	18,190	1,299	8,643	5,662
1979	57,244	70,036	21,597	3,315	9,048	5,316
1980	58,054	83,651	37,082	6,029	9,412	6,023
1981	69.076	99,840	47,895	9,944	11,241	7,326
1982	59,663	81,132	55,980	14,635	9,505	5,540
1983	67,909	79,848	71,100	18,286	10,027	6,266
1984	89,146	86,894	97,405	25,237	11,639	7,501
1985	126,826	97,707	147,543	36,129	13,629	12,644
1986	128,091	102,153	169,384	43,178	14,359	13,175
1987	113,423	106,564	180,398	42,034	14,183	14,012

10．全国部分年份高等学校分科招生数

单位：人

年　月	合　计	工　科	农　科	林　科	医　药	师　范
1952	78,865	33,952	3,676	816	6,547	18,145
1957	105,581	35,725	6,985	1,381	9,861	33,065
1962	106,777	40,928	8,947	1,603	12,709	20,041
1965	164,212	67,444	13,743	2,566	20,044	25,329
1970	41,870	10,450	1,030	330	8,620	9,140
1975	190,779	65,870	16,617	2,479	33,785	39,712
1976	217,048	71,618	25,728	3,416	35,324	44,167
1977	272,971	79,619	18,104	2,662	34,932	94,586
1978	401,521	135,741	20,709	3,390	47,320	123,996
1979	275,099	91,869	14,797	2,676	31,569	87,481
1980	281,230	92,387	16,168	2,803	31,277	89,046
1981	278,777	91,261	16,170	2,728	29,241	88,207
1982	315,135	102,825	18,313	3,201	29,486	97,177
1983	390,800	131,331	21,345	4,477	31,831	113,889
1984	475,171	158,925	24,978	4,810	35,863	134,494
1985	619,235	201,004	28,926	5,906	42,919	162,549
1986	572,055	184,958	27,353	5,513	40,647	170,071
1987	616,822	200.542	27.484	5,824	43,699	189,454

（续完）

年　份	文　科	理　科	财　经	政　法	体　育	艺　术
1952	3,831	5,433	4,700	1,271	40	454
1957	3,844	7,944	3,240	1,691	1,268	577
1962	6,358	11,414	3,084	460	627	606
1965	13,461	12,266	5,726	1,298	1,272	1,063
1970	7,240	4,260	90			710
1975	14,335	11,922	,834	100	1,858	1,267
1976	15,961	13,846	2,453	179	2,383	1,973
1977	14,781	19,838	3,389	256	2,977	1,827
1978	21,765	30,261	11,960	995	2,926	2,458
1979	14,984	18,053	8,143	2,041	2,470	1,016
1980	12,863	18,539	11,973	2,838	2,095	1,241
1981	12,763	18,914	12,405	3,751	1,889	1,448
1982	16,048	20,573	18,274	4,982	2,646	1,610
1983	24,537	21,880	29,385	6,923	3,206	1,996
1984	34,715	25.661	39,702	9,509	3,853	2,661
1985	53,289	30,833	67,017	16,164	4,477	6,151
1986	35,983	27,778	58,112	13,526	4,101	4,013
1987	34,747	29,185	63,444	13,193	4,145	5,159

11. 全国部分年份高等学校分科毕业生数

单位：人

年 份	合 计	工 科	农 科	林 科	医 药	师 范
1952	32,002	10,213	2,361	796	2,636	3,077
1957	56,180	17,162	3,104	824	6,200	15,948
1962	177,255	58,573	16,588	2,974	18,335	53,832
1965	185,521	80,294	15,665	3,237	22,027	28,966
1970	102,672	60,307	5,594	935	13,259	2,516
1972	118,955	48,240	6,490	810	20,760	20,516
1976	149,154	51,448	12,492	1,717	23,154	32,153
1977	194,426	73,562	12,706	2,119	34,860	37,038
1978	164,581	56,512	13,929	2,605	27,459	35,430
1979	85,085	21,362	9,748	1,281	13,483	24,331
1980	146,635	44,164	4,009	1,249	17,656	61,942
1981	139,640	12,199	7,902	933	9,512	103,422
1982	457,244	172,236	32,562	5,488	25,963	129,463
1983	335,334	111,405	16,661	2,674	55,490	90,147
1984	286,937	97,546	15,551	2,965	31,899	84,821
1985	316,384	97,672	17,315	3,403	29,190	94,113
1986	392,792	119,213	21,896	4,119	27,907	117,403
1987	531,930	156,065	26,357	4,984	32,124	163,366

（续完）

年 份	文 科	理 科	财 经	政 法	体 育	艺 术
1952	1,676	2,215	7,263	1,403	79	283
1957	4,294	3,524	3,651	385	526	562
1962	6,830	13,603	2,575	802	1,820	1,323
1965	8,252	20,668	2,079	857	1,876	1,600
1970	6,217	12,410	647	123		664
1975	11,298	8,167	905	160	618	991
1976	11,891	10,008	1,922	49	3,089	1,231
1977	13,992	11,693	4,589	294	2,135	1,438
1978	11,808	12,473	1,627	99	1,256	1,113
1979	5,421	5,682	1,904		1,498	375
1980	6,213	8,421	1,268	109	1,010	594
1981	1,210	1,989	2,079		73	321
1982	27,449	40,747	13,143	1,238	5,647	3,308
1983	17,839	21,008	13,040	3,113	2,716	1,251
1984	14,414	17,907	14,976	3,103	2,421	1,334
1985	22,452	18,531	24,139	5,367	2,569	1,633
1986	34,599	21,567	32,740	7,329	3,549	2,470
1987	49,237	24,663	53,933	12,639	4,230	4,332

12. 全国高等学校分科毕业生累计数

单位：万人

	1949—1987年合计	1949—1965年	1966—1978年	1979—1987年
合　　计	563.81	155.44	139.19	269.18
工　　科	190.55	53.06	54.31	83.18
农　　林	45.25	14.71	12.63	17.91
医　　药	61.77	16.66	20.79	24.32
师　　范	150.56	39.20	24.46	86.90
文　　科	36.60	8.26	10.51	17.87
理　　科	38.38	11.24	11.08	16.06
财　　经	25.64	7.13	2.79	15.72
政　　法	6.08	2.31	0.48	3.29
体　　育	4.98	1.41	1.21	2.36
艺　　术	3.96	1.46	0.93	1.57

13. 全国高等学校分科专任教师数

（1987年）

单位：人

	合　计	教　授	副教授	讲　师	教　员	助　教
合　计	385,352	12,507	64,466	132,554	27,649	148,176
工　科	106,131	3,676	19,973	39,067	5,436	37,979
农　科	16,614	889	3,213	5,364	577	6,571
林　科	2,693	96	538	784	45	1,230
医　药	32,651	2,779	6,121	9,821	1,409	12,521
教　育	4,449	127	590	1,057	597	2,078
文　科	87,268	1,709	13,114	28,908	8,675	34,862
理　科	83,708	2,125	14,391	32,329	4,923	29,940
财　经	17,401	472	2,142	4,231	2,222	8,334
政　法	5,216	110	670	1,354	747	2,335
体　育	19,703	164	2,209	6,618	1,657	9,055
艺　术	9,518	360	1,505	3,021	1,361	3,271

14. 全国部分年份中等专业学校分科在校学生数

单位：人

年份	合计	中等技术学校				
		小计	工科	农科	林科	医药
1952	635,609	290,446	111,413	58,446	8,176	59,407
1957	777,939	482,155	259,478	84,845	14,288	81,079
1962	534,911	352,692	187,892	46,753	6,155	76,836
1965	547,447	392,443	177,609	46,417	7,364	88,972
1970	63,976	31,668	7,434	5,323	1,454	10,688
1975	707,318	405,030	13,8451	64,635		139,113
1976	689,877	385,521	117,282	39,015		137,638
1977	689,202	391,320	120,584	71,825		133,118
1978	889,209	529,289	181,463	86,478		158,673
1979	1,198,676	714,182	242,915	110,401	11,327	210,194
1980	1,243,388	761,280	263,045	113,800	12,188	224,695
1981	1,068,955	632,051	203,387	82,796	11,067	183,230
1982	1,039,444	628,063	215,743	77,134	13,204	163,253
1983	1,143,299	688,438	233,917	78,217	13,723	163,280
1984	1,322,507	811,118	274,570	85,986	16,382	182,283
1985	1,571,083	1,008,659	337,786	98,811	19,207	220,963
1986	1,757,213	1,145,913	389,651	107,951	27,530	245,430
1987	1,873,869	1,222,607	400,240	105,735	22,317	274,575

（续完）

年份	中等技术学校					中等师范学校
	财经	政法	体育	艺术	其他	
1952	52,277	—	91	589	47	345,163
1957	31,588	—	5,263	4.635	979	295,784
1962	18,125	—	1,610	10,341	4,980	182,219
1965	56,673	—	744	11,324	3,340	155,004
1970	3,441	—	628	1,570	1,130	32,308
1975	45,580	—	3,922	9.408	3,921	302,288
1976	45,919	—	2,552	8,434	4,681	304,356
1977	50,292	—	2,246	9,360	3,895	297,882
1978	75,382	—	3,662	12,192	11,439	359,920
1979	105,480	—	5,127	12,979	15,759	484,494
1980	107,535	—	6,190	15,576	18,251	482,108
1981	106,836	17,486	6,622	15,497	5,130	436,904
1982	109,714	22,069	6,916	15,186	4,844	411,381
1983	145,581	27,402	6,791	16,830	2,697	454,861
1984	182,102	35,796	7.628	19,343	7,028	511,389
1985	243,494	48,049	10,402	23,983	5,964	562,424
1986	263,387	49,619	13,883	26,774	21,688	611,300
1987	294,681	46,048	19,460	28,575	24,976	651,262

15. 全国部分年份中等专业学校分科招生数

单位：人

年份	合计	中等技术学校				
		小计	工科	农科	林科	医药
1952	350,825	168,869	69,446	30,922	5,890	28,518
1957	123,155	59,926	27,062	7,607	1,776	19,373
1962	38,719	25,992	13,623	1,575	21	7,826
1965	208,476	146,370	63,727	15,830	2,453	36,604
1970	53,940	24,522	6,121	4,423	1,031	8,092
1975	343,854	184,263	53,852	35,485		66,890
1976	348,125	193,112	56,011	39,028		67,420
1977	366,312	208,764	69,172	35,928		67,443
1978	447,039	267,953	93,386	46,283		75,377
1979	491,551	265,386	83,806	41,966	4,519	79,125
1980	467,624	252,900	83,298	34,166	4,723	65,719
1981	433,179	238,098	85,303	25,840	5,352	54,128
1982	419,476	240,821	85,044	27,031	5,381	50,728
1983	477,763	286,383	91,203	29,362	5,271	61,684
1984	546,077	350,906	112,233	34,963	7,655	69,680
1985	668,271	451,928	144,829	38,847	7,965	87,925
1986	676,500	449,540	149,843	40,353	9,193	86,854
1987	715,227	484,976	161,333	39,016	7,442	96,818

（续完）

年份	中等技术学校					中等师范学校
	财经	政法	体育	艺术	其他	
1952	33,776	—	50	267	—	181,956
1957	2,233	—	1,066	809	—	63,229
1962	2,261	—		686	—	12,727
1965	23,708	—	379	2,439	1,230	62,106
1970	2,783	—	349	1,063	660	29,418
1975	22,455	—	1,090	2,811	1,680	159,591
1976	23,884	—	688	3,374	2,707	155,013
1977	30,321	—	1,272	2,625	2,003	157,548
1978	38,936	—	1,831	4,766	7,374	179,086
1979	43,596	—	2,153	3,283	6,938	226,165
1980	48,223	—	2,350	4,340	10,981	214,724
1981	49,582	9,897	2,154	3,934	1,908	195,081
1982	54,063	11,591	1,969	3,167	1,847	178,655
1983	76,559	15,095	1,740	3,749	1,720	191,380
1984	93,445	20,550	2,503	5,903	3,974	195,171
1985	127,906	26,632	4,517	9,305	4,002	216,343
1986	117,832	22,832	5,361	8,195	9,077	226,960
1987	133,108	21,182	7,452	8,346	10,279	230,251

16． 全国部分年份中等专业学校分科毕业生数

单位：人

年份	合计	中等技术学校				
		小计	工科	农科	林科	医药
1952	68,146	40,758	9,498	4,361	347	15,840
1957	146,100	95,707	50,753	12,258	2,512	22,984
1962	304,895	159,100	72,361	29,149	3,786	44,264
1965	91,388	73,359	40,750	6,409	1,376	12,927
1970	28,131	16,815	3,126	3,908	782	4,690
1975	247,709	123,328	39,606	18,548		46,138
1976	338,629	190,231	62,341	31,865		68,361
1977	339,706	178,678	56,562	28,067		65,485
1978	231,990	119,335	31,294	27,055		43,884
1979	180,859	78,518	24,175	11,397	1,572	25,220
1980	410,337	201,187	57,769	29,083	3,237	53,523
1981	604,920	364,804	138,283	58,803	6,198	93,548
1982	445,663	241,905	68,543	35,384	3,596	70,244
1983	375,353	229,901	65,133	25,185	4,054	62,652
1984	375,864	237,705	77,179	26,968	4,928	51,324
1985	428,680	261,168	84,066	26,539	4,672	51,636
1986	406,055	321,014	104,359	32,982	6,992	59,664
1987	577,800	388,832	129,826	35,771	6,954	70,362

（续完）

年份	中等技术学校					中等师范学校
	财经	政法	体育	艺术	其他	
1952	10,535	—	—	96	81	27,388
1957	6,247	—	681	272		50,393
1962	5,524	—	1,540	2,033	443	145,795
1965	8,835	—	174	2,283	605	18,029
1970	2,345	—	156	1,652	156	11,316
1075	15,524	—	405	1,369	1,738	124,381
1976	22,331	—	1,255	1,675	2,403	148,398
1977	24,737	—	785	1,489	1,553	161,028
1978	13,924	—	248	2,221	709	112,655
1979	12,924	—	387	1,912	931	102,341
1980	47,060	—	1,006	2,125	7,384	209,150
1981	53,803	6,937	1,298	3,698	2,236	240,116
1982	50,131	7,743	1,434	2,832	1,998	203,758
1983	57,588	9,763	1,686	3,111	729	145,452
1984	59,230	12,017	1,301	3,586	1,172	138,159
1985	71,927	14,797	1,574	5,279	678	167,512
1986	86,058	20,648	1,677	4,573	4,061	175,041
1987	109,073	23,392	1,981	5,246	6,228	188,968

17. 全国中等专业学校分科毕业生累计数

单位：万人

项　　目	1949—1986年合计	1949—1965年	1966—1978年	1979—1987年
合　　计	910.21	295.85	224.80	389.56
工　　科	191.63	73.76	42.94	74.93
农　　林	86.49	34.14	19.92	32.43
师　　范	394.30	135.89	101.36	157.05
医　　药	131.35	37.02	40.51	53.82
财　　经	81.66	11.99	14.88	54.79
政　　法	9.53	—	—	9.53
体　　育	2.55	0.93	0.38	1.24
艺　　术	6.69	1.45	2.01	3.23
其　　他	6.01	0.67	2.80	2.54

18. 全国部分年份中等专业学校分类别的专任教师数

单位：人

项　　目	1952年	1965年	1978年	1980年	1985年	1986年	1987年
合　　计	34,944	55,172	99,591	128,643	173,984	193,242	209,775
中等技术学校	14,848	43,742	69,320	90,979	128,018	143,376	155,903
工业学校	6,371	22,682	27,678	34,657	48,358	53,949	60,095
农业学校	3,544	3,902	10,380	13,450	16,549	18,106	19,397
林业学校	413	743		1,403	2,315	2,548	2,940
医药学校	1,842	8,745	18,505	22,835	26,236	28,074	29,209
财经学校	2,617	3,483	7,112	11,072	18 943	21,576	24,214
政法学校	—	—	—	—	4,131	4,935	5,246
体育学校	—	132	551	1,000	2,531	3,136	3,856
艺术学校	42	3,801	4,115	5,087	7,132	7,590	7,759
其他学校	15	254	979	1,475	1,823	3,462	3,187
中等师范学校	20,096	11,430	30,271	37,664	45,966	49,866	53,872

19. 全国部分年份初中毕业生和小学毕业生升学率

年份	初中毕业生升学率			小学毕业生升学率		
	初中毕业生数（万人）	高级中等学校招生数(万人)	升学率（%）	小学毕业生数（万人）	初级中等学校招生数(万人)	升学率（%）
1952	18.5	31.2	168.6	149.0	143.0	96.0
1957	111.2	44.2	39.8	498.0	219.9	44.2
1962	158.4	47.5	30.0	559.0	253.3	45.3
1965	184.0	121.5	66.0	667.6	550.7	82.5
1970	618.9	239.0	38.6	1,652.5	1,176.3	71.2
1975	1,047.6	633.1	60.4	1,999.4	1,810.5	90.6
1978	1,692.6	692.9	40.9	2,287.9	2,006.0	87.7
1979	1,657.9	623.3	37.6	2,087.9	1,727.8	82.8
1980	964.9	416.1	43.1	2,053.3	1,557.6	75.9
1981	1,154.2	364.1	31.5	2,075.7	1,417.6	68.3
1982	1,032.2	333.3	32.3	2,068.9	1,370.1	66.2
1983	960.3	340.5	35.5	1,980.7	1,333.8	67.3
1984	950.4	364.5	38.4	1,995.0	1,321.1	66.2
1985	998.3	393.6	39.4	1,999.9	1,367.0	68.4
1986	1,057.0	400.0	37.8	2,016.1	1,402.0	69.5
1987	1,128.4	403.4	35.7	2,043.0	1,410.9	69.1

20. 全国部分年份小学学龄儿童入学率

年份	全国学龄儿童数（万人）	已入学学龄儿童数（万人）	入学率（%）
1952	6,642.4	3,268.1	49.2
1957	8,077.7	4,986.6	61.7
1962	10,836.0	6,082.0	56.1
1965	11,603.2	9,829.1	84.7
1975	12,261.9	11,868.5	95.0
1976	12,193.8	11,838.7	96.0
1977	12,100.9	11,679.5	95.5
1978	12,131.3	11,585.4	94.0
1979	12,323.1	11,580.1	93.0
1980	12,219.6	11,478.2	93.0
1981	12,018.5	11,175.5	93.0
1982	11,762.7	10,958.0	93.2
1983	11,251.2	10,577.8	94.0
1984	10,669.0	10,169.8	95.3
1985	10,362.3	9,942.8	95.9
1986	10,067.5	9,702.1	96.4
1987	9,750.9	9,477.2	97.2

21. 全国部分年份平均每万人口在校学生数和大中小学学生构成

年份	各级学校在校学生数占全国人口%	平均每万人口中			大中小学学生各占学生总数%		
		大学生（人）	中学生（人）	小学生（人）	大学生	中学生	小学生
1949	4.76	2.2	23	450	0.5	4.9	94.6
1952	9.47	3.3	55	889	0.3	5.8	93.9
1957	11.11	6.8	110	994	0.6	9.9	89.5
1965	18.09	9.3	197	1,602	0.5	10.9	88.6
1978	22.28	8.9	693	1,526	0.4	31.1	68.5
1979	21.41	10.5	621	1,510	0.5	29.0	70.5
1980	20.78	11.6	578	1,489	0.6	27.8	71.6
1981	19.55	12.8	503	1,439	0.7	25.7	73.6
1982	18.58	11.4	465	1,381	0.6	25.0	74.4
1983	17.91	11.8	453	1,326	0.6	25.3	74.1
1984	17.93	13.5	470	1,310	0.7	26.2	73.1
1985	17.81	16.3	487	1,278	0.9	27.3	71.8
1986	17.61	17.7	501	1,242	1.0	28.5	70.5
1987	17.12	18.2	502	1,192	1.1	29.3	69.6

22. 全国部分年份各级学校教师负担学生数

年份	高等学校		中等学校		小学	
	教师数（万人）	平均每个教师负担学生数（人）	教师数（万人）	平均每个教师负担学生数（人）	教师数（万人）	平均每个教师负担学生数（人）
1949	1.6	7.3	8.3	15.3	83.6	29.2
1952	2.7	7.1	13.0	24.2	143.5	35.6
1957	7.0	6.3	29.3	24.2	188.4	34.1
1965	13.8	4.9	70.9	20.2	385.7	30.1
1978	20.6	4.2	328.1	20.2	522.6	28.0
1979	23.7	4.3	319.1	18.9	538.2	27.2
1980	24.7	4.6	317.2	17.9	549.9	26.6
1981	25.0	5.1	300.9	16.7	558.0	25.7
1982	28.7	4.0	287.1	16.4	550.5	25.4
1983	30.3	4.0	282.7	16.4	542.5	25.0
1984	31.5	4.4	282.1	17.2	537.0	25.2
1985	34.4	5.0	296.6	17.2	537.7	24.9
1986	37.2	5.1	311.5	17.1	541.4	24.3
1987	38.5	5.1	326.6	16.5	543.4	23.6

第四部分

三次全国人口普查数据

一、第一次全国人口普查主要数据

（普查的标准时间：1953年6月30日24时）

提　　要

（一）全国人口	601,938,035
其中（1）直接调查人口	574,205,940
男	297,553,518
女	276,652,422
18岁以上人口	333,339,892
17岁以下人口	235,866,048
（2）间接调查人口	27,732,095
西藏昌都及其他省区的边远地区人口	8,397,477
台湾省人口	7,591,298
国外华侨等人口	11,743,320
（二）全国汉族人口	547,283,057
（三）全国少数民族人口	35.320,360
（四）全国城镇人口	77,257,282
（五）全国乡村（206,382）人口	505,346,135
（六）全国市（166）人口	52.486,453
（七）全国小城镇（5,402）人口	33,723,027
（八）全国县级以上民族自治区（69）人口	25,575.291

〔●〕全国市和全国小城镇人口相加，多于全国城镇人口8.952,198人这些多出的人口，是各市郊区的农业人口。

1. 全国总户数和总人口

地区别	户数	人口数 合计	人口数 男	人口数 女	每户平均人口	男占百分比	女占百分比
总计		601,938,035					
小计	134,114,217	581,329,448	301,262,256	280,067,192	4.33	51.82	48.18
北京市	577,965	2,768,149	1,597,868	1,170,281	4.79	57.72	42.28
天津市	561,924	2,693,831	1,480,280	1,213,551	4.79	54.95	45.05
上海市	1,316,261	6,204,417	3,319,575	2,884,842	4.71	53.50	46.50
河北省	8,201,238	35,984,644	18,298,265	17,686,379	4.39	50.85	49.15
山西省	3,605,735	14,314,485	7,644,677	6,669,808	3.97	53.41	46.59
内蒙古自治区	1,386,986	6,100,104	3,431,883	2,668,221	4.40	56.26	43.74
辽宁省	3,666,900	18,545,147	9,760,372	8,784,775	5.06	52.63	47.37
吉林省	2,278,787	11,290,073	6,012,087	5,277,986	4.95	53.25	46.75
黑龙江省	2,465,032	11,897,309	6,487,678	5,409,631	4.83	54.53	45.47
热河省	1,050,877	5,160,822	2,674,516	2,486,306	4.91	51.82	48.18
陕西省	3,460,986	15,881,281	8,549,454	7,331,827	4.59	53.83	46.17
甘肃省	2,378,077	12,928,102	6,898,183	6,029,919	5.44	53.36	46.64
青海省	308,935	1,676,534	852,515	824,019	5.43	50.85	49.15
新疆省	1,178,945	4,873,608	2,597,769	2,275,839	4.13	53.30	46.70
山东省	11,097,668	48,876,548	24,311,397	24,565,151	4.40	49.74	50.26
江苏省	9,797,808	41,252,192	20,790,461	20,461,731	4.21	50.40	49.60
安徽省	7,051,881	30,343,637	16,109,956	14,233,681	4.30	53.09	46.91
浙江省	5,799,601	22,865,747	12,233,408	10,632,339	3.94	53.50	46.50
福建省	3,210,058	13,142,721	6,895,547	6,247,174	4.09	52.47	47.55
河南省	9,898,360	44,214,594	22,745,054	21,469,540	4.47	51.44	48.56
湖北省	6,847,080	27,789,693	14,331,671	13,458,022	4.06	51.57	48.45
湖南省	8,361,149	33,226,954	17,526,418	15,700,536	3.97	52.75	47.25
江西省	4,450,126	16,772,865	8,576,804	8,196,061	3.77	51.13	48.87
广东省	8,696,144	34,770,059	17,631,534	17,138,525	4.00	50.71	49.29
广西省	4,510,204	19,560,822	10,102,541	9,458,281	4.34	51.65	48.35
四川省	14,077,858	62,303,999	32,392,425	29,911,574	4.43	51.99	48.01
贵州省	3,401,472	15,037,310	7,598,023	7,439,287	4.42	50.53	49.47
云南省	3,739,349	17,472,737	8,771,950	8,700,787	4.67	50.20	49.80
西康省	736,811	3,381,064	1,639,945	1,741,119	4.59	48.50	51.50
小计		20,608,587					
台湾省		7,591,298					
昌都地区		273,969					
西藏		1,000,000					
其他		11,743,320					

说明："其他"一项包括国外华侨、国外留学生、驻外使领馆人员。

2. 全国各民族人口

民族别	人口	百分比	民族别	人口	百分比
总计	582,603,417	100.00	依人	195,670	0.03
汉族	547,283,057	93.94	纳西族	143,453	0.02
各少数民族合计	35,320,360	6.06	拉祜族	139,060	0.02
四十一种民族小计	34,247,718	5.88	高山族	329	…
蒙族	1,462,956	0.25	东乡族	155,761	0.03
回族	3,559,350	0.61	水家	133,566	0.02
藏族	2,775,622	0.48	景颇族	101,852	0.02
维吾尔族	3,640,125	0.62	柯尔克孜族	70,944	0.01
苗族	2,511,339	0.43	羌族	35,660	0.01
彝族	3,254,269	0.56	土（青海）人	53,277	0.01
僮族	6,611,455	1.13	塔塔尔族	6,929	…
布依族	1,247,883	0.21	俄罗斯人	22,656	…
朝鲜族	1.120,405	0.19	撒拉族	30,658	0.01
满人	2,418,931	0.41	锡伯族	19,022	…
侗族	712,802	0.12	沙人	112,433	0.02
瑶族	665,933	0.11	塔吉克族	14,462	…
民家	567,119	0.10	乌孜别克族	13,626	…
哈萨克族	509,375	0.09	保安族	4,957	…
傣族	478,966	0.08	裕固族	3,861	…
黎族	360,950	0.06	鄂伦春族	2,262	…
哈尼族	481,220	0.08	雅库特族	3	…
佧瓦族	286,158	0.05	索伦族	4,954	…
傈僳族	317,465	0.05	**其它各少数民族**	1,072,642	0.18

说明：

（一）表内列出的四十一种少数民族名称，顺序及未列的四十一种以外的其他各少数民族，系根据民族事务委员会的意见统计的。

（二）国外华侨及台湾的民族材料暂缺。

3. 全　国　城

地区别	总户数			
	合计	城镇	乡村	合计
总计	134,114,217	16,068,279	118 045,938	582,603,417
北京市	577,965	413,621	164,344	2,768,149
天津市	561,924	482,280	79,644	2,693,831
上海市	1,316,261	1,187,500	128,761	6,204,417
河北省	8,201,238	843,439	7,357,799	35,984,644
山西省	3,605,735	349,387	3,256,348	14,314,485
内蒙古自治区	1,386,986	200,646	1,186,340	6,100,104
辽宁省	3,666,900	1,080,626	2,586,274	18,545,147
吉林省	2,278,787	511,487	1,767,300	11,290,073
黑龙江省	2,465,032	707,703	1,757,329	11,897,309
热河省	1,050,877	65,496	985,381	5,160,822
陕西省	3,460,986	358,982	3,102,004	15,881,281
甘肃省	2,378,077	287,283	2,090,794	12,928,102
青海省	308,935	36,680	272,255	1,676,534
新疆省	1,178,945	161,473	1,017,472	4,873,608
山东省	11,097,668	494,426	10,603,242	48,876,548
江苏省	9,797,808	1,301,926	8,495,882	41,252,192
安徽省	7,051,881	546,258	6,505,623	30,343,637
浙江省	5,799,601	639,987	5,159,614	22,865,747
福建省	3,210,058	509,316	2,700,742	13,142,721
河南省	9,898,360	725,613	9,172,747	44,214,594
湖北省	6,847,080	544,073	6,303,007	27,789,693
湖南省	8,361,149	652,792	7,708,357	33,226,954
江西省	4,450,126	422,870	4,027,256	16,772,865
广东省	8,696,144	1,334,834	7,361,310	34,770,059
广西省	4,510,204	369,416	4,140,788	19,560,822
四川省	14,077,858	1,226,116	12,851,742	62,303,999
贵州省	3,401,472	264,864	3,136,608	15,037,310
云南省	3,739,349	289,858	3,449,491	17,472,737
西康省	736,811	59,327	677,484	3,381,064
西藏地方和昌都地区	—	—	—	1,273,969

说明：1. 各地统计的城镇人口，一般是包括市的市区（市郊的农业区有一千多万人未统计在内）县城的城关，二、三千人以上工商业比较发达的集镇，以及工矿区和森林作业所等，但由于没有统一的城乡划分标准，因而各省在具体划分上互有出入，本表数字仅可供参考。

2. 西藏和昌都地区的数字，系间接调查得来，缺数户和男女数，所以在全国统计栏中，城镇乡村栏的男女相加，不等于小计。

3. 总人口数中缺台湾和国外华侨的数字。

乡　人　口

总			人		口	城镇人口占总人口的百分比
城	镇		乡	村		
小计	男	女	小计	男	女	
77,257,282	44,752,778	32,342,569	505,346,135	256,509,478	247,724,623	13.26
2,058,192	1,216,434	841,758	709,957	381,434	328,523	74.35
2,328,717	1,291,369	1,037,348	365,114	188,911	176,203	86.45
5,633,717	3,045,034	2,588,683	570,700	274,541	296,159	90.80
4,195,336	2,492,504	1,702,832	31,789,308	15,805,761	15,983,547	11.66
1,655,814	1,031,295	624,519	12,658,671	6,613,382	6,045,289	11.57
898,568	522,422	376,146	5,201,536	2,909,461	2,292,075	14.73
5,760,527	3,358,746	2,401,781	12,784,620	6,401,626	6,382,994	31.06
2,587,046	1,482,636	1,104,410	8,703,027	4,529,451	4,173,576	22.91
3,634,060	2,124,260	1,509,800	8,263,249	4,363,418	3,899,831	30.55
320,705	181,636	139,069	4,840,117	2,492,880	2,347,237	6.21
1,817,224	1,143,456	673,768	14,064,057	7,405,998	6,658,059	11.44
1,580,367	082,167	598,200	11,347,735	5,916,016	5,431,719	12.22
194,174	106,733	87,441	1,482,360	745,782	736,578	11.58
728,930	437,116	291,814	4,144,678	2,160,653	1,984,025	14.96
2,284,055	1,282,088	1,001,967	46,592,493	23,029,309	23,563,184	4.67
6,095,168	3,453,534	2,641,634	35,157,024	17,336,927	17,820,097	14.78
2,638,316	1,605,658	1,032,658	27,705,321	14,504,298	13,201,023	8.69
3,120,362	1,881,910	1,238,452	19,745,385	10,351,498	9,393,887	13.65
2,438,750	1,423,691	1,015,059	10,703,971	5,471,856	5,232,115	18.56
3,681,093	2,221,025	1,460,068	40,533,501	20,524,029	20,009,472	8.33
2,389,619	1,323,120	1,066,499	25,400,074	13,008,551	12,391,523	8.60
2,925,478	1,774,754	1,150,724	30,301,476	15,751,664	14,549,812	8.80
1,740,543	969,851	770,692	15,032,322	7,606,953	7,425,369	10.38
6,082,693	3,435,101	2,647,592	28,687,366	14,196,433	14,490,933	17.49
1,666,698	898,747	767,951	17,894,124	9,203,794	8,690,330	8.52
5,713,150	3,371,597	2,341,553	56,590,849	29,020,828	27,570,021	9.17
1,099,063	575,543	523,520	13,938,247	7,022,480	6,915,767	7.31
1,582,186	995,539	586,647	15,890,551	7,776,411	8,114,140	9.06
244,796	124,812	119,984	3,136,268	1,515,133	1,621,135	7.24
161,935	—	—	1,112,034	—	—	12.71

4. 全国县级

地区别		合计	15万人以下					15万—30万			
			小计	1万以下	1—5	5—10	10—15	小计	15—20	20—25	25—30
总计	县数	2,139	832	32	200	284	316	671	278	209	184
	百分比	100	38.99	1.50	9.35	13.28	14.77	31.37	13.00	9.77	8.60
河北省		148	33	0	0	9	24	80	32	29	19
山西省		104	74	0	8	30	36	29	19	5	5
内蒙古自治区		75	67	10	19	23	15	8	6	2	0
辽宁省		35	1	0	0	0	1	10	2	2	6
吉林省		42	17	0	4	4	9	17	5	6	6
黑龙江省		67	38	4	6	16	12	22	13	2	7
热河省		20	3	0	1	0	2	12	4	2	6
陕西省		97	56	0	14	21	21	34	17	9	8
甘肃省		92	60	4	9	31	16	28	10	11	7
青海省		31	28	4	19	2	3	3	2	0	1
新疆省		79	70	7	44	15	4	8	6	2	0
山东省		130	8	1	1	0	6	43	6	17	20
江苏省		69	3	0	0	0	3	9	3	1	5
安徽省		68	9	0	1	5	3	19	3	11	5
浙江省		83	30	0	3	11	16	30	9	8	13
福建省		67	36	0	6	17	13	23	9	8	6
河南省		118	4	0	0	2	2	43	14	14	15
湖北省		75	6	0	0	0	6	30	9	8	13
湖南省		86	12	0	0	5	7	29	14	8	7
江西省		83	40	1	2	12	25	26	10	11	5
广东省		98	27	0	4	10	13	31	12	13	6
广西省		74	17	0	1	5	11	32	17	11	4
四川省		146	29	1	12	6	10	34	15	8	11
贵州省		79	34	0	0	14	20	34	19	8	7
云南省		126	87	0	20	35	32	33	20	11	2
西康省		47	43	0	26	11	6	4	2	2	0

附注：1.本表除市外，凡在人口调查时的县及相当于县的自治区、工矿区、镇及特区等行政单位均统计在内、

2.台湾、西藏及昌都地区数字暂缺，

单位人口分组

30万—50万					50万—80万				80万以上			
小计	30—35	35—40	40—45	45—50	小计	50—60	60—70	70—80	小计	80—90	90—100	100万以上
391	143	99	76	73	201	99	71	31	44	25	11	8
18.28	6.69	4.63	3.55	3.41	9.40	4.63	3.32	1.45	2.05	1.17	0.51	0.37
34	17	14	1	2	1	0	1	0	0	0	0	0
1	1	0	0	0	0	0	0	0	0	0	0	0
0	0	0	0	0	0	0	0	0	0	0	0	0
18	9	4	3	2	6	2	4	0	0	0	0	0
4	0	0	1	3	4	3	1	0	0	0	0	0
7	5	0	2	0	0	0	0	0	0	0	0	0
4	2	2	0	0	1	1	0	0	0	0	0	0
6	5	0	1	0	1	0	1	0	0	0	0	0
3	2	0	1	0	1	1	0	0	0	0	0	0
0	0	0	0	0	0	0	0	0	0	0	0	0
1	1	0	0	0	0	0	0	0	0	0	0	0
54	17	17	8	12	25	17	7	1	0	0	0	0
21	6	5	5	5	26	8	12	6	10	3	5	2
13	6	4	1	2	20	8	6	6	7	4	2	1
13	3	5	3	2	9	5	3	1	1	1	0	0
5	1	1	1	2	3	1	1	1	0	0	0	0
53	18	13	10	12	17	6	8	3	1	1	0	0
27	9	7	4	7	11	5	4	2	1	1	0	0
20	1	7	7	5	22	12	8	2	3	2	0	1
14	9	3	0	2	3	2	1	0	0	0	0	0
21	5	4	9	3	16	12	1	3	3	1	1	1
22	9	4	1	8	3	0	3	0	0	0	0	0
35	9	6	16	4	30	15	9	6	18	12	3	3
10	6	3	0	1	1	0	1	0	0	0	0	0
5	2	0	2	1	1	1	0	0	0	0	0	0
0	0	0	0	0	0	0	0	0	0	0	0	0

5. 全国市人口分组

人口分组		市数	百分比	人口	百分比
总计		166	100	52,486,453	100
5万人以下	小计	15	9.03	575,969	1.09
	3万人以下	5	3.10	132,886	0.25
	3万——5万	10	6.02	443,083	0.84
5万—15万	小计	76	45.79	7,200,637	13.72
	5万——10万	48	28.92	3,691,495	7.03
	10万——15万	28	16.87	3,509,142	6.69
15万—30万	小计	40	24.09	8,444,259	16.09
	15万——20万	22	13.25	3,909.385	7.45
	20万——25万	9	5.42	2,007,306	3.82
	25万——30万	9	5.42	2,527,568	4.82
30万—50万	小计	10	6.025	3,957.718	7.55
	30万——35万	1	0.600	344,742	0.66
	35万——40万	6	3.620	2,254,551	4.30
	40万——45万	2	1.205	884,414	1.69
	45万——50万	1	0.600	474,011	0.90
50万—100万	小计	16	9.645	11,288,359	21.50
	50万——60万	4	2.410	2,278,123	4.34
	60万——70万	6	3.620	4,107,102	7.82
	70万——80万	3	1.810	2,274,378	4.33
	80万——90万	2	1.205	1,711,910	3.26
	90万——100万	1	0.600	916.846	1.75
100万——200万		5	3.01	7,053,196	13.44
200万人以上		4	2.41	13,966,315	26.61

6. 全国分县、市总户数和总人口

北京市　天津市　上海市　河北省

单位：个、户、人

地区别	乡(镇)数	户数	人口
全国总计	216,286	134,114,217	590,194,715
北京市	330	577,965	2,768,149
天津市	122	561,924	2,693,831
上海市	135	1,316,261	6,204,417
河北省	11,524	8,201,238	35,984,644
省辖单位	186	431,520	2,221,704
保定市	10	31,516	196,973
唐山市	52	134,366	693,305
石家庄市	32	71,270	373,443
张家口市	15	48,881	229,303
秦皇岛市	19	36,800	186,797
邯郸市	5	14,400	80,158
宣化市	11	23,987	114,081
通州市	6	10,899	67,482
汉沽市	8	8,747	51,285
泊头市		5,222	28,036
邢台市	3	11,271	55,984
峰峰矿区	25	34,071	144,857
保定专区	1,307	861,856	3,926,743
清苑县	105	86,257	396,473
望都县	44	34,662	165,410
满城县	64	41,554	202,626
完县	52	38,798	166,035
唐县	83	51,859	221,128
涞源县	111	38,244	145,120
易县	157	77,169	326,973
徐水县	86	62,582	316,963
定兴县	82	61,712	306,371
涞水县	95	42,210	184,029
涿县	80	60,109	282,927
固安县	63	48,775	220,780
新城县	85	56,073	274,912
雄县	50	40,740	177,116
容城县	39	30,650	144,835
安新县	58	45,804	207,249
高阳县	53	44,658	187,796
通县专区	1,105	643,254	2,854,037
通县	127	84,239	370,821
大兴县	62	44,472	201,410
良乡县	46	29,445	137,568
房山县	70	33,006	150,361
昌平县	111	68,830	275,381
顺义县	101	76,081	323,630
怀柔县	94	31,267	134,762
密云县	125	49,067	228,210
平谷县	79	43,054	203,898
蓟县	140	78,604	361,678
三河县	87	62,047	274,392
香河县	63	43,142	191,926
张家口专区	1,265	639.741	2,559,979
万全县	50	32,928	135,228
张北县	103	46,118	200,358
尚义县	73	21,506	99,066
商都县	102	38,995	173,315
康保县	86	31,718	136,498
沽源县	77	26,367	103,535
崇礼县	60	18,573	71,148
赤城县	100	33,074	134,116
龙关县	46	19,040	71,691
延庆县	60	36,653	143,789
怀来县	70	45,894	193,828
涿鹿县	71	51,994	188,570
蔚县	145	96,317	342,394
阳原县	65	44,749	168,847
怀安县	62	41,694	178,558

河北省

（续1）

地区别	乡(镇)数	户 数	人 口
宣化县	95	54,121	219,038
唐山专区	1,271	894,998	4,067,190
昌黎县	98	78,359	350,984
乐亭县	107	84,933	346,703
滦南县	108	86,015	363,415
丰南县	92	78,352	347,803
丰润县	140	101,037	488,085
玉川县	114	83,194	393,873
遵化县	122	82,810	385,488
迁西县	97	39,990	186,739
滦 县	95	70,459	311,065
迁安县	94	64,551	312,783
卢龙县	83	50,975	248,492
抚宁县	74	49,258	222,973
临榆县	47	25,065	108,787
天津专区	938	682,769	3,115,312
静海县	110	79,163	376,625
青 县	64	44,201	206,403
大城县	67	46,681	206,569
任邱县	101	72,935	328,511
文安县	72	47,010	215,810
霸 县	71	59,883	269,748
永清县	61	41,699	182,641
安次县	68	53,396	232,578
武清县	142	110,707	493,912
宝坻县	110	72,287	337,219
宁河县	72	54,807	265,296
沧县专区	1,250	902,358	3,975,741
沧 县	106	85,673	402,320
黄骅县	70	51,643	258,124
庆云县	57	44,308	179,704
盐山县	96	76,685	351,764
南皮县	61	50,199	225,098
东光县	70	54,449	234,612
宁津县	101	73,301	294,562
吴桥县	83	59,861	254,273
故城县	46	36,076	156,447
景 县	132	74,764	330,428
阜城县	90	50,324	214,793
交河县	90	64,571	272,391
献 县	72	55,602	245,126
建国县	77	51,618	227,642
河间县	99	73,284	328,457
定县专区	933	649,573	2,967,122
定 县	148	122,429	640,973
安国县	71	54,006	247,178
博野县	36	29,968	137,430
蠡 县	71	60,967	267,158
肃宁县	54	39,709	175,885
饶阳县	61	44,153	175,901
安平县	51	44,645	184,362
深泽县	40	29,987	128,982
无极县	65	54,092	242,887
新乐县	57	40,497	195,404
行唐县	84	48,020	216,157
曲阳县	92	52,724	238,465
阜平县	103	28,376	116,340
石家庄专区	1,454	1,026,289	4,271,741
获鹿县	63	51,327	216,734
正定县	75	60,506	301,418
藁城县	96	76,197	376,607
晋 县	67	56,299	240,456
束鹿县	99	93,356	362,213

地区别	乡(镇)数	户　数	人　口
深　县	116	92,998	375,352
武强县	44	28,824	115,707
武邑县	83	50,102	201,768
衡水县	47	40,912	161,717
枣强县	83	67,581	261,648
冀　县	81	72,161	260,455
赵　县	71	61,881	273,088
栾城县	52	37,263	183,403
高邑县	22	18,391	79,731
赞皇县	62	25,098	97,836
元氏县	56	40,246	175,094
井陉县	97	45,788	170,866
建屏县	89	28,980	106,796
平山县	79	42,990	159,972
灵寿县	72	35,389	150,880
邢台专区	874	721,441	2,870,771
邢台县	112	67,303	252,711
内邱县	53	27,621	111,765
临城县	48	21,809	87,731
柏乡县	27	20,288	88,817
隆尧县	63	56,426	235,246
宁晋县	88	98,739	388,440
新河县	26	26,465	99,912
南宫县	72	72,936	282,186
清河县	47	44,265	176,263
威　县	75	74,077	277,738
广宗县	33	29,680	117,701
巨鹿县	46	39,651	165,843
平乡县	42	29,640	124,717
任　县	36	33,194	139,442
南和县	35	33,889	143,982
沙河县	71	45,458	178,277

地区别	乡(镇)数	户　数	人　口
邯郸专区	941	747,439	3,154,304
邯郸县	59	40,937	183,951
永年县	95	86,883	370,758
肥乡县	42	34,135	149,818
鸡泽县	35	24,564	104,666
曲周县	50	41,828	174,642
邱　县	30	22,326	88,433
广平县	35	27,547	119,965
大名县	94	80,113	325,532
魏　县	89	73,847	318,798
成安县	55	48,098	228,163
临漳县	68	50,902	267,008
磁　县	83	64,381	264,408
涉　县	95	54,289	193,741
武安县	111	91,589	364,421
山西省	6,434	3,605,735	14,314,485
省辖单位	119	263,682	1,288,248
太原市	76	145,824	720,725
大同市		50,906	228,508
阳泉市	36	38,788	177,358
长治市	7	15,912	97,853
榆次市		12,252	63,804
忻县专区	1,117	526,649	1,963,907
忻　县	100	67,496	238,249
崞　县	111	76,630	274,121
代　县	64	35,740	131,331
繁峙县	74	34,705	137,332
五台县	123	52,426	205,666
定襄县	42	31,614	112,498
阳曲县	63	32,116	111,733
静乐县	93	34,599	135,962

山西省

（续 3）

地区别	乡(镇)数	户数	人口	地区别	乡(镇)数	户数	人口
岚县	42	17,683	69,934	太谷县	49	31,846	127,506
岢岚县	45	14,591	48,511	清徐县	41	31,169	130,139
兴县	86	29,154	116,807	祁县	42	34,263	126,029
保德县	47	15,426	60,959	平遥县	78	67,612	250,536
河曲县	58	19,833	76,303	介休县	57	41,242	151,528
偏关县	42	14,071	55.543	灵石县	64	31,461	117,663
神池县	35	15,433	56,809	孝义县	70	40,065	155,578
五寨县	36	14,494	55,375	汾阳县	68	50,371	184,780
宁武县	56	20,638	76,774	文水县	53	46,040	171,229
				交城县	70	31,449	119,151
雁北专区	744	412,814	1,651,576	中阳县	59	26,534	105,519
大同县	65	38,422	153,806	离石县	89	42,758	164,781
阳高县	67	49,283	202,698	方山县	31	12,697	42,771
天镇县	54	32,465	143,683	临县	144	73,655	285,632
广灵县	38	26,621	99,939				
灵邱县	70	28,970	109,349	**长治专区**	1,459	681,973	2,606,357
浑源县	80	45,360	183,690	长治县	87	46,182	194,223
怀仁县	38	27,177	106,891	潞城县	59	37,053	131,277
应县	61	39,953	156,041	黎城县	71	27,740	94,410
山阴县	46	29,132	113,788	平顺县	101	29,471	108,680
朔县	60	36,088	145,602	壶关县	91	40,782	158,435
平鲁县	68	22,544	91,142	陵川县	100	41,563	155,193
左云县	49	22,085	86,489	高平县	104	59,685	253,036
右玉县	48	14,714	58,458	晋城县	133	82,999	329,954
				阳城县	117	59,440	236,292
榆次专区	1,511	862.216	3,253,154	沁水县	91	34,657	135,631
榆次县	52	32,498	122,431	长子县	85	49,103	186,306
寿阳县	85	49,954	160,542	屯留县	95	36,494	142,399
盂县	101	46,775	180,032	沁源县	82	24,902	92,984
平定县	111	65,444	252,604	沁县	79	32,066	110,874
昔阳县	80	40,018	153,408	襄垣县	67	41,035	139,780
和顺县	60	21,409	80,435	武乡县	97	38,801	136,883
左权县	59	26,276	99,534				
榆社县	48	18,680	71,306	**运城专区**	674	457,081	1,947,909

地区别	乡(镇)数	户数	人口	地区别	乡(镇)数	户数	人口
安邑县	32	26,992	109,657	永和县	22	6,724	25,342
万泉县	28	23,393	92,698	石楼县	32	10,705	39,439
河津县	41	31,883	143,765	隰县	41	15,197	57,220
稷山县	44	34,265	142,652	汾西县	42	13,283	51,725
新绛县	39	31,928	133,310				
闻喜县	60	39,409	168,564	**内蒙古自治区**	4,120	1,386,986	6,100,104
绛县	51	19,900	79,741				
垣曲县	47	21,354	85,460	**直辖单位**	29	69,431	297,822
夏县	60	33,503	153,501	呼和浩特市		32,622	148,419
平陆县	54	25,947	112,066	包头市	29	36,809	149,403
解县	22	17,050	67,434				
芮城县	41	19,542	91,963	**平地泉行政区**	975	458,601	1,844,845
虞乡县	22	16,901	69,868	集宁县	69	29,449	123,074
永济县	55	32,596	152,824	兴和县	83	32,875	143,661
临晋县	34	27,458	114,207	丰镇县	81	46 568	193,420
猗氏县	29	26,671	103,934	凉城县	90	37,607	155,244
荣河县	33	22,550	94,064	和林格尔县	56	24,245	97,584
运城镇	2	5,739	32,201	清水河县	49	14,795	60,845
				托克托县	44	22,569	95,278
临汾专区	810	401,320	1,603,334	萨拉齐县	89	52,427	211,327
临汾县	87	53,647	229,763	武川县	61	25,877	92,953
洪洞县	62	38,631	159,458	武东县	64	21,335	75,027
赵城县	48	31,346	123,318	卓资县	75	32,134	131,576
霍县	38	19,630	73,479	土默特旗	113	59,104	229,551
安泽县	81	25,396	89,434	察哈尔右翼后旗	42	13,941	55,360
浮山县	47	20,723	80,215				
翼城县	61	34,884	144,859	察哈尔右翼中旗	33	23,475	86,347
曲沃县	36	33,235	133,372				
汾城县	33	26,385	102,648	察哈尔右翼前旗	22	13,493	55,904
襄陵县	32	22,429	96,005	平地泉镇	4	8,707	37,194
乡宁县	65	19,761	85,384				
吉县	39	12,208	47,822	**河套行政区**	217	101,782	421,051
蒲县	25	11,162	40,856	临河县	46	21,442	88,867
大宁县	19	5,974	22,995	狼山县	34	16,372	67,948

内蒙古自治区 （续5）

地区别	乡(镇)数	户数	人口
五原县	30	15,413	60,822
安北县	37	13,687	60,699
杭锦后旗	40	18,064	76,477
达拉特后旗	26	11,552	44,634
陕坝县	4	5,252	21,604
伊克昭盟	334	115,504	519,476
东胜县	19	6,948	34,382
准格尔旗	84	35,621	148,830
达拉持旗	66	28,221	127,949
郡王旗	30	9,094	43,925
杭锦旗	45	10,881	48,675
扎萨克旗	15	4,114	20,427
乌审旗	32	7,279	34,392
鄂托克旗	43	13,346	60,896
乌兰察布盟	231	69,122	268,062
固阳县	64	23,473	86,767
四子王旗	47	19,883	71,141
乌拉特前旗	37	9,338	44,826
乌拉特中后联合旗	42	4,881	19,709
达尔罕茂明安联合旗	25	6,947	26,871
石拐沟矿区	16	4,600	18,748
察哈尔盟	385	62,631	252,997
宝昌县	160	26,778	109,197
化德县	151	14,492	64,463
多伦县	52	11,688	41,848
明安太右联合旗	8	3,284	12,872
正白厢白联合旗	9	2,006	7,405
商都厢黄联合旗		2,241	9,395
正兰旗	3	1,568	5,459
太左旗	2	574	2,358
锡林郭勒盟	28	14,007	56,244
西部联合旗	8	4,211	14,621
东部联合旗	7	4,874	24,409
苏尼特左旗	5	1,840	6,439
苏尼特右旗	8	3,082	10,775
哲里木盟	911	194,981	974,765
通辽市	3	9,913	47,185
通辽县	125	36,216	167,696
开鲁县	126	24,893	127,739
扎鲁特旗	55	9,461	46,273
科尔沁左翼中旗	189	39,161	180,621
科尔沁左翼后旗	154	28,796	148,039
库伦旗	111	16,774	93,596
奈曼旗	148	29,767	163.616
呼伦贝尔盟	471	186,304	919,176
海拉尔市		9,003	43,168
乌兰浩特市		9,793	51,454
满洲里市		6,877	33,198
突泉县	100	25,302	128,063
科尔沁右翼前旗	15	32,615	160,858
科尔沁右翼中旗	73	14,202	73,287
扎赉特旗	83	22,466	119,052
陈巴尔虎旗	5	1.432	6,324
索伦旗	5	1,616	6,399

地区别	乡(镇)数	户　数	人　口	地区别	乡(镇)数	户　数	人　口
喜桂图旗	6	11,566	64,458	庄河县	312	107,098	596,294
额尔古纳旗	5	1,274	5,184	新金县	291	86,242	485,332
莫方达瓦旗	51	12,157	54,300	复　县	332	95,128	537,340
阿荣旗	46	12,059	50,618	岫岩县	217	68,530	364,573
布特哈旗	63	21,335	105,080	盖平县	451	111,764	602,475
新巴尔虎左翼旗	7	2,723	10,226	营口县	237	53,054	265,863
新巴尔虎右翼旗	5	1,668	6,561	海城县	395	121,235	608,307
鄂伦春自治旗	7	216	946	辽阳县	460	134,839	689,626
				凤城县	235	75,887	391,586
				宽甸县	230	56,891	294,594
昭乌达盟	539	114,623	545,666	桓仁县	131	34,025	160,606
林西县	108	24,493	118,742	新宾县	143	34,141	152,600
阿鲁科尔沁旗	117	24,796	120,083	清原县	137	31,865	134,188
巴林左翼旗	110	29,027	149,181	西丰县	175	51,302	215,402
巴林右翼旗	84	12,356	56,234	锦　县	311	86,693	404,744
克什克腾旗	120	23,951	101,426	锦西县	231	77,629	364,394
				兴城县	194	57,463	269,573
辽宁省	9,365	3,666,900	18,545,147	绥中县	244	70,411	340,730
沈阳市	492	457,040	2,299,918	义　县	240	70,530	319,554
旅大市	349	229,251	1,278,098	北镇县	167	66,048	309,366
(市区)	(47)	(133,956)	(776,394)	盘山县	157	58,807	294,234
(旅顺市)	(97)	(24,540)	(125,973)	台安县	138	49,293	258,632
(金县)	(172)	(63,946)	(548,373)	辽中县	184	62,887	306,245
(长海县)	(33)	(6,809)	(37,358)	黑山县	242	97,291	455,233
鞍山市	97	97,158	548,936	新民县	297	91,504	409,614
抚顺市	176	140,712	687,587	彰武县	179	49,843	252,993
本溪市	244	88,640	449,037	法库县	228	66,784	311,348
安东市	52	64,765	360,040	铁岭县	231	77,090	349,288
营口市	8	26,391	131,360	开原县	250	73,697	340,031
辽阳市	15	27,258	168,227	康平县	121	43,233	223,487
锦州市	53	63,377	352,252	昌图县	196	124,675	623,760
阜新市	32	41,293	188,572	阜新县土默特旗	300	79,463	410,449
安东县	191	65,673	388,659				

地区别	乡(镇)数	户　数	人　口
吉林省	6,391	2,278,787	11,290,073
省辖单位	4,193	1,686,406	8,551,904
长春市	159	154,150	855,197
吉林市	43	77,511	435,377
辽源市	10	25,509	120,074
通化市	12	29,164	129,093
四平市	15	25,668	125,942
永吉县	285	106,381	519,832
蛟河县	158	55,046	214,185
敦化县	89	37,664	162,444
桦甸县	98	35,463	147,856
盘石县	145	58,983	247,428
双阳县	115	40,568	217,744
伊通县	167	61,823	299,238
怀德县	275	110,361	572,054
九台县	202	83,859	439,593
农安县	279	101,577	575,395
长岭县	201	41,092	213,765
扶余县	225	86,873	451,643
德惠县	234	83,836	467,480
榆树县	305	125,647	681,161
舒兰县	105	60,683	289,590
西安县	307	55,789	261,093
东丰县	199	59,653	262,479
双辽县	142	41,444	202,635
梨树县	283	90,260	470,501
郭前旗	140	37,402	190,100
通化专区	860	255,279	1,098,629
通化县	120	35,769	151,980
柳河县	97	38,968	157,270
辉南县	75	33,021	136,262
靖宇县	36	6,631	30,949

地区别	乡(镇)数	户　数	人　口
抚松县	33	11,681	42,036
长白县	40	6,892	26,773
临江县	130	42,927	176,543
辑安县	111	24,980	118,296
海龙县	218	54,710	258,470
白城专区	788	170,992	875,777
白城县	248	47,755	235,381
镇赉县	121	25,420	137,625
大赉县	59	16,550	87,197
安广县	103	18,675	102,035
洮南县	71	21,744	108,110
开通县	44	13,929	67,051
瞻榆县	50	9,662	48,596
乾安县	92	17,257	89,782
延边朝鲜族自治区	550	166,110	763,763
延吉市	13	13,729	72,873
延吉县	204	57,649	271,540
汪清县	74	28,406	127,357
珲春县	85	23,391	102,198
和龙县	121	30,145	136,121
安图县	53	12,790	53,674
黑龙江省	7,493	2,465,032	11,897,309
省辖单位	5,359	1,888,567	9,273,226
哈尔滨市	8	219,453	1,162,962
齐齐哈尔市	17	61,665	344,742
佳木斯市	13	28,625	145,982
牡丹江市	18	32,449	151,449
鹤岗市	3	17,711	88,633
双鸭山矿区		6,640	33,378

地区别	乡(镇)数	户数	人口	地区别	乡(镇)数	户数	人口
德都县	54	12,648	52,021	林口县	82	21,953	94,914
北安县	46	16,189	79,422	鸡西县	152	43,824	202,884
克山县	177	43,550	188,298	穆稜县	71	19,527	84,454
克东县	135	25,450	103,992	密山县	149	31,266	154,931
通北县	35	14,015	53,348	虎林县	41	7,520	35,197
拜泉县	250	62,296	293,792	郭后旗	189	36,888	199,476
明水县	101	32,326	158,118				
海伦县	294	79,066	403,801	**嫩江专区**	1,067	311,542	1,448,260
绥稜县	95	21,158	105,202	嫩江县	61	15,511	61,500
庆安县	117	32,267	159,119	景星县	103	17,371	84,187
铁骊县	23	13,314	68,599	甘南县	90	22,952	105,999
绥化县	216	65,565	340,616	富裕县	69	13,554	62,121
望奎县	121	46,982	251,409	讷河县	168	66,997	298,204
兰西县	104	36,889	195,053	龙江县	188	69,666	339,688
青岗县	164	42,899	217,254	林甸县	73	18,284	85,812
肇东县	244	66,701	335,697	泰来县	48	28,346	143,617
安远县	126	34,191	164,560	依安县	161	43,732	193,277
肇州县	148	47,798	268,597	杜尔伯特旗	106	15,129	73,855
呼兰县	227	57,543	293,253				
阿城县	145	57,670	264,353	**合江专区**	946	240,935	1,084,755
双城县	235	82,490	411,281	桦川县	138	29,268	130,000
拉林县	124	30,945	146,747	桦南县	124	30,255	137,728
五常县	144	58,650	279,747	萝北县	10	2,477	11,989
巴彦县	133	61,341	312,775	富锦县	176	44,312	198,281
宾县	201	61,965	300,621	集贤县	86	23,324	113,464
木兰县	106	25,138	109,397	抚远县	8	742	3,482
通河县	67	16,675	77,628	依兰县	80	29,961	136,926
方正县	73	17,175	75,628	汤原县	118	26,955	119,023
延寿县	113	28,285	115,312	勃利县	115	36,590	157,846
尚志县	167	49,026	180,408	饶河县	23	2,664	9,901
海林县	167	39,954	166,005	宝清县	68	14,387	66,115
宁安县	175	36,966	156,064				
东宁县	56	15,044	64,049	**黑河专区**	121	23,988	91,068
伊春县	33	28,875	177,058	瑷珲县	49	11,663	44,385

黑龙江省 热河省 陕西省

（续 9）

地区别	乡(镇)数	户数	人口	地区别	乡(镇)数	户数	人口
逊克县	31	5,026	19,753	汉中市	6	15,910	73,747
孙吴县	12	2,312	8,415	咸阳市		11,570	74,532
呼玛县	21	3,825	13,527	长安县	201	140,718	689,394
佛山县	8	1,162	4,983	咸阳县	42	26,297	135,872
				鄠县	61	38,302	188,680
热河省	4,087	1,050,877	5,160,822	铜川县	46	22,987	97,785
承德市	25	18,148	92,893				
承德县	275	59,497	265,079	**延安专区**	391	148,225	617,919
滦平县	112	35,878	159,409	延安县	52	24,360	93,905
丰宁县	189	44,682	186,831	延长县	33	14,660	58,579
隆化县	169	46,063	197,611	甘泉县	19	5,034	19,036
围场县	242	56,299	253,396	宜川县	37	12,968	51,172
赤峰县	214	60,849	299,367	黄龙县	40	12,038	35,552
乌丹县	110	22,453	119,164	洛川县	37	16,164	75,751
宁城县	244	58,888	283,152	宜君县	30	13,910	52,528
建平县	234	59,380	313,504	黄陵县	22	8,048	35,648
北票县	276	73,748	388,688	鄜县	42	11,468	48,782
朝阳县	361	99,264	535,872	安塞县	30	13,318	59,809
凌源县	209	60,182	294,117	志丹县	33	8,514	41,296
建昌县	228	59,768	306,374	吴旗县	16	7,743	45,861
平泉县	204	48,074	227,298				
青龙县	315	74,766	371,378	**绥德专区**	414	178,713	782,700
兴隆县	120	30,548	147,759	绥德县	74	37,851	164,469
喀喇沁旗	173	42,806	204,929	米脂县	50	22,576	98,996
喀喇沁左旗	124	36,160	182,756	葭县	65	29,222	119,754
敖汉旗	201	51,258	271,826	吴堡县	25	10,796	43,894
翁牛特旗蒙族自治区	62	12,166	59,419	清涧县	52	21,393	94,811
				延川县	40	13,426	58,866
				子长县	48	17,978	84,743
陕西省	6,299	3,460,986	15,881,281	子洲县	60	25,471	117,167
省辖单位	386	416,167	2,177,348	**榆林专区**	397	157,042	737,354
西安市	24	136,143	787,259	榆林县	76	35,866	165,082
宝鸡市	6	24,240	130,079	神木县	87	36,466	158,844

地区别	乡(镇)数	户数	人口
府谷县	66	25,876	112,162
横山县	58	22,593	113,547
靖边县	52	15,871	86,489
定边县	58	20,370	101,230
渭南专区	1,140	755,273	3,397,276
渭南县	108	73,961	333,608
兰田县	115	75,904	349,302
临潼县	103	65,151	329,759
蒲城县	87	59,921	278,516
白水县	45	22,588	101,851
富平县	97	57,462	292,422
耀县	46	23,151	98,070
高陵县	27	18,350	90,189
三原县	39	32,899	147,601
泾阳县	55	43,133	194,673
澄城县	52	34,451	144,765
韩城县	62	33,293	137,257
郃阳县	70	47,371	193,204
朝邑县	62	42,967	181,338
大荔县	44	33,606	147,326
华县	53	4 ,292	171,972
华阴县	47	32,875	137,455
潼关县	28	16,898	67,968
商雒专区	585	317,590	1,372,125
商县	111	68,113	297,757
雒南县	101	59,757	252,668
丹凤县	74	38,245	168,181
商南县	59	28,179	118,515
山阳县	98	54,664	234.674
镇安县	100	48,535	217,237
柞水县	42	20,097	83,093

地区别	乡(镇)数	户数	人口
安康专区	894	376,222	1,693,267
安康县	205	96,234	437,861
洵阳县	140	62,319	272,442
白河县	61	29,777	130,175
平利县	74	36,207	162,414
镇坪县	26	7,290	32,558
岚皋县	73	25,611	119,382
紫阳县	119	46,426	227,328
汉阴县	82	36,847	163,523
石泉县	64	23,325	103,125
宁陕县	50	12,186	44,459
汉中专区	986	492,280	2,111,804
南郑县	124	74,343	318,130
褒城县	80	44,237	186,712
宁强县	88	43,700	207,325
略阳县	71	26,896	121,733
沔县	82	36,338	160,292
凤县	42	13,980	53,926
留坝县	30	7,174	27,465
佛坪县	28	6,416	25,496
洋县	112	63,116	260,932
城固县	115	73,693	289,679
西乡县	96	56,854	243,710
镇巴县	95	38,388	185,280
黎坪县	23	7,145	31.124
宝鸡专区	1,106	619,474	2,991,488
宝鸡县	103	72,382	329,962
陇县	67	31,762	147,892
汧阳县	30	15,326	65,821
凤翔县	81	48,891	244,548
岐山县	68	43,402	211,317
麟游县	22	11,557	47,351

陕西省 甘肃省

（续11）

地区别	乡(镇)数	户　数	人　口
长武县	40	14,151	78,941
邠　县	50	24,786	134,099
永寿县	30	15,713	75,829
乾　县	69	44,351	228,313
武功县	64	36,021	186,697
扶风县	70	36,340	193,041
郿　县	43	28,666	124,301
周至县	100	63,594	282,959
醴泉县	62	37,239	189,491
栒邑县	56	23,774	118,896
淳化县	48	18,351	78,495
兴平县	83	47,016	229,090
太白区	20	6,152	24,445
甘肃省	5,469	2,378,077	12,928,102
省辖单位	193	177,044	952,030
兰洲市	21	73,924	397,393
银川市	12	16,459	83,117
临夏市	8	11,539	63,317
天水市	3	14,392	63,067
平凉市	12	12,626	61,592
吴忠市	16	10,164	46,093
皋兰县	115	37,349	223,217
额济纳旗自治区	5	591	2,226
玉门油矿区	1		12,008
定西专区	530	204.578	1,193,623
定西县	94	34,161	207,130
渭源县	46	20,143	109,429
会川县	49	19,722	110,272
临洮县	87	42.530	240,327
榆中县	75	27,633	165,756
靖远县	83	28,448	167,078
会宁县	96	31,941	203,631
平凉专区	437	161,218	902,968
平凉县	69	25,225	140,994
泾川县	84	32,248	172,257
灵台县	55	24,414	128,359
崇信县	33	9,919	52,554
华亭县	40	16,232	74,200
隆德县	42	12,720	76,142
静宁县	93	34,685	227,248
泾源县回族自治区	16	5.775	31,214
庆阳专区	486	174,724	965,718
庆阳县	82	36,773	188.792
镇原县	111	44,226	259,827
环　县	73	21,284	118,862
华池县	33	8,368	42,606
合水县	40	11,134	58,565
宁　县	95	36,223	205,367
正宁县	52	16,716	91,699
天水专区	935	460,310	2,473,070
天水县	141	89,597	448,869
两当县	21	7,432	28,254
徽　县	87	41,005	171,299
甘谷县	98	49,684	281,929
武山县	77	35,835	183,923
漳　县	33	15,502	75,862
陇西县	75	36,032	197,612
通渭县	104	41,563	245,975
秦安县	107	54,752	341,168
庄浪县	80	32,373	205,117

甘肃省

（续12）

地区别	乡(镇)数	户数	人口	地区别	乡(镇)数	户数	人口
清水县	63	32,749	160,513	**酒泉专区**	360	104,469	569,699
张家川回族自治区	44	23,786	133,549	酒泉县	102	32,543	175,855
				金塔县	38	10,849	64,326
				鼎新县	14	2,803	16,766
武都专区	775	341,071	1,655,979	高台县	58	19,046	104,744
武都县	136	60,626	288,810	临泽县	52	14,170	82,329
文县	68	31,248	127,275	玉门县	43	7,910	39,808
西固县	42	17,672	86,451	安西县	29	5,978	29,438
岷县	143	65,758	360,192	敦煌县	24	8,816	45,596
礼县	137	55,137	278,600	肃北蒙族自治区		535	2,364
西和县	111	43,880	222,565				
成县	59	32,239	139,070	肃南裕固族自治区		1,444	6,796
康县	74	34,511	153,016				
				阿克塞哈族自治区		375	1,677
临夏专区	286	122,400	721,224				
临夏县	59	43,753	250,372	**银川专区**	318	130,263	612,179
永靖县	54	17,717	110,062	贺兰县	43	16,194	71,693
和政县	35	12,342	71,736	平罗县	37	14,722	81,883
康乐县	44	15,477	89,716	惠农县	34	15,004	71,485
东乡族自治区	54	18,820	110,920	陶乐县	6	1,204	5,402
广通回族自治区	40	14,291	88,418	永宁县	38	15,292	68,729
				宁朔县	39	14,341	65,448
				盐池县	40	9,202	46,708
武威专区	710	312,792	1,853,421	中宁县	38	21,444	95,183
武威县	182	86,324	550,241	中卫县	43	22,860	105,648
古浪县	55	20,093	139,238				
景泰县	33	10,939	64,004				
永登县	107	47,902	264,787	**西海固回族自治区**	263	84,124	478,576
民勤县	100	33,468	220,022	固原县	122	44,734	246,698
永昌县	51	22,561	125,578	西吉县	65	23,307	139,590
山丹县	36	14,024	71,897	海原县	76	16,083	92,288
民乐县	52	18,480	108,164				
张掖县	93	44,117	250,759				
天祝藏族自治区	1	9,884	58,731	**甘南藏族自治区**	36	52,405	300,494

甘肃省 青海省

（续13）

地区别	乡(镇)数	户数	人口
夏河县	4	13,585	68,135
临潭县	32	14,765	78,601
卓尼自治区		9,375	78,541
玛曲		3,472	14,452
舟曲		8,648	46,451
禄曲		2,560	14,314
河东回族自治区	86	38,544	188,863
灵武县	27	12,591	61,994
金积县	28	12,724	57,744
同心县	31	13,229	69,125
甘肃蒙古自治区	54	14,135	60,258
磴口县	17	6,232	26,094
阿拉善旗	37	7,903	34,164
青海省	569	308,935	1,676,534
省辖单位	376	205,889	1,171,393
西宁市	6	17,290	93,743
湟中县	93	48,226	295,111
湟源县	20	10,835	61,540
大通县	43	22,113	132,434
乐都县	36	22,692	128,546
民和县	47	27,522	151,622
互助县土族自治区	69	25,780	159,706
化隆县回族自治区	42	19,223	94,543
循化县撒拉族自治区	20	9,226	42,050
河南县蒙族自治区		2,982	12,098
玉树藏族自治区	12	22,348	126,383
玉树县	12	6,735	45,705
囊谦县		4,357	22,894
称多县		3,014	18,518
杂多县		3,832	16,116
曲麻来县		1,100	8,121
治多县		3,310	15,029
海北藏族自治区	48	14,794	73,023
祁连县	12	2,255	8,741
海晏县	12	2,164	11,111
罔察县		3,000	13,184
门源县回族自治区	24	7,375	39,987
海南藏族自治区	79	25,152	115,721
共和县	23	5,555	25,403
贵德县	20	7,708	35,909
贵南县		3,715	15,629
兴海县	18	2,920	14,363
同德县	18	5,254	24,417
海西蒙藏哈萨克族自治区	18	4,992	20,585
都兰蒙族自治区	18	3,454	14,531
天峻藏县自治区		1,293	5,098
阿尔顿曲克哈萨克族自治区		245	956
黄南藏族自治区	36	14,635	69,086
同仁县	18	7,058	33,624

地区别	乡(镇)数	户数	人口
尖扎县	18	3,560	18,208
泽库县		4,017	17,254
果洛藏族自治区		21,125	100,343
新疆省	2,354	1,178,945	4,873,608
省辖单位	30	77,352	369,319
乌鲁木齐市	5	25,291	140,658
伊宁市	2	22,928	108,187
喀什市	13	21,234	90,859
莎车市	10	7,899	29,615
乌鲁木齐专区	214	69,466	348,191
玛纳斯县	21	6,575	34,684
呼图壁县	22	5,855	31,203
阜康县	20	4,645	20,785
吉木萨尔县	26	7,264	34,878
奇台县	39	10,702	50,266
鄯善县	22	11,065	53,146
吐鲁番县	28	13,915	72,034
托克逊县	15	5,141	29,769
木垒哈萨克族自治区	20	4,304	21,376
伊犁专区	282	85,301	387,215
伊宁县	64	19,021	81,828
绥定县	32	10,265	42,147
霍城县	28	8,253	36,886
新源县	26	8,100	38,444
巩留县	22	6,029	28,363
尼勒克县	20	9,302	44,122
特克斯县	28	8,291	40,597
昭苏县	30	8,370	39,477
察布查尔锡伯族自治区	32	7,670	35,351
塔城专区	142	45,236	199,442
塔城县	21	11,598	48,746
裕民县	14	3,003	14,009
额敏县	26	9,068	40,134
沙湾县	24	7,272	33,839
乌苏县	17	7,790	31,160
托里县	28	4,156	21,712
和布克赛尔蒙古族自治区	12	2,349	9,842
阿勒泰专区	78	20,082	97,129
阿勒泰县	20	5,052	23,932
富蕴县	12	3,489	17,766
青河县	8	1,558	7,649
福海县	5	1,305	6,322
布尔津县	12	3,347	15,810
哈巴河县	13	3,378	15,941
吉木乃县	8	1,953	9,709
哈密专区	55	16,187	81,016
哈密县	24	10,518	52,499
巴里坤县	25	4,752	24,180
伊吾县	6	917	4,337
库尔勒专区	66	24,658	102,317
库尔勒县	16	7,135	30,643
婼羌县	6	1,467	5,392
且末县	13	4,183	15,806
尉犁县	10	2,857	12,545

新疆省　山东省

（续15）

地区别	乡(镇)数	户　　数	人　　口
轮台县	21	9,016	37,931
喀什专区	397	233,924	913,388
疏附县	92	51,984	205,025
疏勒县	74	45,089	161,728
伽师县	64	40,006	172,768
岳普湖县	29	15,390	59,553
巴楚县	54	33,008	132,243
英吉沙县	66	45,466	166,963
蒲犁县	18	2,981	15,108
和阗专区	305	201,998	723,054
和阗县	74	45,186	164,254
墨玉县	80	49,207	172,060
皮山县	37	27,969	104,411
洛浦县	43	34,139	121,528
策勒县	30	18,186	62,930
于阗县	32	24,437	87,022
民丰县	9	2,874	10,849
莎车专区	268	170,755	625,859
莎车县	145	82,066	308,585
麦盖提县	33	18,930	67,559
泽普县	26	14,059	49,012
叶城县	64	55,700	200,703
阿克苏专区	283	164,819	728,367
阿克苏县	45	26,949	107,994
温宿县	38	22,670	89,703
拜城县	38	18,976	83,383
新和县	23	13,037	59,907
库车县	51	33,411	174,902
沙雅县	24	15,026	69,721
阿瓦提县	21	10,369	41,154
柯坪县	10	3,314	15,982
乌什县	33	21,067	85,621
克孜勒苏柯尔克孜族自治区	77	22,517	101,546
阿图什县	36	15,891	72,894
乌恰县	22	3,849	16,564
阿合奇县	19	2,777	12,088
昌吉回族自治区	80	22,641	99,023
乌鲁木齐县	42	9,937	47,300
昌吉县	24	6,533	29,915
米泉县	14	6,121	21,808
博尔塔拉蒙古族自治区	39	9,730	40,501
博乐县	16	4,380	17,929
温泉县	12	2,096	11,889
精河县	11	2,654	10,683
巴音郭楞蒙族自治区	38	14,279	57,241
和靖县	18	4,647	19,338
和硕县	10	2,367	9,667
焉耆回族自治区	10	7,265	28,236
山东省	16,386	11,097,668	48,876,548
省辖单位	169	445,848	2,034,627
济南市	48	156,296	680,084
青岛市	94	192,662	916,846
烟台市		27,090	115,950
德州市		10,679	47,349
潍坊市	16	29,936	148,924

地区别	乡(镇)数	户　数	人　口	地区别	乡(镇)数	户　数	人　口
威海市	8	9,041	39,178	无棣县	105	65,391	279,611
济宁市	3	20,144	86,206	沾化县	111	70,591	291,277
				垦利县	54	38,135	166,455
泰安专区	1,765	1,188,142	5,349,972	利津县	56	42,627	173,821
泰安县	167	125,293	603,129	滨　县	90	66,648	274,198
莱芜县	182	122,684	551,493	蒲台县	46	30,045	122,566
新泰县	127	90,850	418,824	广饶县	99	83,651	355,332
徂阳县	129	94,234	428,583	博兴县	80	60,792	255,049
泗水县	86	64,793	286,255	高青县	71	60,652	256,694
宁阳县	98	69,963	316,025	齐东县	42	35,713	147,253
东平县	117	77,201	331,989	长山县	88	55,398	228,674
肥城县	198	115,261	534,736	桓台县	99	78,943	353,393
平阴县	87	53,968	240,385	邹平县	56	36,025	153,888
长清县	180	126,395	517,725				
历城县	114	77,289	340,390	**昌潍专区**	1,370	843,032	3,677,867
章邱县	280	170,211	730,636	潍　县	189	112,929	486,709
				临淄县	71	49,776	216,451
德州专区	1,248	845,810	3,593,562	昌邑县	100	66,407	269,356
德　县	132	83,993	360,057	昌南县	97	54,558	222,351
乐陵县	104	79,549	332,401	安邱县	251	148,026	669,549
德平县	87	65,602	265,903	临朐县	152	89,983	397,996
商河县	118	83,844	377,393	昌乐县	114	73,846	330,567
济阳县	125	80,413	358,664	益都县	173	107,910	476,080
临邑县	92	55,468	242,509	寿光县	218	138,068	602,373
平原县	105	71,029	292,194	羊角沟区	5	1,529	6,435
禹城县	125	75,502	327,115				
齐河县	119	78,035	326,384	**莱阳专区**	1,684	985,211	4,236,692
恩　县	107	72,446	301,608	莱阳县	191	113,991	534,705
武城县	58	37,741	162,281	莱西县	174	104,486	458,691
夏津县	76	62,133	247,048	蓼兰县	208	117,778	488,088
				平度县	183	117,065	502,879
惠民专区	1,236	889,840	3,742,932	掖南县	120	69,826	294,878
惠民县	129	98,149	407,719	掖　县	180	100,410	399,718
阳信县	110	67,080	276,997	招远县	147	91,472	392,945

山东省

（续17）

地区别	乡(镇)数	户数	人口
黄县	143	97,557	402,743
蓬莱县	130	77,255	328,863
栖霞县	202	90,283	411,519
长山岛特区	6	5,188	21,663
文登专区	1,003	603,221	2,728,784
石岛县	56	33,371	151,836
文登县	135	76,499	352,915
荣城县	123	70,019	305,139
乳山县	159	95,276	455,873
海阳县	166	99,553	459,685
福山县	92	55,043	218,202
牟平县	134	83,812	368,372
昆嵛县	138	89,648	416,762
胶州专区	1,433	890,673	4,186,619
胶县	165	101,166	479,259
即墨县	167	104.236	486,485
即东县	124	74,297	350,190
胶南县	126	85,069	404,344
藏马县	100	64,733	305,791
五莲县	128	80,927	376,637
诸城县	218	133,239	629,383
高密县	179	111,733	516,653
日照县	225	135,273	637,877
临沂专区	1,868	1,227,275	5,468,582
临沂县	190	152,303	658,049
平邑临	175	99,086	452,144
临沭县	119	86,535	375,231
郯城县	107	79,980	338,770
苍山县	185	131,184	575,039
费县	161	96,095	416.426
沂水县	208	124,361	576,264
莒县	196	125,621	587,126
莒南县	170	113,427	510,617
沂南县	182	110,693	503,399
蒙阴县	77	46,935	220,062
沂源县	93	61,055	255,455
济宁专区	1,485	1,006,431	4,519,244
滕县	176	122,717	552,117
鱼台县	85	47,971	210,146
金乡县	114	77,867	328,377
嘉祥县	174	117,238	537,504
峄县	193	133,669	575,569
薛城县	85	65,947	285,531
凫山县	99	77,968	327,995
济宁县	81	57,459	262,564
滋阳县	77	62,482	286,050
曲阜县	110	69,072	327,134
邹县	128	83,990	388,521
汶上县	91	59,616	292,597
微山县	72	30,435	145,139
荷泽专区	1,580	1,090,638	4,691,483
菏泽县	191	140,244	593,109
鄄城县	124	92,319	391,010
郓城县	230	162,632	690,023
梁山县	168	109,223	497,173
定陶县	109	78,644	324,976
曹县	185	128,766	546,655
单县	212	123,461	543,744
城武县	127	85,667	361,719
钜野县	147	110,172	475,703
复程县	87	59,510	267,371
聊城专区	1,298	885,332	3,775,814

地区别	乡(镇)数	户　数	人　口
聊城县	97	64,443	289,972
博平县	75	47,293	202,663
清平县	75	49,792	210,750
高唐县	87	60,607	245,845
茌平县	80	56,536	222,753
东阿县	106	70,708	315,848
寿张县	82	51,940	236,453
阳谷县	122	71,584	336,549
范　县	44	34,533	147,862
濮　县	40	28,856	127,263
观朝县	82	53,525	238,129
莘　县	73	52,061	223,071
冠　县	73	48,154	191,772
馆陶县	92	64,982	266,655
临清县	86	64,242	261,611
堂邑县	79	55,968	220,619
临清市		10,258	43,999
淄博工矿区	247	196,215	870,370
溜博市	35	33,651	184,242
张周市	9	17,181	75,287
博川县	50	32,743	130,332
溜川县	153	107.640	480,590
江苏省	9,817	8,797,808	41,252,192
省辖单位	225	805,042	4,004,663
南京市	42	217,024	1,091,575
徐州市	16	77,730	373,190
无锡市	40	111,878	581,466
苏州市	10	99,191	474,011
常州市	15	56,844	296,509
南通市	30	50,138	260,412
镇江市	8	43,587	201,354

地区别	乡(镇)数	户　数	人　口
扬州市	9	35,575	180,213
泰州市	10	34,613	159,854
清江市		15,245	77,129
新海连市	37	41,778	207,561
常熟市	8	21,442	101,389
镇江专区	1,011	1,028,734	4,038,311
丹徒县	114	93,110	335,802
扬中县	60	49,275	182,525
丹阳县	122	133,742	512,743
武进县	183	227,023	928,771
金坛县	65	79,268	304,248
溧阳县	98	105,316	403,486
高淳县	69	69,507	276,994
溧水县	68	56,085	222,478
句容县	93	84,081	335,547
江宁县	139	131,327	535,717
扬州专区	1,614	1,545,001	6,502,511
江都县	254	299,798	1,202,837
高邮县	149	156,690	629,834
宝应县	172	167,393	698,092
兴化县	240	222,114	894,890
泰　县	197	178,517	774,763
泰兴县	230	219,748	990,901
靖江县	124	96,214	403,298
义徵县	79	71,800	324,887
江浦县	57	35,869	146,626
六合县	112	96,858	436,383
淮阴专区	997	798,099	3,512,565
淮阴县	186	132,074	602,432
泗阳县	178	119.408	534,756
宿迁县	159	132,600	585,827

江苏省　安徽省

（续19）

地区别	乡(镇)数	户　　数	人　　口	地区别	乡(镇)数	户　　数	人　　口
沭阳县	149	150,663	645,912	**松江专区**	**585**	**586,703**	**2,411,256**
灌云县	156	129,310	566,020	松江县	87	96,535	396,956
涟水县	169	134,044	577,618	上海县	47	43,092	187,385
				川沙县	64	66,735	263,016
徐州专区	**1,640**	**1,329,948**	**5,770,494**	南汇县	91	95,438	336,136
铜山县	299	242,259	1,072,430	奉贤县	72	64,974	276,341
邳　县	187	154,228	683,113	金山县	47	43,894	189,049
赣榆县	161	113,707	484,229	青浦县	64	72,015	287.019
东海县	146	112,707	476,398	嘉定县	74	71,191	289,618
萧　县	171	158,961	681,446	宝山县	39	32,829	135,736
砀山县	116	92,055	397,912				
丰　县	143	110,104	473,815	**苏州专区**	**1,228**	**1,281,251**	**5,089,589**
沛　县	153	90,062	395,094	吴　县	141	159,455	641,833
新沂县	118	105,126	452,203	常熟县	215	242,953	934,228
睢宁县	146	150,739	653,854	太仓县	122	81,968	319,825
				昆山县	111	88,792	357,696
盐城专区	**1,347**	**1,046,506**	**4,631,641**	吴江县	115	133,255	497,154
盐城县	142	120,230	522,968	宜兴县	136	165,423	665,590
建湖县	139	116,686	525,096	无锡县	165	174,634	710,023
淮安县	237	171,848	758,094	江阴县	173	202,548	837,733
阜宁县	164	95,415	414,695	震泽县	50	32,223	125,507
滨海县	222	161,699	753,036				
射阳县	191	137,633	630,198	**安徽省**	**9,774**	**7,051,881**	**30,343,637**
大丰县	102	72,160	325,808				
东台县	150	170,835	701,746	**省辖单位**	**80**	**224,785**	**1,124,648**
				合肥市	15	30,687	183,570
南通专区	**1,170**	**1,376,524**	**5,291,162**	淮南市	27	59,098	286,941
南通县	190	256,334	978,193	芜湖市	14	50,745	242,143
如皋县	191	228,515	970,739	蚌埠市	12	51,112	252,993
海安县	157	151,831	634,718	安庆市	4	21,904	105,267
如东县	185	234,039	892,240	屯溪市	8	11,239	53,734
海门县	155	204,186	738,139				
启东县	179	167,331	628,780	**六安专区**	**1,490**	**1,014,169**	**4,407,462**
崇明县	113	134,288	448,353	六安县	287	206,926	858,948

安徽省

（续20）

地区别	乡(镇)数	户　数	人　口
霍邱县	242	171,318	760,436
寿　县	234	205,188	939,507
肥西县	243	174,458	745,327
舒城县	209	123,840	534,487
霍山县	95	52,230	227,327
金寨县	180	80,206	341,430
阜阳专区	1,903	1,593,294	7,177,127
阜阳县	279	243,889	1,073,634
太和县	195	167,451	776,848
亳　县	193	172,649	730,713
涡阳县	241	203,061	870,186
蒙城县	164	137,476	615,306
凤台县	157	129,127	568,558
颖上县	177	139,600	653,644
阜南县	198	154,814	705,719
临泉县	218	172,920	856,430
界首县	81	72,307	326,089
宿县专区	1,160	932,238	4,151,291
宿　县	242	194,898	860,103
云壁县	181	142,604	613,575
泗　县	100	90,802	392,543
泗洪县	156	122,469	557,433
五河县	114	85,796	383,778
怀远县	179	138,960	645,830
濉溪县	188	156,709	698,029
滁县专区	1,057	713,570	3,122,815
滁　县	65	43,194	169,114
来安县	84	50,995	208,657
嘉山县	103	60,326	255,888
盱眙县	88	48,811	202,291
炳辉县	110	74,179	316,911

地区别	乡(镇)数	户　数	人　口
全椒县	91	61,194	250,131
定远县	168	132,635	591,480
凤阳县	95	76,921	349,617
肥东县	253	165,315	778,726
芜湖专区	1,728	1,264,460	5,209,633
芜湖县	61	48,739	216,436
含山县	79	60,494	247,321
和　县	138	112,805	448,887
当涂县	138	117,672	465,350
郎溪县	74	42,118	161,651
广德县	107	60,367	243,219
宣城县	198	148,562	587,877
泾　县	107	58,205	213,010
南陵县	93	72,098	290,127
繁昌县	88	55,672	234,911
卢江县	209	155,341	667,543
无为县	291	213,805	943,465
巢　县	155	118,582	489,836
徽州专区	680	305,327	1,105,627
歙　县	207	99,725	354,290
休宁县	101	42,725	162,255
黟　县	42	17,425	53,751
祁门县	60	23,509	80,810
石埭县	26	11,74,	39,829
太平县	41	19,061	61,890
绩溪县	69	25,030	85,928
旌德县	43	17,857	62,959
宁国县	91	48,248	203,935
安宁专区	1,666	1,004,038	4,045,034
依宁县	187	139,046	569,921
桐城县	178	124,551	512,365

地区别	乡(镇)数	户　数	人　口	地区别	乡(镇)数	户　数	人　口
湖东县	177	119,253	505,931	昌化县	37	21,877	82,205
铜陵县	85	49,120	205,185	嘉兴县	73	107,864	392,108
青阳县	65	38,435	143,736	嘉善县	41	62,594	241,876
贵池县	139	81,342	329,601	平湖县	46	64,009	261,465
至德县	70	32,601	120,840	海盐县	40	53,300	202,546
东流县	70	35,227	132,707	海宁县	68	91,658	356,232
望江县	94	70,095	282,469	崇德县	39	52,757	214,464
宿松县	145	100,408	388,091	德清县	30	42,160	155,526
太湖县	160	88,846	349,360	桐乡县	30	42,079	159,255
潜山县	148	70,409	286,490	吴兴县	101	159,700	627,953
岳西县	148	54,706	218,340	长兴县	53	75,404	269,536
浙江省	6,053	5,799,601	22,865,747	**宁波专区**	1,073	1,069,188	4,124,715
				鄞县	107	123,465	463,815
省辖单位	396	603,106	2,733,047	镇海县	87	86,611	310,066
杭州市	33	139,482	696,608	宁海县	105	76,055	277,652
宁波市	8	51,647	237,491	奉化县	74	69,737	262,571
温州市	5	41,241	201,596	新昌县	70	68,385	258,703
绍兴市		25,955	130,592	嵊县	107	113,075	420,143
嘉兴市		15,755	78,309	上虞县	101	85,668	334,553
湖州市		14,755	62,791	余姚县	148	170,220	687,637
金华市		9,446	46,249	慈溪县	71	77,170	274,375
杭县	125	95,503	393,957	绍兴县	196	191,523	797,177
萧山县	132	133,271	593,209	庵东盐区	7	7,279	38,123
新登县	33	19,220	74,562				
富阳县	60	56,831	217,683	**台州专区**	646	630,364	2,360,014
				临海县	174	141,098	534,320
嘉兴专区	764	934,515	3,546,022	天台县	77	76,335	273,974
临安县	38	29,568	104,664	三门县	49	40,880	155,306
孝丰县	38	27,503	108,360	黄岩县	129	158,450	600,975
於潜县	30	19,109	73,236	温岭县	138	144,071	549,737
武康县	26	18,565	63,082	仙居县	78	60,702	214,625
余杭县	44	38,220	128,828	海门县	1	8,828	31,077
安吉县	30	28,158	104,686	**温洲专区**	1,264	958,013	3,845,520

地区别	乡(镇)数	户数	人口
永嘉县	146	163,806	692,942
乐清县	88	105,541	463,652
玉环县	58	44,018	166,386
瑞安县	97	114,563	488,100
平阳县	239	199,696	853,829
文成县	120	51,175	185,864
泰顺县	109	50,781	168,645
景宁县	73	26,825	93,384
庆元县	45	36,102	99,561
龙泉县	58	38,806	139,412
云和县	45	19,115	67,199
丽水县	54	39,355	137,708
青田县	113	86,124	237,009
洞头县	19	12,106	51,829
衢州专区	421	374,078	1,484,731
衢县	84	90,839	380,375
龙游县	45	50,535	209,423
宜平县	30	22,599	82,356
松阳县	44	32,950	120,640
遂昌县	44	33,857	123,365
江山县	84	71,540	290,166
常山县	39	35,017	140,262
开化县	42	36,741	138,144
金华专区	1,181	1,014,247	4,014,753
金华县	62	69,755	260,885
义乌县	103	91,311	359,893
诸暨县	141	139,679	583,235
东阳县	124	134,670	491,305
磐安县	41	26,417	93,522
永康县	88	79,903	294,142
缙云县	70	65,660	237,892
武义县	37	30,988	107,117
汤溪县	36	29,952	116,480
兰谿县	86	85,347	335,551
寿昌县	44	26,161	106,922
遂安县	61	38,767	136,627
淳安县	83	68,381	274,851
建德县	49	37,956	157,278
浦江县	74	65,161	261,783
桐庐县	53	33,912	130,238
分水县	29	17,227	67,032
舟山专区	308	189,090	756,945
定海县	81	47,041	188,973
普陀县	64	35,823	155,436
岱山县	60	26,795	116,717
嵊泗县	18	9,880	41,466
象山县	85	69,551	254,353
福建省	6,600	3,201,058	13,142,721
省辖单位	65	199,009	966,245
福州市	45	118,804	552,993
厦门市	12	43,585	224,307
泉州市	8	19,950	107,727
漳州市		16,661	81,218
闽侯专区	788	488,060	1,956,531
闽侯县	186	120,875	494,351
连江县	97	66,852	259,587
罗源县	67	31,586	111,891
长乐县	97	69,187	269,015
平潭县	46	25,657	124,177
福清县	135	95,536	418,799
永泰县	87	44,027	153,119
闽清县	73	34,340	126,592

福建省

（续23）

地区别	乡(镇)数	户数	人口
晋江专区	1,673	845,356	3,847,779
晋江县	231	135,400	672,633
惠安县	195	109,080	494,167
仙游县	215	82,317	362,961
莆田县	332	167,020	796,158
南安县	210	130,898	598,987
同安县	119	64,170	264,082
安溪县	160	79,832	342,701
永春县	141	48,827	209,747
德化县	70	27,812	106,343
龙溪专区	872	389,371	1,655,983
龙溪县	104	62,108	264,893
华安县	55	16,130	63,959
长泰县	49	16,753	68,115
海澄县	74	33,960	149,306
漳浦县	141	62,399	271,505
东山县	44	20,919	91,931
诏安县	90	54,868	224,985
云霄县	73	33,355	144,616
平和县	132	53,088	231,347
南靖县	110	35,791	145,326
龙岩专区	738	299,089	1,162,858
龙岩县	88	39,721	156,292
漳平县	71	22,497	84,693
永定县	124	48,023	182,733
上杭县	127	53,883	207,596
武平县	129	42,678	162,056
长汀县	121	57,962	238,304
连城县	78	34,325	131,184
永安专区	405	143,344	528,709
永安县	50	24,380	91,023
三元县	33	11,091	38,205
大田县	93	33,778	124,615
宁洋县	25	6,997	23,992
清流县	58	17,593	64,327
宁化县	110	38,519	147,802
明溪县	36	10,986	38,745
南平专区	739	251,952	928,393
南平县	114	44,061	169,845
古田县	110	49,795	184,647
屏南县	59	20,799	73,926
尤溪县	125	46,326	161,826
沙县	88	26,927	100,756
顺昌县	63	17,280	62,293
将乐县	68	17,711	68,107
泰宁县	38	13,080	49,626
建宁县	74	15,973	57,367
建阳专区	677	255,163	937,354
建阳县	68	24,896	86,050
邵武县	88	27,751	102,152
光泽县	61	17,295	62,851
崇安县	59	22,486	77,657
浦城县	120	53,070	193,429
水吉县	54	15,853	59,255
松溪县	50	15,181	56,026
政和县	58	20,168	77,550
建瓯县	119	58,463	222,384
福安专区	643	326,847	1,111,400
福安县	141	78,143	260,533
柘荣县	36	13,286	42,569
福鼎县	131	69,814	235,869
霞浦县	106	63,072	218,299

地区别	乡(镇)数	户数	人口	地区别	乡(镇)数	户数	人口
宁德县	94	52,124	174,695	郑州市	106	108,377	594,728
周宁县	49	17,688	63,630	开封市	13	59,560	299,098
寿宁县	86	32,720	115,805	新乡市	12	28,527	170,536
金门县		11,867	47,469	洛阳市	24	29,427	171,160
（待解放）				安阳市	7	22,546	124,890
				商邱市	18	27,282	134,431
台湾省			7,591.298	周口市	8	16,725	85,503
				漯河市	6	17,845	92,268
台北市			510,984	南阳市		10,989	56,378
基隆市			146,682	信阳市	7	18,001	87,625
台中市			200,918	许昌市		12,545	67,918
台南市			223,416	驻马店市		6,356	29,057
高雄市			269,914				
台北县			504,975	**郑州专区**	1,519	975,507	4,471,679
宜兰县			256,029	荥阳县	76	39,061	191,768
桃园县			344,122	中牟县	89	58,159	283,791
新竹县			343,090	开封县	96	60,952	288,351
苗栗县			337,745	陈留县	60	41,216	182,245
台中县			463,786	兰封县	55	39,081	168,734
彰化县			687,787	东明县	133	90,133	387,261
南投县			298,926	考城县	70	58,573	242,592
云林县			512,658	杞县	136	113.860	487,128
嘉义县			527,942	通许县	71	61,443	256,981
台南县			608,356	尉氏县	69	56,895	248,246
高雄县			450,000	洧川县	60	40,692	202,221
屏东县			468,241	新郑县	97	59,740	300,507
台东县			116,839	密县	147	77,093	380,205
花莲县			114,912	登封县	115	56,540	274,468
澎湖县			78,158	巩县	155	80,435	390,332
阳明山			65,818	成皋县	90	41,579	186,849
河南省	15,426	9,898,360	44,214,594	**新乡专区**	1,030	699,724	3,112,131
				新乡县	68	44,407	219,445
省辖单位	201	358,180	1,913,592	博爱县	66	49,235	193,228

河南省

（续25）

地区别	乡(镇)数	户数	人口	地区别	乡(镇)数	户数	人口
修武县	52	35,971	157,175	永城县	235	180,878	768,977
辉县	112	63,019	320,226	谷熟县	115	101,726	409,397
汲县	61	43,726	200,399	柘城县	99	80,342	341,614
延津县	83	48,020	251,441	宁陵县	68	58,275	243,279
原阳县	102	61,595	310,100	睢县	94	82,296	338,765
获嘉县	64	42,087	200,112	民权县	81	66,095	269,300
武陟县	105	68,696	300,396	项城县	139	99,028	471,491
温县	73	49,405	193,174	淮阳县	173	136.552	651,167
孟县	68	53,215	206,689	鹿邑县	171	128,336	585,487
沁阳县	68	50,557	199,275	太康县	164	136,746	572,182
济源县	87	63,265	263,485	郸城县	163	125,613	557,117
焦作工矿区	21	21,526	96,986	沈邱县	159	115,574	533,539
安阳专区	592	408,295	1,834,421	**信阳专区**	3,192	1,672,418	7,239,231
安阳县	103	75,752	305,242	信阳县	253	123,567	481,264
邺县	88	70,046	314,976	确山县	131	81,529	324,000
汤阴县	79	58,930	279,537	遂平县	134	76,818	352,886
浚县	89	71,869	331,773	西平县	163	95,341	457,266
淇县	36	27,035	117,637	上蔡县	220	132,093	635,440
林县	192	104,663	485,256	汝南县	154	104,550	456,319
				平舆县	148	94,420	444,355
濮阳专区	965	672,061	2,977,263	新蔡县	161	106,146	490,335
濮阳县	201	151,699	641,547	正阳县	141	87,899	361,473
清丰县	115	83,348	347,080	罗山县	173	79,063	306,911
南乐县	83	55,534	235,516	息县	171	100,561	438,596
内黄县	120	79,477	333,739	淮滨县	186	102,623	453,736
滑县	215	145,500	674,076	潢川县	177	92,708	376,644
长垣县	135	86,553	407,683	固始县	321	153,344	637,758
封邱县	96	69,950	337,617	商城县	250	93,072	402,806
				光山县	276	110,950	464,273
商丘专区	1,960	1,565,952	6,773,866	新县	133	37,734	155.169
商丘县	116	98,754	416,367				
虞城县	68	54,952	219,272	**许昌专区**	2,031	1,419,428	6.567,548
夏邑县	115	100,785	395,912	许昌县	131	98,220	471,534

河南省　湖北省

（续26）

地区别	乡(镇)数	户　数	人　口	地区别	乡(镇)数	户　数	人　口
长葛县	74	55,146	272,939	伊川县	142	66,565	318,518
鄢陵县	88	67,682	315,794	伊阳县	110	43,040	188,618
临颍县	91	71,200	340,355	嵩　县	176	63,306	266,762
郾城县	108	83,190	397,762	栾川县	100	33,671	150,665
舞阳县	177	110,939	500,779	卢氏县	129	49,644	197,528
襄城县	110	87,207	390,751	灵宝县	115	54,034	233,555
叶　县	132	104,217	459,559	阌乡县	50	22,767	91,891
宝丰县	112	68,848	307,942	陕　县	105	49,984	216,165
鲁山县	159	90,478	403,743	渑池县	98	38,312	173,933
郏　县	100	63,389	289,020	洛宁县	117	57,709	234,826
禹　县	196	129,083	651,304	宜阳县	141	61,449	278,955
临汝县	160	90,607	415,041	新安县	118	48,289	241,228
扶沟县	102	82,430	352,753				
商水县	188	132,198	644,082	**湖北省**	12,214	6,847,080	27,789,693
西华县	103	84,594	354,190				
				省辖单位	72	406,977	1,785,363
南阳专区	2,187	1,357,604	5,858,815	武汉市	49	315,299	1,427,291
南阳县	242	181,860	784,536	宜昌市	5	23,855	88,433
方城县	201	144,776	615,731	襄樊市	5	16,820	73,298
泌阳县	182	116,259	491,050	沙市市	1	22,108	85,849
桐柏县	94	42,093	161,628	黄石市	12	28,895	110,492
唐河县	259	175,487	787,491				
新野县	118	90,865	386,984	**孝感专区**	2,323	1,386,702	5,531,144
邓　县	259	188,634	802,278	孝感县	274	179,712	721,734
淅川县	195	92,424	405,622	应山县	143	101,944	891,305
西峡县	148	58,779	254,212	大悟县	128	75,826	314,940
内乡县	128	82,632	376,297	黄陂县	273	178,172	819,238
镇平县	192	114,758	504,005	汉阳县	223	107,067	442,853
南召县	169	69,037	288,981	武昌县	171	102,442	380,780
				咸宁县	92	57,156	196,752
洛阳专区	1,749	769,191	3,466,048	通山县	115	53,598	181,025
洛阳县	168	93,552	446,455	崇阳县	130	52,022	179,777
孟津县	65	30,765	141,205	通城县	80	58,438	204,973
偃师县	115	56,104	285,744	蒲圻县	116	50,746	182,801

地区别	乡(镇)数	户　数	人　口	地区别	乡(镇)数	户　数	人　口
嘉鱼县	81	40,964	154,692	松滋县	164	134,451	540,260
汉川县	213	113,948	499,454	荆江县	72	52,937	220,081
云梦县	59	65,314	269,561				
应城县	85	78,788	311,735	**宜昌专区**	1,313	518,718	2,045,961
安陆县	140	70,565	279,524	宜昌县	259	95,498	376,701
				远安县	84	29,094	101,891
黄冈专区	2,162	1,414,279	5,651,515	当阳县	108	64,974	243,691
黄岗县	144	89,545	397,060	宜都县	143	72,236	296,785
新洲县	158	137,243	532,285	枝江县	89	65,609	260,765
红安县	175	87,408	354,647	五峰县	97	25,298	100,387
麻城县	197	148,327	571,914	长阳县	217	71,105	286,197
胜利县	114	45,954	172,253	秭妇县	183	64,147	258,620
罗田县	121	53,830	221,789	兴山县	128	30,757	120,924
英山县	124	57,395	257,227				
浠水县	160	137,740	577,876	**恩施专区**	1,549	458,360	1,912,042
蕲春县	168	132,398	512,262	恩施县	291	93,022	384,186
黄梅县	150	109,732	459,696	建始县	217	67,496	282,505
广济县	128	90,661	348,594	巴东县	231	65,321	273,333
阳新县	164	91,144	343,256	鹤峰县	119	25,766	106,399
大冶县	178	107,100	415,323	宣恩县	154	41,447	172,239
鄂城县	181	125,802	487,333	来凤县	128	36,050	143,598
				咸丰县	160	42,550	179,377
荆州专区	1,747	1,413,543	5,804,203	利川县	249	86,708	370,405
江陵县	113	109,008	456,310				
荆门县	220	120,433	474,973	**襄阳专区**	3,048	1,248,501	5,059,465
钟祥县	192	106,138	424,379	襄阳县	295	164,509	658,128
京山县	144	77,323	292,085	枣阳县	215	124,795	471,062
天门县	143	173,665	694,796	随　县	332	168,071	634,602
潜江县	114	120,295	456,855	洪山县	118	37,742	141,654
沔阳县	169	164,037	732,820	宜城县	130	57,815	221,873
洪湖县	99	76,928	342,990	南漳县	201	84,410	335.173
监利县	167	148,882	649,062	保康县	172	41,370	185,997
石首县	78	67,458	272,359	房　县	270	71,178	318,241
公安县	72	61,988	247,233	竹山县	207	69,896	322,872

地区别	乡(镇)数	户数	人口	地区别	乡(镇)数	户数	人口
竹溪县	138	51,545	229,445	**常德专区**	2,754	1,604,189	6,449,983
郧西县	198	66,953	297,795	常德县	242	161,525	633,176
郧县	288	106,093	443,689	临澧县	122	70,142	262,781
均县	194	68,427	267,994	澧县	244	172,206	681,187
谷城县	176	78,100	305 588	安乡县	94	64,149	278,592
光化县	114	57,597	225,352	华容县	125	95,267	400,230
				南县	123	80,985	364,166
湖南省	15,626	8,361,149	33,226,954	沅江县	128	89,552	392,935
				益阳县	207	120,500	521,892
省辖单位	121	345,224	1,592,696	汉寿县	174	114,409	466,733
长沙市	26	131,538	650,619	桃江县	166	113,223	446,785
衡阳市	18	56,476	235,045	安化县	228	136,086	507,322
湘潭市	34	38,003	183,587	桃源县	297	169,355	640,560
邵阳市	11	25,858	117,743	慈利县	318	114,851	453,414
常德市	1	23,527	94,801	石门县	286	101,939	400,210
益阳市	1	19,614	87,008				
株洲市	22	24,432	127,319	**邵阳专区**	2,642	1,477,535	5,742,464
津市市	3	13,851	49,246	邵阳县	225	132,361	490,200
洪江市	5	11,925	47,328	新邵县	188	105,739	400,620
				涟源县	311	170,456	647,310
湘潭专区	3,059	1,765,754	7,297,704	双峰县	216	138,970	549,134
湘潭县	390	231,791	1,067,147	湘乡县	229	141,809	582,206
宁乡县	307	199,784	830,058	邵东县	274	176,591	694,980
望城县	186	101,344	471,290	新宁县	136	69,573	253,459
长沙县	251	142,455	638,365	城步县	91	26,087	100,747
湘阴县	320	195,460	865,395	武冈县	173	93,098	368,939
岳阳县	246	144,500	507,801	洞口县	165	90,972	362,410
临湘县	123	71,293	263,515	隆回县	239	130,478	499,743
平江县	312	155,072	559,671	新化县	395	201,401	792,716
浏阳县	330	203,628	785,723				
醴陵县	252	153,726	661,873	**黔阳专区**	1,695	586,425	2,407,286
攸县	164	96,325	389,550	黔阳县	130	50,796	225,253
茶陵县	178	70,376	257,316	怀化县	123	44,222	184,731
				辰溪县	142	56,214	230,336

地区别	乡(镇)数	户　数	人　口
沅陵县	279	94,505	369,400
溆浦县	247	103,264	410,462
绥宁县	164	39,431	150,086
通道侗族自治县	84	19,655	83,029
靖　县	82	23,516	93,280
会同县	118	39,827	166,878
芷江县	113	45,502	190,103
晃　县	102	30,820	134,104
麻阳县	111	38,673	169,624
湘南行政区	4,089	2,168,272	8,079,832
衡阳县	254	168,639	679,374
衡山县	231	145,695	565,189
衡南县	203	156,171	543,240
耒阳县	199	151,549	532,223
安仁县	110	49,444	171,526
酃　县	142	27,509	93,148
桂东县	84	21,754	83,218
汝城县	139	46,525	175,929
资兴县	140	44,895	156,446
永兴县	135	73,874	294,352
郴　县	149	62,383	224,192
宜章县	148	60,632	232,468
桂阳县	179	99,644	347,956
临武县	93	39,625	140,432
蓝山县	100	39,080	154,900
江华县	170	53,627	214,584
永明县	93	31,306	112,224
道　县	174	96,319	360,851
宁远县	213	105,730	417,076
嘉禾县	87	41,168	151,939
新田县	87	44,553	170,658
常宁县	174	113,405	421,041
祁东县	199	138,675	533,956
祁阳县	191	134.384	511,900
零陵县	238	143,059	518,295
东安县	157	73,627	272,715
湘西苗族自治区	1,266	413,750	1,656,989
吉首县	80	25,048	103,806
花垣县	95	36,051	139,316
永顺县	183	62,182	237,142
保靖县	117	37,645	152,089
龙山县	198	62,724	247,972
桑植县	143	45,823	182,476
大庸县	127	51,932	211,797
古丈县	77	17,798	70,548
泸溪县	99	30,623	132,688
凤凰县	147	43,924	179.155
江西省	9,772	4,450,126	16,772,865
省辖单位	53	184,245	774,465
南昌市	34	90,033	398,233
景德镇市		25,906	92,134
赣州市	8	22,221	98,625
上饶市	7	14,846	62,004
九江市		16,839	64,628
吉安市		12,914	52,864
庐山特别区	4	1,486	5,977
南昌专区	2,350	1,137,616	4,254,015
南昌县	227	109,317	489,876
进贤县	126	57,672	244,857
丰城县	244	136,357	514,342
清江县	127	67,373	242,612

地区别	乡(镇)数	户数	人口
新喻县	129	65,774	249,525
上高县	85	41,296	133,881
分宜县	70	34,800	118,521
宜春县	202	103,459	377,940
萍乡县	291	145,684	612,308
万载县	120	64,039	218,408
铜鼓县	55	20,780	56,775
宜丰县	84	37,740	114,825
高安县	197	96,410	329,614
奉新县	88	40,626	124,214
靖安县	70	20,335	60,293
安义县	74	27,876	101,936
新建县	161	68,078	264,088
九江专区	1,051	468,152	1,690,092
九江县	123	48,623	200,968
湖口县	64	35,049	122,513
彭泽县	62	28,334	111,178
都昌县	164	78,579	300,038
星子县	62	26,773	103,519
永修县	90	33,727	115,642
修水县	213	113,116	375,366
武宁县	130	48,356	153,726
德安县	61	15,215	50,296
瑞昌县	82	40,380	156,846
上饶专区	2,027	906.455	3,469,753
上饶县	198	84,442	326,695
玉山县	121	62,985	239,614
广丰县	195	79,475	314,892
铅山县	100	46,009	163,757
横峰县	46	17,480	69,467
弋阳县	99	32,879	121,713
贵溪县	129	64,284	238,890
东乡县	86	39,332	152,715
余江县	87	38,991	150,709
余干县	163	78,805	332,552
万年县	93	39,414	150,612
鄱阳县	273	139,318	558,333
乐平县	154	81,379	302,814
浮梁县	103	34,007	112,290
婺源县	114	45,718	158,659
德兴县	66	21,937	76,041
抚州专区	960	386,711	1,377,358
临川县	209	126,671	481,571
金溪县	71	28,865	97,560
资溪县	49	8,790	28,438
南城县	89	35,288	124,105
黎川县	88	27,561	101,514
南丰县	75	29,900	103,812
广昌县	103	28,844	94,844
乐安县	112	36,037	125,818
宜黄县	77	26,821	87,290
崇仁县	87	37,934	132,406
吉安专区	1,222	566,577	1,974,054
吉安县	149	90,170	306,808
峡江县	53	16,401	55,321
新淦县	70	31,171	111,233
永丰县	109	48.943	176,113
吉水县	115	61.476	211,195
泰和县	138	63,474	213,385
万安县	87	34,223	121,059
遂川县	156	75,067	264,616
宁冈县	39	10,688	35,036
永新县	122	61,320	222,431
莲花县	80	29,124	105,781

地区别	乡(镇)数	户　数	人　口
安福县	104	44,520	151,076
赣州专区	**2,109**	**800,370**	**3,233,128**
赣　县	184	83,009	341,714
兴国县	179	65,154	256,161
于都县	182	80,140	340,416
宁都县	178	77,519	282,652
石城县	112	29,786	111,927
瑞金县	154	53,576	221,674
会昌县	128	48,838	195,938
寻邬县	98	29,357	106,002
安远县	88	32,226	128,342
定南县	75	20,751	85,751
龙南县	73	30,345	124,633
虔南县	67	19,403	76,666
信丰县	137	65,637	261,375
南康县	191	79,442	356,450
大庾县	86	27,379	116,350
崇义县	86	25,289	93,395
上犹县	91	32,519	133,682
广东省	12,710	8,696,144	34,770,059
省辖单位	141	**572,855**	**2,673,093**
广州市	67	350,388	1,598,882
汕头市	9	50,801	280,414
湛江市	35	35,708	165,950
佛山市	1	26,983	122,542
潮州市		23,269	101,353
海口市	11	25,829	135,337
江门市	6	21,686	93,161
韶关市	6	17,274	81,746
石岐市	6	20,917	93,708

地区别	乡(镇)数	户　数	人　口
粤中行政区	**2,918**	**2,221,709**	**8,081,536**
新会县	164	162,057	550,661
鹤山县	78	59,261	202,202
高明县	52	38,188	125,761
高要县	182	147,028	491,454
新兴县	102	69,064	231,970
云浮县	133	77,375	280,269
罗定县	156	102,245	384,368
郁南县	95	73,245	262,570
德庆县	84	50,710	181,634
封川县	50	34,001	123,884
开建县	33	21,162	83,717
怀集县	148	81,467	327,308
广宁县	122	80,381	295,605
四会县	66	46,145	160,183
三水县	70	58,648	179,302
南海县	192	173,935	572,041
顺德县	117	128,218	462,159
番禺县	186	155,298	583,042
中山县	211	186,563	776,351
珠海县	42	27,523	126,146
宝安县	71	53,249	190,012
东莞县	228	195,284	758,677
增城县	105	87,257	301,414
龙门县	71	37,040	132,556
博罗县	160	76,365	298,250
粤北行政区	2,028	903,604	3,560,878
曲江县	123	49,421	200,243
乐昌县	105	43,230	168,571
仁化县	44	14,037	54,083
南雄县	126	56,473	231,778
始兴县	87	26,038	101,941
翁源县	100	42,931	164,282

地区别	乡(镇)数	户数	人口
和平县	128	51,545	199,382
连平县	90	37,393	145,294
新丰县	108	33,053	126,672
佛岗县	56	30,734	110,406
从化县	98	44,580	163,431
花县	84	64,413	239,281
清远县	256	148,055	583,789
英德县	242	106,772	432,705
阳山县	148	58,235	249,839
乳源县	52	15,196	63,117
连县	104	54,819	226,763
连山县	40	12,562	43,592
连南瑶族自治区	37	14,117	55,709
粤东行政区	3,566	2,166,694	9,069,478
潮安县	193	133,689	556,164
饶平县	179	96,004	403,393
南澳县	7	6,632	28,505
澄海县	126	102,120	440,154
揭阳县	253	221,288	1,005,723
潮阳县	262	211,729	946,900
普宁县	165	129,215	597,364
惠来县	132	81,315	345,579
陆丰县	198	121,470	537,546
海丰县	138	100,726	433,915
惠阳县	339	189,756	734,688
五华县	226	100,369	431,376
紫金县	172	66,252	282,815
河源县	175	76,500	295,542
龙川县	187	95,583	361,371
兴宁县	180	137,851	525,041
平远县	73	28,514	110,344
蕉岭县	62	25,763	106,280
梅县	195	119,230	436,436
大埔县	146	65,631	244,906
丰顺县	158	57,057	245,436
粤西行政区	2,514	1,705,161	6,848,492
遂溪县	163	104,129	418,693
吴川县	114	100,344	402,376
廉江县	185	133,479	562,020
化县	163	113,788	464,374
茂名县	262	196,665	842,088
信宜县	235	122,303	551,951
阳春县	192	96,224	397,036
恩平县	109	64,595	248,703
开平县	131	117,665	395,932
台山县	264	188,187	695,567
阳江县	245	154,558	595,907
电白县	183	130,928	536,568
雷东县	43	28,285	107,349
海康县	133	110,349	427,952
徐闻县	92	43,662	201,976
海南行政区	1,543	661,005	2,536,582
直辖单位	1,078	536,686	1,968,665
琼山县	138	84,949	310,221
文昌县	176	98,630	346,264
定安县	98	44,197	159,868
琼东县	57	27,230	99,842
乐会县	55	27,771	99,213
万宁县	85	39,584	153,844
昌感县	84	29,683	119,916
儋县	104	53,185	206,248
临高县	108	50,589	180,364
澄迈县	107	56,640	203,166

（续33）

地区别	乡(镇)数	户　数	人　口
屯昌县	66	24,228	89,719
南海黎族苗族自治区	**465**	**124,319**	**567,917**
乐东县	76	15,045	73,056
东方县	61	11,340	55,065
白沙县	46	10,078	46,732
琼中县	52	7,626	35,265
保亭县	73	14,451	72,238
陵水县	64	24,294	106,218
崖　县	93	41,485	179,343
港澳估计数		**465,116**	**2,000,000**
广西省	**9,787**	**4,510,204**	**19,560,822**
省辖单位	**36**	**160,203**	**688,204**
南宁市		34,318	194,641
柳州市	12	40,708	158,751
桂林市		36,204	145,088
梧州市		28,712	110,840
北海市	24	20,261	78,834
邕宁专区	**1,792**	**826,775**	**3,695,743**
邕宁县	224	112,150	495,205
宝阳县	142	92,322	396,411
横　县	180	103,553	454,724
扶绥县	86	43,329	190,098
崇左县	60	25,577	116,416
宁明县	120	38,862	177,500
龙津县	79	28,776	135,754
大新县	124	42,481	198,619
镇都县	111	41,454	195,928
隆安县	86	34,937	158,890

地区别	乡(镇)数	户　数	人　口
武鸣县	133	67,803	297,213
上林县	98	45,123	201,220
马山县	126	55,210	253,162
都安县	164	73,021	332,376
上思县	59	22,127	92,227
百色区专	**1,627**	**454,626**	**2,114,351**
百色县	95	26,059	115,414
田林县	92	20,266	97,305
凌乐县	115	27,524	132,901
凤山县	109	25,180	118,889
东兰县	168	42,780	199,143
平果县	155	53,635	243,913
田东县	142	45,816	205,638
田阳县	129	38,489	175,786
德保县	180	51,726	246,533
靖西县	195	62,434	280,938
睦边县	78	20,663	104,640
隆林县各族联合自治区	169	40,054	193,246
宜山专区	**1,718**	**646,144**	**2,808,715**
宜山县	178	74,576	312,236
河池县	127	38,257	152,781
南丹县	76	22,295	99,046
天峨县	70	15,925	75,853
环江县	107	37,469	154,527
罗城县	108	40,637	180,413
融安县	92	34,309	141,597
柳城县	92	40,625	182,987
柳江县	93	51,388	217,545
石龙县	182	78,634	333,793
来宾县	186	79,700	360,591
忻城县	111	45,016	207,517

地区别	乡(镇)数	户数	人口
大苗山苗族自治区	174	46,346	209,894
三江县侗族自治区	122	40,967	179,935
桂林专区	848	439,534	1,736,232
临桂县	106	61,522	253,576
灵川县	82	42,780	174,404
兴安县	101	50,070	200,880
全县	177	113,744	396,858
灌阳县	72	36,295	136,112
阳朔县	63	31,843	142,382
鹿寨县	96	44,956	186,026
永福县	80	35,770	145,990
龙胜县各族联合自治区	71	22,554	95,004
平乐专区	780	374,944	1,633,148
平乐县	94	45,527	207,488
恭城县	66	33,610	150,243
富钟县	161	82,935	339,475
贺县	187	92,394	401,646
昭平县	91	39,547	180,515
蒙山县	49	23,233	101,587
荔浦县	90	51,818	224,684
大瑶山瑶族自治区	42	5,880	27,510
容县专区	2,083	1,134,719	4,956,725
容县	146	74,867	336,429
藤县	169	93,512	399,608
苍梧县	150	79,826	328,528
岑溪县	139	75,302	320,726
北流县	192	103,098	450,797
陆川县	126	72,136	308,703
玉林县	246	139,617	601,195

别区别	乡(镇)数	户数	人口
贵县	234	129,482	617,926
桂平县	265	140,164	634,478
平南县	199	112,549	484,695
博白县	217	114,166	473,640
钦洲专区	903	473,259	1,927,704
合浦县	138	119,621	462,643
钦县	215	114,551	459,225
防城县	133	50,184	224,684
灵山县	205	111,963	458,327
浦北县	162	76,940	322,825
四川省	11,219	14,077,858	62,303,999
省辖单位	233	858,098	4,143,520
成都市	36	186,791	856,713
重庆市	54	357,875	1,772,486
自贡市	20	57,053	291,253
泸州市	43	59,045	289,043
五通桥市	39	42,158	199,091
内江市	15	38,946	190,222
宜宾市	18	38,449	177,464
万县市		22,337	99,122
合川市		15,866	61,754
南充市	8	31,655	164,744
宝成铁路		7,923	41,628
温江专区	526	1,177,624	4,974,458
温江县	20	46,328	194,193
郫县	28	54,350	225,506
崇宁县	11	23,491	100,020
彭县	37	94,649	401,234
新繁县	14	29,791	129,986
新都县	16	41,576	181,284

地区别	乡(镇)数	户数	人口	地区别	乡(镇)数	户数	人口
华阳县	35	94,507	415,511	安岳县	103	200,072	881,244
双流县	19	40,870	175,272	乐至县	68	149,720	645,238
大邑县	31	70,853	311,707	中江县	117	215,447	946,205
崇庆县	43	99,331	429,454	三台县	134	246,883	1,083,834
灌县	36	77,152	341,529	射洪县	79	146,415	643,902
邛崃县	58	100,707	416,060	盐亭县	64	101,979	452,095
新津县	24	40,730	172,792				
名山县	15	34,709	141,432	**南充专区**	949	1,420,166	6,376,705
浦江县	19	33,013	133,752	岳池县	95	156,803	677,339
广汉县	28	80,790	323,656	武胜县	57	98,306	436,946
金堂县	61	152,033	636,808	南充县	119	196,121	847,180
什邡县	31	62,744	244,262	西充县	61	104,869	427,625
				南部县	100	173,165	789,905
绵阳专区	675	822,919	3,393,921	蓬安县	72	89,475	403,141
绵阳县	47	110,079	449,858	营山县	84	118,342	550,916
彰明县	18	32,744	126,212	仪陇县	92	108,284	503,712
梓潼县	32	53,848	225,877	苍溪县	90	86,195	414,670
罗江县	18	44,994	178,686	阆中县	95	111,946	532,753
德阳县	25	65,259	242,711	广安县	84	176,660	792,518
绵竹县	30	84,197	322,091				
安县	32	64,994	253,656	**达县专区**	1,073	1,303,196	5,825,576
广元县	74	60,725	276,450	达县	127	183,769	827,281
昭化县	62	34,637	156,164	平昌县	102	89,872	424,813
旺苍县	66	45,027	208,508	巴中县	111	139,907	666,876
剑阁县	72	79,340	350,734	南江县	96	59,447	292,645
江油县	66	75,440	300,079	通江县	108	85,399	382,449
北川县	35	17,660	78,170	万源县	68	60,417	278,726
平武县	45	26,466	110,428	宜汉县	110	157,433	685,656
清川县	53	27,509	114,297	开江县	52	74,214	316,134
				大竹县	83	153,617	623,487
遂宁专区	828	1,540,320	6,768,784	渠县	124	182,522	841,628
遂宁县	96	185,731	821,589	邻水县	92	116,599	485,881
蓬溪县	104	184,257	815,750				
潼南县	63	109,816	478,927	**万县专区**	1,413	1,104,863	4,879,715

四川省

（续36）

地区别	乡(镇)数	户　数	人　口	地区别	乡(镇)数	户　数	人　口
万　县	169	197,696	881,020	**泸州专区**	955	858,904	3,900,513
开　县	230	199,967	893,419	沪　县	156	183,798	859,638
云阳县	185	157,271	724,860	富顺县	213	211,750	947,420
城口县	95	30,071	137,275	隆昌县	98	96,141	432,041
巫溪县	138	58,784	283,004	合江县	123	107,274	503,740
巫山县	138	75,277	337,529	纳溪县	63	59,806	285,841
奉节县	161	114,150	515,094	古宋县	40	33,657	155,511
忠　县	161	147,591	591,622	叙永县	94	61,835	271,252
梁平县	136	124,056	515,892	古兰县	168	104,643	445,070
涪陵专区	1,445	1,109,394	4,771,512	**宜宾专区**	590	499,744	2,162,000
涪陵县	210	179,245	798,710	宜宾县	209	166,149	706,359
长寿县	140	124,540	543,095	南溪县	68	66,464	286,078
酆都县	145	128,071	522,805	江安县	69	58,437	271,035
石柱县	105	79,091	322,101	庆符县	43	37,977	159,260
黔江县	95	59,748	267,786	长宁县	57	52,641	228,319
酉阳县	174	120,133	460,324	兴文县	27	18,102	80,189
秀山县	118	90,887	372,688	珙　县	43	36,384	155,585
彭水县	134	79,622	359,380	高　县	30	24,939	110,064
武隆县	93	47,559	227,149	筠连县	44	38,651	165,111
南川县	96	81,426	390,196				
垫江县	135	119,072	507,278	**乐山专区**	599	690,510	3,025,591
				乐山县	113	102,507	433,069
江津专区	886	1,401,671	6,375,605	夹江县	31	43,940	184,787
江津县	117	214,246	971,838	青神县	14	30,370	131,307
永川县	97	117,893	501,044	眉山县	50	97,922	440,138
荣昌县	63	99,073	431,029	彭山县	25	42,709	188,572
大足县	60	111,644	504,523	洪雅县	27	48,638	208,655
铜梁县	91	113,587	512,491	丹棱县	12	20,912	95,231
合川县	128	201,213	897,572	井研县	74	60,584	275,842
璧山县	58	86,197	387,979	犍为县	93	73,170	325,382
江北县	100	159,108	719,134	沐川县	50	37,751	154,125
巴　县	105	180,068	879,378	屏山县	51	36,336	158,768
綦江县	67	118,642	570,617	雷波县		18,225	81,551

地区别	乡(镇)数	户数	人口
马边县		19,667	86,589
峨边县		18,130	97,195
峨眉县	59	39,649	164,380
内江专区	1,047	1,210,040	5,313,392
内江县	96	124,140	544,204
威远县	66	91,370	416,279
荣县	138	138,583	635,993
仁寿县	199	239,688	1,081,543
简阳县	201	266,207	1,123,799
资阳县	135	156,291	682,020
资中县	212	193,761	829,554
四川省藏族自治区		80,409	392,707
茂县		8,964	42,272
汶川县		5,256	26,262
理县		4,855	24,028
小金县		7,208	34,304
大金县		3,790	18,917
松潘县		8,551	42,290
阿霸县		8,840	47,480
四土县		5,783	26,123
黑水县		5,600	28,000
南坪县		5,296	25,600
若尔盖县		8,100	37,616
绰斯甲县		6,000	30,000
壤塘		2,166	9,815
贵州省	6,500	3,401,472	15,037,310
省辖单位	110	124,617	522,555
贵阳市	5	67,005	270,905
贵筑县	105	57,612	251,650
贵定专区	706	298,187	1,340,769
贵定县	69	31,594	136,816
瓮安县	80	35,178	160,765
开阳县	84	34,433	161,264
息烽县	54	24,537	109,818
修文县	53	24,755	110,972
清镇县	82	37,603	155,998
龙里县	50	21,416	93,114
长顺县	58	22,305	97,563
罗甸县	80	26,539	137,243
惠水县布依族苗族自治区	96	39,827	177,215
遵义专区	1,310	679,044	3,111,838
遵义市	11	22,601	97,522
遵义县	242	141,211	664,522
仁怀县	131	64,675	307,411
赤水县	93	46,085	197,208
习水县	119	48,450	222,535
桐梓县	155	71,896	333,562
绥阳县	93	46,960	220,455
正安县	106	59,561	277,380
道真县	77	37,057	169,593
婺川县	106	46,208	193,306
凤冈县	80	44,557	205,559
湄潭县	97	49,783	223,085
铜仁专区	761	401,122	1,746,792
铜仁县	63	36,231	158,087
松桃县	116	64,505	270,485
沿河县	112	59,434	233,778
德江县	83	43,661	185,730
思南县	140	69,101	329,961
印江县	93	47,885	208,297

地区别	乡(镇)数	户　数	人　口
石阡县	80	39,126	179,350
江口县	46	23,274	95,689
玉屏县	28	17,905	80,415
镇远专区	586	272,268	1,243,389
镇远县	41	21,523	100,700
岑巩县	40	20,140	89,418
三穗县	34	19,349	87,154
天柱县	74	39,782	178,048
锦屏县	50	22,659	94,560
剑河县	50	20,085	88,143
雷山县	36	10,661	50,314
黄平县	70	34,114	160,035
施秉县	27	13,981	62,502
馀庆县	60	28,678	134,304
炉山县苗族自治区	60	26,834	130,802
台江县苗族自治区	44	14,462	67,409
都匀专区	695	336,950	1,480,442
都匀县	73	37,194	157,006
麻江县	55	24,375	111,670
福江县	58	26,366	115,755
三都县	44	20,832	88,589
榕江县	57	28,813	128,020
黎平县	103	51,290	220,902
从江县	74	34,376	152,531
荔波县	60	30,311	125,346
独山县	70	39,480	169,806
平塘县	60	27,032	128,761
丹寨县苗族自治区	41	16,881	82,056
兴义专区	697	377,881	1,629,598
兴义县	106	60,744	261,638
盘县	144	86,174	363,326
普安县	44	24,602	100,254
晴隆县	57	23,202	100,062
兴仁县	64	37,024	160,126
关岭县	62	35,072	148,484
贞丰县	55	32,095	137,160
望谟县	53	23,600	117,039
册亨县	48	17,931	81,094
安龙县	64	37,437	160,416
安顺专区	394	245,181	1,023,759
安顺县	88	70,647	293,318
紫云县	64	27,663	124,314
镇宁县	50	28,696	119,658
郎岱县	78	45,285	187,473
普定县	70	44,639	177,233
平霸县	44	28,251	121,763
毕节专区	1,241	666,222	2,938,169
毕节县	197	114,871	460,555
大定县	140	87,191	364,667
金沙县	118	64,474	289,462
黔西县	132	72,422	314,392
织金县	138	73,302	327,810
纳雍县	118	60,090	270,389
水城县	138	69,802	324,498
威宁县	164	75,555	356,686
赫章县	96	48,515	229,710
云南省	8,900	3,739,349	17,472,737
省辖单位	306	214,539	1,142,953
昆明市	118	138,179	698,899

地区别	乡(镇)数	户　数	人　口	地区别	乡(镇)数	户　数	人　口
个旧市	25	27,435	159,652	文山县	81	34,963	154,071
麻栗坡市	120	31,722	196,332	砚山县	75	30,458	137,012
河口市	23	3,998	19,379	邱北县	64	25,824	124,007
下关市	1	5,127	26,799	广南县	148	65,366	330,300
东川矿区	19	8,078	41,892	富宁县	77	21,910	114,385
				西畴县	67	24,018	116,834
昭通专区	1,097	516,589	2,381,322	马关县	151	34,187	155,133
昭通县	85	60,495	255,669				
大关县	69	29,220	124,920				
绥江县	36	19,548	77,266	**蒙自专区**	450	217,859	922,362
盐津县	55	25,690	108,689	蒙自县	47	28,554	129,674
威信县	52	29,998	135,482	屏边县	62	14,919	71,273
镇雄县	208	94,470	449,214	石屏县	67	31,503	117,474
彝良县	106	48,112	211,219	建水县	77	42,662	174,118
鲁甸县	59	26,401	112,120	曲溪县	31	12,988	54,227
会泽县	162	90,749	460,354	开远县	61	29,115	128,595
巧家县	143	49,097	265,628	龙武县	32	10,859	41,490
永善县	122	42,809	180,761	弥勒县彝族自治区	73	47,259	205,511
曲靖专区	1,248	571,932	2,539,497				
曲靖县	76	37,481	153,357	**玉溪专区**	596	293,810	1,169,572
沾益县	64	39,835	178,131	玉溪县	60	42,594	172,721
榕峰县	289	107,293	482,217	昆阳县	30	15,326	58,701
富源县	151	49,697	222,620	晋宁县	38	14,754	54,561
马龙县	31	14,782	69,585	呈贡县	27	20,470	79,647
嵩明县	40	37,732	164,803	澄江县	32	19,966	81,698
寻甸县	154	51,690	236,450	江川县	40	29,183	110,057
宜良县	48	38,787	161,412	华宁县	56	25,487	106,474
陆良县	88	56,200	247,804	通海县	32	21,084	81,637
罗平县	123	46,094	206,857	河西县	33	21,007	74,872
师宗县	50	22,940	108,544	新平县	94	26,709	117,877
泸西县	66	37,801	170,260	易门县	49	17,386	77,969
路南县	68	31,600	137,457	元江县	61	21,472	84,764
				峨山县彝族自治区	44	18,372	68,594
文山专区	663	236,726	1,131,792				

地区别	乡(镇)数	户　数	人　口
思茅专区	644	233,770	1,097,001
普洱县	61	20,922	95,906
思茅县	55	8,804	33,538
景东县	148	51,301	229,100
墨江县	95	32,317	151,797
澜沧县	89	68,137	340,685
景谷县	92	27,286	124,575
镇沅县	68	18,775	85,395
江城县哈尼族彝族自治区	36	6,228	29,955
临沧专区	294	100,294	527,432
临沧县	70	24,757	115,566
双江县	40	13,444	59,516
沧源县	46	9,375	95,000
耿马县	40	15,092	68,194
镇康县	98	35,520	178,689
大雪山区		2,106	10,467
保山专区	584	229,503	1,220,718
保山县	269	103,529	568,972
昌宁县	71	28,181	137,808
腾衡县	174	63,255	339,159
龙陵县	70	29,038	143,159
盏西区		5,500	31,620
大理专区	747	351,000	1,614,065
大理县	32	26,552	115,716
邓川县	36	13,242	59,622
宾川县	51	26,977	124,931
详云县	74	43,292	215,175
凤仪县	32	15,242	64,810
弥渡县	42	26,477	125,139
巍山县	112	51,960	234,627
云县	86	37,656	172,242
凤庆县	91	44,737	214,507
永平县	47	15,861	74,208
漾濞县	47	9,931	42,666
云龙县	72	23,782	105,683
洱源县	25	15,291	64,739
丽江专区	675	205,870	1,002,922
丽江县	115	36,491	177,652
永胜县	107	35,396	156,665
鹤庆县	86	29,816	129,820
剑川县	62	17,808	79,383
兰坪县	114	21,654	97,439
维西县	32	15,342	86,997
中甸县	56	4,232	56,482
华坪县	61	21,775	96,355
宁蒗县	22	6,037	31,925
德钦县藏族自治区	20	2,319	15,204
凉山办事处		15,000	75,000
楚雄专区	982	349,937	1,602,379
楚雄县	96	35,802	178,314
牟定县	48	23,386	109,462
盐兴县	18	10,015	44,060
广通县	35	10,099	44,175
禄丰县	39	14,334	62,057
双柏县	82	18,543	84,122
南华县	74	24,421	122,240
姚安县	80	27,744	126,269
盐丰县	41	10,595	48,117
大姚县	57	24,841	114,595
永仁县	69	22,562	102,685
武定县	133	34,385	154,726

地区别	乡(镇)数	户　数	人　口
禄劝县	122	42,625	196,360
富民县	20	10,076	42,338
安宁县	27	17,150	73,147
罗次县	20	10,679	45,470
元谋县	21	12,716	54,242
西双版纳傣族自治区	160	42,403	212,015
德宏傣族景颇族自治区	184	64,778	375,147
潞西县	50	15,016	101,200
瑞丽县	19	5,500	35,800
陇川县	32	12,000	61,000
盈江县	30	11,138	65,789
莲山县	19	8,224	37,258
梁河县	34	12,900	74,100
红河哈尼族自治区	151	88,802	423,503
元阳县	70	36,235	163,566
红河县	65	32,506	152,915
金平县	16	20,061	107,022
怒江傈僳族自治区	119	21,501	110,057
碧江县	32	3,654	30,101
福贡县	40	6,591	28,432
贡山县	25	3,027	16,887
泸水县	22	8,229	34,637
西康省	810	736,811	3,381,064
雅安市	3	12,278	55,195
雅安专区	187	147,876	634,719
雅安县	29	28,136	119,835
荥经县	28	23,660	93,521
汉源县	50	42,212	181,787
石棉县	19	10,177	50,817
天全县	24	20,364	86,495
宝兴县	20	7,705	38,249
芦山县	17	15,622	64,015
西昌专区	409	317,748	1,401,539
西昌县	40	54,686	211,137
宁南县	26	18,187	73,482
德昌县	29	21,253	83,408
会理县	74	54,144	249,215
会东县	53	37,153	175,438
盐边县	40	19,920	92,758
冕宁县	25	31,210	117,178
越嶲县	27	22,425	100,101
米易县	32	23,047	99,602
金矿县	19	6,358	40,135
盐源县	25	23,210	113,613
木里藏族自治区	19	6,155	45,472
西康省藏族自治区	112	100,429	503,892
康定县	15	8,392	39,921
泸定县	22	8,195	35,695
九龙县	5	3,769	18,796
雅江县		3,220	16,100
乾宁县	6	1,883	10,338
丹巴县	12	6,960	34,800
理塘县	18	6,000	30,000
稻城县	8	4,840	24,200
乡城县		4,000	20,000

西康省　昌都地区　西藏

（续42完）

地区别	乡(镇)数	户数	人口	地区别	乡(镇)数	户数	人口
德荣县		3,700	18,500	昭觉县	36	23,441	117,203
义敦县	6	3,491	17,451	普雄县	26	24,000	120,000
巴塘县	4	4,110	20,551	普格县		18,500	92,500
邓柯县		4,200	21,000	喜德县	13	16,435	75,495
德格县		4,910	30,282	布拖县	6	24,112	120,560
甘孜县	5	7,350	36,750	美姑县		24,818	124,091
炉霍县	10	4,747	24,657	金阳县	18	21,173	105,870
道孚县	1	3,672	19,851				
新龙县		5,000	25,000	**色达地区**		6,000	30,000
白玉县		4,000	20,000				
石渠县		8,000	40,000	**昌都地区**			275,969
				西　藏			1,000,000
凉山彝族自治区	99	152,480	755,719				

说明：　1.总人口数中缺国外华侨的数字。　2.总户数中缺台湾、昌都地区、西藏的数字。

7. 全国人口密度

地区别	人口	面积（平方公里）	密度（每平方公里人数）
总计	590,194,715	9,650,000	61
北京市	2,768,149	3,600	769
天津市	2,693,831	2,280	1,182
上海市	6,204,417	700	8,863
河北省	35,984,644	165,920	217
山西省	14,314,485	157,100	91
内蒙古自治区	6,100,104	921,000	7
辽宁省	18,545,147	124,700	149
吉林省	11,290,073	187,000	60
黑龙江省	11,897,309	463,600	26
热河省	5,160,822	107,800	48
陕西省	15,881,281	195,800	81
甘肃省	12,928,102	692,700	19
青海省	1,676,534	721,000	2
新疆省	4,873,608	1,662,600	3
山东省	48,876,458	153,300	319
江苏省	41,252,192	104,900	393
安徽省	30,343,637	142,300	213
浙江省	22,865,747	101,800	225
福建省	13,142,721	123,100	107
台湾省	7,591,298	36,400	209
河南省	44,214,594	167,000	265
湖北省	27,789,693	187,500	148
湖南省	33,226,954	210,500	158
江西省	16,772,865	164,800	102
广东省	34,770,059	214,600	162
广西省	19,560,822	237,200	82
四川省	62,303,999	332,600	187
贵州省	15,037,310	174,000	86
云南省	17,472,737	436,200	40
西康省	3,381,064	235,000	14
昌都地区	273,969	304,000	1
西藏地方	1,000,000	919,000	1

说明：1.当时我国国境尚未测量，各省区面积尚无准确数字，表内所列各省面积系自地图上量算而得，仅供参考。

2.总人口数字中缺华侨人口数字。

8. 全国人口年龄状况

年龄	人口数（人）			各年龄人口百分比
	合计	男	女	
合计	567,446,758	291,969,807	275,476,951	100.00
0—4岁	89,275,126	46,104,886	43,170,240	15.73
0	18,981,848	9,716,971	9,264,877	3.34
1	21,899,928	11,247,318	10,652,610	3.86
2	17,243,556	8,896,922	8,346,634	3.04
3	16,704,419	8,697,268	8,007,151	2.94
4	14,445,375	7,546,407	6,898,968	2.55
5—9岁	62,775,537	33,264,941	29,510,596	11.06
5	14,029,624	7,363,261	6,666,363	2.47
6	13,693,531	7,230,335	6,463,196	2.41
7	12,602,205	6,681,793	5,920,412	2.22
8	11,345,688	6,039,983	5,305,705	2.00
9	11,104,489	5,949,569	5,154,920	1.96
10—14岁	53,790,234	29,082,491	24,707,743	9.48
10	10,780,913	5,804,301	4,976,612	1.90
11	11,299,337	6,082,982	5,216,355	1.99
12	11,050,373	5,971,373	5,079,000	1.95
13	10,388,279	5,628,613	4,759,666	1.83
14	10,271,332	5,595,222	4,676,110	1.81
15—19岁	51,726,787	27,072,984	24,653,803	9.12
15	10,074,230	5,471,631	4,602,599	1.78
16	9,893,976	5,203,638	4,690,338	1.74
17	10,060,448	5,167,108	4,893,340	1.77
18	11,238,758	5,785,632	5,453,126	1.98
19	10,459,375	5,444,975	5,014,400	1.84
20—24岁	46,324,595	23,718,199	22,606,396	8.16
20	10,163,491	5,238,946	4,924,545	1.79
21	9,127,356	4,690,108	4,437,248	1.61
22	9,278,418	4,739,790	4,538,628	1.64
23	8,866,788	4,524,924	4,341,864	1.56
24	8,888,542	4,524,431	4,364,111	1.57

注：本表是各地调查统计的实际人口数，不包括人民武装部队和年龄不详的人口数字。

（续1）

年龄	人口数（人）			各年龄人口百分比
	合计	男	女	
25—29岁	42,316,003	21,711,735	20,604,268	7.46
25	9,030,097	4,603,471	4,426,626	1.59
26	8,243,484	4,257,581	3,985,903	1.45
27	8,193,284	4,214,940	3,978,344	1.44
28	8,578,391	4,395,871	4,182,520	1.51
29	8,270,747	9,239,872	4,030,875	1.46
30—34岁	38,086,610	19,595,040	18,491,570	6.71
30	7,970,350	4,082,207	3,888,143	1.40
31	7,599,275	3,934,654	3,664.621	1.34
32	7,711,975	3,973.729	3,738,246	1.36
33	7,573,103	3,894,047	3,679,056	1.34
34	7,231,907	3,710,403	3,521,504	1.27
35—39岁	36,281,374	18,778,517	17,502,857	6.39
35	7,353,930	3,784,439	3,569,491	1.30
36	7,418,264	3,850,042	3,568,222	1.31
37	7,197,225	3,712,246	3,484,979	1.27
38	7,131,973	3,681,086	3,450,887	1.26
39	7,179,982	3,750,704	3,429,278	1.26
40—44岁	1,654,941	16,454,333	15,200,608	5.58
40	6,895,214	3,595,719	3,299,495	1.21
41	6,191,413	3,260,934	2,930,479	1.09
42	6,121,037	3,184,905	2,936,132	1.08
43	6,179,113	3,187,931	2,991,182	1.09
44	6,268,164	3,224,844	3,043,320	1.11
45—49岁	28,760,397	14,676,352	14,084,045	5.07
45	5,975,150	3,063,637	2,911,513	1.05
46	5,792,940	2,976,829	2,816,111	1.02
47	5,817,626	2,955,368	2,862,258	1.03
48	5,679,634	2,871,171	2,808,463	1.00
49	5,495,047	2,809,347	2,685,700	0.97
50—54岁	24,356,677	12,435,470	11,921,207	4.29
50	5,638,383	2,878,982	2,759,401	0.99
51	4,989,170	2,566,245	2,422,925	0.88
52	4,997,496	2.540,965	2,456,531	0.88

（续2）

年龄	人口数（人）			各年龄人口百分比
	合计	男	女	
53	4,470,143	2,265,741	2,204,402	0.79
54	4,261,485	2,183,537	2,077,948	0.75
55—59岁	20,560,034	10,398,207	10,161,827	3.62
55	4,428,639	2,288,818	2,139,821	0.78
56	4,158,442	2,142,070	2,016,372	0.73
57	4,016,174	2,025,910	1,990,264	0.71
58	4,126,582	2,048,533	2,078,049	0.73
59	3,830,197	1,892,876	1,937,321	0.68
60—64岁	16,500,186	8,006,104	8,494,082	2.91
60	4,043,139	1,983,203	2,059,936	0.71
61	3,363,567	1,657,322	1,706,245	0.59
62	3,141,920	1,525,342	1,616,578	0.55
63	3,011,941	1,447,158	1,564,783	0.53
64	2,939,619	1,393,079	1,546,540	0.52
65—69岁	11,775,245	5,400,767	6,374,478	2.08
65	2,805,542	1,310.293	1,495,249	0.49
66	2,531,428	1,180,341	1,351,087	0.45
67	2,317,275	1,060,775	1,256,500	0.41
68	2,151,521	965,025	1,186,496	0.38
69	1,969,479	884,333	1,085,146	0.35
70—74岁	7,815,815	3,308,199	4,507,616	1.38
70	2,028,000	884,827	1,143,173	0.36
71	1,745,726	752,463	993,263	0.31
72	1,620,162	678,281	941,881	0.29
73	1,378,021	568,895	809,126	0.24
74	1,043,906	423,733	620,173	0.18
75—79岁	3,592,488	1,368,411	2,224,077	0.63
75	938,058	372,704	565,354	0.16
76	821,886	318,503	503,383	0.14
77	698,494	265,055	433,439	0.12
78	627,367	230,748	396,619	0.11
79	506,683	181,401	325,282	0.09
80—84岁	1,428,437	473,106	955,331	0.25
80	451,014	155,500	295,514	0.08

（续3）

年龄	人口数（人）			各年龄人口百分比
	合计	男	女	
81	322,309	109,256	213,053	0.06
82	281,241	91,808	189,433	0.05
83	212,336	67,256	145,080	0.04
84	161,537	49,286	112,251	0.03
85—89岁	355,150	101,114	254,036	0.06
85	127,857	38,172	89,685	0.02
86	88,808	25,484	63,324	0.02
87	62,974	17,471	45,503	0.01
88	46,888	12,590	34,298	0.01
89	28,623	7,397	21,226	0.01
90—94岁	55,903	14,276	41,627	
90	24,367	6,638	17,729	
91	12,312	3,012	9,300	
92	8,764	2,114	6,650	
93	6,127	1,452	4,675	(67,738人)
94	4,333	1,060	3,273	
95—99岁	11,835	3,085	8,750	0.01
95	3,927	1,055	2,872	
96	3,051	798	2,253	
97	2,041	537	1,504	
98	1,676	395	1,281	
99	1,140	300	840	
100—104岁	2,460	1,064	1,396	
100	1,699	789	910	
101	250	91	159	
102	187	64	123	
103	202	74	128	
104	122	46	76	
105—109岁	417	221	196	
105	163	84	79	
106	75	45	30	
107	71	33	38	
108	77	41	36	
109	31	18	13	

（续4完）

年龄	人口数（人）			各年龄人口百分比
	合计	男	女	
110—114	286	174	112	
110	176	100	76	
111	25	18	7	
112	46	33	13	
113	24	12	12	
114	15	11	4	
115—119岁	102	63	39	
115	39	25	14	
116	19	11	8	
117	10	4	6	
118	27	19	8	
119	7	4	3	
120—124岁	80	46	34	
120	62	36	26	
121	5	1	4	(3,384人)
122	2	0	2	0.0006
123	5	3	2	
124	6	6	0	
125—129岁	17	12	5	
125	8	6	2	
126	2	0	2	
127	2	2	0	
128	4	3	1	
129	1	1	0	
130—155岁	22	10	12	
130	11	3	8	
135	1	0	1	
137	2	2	0	
140	2	1	1	
145	2	1	1	
147	3	2	1	
155	1	1	0	

9. 全国经过调查地区

地区别	经过年龄调查人口数	百岁以上人口总数			100——110			111——120		
		合计	男	女	合计	男	女	合计	男	女
总计	567,446,758	3,384	1,590	1,794	3,053	1,385	1,668	274	173	101
北京市	2,768,073	2	1	1	2	1	1	0	0	0
天津市	2.693,831	1	0	1	1	0	1	0	0	0
上海市	6,204,417	1	0	1	1	0	1	0	0	0
河北省	35,634,644	25	5	20	25	5	20	0	0	0
山西省	14.174,485	14	3	11	11	1	10	2	1	1
内蒙古自治区	6,090,700	5	2	3	5	2	3	0	0	0
辽宁省	18,365,147	6	3	3	5	2	3	1	1	0
吉林省	11,180,073	8	6	2	6	4	2	0	0	0
黑龙江省	11,827,309	10	6	4	7	4	3	1	0	1
热河省	5,160,822	1	1	0	1	1	0	0	0	0
陕西省	15,731,204	70	11	65	69	11	58	4	0	4
甘肃省	12,403,697	74	29	45	64	25	39	10	4	6
青海省	1,229,218	35	15	20	32	15	17	3	0	3
新疆省	4,597,928	2,074	1,319	755	1,813	1,138	675	223	157	66
山东省	48,876,548	70	8	62	65	7	58	3	0	3
江苏省	40,852,108	43	7	36	43	7	36	0	0	0
安徽省	30,043,637	29	7	22	29	7	22	0	0	0
浙江省	22,410,766	5	3	2	5	3	2	0	0	0
福建省	12,831,811	16	3	13	16	3	13	0	0	0
河南省	43,784,594	253	29	224	244	28	216	8	1	7
湖北省	27,789,687	38	5	33	37	5	32	1	0	1
湖南省	32,906,954	82	13	69	81	13	68	0	0	0
江西省	16,772,865	20	3	17	19	2	17	1	1	0
广东省	32,409,172	67	5	62	64	5	59	2	0	2
广西省	19,560,822	177	44	133	168	39	129	6	4	2
四川省	61,008,767	56	14	42	53	12	41	3	2	1
贵州省	14,514,090	75	17	58	70	15	55	3	2	1
云南省	13,816,974	117	30	87	113	29	84	3	0	3
西康省	1,806,415	4	1	3	4	1	3	0	0	0

百岁以上人口年龄分组

121——130			131——140			141——150			151——160			男女百分比	
合计	男	女	合计	男	女	合计	男	女	合计	男	女	男	女
46	25	21	5	3	2	5	3	2	1	0		46.99	53.01
0	0	0	0	0	0	0	0	0	0	0	0	50.00	50.00
0	0	0	0	0	0	0	0	0	0	0	0	0.00	100.00
0	0	0	0	0	0	0	0	0	0	0	0	0.00	100.00
0	0	0	0	0	0	0	0	0	0	0	0	20.00	80.00
1	1	0	0	0	0	0	0	0	0	0	0	21.43	78.57
0	0	0	0	0	0	0	0	0	0	0	0	40.00	60.00
0	0	0	0	0	0	0	0	0	0	0	0	50.00	50.00
2	2	0	0	0	0	0	0	0	0	0	0	75.00	25.00
2	2	0	0	0	0	0	0	0	0	0	0	60.00	40.00
0	0	0	0	0	0	0	0	0	0	0	0	100.00	0.00
2	0	2	0	0	0	1	0	1	0	0	0	14.47	85.53
0	0	0	0	0	0	0	0	0	0	0	0	25.52	74.48
0	0	0	0	0	0	0	0	0	0	0	0	42.86	57.14
30	18	12	4	3	1	3	2	1	1	1	0	63.60	36.40
1	0	1	0	0	0	1	1	0	0	0	0	11.43	88.57
0	0	0	0	0	0	0	0	0	0	0	0	16.28	83.72
0	0	0	0	0	0	0	0	0	0	0	0	24.14	75.86
0	0	0	0	0	0	0	0	0	0	0	0	60.00	40.00
0	0	0	0	0	0	0	0	0	0	0	0	18.75	81.25
1	0	1	0	0	0	0	0	0	0	0	0	11.46	88.54
0	0	0	0	0	0	0	0	0	0	0	0	13.16	86.84
1	0	1	0	0	0	0	0	0	0	0	0	15.85	84.15
0	0	0	0	0	0	0	0	0	0	0	0	15.00	85.00
1	0	1	0	0	0	0	0	0	0	0	0	7.46	92.54
2	1	1	1	0	1	0	0	0	0	0	0	24.86	75.14
0	0	0	0	0	0	0	0	0	0	0	0	25.00	75.00
2	0	2	0	0	0	0	0	0	0	0	0	22.67	77.33
1	1	0	0	0	0	0	0	0	0	0	0	25.64	74.36
0	0	0	0	0	0	0	0	0	0	0	0	25.00	75.00

二、第二次全国人口普查主要数据

（普查的标准时间：1964年6月30日24时）

提　要

（一）	全国总人口	723,070,269
其中：(1)	28个省市自治区(含其他)人口	694,581,759
	男	356,517,011
	女	338,064,748
(2)	台湾省及港澳同胞国外华侨等人口	28,488,510
（二）	全国汉族人口	654,565,495
（三）	全国少数民族人口	39,993,046
（四）	全国城镇人口	97,908,303
（五）	全国乡村人口	596,673,456
（六）	全国市人口	68,388,749
（七）	全国镇人口	29,519,554

1. 全国总户数及总人口

地区	总户数	总人口			每户平均人口	男占总人口百分比
		合计	男	女		
全国总计	—	723,070,269	—	—	—	—
二十八个省市自治区（包括其他）小计	156,707,734	694,581,759	356,517,011	338,064,748	4.43	51.33
北京市	1,549,711	7,568,495	3,891,140	3,677,355	4.88	51.41
河北省	10,171,536	45,687,781	23,381,735	22,306,046	4.49	51.18
内蒙古自治区	2,614,932	12,348,638	6,705,441	5,643,197	4.72	54.30
山西省	4,358,660	18,015,067	9,528,116	8,486,951	4.13	52.90
辽宁省	5,379,473	26,946,200	13,852,340	13,093,860	5.01	51.40
吉林省	3,124,536	15,668,663	8,172,363	7,496,300	5.01	52.16
黑龙江省	3,989,691	20,118,271	10,589,553	9,528,718	5.04	52.64
上海市	2,406,263	10,816,458	5,369,047	5,447,411	4.50	49.64
江苏省	10,878,507	44,504,608	22,418,473	22,086,135	4.09	50.37
浙江省	6,566,314	28,318,573	14,790,590	13,527,983	4.31	52.23
安徽省	7,651,765	31,241,657	16,181,927	15,059,730	4.08	51.80
江西省	4,855,540	21,068,019	10,874,841	10,193,178	4.34	51.62
福建省	3,597,543	16,757,223	8,692,706	8,064,517	4.66	51.87
山东省	12,773,700	55,519,038	27,920,899	27,598,139	4.35	50.29
广东省	9,842,339	42,800,849	21,810,060	20,990,789	4.35	50.96
广西僮族自治区	4,710,675	20,845,017	10,671,448	10,173,569	4.43	51.19
湖南省	9,162,020	37,182,286	19,317,036	17,865,250	4.06	51.95
湖北省	7,543,695	33,709,344	17,306,618	16,402,726	4.47	51.34
河南省	11,251,098	50,325,511	25,490,705	24,834,806	4.47	50.65
四川省	16,263,033	67,956,490	34,686,076	33,270,414	4.18	51.04
云南省	4,414,871	20,509,525	10,247,452	10,262,073	4.65	49.96
贵州省	3,909,572	17,140,521	8,684,790	8,455,731	4.38	50.67
西藏自治区	254,583	1,251,225	597,296	653,929	4.91	47.74
陕西省	4,234,435	20,766,915	10,896,670	9,870,245	4.90	52.47
甘肃省	2,589,525	12,630,569	6,571,652	6,058,917	4.88	52.03
青海省	430,249	2,145,604	1,137,994	1,007,610	4.99	53.04
新疆维吾尔自治区	1,760,043	7,270,067	3,894.740	3,375,327	4.13	53.57
宁夏回族自治区	423,425	2,107,490	1,108,421	999,069	4.98	52.59
其他	—	3,361,655	1,726,882	1,634,773	—	51.37
台湾省港澳同胞海外华侨等小计	—	28,488,510	—	—	—	—
台湾省	—	12,041,544	—	—	—	—
港澳同胞	—	3,867,000	—	—	—	—
国外华侨等	—	12,579,966	—	—	—	—

2. 全国农业非农业人口

地　　区	总人口	农业人口	非农业人口	农业人口占总人口百分比
总　　计	694,581,759	580,273,192	114,308,567	83.54
华　北　区	83,619,981	67,146,017	16,473,964	80.30
北　京　市	7,568,495	3,184,004	4,384,491	42.07
河　北　省	45,687,781	38,734,559	6,953,222	84.78
内蒙古自治区	12,348,638	9,672,774	2,675,864	78.33
山　西　省	18,015,067	15,554,680	2,460,387	86.34
东　北　区	62,733,134	40,596,630	22,136,504	64.71
辽　宁　省	26,946,200	17,221,467	9,724,733	63.91
吉　林　省	15,668,663	10,771,818	4,896,845	68.75
黑　龙　江　省	20,118,271	12,603,345	7,514,926	62.65
华　东　区	208,225,576	176,907,478	31,318,098	84.96
上　海　市	10,816,458	3,725,129	7,091,329	34.44
江　苏　省	44,504,608	38,140,447	6,364,161	85.70
浙　江　省	28,318,573	24,561,377	3,757,196	86.73
安　徽　省	31,241,657	27,492,996	3,748,661	88.00
江　西　省	21,068,019	17,847,316	3,220,703	84.71
福　建　省	16,757,223	14,048,627	2,708,596	83.84
山　东　省	55,519,038	51,091,586	4,427,452	92.03
中　南　区	184,863,007	162,821,837	22,041,170	88.08
广　东　省	42,800,849	35,665,322	7,135,527	83.33
广西僮族自治区	20,845,017	18,657,923	2,187,094	89.51
湖　南　省	37,182,286	33,165,462	4,016,824	89.20
湖　北　省	33,709,344	29,051,470	4,657,874	86.18
河　南　省	50,325,511	46,281,660	4,043,851	91.96
西　南　区	106,857,761	94,422,205	12,435,556	88.36
四　川　省	67,956,490	59,557,178	8,399,312	87.64
云　南　省	20,509,525	18,552,617	1,956,908	90.46
贵　州　省	17,140,521	15,254,005	1,886,516	88.99
西藏自治区	1,251,225	1,058,405	192,820	84.59
西　北　区	44,920,645	38,379,025	6,541,620	85.44
陕　西　省	20,766,915	18,108,155	2,658,760	87.20
甘　肃　省	12.630,569	11.023,265	1.607,304	87.27
青　海　省	2,145,604	1,741,094	404,510	81.15
新疆维吾尔自治区	7,270,067	5,689.117	1,580,950	78.25
宁夏回族自治区	2,107,490	1,817,394	290,096	86.23
其　　他	3,361,655		3,361,665	

注：本表及以下表均不包括台湾省和港澳同胞以及国外华侨等人口

3. 全国城

地区	城市数	集镇数	城市集镇中的城镇人口（即非农业人口）		
			小计	城市	集镇
总计	168	3,148	97,908,303	68,388,749	29,519,554
华北区	25	300	15,125,109	12,701,029	2,424,080
北京市	1	15	4,241,769	4,033,296	208,473
河北省	10	144	6,447,909	5,760,530	687,379
内蒙古自治区	10	94	2,417,139	1,437,087	980,052
山西省	4	47	2,018,292	1,470,116	548,176
东北区	27	293	20,048,185	14,545,930	5,502,255
辽宁省	10	91	9,106,140	7,315,264	1,790,876
吉林省	8	96	4,364,926	2,678,412	1,686,514
黑龙江省	9	106	6,577,119	4,552,254	2,024,865
华东区	46	864	26,590,414	18,438,793	8,151,621
上海市	1	34	6,847,085	6,376,930	470,155
江苏省	11	151	5,466,416	3,873,815	1,592,601
浙江省	3	212	3,068,576	1,261,009	1,807,567
安徽省	8	108	2,915,986	1,645,243	1,270,743
江西省	7	119	2,359,463	1,257,241	1,102,222
福建省	6	119	2,231,432	1,173,329	1,058,103
山东省	10	121	3,701,456	2,851,226	850,230
中南区	40	816	17,559,206	10,560,334	6,998,872
广东省	9	159	5,332,173	3,042,350	2,289,823
广西僮族自治区	5	124	1,622,050	871,060	750,990
湖南省	7	196	3,220,983	1,613,047	1,607,936
湖北省	5	216	3,973,520	2,605,990	1,367,530
河南省	14	121	3,410,480	2,427,887	982,593
西南区	15	675	9,873,289	5,251,964	4,621,325
四川省	8	411	6,605,197	3,660,789	2,944,408
云南省	4	142	1,604,024	841,879	762,145
贵州省	2	122	1,546,482	699,005	847,477
西藏自治区	1	—	117,586	50,291	67,295
西北区	15	200	5,350,445	3,529,044	1,821,401
陕西省	4	76	2,240,413	1,541,135	699,278
甘肃省	3	52	1,406,405	895,701	510,704
青海省	2	7	285,640	229,739	55,901
新疆维吾尔自治区	4	55	1,168,538	677,785	490,753
宁夏回族自治区	2	10	249,449	184,684	64,765
其他	—	—	3,361,655	3,361,655	—

镇 人 口

城市集镇中的乡村人口（即农业人口）			城市集镇的总人口（即左列非农业农业人口的合计）			城市集镇中的乡村人口各占总人口百分比	
小计	城市	集镇	小计	城市	集镇	城市	集镇
32,556,393	25,352,810	7,203,583	130,464,696	93,741,559	36,723,137	27.05	19.62
5,693,735	4,632,618	1,061,117	20,818,844	17,333,647	3,485,197	26.73	30.45
724,102	645,141	78,961	4,965,871	4,678,437	287,434	13.79	27.47
2,844,729	2,264,442	580,287	9,292,638	8,024,972	1,267,666	28.22	45.78
941,110	733,660	207,450	3,358,249	2,170,747	1,187,502	33.80	17.47
1,183,794	989,375	194,419	3,202,086	2,459,491	742,595	40.23	26.18
4,694,309	3,723,846	970,463	24,742,494	18,269,776	6,472,718	20.38	14.99
1,873,116	1,560,961	312,155	10,979,256	8,876,225	2,103,031	17.59	14.84
1,160,708	842,657	318,051	5,525,634	3,521,069	2,004,565	23.93	15.87
1,660,485	1,320,228	340,257	8,237,604	5,872,482	2,365,122	22.48	14.39
10,201,555	7,978,856	2,222,699	36,791,969	26,417,649	10,374,320	30.20	21.43
95,597	46,087	49,510	6,942,682	6,423,017	519,665	0.72	9.53
2,165,315	1,889.794	275,521	7,631,731	5,763,609	1,868,122	32.79	14.75
1,376,319	813,643	562,676	4,444,895	2,074,652	2,370,243	39.22	23.74
698,530	501,850	196,680	3,614,516	2,147,093	1,467,423	23.37	13.40
1,200,222	1,027,420	172.802	3,559,685	2,284,661	1,275,024	44.97	13.55
1,184,848	832,955	351,893	3,416,280	2,006,284	1,409,996	41.52	24.96
3,480,724	2,867,107	613,617	7,182,180	5,718,333	1,463,847	50.14	41.92
6,378,622	4.555,382	1,823,240	23,937,828	15,115,716	8,822,112	30.14	20.66
1,995,638	1,510,961	484,677	7,327,811	4,553,311	2,774,500	33.18	17.47
495,585	294,615	200,970	2,117,635	1,165,675	951,960	25.27	21.11
1,009,940	781,572	228,368	4,230,923	2,394,619	1,836,304	32.64	12.44
770,579	499,698	270,881	4,744,099	3,105,688	1,638,411	16.09	16.53
2,106,880	1,468,536	638,344	5,517,360	3,896,423	1,620,937	37.68	39.38
3,853,870	3,133,053	720,817	13,727,159	8,385,017	5,342,142	37.36	13.49
1,958,205	1,773,370	184,835	8,563,402	5,434,159	3,129,243	32.63	59.06
1,370,152	1,042,091	328,061	2,974,176	1,883,970	1,090,206	55.31	30.09
488,989	317,592	171,397	2,035,471	1,016,597	1,018,874	31.21	16.82
36,524	—	36,524	154,110	50,291	103,819	—	26.43
1,734,302	1,329,055	405,247	7,084,747	4,858,099	2,226,648	27.35	18.20
951,736	767,912	183,824	3,192,149	2,309,047	883,102	33.26	20.81
385,608	260,331	125,277	1,792,013	1,156,032	635,981	22.52	19.69
70,040	63,300	6,740	355,680	293,039	62,641	21.60	10.76
185,428	118,037	67,391	1,353,966	795,822	558,144	14.83	12.07
141,490	119,475	22,015	390,939	304,159	86,780	39.28	25.36
0	0	0	3,361,655	3,361,655	0	0	0

4. 全国城镇及乡村人口

地　　区	总人口	城镇人口（指城镇非农业人口）	乡村人口	城镇人口占总人口百分比
总　　计	694,581,759	97,908,303	596,673,456	14.10
华　北　区	83,619,981	15,125,109	68,494,872	18.09
北　京　市	7,568,495	4,241,769	3,326,726	56.05
河　北　省	45,687,781	6,447,909	39,239,872	14.11
内蒙古自治区	12,348,638	2,417,139	9,931,499	19.57
山　西　省	18,015,067	2,018,292	15,996,775	11.20
东　北　区	62,733,134	20,048,185	42,684,949	31.96
辽　宁　省	26,946,200	9,106,140	17,840,060	33.79
吉　林　省	15,668,663	4,364,926	11,303,737	27.86
黑龙江省	20,118,271	6,577,119	13,541,152	32.69
华　北　区	208,225,576	26,590,414	181,635,162	12.77
上　海　市	10,816,458	6,847,085	3,969,373	63.30
江　苏　省	44,504,608	5,466,416	39,038,192	12.28
浙　江　省	28,318,573	3,068,576	25,249,997	10.84
安　徽　省	31,241,657	2,915,986	28,325,671	9.33
江　西　省	21,068,019	2,359,463	18,708,556	11.20
福　建　省	16,757,223	2,231,432	14,525,791	13.32
山　东　省	55,519,038	3,701,456	51,817,582	6.67
中　南　区	184,863,007	17,559,206	167,303,801	9.50
广　东　省	42,800,849	5,332,173	37,468,676	12.46
广西僮族自治区	20,845,017	1,622,050	19,222,967	7.78
湖　南　省	37,182,286	3,220,983	33,961,303	8.66
湖　北　省	33,709,344	3,973,520	29,735,824	11.79
河　南　省	50,325,511	3,410,480	46,915,031	6.78
西　南　区	106,857,761	9,873,289	96,984,472	9.24
四　川　省	67,956,490	6,605,197	61,351,293	9.72
云　南　省	20,509,525	1,604,024	18,905,501	7.82
贵　州　省	17,140,521	1,546,482	15,594,039	9.02
西藏自治区	1,251,225	117,586	1,133,639	9.40
西　北　区	44,920,645	5,350,445	39,570,200	11.91
陕　西　省	20,766,915	2,240,413	18,526,502	10.79
甘　肃　省	12,630,569	1,406,405	11,224,164	11.13
青　海　省	2,145,604	285,640	1,859,964	13.31
新疆维吾尔自治区	7,270,067	1,168,538	6,101,529	16.07
宁夏回族自治区	2,107,490	249,449	1,858,041	11.84
其　　他	3,361,655	3,361,655	—	100.00

注：城镇人口，是按照1963年12月7日中共中央、国务院《关于调整市镇建制、缩小城市郊区的指示》中规定的口径统计的。市的总人口包括市区和郊区的全部人口，市的城市人口是指市区和郊区的非农业人口，市的乡村人口是指市区和郊区的农业人口。

5. 全国市人口分组

		总人口分组				城市人口分组			
		市数	百分比	人数	百分比	市数	百分比	人数	百分比
	总计	168	100.00	90,379,904	100.00	168	100.00	65,027,094	100.00
100,000人以下	**小计**	19	11.31	1,369,681	1.52	47	27.98	3,325,008	5.11
	50,000人以下	4	2.38	126,275	0.14	9	5.36	261,434	0.40
	50,000—100,000	15	8.93	1,243,406	1.38	38	22.62	3,063,574	4.71
100,000—300,000	**小计**	69	41.06	13,189,223	14.59	68	40.47	11,570,557	17.79
	100,000—150,000	23	13.69	2,812,422	3.11	31	18.45	3,720,572	5.72
	150,000—200,000	11	6.54	1,890,883	2.09	17	10.12	2,914,676	4.48
	200,000—300,000	35	20.83	8,485,918	9.39	20	11.90	4,935,309	7.59
300,000—500,000	**小计**	30	17.86	11,961,261	13.23	23	13.69	8,768,018	13.48
	300,000—400,000	13	7.74	4,424,049	4.89	14	8.33	4,729,676	7.27
	400,000—500,000	17	10.12	7,537,212	8.34	9	5.36	4,038,342	6.21
500,000—1,000,000	**小计**	34	20.24	25,095,745	27.77	18	10.71	12,819,032	19.72
	500,000—600,000	10	5.95	5,536,080	6.13	5	2.98	2,890,920	4.45
	600,000—700,000	4	2.38	2,563,148	2.84	4	2.38	2,544,840	3.91
	700,000—800,000	7	4.17	5,234,185	5.79	4	2.38	2,936,894	4.52
	800,000—900,000	4	2.38	3,370,769	3.73	4	2.38	3,451,760	5.31
	900,000—1,000,000	9	5.36	8,391,563	9.28	1	0.59	994,618	1.53
1,000,000以上	**小计**	16	9.53	38,763,994	42.89	12	7.15	28,544,479	43.90
	1,000,000—2,000.000	9	5.36	12,968,170	14.35	7	4.17	10,063,636	15.48
	2,000,000人以上	7	4.17	25,795,824	28.54	5	2.98	18,480,843	28.42

注：此表不包括其它人口。

6. 全国县级单

地区	合计	15万人以下 小计	1万人以下	1—5万	5—10万	10—15万	15万— 小计	15—20万
总计	2,122	678	47	188	201	242	653	256
华北区	320	105	2	15	37	51	152	62
北京市	9	0	0	0	0	0	3	2
河北省	143	20	0	0	3	17	77	21
内蒙古自治区	74	41	2	13	16	10	28	17
山西省	94	44	0	2	18	24	44	22
东北区	142	27		6	6	15	51	10
辽宁省	45	3	0	0	2	1	10	0
吉林省	38	6	0	1	1	4	16	5
黑龙江省	59	18	0	5	3	10	25	5
华东区	451	59		7	25	27	119	45
上海市	10	0	0	0	0	0	1	0
江苏省	62	0	0	0	0	0	6	1
浙江省	63	3	0	1	1	1	21	4
安徽省	66	6	0	0	2	4	15	2
江西省	85	25	0	4	9	12	38	27
福建省	62	23	0	1	13	9	25	11
山东省	103	2	0	1	0	1	13	0
中南区	450	57	1	6	19	31	136	43
广东省	103	21	1	1	11	8	36	9
广西僮族自治区	75	17	0	1	6	10	38	18
湖南省	86	9	0	0	1	8	25	11
湖北省	76	8	0	3	1	4	14	3
河南省	110	2	0	1	0	1	23	2
西南区	457	234	30	89	50	65	112	58
四川省	186	67	2	31	21	13	31	12
云南省	119	63	1	11	21	30	49	29
贵州省	78	30	0	0	8	22	32	17
西藏自治区	74	74	27	47	0	0	0	0
西北区	302	196	14	65	64	53	83	38
陕西省	93	40	0	5	16	19	35	13
甘肃省	73	38	2	7	15	14	32	11
青海省	40	35	9	23	3	0	5	4
新疆维吾尔自治区	80	69	2	29	26	12	10	9
宁夏回族自治区	16	14	1	1	4	8	1	1

注：江西省包括庐山、井冈山两个管理局，广东省包括西沙群岛，湖北省包括丹江水库、三个农场，青海省包括唐古拉区。西藏自治区系根据六三年底人口分组的。

位 人 口 分 组

30万人		30万—50万人			50万—80万人				80万—100万人	100万人以上
20—25万	25—30万	小计	30—40万	40—50万	小计	50—60万	60—70万	70—80万		
222	175	452	268	184	279	144	82	53	48	12
56	34	60	39	21	3	2	1	0	0	0
0	1	6	4	2	0	0	0	0	0	0
34	22	43	26	17	3	2	1	0	0	0
8	3	5	4	1	0	0	0	0	0	0
14	8	6	5	1	0	0	0	0	0	0
20	21	43	26	17	20	12	3	5	1	0
5	5	22	12	10	9	4	2	3	1	0
4	7	8	7	1	8	5	1	2	0	0
11	9	13	7	6	3	3	0	0	0	0
34	40	129	75	54	117	56	38	23	21	6
1	0	5	2	3	4	4	0	0	0	0
2	3	11	4	7	30	16	6	8	12	3
9	8	18	14	4	18	7	9	2	2	1
10	3	21	13	8	20	8	8	4	4	0
2	9	19	12	7	3	1	2	0	0	0
8	6	9	5	4	4	2	0	2	0	1
2	11	46	25	21	38	18	13	7	3	1
57	36	147	84	63	94	47	31	16	13	3
13	14	26	17	9	15	7	5	3	3	2
16	4	11	6	5	9	5	1	3	0	0
9	5	25	11	14	22	10	8	4	4	1
6	5	32	23	9	17	9	6	2	5	0
13	8	53	27	26	31	16	11	4	1	0
35	19	53	31	22	42	24	9	9	13	3
8	11	33	17	16	39	22	9	8	13	3
15	5	6	3	3	1	1	0	0	0	0
12	3	14	11	3	2	1	0	1	0	0
0	0	0	0	0	0	0	0	0	0	0
20	25	20	13	7	3	3	0	0	0	0
9	13	16	10	6	2	2	0	0	0	0
11	10	2	1	1	1	1	0	0	0	0
0	1	0	0	0	0	0	0	0	0	0
0	1	1	1	0	0	0	0	0	0	0
0	0	1	1	0	0	0	0	0	0	0

括唐古拉区，西藏自治区系根据六三年底人口分组的。

7. 全国分县、市总户数及总人口

北京市、河北省

地区	总户数	总人口
总计	156,707,734	691,220,104
北京市	1,549,711	7,568,495
市辖区	944,955	4,678,437
东城区	138,000	621,674
西城区	160,293	736,922
崇文区	87,713	406,069
宣武区	111,025	537,301
朝阳区	140,969	720,537
海淀区	138,904	807,983
丰台区	93,237	460,123
石景山区	29,773	166,609
门头沟区	45,041	221,219
市辖县	604,756	2,890,058
昌平县	65,597	307,984
大兴县	66,169	327,956
房山县	100,308	489,358
通县	94,312	434,455
顺义县	84,718	391,604
怀柔县	37,674	183,382
密云县	59,719	302,104
平谷县	52,850	263,534
延庆县	43,409	189,681
河北省	10,171,536	45,687,781
天津市	850,411	4,281,564
天津专区	874,818	4,110,791
宁河县	56,814	298,023
宝坻县	82,465	400,166
蓟县	91,260	447,328
三河县	53,618	244,479
大厂回族自治县	16,893	70,830
香河县	44,767	205,347
武清县	119,543	559,586
安次县	68,173	323,539
永清县	50,173	228,216
固安县	53,473	243,192
霸县	66,136	298,043
文安县	53,448	244,961
大城县	53,356	247.197
静海县	64,699	299,884
唐山专区	1,258,657	5,901,202
唐山市	186,709	928,555
秦皇岛市	54,765	260,829
丰润县	115,811	536,497
丰南县	96,114	428,796
滦县	80,807	365,826
滦南县	94,168	407,442
乐亭县	88,384	394,375
昌黎县	89,134	403,406
临安县	76,359	357,815
卢龙县	61,221	295,077
迁安县	79,118	394,515
迁西县	48,618	242,784
遵化县	96,577	467,904
玉田县	90,872	417.381
承德专区	533,933	2,602,982
承德市	42.762	213,531
青龙县	67.345	345,107
宽城县	28,891	146,842
兴隆县	49,976	264.337
平泉县	60,673	295,708

地　　　区	总户数	总人口	地　　　区	总户数	总人口
承德县	59,242	290,984	盐山县	65,955	291,183
滦平县	41,152	194,869	黄骅县	56,531	260,249
丰宁县	55,269	246,850	孟村回族自治县	23,596	107,613
隆化县	58,296	264,058	青县	47,986	225,001
围场县	70,327	340,696	任丘县	80,923	353,901
张家口专区	708,389	2,972.220	**保定专区**	1,372,275	6,191,517
张家口市	102,077	445,764	保定市	64,563	321,528
怀来县	55,299	222,196	易县	83,453	380,606
涿鹿县	6,336	233,122	满城县	50,459	243,203
怀安县	49,352	187,244	徐水县	69,814	328,468
万全县	35,435	127,603	涞源县	43,452	169,667
蔚县	96,671	322,843	定兴县	71,466	324,738
阳原县	56,919	205,483	完县	44,774	197,269
宣化县	56,218	211,641	唐县	68,765	307,885
赤城县	50,864	206,534	望都县	32,901	154,502
崇礼县	21,617	84,983	涞水县	45,822	208,771
张北县	65,647	267,126	涿县	68,493	312,588
康保县	46,359	185,936	清苑县	87,974	396,595
沽源县	35,461	146,759	高阳县	46,896	198,275
尚义县	30,134	124,986	安新县	50,284	214,744
			雄县	44,873	192,820
沧州专区	969,290	4,252,506	容城县	32,722	143,365
沧州市	20,567	110,326	新城县	63,898	286,569
沧县	91,601	410,771	曲阳县	65,678	292,923
河间县	99,860	450,797	阜平县	32,745	143,644
肃宁县	45,802	211,029	定县	145,737	684,032
献县	74,146	336,975	安国县	58,142	254,460
交河县	73,011	319,817	搏野县	34,139	152,935
吴桥县	59,948	236,645	蠡县	65,225	281,930
宁津县	70,861	286,110			
东光县	54,536	217,627	**石家庄专区**	1,130,047	4,996,018
南皮县	52,947	226,678	石家庄市	157,658	767,576
庆云县	51,020	207,784	束鹿县	101,331	413,857

河北省　内蒙古自治区

（续2）

地　　区	总户数	总人口	地　　区	总户数	总人口
			邢台专区	833,311	3.509,272
晋　　县	71,152	304,720	邢台市	26,027	132,324
深泽县	36,634	154,330	邢台县	70,700	300,979
无极县	65,774	287,523	沙河县	51,716	216.791
藁城县	98,678	440,717	临城县	24,833	112,736
赵　　县	73,328	301,932	内丘县	32,067	144,950
栾城县	40,145	180,337	平乡县	33,549	148,316
正定县	54,978	253,673	隆尧县	65,124	277,347
新乐县	52,284	236,144	宁晋县	107,884	423,668
高邑县	21,615	99,065	任　　县	37,536	163,406
元氏县	46,773	217,807	巨鹿县	47,132	205,457
赞皇县	30,205	130,164	广宗县	34,304	151,189
井陉县	48,240	197,642	南宫县	80,290	325,770
获鹿县	53,448	246,422	新河县	28,625	110,538
平山县	79,228	322,370	南和县	37,442	165,243
灵寿县	41,246	188,230	柏乡县	23,789	102,737
行唐县	57,330	253,509	威　　县	84.108	327,654
			清河县	48.185	200,167
邯郸专区	1,006,075	4,252,557			
邯郸市	116,234	562,975	**衡水专区**	634,330	2,617,152
大名县	93,652	404,854	衡水县	43,173	175,558
魏　　县	97,516	430,471	冀　　县	73,612	272,054
曲周县	51,799	221,256	枣强县	65,416	257,576
丘　　县	29,099	116.538	武邑县	51,693	209,947
鸡泽县	29,916	127,745	深　　县	98,876	415,905
肥乡县	43,977	177.438	武强县	31,930	142,320
广平县	32,408	137,345	饶阳县	47,599	201,527
成安县	47,175	193,287	安平县	50,646	219,958
临漳县	72,069	310,171	故城县	39,329	165,899
磁　　县	73.005	311,682	景　　县	80,200	340,040
武安县	109,829	425,870	阜城县	51,856	216,368
涉　　县	63,049	235,970			
永年县	106,962	427,382	**内蒙古自治区**	2,614,932	12,348,638
邯郸县	39,385	169,573	**呼和浩特市**	102,068	461,030

内蒙古自治区 （续3）

地　区	总户数	总人口
包头市	148,981	720,725
呼伦贝尔盟	363,634	1,924,583
海拉尔市	20,905	106,360
满洲里市	15,848	80,129
喜桂图旗	46,042	227,788
布特哈旗	36,923	190,892
阿荣旗	21,842	104,673
莫力达瓦达斡尔族自治旗	17,746	88,225
科尔沁右翼中旗	19,358	108,875
科尔沁右翼前旗	64,365	352,212
扎赉特旗	34,267	204,541
鄂伦春自治旗	16,263	96,069
鄂温克族自治旗	4,262	18,861
额尔古纳旗	14,466	81,133
新巴尔虎右旗	3,638	15,381
新巴尔虎左旗	4,878	21,568
陈巴尔虎旗	6,946	33,687
突泉县	35,885	194,189
哲里木盟	293,717	1,558,353
通辽市	76,770	404,562
科尔沁左翼中旗	55,969	280,322
科尔沁左翼后旗	43,247	223,784
开鲁县	37,038	207,589
库伦旗	17,732	98,847
奈曼旗	40,871	229,172
扎鲁特旗	22,090	114,077
昭乌达盟	482,412	2,550,079
赤峰市	30,285	159,716
赤峰县	64,217	338,288
巴林左旗	37,306	216,012
巴林右旗	16,945	88,172

地　区	总户数	总人口
翁牛特旗	49,169	272,654
林西县	29,686	164,674
喀喇沁旗	49,649	251,098
阿鲁科尔沁旗	31,682	174,802
宁城县	75,156	371,730
克什克腾旗	30,223	148,153
敖汉旗	68,094	364,780
锡林郭勒盟	132,493	556,097
阿巴哈纳尔旗	8,900	44,361
二连浩特	1,489	5,843
正镶白旗	10,338	42,100
正蓝旗	10,037	42,698
苏尼特左旗	3,755	13,462
苏尼特右旗	7,451	32,475
东乌珠穆沁旗	5,313	24,459
西乌珠穆沁旗	6,527	29,516
太仆寺旗	31,931	131,880
阿巴嘎旗	5,281	19,862
多伦县	14,054	56,677
化德县	23,914	98,369
镶黄旗	3,503	14,395
乌兰察布盟	716,501	2,872,353
集宁市	20,378	96,866
固阳县	38,220	150,374
丰镇县	56,930	229,261
凉城县	46,670	191,312
卓资县	48,202	191,828
兴和县	45,264	191,639
武川县	32,777	120,620
和林格尔县	30,977	121,336
托克托县	28,570	112,575
清水河县	18,584	78,213

地区	总户数	总人口
察哈尔右翼前旗	44,941	187,126
察哈尔右翼中旗	44,764	170,522
察哈尔右翼后旗	38,745	162,958
达尔罕茂明安联合旗	18,404	68,261
四子王旗	38,008	138,374
商都县	55,660	231,693
土默特旗	109,407	429,395
伊克昭盟	**162,634**	**746,404**
海勃湾市	7,582	34,514
东胜县	12,984	62,808
鄂托克旗	19,762	94,167
达拉特旗	39,588	182,058
准格尔旗	35,896	150,423
伊金霍洛旗	18,343	87,053
乌审旗	10,201	50,187
杭锦旗	18,278	85,194
巴彦淖尔盟	**212,492**	**959,014**
巴彦高勒市	13,218	64,619
乌达市	8,821	42,226
杭锦后旗	40,432	187,833
临河县	41,537	191,812
五原县	33,410	147,365
乌拉特中后联合旗	17,844	72,267
阿拉善左旗	12,728	50,997
阿拉善右旗	3,915	14,932
额济纳旗	1,691	6,951
乌拉特前旗	38,896	180,012
山西省	**4,358,660**	**18,015,067**
太原市	**321,533**	**1,458,880**
太原市	253,998	1,189,426
清徐县	38,380	168,205
阳曲县	29,155	101,249
大同市	**175,252**	**751,606**
阳泉市	**56,708**	**262,439**
雁北专区	**401,821**	**1,553,253**
右玉县	17,063	68,467
阳高县	53,028	203,148
广灵县	31,192	111,561
灵丘县	34,196	135,862
应县	47,989	176,000
平鲁县	26,619	109,289
山阴县	35,540	131,936
浑源县	53,013	211,737
天镇县	37,057	146,227
朔县	42,506	167,817
左云县	23,618	91,209
忻县专区	**588,276**	**2,211,945**
代县	39,635	144,816
岚县	22,137	89,031
五台县	63,497	236,635
五寨县	16,621	66,240
宁武县	24,346	95,446
偏关县	16,911	65,500
兴县	35,793	149,575
静乐县	43,148	166,854
岢岚县	15,322	54,639
神池县	16,771	62,560
定襄县	41,065	147,256
繁峙县	40,526	152,769
保德县	19,541	77,646

地区	总户数	总人口	地区	总户数	总人口
河曲县	24,245	90,096	晋城县	97,656	427,093
忻县	81,478	294,992	高平县	67,223	301,480
原平县	87,240	317,890	陵川县	44,750	180,431
			壶关县	48,177	192,445
晋中专区	**979,905**	**3,735,253**	平顺县	31,396	120,299
榆次县	59,666	245,634	黎城县	30,812	110,202
左权县	28,841	115,115	武乡县	42,558	154,501
和顺县	23,573	93,033	襄垣县	44,393	163,429
昔阳县	44,882	178,519	沁县	35,321	128,838
平定县	64,263	252,342	沁源县	28,806	112,445
盂县	51,620	193,786			
寿阳县	53,210	168,898	**晋南专区**	**1,036,025**	**4,772,758**
太谷县	37,144	158,304	曲沃县	43,696	211,465
祁县	38,147	147,403	临汾县	64,297	310,238
平遥县	80,329	295,453	运城县	54,360	269,701
介休县	49,091	189,434	洪洞县	83,393	373,149
灵石县	40,899	156,892	永济县	43,486	218,302
孝义县	52,137	205,824	芮城县	41,929	204,209
汾阳县	58,439	226,063	平陆县	30,443	138,903
文水县	54,160	207,913	翼城县	41,281	185,791
交城县	27,153	107,852	万荣县	54,656	247,187
离石县	68,866	251,491	绛县	25,584	116,147
中阳县	33,931	124,839	垣曲县	30,146	141,897
临县	90,703	328,801	河津县	37,614	177,009
榆社县	22,851	87,657	襄汾县	57,813	266,413
			夏县	40,982	206,879
晋东南专区	**799,140**	**3,268,933**	闻喜县	50,298	238,038
长治市	51,224	256,020	临猗县	61,722	284,593
长治县	44,952	198,065	新绛县	37,012	177,496
潞城县	24,587	93,725	稷山县	39,836	187,149
屯留县	39,449	161,710	浮山县	24,836	103,443
长子县	55,689	223,832	乡宁县	24,797	108,976
沁水县	39,629	159,260	大宁县	9,141	36,417
阳城县	72,518	285,158	吉县	13,642	56,120

地　　区	总户数	总人口
隰　　县	19,393	76,021
石楼县	14,136	52,866
永和县	8,520	32,822
霍　　县	26,399	123,735
汾西县	16,217	68,456
安泽县	26,837	103,033
蒲　　县	13,559	56,303
辽宁省	**5,379,473**	**26,946,200**
沈阳市	**649,508**	**3,262,480**
旅大市	**722,905**	**3,725,107**
旅大市	252,045	1,273,943
复　　县	134,025	707,258
新金县	112,386	571,295
庄河县	123,550	657,831
金　　县	88,790	457,194
长海县	12,109	57,586
鞍山市	**542,246**	**2,788,139**
鞍山市	165,966	902,292
辽阳市	45,093	235,018
辽阳县	179,391	905,063
海城县	151,796	745,766
抚顺区	**236,193**	**1,194,475**
抚顺市	180,441	927,838
抚顺县	55,752	266,637
本溪市	**204,490**	**1,078,650**
本溪市	115,801	604,053
本溪县	45,090	243,123
桓仁县	43,599	231,474

地　　区	总户数	总人口
安东市	**391,095**	**2,057,482**
安东市	89,006	454,690
安东县	77,650	400,458
凤城县	87,961	464,749
宽甸县	63,753	348,814
岫岩县	72,725	388,771
锦州市	**729,433**	**3,447,379**
锦州市	93,031	466,033
绥中县	84,104	406,841
兴城县	72,555	346,659
锦西县	110,613	525,008
锦　　县	108,641	502,358
义　　县	73,573	326,534
北镇县	84,754	393,539
黑山县	102,162	480,407
营口市	**324,326**	**1,679,180**
营口市	54,626	275,210
盖平县	117,765	621,914
营口县	82,450	432,937
盘山县	69,485	349,119
阜新市	**247,304**	**1,238.380**
阜新市	93,122	474,668
阜新蒙古族自治县	97,182	475,466
彰武县	57,000	288,246
沈阳专区	**828,347**	**3,954,859**
铁岭县	92,654	434,597
辽中县	75,084	358,395
台安县	53,496	256,790
新民县	99,627	457,174
西丰县	56,206	261,651

辽宁省　吉林省

（续7）

地　　区	总户数	总人口
开原县	91,117	431,835
昌图县	144,252	710,882
康平县	46,992	242,409
法库县	72,858	339,933
新宾县	42,910	212,856
清原县	53,151	248,337
朝阳专区	**503,626**	**2,520,069**
朝阳镇	14,470	76,377
北票矿区	27,282	140,518
朝阳县	114,581	568,711
北票县	68,855	344,712
凌源县	72,937	376,554
建昌县	77,113	377,296
建平县	72,454	362,766
喀喇沁左翼蒙古族自治县	55,934	273,135
吉林省	**3,124,536**	**15,668,663**
长春市	**790,331**	**4,221,445**
长春市	241,679	1,289,801
榆树县	146,491	768,270
农安县	131,434	748,194
九台县	110,045	560,186
德惠县	104,519	575,987
双阳县	56,163	279,007
吉林市	**563,360**	**2,669,573**
吉林市	151,634	781,144
永吉县	109,667	511,638
舒兰县	90,034	423,418
磐石县	83,861	385,699
蛟河县	74,237	323,990
桦甸县	53,927	243,684
四平专区	**578,651**	**2,850,893**
四平市	47,007	238,368
辽源市	59,187	283,211
怀德县	131,750	675,995
梨树县	103,031	520,768
伊通县	62,126	299,388
东丰县	66,422	304,474
东辽县	59,598	278,349
双辽县	49,530	250,340
通化专区	**458,199**	**2,098,536**
通化市	45,442	224,452
浑江市	101,810	457,033
海龙县	71,723	351,924
通化县	43,995	193,818
柳河县	53,480	238,278
辉南县	49,888	216,412
辑安县	34,077	176,283
抚松县	32,567	136,813
靖宇县	14,571	58,400
长白朝鲜族自治县	10,646	45,123
白城专区	**471,291**	**2,533,587**
白城市	25,398	138,530
扶余县	111,092	599,772
洮安县	69,896	360,897
长岭县	54,366	287,498
前郭尔罗斯蒙古族自治县	59,026	330,482
大安县	48,730	265,924
镇赉县	39,183	212,502
通榆县	38,096	197,014
乾安县	25,504	140,968

地　　区	总户数	总人口
延边朝鲜族自治州	262,704	1,294,629
延　吉　市	20,635	108,530
延　吉　县	60,488	309,421
敦　化　县	60,511	279,432
和　龙　县	35,245	178,923
汪　清　县	40,055	196,817
珲　春　县	23,722	117,008
安　图　县	22,048	104,498
黑　龙　江　省	3,989,691	20,118,271
哈　尔　滨　市	954,353	4,915,322
哈　尔　滨　市	370,851	1,938,884
双　城　县	98,851	508,957
五　常　县	117,527	584,686
阿　城　县	73,331	358,751
宾　　县	76,092	396,675
呼　兰　县	76,828	409,852
巴　彦　县	79,553	427,026
木　兰　县	31,887	148,427
通　河　县	29,433	142,064
齐　齐　哈　尔　市	176,805	909,180
伊　春　市	96,107	491.323
松　花　江　专　区	815,538	4,408,407
安　达　市	110,884	595,685
肇　东　县	89,364	486,943
肇　州　县	42,714	251,452
肇　源　县	51 850	293,465
兰　西　县	51,715	283,126
海　伦　县	101,321	535,621
绥　化　县	87,283	489,102
望　奎　县	61,139	345,916
绥　棱　县	37,854	184,888
庆　安　县	43,700	228,752
铁　力　县	40,488	204,490
青　冈　县	55,740	303,135
明　水　县	41,486	205,832
嫩　江　专　区	595,815	2,913,329
讷　河　县	84,724	404,385
拜　泉　县	76,809	379,028
龙　江　县	67,226	336,276
依　安　县	62,475	305,923
克　山　县	64,052	295,399
嫩　江　县	43,501	216,589
泰　来　县	37,865	201,815
甘　南　县	40,600	196,826
克　东　县	37,484	176,011
杜尔伯特蒙古族自治县	26,959	139,481
富　裕　县	28,784	136,738
林　甸　县	25,336	124,858
牡　丹　江　专　区	608,261	2,868,104
牡　丹　江　市	75,772	372.269
鸡　西　市	106,589	514,208
林　口　县	46,305	219,487
穆　棱　县	30,838	142,648
密　山　县	85,835	429,785
东　宁　县	27,053	123,220
宁　安　县	53,945	249,649
海　林　县	52,870	245,406
尚　志　县	70,047	299,771
方　正　县	25,272	119,074
延　寿　县	33,735	152,587

地　　区	总户数	总人口
合江专区	**622,588**	**3,037,312**
佳木斯市	82,308	408,935
鹤岗市	85,312	409,561
双鸭山市	46,661	232,437
富锦县	44,498	220,665
绥滨县	17,832	87,460
勃利县	59,083	282,831
依兰县	44,310	216,861
桦川县	61,472	295,997
汤原县	30,132	148,815
宝清县	27,417	137,521
萝北县	15,466	65 986
抚远县	6,183	29,104
集贤县	53,312	275,007
虎饶县	48,602	226,132
黑河专区	**120,224**	**575,294**
北安县	51,757	256,632
德都县	30,019	155,079
爱辉县	17,902	76,187
逊克县	7,532	34,143
呼玛县	5,889	23,319
孙吴县	3,792	15,248
嘉荫县	3,333	14,686
上海市	**2,406,263**	**10,816,458**
市辖区	**1,386,346**	**6,423,017**
黄浦区	150,430	674,992
南市区	182,487	797,987
卢湾区	124,628	542,098
徐汇区	105,423	521,783
长宁区	81,552	388,943
静安区	126,537	557,421

地　　区	总户数	总人口
普陀区	111,371	552,734
闸北区	146,551	668,097
虹口区	181,974	825,611
杨浦区	175,343	893,351
市辖县	**1,019,917**	**4,393,441**
上海县	100,017	490,570
嘉定县	89,570	421,241
宝山县	86,019	414,082
南汇县	122,088	502,794
川沙县	131,757	566,344
奉贤县	87,523	366,667
松江县	116,566	502,070
青浦县	82,928	342,110
金山县	54,155	232,244
崇明县	149,294	555,319
江苏省	**10,878,507**	**44,504,608**
南京市	**349,285**	**1,666,046**
无锡市	**138,183**	**617,571**
徐州市	**105,023**	**521,984**
苏州市	**128,246**	**541,789**
常州市	**88,613**	**413,089**
南通市	**59,676**	**277,416**
连云港市	**55,457**	**256,997**

地　区	总户数	总人口
徐州专区	1,321,876	5,404,646
丰县	146,152	587,822
沛县	145,344	575,237
铜山县	243,531	984,810
睢宁县	184,763	729,619
邳县	200,326	861,117
新沂县	126,856	518,086
东海县	135,765	559,226
赣榆县	139,139	588,729
淮阴专区	1,509,459	6,475,568
淮阴市	155,926	701,274
灌云县	123,483	577,806
灌南县	95,703	426,676
沭阳县	203,089	887,534
宿迁县	172,252	697,858
泗阳县	151,631	629,129
涟水县	138,256	580,284
泗洪县	145,735	601,727
淮安县	191,346	790,413
洪泽县	59,599	259,349
盱眙县	72,439	323,518
盐城专区	1,153,264	4,918,535
滨海县	194,524	884,104
阜宁县	157,768	668,106
射阳县	137,879	643,569
建湖县	122,441	500,411
盐城县	200,325	819,920
大丰县	121,195	521,352
东台县	219,132	881,073
扬州专区	1,837,177	7,132,356
扬州市	49,915	222,094
泰州市	84,163	333,682
兴化县	261,976	988,753
高邮县	146,485	542,456
宝应县	159,797	586,768
金湖县	53,140	209,646
靖江县	109,071	458,705
泰兴县	255,204	1,033,128
江都县	201,986	724,098
邗江县	118,456	455,684
泰县	155,817	600,354
仪征县	88,708	349,850
六合县	107,173	444,315
江浦县	45,286	182,823
南通专区	1,467,114	5,582,219
海安县	192,780	736,064
如皋县	276,113	1,100,366
如东县	234,267	879,799
南通县	324,243	1,195,871
海门县	214,730	792,195
启东县	224,981	877,924
镇江专区	1,359,176	5,505,760
镇江市	48,950	211,667
丹徒县	102,251	406,244
江宁县	126,423	505,826
武进县	236,266	996,050
丹阳县	145,657	591,413
句容县	94,484	388,850
金坛县	97,677	400,103
溧水县	66,422	250,889
高淳县	76,572	277,307
溧阳县	121,454	509,039
宜兴县	187,085	765,505

地　　区	总户数	总人口	地　　区	总户数	总人口
扬中县	55,935	202,867	安吉县	66,406	284,875
苏州专区	1,305,958	5,190,632	**宁波专区**	1,534,911	6,530,582
江阴县	186,821	766,829	宁波市	83,418	363,496
无锡县	196,421	824,340	镇海县	92,389	380,361
沙洲县	148,180	594,295	鄞县	136,136	547,552
常熟县	218,936	795,846	绍兴县	208,254	883,088
太仓县	93,671	363,377	慈溪县	157,089	688,455
昆山县	101,462	406,219	奉化县	77,950	327,357
吴县	212,509	876,948	上虞县	122,722	530,295
吴江县	147,958	562,778	嵊县	125,712	534,227
			新昌县	74,809	317,580
浙江省	6,566,314	28,318,573	余姚县	133,507	574,783
			象山县	78,057	341,243
杭州市	889,374	4,218,963	宁海县	87,557	356,645
杭州市	184,835	963,522	诸暨县	157,311	685,500
萧山县	173,722	823,352			
富阳县	87,524	396,649	**台州专区**	779,328	3,226,965
余杭县	134,684	649,587	临海县	162,910	699,084
桐庐县	59,285	262,020	三门县	47,828	213,793
临安县	79,217	355,723	天台县	84,586	338,468
建德县	81,608	381,526	黄岩县	192,749	785,602
淳安县	88,499	386,584	温岭县	169,541	688,432
			玉环县	51,737	226,845
嘉兴专区	958,070	4,081,631	仙居县	69,977	274,741
嘉兴县	127,456	532,325			
吴兴县	189,929	786,346	**温州专区**	851,788	3,788,632
嘉善县	69,661	279,943	温州市	147,664	747,634
平湖县	84,456	351,214	永嘉县	109,008	453,452
同乡县	106,264	463,771	平阳县	231,568	1,009,302
长兴县	86,946	383,574	泰顺县	52,927	187,660
海宁县	102,502	463,000	乐清县	124,404	555,959
海盐县	56,694	243,244	瑞安县	131,561	636,088
德清县	67,756	293,339	文成县	54,656	198,537

地区	总户数	总人口
丽水专区	373,594	1,457,127
丽水县	52,230	203,805
云和县	42,427	164,389
青田县	72,020	287,800
龙泉县	62,208	243,571
缙云县	68,572	263,572
遂昌县	76,137	293,990
金华专区	1,032,671	4,322,290
金华县	133,285	582,362
兰溪县	105,361	434,127
义乌县	159,552	658,950
永康县	82,796	313,171
武义县	55,020	217,245
东阳县	171,154	664,323
衢县	153,524	689,885
常山县	41,574	188,729
江山县	80,659	358,032
开化县	49,746	215,466
舟山专区	146,578	692,383
定海县	53,596	245,863
普陀县	44,886	223,587
岱山县	25,574	114,270
大衢县	9,861	46,345
嵊泗县	12,661	62,318
安徽省	7,651,765	31,241,657
合肥市	80,511	431,490
芜湖市	72,822	333,465
蚌埠市	78,819	383,128
淮南市	91,902	456,223
安庆市	36,761	165,366
铜陵市	16,440	84,209
濉溪市	16,105	86,259
马鞍山市	42,390	206,953
芜湖专区	1,084,174	4,212,768
芜湖县	51,750	208,449
当涂县	104,236	400,661
和县	101,171	353,707
泾县	60,064	226,619
南陵县	75,787	306,417
无为县	197,931	756,966
郎溪县	45,541	181,568
繁昌县	62,619	261,451
巢县	117,964	457,029
宣城县	141,448	551,715
广德县	66,180	277,017
含山县	59,483	231,169
徽州专区	348,114	1,381,664
休宁县	57,395	236,488
歙县	109,274	417,129
宁国县	52,557	226,278
黟县	16,992	63,835
太平县	32,443	123,020
绩溪县	28,625	115,416
旌德县	21,694	90,067
祁门县	29,134	109,431

安徽省　江西省

（续13）

地区	总户数	总人口
安庆专区	1,026,679	4,317,308
桐城县	124,186	486,576
太湖县	80,852	329,206
贵池县	90,960	388,736
青阳县	40,346	178,516
东至县	76,068	313,845
铜陵县	49,348	211,962
望江县	78,918	318,714
宿松县	102,624	418,807
岳西县	57,527	249,453
潜山县	78,122	333,384
怀宁县	121,403	513,550
枞阳县	126,325	574,559
宿县专区	1,113,855	4,343,369
宿县	201,122	777,472
濉溪县	145,862	538,746
五河县	98,080	401,033
肃县	176,082	670,054
砀山县	103,644	418,571
泗县	97,023	383,194
怀远县	151,446	616,699
灵璧县	140,596	537,600
滁县专区	700,585	2,826,428
滁县	51,909	215,709
凤阳县	79,395	334,171
肥东县	165,049	660,001
天长县	85,641	330,742
来安县	64,525	270,127
定远县	114,434	444,968
全椒县	62,248	246,985
嘉山县	77,384	323,725
六安专区	1,233,078	5,093,697
六安县	225,599	907,642
金寨县	84,280	387,645
霍山县	52,883	226,183
霍丘县	188,456	772,797
寿县	226,541	932,207
舒城县	138,709	564,814
庐江县	160,184	684,632
肥西县	156,426	617,777
阜阳专区	1,709,530	6,919,330
阜阳县	262,943	1,059,061
太和县	174,191	706,631
涡阳县	223,389	873,200
凤台县	143,164	583,511
颍上县	156,127	668,377
亳县	172,178	644,575
蒙城县	152,047	590,751
阜南县	156,935	631,689
临泉县	189,567	815,960
界首县	78,989	345,575
江西省	4,855,540	21,068,019
南昌市	137,910	687,255
景德镇市	77,976	321,231
赣州专区	928,387	4,109,106
赣州市	32,181	154,555
赣县	78,288	355,020
南康县	89,011	412,401
于都县	91,111	410,578
兴国县	80,252	361,303

江西省

（续14）

地　　区	总户数	总人口	地　　区	总户数	总人口
宁都县	83,368	353,227	**上饶专区**	984,689	4,385,168
瑞金县	58,793	267,589	上饶市	18,735	91,181
上犹县	35,235	150,300	鹰潭镇	12,689	56,373
大余县	32,486	155,078	波阳县	153,742	677,778
信丰县	70,771	315,476	广丰县	86,037	383,054
龙南县	34,119	154,240	余江县	42,166	183,125
安远县	34,366	148,785	乐平县	89,156	385,671
会昌县	45,514	191,325	贵溪县	58,692	265,385
石城县	31,029	136,963	弋阳县	39,640	182,865
寻乌县	32,184	130,913	铅山县	48,714	213,508
崇义县	24,525	102,249	东乡县	43,524	192,913
全南县	23,509	102,201	玉山县	68,221	305,911
广昌县	28,390	107,434	万年县	42,025	186,091
定南县	23,255	99,469	婺源县	46,691	192,722
			德兴县	35,862	151,089
宜春专区	1,239,081	5,347,000	横峰县	19,954	97,647
萍乡市	165,000	804,685	余干县	87,261	393,092
宜春镇	9,167	43,204	上饶县	91,580	426,763
宜春县	101,570	437,515			
新建县	75,214	345,255	**吉安专区**	581,284	2,442,231
南昌县	126,567	586,423	吉安市	23,941	111,218
丰城县	142,390	632,413	吉安县	79,890	327,298
高安县	101,523	410,587	泰和县	61,008	256,962
进贤县	62,616	273,558	吉水县	60,398	255,139
清江县	69,276	290,752	永新县	60,331	261,265
万载县	66,131	259,401	遂川县	72,373	286,727
上高县	46,754	182,027	安福县	47,090	195,038
奉新县	42,400	153,284	永丰县	44,550	191,542
宜丰县	42,901	153,209	万安县	33,957	142,215
安义县	29,911	127,545	新干县	34,621	145,975
分宜县	38,145	153,270	莲花县	30,734	132,360
铜鼓县	22,809	75,059	峡江县	17,279	73,814
靖安县	21,023	74,532	宁冈县	10,539	42,878
新余县	75,684	344,281	井冈山管理局	4,573	19,800

地　　区	总户数	总人口
九江专区	535,971	2,271,218
九江市	24,362	114,536
庐山管理局	12,646	57,938
修水县	110,094	433,822
都昌县	84,620	348,862
武宁县	49,577	196,206
瑞昌县	42,700	195,777
九江县	45,585	208,474
永修县	47,359	198,521
彭泽县	38,672	178,143
星子县	25,089	114,342
湖口县	36,033	147,083
德安县	19,234	77,514
抚州专区	370,242	1,504,810
抚州镇	13,580	63,438
临川县	113,557	466,320
南城县	36,466	151,352
南丰县	29,210	120,973
黎川县	28,823	117,881
乐安县	39,780	164,562
崇仁县	39,686	153,157
金溪县	30,267	123,520
宜黄县	28,280	101,584
资溪县	10,593	42,023
福建省	3,597,543	16,757,223
福州市	183,835	852,377
厦门市	130,475	668,470
厦门市	76,565	386,725
同安县	53,910	281,745

地　　区	总户数	总人口
南平专区	452,761	1,996,382
南平市	54,997	254,046
尤溪县	49,368	206,695
沙县	29,231	128,869
顺昌县	18,978	84,963
将乐县	18,905	83,511
泰宁县	13,716	61,319
建宁县	16,461	71,946
建阳县	42,821	184,217
建瓯县	58,212	268,234
浦城县	57,932	241,300
邵武县	34,912	158,916
崇安县	25,229	108,693
光泽县	18,322	79,582
建西县	13,677	64,091
福安专区	390,637	1,550,620
福安县	84,555	322,829
霞浦县	69,496	283,561
福鼎县	76,265	302,137
宁德县	51,838	194,047
寿宁县	31,176	126,470
周宁县	23,783	98,731
松溪县	18,165	78,046
政和县	21,138	95,897
柘荣县	14,221	48,902
闽侯专区	573,885	2,616,749
闽侯县	90,378	407,453
闽清县	36,547	155,765
永泰县	42,944	175,601
长乐县	75,661	345,395
福清县	114,811	567,829
平潭县	34,374	169,515

地　　区	总户数	总人口
罗源县	32,955	138,259
连江县	72,396	335,517
古田县	51,841	227,101
屏南县	21,978	94,314
晋江专区	911,859	4,643,142
泉州市	40,867	215,415
晋江县	146,945	735,859
莆田县	184,699	1,009,408
仙游县	94,417	489,683
南安县	146,410	743,744
永春县	54,999	269,063
德化县	30,267	137,152
惠安县	122,641	595,475
安溪县	90,614	447,343
龙溪专区	472,665	2,334,831
漳州市	38,811	203,161
龙海县	99,058	491,893
长泰县	19,348	100,962
东山县	21,216	105,335
南靖县	38,045	186,720
平和县	58,554	287,325
华安县	17,727	86,651
云霄县	42,184	204,504
漳浦县	75,572	378,508
诏安县	62,150	289,772
龙岩专区	321,454	1,381,536
龙岩县	45,999	220,984
长汀县	54,336	232,770
永定县	51,489	221,096
上杭县	57,919	238,022
武平县	42,311	169,696

地　　区	总户数	总人口
漳平县	29,826	130,451
连城县	39,574	168,517
三明专区	159,972	713,116
三明市	16,950	94,560
明溪县	13,010	57,293
永安县	35,097	149,248
清流县	17,638	75,798
宁化县	40,488	183,243
大田县	36,789	152,974
山东省	12,773,700	55,519,038
济南市	327,443	1,546,991
济南市	228,631	1,091,279
历城县	98,812	455,712
青岛市	280,100	1,383,443
青岛市	179,888	893,332
崂山县	100,212	490,111
淄博市	289,568	1,342,945
枣庄市	195,125	820,375
聊城专区	889,491	3,610,617
聊城县	114,998	490,123
临清县	139,298	570,586
东阿县	70,487	283,090
茌平县	93,237	358,808
莘县	126,293	521,289
冠县	90,664	366,637
馆陶县	74,096	298,222
阳谷县	101,070	426,623

地区	总户数	总人口
高唐县	79,348	295,239
德州专区	907,449	3,601,360
德州市	36,778	170,374
平原县	94,159	371,968
齐河县	109,693	417,345
禹城县	74,257	299,577
夏津县	83,460	309,462
武城县	67,928	288,114
商河县	95,040	361,835
乐陵县	96,663	387,112
陵县	87,571	347,025
济阳县	84,503	339,275
临邑县	77,397	309,273
惠民专区	937,647	3,785,452
惠民县	106,364	413,148
阳信县	71,153	271,128
无棣县	76,133	310,717
沾化县	77,389	299,456
利津县	58,484	223,613
滨县	75,230	289,535
垦利县	31,197	145,818
广饶县	102,643	424,358
博兴县	85,630	342,937
桓台县	76,591	320,629
邹平县	111,455	480,422
高青县	65,378	263,691
昌潍专区	1,873,656	8,470,431
潍坊市	50,976	250,896
潍县	116,063	506,329
益都县	125,772	580,631
临淄县	56,404	251,391
高密县	129,645	582,041
胶县	113,212	502,845
昌乐县	84,740	388,948
昌邑县	125,014	533,240
安丘县	167,121	784,854
平度县	230,676	987,397
诸城县	161,496	773,862
五莲县	90,625	416,261
寿光县	155,533	678,985
临朐县	114,441	542,064
胶南县	151,938	690,687
烟台专区	1,724,792	7,738,738
烟台市	60,676	272,886
威海市	59,543	272,567
荣成县	129,059	559,234
文登县	125,446	578,657
牟平县	99,881	460,979
乳山县	103,033	499,154
海阳县	118,261	557,136
栖霞县	110,172	494,003
蓬莱县	86,078	379,956
黄县	99,387	431,820
招远县	103,729	444,023
掖县	171,369	715,546
莱阳县	132,297	623,545
莱西县	114,271	497,817
即墨县	155,038	704,794
福山县	49,992	217,471
长岛县	6,560	29,150
泰安专区	1,178,357	5,375,025
泰安县	204,762	954,717
新汶市	16,443	98,426

地　区	总户数	总人口	地　区	总户数	总人口
新泰县	147,717	664,191	临沂县	204,975	889,420
东平县	90,696	427,685	郯城县	125,480	550,854
平阴县	65,093	287,730	苍山县	149,766	660,372
莱芜县	156,901	712,752	莒南县	138,845	634,221
宁阳县	112,961	517,386	日照县	156,035	747,170
章丘县	158,610	678,457	莒县	147,597	664,955
肥城县	138,755	653,553	沂水县	155,365	693,215
长清县	86,419	380,128	沂源县	81,436	360,766
			蒙阴县	69,001	309,855
济宁专区	1,177,816	5,153,705	费县	121,948	525,536
济宁市	110,154	505,253	平邑县	128,899	571,766
兖州县	77,090	358,641	沂南县	123,864	559,568
曲阜县	84,628	396,084	临沭县	90,265	393,094
滕县	252,014	1,080,317			
邹县	137,895	599,503	**广东省**	9,842,339	42,800,849
微山县	86,082	382,726			
金乡县	139,045	570,303	**广州市**	676,921	3,031,486
汶上县	94,256	418,835	广州市	554,719	2,512,739
泗水县	82,106	352,747	花县	67,015	286,345
嘉祥县	114,546	489,296	从化县	55,187	232,402
菏泽专区	1,298,780	5,129,164	**海南行政区**	823,687	3,470,445
菏泽县	163,918	657,691	海口市	40,669	201,631
郓城县	171,566	662,080	琼山县	80,443	331,248
曹县	193,903	751,123	文昌县	95,341	355,532
巨野县	119,937	466,233	琼海县	61,158	263,067
鄄城县	110,995	458,037	万宁县	61,270	253,905
梁山县	108,270	454,824	定安县	42,587	168,235
成武县	90,669	338,241	屯昌县	30,142	125,395
单县	161,360	638,954	澄迈县	60,852	233,438
定陶县	87,809	343,160	临高县	49,405	193,918
东明县	90,353	358,821	儋县	82,014	352,335
			西沙群岛	6	376
临沂专区	1,693,476	7,560,792	陵水县	33,295	154,029

地区	总户数	总人口	地区	总户数	总人口
崖县	34,700	166,424	顺德县	140,831	588,554
保亭县	20,381	95,780	南海县	158,578	603,824
琼中县	20,445	87,984	三水县	57,217	209,545
白沙县	14,590	64,256	新会县	160,909	677,036
昌江县	18,539	84,330	高鹤县	96,872	389,151
东方县	32,161	142,445	台山县	181,329	731,923
乐东县	45,689	196,117	开平县	114,835	453,407
			恩平县	61,363	268,148
汕头专区	2,056,115	9,860,140	江门县	31,098	128,811
汕头市	88,336	462,991	佛山市	52,306	215,592
澄海县	91,522	463,139			
潮安县	154,651	745,637	**肇庆专区**	830,452	3,294,777
潮阳县	232,489	1,186,944	高要县	131,188	485,854
饶平县	104,430	499,780	四会县	60,268	236,880
南澳县	7,545	41,622	广宁县	74,197	307,357
揭阳县	261,209	1,306,301	怀集县	89,096	387,163
普宁县	160,534	811,512	封开县	59,643	240,351
五华县	116,546	532,615	德庆县	52,137	208,427
兴宁县	142,496	614,415	郁南县	67,811	264,080
梅县	119,350	502,556	罗定县	129,790	525,956
大埔县	69,728	297,032	云浮县	75,195	291,695
海丰县	115,604	519,264	新兴县	69,738	254,117
陆丰县	147,682	715,461	肇庆市	21,389	92,897
平远县	30,538	129,435			
丰顺县	69,131	333,835	**湛江专区**	2,251,852	9,491,693
蕉岭县	28,995	131,698	湛江市	132,611	559,484
惠来县	92,116	454,256	茂名市	58,471	249,648
潮州镇	23,213	111,647	北海镇	26,617	111,378
			阳春县	111,631	485,116
佛山专区	1,390,968	5,751,235	阳江县	171,477	730,955
中山县	181,596	827,391	电白县	160,115	705,460
石岐镇	18,531	78,035	信宜县	137,042	617,277
珠海县	21,952	98,324	高州县	188,670	803,661
番禺县	113,551	481,494	化州县	142,913	594,022

地　　区	总户数	总人口
吴川县	97,175	409,158
廉江县	159,074	679,474
遂溪县	88,144	388,309
海康县	150,110	612,075
徐闻县	66,716	303,741
合浦县	232,418	916,010
灵山县	141,240	579,709
钦州僮族自治县	133,099	514,932
东兴各族自治县	54,329	231,284
韶关专区	789,411	3,553,846
韶关市	24,187	129,518
曲江县	54,515	255,399
乳源瑶族自治县	21,684	103,505
仁化县	17,171	79,341
乐昌县	49,422	234,514
连县	62,797	286,368
连南瑶族自治县	17,238	73,185
连山僮族瑶族自治县	13,756	55,868
阳山县	61,084	279,395
英德县	117,145	553,362
清远县	144,467	604,215
佛冈县	39,2[illegible]4	159,267
翁源县	51,393	226,084
新丰县	28,890	128,483
南雄县	56,980	257,296
始兴县	29,408	128,046
惠阳专区	1,022,933	4,347,227
惠州镇	17,509	80,399
惠阳县	158,670	674,590
东莞县	201,764	825,568
宝安县	67,421	262,228
增城县	89,861	369,431

地　　区	总户数	总人口
博罗县	91,249	407,191
龙门县	39,882	161,822
河源县	85,578	376,102
龙川县	103,756	437,558
紫金县	75,120	352,968
连平县	37,043	168,683
和平县	55,080	230,687
广西僮族自治区	4,710,675	20,845,017
南宁市	87,317	431,872
柳州市	69,372	321,394
桂林市	52,390	245,030
梧州市	32,945	140,855
南宁专区	1,021,882	4,631,583
都安瑶族自治县	136,447	617,072
横县	131,120	570,096
邕宁县	127,223	558,764
宾阳县	107,443	465,527
武鸣县	78,037	366,191
马山县	61,243	286,212
上林县	53,897	247,427
天等县	49,722	230,712
扶绥县	47,055	218,628
隆安县	44,226	203,876
宁明县	42,564	194,952
大新县	41,016	199,741
崇左县	35,812	168,293
龙州县	34,129	169,457
上思县	25,939	108,111

地　　区	总户数	总人口
凭祥县	6,009	26,524
柳州专区	762,644	3,403,313
来宾县	98,892	459,021
宜山县	65,750	296,195
柳江县	56,867	270,609
鹿寨县	54,077	245,193
大苗山苗族自治县	52,003	228,338
忻城县	49,075	229,540
柳城县	45,461	214,414
象州县	49,132	205,334
武宣县	43,127	190,743
罗城县	40,866	182,687
融安县	40,369	177,609
三江侗族自治县	42,296	172,212
环江县	38,054	154,169
南丹县	32,444	138,970
河池县	31,953	131,893
天峨县	14,221	68,812
大瑶山瑶族自治县	8,057	37,574
百色专区	499,281	2,340,326
靖西县	74,024	346,955
德保县	49,278	232,087
平果县	50,966	229,265
田阳县	43,356	194,083
田东县	43,252	191,358
隆林各族自治县	35,897	174,480
巴马瑶族自治县	33,202	162,455
东兰县	30,884	146,505
百色县	31,869	151,855
睦边县	22,242	108,702
田林县	22,227	108,707
凌云县	18,608	90.937

地　　区	总户数	总人口
凤山县	19,713	89,956
乐业县	13,459	61,606
西林县	10,304	51,375
桂林专区	556,716	2,382,586
全州县	111,133	443,985
临桂县	55,787	234,143
平乐县	49,941	230,494
荔浦县	49,283	224,187
兴安县	48,598	210,782
灵川县	45,647	205,011
阳朔县	36,204	167,156
灌阳县	41,097	161,524
恭城县	36,451	158,846
永福县	35,869	149,629
龙胜各族自治县	23,786	104,036
资源县	22,920	92,793
玉林专区	1,067,363	4,600,942
桂平县	170,047	734,727
贵县	160,459	729,118
玉林县	163,865	715,282
博白县	140,536	596,945
平南县	134,621	568,810
北流县	125,655	536,650
容县	85,768	374,699
陆川县	86,412	344,711
梧州专区	560,765	2,347,116
滕县	109,356	453,995
贺县	99,696	437,825
岑溪县	87,378	374,297
苍梧县	94,294	368,408
钟山县	61,147	252,069

地　　区	总户数	总人口	地　　区	总户数	总人口
昭平县	46,077	198,309	石门县	111,718	464,833
富川县	36,420	148,533	慈利县	113,465	461,604
蒙山县	26,397	113,680	桃源县	178,372	685,132
			澧县	186,092	764,008
湖南省	9,162,020	37,182,286			
			邵阳专区	1,710,473	6,658,451
长沙市	415,242	1,877,185	邵阳市	33,899	152,920
长沙市	159,638	764,226	邵阳县	151,522	566,442
长沙县	255,604	1,112,959	新邵县	117,411	452,935
			邵东县	189,794	739,406
株洲市	130,051	587,742	双峰县	137,348	500,016
			涟源县	191,597	735,200
湘潭专区	807,686	3,391,875	新化县	217,321	855,254
湘潭市	65,718	320,908	隆回县	157,038	598,655
湘潭县	184,860	782,543	武冈县	98,741	394,624
浏阳县	207,845	820,295	洞口县	108,476	439,549
醴陵县	138,507	599,178	新宁县	88,179	336,050
攸县	106,975	442,961	城步苗族自治县	32,562	138,481
茶陵县	75,779	315,365	绥宁县	43,406	184,071
酃县	28,002	110,625	湘乡县	143,179	564,848
岳阳专区	699,929	2,834,621	**衡阳专区**	997,500	3,971,658
岳阳县	152,644	619,965	衡阳市	74,077	347,116
湘阴县	201,180	824,703	衡阳县	177,829	688,412
临湘县	77,911	317,752	衡南县	161,139	618,488
平江县	157,337	608,105	衡山县	123,356	504,737
华容县	110,857	464,096	常宁县	124,726	498,690
			祁东县	149,397	582,672
常德专区	1,048,463	4,258,017	祁阳县	150,044	577,859
常德市	27,124	116,281	南岳县	36,932	153,684
常德县	165,513	669,210			
汉寿县	113,420	463,370	**零陵专区**	628,931	2,525,268
安乡县	80,937	353,110	零陵县	149,461	591,498
临澧县	71,822	280,469	蓝山县	44,832	192,209

（续23）

地区	总户数	总人口
新田县	49,949	210,581
江华瑶族自治县	51,518	215,238
江永县	40,729	160,600
东安县	82,713	334,819
道县	102,908	391,516
宁远县	106,821	428,807
益阳专区	848,055	3,437,243
益阳市	23,434	105,426
益阳县	142,538	602,290
桃江县	122,296	486,240
沅江县	95,438	405,836
宁乡县	209,131	817,093
南县	100,668	431,142
安化县	154,550	589,216
郴州专区	776,048	3,163,162
郴县	74,211	317,747
资兴县	51,264	213,266
永兴县	38,504	360,978
耒阳县	168,243	676,398
宜章县	66,591	289,781
临武县	43,216	173,617
桂阳县	108,922	426,631
嘉禾县	45,739	180,609
安仁县	52,876	215,021
汝城县	50,439	204,880
桂东县	26,043	104,234
黔阳专区	635,576	2,650,953
黔阳县	72,283	320,393
沅陵县	96,199	363,428
辰溪县	63,592	264,955
溆浦县	116,183	481.044

地区	总户数	总人口
怀化县	50,617	213,549
麻阳县	45,461	197,186
芷江县	50,431	212,374
新晃侗族自治县	40,513	169,115
会同县	45,460	191,796
通道侗族自治县	26,321	114,657
靖县	28,516	122,456
湘西土家族苗族自治州	464,066	1,826,111
吉首县	28,069	110,981
泸溪县	34,179	144,200
凤凰县	45,652	188,326
花垣县	37,130	138,332
保靖县	41,392	157,195
古丈县	18,010	64,435
永顺县	65,561	244,928
大庸县	58,160	237,191
桑植县	64,908	259,873
龙山县	71,005	280,650
湖北省	7,543,695	33,709,344
武汉市	495,163	2,477,756
黄石市	156,394	694,063
黄石市	43,350	228,177
大冶县	113,044	465,886
黄冈专区	1,382,211	5,890,184
黄冈县	97,387	428,515
新洲县	140,638	579,089
红安县	94,970	431,124
麻城县	173,243	718.875
罗田县	86,740	378.901

地　区	总户数	总人口	地　区	总户数	总人口
英山县	64,717	299,610	钟祥县	114,182	567,855
浠水县	146,283	638,144	潜江县	103,055	477,628
蕲春县	132,520	530,071	石首县	79,981	356,559
广济县	95,281	397,769	京山县	80,793	366,894
黄梅县	123,133	532,047	洪湖县	110,798	513,311
阳新县	94,627	393,842	沙市市	29.977	135,109
鄂城县	132,672	562,197	五三农场	6,358	29,599
			沙洋农场	9,728	81,839
孝感专区	1,408,323	6,070,883	江北农场	1,610	11,579
大悟县	82,746	362,113			
应山县	112,163	493,696	**襄阳专区**	1,351,490	6,168,935
安陆县	75,606	331,094	襄阳县	175,277	806,072
云梦县	71,672	310,119	枣阳县	145,026	622,640
孝感县	185,531	805,769	随县	200,684	893,208
黄陂县	163,804	699,215	宜城县	60,898	289,344
应城县	85,190	356,014	南漳县	87,359	407,938
汉川县	130,793	603,817	光化县	62,684	275,658
汉阳县	85,799	371,197	均县	72,989	327,372
武昌县	83,156	353,450	谷城县	81,076	365,766
嘉鱼县	45,894	190,391	郧县	111,689	517,159
咸宁县	60,786	242,216	郧西县	75,022	336,928
蒲圻县	58,055	248,391	竹山县	70,047	322,343
通城县	60,981	255,494	竹溪县	54,804	252,097
通山县	53,613	221,834	房县	77,106	375,505
崇阳县	52,534	226,073	保康县	43,332	205,478
			襄樊市	27,188	134,295
荆州专区	1,636,000	7,584,943	丹江水库	6,309	37,132
江陵县	119,110	577,388			
沔阳县	181,698	866,365	**宜昌专区**	590,038	2,578,270
天门县	214,884	981,412	宜昌县	100,985	457,332
监利县	179,466	785,463	枝江县	78,003	335,333
松滋县	140,182	606,904	宜都县	67,678	304,651
公安县	143,153	640,857	当阳县	67,608	303,471
荆门县	121,025	586.181	远安县	31,667	128,115

地　　区	总户数	总人口	地　　区	总户数	总人口
兴山县	34,516	145,370	清丰县	91,410	378,345
秭归县	72,881	310,395	汤阴县	53,123	240,263
长阳县	73,061	313,948	内黄县	87,403	374,386
五峰县	35,145	149,306	淇县	28,613	130,144
宜昌市	28,494	130,351	范县	101,218	432,068
恩施专区	524,076	2,244,310	**新乡专区**	959,868	4,476,106
恩施县	101,740	448,856	新乡市	59,255	307,687
建始县	74,837	312,604	焦作市	54,361	280,385
巴东县	78,181	335,588	济源县	76,374	359,985
利川县	104,381	448,396	原阳县	72,831	331,807
宣恩县	45,398	194,752	延津县	52,189	234,282
咸丰县	49,105	209,253	沁阳县	56,382	255,523
来凤县	40,385	164,289	汲县	54,564	261,652
鹤峰县	30,049	130,572	获嘉县	43,176	201,961
			封丘县	82,307	377,979
河南省	11,251,098	50,325,511	孟县	53,986	228,961
			博爱县	53,413	234,096
郑州市	182,433	965,846	修武县	32,373	152,358
			辉县	92,098	446,375
洛阳市	106,867	580,101	温县	52,063	229,136
			武陟县	76,051	341,277
开封市	86,418	415,051	新乡县	48,445	232,642
安阳专区	1,288,922	5,627,840	**洛阳专区**	979,054	4,540,316
安阳市	61,718	311,420	三门峡市	20,035	95,377
鹤壁市	36,792	190,320	偃师县	98,670	484,729
安阳县	147,967	632,693	卢氏县	56,810	241,949
濮阳县	166,563	690,338	汝阳县	52,991	239,540
浚县	82,008	357,977	孟津县	60,019	281,391
滑县	148,697	619,265	伊川县	79,368	373,032
南乐县	60,595	263,958	嵩县	73,116	338,820
长垣县	90,409	412,510	宜阳县	77,043	358,299
林县	132,406	594,153	新安县	63,548	307,864

河南省

（续26）

地　　区	总户数	总 人 口	地　　区	总户数	总 人 口
灵宝县	88,437	411,061	民权县	98,159	419,025
陕县	47,274	219,721	项城县	119,557	584,607
洛宁县	64,554	276,422			
临汝县	108,468	483,252	**许昌专区**	1,646,676	7,551,554
渑池县	50,276	243,720	平顶山市	30,175	168,729
栾川县	38,445	185,139	漯河市	18,941	97,619
			许昌市	22,071	114,074
开封专区	925,658	4,289,172	禹县	145,941	645,804
杞县	127,938	552,070	许昌县	110,392	519,220
开封县	101,103	453,262	襄城县	101,333	470,409
兰考县	85,063	373,529	商水县	159,483	722,688
中牟县	70,491	350,802	郏县	72,683	318,016
尉氏县	65,956	305,905	长葛县	105,533	510,246
通许县	69,237	308,350	扶沟县	90,065	406,511
登封县	67,366	326,292	郾城县	117,350	557,466
巩县	92,974	456,416	西华县	102,521	466,118
密县	88,001	411,528	舞阳县	124,263	550,954
新郑县	71,817	341,476	叶县	107,918	481,657
荥阳县	85,612	409,542	宝丰县	74,586	334,189
			鲁山县	105,432	465,813
商丘专区	1,867,521	7,771,975	临颍县	83,827	383,343
商丘市	21,485	104,567	鄢陵县	74,162	338,698
商丘县	144,331	576,802			
太康县	155,386	664,637	**信阳专区**	1,766,628	7,777,149
郸城县	150,567	638,332	信阳市	22,795	128,475
淮阳县	160,936	697,029	信阳县	128,503	580,722
永城县	173,256	644,254	汝南县	105,917	462,709
宁陵县	70,220	293,845	上蔡县	152,691	684,532
睢县	98,208	410,216	新县	42,811	203,853
沈丘县	137,559	614,419	正阳县	88,329	374,202
鹿邑县	134,175	545,946	遂平县	79,324	355,244
柘城县	111,387	451,888	确山县	91,962	398,426
夏邑县	146,888	555,491	西平县	109,625	519,022
虞城县	145,407	570,917	平舆县	105,333	464,069

地　区	总户数	总人口	地　区	总户数	总人口
潢川县	92,874	405,325	**自贡市**	125,043	566,859
固始县	184,907	783,899			
息县	99,753	423,523	**绵阳专区**	2,217,862	9,364,849
商城县	82,984	355,395	三台县	245,437	1,006,981
光山县	98,171	408,487	中江县	230,496	957,841
罗山县	88,441	391,000	蓬溪县	204,752	851,810
新蔡县	114,846	503,243	遂宁县	200,284	853,011
淮滨县	69,994	298,839	射洪县	169,757	711,038
驻马店镇	7,358	36,184	潼南县	127,227	557,550
			绵阳县	124,345	519,113
南阳专区	1,441,053	6,330,401	广元县	110,216	515,677
南阳市	27,015	136,772	盐亭县	120,347	502,777
南阳县	173,473	756,713	江油县	118,587	494,503
南召县	74,624	327,278	德阳县	114,101	473,209
镇平县	125,485	550,120	剑阁县	97,620	414,175
内乡县	93,107	401,597	绵竹县	84,618	340,481
西峡县	61,458	271,750	安县	78,124	322,258
淅川县	92,522	403,012	梓潼县	60,043	245,894
邓县	196,745	877,076	旺苍县	50,762	244,858
新野县	93,857	409,007	青川县	30,598	130,501
唐河县	166,091	724,150	平武县	28,126	121,316
泌阳县	126,200	564,152	北川县	22,422	101,856
桐柏县	50,606	217,167			
方城县	159,870	691,607	**南充专区**	1,657,333	7,022,166
			南充市	40,974	198,837
四川省	16,263,033	67,956,490	南充县	218,831	893,325
			广安县	202,352	879,509
成都市	349,043	1,582,729	南部县	186,552	760,948
			岳池县	176,158	748,469
重庆市	916,388	4,234,985	阆中县	132,160	595,015
重庆市	455,268	2,159,831	营山县	137,510	558,304
巴县	202,585	901,374	仪陇县	126,226	527,816
綦江县	128,908	623,629	武胜县	115,502	510,080
长寿县	129,627	550,151	苍溪县	105,232	503,048

地区	总户数	总人口	地区	总户数	总人口
西充县	114,077	432,704	万源县	67,001	300,538
蓬安县	101,759	414,111			
			内江专区	1,404,983	5,494,674
宜宾专区	1,594,943	6,728,210	内江市	48,848	210,493
宜宾市	55,756	236,816	简阳县	242,230	892,213
泸州市	48,439	219,248	安岳县	215,945	895,054
泸县	225.146	969,590	资中县	200,700	772,449
富顺县	187,124	781,345	资阳县	160,898	617,765
宜宾县	156,849	619,900	乐至县	158,177	593,827
合江县	121,671	530,537	内江县	133,242	537,983
隆昌县	109,885	473,695	荣县	135,241	521,702
叙永县	109,799	468,720	威远县	109,682	453,188
古蔺县	106,135	441,011			
纳溪县	67,541	288,265	**江津专区**	1,228,597	5,218,940
南溪县	73,792	302.057	江津县	240,334	1,047,195
江安县	66,561	284,205	江北县	165,589	683,519
高县	69,986	289,110	合川县	237,322	1,005,446
长宁县	56,376	235,965	永川县	132,098	574,058
筠连县	43,896	188,621	荣昌县	112,125	478,597
珙县	40,665	171,091	铜梁县	124,420	518,177
屏山县	34,419	136,192	大足县	122,146	518,913
兴文县	20,903	91,842	璧山县	94,563	393,035
达县专区	1,449,396	6,163,270	**万县专区**	1,256,404	5,159,234
达县	214,909	928,603	万县市	60,752	259,346
渠县	201,621	833,831	开县	222,731	882,462
巴中县	160,222	723,081	万县	183,241	765,309
宣汉县	166,012	663,519	云阳县	184,514	748,636
大竹县	165,870	658.534	忠县	165,970	642,382
邻水县	124,211	508,927	奉节县	131,167	561,584
平昌县	107,923	480,540	梁平县	128,826	521,963
通江县	86,144	388,065	巫山县	78,340	310,822
南江县	72,871	347,667	巫溪县	68,503	318,628
开江县	82,612	329,965	城口县	32,360	148,102

地　区	总户数	总人口
温江专区	1,140,577	4,692,332
金堂县	162,714	679,920
彭县	113,685	492,256
崇庆县	103,272	412,935
邛崃县	95,227	391,536
广汉县	82,890	338,779
灌县	79,409	333,915
大邑县	73,328	299,644
什邡县	65,465	265,104
郫县	66,702	260,813
华阳县	61,967	252,106
新都县	45,875	192,753
新津县	41,728	172,002
温江县	41,073	159,257
双流县	38,890	155,248
蒲江县	34,754	143,739
新繁县	33,593	142,325
涪陵专区	961,307	3,721,058
涪陵县	156,492	568,167
垫江县	123,360	503,255
丰都县	126,313	478,177
酉阳县	112,241	401,827
南川县	82,374	369,776
彭水县	84,069	333,047
秀山县	84,021	301,889
石柱县	71,495	269,020
黔江县	64,095	254,403
武隆县	56,347	241,497
乐山专区	969,641	4,005,984
仁寿县	241,380	955,046
乐山县	150,156	625,449
眉山县	105,265	449,353
犍为县	80,832	343,150
井研县	66,294	267,582
峨眉县	51,184	219,509
洪雅县	47,984	203,369
夹江县	49,592	202,725
彭山县	46,478	195,813
沐川县	34,993	148,405
青神县	29,826	124,320
丹棱县	21,124	94,514
峨边县	21,119	89,088
马边县	23,414	87,661
西昌专区	338,933	1,389,941
会理县	60,988	256,857
西昌县	57,995	232,379
会东县	41,833	176,904
盐源彝族自治县	37,658	153,679
冕宁县	40,797	153,253
米易县	24,043	99,945
盐边县	22,791	90,450
宁南县	20,010	84,128
德昌县	21,762	83,798
木里藏族自治县	11,056	58,548
雅安专区	201,288	824,222
汉源县	46,806	193,668
雅安县	40,725	163,890
名山县	35,256	145,965
天全县	19,940	80,540
荥经县	21,060	74,280
石棉县	14,027	69,156
芦山县	15,485	62,139
宝兴县	7,989	34,584

地　　区	总户数	总人口	地　　区	总户数	总人口
凉山彝族自治州	222,053	797,053	**阿坝藏族自州治**	109,789	483,673
昭觉县	38,184	130,757	汶川县	11,070	50,807
雷波县	28,974	117,834	茂汶羌族自治县	10,883	48,703
越西县	29,867	107,119	金川县	9,086	47,550
美姑县	23,758	82,072	小金县	10,030	47,301
甘洛县	20,646	78,138	马尔康县	9,002	44,027
布拖县	23,088	75,377	黑水县	9,724	40,608
喜德县	19,899	70,367	松潘县	9,264	38,593
金阳县	19,435	68,126	理县	6,516	35,271
普格县	18,202	67,263	若尔盖县	8,606	33,321
			阿坝县	7,979	32,291
甘孜藏族自治州	119,453	506,311	南坪县	8,031	29,026
得荣县	1,966	9,919	壤塘县	5,226	19,724
乡城县	3,375	15,469	红原县	4,372	16,451
德格县	6,237	24,582			
理塘县	6,340	26,316	**云南省**	4,414,871	20,509,525
乾宁县	3,040	13,319			
巴塘县	5,604	24,960	**昆明市**	285,379	1,297,085
邓柯县	4,275	16,451	昆明市	208,079	960,718
雅江县	3,831	19,683	安宁县	24,009	116,270
色达县	5,482	18,999	富民县	17,268	75,006
泸定县	9,777	43,431	晋宁县	36,023	145,091
义敦县	1,712	5,919			
白玉县	5,683	22,418	**东川市**	134,987	654,269
道孚县	3,480	13,707			
石渠县	8,024	27,657	**昭通专区**	505,797	2,209,982
九龙县	5,595	24,519	昭通县	72,171	312,069
炉霍县	5,522	21,767	鲁甸县	31,902	138,487
稻城县	3,368	15,468	巧家县	58,010	261,211
丹巴县	8,231	40,080	盐津县	39,820	180,219
新龙县	5,393	23,287	大关县	27,592	125,052
甘孜县	9,764	36,530	永善县	49,125	212,264
康定县	12,754	61,830	绥江县	21,194	93,586
			镇雄县	118,207	499,119

地区	总户数	总人口	地区	总户数	总人口
彝良县	52,427	230,788	华宁县	24,242	105,510
威信县	35,349	157,187	易门县	22,598	101,870
			峨山彝族自治县	21,439	79,630
曲靖专区	608,699	2,799,884	新平县	29,397	135,382
曲靖县	87,805	415,349	元江县	23,198	96,242
马龙县	19,493	97,822			
宣威县	134,405	593,468	**红河哈尼族彝族自治州**	433,394	2,036,139
富源县	59,915	280,124	个旧市	40,161	212,482
罗平县	49,579	229,222	开远县	24,552	135,767
师宗县	32,295	159,408	蒙自县	38,200	189,848
陆良县	56,676	243,170	屏边苗族自治县	14,708	77,463
宜良县	53,173	246,125	建水县	62,628	267,087
路南彝族自治县	25,381	112,651	石屏县	43,328	168,382
寻甸县	51,166	241,702	弥勒县	53,448	241,146
嵩明县	38,811	180,843	泸西县	38,069	169,211
			元阳县	39,308	182,014
楚雄彝族自治州	370,553	1,730,932	红河县	28,483	126,336
楚雄县	44,301	228,337	金平县	27,218	143,578
南华县	27,703	129,168	绿春县	15,745	86,403
牟定县	26,142	113,845	河口瑶族自治县	7,546	36,422
双柏县	21,305	101,495			
姚安县	26,162	118,768	**文山僮族苗族自治州**	321,136	1,553,086
大姚县	40,258	184,771	文山县	39,315	186,830
永仁县	25,813	122,910	砚山县	38,793	182,269
元谋县	20,289	95,391	西畴县	27,489	131,222
武定县	35,303	161,292	麻栗坡县	27,680	135,864
禄劝县	52,216	241,213	马关县	37,290	179,317
禄丰县	51,061	233,742	丘北县	39,836	190,535
			广南县	72,925	354,975
玉溪专区	258,591	1,043,714	富宁县	37,808	192,074
玉溪县	44,865	178,116			
江川县	35,301	129,320	**思茅专区**	266,155	1,281,476
澄江县	18,659	77,214	普洱县	37,936	182,399
通海县	38,892	140,430	墨江县	44,166	219,600

地区	总户数	总人口	地区	总户数	总人口
景东县	42,365	203,440	龙陵县	28,996	150,056
景谷县	34,706	165,894	昌宁县	35,664	181 614
镇源县	27,219	127,831			
			德宏傣族景颇族自治州	90.116	460,665
江城哈尼族彝族自治县	7,865	42,030	潞西县	27,023	150,457
			梁河县	15,725	80,434
孟连傣族拉祜族佤族自治县	9,779	46,653	盈江县	24,417	121,277
澜沧拉祜族自治县	52,000	252,330	陇川县	14,172	67,614
西盟佤族自治县	10,119	41,299	瑞丽县	7,892	36,813
			畹町镇	887	4,070
西双版纳傣族自治州	70,924	363,544			
景洪县	28,393	145,691	**丽江专区**	133,065	599,521
勐海县	29,795	150,209	丽江纳西族自治县	41,770	194,930
勐腊县	12,736	67,644	永胜县	43,687	203,646
			华坪县	22,727	103,308
大理白族自治州	370,946	1,714,978	宁蒗彝族自治县	24,881	97,637
下关市	10,696	56,501			
大理县	39,648	178,939	**迪庆藏族自治州**	37,333	171,690
漾濞县	11,142	49,539	中甸县	13,922	66,532
祥云县	50,631	236,367	德钦县	7,905	38,799
宾川县	32,671	164,286	维西县	15,506	55,359
弥渡县	35,028	166,456			
南涧彝族自治县	25,501	113,778	**怒江傈僳族自治州**	52,494	225,117
巍山彝族回族自治县	34,331	153,733	碧江县	7,446	31,621
永平县	19,121	86,061	福贡县	6,564	28,232
云龙县	26,223	115,006	贡山独龙族怒族自治县	4,050	19,001
洱源县	35,429	164,431	泸水县	10,642	47,778
剑川县	19,166	86,678	兰坪县	23,792	98,485
鹤庆县	31,359	143,203			
			临沧专区	221,976	1,081,063
保山专区	253,326	1,286,380	风庆县	52,066	254,583
保山县	88,123	443,208	云县	44,388	204,856
施甸县	34,662	181,885	临沧县	30,888	141,507
滕冲县	65,881	329,617	永德县	28,507	143,928

地　　区	总户数	总人口
镇　康　县	13,762	71,064
双　江　县	16,919	80,039
耿马傣族佤族自治县	18,632	102,056
沧源佤族自治县	16,814	83,030
贵　州　省	3,909,572	17,140,521
贵　阳　市	186,835	905,291
安顺专区	742,878	3,274,648
安　顺　县	79,156	334,687
六　枝　县	57,128	247,852
平　坝　县	32,443	140,535
普　定　县	50,696	203,549
镇宁布依族苗族自治县	40,391	175,423
关　岭　县	33,423	157,229
普　安　县	28,645	127,395
晴　隆　县	28,154	131,078
兴　仁　县	43,755	193,964
兴　义　县	69,267	315,574
盘　县	106,627	462,431
贞　丰　县	36,318	158,516
安　龙　县	42,470	193,631
册　亨　县	19,572	94,017
清　镇　县	46,070	206,931
修　文　县	28,763	131,836
遵义专区	826,766	3,664,064
遵　义　市	23,158	111,306
遵　义　县	160,071	717,099
桐　梓　县	69,803	318,595
绥　阳　县	53,115	246,201
正　安　县	68,228	300,650
道　真　县	38,338	172,093

地　　区	总户数	总人口
务　川　县	48,981	195,998
湄　潭　县	49,626	220,305
凤　冈　县	44,572	184,386
余　庆　县	29,762	134,123
息　烽　县	26,205	118,601
仁　怀　县	76,125	339,202
赤　水　县	44,855	182,356
习　水　县	51,148	215,795
开　阳　县	42,729	207,354
铜仁专区	453,260	1,887,336
铜　仁　县	39,825	177,338
玉　屏　县	24,030	105,181
江　口　县	27,473	121,251
思　南　县	74,351	309,425
印　江　县	51,032	208,088
德　江　县	50,647	204,266
石　阡　县	43,141	188,422
沿　河　县	66,770	254,647
松桃苗族自治县	75,991	318,718
毕节专区	783,358	3,375,873
毕　节　县	128,289	524,581
大　方　县	96,458	393,267
黔　西　县	85,472	371,946
金　沙　县	63,747	271,171
织　金　县	93,509	407,716
纳　雍　县	73,065	315,521
水　城　县	83,083	364,060
赫　章　县	59,920	271,929
威宁彝族回族苗族自治县	99,815	455,682
黔东南苗族侗族自治州	453,504	1,956,536
凯　里　县	35,824	160,563

地　　区	总户数	总人口	地　　区	总户数	总人口
			西　安　市	402,315	2,152,116
雷　山　县	15,954	67,454	西　安　市	293,036	1,593,117
麻　江　县	24,097	104,489	长　安　县	109,279	558,999
黄　平　县	37,434	165,884			
镇　远　县	26,741	124,719	**商　洛　专　区**	367,108	1,578,712
岑　巩　县	24,176	106,641	商　　县	82,898	355,011
锦　屏　县	24,470	105,530	商　南　县	32,125	146,673
剑　河　县	21,791	90,940	洛　南　县	69,882	295,546
黎　平　县	57,346	238,595	山　阳　县	63,193	269,089
榕　江　县	32,302	140.460	镇　安　县	49,495	211,227
从　江　县	36,298	142,741	柞　水　县	26,516	111,856
三　穗　县	22,030	94,285	丹　凤　县	42,999	189,310
台　江　县	16,641	71,702			
施　秉　县	15,465	68,749	**榆　林　专　区**	403,372	1,834,548
丹　寨　县	17,542	79,242	榆　林　县	44,857	206,474
天　柱　县	45,393	194,542	神　木　县	46,328	202,145
			靖　边　县	23,367	131,469
黔南布依族苗族自治州	462,971	2,076,773	定　边　县	26,794	144,860
都　匀　县	49,357	224,490	绥　德　县	50,635	216,622
独　山　县	40,937	167,895	米　脂　县	31,049	134,877
荔　波　县	18,853	73,771	横　山　县	32,448	166,095
平　塘　县	32,732	148,051	府　谷　县	31,887	131,959
龙　里　县	23,367	101,922	佳　　县	36,966	155,636
瓮　安　县	40,706	195,794	清　涧　县	28,472	124,255
福　泉　县	29,361	132,198	子　洲　县	37,193	165,396
罗　甸　县	30,411	146,919	吴　堡　县	13,376	54,760
长　顺　县	25,674	117,181			
望　谟　县	27,103	130,925	**咸　阳　专　区**	575,523	3,094,961
三都水族自治县	34,480	139,341	咸　阳　市	48,510	295,129
紫　云　县	32,165	150,351	三　原　县	39,608	211,538
贵　定　县	32,080	142,300	乾　　县	55,753	301,256
惠　水　县	45,745	205,635	彬　　县	32,609	172,206
			户　　县	61,814	348,792
陕　西　省	4,234,435	20,766,915	周　至　县	66,869	350,293

地　区	总户数	总人口
兴平县	58,017	302,207
淳化县	22,751	109,636
旬邑县	29,150	154,269
长武县	19,932	104,138
永寿县	20,642	107,912
礼泉县	48,692	250,923
泾阳县	48,180	261,341
高陵县	22,996	125,321
渭南专区	823,945	4,189,162
铜川市	43,733	236,300
渭南县	92,865	472,511
大荔县	76,592	387,162
韩城县	38,003	182,092
蒲城县	82,320	444,141
临潼县	89,261	469,603
蓝田县	88,177	407,109
白水县	29,235	151,418
澄城县	44,554	222,688
合阳县	54,315	265,121
富平县	74,217	413,897
耀县	26,610	133,248
华阴县	22,435	106,013
华县	44,818	216,985
潼关县	16,810	80,874
宝鸡专区	446,349	2,378,696
宝鸡市	34,907	184,501
凤翔县	58,077	310,576
陇县	30,598	158,198
凤县	17,067	72,983
武功县	45,046	265,087
扶风县	45,349	267,304
千阳县	17,223	86,884
麟游县	12,124	57,685
岐山县	51,878	282,048
眉县	33,272	178,428
太白县	6,591	31,052
宝鸡县	94,217	483,950
安康专区	428,909	1,982,242
安康县	110,634	527,336
石泉县	27,309	130,370
平利县	40,423	178,866
紫阳县	55,057	264,132
白河县	31,981	145,335
旬阳县	71,087	312,365
汉阴县	40,897	193,049
宁陕县	14,735	57,885
岚皋县	27,793	131,330
镇坪县	8,993	41,574
延安专区	237,666	1,110,324
延安县	32,707	152,359
延长县	18,658	82,789
志丹县	11,532	61,252
黄陵县	12,632	60,727
洛川县	21,790	103,269
宜川县	16,958	71,548
子长县	25,939	123,785
延川县	18,721	85,048
富县	16,093	80,849
安塞县	17,173	85,826
吴旗县	11,039	65,624
宜君县	13,066	55,683
甘泉县	6,310	28,747
黄龙县	15,048	52,818

地　　区	总户数	总人口	地　　区	总户数	总人口
汉中专区	549,248	2,446,154	**武威专区**	293,365	1,534,010
汉中县	58,088	266,059	武威县	100,561	520,094
勉县	59,860	276,227	民勤县	38,501	179,061
宁强县	52,538	234,047	永昌县	33,092	174,221
略阳县	31,814	141,667	古浪县	34,622	186,267
洋县	67,436	278,787	天祝藏族自治县	21,696	118,625
城固县	77,368	315,878	永登县	49,223	261,880
西乡县	60,656	283,053	景泰县	15,670	93,862
镇巴县	43,115	217,680			
南郑县	83,282	372,240	**定西专区**	383,800	2,009,585
留坝县	8,910	35,661	定西县	44,907	239,038
佛坪县	6,181	24,855	会宁县	45,428	270,374
			通渭县	45,666	210,352
甘肃省	2,589,525	12,630,569	陇西县	46,086	216,462
			渭源县	39,838	192,628
兰州市	180,633	928,321	临洮县	56,654	296,977
			榆中县	46,609	246,780
酒泉专区	107,551	561,511	皋兰县	20,975	115,306
酒泉县	41,904	206,173	靖远县	37,637	221,668
金塔县	16,205	76,230			
玉门市	24,526	151,671	**天水专区**	509,903	2,297,155
安西县	9,550	47,656	天水市	16,683	76,040
敦煌县	13,758	72,413	天水县	106,083	483,341
肃北蒙古族自治县	1,010	4,323	甘谷县	55,312	255,848
阿克塞哈萨克族自治县	598	3,045	武山县	41,644	189,380
			漳县	20,884	88,108
张掖专区	140,550	666,659	秦安县	60,623	297,477
高台县	19,952	90,742	清水县	37,379	168,631
临泽县	16,695	79,399	张家川回族自治县	28,530	131,762
张掖县	53,354	247,275	徽县	31,071	125,699
山丹县	22,452	104,432	两当县	7,786	29,685
民乐县	24,479	126,847	西和县	44,204	192,311
肃南裕固族自治县	3,618	17,964	礼县	59,704	258,873

地　　区	总户数	总人口
武都专区	261,010	1,099,082
文县	34,835	137,552
宕昌县	35,370	152,152
成县	36,710	147,101
岷县	51,794	232,712
武都县	66,488	285,257
康县	35,813	144,308
平凉专区	231,194	1,150,749
平凉县	43,958	219,251
静宁县	47,101	249,862
泾川县	39,984	188,959
灵台县	30,487	139,503
华亭县	17,621	88,458
崇信县	10,962	50,537
庄浪县	41,081	214,179
庆阳专区	232,920	1,196,176
庆阳县	51,820	258,565
镇原县	53,692	265,962
宁县	49,909	263,111
正宁县	21,104	114,662
合水县	15,190	78,777
华池县	11,412	58,779
环县	29,793	156,320
临夏回族自治州	174,251	864,226
临夏县	72,791	354,957
永靖县	24,125	133,713
和政县	18,601	91,587
康乐县	21,112	105,803
广河县	15,333	72,856
东乡族自治县	22,289	105,310

地　　区	总户数	总人口
甘南藏族自治州	74,348	323,095
舟曲县	14,416	60,888
碌曲县	3,684	14,384
夏河县	18,447	78,719
玛曲县	4,023	14,181
卓尼县	10,618	49,140
临潭县	17,469	81,485
迭部县	5,691	24,298
青海省	430,249	2,145,604
西宁市	48,446	270,028
直辖单位	234,966	1,190,104
湟中县	54,814	281,031
互助土族自治县	34,918	186,853
大通县	34,766	184,980
民和县	33,139	160,052
乐都县	29,503	152,042
化隆回族自治县	21,573	98,642
湟源县	15,263	82,561
循化撒拉族自治县	10,990	43,943
海北藏族自治州	25,339	162,384
门源回族自治县	12,547	74,461
海晏县	4,179	40,090
祁连县	4,049	18,847
刚察县	4,564	28,986
海南藏族自治州	36,192	166,699
贵德县	11,176	47,765
共和县	9,598	53,000
同德县	3,892	15,769
贵南县	6,707	31,233

青海省　新疆维吾尔自治区

（续38）

地　　区	总户数	总人口	地　　区	总户数	总人口
兴　海　县	4,819	18,932	**新疆维吾尔自治区**	1,760,043	7,270,067
黄南藏族自治州	21,366	80,313	**乌鲁木齐市**	112,821	563,224
同　仁　县	8,686	31,530	乌鲁木齐市	88,126	452,897
尖　扎　县	4,536	18,492	乌鲁木齐县	24,695	110,327
泽　库　县	5,247	18,918			
河南蒙族自治县	2,897	11,373	**克拉玛依市**	15,582	78,432
玉树藏族自治州	29,741	102,012	**直辖单位**	50,457	221,164
玉　树　县	8,493	28,749	吐鲁番县	23,059	100,515
治　多　县	2,643	8,640	鄯　善　县	17,669	76,149
杂　多　县	3,689	13,286	托克逊县	9,729	44,500
称　多　县	5,270	18,174			
囊　谦　县	7,141	24,550	**哈密专区**	40,315	184,897
曲麻莱县	2,505	8,613	哈　密　县	28,190	128,613
			巴里坤哈萨克自治县	10,179	48,645
果洛藏族自治州	15,517	56,071	伊　吾　县	1,946	7,639
玛　沁　县	3,035	11,930			
玛　多　县	1,017	3,896	**昌吉回族自治州**	127,565	593,235
达　日　县	3,245	11,253	昌　吉　县	17,572	80,569
久　治　县	2,307	8,208	阜　康　县	10,742	47,595
班　玛　县	2,713	9,110	米　泉　县	16,304	71,300
甘　德　县	3,200	11,674	奇　台　县	21,364	100,445
			木垒哈萨克自治县	8,672	40,425
海西蒙古族藏族哈萨克族自治州	18,682	117,993	玛纳斯县	25,494	124,316
都　兰　县	4,838	28,973	呼图壁县	14,495	68,416
乌　兰　县	4,587	34,413	吉木萨尔县	12,922	60,169
天　峻　县	1,952	7,335			
格尔木市	3,374	23,011	**巴音郭楞蒙古自治州**	80,772	336,835
唐古拉区	309	2,105	库尔勒县	17,290	75,596
大柴旦镇	1,978	11,095	轮　台　县	11,806	44,805
冷　湖　镇	1,260	8,221	尉　犁　县	8,793	40,161
茫　崖　镇	384	2,840	且　末　县	5,060	17,841
			若　羌　县	2,172	7,205

新疆维吾尔自治区

（续39）

地　　区	总户数	总人口	地　　区	总户数	总人口
焉耆回族自治县	13,100	55,257	**和田专区**	223,348	800,707
和靖县	13,779	59,386	和田县	57,202	191,692
和硕县	8,772	36,584	皮山县	32,850	114,919
			策勒县	21,392	69,466
阿克苏专区	225,060	953,067	墨玉县	39,181	187,714
阿克苏县	39,524	196,017	洛浦县	37,535	122,091
库车县	45,065	187,242	于田县	31,137	101,378
拜城县	23,857	93,586	民丰县	4,051	13,447
新和县	16,786	70,349			
乌什县	25,622	100,858	**伊犁哈萨克自治州直属单位**	154,581	689,717
沙雅县	21,394	86,843			
温宿县	25,675	103,801	伊宁市	24,678	115,936
阿瓦提县	22,694	95,127	伊宁县	30,909	131,581
柯平县	4,443	19,244	察布查尔锡伯自治县	13,171	62,836
			绥定县	17,766	72,573
克孜勒苏柯尔克孜自治州	45,605	178,532	霍城县	11,499	50,835
阿图什县	18,313	79,375	新源县	17,942	82,228
阿克陶县	19,750	70,036	巩留县	10,626	46,106
阿合奇县	3,352	13,120	昭苏县	10,014	48,447
乌恰县	4,190	16,001	特克斯县	7,787	35,597
			尼勒克县	10,189	43,578
喀什专区	484,915	1,723,989			
喀什市	36,918	148,557	**塔城专区**	128,655	622,566
疏附县	48,645	173,771	塔城县	13,971	55,750
疏勒县	50,589	167,375	乌苏县	28,736	141,706
莎车县	100,062	349,635	沙湾县	58,589	298,664
叶城县	52,922	189,890	额敏县	13,826	60,942
伽师县	45,296	161,307	托里县	5,627	29,557
巴楚县	44,070	158,160	裕民县	2,874	13,562
英吉莎县	33,755	120,984	和布克赛尔蒙古自治县	5,032	22,385
泽普县	25,955	84,160			
岳普湖县	19,854	70,884	**博尔塔拉蒙古自治州**	26,268	114,420
塔什库尔干塔吉克自治县	2,311	11,876	博乐县	12,811	59,612
麦盖提县	24,538	87,390	温泉县	5,889	24,046

地　　区	总户数	总人口	地　　区	总户数	总人口
精　河　县	7,568	30,762	青铜峡县	22,404	104,322
			吴　忠　县	23,920	108,830
阿勒泰专区	44,099	209,282	中　卫　县	29,971	144,205
阿勒泰县	14,116	69,782	中　宁　县	25,235	115,783
布尔津县	5,017	22,161	永　宁　县	17,879	82,260
哈巴河县	5,698	25,256	贺　兰　县	19,854	90,028
吉木乃县	2,981	12,820	平　罗　县	29,754	138,986
富　蕴　县	8,646	39,775	陶　乐　县	1,736	8,261
福　海　县	4,075	23,133	灵　武　县	17,199	80,603
青　河　县	3,566	16,355	盐　池　县	12,555	66,665
			同　心　县	20,737	101,838
宁夏回族自治区	423,425	2,107,490			
			固原专区	142,781	761,550
银　川　市	38,096	193,894	固　原　县	57,522	305,359
			海　原　县	23,407	124,526
石咀山市	21,304	110,265	西　吉　县	31,654	170,583
			隆　德　县	20,651	113,711
直辖单位	221,244	1,041,781	泾　源　县	9,547	47,371

8. 全 国 人 口

地区	合计	大学	高中	初中	高小	初
						小计
总计	694,581,759	2,875,401	9,116,831	32,346,788	69,462,240	126,362,219
华北区	83,619,981	625,130	1,252,818	4,704,257	9,211,804	16,914,239
北京市	7,568,495	329,688	340,342	885,468	913,740	1,499,155
河北省	45,687,781	180,809	568,681	2,349,140	4,928,963	9,076,417
内蒙古自治区	12,348,638	47,097	140,375	574,692	1,223,279	2,125,194
山西省	18,015,067	67,536	203,420	894,957	2,145,822	4,213,473
东北区	62,733,134	403,086	1,197,983	4,244,757	9,042,001	12,679,297
辽宁省	26,946,200	183,843	600,614	1,986,327	4,213,261	5,734,439
吉林省	15,668,663	100,482	287,926	992,598	2,111,314	3,045,635
黑龙江省	20,118,271	118,761	309,443	1,265,832	2,717,426	3,899,223
华东区	208,225,576	803,565	2,810,767	9,351,850	19,111,189	35,196,683
上海市	10,816,458	238,481	564,567	1,400,559	1,395,290	2,488,226
江苏省	44,504,608	171,879	654,221	2,330,896	4,430,648	7,404,107
浙江省	28,318,573	80,539	318,561	1,202,751	2,671,916	5,424,340
安徽省	31,241,657	80,658	315,385	1,206,329	2,143,735	3,888,099
江西省	21,068,019	65,699	267,554	853,689	1,658,330	4,235,557
福建省	16,757,223	73,528	306,066	849,688	1,387,770	3,089,818
山东省	55,519,038	92,781	384,413	1,507,938	5,423,500	8,666,536
中南区	184,863,007	524,819	2,062,103	8,226,822	19,557,340	36,361,520
广东省	42,800,849	154,494	625,468	2,173,958	4,947,099	9,961,506
广西僮族自治区	20,845,017	53,053	200,019	879,535	2,484,193	4,834,098
湖南省	37,182,286	97,691	409,902	1,602,700	4,161,963	8,398,295
湖北省	33,709,344	126,567	386,884	1,485,686	2,971,086	5,864,697
河南省	50,325,511	93,014	439,830	2,084,943	4,992,999	7,302,924
西南区	106,857,761	296,539	1,107,611	3,601,710	8,983,173	18,441,506
四川省	67,956,490	209,450	799,035	2,536,999	6,699,575	13,296,271
云南省	20,509,525	47,487	174,733	526,737	1,334,063	2,567,666
贵州省	17,140,521	39,602	133,843	537,974	949,535	2,577,569
西藏自治区	1,251,225	—	—	—	—	—
西北区	44,920,645	222,262	685,549	2,217,392	3,556,733	6,768,974
陕西省	20,766,915	109,186	336,111	1,070,002	1,823,756	3,464,064
甘肃省	12,630,569	50,469	132,308	450,590	690,404	1,584,102
青海省	2,145,604	13,574	35,729	107,066	134,517	260,713
新疆维吾尔自治区	7,270,067	40,968	155,064	503,718	789,917	1,183,457
宁夏回族自治区	2,107,490	8,065	26,337	86,016	118,139	276,638
其他	3,361,655	—	—	—	—	—

文化　程度

小	初识字		不识字		7—12岁不在校儿童	六岁以下儿童	文化程度不详
其中：13—40岁	小计	其中：13—40岁	小计	其中：13—40岁			
59,038,810	24,783,840	16,551,743	233,267,943	117,618,232	57,210,224	134,407,578	4,748,691
6,897,953	3,226,464	2,057,006	25,460,120	11,202,001	5,444,895	16,767,283	12,971
494,968	318,037	176,822	1,363,735	447,970	324,814	1,592,688	828
3,682,283	1,731,947	1,100,658	14,880,878	6,637,815	3,298,615	8,666,980	5,351
998,222	371,271	264,477	3,922,227	1,958,881	1,040,879	2,900,123	3,501
1,722,480	805,209	515,049	5,293,280	2,157,335	780,587	3,607,492	3,291
4,909,725	1,538,063	924,298	15,012,237	6,396,918	4,295,618	14,313,532	6,560
2,113,266	722,565	417,137	5,662,420	2,184,331	1,882,140	5,958,645	1,946
1,142,093	364,480	224,480	4,132,287	1,816,528	1,037,563	3,595,138	1,240
1,654,366	451,018	282,681	5,217,530	2,396,059	1,375,915	4,759,749	3,374
15,959,860	7,618,353	5,242,393	75,411,236	39,264,173	18,497,002	39,382,841	42,090
754,222	351,577	196,975	1,910,391	642,156	455,137	2,011,932	298
3,317,130	1,430,881	951,366	15,942,739	8,244,000	4,045,757	8,083,767	9,713
2,523,197	1,470,817	1,018,192	9,259,023	4,438,073	2,145,107	5,739,926	5,593
2,135,899	683,539	520,094	13,868,661	8,623,774	3,676,002	5,372,060	7,189
2,088,984	983,819	617,383	7,261,413	3,564,500	1,501,263	4,230,225	10,470
1,426,641	783,948	531,936	5,315,950	2,814,624	1,359,964	3,587,500	2,991
3,713,787	1,913,772	1,406,447	21,853,059	10,937,046	5,313,772	10,357,431	5,836
17,820,206	6,969,417	4,470,215	60,273,599	29,029,397	14,768,772	36,080,474	38,141
4,787,932	1,643,017	1,028,689	11,294,002	5,166,909	2,993,516	8,999,271	8,518
2,494,500	640,418	405,403	6,093,290	2,983,267	1,558,150	4,098,423	3,838
4,479,584	2,039,598	1,308,252	10,516,131	4,858,524	2,903,854	7,045,883	6,269
2,655,454	1,506,448	965,109	12,042,141	5,991,421	2,482,551	6,835,116	8,168
3,402,736	1,139,936	762,762	20,328,035	10,029,276	4,830,701	9,101,781	11,348
10,100,312	4,069,935	2,886,935	40,015,851	22,244,439	10,274,443	18,787,946	1,279,047
7,291,463	2,956,697	2,027,656	23,449,029	12,780,653	6,584,106	11,415,556	9,772
1,377,758	643,799	506,933	9,068,427	5,131,125	2,000,717	4,130,933	14,963
1,431,091	469,439	352,346	7,498,395	4,332,661	1,689,620	3,241,457	3,087
—	—	—	—	—	—	—	1,251,225
3,350,754	1,361,608	970,896	17,094,904	9,481,304	3,929,494	9,075,502	8,227
1,532,792	631,988	414,909	7,376,312	3,550,919	1,584,421	4,369,249	1,826
893,168	339,744	263,462	5,489,947	3,452,275	1,433,038	2,457,834	2,133
142,560	66,579	53,390	885,219	573,551	220,807	421,183	217
644,597	268,588	197,179	2,490,337	1,380,191	449,215	1,384,834	3,969
137,637	54,709	41,956	853,089	524,368	242,013	442,402	82
—	—	—	—	—	—	—	3,361,655

9. 全国城镇

地区	合计	大学	高中	初中	高小	初
						小计
总计	97,908,303	2,463,131	5,274,291	12,496,376	14,036,290	20,187,112
华北区	15,125,109	578,091	837,326	2,102,497	2,243,397	3,221,698
北京市	4,241,769	322,242	304,083	626,774	547,561	817,564
河北省	6,447,909	161,295	340,926	912,206	980,910	1,447,223
内蒙古自治区	2,417,139	41,821	97,617	290,559	377,500	488,799
山西省	2,018,292	52,733	94,700	272,958	337,426	468,112
东北区	20,048,185	362,689	850,034	2,275,892	3,149,861	4,173,857
辽宁省	9,106,140	165,758	418,909	1,040,267	1,449,933	1,988,357
吉林省	4,364,926	90,797	201,765	512,270	653,642	878,370
黑龙江省	6,577,119	106,134	229,360	723,355	1,046,286	1,307,130
华东区	26,590,414	675,488	1,623,457	3,729,487	3,847,834	5,654,839
上海市	6,847,085	225,470	503,966	1,158,875	945,073	1,569,170
江苏省	5,466,416	139,382	332,167	755,630	778,795	1,072,346
浙江省	3,068,576	63,269	152,497	412,283	468,541	666,109
安徽省	2,915,986	61,570	157,292	347,115	382,190	558,696
江西省	2,359,463	50,106	130,700	292,113	332,818	538,311
福建省	2,231,432	59,616	155,896	288,227	298,455	489,294
山东省	3,701,456	76,075	190,939	475,244	641,962	760,913
中南区	17,559,206	419,976	963,154	2,338,822	2,595,882	3,991,781
广东省	5,332,173	118,061	275,966	638,016	752,978	1,369,031
广西僮族自治区	1,622,050	40,986	93,199	227,079	235,846	393,201
湖南省	3,220,983	79,352	187,597	444,713	509,397	762,124
湖北省	3,973,520	111,349	221,164	528,949	561,287	845,997
河南省	3,410,480	70,228	185,228	500,065	536,374	621,428
西南区	9,873,289	252,957	634,846	1,292,022	1,444,137	2,127,422
四川省	6,605,197	177,829	436,475	879,886	996,768	1,461,470
云南省	1,604,024	40,646	112,976	211,360	248,836	331,230
贵州省	1,546,482	34,482	85,395	200,776	198,533	334,722
西藏自治区	117,586	—	—	—	—	—
西北区	5,350,445	173,930	365,474	757,656	755,179	1,017,515
陕西省	2,240,413	92,453	179,300	332,013	309,419	417,936
甘肃省	1,406,405	41,931	81,645	190,241	208,182	287,692
青海省	285,640	7,664	17,081	41,992	41,533	52,776
新疆维吾尔自治区	1,168,538	25,421	72,384	157,269	160,852	211,655
宁夏回族自治区	249,449	6,461	15,064	36,141	35,193	47,456
其他	3,361,655	—	—	—	—	—

人 口 文 化 程 度

小	初识字		不识字		1—12岁不在校儿童	6岁以下儿童	文化程度不详
其中：13—40岁	小计	其中：13—40岁	小计	其中：13—40岁			
6,838,159	2,099,122	1,108,413	14,049,729	5,317,790	3,613,794	20,185,582	3,502,876
1,083,469	312,421	173,629	2,036,968	820,759	515,729	3,273,388	3,594
224,375	143,132	74,676	451,423	144,464	121,118	907,504	368
474,399	108,714	60,469	931,831	348,831	246,997	1,316,913	894
191,343	27,602	17,772	388,533	193,449	91,473	611,594	1,641
193,352	32,973	20.712	265,181	134,015	56,141	437,377	691
1,388,792	306,085	177,539	2,974,643	1,241,396	990,270	4,961,414	3,440
651,503	155,200	90,588	1,167,412	463,758	481,697	2,237,447	1,160
267,875	60,147	33,790	698,329	288,046	192,562	1,076,405	639
469,414	90,738	53,161	1,108,902	489,592	316,011	1,647,562	1,641
1,799,358	670,558	335,025	4,169,518	1,438,974	997,950	5,214,281	7,002
359,019	183,856	80,749	794,758	175,433	227,703	1,238,186	28
341,363	156,242	76,928	964,069	345,037	216,201	1,050,360	1,224
217,534	95,531	47,318	489,345	139,933	109,510	610,814	677
232,104	43,422	26,144	612,415	283,443	154,745	596,860	1,681
206,157	39,769	19,357	384,941	133,126	79,944	508,916	1,845
181,864	70,691	34,962	325,060	122,013	76,287	466,840	1,066
261,317	81,047	49,567	598,930	239,989	133,560	742,305	481
1,444,311	422,173	213,745	2,561,899	894,202	616,683	3,643,758	5,078
532,695	118,839	61,073	673,283	228,562	237,705	1,146,386	1,908
140,716	33,166	15,172	210,107	70,744	49,793	338,147	526
274,224	93,513	44,532	418,979	129,475	100,851	623,650	807
263,754	121,731	58,905	643,545	206,643	125,927	812,581	990
232,922	54,924	34,063	615,985	258,778	102,407	722,994	847
705,208	289,196	147,104	1,514,899	541,352	328,107	1,869,899	119,804
460,864	211,932	102,749	997,122	337,085	240,513	1,202,232	970
126,571	45,767	28,049	246,439	101,820	38,808	327,117	845
117,773	31,497	16,306	271,338	102,447	48,786	340,550	403
—	—	—	—	—	—	—	117,586
417,021	98,689	61,371	791,802	381,107	165,055	1,222,842	2,303
138,302	43,659	24,274	307,588	125,286	58,162	499,412	471
131,967	17,110	11,010	208,675	107,923	53,296	316,924	709
26,065	3,837	2,644	43,693	25,644	9,590	67,388	86
102,043	30,491	20,890	192,560	100,867	36,240	280,657	1,009
18,644	3,592	2,553	39,286	21,387	7,767	58,461	28
—	—	—	—	—	—	—	3,361,655

10. 全国乡村

地区	合计	大学	高中	初中	高小	初
						小计
总计	596,673,456	412,270	3,842,540	19,850,412	55,425,950	106,175,107
华北区	68,494,872	47,039	415,492	2,601,760	6,968,407	13,692,541
北京市	3,326,726	7,446	36,259	258,694	366,179	681,591
河北省	39,239,872	19,514	227,755	1,436,934	3,948,053	7,629,194
内蒙古自治区	9,931,499	5,276	42,758	284,133	845,779	1,636,395
山西省	15,996,775	14,803	108,720	621,999	1,808,396	3,745,361
东北区	42,684,949	40,397	347,949	1,968,865	5,892,140	8,505,440
辽宁省	17,840,060	18,085	181,705	946,060	2,763,328	3,746,082
吉林省	11,303,737	9,685	86,161	480,328	1,457,672	2,167,265
黑龙江省	13,541,152	12,627	80,083	542,477	1,671,140	2,592,093
华东区	181,635,162	128,077	1,187,310	5,622,363	15,263,355	29,541,844
上海市	3,969,373	13,011	60,601	241,684	450,217	919,056
江苏省	39,038,192	32,497	322,054	1,575,266	3,651,853	6,331,761
浙江省	25,249,997	17,270	166,064	790,468	2,203,375	4,758,231
安徽省	28,325,671	19,088	158,093	859,214	1,761,545	3,329,403
江西省	18,708,556	15,593	136,854	561,576	1,325,512	3,697,246
福建省	14,525,791	13,912	150,170	561,461	1,089,315	2,600,524
山东省	51,817,582	16,706	193,474	1,032,694	4,781,538	7,905,623
中南区	167,303,801	104,843	1,098,949	5,888,000	16,961,458	32,369,739
广东省	37,468,676	36,433	349,502	1,535,942	4,194,121	8,592,475
广西僮族自治区	19,222,967	12,067	106,820	652,456	2,248,347	4,440,897
湖南省	33,961,303	18,339	222,305	1,157,987	3,652,566	7,636,171
湖北省	29,735,824	15,218	165,720	956,737	2,409,799	5,018,700
河南省	46,915,031	22,786	254,602	1,584,878	4,456,625	6,681,496
西南区	96,984,472	43,582	472,765	2,309,688	7,539,036	16,314,084
四川省	61,351,293	31,621	362,560	1,657,113	5,702,807	11,834,801
云南省	18,905,501	6,841	61,757	315,377	1,085,227	2,236,436
贵州省	15,594,039	5,120	48,448	337,198	751,002	2,242,847
西藏自治区	1,133,639					
西北区	39,570,200	48,332	320,075	1,459,736	2,801,554	5,751,459
陕西省	18,526,502	16,733	156,811	737,989	1,514,337	3,046,128
甘肃省	11,224,164	8,538	50,663	260,349	482,222	1,296,410
青海省	1,859,964	5,910	18,648	65,074	92,984	207,937
新疆维吾尔自治区	6,101,529	15,547	82,680	346,449	629,065	971,802
宁夏回族自治区	1,858,041	1,604	11,273	49,875	82,946	229,182

人 口 文 化 程 度

小	初识字		不识字		7—12岁不在校儿童	6岁以下儿童	文化程度不详
其中：13—40岁	小计	其中：13—40岁	小计	其中：13—40岁			
52,200,651	22,684,718	15,443,330	219,218,218	112,300,442	53,596,430	114,221,996	1,245,815
5,814,484	2,914,043	1,883,377	23,423,152	10,381,242	4,929,166	13,493,895	9,377
270,593	174,905	102,146	912,312	303,506	203,696	685,184	460
3,207,884	1,623,233	1,040,189	13,949,047	6,288,984	3,051,618	7,350,067	4,457
806,879	343,669	246,705	3,533,694	1,765,432	949,406	2,288,529	1,860
1,529,128	772,236	494,337	5,028,099	2,023,320	724,446	3,170,115	2,600
3,520,933	1,231,978	746,759	12,037,594	5,155,522	3,305,348	9,352,118	3,120
1,461,763	567,365	326,549	4,495,008	1,720,573	1,400,443	3,721,198	786
874,218	304,333	190,690	3,433,958	1,528,482	845,001	2,518,733	601
1,184,952	360,280	229,520	4,108,628	1,906,467	1,059,904	3,112,187	1,733
14,160,502	6,947,795	4,907,368	71,241,718	37,825,199	17,499,052	34,168,560	35,088
395,203	167,721	116,226	1,115,633	466,723	227,434	773,746	270
2,975,767	1,274,639	874,438	14,978,670	7,898,963	3,829,556	7,033,407	8,489
2,305,663	1,375,286	970,874	8,769,678	4,298,140	2,035,597	5,129,112	4,916
1,903,795	640,117	493,950	13,256,246	8,340,331	3,521,257	4,775,200	5,508
1,882,827	944,050	598,026	6,876,472	3,431,374	1,421,319	3,721,309	8,625
1,244,777	713,257	496,974	4,990,890	2,692,611	1,283,677	3,120,660	1,925
3,452,470	1,832,725	1,356,880	21,254,129	10,697,057	5,180,212	9,615,126	5,355
16,375,895	6,547,244	4,256,470	57,711,700	28,135,195	14,152,089	32,436,716	33,063
4,255,237	1,524,178	967,616	10,620,719	4,938,347	2,755,811	7,852,885	6,610
2,353,784	607,252	390,231	5,883,183	2,912,523	1,508,357	3,760,276	3,312
4,205,360	1,946,085	1,263,720	10,097,152	4,729,049	2,803,003	6,422,233	5,462
2,391,700	1,384,717	906,204	11,398,596	5,784,778	2,356,624	6,022,535	7,178
3,169,814	1,085,012	728,699	19,712,050	9,770,498	4,728,294	8,378,787	10,501
9,395,104	3,780,739	2,739,831	38,500,952	21,703,087	9,946,336	16,918,047	1,159,243
6,830,599	2,744,765	1,924,907	22,451,907	12,443,568	6,343,593	10,213,324	8,802
1,251,187	598,032	478,884	8,821,988	5,029,305	1,961,909	3,803,816	14,118
1,313,318	437,942	336,040	7,227,057	4,230,214	1,640,834	2,900,907	2,684
							1,133,639
2,933,733	1,262,919	909,525	16,303,102	9,100,197	3,764,439	7,852,660	5,924
1,394,490	588,329	390,635	7,068,724	3,425,633	1,526,259	3,869,837	1,355
761,201	322,634	252,452	5,281,272	3,344,352	1,379,742	2,140,910	1,424
116,495	62,742	50,746	841,526	547,907	211,217	353,795	131
542,554	238,097	176,289	2,297,777	1,279,324	412,975	1,104,177	2,960
118,993	51,117	39,403	813,803	502,981	234,246	383,941	54

11. 全 国 不 在

地区	合计			
	7—12岁学龄儿童总数	7—12岁不在校儿童数	不在校儿童占总数百分比	7—12岁学龄儿童总数
总计	114,287,925	57,210,224	50.06	15,246,752
华北区	13,964,513	5,444,895	38.99	2,898,522
北京市	1,241,428	324,814	26.16	764,902
河北省	7,815,597	3,298,615	42.21	1,408,097
内蒙古自治区	2,065,177	1,040,879	50.40	343,268
山西省	2,842,311	780,587	27.46	382,255
东北区	11,052,049	4,295,618	38.87	3,185,008
辽宁省	4,895,228	1,882,140	38.45	1,628,693
吉林省	2,761,640	1,037,563	37.57	603,979
黑龙江省	3,395,181	1,375,915	40.53	952,336
华东区	34,933,742	18,497,002	52.95	4,602,637
上海市	2,027,298	455,137	22.45	1,273,413
江苏省	7,544,687	4,045,757	53.62	968,150
浙江省	4,639,130	2,145,107	46.24	354,859
安徽省	5,188,700	3,676,002	70.85	333,841
江西省	3,219,360	1,501,263	46.63	360,591
福建省	2,750,630	1,359,964	49.44	328,762
山东省	9,563,937	5,313,772	55.56	983,021
中南区	29,780,530	14,768,772	49.59	2,404,809
广东省	6,811,218	2,993,516	43.95	733,570
广西僮族自治区	3,298,852	1,558,150	47.23	184,668
湖南省	5,979,022	2,903,854	48.57	384,423
湖北省	5,227,437	2,482,551	47.49	509,332
河南省	8,464,001	4,830,701	57.07	592,816
西南区	17,588,099	10,274,443	58.42	1,449,149
四川省	11.807,498	6,584,106	55.76	1,004,156
云南省	3,100,799	2,000,717	64.52	291,495
贵州省	2,679,802	1,689,620	63.05	153,498
西北区	6,968,992	3,929,494	56.39	706,627
陕西省	3,273,475	1,584,421	48.40	357,950
甘肃省	2,029,768	1,433,038	70.60	166,685
青海省	313,671	220,807	70.39	38,432
新疆维吾尔自治区	985,902	449,215	45.56	97,813
宁夏回族自治区	366,176	242,013	66.09	45,747

校学龄儿童

市		县		
7—12岁不在校儿童数	不在校儿童占总数百分比	7—12岁学龄儿童总数	7—12岁不在校儿童数	不在校儿童占总数百分比
4,415,688	28.96	99,041,173	52,794,536	53.31
747,471	25.79	11,065,991	4,697,424	42.45
147,237	19.25	476,526	177,577	37.26
393,843	27.97	6,407,500	2,904,772	45.33
114,959	33.49	1,721,909	925,920	53.77
91,432	23.92	2,460,056	689,155	28.01
958,613	30.10	7,867,041	3,337,005	42.42
478,691	29.39	3,266,535	1,403,449	42.96
169,703	28.10	2,157,661	867,860	40.22
310,219	32.57	2,442,845	1,065,696	43.63
1,405,077	30.53	30,331,105	17,091,925	56.35
215,618	16.93	753,885	239,519	31.77
323,995	33.47	6,576,537	3,721,762	56.59
120,007	33.82	4,284,271	2,025,100	47.27
143,810	43.08	4,854,859	3,532,192	72.76
117,052	32.46	2,858,769	1,384,211	48.42
104,204	31.70	2,421,868	1,255,760	51.85
380,391	38.70	8,580,916	4,933,381	57.49
665,554	27.68	27,375,721	14,103,218	51.52
238,125	32.46	6,077,648	2,755,391	45.34
45,341	24.55	3,114,184	1,512,809	48.58
102,974	26.79	5,594,599	2,800,880	50.06
109,883	21.57	4,718,105	2,372,668	50.29
169,231	28.55	7,871,185	4,661,470	56.22
447,635	30.89	16,138,950	9,826,808	60.89
277,994	27.68	10,803,342	6,306,112	58.37
127,986	43.91	2,809,304	1,872,731	66.66
41,655	27.14	2,526,304	1,647,965	65.23
191,338	27.08	6,262,365	3,738,156	59.69
74,351	20.77	2,915,525	1,510,070	51.79
53,678	32.20	1,863,083	1,379,360	74.04
15,890	41.35	275,239	204,917	74.45
28,218	28.85	888,089	420,997	47.40
19,201	41.97	320,429	222,812	69.54

12．全国每千人中初中以上文化程度人口

地区	合计			市			县		
	大学	高中	初中	大学	高中	初中	大学	高中	初中
总计	4.2	13.2	46.9	23.2	44.0	110.3	1.3	8.6	37.3
华北区	7.5	15.0	56.3	31.4	43.6	115.0	1.2	7.5	40.9
北京市	43.6	45.0	117.0	67.7	63.0	140.1	4.5	15.8	79.6
河北省	4.0	12.4	51.4	18.8	39.1	113.1	0.8	6.8	38.3
内蒙古自治区	3.8	11.4	46.6	15.7	31.8	92.7	1.3	7.0	36.7
山西省	3.7	11.3	49.7	17.3	31.4	92.6	1.6	8.1	42.9
东北区	6.4	19.1	67.7	17.5	36.7	103.8	1.9	11.9	52.8
辽宁省	6.8	22.3	73.7	16.9	39.8	108.9	1.9	13.7	56.4
吉林省	6.4	18.4	63.4	21.9	41.1	104.0	1.9	11.8	51.6
黑龙江省	5.9	15.4	62.9	15.7	29.4	95.9	1.9	9.6	49.3
华东区	3.9	13.5	44.9	21.0	46.9	112.6	1.4	8.7	35.1
上海市	22.0	52.2	129.5	31.3	72.8	170.6	8.5	22.0	69.3
江苏省	3.9	14.7	52.4	21.4	47.6	113.7	1.3	9.8	43.3
浙江省	2.8	11.3	42.5	20.6	36.0	97.5	1.4	9.3	38.1
安徽省	2.6	10.1	38.6	23.0	44.5	100.0	1.1	7.6	34.1
江西省	3.1	12.7	40.5	15.1	34.5	82.0	1.7	10.1	35.5
福建省	4.4	18.3	50.7	23.0	50.3	96.9	1.9	13.9	44.4
山东省	1.7	6.9	27.2	10.1	25.5	74.0	0.7	4.8	21.8
中南区	2.8	11.2	44.5	22.5	43.3	110.9	1.1	8.3	38.6
广东省	3.6	14.6	50.8	21.2	39.8	98.6	1.5	11.6	45.1
广西僮族自治区	2.5	9.6	42.2	24.9	49.6	122.6	1.2	7.2	37.4
湖南省	2.6	11.0	43.1	25.7	46.9	113.2	1.0	8.6	38.3
湖北省	3.8	11.5	44.1	30.3	47.7	121.9	1.1	7.8	36.2
河南省	1.8	8.7	41.4	15.2	39.8	111.6	0.7	6.1	35.6
西南区	2.8	10.5	34.1	23.1	46.7	99.6	1.1	7.4	28.5
四川省	3.1	11.8	37.3	25.1	51.1	108.8	1.2	8.3	31.1
云南省	2.3	8.5	25.7	16.7	35.0	70.2	0.9	5.8	21.2
贵州省	2.3	7.8	31.4	24.2	44.4	104.7	0.9	5.5	26.8
西北区	4.9	15.3	49.4	29.2	54.4	122.1	2.0	10.5	40.6
陕西省	5.3	16.2	51.5	32.4	59.2	125.3	1.9	10.8	42.3
甘肃省	4.0	10.5	35.7	30.0	48.6	118.8	1.4	6.6	27.3
青海省	6.3	16.7	49.9	23.3	47.7	120.9	3.6	11.7	38.7
新疆维吾尔自治区	5.6	21.3	69.3	25.1	56.3	125.2	3.2	17.0	62.5
宁夏回族自治区	3.8	12.5	40.8	18.4	40.8	102.6	1.4	7.7	30.4

13. 全国各民族人口

民族	人口	百分比	民族	人口	百分比
总计	694,581,759	100.00	景颇族	57,891	0.01
汉族	654.565,495	94.24	柯尔克孜族	70,175	0.01
各少数民族小计	39,993,046	5.76	土族	77,484	0.01
五十三种少数民族小计	39,975,340	5.75	达斡尔族	63.595	0.01
蒙古族	1,973,192	0.28	仫佬族	52,949	0.01
回族	4,488,015	0.65	羌族	49,241	0.01
藏族	2,504,628	0.36	布朗族	39,411	…
维吾尔族	4,000,402	0.58	撒拉族	34,680	…
苗族	2,788,800	0.40	毛难族	22,419	…
彝族	3.388,940	0.49	仡佬族	26,852	…
僮族	8,402,483	1.21	锡伯族	33,451	…
布依族	1,351,899	0.20	阿昌族	12,032	…
朝鲜族	1,348,594	0.19	塔吉克族	16,236	…
满族	2,700,725	0.39	普米族	14,298	…
侗族	838,254	0.12	怒族	15,047	…
瑶族	857,866	0.12	乌孜别克族	7,717	…
白族	709,673	0.10	俄罗斯族	1,326	…
土家族	525,348	0.08	鄂温克族	9,695	…
哈尼族	630,245	0,09	崩龙族	7,261	…
哈萨克族	491.867	0.07	保安族	5,125	…
傣族	536,399	0.08	裕固族	5,717	…
黎族	439,587	0.06	京族	4,293	…
傈僳族	270,976	0.04	塔塔尔族	2,294	…
佤族	200,295	0,03	独龙族	3,090	…
畲族	234.320	0.03	鄂伦春族	2,709	…
高山族	366	—	赫哲族	718	…
拉祜族	191,241	0.03	门巴族	3,809	…
水族	156,388	0.02	**其他少数民族**	17,706	0.01
东乡族	147,460	0.02	**外国人加入中国籍**	7,416	…
纳西族	157,862	0.02	**民族不详**	15,802	…

注：普查结果，全国共登记有各种民族183种。除中央已识定的54种民族外，尚有129种。经与有关部门研究归并在54种民族内的有74种，列为其他少数民族的23种，无法归并暂列为民族不详的32种。

14. 全国分省市

地　　区	总　计	汉　族	各少数民族小计	53种少数民族小计	蒙古族	回　族	藏　族
总　　计	694,581,759	654,565,495	39,993,046	39,975,340	1,973,192	4,488,015	2,504,628
华北区	83,619,981	80,952,667	2,665,919	2,665,919	1,423,976	723,557	1,387
北京市	7,568,495	7,284,735	283,524	283,524	8,538	154,568	803
河北省	45,687,781	44,949,810	737,539	737,539	30,021	423,122	65
内蒙古自治区	12,348,638	10,743,456	1,604,756	1,604,756	1,384,535	111,587	459
山西省	18,015,067	17,974,666	40,100	40,100	882	34,280	60
东北区	62,733,134	58,442,864	4,288,117	4,288,115	392,810	335,742	81
辽宁省	26,946,200	25,086,137	1,858,900	1,858,900	284,827	178,054	45
吉林省	15,668,663	14,326,326	1,342,170	1,342,170	58,286	77,712	8
黑龙江省	20,118,271	19,030,401	1,087,047	1,087,045	49,697	79,976	28
华东区	208,225,576	207,381,930	839,228	839,220	4,263	573,036	176
上海市	10,816,458	10,772,748	43,591	43,591	1,184	39,510	69
江苏省	44,504,608	44,421,501	83,006	83,002	1,467	78,739	23
浙江省	28,318,573	28,211,939	106,411	106,411	216	3,790	22
安徽省	31,241,657	31,086,312	155,258	155,256	186	153,312	23
江西省	21,068,019	21,058,562	9,300	9,300	292	4,590	6
福建省	16,757,223	16,606,788	147,017	147,017	88	9,323	4
山东省	55,519,038	55,224,080	294,645	294,643	830	283,772	29
中南区	184,863,007	173,577,383	11,276,488	11,276,430	27,662	589,823	330
广东省	42,800,849	42,051,727	747,186	747,181	364	7,426	83
广西僮族自治区	20,845,017	12,289,068	8,553,353	8,553,300	161	13,436	14
湖南省	37,182,286	35,903,416	1,275,719	1,275,719	299	43,542	45
湖北省	33,709,344	33,524,991	183,035	183,035	1,341	45,976	36
河南省	50,325,511	49,808,181	517,195	517,195	25,497	479,443	152
西南区	106,857,761	93,499,069	13,354,163	13,336,548	17,221	380,120	1,880,649
四川省	67,956,490	66,225,898	1,729,301	1,728,955	13,392	57,564	606,652
云南省	20,509,525	14,106,982	6,400,671	6,384,114	3,653	266,695	65,258
贵州省	17,140,521	13,129,472	4,009,683	4,009,683	122	54,666	79
西藏自治区	1,251,225	36,717	1,214,508	1,213,796	54	1,195	1,208,663
西北区	44,920,645	37,442,455	7,477,700	7,477,677	99,834	1,870,869	618,551
陕西省	20,766,915	20,672,838	93,979	93,978	585	86,561	2,420
甘肃省	12,630,569	11,675,052	955,396	955,396	3,435	593,304	192,494
青海省	2,145,604	1,316,233	829,318	829,318	24,928	280,026	422,664
新疆维吾尔自治区	7,270,067	2,321,216	4,948,641	4,948,619	70,743	264,017	358
宁夏回族自治区	2,107,490	1,457,116	650,366	650,366	143	646,961	15
其　他	3,361,655	3,269,127	91,431	91,431	7,426	14,868	4,243

自治区各民族人口

维吾尔族	苗　族	彝　族	僮　族	布依族	朝鲜族	满　族	侗　族
4,000,402	2,788,800	3,388,940	8,402,483	1,351,899	1,348,594	2,700,725	838,254
798	822	298	2,127	160	15,875	450,078	113
676	411	166	946	72	2,909	113,290	77
97	167	32	538	24	1,376	281,845	15
16	127	66	404	26	11,280	50,960	12
9	117	34	239	38	310	3,983	9
68	1,213	351	2,556	180	1,320,702	2,188,250	198
24	154	71	788	49	146,513	1,232,975	21
10	95	47	400	11	866,672	338,043	10
34	964	233	1,368	120	307,562	617,232	167
164	8,170	247	2,269	169	1,105	16,317	73
123	82	33	269	17	245	1,856	11
8	134	34	280	14	133	1,998	6
2	368	41	277	15	28	942	3
11	95	12	244	5	111	602	9
2	343	27	768	21	31	717	6
2	7,070	61	256	79	45	1,183	36
16	78	39	175	18	512	9,019	2
3,340	678,280	5,025	7,793,734	176	564	22,317	359,562
6	21,234	66	216,060	22	83	3,802	34
4	217,102	4,241	7,567,011		67	942	139,437
2,974	428,921	483	7,912	44	56	1,089	219,972
42	10,875	158	2,025	98	112	6,082	105
314	148	77	726	12	246	10,402	14
42	2,093,075	3,374,906	583,023	1,347,257	229	5,791	476,017
23	85,736	885,113	3,324	506	155	3,746	114
9	428,137	2,144,901	564,697		49	1,439	27
7	1,579,198	344,892	14,980	1,346,749	9	589	475,876
3	4		22	2	16	17	
3,991,899	528	133	2,431	113	1,094	12,922	160
36	120	22	401	22	338	3,282	7
216	75	24	336	9	220	3,531	10
56	51	9	523	7	79	645	13
3,991,577	262	73	1,118	73	344	2,909	121
14	20	5	53	2	113	2,555	9
4,091	6,712	7,980	16,343	3,844	9,025	5,050	2,131

地　　区	瑶　族	白　族	土家族	哈尼族	哈萨克族	傣　族	黎　族
总　计	857,866	709,673	525,348	630,245	491,867	536,399	439,587
华北区	145	300	112	32	128	66	63
北京市	80	180	63	26	121	55	30
河北省	19	53	17	3	0	10	11
内蒙古自治区	29	13	21	1	7	0	16
山西省	17	54	11	2	0	1	6
东北区	88	177	91	12	2	19	31
辽宁省	25	72	23	3	1	8	7
吉林省	29	48	16	0	1	10	2
黑龙江省	34	57	52	9	0	1	22
华东区	225	222	96	5	15	26	116
上海市	14	52	22	0	5	15	8
江苏省	4	51	26	2	0	1	22
浙江省	16	19	4	0	0	0	52
安徽省	6	18	5	0	6	5	2
江西省	147	37	16	1	0	3	9
福建省	9	11	7	0	0	2	16
山东省	29	34	16	2	4	0	7
中南区	759,910	302	512,564	14	1	39	438,135
广东省	53,667	54	71	0	0	19	438,066
广西僮族自治区	532,634	73	30	2	0	0	0
湖南省	173,426	68	396,796	4	1	10	0
湖北省	161	66	115,637	5	0	5	61
河南省	22	41	30	3	0	5	8
西南区	96,806	705,410	11,699	628,662	0	535,232	436
四川省	20	588	11,275	14	0	919	308
云南省	85,864	704,012	0	628,638	0	534,282	65
贵州省	10,922	808	424	10	0	31	63
西藏自治区	0	2	0	0	0	0	0
西北区	91	212	193	2	491,491	7	32
陕西省	14	71	19	2	7	0	1
甘肃省	13	33	4	0	1,484	3	7
青海省	22	34	14	0	874	2	17
新疆维吾尔自治区	38	73	130	0	489,126	2	6
宁夏回族自治区	4	1	26	0	0	0	1
其他	601	3,050	593	1,518	230	1,010	774

（续1）

傈僳族	佤族	畲族	高山族	拉祜族	水族	东乡族	纳西族
270,976	200,295	234,320	366	191,241	156,388	147,460	157,862
14	14	33	51	7	29	6	107
12	14	23	24	5	10	6	75
1	0	0	22	1	6	0	20
0	0	8	4	0	8	0	3
1	0	2	1	1	5	0	9
4	0	5	25	6	90	0	35
0	0	3	16	1	3	0	23
4	0	0	5	5	4	0	6
0	0	2	4	0	83	0	6
5	4	232,087	187	1	54	3	41
0	0	8	23	0	0	0	4
1	0	6	28	0	1	0	6
0	3	100,574	18	0	14	0	4
0	0	565	5	0	15	2	9
1	0	2,228	13	1	1	0	6
0	0	128,706	84	0	16	0	9
3	1	0	16	0	7	1	3
8	8	1,991	60	4	2,783	3	73
1	0	1,915	10	2	8	0	5
5	0	6	12	0	2,647	0	14
0	0	10	12	0	19	0	16
1	7	58	18	0	106	0	34
1	1	2	8	2	3	3	4
270,584	200,246	35	40	191,223	153,127	6	156,357
7,802	8	5	38	6	27	0	2,540
262,765	200,237	24	0	191,217	10	0	153,761
17	1	6	2	0	153,090	6	49
0	0	0	0	0	0	0	7
13	0	16	3	0	16	147,425	183
7	0	7	1	0	1	6	6
0	0	0	0	0	5	138,467	7
1	0	2	1	0	0	160	6
5	0	5	1	0	10	8,379	161
0	0	2	0	0	0	413	3
348	23	153	0	0	289	17	1,066

地　　区	景颇族	柯尔克孜族	土族	达斡尔族	仫佬族	羌族	布朗族
总　　计	57,891	70,175	77,484	63,595	52,949	49,241	39,411
华北区	10	41	136	34,727	11	28	2
北京市	10	12	34	62	5	27	2
河北省	0	0	13	22	4	0	0
内蒙古自治区	0	29	71	34,642	0	1	0
山西省	0	0	18	1	2	0	0
东北区	0	533	47	25,921	4	2	0
辽宁省	0	0	14	38	2	0	0
吉林省	0	9	13	54	1	0	0
黑龙江省	0	524	20	25,829	1	2	0
华东区	1	0	39	6	10	7	0
上海市	1	0	11	0	1	0	0
江苏省	0	0	6	1	4	2	0
浙江省	0	0	0	1	1	1	0
安徽省	0	0	0	2	1	3	0
江西省	0	0	20	1	3	0	0
福建省	0	0	0	0	0	1	0
山东省	0	0	2	1	0	0	0
中南区	0	0	29	8	52,602	19	1
广东省	0	0	11	0	15	0	1
广西僮族自治区	0	0	0	0	52,575	16	0
湖南省	0	0	0	0	4	0	0
湖北省	0	0	0	5	7	2	0
河南省	0	0	18	3	1	1	0
西南区	57,751	0	86	4	179	48,980	39,408
四川省	7	0	0	3	2	48,971	0
云南省	57,222	0	0	0	0	3	30,407
贵州省	522	0	68	0	177	6	1
西藏自治区	0	0	18	1	0	0	0
西北区	0	69,577	77,012	2,728	13	69	0
陕西省	0	0	10	5	0	1	0
甘肃省	0	1	7,611	3	1	3	0
青海省	0	0	69,296	0	3	11	0
新疆维吾尔自治区	0	69,576	90	2,720	9	54	0
宁夏回族自治区	0	0	2	0	0	0	0
其　　他	129	24	135	201	130	136	0

（续2）

撒拉族	毛难族	仡佬族	锡伯族	阿昌族	塔吉克族	普米族	怒 族
34,680	22,419	26,852	33,451	12,032	16,236	14,298	15,047
7	9	14	219	1	1	0	4
7	2	6	85	1	1	0	4
0	4	0	18	0	0	0	0
0	3	7	112	0	0	0	0
0	0	1	4	0	0	0	0
3	0	2	16,040	0	0	0	0
0	0	1	15,126	0	0	0	0
0	0	1	685	0	0	0	0
3	0	0	229	0	0	0	0
3	9	4	20	0	0	0	1
2	1	3	3	0	0	0	0
1	0	0	1	0	0	0	0
0	0	0	0	0	0	0	0
0	1	0	0	0	0	0	0
0	7	0	1	0	0	0	0
0	0	0	0	0	0	0	0
0	0	1	15	0	0	0	1
4	22,343	509	11	0	0	5	1
0	2	1	7	0	0	0	0
0	22,337	507	0	0	0	0	0
4	0	0	0	0	0	1	1
0	4	0	3	0	0	0	0
0	0	1	1	0	0	4	0
2	11	26,321	10	12,031	4	14,293	15,041
1	0	78	3	0	4	0	0
0	0	0	3	12,031	0	14,293	15,041
1	11	26,243	4	0	0	0	0
0	0	0	0	0	0	0	0
34,645	10	2	17,138	0	16,231	0	0
2	0	2	6	0	0	0	0
3,393	3	0	7	0	0	0	0
29,796	0	0	0	0	0	0	0
1,434	7	0	17,125	0	16,231	0	0
20	0	0	0	0	0	0	0
16	37	0	13	0	0	0	0

地区	乌孜别克族	俄罗斯族	鄂温克族	崩龙族	保安族	裕固族	京族
总计	7,717	1,326	9,695	7,261	5,125	5,717	4,293
华北区	19	75	9,068	2	3	3	5
北京市	10	24	10	2	2	2	3
河北省	9	3	0	0	0	0	1
内蒙古自治区	0	48	9,058	0	0	0	0
山西省	0	0	0	0	1	1	1
东北区	2	21	600	0	0	0	1
辽宁省	1	5	6	0	0	0	0
吉林省	0	7	5	0	0	0	0
黑龙江省	1	9	589	0	0	0	1
华东区	12	16	1	0	0	0	10
上海市	11	6	0	0	0	0	0
江苏省	1	1	0	0	0	0	0
浙江省	0	0	0	0	0	0	0
安徽省	0	0	0	0	0	0	0
江西省	0	0	0	0	0	0	1
福建省	0	0	0	0	0	0	9
山东省	0	9	1	0	0	0	0
中南区	0	1	1	0	1	1	4,178
广东省	0	0	0	0	0	0	4,146
广西僮族自治区	0	0	1	0	1	0	22
湖南省	0	0	0	0	0	0	5
湖北省	0	0	0	0	0	0	5
河南省	0	1	0	0	0	1	0
西南区	0	3	1	7,259	0	4	89
四川省	0	3	1	0	0	0	3
云南省	0	0	0	7,252	0	0	37
贵州省	0	0	0	7	0	0	49
西藏自治区	0	0	0	0	0	4	0
西北区	7,684	1,210	10	0	5,121	5,709	10
陕西省	0	4	3	0	0	2	4
甘肃省	1	12	0	0	5,055	5,625	0
青海省	0	1	0	0	44	32	1
新疆维吾尔自治区	7,683	1,191	7	0	20	50	5
宁夏回族自治区	0	2	0	0	2	0	0
其他	0	0	14	0	0	0	0

（续3完）

塔塔尔族	独龙族	鄂伦春族	赫哲族	门巴族	其他少数民族	外国人加入中国籍	民族不详
2,294	3,090	2,709	718	3,809	17,706	7,416	15,802
11	2	1,208	4	11	0	500	895
11	2	5	4	11	0	139	97
0	0	0	0	0	0	217	215
0	0	1,203	0	0	0	115	311
0	0	0	0	0	0	29	272
0	0	1,494	709	0	2	1,309	844
0	0	1	0	0	0	601	562
0	0	5	11	0	0	113	54
0	0	1,488	698	0	2	595	228
1	0	2	1	1	8	3,763	655
0	0	1	1	0	0	110	9
1	0	0	0	0	4	37	64
0	0	0	0	0	0	66	157
0	0	1	0	0	2	23	64
0	0	0	0	1	0	32	125
0	0	0	0	0	0	3,298	120
0	0	0	0	0	2	197	116
0	2	3	0	3	58	1,105	8,031
0	0	0	0	0	5	347	1,589
0	1	2	0	0	53	600	1,996
0	1	1	0	3	0	57	3,094
0	0	0	0	0	0	58	1,260
0	0	0	0	0	0	43	92
0	3,086	0	1	3,791	17,615	470	4,059
0	0	0	1	3	346	40	1,251
0	3,085	0	0	0	16,557	375	1,497
0	1	0	0	0	0	55	1,311
0	0	0	0	3,788	712	0	0
2,282	0	2	3	3	23	269	221
0	0	0	0	3	1	21	77
1	0	0	0	0	0	25	96
0	0	0	0	0	0	13	40
2,281	0	2	3	0	22	209	1
0	0	0	0	0	0	1	7
0	0	0	0	0	0	0	1,097

15. 全国人口年龄状况

年龄	总人口 合计	总人口 男	总人口 女	占总人口的百分比
总计	694,581,759	356,517,011	338,064,748	100.00
0—4岁	100,141,956	51,461,891	48,680,065	14.42
0	28,483,827	14,509,500	13,974,327	4.10
1	30,248,104	15,515,387	14,732,717	4.35
2	15,569,154	8,025,093	7,544,061	2.24
3	11,535,264	5,961,473	5,573.791	1.66
4	14,305,607	7,450,438	6,855,169	2.06
5—9岁	94,177,434	49,283,349	44,894,085	13.56
5	14,883,857	7,758,234	7,125,623	2.14
6	20,396,314	10,699,407	9,696,907	2.94
7	19,716,266	10,342,156	9,374,110	2.84
8	18,678,122	9,771,901	8,906,221	2.69
9	20,502,875	10,711,651	9,791,224	2.95
10—14岁	86,351,645	45,005,259	41,346,386	12.43
10	19,212,180	10,001,128	9,211,052	2.77
11	18,338,761	9,530,651	8,808,110	2.64
12	17,839,721	9,257,381	8,582,340	2.57
13	15,382,557	8,026,136	7,356,421	2.21
14	15,578,426	8,189,963	7,388,463	2.24
15—19岁	62,115,488	32,356,349	29,759,139	8.94
15	13,468,853	7,099,181	6,369,672	1.94
16	13,044,336	6,885,212	6,159,124	1,88
17	12,807,076	6,674,639	6.132,437	1.84
18	11,881,957	6,070,530	5,811,427	1.71
19	10.913,266	5,626,787	5,286,479	1.57
20—24岁	50,820,751	26,483,045	24,337,706	7.32
20	10,508,218	5,475,825	5,032,393	1.51
21	9,997,593	5,200,977	4,796,616	1.44
22	10,590,408	5,498,218	5,092,190	1.53

（续1）

年　　龄	总　　人　　口			占总人口的百分比
	合　　计	男	女	
23	10.030.150	5,231,306	4,798,844	1.44
24	9.694,382	5,076,719	4,617,663	1.40
25—29岁	50,395,408	26,798,450	23,596,958	7.26
25	9,950,723	5,278,678	4,672,045	1.43
26	10,181,637	5,452,581	4,729,056	1.47
27	10,109,529	5 386,660	4,722,869	1.45
28	10,249,874	5,443,913	4,805,961	1.48
29	9,903,645	5,236,618	4,667,027	1.43
30—34岁	46,706,090	24,719,798	21,986,292	6.72
30	10,109,784	5,369,854	4,739,930	1.46
31	9,737,585	5,152,650	4,584,935	1.40
32	9,000,697	4,772 857	4,227,840	1.30
33	8,978,911	4,755,864	4,223,047	1.29
34	8,879,113	4,668,573	4,210,540	1.28
35—39岁	41,169,912	21,591,224	19,578,688	5.93
35	8,599,962	4,514,180	4,085,782	1.24
36	8,701,124	4,560,395	4,140,729	1.25
37	7,873,162	4,153,654	3,719,508	1.13
38	7,860,668	4,115,241	3,745,427	1.13
39	8,134,996	4,247,754	3,887,242	1,17
40—44岁	35,645,215	18,438,348	17,206,867	5.13
40	7,856,873	4,073,212	3,783 661	1.13
41	7,004,918	3,632,453	3,372,465	1.01
42	6,968,457	3,612,806	3,355,651	1.00
43	6,912,168	3,570,690	3,341,478	1.00
44	6,902,799	3,549,187	3,353,612	0.99
45—49岁	30,852,836	15,710,681	15,142,155	4.44
45	6,321,469	3,232,655	3,088,814	0.91
46	6,169,216	3,154,761	3,014,455	0.89

（续2）

年龄	总人口			占总人口的百分比
	合计	男	女	
47	6,251,239	3,203,405	3,047,834	0.90
48	6,137,458	3,094,701	3,042,757	0.88
49	5,973,454	3,025,159	2,948,295	0.86
50—54岁	26,505,382	13,292,133	13,213,249	3.82
50	6,147,886	3,113,758	3,034,128	0.89
51	5,331,216	2,694,842	2,636,374	0.77
52	5,065,640	2,557,780	2,507,860	0.73
53	4,882,084	2,435,503	2,446,581	0.70
54	5,078,556	2,490,250	2,588,306	0.73
55—59岁	22,568,247	10,749,195	11,819,052	3.25
55	4,989,836	2,413,645	2,576,191	0.72
56	4,52[illegible],278	2,173,241	2,349,037	0.65
57	4,374,393	2,089,385	2,285,008	0.63
58	4,483,752	2,105,149	2,378,603	0.65
59	4,197,988	1,967,775	2,230,213	0.60
60—64岁	17,671,454	8,125,730	9.545,724	2.54
60	4,083,778	1,902,039	2,181,739	0.59
61	3,858,980	1,794,586	2,064,394	0.56
62	3,473,126	1,596,500	1,876,626	0.50
63	3,372,986	1,536,154	1,836,832	0.49
64	2,882,584	1,296,451	1,586,133	0.42
65—69岁	11,635,116	5,109,214	6,525,902	1.68
65	2,560,596	1,147,094	1,413,502	0.37
66	2,549,795	1,132,111	1,417.684	0.37
67	2,293,679	1,011,676	1,282,003	0.33
68	2,180,060	940,409	1,239,651	0.31
69	2,050,986	877,924	1,173,062	0.30
70—74岁	7,378,249	3,002,343	4,375,906	1.06
70	1,834,937	765,713	1,069,224	0.26

（续3）

年　龄	总人口 合　计	总人口 男	总人口 女	占总人口的百分比
71	1,682,998	698,304	984,694	0.24
72	1,474,793	597,579	877,214	0.21
73	1,249,992	498,494	751,498	0.18
74	1,135,529	442,253	693,276	0.16
75—79岁	3,757,366	1,377,689	2,379,677	0.54
75	1,016,470	388,493	627,977	0.15
76	876,906	325,301	551,605	0.13
77	737,797	269,574	468,223	0.11
78	624,606	221,288	403,318	0.09
79	501,587	173,033	328,554	0.07
80—84岁	1,439,185	461,892	977,293	0.21
80	423,172	143,828	279,344	0.06
81	348,748	114,539	234,209	0.05
82	281,145	89,072	192,073	0.04
83	219,478	65,607	153,871	0.03
84	166,642	48,846	117,796	0.02
85—89岁	304,375	84,486	219,889	0.04
85	103,569	30,296	73,273	0.01
86	75,290	21,150	54,140	0.01
87	56,266	15,070	41,196	0.01
88	41,094	10,707	30,387	
89	28,156	7,263	20,893	
90—94岁	50,638	13,578	37,060	
90	20,447	5,496	14,951	
91	11,538	2,903	8,635	
92	8,060	2,099	5,961	
93	5,868	1,647	4,221	
94	4,725	1,433	3,292	
95—99岁	13,505	4,541	8,964	

（续4）

年龄	总人口			占总人口的百分比
	合计	男	女	
95	4,175	1,375	2,800	
96	3,217	1,028	2,189	
97	2,271	742	1,529	
98	2,049	689	1,360	
99	1,793	707	1,086	
100—104岁	3,395	1,422	1,973	
100	1,851	838	1,013	
101	468	172	296	
102	448	169	279	
103	360	137	223	
104	268	106	162	
105—109岁	909	408	501	（69,043人）
105	299	134	165	0.0099
106	167	68	99	
107	137	63	74	
108	183	86	97	
109	123	57	66	
110—114岁	350	183	167	
110	213	109	104	
111	43	20	23	
112	39	20	19	
113	26	14	12	
114	29	20	9	
115—119岁	133	66	67	
115	49	22	27	
116	28	16	12	
117	20	11	9	
118	23	11	12	
119	13	6	7	

（续5完）

年　　龄	总　　人　　口			占总人口的百分比
	合　　计	男	女	
120—124岁	79	32	47	
120	62	25	37	
121	6	3	3	
122	2	1	1	
123	2	0	2	
124	7	3	4	
125—129岁	23	16	7	
125	12	8	4	
126	4	3	1	
127	4	3	1	
128	2	1	1	
129	1	1	0	
130—150岁	11	7	4	
130	2	1	1	
131	1	1	0	
134	1	0	1	
135	4	4	0	
136	1	1	0	
140	1	0	1	
150	1	0	1	
年龄不详	4,876,607	2,445,682	2,430,925	0.70

16. 全国百岁以上

地区	百岁以上人口			100—110岁		
	合计	男	女	合计	男	女
总计	4,900	2,134	2,766	4,517	1,939	2,578
华北区	87	17	70	79	14	65
北京市	4	1	3	3	0	3
河北省	55	7	48	52	6	46
内蒙古自治区	12	7	5	12	7	5
山西省	16	2	14	12	1	11
东北区	58	35	23	46	25	21
辽宁省	14	6	8	11	4	7
吉林省	21	14	7	16	9	7
黑龙江省	23	15	8	19	12	7
华东区	168	13	155	160	13	147
上海市	0	0	0	0	0	0
江苏省	20	0	20	20	0	20
浙江省	2	0	2	2	0	2
安徽省	33	6	27	30	6	24
江西省	32	3	29	32	3	29
福建省	14	2	12	14	2	12
山东省	67	2	65	62	2	60
中南区	702	93	609	667	86	581
广东省	178	15	163	177	15	162
广西僮族自治区	171	44	127	151	37	114
湖南省	24	6	18	24	6	18
湖北省	41	6	35	41	6	35
河南省	288	22	266	274	22	252
西南区	651	177	474	616	164	452
四川省	157	36	121	152	34	118
云南省	407	124	283	381	115	266
贵州省	87	17	70	83	15	68
西北区	3,234	1,799	1,435	2,949	1,637	1,312
陕西省	75	11	64	70	11	59
甘肃省	18	3	15	18	3	15
青海省	100	15	85	89	12	77
新疆维吾尔自治区	3,025	1,768	1,257	2,756	1,609	1,147
宁夏回族自治区	16	2	14	16	2	14

人 口 年 龄 分 组

111—120岁			121—130岁			131—140岁			141—150岁		
合 计	男	女	合计	男	女	合计	男	女	合计	男	女
332	165	167	42	24	18	8	6	2	1	0	1
7	2	5	0	0	0	1	1	0	0	0	0
1	1	0	0	0	0	0	0	0	0	0	0
2	0	2	0	0	0	1	1	0	0	0	0
0	0	0	0	0	0	0	0	0	0	0	0
4	1	3	0	0	0	0	0	0	0	0	0
6	4	2	4	4	0	2	2	0	0	0	0
1	0	1	2	2	0	0	0	0	0	0	0
3	3	0	0	0	0	2	2	0	0	0	0
2	1	1	2	2	0	0	0	0	0	0	0
6	0	6	2	0	2	0	0	0	0	0	0
0	0	0	0	0	0	0	0	0	0	0	0
0	0	0	0	0	0	0	0	0	0	0	0
0	0	0	0	0	0	0	0	0	0	0	0
2	0	2	1	0	1	0	0	0	0	0	0
0	0	0	0	0	0	0	0	0	0	0	0
0	0	0	0	0	0	0	0	0	0	0	0
4	0	4	1	0	1	0	0	0	0	0	0
28	5	23	5	1	4	1	1	0	1	0	1
1	0	1	0	0	0	0	0	0	0	0	0
16	5	11	2	1	1	1	1	0	1	0	1
0	0	0	0	0	0	0	0	0	0	0	0
0	0	0	0	0	0	0	0	0	0	0	0
11	0	11	3	0	3	0	0	0	0	0	0
28	8	20	5	4	1	2	1	1	0	0	0
4	2	2	1	0	1	0	0	0	0	0	0
20	4	16	4	4	0	2	1	1	0	0	0
4	2	2	0	0	0	0	0	0	0	0	0
257	146	111	26	15	11	2	1	1	0	0	0
5	0	5	0	0	0	0	0	0	0	0	0
0	0	0	0	0	0	0	0	0	0	0	0
11	3	8	0	0	0	0	0	0	0	0	0
241	143	98	26	15	11	2	1	1	0	0	0
0	0	0	0	0	0	0	0	0	0	0	0

17．各省市自治区人口年龄状况

（1）北京市人口年龄状况

年龄	总人口 合计	其中：男	占总人口的百分比	年龄	总人口 合计	其中：男	占总人口的百分比
				32	112,858	60,391	1.49
总计	7,568,495	3,891,140	100.00	33	105,499	56,182	1.39
0	269,531	138,342	3.56	34	109,043	57,474	1.44
1	298,537	153,833	3.94	35	100,595	51,929	1.33
2	171,610	88,974	2.27	36	99,594	51,439	1.32
3	194,557	100,613	2.57	37	81,106	42,919	1,07
4	224,795	116,709	2.97	38	81,658	43,007	1.08
5	199,073	103,356	2.63	39	82,794	43,342	1.09
6	235,302	121,993	3.11	40	80,205	41,715	1.06
7	224,552	116,773	2.97	41	76,533	39,882	1.01
8	216,276	111,982	2.86	42	72,403	37,946	0.96
9	222,109	115,030	2.93	43	66,828	34,772	0.88
10	206,748	106,877	2.73	44	63,493	33,697	0.84
11	188,280	97,371	2.49	45	58,843	31,067	0.78
12	183,463	94,423	2.42	46	61,878	32,685	0.82
13	155,526	80,449	2.06	47	58,927	31,260	0.78
14	150,258	77,507	1.99	48	55,552	29,284	0.73
15	122,598	63,327	1.62	49	54,265	28,915	0.72
16	119,813	61,965	1.58	50	60,493	31,904	0.80
17	117,317	60,245	1.55	51	55,388	28,796	0.73
18	112,816	57,026	1.49	52	52,576	27,694	0.69
19	98,556	48,400	1.30	53	54,482	27,889	0.72
20	86,481	42,840	1.14	54	55,517	28,059	0.73
21	92,954	45,531	1.23	55	51,246	25,627	0.68
22	103,604	50,964	1.37	56	47,938	24,312	0.63
23	104,055	51,585	1.38	57	45,361	22,405	0.60
24	112,200	55,829	1.48	58	44,546	21,764	0.59
25	119,698	61,827	1.58	59	43,390	21,043	0.57
26	134,724	71,273	1.78	60	43,415	20,965	0.57
27	135,723	73,617	1.79	61	41,719	20,453	0.55
28	136,489	73,639	1.80	62	39,495	18,989	0.52
29	138,701	74,194	1.83	63	35,831	17,052	0.47
30	131,300	70,961	1.74	64	33,869	15,740	0.45
31	124,711	66,603	1.65	65	30,145	13,952	0.40

（续完）

年龄	总人口 合计	其中：男	占总人口的百分比	年龄	总人口 合计	其中：男	占总人口的百分比
66	31,709	14,570	0.42	85	1,239	428	0.02
67	28,762	13,251	0.38	86	927	294	…
68	22,067	10,294	0.29	87	630	246	…
69	21,749	9,985	0.29	88	490	160	…
70	21,857	9,631	0.29	89	270	83	…
71	22,731	10,288	0.30	90	194	52	…
72	19,533	8,607	0.26	91	86	17	…
73	16,857	7,460	0.22	92	67	13	…
74	16,750	7,209	0.22	93	28	7	…
75	13,861	5,979	0.18	94	20	4	…
76	12,467	5,335	0.17	95	13	9	…
77	10,046	4,224	0.13	96	8	3	…
78	8,708	3,540	0.12	97	3	0	…
79	7,361	3,014	0.10	98	2	0	…
80	6,190	2,479	0.08	99	2	0	…
81	5,094	1,963	0.07	100	2	0	…
82	3,964	1,531	0.05	105	1	0	…
83	2,912	1,093	0.04	113	1	1	…
84	2,009	735	0.03	年龄不详	43	27	…

(2)河北省人口年龄状况

年龄	总人口 合计	总人口 其中：男	占总人口的百分比
总计	45,687,781	23,381,735	100.00
0	1,740,683	887,584	3.81
1	1,795,027	921,671	3.93
2	792,081	407,400	1.73
3	799,964	413,654	1.75
4	1,129,637	586,565	2.47
5	1,094,891	566,521	2.40
6	1,384,275	718,452	3.03
7	1,356,052	704,683	2.97
8	1,304,642	678,400	2.86
9	1,390,678	722,580	3,04
10	1,305,920	675,772	2.86
11	1,238,440	638,304	2.71
12	1,219,865	626,347	2.67
13	1,080,728	556,864	2.36
14	1,079,197	557,399	2.36
15	901,151	462,326	1.97
16	846,283	437,733	1.85
17	860,403	437,434	1.88
18	865,907	429,671	1.89
19	683,498	337,754	1.50
20	531,360	267,689	1.16
21	574,036	285,809	1.26
22	605,925	302,711	1.33
23	535,696	268,802	1.17
24	563,626	287,956	1.23
25	581,360	302,784	1.27
26	622,037	328,140	1.36
27	608,623	318,988	1.33
28	637,242	331,893	1.39
29	629,857	325,490	1.38
30	591,255	310,292	1.29
31	625,566	324,165	1.37
32	591,264	309,366	1.29
33	582,487	299,881	1.27
34	594,673	303,504	1.30
35	534,290	273,810	1.17
36	572,951	292,738	1.25
37	497,906	256,927	1.09
38	515,327	263,443	1.13
39	529,472	270.612	1.16
40	511,201	260,860	1.12
41	483,952	247,345	1.06
42	401,666	207,588	0.88
43	411,611	211,492	0.90
44	447,397	232,397	0.98
45	381,514	198,027	0.83
46	405,664	212,003	0.89
47	402,141	211,706	0.88
48	394,824	204,431	0.86
49	405.028	211,120	0.89
50	441,151	232,805	0.97
51	380,224	199,683	0.83
52	361,269	191,308	0.79
53	375,427	195,869	0.82
54	394,142	202,713	0.86
55	365,864	187,455	0.80
56	341,961	176,930	0.75
57	292,905	150,935	0.64
58	318.513	160,005	0.70
59	316,584	159,373	0.69
60	299,603	153,258	0.66
61	276,421	140,078	0.61
62	244,874	123,524	0.54
63	228,154	114,701	0.50
64	220,949	110,607	0.48
65	199,725	98,843	0.44

（续完）

年龄	总人口 合计	总人口 其中：男	占总人口的百分比	年龄	总人口 合计	总人口 其中：男	占总人口的百分比
66	217,237	106,595	0.48	90	1,532	450	…
67	189,904	93,462	0.42	91	922	233	…
68	158,830	75,652	0.35	92	620	152	…
69	164,063	77,097	0.36	93	406	89	…
70	162,663	75,067	0.36	94	272	55	…
71	159,082	73,675	0.35	95	165	30	…
72	132,121	59,646	0.29	96	101	26	…
73	113,689	50,442	0.25	97	52	11	…
74	109,924	48,421	0.24	98	32	6	…
75	100,549	43,563	0.22	99	15	3	…
76	88,512	37,806	0.19	100	10	2	…
77	72,314	30,610	0.16	101	7	1	…
78	67,669	27,681	0.15	102	8	1	…
79	53,937	21,323	0.12	103	7	0	…
80	45,647	17,941	0.10	104	3	0	…
81	40,226	15,182	0.09	105	4	0	…
82	32,410	11,909	0.07	106	3	1	…
83	22,852	7,872	0.05	107	4	1	…
84	17,660	6,082	0.04	108	3	0	…
85	8,750	3,102	0.02	109	1	0	…
86	6,967	2,316	0.02	110	2	0	…
87	4,802	1,549	0.01	117	2	0	…
88	3,785	1,117	…	135	1	1	…
89	2,437	699	…	年龄不详	10,540	4,694	0.02

（3）内蒙古自治区人口年龄状况

年龄	总人口		占总人口的百分比
	合计	其中：男	
总计	12,348,638	6,705,441	100.00
0	546,928	280,447	4.43
1	572,891	294,432	4.64
2	330,745	171,303	2.68
3	338,399	176,473	2.74
4	390,094	202,898	3.16
5	330,858	172,580	2.68
6	400,498	210,299	3.24
7	375,749	195,896	3.04
8	357,931	187,299	2.90
9	374,532	195,073	3.03
10	348,031	180,582	2.82
11	303,689	157,109	2.46
12	305,245	158,238	2.47
13	257,276	134,362	2.08
14	274,678	145,017	2.22
15	194,153	102,891	1.57
16	201,502	108,139	1.63
17	204,046	104,600	1.65
18	163,349	82,717	1.32
19	174,244	90,607	1.41
20	171,263	89,340	1.39
21	157,502	82,682	1.28
22	186,794	99,338	1.51
23	188,363	100,189	1.53
24	199,483	106,384	1.62
25	202,939	109,465	1.64
26	200,391	110,670	1.62
27	196,246	108,577	1.59
28	194,897	108,453	1.58
29	188,440	104,034	1.53
30	186,101	103,600	1.51
31	174,572	97,002	1.41
32	161,192	90,201	1.31
33	149,484	83,948	1.21
34	137,470	77,066	1.11
35	132,808	75,202	1.08
36	141,227	79,164	1.14
37	127,994	73,091	1.04
38	132,478	75,465	1.07
39	130,021	74,119	1.05
40	126,212	72,743	1.02
41	119,732	68,992	0.97
42	115,541	67,631	0.94
43	110,037	64,575	0.89
44	112,739	66,364	0.91
45	94,854	56,300	0.77
46	100,041	59,971	0.81
47	98,446	59,084	0.80
48	100,425	60,048	0.81
49	96,283	57,298	0.78
50	98,699	59,427	0.80
51	90,647	54,561	0.73
52	85,182	51,771	0.69
53	78,861	47,339	0.64
54	82,476	49,010	0.67
55	79,021	46,924	0.64
56	77,196	45,665	0.63
57	74,256	44,167	0.60
58	74,297	44,019	0.60
59	66,758	39,206	0.54
60	64,663	38,194	0.52
61	66,863	39,809	0.54
62	50,680	30,266	0.41
63	49,837	30,042	0.40
64	45,543	27,063	0.37
65	44,391	26,427	0.36

（续完）

年龄	总人口		占总人口的百分比	年龄	总人口		占总人口的百分比
	合计	其中：男			合计	其中：男	
66	45,133	26,887	0.37	87	492	242	…
67	40,276	24,007	0.33	88	375	169	…
68	36,047	21,225	0.29	89	208	97	…
69	39,981	23,662	0.32	90	154	72	…
70	25,718	15,204	0.21	91	88	35	…
71	21,742	13,167	0.18	92	48	23	…
72	18,938	11,284	0.15	93	35	22	…
73	18,159	10,675	0.15	94	18	9	…
74	17,227	10,099	0.14	95	10	4	…
75	15,375	8,862	0.12	96	14	8	…
76	12,633	7,177	0.10	97	7	5	…
77	10,754	6,113	0.09	98	3	0	…
78	8,469	4,844	0.07	99	2	1	…
79	6,163	3,448	0.05	100	2	1	…
80	5,362	2,991	0.04	101	3	2	…
81	4,458	2,396	0.04	102	4	2	…
82	3,815	2,087	0.03	103	0	0	…
83	2,730	1,429	0.02	104	1	1	…
84	2,149	1,115	0.02	105	1	1	…
85	1,111	561	0.01	106	1	0	…
86	701	355	…	年龄不详	2,048	1,311	0.02

（4） 山西省人口年龄状况

年龄	总人口		占总人口的百分比	年龄	总人口		占总人口的百分比
	合计	其中：男			合计	其中：男	
				32	238,191	128,143	1.32
总计	18,015,067	9,528,116	100.00	33	237,664	126,069	1.32
0	678,906	349,242	3.77	34	231,647	120,997	1.29
1	743,275	384,405	4.13	35	207,600	108,779	1.15
2	445,475	231,526	2.47	36	211,875	110,323	1.18
3	344,281	181,341	1.91	37	200,404	104,669	1.11
4	488,877	258,082	2.71	38	210,601	109,490	1.17
5	434,300	229,083	2.41	39	212,725	110,613	1.18
6	523,058	276,554	2.90	40	206,747	107,849	1.15
7	524,380	276,705	2.91	41	184,525	97,245	1.02
8	478,537	254,050	2.66	42	178,772	94,536	0.99
9	499,460	264,786	2.77	43	182,507	96,893	1.01
10	471,873	248,753	2.62	44	189,532	100,252	1.05
11	436,944	230,593	2.43	45	172,944	91,694	0.96
12	431,117	226,625	2.39	46	168,209	89,773	0.93
13	395,840	208,561	2.20	47	177,887	96,704	0.99
14	385,088	204,754	2.14	48	183,510	97,969	1.02
15	294,112	157,751	1.63	49	177,832	95,155	0.99
16	292,606	158,008	1.62	50	170,306	93,677	0.95
17	323,260	166,131	1.79	51	158,300	87,398	0.88
18	310,302	154,804	1.72	52	152,642	85,106	0.85
19	233,834	120,680	1.30	53	155,113	85,419	0.86
20	212,839	112,830	1.18	54	157,632	85,408	0.88
21	242,367	127,536	1.35	55	142,385	76,857	0.79
22	259,764	135,881	1.44	56	131,342	70,953	0.73
23	224,115	117,686	1.24	57	131,560	70,990	0.73
24	234,715	125,978	1.30	58	133,808	71,454	0.74
25	242,274	131,904	1.34	59	124,074	66,123	0.69
26	257,182	142,404	1.43	60	116,788	62,969	0.65
27	262,760	142,383	1.46	61	115,171	62,780	0.64
28	259,923	140,373	1.44	62	89,933	49,053	0.50
29	257,671	139,427	1.43	63	80,609	44,534	0.45
30	264,586	143,557	1.47	64	79,255	43,249	0.44
31	262,692	141,159	1.46	65	76,054	41,268	0.42

（续完）

年龄	总人口		占总人口的百分比	年龄	总人口		占总人口的百分比
	合计	其中：男			合计	其中：男	
66	78,496	42,365	0.44	89	437	117	…
67	71,255	38,462	0.40	90	263	78	…
68	69,049	36,752	0.38	91	177	51	…
69	69,811	36,920	0.39	92	120	29	…
70	55,502	28,986	0,31	93	64	17	…
71	50,520	26,477	0.28	94	56	18	…
72	47,673	24,472	0.26	95	29	8	…
73	42,337	21,385	0.24	96	19	4	…
74	39,488	19,722	0.22	97	16	1	…
75	34,542	16,984	0.19	98	5	2	…
76	31,100	14,906	0.17	99	4	1	…
77	26,401	12,620	0.15	101	1	0	…
78	20,282	9,404	0.11	102	1	0	…
79	16,954	7,546	0.09	103	3	1	…
80	14,819	6,506	0.08	104	2	0	…
81	12,379	5,243	0.07	106	2	0	…
82	9,304	3,629	0.05	107	2	0	…
83	6,997	2,627	0.04	108	1	0	…
84	5,609	2,032	0.03	111	1	1	…
85	1,577	568	0.01	113	1	0	…
86	1,072	404	…	115	2	0	…
87	811	284	…	年龄不详	2,709	1,361	0.02
88	617	190	…				

（5）辽宁省人口年龄状况

年龄	总人口 合计	总人口 其中：男	占总人口的百分比
总计	26,946,200	13,852,340	100.00
0	1,158,747	590,116	4.30
1	1,325,706	679,313	4.92
2	418,371	214,310	1.55
3	626,735	322,854	2.33
4	778,874	401,946	2.89
5	727,383	374,148	2.70
6	925,979	477,463	3.44
7	870,873	449,537	3.23
8	846,314	436,481	3.14
9	903,307	464,580	3.35
10	808,586	414,426	3.00
11	735,872	376,802	2.73
12	730,276	373,331	2.71
13	634,762	324,416	2.36
14	682,815	349,420	2.53
15	469,266	239,343	1.74
16	455,320	233,014	1.69
17	453,435	230,928	1.68
18	417,462	210,486	1.55
19	374,108	183,774	1.39
20	376,209	185,779	1.40
21	373,989	183,244	1.39
22	400,545	196,054	1.49
23	370,456	181,241	1.37
24	371,194	183,081	1.38
25	387,781	193,545	1.44
26	377,370	190,676	1.40
27	370,901	187,203	1.38
28	376,115	190,500	1.40
29	390,760	196,745	1.45
30	363,613	187,209	1.35
31	370,057	187,993	1.37

年龄	总人口 合计	总人口 其中：男	占总人口的百分比
32	336,756	173,088	1.25
33	338,817	173,451	1.26
34	350,844	178,487	1.30
35	321,116	164,879	1.19
36	334,500	172,896	1.24
37	305,711	159,406	1.13
38	296,248	156,304	1.10
39	277,387	146,188	1.03
40	276,285	145,152	1.02
41	256,551	137,294	0.95
42	265,272	143,142	0.98
43	250,443	134,361	0.93
44	227,104	123,215	0.84
45	203,267	110,072	0.75
46	212,508	116,319	0.79
47	192,163	104,811	0.71
48	193,686	104,791	0.72
49	190,351	103,023	0.71
50	212,758	116,241	0.79
51	186,676	101,[illegible]67	0.69
52	187,640	101,615	0.70
53	179,687	96,712	0.67
54	180,846	96,165	0.67
55	169,818	89,471	0.63
56	161,951	85,103	0.60
57	161,448	83,649	0.60
58	155,408	80,089	0.58
59	138,885	71,095	0.51
60	124,690	65,161	0.46
61	135,100	70,324	0.50
62	138,949	72,918	0.52
63	120,311	62,652	0.45
64	104,131	54,030	0.39
65	99,182	51,890	0.37

（续完）

年龄	总人口		占总人口的百分比	年龄	总人口		占总人口的百分比
	合计	其中：男			合计	其中：男	
66	98,269	51,100	0.36	89	783	288	…
67	89,738	46,483	0.33	90	547	222	…
68	69,294	36,228	0.26	91	325	123	…
69	70,193	36,165	0.26	92	167	66	…
70	67,317	34,667	0.25	93	102	37	…
71	56,008	28,585	0.21	94	76	26	…
72	52,119	26,507	0.19	95	57	14	…
73	48.584	24,257	0.18	96	22	10	…
74	37,792	18,803	0.14	97	9	7	…
75	35,081	17,459	0.13	98	2	1	…
76	29,006	14,374	0.11	99	3	2	…
77	24,344	11,700	0.09	100	1	0	…
78	22,564	10,783	0.08	101	1	0	…
79	18,245	8,677	0.07	102	2	1	…
80	16,199	7,521	0.06	103	2	1	…
81	13,396	6,285	0.05	104	1	0	…
82	10,970	5,016	0,04	106	1	1	…
83	7,774	3,562	0.03	108	3	1	…
84	5,908	2,636	0,02	111	1	0	…
85	4.387	1,851	0.02	121	1	1	…
86	2,941	1,259	0.01	124	1	1	…
87	1,799	732	…	年龄不详	1,264	921	0.01
88	1,231	448	…				

（6）吉林省人口年龄状况

年龄	总人口		占总人口的百分比	年龄	总人口		占总人口的百分比
	合计	其中：男			合计	其中：男	
				32	176,976	92,344	1.13
总计	15,668,663	8,172,363	100.00	33	190,113	98,442	1.21
0	686,285	347,708	4.38	34	192,266	99,813	1.23
1	746,301	379,335	4.76	35	173,884	90,716	1.11
2	361,147	183,831	2.30	36	187,540	98,381	1.20
3	454,775	233,044	2,90	37	167,652	88,978	1.07
4	446,591	229,177	2.85	38	169,164	90,690	1.08
5	406,648	207,833	2.60	39	163,718	87,725	1.04
6	502,280	258,090	3.21	40	157,253	84,363	1.00
7	478,540	245,743	3.05	41	150,314	82,137	0.96
8	462,364	238,338	2.95	42	154,931	86,163	0.99
9	504,759	259,111	3.22	43	144,906	80,318	0.93
10	470,675	239,852	3.00	44	132,996	73,717	0.85
11	424,567	215,765	2.71	45	119,364	66,987	0.76
12	420,735	214,291	2.69	46	128,323	72,088	0.82
13	389,375	196,286	2.49	47	119,491	67,729	0.76
14	405,186	204,892	2.59	48	112,660	63,296	0.72
15	289,107	145,968	1.85	49	111,720	62,880	0.71
16	275,415	138,692	1.76	50	125,839	71,296	0.80
17	260,541	129,920	1.66	51	111,391	63,222	0.71
18	221,915	108,644	1.42	52	109,157	61,721	0.70
19	212,123	102,812	1.35	53	104,949	59,566	0.67
20	216,948	106,551	1.38	54	104,484	59,125	0.67
21	210,412	103,522	1.34	55	98,245	55,137	0.63
22	230,429	113,806	1.47	56	91,860	51,723	0.59
23	224,594	111,743	1.43	57	86,992	49,169	0.56
24	227,089	114,898	1.45	58	83,743	46,930	0.54
25	242,816	124,969	1.55	59	75,674	42,358	0.48
26	222,597	116,850	1.42	60	72,752	41,398	0.46
27	215,604	112,450	1.38	61	77,023	43,986	0.49
28	217,373	112,642	1.39	62	77,670	44,986	0.50
29	217,373	111,672	1.39	63	69,616	40,310	0.44
30	217,331	112,723	1,39	64	60,133	34,594	0.38
31	197,651	102,507	1.26	65	56,619	33,258	0.36

(续完)

年龄	总人口		占总人口的百分比	年龄	总人口		占总人口的百分比
	合计	其中：男			合计	其中：男	
66	54,027	31,886	0.34	89	345	175	…
67	47,582	28,120	0.30	90	203	102	…
68	43,640	25,778	0.28	91	123	63	…
69	42,678	24,927	0.27	92	99	47	…
70	39,058	22,924	0.25	93	45	23	…
71	35,262	20,797	0.23	94	33	18	…
72	31,402	18,456	0.20	95	18	6	…
73	26,925	15,769	0.17	96	15	4	…
74	22,935	13,612	0.15	97	7	5	…
75	20,277	11,853	0.13	98	9	4	…
76	17,044	9,918	0.11	99	1	1	…
77	14,370	8,455	0.09	100	5	4	…
78	12,044	6,886	0.08	101	2	1	…
79	9,523	5,496	0.06	102	2	0	…
80	8,588	4,803	0.06	103	1	0	…
81	6,887	3,950	0.04	104	3	1	…
82	5,322	2,942	0.03	107	3	3	…
83	3,788	2,075	0.02	111	1	1	…
84	2,785	1,512	0.02	114	1	1	…
85	1,856	990	0.01	117	1	1	…
86	1,287	692	…	131	1	1	…
87	803	439	…	136	1	1	…
88	539	299	…	年龄不详	158	111	…

（7）黑龙江省人口年龄状况

年龄	总人口		占总人口的百分比
	合计	其中：男	
总计	20,118,271	10,586,553	100.00
0	922,519	466,972	4.59
1	934,548	476,627	4.65
2	515,705	261,946	2.56
3	583,699	296,231	2.90
4	623,935	317,511	3.10
5	547,548	277,975	2.72
6	642,363	327,768	3.19
7	606,339	309,563	3.01
8	582,159	297,808	2.89
9	619,823	316,324	3.08
10	561,777	286,873	2.79
11	516,911	263,796	2.57
12	508,172	258,144	2.53
13	464,638	236,799	2.31
14	468,916	239,070	2.33
15	375,004	191,167	1.86
16	350,302	179,116	1.74
17	335,809	167,480	1.67
18	291,979	142,901	1.45
19	275,871	134,425	1.37
20	269,116	132,284	1.34
21	276,011	136,667	1.37
22	303,740	150,306	1.51
23	313,454	155,015	1.56
24	325,195	161,703	1.62
25	331,297	168,926	1.65
26	328,938	173,115	1.64
27	318,256	169,684	1.58
28	310,854	166,713	1.54
29	310,120	166,293	1.54
30	297,082	162,734	1.48
31	273,212	149,377	1.36
32	243,866	134,924	1.21
33	246,562	134,870	1.22
34	256,674	139,936	1.28
35	233,050	127,344	1.16
36	240,414	131,265	1.20
37	212,517	118,176	1.06
38	216,545	120,638	1.08
39	201,772	112,896	1.00
40	190,644	106,806	0.95
41	184,724	103,782	0.92
42	185,892	105,660	0.92
43	176,808	100,006	0.88
44	161,490	91,963	0.80
45	146,022	83,841	0.73
46	153,717	88,245	0.76
47	145,339	84,262	0.72
48	143,139	81,642	0.71
49	142,096	81,028	0.71
50	156,414	89,772	0.78
51	137,601	79,553	0.68
52	132,220	75,527	0.66
53	128,336	73,527	0.64
54	129,252	73,548	0.64
55	121,068	68,629	0.60
56	112,785	64,344	0.56
57	108,568	61,875	0.54
58	107,281	60,508	0.53
59	98,953	55,476	0.49
60	89,880	51,045	0.45
61	93,206	53,445	0.46
62	93,240	54,595	0.46
63	84,619	49,430	0.42
64	71,735	41,662	0.36
65	67,871	40,107	0.34

（续完）

年龄	总人口		占总人口的百分比	年龄	总人口		占总人口的百分比
	合计	其中：男			合计	其中：男	
66	63,466	37,730	0.32	90	252	136	…
67	56,102	33,720	0.28	91	153	81	…
68	52,281	31,163	0,26	92	83	51	…
69	51,321	30,566	0.26	93	59	35	…
70	46,075	27,467	0.23	94	39	19	…
71	40,952	24,530	0.20	95	24	12	…
72	36,461	21,667	0.18	96	18	12	…
73	31,071	18,358	0.15	97	12	4	…
74	24,658	14,755	0.12	98	1	1	…
75	22,360	13,167	0.11	99	2	2	…
76	19,198	11,403	0.09	100	3	2	…
77	15,701	9,326	0.08	101	1	1	…
78	13,262	7,801	0.07	102	4	2	…
79	10,384	6,117	0.05	103	3	1	…
80	9,164	5,270	0.05	105	2	2	…
81	7,204	4,130	0.04	106	3	1	…
82	5,971	3,493	0.03	109	2	2	…
83	4,122	2,329	0.02	110	1	1	…
84	3,017	1,696	0.01	111	1	0	…
85	2,004	1,099	0.01	116	1	1	…
86	1,323	731	…	122	1	1	…
87	936	492	…	126	1	1	…
88	581	328	…	年龄不详	18	10	…
89	381	197	…				

(8)上海市人口年龄状况

年龄	总人口 合计	总人口 其中：男	占总人口的百分比
总计	10,816,458	5,369,047	100.00
0	275,955	142,216	2.55
1	298,854	154,200	2.76
2	225,196	116,287	2.08
3	259,956	133,903	2.40
4	299,595	154,887	2.77
5	276,506	143,147	2.56
6	383,887	198,116	3.55
7	347,246	179,493	3.21
8	336,120	173,792	3.11
9	378,327	194,656	3.50
10	338,979	175,019	3.13
11	316,511	162,628	2.93
12	310,115	159,645	2.87
13	268,859	139,174	2.49
14	259,922	135,767	2.40
15	235,252	121,890	2.07
16	220,017	114,553	2.04
17	199,506	103,327	1.85
18	160,215	80,689	1.48
19	140,401	66,519	1.30
20	134,808	61,730	1.25
21	105,400	48,498	0.98
22	109,401	50,456	1.01
23	104,248	48,176	0.96
24	103,472	48,468	0.96
25	109,743	52,745	1.02
26	121,416	59,748	1.12
27	123,261	61,001	1.14
28	147,730	73,422	1.37
29	157,378	78,087	1.46
30	165,602	81,332	1.53
31	175,643	86,213	1.62
32	163,190	81,417	1.51
33	143,268	71,299	1.33
34	150,617	74,711	1.39
35	151,852	74,936	1.40
36	151,861	74,752	1.40
37	133,744	67,232	1.24
38	137,363	68,027	1.27
39	137,379	68,595	1.27
40	138,156	68,020	1.28
41	125,350	62,295	1.16
42	122,322	59,779	1.13
43	116,862	57,548	1.08
44	115,676	57,978	1.07
45	110,920	54,417	1.03
46	101,276	49,423	0.94
47	96,333	47,548	0.89
48	95,897	47,163	0.89
49	89,763	44,145	0.83
50	98,005	48,235	0.91
51	83,788	41,100	0.78
52	83,109	41,051	0.77
53	80,646	39,676	0.75
54	77,438	37,980	0.72
55	76,493	36,866	0.71
56	71,391	34,817	0.66
57	75,180	36,068	0.70
58	73,811	34,672	0.68
59	67,879	31,452	0.63
60	60,226	27,520	0.56
61	52,329	23,847	0.48
62	54,621	24,731	0.51
63	52,473	23,271	0.49
64	47,679	20,677	0.44
65	43,596	18,537	0.40

（续完）

年龄	总人口		占总人口的百分比	年龄	总人口		占总人口的百分比
	合计	其中：男			合计	其中：男	
66	**41,321**	16,995	0.38	84	2,726	495	0.03
67	**38,837**	15,379	0.36	85	2,015	352	0.02
68	**36,839**	14,352	0.34	86	1,513	270	…
69	**31,567**	11,931	0.29	87	1,220	193	…
70	**26,651**	9,760	0.25	88	763	98	…
71	**25,432**	9,060	0.24	89	547	84	…
72	**23,510**	8,145	0.22	90	396	49	…
73	**19,391**	6,484	0.18	91	276	38	…
74	**17,103**	5,484	0.16	92	171	15	…
75	**15,995**	4,889	0.15	93	100	6	…
76	**12,868**	3,668	0.12	94	52	5	…
77	**10,619**	3,038	0.10	95	40	1	…
78	**9,112**	2,457	0.09	96	20	1	…
79	**7,903**	1,933	0.07	97	13	1	…
80	**6,290**	1,500	0.06	98	6	1	…
81	**5,371**	1,194	0.05	99	2	1	…
82	**3,940**	838	0.04	年龄不详	133	72	…
83	**3,702**	689	0.03				

（9）江苏省人口年龄状况

年龄	总人口		占总人口的百分比
	合计	其中：男	
总计	44,504,608	22,418,473	100.00
0	1,618,360	828,165	3.64
1	1,739,431	894,702	3.91
2	987,771	509,377	2.22
3	781,970	405,211	1.76
4	812,124	422,138	1.82
5	931,077	486,614	2.09
6	1,329,156	696,849	2.99
7	1,319,165	689,932	2.96
8	1,169,603	608,902	2.63
9	1,436,888	750,119	3.23
10	1,201,911	625,192	2.70
11	1,224,920	635,751	2.75
12	1,192,200	618,177	2.68
13	920,787	479,019	2.07
14	1,054,296	551,860	2.37
15	938,809	489,317	2.11
16	917,018	477,717	2.06
17	840,641	438,984	1.89
18	785,542	406,794	1.77
19	741,421	381,160	1.67
20	716,882	366,036	1.61
21	624,659	317,490	1.40
22	705,030	356,627	1.58
23	654,250	331,574	1.47
24	613,759	313,167	1.38
25	648,390	337,036	1.46
26	620,113	322,726	1.39
27	600,376	309,654	1.35
28	656,178	336,877	1.47
29	636,512	327,347	1.43
30	662,614	340,446	1.49
31	600,034	306,302	1.35
32	569,956	290,901	1.28
33	554,634	282,393	1.25
34	581,684	294,559	1.31
35	600,122	303,742	1.35
36	562,749	284,528	1.26
37	477,075	243,371	1.07
38	509,570	256,566	1.15
39	549,046	278,279	1.23
40	547,759	275,847	1.23
41	469,568	235,814	1.05
42	481,970	238,407	1.08
43	475,965	237,777	1.07
44	485,321	239,106	1.09
45	436,486	213,762	0.98
46	373,949	184,096	0.84
47	408,892	202,052	0.92
48	383,816	188,125	0.86
49	364,158	179,532	0.82
50	406,605	198,138	0.91
51	309,760	150,864	0.70
52	299,276	146,702	0.67
53	285,121	138,951	0.64
54	319,731	153,134	0.72
55	346,745	163,975	0.78
56	260,484	123,146	0.59
57	289,520	135,768	0.65
58	315,928	144,766	0.71
59	278,732	127,808	0.63
60	270,742	123,490	0.61
61	246,085	111,119	0,55
62	241,885	107,392	0.54
63	247,661	108,013	0.56
64	200,160	85,921	0.45
65	162,214	68,305	0.36

年龄	总人口		占总人口的百分比	年龄	总人口		占总人口的百分比
	合计	其中：男			合计	其中：男	
66	161,979	67,529	0.36	88	2,497	398	…
67	161,228	66,344	0.36	89	1,789	290	…
68	167,271	66,010	0.38	90	1,262	176	…
69	143.246	55,584	0.32	91	801	113	…
70	114,362	43,222	0.26	92	495	55	…
71	113,581	41,978	0.25	93	334	47	…
72	105,119	37,365	0.24	94	187	18	…
73	84,046	28,906	0.19	95	129	23	…
74	74,998	24,536	0.17	96	87	10	…
75	65,987	20,790	0.15	97	54	7	…
76	57,667	17,367	0.13	98	28	2	…
77	48,098	14,040	0.11	99	11	0	…
78	38,203	10,711	0.09	100	6	0	…
79	32,832	8,591	0.07	101	2	0	…
80	26,812	6,829	0.06	102	3	0	…
81	23,599	5,773	0.05	103	3	0	…
82	18,410	4,171	0.04	104	1	0	…
83	15,321	3,243	0.03	105	1	0	…
84	10,470	2,138	0.02	106	1	0	…
85	7,568	1,449	0.02	107	2	0	…
86	5,244	942	0.01	108	1	0	…
87	4,092	667	0.01	年龄不详	21,525	10,538	…

（10）浙江省人口年龄状况

年龄	总人口 合计	总人口 其中：男	占总人口的百分比
总计	28,318,573	14,790,590	100.00
0	1,107,880	570,506	3.91
1	1,218,558	630,645	4.30
2	667,647	347,278	2.36
3	596,127	312,913	2.10
4	687,993	362,271	2.43
5	627,196	331,075	2.21
6	890,388	472,225	3.14
7	834,333	440,503	2.95
8	777,145	408,391	2.74
9	834,637	439,563	2.95
10	775,543	408,209	2.74
11	709,586	371,781	2.50
12	707,886	371,662	2.50
13	610,560	322,142	2.16
14	631,226	336,591	2.23
15	597,549	319,856	2.11
16	580,317	309,870	2.05
17	534,001	281,939	1.89
18	440,126	229,262	1.55
19	398,459	207,664	1.41
20	399,329	208,384	1.41
21	332,232	175,407	1.17
22	323,049	171,296	1.14
23	321,523	172,022	1.14
24	319,438	172,904	1.13
25	366,875	200,536	1.30
26	401,181	220,903	1.42
27	387,170	210,935	1.37
28	408,764	222,640	1.44
29	408,156	222,176	1.44
30	412,147	222,718	1.45
31	428,662	230,410	1.51
32	397,959	214,972	1.41
33	349,741	188,939	1.23
34	345,411	187,882	1.22
35	369,849	200,362	1.31
36	380,639	206,127	1.34
37	329,326	179,857	1.16
38	323,868	175,675	1.14
39	341,237	184,120	1.20
40	318,674	170,977	1.13
41	312,612	167,351	1.10
42	286,968	151,612	1.01
43	277,251	146,548	0.98
44	283,610	149,132	1.00
45	252,618	132,235	0.89
46	252,646	131,918	0.89
47	250,518	131,910	0.88
48	235,329	123,544	0.83
49	242,815	127,445	0.86
50	237,279	124,126	0.84
51	203,336	106,364	0.72
52	214,197	110,883	0.76
53	213,825	109,827	0.75
54	202,852	103,362	0.72
55	191,574	97,704	0.68
56	193,305	98,437	0.68
57	194,287	97,597	0.69
58	199,600	98,022	0.70
59	186,610	91,364	0.66
60	172,467	84,747	0.61
61	155,061	75,819	0.55
62	160,983	78,594	0.57
63	166,255	79,334	0.59
64	146,081	68,433	0.52
65	128,428	59,169	0.45

（续完）

年龄	总人口		占总人口的百分比	年龄	总人口		占总人口的百分比
	合计	其中：男			合计	其中：男	
66	130,465	59,439	0.46	85	5,952	1,513	0.02
67	119,583	53,385	0.42	86	4,567	1,109	0.02
68	112,498	49,685	0.40	87	3,730	839	0.01
69	94,290	40,627	0.33	88	2,444	502	0.01
70	79,708	34,000	0.28	89	1,648	360	…
71	79,508	33,371	0.28	90	1,129	229	…
72	71,112	29,056	0.25	91	760	157	…
73	56,854	22,379	0.20	92	420	88	…
74	54,098	20,759	0.19	93	279	46	…
75	47,491	17,714	0.17	94	150	21	…
76	37,411	13,313	0.13	95	86	12	…
77	33,265	11,624	0.12	96	45	7	…
78	27,414	9,316	0.10	97	24	2	…
79	24,532	7,995	0.09	98	13	1	…
80	20,277	6,407	0.07	99	2	0	…
81	16,466	5,065	0.06	101	1	0	…
82	13,213	3,791	0.05	102	1	0	…
83	10,836	2,954	0.04	年龄不详	7,434	3,716	0.03
84	7,973	2,043	0.03				

（11）安徽省人口年龄状况

年龄	总人口		占总人口的百分比	年龄	总人口		占总人口的百分比
	合计	其中：男			合计	其中：男	
总计	31,241,657	16,181,927	100.00	32	413,097	228,825	1.32
				33	414,563	226,242	1.33
0	1,269,736	651,589	4.06	34	467,189	253,453	1.50
1	1,716,886	885,523	5.50	35	458,603	246,734	1.47
2	770,306	399,158	2.47	36	438,387	235,518	1.40
3	264,634	137,284	0.85	37	418,278	225,802	1.34
4	280,696	150,928	0.90	38	438,432	231,993	1.40
5	398,456	217,923	1.28	39	447,609	233,134	1.43
6	726,046	397,248	2.32	40	424,907	219,316	1.36
7	843,230	457,766	2.70	41	350,623	180,260	1.12
8	752,665	404,909	2.41	42	335,144	171,352	1.07
9	925,262	497,646	2.96	43	350,955	175,637	1.12
10	872,861	464,105	2.79	44	342,280	168,738	1.10
11	914,506	482,079	2.93	45	312,896	151,844	1.00
12	880,176	462,347	2.82	46	275,373	132,564	0.88
13	666,153	357,464	2.13	47	272,345	130,911	0.87
14	721,037	392,612	2.31	48	276,270	129,471	0.88
15	690,180	377,079	2.21	49	264,111	122,885	0.85
16	661,959	360,859	2.12	50	270,021	124,589	0.86
17	599,831	326,051	1.92	51	205,355	92,842	0.66
18	582,129	316,932	1.86	52	153,681	69,266	0.49
19	555,684	304,096	1.78	53	157,597	69,833	0.50
20	549,177	299,846	1.76	54	185,157	79,716	0.59
21	521,949	284,094	1.67	55	192,683	81,468	0.62
22	585,381	316,758	1.87	56	162,317	67,345	0.52
23	564,329	304,530	1.81	57	157,578	64,166	0.50
24	471,552	257,405	1.51	58	175,793	69,526	0.56
25	456,664	257,966	1.46	59	168,763	65,946	0.54
26	498,140	283,050	1.59	60	166,006	65,106	0.53
27	488,876	270,931	1.57	61	149,296	57,643	0.48
28	484,991	269,438	1.55	62	146,496	55,665	0.47
29	523,416	288,256	1.68	63	147,157	54,000	0.47
30	552,050	301,671	1.77	64	112,523	40,353	0.36
31	458,835	250,347	1.47	65	83,774	29,688	0.27

（续完）

年龄	总人口 合计	总人口 其中：男	占总人口的百分比	年龄	总人口 合计	总人口 其中：男	占总人口的百分比
66	83,891	29,089	0.27	89	349	43	…
67	80,143	27,459	0.26	90	239	28	…
68	77,181	25,303	0.25	91	137	15	…
69	65,728	21,257	0.21	92	82	10	…
70	55,853	17,954	0.18	93	51	8	…
71	53,440	16,278	0.17	94	54	8	…
72	49,947	14,597	0.16	95	58	11	…
73	37,356	10,615	0.12	96	40	5	…
74	30,928	8,498	0.10	97	24	2	…
75	25,410	6,721	0.08	98	29	5	…
76	21,124	5,282	0.07	99	12	4	…
77	16,965	4,126	0.05	100	8	3	…
78	12,395	2,927	0.04	101	6	1	…
79	10,165	2,239	0.03	102	4	1	…
80	7,207	1,611	0.02	103	5	0	…
81	6,067	1,326	0 02	104	2	1	…
82	4,982	1,028	0.02	106	3	0	…
83	4,042	771	0.01	107	1	0	…
84	2,823	536	0.01	108	1	0	…
85	1,667	306	…	111	1	0	…
86	1,202	196	…	119	1	0	…
87	821	148	…	125	1	0	…
88	583	84	…	年龄不详	7,577	3,710	0.02

（12）江西省人口年龄状况

年龄	总人口		占总人口的百分比	年龄	总人口		占总人口的百分比
	合计	其中：男			合计	其中：男	
总计	21,068,019	10,874,841	100.00	32	252,121	137,193	1.20
				33	241,815	132,011	1.15
0	834,621	426,663	3.96	34	248,239	134,745	1.18
1	871,410	448,443	4.14	35	252,811	136,089	1.20
2	537,813	276,815	2.55	36	271,671	146,317	1.29
3	426,576	220,628	2.02	37	247,405	133,695	1.17
4	507,606	265,527	2.41	38	248,802	133,634	1.18
5	488,776	254,527	2.32	39	258,534	137,565	1.23
6	640,482	336,216	3.04	40	249,653	132,381	1.18
7	588,131	308,557	2.79	41	239,759	126,987	1.14
8	513,278	268,953	2.44	42	243,195	128,387	1.15
9	557,008	292,639	2.64	43	231,894	122,034	1.10
10	545,974	287,511	2.59	44	231,686	121,186	1.10
11	514,196	269,056	2.44	45	216,274	112,337	1.03
12	500,773	262,134	2.38	46	213,270	110,150	1.01
13	450,066	235,254	2.14	47	203,745	104,600	0.97
14	446,704	237,017	2.12	48	198,711	101.652	0.94
15	407,552	218,056	1.93	49	203,070	103,202	0.96
16	393,050	210,159	1.87	50	192,919	97,270	0.92
17	365,963	192,942	1.74	51	178,119	88,854	0.85
18	332,797	170,053	1.58	52	171,735	85,078	0.82
19	312,160	160,990	1.48	53	165,367	80,825	0.78
20	303,487	160,732	1.44	54	165,102	78,969	0.78
21	279,469	150,644	1.33	55	164,809	77,934	0.78
22	289,440	157,047	1.37	56	152,316	70,788	0.72
23	302,033	164,508	1.43	57	147,192	68,549	0.70
24	290,458	157,570	1.38	58	143,641	66,101	0.68
25	308,681	168,989	1.47	59	136,521	62,683	0.65
26	323,936	177,129	1.54	60	135,437	61,314	0.64
27	313,251	170,407	1.49	61	120,822	54,281	0.57
28	309,700	168,217	1.47	62	111,293	49,735	0.53
29	293,681	159,274	1.39	63	113,968	49,629	0.54
30	289,955	157,369	1.38	64	98,871	42,349	0.47
31	279,563	151,752	1.33	65	88,101	36,990	0.42

（续完）

年龄	总人口		占总人口的百分比	年龄	总人口		占总人口的百分比
	合计	其中：男			合计	其中：男	
66	86,335	35,946	0.41	87	1,747	363	…
67	77,097	31,703	0.37	88	1,268	277	…
68	74,084	29,848	0.35	89	875	149	…
69	65,747	26,256	0.31	90	534	104	…
70	54,421	21,208	0.26	91	329	59	…
71	52,788	20,118	0.25	92	224	31	…
72	49,048	18,386	0.23	93	152	26	…
73	42,189	15,258	0.20	94	96	19	…
74	38,909	13,567	0.18	95	68	10	…
75	32,356	10,850	0.15	96	63	7	…
76	27,157	8,771	0.13	97	38	5	…
77	22,138	7,156	0.11	98	28	5	…
78	19,141	5,818	0.09	99	17	3	…
79	15,336	4,486	0.07	100	10	1	…
80	12,194	3,465	0.06	101	11	0	…
81	9,691	2,609	0.05	102	4	0	…
82	8,071	2,054	0.04	103	1	0	…
83	6,671	1,581	0.03	104	1	0	…
84	4,467	1,088	0.02	105	4	2	…
85	3,155	691	0.01	106	1	0	…
86	2,225	516	0.01	年龄不详	1,870	1,113	…

（13）福建省人口年龄状况

年龄	总人口		占总人口的百分比	年龄	总人口		占总人口的百分比
	合计	其中：男			合计	其中：男	
总计	16,757,223	8,692,706	100.00	32	222,596	121,164	1.33
				33	220,533	119,864	1.32
0	661,816	339,891	3.95	34	224,651	121,277	1.34
1	816,989	422,927	4.88	35	234,929	126,471	1.40
2	374,574	194,651	2.24	36	240,948	126,784	1.44
3	313,809	164,049	1.87	37	208,889	114,109	1.25
4	446,824	235,153	2.67	38	207,792	110,851	1.24
5	436,699	229,812	2.61	39	198,312	103,111	1.18
6	575,557	305,341	3.44	40	181,634	95,384	1.08
7	477,182	252,827	2.85	41	173,898	90,913	1.04
8	452,047	237,965	2.70	42	170,026	88,006	1.01
9	515,966	271,359	3.08	43	166,726	86,384	0.99
10	464,840	243,598	2.77	44	166,654	85,207	0.99
11	439,385	230,224	2.62	45	157,845	80,407	0.94
12	401,210	210,516	2.39	46	152,278	76,182	0.91
13	355,819	191,952	2.12	47	143,366	72,771	0.86
14	356,017	194,921	2.13	48	140,292	68,677	0.84
15	320,594	175,289	1.91	49	140,573	70,010	0.84
16	289,853	157,772	1.73	50	139,622	67,874	0.83
17	277,248	150,587	1.66	51	128,479	61,810	0.77
18	264,441	141,986	1.58	52	124,410	59,025	0.74
19	230,003	124,539	1.37	53	114,949	53,962	0.69
20	237,903	129,544	1.42	54	110,128	50,721	0.66
21	236,541	129,418	1.41	55	105,806	49,008	0.63
22	236,861	129,846	1.41	56	100,712	45,894	0.60
23	210,061	115,102	1.25	57	101,498	46,567	0.61
24	225,768	122,561	1.35	58	104,281	46,218	0.62
25	239,589	133,483	1.43	59	93,242	41,118	0.56
26	264,917	145,008	1.58	60	84,012	36,622	0.50
27	251,851	136,847	1.50	61	78,845	35,522	0.47
28	262,943	142,914	1.57	62	77,307	33,872	0.46
29	244,966	133,016	1.46	63	75,021	31,794	0.45
30	246,163	133,963	1.47	64	62,695	26,542	0.37
31	245,821	133,906	1.47	65	56,851	23,475	0.34

（续完）

年龄	总人口		占总人口的百分比	年龄	总人口		占总人口的百分比
	合计	其中：男			合计	其中：男	
66	57,727	23,168	0.34	87	1,339	203	…
67	48,183	19,755	0.29	88	997	168	…
68	46,972	18,291	0.28	89	595	116	…
69	45,200	17,030	0.27	90	422	63	…
70	37,708	13,731	0.23	91	253	39	…
71	35,620	12,921	0.21	92	163	24	…
72	31,356	10,842	0.19	93	110	17	…
73	25,786	8,837	0.15	94	74	14	…
74	24,518	7,863	0.15	95	50	7	…
75	21,669	6,515	0.13	96	34	4	…
76	19,002	5,432	0.11	97	25	4	…
77	15,673	4,443	0.09	98	11	0	…
78	12,817	3,363	0.08	99	6	0	…
79	10,888	2,723	0.06	100	5	1	…
80	9,058	2,193	0.05	101	2	0	…
81	7,267	1,650	0.04	102	3	0	…
82	6,006	1,333	0.04	103	2	0	…
83	4,442	979	0.03	105	1	1	…
84	3,377	663	0.02	110	1	0	…
85	2,255	476	0.01	年龄不详	1,744	955	…
86	1,805	319	0.01				

（14）山东省人口年龄状况

年龄	总人口		占总人口的百分比	年龄	总人口		占总人口的百分比
	合计	其中：男			合计	其中：男	
				32	712,144	360,767	1.28
总计	55,519,038	27,920,899	100.00	33	735,149	367,507	1.32
0	2,099,127	1,065,267	3.78	34	765,727	380,742	1.38
1	2,369,401	1,209,230	4.27	35	641,324	316,350	1.16
2	1,253,710	642,757	2.26	36	608,316	298,242	1.10
3	892,193	457,918	1.61	37	621,683	308,069	1.12
4	1,046,912	542,560	1.89	38	637,058	312,485	1.15
5	1,116,489	578,531	2.01	39	616,225	304,852	1.11
6	1,720,941	897,970	3.10	40	586,313	292,563	1.06
7	1,643,082	857,199	2.96	41	539,445	266,226	0.97
8	1,597,844	832,309	2.88	42	592,126	292,457	1.07
9	1,691,940	879,764	3.05	43	573,609	284,679	1.03
10	1,549,552	804,536	2.79	44	578,822	287,329	1.04
11	1,523,247	787,757	2.74	45	514,004	255,308	0.93
12	1,558,272	801,937	2.81	46	484,315	243,464	0.87
13	1,309,904	672,183	2.36	47	467,679	236,519	0.84
14	1,306,241	669,095	2.35	48	475,472	238,112	0.86
15	1,085,697	555,934	1.95	49	462,646	233,356	0.83
16	1,034,635	530,050	1.86	50	505,953	255,201	0.91
17	1,066,553	541,290	1.92	51	423,139	212,632	0.76
18	1,051,842	524,051	1.89	52	409,439	203,964	0.74
19	924,749	465,246	1.66	53	432,726	214,772	0.78
20	741,720	375,680	1.33	54	460,187	227,050	0.83
21	721,209	362,204	1.30	55	414,272	203,297	0.75
22	753,503	378,240	1.36	56	384,711	187,537	0.69
23	705,689	356,216	1.27	57	363,482	175,662	0.65
24	709,392	362,025	1.28	58	399,934	191,206	0.72
25	708,100	366,404	1.28	59	375,160	179,221	0.68
26	717,566	375,124	1.29	60	356,747	171,902	0.64
27	720,606	375,142	1.30	61	341,073	162,572	0.61
28	777,897	403,443	1.40	62	333,512	157,298	0.60
29	755,138	387,058	1.36	63	298,039	139,412	0.54
30	756,168	389,022	1.36	64	245,121	112,999	0.44
31	754,135	385,227	1.36	65	219,368	99,396	0.40

(续完)

年龄	总人口 合计	总人口 其中：男	占总人口的百分比	年龄	总人口 合计	总人口 其中：男	占总人口的百分比
66	232,705	104,879	0.42	91	1,185	231	…
67	208,620	93,686	0.38	92	718	138	…
68	218,776	96,058	0.39	93	442	74	…
69	204,899	88,328	0.37	94	270	51	…
70	182,976	76,961	0.33	95	222	35	…
71	177,410	73,707	0.32	96	118	22	…
72	156,827	63,590	0.28	97	90	17	…
73	139,997	55,509	0.25	98	46	4	…
74	112,909	43,684	0.20	99	45	6	…
75	109,001	41,616	0.20	100	18	0	…
76	99,463	36,537	0.18	101	14	0	…
77	86,519	31,178	0.16	102	3	0	…
78	73,362	25,413	0.13	103	7	1	…
79	55,540	18,809	0.10	104	3	0	…
80	48,852	16,049	0.09	105	5	1	…
81	45,195	14,161	0.08	106	6	0	…
82	35,179	10,649	0.06	108	1	0	…
83	28,063	7,999	0.06	109	4	0	…
84	20,317	5,517	0.04	110	1	0	…
85	12,810	3,489	0.02	112	1	0	…
86	8,073	2,045	0.01	115	1	0	…
87	5,187	1,267	0.01	118	2	0	…
88	3,822	882	…	121	1	0	…
89	2,797	605	…	年龄不详	6,392	2,834	…
90	1,770	350	…				

（15）广东省人口年龄状况

年龄	总人口 合计	总人口 其中：男	占总人口的百分比	年龄	总人口 合计	总人口 其中：男	占总人口的百分比
总计	42,800,849	21,810,060	100.00	32	579,016	305,730	1.35
				33	562,646	296,401	1.31
0	1,641,963	846,111	3.84	34	550,284	287,611	1.29
1	1,869,791	967,111	4.37	35	542,637	284,396	1.27
2	1,249,944	649,408	2.92	36	563,211	291,290	1.32
3	787,547	408,701	1.84	37	517,107	270,484	1.21
4	962,163	501,004	2.25	38	517,607	262,573	1.21
5	1,128,882	589,368	2.64	39	474,838	241,498	1.11
6	1,403,390	741,997	3.28	40	431,496	218,941	1.01
7	1,227,126	650,000	2.87	41	404,772	203,799	0.95
8	1,132,447	595,482	2.64	42	418,244	212,090	0.98
9	1,255,873	657,445	2.93	43	401,997	201,857	0.94
10	1,159,342	605,967	2.71	44	396,100	198,022	0.93
11	1,054,303	552,954	2.46	45	369,369	183,049	0.86
12	982,127	521,434	2.29	46	391,413	191,127	0.91
13	921,458	498,262	2.15	47	379,425	184,747	0.89
14	908,947	495,725	2.12	48	374,373	176,535	0.87
15	782,887	426,747	1.83	49	361,505	174,482	0.84
16	744,059	406,551	1.74	50	357,721	171,740	0.84
17	673,923	368,943	1.57	51	343,658	165,530	0.80
18	674,517	365,276	1.58	52	325,020	153,457	0.76
19	659,303	358,454	1.54	53	309,283	141,533	0.72
20	581,469	317,128	1.36	54	309,365	137,694	0.72
21	588,765	321,704	1.37	55	295,059	129,694	0.69
22	614,279	332,540	1.44	56	291,500	124,157	0.68
23	591,566	320,991	1.38	57	282,667	120,426	0.66
24	626,263	339,835	1.46	58	287,314	120,205	0.67
25	645,654	355,033	1.51	59	263,898	110,293	0.62
26	659,156	360,314	1.54	60	249,619	101,471	0.58
27	641,266	350,795	1.50	61	229,009	92,659	0.54
28	676,154	362,247	1.58	62	223,239	88,997	0.52
29	636,102	338,398	1.49	63	211,161	83,034	0.49
30	641,058	339,813	1.50	64	184,095	70,589	0.43
31	622,170	329,188	1.45	65	170,922	65,098	0.40

（续完）

年龄	总人口 合计	其中：男	占总人口的百分比	年龄	总人口 合计	其中：男	占总人比的百分比
66	170,342	63,152	0.40	89	2,953	551	…
67	137,073	49,828	0.32	90	2,063	356	…
68	132,422	47,241	0.31	91	1,343	244	…
69	120,901	42,520	0.30	92	996	154	…
70	112,262	37,710	0.26	93	731	108	…
71	109,326	36,806	0.26	94	572	91	…
72	95,977	30,668	0.22	95	390	51	…
73	86,967	27,139	0.20	96	325	37	…
74	80,747	24,111	0.19	97	254	34	…
75	69,809	20,324	0.16	98	125	12	…
76	67,055	18,658	0.16	99	70	14	…
77	54,304	15,173	0.13	100	52	6	…
78	46,616	12,437	0.11	101	30	2	…
79	39,121	10,098	0.09	102	28	3	…
80	33,273	8,210	0.08	103	26	2	…
81	26,591	6,296	0.06	104	13	0	…
82	22,492	5,002	0.05	105	10	1	…
83	18,231	3,897	0.04	106	6	0	…
84	14,316	2,861	0.03	107	5	0	…
85	10,262	2,092	0.02	108	5	1	…
86	8,440	1,614	0.02	110	2	0	…
87	6,458	1,249	0.02	111	1	0	…
88	4,688	877	0.01	年龄不详	9,712	4,295	…

（16）广西僮族自治区人口年龄状况

年龄	总人口		占总人口的百分比	年龄	总人口		占总人口的百分比
	合计	其中：男			合计	其中：男	
总计	20,845,017	10,671,448	100.00	32	282,359	149,490	1.35
				33	278,429	147,037	1.34
0	906,080	462,088	4.35	34	263,035	137,090	1.26
1	980,997	505,124	4.71	35	252,400	131,258	1.21
2	461,716	237,269	2.21	36	264,202	137,800	1.27
3	320,594	165,199	1.54	37	236,751	123,916	1.14
4	345,052	179,054	1.66	38	224,321	114,555	1.08
5	476,428	247,846	2.29	39	219,004	113,942	1.05
6	635,691	334,093	3.05	40	204,709	104,731	0.98
7	581,172	305,392	2.79	41	184,107	94,124	0.88
8	521,066	271,328	2.50	42	198,568	102,719	0.95
9	570,282	296,753	2.74	43	202,655	103,164	0.97
10	570,389	296,430	2.74	44	195,812	98,570	0.94
11	552,519	287,820	2.65	45	185,883	93,236	0.86
12	503,424	262,441	2.42	46	185,055	91,938	0.89
13	467,383	245,940	2.24	47	181,404	90,506	0.87
14	463,134	244,995	2.22	48	177,393	86,086	0.85
15	400,226	212,291	1.92	49	175,792	87,114	0.84
16	361,385	190,246	1.73	50	175,768	87,251	0.84
17	334,269	174,436	1.60	51	172,370	86,590	0.83
18	337,392	173,004	1.62	52	165,213	83,190	0.79
19	349,282	184,369	1.68	53	156,130	75,535	0.75
20	360,996	193,532	1.73	54	161,608	77,185	0.78
21	347,375	184,181	1.67	55	159,242	75,867	0.76
22	350,082	186,020	1.68	56	149,726	69,284	0.72
23	348,642	185,980	1.67	57	146,843	68,587	0.70
24	339,171	180,819	1.63	58	150,273	68,452	0.72
25	331,553	177,827	1.59	59	140,852	64,609	0.68
26	331,743	177,048	1.59	60	127,375	56,487	0.61
27	328,382	175,990	1.58	61	114,197	49,989	0.55
28	334,247	176,008	1.60	62	102,079	44,673	0.49
29	310,722	163,451	1.49	63	99,012	43,654	0.47
30	313,365	166,226	1.50	64	87,124	38,276	0.42
31	300,384	159,614	1.44	65	79,905	34,951	0.38

（续完）

年龄	总人口		占总人口的百分比	年龄	总人口		占总人口的百分比
	合计	其中：男			合计	其中：男	
66	77,631	34,244	0.37	94	281	50	…
67	60,804	25,716	0.29	95	223	49	…
68	55,125	22,770	0.26	96	222	38	…
69	51,499	21,524	0.25	97	148	38	…
70	49,057	19,791	0.24	98	122	21	…
71	43,729	17,622	0.21	99	97	22	…
72	39,292	15,318	0.19	100	59	14	…
73	35,401	13,737	0.17	101	29	7	…
74	32,012	11,925	0.15	102	16	4	…
75	28,159	10,373	0.14	103	11	0	…
76	24,686	8,750	0.12	104	6	0	…
77	19,753	6,820	0.09	105	6	3	…
78	17,294	5,740	0.08	106	3	1	…
79	13,906	4,606	0.07	107	3	1	…
80	12,026	3,749	0.06	108	6	3	…
81	9,066	2,718	0.04	109	2	2	…
82	7,554	2,206	0.04	110	10	2	…
83	6,479	1,776	0.03	114	1	1	…
84	5,066	1,337	0.02	115	6	1	…
85	3,928	1,012	0.02	118	1	0	…
86	3,100	754	…	119	2	1	…
87	2,437	556	…	120	6	2	…
88	1,756	391	…	121	1	1	…
89	1,131	249	…	122	1	0	…
90	908	205	…	135	1	1	…
91	568	112	…	150	1	0	…
92	409	68	…	年龄不详	5,924	2,377	…
93	314	70	…				

（17）湖南省人口年龄状况

年　龄	总　人　口		占总人口的百分比	年　龄	总　人　口		占总人口的百分比
	合　计	其中：男			合　计	其中：男	
总　计	37,182,286	19,317,036	100.00	33	490,978	265,850	1.32
0	1,666,721	851,661	4.48	34	480,427	257,421	1.29
1	1,839,346	946,617	4.94	35	472,626	251,314	1.27
2	729,228	378,529	1.96	36	509.565	273,087	1.37
3	426,842	221,162	1.15	37	411,652	218.652	1.11
4	682,624	359,433	1.84	38	391,102	208,886	1.05
5	685,565	359,709	1.84	39	463,635	245,265	1.25
6	1,030,190	548,252	2.77	40	455,601	239,652	1.23
7	1,060,626	565,591	2.85	41	364,356	191,889	0.98
8	908,012	481,286	2.44	42	372,348	196,566	1.00
9	1,007,094	533,369	2.71	43	376,536	197,645	1.01
10	1,022,008	538,977	2.75	44	363,465	188,873	0.98
11	997,668	526,337	2.68	45	342,960	179,083	0.92
12	983,614	517,407	2.65	46	352,213	182,177	0.95
13	857,488	450,041	2.31	47	364,056	187,897	0.98
14	852,583	453,672	2.29	48	335,034	171,085	0.90
15	771,690	413,038	2.08	49	354,346	181,014	0.95
16	759,156	407,391	2.04	50	356,433	180,060	0.96
17	687,333	361,016	1.85	51	314,829	158,966	0.85
18	587,660	299,454	1.58	52	297,777	150,439	0.80
19	556,147	289,911	1.50	53	251,226	125,238	0.68
20	615,196	325,889	1.65	54	262,067	129,274	0.70
21	516,807	276,365	1.39	55	272,952	133,114	0.73
22	571,482	307,536	1.54	56	241,206	115,176	0.65
23	551,588	298,761	1.48	57	240,409	115,859	0.65
24	530,700	286,129	1.43	58	237,929	112,684	0.64
25	581,499	313,198	1.56	59	241,203	115,191	0.65
26	598,272	322,739	1.61	60	246,413	114,047	0.66
27	597,991	320,910	1.61	61	218,845	101,548	0.59
28	536,647	289,154	1.44	62	177,216	80,458	0.48
29	520,943	280,668	1.40	63	184,760	84,855	0.50
30	566,731	305,918	1.52	64	152,308	67,785	0.41
31	536,877	289,005	1.44	65	139,619	61,874	0.38
32	496,488	266,419	1.34	66	135,472	58,937	0.36

（18）湖北省人口年龄状况 （续完）

年龄	总人口 合计	总人口 其中：男	占总人口的百分比	年龄	总人口 合计	总人口 其中：男	占总人口的百分比
67	121,310	52,849	0.33	89	989	230	…
68	112,906	48,992	0.30	90	658	147	…
69	107,573	46,734	0.29	91	371	74	…
70	95,837	39,844	0.26	92	246	51	…
71	80,956	33,661	0.22	93	194	40	…
72	70,841	28,664	0.19	94	133	27	…
73	64,317	25,333	0.17	95	78	17	…
74	56,192	21,292	0.15	96	90	16	…
75	48,907	18,127	0.13	97	47	5	…
76	40,758	14,749	0.11	98	40	8	…
77	33,589	11,883	0.09	99	30	6	…
78	27,490	9,373	0.07	100	5	2	…
79	22,932	7,772	0.06	101	4	1	…
80	17,908	5,785	0.05	102	4	2	…
81	12,746	4,052	0.03	103	5	0	…
82	10,615	3,205	0.03	104	1	0	…
83	8,353	2,404	0.02	105	1	0	…
84	5,966	1,674	0.02	106	1	0	…
85	4,356	1,197	0.01	108	2	0	…
86	3,145	808	…	110	1	1	…
87	2,492	647	…	年龄不详	24,220	9,591	0.07
88	1,597	368	…				

（18）湖北省人口年龄状况

年龄	总人口		占总人口的百分比	年龄	总人口		占总人口的百分比
	合计	其中：男			合计	其中：男	
总计	33,709,344	17,306,618	100.00	33	401,319	219,446	1.19
0	1,378,803	702,883	4.09	34	427,398	231,355	1.27
1	1,513,063	774,961	4.49	35	402,296	216,467	1.19
2	1,076,950	555,564	3.19	36	393,701	212,635	1.17
3	476,147	246,584	1.41	37	364,898	197,719	1.08
4	639,413	333,727	1.90	38	387,613	209,459	1.15
5	774,722	403,811	2.30	39	457,687	244,336	1.36
6	1,030,646	538,561	3.06	40	443,609	233,037	1.31
7	944,185	492,486	2.80	41	394,047	207,285	1.17
8	840,682	436,825	2.49	42	375,935	197,118	1.11
9	943,836	491,491	2.80	43	361,873	189,542	1.07
10	871,954	454,069	2.59	44	382,353	200,044	1.13
11	822,693	429,724	2.44	45	337,826	175,169	1.00
12	804,087	418,861	2.39	46	319,383	165,638	0.95
13	700,686	366,537	2.08	47	351,482	182,493	1.04
14	670,655	354,892	1.99	48	343,409	176,088	1.02
15	645,990	341,867	1.92	49	353,152	179,143	1.05
16	663,590	350,412	1.97	50	354,275	176,699	1.05
17	648,434	339,649	1.92	51	297,937	148,747	0.88
18	539,863	278,474	1.60	52	280,467	139,396	0.83
19	491,672	256,703	1.46	53	226,110	111,668	0.67
20	518,707	269,775	1.54	54	238,381	115,852	0.71
21	448,441	234,022	1.33	55	253,619	121,226	0.75
22	528,284	275,176	1.57	56	209,948	98,761	0.62
23	498,806	260,978	1.48	57	194,014	90,843	0.57
24	383,085	203,485	1.14	58	210,096	96,332	0.65
25	410,127	221,648	1.22	59	208,936	95,711	0.62
26	475,505	258,682	1.41	60	228,474	101,504	0.68
27	478,445	258,572	1.42	61	214,120	94,206	0.63
28	500,793	271,914	1.49	62	183,011	79,301	0.54
29	478,957	258,119	1.42	63	199,872	84,474	0.59
30	524,314	281,253	1.55	64	155,293	65,121	0.46
31	453,585	243,819	1.34	65	113,300	46,968	0.34
32	381,005	206,902	1.13	66	111,507	45,086	0.33

（续完）

年龄	总人口 合计	总人口 其中：男	占总人口的百分比	年龄	总人口 合计	总人口 其中：男	占总人口的百分比
67	110,611	44,146	0.33	89	1,030	181	…
68	110,199	42,505	0.33	90	696	125	…
69	102,573	39,429	0.30	91	393	77	…
70	96,994	36,035	0.29	92	212	27	…
71	91,927	33,718	0.27	93	153	29	…
72	76,466	26,751	0.23	94	101	16	…
73	55,611	18,941	0.16	95	92	11	…
74	52,403	17,424	0.16	96	75	9	…
75	47,686	15,513	0.14	97	54	6	…
76	41,061	12,892	0.12	98	56	7	…
77	35,336	10,717	0.10	99	31	4	…
78	30,015	8,685	0.09	100	14	2	…
79	22,389	6,396	0.07	101	5	1	…
80	15,796	4,417	0.05	102	10	2	…
81	13,733	3,681	0.04	103	2	0	…
82	11,507	2,896	0.03	104	4	0	…
83	9,334	2,214	0.03	105	3	0	…
84	6,115	1,374	0.02	106	0	0	…
85	4,109	940	0.01	107	1	0	…
86	3,093	664	…	108	1	0	…
87	2,291	482	…	109	1	1	…
88	1,713	326	…	年龄不详	29,982	13,679	0.09

（19）河南省人口年龄状况

年龄	总人口		占总人口的百分比	年龄	总人口		占总人口的百分比
	合计	其中：男			合计	其中：男	
总计	50,325,511	25,490,705	100.00	33	665,196	349,674	1.32
0	2,092,546	1,057,575	4.16	34	641,707	336,371	1.28
1	2,313,551	1,178,351	4.60	45	618,128	325,353	1.23
2	1,101,468	566,783	2.19	36	592,837	311,338	1.18
3	539,533	276,979	1.07	37	609,722	319,679	1.21
4	855,741	449,443	1.70	38	626,805	323,374	1.25
5	915,878	482,758	1.82	39	646,530	330,817	1.29
6	1,383,484	729,739	2.75	40	606,249	310,934	1.20
7	1,405,182	740,205	2.79	41	521,426	265,205	1.04
8	1,319,947	694,008	2.62	42	512,117	256,324	1.02
9	1,534,604	805,208	3.05	43	551,155	278,251	1.10
10	1,433,281	747,940	2.85	44	568,105	281,174	1.13
11	1,382,961	719,760	2.75	45	507,141	247,947	1.01
12	1,388,026	718,627	2.76	46	486,899	238,943	0.97
13	1,214,723	633,049	2.41	47	485,248	239,485	0.96
14	1,126,301	587,751	2.24	48	498,321	241,434	0.99
15	987,463	518,474	1.96	49	449,788	217,447	0.89
16	962,097	510,297	1.91	50	442,500	216,161	0.88
17	939,042	492,384	1.87	51	367,579	178,935	0.73
18	953,189	494,078	1.89	52	333,188	163,094	0.66
19	861,189	453,407	1.71	53	375,344	182,451	0.75
20	589,410	311,275	1.17	54	428,457	203,700	0.85
21	683,448	364,328	1.36	55	407,552	190,144	0.81
22	784,354	410,096	1.56	56	368,764	171,250	0.73
23	701,194	366,110	1.39	57	338,864	155,113	0.67
24	637,286	334,307	1.26	58	350,585	156,401	0.70
25	594,013	315,785	1.18	59	325,912	144,795	0.65
26	640,581	344,437	1.27	60	311,880	139,987	0.62
27	670,722	356,277	1.33	61	321,409	143,006	0.64
28	722,510	381,339	1.44	62	265,518	115,981	0.53
29	733,740	383,013	1.46	63	263,674	113,912	0.52
30	749,233	392,499	1.49	64	206,764	87,679	0.41
31	650,392	339,143	1.29	65	183,418	77,844	0.36
32	595,070	313,974	1.18	66	198,401	82,861	0.39

（续完）

年 龄	总人口		占总人口的百分比	年 龄	总人口		占总人口的百分比
	合 计	其中：男			合 计	其中：男	
67	179,515	74,068	0.36	95	294	32	…
68	181,434	71,420	0.36	96	297	34	…
69	182,990	70,396	0.36	97	187	20	…
70	170,016	64,380	0.34	98	183	26	…
71	156,262	57,561	0.31	99	114	11	…
72	139,636	49,616	0.28	100	57	5	…
73	115,114	39,725	0.23	101	44	3	…
74	107,199	36,482	0.21	102	45	5	…
75	95,621	31,630	0.19	103	37	4	…
76	83,992	26,255	0.17	104	29	3	…
77	72,095	21,994	0.14	105	25	1	…
78	60,108	17,287	0.12	106	10	0	…
79	46,361	12,763	0.09	107	6	1	…
80	39,697	10,580	0.08	108	11	0	…
81	36,204	9,340	0.07	109	4	0	…
82	28,017	6,759	0.06	110	6	0	…
83	21,797	4,850	0.04	111	2	0	…
84	18,141	3,750	0.04	112	1	0	…
85	6,658	1,313	0.01	113	2	0	…
86	4,743	922	…	114	1	0	…
87	3,753	747	…	115	1	0	…
88	2,150	567	…	116	2	0	…
89	2,284	380	…	117	1	0	…
90	1,444	222	…	120	1	0	…
91	762	117	…	121	1	0	…
92	576	90	…	124	1	0	…
93	381	53	…	127	1	0	…
94	290	42	…	年龄不详	26,576	10,785	0.05

（20）四川省人口年龄状况

年龄	总人口		占总人口的百分比	年龄	总人口		占总人口的百分比
	合计	其中：男			合计	其中：男	
总计	67,956,490	34,686,076	100.00	32	933,842	495,535	1.37
				33	945,866	512,580	1.39
0	3,261,306	1,651,899	4.80	34	909,158	485,488	1.34
1	2,606,052	1,330,838	3.48	35	924,374	487,800	1.36
2	1,025,149	527,065	1.51	36	930,384	491,808	1.37
3	639,982	329,113	0.94	37	833,997	439,424	1.23
4	924,168	482,946	1.36	38	761,551	404,436	1.12
5	1,191,706	623,745	1.75	39	844,876	448,640	1.24
6	1,800,799	950,948	2.65	40	802,935	411,806	1.18
7	1,826,048	969,593	2.69	41	675,474	347,720	0.99
8	1,917,314	1,013,813	2.82	42	687,139	353,467	1.01
9	2,084,172	1,096,356	3.07	43	688,353	353,369	1.01
10	2,084,375	1,085,384	3.07	44	689,553	349,532	1.01
11	2,017,141	1,048,618	2.97	45	636,040	317,926	0.94
12	1,878,448	976,721	2.76	46	613,029	304,264	0.90
13	1,553,070	810,930	2.29	47	667,640	328,389	0.98
14	1,596,494	844,707	2.35	48	627,937	301,051	0.92
15	1,428,428	761,559	2.10	49	589,012	284,531	0.87
16	1,390,058	744,321	2.05	50	595,725	285,438	0.88
17	1,444,896	772,253	2.13	51	541,943	257,108	0.80
18	1,308,525	672,816	1.93	52	500,847	235,845	0.74
19	1,252,756	652,934	1.84	53	435,768	201,043	0.64
20	1,391,612	738,881	2.05	54	438,153	196,390	0.64
21	1,226,702	648,005	1.80	55	459,309	200,087	0.68
22	1,176,886	621,029	1.73	56	426,738	181,200	0.63
23	1,142,873	608,304	1.68	57	424,846	179,214	0.62
24	1,065,781	564,293	1.57	58	394,952	164,210	0.58
25	1,037,061	548,207	1.53	59	379,893	159,339	0.56
26	967,964	517,779	1.42	60	364,502	148,764	0.54
27	1,046,477	557,803	1.54	61	338,927	136,316	0.50
28	976,981	520,361	1.44	62	303,538	118,263	0.45
29	859,956	458,215	1.26	63	304,814	119,610	3.45
30	977,450	527,474	1.44	64	266,202	101,813	0.39
31	1,027,036	552,436	1.51	65	235,575	88,882	0.35

（续完）

年龄	总人口		占总人口的百分比	年龄	总人口		占总人口的百分比
	合计	其中：男			合计	男	
66	204,146	75,701	0.30	92	430	86	…
67	190,729	71,699	0.28	93	338	73	…
68	177,395	66,277	0.26	94	253	49	…
69	167,983	62,366	0.25	95	190	36	…
70	155,608	54,436	0.23	96	169	43	…
71	123,952	44,118	0.18	97	130	25	…
72	93,957	32,984	0.14	98	114	16	…
73	79,605	27,802	0.12	99	81	13	…
74	76,306	25,460	0.11	100	40	9	…
75	69,746	22,810	0.10	101	30	8	…
76	56,899	18,424	0.08	102	26	11	…
77	48,164	14,959	0.07	103	11	1	…
78	39,864	12,059	0.06	104	6	1	…
79	30,480	9,401	0.04	105	13	0	…
80	24,556	7,147	0.04	106	9	1	…
81	17,685	5,135	0.03	107	2	2	…
82	14,471	3,999	0.02	108	2	0	…
83	11,790	3,092	0.02	109	5	0	…
84	8,664	2,188	0.01	110	8	1	…
85	6,038	1,534	0.01	111	1	0	…
86	4,654	1,153	…	112	1	1	…
87	3,807	920	…	115	1	1	…
88	2,639	657	…	120	1	0	…
89	1,516	388	…	121	1	0	…
90	1,052	224	…	年龄不详	41,800	19,998	0.06
91	564	134	…				

（21）云南省人口年龄状况

年龄	总人口		占总人口的百分比
	合计	其中：男	
总计	20,509,525	10,247,452	100.00
0	914,744	459,326	4.46
1	918,089	465,033	4.48
2	589,795	300,794	2.88
3	368,049	188,005	1.79
4	441,033	225,930	2.15
5	362,593	185,145	1.77
6	541,916	278,426	2.64
7	530,862	273,246	2.59
8	549,304	283,529	2.68
9	572,241	294,635	2.79
10	530,889	272,666	2.59
11	478,664	245,521	2.33
12	438,839	224,387	2.14
13	371,660	192,412	1.81
14	406,272	211,349	1.98
15	376,252	195,522	1.83
16	374,242	193,630	1.83
17	395,111	202,988	1.93
18	329,252	166,743	1.61
19	310,027	155,933	1.51
20	347,883	178,608	1.70
21	339,071	172,973	1.65
22	348,748	176,550	1.70
23	314,385	159,862	1.53
24	294,098	150,439	1.43
25	326,050	169,413	1.59
26	343,972	179,961	1.68
27	334,150	174,136	1.63
28	343,718	177,816	1.68
29	299,939	155,121	1.46
30	293,831	152,763	1.43
31	304,753	157,443	1.49
32	297,890	154,637	1.45
33	297.168	155,065	1.45
34	275,342	140,742	1.34
35	274,425	139,974	1.34
36	286,317	145,089	1.40
37	243,369	125,084	1.19
38	203,103	102,854	0.99
39	217,137	109,125	1.06
40	237,327	117,309	1.16
41	219,536	108,206	1.07
42	219,851	109,035	1.07
43	203,980	99,333	0.99
44	183,087	89,310	0.89
45	187,864	91,908	0.92
46	182,647	87,779	0.89
47	196,599	94,256	0.96
48	202,714	95,546	0.99
49	191,815	91,134	0.94
50	199,357	95,077	0.97
51	166,441	78,406	0.81
52	167,546	78,791	0.82
53	158,898	73,387	0.77
54	162,495	73,563	0.79
55	170.805	76,489	0.83
56	141,181	63,259	0.69
57	126,785	56,163	0.62
58	127,890	55,688	0.62
59	115,833	50,178	0.56
60	122,037	52,242	0.60
61	122,128	47,465	0.55
62	100,870	42,201	0.49
63	90,544	37,512	0.44
64	81,775	33,813	0.40
65	76,291	30,714	0.37

（续完）

年龄	总人口 合计	其中：男	占总人口的百分比	年龄	总人口 合计	其中：男	占总人口的百分比
66	73,459	29,412	0.36	94	304	76	…
67	63,898	25,206	0.31	95	316	82	…
68	58,032	23,480	0.28	96	248	65	…
69	49,013	19,384	0.24	97	222	54	…
70	43,893	16,988	0.21	98	222	66	…
71	36,558	14,162	0.18	99	160	35	…
72	32,358	12,386	0.16	100	178	50	…
73	27,139	10,297	0.13	101	35	14	…
74	26,890	10,092	0.13	102	39	8	…
75	23,006	8,406	0.11	103	31	11	…
76	18,176	6,699	0.09	104	22	5	…
77	15,993	5,771	0.08	105	27	14	…
78	13,733	4,880	0.07	106	11	1	…
79	10,955	3,832	0.05	107	6	0	…
80	9,816	3,477	0.05	108	17	4	…
81	6,563	2,217	0.03	109	4	1	…
82	5,294	1,810	0.03	110	11	7	…
83	3,874	1,307	0.02	111	4	1	…
84	3,111	990	0.02	112	2	1	…
85	2,474	793	0.01	113	1	0	…
86	1,838	597	…	115	2	0	…
87	1,628	476	…	117	2	0	…
88	1,344	393	…	120	9	2	…
89	1,168	338	…	125	3	3	…
90	982	305	…	127	1	1	…
91	414	115	…	135	1	1	…
92	324	87	…	140	1	0	…
93	299	93	…	年龄不详	43,935	21,318	0.21

（22）贵州省人口年龄状况

年龄	总人口		占总人口的百分比	年龄	总人口		占总人口的百分比
	合计	其中：男			合计	其中：男	
总计	17,140,521	8,684,790	100.00	32	243,220	129,357	1.42
				33	239,657	127,688	1.40
0	834,838	420,948	4.87	34	220,759	116,186	1.29
1	806,657	411,623	4.71	35	220,289	115,240	1.28
2	324,616	167,440	1.89	36	228,248	119,227	1.33
3	212,163	109,847	1.24	37	165,905	86,612	0.97
4	289,284	150,709	1.69	38	131,857	68,550	0.77
5	343,444	178,601	2.00	39	158,807	82,373	0.93
6	448,439	234,234	2.62	40	169,975	86,733	0.99
7	447,463	234,108	2.61	41	156,296	78,809	0.91
8	442,167	231,438	2.58	42	152,582	76,908	0.89
9	478,117	249,817	2.79	43	155,530	77,806	0.91
10	473,305	245,999	2.76	44	143,750	72,856	0.84
11	449,385	233,628	2.62	45	148,584	73,831	0.87
12	389,365	202,182	2.27	46	152,200	74,484	0.88
13	350,437	183,644	2.04	47	165,491	80,780	0.97
14	363,468	190,976	2.12	48	169,869	81,633	0.99
15	343,390	179,978	2.00	49	165,938	80,156	0.97
16	338,133	176,131	1.97	50	156,230	75,665	0.91
17	368,817	191,568	2.15	51	139,826	67,348	0.81
18	303,654	155,471	1.77	52	146,431	69,528	0.85
19	275,796	143,214	1.61	53	136,715	64,155	0.80
20	327,085	171,977	1.91	54	132,851	60,772	0.78
21	318,565	164,750	1.86	55	136,862	61,410	0.80
22	321,992	165,559	1.88	56	126,099	56,423	0.74
23	286,385	148,020	1.67	57	118,768	52,432	0.69
24	270,653	139,751	1.58	58	119,309	51,911	0.70
25	305,123	158,946	1.78	59	107,086	46,810	0.62
26	302,635	158,779	1.76	60	111,418	47,142	0.65
27	286,109	149,281	1.67	61	109,026	45,759	0.64
28	267,865	140,844	1.56	62	84,155	35,149	0.49
29	240,835	127,222	1.40	63	74,398	31,158	0.43
30	238,727	126,697	1.39	64	66,759	27,385	0.39
31	263,654	139,523	1.54	65	55,970	22,371	0.33

（续完）

年龄	总人口		占总人口的百分比	年龄	总人口		占总人口的百分比
	合计	其中：男			合计	其中：男	
66	54,712	21,642	0.32	90	331	87	…
67	47,614	18,755	0.28	91	173	37	…
68	43,684	17,152	0.25	92	135	26	…
69	41,930	16,482	0.24	93	86	14	…
70	36,069	13,615	0.21	94	89	23	…
71	30,651	11,718	0.18	95	86	14	…
72	23,944	9,007	0.14	96	90	21	…
73	20,059	7,407	0.12	97	67	11	…
74	19,164	7,028	0.11	98	70	15	…
75	16,797	6,059	0.10	99	51	16	…
76	14,392	5,080	0.08	100	24	0	…
77	12,286	4,241	0.07	101	15	5	…
78	10,077	3,378	0.06	102	13	2	…
79	7,743	2,628	0.05	103	9	1	…
80	6,123	2,060	0.04	104	3	1	…
81	4,685	1,505	0.03	105	5	2	…
82	3,922	1,188	0.02	106	3	0	…
83	3,034	965	0.02	107	5	0	…
84	2,176	688	0.01	108	2	1	…
85	1,639	497	0.01	109	4	3	…
86	1,224	377	…	114	3	1	…
87	1,032	292	…	118	1	1	…
88	769	213	…	年龄不详	11,565	4,805	0.07
89	539	125	…				

（23）陕西省人口年龄状况

年龄	总人口		占总人口的百分比	年龄	总人口		占总人口的百分比
	合计	其中：男			合计	其中：男	
总计	20,766,915	10,896,670	100.00	32	265,331	141,687	1.28
				33	241,475	128,522	1.16
0	822,072	420,395	3.96	34	198,217	107,754	0.95
1	872,804	448,979	4.20	35	212,440	115,468	1.02
2	532,538	275,281	2.56	36	225,633	120,653	1.09
3	493,389	257,779	2.38	37	201,087	108,901	0.97
4	537,577	281,151	2.59	38	213,457	115,965	1.03
5	528,525	276,498	2.55	39	238,105	128,603	1.15
6	615,132	323,004	2.96	40	238,876	128,834	1.15
7	566,154	296,258	2.73	41	202,141	109,169	0.97
8	542,334	283,814	2.61	42	214,928	116,668	1.04
9	582,135	303,547	2.80	43	224,711	121,701	1.08
10	538,168	280,441	2.59	44	222,497	121,090	1.07
11	520,128	270,669	2.50	45	203,554	111,066	0.98
12	524,556	270,737	2.53	46	205,418	111,994	0.99
13	454,820	236,088	2.19	47	221,942	123,292	1.07
14	437,530	229,030	2.11	48	212,614	116,421	1.02
15	362,207	189,865	1.74	49	197,457	109,098	0.95
16	355,861	186,724	1.71	50	197,038	110,268	0.95
17	390,072	199,022	1.88	51	175,066	97,770	0.84
18	355,686	176,416	1.71	52	155,731	88,592	0.75
19	340,478	170,556	1.64	53	152,990	85,181	0.74
20	347,209	177,608	1.67	54	167,131	91,227	0.81
21	323,337	162,641	1.56	55	159,378	86,398	0.77
22	326,211	164,665	1.57	56	141,444	77,236	0.68
23	311,350	157,309	1.50	57	143,235	77,747	0.69
24	295,140	148,598	1.42	58	147,441	79,240	0.71
25	300,757	153,853	1.45	59	128,455	69,450	0.62
26	315,381	164,947	1.52	60	135,799	72,966	0.65
27	305,966	160,121	1.47	61	143,644	77,166	0.69
28	292,248	153,401	1.41	62	83,283	44,625	0.40
29	284,541	148,528	1.37	63	87,420	47,917	0.42
30	269,705	142,738	1.30	64	73,145	39,332	0.35
31	259,427	138,060	1.25	65	72,892	38,892	0.35

（续完）

年　龄	总人口		占总人口的百分比	年　龄	总人口		占总人口的百分比
	合　计	其中：男			合　计	其中：男	
66	74,675	39,300	0.36	91	224	67	…
67	68,316	35,707	0.33	92	138	36	…
68	70,742	36,785	0.34	93	96	30	…
69	66,090	34,038	0.32	94	94	22	…
70	56,657	28,185	0.27	95	68	14	…
71	50,874	26,030	0.24	96	72	18	…
72	43,926	22,058	0.21	97	36	12	…
73	34,160	16,907	0.16	98	31	8	…
74	33,845	16,595	0.16	99	22	5	…
75	28,983	13,940	0.14	100	15	4	…
76	24,886	11,793	0.12	101	10	1	…
77	21,806	10,164	0.11	102	18	2	…
78	17,915	8,118	0.09	103	6	1	…
79	14,632	6,504	0.07	104	9	2	…
80	11,936	5,129	0.06	105	5	1	…
81	10,107	4,254	0.05	106	2	0	…
82	8,185	3,281	0.04	107	1	0	…
83	5,926	2,326	0.03	108	2	0	…
84	5,372	1,979	0.03	110	2	0	…
85	1,852	641	0.01	112	1	0	…
86	1,358	490	…	113	1	0	…
87	1,073	358	…	116	1	0	…
88	783	285	…	119	2	0	…
89	588	175	…	年龄不详	3,595	1,674	0.02
90	364	115	…				

（24）甘肃省人口年龄状况

年龄	总人口		占总人口的百分比	年龄	总人口		占总人口的百分比
	合计	其中：男			合计	其中：男	
总计	12,630,569	6,571,652	100.00	33	187,578	101,239	1.49
0	599,308	301,943	4.75	34	108,184	58,802	0.86
1	608,513	310,899	4.82	35	113,964	63,381	0.90
2	324,776	167,532	2.57	26	124,462	67,623	0.99
3	175,297	90,943	1.39	37	130,306	70,924	1.03
4	221,385	116,197	1.75	38	140,891	76,400	1.12
5	216,255	112,749	1.71	39	141,109	75,634	1.12
6	330,233	173,749	2.61	40	135,286	71,639	1.07
7	341,333	178,722	2.70	41	120,508	63,473	0.95
8	360,366	188,816	2.85	42	115,689	61,655	0.92
9	346,353	180,298	2.74	43	114,548	60,178	0.91
10	339,303	176,365	2.69	44	117,543	61,596	0.93
11	321,284	166,542	2.54	45	117,067	61,335	0.93
12	321,129	165,813	2.54	46	112,049	58,493	0.89
13	281,867	145,973	2.23	47	117,562	61,709	0.93
14	288,119	151,123	2.28	48	116,599	60,182	0.92
15	240,541	126,741	1.90	49	107,507	55,717	0.85
16	251,818	132,585	1.99	50	103,619	54,388	0.82
17	270,977	133,276	2.15	51	92,973	47,736	0.74
18	258,802	124,822	2.05	52	92,088	47,106	0.73
19	245,285	126,438	1.94	53	88,174	44,614	0.70
20	249,886	133,990	1.98	54	85,053	42,348	0.67
21	236,067	124,537	1.87	55	83,897	41,155	0.66
22	236,428	125,044	1.87	56	77,029	37,507	0.61
23	228,820	122,159	1.81	57	74,192	36,073	0.59
24	236,257	125,072	1.87	58	68,278	33,262	0.54
25	227,732	120,916	1.80	59	59,135	28,784	0.47
26	223,060	120,523	1.77	60	61,745	30,126	0.49
27	212,129	114,440	1.68	61	63,772	30,933	0.51
28	206,092	112,385	1.63	62	46,603	22,251	0.37
29	198,272	106,849	1.57	63	45,684	22,208	0.36
30	202,032	109,213	1.60	64	39,151	18,661	0.31
31	189,407	100,885	1.50	65	35,431	17,071	0.28
32	175,910	94,866	1.39	66	34,020	16,111	0.27

（续完）

年龄	总人口		占总人口的百分比	年龄	总人口		占总人口的百分比
	合计	其中：男			合计	其中：男	
67	28,933	13,517	0.23	88	222	76	…
67	25,131	12,068	0.20	89	154	61	…
69	23,060	10,736	0.18	90	94	30	…
70	18,083	8,317	0.14	91	63	20	…
71	16,697	7,812	0.13	92	32	10	…
72	14,479	6,759	0.11	93	30	8	…
73	11,858	5,484	0.09	94	30	7	…
74	10,920	4,947	0.09	95	27	7	…
75	8,908	4,093	0.07	96	20	3	…
76	7,315	3,172	0.06	97	19	7	…
77	6,209	2,735	0.05	98	13	3	…
78	4,911	2,153	0.04	99	14	3	…
79	3,743	1,542	0.03	100	3	1	…
80	3,176	1,323	0.03	102	2	1	…
81	2,315	956	0.02	103	3	0	…
82	1,855	768	0.01	104	3	0	…
83	1,401	538	0.01	105	2	0	…
84	1,108	459	0.01	106	2	1	…
85	605	234	…	107	2	0	…
86	412	170	…	109	1	0	…
87	306	110	…	年龄不详	1,676	775	0.01

（25）青海省人口年龄状况

年龄	总人口		占总人口的百分比	年龄	总人口		占总人口的百分比
	合计	其中：男			合计	其中：男	
总计	2,145,604	1,137,994	100.00	33	35,330	20,255	1.65
0	105,341	53,196	4.91	24	27,347	15,894	1.27
1	102,993	52,818	4.80	35	26,906	15,725	1.25
2	50,606	26,260	2.36	36	28,251	16,090	1.32
3	28,164	14,480	1.31	37	26,392	15,125	1.23
4	37,190	19,319	1.73	38	26,692	15,371	1.24
5	43,853	22,740	2.04	39	26,043	14,875	1.21
6	56,964	29,754	2.66	40	24,803	14,244	1.16
7	54,755	28,206	2.55	41	22,145	12,748	1.03
8	57,006	29,578	2.66	42	20,747	12,077	0.97
9	54,816	28,057	2.56	43	20,024	11,623	0.93
10	51,008	26,231	2.38	44	20,719	11,715	0.97
11	48,019	24,547	2.24	45	19,714	11,141	0.92
12	48,067	22,655	2.24	46	18,106	10,028	0.84
13	43,079	22,240	2.01	47	17,710	9,543	0.83
14	43,141	22,776	2.01	48	17,646	9,602	0.82
15	38,149	19,933	1.78	49	16,354	8,995	0.76
16	36,504	18,521	1.70	50	16,253	8,823	0.76
17	39,757	18,914	1.85	51	14,888	7,888	0.69
18	40,023	19,325	1.87	52	14,192	7,489	0.66
19	38,486	19,897	1.79	53	13,601	7,021	0.63
20	39,400	20,940	1.84	54	12,899	6,665	0.60
21	39,918	21,083	1.86	55	12,857	6,338	0.60
22	42,307	22,824	1.97	56	11,494	5,689	0.54
23	40,218	22,003	1.88	57	11,339	5,375	0.53
24	40,588	22,266	1.89	58	10,736	5,146	0.50
25	41,675	23,262	1.94	59	9,309	4,340	0.43
26	44,014	24,769	2.05	60	9,542	4,393	0.45
27	42,602	24,235	1.99	61	8,822	4,036	0.41
28	42,077	24,104	1.96	62	8,339	3,805	0.39
29	37,992	21,994	1.77	63	7,882	3,590	0.37
30	37,797	21,790	1.76	64	6,742	3,040	0.31
31	35,857	20,663	1.67	65	5,898	2,536	0.27
32	34,853	19,830	1.62	66	5,874	2,509	0.27

（续完）

年龄	总人口		占总人口的百分比	年龄	总人口		占总人口的百分比
	合计	其中：男			合计	其中：男	
67	4,457	1,897	0.21	92	32	5	…
68	3,365	1,380	0.16	93	27	8	…
69	3,376	1,380	0.16	94	34	11	…
70	2,487	1,031	0.12	95	29	6	…
71	2,373	946	0.11	96	27	8	…
72	2,609	1,048	0.12	97	21	5	…
73	1,963	806	0.09	98	15	2	…
74	2,018	813	0.09	99	24	7	…
75	1,604	626	0.07	100	10	1	…
76	1,452	560	0.07	101	9	1	…
77	1,332	503	0.06	102	11	1	…
78	1,004	379	0.05	103	1[illegible]	1	…
79	872	310	0.04	104	8	3	…
80	689	267	0.03	105	3	2	…
81	583	184	0.03	106	6	0	…
82	509	197	0.02	107	7	1	…
83	402	151	0.02	108	10	1	…
84	322	115	0.02	109	7	0	…
85	230	73	0.01	110	8	1	…
86	165	56	…	111	4	0	…
87	180	63	…	112	2	1	…
88	110	26	…	116	2	1	…
89	85	26	…	118	2	1	…
90	54	12	…	119	1	0	…
91	28	4	…	年龄不详	211	130	0.01

（26）新疆维吾尔自治区人口年龄状况

年龄	总人口		占总人口的百分比	年龄	总人口		占总人口的百分比
	合计	其中：男			合计	其中：男	
总计	7,270,067	3,894,740	100.00	33	95,867	56,066	1.32
0岁	286,505	145,085	3.94	34	100,942	58,074	1.39
1	257,326	131,193	3.54	35	107,680	59,830	1.48
2	199,648	101,595	2.75	36	91,823	54,292	1.26
3	156,003	79,046	2.15	37	81,685	49,382	1.12
4	160,214	81,693	2.20	38	88,898	52,461	1.22
5	158,883	80,848	2.19	39	79,457	45,788	1.09
6	177,051	89,812	2.44	40	90,784	50,617	1.25
7	178,801	90,380	2.46	41	54,330	33,617	0.75
8	173,838	87,864	2.39	42	57,127	35,185	0.79
9	155,219	78,670	2.14	43	56,852	33,783	0.78
10	155,017	78,554	2.13	44	62,837	36,188	0.86
11	152,377	77,181	2.10	45	69,356	38,591	0.95
12	170,650	86,486	2.35	46	49,590	29,347	0.68
13	153,636	79,514	2.11	47	47,522	28,443	0.65
14	151,055	81,148	2.08	48	53,977	30,891	0.74
15	131,124	72,670	1.80	49	49,552	27,245	0.68
16	131,226	71,413	1.81	50	59,983	32,213	0.82
17	134,189	68,684	1.85	51	36,329	21,995	0.50
18	151,737	69,800	2.09	52	36,567	22,133	0.50
19	137,995	66,325	1.90	53	37,012	21,783	0.51
20	149,258	74,416	2.05	54	41,794	23,173	0.57
21	138,607	71,550	1.91	55	45,502	24,396	0.63
22	159,384	82,760	2.19	56	34,989	19,695	0.48
23	157,388	84,500	2.16	57	30,805	17,474	0.42
24	170,474	92,449	2.34	58	36,632	19,847	0.50
25	166,517	90,852	2.29	59	35,970	18,423	0.49
26	153,800	87,237	2.12	60	47,069	23,365	0.65
27	140,891	79,684	1.94	61	25,403	13,908	0.35
28	137,918	76,047	1.90	62	26,430	14,626	0.36
29	118,291	65,210	1.63	63	26,808	14,852	0.37
30	129,524	69,528	1.78	64	27,804	14,991	0.38
31	94,653	54,716	1.30	65	29,142	15,355	0.40
32	97,904	56,672	1.35	66	21,027	11,746	0.29

（续完）

年龄	总人口		占总人口的百分比	年龄	总人口		占总人口的百分比
	合计	其中：男			合计	其中：男	
67	17,857	10,185	0.25	100	1,318	729	0.02
68	19,998	11,059	0.28	101	204	123	…
69	19,354	10,251	0.27	102	197	121	…
70	24,725	12,698	0.34	103	173	112	…
71	12,737	7,529	0.18	104	147	88	…
72	13,387	8,116	0.18	105	179	103	…
73	12,317	7,341	0.17	106	92	61	…
74	13,612	7,912	0.19	107	87	54	…
75	15,550	8,647	0.21	108	113	75	…
76	10,170	6,220	0.14	109	88	48	…
77	8,537	5,337	0.12	110	158	95	…
78	9,243	5,381	0.13	111	26	17	…
79	7,927	4,386	0.11	112	31	17	…
80	10,868	5,769	0.15	113	20	13	…
81	4,637	2,981	0.06	114	23	17	…
82	4,732	3,064	0.07	115	36	20	…
83	4,305	2,713	0.06	116	22	14	…
84	4,743	3,013	0.07	117	14	10	…
85	4,936	3,023	0.07	118	17	9	…
86	3,145	2,040	0.04	119	7	5	…
87	2,288	1,455	0.03	120	45	21	…
88	2,254	1,373	0.03	121	1	1	…
89	2,213	1,239	0.03	123	2	0	…
90	2,874	1,547	0.04	124	5	2	…
91	998	639	0.01	125	8	5	…
92	1,039	715	0.02	126	3	2	…
93	998	660	0.01	127	2	2	…
94	1,131	727	0.02	128	2	1	…
95	1,396	870	0.02	129	1	1	…
96	962	605	0.01	130	2	1	…
97	701	450	0.01	134	1	0	…
98	829	469	0.01	135	1	1	…
99	967	545	0.01	年龄不详	964	656	0.01

（27）宁夏回族自治区人口年龄状况

年龄	总人口		占总人口的百分比	年龄	总人口		占总人口的百分比
	合计	其中：男			合计	其中：男	
总计	2,107,490	1,108,421	100.00	33	27,073	14,943	1.28
0	102,506	51,682	4.86	34	20,178	11,139	0.96
1	111,108	56,554	5.27	35	18,964	10,631	0.90
2	50,569	25,960	2.40	36	19,818	10,989	0.94
3	33,879	17,519	1.61	37	20,601	11,451	0.98
4	45,210	23,480	2.15	38	21,865	12,089	1.04
5	41,223	21,291	1.96	39	21,537	11,707	1.02
6	62,167	32,204	2.95	40	19,580	10,759	0.93
7	63,705	32,792	3.02	41	18,194	9,886	0.86
8	66,714	34,541	3.16	42	16,954	9,328	0.80
9	63,437	32,775	3.01	43	17,552	9,414	0.83
10	59,871	30,800	2.84	44	18,178	9,936	0.86
11	54,565	28,334	2.59	45	18,260	10,075	0.87
12	57,884	29,813	2.75	46	17,767	9,668	0.84
13	51,957	26,581	2.46	47	17,886	9,998	0.85
14	49,146	25,897	2.33	48	17,989	9,942	0.85
10	39,482	20,302	1.87	49	16,525	9,089	0.78
16	38,117	19,343	1.81	50	16,920	9,420	0.80
17	41,702	19,648	1.98	51	15,174	8,577	0.72
18	40,835	18,835	1.94	52	14,040	8,009	0.67
19	39,739	19,980	1.89	53	13,747	7,727	0.65
20	42,585	22,541	2.02	54	13,358	7,447	0.63
21	41,760	22,092	1.98	55	12,773	6,975	0.61
22	36,505	19,089	1.73	56	11,891	6,610	0.56
23	34,069	17,940	1.62	57	11,799	6,512	0.56
24	37,545	19,347	1.78	58	11,733	6,491	0.56
25	36,755	19,159	1.74	59	10,281	5,586	0.49
26	35,046	18,550	1.66	60	10,477	5,854	0.50
27	30,895	16,597	1.46	61	10,664	5,917	0.51
28	31,528	17,129	1.50	62	7,907	4,552	0.38
29	31,186	16,761	1.48	63	7,406	4,204	0.35
30	30,060	16,345	1.43	64	6,677	3,747	0.32
31	28,236	15,189	1.34	65	5,914	3,233	0.28
32	25,643	14,062	1.22	66	5,769	3,232	0.27

（续完）

年龄	总人口		占总人口的百分比	年龄	总人口		占总人口的百分比
	合计	其中：男			合计	其中：男	
67	5,252	2,887	0.25	88	77	35	…
68	4,798	2,641	0.23	89	45	17	…
69	4,171	2,349	0.20	90	30	10	…
70	3,380	1,901	0.16	91	22	8	…
71	2,880	1,669	0.14	92	14	2	…
72	2,755	1,584	0.13	93	14	7	…
73	2,240	1,241	0.11	94	16	7	…
74	1,984	1,133	0.09	95	17	4	…
75	1,740	983	0.08	96	16	8	…
76	1,412	760	0.07	97	11	4	…
77	1,186	624	0.06	98	14	4	…
78	894	474	0.04	99	8	2	…
79	763	398	0.04	100	6	1	…
80	649	350	0.03	101	2	0	…
81	533	293	0.03	103	2	0	…
82	435	226	0.02	105	1	0	…
83	300	171	0.01	106	1	0	…
84	252	130	0.01	108	2	0	…
85	136	72	…	110	2	1	…
86	126	57	…	年龄不详	112	48	0.01
87	112	51	…				

三、第三次全国人口普查主要数据

（普查的标准时间：1982年7月1日0时）

（电子计算机汇总）

提　　要

（一）全国总人口	1,031,887,961*
其中：（1）大陆29省、市、自治区人口	1,003,942,528
（2）中国人民解放军现役军人	4,238,210
（3）台湾省人口	18,270,749
（4）香港澳门地区同胞	5,378,627
（二）29省、市、自治区汉族人口	936,674,944
（三）29省、市、自治区少数民族人口	66,434,341
（四）29省、市、自治区市（不含市辖县）人口	145,253,071
（五）29省、市、自治区镇人口	61,056,073
（六）29省、市、自治区县(不含镇)人口	797,633,384

* 含金门、马祖岛屿的人口57,847人。

1. 全 国 总 人 口 和 男 女 比 例

地区别	总人口数			占人口总数合计的百分比(%)		性比例(女=100)
	合计	男	女	男	女	
全国总计	1,031,887,961	—	—	—	—	—
大陆29省、市、自治区合计	1,003,942,528	515,277,505	488,636,422	51.33	48.67	105.45
北京市	9,230,663	4,670,631	4,560,032	50.60	49.40	102.43
天津市	7,764,137	3,941,913	3,822,224	50.77	49.23	103.13
河北省	53,005,507	27,125,608	25,879,899	51.18	48.82	104.81
山西省	25,291,450	13,161,639	12,129,811	52.04	47.96	108.51
内蒙古自治区	19,274,281	10,052,855	9,221,426	52.16	47.84	109.02
辽宁省	35,721,694	18,225,145	17,496,549	51.02	48.98	104.16
吉林省	22,560,024	11,554,343	11,005,681	51.22	48.78	104.99
黑龙江省	32,665,512	16,721,245	15,944,267	51.19	48.81	104.87
上海市	11,859,700	5,909,980	5,949,720	49.83	50.17	99.33
江苏省	60,521,113	30,767,523	29,753,590	50.84	49.16	103.41
浙江省	38,884,593	20,166,996	18,717,597	51.86	48.14	107.74
安徽省	49,665,947	25,763,836	23,902,111	51.87	48.13	107.79
福建省	25,872,917 (25,930,764)*	13,308,562	12,564,355	51.44	48.56	105.92
江西省	33,185,471	17,114,253	16,071,218	51.57	48.43	106.49
山东省	74,419,152	37,736,680	36,682,472	50.71	49.29	102.87
河南省	74,422,573	37,949,774	36,472,799	50.99	49.01	104.05
湖北省	47,808,118	24,547,939	23,260,179	51.35	48.65	105.54
湖南省	54,010,155	28,052,125	25,958,030	51.94	48.06	108.07
广东省	59,299,620	30,312,111	28,987,509	51.12	48.88	104.57
广西壮族自治区	36,421,421	18,851,663	17,569,758	51.76	48.24	107.30
四川省	99,713,246	51,445,257	48,267,989	51.59	48.41	106.58
贵州省	28,552,942	14,640,837	13,912,105	51.28	48.72	105.24
云南省	32,553,699	16,499,814	16,053,885	50.68	49.32	102.78
西藏自治区	1,892,224**	921,238	942,385	49.43	50.57	97.76
陕西省	28,904,369	14,967,717	13,936,652	51.78	48.22	107.40
甘肃省	19,569,191	10,123,880	9,445,311	51.73	48.27	107.18
青海省	3,895,695	2,004,865	1,890,830	51.46	48.54	106.03
宁夏回族自治区	3,895,576	2,006,845	1,888,731	51.52	48.48	106.25
新疆维吾尔自治区	13,081,538	6,732,231	6,349,307	51.46	48.54	106.03
中国人民解放军现役军人	4,238,210	—	—	—	—	—
台湾省	18,270,749	—	—	—	—	—
香港澳门地区同胞	5,378,627	—	—	—	—	—

* 福建省括号内的数字包括金门、马祖岛屿的人口57,847人，全国总计是按这个数字计算的。

** 西藏总人口包括间接调查的28,601人，本表男、女人口数和以后各表均未包括此数。

2. 全国家庭户与集体户的总户数和总人口数

地区别	总户数 合计	总户数 家庭户	总户数 集体户	总人口数 合计	总人口数 家庭户	总人口数 集体户	家庭户平均每户人数
总计	221,156.684	220,083,009	1,073,675	1,003,913,927	971,091,207	32,822,720	4.41(4.43)(注)
北京市	2,352,026	2,337,261	14,765	9,230,663	8,631,493	599,170	3.69
天津市	1,920,857	1,914,039	6,818	7,764,137	7,472,265	291,872	3.90
河北省	12,376,986	12,317,209	59,777	53,005,507	50,972,624	2,032,883	4.14
山西省	5,927,147	5,891,455	35,692	25,291,450	23,967,041	1,324,409	4.07
内蒙古自治区	4,200,048	4,187,564	12,484	19,274,281	18,903,841	370,440	4.51
辽宁省	8,557,423	8,535,937	21,486	35,721,694	34,870,762	850,932	4.09
吉林省	5,083,129	5,073,551	9,578	22,560,024	22,277,023	283,001	4.39
黑龙江省	7,158,124	7,145,239	12,885	32,665,512	32,172,244	493,268	4.50
上海市	3,151,650	3,127,065	24,585	11,859,700	11,248,412	611,288	3.60
江苏省	15,120,039	15,066,423	53,616	60,521,113	58,870,750	1,650,363	3.91
浙江省	9,603,559	9,558,560	44,999	38,884,593	37,843,555	1,041,038	3.96
安徽省	10,522,144	10,470,792	51,352	49,665,947	48,540,143	1,125,804	4.64
福建省	5,169,728	5,142,142	27,586	25,872,917	24,922,594	950,323	4.85
江西省	6,533,049	6,493,092	39,957	33,185,471	32,051,687	1,133,784	4.94
山东省	17,390,221	17,335,083	55,138	74,419,152	72,111,815	2,307,337	4.16
河南省	15,360,848	15,304,584	56,264	74,422,573	72,348,249	2,074,324	4.73
湖北省	10,159,043	10,089,556	69,487	47,808,118	45,666,859	2,141,259	4.53
湖南省	12,338,843	12,279,122	59,721	54,010,155	51,737,838	2,272,317	4.21
广东省	11,962,544	11,882,131	80,413	59,299,620	57,024,946	2,274,674	4.80
广西壮族自治区	6,938,410	6,897,157	41,253	36,421,421	35,428,277	993,144	5.14
四川省	22,869,153	22,746,217	122,936	99,713,246	96,623,153	3,090,093	4.25
贵州省	5,686,804	5,659,311	27,493	28,552,942	27,893,390	659,552	4.93
云南省	6,140,904	6,095,741	45,163	32,553,699	31,527,215	1,026,484	5.17
西藏自治区	319,260	316,753	2,507	1,863,623	1,602,612	261,011	5.06
陕西省	6,154,803	6,103,778	51,025	28,904,369	27,344,629	1,559,740	4.48
甘肃省	3,756,780	3,730,948	25,832	19,569,191	18,908,711	660,480	5.07
青海省	722,906	718,473	4,433	3,895,695	3,707,528	188,167	5.16
宁夏回族自治区	742,336	736,854	5,482	3,895,576	3,749,288	146,288	5.09
新疆维吾尔自治区	2,937,920	2,926,972	10,948	13,081,538	12,672,263	409,275	4.33

注：国务院人口普查办公室和国家统计局人口统计司在北京、天津、上海三个直辖市和辽宁、山东、湖北、广东、四川、陕西六个省，对19,922个家庭户规模进行了核查。括号内数字系根据核查结果调整后的数字。

3. 全国市(不含市辖

地区别	市数合计(个)	4,000,000人以上	2,000,000 | 3,999,999人	1,000,000 | 1,999,999人
总计	244	4	9	25
北京市	1	1	0	0
天津市	1	1	0	0
河北省	11	0	0	2
山西省	7	0	0	1
内蒙古自治区	10	0	0	1
辽宁省	13	1	0	3
吉林省	9	0	0	2
黑龙江省	16	0	1	1
上海市	1	1	0	0
江苏省	11	0	1	0
浙江省	9	0	0	2
安徽省	12	0	0	1
福建省	7	0	0	1
江西省	10	0	0	2
山东省	10	0	1	4
河南省	18	0	0	1
湖北省	11	0	1	0
湖南省	15	0	0	1
广东省	14	0	1	0
广西壮族自治区	7	0	0	0
四川省	13	0	2	0
贵州省	5	0	1	1
云南省	6	0	0	1
西藏自治区	1	0	0	0
陕西省	6	0	1	0
甘肃省	5	0	0	1
青海省	5	0	0	0
宁夏回族自治区	2	0	0	0
新疆维吾尔自治区	8	0	0	0

县）按人口数分组

800,000 | 999,999 人	500,000 | 799,999人	300,000 | 499,999人	100,000 | 299,999人	100,000 人以下
15	32	48	89	22
0	0	0	0	0
0	0	0	0	0
1	2	3	3	0
1	0	2	3	0
0	1	0	7	1
0	4	2	3	0
0	2	2	2	1
1	5	1	2	5
0	0	0	0	0
1	3	4	2	0
3	2	1	1	0
1	1	4	4	1
0	1	3	2	0
0	1	2	5	0
0	0	2	3	0
1	3	3	9	1
0	0	4	5	1
1	1	3	5	4
1	1	2	9	0
1	1	1	3	1
2	2	1	6	0
0	0	1	1	1
0	0	1	4	0
0	0	0	1	0
0	0	4	1	0
0	0	0	3	1
0	1	0	0	4
0	0	2	0	0
1	1	0	5	1

4. 全国县按人口数分组

地区别	县数合计（个）	1,000,000人以上	800,000 999,999人	500,000 799,999人	300,000 499,999人	100,000 299,999人	100,000人以下
总计	2,133	98	151	396	531	691	266
北京市	9	0	0	2	5	2	0
天津市	5	0	0	3	1	1	0
河北省	139	0	1	17	57	63	1
山西省	101	0	0	2	15	68	16
内蒙古自治区	79	0	0	0	17	40	22
辽宁省	45	0	5	17	20	2	1
吉林省	37	1	3	9	13	10	1
黑龙江省	66	0	2	11	28	17	8
上海市	10	0	0	6	4	0	0
江苏省	64	19	16	20	7	2	0
浙江省	63	2	9	14	26	11	1
安徽省	70	12	10	21	19	7	1
福建省	60	2	3	7	16	31	1
江西省	81	1	2	18	18	39	3
山东省	105	5	19	47	29	4	1
河南省	111	6	18	51	28	8	0
湖北省	73	6	11	23	23	9	1
湖南省	89	6	12	31	18	22	0
广东省	97	9	14	22	25	25	2
广西壮族自治区	80	3	8	13	26	29	1
四川省	182	24	16	37	31	39	35
贵州省	76	1	1	8	24	41	1
云南省	123	1	1	3	29	75	14
西藏自治区	70	0	0	0	0	0	70
陕西省	91	0	0	11	23	43	14
甘肃省	73	0	0	2	22	38	11
青海省	38	0	0	0	3	6	29
宁夏回族自治区	16	0	0	1	1	12	2
新疆维吾尔自治区	80	0	0	0	3	47	30

5. 全国市（不含市辖县）、镇人口

地区别	总人口数	市、镇人口数				市、镇人口占总人口数的百分比	附：尚未批准的集镇人口数
		合计	市	其中郊区公社	镇		
总计	1,003,913,927	206,309,144	145,253,071	37,179,052	61,056,073	20.55	2,228,845
北京市	9,230,663	5,970,198	5,597,955	923,034	372,243	64.68	—
天津市	7,764,137	5,333,616	5,142,560	1,023,474	191,056	68.70	—
河北省	53,005,507	7,258,935	6,048,144	1,012,667	1,210,791	13.69	—
山西省	25,291,450	5,314,517	4,252,430	1,479,715	1,062,087	21.01	482,887
内蒙古自治区	19,274,281	5,561,343	3,193,588	270,773	2,367,755	28.85	59,351
辽宁省	35,721,694	15,132,301	11,878,587	2,494,731	3,253,714	42.36	4,995
吉林省	22,560,024	8,941,116	5,515,103	1,628,279	3,426,013	39.63	—
黑龙江省	32,665,512	13,110,473	8,773,063	560,557	4,337,410	40.14	73,205
上海市	11,859,700	6,975,136	6,320,829	—	654,307	58.81	—
江苏省	60,521,113	9,572,190	6,745,009	1,483,507	2,827,181	15.82	—
浙江省	38,884,593	9,996,931	6,860,501	4,171,673	3,136,430	25.71	—
安徽省	49,665,947	7,031,468	4,885,043	1,183,918	2,146,425	14.16	174,312
福建省	25,872,917	5,480,122	3,311,248	1,511,560	2,168,874	21.18	—
江西省	33,185,471	6,452,917	4,219,182	1,660,516	2,233,735	19.45	27,912
山东省	74,419,152	14,190,681	8,690,330	1,088,915	5,500,351	19.07	131,355
河南省	74,422,573	10,771,790	7,186,024	2,718,456	3,585,766	14.47	—
湖北省	47,808,118	8,279,094	5,474,998	812,787	2,804,096	17.32	1,600
湖南省	54,010,155	7,674,066	5,074,058	1,483,104	2,600,008	14.21	432,766
广东省	59,299,620	11,042,758	7,117,770	2,335,577	3,924,988	18.62	58,028
广西壮族自治区	36,421,421	4,307,094	2,477,666	925,895	1,829,428	11.83	—
四川省	99,713,246	14,233,199	9,880,472	4,255,063	4,352,727	14.27	167,936
贵州省	28,552,942	5,402,205	4,056,447	625,637	1,345,758	18.92	191,604
云南省	32,553,699	4,216,109	2,434,611	842,565	1,781,498	12.95	16,535
西藏自治区	1,863,623	179,185	105,866	—	73,319	9.61	—
陕西省	28,904,369	5,490,516	4,058,077	1,611,397	1,432,439	19.00	—
甘肃省	19,569,191	3,002,495	1,980,463	247,829	1,022,032	15.34	32,661
青海省	3,895,695	797,907	690,197	200,309	107,710	20.48	187,851
宁夏回族自治区	3,895,576	875,941	667,737	169,184	208,204	22.49	49,010
新疆维吾尔自治区	13,081,538	3,714,841	2,615,113	457,930	1,099,728	28.40	136,837

6. 全国文盲、

地区别	12岁及12岁以上人口			文盲、
	合计	男	女	合计
总计	745,927,105	382,204,755	363,722,350	237,720,787
北京市	7,696,852	3,877,386	3,819,466	1,151,905
天津市	6,328,390	3,202,858	3,125,532	1,088,678
河北省	40,384,157	20,612,082	19,772,075	11,935,381
山西省	18,760,274	9,771,265	8,989,009	4,568,416
内蒙古自治区	13,952,097	7,330,716	6,621,381	4,336,010
辽宁省	27,938,796	14,225,586	13,713,210	4,631,319
吉林省	16,911,771	8,663,917	8,247,854	3,683,486
黑龙江省	23,823,256	12,208,359	11,614,897	5,281,724
上海市	10,197,632	5,056,284	5,141,348	1,703,126
江苏省	47,781,485	24,187,937	23,593,548	16,546,787
浙江省	30,309,623	15,718,218	14,591,405	9,458,013
安徽省	36,208,251	18,748,717	17,459,534	16,738,351
福建省	18,443,822	9,482,560	8,961,262	6,851,157
江西省	22,974,680	11,836,284	11,138,396	7,379,990
山东省	56,896,903	28,685,774	28,211,129	20,917,249
河南省	54,520,335	27,654,455	26,865,880	20,149,685
湖北省	36,125,386	18,532,012	17,593,374	11,240,624
湖南省	40,265,918	20,959,586	19,306,332	9,612,148
广东省	43,603,830	22,150,585	21,453,245	9,987,138
广西壮族自治区	25,608,705	13,235,224	12,373,481	6,392,634
四川省	74,017,341	38,238,247	35,779,094	23,654,810
贵州省	19,281,640	9,877,783	9,403,857	9,232,736
云南省	22,426,004	11,330,587	11,095,417	11,047,853
西藏自治区	1,319,721	646,798	672,923	965,496
陕西省	21,613,560	11,191,196	10,422,364	7,177,350
甘肃省	14,260,127	7,400,695	6,859,432	6,851,715
青海省	2,662,032	1,374,553	1,287,479	1,246,113
宁夏回族自治区	2,621,861	1,356,769	1,265,092	1,128,541
新疆维吾尔自治区	8,992,656	4,648,322	4,344,334	2,762,352

半文盲人口数

半文盲人口		文盲、半文盲占12岁及12岁以上人口的百分比（%）		
男	女	合计	男	女
73,195,405	164,525,382	31.87	19.15	45.23
300,331	851,574	14.97	7.75	22.30
268,344	820,334	17.20	8.38	26.25
3,615,019	8,320,362	29.55	17.54	42.08
1,560,353	3,008,063	24.35	15.97	33.46
1,589,307	2,746,703	31.08	21.68	41.48
1,425,760	3,205,559	16.58	10.02	23.38
1,296,985	2,386,501	21.78	14.97	28.93
1,752,073	3,529,651	22.17	14.35	30.39
373,435	1,329,691	16.70	7.39	25.86
4,656,953	11,889,834	34.63	19.25	50.39
3,005,178	6,452,835	31.20	19.12	44.22
5,543,451	11,194,900	46.23	29.57	64.12
1,737,608	5,113,549	37.15	18.32	57.06
1,994,591	5,385,399	32.12	16.85	48.35
6,219,876	14,697,373	36.76	21.68	52.10
6,459,470	13,690,215	36.96	23.36	50.96
3,287,717	7,952,907	31.12	17.74	45.20
2,763,147	6,849,001	23.87	13.18	35.48
2,027,814	7,959,324	22.90	9.15	37.10
1,621,351	4,771,283	24.96	12.25	38.56
7,561,581	16,093,229	31.96	19.77	44.98
2,897,416	6,335,320	47.88	29.33	67.37
3,906,095	7,141,758	49.26	34.47	64.37
397,987	567,509	73.16	61.53	84.33
2,496,435	4,680,915	33.21	22.31	44.91
2,416,854	4,434,861	48.05	32.66	64.65
438,013	808,100	46.81	31.87	62.77
399,969	728,572	43.04	29.48	57.59
1,182,292	1,580,060	30.72	25.43	36.37

7. 全国市（不含市辖

地区别	12岁及12岁以上人口数		
	合计	男	女
总计	116,850,036	60,616,133	56,233,903
北京市	4,803,207	2,436,744	2,366,463
天津市	4,306,362	2,186,810	2,119,552
河北省	4,908,120	2,661,403	2,246,717
山西省	3,342,720	1,814,068	1,528,652
内蒙古自治区	2,487,300	1,283,524	1,203,776
辽宁省	9,826,478	4,975,379	4,851,099
吉林省	4,360,190	2,215,719	2,144,471
黑龙江省	6,815,349	3,452,409	3,362,940
上海市	5,637,453	2,853,630	2,783,823
江苏省	5,647,868	2,947,882	2,699,986
浙江省	5,630,239	2,919,393	2,710,846
安徽省	3,881,893	2,072,416	1,809,477
福建省	2,597,970	1,339,547	1,258,423
江西省	3,159,131	1,647,519	1,511,612
山东省	6,936,610	3,541,743	3,394,867
河南省	5,671,264	2,988,470	2,682,794
湖北省	4,482,823	2,342,154	2,140,669
湖南省	4,050,439	2,153,743	1,896,696
广东省	5,738,028	2,946,522	2,791,506
广西壮族自治区	1,931,060	1,008,626	922,434
四川省	7,962,957	4,152,715	3,810,242
贵州省	2,873,734	1,502,901	1,370,833
云南省	1,884,275	995,636	888,639
西藏自治区	80,970	43,688	37,282
陕西省	3,258,890	1,721,863	1,537,027
甘肃省	1,588,957	860,521	728,436
青海省	523,458	275,884	247,574
宁夏回族自治区	507,097	270,879	236,218
新疆维吾尔自治区	1,955,194	1,004,345	950,849

县）文盲、半文盲人口数

文盲、半文盲人口数			文盲、半文盲占12岁及12岁以上人口数的百分比（%）		
合计	男	女	合计	男	女
19,188,459	5,370,577	13,817,882	16.42	8.86	24.57
499,463	98,841	400,622	10.40	4.06	16.93
557,991	121,401	436,590	12.96	5.55	20.60
654,134	179,620	474,514	13.33	6.75	21.12
488,989	158,995	329,994	14.63	8.76	21.59
387,103	125,943	261,160	15.56	9.81	21.70
1,075,892	268,582	807,310	10.95	5.40	16.64
638,956	206,050	432,906	14.65	9.30	20.19
965,671	288,723	676,948	14.17	8.36	20.13
630,908	105,073	525,835	11.19	3.68	18.89
893,348	224,758	668,590	15.82	7.62	24.76
1,517,874	474,446	1,043,428	26.96	16.25	38.49
890,349	282,823	607,526	22.94	13.65	33.57
561,810	129,476	432,334	21.62	9.67	34.36
523,266	136,786	386,480	16.56	8.30	25.57
1,550,257	408,279	1,141,978	22.35	11.53	33.64
979,099	290,902	688,197	17.26	9.73	25.65
619,778	148,987	470,791	13.83	6.36	21.99
497,673	124,927	372,746	12.29	5.80	19.65
766,532	134,784	631,748	13.36	4.57	22.63
252,514	48,338	204,176	13.08	4.79	22.13
1,479,559	482,840	996,719	18.58	11.63	26.16
1,069,434	374,389	695,045	37.21	24.91	50.70
426,501	149,838	276,663	22.63	15.05	31.13
22,167	8,317	13,850	27.38	19.04	37.15
489,203	147,167	342,036	15.01	8.55	22.25
242,150	75,313	166,837	15.24	8.75	22.90
74,227	19,961	54,266	14.18	7.24	21.92
91,708	31,257	60,451	18.08	11.54	25.59
341,903	123,761	218,142	17.49	12.32	22.94

8. 全国县文盲、

地区别	12岁及12岁以上人口数		
	合计	男	女
总计	629,077,069	321,588,622	307,488,447
北京市	2,893,645	1,440,642	1,453,003
天津市	2,022,028	1,016,048	1,005,980
河北省	35,476,037	17,950,679	17,525,358
山西省	15,417,554	7,957,197	7,460,357
内蒙古自治区	11,464,797	6,047,192	5,417,605
辽宁省	18,112,318	9,250,207	8,862,111
吉林省	12,551,581	6,448,198	6,103,383
黑龙江省	17,007,907	8,755,950	8,251,957
上海市	4,560,179	2,202,654	2,357,525
江苏省	42,133,617	21,240,055	20,893,562
浙江省	24,679,384	12,798,825	11,880,559
安徽省	32,326,358	16,676,301	15,650,057
福建省	15,845,852	8,143,013	7,702,839
江西省	19,815,549	10,188,765	9,626,784
山东省	49,960,293	25,144,031	24,816,262
河南省	48,849,071	24,665,985	24,183,086
湖北省	31,642,563	16,189,858	15,452,705
湖南省	36,215,479	18,805,843	17,409,636
广东省	37,865,802	19,204,063	18,661,739
广西壮族自治区	23,677,645	12,226,598	11,451,047
四川省	66,054,384	34,085,532	31,968,852
贵州省	16,407,906	8,374,882	8,033,024
云南省	20,541,729	10,334,951	10,206,778
西藏自治区	1,238,751	603,110	635,641
陕西省	18,354,670	9,469,333	8,885,337
甘肃省	12,671,170	6,540,174	6,130,996
青海省	2,138,574	1,098,669	1,039,905
宁夏回族自治区	2,114,764	1,085,890	1,028,874
新疆维吾尔自治区	7,037,462	3,643,977	3,393,485

半文盲人口数

文盲、半文盲人口数			文盲、半文盲占12岁及12岁以上人口数的百分比(%)		
合计	男	女	合计	男	女
218,532,328	67,824,828	150,707,500	34.74	21.09	49.01
652,442	201,490	450,952	22.55	13.99	31.04
530,687	146,943	383,744	26.25	14.46	38.15
11,281,247	3,435,399	7,845,848	31.80	19.14	44.77
4,079,427	1,401,358	2,678,069	26.46	17.61	35.90
3,948,907	1,463,364	2,485,543	34.44	24.20	45.88
3,555,427	1,157,178	2,398,249	19.63	12.51	27.06
3,044,530	1,090,935	1,953,595	24.26	16.92	32.01
4,316,053	1,463,350	2,852,703	25.38	16.71	34 57
1,072,218	268,362	803,856	23.51	12.18	34.10
15,653,439	4,432,195	11,221,244	37.15	20.87	53.71
7,940,139	2,530,732	5,409,407	32.17	19.77	45.53
15,848,002	5,260,628	10,587,374	49.03	31.55	67.65
6,289,347	1,608,132	4,681,215	39.69	19.75	60.77
6,856,724	1,857,805	4,998,919	34.60	18.23	51.93
19,366,992	5,811,597	13,555,395	38.76	23.11	54.62
19,170,586	6,168,568	13,002,018	39.24	25.01	53.76
10,620,846	3,138,730	7,482,116	33.57	19.39	48.42
9,114,475	2,638,220	6,476,255	25.17	14.03	37.20
9,220,606	1,893,030	7,327,576	24.35	9.86	39.27
6,140,120	1,573,013	4,567,107	25.93	12.87	39.88
22,175,251	7,078,741	15,096,510	33.57	20.77	47.22
8,163,302	2,523,027	5,640,275	49.75	30.13	70.21
10,621,352	3,756,257	6,865,095	51.71	36.35	67.26
943,329	389,670	553,659	76.15	64.61	87.10
6,688,147	2,349,268	4,338,879	36.44	24.81	48.83
6,609,565	2,341,541	4,268,024	52.16	35.80	69.61
1,171,886	418,052	753,834	54.80	38.05	72.49
1,036,833	368,712	668,121	49.03	33.95	64.94
2,420,449	1,058,531	1,361,918	34.39	29.05	40.13

9.全国小学以上文化程度人口数

地区别	合计	大学毕业	大学肄业或在校	高中	初中	小学
总计	606,110,623	4,427,991	1,609,288	66,529,262	178,197,388	355,346,694
北京市	7,181,026	330,149	119,040	1,628,804	2,684,858	2,418,175
天津市	5,815,940	123,087	54,152	1,034,218	2,214,299	2,390,184
河北省	33,739,538	184,650	49,686	3,998,596	10,200,771	19,305,835
山西省	17,384,215	110,672	40,399	1,883,085	5,524,540	9,825,519
内蒙古自治区	11,582,544	83,402	26,607	1,436,849	3,719,881	6,315,805
辽宁省	26,305,208	261,952	102,111	3,336,563	9,865,478	12,739,104
吉林省	15,456,252	144,853	53,168	2,429,976	4,707,387	8,120,868
黑龙江省	22,149,004	169,157	55,341	3,066,410	7,246,913	11,611,183
上海市	9,139,080	285,966	125,764	2,413,517	3,325,042	2,988,791
江苏省	36,483,364	280,963	106,062	4,225,092	12,133,725	19,737,522
浙江省	24,433,900	127,115	55,001	2,021,870	6,915,481	15,314,433
安徽省	24,007,197	146,983	55,634	1,975,047	7,070,630	14,758,903
福建省	14,295,323	123,598	33,586	1,478,719	3,259,922	9,399,498
江西省	19,195,853	115,432	43,614	1,827,007	4,396,713	12,813,087
山东省	42,919,124	189,543	73,633	4,378,201	13,169,660	25,108,087
河南省	42,435,100	182,268	62,974	4,701,450	14,270,101	23,218,307
湖北省	29,883,031	212,157	89,307	3,593,109	8,935,736	17,052,722
湖南省	36,364,822	176,865	68,694	3,536,286	9,325,248	23,257,729
广东省	39,092,625	213,627	70,083	4,697,743	10,017,963	24,093,209
广西壮族自治区	22,387,837	104,254	29,625	2,382,168	5,723,705	14,148,085
四川省	61,152,021	312,453	117,397	3,960,628	15,414,235	41,347,308
贵州省	12,443,165	87,193	23,714	847,193	3,258,593	8,226,472
云南省	13,895,795	80,486	27,323	909,321	3,328,031	9,550,634
西藏自治区	407,615	6,975	1,047	22,925	68,232	308,436
陕西省	17,562,016	180,972	69,424	2,271,161	5,597,301	9,443,158
甘肃省	9,146,886	85,710	22,474	1,224,752	2,387,057	5,426,893
青海省	1,775,541	25,775	5,725	199,526	544,364	1,000,151
宁夏回族自治区	1,838,104	19,954	5,821	206,243	605,198	1,000,888
新疆维吾尔自治区	7,638,497	61,780	21,882	842,803	2,286,324	4,425,708

10. 全国人口年龄状况

年龄别	人口数			占总人口数合计的百分比（%）			性比例（女＝100）
	合计	男	女	合计	男	女	
总计	1,003,913,927	515,277,505	488,636,422	100.00	51.33	48.67	105.45
0—4岁	94,704,361	48,983,813	45,720,548	9.43	4.88	4.55	107.14
0	20,809,347	10,787,028	10,022,319	2.07	1.07	1.00	107.63
1	17,375,778	9,015,023	8,360,755	1.73	0.90	0.83	107.83
2	18,273,841	9,460,846	8,812,995	1.82	0.94	0.88	107.35
3	19,625,509	10,131,309	9,494,200	1.95	1.01	0.95	106.71
4	18,619,886	9,589,607	9,030,279	1.85	0.96	0.90	106.19
5—9岁	110,735,871	57,026,296	53,709,575	11.03	5.68	5.35	106.18
5	19,421,300	10,005,985	9,415,315	1.93	1.00	0.94	106.27
6	20,432,542	10,528,882	9,903,660	2.04	1.05	0.99	106.31
7	21,779,429	11,215,966	10,563,463	2.17	1.12	1.05	106.18
8	24,032,967	12,373,188	11,659,779	2.39	1.23	1.16	106.12
9	25,069,633	12,902,275	12,167,358	2.50	1.29	1.21	106.04
10—14岁	131,810,957	67,837,932	63,973,025	13.13	6.76	6.37	106.04
10	25,222,513	12,990,403	12,232,110	2.51	1.29	1.22	106.20
11	27,323,306	14,071,874	13,251,432	2.72	1.40	1.32	106.19
12	26,487,340	13,614,655	12,872,685	2.64	1.36	1.28	105.76
13	28,239,541	14,522,190	13,717,351	2.81	1.45	1.37	105.87
14	24,538,257	12,638,810	11,899,447	2.44	1.26	1.19	106.21
15—19岁	125,366,344	63,804,581	61,561,763	12.49	6.36	6.13	103.64
15	22,750,897	11,710,874	11,040,023	2.27	1.17	1.10	106.08
16	25,686,509	13,189,846	12,496,663	2.56	1.31	1.24	105.55
17	24,417,934	12,507,810	11,910,124	2.43	1.25	1.19	105.02
18	25,131,408	12,726,845	12,404,563	2.50	1.27	1.24	102.60
19	27,379,596	13,669,206	13,710,390	2.73	1.36	1.37	99.70
20—24岁	74,363,020	37,880,114	36,482,906	7.41	3.77	3.63	103.83
20	15,620,970	7,693,607	7,927,363	1.56	0.77	0.79	97.05
21	10,690,834	5,320,423	5,370,411	1.06	0.53	0.53	99.07
22	14,307,196	7,337,219	6,969,977	1.43	0.73	0.69	105.27
23	14,284,240	7,396,047	6,888,193	1.42	0.74	0.69	107.37
24	19,459,780	10,132,818	9,326,962	1.94	1.01	0.93	108.64
25—29岁	92,563,882	47,746,258	44,817,624	9.22	4.76	4.46	106.53
25	18,876,181	9,773,764	9,102,417	1.88	0.97	0.91	107.38
26	17,932,830	9,247,831	8,684,999	1.79	0.92	0.87	106.48
27	19,662,511	10,169,169	9,493,342	1.96	1.01	0.95	107.12
28	18,604,868	9,573,341	9,031,527	1.85	0.95	0.90	106.00
29	17,487,492	8,982,153	8,505,339	1.74	0.89	0.85	105.61

（续1）

年龄别	人口数			占总人口数合计的百分比（%）			性比例
	合计	男	女	合计	男	女	（女＝100）
30—34岁	72,958,237	37,930,244	35,027,993	7.27	3.78	3.49	108.29
30	17,351,297	8,910,451	8,440,846	1.73	0.89	0.84	105.56
31	14,628,858	7,545,721	7,083,137	1.46	0.75	0.71	106.53
32	15,269,938	8,007,225	7,262,713	1.52	0.80	0.72	110.25
33	13,149,025	6,881,142	6,267,883	1.31	0.69	0.62	109.78
34	12,559,119	6,585,705	5,973,414	1.25	0.66	0.60	110.25
35—39岁	54,221,629	28,565,678	25,655,951	5.40	2.85	2.56	111.34
35	12,401,450	6,509,081	5,892,369	1.24	0.65	0.59	110.47
36	11,284,882	5,896,179	5,388,703	1.12	0.59	0.54	109.42
37	10,580,696	5,566,357	5,014,339	1.05	0.55	0.50	111.01
38	10,255,445	5,436,653	4,818,792	1.02	0.54	0.48	112.82
39	9,699,156	5,157,408	4,541,748	0.97	0.51	0.45	113.56
40—44岁	48,437,943	25,827,570	22,610,373	4.82	2.57	2.25	114.23
40	10,060,211	5,331,337	4,728,874	1.00	0.53	0.47	112.74
41	9,999,643	5,341,152	4,658,491	1.00	0.53	0.46	114.65
42	9,384,301	4,994,743	4,389,558	0.93	0.50	0.44	113.79
43	9,401,304	5,014,787	4,386,517	0.94	0.50	0.44	114.32
44	9,592,484	5,145,551	4,446,933	0.96	0.51	0.44	115.71
45—49岁	47,403,331	25,073,117	22,330,214	4.72	2.50	2.22	112.28
45	9,601,925	5,108,174	4,493,751	0.96	0.51	0.45	113.67
46	9,655,814	5,107,686	4,548,128	0.96	0.51	0.45	112.30
47	9,297,996	4,887,513	4,410,483	0.93	0.49	0.44	110.82
48	9,459,632	5,005,341	4,454,291	0.94	0.50	0.44	112.37
49	9,387,964	4,964,403	4,423,561	0.94	0.49	0.44	112.23
50—54岁	40,815,501	21,528,986	19,286,515	4.07	2.14	1.92	111.63
50	8,579,435	4,532,590	4,046,845	0.85	0.45	0.40	112.00
51	8,137,913	4,332,903	3,805,010	0.81	0.43	0.38	113.87
52	8,426,358	4,453,993	3,972,365	0.84	0.44	0.40	112.12
53	7,776,282	4,074,350	3,701,932	0.77	0.41	0.37	110.06
54	7,895,513	4,135,150	3,760,363	0.79	0.41	0.37	109.97
55—59岁	33,894,327	17,493,925	16,400,402	3.38	1.74	1.63	106.67
55	7,083,086	3,705,316	3,377,770	0.71	0.37	0.34	109.70
56	6,911,047	3,588,621	3,322,426	0.69	0.36	0.33	108.01
57	7,049,455	3,642,023	3,407,432	0.70	0.36	0.34	106.88
58	6,797,183	3,475,640	3,321,543	0.68	0.35	0.33	104.64
59	6,053,556	3,082,325	2,971,231	0.60	0.31	0.30	103.74

（续2）

年龄别	人口数			占总人口数合计的百分比（%）			性比例（女＝100）
	合计	男	女	合计	男	女	
60—64岁	27,362,204	13,709,397	13,652,807	2.73	1.37	1.36	100.41
60	6,162,246	3,130,575	3,031,671	0.61	0.31	0.30	103.26
61	5,753,771	2,907,890	2,845,881	0.57	0.29	0.28	102.18
62	5,688,684	2,854,566	2,834,118	0.57	0.28	0.28	100.72
63	4,966,706	2,455,851	2,510,855	0.49	0.24	0.25	97.81
64	4,790,797	2,360,515	2,430,282	0.48	0.24	0.24	97.13
65—69岁	21,260,370	10,171,973	11,088,397	2.12	1.01	1.10	91.74
65	4,804,711	2,327,945	2,476,766	0.48	0.23	0.25	93.99
66	4,475,235	2,153,933	2,321,302	0.45	0.21	0.23	92.79
67	4,159,969	1,995,038	2,164,931	0.41	0.20	0.22	92.15
68	4,246,945	2,018,582	2,228,363	0.42	0.20	0.22	90.59
69	3,573,510	1,676,475	1,897,035	0.36	0.17	0.19	88.37
70—74岁	14,348,045	6,434,731	7,913,314	1.43	0.64	0.79	81.32
70	3,248,508	1,508,595	1,739,913	0.32	0.15	0.17	86.71
71	3,067,353	1,405,271	1,662,082	0.31	0.14	0.17	84.55
72	2,923,408	1,306,674	1,616,734	0.29	0.13	0.16	80.82
73	2,747,288	1,198,007	1,549,281	0.27	0.12	0.15	77.33
74	2,361,488	1,016,184	1,345,304	0.24	0.10	0.13	75.54
75—79岁	8,617,043	3,496,703	5,120,340	0.86	0.35	0.51	68.29
75	2,114,856	891,456	1,223,400	0.21	0.09	0.12	72.87
76	1,993,144	817,130	1,176,014	0.20	0.08	0.12	69.48
77	1,688,121	682,054	1,006,067	0.17	0.07	0.10	67.79
78	1,512,955	598,805	914,150	0.15	0.06	0.09	65.50
79	1,307,967	507,258	800,709	0.13	0.05	0.08	63.35
80—84岁	3,704,605	1,350,776	2,353,829	0.37	0.13	0.23	57.39
80	1,114,354	422,376	691,978	0.11	0.04	0.07	61.04
81	918,361	339,657	578,704	0.09	0.03	0.06	58.69
82	694,784	249,804	444,980	0.07	0.02	0.04	56.14
83	525,285	184,363	340,922	0.05	0.02	0.03	54.08
84	451,821	154,576	297,245	0.05	0.02	0.03	52.00
85—89岁	1,088,295	343,600	744,695	0.11	0.03	0.07	46.14
85	350,137	117,136	233,001	0.03	0.01	0.02	50.27
86	270,630	86,059	184,571	0.03	0.01	0.02	46.63
87	207,445	64,147	143,298	0.02	0.01	0.01	44.76
88	151,779	45,245	106,534	0.02	0.00	0.01	42.47
89	108,304	31,013	77,291	0.01	0.00	0.01	40.12

（续3）

年龄别	人口数			占总人口数合计的百分比（%）			性比例（女=100）
	合计	男	女	合计	男	女	
90—94岁	218,046	59,583	158,463	0.02	0.01	0.02	37.60
90	87,670	25,392	62,278	0.01	…	0.01	40.77
91	51,696	13,868	37,828	0.01	…	…	36.66
92	37,247	9,727	27,520	…	…	…	35.35
93	24,888	6,318	18,570	…	…	…	34.02
94	16,545	4,278	12,267	…	…	…	34.87
95—99岁	35,294	10,729	24,565	…	…	…	43.68
95	12,833	3,689	9,144	…	…	…	40.34
96	8,657	2,649	6,008	…	…	…	44.09
97	5,730	1,676	4,054	…	…	…	41.34
98	4,770	1,612	3,158	…	…	…	51.04
99	3,304	1,103	2,201	…	…	…	50.11
100—104岁	2,922	749	2,173	…	…	…	34.47
100	1,147	272	875	…	…	…	31.09
101	708	176	532	…	…	…	33.08
102	520	140	380	…	…	…	36.84
103	295	80	215	…	…	…	37.21
104	252	81	171	…	…	…	47.37
105—109岁	670	242	428	…	…	…	56.54
105	254	92	162	…	…	…	56.79
106	164	54	110	…	…	…	49.09
107	119	37	82	…	…	…	45.12
108	86	39	47	…	…	…	82.98
109	47	20	27	…	…	…	74.07
110—114岁	171	90	81	…	…	…	111.11
110	86	42	44	…	…	…	95.45
111	31	14	17	…	…	…	82.35
112	24	14	10	…	…	…	140.00
113	7	5	2	…	…	…	250.00
114	23	15	8	…	…	…	187.50
115—119岁	54	36	18	…	…	…	200.00
115	21	12	9	…	…	…	133.33
116	13	11	2	…	…	…	550.00
117	4	1	3	…	…	…	33.33
118	11	8	3	…	…	…	266.67
119	5	4	1	…	…	…	400.00

（续4完）

年龄别	人口数			占总人口数合计的百分比（%）			性比例（女=100）
	合计	男	女	合计	男	女	
120—124岁	30	14	16	…	…	…	87.50
120	21	10	11	…	…	…	90.91
121	2	0	2	…	0	…	0
122	4	1	3	…	…	…	33.33
123	2	2	0	…	…	0	0
124	1	1	0	…	…	0	0
125—129岁	3	3	0	…	…	0	0
125	0	0	0	0	0	0	0
126	2	2	0	…	…	0	0
127	0	0	0	0	0	0	0
128	0	0	0	0	0	0	0
129	1	1	0	…	…	0	0
130—134岁	1	1	0	…	…	0	0
130	1	1	0	…	…	0	0
131	0	0	0	0	0	0	0
132	0	0	0	0	0	0	0
133	0	0	0	0	0	0	0
134	0	0	0	0	0	0	0
135—139岁	0	0	0	0	0	0	0
135	0	0	0	0	0	0	0
136	0	0	0	0	0	0	0
137	0	0	0	0	0	0	0
138	0	0	0	0	0	0	0
139	0	0	0	0	0	0	0
不详	771	364	407	…	…	…	89.43

11. 全国百岁以上的人口数

地区别	合计	男				女			
		100—109岁	110—119岁	120—129岁	130岁及以上	100—109岁	110—119岁	120—129岁	130岁及以上
总计	3,851	991	126	17	1	2,601	99	16	0
北京市	19	3	0	0	0	16	0	0	0
天津市	8	2	0	0	0	6	0	0	0
河北省	44	9	0	0	0	34	1	0	0
山西省	6	1	1	0	0	4	0	0	0
内蒙古自治区	16	8	1	0	0	6	1	0	0
辽宁省	51	20	0	0	0	31	0	0	0
吉林省	30	18	1	0	0	11	0	0	0
黑龙江省	33	12	0	0	0	19	2	0	0
上海市	20	3	0	0	0	17	0	0	0
江苏省	101	14	0	0	0	86	1	0	0
浙江省	54	6	0	0	0	48	0	0	0
安徽省	121	21	0	1	0	97	1	1	0
福建省	45	7	0	0	0	38	0	0	0
江西省	43	13	0	0	0	30	0	0	0
山东省	128	17	0	0	0	109	2	0	0
河南省	346	41	1	0	0	294	9	1	0
湖北省	91	16	1	0	0	72	1	1	0
湖南省	89	18	1	0	0	70	0	0	0
广东省	459	64	1	0	0	391	3	0	0
广西壮族自治区	412	86	3	0	0	307	12	4	0
四川省	379	67	4	0	0	304	3	1	0
贵州省	96	22	0	0	0	71	2	1	0
云南省	210	54	6	0	0	145	5	0	0
西藏自治区	61	11	0	0	0	47	3	0	0
陕西省	21	6	0	0	0	15	0	0	0
甘肃省	31	14	0	0	0	16	1	0	0
青海省	50	10	2	0	0	35	3	0	0
宁夏回族自治区	22	11	0	0	0	10	1	0	0
新疆维吾尔自治区	865	417	104	16	1	272	48	7	0

12. 1981年全国死亡人口的年龄状况

年龄别	死亡人口数			占死亡人口总合计数的百分比(%)		
	合计	男	女	合计	男	女
总计	6,273,940	3,315,913	2,958,027	100.00	52.85	47.15
0	682,052	363,504	318,548	10.87	5.79	5.08
1	128,825	63,760	65,065	2.05	1.02	1.04
2	90,576	43,346	47,230	1.44	0.69	0.75
3	59,063	28,654	30,409	0.94	0.46	0.48
4	42,624	21,527	21,097	0.68	0.34	0.34
5	35,115	18,758	16,357	0.56	0.30	0.26
6	30,439	17,017	13,422	0.49	0.27	0.21
7	26,278	14,915	11,363	0.42	0.24	0.18
8	23,657	13,884	9,773	0.38	0.22	0.16
9	20,555	12,147	8,408	0.33	0.19	0.13
10	20,696	11,983	8,713	0.33	0.19	0.14
11	18,763	10,781	7,982	0.30	0.17	0.13
12	19,118	10,591	8,527	0.30	0.17	0.14
13	17,513	9,489	8,024	0.28	0.15	0.13
14	17,238	9,441	7,797	0.27	0.15	0.12
15	20,201	11,218	8,983	0.32	0.18	0.14
16	22,111	12,048	10,063	0.35	0.19	0.16
17	25,594	14,064	11,530	0.41	0.22	0.18
18	29,450	15,827	13,623	0.47	0.25	0.22
19	19,716	10,321	9,395	0.31	0.16	0.15
20	15,355	7,989	7,366	0.24	0.13	0.12
21	17,395	9,275	8,120	0.28	0.15	0.13
22	20,082	10,626	9,456	0.32	0.17	0.15
23	26,331	14,205	12,126	0.42	0.23	0.19
24	28,125	14,595	13,530	0.45	0.23	0.22
25	26,792	13,686	13,106	0.43	0.22	0.21
26	28,031	14,309	13,722	0.45	0.23	0.22
27	27,175	13,938	13,237	0.43	0.22	0.21
28	26,646	13,568	13,078	0.42	0.22	0.21
29	25,323	13,019	12,304	0.40	0.21	0.20
30	24,420	12,684	11,736	0.39	0.20	0.19
31	23,537	12,488	11,049	0.38	0.20	0.18
32	23,435	12,498	10,937	0.37	0.20	0.17
33	22,351	12,176	10,175	0.36	0.19	0.16
34	23,411	12,624	10,787	0.37	0.20	0.17

(续1)

年龄别	死亡人口数			占死亡人口总合计数的百分比(%)		
	合计	男	女	合计	男	女
35	23,656	12,733	10,923	0.38	0.20	0.17
36	23,185	12,755	10,430	0.37	0.20	0.17
37	23,078	12,838	10,240	0.37	0.20	0.16
38	24,349	13,712	10,637	0.39	0.22	0.17
39	25,526	14,690	10,836	0.41	0.23	0.17
40	28,991	16,654	12,337	0.46	0.27	0.20
41	27,356	15,846	11,510	0.44	0.25	0.18
42	30,152	17,447	12,705	0.48	0.28	0.20
43	33,083	19,326	13,757	0.53	0.31	0.22
44	35,836	20,908	14,928	0.57	0.33	0.24
45	39,331	22,961	16,370	0.63	0.37	0.26
46	40,949	23,987	16,962	0.65	0.38	0.27
47	45,413	26,757	18,656	0.72	0.43	0.30
48	50,023	29,483	20,540	0.80	0.47	0.33
49	48,688	28,594	20,094	0.78	0.46	0.32
50	56,096	33,342	22,754	0.89	0.53	0.36
51	57,310	33,916	23,394	0.91	0.54	0.37
52	60,358	36,186	24,172	0.96	0.58	0.39
53	65,974	39,323	26,651	1.05	0.63	0.42
54	66,294	39,663	26,631	1.06	0.63	0.42
55	71,964	42,979	28,985	1.15	0.69	0.46
56	78,955	47,555	31,400	1.26	0.76	0.50
57	82,328	49,335	32,993	1.31	0.79	0.53
58	86,934	52,123	34,811	1.39	0.83	0.55
59	91,423	54,371	37,052	1.46	0.87	0.59
60	106,416	62,938	43,478	1.70	1.00	0.69
61	102,457	60,924	41,533	1.63	0.97	0.66
62	109,905	64,345	45,560	1.75	1.03	0.73
63	112,968	65,666	47,302	1.80	1.05	0.75
64	120,118	69,646	50,472	1.91	1.11	0.80
65	123,563	71,086	52,477	1.97	1.13	0.84
66	128,597	73,434	55,163	2.05	1.17	0.88
67	138,019	78,390	59,629	2.20	1.25	0.95
68	135,860	76,303	59,557	2.17	1.22	0.95
69	132,987	73,831	59,156	2.12	1.18	0.94

（续2）

年龄别	死亡人口数			占死亡人口总合计数的百分比（%）		
	合计	男	女	合计	男	女
70	149,560	81,361	68,199	2.38	1.30	1.09
71	147,574	79,023	68,551	2.35	1.26	1.09
72	160,278	84,184	76,094	2.55	1.34	1.21
73	148,541	76,922	71,619	2.37	1.23	1.14
74	144,680	73,622	71,058	2.31	1.17	1.13
75	146,208	72,934	73,274	2.33	1.16	1.17
76	138,784	68,185	70,599	2.21	1.09	1.13
77	133,969	64,259	69,710	2.14	1.02	1.11
78	134,265	62,964	71,301	2.14	1.00	1.14
79	118,921	54,602	64,319	1.90	0.87	1.03
80	120,829	53,629	67,200	1.93	0.85	1.07
81	98,664	42,678	55,986	1.57	0.68	0.89
82	86,799	36,775	50,024	1.38	0.59	0.80
83	79,040	32,694	46,346	1.26	0.52	0.74
84	67,259	26,534	40,725	1.07	0.42	0.65
85	56,342	21,615	34,727	0.90	0.34	0.55
86	47,753	17,721	30,032	0.76	0.28	0.48
87	37,349	13,449	23,900	0.60	0.21	0.38
88	30,658	10,525	20,133	0.49	0.17	0.32
89	24,105	7,865	16,240	0.38	0.13	0.26
90	18,995	6,024	12,971	0.30	0.10	0.21
91	13,458	4,077	9,381	0.21	0.06	0.15
92	9,814	2,821	6,993	0.16	0.04	0.11
93	6,999	1,849	5,150	0.11	0.03	0.08
94	4,934	1,327	3,607	0.08	0.02	0.06
95	3,651	947	2,704	0.06	0.02	0.04
96	2,709	696	2,013	0.04	0.01	0.03
97	1,872	468	1,404	0.03	0.01	0.02
98	1,337	353	984	0.02	0.01	0.02
99	734	175	559	0.01	…	0.01
100	587	184	403	0.01	…	0.01
101	252	77	175	…	…	…
102	195	56	139	…	…	…
103	118	44	74	…	…	…
104	97	35	62	…	…	…

（续3完）

年龄别	死亡人口数			占死亡人口总合计数的百分比（%）		
	合计	男	女	合计	男	女
105	98	42	56	…	…	…
106	75	28	47	…	…	…
107	33	15	18	…	…	…
108	38	21	17	…	…	…
109	20	10	10	…	…	…
110	74	45	29	…	…	…
111	20	10	10	…	…	…
112	17	9	8	…	…	…
113	7	3	4	…	…	…
114	4	4	0	…	…	…
115	26	11	15	…	…	…
116	4	3	1	…	…	…
117	6	5	1	…	…	…
118	7	3	4	…	…	…
119	5	3	2	…	…	…
120	17	11	6	…	…	…
121	3	2	1	…	…	…
122	1	0	1	…	…	…
123	1	1	0	…	…	…
124	0	0	0	…	…	…
125	6	4	2	…	…	…
126	1	0	1	…	…	…
127	2	1	1	…	…	…
128	0	0	0	…	…	…
129	0	0	0	…	…	…
130	8	5	3	…	…	…
131	1	1	0	…	…	…
132	0	0	0	…	…	…
133	0	0	0	…	…	…
134	0	0	0	…	…	…
135	1	0	1	…	…	…
136	0	0	0	…	…	…
137	0	0	0	…	…	…
138	0	0	0	…	…	…
139	0	0	0	…	…	…
⋮						
160	0	0	0	…	…	…

13。各省、市、自治区人口年龄状况

（1）北京市人口年龄状况

年龄别	人口数		占总人口数的百分比
	合计	其中：男	
总计	9,230,663	4,670,631	100.00
0—4岁	667,469	345,537	7.23
0	175,237	90,474	1.90
1	137,385	71,149	1.49
2	132,308	68,529	1.43
3	118,078	61,374	1.28
4	104,461	54,011	1.13
5—9岁	551,341	284,915	5.97
5	90,861	47,113	0.98
6	90,835	47,182	0.98
7	98,274	50,531	1.06
8	125,661	64,773	1.36
9	145,710	75,316	1.58
10—14岁	847,336	437,730	9.18
10	151,494	78,263	1.64
11	163,507	84,530	1.77
12	170,835	88,738	1.85
13	191,306	98,492	2.07
14	170,194	87,707	1.84
15—19岁	1,050,191	539,156	11.38
15	135,411	69,741	1.47
16	164,102	84,661	1.78
17	190,155	98,872	2.06
18	266,483	136,524	2.89
19	294,040	149,358	3.19
20—24岁	1,007,015	509,137	10.91
20	168,553	85,439	1.83
21	184,142	92,287	1.99
22	219,392	110,762	2.38
23	197,382	99,859	2.14
24	237,546	120,790	2.57
25—29岁	1,073,435	542,162	11.63
25	227,128	115,654	2.46

年龄别	人口数		占总人口数的百分比
	合计	其中：男	
26	219,606	111,011	2.38
27	227,233	114,706	2.45
28	212,584	106,912	2.30
29	186,884	93,879	2.02
30—34岁	694,603	345,785	7.52
30	175,145	87,671	1.90
31	140,453	70,304	1.52
32	141,993	70,701	1.54
33	121,036	59,913	1.31
34	115,976	57,196	1.26
35—39岁	518,814	253,331	5.62
35	117,295	57,765	1.27
36	115,210	56,394	1.25
37	102,179	49,307	1.11
38	88,982	43,564	0.96
39	95,148	46,301	1.03
40—44岁	554,338	269,008	6.01
40	103,334	50,154	1.12
41	104,022	50,641	1.13
42	109,065	51,976	1.18
43	112,921	54,550	1.22
44	124,996	61,687	1.35
45—49岁	623,856	322,994	6.76
45	125,098	63,496	1.36
46	126,744	64,889	1.37
47	129,484	66,757	1.40
48	124,083	65,461	1.34
49	118,497	62,391	1.28
50—54岁	493,521	257,828	5.35
50	106,373	56,408	1.15
51	99,060	52,470	1.07
52	102,601	53,776	1.11
53	93,312	47,835	1.01
54	92,175	47,339	1.00

（续完）

年龄别	人口数		占总人口数的百分比	年龄别	人口数		占总人口数的百分比
	合计	其中：男			合计	其中：男	
55—59岁	**358,188**	**184,952**	**3.88**	78	17,122	7,135	0.19
55	74,640	39,118	0.81	79	14,778	6,169	0.16
56	73,482	38,165	0.80	**80—84岁**	**42,545**	**16,368**	**0.46**
57	73,618	38,005	0.80	80	12,791	5,147	0.14
58	70,328	35,961	0.76	81	10,188	3,973	0.11
59	66,120	33,703	0.72	82	8,201	3,049	0.09
60—64岁	**269,426**	**137,546**	**2.92**	83	6,052	2,293	0.07
60	63,103	32,317	0.68	84	5,313	1,906	0.06
61	56,250	28,513	0.61	**85—89岁**	**11,314**	**3,858**	**0.12**
62	53,181	27,483	0.58	85	3,840	1,398	0.04
63	47,456	24,225	0.51	86	2,631	930	0.03
64	49,436	25,008	0.54	87	2,104	669	0.02
65—69岁	**210,381**	**104,821**	**2.28**	88	1,535	476	0.02
65	46,276	23,520	0.50	89	1,204	385	0.01
66	42,315	21,234	0.46	**90—94岁**	**2,245**	**648**	**0.02**
67	39,763	19,947	0.43	90	878	280	0.01
68	43,610	21,523	0.47	91	532	150	0.01
69	38,417	18,597	0.42	92	412	116	…
70—74岁	**159,620**	**74,249**	**1.73**	93	277	66	…
70	34,909	17,057	0.38	94	146	36	…
71	35,035	16,405	0.38	**95—99岁**	**200**	**54**	**…**
72	33,813	15,527	0.37	95	75	18	…
73	30,018	13,569	0.33	96	56	18	…
74	25,845	11,691	0.28	97	39	10	…
75—79岁	**94,806**	**40,549**	**1.03**	98	17	6	…
75	22,949	10,185	0.25	99	13	2	…
76	21,211	9,127	0.23	**100岁以上**	**19**	**3**	**…**
77	18,746	7,933	0.20				

(2) 天津市人口年龄状况

年龄别	人口数 合计	其中：男	占总人口数的百分比	年龄别	人口数 合计	其中：男	占总人口数的百分比
总计	7,764,137	3,941,913	100.00	26	187,970	95,130	2.42
				27	199,350	101,323	2.57
0—4岁	607,798	313,514	7.83	28	180,441	91,805	2.32
0	153,551	78,969	1.98	29	164,711	83,634	2.12
1	112,397	58,455	1.45	**30—34岁**	635,934	321,866	8.19
2	104,967	54,358	1.35	30	155,794	78,761	2.01
3	124,518	64,013	1.60	31	132,067	66,383	1.70
4	112,365	57,719	1.45	32	133,818	68,191	1.72
5—9岁	546,419	281,136	7.04	33	106,956	54,112	1.38
5	100,656	51,653	1.30	34	107,299	54,419	1.38
6	100,672	51,859	1.30	**35—39岁**	461,587	231,809	5.95
7	101,569	52,195	1.31	35	110,030	55,543	1.42
8	112,041	57,749	1.44	36	108,694	54,510	1.40
9	131,481	67,680	1.69	37	90,561	45,265	1.17
10—14岁	723,269	371,426	9.32	38	71,644	36,044	0.92
10	132,846	68,229	1.71	39	80,658	40,447	1.04
11	148,684	76,176	1.92	**40—44岁**	392,641	195,238	5.06
12	146,084	75,118	1.88	40	83,188	41,507	1.07
13	156,239	80,199	2.01	41	76,205	38,192	0.98
14	139,416	71,704	1.80	42	72,404	35,720	0.93
15—19岁	882,677	449,003	11.37	43	80,849	39,733	1.04
15	117,972	60,390	1.52	44	79,995	40,086	1.03
16	148,440	76,007	1.90	**45—49岁**	432,346	219,268	5.57
17	163,771	84,310	2.11	45	81,686	40,897	1.05
18	208,440	105,663	2.68	46	89,725	45,015	1.16
19	244,054	122,633	3.14	47	89,231	45,179	1.15
20—24岁	802,111	403,819	10.33	48	83,663	43,261	1.08
20	130,704	65,150	1.68	49	88,041	44,916	1.13
21	132,057	65,312	1.70	**50—54岁**	386,646	198,646	4.98
22	167,269	84,412	2.15	50	77,270	40,320	1.00
23	166,366	84,032	2.14	51	75,026	38,683	0.97
24	205,715	104,913	2.65	52	83,714	42,857	1.08
25—29岁	926,830	470,483	11.94	53	73,979	37,703	0.95
25	194,358	98,591	2.50	54	76,657	39,083	0.99

（续完）

年龄别	人口数		占总人口数的百分比	年龄别	人口数		占总人口数的百分比
	合计	其中：男			合计	其中：男	
55—59岁	**304,037**	**155,744**	**3.92**	78	14,205	6,456	0.18
55	63,880	32,704	0.82	79	12,450	5,587	0.16
56	63,833	32,775	0.82	**80—84岁**	**32,642**	**14,203**	**0.22**
57	62,358	31,964	0.82	80	9,469	4,210	0.12
58	59,653	30,501	0.77	81	7,742	3,403	0.10
59	54,313	27,800	0.70	82	6,417	2,753	0.08
60—64岁	**228,794**	**118,114**	**2.95**	83	4,691	2,005	0.06
60	54,179	27,903	0.70	84	4,323	1,832	0.06
61	45,307	23,204	0.58	**85—89岁**	**10,181**	**3,913**	**0.13**
62	48,127	25,162	0.62	85	3,499	1,429	0.05
63	40,589	21,021	0.52	86	2,282	882	0.03
64	40,592	20,824	0.52	87	1,809	676	0.02
65—69岁	**178,875**	**92,117**	**2.30**	88	1,451	502	0.02
65	41,054	21,236	0.53	89	1,140	424	0.01
66	33,327	17,176	0.43	**90—94岁**	**1,958**	**604**	**0.03**
67	33,728	17,515	0.43	90	813	253	0.01
68	38,813	19,878	0.50	91	456	155	0.01
69	31,953	16,312	0.41	92	307	100	…
70—74岁	**132,883**	**65,584**	**1.71**	93	242	56	…
70	29,596	14,991	0.38	94	140	40	…
71	29,286	14,668	0.38	**95—99岁**	**186**	**49**	…
72	26,529	13,030	0.34	95	95	27	…
73	25,288	12,172	0.33	96	45	13	…
74	22,184	10,723	0.29	97	17	4	…
75—79岁	**76,315**	**35,375**	**0.98**	98	19	2	…
75	18,236	8,738	0.23	99	10	3	…
76	16,396	7,623	0.21	**100岁以上**	**8**	**2**	…
77	15,028	6,971	0.19				

(3) 河北省人口年龄状况

年龄别	人口数		占总人口数的百分比	年龄别	人口数		占总人口数的百分比
	合计	其中：男			合计	其中：男	
总计	53,005,507	27,125,608	100.00	26	1,056,840	541,498	1.99
				27	1,122,309	578,001	2.12
0—4岁	5,271,448	2,726,026	9.95	28	1,076,021	552,624	2.03
0	1,289,132	666,865	2.43	29	998,496	510,318	1.88
1	1,027,328	533,006	1.94	**30—34岁**	4,249,422	2,187,915	8.02
2	984,060	508,987	1.86	30	1,011,622	516,277	1.91
3	1,022,272	527,984	1.93	31	892,965	458,246	1.68
4	948,656	489,184	1.79	32	888,517	460,292	1.68
5—9岁	4,784,550	2,466,798	9.03	33	757,501	389,910	1.43
5	883,044	456,555	1.67	34	698,817	363,190	1.32
6	838,841	432,261	1.58	**35—39岁**	2,927,354	1,536,943	5.52
7	852,956	439,241	1.61	35	707,061	368,769	1.33
8	1,011,420	522,116	1.91	36	706,522	368,241	1.33
9	1,198,289	616,620	2.26	37	584,246	305,087	1.10
10—14岁	6,262,841	3,219,375	11.82	38	449,967	239,158	0.85
10	1,214,051	624,954	2.29	39	479,558	255,688	0.90
11	1,351,249	695,714	2.55	**40—44岁**	2,418,622	1,295,814	4.56
12	1,277,583	656,460	2.41	40	491,686	261,915	0.93
13	1,268,277	650,088	2.39	41	466,612	248,930	0.88
14	1,151,681	592,159	2.17	42	476,365	254,906	0.90
15—19岁	6,374,871	3,191,234	12.03	43	473,865	254,659	0.89
15	1,074,151	551,564	2.03	44	510,094	275,404	0.96
16	1,270,063	648,237	2.40	**45—49岁**	2,531,586	1,336,449	4.78
17	1,264,074	639,260	2.38	45	510,261	272,494	0.96
18	1,335,711	660,829	2.52	46	513,736	272,485	0.97
19	1,430,872	691,344	2.70	47	514,905	270,143	0.97
20—24岁	4,125,509	2,053,006	7.78	48	480,114	253,241	0.91
20	654,167	312,845	1.23	49	512,570	268,086	0.97
21	561,353	272,171	1.06	**50—54岁**	2,308,112	1,199,987	4.35
22	925,069	461,002	1.75	50	489,537	258,069	0.92
23	868,393	438,044	1.64	51	455,036	238,825	0.86
24	1,116,527	568,944	2.11	52	489,431	253,741	0.92
25—29岁	5,357,701	2,746,627	10.11	53	422,030	217,397	0.80
25	1,104,035	564,186	2.08	54	452,078	231,955	0.85

（续完）

年龄别	人口数		占总人口数的百分比
	合计	其中：男	
55—59岁	1,936,567	987,197	3.65
55	393,733	202,374	0.74
56	392,486	201,322	0.74
57	399,676	204,752	0.75
58	389,034	196,820	0.73
59	361,638	181,929	0.68
60—64岁	1,450,151	738,246	2.74
60	307,573	157,080	0.58
61	292,620	148,483	0.55
62	319,877	163,537	0.60
63	258,341	131,232	0.49
64	271,740	137,914	0.51
65—69岁	1,266,950	634,979	2.39
65	273,324	136,779	0.52
66	255,948	128,636	0.48
67	242,374	122,457	0.46
68	270,216	135,901	0.51
69	225,088	111,206	0.42
70—74岁	924,319	448,441	1.74
70	196,917	97,996	0.37
71	204,096	99,836	0.39
72	198,228	95,563	0.37
73	173,257	82,611	0.33
74	151,821	72,435	0.29
75—79岁	526,928	239,833	0.99
75	123,758	57,701	0.23
76	119,882	55,034	0.23
77	107,966	49,216	0.20
78	94,884	42,769	0.18
79	80,438	35,113	0.15
80—84岁	216,096	91,043	0.41
80	63,007	27,279	0.12
81	50,489	21,673	0.10
82	41,359	17,402	0.08
83	32,098	13,113	0.06
84	29,143	11,576	0.05
85—89岁	60,739	22,192	0.11
85	21,429	8,297	0.04
86	13,891	5,227	0.03
87	10,746	3,809	0.02
88	8,464	2,849	0.02
89	6,209	2,010	0.01
90—94岁	10,712	3,222	0.02
90	4,566	1,448	0.01
91	2,526	772	…
92	1,818	504	…
93	1,146	304	…
94	656	194	…
95—99岁	933	238	…
95	410	118	…
96	253	64	…
97	123	23	…
98	88	19	…
99	59	14	…
100岁以上	44	9	…
不详	52	39	…

(4) 山西省人口年龄状况

年龄别	人口数		占总人口数的百分比	年龄别	人口数		占总人口数的百分比
	合计	其中：男			合计	其中：男	
总计	25,291,450	13,161,639	100.00	26	462,506	242,093	1.83
				27	490,956	257,658	1.94
0—4岁	2,353,896	1,226,047	9.31	28	460,120	239,865	1.82
0	551,518	287,147	2.18	29	430,480	224,202	1.70
1	461,238	241,719	1.82	30—34岁	1,765,401	925,197	6.98
2	481,119	251,206	1.90	30	414,354	215,824	1.64
3	425,528	220,884	1.68	31	386,259	200,668	1.53
4	434,493	225,091	1.72	32	385,859	202,117	1.53
5—9岁	2,871,529	1,488,439	11.35	33	290,271	152,977	1.15
5	491,060	254,582	1.94	34	288,658	153,611	1.14
6	531,877	276,313	2.10	35—39岁	1,295,364	690,296	5.12
7	572,208	297,377	2.26	35	320,570	168,789	1.27
8	645,175	333,769	2.55	36	295,019	154,682	1.17
9	631,209	326,398	2.50	37	225,005	119,842	0.89
10—14岁	3,213,091	1,664,281	12.70	38	216,386	117,619	0.86
10	632,813	327,268	2.50	39	238,384	129,364	0.94
11	672,928	348,616	2.66	40—44岁	1,173,254	637,254	4.64
12	644,909	332,775	2.55	40	257,809	138,306	1.02
13	667,540	346,011	2.64	41	217,488	117,868	0.86
14	594,901	309,611	2.35	42	224,661	122,152	0.89
15—19岁	2,984,473	1,526,513	11.80	43	232,559	126,380	0.92
15	529,685	276,089	2.09	44	240,737	132,548	0.95
16	594,701	308,912	2.35	45—49岁	1,231,573	664,205	4.87
17	592,621	305,911	2.34	45	245,654	132,616	0.97
18	591,304	300,429	2.34	46	248,046	133,454	0.98
19	676,162	335,172	2.67	47	237,419	128,399	0.94
20—24岁	2,182,945	1,118,522	8.63	48	256,234	138,324	1.01
20	421,166	206,437	1.67	49	244,220	131,412	0.97
21	342,414	173,591	1.35	50—54岁	1,030,065	545,827	4.07
22	472,060	244,346	1.87	50	219,703	118,706	0.87
23	429,028	223,026	1.70	51	225,009	120,275	0.89
24	518,277	271,122	2.05	52	208,646	109,869	0.82
25—29岁	2,350,080	1,227,790	9.29	53	185,110	97,281	0.73
25	506,018	263,972	2.00	54	191,597	99,696	0.76

（续完）

年龄别	人口数		占总人口数的百分比	年龄别	人口数		占总人口数的百分比
	合计	其中：男			合计	其中：男	
55—59岁	876,991	452,401	3.47	78	35,120	16,495	0.14
55	177,342	92,004	0.70	79	29,471	13,802	0.12
56	181,316	93,517	0.72	80—84岁	65,714	29,985	0.26
57	183,489	94,814	0.73	80	19,942	9,099	0.08
58	176,436	90,391	0.70	81	15,426	7,298	0.06
59	158,408	81,675	0.63	82	12,332	5,657	0.05
60—64岁	701,301	363,212	2.77	83	9,635	4,273	0.04
60	147,672	76,915	0.58	84	8,379	3,658	0.03
61	148,348	77,287	0.59	85—89岁	16,860	6,857	0.07
62	151,053	77,840	0.60	85	5,762	2,423	0.02
63	130,229	67,022	0.51	86	4,390	1,788	0.02
64	123,999	64,148	0.49	87	3,287	1,321	0.01
65—69岁	584,333	301,300	2.31	88	2,104	827	0.01
65	131,915	68,480	0.52	89	1,317	498	0.01
66	125,898	64,447	0.50	90—94岁	2,175	733	0.01
67	118,884	60,945	0.47	90	906	330	…
68	110,413	56,978	0.44	91	556	190	…
69	97,223	50,450	0.38	92	366	113	…
70—74岁	386,051	194,167	1.53	93	224	66	…
70	91,732	47,303	0.36	94	123	34	…
71	85,745	43,517	0.34	95—99岁	154	37	…
72	80,549	40,133	0.32	95	65	15	…
73	69,525	34,343	0.27	96	44	15	…
74	58,500	28,871	0.23	97	23	1	…
75—79岁	206,184	98,570	0.82	98	12	4	…
75	52,448	25,556	0.21	99	10	2	…
76	49,810	23,834	0.20	100岁以上	6	2	…
77	39,335	18,883	0.16	不详	10	4	…

(5) 内蒙古自治区人口年龄状况

年龄别	人口数		占总人口数的百分比	年龄别	人口数		占总人口数的百分比
	合计	其中：男			合计	其中：男	
总计	19,274,281	10,052,855	100.00	26	370,545	190,024	1.92
				27	388,273	199,781	2.01
0—4岁	1,991,353	1,023,702	10.33	28	368,287	188,699	1.91
0	442,137	227,750	2.29	29	321,434	164,383	1.67
1	381,874	196,500	1.98	**30—34岁**	1,317,566	683,356	6.84
2	403,684	207,537	2.09	30	322,500	166,346	1.67
3	399,066	204,776	2.07	31	274,174	141,828	1.42
4	364,592	187,139	1.89	32	293,447	153,815	1.52
5—9岁	2,252,542	1,149,424	11.69	33	214,293	110,642	1.11
5	378,730	193,676	1.96	34	213,152	110,725	1.11
6	416,022	212,616	2.16	**35—39岁**	912,275	466,346	4.73
7	457,052	232,551	2.37	35	219,456	112,235	1.14
8	495,011	253,393	2.57	36	173,011	87,490	0.90
9	505,727	257,188	2.62	37	180,629	92,181	0.94
10—14岁	2,602,013	1,330,562	13.50	38	179,042	91,760	0.93
10	510,519	260,136	2.65	39	160,137	82,680	0.83
11	567,764	288,872	2.95	**40—44岁**	935,419	494,799	4.85
12	518,007	264,942	2.69	40	178,266	92,734	0.92
13	532,858	273,318	2.76	41	185,978	97,459	0.96
14	472,865	243,294	2.45	42	189,743	99,583	0.98
15—19岁	2,418,011	1,238,251	12.55	43	194,232	103,270	1.01
15	427,100	219,972	2.22	44	187,200	101,753	0.97
16	479,090	246,613	2.49	**45—49岁**	877,330	480,258	4.55
17	478,771	246,439	2.48	45	183,864	100,130	0.95
18	497,004	254,258	2.58	46	180,688	98,670	0.94
19	536,046	270,969	2.78	47	175,131	95,450	0.91
20—24岁	1,805,166	926,756	9.37	48	174,116	96,048	0.90
20	337,277	168,466	1.75	49	163,531	89,960	0.85
21	318,860	162,141	1.65	**50—54岁**	658,572	368,985	3.42
22	400,385	207,308	2.08	50	148,137	82,658	0.77
23	343,397	178,285	1.78	51	135,535	76,569	0.70
24	405,247	210,556	2.10	52	130,650	73,038	0.68
25—29岁	1,836,704	941,922	9.53	53	118,277	66,465	0.61
25	388,165	199,035	2.01	54	125,973	70,255	0.65

（续完）

年 龄 别	人 口 数		占总人口数的百分比	年 龄 别	人 口 数		占总人口数的百分比
	合 计	其中：男			合 计	其中：男	
55—59岁	**548,802**	**311,114**	**2.85**	78	18,720	10,136	0.10
55	112,954	64,151	0.59	79	17,229	9,365	0.09
56	115,397	65,287	0.60	**80—84岁**	**39,333**	**21,484**	**0.20**
57	112,485	63,528	0.58	80	11,551	6,298	0.06
58	107,693	61,140	0.56	81	9,813	5,425	0.05
59	100,273	57,008	0.52	82	7,236	3,924	0.04
60—64岁	**422,350**	**244,129**	**2.19**	83	5,941	3,237	0.03
60	96,794	55,812	0.50	84	4,792	2,600	0.02
61	89,092	51,217	0.46	**85—89岁**	**9,916**	**5,234**	**0.05**
62	89,960	52,190	0.47	85	3,540	1,940	0.02
63	71,879	41,596	0.37	86	2,411	1,218	0.01
64	74,625	43,314	0.39	87	2,049	1,090	0.01
65—69岁	**323,748**	**185,901**	**1.68**	88	1,216	628	0.01
65	70,980	41,008	0.37	89	700	358	…
66	69,565	39,928	0.36	**90—94岁**	**1,274**	**640**	**0.01**
67	63,587	36,222	0.33	90	492	267	…
68	64,430	37,137	0.33	91	345	165	…
69	55,186	31,606	0.29	92	235	113	…
70—74岁	**207,098**	**117,075**	**1.07**	93	133	62	…
70	48,395	27,923	0.25	94	69	33	…
71	44,487	25,364	0.23	**95—99岁**	**95**	**44**	**…**
72	42,302	23,688	0.22	95	29	11	…
73	38,230	21,210	0.20	96	23	15	…
74	33,684	18,890	0.17	97	16	7	…
75—79岁	**114,692**	**62,859**	**0.60**	98	16	9	…
75	29,954	16,523	0.16	99	11	2	…
76	27,160	15,079	0.14	**100岁以上**	16	9	…
77	21,629	11,756	0.11	**不 详**	6	5	…

(6) 辽宁省人口年龄状况

年龄别	人口数		占总人口数
	合计	其中：男	的百分比
总计	35,721,694	18,225,145	100.00
0—4岁	3,183,992	1,640,595	8.91
0	726,844	374,692	2.03
1	516,884	266,995	1.45
2	626,332	322,868	1.75
3	727,486	374,460	2.04
4	586,446	301,580	1.64
5—9岁	3,016,419	1,548,540	8.44
5	520,007	267,652	1.46
6	523,455	269,032	1.47
7	574,751	295,163	1.61
8	655,470	336,141	1.83
9	742,736	380,552	2.08
10—14岁	4,056,493	2,074,870	11.36
10	739,972	379,180	2.07
11	842,505	431,239	2.36
12	804,924	411,692	2.25
13	891,900	455,516	2.50
14	777,192	397,243	2.18
15—19岁	4,684,387	2,349,555	13.11
15	708,278	360,237	1.98
16	860,657	437,012	2.41
17	927,134	468,486	2.60
18	1,019,578	508,695	2.85
19	1,168,740	575,125	3.27
20—24岁	3,263,821	1,640,778	9.14
20	420,642	205,360	1.18
21	537,241	264,261	1.50
22	753,769	380,465	2.11
23	687,249	349,754	1.92
24	864,920	440,938	2.42
25—29岁	3,915,502	1,995,600	10.96
25	826,425	420,858	2.31
26	793,918	404,567	2.22
27	838,687	427,988	2.35
28	769,611	392,752	2.15
29	686,861	349,435	1.92
30—34岁	2,819,359	1,428,535	7.89
30	688,244	348,661	1.93
31	599,314	303,922	1.68
32	648,963	330,801	1.82
33	450,211	227,097	1.26
34	432,627	218,054	1.21
35—39岁	1,912,844	975,474	5.35
35	423,108	213,711	1.18
36	399,855	204,162	1.12
37	364,591	184,914	1.02
38	362,780	186,309	1.02
39	362,510	186,378	1.01
40—44岁	1,787,328	908,527	5.00
40	372,560	190,758	1.04
41	365,158	186,153	1.02
42	347,656	175,560	0.97
43	356,180	179,847	1.00
44	345,774	176,209	0.97
45—49岁	1,710,588	870,278	4.79
45	341,811	173,502	0.96
46	342,245	173,352	0.96
47	357,158	180,122	1.00
48	330,432	169,953	0.93
49	338,942	173,349	0.95
50—54岁	1,518,325	787,200	4.25
50	307,982	159,602	0.86
51	298,642	155,636	0.84
52	328,407	169,078	0.92
53	289,258	149,394	0.81
54	294,036	153,490	0.82

（续完）

年龄别	人口数		占总人口数的百分比	年龄别	人口数		占总人口数的百分比
	合计	其中：男			合计	其中：男	
55—59岁	1,209,788	638,752	3.39	78	49,813	23,895	0.14
55	267,709	140,814	0.75	79	49,985	23,763	0.14
56	258,761	136,917	0.72	80—84岁	151,218	71,187	0.42
57	237,459	125,380	0.66	80	46,289	21,937	0.13
58	232,727	122,140	0.65	81	36,290	17,213	0.10
59	213,132	113,501	0.60	82	27,184	12,685	0.08
60—64岁	926,059	497,343	2.59	83	22,409	10,501	0.06
60	220,993	118,743	0.62	84	19,046	8,851	0.05
61	204,083	109,306	0.57	85—89岁	42,889	19,142	0.12
62	183,604	98,813	0.51	85	15,004	6,848	0.04
63	155,123	83,020	0.43	86	9,570	4,310	0.03
64	162,256	87,461	0.45	87	7,779	3,465	0.02
65—69岁	683,408	362,108	1.91	88	6,353	2,772	0.02
65	143,467	76,503	0.40	89	4,183	1,747	0.01
66	139,477	74,146	0.39	90—94岁	7,952	3,209	0.02
67	131,498	69,465	0.37	90	3,162	1,330	0.01
68	146,377	77,741	0.41	91	2,189	871	0.01
69	122,589	64,253	0.34	92	1,283	501	…
70—74岁	514,420	261,104	1.44	93	802	306	…
70	114,482	59,823	0.32	94	516	201	…
71	112,868	58,171	0.32	95—99岁	668	242	…
72	105,895	53,155	0.30	95	274	106	…
73	95,434	47,490	0.27	96	202	70	…
74	85,741	42,465	0.24	97	94	33	…
75—79岁	316,173	152,081	0.89	98	69	28	…
75	80,878	39,421	0.23	99	29	5	…
76	74,069	35,818	0.21	100岁以上	51	20	…
77	61,428	29,184	0.17	不详	10	5	…

(7) 吉林省人口年龄状况

年龄别	人口数 合计	其中：男	占总人口数的百分比	年龄别	人口数 合计	其中：男	占总人口数的百分比
总计	22,560,024	11,554,343	100.00	26	449,130	228,377	1.99
				27	484,574	248,091	2.15
0—4岁	2,153,561	1,107,269	9.55	28	467,096	238,053	2.07
0	421,294	218,143	1.87	29	420,457	212,812	1.86
1	343,881	177,337	1.52	30—34岁	1,762,005	893,674	7.81
2	463,565	237,796	2.05	30	417,941	212,670	1.85
3	507,716	260,460	2.25	31	380,901	192,231	1.69
4	417,105	213,533	1.85	32	398,515	203,974	1.77
5—9岁	2,262,388	1,154,923	10.03	33	293,160	148,179	1.30
5	405,049	207,326	1.80	34	271,488	136,620	1.20
6	411,530	210,210	1.82	35—39岁	1,106,754	553,339	4.91
7	417,463	213,258	1.85	35	256,532	127,801	1.14
8	463,808	236,303	2.06	36	221,543	109,969	0.98
9	564,538	287,826	2.50	37	211,505	104,814	0.94
10—14岁	3,067,757	1,561,590	13.60	38	213,000	107,289	0.94
10	590,719	301,663	2.62	39	204,174	103,466	0.91
11	641,570	326,561	2.84	40—44岁	1,062,875	546,762	4.71
12	621,901	316,414	2.76	40	210,864	107,093	0.93
13	644,983	327,963	2.86	41	219,008	112,050	0.97
14	568,584	288,989	2.52	42	210,485	107,845	0.93
15—19岁	2,891,102	1,451,793	12.82	43	219,839	113,611	0.97
15	520,740	264,046	2.31	44	202,679	106,163	0.90
16	557,245	282,023	2.47	45—49岁	968,267	500,032	4.29
17	572,150	288,438	2.54	45	195,800	101,933	0.87
18	593,178	297,515	2.63	46	197,423	101,495	0.88
19	647,789	319,771	2.87	47	196,509	100,500	0.87
20—24岁	2,087,863	1,052,373	9.25	48	197,141	102,047	0.87
20	360,478	175,903	1.60	49	181,394	94,057	0.80
21	393,392	194,427	1.74	50—54岁	817,392	430,972	3.62
22	457,657	234,024	2.03	50	159,233	83,698	0.71
23	396,617	202,334	1.76	51	164,536	86,906	0.73
24	479,719	245,685	2.13	52	178,591	93,880	0.79
25—29岁	2,283,330	1,161,200	10.21	53	153,417	80,536	0.68
25	462,073	233,867	2.05	54	161,615	85,952	0.72

（续完）

年龄别	人口数		占总人口数的百分比
	合计	其中：男	
55—59岁	674,101	362,259	2.99
55	143,566	76,584	0.64
56	143,229	76,999	0.63
57	136,745	73,219	0.61
58	128,959	69,400	0.57
59	121,602	66,057	0.54
60—64岁	524,846	290,923	2.33
60	124,898	69,378	0.55
61	114,808	63,637	0.51
62	104,661	57,839	0.46
63	87,649	48,669	0.39
64	92,830	51,400	0.41
65—69岁	383,826	210,757	1.70
65	85,083	46,840	0.38
66	76,965	42,176	0.34
67	72,413	39,755	0.32
68	80,006	43,989	0.35
69	69,359	37,997	0.31
70—74岁	271,968	147,103	1.21
70	61,802	33,784	0.27
71	60,668	33,085	0.27
72	56,529	30,553	0.25
73	49,747	26,560	0.22
74	43,222	23,121	0.19
75—79岁	149,753	79,526	0.66
75	38,431	20,465	0.17
76	34,674	18,512	0.15
77	28,402	14,889	0.13
78	24,830	13,237	0.11
79	23,416	12,423	0.10
80—84岁	69,210	37,352	0.31
80	21,240	11,423	0.09
81	17,041	9,152	0.08
82	12,684	6,786	0.06
83	10,097	5,510	0.04
84	8,148	4,481	0.04
85—89岁	18,914	10,353	0.08
85	6,010	3,313	0.03
86	4,590	2,495	0.02
87	3,609	1,966	0.02
88	2,795	1,543	0.01
89	1,910	1,036	0.01
90—94岁	3,700	1,927	0.02
90	1,493	795	0.01
91	940	487	…
92	632	315	…
93	395	208	…
94	240	122	…
95—99岁	367	187	…
95	160	89	…
96	95	48	…
97	47	23	…
98	38	19	…
99	27	8	…
100岁以上	30	19	…
不详	15	10	…

(8) 黑龙江省人口年龄状况

年龄别	人口数		占总人口数的百分比
	合计	其中：男	
总计	32,665,512	16,721,245	100.00
0—4岁	3,272,890	1,675,701	10.02
0	673,461	345,833	2.06
1	561,475	288,095	1.72
2	692,799	354,144	2.12
3	721,526	368,888	2.21
4	623,629	318,741	1.91
5—9岁	3,776,167	1,923,857	11.56
5	610,959	312,099	1.87
6	668,352	340,551	2.05
7	756,479	385,753	2.32
8	845,992	430,218	2.59
9	894,385	455,236	2.74
10—14岁	4,346,575	2,209,876	13.31
10	879,754	448,042	2.69
11	913,438	465,285	2.80
12	855,833	434,813	2.62
13	887,384	450,560	2.72
14	810,166	411,176	2.48
15—19岁	4,095,438	2,058,157	12.54
15	727,614	368,050	2.23
16	812,887	411,519	2.49
17	817,007	411,755	2.50
18	854,034	428,220	2.61
19	883,896	438,613	2.71
20—24岁	3,073,291	1,550,711	9.41
20	535,201	261,279	1.64
21	565,332	279,817	1.73
22	680,849	349,503	2.08
23	596,062	306,184	1.82
24	695,847	353,928	2.13
25—29岁	3,243,854	1,640,119	9.93
25	666,145	335,672	2.04
26	641,432	324,257	1.96
27	690,707	349,993	2.11
28	651,319	330,696	1.99
29	594,251	299,501	1.82
30—34岁	2,460,100	1,238,273	7.53
30	581,538	292,181	1.78
31	520,805	261,907	1.59
32	534,553	271,573	1.64
33	429,061	215,381	1.31
34	394,143	197,231	1.21
35—39岁	1,606,332	797,937	4.92
35	380,760	189,133	1.17
36	329,396	162,478	1.01
37	308,955	152,104	0.95
38	296,200	147,926	0.91
39	291,021	146,296	0.89
40—44岁	1,565,501	794,346	4.79
40	303,419	152,711	0.93
41	319,840	161,428	0.98
42	317,969	159,377	0.97
43	315,184	159,976	0.96
44	309,089	160,854	0.95
45—49岁	1,424,931	755,263	4.36
45	299,871	156,260	0.92
46	290,995	151,888	0.89
47	289,908	152,827	0.89
48	282,511	152,515	0.86
49	261,646	141,773	0.80
50—54岁	1,132,448	619,247	3.47
50	229,350	125,641	0.70
51	226,881	125,671	0.69
52	244,672	133,119	0.75
53	212,589	115,309	0.65
54	218,956	119,507	0.67

（续完）

年龄别	人口数 合计	其中：男	占总人口数的百分比	年龄别	人口数 合计	其中：男	占总人口数的百分比
55—59岁	881,848	488,310	2.70	78	29,539	15,348	0.09
55	191,262	105,844	0.59	79	26,555	13,770	0.08
56	191,314	106,499	0.59	80—84岁	76,231	40,567	0.23
57	177,625	98,565	0.54	80	23,823	12,620	0.07
58	164,570	90,636	0.50	81	19,280	10,192	0.06
59	157,077	86,766	0.48	82	13,653	7,202	0.04
60—64岁	669,181	371,250	2.05	83	10,918	5,897	0.03
60	160,124	89,524	0.49	84	8,557	4,656	0.03
61	147,133	81,258	0.45	85—89岁	19,399	10,449	0.06
62	132,853	73,742	0.41	85	6,540	3,566	0.02
63	112,753	62,381	0.35	86	4,773	2,588	0.01
64	116,318	64,345	0.36	87	3,706	2,001	0.01
65—69岁	497,119	269,633	1.52	88	2,599	1,374	0.01
65	108,466	59,379	0.33	89	1,781	920	0.01
66	101,308	55,032	0.31	90—94岁	3,247	1,697	0.01
67	95,800	51,590	0.29	90	1,349	740	…
68	103,510	56,027	0.32	91	832	426	…
69	88,035	47,605	0.27	92	524	280	…
70—74岁	339,149	181,040	1.04	93	348	159	…
70	78,832	42,518	0.24	94	194	92	…
71	75,107	40,522	0.23	95—99岁	279	125	…
72	70,146	37,363	0.21	95	111	49	…
73	62,046	32,733	0.19	96	71	33	…
74	53,018	27,904	0.16	97	47	22	…
75—79岁	181,492	94,674	0.56	98	31	12	…
75	46,778	24,585	0.14	99	19	9	…
76	43,130	22,587	0.13	100岁以上	33	12	…
77	35,490	18,384	0.11	不详	7	1	…

（9）上海市人口年龄状况

年龄别	人口数		占总人口数的百分比	年龄别	人口数		占总人口数的百分比
	合计	其中：男			合计	其中：男	
总计	11,859,700	5,909,980	100.00	26	320,701	163,484	2.70
				27	339,108	169,970	2.86
0—4岁	780,627	401,486	6.58	28	292,150	148,838	2.46
0	211,101	108,961	1.78	29	251,387	130,058	2.12
1	140,842	72,015	1.19	30—34岁	1,071,784	560,578	9.04
2	148,530	76,442	1.25	30	247,470	130,032	2.09
3	142,666	73,505	1.20	31	221,306	116,670	1.87
4	137,488	70,563	1.16	32	223,258	117,185	1.88
5—9岁	603,038	309,640	5.08	33	191,602	99,371	1.62
5	130,646	67,216	1.10	34	188,148	97,320	1.59
6	121,168	62,322	1.02	35—39岁	697,850	355,963	5.88
7	111,199	56,930	0.94	35	172,361	88,410	1.45
8	114,406	58,578	0.96	36	141,804	71,593	1.20
9	125,619	64,594	1.06	37	136,527	69,512	1.15
10—14岁	770,624	395,094	6.50	38	137,369	70,417	1.16
10	128,477	65,683	1.08	39	109,789	56,031	0.93
11	149,905	76,876	1.26	40—44岁	548,081	271,304	4.62
12	160,154	82,080	1.35	40	110,892	55,866	0.94
13	178,031	91,078	1.50	41	110,296	55,191	0.93
14	154,057	79,377	1.30	42	103,180	50,718	0.87
15—19岁	1,041,664	530,743	8.78	43	106,682	52,071	0.90
15	130,907	67,526	1.10	44	117,031	57,458	0.99
16	172,016	88,413	1.45	45—49岁	726,509	354,388	6.13
17	192,189	99,143	1.62	45	116,650	57,234	0.98
18	259,873	131,614	2.19	46	139,216	68,141	1.17
19	286,679	144,047	2.42	47	147,882	72,479	1.25
20—24岁	1,384,783	698,701	11.68	48	156,037	75,589	1.32
20	216,354	107,824	1.82	49	166,724	80,945	1.41
21	237,241	116,922	2.00	50—54岁	715,658	349,663	6.03
22	289,462	145,698	2.44	50	155,281	76,248	1.31
23	268,789	137,469	2.27	51	134,613	66,138	1.14
24	372,937	190,788	3.14	52	142,454	69,565	1.20
25—29岁	1,543,838	786,845	13.02	53	142,014	69,023	1.20
25	340,492	174,495	2.87	54	141,296	68,689	1.19

（续完）

年龄别	人口数		占总人口数的百分比	年龄别	人口数		占总人口数的百分比
	合计	其中：男			合计	其中：男	
55—59岁	609,932	296,276	5.14	78	27,627	10,153	0.23
55	123,427	60,845	1.04	79	21,712	7,792	0.18
56	126,281	61,400	1.06	80—84岁	76,506	25,031	0.65
57	124,068	60,571	1.05	80	20,837	7,397	0.18
58	124,690	59,783	1.05	81	18,504	6,300	0.16
59	111,466	53,677	0.94	82	14,835	4,821	0.13
60—64岁	484,550	229,549	4.09	83	12,122	3,612	0.10
60	108,177	51,302	0.91	84	10,208	2,901	0.09
61	100,956	48,127	0.85	85—89岁	25,890	6,353	0.22
62	98,613	47,520	0.83	85	8,271	2,220	0.07
63	92,785	43,474	0.78	86	6,660	1,636	0.06
64	84,019	39,126	0.71	87	4,949	1,212	0.04
65—69岁	356,996	164,598	3.01	88	3,369	737	0.03
65	77,726	36,415	0.66	89	2,641	548	0.02
66	75,771	35,129	0.64	90—94岁	5,139	894	0.04
67	68,574	31,630	0.58	90	1,999	394	0.02
68	73,793	33,824	0.62	91	1,277	222	0.01
69	61,132	27,600	0.52	92	848	142	0.01
70—74岁	251,992	109,819	2.12	93	632	95	0.01
70	57,885	26,001	0.49	94	383	41	…
71	55,202	24,431	0.47	95—99岁	502	68	…
72	49,663	21,623	0.42	95	231	37	…
73	46,980	19,892	0.40	96	110	12	…
74	42,262	17,872	0.36	97	88	8	…
75—79岁	163,696	62,973	1.38	98	39	7	…
75	41,972	17,283	0.35	99	34	4	…
76	38,892	15,093	0.33	100岁以上	20	3	…
77	33,493	12,652	0.28	不详	21	11	…

(10) 江苏省人口年龄状况

年龄别	人口数		占总人口数的百分比	年龄别	人口数		占总人口数的百分比
	合计	其中：男			合计	其中：男	
总计	60,521,113	30,767,523	100.00	26	1,105,492	570,521	1.83
				27	1,351,358	702,895	2.23
0—4岁	4,844,751	2,508,112	8.01	28	1,156,488	597,410	1.91
0	1,109,379	575,172	1.83	29	1,153,597	594,663	1.91
1	854,756	444,235	1.41	**30—34岁**	4,830,370	2,511,409	7.98
2	896,585	464,318	1.48	30	1,161,380	599,039	1.92
3	1,007,637	521,236	1.66	31	889,212	458,343	1.47
4	976,394	503,151	1.61	32	1,003,670	526,513	1.66
5—9岁	5,109,470	2,635,730	8.44	33	894,829	466,826	1.48
5	1,018,414	525,454	1.68	34	881,279	460,688	1.46
6	999,649	515,874	1.65	**35—39岁**	3,602,928	1,909,094	5.95
7	980,969	506,093	1.62	35	805,158	424,033	1.33
8	1,008,634	520,718	1.67	36	744,604	393,714	1.23
9	1,101,804	567,591	1.82	37	724,964	385,592	1.20
10—14岁	7,583,309	3,899,920	12.53	38	713,108	378,741	1.18
10	1,243,473	642,171	2.05	39	615,094	327,014	1.02
11	1,541,912	793,563	2.55	**40—44岁**	3,186,796	1,681,667	5.27
12	1,558,153	800,545	2.57	40	664,988	350,559	1.10
13	1,740,210	893,584	2.88	41	680,093	359,562	1.12
14	1,499,561	770,057	2.48	42	609,845	321,231	1.01
15—19岁	7,541,667	3,837,623	12.46	43	623,744	329,433	1.03
15	1,360,443	700,090	2.25	44	608,126	320,882	1.00
16	1,706,236	875,890	2.82	**45—49岁**	3,042,257	1,571,138	5.03
17	1,439,379	737,001	2.38	45	577,430	301,128	0.95
18	1,436,780	729,134	2.37	46	630,971	326,891	1.04
19	1,598,829	795,508	2.64	47	608,298	313,436	1.01
20—24岁	4,525,748	2,300,320	7.48	48	629,449	324,316	1.04
20	953,535	470,718	1.58	49	596,109	305,367	0.98
21	671,070	333,705	1.11	**50—54岁**	2,702,394	1,373,666	4.47
22	802,169	406,180	1.33	50	544,249	278,589	0.90
23	861,702	444,668	1.42	51	505,101	259,307	0.83
24	1,237,272	645,049	2.04	52	568,609	289,079	0.94
25—29岁	6,010,735	3,111,613	9.93	53	555,270	279,812	0.92
25	1,243,800	646,124	2.06	54	529,165	266,879	0.87

（续完）

年龄别	人口数		占总人口数的百分比	年龄别	人口数		占总人口数的百分比
	合计	其中：男			合计	其中：男	
55—59岁	2,284,669	1,137,121	3.77	78	111,036	40,133	0.18
55	435,432	220,136	0.72	79	94,237	33,218	0.16
56	458,628	228,340	0.76	80—84岁	293,356	94,143	0.48
57	486,940	243,326	0.80	80	83,754	28,549	0.14
58	485,449	240,047	0.80	81	77,210	25,371	0.13
59	418,220	205,272	0.69	82	57,220	17,920	0.09
60—64岁	1,899,336	907,263	3.14	83	40,622	12,177	0.07
60	420,932	204,351	0.70	84	34,550	10,126	0.06
61	404,168	196,374	0.67	85—89岁	91,828	24,007	0.15
62	413,985	197,743	0.68	85	28,996	8,257	0.05
63	355,013	166,244	0.59	86	24,449	6,456	0.04
64	305,238	142,551	0.50	87	17,996	4,498	0.03
65—69岁	1,390,465	631,816	2.30	88	11,619	2,814	0.02
65	318,394	147,463	0.53	89	8,768	1,982	0.01
66	293,652	135,297	0.49	90—94岁	16,529	3,421	0.03
67	260,141	118,923	0.43	90	6,744	1,484	0.01
68	296,242	131,740	0.49	91	4,046	844	0.01
69	222,036	98,393	0.37	92	2,827	536	…
70—74岁	933,535	393,703	1.54	93	1,809	354	…
70	192,993	85,337	0.32	94	1,103	203	…
71	193,555	83,700	0.32	95—99岁	1,549	260	…
72	194,100	81,455	0.32	95	702	118	…
73	204,609	83,283	0.34	96	372	62	…
74	148,278	59,928	0.25	97	254	44	…
75—79岁	629,298	235,473	1.04	98	135	24	…
75	148,157	58,223	0.24	99	86	12	…
76	152,921	57,684	0.25	100岁以上	101	14	…
77	122,947	46,215	0.20	不详	22	10	…

(11) 浙江省人口年龄状况

年龄别	人口数		占总人口数的百分比
	合计	其中：男	
总计	38,884,593	20,166,996	100.00
0—4岁	3,204,255	1,666,925	8.24
0	713,815	370,049	1.84
1	540,792	282,601	1.39
2	594,022	310,117	1.53
3	678,162	352,798	1.74
4	677,464	351,360	1.74
5—9岁	3,618,054	1,874,125	9.30
5	697,760	361,175	1.79
6	689,939	357,666	1.77
7	681,128	352,881	1.75
8	740,027	383,769	1.90
9	809,200	418,634	2.08
10—14岁	4,572,126	2,367,013	11.76
10	837,226	433,930	2.15
11	915,411	473,785	2.35
12	924,806	478,218	2.38
13	1,015,930	525,447	2.61
14	878,753	455,633	2.26
15—19岁	4,992,475	2,567,244	12.84
15	845,487	439,087	2.17
16	1,028,734	531,800	2.65
17	991,977	512,956	2.55
18	1,001,891	513,513	2.58
19	1,124,386	569,888	2.89
20—24岁	3,315,072	1,702,763	8.53
20	670,765	337,164	1.73
21	510,906	257,945	1.31
22	690,916	355,205	1.78
23	589,371	304,791	1.52
24	853,114	447,658	2.19
25—29岁	3,816,330	1,980,006	9.81
25	808,144	420,993	2.08
26	756,994	392,125	1.95
27	804,443	418,86	2.07
28	762,893	395,617	1.96
29	683,856	352,411	1.76
30—34岁	3,083,522	1,607,328	7.93
30	710,658	366,471	1.83
31	603,194	311,429	1.55
32	619,515	325,078	1.59
33	580,239	304,778	1.49
34	569,916	299,572	1.47
35—39岁	2,096,988	1,119,728	5.39
35	521,575	274,874	1.34
36	433,313	228,586	1.11
37	402,307	215,815	1.03
38	403,977	217,469	1.04
39	335,816	182,984	0.86
40—44岁	1,688,374	929,627	4.34
40	308,620	168,793	0.79
41	336,946	185,954	0.87
42	310,040	170,663	0.80
43	348,985	192,280	0.90
44	383,783	211,937	0.99
45—49岁	1,942,623	1,054,169	5.00
45	369,668	202,141	0.95
46	389,750	212,364	1.00
47	384,933	209,829	0.99
48	384,139	207,248	0.99
49	414,133	222,587	1.07
50—54岁	1,726,542	933,405	4.44
50	377,768	204,663	0.97
51	320,106	173,219	0.82
52	337,356	183,062	0.87
53	337,327	181,744	0.87
54	353,985	190,717	0.91

（续完）

年龄别	人口数 合计	人口数 其中：男	占总人口数的百分比	年龄别	人口数 合计	人口数 其中：男	占总人口数的百分比
55—59岁	1,449,895	773,900	3.73	78	74,490	30,372	0.19
55	299,727	162,432	0.77	79	62,113	24,627	0.16
56	294,237	158,035	0.76	**80—84岁**	220,550	82,270	0.57
57	302,472	161,325	0.78	80	58,408	23,071	0.15
58	283,436	149,899	0.73	81	55,418	21,119	0.14
59	270,023	142,209	0.69	82	43,539	16,012	0.11
60—64岁	1,139,637	582,003	2.93	83	33,407	11,907	0.09
60	257,062	133,103	0.66	84	29,778	10,161	0.08
61	233,439	120,606	0.60	**85—89岁**	70,665	22,450	0.18
62	242,591	124,066	0.62	85	23,424	7,826	0.06
63	204,036	102,640	0.52	86	18,534	6,067	0.05
64	202,509	101,588	0.52	87	13,356	4,120	0.03
65—69岁	871,748	430,056	2.24	88	8,645	2,560	0.02
65	197,884	99,059	0.51	89	6,706	1,877	0.02
66	178,215	88,881	0.46	**90—94岁**	12,901	3,352	0.03
67	176,425	87,459	0.45	90	5,325	1,475	0.01
68	176,327	85,715	0.45	91	3,124	845	0.01
69	142,897	68,942	0.37	92	2,259	535	0.01
70—74岁	633,832	292,862	1.63	93	1,410	316	…
70	135,462	64,676	0.35	94	783	181	…
71	147,215	68,623	0.38	**95—99岁**	1,172	266	…
72	127,245	58,430	0.33	95	523	117	…
73	114,660	52,047	0.29	96	294	77	…
74	109,250	49,086	0.28	97	193	42	…
75—79岁	427,754	177,485	1.10	98	105	21	…
75	103,346	44,716	0.27	99	57	9	…
76	100,544	42,107	0.26	**100岁以上**	54	6	…
77	87,261	35,663	0.22	**不详**	24	13	…

(12) 安徽省人口年龄状况

年龄别	人口数		占总人口数的百分比
	合计	其中：男	
总计	49,665,947	25,763,833	100.00
0—4岁	4,749,163	2,487,067	9.56
0	867,601	456,984	1.75
1	855,542	452,167	1.72
2	988,547	518,357	1.99
3	1,057,310	550,854	2.13
4	980,163	508,705	1.97
5—9岁	5,772,587	3,003,814	11.62
5	1,002,674	521,527	2.02
6	1,047,574	544,781	2.11
7	1,087,346	566,271	2.19
8	1,229,153	639,672	2.47
9	1,405,840	731,563	2.83
10—14岁	7,431,281	3,852,947	14.96
10	1,426,805	740,315	2.87
11	1,509,112	783,911	3.04
12	1,451,541	751,600	2.92
13	1,644,224	851,936	3.31
14	1,399,599	725,185	2.82
15—19岁	6,740,139	3,470,141	13.57
15	1,296,918	673,346	2.61
16	1,489,581	771,118	3.00
17	1,225,652	634,264	2.47
18	1,199,553	616,800	2.42
19	1,528,435	774,613	3.08
20—24岁	2,488,798	1,304,941	5.01
20	809,596	403,749	1.63
21	280,414	139,208	0.56
22	310,003	165,722	0.62
23	395,704	219,624	0.80
24	693,081	376,638	1.40
25—29岁	4,108,669	2,147,113	8.27
25	791,425	421,890	1.59
26	731,651	381,499	1.47
27	873,093	459,558	1.76
28	853,843	442,734	1.72
29	858,657	441,432	1.73
30—34岁	3,507,741	1,855,906	7.06
30	867,075	447,503	1.75
31	644,621	338,163	1.30
32	689,145	370,564	1.39
33	660,277	353,474	1.33
34	646,623	346,202	1.30
35—39岁	2,741,800	1,495,121	5.52
35	589,023	317,391	1.19
36	556,162	302,277	1.12
37	543,352	298,209	1.09
38	548,873	300,541	1.11
39	504,390	276,703	1.02
40—44岁	2,486,142	1,382,210	5.01
40	552,631	303,236	1.11
41	558,761	308,236	1.13
42	470,620	259,803	0.95
43	430,421	242,500	0.87
44	473,709	268,435	0.95
45—49岁	2,406,997	1,317,218	4.85
45	464,325	256,708	0.93
46	461,133	253,529	0.93
47	491,234	268,993	0.99
48	530,477	287,667	1.07
49	459,828	250,321	0.93
50—54岁	2,031,682	1,099,199	4.09
50	395,245	217,115	0.80
51	376,648	205,359	0.76
52	437,278	237,195	0.88
53	415,744	221,691	0.84
54	406,767	217,839	0.82

（续完）

年龄别	人口数		占总人口数的百分比
	合计	其中：男	
55—59岁	1,830,957	944,040	3.69
55	369,957	197,071	0.74
56	383,379	200,889	0.77
57	395,212	202,875	0.80
58	369,971	186,293	0.74
59	312,438	156,912	0.63
60—94岁	1,342,043	637,451	2.70
60	295,492	146,363	0.59
61	289,211	139,907	0.58
62	286,647	145,588	0.58
63	250,164	114,898	0.50
64	220,529	100,695	0.44
65—69岁	945,653	402,133	1.90
65	214,303	92,713	0.43
66	207,544	90,323	0.42
67	186,511	80,029	0.38
68	190,548	79,360	0.38
69	146,747	59,708	0.30
70—74岁	513,026	191,761	1.03
70	104,020	40,985	0.21
71	97,701	37,908	0.20
72	108,420	40,486	0.22
73	112,016	40,204	0.23
74	90,869	32,178	0.18
75—79岁	352,871	113,969	0.71
75	78,363	26,429	0.16
76	81,768	26,800	0.16
77	70,380	22,764	0.14
78	67,457	21,212	0.14
79	54,903	16,764	0.11
80—84岁	166,180	47,314	0.33
80	50,593	15,385	0.10
81	44,567	12,913	0.09
82	32,626	8,932	0.07
83	21,062	5,599	0.04
84	17,332	4,485	0.03
85—89岁	42,022	9,936	0.08
85	13,703	3,372	0.03
86	11,204	2,699	0.02
87	7,891	1,842	0.02
88	5,430	1,242	0.01
89	3,794	781	0.01
90—94岁	7,165	1,387	0.01
90	3,050	631	0.01
91	1,696	311	…
92	1,166	211	…
93	771	140	…
94	482	94	…
95—99岁	881	134	…
95	332	54	…
96	207	29	…
97	146	24	…
98	113	13	…
99	83	14	…
100岁以上	121	22	…
不　详	29	12	…

（13）福建省人口年龄状况

年龄别	人口数		占总人口数的百分比
	合计	其中：男	
总计	25,872,917	13,308,562	100.00
0—4岁	2,756,149	1,419,377	10.65
0	614,791	316,362	2.38
1	463,058	239,192	1.79
2	476,699	245,364	1.84
3	568,726	293,167	2.20
4	632,875	325,292	2.45
5—9岁	3,266,784	1,682,075	12.63
5	637,018	327,300	2.46
6	651,907	336,315	2.52
7	612,721	316,016	2.37
8	673,999	347,174	2.61
9	691,139	355,270	2.67
10—14岁	3,421,705	1,765,105	13.23
10	694,073	357,446	2.68
11	712,073	367,098	2.75
12	660,535	340,649	2.55
13	719,900	371,556	2.78
14	635,124	328,356	2.45
15—19岁	3,229,140	1,646,503	12.48
15	587,937	303,323	2.27
16	657,562	338,767	2.54
17	632,481	323,684	2.44
18	595,556	300,842	2.30
19	755,604	379,887	2.92
20—24岁	2,076,734	1,061,131	8.03
20	386,216	190,574	1.49
21	280,442	138,626	1.08
22	441,644	227,881	1.71
23	417,184	215,649	1.61
24	551,248	288,401	2.13
25—29岁	2,281,160	1,174,826	8.82
25	470,124	242,573	1.82
26	438,918	225,623	1.70
27	494,686	256,245	1.91
28	456,022	234,163	1.76
29	421,410	216,222	1.63
30—34岁	1,688,440	895,392	6.53
30	399,794	205,985	1.55
31	346,082	182,141	1.34
32	348,462	187,614	1.35
33	313,081	168,284	1.21
34	281,021	151,368	1.09
35—39岁	1,205,120	660,017	4.66
35	263,404	143,055	1.02
36	252,957	137,132	0.98
37	227,078	123,741	0.88
38	233,479	129,293	0.90
39	228,202	126,796	0.88
40—44岁	1,114,368	616,944	4.31
40	223,458	124,063	0.86
41	210,113	116,473	0.81
42	211,871	116,830	0.82
43	225,431	125,877	0.87
44	243,495	133,701	0.94
45—49岁	1,159,431	622,871	4.48
45	235,212	126,827	0.91
46	241,177	130,095	0.93
47	224,602	120,119	0.87
48	225,733	121,092	0.87
49	232,707	124,738	0.90
50—54岁	1,038,983	553,664	4.02
50	204,388	110,350	0.79
51	199,194	107,645	0.77
52	208,959	112,121	0.81
53	210,676	111,423	0.81
54	215,766	112,125	0.83

（续完）

年龄别	人口数		占总人口数的百分比	年龄别	人口数		占总人口数的百分比
	合计	其中：男			合计	其中：男	
55—59岁	**842,914**	**434,969**	**3.26**	78	33,151	11,225	0.13
55	184,867	98,532	0.71	79	28,146	9,581	0.11
56	181,124	94,688	0.70	**80—84岁**	**88,327**	**27,008**	**0.34**
57	172,594	87,081	0.67	80	25,109	8,206	0.10
58	157,276	80,402	0.61	81	22,322	6,961	0.09
59	147,053	74,266	0.57	82	16,426	4,924	0.06
60—64岁	**658,813**	**321,913**	**2.55**	83	13,103	3,829	0.05
60	145,422	72,778	0.56	84	11,367	3,088	0.04
61	137,130	68,089	0.53	**85—89岁**	**27,659**	**7,029**	**0.11**
62	134,837	66,197	0.52	85	8,298	2,322	0.03
63	124,345	59,800	0.48	86	6,673	1,669	0.03
64	117,079	55,049	0.45	87	5,728	1,396	0.02
65—69岁	**486,519**	**218,014**	**1.88**	88	3,931	950	0.02
65	107,249	49,781	0.41	89	3,029	692	0.01
66	99,382	45,135	0.38	**90—94岁**	**5,818**	**1,133**	**0.02**
67	96,678	43,883	0.37	90	2,132	417	0.01
68	97,044	42,673	0.38	91	1,430	319	0.01
69	86,166	36,542	0.33	92	1,129	212	…
70—74岁	**326,343**	**130,710**	**1.26**	93	685	103	…
70	77,079	32,323	0.30	94	442	82	…
71	73,588	29,950	0.28	**95—99岁**	**670**	**100**	…
72	64,206	25,337	0.25	95	299	51	…
73	59,317	23,116	0.23	96	158	21	…
74	52,153	19,984	0.20	97	110	14	…
75—79岁	**197,779**	**69,768**	**0.76**	98	64	9	…
75	48,775	18,236	0.19	99	39	5	…
76	48,055	17,098	0.19	**100岁以上**	**45**	**7**	…
77	39,652	13,628	0.15	**不详**	**16**	**6**	…

(14) 江西省人口年龄状况

年龄别	人口数		占总人口数的百分比
	合计	其中：男	
总计	33,185,471	17,114,253	100.00
0—4岁	3,671,568	1,895,400	11.06
0	659,753	340,917	1.99
1	588,016	303,754	1.77
2	660,926	342,165	1.99
3	857,939	442,440	2.59
4	904,934	466,124	2.73
5—9岁	4,817,802	2,430,626	14.52
5	960,262	495,454	2.89
6	964,273	498,576	2.91
7	962,117	497,666	2.90
8	976,451	504,607	2.94
9	954,699	494,323	2.88
10—14岁	4,386,676	2,271,910	13.22
10	844,371	437,231	2.54
11	877,028	454,698	2.64
12	868,331	448,966	2.62
13	955,014	494,165	2.88
14	841,932	436,850	2.54
15—19岁	3,955,171	2,032,926	11.92
15	782,465	406,035	2.36
16	842,974	436,782	2.54
17	787,098	406,900	2.37
18	752,996	384,547	2.27
19	789,638	398,662	2.38
20—24岁	2,515,544	1,285,805	7.58
20	499,553	246,618	1.51
21	391,189	194,970	1.18
22	511,658	265,638	1.54
23	479,543	248,607	1.45
24	633,601	329,972	1.91
25—29岁	2,697,920	1,398,844	8.13
25	576,812	298,356	1.74
26	504,017	259,259	1.52
27	551,644	286,867	1.66
28	552,223	287,491	1.66
29	513,224	266,871	1.55
30—34岁	2,159,786	1,135,408	6.51
30	496,049	257,773	1.49
31	428,785	222,476	1.29
32	447,893	237,646	1.35
33	405,588	215,196	1.22
34	381,471	202,317	1.15
35—39岁	1,538,146	819,994	4.63
35	352,177	187,580	1.06
36	317,545	166,331	0.96
37	302,927	160,382	0.91
38	296,900	159,453	0.89
39	268,597	146,248	0.81
40—44岁	1,437,345	780,017	4.33
40	273,866	149,159	0.83
41	294,366	160,227	0.89
42	277,496	149,586	0.84
43	290,006	157,733	0.87
44	301,611	163,312	0.91
45—49岁	1,386,149	741,067	4.18
45	291,995	156,542	0.88
46	290,002	154,524	0.87
47	271,728	144,615	0.82
48	269,438	144,622	0.81
49	262,986	140,764	0.79
50—54岁	1,150.104	616,302	3.47
50	231,383	124,340	0.70
51	223,014	120,975	0.67
52	230,318	123,545	0.69
53	223,701	118,820	0.67
54	241,688	128,622	0.73

（续完）

年龄别	人口数		占总人口数的百分比
	合计	其中：男	
55—59岁	1,060,639	551,261	3.20
55	216,478	114,745	0.65
56	213,536	111,697	0.64
57	219,487	113,870	0.66
58	211,865	108,745	0.64
59	199,273	102,204	0.60
60—64岁	913,905	458,914	2.75
60	206,105	105,786	0.62
61	190,608	96,887	0.57
62	187,920	94,432	0.57
63	168,261	83,148	0.51
64	161,011	78,661	0.49
65—69岁	668,567	312,167	2.01
65	151,563	72,395	0.46
66	138,792	65,865	0.42
67	136,805	63,854	0.41
68	128,829	59,098	0.39
69	112,578	50,955	0.34
70—74岁	446,049	188,640	1.34
70	102,387	45,360	0.31
71	96,612	41,989	0.29
72	89,266	37,167	0.27
73	84,905	34,812	0.26
74	72,879	29,312	0.22
75—79岁	249,713	93,597	0.75
75	63,629	25,009	0.19
76	57,580	21,874	0.17
77	48,758	18,068	0.15
78	44,121	15,918	0.13
79	35,625	12,728	0.11
80—84岁	98,891	32,745	0.30
80	29,248	10,133	0.09
81	25,426	8,519	0.08
82	18,713	6,072	0.06
83	13,910	4,419	0.04
84	11,594	3,602	0.03
85—89岁	26,096	7,357	0.08
85	8,518	2,524	0.03
86	6,892	1,953	0.02
87	4,871	1,353	0.01
88	3,471	898	0.01
89	2,344	629	0.01
90—94岁	4,769	1,146	0.01
90	1,810	440	0.01
91	1,224	319	…
92	815	179	…
93	540	128	…
94	380	80	…
95—99岁	566	100	…
95	223	36	…
96	140	32	…
97	101	13	…
98	70	13	…
99	32	6	…
100岁以上	43	13	…
不　详	22	14	…

(15) 山东省人口年龄状况

年龄别	人口数		占总人口数的百分比
	合计	其中：男	
总计	74,419,152	37,736,680	100.00
0—4岁	6,383,914	3,315,141	8.58
0	1,367,330	713,661	1.84
1	1,164,750	607,309	1.57
2	1,242,839	645,243	1.67
3	1,368,502	708,510	1.84
4	1,240 493	640,418	1.67
5—9岁	7,311,417	3,764,836	9.82
5	1,264,552	650,472	1.70
6	1,421,591	733,147	1.91
7	1,432,840	738,725	1.93
8	1,479,463	761,892	1.99
9	1,712,971	880,600	2.30
10—14岁	9,401,783	4,832,765	12.63
10	1,741,371	897,474	2.34
11	2,085,530	1,073,447	2.80
12	2,012,847	1,033,144	2.70
13	1,940,953	996,552	2.61
14	1,621,082	832,148	2.18
15—19岁	9,228,019	4,640,606	12.40
15	1,622,710	829,533	2.18
16	1,872,823	954,084	2.52
17	1,755,225	891,239	2.36
18	1,825,639	913,655	2.45
19	2,151,622	1,052,095	2.89
20—24岁	5,590,390	2,798,021	7.51
20	1,210,035	585,496	1.63
21	777,507	378,301	1.04
22	1,030,230	514,773	1.38
23	1,018,815	520,174	1.37
24	1,553,803	799,277	2.09
25—29岁	7,251,548	3,721,028	9.74
25	1,496,484	769,136	2.01
26	1,444,215	741,476	1.94
27	1,546,818	795,246	2.08
28	1,403,574	720,508	1.89
29	1,360,457	694,662	1.83
30—34岁	5,760,181	2,945,910	7.74
30	1,418,217	723,127	1.91
31	1,200,053	609,863	1.61
32	1,201,673	615,352	1.61
33	1,001,915	513,758	1.35
34	938,323	483,810	1.26
35—39岁	4,183,181	2,178,212	5.62
35	974,698	504,744	1.31
36	942,563	487,587	1.27
37	866,256	451,353	1.16
38	716,104	375,195	0.96
39	683,560	359,333	0.92
40—44岁	3,433,974	1,809,930	4.61
40	694,443	364,406	0.93
41	700,379	369,522	0.94
42	687,276	362,229	0.92
43	671,761	353,737	0.90
44	680,115	360,036	0.91
45—49岁	3,573,049	1,851,748	4.80
45	685,681	360,307	0.92
46	729,862	380,611	0.98
47	717,371	369,598	0.96
48	711,405	366,569	0.96
49	728,730	374,663	0.98
50—54岁	3,235,709	1,627,786	4.35
50	672,767	344,853	0.90
51	657,697	334,669	0.88
52	741,731	373,208	1.00
53	598,713	297,210	0.80
54	564,801	277,846	0.76

（续完）

年龄别	人口数 合计	人口数 其中：男	占总人口数的百分比
55—59岁	2,630,113	1,293,302	3.53
55	550,826	272,131	0.74
56	564,336	276,802	0.76
57	543,662	267,781	0.73
58	510,525	251,647	0.69
59	460,764	224,941	0.62
60—64岁	2,249,795	1,092,417	3.02
60	505,922	246,437	0.68
61	480,328	233,600	0.65
62	482,942	234,854	0.65
63	403,608	194,644	0.54
64	376,995	182,882	0.51
65—69岁	1,690,846	809,999	2.27
65	365,220	176,157	0.49
66	351,896	169,467	0.47
67	325,304	156,951	0.44
68	357,157	170,236	0.48
69	291,269	137,188	0.39
70—74岁	1,249,547	564,841	1.68
70	256,625	118,953	0.34
71	277,984	127,920	0.37
72	271,796	122,883	0.37
73	239,269	106,012	0.32
74	203,873	89,073	0.27
75—79岁	783,269	325,889	1.05
75	181,572	78,053	0.24
76	181,495	76,384	0.24
77	158,254	65,409	0.21
78	139,213	57,058	0.19
79	122,735	48,985	0.16
80—84岁	341,217	127,571	0.46
80	108,181	42,081	0.15
81	86,556	32,870	0.12
82	59,573	21,897	0.08
83	45,695	16,316	0.06
84	41,212	14,407	0.06
85—89岁	100,879	31,859	0.14
85	31,798	10,636	0.04
86	25,738	8,414	0.03
87	19,643	6,070	0.03
88	13,771	3,994	0.02
89	9,929	2,745	0.01
90—94岁	18,283	4,465	0.02
90	7,552	1,937	0.01
91	4,627	1,151	0.01
92	2,925	701	…
93	1,875	403	…
94	1,304	273	…
95—99岁	1,893	329	…
95	852	162	…
96	495	79	…
97	273	42	…
98	176	25	…
99	97	21	…
100岁以上	128	17	…
不　详	17	8	…

(16) 河南省人口年龄状况

年龄别	人口数 合计	其中：男	占总人口数的百分比	年龄别	人口数 合计	其中：男	占总人口数的百分比
总计	74,422,573	37,949,774	100.00	26	1,268,884	648,020	1.70
0—4岁	7,357,828	3,826,290	9.89	27	1,461,254	751,744	1.96
0	1,460,938	764,873	1.96	28	1,365,665	700,563	1.84
1	1,411,938	737,978	1.90	29	1,286,999	656,248	1.73
2	1,454,399	758,341	1.95	**30—34岁**	5,419,091	2,806,326	7.28
3	1,575,045	816,297	2.12	30	1,325,637	675,221	1.78
4	1,455,508	748,801	1.96	31	1,149,539	590,547	1.54
5—9岁	8,534,360	4,400,828	11.47	32	1,088,403	565,753	1.46
5	1,453,350	749,442	1.95	33	938,015	490,584	1.26
6	1,454,551	750,895	1.95	34	917,497	484,221	1.23
7	1,658,810	854,504	2.23	**35—39岁**	3,831,527	2,045,876	5.15
8	1,959,393	1,012,145	2.63	35	898,609	475,951	1.21
9	2,008,256	1,033,842	2.70	36	878,740	466,492	1.18
10—14岁	10,082,037	5,187,337	13.55	37	816,523	436,381	1.10
10	1,947,478	1,004,243	2.62	38	582,956	312,752	0.78
11	2,062,291	1,063,845	2.77	39	654,699	354,300	0.88
12	2,014,492	1,033,587	2.71	**40—44岁**	3,303,427	1,765,362	4.44
13	2,179,422	1,118,765	2.93	40	739,361	394,102	0.99
14	1,878,354	966,897	2.52	41	722,568	385,349	0.97
15—19岁	9,375,468	4,729,463	12.60	42	647,785	344,272	0.87
15	1,787,129	917,925	2.40	43	579,997	309,890	0.78
16	1,973,703	1,008,657	2.65	44	613,716	331,749	0.82
17	1,679,380	854,572	2.26	**45—49岁**	3,432,735	1,803,453	4.61
18	1,821,869	912,456	2.45	45	645,572	343,541	0.87
19	2,113,387	1,035,853	2.84	46	699,615	368,512	0.94
20—24岁	4,703,935	2,384,301	6.32	47	709,633	371,424	0.95
20	1,121,839	548,488	1.51	48	722,577	377,689	0.97
21	521,962	258,397	0.70	49	655,338	342,287	0.88
22	878,763	451,460	1.18	**50—54岁**	2,923,269	1,534,161	3.93
23	869,544	449,663	1.17	50	574,675	302,041	0.77
24	1,311,827	676,293	1.76	51	606,073	318,630	0.81
25—29岁	6,714,387	3,440,186	9.02	52	618,757	325,403	0.83
25	1,331,585	683,611	1.79	53	575,487	301,541	0.77
				54	548,277	286,546	0.74

（续完）

年龄别	人口数 合计	人口数 其中：男	占总人口数的百分比	年龄别	人口数 合计	人口数 其中：男	占总人口数的百分比
55—59岁	2,669,480	1,357,322	3.59	78	121,112	44,782	0.16
55	552,239	286,416	0.74	79	110,625	40,159	0.15
56	558,510	287,128	0.75	**80—84岁**	285,317	95,188	0.38
57	565,661	286,688	0.76	80	88,363	30,785	0.12
58	535,917	268,826	0.72	81	71,567	24,272	0.10
59	457,153	228,264	0.61	82	51,371	16,776	0.07
60—64岁	2,184,994	1,048,291	2.94	83	39,091	12,563	0.05
60	458,515	224,807	0.62	84	34,925	10,792	0.05
61	469,881	228,899	0.63	**85—89岁**	86,621	23,663	0.12
62	474,304	227,645	0.64	85	27,227	8,025	0.04
63	401,664	188,333	0.54	86	21,126	5,844	0.03
64	380,630	178,607	0.51	87	16,744	4,404	0,02
65—69岁	1,647,224	746,113	2.21	88	12,686	3,199	0,02
65	385,270	176,284	0.52	89	8,838	2,191	0,01
66	372,389	170,441	0.50	**90—94岁**	16,380	3,466	0.02
67	322,133	145,965	0.43	90	6,996	1,576	0.01
68	314,052	141,070	0.42	91	3,736	798	0.01
69	253,380	112,353	0.34	92	2,636	536	…
70—74岁	1,153,301	487,499	1.55	93	1,840	358	…
70	219,150	95,987	0.29	94	1,172	198	…
71	241,093	105,751	0.32	**95—99岁**	2,256	373	…
72	256,504	108,619	0.34	95	770	119	…
73	232,663	94,990	0.31	96	545	106	…
74	203,891	82,152	0.27	97	383	56	…
75—79岁	698,309	264,121	0.94	98	307	51	…
75	175,772	68,720	0.24	99	251	41	…
76	156,755	60,032	0.21	**100岁以上**	346	42	…
77	134,045	50,428	0.18	**不　详**	281	113	…

(17) 湖北省人口年龄状况

年龄别	人口数		占总人口数的百分比
	合计	其中：男	
总计	47,808,100	24,547,939	100.00
0—4岁	4,451,003	2,291,793	9.31
0	901,071	465,188	1.88
1	837,808	432,655	1.75
2	948,409	487,516	1.98
3	914,616	470,187	1.91
4	849,099	436,247	1.78
5—9岁	4,758,045	2,447,794	9.95
5	879,634	452,076	1.84
6	888,310	457,022	1.86
7	908,046	467,327	1.90
8	979,200	503,606	2.05
9	1,102,855	567,763	2.31
10—14岁	6,431,977	3,310,552	13.45
10	1,204,621	622,200	2.52
11	1,269,059	654,137	2.65
12	1,294,588	664,722	2.71
13	1,453,851	747,639	3.04
14	1,209,858	621,854	2.53
15—19岁	6,092,069	3,103,900	12.74
15	1,097,089	564,057	2.29
16	1,222,255	626,661	2.56
17	1,162,508	596,229	2.43
18	1,240,435	630,485	2.59
19	1,369,782	686,468	2.87
20—24岁	3,847,912	1,956,494	8.05
20	1,033,248	514,128	2.16
21	473,015	237,570	0.99
22	626,924	320,552	1.31
23	722,891	371,629	1.51
24	991,834	512,615	2.07
25—29岁	4,287,998	2,210,858	8.97
25	925,225	477,267	1.94
26	817,423	419,443	1.71
27	901,114	465,195	1.88
28	857,813	441,606	1.79
29	786,423	407,347	1.64
30—34岁	3,411,346	1,780,900	7.14
30	795,134	411,397	1.66
31	673,319	348,110	1.41
32	674,227	355,751	1.41
33	626,449	329,175	1.31
34	642,217	336,467	1.34
35—39岁	2,598,669	1,375,359	5.44
35	637,576	335,952	1.33
36	522,035	274,707	1.09
37	496,377	264,769	1.04
38	500,286	265,219	1.05
39	442,395	234,712	0.93
40—44岁	2,244,340	1,200,219	4.69
40	490,433	260,405	1.03
41	521,345	277,099	1.09
42	391,330	208,171	0.82
43	392,113	210,898	0.82
44	449,119	243,646	0.94
45—49岁	2,301,927	1,237,777	4.81
45	451,295	244,000	0.94
46	470,801	254,015	0.98
47	448,928	239,743	0.94
48	474,067	254,130	0.99
49	456,836	245,889	0.96
50—54岁	1,830,118	987,453	3.83
50	363,135	196,049	0.76
51	345,879	188,812	0.72
52	405,205	219,296	0.85
53	361,085	193,089	0.76
54	354,814	190,207	0.74

（续完）

年龄别	人口数		占总人口数的百分比
	合计	其中：男	
55—59岁	1,739,828	907,528	3.64
55	323,477	172,372	0.68
56	332,300	175,500	0.70
57	380,550	199,456	0.80
58	372,664	190,869	0.78
59	330,837	169,331	0.69
60—64岁	1,423,878	715,013	2.98
60	328,963	167,896	0.69
61	293,263	148,409	0.61
62	307,338	154,795	0.64
63	255,179	125,893	0.53
64	239,135	118,020	0.50
65—69岁	1,142,928	535,058	2.39
65	254,875	122,671	0.53
66	238,305	113,493	0.50
67	233,045	109,476	0.49
68	230,321	105,345	0.48
69	186,382	84,073	0.39
70—74岁	660,326	281,586	1.38
70	167,830	74,057	0.35
71	136,897	59,774	0.29
72	125,347	53,254	0.26
73	126,195	52,228	0.26
74	104,057	42,273	0.22
75—79岁	372,723	139,424	0.78
75	83,920	33,318	0.18
76	83,459	31,798	0.17
77	72,559	27,182	0.15
78	70,392	25,320	0.15
79	62,393	21,806	0.13
80—84岁	162,516	52,916	0.34
80	50,292	16,884	0.11
81	43,737	14,596	0.09
82	31,692	10,247	0.07
83	20,279	6,302	0.04
84	16,516	4,887	0.03
85—89岁	42,019	11,379	0.09
85	13,168	3,758	0.03
86	10,539	2,866	0.02
87	7,917	2,109	0.02
88	6,113	1,580	0.01
89	4,282	1,066	0.01
90—94岁	7,407	1,729	0.02
90	3,185	764	0.01
91	1,701	376	…
92	1,231	278	…
93	763	186	…
94	527	125	…
95—99岁	994	187	…
95	346	63	…
96	246	53	…
97	181	35	…
98	137	27	…
99	84	9	…
100岁以上	73	17	…
不详	4	3	…

(18) 湖南省人口年龄状况

年龄别	人口数 合计	其中：男	占总人口数的百分比	年龄别	人口数 合计	其中：男	占总人口数的百分比
总计	54,010,155	28,052,125	100.00	26	870,965	455,508	1.61
0—4岁	4,905,074	2,528,805	9.08	27	962,193	502,771	1.78
0	1,151,394	593,493	2.13	28	953,740	496,589	1.77
1	914,427	471,263	1.69	29	932,440	486,684	1.73
2	953,794	491,848	1.77	**30—34岁**	3,997,782	2,111,794	7.40
3	972,263	501,397	1.80	30	933,340	487,014	1.73
4	913,196	470,804	1.69	31	780,941	406,673	1.45
5—9岁	6,111,939	3,151,981	11.32	32	831,412	442,843	1.54
5	1,005,080	517,605	1.86	33	738,841	393,232	1.37
6	1,107,820	570,533	2.05	34	713,248	382,032	1.32
7	1,229,396	633,910	2.28	**35—39岁**	2,793,340	1,510,658	5.17
8	1,389,327	717,040	2.57	35	651,103	349,567	1.21
9	1,380,316	712,893	2.56	36	551,595	294,197	1.02
10—14岁	7,312,495	3,786,294	13.54	37	524,249	283,174	0.97
10	1,304,795	675,207	2.42	38	573,403	312,758	1.06
11	1,422,398	736,535	2.63	39	492,990	270,962	0.91
12	1,497,131	773,459	2.77	**40—44岁**	2,683,109	1,475,953	4.97
13	1,669,915	865,659	3.09	40	514,748	283,152	0.95
14	1,418,256	735,434	2.63	41	549,640	305,585	1.02
15—19岁	7,144,393	3,660,742	13.23	42	506,840	280,312	0.94
15	1,277,854	660,812	2.37	43	549,497	300,383	1.02
16	1,421,730	735,456	2.63	44	562,384	306,521	1.04
17	1,423,009	734,132	2.63	**45—49岁**	2,595,192	1,398,429	4.81
18	1,408,558	721,204	2.61	45	563,612	304,950	1.04
19	1,613,242	809,138	2.99	46	514,591	277,180	0.95
20—24岁	3,509,787	1,800,471	6.50	47	479,308	256,835	0.89
20	793,831	383,804	1.47	48	517,265	278,524	0.96
21	399,021	198,617	0.74	49	520,416	280,940	0.96
22	676,741	350,775	1.25	**50—54岁**	2,256,782	1,217,177	4.18
23	655,712	345,497	1.21	50	471,050	252,745	0.87
24	984,482	521,778	1.82	51	439,718	239,856	0.81
25—29岁	4,710,811	2,465,656	8.72	52	461,639	250,070	0.85
25	991,473	524,104	1.84	53	424,548	226,660	0.79
				54	459,827	247,846	0.85

（续完）

年龄别	人口数		占总人口数的百分比	年龄别	人口数		占总人口数的百分比
	合计	其中：男			合计	其中：男	
55—59岁	1,814,529	955,492	3.36	78	84,621	34,303	0.16
55	371,898	197,637	0.69	79	73,356	28,934	0.14
56	343,765	181,984	0.64	80—84岁	186,361	69,829	0.35
57	390,712	205,423	0.72	80	56,028	21,518	0.10
58	387,892	203,800	0.72	81	46,065	17,695	0.09
59	320,262	166,648	0.59	82	34,107	12,713	0.06
60—64岁	1,488,321	763,583	2.76	83	27,097	9,858	0.05
60	331,384	172,644	0.61	84	23,064	8,045	0.04
61	313,149	162,429	0.58	85—89岁	53,052	17,620	0.10
62	299,768	153,203	0.56	85	17,075	5,896	0.03
63	270,442	137,883	0.50	86	13,389	4,393	0.02
64	273,578	137,424	0.51	87	10,307	3,395	0.02
65—69岁	1,202,843	588,199	2.23	88	7,355	2,366	0.01
65	275,595	136,668	0.51	89	4,926	1,570	0.01
66	243,609	120,239	0.45	90—94岁	9,205	2,574	0.02
67	241,195	118,485	0.45	90	3,599	1,076	0.01
68	234,750	113,671	0.43	91	2,266	625	…
69	207,694	99,136	0.38	92	1,529	392	…
70—74岁	768,213	352,851	1.42	93	1,100	296	…
70	188,960	89,114	0.35	94	711	185	…
71	157,251	73,487	0.29	95—99岁	1,155	290	…
72	147,043	67,624	0.27	95	414	112	…
73	148,577	66,960	0.28	96	307	77	…
74	126,382	55,666	0.23	97	213	54	…
75—79岁	465,652	193,697	0.86	98	132	23	…
75	112,047	48,679	0.21	99	89	24	…
76	104,205	43,689	0.19	100岁以上	89	19	…
77	91,423	38,092	0.17	不详	31	11	…

(19) 广东省人口年龄状况

年龄别	人口数 合计	人口数 其中：男	占总人口数的百分比
总　计	59,299,620	30,312,111	100.00
0—4岁	6,445,286	3,363,861	10.87
0	1,410,961	740,263	2.38
1	1,298,903	678,326	2.19
2	1,307,652	683,493	2.21
3	1,301,503	676,082	2.19
4	1,126,267	585,697	1.90
5—9岁	6,296,377	3,266,448	10.62
5	1,094,640	569,190	1.85
6	1,133,932	589,226	1.91
7	1,237,811	642,486	2.09
8	1,400,683	725,209	2.36
9	1,429,311	740,337	2.41
10—14岁	7,366,846	3,818,286	12.42
10	1,446,067	748,888	2.44
11	1,508,029	782,313	2.54
12	1,476,369	764,429	2.49
13	1,540,628	798,042	2.60
14	1,395,753	724,614	2.35
15—19岁	7,186,864	3,697,759	12.12
15	1,310,114	679,419	2.21
16	1,451,314	751,940	2.45
17	1,443,025	745,519	2.43
18	1,423,063	728,837	2.40
19	1,559,348	792,044	2.63
20—24岁	4,987,564	2,544,083	8.41
20	1,160,463	582,425	1.96
21	727,641	363,812	1.23
22	876,914	447,992	1.48
23	1,005,849	516,825	1.70
24	1,216,697	633,029	2.05
25—29岁	5,226,906	2,695,494	8.81
25	1,097,252	568,548	1.85
26	1,021,906	526,516	1.72
27	1,113,030	576,180	1.88
28	1,050,609	539,001	1.77
29	944,109	485,249	1.59
30—34岁	3,979,806	2,112,993	6.71
30	894,676	462,828	1.51
31	818,779	430,684	1.38
32	860,796	463,732	1.45
33	728,599	390,891	1.23
34	676,956	364,858	1.14
35—39岁	2,873,633	1,561,374	4.85
35	623,229	338,094	1.05
36	589,421	319,938	0.99
37	591,274	322,508	1.00
38	546,405	296,024	0.92
39	523,304	284,810	0.88
40—44岁	2,757,482	1,490,581	4.65
40	540,061	290,717	0.91
41	532,991	288,861	0.90
42	548,366	296,752	0.92
43	563,365	305,206	0.95
44	572,699	309,045	0.97
45—49岁	2,879,345	1,509,948	4.86
45	571,864	307,288	0.96
46	590,612	310,204	1.00
47	567,999	294,251	0.96
48	580,750	302,536	0.98
49	568,120	295,669	0.96
50—54岁	2,470,818	1,280,961	4.17
50	530,939	275,017	0.90
51	497,733	260,751	0.84
52	491,496	256,343	0.83
53	465,623	239,817	0.79
54	485,027	249,033	0.82

（续完）

年龄别	人口数		占总人口数的百分比
	合计	其中：男	
55—59岁	2,014,806	1,002,628	3.40
55	447,960	229,543	0.76
56	434,605	217,364	0.73
57	409,177	202,651	0.69
58	378,180	185,855	0.64
59	344,884	167,215	0.58
60—64岁	1,592,334	759,082	2.69
60	364,953	178,327	0.62
61	329,772	160,378	0.56
62	315,749	151,258	0.53
63	289,942	135,078	0.49
64	291,918	134,041	0.49
65—69岁	1,289,279	559,159	2.17
65	289,089	128,263	0.49
66	263,561	114,876	0.44
67	252,252	109,859	0.43
68	252,192	108,174	0.43
69	232,185	97,987	0.39
70—74岁	924,827	355,436	1.56
70	218,122	89,141	0.37
71	199,873	79,382	0.34
72	182,679	69,581	0.31
73	168,587	62,346	0.28
74	155,566	54,986	0.26
75—79岁	593,231	191,767	1.00
75	142,534	48,651	0.24
76	135,493	44,777	0.23
77	117,774	38,201	0.20
78	107,375	33,074	0.18
79	90,055	27,064	0.15
80—84岁	288,839	77,307	0.49
80	82,628	23,792	0.14
81	69,956	19,197	0.12
82	54,507	14,300	0.09
83	43,403	10,828	0.07
84	38,345	9,190	0.06
85—89岁	95,260	20,096	0.16
85	28,368	6,399	0.05
86	23,168	5,084	0.04
87	18,373	3,865	0.03
88	14,325	2,720	0.02
89	11,026	2,028	0.02
90—94岁	25,369	4,205	0.04
90	8,867	1,578	0.01
91	6,383	1,053	0.01
92	4,675	739	0.01
93	3,229	486	0.01
94	2,215	349	…
95—99岁	4,258	562	0.01
95	1,656	219	…
96	1,114	159	…
97	692	93	…
98	514	54	…
99	282	37	…
100岁以上	459	65	…
不详	31	16	…

（20） 广西壮族自治区人口年龄状况

年龄别	人口数		占总人口数的百分比
	合计	其中：男	
总计	36,421,421	18,851,663	100.00
0—4岁	4,404,858	2,294,795	12.09
0	980,848	515,301	2.69
1	861,743	450,514	2.37
2	882,020	458,854	2.42
3	857,299	444,662	2.35
4	822,948	425,464	2.26
5—9岁	4,547,265	2,354,129	12.49
5	862,588	446,619	2.37
6	882,085	455,651	2.42
7	921,270	477,423	2.53
8	972,994	503,431	2.67
9	908,328	471,005	2.49
10—14岁	4,686,754	2,439,264	12.87
10	921,708	478,923	2.53
11	938,834	488,572	2.58
12	939,291	489,218	2.58
13	1,005,357	523,278	2.76
14	881,564	459,273	2.42
15—19岁	4,594,707	2,367,902	12.62
15	863,052	449,217	2.37
16	955,009	494,816	2.62
17	906,304	468,071	2.49
18	903,132	462,757	2.48
19	967,210	493,041	2.66
20—24岁	2,532,583	1,303,994	6.95
20	552,307	275,979	1.52
21	370,641	186,344	1.02
22	401,928	208,280	1.10
23	530,119	276,301	1.46
24	677,588	357,090	1.86
25—29岁	2,952,722	1,551,793	8.11
25	607,914	320,056	1.67
26	563,000	292,980	1.55
27	608,175	320,402	1.67
28	601,476	315,863	1.65
29	572,157	302,492	1.57
30—34岁	2,305,334	1,247,114	6.33
30	521,131	275,645	1.43
31	466,146	249,806	1.28
32	511,334	282,161	1.40
33	430,925	235,721	1.18
34	375,798	203,781	1.03
35—39岁	1,813,045	975,003	4.98
35	361,689	196,377	0.99
36	356,543	190,775	0.98
37	365,967	198,067	1.00
38	377,122	202,069	1.04
39	351,724	187,715	0.97
40—44岁	1,738,876	935,178	4.77
40	367,942	195,292	1.01
41	353,145	191,099	0.97
42	346,576	187,620	0.95
43	337,710	182,588	0.93
44	333,503	178,579	0.92
45—49岁	1,637,724	863,480	4.50
45	342,217	182,689	0.94
46	338,364	178,104	0.93
47	316,879	164,760	0.87
48	328,757	173,711	0.90
49	311,507	164,216	0.86
50—54岁	1,368,758	715,428	3.76
50	307,760	159,499	0.84
51	287,394	151,904	0.79
52	267,779	140,529	0.74
53	250,354	130,218	0.69
54	255,471	133,278	0.70

（续完）

年龄别	人口数		占总人口数的百分比	年龄别	人口数		占总人口数的百分比
	合计	其中：男			合计	其中：男	
55—59岁	**1,049,693**	**534,414**	**2.88**	78	60,380	23,744	0.17
55	237,296	122,974	0.65	79	47,364	18,046	0.13
56	220,078	111,810	0.60	**80—84岁**	**144,004**	**51,834**	**0.40**
57	210,984	107,964	0.58	80	42,996	15,738	0.12
58	201,210	101,166	0.55	81	34,697	12,868	0.10
59	180,125	90,500	0.49	82	27,327	9,723	0.08
60—64岁	**927,802**	**458,610**	**2.55**	83	21,060	7,317	0.06
60	208,769	103,946	0.57	84	17,924	6,188	0.05
61	197,931	98,753	0.54	**85—89岁**	**45,097**	**13,865**	**0.12**
62	185,909	91,972	0.51	85	13,865	4,486	0.04
63	170,726	83,622	0.47	86	11,194	3,453	0.03
64	164,467	80,317	0.45	87	8,256	2,480	0.02
65—69岁	**746,190**	**348,913**	**2.05**	88	6,810	1,993	0.02
65	169,411	78,492	0.47	89	4,972	1,453	0.01
66	153,367	71,618	0.42	**90—94岁**	**11,799**	**2,947**	**0.03**
67	146,382	68,649	0.40	90	4,101	1,039	0.01
68	143,383	66,881	0.39	91	2,874	765	0.01
69	133,647	63,273	0.37	92	2,244	540	0.01
70—74岁	**566,365**	**252,701**	**1.56**	93	1,524	365	…
70	135,772	61,879	0.37	94	1,056	238	…
71	117,813	53,423	0.32	**95—99岁**	**2,677**	**595**	**0.01**
72	112,364	49,921	0.31	95	845	198	…
73	105,230	46,634	0.29	96	693	163	…
74	95,186	40,844	0.26	97	472	92	…
75—79岁	**344,705**	**139,596**	**0.95**	98	401	91	…
75	87,062	36,554	0.24	99	266	50	…
76	80,883	33,069	0.22	**100岁以上**	418	89	…
77	69,016	28,183	0.19	**不详**	51	20	…

(21) 四川省人口年龄状况

年龄别	人口数 合计	其中：男	占总人口数的百分比	年龄别	人口数 合计	其中：男	占总人口数的百分比
总计	99,713,246	51,445,257	100.00	26	1,742,381	924,362	1.75
0—4岁	6,975,540	3,602,837	7.00	27	1,948,637	1,024,045	1.95
0	1,764,256	912,938	1.77	28	1,934,132	1,001,198	1.94
1	1,318,267	682,313	1.32	29	1,929,067	990,853	1.93
2	1,187,705	613,418	1.19	30—34岁	7,534,598	3,958,239	7.56
3	1,360,201	702,011	1.36	30	1,821,996	938,842	1.83
4	1,345,111	692,157	1.35	31	1,440,838	745,578	1.44
5—9岁	12,608,466	6,470,822	12.64	32	1,566,366	829,708	1.57
5	1,811,227	930,636	1.82	33	1,405,534	748,021	1.41
6	2,262,405	1,162,094	2.27	34	1,299,864	696,090	1.30
7	2,677,978	1,373,942	2.69	35—39岁	6,158,072	3,285,557	6.18
8	2,953,000	1,514,246	2.96	35	1,348,246	728,267	1.35
9	2,903,856	1,489,904	2.91	36	1,210,738	637,842	1.21
10—14岁	14,701,502	7,535,720	14.74	37	1,155,987	612,266	1.16
10	2,934,562	1,504,433	2.94	38	1,277,358	682,699	1.28
11	3,177,317	1,628,911	3.19	39	1,165,743	624,483	1.17
12	2,943,817	1,508,435	2.95	40—44岁	5,153,381	2,777,262	5.17
13	3,030,530	1,553,228	3.04	40	1,094,831	588,183	1.10
14	2,615,276	1,340,713	2.62	41	1,117,164	606,474	1.12
15—19岁	12,609,721	6,443,559	12.65	42	1,022,899	551,879	1.03
15	2,407,149	1,234,859	2.41	43	995,174	532,432	1.00
16	2,649,074	1,358,900	2.66	44	923,313	498,294	0.93
17	2,497,040	1,280,128	2.50	45—49岁	4,589,328	2,464,536	4.60
18	2,697,425	1,377,146	2.71	45	977,532	527,168	0.98
19	2,359,033	1,192,526	2.37	46	939,730	503,191	0.94
20—24岁	5,229,633	2,747,117	5.24	47	804,878	426,087	0.81
20	1,043,674	511,871	1.05	48	886,811	477,678	0.89
21	598,205	299,248	0.60	49	980,377	530,412	0.98
22	868,654	465,425	0.87	50—54岁	4,228,355	2,271,334	4.24
23	1,077,661	582,956	1.08	50	878,485	469,252	0.88
24	1,641,439	887,617	1.65	51	841,441	459,634	0.84
25—29岁	9,176,503	4,812,934	9.20	52	851,586	461,866	0.85
25	1,622,286	872,476	1.63	53	823,344	437,368	0.83
				54	833,496	443,214	0.84

（续完）

年龄别	人口数		占总人口数	年龄别	人口数		占总人口数
	合计	其中：男	的百分比		合计	其中：男	的百分比
55—59岁	3,394,065	1,765,727	3.40	78	135,931	49,512	0.14
55	734,644	386,246	0.74	79	116,700	41,144	0.12
56	666,777	350,176	0.67	80—84岁	331,496	108,468	0.33
57	716,932	376,759	0.72	80	96,735	32,698	0.10
58	688,558	352,990	0.69	81	81,599	27,608	0.08
59	587,154	299,556	0.59	82	63,808	20,810	0.06
60—64岁	2,691,223	1,344,124	2.70	83	49,397	15,321	0.05
60	601,523	306,910	0.60	84	39,957	12,031	0.04
61	562,874	285,495	0.56	85—89岁	101,085	29,168	0.10
62	551,617	276,191	0.55	85	30,761	9,310	0.03
63	498,437	244,510	0.50	86	24,746	7,133	0.02
64	476,772	231,018	0.48	87	19,699	5,690	0.02
65—69岁	2,110,210	978,272	2.12	88	15,548	4,261	0.02
65	490,580	233,764	0.49	89	10,331	2,774	0.01
66	450,805	209,891	0.45	90—94岁	19,424	4,967	0.02
67	405,830	187,957	0.41	90	7,093	1,886	0.01
68	404,709	185,866	0.41	91	4,657	1,228	…
69	358,286	160,794	0.36	92	3,460	872	…
70—74岁	1,313,821	553,091	1.32	93	2,463	566	…
70	320,026	142,413	0.32	94	1,751	415	…
71	271,570	117,717	0.27	95—99岁	3,188	736	…
72	248,635	104,129	0.25	95	1,145	264	…
73	249,729	101,040	0.25	96	862	197	…
74	223,861	87,792	0.22	97	539	134	…
75—79岁	783,236	290,709	0.79	98	383	83	…
75	199,462	76,856	0.20	99	259	58	…
76	178,997	66,558	0.18	100岁以上	379	71	…
77	152,146	56,639	0.15	不详	20	7	…

（22）贵州省人口年龄状况

年龄别	人口数		占总人口数的百分比
	合计	其中：男	
总计	28,552,942	14,640,837	100.00
0—4岁	3,331,338	1,713,304	11.67
0	766,669	393,556	2.69
1	609,524	313,368	2.13
2	609,540	315,359	2.13
3	655,293	336,809	2.30
4	690,312	254,212	2.42
5—9岁	4,269,382	2,191,542	14.95
5	756,010	388,754	2.65
6	830,778	425,996	2.91
7	920,008	471,987	3.22
8	931,952	478,454	3.26
9	830,634	426,351	2.91
10—14岁	4,072,130	2,092,677	14.26
10	797,711	409,691	2.79
11	872,857	448,511	3.06
12	802,028	411,902	2.81
13	844,998	434,095	2.96
14	754,536	388,478	2.64
15—19岁	3,430,543	1,749,996	12.01
15	662,768	340,574	2.32
16	729,830	373,430	2.56
17	706,126	361,683	2.47
18	660,436	335,303	2.31
19	671,383	339,006	2.35
20—25岁	1,573,101	811,149	5.51
20	334,865	168,408	1.17
21	198,740	101,532	0.70
22	290,134	151,385	1.02
23	322,344	167,545	1.13
24	427,018	222,279	1.50
25—29岁	2,202,856	1,133,255	7.71
25	426,509	220,333	1.49
26	421,942	216,834	1.48
27	465,357	240,112	1.63
28	458,079	234,351	1.60
29	430,969	221,625	1.51
30—34岁	1,738,285	902,494	6.09
30	390,535	200,488	1.37
31	328,024	169,407	1.15
32	354,619	185,954	1.24
33	339,644	177,639	1.19
34	325,463	169,006	1.14
35—39岁	1,545,560	809,513	5.41
35	356,344	186,548	1.25
36	300,551	155,697	1.05
37	268,424	139,939	0.94
38	312,573	165,606	1.09
39	307,668	161,723	1.08
40—44岁	1,436,728	756,892	5.03
40	306,810	160,135	1.07
41	286,385	151,432	1.00
42	264,623	139,041	0.93
43	288,746	152,306	1.01
44	290,164	153,978	1.02
45—49岁	1,240,300	652,798	4.34
45	275,737	144,343	0.97
46	256,574	134,448	0.90
47	230,086	120,500	0.81
48	225,213	119,071	0.79
49	252,690	134,436	0.88
50—54岁	1,066.834	565,244	3.74
50	232,830	123,037	0.82
51	217,077	115,669	0.76
52	211,464	112,496	0.74
53	198,284	104,944	0.69
54	207,179	109,098	0.73

（续完）

年龄别	人口数		占总人口数的百分比
	合计	其中：男	
55—59岁	687,808	355,409	2.41
55	155,309	81,431	0.54
56	117,231	61,212	0.41
57	135,037	70,237	0.47
58	146,145	74,919	0.51
59	134,086	67,610	0.47
60—64岁	626,220	311,336	2.19
60	136,534	68,534	0.48
61	129,815	64,786	0.45
62	118,855	59,658	0.42
63	119,996	59,204	0.42
64	121,020	59,154	0.42
65—69岁	581,640	275,796	2.04
65	127,905	60,787	0.45
66	126,977	60,310	0.44
67	119,570	56,622	0.42
68	111,381	53,110	0.39
69	95,807	44,967	0.34
70—74岁	407,746	183,059	1.43
70	95,447	43,886	0.33
71	88,242	40,499	0.31
72	78,564	35,077	0.28
73	77,725	34,085	0.27
74	67,768	29,512	0.24
75—79岁	233,055	96,259	0.82
75	58,188	24,988	0.20
76	4,157	22,620	0.19
77	43,325	17,955	0.15
78	40,501	16,189	0.14
79	36,884	14,507	0.13
80—84岁	83,000	31,369	0.29
80	27,201	10,553	0.10
81	19,180	7,304	0.07
82	15,589	5,830	0.05
83	11,542	4,230	0.04
84	9,488	3,452	0.03
85—89岁	21,896	7,410	0.08
85	6,925	2,399	0.02
86	5,436	1,832	0.02
87	4,237	1,449	0.01
88	3,138	1,009	0.01
89	2,160	721	0.01
90—94岁	3,654	1.132	0.01
90	1,413	469	…
91	868	257	…
92	660	204	…
93	406	119	…
94	307	83	…
95—99岁	756	175	…
95	246	59	…
96	161	39	…
97	143	33	…
98	113	23	…
99	93	21	…
100岁以上	96	22	…
不　　详	14	6	…

(23) 云南省人口年龄状况

年龄别	人口数		占总人口数的百分比
	合计	其中：男	
总计	32,553,699	16,499,814	100.00
0—4岁	3,804,230	1,941,525	11.69
0	806,454	411,260	2.48
1	646,394	331,426	1.99
2	668,966	340,988	2.05
3	815,085	416,287	2.50
4	867,331	441,564	2.66
5—9岁	4,491,666	2,291,479	13.80
5	914,230	466,700	2.81
6	845,265	431,334	2.60
7	877,392	447,594	2.70
8	944,130	480,981	2.90
9	910,649	464,870	2.80
10—14岁	4,456,427	2,273,283	13.69
10	907,303	463,225	2.79
11	924,376	472,973	2.84
12	845,196	430,344	2.60
13	969,655	493,452	2.98
14	809,807	413,289	2.49
15—19岁	4,003,040	2,021,488	12.30
15	758,834	387,029	2.33
16	850,974	432,258	2.61
17	832,147	422,060	2.56
18	767,826	384,944	2.36
19	793,259	395,197	2.44
20—24岁	2.176,785	1,094,377	6.69
20	550,940	272,667	1.69
21	330,207	163,342	1.01
22	433,885	220,391	1.33
23	343,513	173,239	1.06
24	518,240	264,738	1.59
25—29岁	2,564,753	1,308,248	7.88
25	506,749	256,988	1.56
26	520,449	265,306	1.60
27	553,237	283,187	1.70
28	519,689	265,076	1.60
29	464,629	237,691	1.43
30—34岁	1,908,262	986,983	5.86
30	430,740	219,737	1.32
31	352,068	181,284	1.08
32	401,241	210,511	1.23
33	367,088	191,011	1.13
34	357,125	184,440	1.10
35—39岁	1,639,181	849,347	5.04
35	380,178	196,850	1.17
36	310,279	159,895	0.95
37	295,832	151,929	0.91
38	327,695	171,103	1.01
39	325,197	169.570	1.00
40—44岁	1,528.373	797,691	4.69
40	328,823	169,427	1.01
41	308,135	160,719	0.95
42	277,276	144,397	0.85
43	298,374	156,987	0.92
44	315,765	166,161	0.97
45—49岁	1,457,253	758,227	4.48
45	313,387	163,585	0.96
46	313,366	162,785	0.96
47	278,633	143,660	0.86
48	265,082	138,356	0.81
49	286,785	149,841	0.88
50—54岁	1,298,169	671,096	3.99
50	279,312	145,078	0.86
51	266,207	139,284	0.82
52	258,016	133,308	0.79
53	241,427	124,403	0.71
54	253,207	129,023	0.78

（续完）

年龄别	人口数		占总人口数的百分比
	合计	其中：男	
55—59岁	**961,891**	**482,368**	**2.95**
55	219,791	112,785	0.68
56	175,448	89,223	0.54
57	187,336	93,839	0.58
58	194,487	96,079	0.60
59	184,829	90,442	0.57
60—64岁	**798,964**	**385,582**	**2.45**
60	193,629	95,278	0.59
61	168,637	81,257	0.52
62	150,602	72,388	0.46
63	145,149	70,115	0.45
64	140,947	66,544	0.43
65—69岁	**668,585**	**308,703**	**2.05**
65	149,455	69,315	0.46
66	145,252	66,991	0.45
67	135,012	62,530	0.41
68	130,564	60,824	0.40
69	108,302	49,043	0.33
70—74岁	**452,116**	**197,383**	**1.39**
70	106,148	47,779	0.33
71	96,214	42,536	0.30
72	90,808	39,526	0.28
73	89,218	38,196	0.27
74	69,728	29,346	0.21
75—79岁	**225,335**	**90,490**	**0.69**
75	57,561	23,971	0.18
76	52,249	21,287	0.16
77	42,690	17,033	0.13
78	38,786	15,216	0.12
79	34,049	12,983	0.10
80—84岁	**90,031**	**32,384**	**0.28**
80	28,644	10,606	0.09
81	21,218	7,679	0.07
82	16,538	5,944	0.05
83	12,773	4,442	0.04
84	10,858	3,713	0.03
85—89岁	**22,774**	**7,399**	**0.07**
85	7,852	2,554	0.02
86	5,669	1,934	0.02
87	4,194	1,314	0.01
88	2,886	918	0.01
89	2,173	679	0.01
90—94岁	**4,460**	**1,348**	**0.01**
90	1,737	546	0.01
91	1,059	314	…
92	769	212	…
93	510	155	…
94	385	121	…
95—99岁	**1,164**	**328**	**…**
95	361	100	…
96	259	73	…
97	193	50	…
98	208	70	…
99	143	35	…
100岁以上	210	60	…
不　详	30	25	…

(24) 西藏自治区人口年龄状况

年龄别	人口数		占总人口数的百分比
	合计	其中：男	
总计	1,863,623	921,238	100.00
0—4岁	232,753	117,449	12.49
0	51,790	25,820	2.78
1	46,499	23,558	2.50
2	45,204	22,924	2.43
3	45,585	23,006	2.45
4	43,675	22,141	2.34
5—9岁	223,085	112,725	11.97
5	43,359	21,967	2.33
6	44,780	22,538	2.40
7	43,958	22,139	2.36
8	46,411	23,575	2.49
9	44,577	22,506	2.39
10—14岁	226,419	113,781	12.15
10	44,951	22,537	2.41
11	43,102	21,727	2.31
12	48,649	24,534	2.61
13	46,578	23,426	2.50
14	43,139	21,557	2.31
15—19岁	197,886	99,023	10.62
15	40,367	20,232	2.17
16	39,239	19,574	2.11
17	39,692	19,928	2.13
18	40,284	20,094	2.16
19	38,304	19,195	2.06
20—24岁	159,278	79,652	8.55
20	38,308	19,407	2.06
21	29,902	14,882	1.60
22	30,878	15,119	1.66
23	30,817	15,562	1.65
24	29,373	14,682	1.58
25—29岁	137,056	69,627	7.35
25	27,693	13,709	1.49
26	28,332	14,343	1.52
27	28,663	14,550	1.54
28	27,918	14,451	1.50
29	24,450	12,574	1.31
30—34岁	116,816	59,168	6.27
30	24,065	12,303	1.29
31	22,549	11,403	1.21
32	24,038	12,598	1.29
33	23,582	11,753	1.27
34	22,582	11,111	1.21
35—39岁	106,252	52,980	5.70
35	20,674	10,383	1.11
36	21,662	10,796	1.16
37	20,756	10,383	1.11
38	21,121	10,585	1.13
39	22,039	10,833	1.18
40—44岁	98,179	49,309	5.27
40	21,197	10,732	1.14
41	18,582	9,313	1.00
42	20,150	9,905	1.08
43	18,787	9,232	1.01
44	19,463	10,127	1.04
45—49岁	88,239	43,820	4.73
45	19,060	9,695	1.02
46	17,842	8,819	0.96
47	17,451	8,805	0.94
48	17,398	8,422	0.93
49	16,488	8,079	0.88
50—54岁	76,261	36,592	4.09
50	16,940	8,156	0.91
51	15,817	7,584	0.85
52	15,281	7,466	0.82
53	13,955	6,539	0.75
54	14,268	6,847	0.77

（续1）

年龄别	人口数		占总人口数的百分比	年龄别	人口数		占总人口数的百分比
	合计	其中：男			合计	其中：男	
55—59岁	64,598	30,257	3.47	78	2,736	1,026	0.15
55	14,111	6,676	0.76	79	2,104	688	0.11
56	13,645	6,751	0.73	80—84岁	6,762	2,190	0.36
57	12.230	5,571	0.66	80	1,960	720	0.11
58	12,952	5,894	0.69	81	1,465	472	0.08
59	11,660	5,365	0.63	82	1,494	445	0.08
60—64岁	50,996	23,033	2.74	83	982	294	0.05
60	12,109	5,566	0.65	84	861	259	0.05
61	10,513	4,794	0.56	85—89岁	2,201	672	0.12
62	10,212	4,633	0.55	85	663	210	0.04
63	9,366	4,123	0.50	86	471	144	0.03
64	8,796	3,917	0.47	87	424	128	0.02
65—69岁	37,494	16,024	2.01	88	379	117	0.02
65	7,874	3,408	0.42	89	264	73	0.01
66	8,597	3,751	0.46	90—94岁	448	97	0.02
67	7,261	2,975	0.39	90	157	32	0.01
68	7,170	3,172	0.38	91	90	18	…
69	6,592	2,718	0.35	92	80	20	…
70—74岁	24,300	9,631	1.30	93	66	13	…
70	5,782	2,299	0.31	94	55	14	…
71	4,962	2,057	0.27	95—99岁	209	53	0.01
72	5,278	2,085	0.28	95	47	9	…
73	4,210	1,620	0.23	96	38	11	…
74	4,068	1,570	0.22	97	42	11	…
75—79岁	14,319	5,142	0.77	98	50	18	…
75	3,502	1,310	0.19	99	32	4	…
76	3,262	1,208	0.18	100岁以上	61	11	…
77	2,715	910	0.15	不详	11	2	…

(25) 陕西省人口年龄状况

年龄别	人口数		占总人口数的百分比
	合计	其中：男	
总计	28,904,369	14,967,717	100.00
0—4岁	2,599,551	1,352,006	8.99
0	591,511	308,595	2.05
1	465,877	242,711	1.61
2	496,525	259,424	1.72
3	524,948	271,841	1.82
4	520,690	269,435	1.80
5—9岁	3,130,246	1,619,721	10.83
5	534,578	277,377	1.85
6	575,751	298,786	1.99
7	598,113	309,125	2.07
8	691,987	357,406	2.39
9	729,817	377,027	2.52
10—14岁	3,826,472	1,969,959	13.24
10	746,027	384,479	2.58
11	814,959	420,302	2.82
12	736,316	377,757	2.55
13	815,446	419,376	2.82
14	713,724	368,045	2.47
15—19岁	3,467,018	1,776,711	11.99
15	647,681	334,744	2.24
16	678,435	350,778	2.35
17	668,501	345,885	2.31
18	703,808	359,648	2.43
19	768,593	385,656	2.66
20—24岁	2,544,580	1,295,043	8.80
20	508,852	251,540	1.76
21	429,025	215,940	1.48
22	528,492	270,711	1.83
23	502,029	258,127	1.74
24	576,182	298,725	1.99
25—29岁	2,628,984	1,345,032	9.10
25	541,571	279,000	1.87
26	517,108	264,926	1.79
27	557,803	286,064	1.93
28	519,677	263,845	1.80
29	492,825	251,197	1.71
30—34岁	2,076,624	1,067,475	7.18
30	506,734	258,021	1.75
31	434,946	221,846	1.50
32	430,947	222,385	1.49
33	358,682	185,412	1.24
34	345,315	179,811	1.19
35—39岁	1,684,219	866,805	5.83
35	374,493	193,328	1.30
36	337,859	172,214	1.17
37	324,948	165,862	1.12
38	335,287	174,296	1.16
39	311,632	161,105	1.08
40—44岁	1,489,701	772,060	5.15
40	304,747	158,011	1.05
41	314,168	163,079	1.09
42	288,176	148,122	1.00
43	285,908	147,338	0.99
44	296,702	155,510	1.03
45—49岁	1,331,159	700,622	4.61
45	291,388	152,289	1.01
46	274,962	144,251	0.95
47	267,294	139,042	0.92
48	251,021	132,969	0.87
49	246,494	132,071	0.85
50—54岁	1,047,272	569,506	3.62
50	244,736	131,769	0.85
51	223,755	121,901	0.77
52	188,986	104,084	0.65
53	188,720	103,145	0.65
54	201,075	108,607	0.70

（续完）

年龄别	人口数 合计	其中：男	占总人口数的百分比	年龄别	人口数 合计	其中：男	占总人口数的百分比
55—59岁	926,873	500,170	3.21	78	34,425	16,381	0.12
55	175,628	95,381	0.61	79	32,823	15,012	0.11
56	182,202	98,824	0.63	**80—84岁**	57,254	25,511	0.20
57	198,639	107,235	0.69	80	17,896	8,144	0.06
58	200,662	107,918	0.69	81	14,476	6,666	0.05
59	169,742	90,812	0.59	82	10,189	4,546	0.04
60—64岁	831,783	448,079	2.88	83	7,954	3,389	0.03
60	175,652	95,462	0.61	84	6,739	2,766	0.02
61	179,649	96,652	0.62	**85—89岁**	14,583	5,772	0.05
62	175,958	95,061	0.61	85	4,785	1,954	0.02
63	150,592	81,012	0.52	86	3,772	1,475	0.01
64	149,932	79,892	0.52	87	2,881	1,151	0.01
65—69岁	657,660	354,337	2.28	88	1,961	745	0.01
65	156,580	84,563	0.54	89	1,184	447	…
66	143,600	77,236	0.50	**90—94岁**	1,848	647	0.01
67	127,213	68,601	0.44	90	788	281	…
68	125,441	68,036	0.43	91	455	173	…
69	104,826	55,901	0.36	92	306	97	…
70—74岁	381,350	198,450	1.32	93	190	63	…
70	84,661	46,006	0.29	94	109	33	…
71	84,069	44,326	0.29	**95—99岁**	205	45	…
72	80,960	41,618	0.28	95	74	12	…
73	72,592	36,737	0.25	96	38	11	…
74	59,068	29,763	0.20	97	41	10	…
75—79岁	206,940	99,747	0.72	98	18	7	…
75	52,867	26,244	0.18	99	34	5	…
76	49,259	24,122	0.17	**100岁以上**	21	6	…
77	37,566	17,988	0.13	**不　详**	26	13	…

(26) 甘肃省人口年龄状况

年龄别	人口数 合计	人口数 其中：男	占总人口数的百分比
总计	19,569,191	10,123 880	100.00
0—4岁	1,794,205	920 947	9.17
0	397,902	204,237	2.03
1	329,695	169,219	1.68
2	337,164	174,035	1.72
3	383,365	196,603	1.96
4	346,079	176,853	1.77
5—9岁	2.290,065	1,174.487	11.70
5	346,183	177,530	1.77
6	355,960	183,313	1.82
7	420,782	215,276	2.15
8	569,635	292,386	2.91
9	597,505	305,982	3.05
10—14岁	3,022,540	1,551,205	15.45
10	598,898	306,589	3.06
11	625,896	321,162	3.20
12	603,804	309,515	3.09
13	645,423	331,410	3.30
14	548,519	282,529	2.80
15—19岁	2,643,878	1,350,067	13.51
15	529,144	273,322	2.70
16	547,136	281,253	2.80
17	525,678	271,696	2.69
18	509,097	259,186	2.60
19	532,823	264,610	2.72
20—24岁	1,306,973	669,302	6.68
20	339,142	161,304	1.73
21	197.469	98.616	1.01
22	235,993	125,706	1.21
23	219,465	116,063	1.12
24	314,904	167,613	1.61
25—29岁	1.631,575	849,171	8.34
25	324,968	170,011	1.66

年龄别	人口数 合计	人口数 其中：男	占总人口数的百分比
26	338,805	177,502	1.73
27	332,639	172,599	1.70
28	327,084	169,385	1.67
29	308,079	159,674	1.57
30—34岁	1,355.807	706,890	6.93
30	306,307	158,027	1.57
31	269,882	139,070	1.38
32	285,332	150,244	1.46
33	244,292	127,639	1.25
34	249,994	131,910	1.28
35—39岁	1,186,412	619,347	6.06
35	258,085	133,361	1.32
36	235,622	120,345	1.20
37	228,894	119,048	1.17
38	237,241	126,153	1.21
39	226,570	120,440	1.16
40—44岁	1,088,960	581,582	5.56
40	227,870	121,144	1.16
41	219,010	118,232	1.12
42	223,592	119,529	1.14
43	211,554	112,125	1.08
44	206,934	110,552	1.06
45—49岁	926,395	494,932	4.73
45	194,812	103,836	1.00
46	189,162	101,562	0.97
47	181,057	96,107	0.93
48	187,274	100,537	0.96
49	174,090	92,890	0.89
50—54岁	639,047	348,478	3.27
50	161,245	87,053	0.82
51	170,098	92,196	0.87
52	99,696	54,693	0.51
53	99,768	55,476	0.51
54	108,240	59,060	0.55

(续完)

年龄别	人口数		占总人口数的百分比	年龄别	人口数		占总人口数的百分比
	合计	其中：男			合计	其中：男	
55—59岁	559,696	299,732	2.86	78	16,060	7,074	0.08
55	112,604	61,467	0.58	79	14,141	6,074	0.07
56	118,667	64,213	0.61	**80—84岁**	29,771	12,607	0.15
57	117,750	63,287	0.60	80	9,430	4,053	0.05
58	111,431	58,754	0.57	81	7,881	3,329	0.04
59	99,244	52,011	0.51	82	5,474	2,278	0.03
60—64岁	440,439	228,511	2.25	83	3,831	1,632	0.02
60	93,966	49,555	0.48	84	3,155	1,315	0.02
61	90,236	46,906	0.46	**85—89岁**	5,878	2,323	0.03
62	89,995	46,674	0.46	85	2,199	893	0.01
63	86,044	44,226	0.44	86	1,457	588	0.01
64	80,198	41,150	0.41	87	1,067	415	0.01
65—69岁	343,788	173,248	1.76	88	737	259	…
65	81,999	41,954	0.42	89	418	168	…
66	77,042	38,741	0.39	**90—94岁**	815	283	…
67	68,135	34,211	0.35	90	333	114	…
68	63,090	31,920	0.32	91	198	73	…
69	53,522	26,422	0.27	92	125	43	…
70—74岁	205,769	97,399	1.05	93	90	35	…
70	50,700	24,609	0.26	94	69	18	…
71	45,694	21,928	0.23	**95—99岁**	123	31	…
72	40,796	19,403	0.21	95	36	12	…
73	37,193	17,138	0.19	96	34	11	…
74	31,386	14,321	0.16	97	21	0	…
75—79岁	97,024	43,324	0.50	98	19	4	…
75	26,975	12,261	0.14	99	13	4	…
76	22,701	10,250	0.12	**100岁以上**	31	14	…
77	17,147	7,665	0.09				

(27) 青海省人口年龄状况

年龄别	人口数 合计	人口数 其中：男	占总人口数的百分比	年龄别	人口数 合计	人口数 其中：男	占总人口数的百分比
总计	3,895,695	2,004,865	100.00	26	61,269	31,974	1.57
				27	62,103	31,980	1.59
0—4岁	463,356	235,941	11.89	28	56,845	29,504	1.46
0	91,071	46,042	2.34	29	52,402	26,804	1.35
1	86,381	44,323	2.22	30—34岁	236,220	121,045	6.06
2	92,891	47,123	2.38	30	52,717	27,101	1.35
3	98,614	50,255	2.53	31	46,555	23,876	1.20
4	94,399	48,198	2.42	32	50,257	26,215	1.29
5—9岁	539,244	275,921	13.84	33	44,860	22,908	1.15
5	99,585	50,683	2.56	34	41,831	20,945	1.07
6	102,859	52,529	2.64	35—39岁	210,042	103,738	5.39
7	104,216	53,411	2.68	35	43,660	21,619	1.12
8	116,728	59,969	3.00	36	41,976	20,525	1.08
9	115,856	59,329	2.97	37	40,678	19,676	1.04
10—14岁	577,620	295,746	14.83	38	41,772	20,696	1.07
10	114,410	58,638	2.94	39	41,956	21,222	1.08
11	116,648	59,809	2.99	40—44岁	209,290	111,340	5.37
12	114,485	58,360	2.94	40	44,347	22,982	1.14
13	121,902	62,269	3.13	41	41,812	22,238	1.07
14	110,175	56,670	2.83	42	40,826	21,857	1.05
15—19岁	518,350	263,746	13.31	43	40,133	21,738	1.03
15	100,452	51,589	2.58	44	42,172	23,025	1.08
16	104,208	53,546	2.67	45—49岁	184,789	101,859	4.74
17	106,321	54,354	2.73	45	40,121	21,963	1.03
18	104,391	52,492	2.68	46	39,579	21,489	1.02
19	102,978	51,765	2.64	47	35,380	19,577	0.91
20—24岁	252,419	131,935	6.48	48	35,629	19,777	0.91
20	63,940	32,266	1.64	49	34,080	19,053	0.87
21	34,175	17,813	0.88	50—55岁	135,582	74,973	3.48
22	44,435	23,750	1.14	50	31,432	17,458	0.81
23	48,309	25,438	1.24	51	32,126	17,678	0.82
24	61,560	32,668	1.58	52	24,987	13,788	0.64
25—29岁	292,257	150,864	7.50	53	22,908	12,851	0.59
25	59,638	30,602	1.53	54	24,129	13,198	0.62

（续完）

年龄别	人口数		占总人口数的百分比	年龄别	人口数		占总人口数的百分比
	合计	其中：男			合计	其中：男	
55—59岁	**99,879**	**53,387**	**2.56**	78	2,729	1,130	0.07
55	21,502	11,750	0.55	79	2,221	889	0.06
56	21,659	11,654	0.56	**80—84岁**	**5,860**	**2,282**	**0.15**
57	20,514	10,989	0.53	80	1,777	742	0.05
58	19,272	10,167	0.49	81	1,503	625	0.04
59	16,932	8,827	0.43	82	1,056	387	0.03
60—64岁	**71,709**	**36,779**	**1.84**	83	795	273	0.02
60	16,336	8,575	0.42	84	729	255	0.02
61	14,503	7,597	0.37	**85—89岁**	**1,415**	**446**	**0.04**
62	15,016	7,740	0.39	85	480	165	0.01
63	13,602	6,767	0.35	86	325	105	0.01
64	12,252	6,100	0.31	87	248	65	0.01
65—69岁	**50,272**	**23,904**	**1.29**	88	215	69	0.01
65	11,470	5,484	0.29	89	147	42	…
66	11,013	5,316	0.28	**90—94岁**	**329**	**90**	**0.01**
67	9,768	4,675	0.25	90	108	31	…
68	9,622	4,571	0.25	91	78	15	…
69	8,399	3,858	0.22	92	56	13	…
70—74岁	**31,074**	**13,759**	**0.80**	93	51	20	…
70	7,434	3,340	0.19	94	36	11	…
71	6,907	3,064	0.18	**95—99岁**	**116**	**34**	…
72	6,092	2,712	0.16	95	30	11	…
73	5,887	2,526	0.15	96	29	11	…
74	4,754	2,117	0.12	97	20	3	…
75—79岁	**15,817**	**6,561**	**0.41**	98	21	4	…
75	4,283	1,792	0.11	99	16	5	…
76	3,726	1,574	0.10	**100岁以上**	50	12	…
77	2,858	1,176	0.07	**不详**	5	3	…

(28) 宁夏回族自治区人口年龄状况

年龄别	人口数		占总人口数的百分比
	合计	其中：男	
总计	3,895,576	2,006,845	100.00
0—4岁	510,286	260,373	13.10
0	111,528	57,163	2.86
1	97,719	49,848	2.51
2	105,777	53,814	2.72
3	98,433	50,212	2.53
4	96,829	49,336	2.49
5—9岁	545,587	278,217	14.01
5	98,385	50,046	2.53
6	113,757	58,010	2.92
7	107,444	54,792	2.76
8	110,613	56,249	2.84
9	115,388	59,120	2.96
10—14岁	551,262	281,276	14.15
10	107,339	55,091	2.76
11	110,499	56,394	2.84
12	111,481	56,691	2.86
13	119,385	60,657	3.06
14	102,558	52,443	2.63
15—19岁	502,965	255,825	12.91
15	96,308	49,029	2.47
16	99,065	50,693	2.54
17	103,013	53,045	2.64
18	99,723	50,476	2.56
19	104,856	52,582	2.69
20—24岁	267,848	137,698	6.88
20	61,438	29,988	1.58
21	41,542	21,276	1.07
22	52,028	27,471	1.34
23	47,156	24,343	1.21
24	65,684	34,620	1.69
25—29岁	328,723	168,530	8.44
25	66,362	33,646	1.70
26	69,688	35,827	1.79
27	69,035	35,577	1.77
28	65,273	33,530	1.68
29	58,365	29,950	1.50
30—34岁	250,498	128,670	6.43
30	58,728	30,305	1.51
31	53,867	27,346	1.38
32	54,083	27,901	1.39
33	43,299	22,244	1.11
34	40,521	20,874	1.04
35—39岁	208,127	103,346	5.34
35	43,172	21,388	1.11
36	40,500	19,123	1.04
37	39,945	19,588	1.03
38	42,463	21,591	1.09
39	42,047	21,656	1.08
40—44岁	184,677	96,840	4.74
40	37,863	19,851	0.97
41	36,115	19,081	0.93
42	38,321	19,971	0.98
43	36,777	19,149	0.94
44	35,601	18,788	0.91
45—49岁	150,905	80,682	3.87
45	31,374	16,652	0.81
46	31,417	16,667	0.81
47	30,650	16,265	0.79
48	29,857	16,231	0.77
49	27,607	14,867	0.71
50—54岁	107,642	59,501	2.76
50	24,927	13,663	0.64
51	26,082	14,452	0.67
52	20,155	11,155	0.52
53	17,981	10,028	0.46
54	18,497	10,203	0.47

（续完）

年龄别	人口数		占总人口数的百分比	年龄别	人口数		占总人口数的百分比
	合计	其中：男			合计	其中：男	
55—59岁	89,827	48,892	2.31	78	3,460	1,917	0.09
55	18,984	10,444	0.49	79	2,910	1,601	0.07
56	18,930	10,386	0.49	80—84岁	6,589	3,671	0.17
57	19,083	10,282	0.49	80	2,107	1,175	0.05
58	17,035	9,301	0.44	81	1,611	897	0.04
59	15,795	8,479	0.41	82	1,299	712	0.03
60—64岁	72,729	39,355	1.87	83	824	468	0.02
60	14,621	8,044	0.38	84	748	419	0.02
61	14,876	7,945	0.38	85—89岁	1,597	850	0.04
62	15,001	8,068	0.39	85	501	257	0.01
63	14,463	7,824	0.37	86	416	223	0.01
64	13,768	7,474	0.35	87	302	169	0.01
65—69岁	59,260	32,120	1.52	88	235	117	0.01
65	13,342	7,208	0.34	89	143	84	…
66	13,301	7,208	0.34	90—94岁	400	218	0.01
67	11,686	6,296	0.30	90	137	78	…
68	11,213	6,075	0.29	91	100	50	…
69	9,718	5,333	0.25	92	77	47	…
70—74岁	36,571	19,854	0.94	93	55	28	…
70	8,612	4,787	0.22	94	31	15	…
71	8,043	4,321	0.21	95—99岁	76	38	…
72	7,456	4,036	0.19	95	20	9	…
73	6,621	3,553	0.17	96	21	10	…
74	5,839	3,157	0.15	97	15	9	…
75—79岁	19,981	10,877	0.51	98	11	5	…
75	5,170	2,794	0.13	99	9	5	…
76	4,761	2,582	0.12	100岁以上	22	11	…
77	3,680	1,983	0.09	不详	4	1	…

（29）新疆维吾尔自治区人口年龄状况

年龄别	人口数		占总人口数的百分比
	合计	其中：男	
总计	13,081,538	6,732,231	100.00
0—4岁	1,536,219	781,988	11.74
0	346,010	176,320	2.65
1	300,385	152,992	2.30
2	286,813	146,278	2.19
3	296,127	150,311	2.26
4	306,884	156,087	2.35
5—9岁	1,829,097	931,329	13.99
5	330,759	168,106	2.53
6	356,064	182,250	2.73
7	375,133	191,399	2.87
8	390,203	197,619	2.98
9	376,938	191,955	2.88
10—14岁	1,809,597	928,088	13.83
10	378,589	194,274	2.89
11	344,425	176,312	2.63
12	383,250	195,548	2.93
13	361,702	184,429	2.76
14	341,631	177,525	2.61
15—19岁	1,490,017	754,952	11.39
15	305,138	159,037	2.33
16	307,426	160,046	2.35
17	295,506	151,850	2.26
18	313,341	149,579	2.40
19	268,606	134,440	2.05
20—22岁	1,025,832	517,714	7.84
20	243,881	118,310	1.86
21	155,729	79,350	1.19
22	208,895	105,283	1.60
23	193,229	100,359	1.48
24	224,098	114,412	1.71
25—29岁	1,010,715	498,432	7.73
25	245,328	118,011	1.88
26	206,743	103,346	1.58
27	196,032	97,581	1.50
28	204,196	100,212	1.56
29	158,416	79,282	1.21
30—34岁	821,554	403,621	6.28
30	221,776	105,201	1.70
31	131,214	65,517	1.00
32	177,602	90,053	1.36
33	149,195	75,014	1.14
34	141,767	67,836	1.08
35—39岁	766,213	363,171	5.86
35	191,184	87,563	1.46
36	149,163	68,487	1.14
37	139,760	64,649	1.07
38	151,952	74,324	1.16
39	134,154	68,148	1.03
40—44岁	736,362	403,354	5.63
40	211,154	105,944	1.61
41	133,318	74,705	1.02
42	148,865	84,736	1.14
43	120,510	68,858	0.92
44	122,515	69,111	0.94
45—49岁	550,548	301,208	4.21
45	158,948	83,960	1.22
46	107,486	59,056	0.82
47	94,077	52,011	0.72
48	102,959	57,757	0.79
49	87,078	48,424	0.67
50—54岁	420,441	234,705	3.21
50	143,303	70,513	1.10
51	72,412	42,205	0.55
52	77,894	46,363	0.60
53	61,381	36,628	0.47
54	65,451	38,996	0.50

(续完)

年龄别	人口数 合计	其中：男	占总人口数的百分比	年龄别	人口数 合计	其中：男	占总人口数的百分比
55—59岁	**321,913**	**189,001**	**2.46**	78	13,119	7,595	0.10
55	91,843	50,709	0.70	79	8,549	4,664	0.07
56	65,891	39,064	0.50	**80—84岁**	**48,789**	**26,949**	**0.37**
57	56,960	34,586	0.44	80	24,055	12,133	0.18
58	58,166	35,297	0.44	81	7,134	4,067	0.05
59	49,053	29,345	0.37	82	8,335	5,057	0.06
60—64岁	**280,625**	**157,746**	**2.15**	83	4,495	2,758	0.03
60	110,844	57,239	0.85	84	4,770	2,934	0.04
61	45,191	27,095	0.35	**85—89岁**	**19,566**	**11,948**	**0.15**
62	47,509	28,274	0.36	85	7,636	4,459	0.06
63	38,873	23,247	0.30	86	4,234	2,653	0.03
64	38,208	21,891	0.29	87	3,273	2,025	0.03
65—69岁	**183,563**	**101,728**	**1.40**	88	2,638	1,726	0.02
65	58,362	31,356	0.45	89	1,785	1,085	0.01
66	37,362	20,950	0.29	**90—94岁**	**12,641**	**7,402**	**0.10**
67	32,002	18,112	0.24	90	6,885	3,701	0.05
68	31,742	18,047	0.24	91	1,431	896	0.01
69	24,095	13,263	0.18	92	1,853	1,176	0.01
70—74岁	**132,434**	**70,933**	**1.01**	93	1,312	862	0.01
70	56,748	28,268	0.43	94	1,160	767	0.01
71	19,576	10,917	0.15	**95—99岁**	**8,002**	**5,050**	**0.06**
72	22,195	12,696	0.17	95	2,462	1,494	0.02
73	17,560	9,900	0.13	96	1,745	1,140	0.01
74	16,355	9,152	0.13	97	1,204	786	0.01
75—79岁	**75,993**	**42,368**	**0.58**	98	1,464	941	0.01
75	26,267	14,195	0.20	99	1,127	689	0.01
76	15,650	8,910	0.12	**100岁以上**	865	538	…
77	12,408	7,004	0.09	**不详**	12	6	…

14. 全国各民族人口

民族别	人口数	百分比	民族别	人口数	百分比
总计	1,003,913,927	100.00	柯尔克孜族	113,386	0.01
			土族	159,632	0.02
汉族	936,674,944	93.30			
蒙古族	3,411,367	0.34	达斡尔族	94,126	0.01
回族	7,228,398	0.72	仫佬族	90,357	0.01
藏族	3,847,875	0.38	羌族	102,815	0.01
维吾尔族	5,963,491	0.59	布朗族	58,473	0.01
			撒拉族	69,135	0.01
苗族	5,021,175	0.50			
彝族	5,453,564	0.54	毛难族	38,159	…
壮族	13,383,086	1.33	仡佬族	54,164	0.01
布依族	2,119,345	0.21	锡伯族	83,683	0.01
朝鲜族	1,765,204	0.18	阿昌族	20,433	…
			普米族	24,238	…
满族	4,304,981	0.43			
侗族	1,426,400	0.14	塔吉克族	26,600	…
瑶族	1,411,967	0.14	怒族	22,896	…
白族	1,132,224	0.11	乌孜别克族	12,213	…
土家族	2,836,814	0.28	俄罗斯族	2,917	…
			鄂温克族	19,398	…
哈尼族	1,058,806	0.11			
哈萨克族	907,546	0.09	崩龙族	12,297	…
傣族	839,496	0.08	保安族	9,017	…
黎族	887,107	0.09	裕固族	10,568	…
傈僳族	481,884	0.05	京族	13,108	…
			塔塔尔族	4,122	…
佤族	298,611	0.03			
畲族	371,965	0.04	独龙族	4,633	…
高山族	1,650	…	鄂伦春族	4,103	…
拉祜族	304,256	0.03	赫哲族	1,489	…
水族	286,908	0.03	门巴族	1,140	…
			珞巴族	1,066	…
东乡族	279,523	0.03			
纳西族	251,592	0.02	基诺族	11,962	…
景颇族	92,976	0.01	其它	799,705	0.08
			外国人加入中国籍(入籍)	4,937	…

15. 全国分省、直辖市、

地区别	总人口	汉族	蒙古族	回族	藏族
总计	1,003,913,927	936,674,944	3,411,367	7,228,398	3,847,875
北京市	9,230,663	8,908,245	9,350	185,228	820
天津市	7,764,137	7,599,860	1,409	143,585	30
河北省	53,005,507	52,152,068	42,837	420,380	127
山西省	25,291,450	25,227,645	1,554	51,917	75
内蒙古自治区	19,274,281	16,277,616	2,489,378	168,997	504
辽宁省	35,721,694	32,811,480	428,155	239,449	67
吉林省	22,560,024	20,730,291	93,083	110,283	18
黑龙江省	32,665,512	31,051,486	96,033	127,068	55
上海市	11,859,700	11,809,894	1,277	44,329	104
江苏省	60,521,113	60,410,499	1,770	104,295	82
浙江省	38,884,593	38,722,988	249	9,418	35
安徽省	49,665,947	49,404,136	444	255,104	105
福建省	25,872,917	25,621,412	162	31,188	87
江西省	33,185,471	33,163,337	456	7,954	39
山东省	74,419,152	74,011,099	1,445	389,989	173
河南省	74,422,573	73,622,857	40,848	730,282	521
湖北省	47,808,118	46,029,384	3,127	70,037	83
湖南省	54,010,155	51,808,894	540	66,953	95
广东省	59,299,620	58,241,581	506	10,891	388
广西壮族自治区	36,421,421	22,485,565	377	19,374	149
四川省	99,713,246	96,051,716	14,560	91,092	921,984
贵州省	28,552,942	21,129,487	719	98,452	205
云南省	32,553,699	22,231,575	6,211	437,933	95,925
西藏自治区	1,863,623	91,384	112	1,772	1,764,600
陕西省	28,904,369	28,771,254	1,741	118,528	1,120
甘肃省	19,569,191	18,013,975	6,197	957,170	304,573
青海省	3,895,695	2,359,909	50,454	533,859	753,897
宁夏回族自治区	3,895,576	2,651,336	863	1,235,182	47
新疆维吾尔自治区	13,081,538	5,283,971	117,510	567,689	1,967

自治区各民族人口

单位：人

维吾尔族	苗　族	彝　族	壮　族	布依族	朝鲜族	满　族
5,963,491	5,021,175	5,453,564	13,383,086	2,119,345	1,765,204	4,304,981
757	647	351	1,783	203	3,905	116,710
63	99	27	1,210	27	816	16,642
37	349	108	2,780	255	1,737	383,898
19	117	80	455	64	525	8,489
95	352	167	913	60	17,580	237,149
96	388	170	1,594	149	198,252	1,990,931
24	203	74	582	51	1,104,071	519,094
72	1,651	474	2,313	317	431,644	913,496
176	128	71	519	40	462	2,171
54	307	65	603	55	305	2,483
11	470	48	1,084	70	103	1,177
42	637	158	1,100	626	228	1,518
10	2,771	81	1,942	139	55	1,915
7	710	82	1,908	109	133	1,864
44	928	161	1,204	219	939	11,633
737	515	283	1,583	146	545	22,685
68	179,144	598	4,503	702	652	7,061
4,450	761,136	1,288	14,116	471	221	2,426
12	41,419	145	86,513	237	154	4,377
58	337,444	4,717	12,323,978	6,787	248	2,250
57	355,335	1,526,707	2,976	4,206	418	7,162
22	2,582,587	564,556	27,691	2,098,852	167	10,367
13	752,122	3,352,732	894,408	4,982	96	3,101
2	62	37	59	22	19	92
84	292	70	1,133	89	643	8,443
377	170	54	667	71	415	8,511
136	141	70	770	46	245	3,034
21	70	18	246	30	187	7,120
5,955,947	981	172	4,453	320	439	9,182

地区别	侗族	瑶族	白族	土家族	哈尼族	哈萨克族
总计	1,426,400	1,411,967	1,132,224	2,836,814	1,058,806	907,546
北京市	219	139	420	191	34	217
天津市	39	32	55	46	0	1
河北省	115	59	73	123	15	1
山西省	65	17	90	93	2	2
内蒙古自治区	86	26	67	99	8	19
辽宁省	166	92	153	82	2	17
吉林省	46	31	98	51	9	5
黑龙江省	665	152	112	259	0	9
上海市	57	30	98	43	21	13
江苏省	92	21	82	76	3	3
浙江省	108	26	39	70	4	0
安徽省	227	29	57	64	18	7
福建省	171	239	14	37	0	0
江西省	305	552	95	123	10	0
山东省	531	65	122	109	21	2
河南省	167	54	221	277	22	3
湖北省	21,786	941	216	1,487,758	9	0
湖南省	317,923	282,877	155	745,056	45	3
广东省	780	95,779	155	343	31	1
广西壮族自治区	229,593	863,809	151	244	22	1
四川省	586	138	3,076	598,274	97	25
贵州省	851,119	19,398	4,858	1,625	34	0
云南省	738	147,147	1,121,299	797	1,058,386	0
西藏自治区	16	3	41	21	1	5
陕西省	197	52	156	200	3	10
甘肃省	82	23	83	80	3	2,366
青海省	42	56	66	62	0	1,495
宁夏回族自治区	46	13	9	98	0	4
新疆维吾尔自治区	433	167	163	513	6	903,337

（续 1）

傣　族	黎　族	傈僳族	佤　族	畲　族	高山族	拉祜族	水　族	东乡族
839,496	887,107	481,884	298,611	371,965	1,650	304,256	286,908	279,523
80	68	20	11	95	44	7	18	27
2	0	0	0	3	13	0	4	0
8	18	9	2	5	22	5	26	0
6	4	3	0	21	6	0	4	1
4	56	0	4	19	25	2	18	36
13	29	2	0	15	54	0	15	0
18	29	0	0	1	19	9	10	1
3	37	2	0	17	26	0	113	9
30	12	3	1	44	30	1	3	0
12	31	5	1	24	68	0	17	1
26	97	0	16	148,259	54	0	21	0
23	33	0	0	1,139	49	1	46	2
21	41	0	0	210,893	421	1	32	1
31	76	7	0	7,411	44	2	34	0
13	19	1	0	11	45	0	30	7
51	56	12	0	35	36	4	23	12
19	475	6	1	482	49	7	333	87
43	2,910	2	7	18	54	7	66	8
154	810,849	14	13	3,206	64	49	48	1
114	1,853	51	13	33	39	1	4,063	2
2,900	94	13,772	15	27	57	15	113	14
137	70,018	97	10	37	345	12	275,680	291
835,761	266	467,869	298,516	59	22	304,131	6,126	5
4	0	1	0	0	1	2	1	0
12	12	0	0	15	12	0	3	13
5	4	3	1	9	8	0	11	237,879
3	5	0	0	11	8	0	14	651
1	2	0	0	12	2	0	0	129
2	13	5	0	64	33	0	36	40,346

地区别	纳西族	景颇族	柯尔克孜族	土族	达斡尔族	仫佬族	羌族
总计	251,592	92,976	113,386	159,632	94,126	90,357	102,815
北京市	114	19	43	46	213	27	36
天津市	13	0	1	10	54	3	0
河北省	65	1	0	2	60	11	2
山西省	27	0	0	9	20	4	10
内蒙古自治区	14	0	67	276	58,628	6	24
辽宁省	43	0	5	11	182	1	9
吉林省	3	0	13	7	119	0	5
黑龙江省	26	1	874	25	30,246	13	14
上海市	19	0	2	3	16	4	3
江苏省	25	0	0	8	9	6	1
浙江省	116	1	2	11	12	0	5
安徽省	7	0	0	8	18	5	11
福建省	21	0	0	5	0	5	7
江西省	15	1	0	11	7	8	9
山东省	16	0	0	8	23	12	0
河南省	42	1	0	47	33	6	10
湖北省	72	0	0	79	8	19	8
湖南省	35	1	1	58	0	27	2
广东省	7	1	0	62	1	107	4
广西壮族自治区	16	6	0	55	40	88,840	13
四川省	13,444	3	5	137	32	53	102,553
贵州省	194	56	0	13,509	0	1,142	12
云南省	236,326	92,876	0	2,888	5	19	6
西藏自治区	842	0	0	61	0	0	1
陕西省	29	0	3	35	19	2	9
甘肃省	15	0	4	12,578	10	4	19
青海省	15	2	0	129,194	12	5	16
宁夏回族自治区	5	0	0	59	0	0	0
新疆维吾尔自治区	26	7	112,366	430	4,359	28	26

（续 2）

布朗族	撒拉族	毛难族	仡佬族	锡伯族	阿昌族	普米族	塔吉克族	怒族
58,473	69,135	38,159	54,164	83,683	20,433	24,238	26,600	22,896
4	28	13	4	271	5	0	6	4
0	0	3	0	39	0	0	0	0
0	5	9	2	96	0	0	0	0
0	1	0	0	71	0	0	0	0
0	2	3	3	1,470	0	0	0	0
0	0	7	1	49,398	0	0	0	0
0	0	0	0	1,541	0	0	0	0
3	0	0	1	2,646	1	0	0	1
1	7	1	3	16	0	1	0	0
0	3	4	1	25	0	3	2	0
0	0	1	0	5	0	0	0	0
0	2	6	0	28	0	0	0	1
0	0	2	0	3	0	1	0	0
1	0	20	3	14	0	0	0	0
0	1	4	7	41	0	1	0	2
2	1	1	0	50	3	5	0	1
0	1	4	2	56	0	19	0	0
1	3	8	8	44	0	2	5	0
0	4	39	2	18	0	2	0	3
4	3	37,933	980	30	8	36	5	0
128	4	6	179	81	7	16	4	1
1	15	58	51,521	64	5	4	3	2
58,328	6	6	1,446	13	20,404	24,141	0	22,837
0	0	0	0	2	0	1	0	44
0	9	6	1	124	0	0	1	0
0	5,117	5	0	102	0	0	1	0
0	60,981	0	0	27	0	0	0	0
0	9	9	0	31	0	0	0	0
0	2,933	11	0	27,377	0	6	26,573	0

地区别	乌孜别克族	俄罗斯族	鄂温克族	崩龙族	保安族	裕固族	京族
总计	12,213	2,917	19,398	12,297	9,017	10,568	13,108
北京市	7	18	39	2	4	16	8
天津市	0	4	10	0	0	0	0
河北省	0	12	4	0	1	0	1
山西省	0	1	4	0	0	0	1
内蒙古自治区	3	53	18,177	0	4	11	9
辽宁省	1	20	13	0	0	5	2
吉林省	0	8	9	0	5	0	2
黑龙江省	1	79	1,114	1	5	25	37
上海市	0	5	0	0	0	0	1
江苏省	1	6	4	0	0	0	3
浙江省	0	1	2	0	0	0	[illegible]
安徽省	0	1	0	0	0	0	8
福建省	0	3	0	0	0	0	180
江西省	0	1	0	0	0	3	3
山东省	0	6	1	0	0	0	10
河南省	0	0	0	0	0	2	14
湖北省	0	1	1	5	0	1	62
湖南省	3	0	0	0	0	0	17
广东省	4	1	0	0	1	0	1,133
广西壮族自治区	2	0	0	2	1	5	9,864
四川省	0	6	5		3	0	16
贵州省	0	0	0	10	1	1	1,424
云南省	0	0	0	12,274	0	2	287
西藏自治区	0	0	0	0	0	2	0
陕西省	3	6	4	0	0	5	6
甘肃省	0	16	0	0	8,322	10,227	1
青海省	0	5	0	0	377	74	1
宁夏回族自治区	0	1	0	0	10	10	1
新疆维吾尔自治区	12,188	2,663	11	0	283	179	14

（续3完）

塔塔尔族	独龙族	鄂伦春族	赫哲族	门巴族	珞巴族	基诺族	其它	外国人加入中国籍（入籍）
4,122	4,633	4,103	1,489	1,140	1,066	11,962	799,705	4,937
14	1	8	15	6	2	3	34	64
0	0	0	1	0	0	0	10	26
0	0	1	3	1	0	0	100	74
0	0	0	3	0	0	0	21	24
0	0	2,039	23	1	0	0	37	151
1	0	18	2	0	5	0	42	557
0	0	18	15	0	0	0	22	156
3	0	2,002	1,397	0	1	0	100	883
0	0	3	0	0	0	0	23	35
2	0	0	1	0	0	0	24	31
0	0	0	2	0	0	0	19	40
0	4	0	0	4	0	0	23	28
0	1	0	0	0	0	0	59	997
0	3	0	0	0	0	1	67	15
0	0	3	3	0	0	0	78	126
0	0	1	0	0	0	1	217	161
0	0	3	3	1	0	0	197	43
0	0	0	0	2	0	0	117	57
0	1	3	0	3	0	2	87	425
23	7	2	0	0	4	0	1,907	699
0	3	0	4	8	0	1	1,100	28
0	12	0	3	12	32	0	748,080	15
0	4,599	0	4	0	3	11,954	44,980	75
0	1	0	0	1,094	1,014	0	2,291	13
1	0	0	0	6	1	0	12	5
0	0	0	1	2	0	0	14	16
0	0	0	0	0	0	0	6	6
0	0	0	3	0	0	0	2	0
4,078	1	2	1	0	4	0	36	187

四、第三次全国人口普查分县、市主要人口指标

（电子计算机汇总）

1. 第三次全国人口普查

北京市　天津市　河北省

县市名称	人口数	1982年人均工农业总产值（元）	人口密度（人／平方公里）	人口性别比	人口年龄中位数（岁）	0—14岁人口占总人口百分比	65及65岁以上人口占总人口百分比	15—49岁育龄妇女占总人口百分比
北京市								
北京市*	5,258,214	3,382	3,838	102.8	28.2	19.0	5.4	30.3
门头沟区	259,386	1,204	195	112.5	26.0	23.6	5.1	27.3
燕山区	80,355	28,475	2,195	122.5	26.7	24.4	2.1	29.0
昌平县	380,019	2,605	266	99.8	25.7	25.8	6.4	27.8
顺义县	472,215	1,286	482	94.7	26.6	25.6	7.3	28.1
通县	534,795	1,710	615	96.8	26.7	26.2	6.9	27.9
大兴县	428,848	1,189	424	101.4	25.2	27.3	5.8	27.4
房山县	610,829	1,021	334	101.9	25.2	28.3	5.2	27.3
平谷县	333,506	732	310	99.1	25.4	28.0	5.9	26.8
怀柔县	234,341	771	92	106.6	25.2	27.0	6.1	26.1
密云县	390,030	643	167	105.5	24.5	27.5	5.2	26.5
延庆县	248,125	837	125	110.3	25.0	28.8	6.5	25.1
天津市								
天津市**	4,607,530	4,242	1,535	102.8	27.4	21.1	5.3	29.5
塘沽区	385,747	4,242	449	113.0	27.0	22.6	3.8	28.7
汉沽区	149,283	4,242	359	107.2	26.0	25.7	3.8	28.9
宁河县	288,299	633	262	101.6	24.0	31.0	4.8	26.7
武清县	710,560	654	451	102.3	25.5	28.9	6.6	25.8
静海县	430,373	764	296	102.8	25.5	31.6	6.0	25.1
宝坻县	542,270	423	374	100.8	25.0	30.5	6.8	25.1
蓟县	650,075	420	448	103.1	25.4	27.9	6.6	25.7
河北省								
石家庄市	1,066,332	3,763	3,312	112.7	27.7	22.5	3.6	28.5
唐山市	1,338,296	2,364	1,228	111.0	26.6	24.8	4.1	27.7
邯郸市	938,082	3,109	2,161	134.4	26.9	24.4	2.6	25.0
大名县	560,173	364	530	98.8	22.5	35.4	6.7	23.5
魏县	598,726	198	704	98.9	21.7	34.9	5.4	23.9
曲周县	297,142	315	439	99.7	24.6	33.6	6.5	23.8
丘县	155,383	495	347	97.5	24.1	33.2	6.4	24.2
鸡泽县	177,019	359	525	101.8	24.2	34.4	5.9	23.3
肥乡县	238,581	400	481	100.1	24.6	34.1	6.0	23.2

* 北京市包括东城区、西城区、宣武区、崇文区、海淀区、朝阳区、丰台区、石景山区。

** 天津市包括和平区、河东区、河西区、河北区、南开区、红桥区、东郊区、南郊区、西郊区、大港区。

分县、市主要人口指标

1981年人口出生率（‰）	1981年人口死亡率（‰）	1981年婴儿死亡率（‰）	每万人拥有大学生人数	每万人拥有初中文化程度人数	文盲、半文盲占12及12岁以上人口比重	农林牧渔业人口占在业人口百分比	工业人口占在业人口百分比	在业人口占总人口百分比
16.0	5.0	10	583	2,960	10.2	7.8	50.3	61.6
17.7	6.9	29	73	2,907	16.3	29.5	49.9	55.8
24.9	2.6	13	443	3,582	6.3	0.5	76.9	67.2
17.2	6.9	18	73	3,276	18.7	54.2	30.7	58.2
18.8	7.5	15	36	3,121	22.7	68.5	22.6	57.4
20.3	7.1	11	54	2,996	18.6	57.3	30.6	55.6
19.7	5.9	10	43	2,988	21.9	64.7	23.6	53.0
19.6	6.9	18	67	2,859	20.4	60.1	28.0	55.7
24.2	6.6	20	29	2,297	27.9	67.0	23.5	54.2
19.7	6.7	21	50	2,626	25.3	69.3	17.0	54.8
22.6	6.8	26	44	2,513	24.5	67.3	20.9	51.0
18.4	7.1	36	47	2,142	28.4	63.6	21.9	49.4
17.2	5.9	16	237	3,259	12.7	13.3	57.9	60.0
18.7	5.2	15	191	3,297	12.5	13.3	51.4	59.7
27.0	5.5	18	73	2,886	17.9	21.7	56.8	56.2
26.1	5.8	19	24	2,081	24.5	66.2	20.5	44.7
19.3	6.7	19	21	2,210	21.7	65.4	26.6	51.1
20.1	6.7	16	19	1,694	39.4	57.6	31.6	46.6
21.0	6.5	17	18	2,025	24.7	79.0	13.9	51.4
22.5	5.5	15	22	2,193	28.6	82.8	9.9	56.3
20.1	4.2	11	312	3,008	11.3	13.8	57.9	62.3
23.3	4.6	12	108	3,255	14.5	20.2	59.9	56.5
20.7	3.9	18	152	3,103	15.1	17.9	58.9	63.0
32.6	6.2	15	10	1,451	42.1	92.4	2.3	48.3
29.4	5.4	13	9	1,440	42.5	95.1	1.0	53.7
29.4	6.8	15	11	1,384	42.6	92.4	2.9	55.5
35.8	7.1	20	12	1,499	44.5	90.3	3.9	53.8
35.8	6.4	16	11	1,204	50.4	92.4	2.6	51.3
30.1	5.8	8	10	1,449	42.6	91.6	2.8	47.4

河北省

县市名称	人口数	1982年人均工农业总产值（元）	人口密度（人／平方公里）	人口性别比	人口年龄中位数（岁）	0—14岁人口占总人口百分比	65及65岁以上人口占总人口百分比	15—49岁育龄妇女占总人口百分比
广平县	181,905	342	568	98.1	24.3	33.9	6.0	23.8
成安县	268,769	395	554	97.6	24.6	34.4	5.1	24.0
临漳县	424,050	310	570	98.4	23.5	34.6	4.7	23.4
磁县	486,209	326	480	99.3	22.6	35.7	4.5	24.0
武安县	543,174	465	301	102.6	24.4	30.8	4.9	25.9
涉县	323,106	353	217	112.8	24.2	31.8	4.2	24.0
永年县	609,839	407	679	100.3	23.8	34.7	5.3	23.7
邯郸县	278,369	322	519	93.5	22.6	36.6	5.1	24.6
馆陶县	222,627	500	488	97.8	24.1	35.0	6.6	23.4
邢台市	335,799	2,201	2,433	131.1	26.9	25.0	3.0	25.4
邢台县	360,641	386	182	100.5	23.9	31.3	5.6	25.3
沙河县	336,916	471	343	105.3	24.4	30.7	4.9	25.4
临城县	153,884	421	193	101.8	23.2	32.9	5.0	24.9
内丘县	206,918	388	267	102.4	23.7	33.8	4.5	24.6
柏乡县	140,842	625	492	102.1	25.3	32.0	5.4	24.3
隆尧县	377,813	337	504	101.8	23.6	34.5	5.6	23.3
任县	233,560	309	542	100.7	24.0	34.9	5.8	23.5
南和县	233,654	270	566	100.1	23.5	34.8	5.5	23.5
宁晋县	553,744	394	500	104.8	24.7	32.8	6.2	23.3
南宫县	378,397	569	443	96.2	26.1	27.6	7.0	26.1
巨鹿县	271,627	299	430	100.7	23.7	33.5	6.4	23.8
新河县	140,186	372	383	99.9	24.7	32.3	5.9	24.2
广宗县	203,724	274	397	98.5	23.4	33.5	6.1	24.5
平乡县	202,829	279	500	101.4	24.2	33.8	6.5	23.2
威县	428,713	343	431	99.3	24.8	32.5	6.5	24.0
清河县	252,915	360	505	99.9	25.0	31.8	7.2	24.4
临西县	237,847	509	432	104.7	25.3	30.2	6.6	23.7
束鹿县	505,655	787	532	99.2	27.6	27.0	7.4	26.4
晋县	399,571	644	646	101.5	25.2	29.4	5.9	26.1
深泽县	201,971	506	671	103.6	26.5	29.0	6.5	25.5
无极县	382,154	432	764	101.6	24.6	31.2	5.5	24.7
藁城县	581,414	510	715	101.1	25.0	29.6	5.3	25.5
赵县	417,555	597	619	104.2	25.3	31.7	5.7	23.9
栾城县	277,904	644	700	100.7	25.9	29.5	5.3	25.8

（续1）

1981年人口出生率（‰）	1981年人口死亡率（‰）	1981年婴儿死亡率（‰）	每万人拥有大学生人数	每万人拥有初中文化程度人数	文盲、半文盲占12及12岁以上人口比重	农林牧渔业人口占在业人口百分比	工业人口占在业人口百分比	在业人口占总人口百分比
33.1	5.5	14	11	1,455	44.5	91.1	3.1	53.0
33.9	5.7	13	13	1,403	43.0	91.8	3.5	54.5
27.8	6.1	19	10	1,623	39.5	91.9	3.2	50.9
32.3	6.6	19	11	1,851	33.8	83.2	9.7	46.5
19.6	8.0	19	10	1,974	28.6	77.2	13.6	44.5
21.8	8.2	38	20	1,840	32.3	80.6	13.4	57.4
30.8	6.5	15	8	1,408	43.3	87.4	5.5	43.3
33.5	6.5	16	4	1,663	35.3	89.2	5.9	42.8
32.8	6.3	12	14	1,417	42.8	92.2	2.9	55.3
24.5	4.0	14	180	3,031	11.9	16.0	58.7	62.5
26.7	7.3	19	8	2,174	25.9	92.4	4.0	55.5
25.9	6.4	15	33	2,149	30.1	70.5	20.4	56.7
28.9	5.7	18	18	1,856	32.4	87.7	5.3	51.0
32.6	5.9	20	17	1,857	30.1	85.8	8.1	54.3
28.1	6.0	10	14	1,662	40.4	89.5	4.4	52.3
29.0	6.7	16	16	1,560	38.3	92.3	2.8	50.2
34.1	6.0	12	10	1,565	39.0	92.3	3.0	55.0
28.8	5.2	7	9	1,548	42.3	93.6	1.7	47.9
26.5	7.0	10	11	1,570	35.8	91.9	3.1	51.3
20.0	7.3	10	13	2,265	25.0	90.6	4.0	57.6
30.0	6.2	11	13	1,763	33.3	92.7	2.5	53.4
22.5	7.1	21	16	2,306	22.9	87.6	5.1	53.6
30.4	5.8	11	10	1,378	39.4	94.8	0.9	57.7
31.9	6.4	9	11	1,418	45.3	92.9	2.3	53.4
27.2	7.1	15	10	1,608	39.2	94.0	1.6	55.9
27.7	7.4	17	10	1,735	37.9	89.8	4.6	54.5
26.5	8.4	16	11	1,547	39.4	92.1	3.1	57.9
23.3	7.1	16	17	2,184	21.7	81.6	11.3	54.3
24.1	5.8	12	15	2,022	29.6	85.1	8.2	49,9
24.5	6.5	10	21	2,282	26.8	82.6	9.7	52.1
22.6	6.2	16	12	1,845	35.3	92.0	3.4	57.0
24.1	5.7	11	11	1,715	35.6	91.3	3.8	56.5
28.0	5.8	8	10	1,734	37.8	88.1	5.2	52.2
24.7	5.7	11	12	1,981	31.6	84.5	8.9	54.4

河北省

县市名称	人口数	1982年人均工农业总产值（元）	人口密度（人／平方公里）	人口性别比	人口年龄中位数（岁）	0—14岁人口占总人口百分比	65及65岁以上人口占总人口百分比	15—49岁育龄妇女占总人口百分比
正定县	451,365	477	751	98.1	25.1	30.3	5.0	26.1
新乐县	327,532	331	624	100.7	23.2	33.9	5.0	23.9
高邑县	134,854	637	607	100.4	24.9	30.0	5.1	26.2
元氏县	293,732	422	431	103.3	24.2	31.2	5.3	24.9
赞皇县	174,820	367	210	106.1	23.0	32.1	4.6	24.8
井陉县	288,596	510	209	107.2	25.1	28.6	6.2	25.1
获鹿县	266,026	738	433	103.2	26.1	27.5	6.1	25.8
平山县	416,874	395	160	109.6	25.5	28.3	6.6	24.2
灵寿县	241,180	335	226	103.8	25.0	30.0	5.7	24.9
行唐县	332,368	343	346	101.3	24.3	31.7	5.4	24.5
保定市	502,394	2,464	4,019	113.9	26.8	25.6	3.6	27.5
易县	466,666	231	184	107.8	24.4	31.2	5.8	24.0
满城县	352,446	377	491	103.1	25.2	31.3	6.0	24.6
徐水县	447,462	324	598	103.4	24.6	32.8	6.2	23.7
涞源县	234,720	264	96	112.6	23.2	34.1	4.6	22.4
定兴县	429,748	313	608	104.3	24.6	32.4	6.3	23.2
完县	254,468	250	359	103.5	24.4	31.9	6.1	24.2
唐县	419,085	235	299	104.3	23.4	33.5	5.4	23.8
望都县	204,179	430	546	100.9	24.7	31.4	5.5	25.3
涞水县	281,838	246	171	105.2	24.7	30.8	5.6	24.7
涿县	425,062	453	573	104.7	25.4	30.1	5.9	24.6
清苑县	540,075	329	566	102.2	24.8	32.4	7.0	23.9
高阳县	250,044	519	513	105.2	25.4	30.9	7.8	23.2
安新县	327,578	245	451	101.8	23.1	35.2	6.2	23.4
雄县	261,139	205	498	103.1	24.2	32.3	6.8	23.3
容城县	186,198	326	589	102.1	25.3	31.5	7.4	23.5
新城县	384,075	404	572	103.3	25.4	31.2	6.8	23.9
曲阳县	407,572	188	382	104.5	23.0	35.2	4.8	23.4
阜平县	185,683	250	75	108.4	23.8	33.1	6.0	23.1
定县	892,126	356	700	102.4	24.1	33.1	5.7	23.7
安国县	325,254	341	669	100.0	25.4	32.0	6.8	24.4
博野县	200,413	313	589	100.9	24.8	32.6	6.7	24.1
蠡县	362,825	453	563	101.9	25.5	32.1	7.5	23.3
张家口市	605,906	2,287	1,045	109.5	26.9	23.5	4.2	28.9

（续2）

1981年人口出生率（‰）	1981年人口死亡率（‰）	1981年婴儿死亡率（‰）	每万人拥有大学生人数	每万人拥有初中文化程度人数	文盲、半文盲占12及12岁以上人口比重	农林牧渔业人口占在业人口百分比	工业人口占在业人口百分比	在业口人占总人口百分比
26.0	6.6	24	22	2,103	27.7	85.5	7.7	55.0
30.9	5.8	15	13	1,736	35.3	90.7	3.2	50.8
31.4	6.6	18	20	1,990	29.7	86.0	6.4	50.4
24.8	6.0	8	18	2,077	26.4	87.9	5.0	47.6
31.9	6.0	15	17	1,757	32.8	85.5	6.4	44.3
18.9	7.3	17	14	2,228	28.5	84.1	7.9	48.7
22.4	6.4	19	19	2,297	24.9	76.1	14.8	52.5
25.6	8.7	20	15	2,102	34.5	88.0	5.3	48.4
26.0	6.5	17	13	2,030	36.2	90.7	2.9	52.6
28.5	6.8	21	13	1,977	33.2	91.6	2.8	49.5
19.3	3.9	11	253	3,148	10.3	17.1	55.9	59.0
22.6	7.0	28	10	1,812	31.6	88.4	5.0	48.6
25.4	5.4	14	11	1,787	29.2	85.1	7.8	46.2
26.2	5.3	13	15	1,635	33.4	88.4	5.6	46.7
21.1	6.5	43	16	1,555	40.6	80.7	10.2	39.8
22.1	5.2	14	11	1,592	29.4	87.9	6.5	48.7
22.6	6.1	22	13	1,931	26.4	92.7	2.1	52.7
25.7	5.4	15	12	1,641	35.0	92.3	2.9	49.6
31.4	5.7	22	15	1,914	31.1	88.6	5.1	56.4
22.8	5.6	24	14	1,867	28.3	86.3	8.0	55.6
24.0	5.2	8	65	1,838	24.6	77.5	13.9	53.6
24.0	5.0	13	7	1,780	31.5	93.3	2.7	53.2
24.4	5.9	10	12	1,825	26.3	86.4	7.7	53.9
23.7	5.1	11	7	1,141	42.2	92.4	2.8	52.6
27.7	5.5	14	10	1,441	32.2	90.3	4.3	49.9
26.6	5.8	16	10	1,580	33.6	91.7	3.4	50.9
24.5	5.5	15	13	1,778	30.2	88.1	5.5	55.3
29.8	5.4	13	10	1,519	39.0	90.5	4.5	44.8
25.5	5.7	25	13	1,981	33.7	88.2	3.5	40.1
25.5	5.8	17	12	1,767	32.2	91.2	3.5	52.1
24.7	6.2	15	15	2,142	28.0	90.9	3.8	52.4
25.4	6.0	19	13	1,963	27.7	93.1	1.9	54.3
26.3	5.5	10	9	1,673	26.1	93.2	2.3	55.7
18.9	4.8	16	153	3,061	13.7	12.4	57.6	57.3

河北省

县市名称	人口数	1982年人均工农业总产值（元）	人口密度（人／平方公里）	人口性别比	人口年龄中位数（岁）	0—14岁人口占总人口百分比	65及65岁上以人口占总人口百分比	15—49岁育龄妇女占总人口百分比
张北县	359,382	379	86	111.7	23.0	31.8	3.8	24.9
康保县	263,354	371	79	111.7	23.2	31.6	3.7	25.3
沽源县	210,420	371	58	109.4	22.5	32.7	3.6	25.4
尚义县	173,953	382	66	111.0	22.9	33.2	3.7	24.5
蔚县	406,021	323	127	123.4	25.1	31.1	5.7	21.6
阳原县	240,494	291	131	116.5	23.3	32.2	5.5	22.2
怀安县	224,664	369	128	115.6	23.6	32.8	4.9	22.7
万全县	179,544	424	154	115.4	25.3	29.5	5.6	24.0
怀来县	278,248	523	155	112.3	24.2	30.0	5.6	24.4
涿鹿县	296,254	556	106	118.6	24.9	29.0	5.1	24.1
宣化县	292,087	451	125	118.2	24.1	31.4	4.8	23.3
赤城县	268,225	391	50	114.4	23.2	31.5	5.6	23.2
崇礼县	113,902	358	48	114.3	23.7	29.5	4.2	25.1
承德市	316,397	1,674	491	113.2	25.1	26.6	2.9	27.7
青龙县	455,785	229	130	107.9	23.7	31.2	4.7	25.1
宽城县	198,961	333	104	109.1	23.0	31.6	4.2	24.6
兴隆县	276,598	535	89	109.6	23.3	29.8	4.6	24.9
平泉县	401,548	340	123	106.1	22.6	32.1	3.9	25.3
承德县	445,285	376	110	108.4	22.7	31.5	4.0	24.9
滦平县	290,642	333	90	109.0	22.0	31.9	4.2	24.5
丰宁县	337,028	373	38	107.5	22.1	32.9	4.5	24.5
隆化县	366,428	353	67	108.2	21.1	33.8	4.0	24.1
围场县	464,568	305	51	109.5	20.6	34.3	3.2	24.5
秦皇岛市	403,701	1,660	1,035	109.1	27.1	24.1	4.8	28.2
丰润县	595,327	516	490	104.2	25.8	28.4	6.6	25.1
丰南县	567,389	680	437	107.2	25.1	30.0	6.0	24.9
滦县	469,491	345	470	105.4	23.5	31.5	5.8	24.6
滦南县	508,343	608	236	102.3	24.9	30.3	7.3	24.3
乐亭县	453,977	623	347	102.0	26.6	27.2	8.1	25.2
昌黎县	484,858	422	410	104.6	25.4	28.8	6.9	24.8
抚宁县	478,657	405	278	102.5	24.8	30.2	6.0	25.7
卢龙县	363,003	363	384	104.8	25.1	28.6	6.2	25.5
迁安县	537,186	409	445	106.4	24.4	29.8	5.6	25.3
迁西县	316,658	385	220	109.3	24.4	29.1	5.6	25.0

(续3)

1981年人口出生率（‰）	1981年人口死亡率（‰）	1981年婴儿死亡率（‰）	每万人拥有大学生人数	每万人拥有初中文化程度人数	文盲、半文盲占12及12岁以上人口比重	农林牧渔业人口占在业人口百分比	工业人口占在业人口百分比	在业人口占总人口百分比
19.3	6.3	45	19	1,506	36.7	88.6	4.0	53.7
20.8	6.7	45	16	1,479	39.2	91.6	2.5	58.4
17.9	5.8	43	17	1,417	38.3	90.8	1.9	51.6
22.4	5.9	41	20	1,433	35.3	88.7	4.5	54.3
15.5	7.8	33	16	1,577	27.0	84.2	9.4	58.1
17.4	6.7	20	18	1,887	27.7	82.0	10.3	50.4
20.5	6.9	37	22	1,829	24.9	77.8	11.2	45.5
17.9	6.3	27	20	1,839	30.1	83.5	7.2	45.4
17.1	6.9	40	27	1,788	25.6	72.1	16.4	44.7
19.5	7.8	35	23	1,480	27.6	79.2	11.8	43.2
17.9	6.2	39	16	1,739	28.0	85.2	7.9	45.4
20.6	7.2	42	17	1,341	38.7	85.9	5.7	45.0
21.9	5.6	37	26	1,515	35.8	86.4	5.7	52.2
20.5	4.2	18	152	3,005	13.7	18.1	52.1	56.5
20.0	6.6	36	16	1,715	26.8	88.3	5.0	42.2
24.1	6.9	43	23	1,783	29.7	83.8	8.2	41.7
21.2	6.6	35	24	1,867	30.1	81.2	8.6	47.6
20.5	6.3	29	20	1,957	27.8	85.9	6.9	52.7
21.6	6.5	35	19	1,851	28.9	82.3	10.2	46.6
19.5	6.4	34	19	1,797	30.3	85.1	7.6	53.6
20.0	6.3	43	19	1,563	31.9	89.6	3.1	56.6
22.2	7.2	45	19	1,560	35.2	85.8	5.5	44.6
22.3	7.2	42	15	1,644	32.2	87.8	4.8	52.6
21.9	4.8	10	143	3,291	12.7	22.6	44.9	58.4
20.3	6.0	16	16	1,853	24.7	83.1	9.2	52.4
21.7	5.6	17	19	1,807	25.9	75.3	14.7	41.1
20.7	5.3	17	16	1,662	28.6	84.1	7.4	47.3
22.6	6.1	15	11	1,797	27.5	89.8	3.7	52.3
20.9	6.5	16	16	1,937	18.7	87.2	6.1	46.9
23.1	5.5	14	21	2,036	21.3	85.1	6.6	53.1
21.3	5.9	20	16	1,897	21.5	84.9	7.9	56.6
20.7	6.3	22	11	2,047	24.7	86.5	6.3	44.0
22.1	6.2	26	18	1,963	28.5	77.1	13.6	52.4
23.3	6.2	23	23	2,021	26.4	76.1	14.8	44.5

河北省

县市名称	人口数	1982年人均工农业总产值（元）	人口密度（人／平方公里）	人口性别比	人口年龄中位数（岁）	0—14岁人口占总人口百分比	65及65岁以上人口占总人口百分比	15—49岁育龄妇女人口占总人口百分比
遵化县	564,507	487	374	103.8	24.6	30.5	5.8	24.9
玉田县	540,980	485	464	103.0	25.6	29.8	7.1	24.4
廊坊市	171,972	720	886	114.5	26.9	25.5	4.2	27.1
三河县	316,990	592	493	101.4	26.2	27.6	7.5	25.2
大厂回族自治县	87,396	778	514	98.9	27.0	25.8	7.7	26.4
香河县	250,488	499	573	100.4	26.5	26.5	8.0	25.9
安次县	317,090	583	412	106.2	25.1	28.9	6.3	25.4
永清县	304,052	596	398	103.6	24.6	30.9	6.4	24.6
固安县	311,968	694	437	103.3	25.5	28.3	6.9	25.4
霸县	408,841	648	496	101.7	25.2	29.2	6.1	26.2
文安县	348,045	518	339	102.9	25.1	30.7	6.3	25.3
大城县	323,052	492	363	102.6	24.5	30.4	6.7	25.1
沧州市	266,386	2,344	1,366	112.4	25.7	28.2	4.0	26.5
沧县	534,937	396	350	101.1	23.7	34.0	6.4	23.7
河间县	601,422	347	452	103.9	24.1	32.8	6.3	23.5
肃宁县	256,611	414	489	101.2	25.4	30.4	7.2	24.3
献县	430,852	299	367	102.0	23.6	33.4	6.2	23.6
交河县	428,429	670	444	100.9	23.0	34.6	5.6	24.0
吴桥县	242,477	680	419	98.7	25.9	30.6	6.6	24.7
东光县	286,311	597	403	101.2	25.0	32.2	6.0	24.3
南皮县	298,806	478	357	102.5	24.7	32.2	6.0	24.2
盐山县	322,547	239	405	103.2	24.1	32.6	6.2	23.9
黄骅县	374,641	798	173	99.7	24.7	32.9	6.2	24.9
孟村回族自治县	139,807	447	364	100.4	23.7	33.4	6.4	24.0
青县	304,093	710	308	103.3	25.1	30.3	6.3	25.2
任丘县	543,271	384	531	108.0	25.2	29.8	6.4	24.4
海兴县	162,702	317	188	100.0	24.1	33.6	6.2	24.4
衡水市	102,879	184	1,409	132.4	27.9	25.3	3.0	25.3
衡水县	169,289	616	322	95.3	25.7	31.5	7.7	24.5
冀县	323,148	737	352	96.6	26.6	28.6	7.6	25.2
枣强县	326,618	447	365	95.7	25.1	33.6	7.5	23.5
武邑县	275,942	430	336	99.9	24.9	33.8	6.4	23.1
深县	488,357	344	393	100.3	26.4	29.0	8.3	24.4
武强县	173,714	361	385	98.9	24.8	31.0	6.9	25.0

（续4）

1981年人口出出率（‰）	1981年人口死亡率（‰）	1981年婴儿死亡率（‰）	每万人拥有大学生人数	每万人拥有初中文化程度人数	文盲、半文盲占12及12岁以上人口比重	农林牧渔业人口占在业人口百分比	工业人口占在业人口百分比	在业人口占总人口百分比
20.7	6.0	18	13	2,033	25.2	83.9	8.7	46.5
24.6	5.4	16	11	1,835	27.5	88.6	5.6	51.4
18.5	4.8	6	140	2,646	15.2	41.8	29.2	59.1
19.3	5.6	12	50	1,950	26.8	74.9	16.3	53.1
19.0	6.1	13	27	2,140	24.7	69.8	20.0	55.3
19.0	5.6	13	21	2,104	26.3	83.2	10.4	55.4
18.5	4.8	16	15	2,045	23.7	76.9	18.0	52.9
23.9	5.7	13	14	1,743	29.6	83.5	10.1	54.1
24.4	6.1	17	28	1,866	30.6	81.3	10.7	55.9
24.1	5.7	15	17	1,678	33.1	71.7	20.7	57.2
23.6	5.9	12	13	1,549	40.4	80.6	13.4	54.3
23.6	6.2	13	13	1,808	36.5	82.8	10.9	52.5
22.3	3.8	12	164	2,776	15.6	18.1	48.5	54.5
23.7	6.4	19	5	1,431	35.8	86.5	9.0	47.6
25.9	5.6	11	11	1,719	35.3	90.0	5.1	53.5
23.8	6.4	13	13	2,065	25.9	88.3	5.4	53.2
25.0	6.5	16	9	1,769	35.0	91.1	3.3	51.7
23.9	5.9	14	17	1,860	28.2	79.4	12.0	52.0
20.7	7.0	20	13	1,931	26.7	89.3	4.2	56.7
19.9	7.0	18	9	1,610	37.5	85.0	7.9	53.6
22.8	6.7	20	9	1,592	41.4	82.6	10.2	47.6
20.4	6.1	25	12	1,411	43.9	89.6	5.0	52.7
24.8	6.0	22	14	1,737	32.3	71.5	19.6	45.1
25.9	5.7	21	16	1,536	40.6	82.4	10.2	53.4
20.5	6.3	17	15	1,668	33.0	69.3	21.0	45.5
26.0	5.9	19	51	2,097	32.4	72.1	17.0	54.8
25.1	5.9	17	14	1,556	38.6	77.9	14.8	49.5
24.2	6.0	17	260	2,725	9.7	19.9	42.3	60.2
24.2	6.0	14	6	1,756	25.4	89.1	6.0	53.0
19.9	8.4	21	13	2,008	20.7	87.5	6.0	55.6
26.1	6.4	13	11	1,714	25.4	89.7	4.6	51.8
22.2	5.9	11	10	1,843	27.8	90.4	4.1	52.8
24.3	7.5	21	14	1,937	22.1	89.6	4.4	53.7
23.3	6.9	23	15	1,901	22.6	87.6	5.9	55.8

县市名称	人口数	1982年人均工农业总产值（元）	人口密度（人／平方公里）	人口性别比	人口年龄中位数（岁）	0—14岁人口占总人口百分比	65及65岁以上人口占总人口百分比	15—49岁育龄妇女占总人口百分比
饶阳县	235,959	420	412	100.2	26.6	28.2	8.4	24.9
安平县	256,954	362	521	101.6	26.7	27.6	8.1	25.0
故城县	370,992	499	394	98.0	25.1	32.9	6.6	24.2
景县	427,398	358	361	98.9	24.3	33.7	6.4	23.9
阜城县	278,828	500	400	98.5	23.8	34.1	5.8	23.9
山西省								
太原市	1,774,713	3,413	583	115.7	25.1	25.8	3.4	26.9
清徐县	233,393	571	385	100.7	23.2	32.6	5.6	25.0
阳曲县	129,472	346	63	112.9	23.3	32.8	6.3	22.1
娄烦县	82,022	269	63	118.7	21.5	36.0	5.5	20.6
大同市	967,608	1,892	467	116.7	23.5	30.5	3.0	25.7
阳泉市	466,558	1,968	705	128.8	25.4	28.3	3.2	23.8
长治市	436,154	1,931	1,298	117.6	23.7	31.1	2.6	25.0
阳高县	236,124	362	139	111.3	21.8	34.9	5.6	21.6
天镇县	170,379	386	104	111.0	19.7	38.0	4.4	21.4
广灵县	142,382	367	118	121.5	22.8	33.9	4.8	21.5
灵丘县	186,144	322	68	111.8	22.5	34.2	4.7	22.6
浑源县	280,562	472	143	108.9	21.2	35.9	5.3	21.9
应县	235,308	404	141	117.1	22.5	34.3	6.1	21.6
山阴县	177,006	516	107	116.6	23.1	34.4	6.5	21.6
朔县	238,996	1,167	133	115.9	22.4	34.1	5.7	21.9
平鲁县	140,014	446	61	115.8	21.8	35.5	5.5	20.9
左云县	96,273	1,065	73	115.3	23.1	33.4	5.4	22.8
右玉县	89,740	565	45	115.0	23.2	34.3	5.3	22.0
大同县	147,423	446	100	114.1	21.6	35.1	5.4	22.0
怀仁县	181,850	898	148	118.2	23.1	33.3	5.8	22.9
忻县	381,704	620	193	111.9	24.6	29.9	6.4	23.2
定襄县	184,830	752	219	107.8	25.3	29.6	7.2	23.7
五台县	293,660	283	103	106.6	23.8	33.1	7.4	22.3
原平县	403,715	703	157	118.9	25.3	30.2	7.2	21.4
代县	175,666	364	101	119.4	25.1	30.8	7.2	21.7
繁峙县	199,132	244	84	120.1	23.3	34.5	5.8	21.0
宁武县	134,003	508	70	125.4	22.8	34.9	5.2	20.4

（续5）

1981年人口出生率（‰）	1981年人口死亡率（‰）	1981年婴儿死亡率（‰）	每万人拥有大学生人数	每万人拥有初中文化程度人数	文盲、半文盲占12及12岁以上人口比重	农林牧渔业人口占在业人口百分比	工业人口占在业人口百分比	在业人口占总人口百分比
20.3	6.7	12	16	2,067	20.5	90.2	4.1	54.9
25.8	6.7	22	14	2,085	23.1	90.7	3.6	54.2
25.2	6.5	16	10	11762	27.6	87.8	6.2	52.7
24.8	5.9	18	10	1,842	27.2	92.3	2.5	53.2
22.8	6.0	21	12	1,845	30.4	90.8	3.5	51.3
17.0	4.9	18	234	3,043	12.3	18.5	56.3	56.7
17.9	6.2	16	18	2,571	18.5	83.6	8.7	53.8
17.3	8.1	43	16	1,942	31.8	85.0	6.0	49.7
21.1	7.8	74	14	1,462	42.6	87.0	4.5	50.0
22.4	4.5	19	78	2,696	18.2	25.3	51.3	53.0
18.4	6.6	23	61	2,781	17.0	17.2	61.2	52.6
19.8	4.6	28	118	2,740	15.4	28.2	52.9	54.4
20.5	6.0	20	12	1,899	22.6	86.1	5.7	50.0
21.4	5.9	27	14	1,829	33.1	86.6	5.3	49.8
19.1	8.0	28	16	1,584	32.6	88.7	4.4	55.1
21.4	7.0	38	15	1,662	39.3	84.8	5.6	50.4
21.4	7.3	34	14	1,563	36.9	85.6	7.4	51.3
22.4	7.3	34	13	1,802	30.4	88.9	4.2	54.4
23.8	7.0	31	17	1,918	32.9	80.7	9.5	46.0
24.4	6.4	25	31	1,859	31.7	77.1	13.8	52.1
24.4	7.3	33	13	1,621	38.9	85.3	6.9	51.6
20.8	7.4	43	18	1,806	33.2	72.6	16.5	50.4
23.9	8.3	64	21	1,582	39.8	84.0	5.5	53.7
23.7	6.1	26	14	1,970	32.4	82.6	8.6	44.0
26.3	6.4	33	21	2,034	27.5	68.1	12.3	46.9
17.6	7.0	35	50	2,148	29.4	70.7	14.9	52.3
18.2	7.8	63	19	2,269	24.7	76.7	14.2	49.4
18.3	7.4	23	15	1,929	24.3	87.9	5.4	53.8
16.5	7.3	24	26	2,026	25.1	76.9	14.5	53.0
19.5	8.5	56	23	1,903	30.5	81.2	10.0	51.6
22.6	5.9	18	12	1,352	31.0	89.7	3.5	53.0
22.2	6.9	47	29	1,816	33.1	70.0	18.8	51.7

山西省

县市名称	人口数	1982年人均工农业总产值（元）	人口密度（人／平方公里）	人口性别比	人口年龄中位数（岁）	0—14岁人口占总人口百分比	65及65岁以上人口占总人口百分比	15—49岁育龄妇女占总人口百分比
静乐县	130,377	227	64	124.0	21.4	36.0	5.1	20.0
神池县	83,699	519	56	119.7	23.3	34.1	5.5	20.9
五寨县	88,755	480	64	118.7	23.3	33.6	5.5	21.7
岢岚县	70,636	428	36	118.4	21.3	36.5	5.1	20.3
河曲县	117,598	346	116	114.0	23.6	33.8	6.9	21.6
保德县	108,149	507	84	108.6	20.2	38.5	6.0	20.8
偏关县	84,603	530	51	118.9	23.2	33.9	5.9	21.1
汾阳县	303,046	556	228	104.9	21.6	35.0	5.9	22.9
文水县	267,601	389	176	103.6	22.3	35.3	5.4	22.9
交城县	203,330	412	176	102.1	21.4	36.0	5.2	23.3
孝义县	299,632	445	317	111.5	22.9	34.0	5.5	22.4
兴县	201,985	369	70	110.7	20.1	36.9	4.7	21.6
临县	433,897	244	133	106.8	20.1	38.4	4.8	21.5
柳林县	208,575	234	163	105.1	20.1	37.6	5.3	21.9
石楼县	76,054	195	44	108.2	20.1	38.9	4.0	21.9
岚县	124,480	288	82	114.1	20.3	37.2	4.4	21.1
方山县	103,178	229	62	111.6	20.4	37.0	4.6	21.3
离石县	143,714	345	108	110.8	21.1	34.6	4.7	23.0
东阳县	100,278	334	70	109.3	20.4	37.2	4.8	21.8
交口县	88,562	374	71	114.8	22.2	35.4	5.7	21.3
榆次市	268,194	1,878	688	108.4	24.2	30.0	3.8	26.4
榆社县	119,200	312	70	108.4	20.1	37.9	5.2	21.4
左权县	146,749	367	72	107.8	22.3	34.7	4.6	23.5
和顺县	124,917	395	57	109.7	22.1	35.3	5.1	22.7
昔阳县	234,240	473	124	108.6	23.1	33.7	5.5	22.8
平定县	304,522	641	219	103.8	23.5	34.4	5.1	23.7
盂县	250,462	684	99	109.9	23.9	32.8	6.6	22.3
寿阳县	213,487	516	99	114.5	24.1	33.3	7.3	20.8
榆次县	134,234	594	147	108.8	22.8	33.9	5.1	23.6
太谷县	241,169	1,080	230	105.0	22.4	33.8	4.7	24.7
祁县	211,360	535	245	105.6	23.0	35.3	5.6	22.9
平遥县	402,710	352	373	102.9	21.2	36.0	6.7	22.3
介休县	292,398	1,488	415	104.9	21.3	35.5	5.2	23.6
灵石县	202,155	417	168	107.3	20.5	36.8	5.0	22.3

（续6）

1981年人口出生率（‰）	1981年人口死亡率（‰）	1981年婴儿死亡率（‰）	每万人拥有大学生人数	每万人拥有初中文化程度人数	文盲、半文盲占12及12岁以上人口比重	农林牧渔业人口占在业人口百分比	工业人口占在业人口百分比	在业人口占总人口百分比
23.5	7.4	72	12	1,371	43.3	87.9	4.3	51.7
21.2	7.3	54	20	1,563	34.2	87.2	4.0	53.2
20.7	7.7	70	26	1,825	31.4	83.9	4.9	52.9
20.7	7.4	55	21	1,492	36.4	85.0	4.2	53.1
23.8	9.5	128	18	1,580	37.3	79.8	11.2	53.4
25.8	7.0	54	16	1,466	41.1	83.8	6.6	49.5
24.1	9.6	140	19	1,501	41.7	74.5	15.5	53.3
15.3	5.9	15	21	1,945	21.6	83.6	7.5	50.1
18.9	5.5	12	15	2,272	26.3	84.3	7.2	44.3
20.5	5.7	16	17	2,176	23.5	78.1	12.2	43.4
20.1	5.9	17	27	2,324	20.6	61.5	28.0	43.9
25.0	5.9	38	10	1,574	34.8	87.2	5.1	50.4
19.6	6.1	33	8	1,632	30.9	92.2	2.4	52.3
21.5	7.1	42	10	1,581	37.7	87.0	5.0	50.1
27.7	6.3	27	14	1,343	39.7	83.9	3.5	38.3
22.0	5.7	28	12	1,555	38.5	90.3	2.7	51.6
19.2	6.2	36	11	1,629	33.9	89.0	3.2	52.0
28.5	6.0	37	74	2,183	25.7	65.4	12.8	40.6
21.2	6.3	23	12	1,653	35.1	82.1	9.1	50.3
23.2	6.8	42	23	1,920	28.9	71.9	17.1	49.1
16.8	4.4	15	122	2,620	15.0	33.5	43.7	52.3
26.5	8.3	60	11	2,010	30.9	83.3	6.0	43.4
22.3	8.2	49	12	1,927	30.9	86.7	5.8	55.0
20.4	7.4	33	11	1,695	29.1	81.5	9.0	51.0
20.8	8.3	51	11	2,133	26.7	79.7	12.2	51.1
20.7	8.4	43	8	1,831	28.7	71.6	19.6	42.7
18.6	8.1	35	8	1,785	33.9	73.9	16.6	45.4
17.9	9.0	59	11	1,711	29.3	79.5	10.6	53.3
19.0	6.4	25	17	2,080	25.9	81.0	9.7	46.2
18.4	5.0	21	73	2,206	21.5	64.9	21.0	46.9
19.0	6.5	26	34	2,461	22.2	74.4	14.0	47.2
20.1	7.0	16	17	2,254	24.9	81.9	10.3	48.6
18.9	5.9	20	27	2,052	24.0	71.0	19.4	52.6
24.3	6.0	36	19	2,201	23.0	64.1	25.3	48.4

山西省

县市名称	人口数	1982年人均工农业总产值（元）	人口密度（人／平方公里）	人口性别比	人口年龄中位数（岁）	0—14岁人口占总人口百分比	65及65岁以上人口占总人口百分比	15－49岁育龄妇女占总人口百分比
长治县	280,151	397	576	98.1	22.5	35.8	4.4	24.4
潞城县	165,193	367	268	106.4	22.6	35.9	4.5	22.8
屯留县	209,222	286	176	106.2	21.1	36.8	4.4	22.2
长子县	296,258	304	232	102.3	22.3	35.4	4.5	23.2
沁水县	202,394	358	103	106.0	24.8	32.4	4.8	23.3
阳城县	359,514	510	187	102.5	25.0	31.0	4.5	25.2
晋城县	591,313	809	272	106.5	24.4	33.3	4.8	23.4
高平县	402,554	556	281	98.7	24.8	33.0	5.0	24.8
陵川县	229,586	306	137	104.7	23.2	35.3	5.0	22.1
壶关县	243,485	274	243	102.5	21.8	35.9	4.8	22.8
平顺县	156,990	214	103	107.8	21.6	36.5	4.4	22.3
黎城县	142,389	393	126	113.9	23.1	34.3	4.6	22.4
武乡县	196,846	363	121	111.2	22.5	36.5	6.3	20.6
襄垣县	210,973	456	182	110.4	23.6	34.3	5.5	21.9
沁县	158,545	364	121	106.1	22.1	35.5	5.8	21.6
沁源县	149,480	447	58	110.3	23.2	34.5	5.5	22.1
临汾市	190,626	1,481	1,371	115.4	25.0	29.2	3.2	25.9
侯马市	148,577	1,234	542	105.8	23.5	32.1	3.6	25.9
曲沃县	173,766	529	406	99.7	21.8	33.7	4.9	25.1
翼城县	251,368	451	271	101.4	23.0	33.7	4.7	24.3
襄汾县	385,160	515	372	99.6	22.2	34.7	5.3	24.6
临汾县	301,294	458	259	98.3	21.9	35.6	5.4	23.7
洪洞县	528,393	370	352	100.0	21.5	35.7	4.6	24.0
霍县	196,616	1,373	257	114.4	21.7	35.1	3.3	23.0
古县	73,104	361	60	109.9	21.6	35.8	4.2	21.9
安泽县	70,886	457	36	111.4	21.5	36.2	4.0	21.7
浮山县	116,771	232	127	107.1	22.4	34.1	4.7	23.0
吉县	79,425	312	45	108.7	20.2	37.7	4.2	22.3
乡宁县	151,888	496	75	108.1	20.5	36.8	4.4	22.2
蒲县	77,780	382	52	111.2	20.1	38.1	4.1	21.4
大宁县	50,985	285	53	110.1	20.5	37.4	4.1	21.9
永和县	48,209	267	40	106.4	20.3	37.6	4.2	22.3
隰县	78,972	310	56	107.9	20.1	38.2	4.2	22.4
汾西县	103,305	347	119	106.7	19.6	39.2	4.2	21.9

（续7）

1981年人口出生率（‰）	1981年人口亡死率（‰）	1981年婴儿死亡率（‰）	每万人拥有大学生人数	每万人拥有初中文化程程人数	文盲、半文盲占12及12岁以上人口比重	农林牧渔业人口占在业人口百分比	工业人口占在业人口百分比	在业人口占总人口百分比
18.4	6.8	21	11	1,926	28.0	77.0	15.2	48.2
11.0	4.5	42	19	1,867	27.7	78.4	12.8	49.3
23.9	7.4	34	10	1,822	32.1	87.8	4.1	47.5
20.8	8.4	45	10	1,875	31.9	86.4	6.9	51.1
19.1	8.2	26	20	2,253	24.6	83.3	8.1	54.0
18.1	10.2	49	14	2,553	22.9	79.3	13.5	55.0
23.0	7.7	21	28	2,222	21.8	72.0	18.8	51.0
18.2	7.7	31	12	1,962	28.2	80.1	12.8	51.0
16.1	9.8	49	7	1,928	26.0	84.0	8.6	50.1
16.9	7.9	29	9	1,839	24.7	87.3	6.3	51.9
21.4	8.7	36	11	1,800	22.9	90.1	2.5	53.2
17.7	8.6	40	13	2,087	26.3	84.2	7.7	54.0
17.8	8.6	54	11	1,623	30.2	87.0	5.0	51.5
18.9	9.0	32	20	2,150	25.0	74.9	13.2	47.3
17.8	8.7	37	19	1,935	27.4	85.3	4.9	50.1
17.6	8.6	59	22	1,943	28.8	79.3	11.8	53.8
18.8	2.9	15	198	2,934	11.2	29.1	39.1	55.3
20.8	4.2	18	98	3,017	13.8	55.1	32.2	55.2
18.5	5.8	17	24	2,489	22.4	86.8	4.6	53.4
19.3	7.2	37	21	2,558	22.0	84.6	7.8	49.8
21.0	5.6	15	17	2,182	19.2	89.6	4.9	54.9
20.8	6.7	28	14	2,128	22.5	89.6	4.8	52.8
22.7	5.7	24	18	1,965	23.4	88.5	6.2	51.5
23.8	5.3	23	42	2,721	19.7	61.3	29.4	51.2
20.7	8.5	44	16	1,901	29.3	84.2	6.0	53.9
25.0	7.5	35	12	1,522	36.4	83.4	5.4	54.6
19.3	6.3	17	22	2,558	19.4	85.0	6.6	53.3
24.3	5.9	15	15	1,775	28.6	83.1	5.8	51.7
25.5	6.0	26	13	1,925	31.0	82.3	9.4	52.5
27.9	4.9	27	19	2,051	26.5	75.8	12.8	51.2
23.8	5.7	28	18	1,933	29.0	76.8	9.9	51.3
23.1	6.2	31	20	1,626	33.1	86.0	2.5	52.6
24.5	4.9	22	23	1,982	28.2	83.7	4.8	51.6
27.7	5.9	30	14	2,468	20.6	85.4	6.5	52.3

山西省　内蒙古自治区

县市名称	人口数	1982年人均工农业总产值（元）	人口密度（人／平方公里）	人口性别比	人口年龄中位数（岁）	0—14岁人口占总人口百分比	65及65岁以上人口占总人口百分比	15—49岁育龄妇女占总人口百分比
运城县	414,644	749	347	104.4	23.3	32.5	5.4	24.4
永济县	331,109	764	292	103.8	23.3	32.4	5.8	24.3
芮城县	292,893	427	250	99.4	22.4	34.6	5.4	24.2
临猗县	432,589	553	319	98.7	23.4	32.9	6.4	24.8
万荣县	338,718	358	326	99.0	23.3	33.2	6.6	24.1
新绛县	243,098	601	405	98.6	23.1	32.1	5.2	25.7
稷山县	246,611	399	360	98.7	23.2	32.8	5.6	25.1
河津县	229,321	417	375	103.5	22.9	34.7	5.7	23.6
闻喜县	301,617	521	258	101.3	23.1	32.0	4.6	25.1
夏县	268,877	420	197	100.7	23.3	32.6	5.2	24.9
绛县	217,433	510	179	103.2	23.1	33.0	4.0	25.1
平陆县	192,481	424	165	103.5	23.1	33.0	5.4	23.9
垣曲县	191,262	791	118	112.1	23.8	31.4	3.4	24.0
内蒙古自治区								
呼和浩特市	742,114	1,309	366	110.7	25.2	27.1	4.1	27.7
土默特左旗	299,953	367	109	119.1	24.1	32.2	6.2	22.9
托克托县	158,402	296	114	115.2	23.5	33.8	5.7	22.7
包头市	1,070,481	2,183	460	106.7	23.8	29.7	3.1	28.2
土默特右旗	294,916	320	124	116.7	22.9	33.8	5.2	22.8
固阳县	210,268	229	40	117.7	22.4	34.1	4.8	22.8
乌海市	249,617	1,026	160	109.8	20.2	36.9	1.6	25.9
海拉尔市	163,551	1,052	119	103.6	23.5	29.1	3.8	28.1
满洲里市	107,876	1,007	103	105.9	22.8	30.9	2.9	27.5
布特哈旗	384,338	760	23	107.1	19.7	38.4	3.3	23.4
阿荣旗	290,187	515	21	109.6	19.4	40.0	3.1	22.1
莫力达瓦达斡尔族自治旗	258,881	422	24	110.3	19.1	41.0	2.6	21.9
喜桂图旗	386,514	776	14	104.6	20.3	34.6	2.8	26.2
额尔古纳右旗	63,855	1,158	2	106.8	20.4	35.8	2.6	25.9
额尔古纳左旗	165,588	1,005	8	107.8	19.2	37.6	2.1	25.0
鄂伦春自治旗	273,897	649	8	106.9	19.6	38.1	2.5	24.6
鄂温克族自治旗新	91,309	534	5	112.8	21.2	35.3	2.8	24.9
新巴尔虎右旗	29,846	616	1	105.6	19.9	38.8	3.5	23.2
新巴尔虎左旗	37,428	531	2	102.1	19.4	39.6	3.5	23.4

（续8）

1981年人口出生率（‰）	1981年人口死亡率（‰）	1981年婴儿死亡率（‰）	每万人拥有大学生人数	每万人拥有初中文化程度人数	文盲、半文盲占12及12岁以上人口比重	农林牧渔业人口占在业人口百分比	工业人口占在业人口百分比	在业人口占总人口百分比
20.1	5.6	19	82	2,366	17.9	71.0	14.0	53.0
19.6	5.9	17	46	2,320	19.7	83.2	10.0	53.6
23.1	5.7	16	17	2,385	19.6	88.3	4.8	53.5
19.1	6.5	18	16	2,394	17.5	89.8	3.9	52.3
21.9	6.1	17	19	2,152	19.4	91.5	2.6	51.8
23.4	6.3	19	23	2,524	19.4	84.9	8.6	56.4
21.9	6.4	11	17	2,161	19.4	90.6	3.2	54.0
24.3	5.7	12	19	1,919	26.1	86.1	7.2	49.5
22.6	6.0	27	28	2,308	19.5	82.5	9.5	55.0
24.1	5.4	18	21	2,346	23.2	89.1	3.6	53.8
23.8	5.7	17	40	2,587	20.6	80.3	13.0	56.7
21.2	6.5	23	15	2,654	21.3	86.5	5.7	54.4
20.6	6.4	23	51	2,969	18.7	66.4	22.5	56.6
17.2	4.9	22	290	2,876	16.7	27.0	40.8	55.3
21.1	7.8	36	19	1,690	41.7	84.2	7.4	46.6
24.8	8.3	34	22	1,570	45.0	87.0	3.6	47.9
14.1	3.9	15	142	3,270	12.4	15.1	58.6	53.0
23.4	7.5	44	15	1,715	42.0	83.0	9.2	52.7
18.6	7.8	54	13	1,606	42.2	84.1	6.8	50.9
21.8	2.8	15	73	3,049	17.1	10.0	61.9	42.8
18.6	3.9	9	124	3,343	13.5	13.1	42.9	49.3
16.1	3.7	14	52	3,120	15.3	5.0	58.8	46.1
25.5	4.6	22	25	1,764	27.0	61.2	17.5	34.8
33.4	5.1	27	8	1,453	30.9	82.8	5.0	34.5
37.1	8.2	60	7	1,528	30.9	80.7	4.9	32.5
15.5	2.8	13	45	3,323	16.0	17.1	47.4	38.8
18.8	3.7	19	25	3,208	16.0	40.3	34.0	41.2
16.2	2.7	9	30	3,455	16.1	8.9	49.0	39.1
20.6	2.9	12	30	3,005	11.0	30.4	37.2	37.9
27.0	4.1	20	53	2,757	15.8	24.2	43.7	40.3
29.4	8.6	75	34	1,989	22.1	52.9	10.7	36.6
27.7	7.8	58	30	2,069	20.6	60.0	11.5	37.2

内蒙古自治区

县市名称	人口数	1982年人均工农业总产值（元）	人口密度（人／平方公里）	人口性别比	人口年龄中位数（岁）	0—14岁人口占总人口百分比	65及65岁以上人口占总人口百分比	15—49岁育龄妇女占总人口百分比
陈巴尔虎旗	40,446	902	2	104.8	20.4	36.1	3.0	25.1
乌兰浩特市	172,542	767	225	102.8	21.2	34.7	3.3	26.2
科尔沁右翼前旗	381,535	299	14	106.1	19.2	39.1	3.2	23.4
科尔沁右翼中旗	189,915	329	16	105.3	18.6	41.3	3.0	22.9
扎赉特旗	340,459	299	30	111.8	18.7	41.1	3.2	21.4
突泉县	280,916	282	60	105.7	19.6	38.4	3.6	23.2
通辽市	225,432	898	624	103.9	23.6	29.1	3.8	28.3
通辽县	368,304	409	107	105.2	20.4	35.1	4.1	24.7
科尔沁左翼中旗	429,280	298	46	106.2	19.3	39.5	3.6	23.1
科尔沁左翼后旗	348,695	415	31	105.9	19.1	39.6	3.4	23.0
开鲁县	323,308	348	72	102.7	19.6	38.7	3.3	24.1
库伦旗	144,542	312	31	106.0	19.7	38.2	3.4	23.3
奈曼旗	354,757	331	43	105.4	19.8	38.6	3.4	23.5
扎鲁特旗	242,270	391	14	107.4	18.6	41.4	2.9	22.5
赤峰市	297,929	1,663	955	106.1	23.4	30.0	2.6	28.7
阿鲁科尔沁旗	246,281	361	18	105.6	20.4	36.3	3.5	24.3
巴林左旗	309,763	316	49	105.5	20.3	36.1	3.3	24.7
巴林右旗	143,230	377	15	104.0	20.0	38.2	3.1	24.0
林西县	218,526	359	54	106.2	22.1	32.7	3.5	26.1
克什克腾旗	221,994	481	12	106.0	21.7	34.5	3.3	25.5
翁牛特旗	402,408	365	34	104.3	20.3	36.7	3.3	24.6
赤峰县	496,650	362	74	103.9	20.1	36.7	3.1	24.6
喀喇沁旗	355,327	331	111	105.0	20.3	36.0	3.3	24.7
宁城县	489,720	337	115	105.9	21.1	34.9	3.7	24.3
敖汉旗	493,715	242	59	106.1	20.3	35.6	3.4	24.4
二连特浩市	7,246	263	17	115.2	22.6	30.3	1.0	28.4
阿巴哈纳尔旗	99,198	759	6	108.3	20.3	36.0	2.3	25.4
阿巴嘎旗	37,337	582	1	105.7	19.5	40.2	2.7	22.8
苏尼特左旗	27,206	680	1	103.2	19.0	41.3	2.5	22.8
苏尼特右旗	60,358	517	3	106.7	19.7	38.2	2.4	24.2
东乌珠穆沁旗	53,047	823	1	109.4	19.2	40.5	2.2	22.9
西乌珠穆沁旗	60,542	678	3	104.0	18.1	42.6	2.2	22.6
太仆寺旗	207,459	363	61	108.9	20.2	36.8	3.3	23.8
镶黄旗	26,056	557	5	103.3	18.7	41.4	2.5	23.1

（续9）

1981年人口出生率（‰）	1981年人口死亡率（‰）	1981年婴儿死亡率（‰）	每万人拥有大学生人数	每万人拥有初中文化度程人数	文盲、半文盲占12及12岁以上人口比重	农林牧渔业人口占在业人口百分比	工业人口占在业人口百分比	在业人口占总人口百分比
21.8	3.8	15	35	2,631	17.2	53.3	18.0	40.7
27.8	4.6	26	71	2,251	16.4	27.7	37.6	42.9
29.2	5.9	34	10	1,638	29.7	78.6	10.6	34.9
33.0	7.3	59	18	1,477	33.1	71.1	8.2	32.9
29.8	5.9	40	16	1,394	32.3	79.4	5.7	31.7
26.6	5.4	38	16	1,309	25.3	80.1	5.5	35.4
18.7	3.9	16	165	2,142	14.1	20.9	37.1	49.2
21.5	5.5	30	11	1,686	28.1	86.0	5.8	44.0
27.7	3.4	39	14	1,500	24.2	81.0	5.4	32.9
27.9	5.5	36	14	1,514	30.3	81.2	5.4	33.9
26.1	5.3	30	14	1,659	26.0	85.4	5.7	43.6
27.3	6.4	39	18	1,543	30.3	81.6	4.5	38.3
26.3	6.0	42	13	1,575	31.8	89.5	2.3	46.6
31.6	5.4	35	28	1,610	30.2	76.1	12.6	44.8
20.4	3.8	14	138	2,688	14.3	13.1	54.4	52.7
28.5	5.6	32	18	1,785	28.9	88.2	3.2	48.7
28.6	5.9	37	13	1,543	30.8	90.4	2.6	53.6
26.7	5.8	34	28	1,545	26.6	83.8	4.7	48.5
23.1	6.1	40	16	0	34.8	87.5	3.9	54.4
23.3	7.0	45	16	0	38.8	85.5	3.7	50.4
26.8	6.2	39	14	1,438	36.4	87.4	5.1	48.5
24.0	6.1	37	11	1,676	33.6	87.1	7.2	51.3
26.0	7.1	43	10	1,692	32.4	82.7	10.9	50.2
23.4	7.5	42	12	1,760	34.8	87.2	6.7	54.1
23.7	6.0	41	11	1,588	35.5	90.9	2.5	50.4
14.7	2.5	41	163	2,654	12.3	6.0	18.6	50.2
18.5	3.8	38	124	2,690	18.1	25.7	36.8	40.7
24.0	7.8	88	28	1,700	30.4	55.8	16.0	39.6
29.8	7.5	91	31	1,650	28.7	57.8	10.4	37.6
25.0	5.3	48	45	2,133	27.0	50.4	18.0	43.8
27.8	7.7	75	30	1,781	30.4	55.9	16.5	38.3
28.2	7.3	46	28	1,706	30.0	61.5	13.7	37.4
21.7	6.0	38	18	1,576	41.7	83.4	6.5	46.1
23.5	6.6	52	44	1,691	26.2	66.6	7.4	42.9

内蒙古自治区

县市名称	人口数	1982年人均工农业总产值（元）	人口密度（人／平方公里）	人口性别比	人口年龄中位数（岁）	0—14岁人口占总人口百分比	65及65岁以上人口占总人口百分比	15—49岁育龄妇女占总人口百分比
正镶白旗	65,717	428	11	109.2	19.1	39.6	3.1	22.6
正蓝旗	70,129	476	7	105.0	19.1	39.8	2.9	23.5
多伦县	88,103	421	23	109.1	20.0	37.7	3.4	23.7
集宁市	156,800	764	1,265	103.4	23.4	27.7	3.2	29.3
武川县	163,493	296	34	123.7	23.3	33.0	5.2	22.2
和林格尔县	169,238	265	50	117.7	23.4	34.3	5.3	21.6
清水河县	112,045	349	39	116.4	22.3	35.3	5.1	21.7
卓资县	231,635	288	75	123.2	23.6	31.7	4.5	22.4
化德县	153,587	345	61	110.8	20.5	36.1	3.1	23.7
商都县	324,258	316	75	112.5	20.4	36.1	3.5	22.8
兴和县	281,590	299	82	112.8	20.3	36.8	3.6	22.2
丰镇县	286,862	323	103	116.2	23.1	32.2	4.4	22.8
凉城县	229,008	303	92	123.6	23.7	31.7	4.8	21.6
察哈尔右翼前旗	267,168	304	95	113.7	22.1	34.0	4.1	23.3
察哈尔右翼中旗	220,301	304	47	119.6	22.5	34.7	4.2	22.4
察哈尔右翼后旗	203,169	264	52	112.0	20.2	37.0	3.4	22.9
达尔罕茂明安联合旗	104,510	431	6	116.9	22.2	35.4	4.3	22.9
四子王旗	194,740	389	8	118.7	22.1	35.7	4.5	22.1
东胜县	107,744	1,069	49	111.1	21.6	34.0	4.2	24.6
达拉特旗	271,911	361	33	113.3	21.5	36.1	4.8	22.4
准格尔旗	216,198	418	28	120.5	23.1	34.8	6.0	20.9
鄂托克前旗	55,870	438	4	104.2	18.2	42.5	3.8	21.8
鄂托克旗	95,574	642	5	111.1	20.2	38.4	4.0	22.5
杭锦旗	126,193	468	7	112.9	20.4	37.5	4.3	22.0
乌审旗	81,040	353	7	105.1	19.5	39.8	4.1	22.7
伊金霍洛旗	121,883	317	21	112.3	21.8	35.5	5.2	22.0
临河县	344,441	530	154	108.0	20.1	36.4	3.5	24.3
五原县	227,724	613	86	110.2	20.2	36.6	4.3	23.1
磴口县	94,703	493	28	108.2	20.3	36.0	3.2	25.0
乌拉特前旗	283,706	598	38	111.3	20.3	36.8	3.7	23.4
乌拉特中旗	110,434	548	5	111.5	20.0	38.2	3.6	23.0
乌拉特后旗	38,856	488	2	113.1	20.6	37.9	2.3	23.6
杭锦后旗	254,509	584	145	107.8	20.0	36.3	3.9	23.7
阿拉善左旗	110,362	732	1	106.8	19.5	38.9	3.4	23.3

（续10）

1981年人口出生率（‰）	1981年人口死亡率（‰）	1981年婴儿死亡率（‰）	每万人拥有大学生人数	每万人拥有初中文化程度人数	文盲、半文盲占12及12岁以上人口比重	农林牧渔业人口占在业人口百分比	工业人口占在业人口百分比	在业人口占总人口百分比
21.2	7.6	59	22	1,517	38.8	85.4	2.5	48.7
22.0	6.0	39	24	1,857	30.9	79.4	5.1	43.7
30.7	6.1	25	17	1,656	37.8	83.6	4.9	49.1
16.6	3.7	19	154	3,202	14.3	11.7	41.3	50.0
16.0	8.3	14	14	1,601	41.1	85.5	5.6	52.3
24.7	8.4	65	15	1,346	47.7	86.8	4.9	49.6
31.1	8.9	103	15	1,437	43.6	82.2	8.0	52.5
18.7	7.5	34	15	1,744	38.3	88.2	4.7	57.0
20.6	6.3	36	14	1,444	41.4	89.6	3.2	52.8
18.9	6.7	47	8	1,518	40.9	89.5	4.3	51.5
20.1	6.2	39	8	1,397	45.8	88.8	5.2	52.7
18.3	6.8	28	13	1,598	39.8	83.2	8.5	54.3
16.8	7.6	51	11	1,603	42.7	89.9	3.5	54.9
17.8	6.1	27	11	1,673	40.0	89.2	5.0	56.6
19.0	8.3	85	12	1,539	40.0	87.5	4.7	51.2
23.2	6.6	38	13	1,599	37.5	87.8	4.0	54.6
18.7	6.7	61	21	1,698	38.2	79.8	6.1	46.7
19.8	7.8	65	14	1,576	39.8	85.5	5.2	50.3
24.1	5.4	40	106	2,176	30.6	54.4	19.3	50.9
24.8	5.9	50	13	1,528	45.5	90.6	3.1	52.1
27.3	7.5	61	11	1,276	51.2	82.2	9.7	47.1
25.5	6.0	62	4	974	53.2	88.9	3.4	44.0
22.5	6.8	70	20	1,430	44.0	76.9	9.2	48.6
24.7	7.3	89	14	1,343	44.6	85.8	4.7	48.9
29.7	6.9	67	18	1,214	48.2	86.3	2.8	49.6
28.6	8.1	109	11	1,250	53.0	89.5	2.9	54.0
22.9	4.5	20	49	2,139	31.0	74.2	7.7	50.3
23.7	4.1	10	17	1,809	37.1	85.4	4.1	51.3
18.6	4.3	30	43	2,360	27.2	63.5	19.6	49.8
20.1	4.5	22	24	1,890	34.5	78.3	10.0	49.0
21.8	5.6	32	20	1,702	40.6	78.8	6.1	47.1
27.9	4.3	27	45	2,378	23.9	42.8	32.0	44.2
21.9	4.9	16	15	2,109	35.5	85.0	5.3	50.5
21.0	5.5	45	64	1,987	27.5	49.6	23.7	43.2

县市名称	人口数	1982年人均工农业总产值（元）	人口密度（人／平方公里）	人口性别比	人口年龄中位数（岁）	0—14岁人口占总人口百分比	65岁及65岁以上人口占总人口百分比	15—49岁育龄妇女占总人口百分比
阿拉善右旗	21,362	1,152	0.3	104.6	19.4	38.9	2.8	23.3
额济纳旗	14,004	666	0.1	105.5	21.0	35.0	2.6	25.8
辽宁省								
沈阳市	4,003,405	2,699	1,098	102.7	26.5	22.4	4.5	29.8
新民县	640,296	490	192	104.1	23.3	33.2	6.0	24.2
辽中县	471,535	564	291	104.3	23.6	31.7	5.8	24.8
大连市	1,478,978	4,187	1,475	103.6	27.6	19.7	5.1	30.2
金县	582,264	1,654	4,091	102.1	26.7	26.4	5.6	27.8
新金县	771,207	643	278	103.5	24.6	30.2	5.3	25.9
复县	944,323	984	264	104.5	24.5	30.0	5.4	25.9
长海县	72,113	1,832	460	98.8	25.6	27.9	6.2	27.3
庄河县	836,842	566	229	102.7	23.8	31.1	5.2	25.5
鞍山市	1,214,571	5,131	2,022	103.4	25.7	22.7	3.8	30.4
台安县	345,753	575	253	102.9	23.4	31.8	5.6	24.6
海城县	956,511	872	360	105.2	24.4	31.0	5.7	25.4
抚顺市	1,192,814	3,865	1,767	103.1	25.5	23.1	4.1	30.1
抚顺县	218,430	633	80	104.2	23.9	31.3	5.8	25.1
新宾县	350,029	590	69	105.2	22.7	32.8	4.4	25.0
清原县	343,872	634	88	106.3	22.1	33.6	4.2	24.7
本溪市	792,401	2,724	600	105.2	25.3	23.6	3.6	29.8
本溪县	310,963	817	88	102.9	23.3	30.6	4.7	26.3
桓仁县	298,876	692	84	105.0	22.0	33.7	4.1	24.8
丹东市	537,745	3,615	1,001	101.7	26.4	23.3	4.8	29.7
凤城县	586,251	695	101	104.9	23.4	31.0	4.8	25.4
岫岩县	467,871	601	105	106.4	23.3	31.7	5.0	24.3
东沟县	580,625	699	237	103.2	24.2	30.6	4.8	26.2
宽甸县	428,298	591	69	107.5	23.0	32.3	4.3	24.9
锦州市	575,299	4,887	1,518	103.3	26.3	23.0	4.5	29.7
锦西县	759,668	1,261	340	104.3	24.7	29.0	5.0	26.7
兴城县	472,513	704	220	104.1	23.9	30.3	5.8	25.3
绥中县	542,284	430	188	105.7	24.4	30.2	6.0	25.0
锦县	611,948	597	211	103.9	24.7	30.1	6.3	25.5
北镇县	492,360	510	276	105.4	25.0	29.4	6.3	25.3

（续11）

1981年人口出生率（‰）	1981年人口死亡率（‰）	1981年婴儿死亡率（‰）	每万人拥有大学生人数	每万人拥有初中文化程度人数	文盲、半文盲占12及12岁以上人口比重	农林牧渔业人口占在业人口百分比	工业人口占在业人口百分比	在业口人占总人口百分比
20.8	6.3	67	78	1,580	30.0	55.0	17.8	45.5
21.9	4.7	57	92	2,029	24.0	45.8	16.9	47.1
17.9	5.3	16	201	4,005	10.5	16.0	58.7	58.7
20.6	5.6	15	17	2,186	18.4	72.4	14.5	40.3
23.2	5.9	19	16	2,302	16.9	74.0	15.4	43.4
15.6	4.9	13	38	3,898	10.9	11.8	59.4	61.8
14.1	4.6	17	40	2,504	13.8	51.3	36.1	56.4
16.9	5.8	20	20	2,029	20.2	57.9	29.2	42.8
16.6	5.4	11	27	2,271	17.9	56.0	31.1	45.9
17.7	4.9	13	37	2,535	21.3	56.6	20.4	47.8
20.4	5.3	20	12	1,906	27.4	65.3	23.4	39.4
17.2	4.1	9	157	4,227	10.3	8.4	67.3	59.7
18.1	5.6	18	20	2,184	21.4	74.6	13.0	43.1
19.1	5.2	13	22	2,559	14.8	62.1	25.0	46.3
15.9	5.5	15	132	3,743	12.4	8.0	69.2	55.7
17.6	6.4	21	13	2,454	18.1	70.1	21.5	46.4
22.5	6.0	22	24	2,117	20.3	67.7	17.2	43.8
23.0	6.1	22	25	2,035	22.2	59.9	24.2	40.9
16.8	4.4	13	112	4,190	11.7	10.5	65.0	55.5
16.2	5.3	23	29	2,430	17.9	51.7	33.1	44.1
18.5	5.6	21	27	1,997	21.1	63.1	22.2	39.6
18.1	5.2	13	136	3,934	12.3	10.5	64.2	58.7
17.3	5.6	24	25	2,321	18.1	60.1	25.4	47.2
19.6	5.6	19	18	2,167	20.5	65.9	21.2	41.7
18.6	5.5	17	16	2,097	19.3	64.5	23.3	43.5
20.0	5.4	22	23	2,183	21.7	62.1	23.3	41.9
20.9	4.6	10	193	3,666	10.6	13.6	56.1	56.8
19.9	5.2	14	58	2,901	15.8	43.6	42.4	48.7
18.5	5.1	13	30	2,361	19.7	70.3	17.5	46.8
17.5	5.7	18	18	2,249	19.2	78.4	11.5	51.3
19.4	5.9	10	14	2,167	18.3	72.9	16.7	43.0
19.1	5.8	12	22	2,270	18.7	70.4	16.5	49.3

辽宁省　吉林省

县市名称	人口数	1982年人均工农业总产值（元）	人口密度（人／平方公里）	人口性别比	人口年龄中位数（岁）	0—14岁人口占总人口百分比	65及65岁以上人口占总人口百分比	15—49岁育龄妇女占总人口百分比
黑山县	599,091	631	263	104.3	25.5	28.3	6.5	25.7
义县	414,746	369	173	104.4	24.8	31.0	6.1	24.6
营口市	419,640	4,034	818	104.7	25.5	25.3	4.4	29.2
营口县	609,334	864	379	106.7	23.9	31.5	5.4	25.3
盘山县	415,994	1,186	212	107.1	24.5	30.1	4.5	26.0
大洼县	468,884	1,841	347	110.8	24.1	31.9	3.2	26.3
盖县	829,864	866	264	103.5	23.7	31.8	5.8	25.1
阜新市	644,200	1,550	1,385	102.5	24.3	25.9	3.2	29.8
阜新蒙古族自治县	675,740	354	108	104.2	23.0	33.3	4.5	25.1
彰武县	374,354	481	103	103.3	23.6	32.6	4.6	25.5
辽阳市	448,807	4,040	1,631	102.6	25.6	26.0	4.2	29.5
辽阳县	670,618	512	216	104.5	23.4	32.1	5.5	25.1
灯塔县	470,745	552	349	104.2	23.2	33.2	5.6	24.6
铁岭市	210,754	1,481	1,225	103.8	25.3	27.3	3.8	29.0
铁法市	146,367	471	651	107.5	22.6	33.3	3.2	26.1
铁岭县	398,804	642	174	104.5	23.1	33.5	5.3	24.3
开原县	618,251	1,438	188	104.9	23.1	31.8	4.5	25.4
西丰县	334,705	509	125	107.9	23.2	31.9	4.3	24.9
昌图县	931,984	566	227	105.1	21.7	34.2	4.7	24.2
康平县	309,319	460	145	107.9	23.0	32.0	4.7	24.4
法库县	428,960	481	206	104.8	23.1	33.1	5.6	24.2
朝阳市	213,606	2,314	1,310	105.1	24.9	29.1	2.9	28.7
朝阳县	691,378	292	150	103.7	22.2	34.3	4.3	24.3
建平县	491,099	490	101	102.1	21.6	34.0	3.5	25.7
凌源县	561,908	643	172	106.1	22.3	32.4	3.5	25.7
喀喇沁左翼蒙古族自治县	372,393	325	117	102.4	22.4	33.2	4.0	25.5
建昌县	532,902	355	237	105.4	22.2	33.7	4.2	24.4
北票县	602,202	537	132	104.0	23.1	30.4	3.8	26.7
吉林省								
长春市	1,757,083	2,204	1,574	103.9	25.5	25.6	4.3	28.9
榆树县	1,110,466	426	261	103.9	20.5	36.9	4.1	23.7
农安县	971,917	488	180	103.7	21.3	34.7	4.2	24.9
九台县	761,050	443	245	104.3	21.8	34.7	4.3	24.4

（续12）

1981年人口出生率（‰）	1981年人口死亡率（‰）	1981年婴儿死亡率（‰）	每万人拥有大学生人数	每万人拥有初中文化程度人数	文盲、半文盲占12及12岁以上人口比重	农林牧渔业人口占在业人口百分比	工业人口占在业人口百分比	在业人口占总人口百分比
18.7	5.8	11	24	2,537	20.3	68.4	17.1	45.9
20.9	6.5	18	21	2,217	18.9	76.9	12.2	49.8
16.2	4.4	12	112	4,041	11.3	11.8	63.6	59.0
18.3	4.5	15	24	2,329	16.7	60.1	26.1	47.8
17.7	4.2	14	44	2,733	19.0	60.1	22.4	48.7
19.6	3.4	13	65	2,839	16.1	49.7	35.1	49.9
17.6	5.2	16	27	2,386	15.7	64.2	21.7	46.0
18.3	4.3	16	109	2,750	12.4	9.4	66.8	51.1
21.9	6.0	29	16	2,227	21.1	83.8	7.6	51.1
21.9	5.5	28	25	2,413	20.4	74.7	11.4	46.3
17.3	4.2	13	165	4,100	8.4	14.0	61.3	57.2
16.9	5.4	25	17	2,471	15.0	69.6	21.9	50.6
16.3	5.3	19	15	2,346	13.5	65.9	24.8	45.8
19.8	4.4	14	163	2,933	9.7	13.4	50.2	54.3
18.6	5.4	9	53	2,616	12.7	23.7	60.0	53.1
17.8	5.3	22	8	1,886	18.5	78.2	12.4	39.7
19.5	5.6	21	31	2,100	17.0	64.0	22.5	45.7
19.1	5.8	16	20	1,745	21.4	66.2	17.2	41.0
20.1	5.2	23	14	1,934	22.8	73.6	12.9	40.1
18.5	5.3	26	22	2,083	21.5	72.3	12.7	36.2
19.3	5.4	23	18	1,962	21.4	71.2	14.6	37.6
18.3	3.3	13	192	2,639	11.0	17.2	54.7	55.1
19.5	5.8	20	1[illegible]	1,692	24.9	82.5	11.5	48.2
19.6	6.2	33	19	1,844	27.6	76.8	12.7	52.5
18.5	6.3	35	31	1,882	22.8	68.5	21.7	48.3
19.2	7.2	34	23	1,905	24.0	79.9	10.7	49.9
21.2	7.1	39	21	1,689	26.9	82.8	9.6	50.7
18.7	5.4	25	28	2,215	21.6	64.7	23.5	49.3
17.4	5.3	16	300	2,892	12.2	12.9	55.7	52.6
16.4	5.9	27	12	1,543	30.1	85.4	5.9	44.0
18.6	4.7	13	14	1,753	25.0	73.1	13.5	32.8
16.4	6.1	27	23	1,916	20.9	71.2	16.7	38.2

吉林省

县市名称	人口数	1982年人均工农业总产值（元）	人口密度（人／平方公里）	人口性别比	人口年龄中位数（岁）	0—14岁人口占总人口百分比	65及65岁以上人口占总人口百分比	15—49岁育龄妇女占总人口百分比
德惠县	760,985	467	242	102.9	21.5	35.1	4.5	24.5
双阳县	383,268	482	192	106.4	22.3	34.7	4.4	24.0
吉林市	1,079,332	3,131	899	103.4	25.2	26.0	4.1	29.2
永吉县	739,046	494	147	107.0	21.8	34.9	4.0	24.1
舒兰县	636,047	437	138	107.1	21.3	35.0	3.7	24.4
磐石县	539,115	515	136	108.2	21.6	34.6	3.8	24.4
蛟河县	518,263	532	86	106.7	21.8	34.2	3.8	25.0
桦甸县	435,421	542	70	108.9	21.2	35.3	3.6	24.4
四平市	344,388	2,199	931	101.8	24.9	27.8	4.0	28.7
辽源市	759,587	1,053	289	105.1	22.3	32.2	3.7	26.0
怀德县	867,968	740	209	104.8	23.2	31.7	4.6	25.6
梨树县	740,044	622	180	105.1	22.0	34.1	4.3	24.6
伊通县	431,856	505	173	106.7	21.8	35.0	4.0	24.1
东丰县	384,337	628	155	108.8	21.6	34.2	4.0	24.2
双辽县	353,167	524	117	103.9	21.3	34.2	4.2	25.0
通化市	354,842	1,478	309	103.2	23.9	30.3	3.8	27.8
浑江市	684,297	951	120	107.0	21.7	33.3	3.6	25.7
海龙县	519,234	537	246	105.9	22.1	34.0	3.7	25.0
通化县	250,400	662	83	109.0	21.3	35.0	4.1	23.6
柳河县	345,853	604	102	108.6	21.2	35.7	3.8	23.8
辉南县	369,516	755	170	108.2	21.9	35.5	3.6	24.4
集安县	208,107	760	65	105.7	21.6	34.7	4.2	24.3
抚松县	280,496	790	43	106.2	19.9	37.3	3.2	24.3
靖宇县	126,473	481	41	107.8	20.0	38.2	3.5	23.1
长白朝鲜族自治县	76,048	700	27	107.9	21.2	35.2	3.4	24.5
白城市	266,420	981	345	103.0	23.5	29.6	3.7	28.2
扶余县	885,399	428	160	103.0	21.5	34.9	3.9	25.2
洮安县	496,816	566	80	104.8	20.1	36.1	4.0	24.3
长岭县	486,696	494	92	104.1	19.7	38.0	3.4	23.7
前郭尔罗斯蒙古族自治县	540,983	1,269	88	105.1	20.1	36.7	3.4	24.6
大安县	388,918	533	80	103.0	20.1	35.9	3.8	24.8
镇赉县	297,147	530	53	111.5	20.5	35.0	3.6	23.7
通榆县	312,878	470	37	104.9	19.6	38.1	3.6	23.7
乾安县	224,653	438	65	104.2	20.2	36.7	3.5	24.7

（续13）

1981年人口出生率(‰)	1981年人口死亡率(‰)	1981年婴儿死亡率(‰)	每万人拥有大学生人数	每万人拥有初中文化程度人数	文盲、半文盲占12及12岁以上人口比重	农林牧渔业人口占在业人口百分比	工业人口占在业人口百分比	在业人口占总人口百分比
18.4	5.3	20	18	1,780	22.2	71.7	15.2	36.2
15.4	6.0	26	19	1,735	32.7	79.0	9.8	43.2
17.5	5.4	17	191	2,976	12.4	15.6	58.4	54.2
14.7	6.0	25	22	2,012	23.6	79.9	10.7	44.2
15.5	6.2	18	28	1,913	24.5	68.3	19.7	39.9
19.0	5.8	21	30	1,829	26.5	65.6	20.9	40.7
19.1	4.8	16	37	2,050	24.9	59.6	25.8	41.5
20.3	5.5	19	35	1,790	26.9	60.5	25.8	44.6
18.5	5.4	18	137	2,709	13.2	15.0	55.2	51.8
16.4	5.8	14	47	2,352	20.4	40.9	40.6	40.5
18.8	5.3	14	31	1,976	24.0	69.7	17.3	39.3
14.9	5.0	9	19	1,788	27.9	74.5	12.3	36.3
17.7	5.7	20	19	1,527	31.6	81.6	7.2	39.4
15.7	6.1	13	23	1,663	24.5	71.9	15.5	39.2
16.5	4.8	13	25	1,900	20.8	66.7	13.5	37.7
14.2	4.8	16	112	2,607	14.8	13.3	57.3	47.6
14.9	4.6	10	41	2,230	21.7	30.1	51.4	40.1
18.8	5.4	12	32	1,979	21.1	60.3	19.8	41.9
16.1	7.1	22	18	1,775	25.1	72.2	15.5	38.6
19.6	6.0	18	24	1,796	24.5	70.5	15.2	39.2
18.3	6.0	19	42	2,045	23.3	57.4	26.9	45.2
16.9	6.0	24	29	1,808	22.8	66.6	16.7	41.4
19.8	4.5	16	31	2,142	23.5	43.9	39.3	37.6
24.9	5.2	19	31	1,780	27.5	54.9	25.7	36.0
19.6	5.3	30	42	1,997	20.7	63 1	15.8	43.8
19.1	4.3	16	124	2,581	13.9	23.9	38.6	46.9
18.1	5.2	17	20	1,737	24.2	74.0	14.3	40.0
17.8	4.8	25	20	1,730	22.4	70.1	16.8	36.9
19.2	4.2	18	15	1,545	27.3	79.1	5.7	32.3
18.4	4.2	19	28	1,633	27.0	68.2	17.7	33.5
17.1	3.6	9	25	1,859	21.7	65.1	16.4	35.3
16.8	4.5	20	27	1,868	21.6	69.3	13.9	34.8
18.9	4.3	16	22	1,632	21.7	77.9	7.9	43.5
19.8	4.1	12	21	1,766	24.4	73.1	9.3	42.5

吉林省 黑龙江省

县市名称	人口数	1982年人均工农业总产值（元）	人口密度（人/平方公里）	人口性别比	人口年龄中位数（岁）	0—14岁人口占总人口百分比	65及65岁以上人口占总人口百分比	15—49岁育龄妇女占总人口百分比
延吉市	175,957	1,471	1,035	100.6	25.5	25.3	4.1	29.6
图们市	93,197	1,838	174	99.2	25.6	25.3	4.0	29.6
延吉县	314,672	1,017	75	99.9	24.7	28.3	4.5	27.3
敦化县	449,028	835	39	108.0	22.1	33.3	3.6	25.3
和龙县	241,605	755	49	100.4	23.2	30.1	3.9	26.9
汪清县	264,476	745	31	103.0	22.3	33.1	3.7	25.7
珲春县	146,672	680	28	102.5	24.1	29.0	4.4	26.8
安图县	185,901	877	25	105.8	22.6	32.8	3.6	25.7
黑龙江省								
哈尔滨市	2,542,832	2,205	1,518	101.4	25.9	24.4	4.3	29.8
齐齐哈尔市	1,224,113	1,887	281	103.2	24.1	28.0	3.7	28.9
鸡西市	766,731	934	349	103.6	21.3	32.9	3.4	26.5
鹤岗市	576,159	1,096	127	105.7	21.4	31.9	2.7	26.9
双鸭山市	397,523	858	281	103.6	20.2	33.9	2.9	26.4
大庆市	764,045	9,961	151	106.2	22.0	35.6	2.5	26.6
伊春市	803,888	1,099	41	102.5	21.7	31.5	2.9	27.7
铁力县	355,821	654	55	103.5	20.1	35.6	2.8	25.8
嘉荫县	65,276	648	10	106.0	20.5	37.3	2.9	24.8
阿城县	567,136	1,030	207	105.3	21.8	34.8	3.6	25.1
宾县	584,607	364	152	103.5	19.9	38.0	3.6	23.7
呼兰县	598,465	453	229	102.0	20.2	37.1	3.8	24.7
双城县	684,380	577	221	103.8	21.2	36.1	4.2	24.0
五常县	858,417	473	114	105.1	20.3	37.2	3.7	23.6
巴彦县	643,564	418	206	102.3	19.7	38.5	3.5	24.1
木兰县	249,407	330	78	107.9	20.1	38.2	3.1	23.3
通河县	225,135	585	40	106.2	20.3	36.5	3.2	24.5
尚志县	559,210	565	63	109.4	21.6	36.1	3.5	23.9
方正县	195,739	476	66	107.8	20.1	38.1	3.2	23.4
延寿县	238,445	396	76	109.9	20.4	37.0	3.3	23.2
龙江县	556,179	466	93	105.7	19.8	38.0	3.6	23.4
讷河县	688,017	611	103	106.2	20.1	38.4	3.3	23.6
依安县	476,462	504	130	106.5	19.8	38.6	3.5	23.5
泰来县	317,972	467	81	110.7	21.4	35.2	3.9	23.5

(续14)

1981年人口出生率（‰）	1981年人口死亡率（‰）	1981年婴儿死亡率（‰）	每万人拥有大学生人数	每万人拥有初中文化程度人数	文盲、半文盲占12及12岁以上人口比重	农林牧渔业人口占在业人口百分比	工业人口占在业人口百分比	在业人口占总人口百分比
19.7	5.4	10	332	2,899	8.7	15.8	52.0	54.4
19.4	6.4	26	163	2,860	9.3	21.7	46.6	53.8
18.7	6.3	20	90	3,002	12.4	61.8	23.8	52.4
21.3	5.6	18	37	2,352	20.7	56.1	31.8	48.6
18.3	5.9	19	69	3,036	14.0	55.5	31.4	49.5
21.2	5.0	19	49	2,641	16.7	63.9	24.8	50.5
19.8	6.9	25	67	2,851	13.1	63.3	20.9	52.4
22.8	5.6	14	51	2,469	20.3	61.9	24.2	48.1
16.6	5.5	18	264	3,495	11.3	9.7	59.0	54.4
17.6	5.0	17	131	3,059	13.4	16.1	57.1	49.7
16.5	4.2	23	50	2,836	17.3	16.4	60.0	41.8
18.7	3.7	17	41	3,116	17.6	11.3	70.6	42.3
16.3	3.7	18	50	2,985	18.0	14.4	66.5	39.6
16.5	3.1	22	97	2,626	15.1	27.6	46.7	48.2
13.9	4.7	30	48	3,431	16.6	15.9	56.2	46.3
20.6	4.2	26	29	2,711	20.0	21.9	64.8	40.3
19.6	4.7	32	27	2,353	20.5	58.9	21.6	41.1
19.5	5.4	29	31	2,245	21.4	58.1	28.6	43.4
21.4	5.7	38	13	1,575	29.1	80.4	10.1	40.9
22.0	5.5	39	22	1,762	23.4	68.6	17.8	38.3
20.1	5.2	32	16	1,767	20.1	70.5	15.5	35.2
20.5	5.5	34	19	1,756	26.9	74.4	13.4	41.1
21.3	5.2	37	10	1,518	30.0	80.1	8.9	40.5
23.9	6.2	31	15	1,592	29.2	71.5	11.8	34.6
21.4	4.7	29	26	2,324	23.4	49.5	34.9	36.0
23.5	5.5	38	20	1,981	24.5	58.0	23.9	38.1
22.8	5.3	29	23	1,953	26.0	53.4	26.0	35.9
24.7	5.7	30	21	1,707	25.6	69.9	15.4	37.9
21.4	5.1	35	10	1,686	24.8	80.2	9.0	41.6
21.9	5.6	39	11	1,611	27.8	73.3	11.7	34.0
23.3	5.7	42	12	1,453	31.2	73.1	12.0	32.3
21.7	4.8	31	28	1,917	24.1	68.7	14.3	35.0

黑龙江省

县市名称	人口数	1982年人均工农业总产值（元）	人口密度（人／平方公里）	人口性别比	人口年龄中位数（岁）	0—14岁人口占总人口百分比	65及65岁及上人口占总人口百分比	15—49岁育龄妇女占总人口百分比
甘南县	363,854	647	76	106.8	20.3	37.1	3.2	24.3
杜尔伯特蒙古族自治县	218,740	448	36	105.0	20.1	36.3	3.5	24.5
富裕县	264,109	525	66	107.2	21.1	36.1	3.2	24.6
林甸县	228,728	567	65	106.2	20.0	37.8	3.2	23.7
克山县	470,009	646	148	106.3	20.2	37.6	3.3	24.2
克东县	269,537	526	128	108.0	19.9	38.8	3.1	23.4
拜泉县	581,309	411	162	105.1	19.6	38.8	3.3	23.5
海伦县	804,774	433	172	103.4	19.5	39.3	3.3	23.8
肇东县	748,797	559	173	103.1	20.0	37.6	3.3	24.6
绥化县	716,045	572	261	102.7	21.7	34.5	3.7	25.8
望奎县	478,787	409	206	103.0	20.1	37.4	3.5	24.3
兰西县	457,116	508	184	103.0	19.4	39.7	3.3	23.4
青冈县	445,819	362	167	103.5	19.7	38.2	3.4	23.9
安达县	431,372	638	117	104.4	20.3	36.4	3.3	24.8
肇源县	426,672	434	104	106.1	20.3	36.2	3.7	24.0
肇州县	381,898	530	156	103.4	19.9	37.9	3.5	24.2
庆安县	349,582	362	64	104.2	20.0	38.2	3.3	24.0
明水县	330,738	405	144	105.4	19.7	38.4	3.4	23.5
绥棱县	302,216	585	71	105.0	19.9	37.5	3.0	24.6
佳木斯市	529,834	2,249	704	102.8	23.8	29.2	3.5	28.3
七台河市	259,859	663	315	112.9	21.0	37.3	2.5	23.9
富锦县	395,585	708	48	106.7	20.3	37.7	3.4	23.7
桦南县	424,080	371	95	105.6	19.6	39.0	3.2	23.2
依兰县	362,581	480	78	107.0	20.0	37.9	3.2	23.5
勃利县	342,612	556	77	106.1	21.2	35.6	3.8	24.1
集贤县	411,188	621	101	104.9	20.6	35.7	3.4	25.0
桦川县	222,589	442	82	106.1	20.1	37.5	3.2	23.7
宝清县	421,907	737	39	106.3	21.1	34.9	3.0	25.4
汤原县	320,491	502	80	107.4	21.2	36.3	3.4	24.1
绥滨县	171,312	629	51	104.8	20.4	36.1	2.9	25.2
萝北县	195,580	1,073	29	106.1	21.8	32.4	3.0	26.8
同江县	111,626	1,067	18	110.4	21.8	34.6	2.6	25.8
饶河县	111,153	1,188	17	109.3	22.8	32.1	2.6	26.9
抚远县	40,024	718	6	112.9	22.5	33.9	2.5	25.8

（续15）

1981年人口出生率（‰）	1981年人口死亡率（‰）	1981年婴儿死亡率（‰）	每万人拥有大学生人数	每万人拥有初中文化程度人数	文盲、半文盲占12及12岁以上人口比重	农林牧渔业人口占在业人口百分比	工业人口占在业人口百分比	在业人口占总人口百分比
25.5	4.6	41	15	2,085	25.9	79.0	8.6	36.3
20.1	4.7	40	19	1,858	22.0	73.4	11.0	35.8
23.0	4.6	27	26	1,909	26.4	67.7	16.8	36.8
22.8	4.8	37	14	1,662	28.3	69.5	13.6	31.6
22.4	5.1	36	20	1,651	29.3	72.9	12.3	34.5
24.4	6.1	46	13	1,656	32.4	74.5	10.3	34.9
21.1	5.4	40	10	1,385	33.7	80.2	7.4	35.0
19.9	5.6	34	13	1,518	29.9	77.8	9.3	33.8
21.1	5.1	36	14	1,565	26.7	67.9	19.1	36.1
19.7	4.7	29	35	1,899	22.9	61.7	20.0	40.0
20.8	5.4	40	11	1,239	30.9	77.4	10.1	33.5
21.7	4.3	41	9	1,428	35.0	76.3	11.9	33.9
17.0	5.0	41	10	1,516	30.8	76.3	10.1	32.1
20.2	4.9	32	37	1,974	25.3	59.1	22.8	38.9
20.2	4.7	41	14	1,646	26.6	80.6	8.6	42.8
22.4	4.1	29	13	1,558	27.2	73.3	13.7	33.7
17.7	4.6	36	13	1,547	28.2	75.1	11.1	34.4
20.0	5.0	39	11	1,467	34.0	74.2	11.5	33.6
19.4	4.8	40	21	2,041	27.7	58.5	28.2	36.2
17.6	5.0	15	136	3,273	14.0	13.9	53.5	50.7
28.4	3.5	23	33	2,582	17.4	15.9	66.1	39.0
23.4	4.9	36	24	1,887	21.8	66.4	15.6	37.3
19.8	4.7	36	18	1,905	24.4	63.3	20.9	33.6
19.3	6.2	46	20	1,820	23.4	66.7	17.9	34.7
18.6	5.1	28	18	2,154	22.2	66.0	18.9	37.2
16.7	4.4	25	27	2,173	23.2	74.8	10.8	39.1
20.8	5.8	42	16	1,934	23.8	72.8	13.2	36.6
20.7	4.1	25	19	2,177	21.1	81.8	9.3	43.2
20.9	5.2	38	23	2,141	23.2	63.0	19.1	37.0
22.0	5.2	27	21	2,265	20.5	79.0	7.6	40.4
16.4	4.0	36	38	2,814	19.6	70.0	17.2	45.9
22.2	4.3	31	23	2,307	19.1	79.8	6.4	43.6
19.1	3.8	31	27	2,761	17.4	77.9	10.4	46.6
25.4	4.4	32	26	2,771	17.4	67.7	10.3	44.9

黑龙江省　上海市

县市名称	人口数	1982年人均工农业总产值（元）	人口密度（人／平方公里）	人口性别比	人口年龄中位数（岁）	0—14岁人口占总人口百分比	65及65岁以上人口占总人口百分比	15—49岁育龄妇女占总人口百分比
牡丹江市	580,984	2,746	432	103.3	24.6	28.3	3.9	28.5
绥芬河市	19,842	499	47	105.7	22.8	32.7	3.8	26.2
宁安县	401,128	696	53	104.9	21.4	35.1	3.8	24.7
海林县	423,478	664	43	105.2	21.0	35.0	3.3	25.1
穆棱县	285,103	572	45	104.9	20.4	36.6	3.6	24.4
东宁县	177,532	737	23	104.0	21.4	34.6	3.8	25.2
林口县	411,149	428	57	107.6	20.5	36.5	3.5	23.8
鸡东县	281,080	515	87	106.0	20.5	36.0	3.4	24.5
密山县	390,193	875	50	104.7	21.7	34.2	3.5	25.5
虎林县	272,021	1,100	29	105.5	22.6	31.3	2.9	27.7
黑河市	66,163	517	95	102.7	25.1	28.4	4.0	28.6
北安县	439,146	843	70	106.9	21.2	35.7	3.0	25.0
嫩江县	450,404	926	29	107.5	21.1	37.0	2.8	24.6
德都县	333,634	742	34	111.4	21.2	36.0	2.7	24.2
爱辉县	70,618	1,148	5	107.1	22.7	34.1	3.3	25.7
逊克县	78,155	916	5	110.7	22.6	33.7	2.8	25.7
孙吴县	58,554	1,188	13	111.9	23.2	33.1	2.8	25.6
呼玛县	144,302	1,528	5	108.5	23.6	32.9	3.3	26.1
塔河县	69,450	1,296	5	106.4	20.1	39.0	2.0	25.4
漠河县	47,705	1,658	3	116.8	21.6	33.7	1.8	26.5
上海市								
上海市*	6,320,829	7,001	28,357	102.8	31.2	13.8	8.1	28.4
上海县	587,652	4,706	1,300	96.3	27.8	20.7	6.5	29.4
嘉定县	521,255	4,571	1,064	96.7	28.4	22.2	7.0	28.4
宝山县	436,277	4,333	1,054	97.7	27.8	21.5	6.9	28.6
川沙县	663,675	2,425	1,410	87.6	27.8	22.9	7.7	29.7
南汇县	657,504	2,086	980	93.2	26.2	25.6	6.4	28.5
奉贤县	507,451	1,790	812	94.8	26.2	24.7	5.7	29.5
松江县	478,249	2,368	802	98.2	27.5	24.6	6.0	27.7
金山县	498,292	4,116	830	100.6	27.3	24.8	5.7	27.9
青浦县	433,035	1,949	639	99.7	27.5	23.5	5.7	27.9
崇明县	755,481	1,859	793	95.2	27.1	21.3	7.9	29.8

* 上海市包括黄浦区、南市区、卢湾区、徐汇区、长宁区、闸北区、静安区、虹口区、杨浦区、普陀区、吴淞区、闵行区

（续16）

1981年人口出生率（‰）	1981年人口死亡率（‰）	1981年婴儿死亡率（‰）	每万人拥有大学生人数	每万人拥有初中文化程度人数	文盲、半文盲占12及12岁以上人口比重	农林牧渔业人口占在业人口百分比	工业人口占在业人口百分比	在业人口占总人口百分比
17.1	4.5	18	132	3,058	12.8	14.3	57.1	53.2
20.4	4.0	18	64	2,293	18.0	25.2	27.1	41.6
20.0	4.7	29	33	2,194	20.4	63.0	22.7	40.2
20.7	4.7	27	28	2,486	20.3	45.1	41.9	41.3
26.5	5.0	29	20	2,098	26.3	61.6	23.6	39.8
17.6	5.2	33	24	2,244	21.2	53.9	29.3	43.2
23.9	4.8	28	16	1,815	23.0	63.0	20.1	36.9
20.9	5.6	33	17	2,242	19.4	57.8	26.8	39.4
19.5	4.9	33	41	2,165	19.7	60.7	20.1	40.9
16.1	3.7	26	34	2,683	15.7	58.5	28.4	47.3
14.4	4.2	15	162	2,763	11.8	15.8	35.5	50.8
17.3	5.2	40	37	2,126	22.1	47.5	27.6	39.6
20.8	5.1	41	23	2,141	22.6	64.6	16.5	38.3
18.8	5.4	49	22	2,114	22.7	61.7	19.0	38.8
22.5	5.7	35	17	2,516	18.7	72.6	14.1	44.6
23.1	5.8	38	33	2,442	18.4	63.3	15.3	45.1
24.1	5.5	54	34	2,291	21.7	59.9	16.2	42.9
27.7	7.4	20	39	2,497	3.9	49.0	23.4	43.8
15.2	3.4	17	48	3,212	13.4	17.7	55.0	44.0
22.0	2.4	14	35	3,833	10.0	8.6	65.4	50.9
12.6	6.7	12	397	3,036	11.12	0.9	64.6	59.9
21.0	6.0	16	108	2,771	18.6	42.7	41.3	64.4
20.3	6.4	12	112	2,721	20.8	49.1	37.8	65.5
19.3	6.2	14	140	2,821	19.4	41.8	42.1	63.7
20.9	6.6	14	50	3,282	19.5	43.4	44.4	63.0
22.2	5.9	20	28	2,502	23.7	49.1	40.9	65.7
21.0	5.1	18	33	2,288	26.0	54.3	36.2	66.7
19.2	6.2	21	43	2,077	29.3	57.8	30.5	66.4
23.6	6.2	24	76	2,087	27.6	54.6	33.4	68.7
19.9	6.0	15	32	2,098	28.8	61.6	28.4	69.1
14.9	6.5	19	34	2,461	23.7	58.8	33.7	66.8

江苏省

县市名称	人口数	1982年人均工农业总产值（元）	人口密度（人／平方公里）	人口性别比	人口年龄中位数（岁）	0—14岁人口占总人口百分比	65及65岁以上人口占总人口百分比	15—49岁育龄妇女占总人口百分比
江苏省								
南京市	2,134,198	3,395	2,499	108.7	27.9	20.8	5.2	28.1
江宁县	725,688	729	426	102.7	25.1	30.3	4.5	25.3
江浦县	262,724	759	356	102.3	24.3	31.4	4.4	24.9
六合县	611,596	678	429	103.3	24.7	30.9	4.6	24.4
无锡市	812,610	6,246	2,047	105,4	28.7	21.4	6.2	27.6
徐州市	779,289	3,113	4,531	118.6	26.4	24.2	4.0	26.0
常州市	500,737	7,837	5,058	106.4	28.8	20.7	5.8	28.2
苏州市	673,308	5,186	4,987	104.2	29.3	19.4	7.0	27.9
南通市	389,988	6,024	1,598	107.9	29.3	21.1	6.5	27.5
连云港市	395,730	2,261	560	101.8	25.2	29.0	4.5	27.2
丰县	834,568	479	577	100.8	23.5	34.7	6.1	22.7
沛县	869,778	465	645	103.4	23.6	34.3	5.5	22.9
铜山县	1,414,460	544	494	101.3	23.1	34.4	5.5	23.3
睢宁县	981,917	503	556	105.7	23.7	33.2	5.6	22.1
邳县	1,187,526	426	571	103.8	23.2	32.8	5.3	23.5
新沂县	741,600	615	469	101.8	22.6	33.6	5.3	23.3
东海县	842,393	591	375	103.2	23.3	34.3	5.4	23.2
赣榆县	894,893	608	568	102.6	23.9	31.8	5.5	24.6
清江市	246,617	4,021	2,652	110.3	25.3	26.3	4.1	27.3
淮阴县	762,864	430	554	104.1	22.3	34.2	5.0	22.8
灌云县	837,297	418	424	103.2	21.4	35.2	4.2	24.0
灌南县	543,878	377	522	102.9	21.1	36.0	4.4	23.3
沭阳县	1,293,659	368	563	102.4	20.6	35.4	5.0	23.1
宿迁县	919,499	615	526	104.6	23.1	34.0	5.4	22.2
泗阳县	926,439	472	616	102.7	20.5	36.7	5.0	22.0
涟水县	836,262	536	501	101.5	21.6	35.9	5.1	22.8
泗洪县	899,521	450	333	107.1	20.9	35.5	4.8	21.8
淮安县	1,117,697	499	664	103.7	23.0	34.0	4.3	23.5
洪泽县	400,004	528	172	103.4	21.6	34.8	4.0	23.8
盱眙县	461,752	624	256	104.1	22.2	33.1	3.7	24.4
金湖县	325,769	816	249	102.2	24.9	31.3	4.4	24.7
响水县	448,776	461	329	102.8	22.6	34.3	4.2	24.1
滨海县	922,804	425	491	104.7	22.1	35.4	4.1	23.6

（续17）

1981年人口出生率(‰)	1981年人口死亡率(‰)	1981年婴儿死亡率(‰)	每万人拥有大学生人数	每万人拥有初中文化程度人数	文盲、半文盲占12及12岁以上人口比重	农林牧渔业人口占在业人口百分比	工业人口占在业人百分比	在业人口占总人口百分比
15.9	5.7	18	384	3,029	14.4	11.6	57.2	59.5
23.8	6.0	25	17	1,792	37.7	72.1	20.6	55.5
21.3	6.2	29	32	1,753	40.5	73.2	16.6	55.7
20.0	6.0	26	22	1,674	42.3	68.3	22.4	53.9
17.5	6.1	13	235	3,277	12.8	7.8	68.0	61.9
19.2	4.7	14	177	3,155	16.2	7.5	64.0	60.9
16.1	5.7	19	234	3,320	11.1	6.0	70.1	63.6
16.7	7.0	17	259	2,871	16.0	7.7	64.8	62.5
16.0	5.3	13	213	2,651	21.6	16.0	60.1	64.7
23.0	5.0	16	120	2,618	24.9	29.2	46.1	54.3
20.7	4.8	20	18	1,658	44.1	88.6	5.6	50.6
25.4	4.5	15	25	1,862	40.9	83.4	10.5	52,8
24.9	6.2	29	10	1,686	41.0	83.0	11.5	51.4
21.0	5.8	25	13	1,626	47.4	86.8	7.5	54.2
20.9	5.1	23	12	1,491	49.6	90.3	4.4	54.8
20.2	6.0	29	15	1,543	50.2	80.6	11.1	49.4
24.5	5.2	29	13	1,532	49.1	88.5	5.7	50.7
18.7	5.7	32	12	1,559	51.0	85.7	8.4	51.9
18.3	4.9	20	178	2,650	21.6	16.2	51.1	57.3
21.6	5.8	23	15	1,766	42.3	84.8	8.5	49.9
24.3	4.9	14	14	1,485	46.0	85.6	7.0	50.7
26.1	5.3	19	14	1,556	45.4	87.4	6.0	50.6
23.4	4.3	13	11	1,546	45.4	90.1	4.0	50.0
22.4	5.5	20	13	1,501	47.2	82.5	11.0	51.2
26.0	6.0	21	13	1,630	45.2	86.3	8.0	48.8
18.4	5.3	25	18	1,885	36.8	84.6	8.5	49.3
21.1	5.1	25	12	1,328	52.3	90.6	3.9	50.4
20.7	7.1	32	13	1,514	45.8	85.5	8.0	51.5
17.1	5.4	35	19	1,511	48.8	79.5	10.7	50.7
21.6	5.7	26	20	1,597	49.5	84.8	7.4	54.0
16.2	6.0	34	22	1,668	43.0	75.7	14.7	54.1
27.0	5.4	27	18	1,544	43.0	80.1	12.0	51.8
27.0	5.9	35	14	1,724	37.9	83.9	8.5	51.8

江苏省

县市名称	人口数	1982年人均工农业总产值（元）	人口密度（人/平方公里）	人口性别比	人口年龄中位数（岁）	0—14岁人口占总人口百分比	65及65岁以上人口占总人口百分比	15—49岁育龄妇女人口占总人口百分比
阜宁县	964,473	545	668	103.9	22.1	35.3	4.3	23.3
射阳县	928,763	651	332	103.1	23.0	31.9	4.0	25.6
建湖县	726,285	707	637	102.6	24.4	32.7	4.6	24.6
盐城县	1,204,573	722	697	104.4	24.5	31.3	4.6	25.0
大丰县	715,515	876	302	103.7	25.0	27.2	5.0	27.0
东台县	1,111,211	833	490	102.7	26.4	25.1	6.1	26.6
扬州市	304,959	3,263	4,551	110.2	28.0	21.6	5.6	27.7
泰州市	161,549	4,518	4,751	105.4	29.2	21.5	6.6	27.6
兴化县	1,410,559	708	589	105.3	25.7	29.7	5.1	24.6
高邮县	798,455	789	406	103.2	25.9	30.7	4.6	24.3
宝应县	850,017	580	584	102.7	25.8	32.2	4.0	24.2
靖江县	607,903	1,254	903	100.6	26.1	28.3	5.5	25.2
泰兴县	1,355,344	800	945	102.5	25.5	30.9	5.8	23.1
江都县	1,027,341	812	771	100.4	26.4	30.0	5.3	24.5
邗江县	605,157	862	734	98.7	26.3	28.1	5.7	25.8
泰县	1,090,934	653	867	105.1	26.5	29.2	5.6	23.8
仪征县	518,992	802	570	106.7	25.4	29.9	4.2	24.3
海安县	931,005	715	825	101.8	28.1	24.7	6.8	26.0
如皋县	1,370,526	760	875	102.7	27.5	25.6	6.7	25.0
如东县	1,084,264	892	580	103.1	29.1	21.7	7.8	26.7
南通县	1,487,388	889	840	99.9	28.1	23.2	7.3	26.8
海门县	977,750	733	890	97.6	27.5	24.1	7.8	26.7
启东县	1,102,168	827	755	97.5	26.9	23.0	7.2	28.2
镇江市	346,024	3,308	2,908	116.7	28.1	21.3	5.3	26.6
丹徒县	504,505	762	541	95.9	25.5	28.3	5.5	26.3
武进县	1,295,209	1,287	737	101.9	27.5	26.1	6.6	26.2
丹阳县	754,735	1,305	724	99.6	26.2	27.1	5.6	26.2
句容县	547,956	680	291	106.9	25.0	29.1	4.5	24.9
金坛县	502,100	874	514	106.6	25.8	25.5	5.6	26.2
溧水县	365,296	789	336	111.2	26.1	30.8	4.5	24.1
高淳县	391,622	716	508	114.5	26.3	28.4	6.0	23.0
溧阳县	701,623	841	456	111.2	25.4	28.0	5.7	24.5
宜兴县	1,001,438	1,126	491	105.2	27.0	26.2	6.0	25.8
扬中县	257,911	1,213	777	96.8	26.4	26.4	5.7	26.9

(续18)

1981年人口出生率(‰)	1981年人人口死亡率(‰)	1981年婴儿死亡率(‰)	每万人拥有大学生人数	每万人拥有初中文化程度人数	文盲、半文盲占12及12岁以上人口比重	农林牧渔业人口占在业人口百分比	工业人口占在业人口百分比	在业人口占总人口百分比
26.3	6.7	36	17	1,697	34.4	85.4	7.8	51.7
22.4	6.2	35	17	1,777	35.3	82.5	10.2	54.1
22.4	6.7	35	21	1,798	33.7	72.8	17.9	52.4
19.3	6.7	43	36	1,831	35.8	65.6	23.4	53.6
15.8	6.1	36	21	2,105	32.9	76.7	15.4	58.8
16.0	6.7	26	18	2,095	36.7	76.5	16.4	60.9
15.8	6.1	20	272	2,737	15.5	7.5	62.5	61.3
15.0	6.1	19	146	2,736	21.5	12.8	64.6	63.2
14.8	5.8	33	10	1,481	46.8	74.4	15.8	56.6
11.8	6.1	33	14	1,602	41.3	73.9	16.3	55.7
15.0	6.7	47	11	1,553	44.2	74.4	16.6	53.2
14.9	6.1	18	23	2,343	24.1	57.6	33.5	60.5
14.4	6.8	31	18	1,964	30.7	64.1	28.3	53.6
15.1	6.1	26	18	1,807	36.2	56.1	35.4	55.4
15.5	6.3	19	11	1,989	35.2	59.0	33.1	57.2
16.0	5.9	28	14	1,722	40.0	70.5	21.6	57.9
16.7	5.6	20	36	1,924	36.9	64.6	26.4	57.8
15.5	6.5	25	19	1,992	33.7	75.1	18.2	61.8
14.0	6.9	28	17	1,807	37.7	72.5	21.4	60.2
11.9	6.9	28	16	1,885	38.1	78.4	15.4	65.8
13.7	6.3	27	17	2,117	32.1	65.2	29.0	68.1
14.3	6.7	26	19	2,529	26.8	70.9	23.2	67.3
13.1	6.3	27	20	2,256	23.3	70.4	23.8	71.2
17.4	6.0	15	244	3,181	14.1	7.0	62.8	61.8
18.9	6.7	21	15	2,532	25.8	60.0	31.7	57.5
15.6	7.2	26	20	2,768	19.1	66.1	27.8	60.2
16.3	6.9	22	25	2,497	21.9	60.4	30.5	58.4
19.5	5.8	23	21	2,022	34.9	76.1	16.3	56.5
16.1	6.4	24	24	2,446	26.3	72.5	19.6	62.9
18.5	6.2	35	18	1,546	46.2	75.1	17.3	54.6
13.8	6.5	37	19	1,271	51.1	78.3	13.9	55.8
17.3	5.7	17	29	2,313	26.3	74.8	17.2	57.5
16.1	6.4	24	27	2,618	26.7	64.7	26.8	61.3
16.5	6.7	26	26	2,131	27.2	52.8	38.2	61.5

县市名称	人口数	1982年人均工农业总产值（元）	人口密度（人／平方公里）	人口性别比	人口年龄中位数（岁）	0—14岁人口占总人口百分比	65及65岁以上人口占总人口百分比	15—49岁育龄妇女占总人口百分比
江阴县	1,009,615	1,624	1,030	107.2	27.0	27.1	6.4	25.7
无锡县	1,010,079	1,688	818	99.7	28.2	26.4	7.0	26.2
沙洲县	768,072	1,668	840	101.4	27.6	25.3	6.7	26.8
常熟县	990,581	1,814	767	97.0	28.7	24.0	7.1	27.0
太仓县	434,093	1,959	528	97.4	30.6	21.2	8.5	26.8
昆山县	533,294	1,361	575	101.1	27.5	24.6	5.1	27.3
吴县	1,149,221	1,032	352	101.2	26.8	25.6	5.4	26.9
吴江县	726,767	1,573	592	103.8	28.2	25.0	6.5	25.7
浙江省								
杭州市	1,191,582	4,335	2,771	107.0	28.5	18.3	6.2	28.9
萧山县	1,061,145	1,189	738	103.1	26.1	24.9	5.9	27.5
桐庐县	348,267	964	191	106.8	25.1	27.7	5.3	25.7
富阳县	541,270	746	310	107.4	23.7	30.2	5.7	24.0
临安县	456,511	825	146	107.7	25.3	25.3	5.5	26.6
余杭县	804,973	1,127	596	107.4	26.6	23.3	6.0	27.1
建德县	436,423	1,147	188	110.5	25.6	26.2	5.4	25.9
淳安县	420,297	568	99	108.2	23.7	29.8	5.4	24.0
宁波市	468,230	4,085	1,967	102.1	28.5	20.5	6.6	28.7
镇海县	488,445	1,688	636	103.3	26.8	23.7	6.3	27.6
温州市	508,611	1,700	3,260	103.8	25.4	27.8	5.7	26.7
瓯海县	481,280	460	736	106.5	21.5	35.1	5.3	23.1
洞头县	112,468	533	1,125	109.0	20.2	37.0	4.9	22.2
乐清县	879,525	409	749	108.0	20.5	35.8	5.1	22.7
永嘉县	723,784	283	269	109.5	20.0	38.9	5.2	21.0
瑞安县	992,889	461	730	108.6	20.6	35.6	4.8	22.8
平阳县	675,467	369	641	115.0	21.1	36.0	5.4	21.2
苍南县	933,310	296	740	115.7	19.7	39.4	4.8	20.0
文成县	325,722	211	259	123.3	20.1	38.5	5.4	18.8
泰顺县	295,272	246	174	123.4	20.4	37.8	5.6	18.5
湖州市	945,616	1,527	630	111.5	29.0	20.9	7.6	26.0
嘉兴市	670,041	825	693	104.3	27.6	22.2	5.7	27.6
嘉善县	347,923	652	690	104.4	28.0	22.2	5.8	27.3
平湖县	444,072	645	825	101.0	27.0	23.6	5.9	27.4

1981年人口出生率（‰）	1981年人口死亡率（‰）	1981年婴儿死亡率（‰）	每万人拥有大学生人数	每万人拥有初中文化程度人数	文盲、半文盲占12及12岁以上人口比重	农林牧渔业人口占在业人口百分比	工业人口占在业人口百分比	在业人口占总人口百分比
17.0	7.4	79	28	2,470	21.2	56.0	35.7	61.3
18.2	7.0	21	25	2,670	19.2	55.4	37.3	58.7
14.3	6.0	28	27	2,305	28.6	63.4	29.2	66.0
16.5	7.2	32	27	1,740	30.5	54.2	37.7	68.7
14.0	7.5	18	39	2,065	31.7	60.9	30.9	72.8
20.0	5.8	20	32	2,092	34.8	69.6	21.8	67.4
21.3	6.2	28	22	1,865	31.6	65.2	28.4	65.8
18.3	7.2	27	20	1,774	40.3	63.7	28.0	64.7
12.0	5.7	14	332	3,123	13.7	14.4	55.8	64.3
13.0	5.7	22	19	1,677	31.6	64.2	28.4	63.7
16.3	6.5	31	23	1,941	24.4	68.8	22.8	55.3
17.4	6.3	22	22	1,779	23.6	69.5	21.8	49.7
17.0	6.7	31	28	2,164	23.5	73.6	18.8	60.[illegible]
14.6	6.2	20	22	1,7[illegible]5	30.3	68.5	24.1	64.9
17.2	6.4	40	30	1,809	30.7	70.1	20.8	52.6
14.8	7.0	29	21	1,663	35.9	81.4	12.3	57.5
14.8	6.2	18	144	3,021	14.9	14.6	57.5	61.5
15.8	6.3	24	46	2,444	17.9	50.4	39.2	60.8
18.2	4.9	13	102	2,790	16.1	11.3	63.7	49.8
24.8	5.0	15	4	1,370	34.7	49.5	42.7	44.0
22.2	6.0	43	15	1,467	36.5	49.8	35.3	45.1
25.1	5.1	26	12	1,476	34.8	48.2	40.9	38.1
28.1	5.1	17	8	1,091	42.4	64.3	27.5	35.0
21.5	5.0	18	11	1,151	43.6	53.3	36.4	40.3
23.4	5.1	23	12	1,104	41.5	66.2	22.0	36.6
27.6	5.2	25	5	826	50.1	60.2	29.0	36.6
26.6	6.0	36	12	1,193	39.1	59.4	30.5	37.3
23.0	6.1	35	10	881	42.8	67.0	21.9	34.6
15.8	7.5	19	32	1,901	36.0	68.8	22.0	65.7
15.2	6.1	15	41	2,018	30.5	65.0	24.8	68.2
15.2	6.4	17	21	2,084	34.5	73.3	17.3	69.3
13.7	6.5	24	18	1,928	31.6	77.0	16.2	70.4

浙江省

县市名称	人口数	1982年人均工农业总产值（元）	人口密度（人／平方公里）	人口性别比	人口年龄中位数（岁）	0—14岁人口占总人口百分比	65及65岁以上人口占总人口百分比	15—49岁育龄妇女占总人口百分比
海宁县	583,760	580	857	101.5	27.1	24.3	6.6	26.8
海盐县	321,761	1,024	640	99.5	26.1	24.8	5.3	27.4
桐乡县	591,196	880	819	110.3	27.7	24.1	6.9	25.5
德清县	371,707	956	393	109.4	27.1	23.2	7.1	26.2
长兴县	560,652	582	404	113.6	25.2	29.4	5.1	24.3
安吉县	402,959	685	224	109.5	24.7	29.0	5.2	25.0
慈溪县	888,870	490	770	103.8	25.8	25.5	5.8	27.0
余姚县	754,700	547	581	104.2	26.3	25.7	5.8	26.6
奉化县	448,799	542	374	105.9	25.4	28.5	5.3	25.4
象山县	470,529	446	428	108.3	23.8	29.9	5.3	24.9
宁海县	528,975	603	277	108.9	22.7	33.7	5.3	23.1
鄞县	693,072	615	533	100.8	26.1	25.3	5.8	27.3
绍兴市	1,107,175	1,449	736	103.8	26.6	25.1	6.7	26.0
上虞县	698,286	1,832	596	104.0	25.6	27.0	5.7	25.9
嵊县	693,725	1,075	379	112.2	25.6	27.8	6.3	24.5
新昌县	400,356	1,075	334	110.7	25.2	28.0	6.3	24.2
诸暨县	952,571	1,330	421	107.8	25.4	27.6	6.5	24.8
金华市	842,904	1,147	378	111.1	25.2	29.7	5.6	24.1
衢州县	971,783	1,123	282	112.8	24.8	29.8	5.4	23.9
兰溪县	587,637	1,092	449	111.2	25.0	29.2	5.9	23.5
永康县	455,705	751	436	103.8	23.2	33.3	6.5	22.9
武义县	300,753	740	192	111.2	24.6	29.5	5.9	23.6
东阳县	895,807	1,005	305	102.5	23.5	32.2	6.3	23.6
义乌县	568,385	1,082	502	107.4	25.0	30.7	6.2	23.6
浦江县	335,764	846	373	105.1	23.1	32.6	5.7	23.4
常山县	285,991	680	262	112.0	21.2	35.4	4.6	21.9
江山县	512,977	592	254	111.4	23.0	33.1	5.7	22.2
开化县	308,495	1,279	139	111.9	22.2	33.5	4.9	22.7
丽水县	290,075	691	180	110.1	24.7	29.0	6.2	24.1
青田县	447,989	279	180	110.3	19.5	39.3	5.0	20.3
云和县	259,849	366	93	117.2	20.5	36.4	5.0	19.9
龙泉县	243,960	566	67	113.7	21.5	34.7	5.4	21.3
庆元县	167,684	399	89	111.1	19.3	39.8	4.1	20.3
缙云县	387,949	349	268	108.1	21.7	35.4	5.9	22.0

（续20）

1981年人口出生率（‰）	1981年人口死亡率（‰）	1981年婴儿死亡率（‰）	每万人拥有大学生人数	每万人拥有初中文化程度人数	文盲、半文盲占12及12岁以上人口比重	农林牧渔业人口占在业人口百分比	工业人口占在业人口百分比	在业人口占总人口百分比
17.2	6.6	20	18	1,893	29.8	67.6	25.0	66.3
17.8	6.1	17	19	1,973	36.6	73.1	20.3	68.4
15.7	7.5	35	14	1,463	38.4	74.0	19.0	63.3
18.3	7.2	21	18	1,680	35.2	74.0	17.6	63.2
17.0	5.8	22	25	1,819	32.8	67.3	22.5	57.5
16.3	6.1	31	21	1,870	29.5	76.1	15.1	61.6
16.2	5.9	22	13	1,792	26.0	52.4	40.6	63.3
17.2	6.2	23	17	1,891	24.8	61.1	31.1	61.6
18.6	6.3	22	20	1,739	20.0	58.5	32.7	52.8
20.0	6.1	34	17	1,567	34.3	59.9	28.7	44.2
21.6	6.0	31	17	1,574	29.3	64.6	26.8	45.3
15.6	6.6	30	12	1,914	21.7	46.1	46.6	59.8
13.6	6.5	26	26	1,805	35.0	58.3	33.3	61.5
15.7	6.6	30	14	1,874	29.3	75.2	17.9	63.4
15.4	7.6	49	17	2,104	18.8	77.1	16.1	56.7
18.5	7.9	34	21	2,024	26.2	72.5	20.3	56.0
11.6	6.5	28	18	2,503	17.6	72.0	21.2	55.3
16.7	6.5	31	48	1,880	29.0	73.1	16.4	54.1
17.9	6.2	28	35	1,762	31.9	76.5	15.8	57.9
17.0	7.4	42	20	1,663	37.7	73.9	18.0	51.3
20.1	6.8	23	21	2,198	27.1	70.0	23.0	56.0
18.1	6.9	34	21	2,024	27.3	81.9	11.3	56.5
18.8	7.2	30	20	2,140	26.4	73.1	21.3	54.6
20.3	6.8	22	24	2,109	28.4	78.9	14.5	54.2
21.1	6.9	31	21	2,013	25.4	66.6	25.3	41.8
21.3	7.0	42	19	1,404	41.6	78.6	13.3	47.1
16.0	6.4	43	23	1,747	30.8	79.8	12.9	53.3
19.7	6.7	43	16	1,282	44.0	77.5	14.2	46.6
17.8	6.1	22	58	1,870	31.4	68.3	18.2	50.0
24.2	6.1	26	11	1,267	41.0	72.1	17.9	36.1
20.6	6.5	37	26	1,302	34.7	73.7	14.4	38.7
14.7	5.9	28	23	1,376	33.7	71.7	16.2	43.7
21.0	6.4	32	15	1,165	38.7	72.3	15.4	37.1
21.3	6.6	29	22	2,057	36.3	72.7	19.3	41.4

县市名称	人口数	1982年人均工农业总产值（元）	人口密度（人／平方公里）	人口性别比	人口年龄中位数（岁）	0—14岁人口占总人口百分比	65及65岁以上人口占总人口百分比	15—49岁育龄妇女占总人口百分比
遂昌县	211,343	659	83	115.4	24.2	30.9	6.0	22.2
松阳县	208,168	448	148	111.6	22.3	34.4	5.4	21.2
椒江市	154,559	1,247	1,680	105.7	24.6	29.0	6.0	25.6
临海县	1,023,962	462	474	107.0	22.1	33.7	5.3	23.6
黄岩县	990,948	590	704	106.0	24.6	29.8	6.3	24.6
温岭县	968,533	437	1,159	106.3	23.7	30.0	6.0	24.7
仙居县	395,139	491	219	110.4	23.0	32.9	5.3	23.0
天台县	471,761	382	331	107.4	22.9	33.8	5.2	23.0
三门县	335,003	425	322	107.9	20.1	36.3	4.6	22.9
玉环县	334,747	571	982	107.1	22.7	32.5	5.5	24.2
定海县	317,550	736	640	102.9	25.5	26.0	5.5	26.8
普陀县	299,023	1,345	787	104.2	25.2	26.2	5.2	27.1
岱山县	206,624	705	813	101.0	25.2	26.0	5.2	27.6
嵊泗县	81,310	861	1,129	101.0	25.2	25.8	4.8	28.2
安徽省								
合肥市	821,812	2,426	1,889	115.4	26.6	25.5	3.7	26.5
长丰县	758,080	373	316	112.9	19.6	38.2	3.7	20.2
芜湖市	456,219	3,517	3,740	109.7	27.3	22.7	4.9	27.2
芜湖县	489,499	361	505	109.4	19.8	37.1	3.5	21.6
蚌埠市	558,676	2,950	1,407	107.6	25.4	28.2	4.5	25.7
淮南市	1,025,077	1,318	881	114.1	23.1	32.0	3.5	24.2
凤台县	501,875	366	541	115.3	20.5	36.2	4.4	20.8
马鞍山市	350,511	3,053	1,261	113.3	26.4	25.7	3.1	27.4
淮北市	442,878	1,743	4,064	135.9	25.3	29.8	3.1	21.9
濉溪县	894,791	345	377	100.7	18.6	40.0	4.1	21.0
铜陵市	202,578	2,386	2,701	124.5	26.6	24.3	2.9	26.3
铜陵县	318,709	339	354	106.2	20.0	36.1	3.9	22.4
安庆市	418,772	2,596	967	106.1	25.1	30.1	4.6	24.9
阜阳市	169,889	1,970	3,398	105.3	24.3	30.6	4.4	25.5
阜阳县	1,120,756	230	642	102.6	19.7	38.5	4.5	21.0
临泉县	1,371,827	170	755	100.7	18.8	39.8	4.2	21.6
太和县	1,150,773	231	632	101.5	19.8	38.2	4.7	21.5
涡阳县	993,430	314	471	105.1	19.4	40.0	4.7	19.9

（续21）

1981年人口出生率（‰）	1981年人口死亡率（‰）	1981年婴儿死亡率（‰）	每万人拥有大学生人数	每万人拥有初中文化程度人数	文盲、半文盲占12及12岁以上人口比重	农林牧渔业人口占在业人口百分比	工业人口占在业人口百分比	在业人口占总人口百分比
15.4	7.8	41	24	1,459	33.9	78.7	12.6	47.7
15.0	7.6	41	16	1,522	32.3	84.5	8.6	49.0
15.9	5.5	37	45	1,940	32.3	28.3	50.2	54.9
18.3	5.8	43	23	1,410	39.2	54.3	37.4	45.2
16.4	5.9	57	15	1,504	36.6	44.3	48.4	58.5
16.1	6.1	60	13	1,376	33.0	50.6	42.8	57.8
16.0	6.3	35	20	1,891	32.4	77.4	16.8	55.9
22.2	7.5	38	18	1,880	28.0	80.0	14.5	52.9
20.0	5.6	38	15	1,204	46.3	65.8	25.9	38.8
20.1	6.3	45	13	1,122	52.2	48.4	38.4	43.8
17.0	6.7	31	38	1,844	29.5	52.7	32.6	54.9
19.0	6.2	27	31	2,168	24.5	54.1	28.3	51.8
17.3	6.8	27	17	1,738	28.1	57.4	28.6	52.8
20.9	6.5	31	24	1,958	26.5	48.2	32.6	49.3
15.4	4.4	24	337	2,654	15.5	18.9	51.0	59.3
18.8	4.8	20	11	1,327	36.3	90.5	4.2	53.3
13.8	5.6	23	204	2,771	18.3	10.5	58.0	60.0
18.4	5.9	34	15	1,231	52.6	79.1	12.6	51.3
17.2	5.7	32	143	2,436	24.9	27.2	46.6	56.3
18.0	4.6	21	79	2,242	30.3	38.6	47.6	53.6
23.1	4.8	24	14	1,313	53.0	88.5	5.5	52.4
14.2	3.9	18	213	2,656	21.4	17.3	61.0	59.9
17.6	3.1	13	95	2,700	25.6	29.0	60.7	58.3
16.9	3.3	14	11	1,371	47.4	91.3	3.2	49.1
12.3	4.3	21	150	2,655	19.4	18.8	60.2	58.7
20.2	6.6	39	16	1,336	50.4	79.0	11.3	48.1
13.2	6.2	33	123	2,203	25.6	36.9	39.8	55.0
16.1	3.3	10	138	2,676	22.2	19.1	41.3	51.2
21.4	4.1	19	6	1,364	50.8	95.6	0.7	50.4
15.0	3.0	10	8	1,168	54.3	95.2	0.8	50.4
22.8	3.7	13	9	1,366	49.3	94.9	1.0	51.2
23.6	4.3	18	8	1,112	58.9	92.3	1.9	50.2

安徽省

县市名称	人口数	1982年人均工农业总产值（元）	人口密度（人／平方公里）	人口性别比	人口年龄中位数（岁）	0—14岁人口占总人口百分比	65及65岁以上人口占总人口百分比	15—49岁育龄妇女人口占总人口百分比
蒙城县	868,574	345	411	105.4	19.4	39.7	4.0	20.4
亳县	1,066,480	295	479	101.0	19.8	38.3	4.3	21.7
阜南县	1,089,142	224	599	102.7	18.3	40.7	3.6	20.9
颍上县	1,091,836	198	587	110.8	20.1	37.3	4.7	20.8
界首县	541,622	284	813	100.9	20.1	36.7	4.7	22.5
利辛县	1,025,472	239	526	106.0	19.6	39.4	4.8	19.8
宿州市	193,251	580	1,858	105.9	22.3	33.1	3.9	24.8
砀山县	653,457	343	536	100.4	23.2	37.7	5.8	21.6
萧县	937,106	344	463	103.2	20.3	37.9	5.7	20.9
宿县	962,862	434	345	102.8	19.2	39.3	4.5	20.4
灵璧县	786,051	343	383	105.6	20.1	37.9	4.7	20.3
泗县	639,708	382	358	103.8	19.8	38.7	4.9	20.7
怀远县	943,114	405	399	110.9	19.7	39.1	4.1	20.4
五河县	518,371	460	328	106.9	20.0	37.2	4.4	21.3
固镇县	461,428	483	302	107.1	19.7	38.8	4.1	20.4
天长县	514,491	690	291	104.0	20.4	34.4	3.6	23.0
来安县	406,433	488	274	104.8	20.4	34.3	3.7	23.3
滁县	349,923	1,011	253	106.4	21.3	33.1	3.6	23.9
全椒县	371,769	621	243	108.1	21.0	32.7	3.7	23.5
定远县	694,758	444	240	111.2	18.8	39.3	3.2	20.6
凤阳县	543,623	487	283	110.3	20.0	37.6	3.9	20.9
嘉山县	516,122	406	219	106.8	19.7	37.9	4.0	21.5
六安市	145,586	1,451	1,693	107.8	25.6	28.5	4.1	26.5
六安县	1,256,007	365	356	113.2	20.0	35.5	3.6	22.0
寿县	1,036,685	404	346	114.4	19.9	37.9	3.7	20.6
霍丘县	1,274,280	432	340	111.8	19.5	38.4	3.4	21.1
肥西县	808,663	409	373	111.8	19.9	36.7	2.9	21.9
舒城县	847,918	418	364	109.8	20.3	33.5	3.5	22.9
金寨县	564,284	522	148	112.7	20.6	34.5	4.2	22.7
霍山县	342,576	446	168	109.6	23.1	32.4	4.3	23.3
宣城县	728,296	400	288	111.1	20.3	35.4	3.9	21.8
郎溪县	306,286	295	277	113.4	19.7	37.9	3.8	20.8
广德县	451,763	345	209	110.4	19.9	36.9	4.0	21.7
宁国县	344,403	217	141	112.2	25.0	31.1	4.5	23.4

（续22）

1981年人口出生率（‰）	1981年人口死亡率（‰）	1981年婴儿死亡率（‰）	每万人拥有大学生人数	每万人拥有初中文化程度人数	文盲、半文盲占12及12岁以上人口比重	农林牧渔业人口占在业人口百分比	工业人口占在业人口百分比	在业人口占总人口百分比
22.2	4.5	21	9	1,235	54.4	93.4	1.6	50.7
21.7	4.6	22	9	1,338	52.5	92.2	2.3	53.3
19.5	.7	15	8	1,199	54.2	94.7	0.7	50.5
24.1	4.4	14	8	1,231	53.9	93.6	1.4	49.4
23.0	4.1	16	15	1,496	46.0	91.8	2.7	51.2
24.4	4.6	20	8	1,142	57.2	95.2	0.8	50.4
20.1	3.0	11	136	2,579	20.5	37.0	31.4	52.2
23.2	3.9	8	17	1,533	46.3	92.5	2.5	52.2
19.6	3.7	12	11	1,399	47.1	93.0	2.1	51.1
17.3	3.9	13	5	1,455	44.6	94.7	1.2	51.1
18.9	4.9	23	9	1,278	54.0	93.5	1.7	52.3
18.0	5.0	26	10	1,103	57.7	93.6	1.6	50.4
22.0	4.6	28	10	1,227	52.2	91.2	2.8	49.4
18.8	4.3	27	14	1,250	56.6	90.2	3.3	52.2
17.7	3.7	19	15	1,390	48.8	89.5	2.9	49.6
11.4	5.6	29	14	1,245	49.1	83.2	8.8	56.2
15.1	5.3	30	16	1,435	48.5	88.5	5.1	55.0
14.8	4.5	22	67	1,819	36.2	66.9	18.0	55.1
15.1	5.1	38	18	1,472	47.7	81.3	9.6	56.2
15.2	4.2	27	13	1,256	52.1	89.9	3.7	50.8
19.1	4.4	18	19	1,212	51.3	88.3	4.7	52.5
17.4	5.2	35	16	1,314	51.0	86.2	5.4	50.7
14.4	4.3	27	171	2,627	21.1	20.5	46.6	56.0
17.1	5.7	34	5	1,223	47.8	91.4	4.2	54.6
20.7	5.2	28	10	1,179	56.1	90.7	2.9	52.5
18.9	4.7	24	8	1,271	49.8	92.2	2.1	51.9
22.9	5.3	28	10	1,428	45.4	87.4	6.2	54.1
16.7	5.5	46	14	1,254	48.5	85.4	8.6	54.3
17.3	7.0	48	14	1,275	44.4	89.2	4.2	52.3
13.4	6.7	50	31	1,417	40.2	79.6	12.7	52.0
15.2	5.2	38	23	1,414	45.4	81.6	9.7	51.7
17.9	5.3	35	23	1,353	44.6	82.4	8.1	51.5
16.7	5.4	43	15	1,523	36.3	79.7	11.5	47.7
17.8	6.1	43	34	1,672	34.4	76.8	13.6	55.5

县市名称	人口数	1982年人均工农业总产值（元）	人口密度（人／平方公里）	人口性别比	人口年龄中位数（岁）	0—14岁人口占总人口百分比	65及65岁以上人口占总人口百分比	15—49岁育龄妇女占总人口百分比
当涂县	602,352	337	416	109.6	22.3	33.7	4.2	22.7
繁昌县	407,243	260	463	109.7	20.0	35.5	3.6	22.4
南陵县	475,347	305	376	110.5	20.1	36.3	3.9	21.7
青阳县	257,535	364	218	109.1	21.2	33.3	4.7	22.5
泾县	335,828	216	163	113.2	24.5	32.3	4.7	21.9
肥东县	939,063	441	390	109.4	19.5	37.9	3.9	21.4
庐江县	1,032,408	356	438	114.0	20.1	34.7	3.2	21.8
无为县	1,218,798	1,143	505	107.2	19.4	36.8	3.1	22.3
巢县	708,925	278	355	108.2	24.6	33.2	4.2	22.9
含山县	370,203	313	356	106.7	20.0	35.8	3.9	22.2
和县	570,830	279	401	107.5	20.2	34.7	3.9	22.6
屯溪市	99,794	410	832	110.1	27.0	26.4	5.2	25.7
绩溪县	176,419	300	157	107.3	25.3	29.7	5.0	24.4
旌德县	144,551	234	160	113.6	25.1	30.2	4.2	23.9
歙县	576,215	319	205	102.5	23.6	32.6	5.4	23.1
休宁县	253,405	395	114	105.9	24.2	31.9	4.8	23.7
黟县	88,859	325	105	105.3	25.1	31.3	5.6	22.6
祁门县	168,352	398	75	107.2	21.3	34.8	4.8	22.0
太平县	129,687	372	87	110.9	25.5	29.9	5.4	23.2
石台县	103,825	551	68	110.0	24.3	32.0	5.1	22.0
怀宁县	663,377	392	393	103.8	19.7	37.3	4.1	21.6
桐城县	692,888	368	376	104.1	19.6	37.2	3.7	22.0
枞阳县	849,951	381	472	106.3	19.2	38.6	3.7	21.5
潜山县	493,743	461	288	107.2	20.3	35.1	4.0	22.0
太湖县	478,560	402	241	107.3	20.4	35.0	4.2	21.4
宿松县	647,853	324	279	105.4	19.1	39.0	3.9	20.9
望江县	492,878	343	404	104.0	19.4	39.0	3.7	21.3
岳西县	359,003	490	148	110.1	21.1	34.5	4.0	21.9
东至县	469,730	422	156	106.7	20.2	36.5	4.6	21.6
贵池县	529,833	417	217	107.1	20.2	35.5	4.0	22.2
福建省								
福州市	1,129,251	1,715	1,043	105.0	27.0	24.2	6.2	26.7
闽侯县	531,437	339	250	110.2	22.5	35.5	4.7	22.2

（续23）

1981年人口出生率（‰）	1981年人口死亡率（‰）	1981年婴儿死亡率（‰）	每万人拥有大学生人数	每万人拥有初中文化程度人数	文盲、半文盲占12及12岁以上人口比重	农林牧渔业人口占在业人口百分比	工业人口占在业人口百分比	在业人口占总人口百分比
19.3	6.2	31	16	1,301	51.1	78.9	13.7	54.7
15.0	6.1	30	19	1,371	46.1	74.1	17.1	51.7
19.4	6.2	29	13	1,212	45.7	84.0	7.9	53.2
17.3	7.7	47	22	1,325	42.4	81.8	10.1	54.5
17.9	7.3	50	20	1,470	40.3	76.7	13.3	51.5
19.2	4.7	28	15	1,511	42.6	84.2	10.2	52.2
18.9	6.4	36	16	1,416	51.0	89.1	5.4	52.2
17.7	5.6	39	9	1,209	49.6	84.5	7.6	47.4
18.8	5.5	40	37	1,567	40.0	78.0	12.9	56.3
19.9	5.4	33	13	1,261	52.8	80.5	11.5	55.0
17.6	5.4	37	11	1,278	54.4	81.6	10.8	56.2
15.1	5.6	26	193	2,312	17.6	33.0	42.2	58.8
20.8	6.4	22	53	2,037	23.2	70.7	20.4	58.8
19.0	6.6	27	51	1,701	38.8	73.4	18.3	57.0
16.4	7.3	33	27	1,713	30.3	84.9	8.9	59.0
18.1	6.7	40	32	1,485	33.6	81.4	11.1	58.9
16.8	7.6	36	50	1,752	28.8	74.7	15.1	56.4
18.7	7.2	46	31	1,402	33.1	74.3	15.7	55.3
13.0	7.0	35	31	1,453	38.1	75.7	13.0	55.2
14.2	7.5	45	36	1,314	39.4	81.8	8.1	54.3
18.9	6.9	49	12	1,152	43.5	82.3	12.0	50.2
17.3	7.4	58	13	1,359	39.9	80.4	13.0	47.7
18.5	7.0	46	10	1,107	53.4	88.1	5.8	51.9
17.5	7.9	77	13	1,109	43.8	86.5	8.0	49.9
21.0	8.1	66	13	1,060	48.7	85.5	8.7	53.9
19.6	6.5	44	13	1,197	45.4	85.7	7.6	49.1
20.6	7.3	57	11	866	51.6	86.2	7.6	51.1
21.0	9.6	87	26	1,149	42.8	85.3	8.6	53.5
18.5	8.4	69	20	1,109	37.9	82.8	9.7	52.9
15.8	6.2	37	36	1,287	45.1	78.7	13.0	51.8
15.7	6.2	12	288	2,231	16.3	15.1	52.7	53.3
23.2	6.1	13	26	1,317	27.2	67.4	23.1	44.4

福建省

县市名称	人口数	1982年人均工农业总产值（元）	人口密度（人／平方公里）	人口性别比	人口年龄中位数（岁）	0—14岁人口占总人口百分比	65及65岁以上人口占总人口百分比	15—49岁年龄妇女占总人口百分比
厦门市	510,656	2,251	930	104.1	25.5	24.6	5.1	26.9
同安县	455,329	422	488	98.5	21.4	35.2	4.2	24.0
南平市	405,175	1,268	153	111.2	21.7	34.3	4.1	23.5
顺昌县	214,127	696	108	108.3	20.4	35.0	3.9	23.7
建阳县	297,179	754	88	112.7	20.4	35.8	4.0	22.2
建瓯县	437,534	559	103	108.5	20.2	36.1	4.4	22.8
浦城县	364,038	461	108	111.0	20.1	36.3	4.6	21.4
邵武县	258,352	912	91	109.7	20.4	35.4	3.7	23.3
崇安县	180,681	581	65	115.8	20.1	36.8	4.0	21.3
光泽县	135,956	658	61	112.1	20.1	36.8	3.7	21.9
松溪县	128,376	529	123	108.7	19.5	38.2	4.0	22.0
政和县	163,997	458	94	115.5	19.2	39.9	3.7	20.7
宁德县	317,826	370	234	118.6	20.2	37.3	5.1	19.7
连江县	521,311	305	470	106.4	20.0	37.9	4.1	22.0
罗源县	208,026	265	203	112.3	20.4	37.1	4.7	20.9
福鼎县	431,505	453	295	121.6	21.6	35.7	5.2	20.0
霞浦县	406,606	461	275	121.5	22.3	35.5	5.2	20.3
福安县	477,642	416	275	121.6	22.5	35.7	5.1	19.8
古田县	349,724	437	148	114.8	20.0	37.9	5.0	21.0
屏南县	144,326	326	10	118.0	20.0	38.4	5.0	20.5
寿宁县	195,197	281	137	116.4	19.8	39.2	4.5	19.6
周宁县	145,192	326	139	122.7	21.4	36.2	5.0	20.1
柘荣县	77,590	351	140	128.9	21.0	37.2	4.9	18.6
闽清县	249,543	513	169	109.0	20.1	37.4	4.5	21.8
永泰县	286,071	303	128	110.5	19.7	39.3	4.2	20.3
长乐县	553,036	366	843	110.9	20.0	38.4	3.8	22.4
福清县	904,260	327	596	104.7	20.0	38.4	4.2	21.9
平潭县	274,561	298	742	105.7	19.5	38.9	4.1	22.0
莆田县	1,435,131	287	755	94.2	21.3	35.9	4.5	23.9
仙游县	768,790	394	424	102.4	19.7	39.0	3.5	22.1
泉州市	410,229	992	775	101.0	23.4	32.4	4.8	24.2
惠安县	936,228	244	1,009	96.6	19.4	39.7	4.3	22.5
晋江县	989,908	407	1,234	102.1	20.0	37.6	4.4	22.8
南安县	1,067,665	286	538	100.4	19.9	38.5	3.9	22.6

（续24）

1981年人口出生率（‰）	1981年人口死亡率（‰）	1981年婴儿死亡率（‰）	每万人拥有大学生人数	每万人拥有初中文化程度人数	文盲、半文盲占12及12岁以上人口比重	农林牧渔业人口占在业人口百分比	工业人口占在业人百分比	在业人口占总人口百分比
17.2	5.8	11	235	2,122	21.0	33.0	41.1	56.7
26.5	6.0	14	27	1.088	44.0	80.9	10.1	50.9
15.6	5.4	17	84	1.513	29.3	45.1	36.9	41.2
18.6	5.6	18	39	1,619	27.4	59.6	24.2	44.1
18.7	6.1	19	47	1,304	34.5	67.8	17.1	44.0
17.3	5.8	17	25	1,203	33.5	73.9	13.7	41.5
16.6	6.5	29	23	1,308	33.6	74.9	13.0	39.1
17.6	5.6	27	45	1,637	24.5	62.0	20.8	49.5
23.4	6.4	20	28	1,249	32.1	70.4	15.8	40.9
19.7	6.3	25	30	1,338	27.9	68.6	18.3	51.3
15.6	5.4	20	24	1,258	32.1	70.4	13.4	36.3
20.2	6.0	13	22	934	42.6	74.0	12.7	32.3
21.5	6.0	16	43	789	50.5	68.5	14.4	35.6
22.3	5.7	13	16	974	43.2	64.1	22.3	38.8
21.0	6.4	18	22	734	46.9	76.1	11.2	35.3
19.5	7.1	29	13	742	58.9	71.4	15.2	38.5
21.9	6.7	17	15	760	53.7	76.9	10.1	35.5
22.5	6.1	13	26	809	47.9	71.1	14.4	38.0
23.8	6.8	16	25	1,224	29.6	70.9	14.8	30.8
28.6	7.2	16	19	902	40.2	79.0	8.0	31.2
23.0	6.1	22	16	775	48.6	77.2	10.3	30.0
25.2	5.8	16	16	831	50.2	78.9	8.9	33.3
24.5	7.6	49	16	696	54.7	71.2	13.4	36.3
22.9	6.0	12	31	1,585	24.3	74.1	14.8	46.1
20.4	6.4	16	22	1,091	39.1	75.3	14.5	42.1
26.4	5.3	9	19	1,140	31.0	56.9	30.5	34.2
26.0	4.5	11	29	1,126	43.8	81.2	11.3	46.9
18.7	5.1	13	24	1,245	39.3	77.3	12.8	48.3
19.1	5.2	13	31	1,388	37.0	81.1	12.0	51.6
19.8	5.6	15	24	1,152	36.8	85.0	8.4	49.5
20.4	5.8	16	127	1,790	27.5	52.3	28.2	54.1
25.3	5.4	20	21	900	43.4	62.2	29.5	50.9
22.8	4.9	10	20	1,209	31.0	67.9	20.4	43.3
25.3	5.4	14	20	1,201	35.5	80.0	13.5	49.8

县市名称	人口数	1982年人均工农业总产值（元）	人口密度（人／平方公里）	人口性别比	人口年龄中位数（岁）	0—14岁人口占总人口百分比	65及65岁以上人口占总人口百分比	15—49岁育龄妇女占总人口百分比
安溪县	750,912	209	256	102.9	18.4	41.4	3.3	21.3
永春县	425,577	324	290	106.2	19.5	38.9	3.6	21.9
德化县	236,032	358	106	107.7	17.6	43.0	3.2	20.5
漳州市	295,385	1,496	1,116	106.2	24.2	29.6	4.8	24.8
龙海县	711,635	583	523	101.9	22.7	33.4	4.5	24.3
云霄县	332,858	468	324	102.9	19.4	39.5	4.3	21.4
漳浦县	634,306	327	326	101.2	18.8	41.0	3.8	21.6
诏安县	460,800	308	369	100.4	20.1	37.6	4.6	22.0
长泰县	153,354	705	171	100.9	21.0	33.8	4.0	24.2
东山县	159,610	569	824	98.2	21.2	36.3	5.4	22.3
南靖县	288,385	589	148	104.0	20.3	35.7	4.4	22.7
平和县	447,138	387	193	105.5	20.1	37.6	4.1	21.6
华安县	140,093	606	108	104.1	19.4	38.5	3.8	22.0
龙岩市	356,245	944	133	110.9	23.3	32.7	4.6	23.1
长汀县	376,212	386	121	103.0	19.0	40.5	4.5	20.3
永定县	376,716	401	169	105.8	18.7	40.5	4.5	20.6
上杭县	376,482	373	132	100.5	19.9	37.7	5.0	21.3
武平县	288,968	360	110	102.6	18.5	40.6	4.7	20.2
漳平县	223,970	513	75	110.1	19.1	39.6	4.0	21.0
连城县	258,469	441	99	105.9	20.1	38.2	5.3	20.7
三明市	204,307	3,235	185	119.1	24.3	28.9	2.9	25.9
明溪县	100,021	724	59	109.0	20.2	36.7	3.8	22.3
永安县	265,063	1,570	90	117.9	22.7	33.9	3.8	22.3
清流县	126,342	544	69	108.1	20.3	36.7	4.3	21.6
宁化县	289,801	456	122	105.1	20.0	37.3	4.1	22.1
大田县	271,891	384	122	109.9	18.1	41.7	3.7	20.4
龙溪县	322,450	494	95	113.9	20.1	36.9	4.5	21.4
沙县	214,249	981	114	108.9	19.9	37.6	4.6	22.1
将乐县	136,617	667	61	107.6	20.1	37.2	3.9	22.5
泰宁县	114,227	925	75	109.7	20.1	37.5	3.7	22.1
建宁县	122,347	505	70	105.1	20.1	36.5	3.9	22.7
江西省								
南昌市	1,061,497	2,113	1,869	108.7	25.2	27.7	4.7	26.3

（续25）

1981年人口出生率（‰）	1981年人口死亡率（‰）	1981年婴儿死亡率（‰）	每万人拥有大学生人数	每万人拥有初中文化程度人数	文盲、半文盲占12及12岁以上人口比重	农林牧渔业人口占在业人口百分比	工业人口占在业人口百分比	在业人口占总人口百分比
26.9	6.0	29	15	874	49.5	86.2	8.0	44.9
21.1	5.9	22	36	1,397	26.5	77.9	13.3	42.2
27.8	6.5	25	28	1,077	34.8	77.4	12.9	38.8
18.8	5.5	16	129	1,998	28.5	44.6	32.6	52.2
21.6	6.0	20	20	1,187	42.2	81.2	10.0	47.3
19.9	6.1	19	23	972	49.5	81.5	8.9	43.7
31.0	5.4	20	13	893	51.3	85.2	7.1	45.5
23.2	6.0	19	15	924	48.4	85.7	7.1	51.2
22.9	6.3	21	30	1,342	45.2	82.2	8.8	52.5
17.6	6.3	22	19	989	47.3	63.9	23.0	46.8
18.6	6.0	30	21	1,357	39.6	82.4	8.6	47.3
26.6	6.6	24	18	1,324	40.9	87.4	5.0	46.1
20.1	6.1	26	31	1,213	41.7	79.6	8.4	44.6
23.4	5.6	17	122	2,128	21.9	55.7	28.3	48.9
24.0	6.2	27	27	1,056	47.0	80.2	11.7	47.2
29.6	5.6	22	31	1,635	25.0	82.0	9.8	48.7
21.2	6.4	29	29	1,230	39.6	83.6	8.3	50.5
26.5	6.0	26	24	1,440	33.6	86.1	6.5	48.4
28.0	6.0	25	39	1,304	35.3	71.4	15.5	42.5
27.9	7.2	34	30	1,319	39.1	77.0	12.9	43.4
14.5	3.7	12	244	2,266	17.0	20.0	55.5	53.8
22.8	6.0	34	48	1,330	30.3	70.0	17.6	49.3
18.0	5.7	23	81	1,640	27.5	47.6	33.4	46.7
22.5	7.0	34	36	1,149	40.7	75.7	13.2	45.1
22.4	7.3	42	23	981	45.8	81.1	10.5	44.4
23.8	6.1	36	22	904	52.3	80.4	10.2	35.5
23.0	7.2	32	21	1,174	34.1	79.3	10.6	39.0
18.6	6.0	25	42	1,233	34.7	64.8	20.0	38.1
24.5	6.5	39	29	1,063	33.9	71.1	16.0	43.5
22.5	6.5	37	49	1,221	33.2	67.9	17.6	46.6
19.8	7.9	48	29	1,037	37.5	80.4	9.3	48.7
12.5	4.8	22	295	2,605	14.5	13.0	56.2	53.5

江西省

县市名称	人口数	1982年人均工农业总产值（元）	人口密度（人/平方公里）	人口性别比	人口年龄中位数（岁）	0—14岁人口占总人口百分比	65及65岁以上人口占总人口百分比	15—49岁育龄妇女占总人口百分比
南昌县	903,506	488	479	104.8	19.5	39.1	4.4	21.5
新建县	519,290	519	222	110.9	19.2	40.3	3.9	20.2
景德镇市	506,955	1,211	167	112.4	23.2	31.5	4.2	23.9
萍乡市	1,224,749	588	443	107.6	20.1	37.7	4.6	22.4
九江市	364,687	1,938	657	107.1	25.2	30.1	4.5	25.4
赣州市	328,928	1,197	686	109.2	24.8	30.3	5.6	24.3
赣县	428,133	339	143	103.2	19.3	39.6	4.7	21.5
南康县	629,644	358	341	97.8	19.3	39.1	5.0	22.2
信丰县	510,833	333	178	100.7	18.8	40.1	4.7	21.5
大余县	229,531	520	168	107.2	19.8	37.6	4.5	21.9
上犹县	235,576	368	152	104.8	19.7	39.1	5.3	21.0
崇义县	165,820	377	75	111.1	20.2	37.8	5.5	20.6
安远县	254,704	330	107	101.1	18.1	42.5	4.4	20.9
龙南县	235,565	300	144	98.9	19.6	38.7	5.3	21.8
定南县	152,838	325	116	100.5	19.1	39.7	5.2	21.2
全南县	156,190	566	103	102.3	19.6	38.2	4.4	21.9
宁都县	565,754	305	140	105.0	18.7	41.4	4.6	20.5
于都县	651,655	285	225	103.3	18.6	41.5	4.4	20.6
兴国县	553,179	267	166	106.1	19.7	39.5	5.0	20.6
瑞金县	448,648	305	183	104.7	18.4	41.6	4.4	20.2
会昌县	319,552	310	117	103.9	18.4	42.0	4.4	19.9
寻乌县	220,495	294	95	101.9	18.1	42.3	5.1	20.0
石城县	220,570	334	139	103.9	19.0	40.8	4.3	20.7
广昌县	167,543	427	104	103.9	18.9	40.4	4.2	21.1
宜春市	157,252	796	798	108.6	22.7	34.1	4.5	24.3
丰城县	987,895	457	347	104.5	19.6	39.0	4.5	21.3
高安县	624,561	524	256	108.9	20.5	36.9	5.0	21.2
清江县	442,058	490	343	104.8	19.9	37.8	4.7	21.7
新余县	569,394	1,194	321	109.1	20.1	37.1	3.7	22.6
宜春县	578,270	364	248	107.9	19.6	39.3	5.5	20.9
奉新县	231,394	592	141	107.8	20.0	38.7	5.6	19.7
万载县	389,415	572	227	106.7	19.7	39.3	5.5	20.9
上高县	272,260	654	202	108.4	21.4	34.4	5.4	22.6
宜丰县	238,926	734	123	110.4	20.4	37.1	5.2	20.9

（续26）

1981年人口出生率（‰）	1981年人口死亡率（‰）	1981年婴儿死亡率（‰）	每万人拥有大学生人数	每万人拥有初中文化程度人数	文盲、半文盲占12及12岁以上人口比重	农林牧渔业人口占在业人口百分比	工业人口占在业人口百分比	在业人口占总人口百分比
16.6	5.7	21	17	1,288	35.6	79.7	12.3	47.7
21.9	5.4	21	23	1,366	38.5	83.8	9.0	45.3
15.2	5.8	39	96	2,036	23.2	31.3	48.2	51.9
21.1	6.3	50	24	1,843	13.8	63.0	27.3	46.6
16.3	5.2	20	164	2,377	16.5	26.8	46.0	54.2
13.9	5.1	17	163	2,078	18.1	39.1	37.7	51.6
19.0	6.2	33	12	1,122	33.5	87.0	7.1	48.3
17.6	5.8	28	14	1,408	28.4	84.8	8.9	48.3
15.2	5.9	38	13	1,304	33.0	85.3	8.6	49.9
16.9	4.6	23	29	1,629	24.0	72.3	19.3	49.1
22.3	7.2	45	17	1,235	33.1	84.8	8.0	50.4
18.9	6.6	37	27	1,280	29.4	77.9	13.7	50.6
26.9	6.0	36	12	976	46.6	87.5	5.7	47.7
22.2	5.9	25	25	1,799	24.3	84.9	7.4	49.5
22.0	6.3	37	18	1,629	24.8	86.6	5.8	49.3
20.4	5.1	26	22	1,780	22.6	77.8	13.3	48.1
23.0	6.7	42	13	1,125	44.4	85.5	7.2	40.3
24.3	7.4	36	13	1,132	37.4	85.5	8.8	47.0
24.6	7.6	43	14	1,174	36.8	89.0	5.4	48.9
24.2	5.8	29	15	1,533	34.6	86.3	7.1	45.9
24.5	6.3	43	10	998	41.5	86.5	6.5	47.8
28.7	6.4	30	15	1,168	36.5	90.3	2.4	45.6
21.5	6.4	36	16	1,236	37.7	83.1	8.1	37.2
19.5	6.9	41	18	1,036	36.1	79.6	10.0	44.9
14.1	4.8	48	158	2,035	15.3	37.0	34.5	49.5
17.3	6.0	27	14	1,251	34.0	79.0	14.0	49.1
19.2	7.5	52	19	1,525	30.0	81.0	12.8	51.8
17.9	6.5	39	25	1,754	23.0	80.0	9.0	49.7
12.8	5.4	48	35	1,551	24.4	71.7	20.9	52.3
18.6	7.9	66	6	1,144	28.8	84.4	10.4	43.6
25.2	8.0	56	18	1,664	22.8	79.9	10.4	47.0
24.1	9.3	82	15	1,200	26.8	76.9	16.0	47.8
16.8	7.0	57	25	1,478	34.7	75.4	14.8	50.6
21.6	7.6	67	28	1,595	26.7	71.6	18.3	49.3

江西省

县市名称	人口数	1982年人均工农业总产值（元）	人口密度（人/平方公里）	人口性别比	人口年龄中位数（岁）	0—14岁人口占总人口百分比	65及65岁以上人口占总人口百分比	15—49岁育龄妇女占总人口百分比
分宜县	259,049	699	187	109.4	19.8	38.7	4.5	21.6
安义县	185,054	450	282	107.3	19.2	39.7	4.5	20.5
靖安县	117,327	577	85	110.3	21.3	35.9	5.5	20.5
铜鼓县	115,298	642	75	114.4	21.2	37.2	6.7	20.3
上饶市	136,924	1,161	2,107	105.1	24.5	28.5	4.7	26.6
鹰潭市	102,477	935	748	111.9	22.8	34.2	3.5	23.5
上饶县	671,971	268	270	109.5	18.8	41.0	4.5	20.5
广丰县	586,138	261	425	109.3	19.1	39.5	4.6	20.7
玉山县	454,404	360	264	111.2	20.2	37.8	4.7	21.1
铅山县	338,952	372	156	110.8	19.4	39.7	4.3	21.0
横峰县	155,436	384	237	109.6	19.5	39.5	4.2	21.7
弋阳县	287,857	492	181	108.7	19.4	39.5	3.9	21.7
贵溪县	440,229	307	178	108.4	19.3	39.7	3.7	21.2
余江县	278,304	361	297	106.9	19.7	38.6	4.0	21.8
余干县	641,719	272	275	105.4	18.7	41.5	4.0	20.8
波阳县	1,062,395	313	238	109.5	18.6	41.4	3.9	20.1
万年县	279,490	484	246	109.0	19.8	38.8	4.1	21.5
乐平县	616,281	574	312	108.7	19.1	40.5	3.8	21.3
德兴县	256,268	1,128	123	112.7	20.3	37.0	3.5	22.5
婺源县	284,513	477	97	107.0	20.4	36.9	4.9	21.3
吉安市	174,207	1,205	1,310	107.2	24.1	31.6	5.4	24.3
吉安县	526,399	406	171	101.9	18.9	40.8	4.8	21.0
吉水县	406,272	389	148	103.7	18.6	41.6	4.6	20.8
峡江县	134,546	528	105	105.7	18.8	41.1	4.0	21.1
新干县	246,301	496	197	103.6	18.5	41.8	3.8	21.1
永丰县	312,317	391	116	105.7	18.3	42.1	4.6	20.5
泰和县	413,213	401	155	102.6	18.7	41.4	4.7	20.6
遂川县	419,387	290	135	107.4	19.7	39.6	5.6	20.4
万安县	223,629	423	109	102.8	19.2	40.4	5.1	20.6
安福县	321,999	548	115	106.0	19.6	38.8	4.7	21.5
永新县	394,645	281	180	103.8	19.8	39.2	5.1	21.3
莲花县	195,615	354	184	103.3	20.7	37.0	5.3	22.4
宁冈县	68,655	338	113	102.9	18.6	41.4	5.0	20.9
井冈山县	47,648	683	72	110.4	19.7	38.5	5.1	21.6

（续27）

1981年人口出生率（‰）	1981年人口死亡率（‰）	1981年婴儿死亡率（‰）	每万人拥有大学生人数	每万人拥有初中文化程度人数	文盲、半文盲占12及12岁以上人口比重	农林牧渔业人口占在业人口百分比	工业人口占在业人口百分比	在业人口占总人口百分比
20.7	6.3	43	30	1,286	34.2	76.3	15.3	48.7
21.1	6.4	47	16	1,639	26.5	81.0	10.1	46.8
18.3	8.1	55	28	1,702	24.5	71.8	16.4	49.2
23.9	10.7	56	41	1,331	23.9	62.8	23.9	42.7
12.4	4.7	25	196	2,459	13.6	11.7	45.3	50.2
19.2	4.8	22	76	1,338	22.0	30.7	40.3	45.3
22.3	6.4	55	11	946	38.9	74.4	18.6	33.8
16.3	5.8	36	8	1,157	32.7	73.9	17.8	31.0
19.5	7.0	59	14	1,319	31.8	78.0	14.0	44.7
20.5	7.2	49	19	989	51.9	73.4	16.9	42.9
20.7	6.7	62	17	1,174	35.1	76.4	14.3	49.0
20.4	5.8	40	22	912	46.3	76.8	13.4	42.2
20.4	6.3	36	26	1,163	35.9	73.0	17.8	43.6
20.9	6.5	41	18	1,268	36.7	80.6	10.1	46.8
22.5	6.1	33	10	1,009	42.3	90.5	3.1	46.9
21.7	6.6	39	10	934	43.7	85.0	7.2	43.0
22.6	8.0	69	15	985	41.4	80.3	11.9	48.9
23.4	6.9	46	26	932	48.9	68.7	22.5	38.7
20.8	5.7	41	52	1,276	43.6	62.6	27.7	43.9
21.0	8.1	48	10	969	42.1	82.6	9.5	50.9
14.7	5.7	35	165	2,172	14.7	25.1	43.4	50.2
21.8	6.9	52	21	1,027	27.1	85.1	9.2	47.1
22.5	7.9	82	14	910	35.8	87.0	6.4	47.9
18.2	5.9	44	30	1,147	31.7	82.5	7.8	47.5
20.0	6.9	51	18	1,052	36.2	85.1	7.6	47.4
22.0	8.1	70	12	825	49.1	85.5	7.1	44.2
25.6	7.4	36	23	1,182	21.7	85.7	7.2	46.0
25.6	8.7	49	12	908	32.7	87.7	6.0	48.6
20.9	6.2	32	19	1,161	26.6	83.1	8.1	46.0
21.8	6.1	41	27	1,217	28.2	76.7	15.1	47.7
21.9	6.1	35	24	1,002	35.3	87.2	6.2	47.5
22.9	8.0	60	18	1,182	34.5	81.0	11.9	48.6
29.9	6.4	36	26	1,050	34.0	81.7	8.0	47.4
21.0	7.4	39	67	1,350	25.2	73.1	10.8	47.8

县市名称	人口数	1982年人均工农业总产值（元）	人口密度（人／平方公里）	人口性别比	人口年龄中位数（岁）	0—14岁人口占总人口百分比	65及65岁以上人口占总人口百分比	15—49岁育龄妇女占总人口百分比
抚州市	161,506	1,737	1,233	106.8	21.3	35.3	4.3	23.5
临川县	614,559	357	309	105.6	18.1	42.3	3.9	20.2
南城县	241,638	487	142	102.9	18.7	40.5	3.8	21.5
黎川县	191,855	485	111	105.9	18.5	40.3	3.5	21.3
南丰县	214,562	607	112	103.0	17.7	42.5	3.7	21.0
崇仁县	239,339	575	157	106.8	18.2	42.2	3.8	20.3
乐安县	283,104	513	117	108.0	18.2	41.6	4.0	20.3
宜黄县	173,816	504	89	108.4	19.1	39.4	3.6	21.2
金溪县	216,672	418	160	105.8	18.2	42.2	3.5	20.5
资溪县	88,254	571	71	108.3	19.6	38.1	3.7	21.8
进贤县	574,568	431	294	104.7	18.7	40.9	4.5	20.5
东乡县	320,288	518	254	107.1	18.9	40.5	3.5	21.1
九江县	261,101	517	322	106.0	19.6	38.3	4.1	21.8
瑞昌县	329,410	440	231	108.8	19.7	38.8	4.4	21.4
武宁县	304,514	386	87	108.1	20.2	37.4	5.2	20.9
修水县	624,430	298	139	111.2	20.1	38.5	5.6	20.5
永修县	313,946	623	154	107.8	19.5	38.5	4.0	21.5
德安县	143,411	851	155	107.3	19.9	38.2	3.9	21.9
星子县	181,179	333	252	106.4	18.9	40.2	4.2	21.2
都昌县	528,200	350	266	105.9	19.1	40.6	4.0	20.6
湖口县	218,399	511	326	104.8	20.5	37.6	4.0	21.8
彭泽县	278,534	528	181	105.0	19.2	39.4	3.2	21.8
山东省								
济南市	1,338,107	3,210	2,770	106.4	27.3	21.5	4.8	28.6
历城县	616,576	408	435	100.4	24.9	29.4	5.7	25.7
章丘县	903,138	475	525	96.7	25.3	30.6	5.7	25.5
长清县	487,245	444	399	101.3	24.2	30.1	5.7	25.1
青岛市	1,173,872	5,109	4,803	103.3	27.7	20.3	5.8	28.4
崂山县	653,911	618	762	99.1	25.3	29.7	5.6	26.9
即墨县	965,157	552	544	102.1	24.8	31.3	5.8	24.5
胶南县	778,558	637	390	104.3	25.2	30.8	5.9	24.1
胶县	656,096	674	504	103.6	25.5	30.6	5.9	24.4
淄博市	2,231,519	2,053	755	103.6	25.1	28.5	4.8	26.5

（续28）

1981年人口出生率（‰）	1981年人口死亡率（‰）	1981年婴儿死亡率（‰）	每万人拥有大学生人数	每万人拥有初中文化程度人数	文盲、半文盲占12及12岁以上人数比重	农林牧渔业人口占在业人口百分比	工业人口占在业人口百分比	在业人口占总人口百分比
14.5	4.4	21	154	2,218	17.0	31.5	40.8	47.2
20.9	5.7	31	12	1,108	28.7	82.5	11.4	47.2
18.2	6.3	28	19	1,026	33.5	77.9	12.5	46.6
19.0	6.3	52	15	964	29.5	77.5	12.1	44.6
21.1	5.8	22	16	848	40.5	80.7	9.7	45.8
18.9	5.6	37	25	1,166	26.4	78.3	13.2	46.6
20.6	5.4	45	28	1,154	37.9	70.6	18.6	41.5
18.5	7.0	29	24	1,100	39.1	79.1	11.5	48.8
24.9	6.6	38	19	1,210	29.8	82.0	8.6	44.8
19.7	6.2	38	28	1,375	29.7	73.1	13.2	48.2
23.0	5.8	29	16	1,231	30.6	81.1	11.3	46.5
22.7	6.3	42	27	1,259	33.6	81.1	11.8	48.9
22.1	6.6	49	19	1,307	36.3	78.3	13.2	47.9
22.6	7.1	53	46	1,264	34.1	73.6	18.5	49.6
22.1	7.6	56	13	1,509	26.7	82.5	8.5	51.0
23.1	10.0	76	10	1,075	28.0	82.6	10.3	49.1
20.3	6.1	37	31	1,600	28.7	78.5	12.4	48.7
18.7	6.6	48	44	1,467	30.1	69.8	19.3	49.0
23.7	6.1	32	17	1,012	43.5	76.8	13.8	48.1
26.0	8.5	47	9	1,012	38.7	78.8	14.4	49.3
17.7	7.1	42	23	1,161	38.6	71.3	19.1	50.7
23.6	6.6	44	19	1,118	41.0	77.5	12.8	47.4
16.0	5.6	17	262	2,571	13.4	14.5	54.7	61.7
21.0	7.2	21	11	2,038	30.2	86.0	8.9	52.9
15.9	7.1	24	10	1,852	31.2	77.8	15.7	52.7
16.6	7.8	22	11	1,934	32.1	87.9	6.2	56.3
17.0	5.5	13	189	3,687	13.3	7.2	64.0	62.5
18.6	5.5	15	17	2,269	23.9	65.2	25.9	54.4
20.6	6.2	21	9	2,009	24.6	81.1	12.5	50.3
17.1	6.6	35	7	1,592	41.4	80.2	13.3	50.8
17.8	6.1	18	15	1.886	33.2	79.6	13.5	52.4
20.1	6.0	13	53	2,349	23.1	52.8	35.6	53.0

山东省

县市名称	人口数	1982年人均工农业总产值（元）	人口密度（人／平方公里）	人口性别比	人口年龄中位数（岁）	0—14岁人口占总人口百分比	65及65岁以上人口占总人口百分比	15—49岁育龄妇女人口占总人口百分比
枣庄市	1,238,257	1,004	524	106.2	22.6	33.7	4.9	23.7
滕县	1,484,247	607	678	106.9	23.6	31.9	5.2	24.1
烟台市	384,336	3,540	3,882	108.3	27.1	22.3	5.7	28.0
威海市	210,415	2,186	525	99.9	26.6	25.4	6.6	28.2
福山县	281,455	772	413	99.0	25.5	27.3	6.5	27.2
蓬莱县	470,162	863	388	98.7	26.1	27.0	7.1	26.8
黄县	543,194	899	616	99.3	26.4	26.5	6.7	26.8
招远县	537,088	1,004	377	99.5	25.6	27.5	6.8	25.9
掖县	833,896	860	463	101.9	27.6	25.9	9.2	25.0
莱西县	646,857	601	404	103.6	25.1	27.9	6.4	25.1
莱阳县	810,208	742	476	103.1	24.6	28.8	6.0	25.5
栖霞县	637,097	755	314	102.5	25.2	27.8	5.8	26.3
海阳县	680,325	606	376	101.9	25.2	27.5	6.3	26.2
乳山县	608,113	739	378	103.1	25.7	26.7	6.4	26.2
牟平县	546,806	823	301	101.7	26.2	26.5	6.8	26.6
文登县	687,127	820	368	103.6	27.4	24.0	7.0	26.7
荣成县	714,871	1,141	450	102.3	27.3	24.5	7.0	26.7
长岛县	36,966	1,630	860	95.6	26.2	26.0	7.0	28.5
潍坊市	371,992	4,662	3 916	110.8	26.3	24.8	4.5	26.9
益都县	763,522	919	487	102.3	25.3	28.9	5.2	25.9
安丘县	959,628	675	475	102.0	24.9	30.2	5.5	25.1
寿光县	896,142	665	412	101.2	25.2	30.2	6.0	24.6
临朐县	743,020	558	388	102.2	24.0	30.8	4.6	26.4
昌乐县	509,560	613	483	103.0	24.5	30.8	5.2	24.6
昌邑县	629,571	892	370	99.7	26.6	26.9	7.7	25.3
高密县	772,589	716	488	101.5	25.7	31.4	6.1	24.2
诸城县	945,519	811	434	103.5	24.7	30.8	5.6	24.6
五莲县	471,543	591	315	106.2	25.0	29.2	5.2	25.2
平度县	1,221,999	656	385	103.4	25.0	30.1	7.2	23.4
潍县	615,568	634	424	102.1	25.5	28.9	6.7	24.4
惠民县	556,108	560	403	99.3	26.2	30.3	6.0	24.7
滨县	431,899	831	495	104.9	26.0	30.7	4.8	25.0
阳信县	380,421	397	469	101.9	24.9	33.7	5.9	22.8
无棣县	380,963	318	224	103.5	24.4	31.9	6.2	23.9

(续29)

1981年人口出生率(‰)	1981年人口死亡率(‰)	1981年婴儿死亡率(‰)	每万人拥有大学生人数	每万人拥有中学文化程度人数	文盲、半文盲占12及12岁以上人口比重	农林牧渔业人口占在业人口百分比	工业人口占在业人口百分比	在业人口占总人口百分比
20.8	4.6	11	25	163	42.1	69.4	20.5	53.5
19.1	6.0	16	12	1,565	41.1	84.4	9.7	54.9
18.8	5.7	8	132	2,846	10.9	26.1	48.2	61.0
19.1	5.9	12	39	2,805	14.4	51.3	37.4	61.0
18.2	6.7	23	17	2,245	16.3	80.7	12.2	53.1
16.8	7.2	19	19	2,286	16.8	83.7	9.9	55.3
19.8	7.1	15	20	2,472	17.4	78.5	14.7	57.8
17.8	7.4	29	15	2,522	23.1	83.4	10.8	54.2
15.0	7.7	17	13	2,404	21.4	72.9	20.5	58.8
19.4	6.1	21	14	2,405	27.4	86.7	7.7	53.3
20.3	6.0	18	22	2,420	24.7	84.8	8.5	50.1
19.1	6.7	25	12	2,378	22.7	88.6	6.4	57.4
15.3	7.2	23	10	2,268	23.5	56.5	38.0	59.5
17.6	6.0	20	12	2,435	22.7	49.1	43.1	51.5
17.7	7.0	18	12	2,363	18.4	85.0	9.6	55.9
18.7	6.3	16	14	2,508	19.0	86.1	8.2	55.7
16.5	6.3	16	12	2,561	17.3	86.7	7.7	54.0
15.4	7.2	25	32	2,481	20.0	67.6	17.1	54.7
18.9	5.3	11	128	2,677	15.0	24.1	52.5	58.8
15.6	5.7	10	17	2,050	28.7	83.9	9.1	56.1
16.7	6.0	16	8	1,790	36.4	84.8	9.4	52.1
17.0	6.5	11	10	1,983	28.8	84.1	9.9	52.1
22.9	5.8	13	10	1,934	31.3	86.5	7.4	53.8
19.5	6.4	16	12	1,881	32.7	87.2	6.2	52.0
17.0	7.8	9	11	2,104	27.4	80.9	12.5	53.3
16.6	6.3	16	10	1,737	32.6	81.9	10.8	51.5
13.6	6.2	19	8	1,586	41.1	81.8	11.4	51.0
16.8	7.0	32	10	1,388	49.8	87.1	7.6	50.6
15.2	6.8	20	9	1,818	32.0	86.6	7.4	51.5
17.9	7.0	13	13	2,047	26.1	83.8	9.3	53.4
19.0	7.7	22	11	1,544	39.0	90.7	4.0	56.1
18.9	7.7	24	59	1,848	33.1	71.7	17.6	55.6
15.6	6.9	21	9	1,403	41.0	92.9	1.8	53.5
17.8	6.8	15	10	1,474	40.1	93.7	2.0	56.4

山东省

县市名称	人口数	1982年人均工农业总产值（元）	人口密度（人／平方公里）	人口性别比	人口年龄中位数（岁）	0—14岁人口占总人口百分比	65及65岁以上人口占总人口百分比	15—49岁育龄妇女占总人口百分比
沾化县	422,757	570	195	103.1	24.8	33.2	5.6	23.7
利津县	289,477	274	191	101.3	25.2	33.4	5.2	24.1
广饶县	502,202	602	325	101.2	25.6	32.6	5.9	23.9
博兴县	483,644	408	445	101.1	25.1	32.8	5.7	23.7
桓台县	441,410	585	872	98.3	25.1	31.4	5.9	24.9
邹平县	638,521	496	512	98.6	25.0	31.5	5.7	24.5
高青县	353,231	408	382	100.6	25.4	32.0	5.7	23.8
垦利县	452,498	205	182	108.2	25.4	34.3	3.4	25.0
德州市	260,724	2,022	1,704	108.8	25.5	27.4	3.9	27.0
陵县	536,442	725	360	100.6	23.8	34.2	5.6	23.3
平原县	405,814	761	345	100.7	25.6	33.2	5.7	23.5
夏津县	420,549	496	480	102.4	25.3	33.5	5.6	23.4
武城县	311,711	767	421	99.6	25.1	32.6	6.1	24.0
齐河县	589,898	564	367	101.3	25.2	32.8	6.3	22.3
禹城县	416,085	650	423	101.3	24.7	33.2	5.7	23.4
乐陵县	517,516	528	454	103.5	24.2	33.7	5.8	23.2
临邑县	426,983	519	426	101.6	24.2	34.7	5.2	23.1
商河县	518,294	537	436	100.5	25.2	34.4	5.4	23.0
济阳县	461,901	529	416	99.8	25.7	31.5	6.0	23.4
宁津县	405,710	636	495	100.3	25.0	31.7	6.0	24.7
庆云县	242,311	497	482	104.7	23.1	33.5	5.4	23.5
聊城县	678,606	852	539	102.2	24.8	31.0	5.8	24.9
阳谷县	604,377	626	606	101.3	24.3	32.8	6.4	23.4
莘县	736,627	465	533	102.5	23.8	33.9	6.6	22.7
茌平县	471,586	622	422	102.2	25.1	32.9	6.6	22.9
东阿县	363,811	573	458	100.4	25.0	31.7	6.9	23.2
冠县	595,699	585	506	100.4	23.6	33.7	6.2	24.1
高唐县	398,970	897	413	102.3	26.2	32.1	5.9	23.7
临清县	570,325	906	597	102.2	24.5	31.4	5.3	25.0
泰安市	1,269,876	588	604	102.2	24.4	30.5	5.0	25.2
莱芜县	1,020,966	694	483	106.1	24.6	29.6	4.5	25.6
新泰县	957,372	408	509	102.8	21.6	33.6	4.1	25.0
宁阳县	705,417	490	624	104.1	22.9	32.9	4.1	24.3
肥城县	842,639	664	657	104.0	24.6	30.2	4.7	25.1

（续30）

1981年人口出生率（‰）	1981年人口死亡率（‰）	1981年婴儿死亡率（‰）	每万人拥有大学生人数	每万人拥有初中文化程度人数	文盲、半文盲占12及12岁以上人口比重	农林牧渔业人口占在业人口百分比	工业人口占在业人口百分比	在业人口占总人口百分比
18.6	6.4	17	20	1,417	42.8	87.0	7.2	49.3
17.0	7.0	15	11	1,657	39.0	90.8	3.1	50.2
19.1	6.9	16	10	1,574	37.3	90.3	3.9	47.8
18.8	6.5	13	10	1,580	38.6	90.4	3.2	50.2
19.2	6.8	27	10	1,899	32.5	82.4	11.1	52.1
17.3	6.8	21	10	1,978	28.7	91.4	3.6	53.8
18.6	7.2	18	11	1,678	35.4	92.2	2.9	53.0
16.4	4.5	10	118	1,958	28.9	53.0	32.0	52.0
16.4	5.7	16	122	2,529	21.0	33.3	40.3	57.8
17.2	6.0	11	9	1,547	34.1	92.5	2.7	54.4
15.8	6.5	23	13	1,695	33.7	90.0	3.5	53.2
22.1	7.8	14	13	1,356	45.2	91.9	2.6	56.2
17.2	7.4	11	12	1,682	35.5	90.9	3.2	54.4
15.9	7.1	20	11	1,594	40.2	91.8	2.7	51.9
15.8	6.8	16	13	1,662	38.2	87.7	5.1	51.8
19.0	6.5	16	9	1,315	45.2	93.6	1.9	54.5
19.3	6.6	17	16	1,486	38.0	88.4	4.2	50.5
17.1	6.5	14	9	1,268	48.8	91.9	3.3	51.5
15.0	7.2	19	9	1,414	41.9	91.8	3.1	54.1
16.6	6.8	13	9	1,952	28.7	91.4	3.1	56.0
18.7	6.2	26	11	1,399	41.9	92.0	2.8	57.7
22.8	7.4	21	49	1,721	36.0	81.5	9.5	57.2
18.0	6.5	19	14	1,466	44.2	91.5	2.7	54.2
22.6	6.4	15	10	1,209	49.6	93.4	2.2	54.6
16.9	7.6	19	13	1,532	44.2	91.7	3.2	53.9
17.7	7.8	13	14	1,733	37.4	88.5	4.5	54.4
26.2	6.5	10	11	1,395	42.2	93.1	2.2	53.6
20.7	7.9	18	14	1,400	43.0	91.3	4.0	56.2
21.2	6.6	16	18	1,541	38.8	82.5	10.7	56.4
16.6	6.0	17	42	1,817	30.4	78.5	11.9	52.7
16.5	5.4	21	26	1,901	35.1	73.2	19.1	51.1
20.0	5.0	16	10	1,384	45.1	84.0	10.2	50.1
17.8	6.7	26	12	1,651	38.9	83.0	9.9	51.9
17.5	6.8	21	19	2,232	28.6	78.4	15.7	53.9

山东省

县市名称	人口数	1982年人均工农业总产值（元）	人口密度（人／平方公里）	人口性别比	人口年龄中位数（岁）	0—14岁人口占总人口百分比	65及65岁以上人口占总人口百分比	15—49岁育龄妇女占总人口百分比
东平县	503,603	445	537	98.3	24.6	29.5	5.7	25.4
平阴县	348,309	575	449	98.3	24.4	30.3	6.0	25.4
新汶县	154,911	2,075	1,597	135.7	24.9	26.5	2.7	23.7
济宁市	211,232	3,872	5,709	107.4	25.8	25.5	4.3	27.7
济宁县	523,162	502	577	100.9	23.3	33.1	5.0	24.6
兖州县	491,212	731	765	106.2	25.3	29.2	4.7	25.1
曲阜县	518,229	619	635	104.3	25.0	29.3	4.8	25.5
泗水县	490,557	384	437	107.3	23.0	32.9	4.6	23.6
邹县	861,923	590	536	111.0	23.7	31.6	4.6	23.6
微山县	509,831	441	297	106.7	22.0	33.8	5.0	23.3
鱼台县	331,627	517	492	102.2	24.3	32.8	5.9	23.3
金乡县	466,440	542	531	100.4	24.0	32.8	6.3	23.2
嘉祥县	624,893	454	610	105.3	24.3	32.2	5.6	23.2
汶上县	584,303	545	659	102.5	21.0	35.1	4.9	23.0
临沂县	1,303,749	590	747	104.3	23.2	33.8	5.4	23.9
郯城县	768,388	410	592	102.5	22.6	34.0	5.0	23.6
苍山县	926,660	360	510	104.1	22.8	33.3	5.1	23.9
莒南县	841,191	506	482	103.1	23.0	32.4	5.2	24.9
日照县	919,433	476	496	102.9	23.7	31.7	5.3	24.6
莒县	909,621	469	469	103.2	23.4	33.5	5.2	24.1
沂水县	941,855	544	392	104.3	23.1	32.9	4.9	24.4
沂源县	524,913	525	299	103.9	23.1	31.9	4.3	25.8
蒙阴县	442,708	536	277	103.9	23.1	31.7	4.9	26.0
平邑县	808,443	314	442	105.8	21.5	33.5	4.7	24.5
费县	742,571	431	390	105.1	21.2	33.7	5.7	23.9
沂南县	751,439	408	425	103.7	23.4	33.4	5.4	24.1
临沭县	522,004	408	492	104.2	22.3	33.9	5.2	24.1
菏泽县	954,123	597	674	102.5	23.6	34.3	5.6	22.6
曹县	1,093,554	299	555	101.5	22.7	36.0	5.9	21.9
定陶县	471,482	512	559	100.5	24.1	34.2	6.3	22.3
成武县	478,097	367	472	99.3	21.3	36.1	6.3	21.5
单县	895,336	347	544	99.6	21.3	36.0	6.3	21.9
巨野县	657,612	361	526	102.9	21.2	35.6	5.9	21.6
梁山县	699,595	384	527	104.0	23.8	33.1	6.3	22.9

(续31)

1981年人口出生率(‰)	1981年人死口亡率(‰)	1981年婴儿死亡率(‰)	每万人拥有大学生人数	每万人拥有初中文化程度人数	文盲、半文盲占12及12岁以上人口比重	农林牧渔业人口占在业人口百分比	工业人口占在业人口百分比	在业人口占总人口百分比
19.0	7.3	31	11	1,709	43.0	88.5	5.3	52.6
17.4	7.7	34	16	1,904	34.5	82.7	10.9	54.6
19.9	4.2	10	55	2,471	27.8	30.3	58.8	59.6
18.3	5.3	11	175	3,011	15.2	11.9	56.8	58.8
25.9	6.1	12	6	1,714	42.8	92.1	3.8	53.9
20.2	6.3	20	34	2,029	31.2	73.9	15.3	55.7
18.8	6.7	19	30	1,755	37.6	83.5	8.7	53.2
18.6	5.5	12	11	1,300	48.0	92.7	2.7	53.8
17.7	6.8	37	27	1,602	45.0	80.6	13.1	54.7
24.2	5.5	16	11	1,375	49.1	86.0	6.1	54.5
23.3	5.9	15	13	1,380	50.9	89.6	3.6	53.0
23.4	6.0	16	12	1,551	47.9	89.5	4.6	53.1
16.7	6.7	17	10	1,231	53.2	89.3	4.7	54.2
20.7	6.0	21	9	1,671	41.9	90.2	4.1	49.1
16.2	5.6	21	23	1,459	45.9	78.7	13.1	52.8
19.0	6.2	21	9	1,045	54.3	91.8	3.5	54.7
22.7	5.7	17	6	982	58.8	92.9	2.8	55.3
15.1	5.5	26	6	1,503	45.5	91.4	3.5	56.2
17.0	5.9	32	8	1,493	43.5	83.6	9.1	48.9
17.1	5.3	19	6	1,429	47.8	90.9	3.8	54.7
23.1	5.6	18	12	1,363	47.0	91.0	4.3	54.8
22.3	5.4	21	16	1,412	42.3	85.3	9.0	56.4
18.8	5.2	17	22	1,516	44.2	86.8	7.9	53.7
21.8	5.7	13	7	1,315	51.8	92.5	2.8	53.9
21.5	5.6	23	11	1,383	52.3	92.1	3.1	52.5
18.4	5.6	26	7	1,405	47.3	93.0	2.6	55.2
22.4	6.0	27	7	1,289	51.8	92.7	2.4	55.4
21.8	5.3	14	34	1,309	48.2	85.7	6.8	53.4
26.2	6.1	17	10	1,145	56.4	94.3	1.8	53.7
24.0	6.7	24	13	1,247	52.5	89.6	4.7	54.4
21.2	5.4	17	13	1,261	53.5	91.3	2.9	50.8
24.5	5.2	12	12	1,251	52.8	92.6	2.9	53.0
18.5	5.8	16	11	1,073	56.1	91.9	2.8	52.3
18.4	6.2	25	14	1,374	48.8	89.9	4.6	52.7

县市名称	人口数	1982年人均工农业总产值（元）	人口密度（人/平方公里）	人口性别比	人口年龄中位数（岁）	0—14岁人口占总人口百分比	65及65岁以上人口占总人口百分比	15—49岁育龄妇女人口占总人口百分比
郓城县	866,101	401	528	102.8	24.6	34.3	6.9	21.6
鄄城县	611,243	271	582	103.2	21.4	34.6	5.9	22.3
东明县	548,910	244	425	102.0	20.3	38.0	5.2	20.7
河南省								
郑州市	1,428,316	1,688	1,416	109.5	25.7	25.6	4.7	26.9
荥阳县	540,120	464	590	99.3	23.7	32.2	6.6	24.0
开封市	604,229	2,484	1,726	102.8	25.7	27.2	5.3	26.9
洛阳市	975,764	2,142	2,144	108.3	25.3	28.3	4.0	26.8
平顶山市	475,946	2,557	2,518	133.5	25.5	27.6	3.1	23.6
安阳市	504,297	3,108	2,101	108.6	25.0	29.9	3.8	25.9
鹤壁市	315,870	1,075	705	117.6	23.3	31.9	2.9	24.0
新乡市	508,604	2,411	2,608	109.0	25.3	27.6	3.8	26.8
焦作市	487,641	2,065	1,250	112.9	24.0	30.2	3.6	25.1
林县	814,033	334	409	99.1	23.5	33.9	4.3	24.9
安阳县	959,476	294	643	99.5	20.3	37.1	4.3	23.1
汤阴县	351,564	402	529	97.9	21.7	36.0	4.7	23.0
淇县	200,223	379	345	99.8	20.0	37.8	4.0	23.2
浚县	532,623	367	469	99.5	20.2	37.0	5.2	22.3
濮阳县	995,127	540	574	101.5	24.6	34.5	5.6	22.7
滑县	937,421	293	535	100.3	22.4	37.1	6.0	21.9
清丰县	524,964	368	599	101.4	25.1	33.2	7.2	22.9
南乐县	366,772	336	588	100.2	24.5	33.9	7.1	23.0
内黄县	553,666	291	513	99.9	23.3	35.9	5.8	22.8
长垣县	598,158	299	675	100.5	21.2	37.5	5.7	21.7
范县	367,851	248	701	103.4	20.6	36.8	5.6	21.9
台前县	257,711	146	868	102.5	21.2	35.3	5.6	23.0
沁阳县	353,712	577	573	97.4	24.2	31.5	5.9	24.7
博爱县	345,172	632	808	97.9	23.2	34.3	5.5	23.5
济源县	508,498	640	263	101.0	23.6	32.3	4.8	24.7
孟县	276,182	616	489	95.1	25.3	30.5	6.8	24.9
温县	318,910	621	690	94.3	23.8	33.7	6.8	24.0
武陟县	498,443	445	586	96.5	24.5	35.5	6.2	22.8
修武县	232,525	565	322	100.1	23.0	35.0	5.6	23.1

（续32）

1981年人口出生率（‰）	1981年人口死亡率（‰）	1981年婴儿死亡率（‰）	每万人拥有大学生人数	每万人拥有初中文化程度人数	文盲、半文盲占12及12岁以上人口比重	农林牧渔业人口占在业人口百分比	工业人口占在业人口百分比	在业人口占总人口百分比
19.1	6.2	24	12	1,231	52.0	93.0	2.1	53.9
16.8	6.3	23	11	1,107	55.8	93.0	2.0	53.1
27.6	6.7	13	10	1,195	55.0	92.9	1.8	50.7
15.1	5.2	16	239	2,704	10.8	28.5	42.1	58.0
21.1	8.1	23	19	2,702	21.8	81.5	11.1	52.6
17.8	5.4	16	198	2,785	19.8	22.9	50.1	55.3
15.1	4.7	14	201	3,083	12.5	32.6	46.5	58.8
13.9	4.6	18	97	2,749	20.1	28.1	58.2	60.1
15.3	4.9	21	101	2,902	14.4	28.6	47.9	57.5
15.3	5.0	13	58	2,471	23.8	38.0	48.7	53.3
15.1	4.2	18	175	3,014	17.7	17.9	53.2	55.0
15.2	4.2	15	82	2,936	17.5	25.6	57.6	53.7
17.5	7.4	19	7	2,173	23.0	89.7	5.1	53.3
22.2	7.2	19	8	1,884	24.8	86.2	9.0	52.5
19.6	7.8	18	9	1,971	33.6	83.6	7.5	50.6
20.2	6.2	20	14	2,082	31.6	88.2	4.2	51.9
19.1	7.1	24	8	1,860	38.1	89.0	4.4	49.7
21.2	8.1	22	15	1,354	50.5	89.4	4.2	53.7
26.1	6.7	14	7	1,701	40.4	93.1	2.4	50.7
22.3	9.3	30	11	1,596	45.1	89.2	5.2	55.6
27.4	8.0	18	8	1,631	45.6	91.3	2.7	49.1
25.8	7.2	14	9	1,811	44.1	91.6	2.9	54.0
24.2	6.0	13	8	1,724	35.2	91.5	2.8	50.5
22.9	6.0	18	12	1,352	50.2	91.2	3.5	51.4
23.6	5.8	12	10	1,453	47.2	92.6	1.7	51.7
24.1	6.6	16	16	2,646	26.3	82.0	10.0	53.6
24.9	6.4	11	14	2,528	25.2	78.3	11.5	49.8
21.0	7.2	15	27	2,829	19.8	77.2	14.9	55.6
19.8	7.7	13	16	3,039	21.1	78.3	13.8	53.5
22.7	6.6	12	16	2,632	24.2	81.4	10.8	49.9
23.6	6.6	13	11	2,067	31.3	84.2	7.7	44.8
25.1	6.6	20	15	2,145	28.6	78.6	12.8	49.8

河南省

县市名称	人口数	1982年人均工农业总产值（元）	人口密度（人／平方公里）	人口性别比	人口年龄中位数（岁）	0—14岁人口占总人口百分比	65及65岁以上人口占总人口百分比	15—49岁育龄妇女占总人口百分比
获嘉县	298,889	449	629	97.0	24.2	35.4	5.9	23.4
新乡县	340,414	837	589	96.0	24.3	34.6	5.5	24.4
辉县	606,330	631	302	101.7	23.7	31.1	4.7	24.9
汲县	386,789	770	482	101.4	22.1	34.8	4.8	23.8
原阳县	474,711	370	425	102.7	23.6	34.2	6.2	22.4
延津县	363,737	374	387	100.7	21.1	37.2	5.5	21.9
封丘县	557,218	244	504	100.4	21.4	36.6	6.0	22.2
商丘市	183,430	1,591	2,414	106.6	25.7	28.6	4.3	26.0
虞城县	812,654	205	528	102.9	21.4	35.4	5.6	21.5
商丘县	858,867	330	567	101.0	22.4	35.8	5.3	22.1
民权县	598,860	279	499	101.4	22.8	35.3	5.6	22.6
宁陵县	434,524	248	553	100.4	20.2	37.3	5.3	22.0
睢县	579,120	292	620	100.4	23.1	34.6	6.0	22.8
夏邑县	805,900	231	552	102.2	20.4	35.9	5.8	21.6
柘城县	681,375	290	646	101.3	20.2	36.7	5.2	22.1
永城县	995,235	217	536	102.7	20.0	37.4	5.2	20.9
杞县	775,847	293	623	100.5	23.6	35.2	6.3	22.2
通许县	431,674	326	516	100.6	23.2	35.2	6.4	22.4
尉氏县	651,444	348	540	102.9	23.6	33.0	6.5	22.8
开封县	542,897	298	352	103.5	23.8	34.6	6.0	21.9
中牟县	519,724	334	505	103.2	23.2	32.4	5.8	23.4
新郑县	483,445	878	614	102.8	23.8	33.2	6.2	23.1
巩县	615,662	728	666	100.9	24.1	31.3	6.3	24.2
登封县	484,183	400	397	105.1	20.1	36.0	4.9	22.3
密县	578,155	457	585	102.3	21.7	33.3	5.7	23.2
兰考县	541,170	355	514	101.9	24.0	35.4	5.5	22.3
三门峡市	140,408	2,846	759	104.7	24.6	29.4	3.7	27.4
义马市	78,153	2,046	698	153.2	25.6	27.7	2.5	20.8
偃师县	673,264	405	746	96.0	23.7	33.3	6.1	24.4
孟津县	384,943	298	577	96.4	24.2	33.8	6.2	24.2
新安县	440,044	332	424	104.7	21.1	35.1	4.4	23.2
渑池县	280,212	314	197	106.1	21.0	35.5	4.2	23.2
陕县	301,649	471	171	107.2	23.6	32.3	4.4	24.4
灵宝县	588,170	403	195	105.6	23.3	33.3	4.4	24.1

（续33）

1981年人口出生率（‰）	1981年人口死亡率（‰）	1981年婴儿死亡率（‰）	每万人拥有大学生人数	每万人拥有初中文化程度人数	文盲、半文盲占12及12岁以上人口比重	农林牧渔业人口占在业人口百分比	工业人口占在业人口百分比	在业人口占总人口百分比
18.7	6,3	11	15	2,097	28.2	84.9	7.3	47.9
21.6	6.4	14	14	2,169	25.3	83.9	10.1	50.8
24.3	6.8	16	13	2,166	28.3	84.1	8.8	54.8
20.8	6.3	17	28	2,086	29.8	76.9	14.5	51.6
18.9	5.1	12	10	1,672	40.3	91.0	3.1	49.6
23.3	5.4	11	12	1,599	39.1	90.1	4.2	51.0
24.7	6.1	25	9	1,761	37.0	94.0	1.6	51.5
14.7	4.1	19	142	2,844	21.2	28.4	36.6	57.4
19.4	5.0	9	9	1,518	50.3	94.3	1.7	57.3
19.3	5.3	14	9	1,700	47.5	92.5	2.9	55.9
23.1	6.3	20	13	1,671	47.6	92.7	2.0	54.1
20.1	4.9	15	12	1,589	45.1	93.7	1.7	55.0
20.1	5.9	22	12	1,875	42.2	93.9	1.5	57.1
17.3	5.0	13	9	1,620	51.3	94.7	1.6	58.0
20.5	4.3	13	9	1,602	49.4	94.4	1.3	56.2
17.5	4.9	10	8	1,431	52.2	94.0	1.8	54.3
23.2	5.4	14	9	1,741	44.2	93.9	1.9	54.7
24.2	5.8	19	14	1,961	40.3	93.1	1.9	54.0
19.4	7.1	26	11	1,851	44.4	92.3	2.2	53.5
21.4	5.5	22	11	1,650	43.2	93.1	2.2	55.5
18.0	5.6	25	16	1,763	42.3	89.8	4.5	54.4
18.7	6.5	31	14	2,373	28.8	86.1	6.9	54.2
21.0	6.8	23	15	2,784	22.0	76.3	16.2	54.2
19.4	6.5	31	10	1,814	32.4	88.0	5.2	53.8
16.6	6.9	22	9	2,410	27.8	85.6	7.9	54.2
21.7	5.7	17	12	1,466	48.2	91.9	2.3	53.8
15.3	6.0	32	106	2,735	14.7	40.5	42.7	58.2
14.7	4.3	24	53	2,839	17.7	32.3	60.8	61.6
20.2	6.7	119	15	2,582	22.3	88.2	6.0	53.6
18.6	7.0	20	16	2,605	19.8	88.1	5.7	55.4
19.3	6.9	18	17	2,249	22.9	87.3	6.5	54.7
16.8	6.9	24	23	2,110	25.4	82.0	9.9	54.5
15.6	7.3	22	19	2,482	22.9	82.9	9.0	56.2
16.6	7.4	21	26	2,136	26.1	86.7	6.9	55.5

河南省

县市名称	人口数	1982年人均工农业总产值（元）	人口密度（人／平方公里）	人口性别比	人口年龄中位数（岁）	0—14岁人口占总人口百分比	65及65岁以上人口占总人口百分比	15—49岁育龄妇女占总人口百分比
伊川县	559,866	241	568	103.5	20.1	36.8	4.7	22.4
汝阳县	333,091	205	245	107.5	23.0	33.8	4.9	22.5
嵩县	440,452	172	154	106.4	22.4	33.1	4.6	23.0
洛宁县	383,084	211	155	105.6	21.3	35.2	3.5	23.3
卢氏县	322,658	219	81	109.2	22.5	33.7	4.6	22.9
栾川县	254,718	302	117	107.7	22.1	33.5	4.8	23.0
临汝县	717,447	402	448	106.9	24.5	34.0	5.3	22.6
宜阳县	528,287	262	318	103.9	20.2	36.4	4.5	22.8
许昌市	227,676	3,473	2,448	110.3	25.7	26.6	4.5	26.5
漯河市	152,104	1,715	3,307	101.0	25.6	26.1	5.4	27.5
长葛县	525,803	467	856	100.7	23.4	33.0	6.4	23.5
禹县	949,560	419	637	105.8	23.6	33.3	5.7	22.7
鄢陵县	498,493	360	580	101.1	22.2	35.7	6.3	22.4
许昌县	680,520	246	671	99.6	22.3	35.3	6.1	22.8
郏县	466,600	213	618	105.0	20.3	35.7	5.8	22.0
临颍县	530,732	429	686	101.2	24.1	33.9	6.5	22.8
襄城县	669,742	296	747	101.6	22.1	34.9	5.5	23.4
宝丰县	428,294	317	437	105.9	21.2	35.0	5.7	22.5
郾城县	751,125	383	778	99.3	23.4	33.8	6.2	23.1
叶县	684,683	301	475	105.1	23.7	34.7	6.1	22.1
鲁山县	695,296	309	258	110.4	20.6	35.5	5.6	21.5
舞阳县	765,381	209	986	105.8	24.7	32.2	6.8	22.6
周口市	206,568	963	1,497	102.6	23.6	32.2	4.6	25.2
扶沟县	563,034	407	480	100.0	23.1	35.2	6.4	22.6
西华县	670,079	329	578	102.4	21.3	36.3	5.6	22.1
商水县	911,290	274	748	101.2	21.4	36.7	5.4	22.1
太康县	1,021,558	214	599	101.0	20.1	38.7	5.5	21.3
鹿邑县	855,970	247	722	102.2	19.9	38.2	4.8	21.5
郸城县	964,696	283	665	103.0	20.1	37.2	5.2	21.6
淮阳县	1,030,203	257	720	102.0	20.2	37.0	5.5	21.7
沈丘县	911,008	315	905	101.6	20.4	36.3	5.2	22.4
项城县	852,742	288	770	101.2	20.5	36.3	5.1	23.0
驻马店市	141,973	1,765	1,868	106.7	25.1	30.0	3.8	26.5
确山县	587,129	240	273	104.3	20.1	36.7	4.7	21.9

（续34）

1981年人口出生率（‰）	1981年人口死亡率（‰）	1981年婴儿死亡率（‰）	每万人拥有大学生人数	每万人拥有初中文化程度人数	文盲、半文盲占12及12岁以上人口比重	农林牧渔业人口占在业人口百分比	工业人口占在业人口百分比	在业人口占总人口百分比
22.3	6.2	20	11	1,841	32.8	90.9	3.7	53.1
19.9	7.0	31	13	1,682	40.6	91.0	3.1	55.1
15.1	6.8	28	11	1,812	37.3	93.2	1.7	56.5
20.4	7.7	22	16	2,006	24.4	91.4	3.1	58.3
18.3	7.6	29	11	1,535	37.4	92.4	1.3	56.3
19.1	7.2	29	13	1,850	35.8	89.0	3.8	53.1
19.3	6.3	16	11	1,920	38.0	87.3	7.1	55.6
19.0	6.8	18	15	1,971	29.6	89.1	6.1	55.3
16.6	4.7	19	141	3,094	14.3	26.7	39.0	58.0
15.4	5.5	22	62	3,087	19.8	29.8	40.6	58.1
18.8	6.2	28	11	2,226	31.3	84.8	8.4	53.9
18.1	6.3	38	9	2,147	32.6	84.6	9.3	54.4
24.0	6.6	24	10	1,811	42.2	92.4	2.1	51.6
22.4	5.4	22	5	2,232	29.1	94.7	1.6	53.2
20.4	5.7	23	10	1,920	36.9	92.1	2.2	52.6
24.0	5.6	17	10	2,227	34.4	90.2	3.5	53.9
22.9	5.5	18	6	2,141	34.8	92.7	1.8	55.1
17.7	6.0	22	10	2,080	34.8	86.2	5.8	52.8
21.8	5.6	20	9	2,211	34.1	93.0	2.2	54.4
19.1	6.3	27	9	1,961	36.8	92.5	2.0	53.4
22.1	6.2	19	12	1,828	35.7	89.1	4.4	52.5
20.2	6.6	16	18	2,556	26.6	91.8	2.3	55.1
23.5	4.9	14	81	2,355	26.9	41.4	31.3	52.8
23.7	7.3	32	9	2,088	39.6	93.1	2.0	52.8
22.6	5.6	23	11	1,915	41.0	92.0	1.9	53.3
23.4	5.4	22	5	1,493	49.2	94.1	1.6	52.5
24.9	4.9	14	8	1,750	46.3	94.1	1.7	51.5
27.0	5.2	22	6	1,392	51.5	93.4	2.0	54.2
27.2	5.0	16	6	1,488	52.7	94.2	1.8	53.8
25.8	5.0	12	7	1,518	49.5	93.4	2.2	52.6
27.1	4.8	11	6	1,606	48.4	92.6	2.6	53.8
25.9	4.2	10	7	1,759	42.8	92.9	2.3	52.5
19.0	4.2	9	173	2,844	17.2	24.0	40.2	55.5
19.0	6.2	47	10	1,716	41.5	91.0	3.4	53.2

县市名称	人口数	1982年人均工农业总产值（元）	人口密度（人／平方公里）	人口性别比	人口年龄中位数（岁）	0—14岁人口占总人口百分比	65及65岁以上人口占总人口百分比	15—49岁育龄妇女占总人口百分比
泌阳县	742,828	220	279	115.1	21.1	36.1	6.0	20.5
遂平县	516,405	274	403	102.8	20.6	35.5	5.3	21.9
西平县	713,950	338	708	100.8	23.3	33.7	6.5	22.5
上蔡县	1,057,377	187	712	100.0	20.2	37.9	5.3	21.6
汝南县	704,539	269	487	100.0	20.3	37.2	5.0	22.0
平舆县	753,422	166	568	100.0	19.1	40.1	4.7	21.3
新蔡县	816,063	179	541	99.2	18.8	40.0	4.6	21.4
正阳县	590,895	295	328	101.9	19.3	38.5	4.0	21.5
南阳市	271,872	1,675	1,789	111.7	25.3	29.2	4.5	26.2
南召县	513,516	501	181	119.1	21.2	36.2	5.5	20.2
方城县	826,534	326	333	113.4	22.7	35.3	6.2	20.9
西峡县	377,625	325	110	112.4	23.3	33.1	5.2	21.8
南阳县	966,910	340	532	109.4	22.2	36.1	6.0	22.0
镇平县	774,273	287	495	114.7	23.0	35.0	6.0	21.1
内乡县	554,511	316	225	111.6	23.5	34.2	5.7	21.3
淅川县	610,697	246	247	106.6	19.9	37.8	4.6	21.4
社旗县	525,796	331	467	111.5	22.6	35.8	6.0	21.3
唐河县	1,050,269	302	456	111.0	22.8	35.5	5.6	21.4
邓县	1,255,083	348	424	108.9	20.2	37.5	5.2	21.6
新野县	620,637	364	584	108.4	22.2	35.5	5.7	22.3
桐柏县	354,381	282	181	112.3	20.2	37.0	4.7	21.8
信阳市	220,467	1,287	1,312	103.8	24.6	28.3	4.1	27.4
息县	705,762	267	426	102.4	18.6	40.1	3.2	21.4
淮滨县	491,134	260	408	101.7	18.8	38.9	3.3	22.2
信阳县	872,857	350	275	106.7	20.3	35.8	4.0	23.0
潢川县	612,555	374	368	104.1	20.0	35.9	3.1	23.6
光山县	640,431	286	321	109.2	19.7	36.2	3.4	22.8
固始县	1,236,529	234	415	107.8	19.3	38.0	3.2	21.9
商城县	561,963	226	250	108.5	19.5	37.1	3.5	22.5
罗山县	589,986	310	291	109.6	20.3	35.2	4.0	22.9
新县	288,529	334	179	114.1	20.7	34.5	4.2	23.0
湖北省								
武汉市	3,251,591	3,400	2,582	106.2	27.1	22.4	5.4	28.1

（续35）

1981年人口出生率（‰）	1981年人口死亡率（‰）	1981年婴儿死亡率（‰）	每万人拥有大学生人数	每万人拥有初中文化程度人数	文盲、半文盲占12及12岁以上人口比重	农林牧渔业人口占在业人口百分比	工业人口占在业人口百分比	在业人口占总人口百分比
22.2	6.0	19	9	1,472	47.8	90.5	3.3	50.3
18.9	5.3	21	10	2,061	33.7	91.3	3.0	51.3
17.6	6.0	19	9	2,072	32.8	92.9	2.1	52.7
20.9	5.3	15	6	1,550	46.7	94.5	1.4	50.7
17.6	5.3	26	9	1,597	41.8	91.8	2.5	50.9
18.3	4.6	21	8	1,427	46.5	94.6	0.9	49.8
19.4	4.9	18	6	1,240	50.2	94.0	1.4	51.3
19.4	5.1	33	9	1,467	47.5	92.3	2.4	52.1
17.5	5.1	20	143	2,891	16.1	29.3	37.5	56.4
20.6	6.4	17	25	1,631	39.6	82.4	10.0	47.5
18.5	6.3	12	8	1,642	41.8	92.3	2.6	54.1
19.3	8.0	45	11	1,701	35.5	88.8	3.7	54.4
27.0	6.2	13	12	1,854	35.8	91.7	3.9	52.4
26.6	6.1	18	17	1,898	32.9	89.7	5.1	54.5
21.1	8.0	44	16	1,856	33.8	89.4	4.2	53.3
26.4	7.9	38	8	1,746	38.2	87.8	5.9	52.4
23.3	5.6	8	8	1,681	41.2	92.2	2.3	53.1
22.5	5.7	13	8	1,744	40.7	91.7	2.5	51.3
25.3	6.1	18	9	1,645	36.4	91.6	2.3	50.1
22.9	7.0	17	9	1,949	35.6	89.8	4.3	53.5
21.0	5.6	18	19	1,696	40.9	84.6	8.0	51.4
15.8	5.2	25	143	2,728	15.6	25.3	37.7	54.6
15.9	5.2	21	7	1,224	52.3	92.5	1.9	51.8
16.3	5.3	18	7	1,281	53.7	91.1	2.4	53.3
18.8	6.4	25	10	1,922	35.4	89.6	4.4	54.2
17.2	7.1	33	12	1,343	51.3	85.4	6.6	54.2
13.3	6.2	26	7	1,560	41.4	91.1	2.7	53.9
18.1	5.8	15	5	1,301	48.9	92.5	2.2	51.5
14.2	6.3	37	8	1,546	41.4	89.6	3.7	52.4
16.6	6.6	32	11	1,781	36.9	89.1	4.3	54.7
17.2	8.0	55	11	1,556	39.1	90.6	2.5	54.6
15.0	6.4	17	309	2,807	12.9	10.5	56.1	59.4

湖北省

县市名称	人口数	1982年人均工农业总产值（元）	人口密度（人／平方公里）	人口性别比	人口年龄中位数（岁）	0—14岁人口占总人口百分比	65及65岁以上人口占总人口百分比	15—49岁育龄妇女占总人口百分比
汉阳县	444,989	722	342	98.5	24.6	32.5	6.0	24.2
武昌县	507,613	610	281	103.5	20.8	35.0	4.2	23.7
黄石市	431,583	4,121	2,785	123.1	26.8	25.5	3.2	26.0
大冶县	693,510	503	427	102.4	19.6	38.4	4.7	22.1
十堰市	301,375	5,626	241	114.5	25.3	31.5	3.2	25.3
沙市市	243,791	5,768	1,904	99.5	26.8	24.2	5.1	29.9
宜昌市	363,579	3,077	2,203	114.4	27.4	24.7	4.5	27.1
襄樊市	316,007	3,871	2,847	110.5	26.4	26.4	3.6	28.3
鄂城市	121,371	2,099	2,020	118.0	25.8	29.9	3.6	24.8
黄冈县	565,480	550	451	108.9	25.2	29.0	5.0	25.0
新洲县	763,918	533	537	103.8	24.4	31.7	4.9	24.2
红安县	546,476	417	304	108.9	23.3	32.0	4.5	24.0
麻城县	977,505	418	261	107.3	22.7	33.6	4.3	23.5
罗田县	485,776	387	230	110.2	24.1	30.3	4.4	24.5
英山县	358,239	336	234	111.2	25.0	28.0	4.7	24.1
浠水县	850,306	466	425	107.0	22.1	33.3	4.2	23.5
蕲春县	753,968	406	310	106.7	21.1	34.1	4.3	22.7
广济县	558,905	592	466	106.8	21.4	33.9	4.9	22.7
黄梅县	762,021	467	465	105.7	21.2	34.9	4.8	23.0
鄂城县	698,644	460	432	99.6	20.5	35.9	4.8	23.6
孝感县	1,156,856	380	522	103.2	20.7	35.3	4.8	23.4
黄陂县	909,266	477	395	104.0	24.3	33.3	5.3	23.5
大悟县	501,177	391	242	112.7	22.3	33.0	4.8	22.6
应山县	708,610	438	265	106.2	20.7	34.4	5.0	23.3
安陆县	500,387	659	372	102.5	20.6	35.4	4.8	23.5
云梦县	462,002	542	776	102.8	20.6	35.0	4.6	24.1
应城县	532,101	747	461	104.8	20.9	34.5	4.6	23.8
汉川县	857,338	534	530	102.3	22.2	34.3	5.3	23.8
咸宁县	379,249	655	263	107.3	21.1	34.8	4.7	23.0
嘉鱼县	284,050	776	327	103.2	20.5	35.9	4.7	23.1
蒲圻县	387,789	1,360	208	104.4	20.4	35.9	4.7	23.6
通城县	371,229	379	325	108.1	20.3	37.3	4.8	21.8
崇阳县	350,112	436	117	105.2	19.6	38.7	4.9	21.3
通山县	308,961	350	127	107.4	19.8	38.5	4.5	20.8

（續36）

1981年人口出生率（‰）	1981年人口死亡率（‰）	1981年婴儿死亡率（‰）	每万人拥有大学生人数	每万人拥有初中文化程度人数	文盲、半文盲占12及12岁以上人口比重	农林牧渔业人口占在业人口百分比	工业人口占在业人口百分比	在业人口占总人口百分比
22.8	7.7	31	17	2,263	23.8	66.1	23.1	52.6
24.8	6.9	30	25	1.962	26.8	73.9	16.3	53.4
16.8	4.2	17	189	2,851	14.0	6.3	76.7	60.5
26.4	6.1	20	12	1,584	35.1	76.8	15.2	47.9
16.2	5.1	40	207	2,653	18.6	29.7	51.9	55.6
21.5	6.6	16	152	3,210	14.2	9.1	66.4	63.3
18.0	5.2	18	218	3,163	11.6	10.6	64.3	61.0
18.1	5.3	23	224	3,145	13.4	8.5	60.0	60.9
22.2	5.6	24	106	2,586	17.9	20.0	60.0	59.7
16.0	7.2	28	41	1,879	37.1	74.1	14.8	57.3
18.5	7.6	28	12	1,861	35.6	82.2	10.6	55.4
16.1	8.6	45	13	1,539	41.2	90.5	3.9	55.1
18.8	9.4	61	11	1,357	44.5	90.0	4.8	54.4
17.4	8.7	42	16	1,433	38.4	91.1	3.3	59.2
16.7	9.0	51	13	1,492	34.6	91.4	2.8	58.4
17.3	7.8	41	11	1,268	43.1	89.2	4.9	54.2
16.6	7.4	36	12	1,445	40.6	85.9	7.6	53.1
21.9	7.7	47	15	1,434	38.8	85.0	8.0	54.3
20.8	7.3	38	11	1,422	36.4	87.2	6.6	52.6
23.2	7.0	27	9	1,672	35.3	80.7	14.4	52.8
21.7	7.1	33	22	1.732	36.0	85.7	6.2	52.9
21.7	7.1	27	12	2,050	31.1	86.0	7.4	53.3
20.1	7.2	36	14	1,579	40.4	90.4	3.2	53.0
22.2	7.5	36	11	1,817	33.9	87.4	4.7	54.4
17.2	7.0	28	16	1,716	35.8	86.7	6.3	54.4
17.6	7.5	40	15	1,763	38.6	85.7	6.9	54.5
20.5	7.2	32	18	1,895	34.1	81.4	10.4	54.0
23.9	7.0	28	12	2,109	30.3	86.0	7.1	53.9
22.6	7.5	40	58	1,936	25.3	73.6	12.7	51.2
21.1	6.7	27	19	1,820	32.4	78.5	12.0	51.8
25.5	6.2	25	33	2,120	24.1	72.7	17.5	51.4
25.7	8.2	46	16	1,416	33.3	88.9	4.1	51.0
28.4	7.3	40	17	1,403	30.0	86.6	4.7	47.1
27.2	8.1	47	17	1,439	34.6	88.0	3.9	49.6

湖北省

县市名称	人口数	1982年人均工农业总产值（元）	人口密度（人／平方公里）	人口性别比	人口年龄中位数（岁）	0—14岁人口占总人口百分比	65及65岁以上人口占总人口百分比	15—49岁育龄妇女占总人口百分比
阳新县	669,580	418	243	106.4	18.7	41.0	4.1	20.4
荆门市	112,733	6,687	317	115.2	25.3	29.3	3.9	25.7
江陵县	867,208	691	365	104.7	23.2	32.8	4.7	24.0
松滋县	827,582	483	348	102.9	24.1	32.1	6.0	23.4
公安县	903,481	492	401	103.0	22.2	33.2	4.9	24.1
石首县	532,848	625	380	104.9	20.1	35.9	4.4	23.3
监利县	1,154,573	476	395	102.8	20.3	36.0	4.9	23.3
洪湖县	738,882	626	318	103.6	20.7	34.3	4.8	24.1
沔阳县	1,228,118	600	600	102.7	21.3	33.9	5.3	23.9
天门县	1,372,909	526	560	100.9	23.1	32.2	5.6	24.0
潜江县	805,100	527	403	102.4	20.7	35.0	4.3	24.0
荆门县	862,895	507	204	106.1	22.4	32.4	5.4	23.3
钟祥县	869,336	569	188	102.1	23.2	31.1	5.7	24.4
京山县	579,285	523	148	102.5	20.7	34.0	5.1	23.7
随州市	132,814	1,446	674	106.2	24.4	30.4	3.9	26.1
老河口市	101,438	1,493	2,536	103.6	24.9	30.3	4.7	26.4
襄阳县	1,158,082	413	333	99.9	22.0	34.0	5.3	24.4
枣阳县	863,406	480	264	103.7	23.2	32.9	5.3	23.8
随县	1,109,907	438	165	105.4	22.2	32.8	5.0	23.6
宜城县	445,194	496	211	106.3	24.3	30.0	6.1	24.1
南漳县	543,516	434	130	107.3	23.7	31.4	5.6	23.0
光化县	290,661	442	289	102.3	21.3	33.8	5.3	24.0
谷城县	503,796	420	204	107.7	23.7	32.0	5.4	23.0
保康县	273,052	322	90	109.3	24.1	31.9	5.4	22.7
均县	401,833	1,383	130	110.8	22.2	34.6	4.9	22.3
郧县	547,439	296	143	108.4	21.3	34.4	4.8	22.3
郧西县	458,302	230	129	112.4	20.7	35.9	4.2	21.1
竹山县	439,419	256	123	113.3	22.5	35.1	4.9	21.0
竹溪县	341,851	259	130	111.6	22.3	35.5	5.1	21.2
房县	451,614	254	144	112.8	23.3	35.0	5.8	20.9
神农架林区	64,779	311	20	120.8	24.7	34,5	5.3	20.0
宜昌县	564,402	466	142	106.8	24.2	30.4	6.0	23.6
宜都县	380,356	638	265	103.0	25.6	28.0	7.0	24.5
枝江县	462,529	882	353	99.9	25.1	30.0	6.5	24.6

1981年人口出生率（‰）	1981年人口死亡率（‰）	1981年婴儿死亡率（‰）	每万人拥有大学生人数	每万人拥有初中文化程度人数	文盲、半文盲占12及12岁以上人口比重	农林牧渔业人口占在业人口百分比	工业人口占在业人口百分比	在业人口占总人口百分比
28.3	6.0	26	15	1,334	37.6	86.8	6.3	46.4
18.4	4.3	22	205	2,592	13.7	28.5	48.9	56.9
18.3	6.4	31	40	1,951	27.0	76.7	12.5	51.1
18.9	7.2	23	15	2,029	25.1	85.7	7.8	55.1
21.1	7.8	39	9	1,759	27.9	85.4	6.7	54.3
17.2	6.5	35	11	1,548	29.9	85.4	6.8	52.1
23.0	6.9	35	9	1,485	37.7	85.5	6.4	52.0
19.0	6.3	30	12	1,623	35.6	79.7	10.5	52.1
19.9	6.3	28	9	1,778	32.9	81.3	10.8	51.9
23.3	7.2	14	10	1,849	29.6	85.8	7.3	53.9
18.0	5.9	23	37	1,853	30.0	75.0	13.8	50.6
19.7	6.9	23	12	2,171	22.6	87.9	5.4	51.9
20.3	6.5	27	15	2,040	28.5	83.5	8.2	51.4
20.5	7.2	31	14	2,165	27.0	84.9	6.3	51.1
19.2	5.3	25	90	2,761	21.0	44.6	33.1	57.6
22.6	6.4	19	103	2,653	18.4	26.6	48.9	55.7
19.7	7.4	31	12	2,033	35.6	88.4	4.9	52.8
21.2	7.2	40	11	2,114	28.8	89.4	3.9	52.6
18.8	7.3	39	5	2,130	34.0	90.7	3.3	53.7
16.8	7.1	39	24	2,304	31.0	83.4	8.7	54.1
18.7	7.9	55	22	1,813	31.0	84.6	8.6	56.1
24.5	8.2	41	5	1,854	36.7	91.2	3.4	53.2
20.4	7.8	48	25	2,071	28.9	81.5	10.1	54.5
20.1	8.3	58	13	1,274	37.2	89.8	2.8	49.4
23.4	8.4	46	37	1,882	33.7	74.7	13.1	52.2
21.7	8.2	55	15	1,635	41.4	89.0	4.1	51.0
19.8	8.6	73	10	1,327	43.8	91.4	1.8	51.0
22.5	9.5	85	11	1,084	48.5	91.7	2.4	49.9
20.3	9.9	69	12	1,047	50.6	90.7	2.6	48.0
23.9	9.6	78	13	1,214	41.9	89.9	2.9	50.2
18.1	8.3	64	25	1,237	46.1	73.4	13.3	51.1
17.0	8.5	36	32	1,902	25.5	87.8	5.4	58.1
17.6	8.1	40	41	2,154	22.0	77.7	13.1	58.2
17.1	8.5	31	30	2,323	24.7	82.2	8.7	53.7

县市名称	人口数	1982年人均工农业总产值（元）	人口密度（人／平方公里）	人口性别比	人口年龄中位数（岁）	0—14岁人口占总人口百分比	65及65岁以上人口占总人口百分比	15—49岁育龄妇女占总人口百分比
当阳县	433,882	638	211	101.0	23.5	31.5	6.1	24.5
远安县	200,374	419	114	104.0	23.5	31.8	5.7	24.1
兴山县	173,524	421	84	106.0	24.2	31.2	5.6	23.2
秭归县	395,744	301	173	105.3	24.1	30.7	5.3	24.2
长阳县	399,949	376	162	106.6	24.1	30.5	5.9	23.4
五峰县	188,332	374	75	106.9	24.7	29.4	5.7	24.5
恩施市	98,711	936	588	113.3	24.7	27.8	4.6	25.7
恩施县	559,454	303	133	107.7	20.2	36.5	4.7	21.9
建始县	453,158	325	155	105.7	21.0	35.5	4.8	22.6
巴东县	441,889	326	151	107.8	23.6	32.1	5.0	23.5
利川县	680,594	254	117	109.7	19.3	38.6	4.3	21.6
宣恩县	293,045	268	117	106.4	20.0	36.7	4.9	22.2
咸丰县	301,437	296	121	111.1	20.4	35.7	4.7	22.2
来凤土家族自治县	237,286	414	106	108.3	20.4	35.5	4.6	22.5
鹤峰土家族自治县	186,040	398	65	107.3	22.4	33.6	5.1	23.3
湖南省								
长沙市	1,076,413	2,270	3,058	110.3	27.0	21.6	5.6	27.3
长沙县	728,851	572	347	108.3	25.1	30.7	5.5	23.8
望城县	665,657	526	459	108.9	24.5	31.1	4.8	23.9
株洲市	385,646	4,532	2,179	116.3	27.1	24.7	3.4	27.8
株洲县	518,336	430	280	105.7	22.8	33.5	4.8	23.4
邵阳市	399,255	1,713	1,154	108.3	24.8	31.0	4.4	25.0
湘潭市	482,959	3,390	1,671	111.5	26.5	24.9	4.3	27.4
衡阳市	527,039	2,770	1,563	110.8	26.3	24.9	4.8	26.8
湘潭县	1,062,107	459	390	106.6	24.7	30.8	5.1	24.1
湘乡县	774,706	653	387	105.9	23.9	33.3	5.0	22.8
醴陵县	822,186	622	386	108.5	23.3	32.8	5.2	22.8
浏阳县	1,162,987	445	252	108.8	23.3	33.0	6.1	22.2
攸县	652,407	469	240	105.2	23.3	32.8	4.9	23.6
茶陵县	487,250	412	207	102.8	20.2	37.1	4.8	22.4
酃县	158,147	462	79	106.6	23.4	34.4	6.7	21.7
岳阳市	980,747	891	294	110.0	21.5	34.9	4.7	22.7
平江县	867,337	353	210	111.0	21.5	35.5	5.7	21.3

（续38）

1981年人口出生率（‰）	1981年人口死亡率（‰）	1981年婴儿死亡率（‰）	每万人拥有大学生人数	每万人拥有初中文化程度人数	文盲、半文盲占12及12岁以上人口比重	农林牧渔业人口占在业人口百分比	工业人口占在业人口百分比	在业人口占总人口百分比
17.7	7.8	28	18	2,146	25.8	84.1	7.2	54.3
15.7	8.7	46	84	2,149	21.5	76.4	15.1	56.0
17.9	9.1	51	25	1,892	32.2	86.1	4.8	56.9
16.5	8.9	50	11	1,675	30.6	90.3	3.1	57.5
19.6	9.2	44	13	1,740	27.6	90.4	3.6	58.4
20.1	8.2	40	19	1,525	28.7	90.2	2.9	59.9
15.0	6.0	30	207	2,050	16.2	44.3	26.5	54.3
20.0	8.1	53	7	1,411	30.9	94.7	1.3	53.5
21.7	8.2	55	15	1,306	31.8	93.2	2.1	53.8
23.6	9.3	59	13	1,475	36.6	93.9	1.1	55.8
23.8	7.6	56	12	1,482	32.8	92.1	2.5	52.5
26.5	8.6	56	15	1,342	38.2	94.3	0.9	52.0
23.7	7.7	49	17	1,660	30.1	93.6	1.5	53.2
25.5	8.0	45	18	1,238	35.7	91.2	2.7	53.2
15.7	6.8	44	20	1,629	31.2	90.6	2.0	53.5
15.0	6.4	15	400	2,829	7.5	11.2	52.5	58.1
19.3	7.0	31	16	1,924	11.5	71.2	23.0	52.5
19.7	6.6	33	10	2,016	13.6	66.1	27.0	54.8
15.8	4.6	22	259	2,497	7.0	10.8	66.7	60.4
19.4	6.5	34	15	1,932	15.5	80.7	13.0	52.3
21.0	5.3	33	132	2,606	14.1	41.5	39.3	54.7
16.6	5.2	25	208	2,882	9.7	17.7	60.7	58.0
18.6	5.7	26	171	2,798	12.5	20.5	52.4	58.6
19.3	6.8	38	11	2,078	15.5	81.8	12.6	53.4
18.3	6.5	41	20	2,004	12.9	81.2	12.2	53.9
19.3	6.9	39	18	1,734	12.1	70.2	22.1	51.8
20.7	7.3	39	19	1,519	18.3	73.5	19.1	43.1
16.5	7.0	59	18	1,468	21.5	84.4	9.1	53.9
23.6	7.0	37	19	1,240	33.6	83.5	10.3	52.6
21.7	8.1	44	25	1,447	25.4	83.5	7.4	52.0
19.6	6.5	31	43	1,968	19.5	73.2	13.9	49.3
20.0	8.2	47	10	1,232	21.9	92.3	2.7	54.7

湖南省

县市名称	人口数	1982年人均工农业总产值（元）	人口密度（人／平方公里）	人口性别比	人口年龄中位数（岁）	0—14岁人口占总人口百分比	65及65岁以上人口占总人口百分比	15—49岁育龄妇女占总人口百分比
湘阴县	579,106	535	256	112.4	23.2	32.9	4.5	22.7
汨罗县	607,217	569	429	108.4	23.3	32.8	4.8	23.5
临湘县	535,144	2,325	253	107.2	20.2	36.6	4.6	22.8
华容县	700,065	511	426	105.8	20.0	36.7	4.7	22.6
益阳市	163,240	2,432	3,710	108.6	27.3	23.2	5.8	27.5
益阳县	872,087	392	490	107.8	20.5	35.1	5.0	22.3
南县	635,339	579	469	106.1	20.3	34.6	4.7	23.1
沅江县	627,148	702	303	107.2	20.2	35.3	4.9	22.5
宁乡县	1,169,369	513	399	108.9	22.3	33.5	4.7	22.7
桃江县	704,943	440	350	109.5	22.5	33.2	5.8	22.7
安化县	816,019	610	277	113.7	21.1	35.7	5.5	21.6
常德市	204,125	4,159	2,806	116.7	28.3	22.1	5.4	26.5
津市市	84,215	2,553	1,002	121.7	27.5	23.3	5.7	24.4
常德县	893,369	592	353	105.6	23.4	30.7	4.7	24.7
安乡县	512,652	527	459	106.0	20.5	34.0	4.5	23.5
汉寿县	705,636	540	341	108.7	20.4	35.3	4.6	22.3
澧县	966,892	524	359	105.6	23.1	33.5	5.0	23.3
临澧县	397,572	609	278	104.7	22.9	34.6	5.0	23.0
桃源县	911,925	602	205	109.5	25.4	30.3	5.7	23.8
石门县	653,477	444	167	108.2	23.3	32.4	5.3	23.4
慈利县	622,152	376	169	106.8	24.1	31.5	5.5	23.6
娄底市	102,180	1,889	1,368	135.8	26.3	26.5	2.8	24.2
冷水江市	255,760	1,365	592	111.7	22.8	34.4	4.2	22.9
涟源县	1,027,457	422	428	106.8	22.7	34.7	5.1	22.7
双峰县	763,734	376	375	104.2	20.3	36.5	4.8	22.0
邵东县	1,025,190	413	604	105.8	20.3	36.0	4.6	22.8
新化县	1,052,565	327	295	106.8	19.7	38.5	4.8	21.3
新邵县	630,704	377	348	107.6	20.4	35.7	4.9	22.2
邵阳县	764,845	297	469	107.1	20.3	37.4	4.7	21.8
隆回县	897,026	297	324	107.2	20.1	37.3	4.5	22.1
武冈县	591,853	304	344	107.8	20.5	35.2	4.8	22.7
洞口县	639,825	339	293	106.2	22.1	34.5	5.0	23.3
新宁县	466,131	298	181	107.8	22.7	33.9	5.3	23.0
绥宁县	272,653	378	94	105.8	20.3	35.5	5.0	22.9

1981年人口出生率（‰）	1981年人口死亡率（‰）	1981年婴儿死亡率（‰）	每万人拥有大学生人数	每万人拥有初中文化程度人数	文盲、半文盲占12及12岁以上人口比重	农林牧渔业人口占在业人口百分比	工业人口占在业人口百分比	在业人口占总人口百分比
18.9	7.1	30	12	1,890	19.2	77.3	14.7	53.1
18.6	6.8	25	13	1,823	18.4	77.6	15.0	52.7
22.3	5.7	33	53	1,719	22.5	73.7	17.6	50.4
16.4	7.0	40	12	1,737	26.5	84.1	7.3	51.5
15.8	6.4	23	209	2,717	10.9	8.6	57.0	58.1
19.5	6.3	32	12	1,861	18.8	83.9	9.6	43.6
17.2	6.9	35	16	1,946	19.6	80.4	9.5	50.6
18.3	6.4	32	18	1,947	18.8	83.0	7.0	47.5
16.4	6.3	33	12	1,843	15.7	83.7	10.9	51.6
19.2	6.0	30	15	2,030	19.2	77.7	15.6	55.5
21.3	6.8	38	15	1,274	23.8	84.5	9.2	49.2
15.4	6.6	28	198	2,858	11.7	16.1	54.2	61.6
18.0	7.4	24	111	2,662	16.3	24.5	48.6	56.5
14.0	7.2	27	10	1,962	23.4	90.1	4.4	55.9
15.2	7.6	46	11	1,862	25.9	85.7	5.8	52.3
16.4	6.9	40	11	1,569	26.9	88.0	4.6	51.1
13.7	8.0	46	11	1,556	25.6	90.2	3.9	54.2
16.2	8.8	53	13	1,525	26.9	88.9	4.2	54.4
15.5	8.1	45	13	1,619	27.0	87.9	5.7	56.3
15.8	8.2	60	14	1,416	28.2	89.8	4.6	56.8
17.8	8.3	49	10	1,464	28.5	90.6	4.0	58.8
16.2	3.7	25	198	2,682	7.0	25.4	38.5	58.6
20.5	5.6	32	53	2,016	18.2	52.6	35.4	51.2
23.7	6.8	37	16	1,908	15.6	82.5	12.2	48.8
19.4	6.5	37	10	1,932	17.4	87.8	6.6	50.8
22.8	6.7	43	11	1,869	20.5	85.	9.0	48.9
23.3	6.6	37	11	1,383	27.1	87.6	6.3	43.6
20.2	7.4	49	13	1,692	23.8	91.3	4.1	51.0
26.2	7.0	53	9	1,719	26.9	90.0	5.2	52.2
24.0	7.6	62	13	1,720	24.3	89.4	6.0	53.0
25.2	7.2	58	13	1,728	26.0	90.4	4.3	52.7
24.2	6.9	38	13	1,927	24.3	90.0	4.5	53.5
26.4	7.4	50	13	1,697	30.4	91.3	3.4	55.2
22.2	7.5	50	16	1,655	27.4	88.6	4.2	52.6

湖南省

县市名称	人口数	1982年人均工农业总业值（元）	人口密度（人／平方公里）	人口性别比	人口年龄中位数（岁）	0—14岁人口占总人口百分比	65及65岁以上人口占总人口百分比	15—49岁育龄妇女占总人口百分比
城步苗族自治县	201,732	372	77	106.6	20.2	36.0	4.7	22.6
衡阳县	985,664	372	416	109.0	21.3	35.2	4.8	22.0
衡南县	880,513	409	324	107.8	22.7	34.0	5.1	22.5
衡山县	367,357	446	329	107.0	23.8	33.2	4.8	23.5
衡东县	555,901	425	264	108.3	23.6	32.4	4.4	23.5
常宁县	704,444	520	319	109.0	20.4	35.3	4.6	22.1
祁东县	799,384	369	425	108.9	22.7	34.8	5.0	22.5
祁阳县	815,723	348	310	109.2	32.2	34.6	5.1	22.5
郴州市	167,088	2,029	770	118.4	25.8	25.7	3.9	26.2
郴县	321,592	550	159	108.1	21.1	35.2	4.7	22.4
桂阳县	624,127	370	211	104.8	20.0	37.5	4.6	22.0
永兴县	518,760	251	289	107.0	20.2	36.6	4.8	21.9
宜章县	444,118	311	230	106.1	20.0	37.7	4.9	21.8
资兴县	304,948	754	124	113.3	23.1	31.8	4.5	23.2
嘉禾县	269,698	300	349	103.0	20.1	37.0	4.9	22.8
临武县	255.168	361	159	105.8	20.1	36.7	5.0	22.3
汝城县	306,292	382	131	112.1	20.5	36.3	5.6	21.3
桂东县	145,621	240	90	109.8	22.4	33.8	6.2	22.1
耒阳县	990,301	332	418	109.1	20.7	35.4	5.0	22.0
安仁县	323,961	309	219	103.5	20.0	37.6	4.9	22.3
永州市	81,201	1,404	812	114.6	25.1	28.3	4.6	25.0
零陵县	745,447	470	193	107.8	22.2	34.7	5.2	22.6
东安县	489,902	361	224	108.0	21.2	35.0	5.0	22.8
道县	528,332	339	165	117.8	22.3	36.0	4.7	21.4
宁远县	651,850	276	251	110.9	20.1	36.9	4.1	21.8
江永县	242,764	362	128	106.5	20.1	36.5	5.2	22.1
江华瑶族自治县	317,506	343	105	113.4	21.6	35.6	5.3	21.7
篮山县	277,688	328	162	107.6	20.5	35.6	4.8	23.0
新田县	290,291	303	281	106.5	22.5	33.1	4.4	24.1
双牌县	128,340	662	51	111.4	20.3	35.9	4.9	21.9
怀化市	96,907	495	702	126.6	26.2	27.5	2.8	25.1
洪江市	67,283	2,081	708	103.5	26.2	27.6	6.5	26.4
黔阳县	377,310	580	157	105.9	23.4	32.1	5.2	24.5
沅陵县	550,050	662	96	108.3	20.2	36.3	5.6	21.7

（续40）

1981年人口出生率（‰）	1981年人口死亡率（‰）	1981年婴儿死亡率（‰）	每万人拥有大学生人数	每万人拥有初中文化程度人数	文盲、半文盲占12及12岁以上人口比重	农林牧渔业人口占在业人口百分比	工业人口占在业人口百分比	在业人口占总人口百分比
24.6	8.0	53	21	1,617	26.6	87.0	4.9	52.5
21.0	6.6	45	10	1,717	25.0	89.1	6.2	52.6
23.3	7.7	54	11	1,695	29.3	91.2	4.3	53.4
20.8	6.4	33	19	1,848	18.9	83.7	9.2	52.5
18.3	6.7	48	15	1,764	24.2	89.7	4.7	55.5
26.6	9.0	70	18	1,595	30.1	84.5	9.1	51.1
24.5	7.4	48	13	1,875	25.5	87.3	7.1	52.6
22.9	6.9	43	13	1,887	27.7	89.3	5.1	53.0
17.6	5.0	21	185	2,646	11.5	16.8	48.2	58.5
23.0	7.5	48	21	1,832	24.3	83.6	10.8	53.3
25.2	7.3	45	16	1,366	31.0	89.5	5.6	51.7
27.5	7.2	41	14	1,352	29.8	83.7	10.3	50.1
24.5	6.2	38	16	1,445	28.4	82.5	10.3	48.3
24.3	7.7	53	34	1,905	19.8	69.6	20.5	54.5
25.2	6.6	42	17	1,528	32.2	89.8	5.1	52.5
26.1	6.7	38	20	1,451	29.9	85.7	7.8	55.2
24.7	7.4	40	18	1,212	30.5	87.3	6.4	50.8
21.5	8.2	46	21	1,489	27.6	90.7	2.3	55.0
26.7	7.8	53	17	1,386	28.7	86.5	7.7	52.2
28.3	6.7	34	14	1,369	30.1	91.6	3.0	50.5
21.7	5.8	33	221	2,513	13.2	32.9	30.8	52.4
23.8	6.8	45	18	1,672	27.5	87.4	5.6	53.1
26.8	6.4	30	16	1,901	25.0	91.0	3.1	52.9
30.3	8.2	61	18	1,354	36.8	89.9	4.2	53.8
30.1	7.6	47	13	1,449	25.4	92.3	2.8	52.6
28.1	7.4	55	24	1,236	42.3	89.9	3.8	50.7
31.9	8.2	45	16	1,146	35.1	89.9	4.5	53.0
30.8	8.5	62	21	1,580	28.2	90.4	4.0	52.2
35.0	7.6	45	15	1,661	26.5	91.8	3.1	58.3
28.3	7.0	35	27	1,444	29.0	87.4	4.3	52.0
20.6	4.0	31	212	2,504	11.6	20.0	28.0	58.5
20.5	7.1	19	116	2,604	18.0	17.4	62.0	54.1
19.4	6.7	44	27	1,723	26.3	81.6	10.2	52.3
21.6	6.8	47	23	1,403	35.9	86.6	6.3	51.4

湖南省　广东省

县市名称	人口数	1982年人均工农业总产值（元）	人口密度（人／平方公里）	人口性别比	人口年龄中位数（岁）	0—14岁人口占总人口百分比	65及65岁以上人口占总人口百分比	15—49岁育龄妇女占总人口百分比
辰溪县	409,110	472	207	106.8	20.2	36.6	5.0	22.5
溆浦县	726,230	379	225	106.0	20.2	37.1	4.8	22.4
麻阳县	283,764	293	181	106.7	22.2	34.8	5.0	22.9
新晃侗族自治县	216,614	453	145	115.3	25.3	30.0	6.8	22.8
芷江县	296,672	458	142	111.1	23.1	32.5	5.1	23.2
怀化县	306,556	391	170	104.8	20.0	36.6	4.5	23.0
会同县	290,653	361	123	103.8	19.9	36.4	4.7	23.3
靖县	193,392	429	88	103.5	20.0	36.7	4.9	23.4
通道侗族自治县	173,401	363	77	105.3	20.1	36.0	4.4	23.7
吉首县	179,777	495	110	110.9	24.1	33.2	4.6	23.0
泸溪县	208,936	378	198	105.7	23.0	34.3	5.0	23.3
凤凰县	286,214	248	165	104.8	20.0	37.9	5.1	22.0
花垣县	208,059	245	188	104.4	20.2	37.2	5.7	21.4
保靖县	229,609	301	121	106.5	20.2	36.3	5.4	21.6
古丈县	104,247	278	80	108.2	20.0	36.6	4.5	21.7
永顺县	377,338	358	113	104.8	20.2	36.6	5.1	21.9
大庸县	344,814	389	154	109.2	24.4	32.8	5.0	23.2
桑植县	374,991	289	96	107.2	20.5	35.7	5.3	22.0
龙山县	404,834	385	122	105.6	20.5	35.9	5.1	22.3
广东省								
广州市	3,148,281	3,219	2,373	104.8	27.6	21.6	6.0	28.0
花县	431,044	819	452	96.3	23.1	34.4	5.5	24.0
从化县	375,138	450	190	102.0	20.0	37.5	5.3	22.1
新丰县	188,841	346	105	104.7	20.1	36.5	5.1	22.0
龙门县	248,608	525	108	105.3	21.0	34.6	5.7	22.5
增城县	568.488	513	330	103.2	20.7	35.8	4.9	22.9
番禺县	670,333	1,138	712	98.1	24.1	31.2	5.4	25.5
韶关市	344,888	1,664	1,008	116.7	26.5	27.1	3.9	26.3
曲江县	331,126	1,352	107	101.7	20.3	36.0	5.3	22.6
深圳市	113,599	2,909	315	108.6	24.2	29.3	4.8	25.7
宝安县	238,272	723	159	82.7	20.6	38.1	7.1	23.2
珠海市	133,208	1,285	217	99.2	23.8	30.9	5.5	26.0
海口市	266,303	833	1,338	107.7	25.4	27.9	5.3	25.4

（续41）

1981年人口出生率（‰）	1981年人口死亡率（‰）	1981年婴儿死亡率（‰）	每万人拥有大学生人数	每万人拥有初中文化程度人数	文盲、半文盲占12及12岁以上人口比重	农林牧渔业人口占在业人口百分比	工业人口占在业人口百分比	在业人口占总人口百分比
23.6	6.2	44	23	1,350	37.9	78.1	13.7	44.9
20.9	6.4	40	20	1,256	34.8	89.3	4.9	49.0
21.5	6.0	43	16	1,384	35.7	88.2	5.0	49.8
22.0	9.9	66	20	1,444	34.0	89.1	4.7	57.3
19.5	7.6	53	17	1,490	28.1	86.2	6.3	52.2
20.9	6.9	69	13	1,293	37.8	87.6	7.2	50.7
21.6	7.3	64	15	1,587	28.3	90.6	3.4	53.4
24.8	8.0	59	23	1,562	29.2	86.1	5.6	51.5
26.4	7.3	53	17	1,157	35.8	91.1	2.5	54.7
21.1	6.5	48	124	1,323	34.3	69.3	12.3	55.0
20.0	6.6	52	19	1,082	42.0	86.8	5.2	54.2
26.4	8.6	79	19	1,090	43.7	90.3	3.3	51.6
24.4	8.1	57	27	1,328	39.4	89.3	3.9	52.3
20.5	7.5	48	21	1,236	36.1	90.8	3.0	52.2
20.1	5.8	54	28	1,357	34.4	86.8	4.6	52.8
20.2	7.3	57	25	1,230	35.7	89.4	4.4	52.7
19.2	7.5	51	24	1,438	31.9	87.1	5.0	55.0
20.3	7.4	60	16	1,270	35.8	91.8	2.8	53.5
23.1	7.2	46	18	1,313	38.9	88.9	5.0	52.7
13.8	5.4	11	270	2,349	9.1	17.0	46.4	59.3
26.8	5.8	15	20	2,026	16.0	62.3	26.3	50.6
31.0	5.4	19	19	1,845	17.0	81.7	8.1	51.1
31.5	6.8	27	21	1,891	20.4	86.1	4.7	50.5
29.2	5.7	19	23	1,946	20.0	81.1	7.2	53.0
28.6	5.0	10	13	1,623	16.8	85.4	5.9	54.7
19.0	5.8	13	18	1,566	19.3	64.1	22.4	56.5
16.2	4.3	17	160	2,638	10.9	10.6	65.5	56.5
22.9	5.3	26	32	1,644	24.4	79.3	8.2	47.2
26.1	4.0	8	194	2,592	11.8	23.0	28.9	57.8
26.2	5.4	13	20	1,870	25.6	77.8	10.9	45.7
18.4	5.2	17	75	2,141	15.3	50.5	17.5	53.4
18.1	4.6	10	145	2,644	16.5	25.5	34.1	52.3

县市名称	人口数	1982年人均工农业总产值（元）	人口密度（人／公里平方）	人口性别比	人口年龄中位数（岁）	0—14岁人口占总人口百分比	65及85岁以上人口占总人口百分比	15—49岁育龄妇女占总人口百分比
琼山县	500,232	300	261	102.8	22.1	34.5	6.8	21.8
文昌县	467,774	306	211	96.0	24.5	32.1	7.3	22.2
琼海县	377,520	391	229	105.1	24.4	31.3	6.8	22.6
万宁县	410,068	283	228	197.2	21.1	35.7	5.2	22.5
定安县	245,941	284	211	107.5	22.5	34.2	6.4	21.8
屯昌县	211,377	231	172	109.9	21.4	35.1	4.7	22.8
澄迈县	373,303	237	194	116.2	21.5	35.9	5.9	20.7
临高县	310,674	260	241	110.8	20.4	38.0	6.8	20.2
儋县	606,314	214	189	104.0	19.5	38.7	4.5	22.0
崖县	207,717	181	159	103.3	19.2	40.6	3.8	22.5
东方县	265,152	193	118	102.4	17.6	44.1	3.6	20.5
乐东县	376,084	240	132	100.2	17.9	42.9	4.1	21.1
琼中县	190,539	289	63	108.9	19.8	37.9	2.7	23.9
保亭县	201,663	248	111	106.3	19.1	39.4	2.7	23.9
陵水县	246,425	215	227	104.7	19.9	37.8	4.6	22.1
白沙县	146,015	225	70	108.4	18.2	41.2	2.3	22.5
昌江县	174,500	815	107	106.0	18.7	40.7	3.5	21.8
汕头市	722,805	1,212	3,108	101.9	25.3	25.8	5.8	26.8
潮州市	164,199	1,299	3,085	102.1	26.7	24.8	6.1	27.3
潮安县	992,676	552	749	102.3	24.2	30.5	5.0	24.6
澄海县	635,113	471	1,784	100.4	23.9	29.9	5.2	25.5
饶平县	742,064	377	459	102.7	22.1	34.5	4.6	22.9
南澳县	58,693	390	570	99.6	23.8	30.2	4.8	25.9
潮阳县	1,663,855	350	1,364	102.0	21.3	35.5	4.7	22.8
揭阳县	1,264,194	436	1,247	107.0	24.1	30.3	4.9	24.1
揭西县	600,720	411	456	111.3	23.8	32.7	5.5	22.3
普宁县	1,168,694	238	737	107.9	21.4	35.0	4.5	22.3
惠来县	679,082	295	554	104.4	20.3	37.9	4.9	21.4
陆丰县	1,052,509	332	429	114.5	20.6	37.2	5.2	20.5
海丰县	757,571	283	376	112.7	22.3	35.8	6.5	20.4
梅州县	109,947	1,270	2,108	118.2	26.6	25.1	5.2	24.9
梅县	591,391	442	201	100.6	28.2	32.2	6.1	22.9
大埔县	433,854	277	177	104.5	20.6	36.0	5.5	21.2
丰顺县	504,294	291	188	105.1	20.3	37.3	5.0	21.8

（续42）

1981年人口出生率（‰）	1981年人口死亡率（‰）	1981年婴儿死亡率（‰）	每万人拥有大学生人数	每万人拥有初中文化程度人数	文盲、半文盲占12及12岁以上人口比重	农林牧渔业人口占在业人口百分比	工业人口占在业人口百分比	在业人口占总人口百分比
26.3	5.4	13	31	1,600	26.7	83.8	7.0	49.9
23.3	5.9	18	24	1,960	21.1	86.7	3.7	52.7
25.8	6.3	28	28	2,106	19.5	84.1	5.9	53.0
31.1	4.7	15	18	1,711	24.4	85.9	5.0	49.9
31.4	5.9	20	19	1,776	22.8	85.0	5.7	51.5
34.6	6.1	35	20	1,656	26.5	82.5	7.1	52.6
31.8	5.0	20	15	1,650	27.8	88.9	3.0	49.3
30.4	4.9	14	16	1,281	38.3	83.0	5.7	48.5
29.9	4.0	21	23	1,348	38.9	81.7	6.9	48.7
32.6	4.3	21	24	1,753	26.7	78.7	7.3	44.9
38.1	5.6	27	18	1,105	45.8	84.4	4.1	45.8
34.9	4.6	29	19	1,364	33.6	85.0	6.9	45.3
29.7	5.3	42	27	1,765	23.8	85.4	5.6	51.1
31.8	4.7	35	66	1,779	21.8	80.7	5.9	48.1
31.8	5.5	25	17	1,628	27.8	83.7	5.1	47.3
36.7	6.3	51	25	1,473	28.1	88.1	3.8	49.1
31.5	4.9	36	36	1,440	36.2	64.8	23.4	46.9
17.8	4.9	7	88	2,017	19.0	27.5	41.7	51.6
15.8	5.4	9	92	2,446	12.4	8.6	62.8	59.4
19.0	5.4	13	9	1,351	22.2	52.3	40.6	54.8
22.8	5.8	15	14	1,285	26.9	68.3	21.8	50.5
25.8	5.5	12	10	1,091	36.3	77.7	12.6	52.1
25.9	6.5	14	29	1,150	36.5	57.2	23.7	44.0
25.9	5.3	12	8	976	27.3	69.0	24.5	49.2
20.3	5.7	7	13	1,531	15.5	63.1	28.7	46.2
28.2	5.5	7	15	1,782	17.5	82.9	8.8	53.4
25.5	5.1	9	11	1,375	20.2	84.3	9.3	46.5
31.5	5.4	11	11	843	45.6	83.2	8.3	45.6
29.8	5.3	11	8	846	47.5	77.7	11.8	40.3
32.4	5.0	7	11	1,133	38.9	76.8	8.7	41.2
18.6	4.2	12	256	3,006	7.7	18.1	38.4	58.2
24.1	5.4	18	26	2,605	14.7	80.4	11.6	53.8
27.4	5.6	27	21	2,131	17.0	78.6	12.3	52.5
35.0	5.4	13	18	1,639	18.4	85.5	6.4	51.6

广东省

县市名称	人口数	1982年人均工农业总产值（元）	人口密度（人／平方公里）	人口性别比	人口年龄中位数（岁）	0—14岁人口占总人口百分比	65及65岁以上人口占总人口百分比	15—49岁育龄妇女人口占总人口百分比
五华县	841,059	240	265	103.2	18.6	40.7	5.2	20.5
兴宁县	891,973	400	433	102.3	20.2	37.2	5.5	21.4
平远县	209,226	387	154	102.1	20.1	37.3	5.8	21.3
蕉岭县	193,010	411	203	105.7	22.9	33.2	5.9	22.4
惠州市	166,543	1,222	397	103.2	25.0	28.7	5.8	25.2
惠阳县	422,626	404	194	95.4	20.5	36.0	6.4	22.2
紫金县	562,727	276	160	104.2	19.3	39.1	5.6	20.9
和平县	374,526	248	165	102.2	18.8	40.1	4.8	21.2
连平县	287,166	289	128	104.1	19.9	37.6	5.0	21.7
河源县	550,558	457	126	104.8	19.6	37.9	5.3	21.3
博罗县	620,412	432	215	101.0	20.1	37.9	5.1	22.3
东莞县	1,152,606	1,015	482	93.7	24.0	32.0	5.6	25.5
惠东县	520,633	323	154	104.3	20.4	36.1	6.1	21.4
龙川县	659,356	338	216	102.5	19.3	39.1	5.3	21.0
始兴县	202,326	606	105	98.0	19.6	37.1	4.7	22.6
南雄县	396,662	464	173	97.7	19.2	38.9	4.9	21.7
仁化县	151,550	509	95	105.5	19.8	37.5	4.9	22.3
乐昌县	415,805	658	169	116.7	22.6	34.2	4.6	21.9
连县	426,165	434	161	105.1	21.4	34.5	5.2	23.5
阳山县	405,893	420	123	105.8	20.5	34.8	5.3	22.2
英德县	818,728	429	146	104.8	20.0	36.6	5.1	21.8
清远县	893,763	422	251	102.1	21.5	34.7	6.1	22.3
佛冈县	233,110	444	181	103.7	21.1	34.4	6.1	22.0
翁源县	297,420	402	138	102.6	19.8	36.8	5.0	21.7
连山壮族瑶族自治县	89,505	538	81	111.6	20.4	35.9	5.2	22.3
连南瑶族自治县	127,643	385	106	105.3	19.5	38.8	4.1	22.6
乳源瑶族自治县	164,745	555	78	103.1	19.5	39.1	5.1	21.7
佛山市	285,540	4,260	3,885	100.0	27.9	23.2	7.2	28.2
江门市	216,097	4,082	1,688	99.6	27.5	23.7	6.5	28.1
三水县	294,142	851	350	95.5	24.5	30.9	7.2	24.2
南海县	820,157	1,695	735	94.3	26.1	29.4	7.3	26.3
顺德县	807,860	1,712	1,036	96.1	25.4	29.8	6.5	26.3
中山县	1,022,246	1,233	627	99.5	24.7	30.5	5.7	35.3
斗门县	240,929	1,055	416	106.7	24.4	31.2	5.2	24.1

1981年人口出生率（‰）	1981年人口死亡率（‰）	1981年婴儿死亡率（‰）	每万人拥有大学生人数	每万人拥有初中文化程度人数	文盲、半文盲占12及12岁以上人口比重	农林牧业渔人口占在业人口百分比	工业人口占在业人口百分比	在业人口占总人口百分比
34.6	5.7	22	16	1,603	20.3	90.1	3.8	48.2
29.1	5.9	19	26	2,456	17.3	79.6	12.3	50.3
25.7	6.0	22	35	1,854	20.6	81.7	9.1	51.2
25.5	5.6	20	48	2,361	16.7	74.3	14.6	54.1
18.1	4.6	10	141	2,600	13.6	34.1	25.7	52.8
29.1	5.6	12	11	1,953	20.9	87.6	4.4	49.7
32.6	5.6	20	14	1,800	22.2	88.4	4.0	48.9
33.0	7.4	36	13	1,578	21.1	90.9	2.3	49.2
31.2	6.9	30	18	1,651	25.0	88.1	4.8	50.2
25.9	6.6	33	14	1,970	21.8	86.1	4.9	49.5
27.4	5.1	15	14	1,858	20.0	85.2	5.6	49.4
23.1	4.9	8	17	1,779	17.2	67.9	21.4	55.7
28.5	5.8	15	13	1,549	28.7	80.4	8.8	49.2
34.1	6.3	29	18	1,881	17.5	89.4	3.5	49.7
26.6	6.1	28	26	1,647	23.2	79.2	10.0	47.6
24.1	7.2	42	15	1,254	35.7	84.6	6.9	47.0
24.4	5.5	28	44	1,716	24.9	62.9	24.6	48.6
23.1	5.9	36	39	1,596	28.8	62.2	27.6	52.3
25.3	6.3	22	22	1,692	22.7	81.3	10.4	51.6
29.9	6.8	29	14	1,249	28.2	87.4	5.1	52.6
26.1	6.0	30	17	1,350	28.6	85.0	6.8	49.3
23.0	5.5	20	11	1,602	24.8	82.9	7.6	49.9
27.2	6.1	20	15	1,847	18.6	87.1	4.9	52.8
22.4	6.9	37	17	1,752	22.9	85.2	6.4	49.4
26.4	6.3	24	39	1,755	20.2	82.1	5.3	50.3
31.6	6.7	47	39	1,515	27.6	79.5	9.1	50.3
28.7	7.3	46	27	1,186	32.9	79.9	9.0	47.0
13.7	5.6	8	123	2,365	13.6	11.8	59.3	61.7
14.3	5.6	11	103	2,370	12.1	24.1	49.9	58.2
16.5	6.2	21	25	1,990	18.1	69.6	15.7	52.2
21.2	6.1	11	18	1,631	16.8	58.9	31.0	57.9
19.3	6.2	12	17	1,759	17.4	55.6	30.5	57.7
21.3	5.7	8	19	1,743	17.6	67.4	19.9	53.9
22.2	4.8	14	22	1,762	20.6	74.2	11.0	52.3

广东省　广西壮族自治区

县市名称	人口数	1982年人均工农业总产值（元）	人口密度（人／公里平方）	人口性别比	人口年龄中位数（岁）	0—14岁人口占总人口百分比	65及65岁以上人口占总人口百分比	15—49岁育龄妇女占总人口百分比
新会县	803,831	948	504	97.1	25.2	29.9	6.5	25.1
台山县	934,068	609	327	105.5	25.5	29.1	7.1	23.4
恩平县	376,733	664	226	112.2	24.2	31.5	5.9	22.3
开平县	587,080	757	369	97.2	25.5	28.7	7.0	24.9
鹤山县	308,364	633	352	100.4	25.3	29.2	7.3	24.0
高明县	214,184	550	195	99.4	23.8	31.8	6.3	23.5
肇庆市	169,799	1,348	880	109.3	27.1	24.7	5.1	27.2
高要县	696,903	573	271	95.0	23.3	33.2	6.1	24.0
四会县	335,780	689	278	97.2	23.9	32.1	6.5	23.6
广宁县	441,277	418	185	104.5	22.8	34.3	5.8	22.4
怀集县	616,921	302	173	103.0	19.5	38.6	4.8	21.7
封开县	357,608	482	133	101.6	20.6	34.5	5.6	22.9
德庆县	296,208	534	148	103.4	21.4	33.5	5.5	22.8
云浮县	426,152	486	221	105.5	21.5	34.4	6.1	21.8
新兴县	358,483	454	237	96.9	23.4	33.4	6.3	22.8
郁南县	384,248	525	197	109.1	22.2	33.4	5.7	22.6
罗定县	773,110	426	336	109.5	20.5	35.8	5.2	21.9
湛江市	867,217	755	710	111.6	23.4	33.0	5.0	23.3
茂名市	409,744	3,402	944	110.5	22.7	34.2	4.4	23.1
阳江县	1,155,159	442	317	111.4	20.4	36.9	5.3	20.8
阳春县	821,320	436	205	108.2	19.6	38.2	4.7	21.0
信宜县	843,320	365	274	108.8	20.0	36.8	5.0	21.2
高州县	1,090,176	388	329	111.1	21.3	34.0	4.8	22.1
电白县	1,084,999	290	522	114.0	20.3	38.1	4.8	20.7
吴川县	621,062	347	740	112.1	21.4	36.2	4.9	21.8
化州县	923,053	346	397	111.9	20.4	37.1	4.6	21.7
廉江县	997,829	371	369	112.9	22.3	35.4	5.4	21.8
遂溪县	611,546	497	312	110.4	20.7	37.2	5.4	21.4
海康县	955,230	315	276	109.3	20.3	37.9	4.9	21.2
徐闻县	474,732	532	274	107.0	20.2	37.3	5.1	22.4
广西壮族自治区								
南宁市	862,732	1,721	481	109.4	25.2	28.1	4.9	25.8
柳州市	585,369	3,214	1,088	110.2	26.3	26.9	4.7	26.6

（续44）

1981年人口出生率（‰）	1981年人口死亡率（‰）	1981年婴儿死亡率（‰）	每万人拥有大学生人数	每万人拥有初中文化程度人数	文盲、半文盲占12及12岁以上人口比重	农林牧渔业人口占在业人口百分比	工业人口占在业人口百分比	在业人口占总人口百分比
18.2	5.6	11	15	1,702	17.5	65.5	22.3	53.1
16.7	5.7	10	17	1,867	13.6	77.3	12.7	52.2
19.5	5.7	9	16	2,092	18.6	78.7	11.0	54.5
17.3	5.7	8	18	2,140	15.8	76.8	12.6	55.2
19.3	6.2	13	19	2,051	16.1	83.1	8.5	55.2
22.6	5.7	9	12	2,072	16.3	85.3	6.6	52.1
14.2	4.4	13	195	2,475	12.8	19.4	38.6	59.3
20.0	6.1	14	8	1,404	21.9	81.8	10.7	52.5
22.1	6.3	22	22	1,815	16.9	74.4	14.3	52.4
27.2	6.6	22	11	1,642	18.7	85.1	6.0	52.4
31.2	7.1	22	11	1,211	24.9	88.6	4.3	48.2
21.3	6.7	25	15	1,543	20.4	86.6	4.6	52.9
21.7	6.8	23	19	1,757	19.8	82.7	7.4	52.2
23.7	6.1	16	18	1,538	22.5	85.5	6.6	53.6
23.2	5.9	10	18	1,712	18.0	86.2	5.4	52.5
26.5	7.0	24	18	1,859	19.8	83.6	6.9	53.0
28.3	7.0	25	12	1,894	17.8	85.2	8.0	53.4
25.9	4.3	15	86	1,850	23.3	60.8	19.0	54.5
24.0	5.1	13	51	2,022	20.8	65.6	21.0	55.1
23.0	4.1	10	13	1,461	27.6	85.2	6.9	49.9
26.6	4.7	13	13	1,477	24.4	87.1	6.1	52.1
25.0	7.0	23	9	1,605	24.2	91.8	3.1	53.1
22.6	5.5	20	13	1,743	25.6	91.5	3.4	56.4
31.2	4.8	15	8	1,133	39.7	86.2	7.6	53.1
27.3	4.8	14	10	1,689	29.0	79.7	12.4	49.9
27.9	5.6	28	11	1,983	24.4	89.6	4.2	53.0
29.1	4.8	15	9	1,878	2.7	87.7	6.2	53.6
28.0	4.7	15	13	1,683	26.7	87.5	5.6	52.8
27.3	4.8	22	9	1,226	39.2	89.5	4.1	50.4
27.9	4.5	21	14	1,435	28.6	86.8	4.5	50.7
24.2	4.8	14	247	2,423	10.7	31.8	37.7	54.7
19.1	4.4	14	169	2,923	10.3	11.7	61.6	56.5

广西壮族自治区

县市名称	人口数	1982年人均工农业总产值（元）	人口密度（人／平方公里）	人口性别比	人口年龄中位数（岁）	0—14岁人口占总人口百分比	65及65岁以上人口占总人口百分比	15—49岁育龄妇女占总人口百分比
桂林市	429,976	1,904	749	108.1	26.5	26.9	5.1	26.6
阳朔县	255,075	290	179	105.1	19.9	36.7	5.1	22.3
梧州市	251,152	2,120	837	104.9	26.6	27.0	6.0	25.9
凭祥市	78,300	256	120	100.3	19.2	39.4	4.4	22.6
邕宁县	731,203	449	157	107.8	19.5	39.1	4.9	21.3
横县	842,721	355	244	106.5	20.2	36.7	5.5	21.7
宾阳县	728,667	402	315	104.3	19.6	38.0	5.0	21.7
上林县	365,209	249	196	102.3	19.7	37.8	5.6	21.5
武鸣县	544,857	458	161	101.8	20.3	36.0	5.5	22.6
隆安县	314,745	310	139	100.3	19.4	38.3	5.1	22.0
马山县	461,628	184	173	103.1	18.9	40.4	4.9	20.9
扶绥县	348,528	347	123	106.0	19.6	38.8	4.9	21.1
崇左县	278,968	316	96	101.4	18.3	41.4	4.7	21.0
大新县	312,170	291	113	99.4	20.1	37.3	5.2	22.7
天等县	344,238	259	159	99.9	19.7	37.9	5.0	22.7
宁明县	311,470	348	84	101.9	18.2	41.7	4.2	21.3
龙州县	232,764	299	100	100.3	20.2	36.2	5.4	23.4
合山市	101,696	811	291	118.4	21.5	36.3	3.6	21.5
柳江县	406,005	341	161	106.0	19.7	38.1	4.6	21.6
柳城县	346,437	466	157	104.9	19.9	37.9	5.4	21.9
鹿寨县	413,011	534	115	109.3	20.0	37.5	4.7	21.7
象州县	331,955	331	158	103.7	19.2	38.7	5.0	21.1
武宣县	305,362	289	179	106.2	18.9	39.9	5.0	20.7
来宾县	706,874	296	160	103.2	18.3	41.8	4.4	20.6
融安县	265,727	360	92	106.7	20.2	36.6	5.2	22.1
三江侗族自治县	279,928	230	115	105.2	18.6	40.6	4.1	21.3
融水苗族自治县	380,952	307	82	103.6	18.6	40.4	4.8	21.2
金秀瑶族自治县	58,298	291	28	110.3	19.2	38.6	4.7	21.2
忻城县	345,122	280	136	102.2	19.2	39.2	4.9	21.3
临桂县	362,014	331	165	102.8	19.9	37.1	5.3	22.0
灵川县	286,868	436	125	104.7	24.3	32.1	5.7	23.7
全州县	660,580	351	164	112.9	20.3	35.9	5.0	22.3
兴安县	310,521	464	132	108.7	23.3	33.0	5.0	23.7
永福县	231,419	424	83	105.5	19.8	37.1	5.2	21.7

（续45）

1981年人口出生率（‰）	1981年人口死亡率（‰）	1981年婴儿死亡率（‰）	每万人拥有大学生人数	每万人拥有初中文化程度人数	文盲、半文盲占12及12岁以上人口比重	农林牧渔业人口占在业人口百分比	工业人口占在业人口百分比	在业人口占总人口百分比
25.9	5.6	12	259	2,397	15.4	24.3	46.8	56.5
25.9	5.6	25	16	1,626	24.8	89.6	3.2	49.7
16.7	5.6	11	134	2,516	11.8	17.6	46.9	56.0
37.2	9.4	50	27	1,455	23.4	80.1	5.3	49.2
21.6	3.8	28	14	1,674	16.6	90.4	3.7	50.4
25.9	5.1	35	10	1,619	16.8	90.8	3.4	53.6
26.3	4.7	25	17	1,656	18.0	88.9	5.1	50.7
26.7	5.7	29	12	1,782	19.5	93.2	1.7	50.0
25.6	5.2	20	19	1,872	17.3	90.8	3.5	51.1
26.8	6.0	35	12	1,573	24.6	91.8	2.3	51.0
28.6	5.6	26	14	1,208	31.4	89.5	5.6	49.6
28.0	4.9	15	19	1,953	19.7	86.5	7.5	50.6
30.0	4.9	33	15	1,354	28.5	88.8	3.0	47.9
24.5	5.5	31	17	1,471	29.3	90.9	3.6	52.4
27.0	6.3	27	11	1,642	28.5	94.6	1.0	53.3
27.8	4.6	39	14	1,262	26.6	88.7	3.1	46.6
22.5	6.2	39	23	1,466	28.8	86.4	4.2	51.8
24.5	3.7	22	36	2,278	18.7	55.3	35.5	50.8
27.5	5.3	20	15	1,926	26.2	91.0	3.8	49.6
25.8	4.6	16	16	1,931	23.1	87.5	6.0	49.2
24.7	4.7	22	22	1,771	22.8	84.5	8.2	47.5
24.1	5.1	27	13	1,556	22.5	89.0	3.5	47.3
28.5	5.0	20	13	2,095	18.5	90.6	3.1	48.1
24.5	3.7	19	15	1,583	29.0	90.4	3.6	46.7
23.5	5.2	29	20	1,592	22.9	85.5	6.0	51.8
27.1	6.9	47	12	867	49.5	91.7	2.0	51.1
27.7	6.9	48	18	916	46.7	88.5	4.2	49.5
25.1	6.8	41	28	1,261	26.2	85.2	3.5	50.1
25.4	6.2	33	11	1,374	31.8	93.5	2.1	51.4
24.9	5.0	26	15	1,351	31.7	92.1	2.9	50.9
23.0	4.7	21	24	1,810	26.4	87.9	6.0	54.1
26.9	5.7	31	12	1,789	26.9	90.2	3.7	57.0
25.1	5.6	27	27	1,699	24.6	87.8	5.3	55.1
25.0	5.7	34	16	1,353	28.6	88.4	4.4	49.6

广西壮族自治区

县市名称	人口数	1982年人均工农业总产值(元)	人口密度(人／平方公里)	人口性别比	人口年龄中位数(岁)	0—14岁人口占总人口百分比	65及65岁以上人口占总人口百分比	15—49岁育龄妇女占总人口百分比
灌阳县	234,175	327	128	115.2	23.5	33.0	5.1	23.0
龙胜各族自治县	150,808	309	59	107.3	22.4	34.3	4.9	23.0
资源县	145,060	322	74	108.1	19.8	37.3	4.6	21.8
平乐县	344,919	381	180	104.9	20.2	35.6	5.0	22.9
荔浦县	328,217	407	187	105.0	21.1	34.5	5.2	22.9
恭城县	237,678	493	111	111.3	23.1	34.4	4.7	22.9
岑溪县	568,257	318	205	108.3	19.5	38.3	5.6	20.6
苍梧县	518,134	319	121	107.4	19.5	37.5	5.2	20.8
藤县	672,312	336	170	114.3	19.8	37.1	5.7	19.8
昭平县	301,511	403	94	111.4	19.8	37.2	5.7	20.5
蒙山县	163,839	437	130	108.3	19.8	36.3	5.3	21.4
贺县	662,060	424	129	105.7	20.0	37.3	5.7	21.8
钟山县	367,173	345	197	109.5	20.3	36.2	5.2	21.8
富川县	221,113	406	142	106.9	20.0	36.9	5.2	22.3
玉林县	1,148,346	553	420	110.9	20.3	36.3	4.8	22.2
贵县	1,163,990	421	330	104.7	19.5	39.1	5.5	21.2
桂平县	1,191,638	342	293	109.1	19.2	39.4	5.1	20.7
平南县	903,294	343	302	113.8	20.0	37.2	5.2	21.5
容县	551,281	396	244	110.0	20.2	36.6	5.4	21.0
北流县	819,020	359	333	112.0	20.0	37.1	5.0	21.1
陆川县	582,564	313	375	110.4	19.1	40.4	4.6	20.7
博白县	975,820	328	255	112.7	19.4	39.3	5.0	21.1
百色县	254,474	431	68	104.2	20.4	36.4	4.2	22.8
田阳县	307,336	404	128	97.8	19.4	38.6	4.7	22.2
田东县	328,451	290	117	98.2	18.7	41.3	4.6	21.5
平果县	367,275	233	148	99.0	18.9	40.2	5.0	21.7
德保县	322,897	212	126	104.7	20.4	36.8	5.5	21.6
靖西县	510,152	234	153	101.7	19.8	38.6	5.4	21.4
那坡县	175,577	217	79	102.3	18.2	41.9	4.2	20.7
凌云县	144,952	181	71	100.0	18.5	41.2	4.8	21.3
乐业县	108,281	279	41	100.8	17.6	43.6	5.1	20.3
田林县	181,351	282	33	99.3	18.3	41.4	3.9	21.6
隆林各族自治县	281,105	260	80	100.4	18.2	42.3	3.4	21.5
西林县	100,139	263	33	100.3	17.4	44.0	3.3	20.8

（续46）

1981年人口出生率（‰）	1981年人口死亡率（‰）	1981年婴儿死亡率（‰）	每万人拥有大学生人数	每万人拥有初中文化程度人数	文盲、半文盲占12及12岁以上人口比重	农林牧渔业人口占在业人口百分比	工业人口占在业人口百分比	在业人口占总人口百分比
25.9	5.9	23	16	1,589	29.9	90.6	3.3	48.4
22.0	6.6	46	22	1,494	27.8	89.9	3.2	53.4
26.0	5.6	38	24	1,409	29.3	89.1	4.2	54.3
23.6	4.8	24	13	1,495	22.5	87.2	5.3	51.3
22.5	5.2	25	16	1,706	16.7	88.5	4.8	51.3
24.3	5.7	28	25	1,545	22.1	85.3	7.6	52.5
27.9	5.9	22	14	1,550	18.5	92.0	2.5	50.4
26.8	6.3	24	13	1,361	17.3	90.8	2.6	51.7
26.9	5.4	22	11	1,659	20.7	90.4	2.7	50.8
26.5	5.5	20	15	1,214	23.9	89.4	3.8	51.2
24.0	6.0	27	22	1,778	18.1	89.1	3.2	50.7
27.2	5.5	24	18	1,217	28.0	86.6	6.8	49.5
23.9	4.7	25	24	1,192	28.4	84.7	9.3	48.8
25.9	4.5	30	19	1,096	42.5	91.8	2.7	53.6
26.1	4.6	24	28	1,815	17.7	84.5	7.3	52.0
29.7	4.1	16	12	1,565	18.9	88.9	4.3	49.4
27.5	4.9	16	10	1,458	18.1	90.3	3.4	49.9
22.8	4.7	19	10	1,686	16.1	89.1	4.0	50.4
25.1	6.3	30	14	2,018	12.6	89.7	3.7	53.6
26.0	5.7	30	11	1,850	16.6	91.3	3.3	54.2
31.4	4.3	13	14	1,842	18.4	91.4	2.8	50.3
32.5	4.6	13	10	1,502	24.7	92.5	2.6	51.7
24.8	6.6	45	83	1,518	28.9	68.7	15.8	50.0
26.4	6.7	33	19	1,267	31.3	86.9	6.3	50.0
30.8	6.0	37	21	1,342	29.7	87.0	6.0	48.8
32.3	6.3	28	14	1,337	33.2	92.3	2.1	49.9
27.1	8.5	45	15	1,204	34.1	93.5	1.9	53.0
26.9	7.2	27	12	1,055	36.0	93.3	1.6	51.2
32.7	9.5	59	16	760	50.0	91.0	1.7	48.6
34.0	9.0	65	15	776	53.5	92.7	1.2	48.3
37.2	9.4	59	20	838	57.1	91.4	1.5	46.4
36.0	9.0	65	17	805	52.7	92.1	1.2	47.3
41.7	12.3	92	12	532	65.4	93.8	1.9	50.0
42.4	9.9	76	13	686	54.1	90.5	2.0	46.5

县市名称	人口数	1982年人均工农业总产值（元）	人口密度（人／平方公里）	人口性别比	人口年龄中位数（岁）	0—14岁人口占总人口百分比	65及65岁以上人口占总人口百分比	15—49岁育龄妇女占总人口百分比
河池县	249,934	597	107	107.2	20.1	38.3	4.6	22.1
宜山县	478,043	496	138	103.5	20.1	37.1	5.2	22.4
罗城县	294,530	216	111	105.9	19.6	38.4	5.1	21.3
环江县	279,177	324	61	108.7	18.6	40.9	4.6	20.4
南丹县	231,347	307	59	108.0	19.1	40.1	4.6	20.8
天峨县	115,883	230	36	101.8	17.9	42.9	5.4	20.7
凤山县	144,689	201	83	99.1	18.2	42.6	6.0	20.8
东兰县	242,663	202	101	100.3	19.3	40.8	6.0	21.6
巴马瑶族自治县	242,632	205	100	99.3	18.5	41.8	5.3	21.6
都安瑶族自治县	815,829	154	126	102.8	19.3	39.2	5.4	21.0
北海市	168,441	1,202	622	105.7	25.1	29.2	6.1	25.2
上思县	170,248	418	60	119.3	20.5	36.8	5.7	20.8
防城各族自治县	394,683	334	128	113.8	19.9	38.8	5.2	21.0
钦州县	846,262	409	186	119.5	20.7	37.4	5.3	20.7
灵山县	923,228	378	260	114.9	19.8	38.5	5.3	20.4
合浦县	847,476	505	277	113.8	20.7	37.0	6.0	20.9
浦北县	570,616	368	227	116.5	20.4	36.4	5.7	21.1
四川省								
成都市	2,466,515	2,297	1,758	106.4	27.7	25.4	5.4	26.9
金堂县	756,607	328	537	109.0	22.5	35.8	4.7	21.5
双流县	780,589	467	745	102.3	24.3	35.4	4.5	24.0
重庆市	2,634,492	2,881	1,732	106.6	28.2	22.1	5.8	27.5
长寿县	819,332	314	568	104.5	22.4	34.9	4.5	23.1
巴县	1,178,277	425	928	108.9	26.2	28.7	5.6	24.8
綦江县	864,541	311	432	109.6	24.9	31.9	5.6	23.2
江北县	976,910	390	451	106.8	24.0	32.6	4.9	23.2
自贡市	875,337	1,102	1,283	105.2	25.8	29.0	5.0	25.5
荣县	817,686	399	422	105.6	20.2	36.9	4.3	22.0
渡口市	517,557	2,290	233	141.5	28.2	29.0	2.5	22.3
米易县	174,239	324	83	103.9	19.7	38.3	4.6	22.0
盐边县	123,356	283	45	105.1	19.8	39.0	4.8	21.5
江津县	1,374,293	382	515	112.7	25.4	31.2	5.4	23.0
合川县	1,405,315	435	601	109.4	24.8	32.0	4.6	23.3

（续47）

1981年人口出生率（‰）	1981年人口死亡率（‰）	1981年婴儿死亡率（‰）	每万人拥有大学生人数	每万人拥有初中文化程度人数	文盲、半文盲占12及12岁以上人口比重	农林牧渔业人口占在业人口百分比	工业人口占在业人口百分比	在业人口占总人口百分比
28.8	7.2	47	73	1,749	23.0	66.4	17.2	51.1
28.7	6.6	38	36	1,557	27.9	83.8	9.2	51.9
28.5	5.2	32	18	1,205	33.4	85.7	7.8	50.6
30.5	7.0	46	23	1,305	32.2	82.4	11.3	49.9
34.0	10.1	76	34	1,132	42.3	78.5	13.5	48.5
34.8	10.0	82	17	775	52.0	90.0	2.1	45.5
38.7	8.6	58	18	992	46.6	91.6	1.7	46.0
35.4	9.7	58	16	964	48.2	93.2	1.5	48.6
36.8	10.2	70	14	760	55.5	92.9	1.5	48.0
31.8	9.0	55	9	1,182	32.1	94.9	1.0	51.7
23.3	5.1	14	60	2,337	21.7	48.3	23.8	52.8
27.2	6.2	29	22	1,573	21.9	86.9	4.3	50.2
31.2	4.8	31	16	1,326	25.9	85.1	5.1	51.4
30.9	4.8	23	19	1,422	25.4	87.8	4.8	53.8
29.6	5.2	30	9	1,658	21.8	92.3	2.6	53.2
28.4	4.1	15	15	1,527	23.9	86.0	7.0	53.4
25.9	5.0	22	10	1,604	17.7	90.3	3.9	54.9
17.3	6.3	28	276	2,437	16.8	33.4	42.2	58.9
19.0	7.8	51	13	1,386	34.4	89.6	5.0	53.9
20.8	6.1	47	26	1,684	20.6	83.1	9.8	53.7
17.6	6.3	17	182	2,881	13.5	21.2	53.7	58.2
19.0	6.4	31	28	2,068	23.4	82.9	11.7	56.2
18.2	6.6	24	22	2,156	19.1	86.4	8.1	60.2
17.6	6.8	38	21	1,639	27.5	79.4	13.7	55.3
14.9	6.0	26	12	1,706	18.3	88.6	6.5	58.0
18.5	6.1	21	82	2,415	23.7	56.9	29.5	55.8
16.7	5.7	39	10	1,594	29.9	87.4	6.7	52.5
15.9	5.0	23	135	2,164	22.3	27.4	52.2	61.7
18.7	6.7	38	23	1,261	45.8	83.6	6.5	49.7
20.7	7.2	34	18	1,038	55.8	86.0	6.2	52.0
15.8	6.4	37	19	1,639	25.9	85.5	7.8	56.7
16.3	6.1	35	13	1,436	30.1	87.5	7.0	57.9

四川省

县市名称	人口数	1982年人均工农业总产值（元）	人口密度（人／平方公里）	人口性别比	人口年龄中位数（岁）	1—14岁人口占总人口百分比	65及65岁以上人口占总人口百分比	15—49岁育龄妇女占总人口百分比
潼南县	772,951	319	501	106.1	22.8	35.3	4.8	22.6
铜梁县	746,930	400	542	107.1	23.8	33.7	4.5	22.9
永川县	924,301	453	592	109.7	24.3	32.1	5.1	23.4
大足县	776,690	348	590	107.9	24.2	35.4	4.7	22.2
荣昌县	700,315	331	689	107.6	23.9	33.8	4.4	23.1
璧山县	545,876	377	763	109.6	24.9	31.7	5.0	23.1
万县市	269,758	1,197	1,097	103.8	26.5	27.6	5.5	25.7
万县	1,186,717	254	371	106.9	22.4	35.0	4.3	22.8
开县	1,286,112	315	323	109.8	20.5	36.1	3.7	22.1
忠县	903,528	275	430	103.1	22.7	34.4	5.2	22.9
梁平县	780,449	290	413	105.3	20.3	35.1	4.2	23.2
云阳县	1,093,597	234	301	108.8	20.2	37.3	4.1	21.8
奉节县	848,775	288	210	111.0	20.3	37.1	4.0	21.8
巫山县	496,419	246	164	111.2	19.9	37.9	4.1	21.2
巫溪县	457,848	266	114	111.0	21.1	36.1	4.2	22.0
城口县	215,431	273	64	111.4	20.4	37.8	4.4	21.2
涪陵县	961,622	400	341	104.9	19.5	36.5	3.7	22.3
垫江具	767,545	310	510	105.4	19.9	36.6	4.4	22.3
南川县	600,353	393	232	103.8	20.1	36.8	4.2	23.0
丰都县	703,595	302	241	102.9	19.8	36.0	4.7	22.1
石柱县	417,091	240	144	102.1	19.8	36.2	4.1	22.9
武隆县	362,834	296	121	107.2	20.1	36.6	4.6	21.7
彭水县	517,770	277	180	107.2	19.6	38.3	4.5	21.5
黔江县	384,709	253	156	109.2	21.0	37.0	4.7	21.4
酉阳县	611,487	226	119	108.4	20.2	37.5	5.2	20.9
秀山县	473,087	234	192	108.0	21.2	35.9	5.0	21.5
内江市	278,591	1,374	2,265	105.7	26.1	27.0	5.1	26.2
内江县	850,638	364	598	105.5	20.0	36.9	4.7	21.8
资中县	1,137,429	432	596	109.2	20.2	37.0	4.5	20.8
资阳县	921,763	531	509	107.1	23.1	35.3	4.7	21.8
简阳县	1,290,344	482	597	107.6	24.1	35.7	4.7	21.7
威远县	657,906	446	513	108.3	23.5	34.6	4.8	22.4
隆昌县	662,585	359	762	107.0	23.8	33.7	4.5	22.9
安岳县	1,324,758	328	482	106.4	22.7	36.5	5.2	21.6

（续48）

1981年人口出生率（‰）	1981年人口死亡率（‰）	1981年婴儿死亡率（‰）	每万人拥有大学生人数	每万人拥有初中文化程度人数	文盲、半文盲占12及12岁以上人口比重	农林牧渔业人口占在业人口百分比	工业人口占在业人口百分比	在业人口占总人口百分比
17.6	6.8	42	7	1,202	33.8	90.9	4.4	53.6
16.8	5.8	24	11	1,532	27.6	90.8	4.1	57.6
17.2	6.7	39	38	1,756	25.3	81.3	10.0	55.9
20.2	6.0	39	9	1,367	32.8	88.6	5.6	54.1
19.5	6.4	37	21	1,671	27.7	81.9	11.1	54.2
16.2	5.9	24	15	2,135	22.5	87.6	6.6	56.6
16.5	6.8	24	110	2,527	19.0	48.5	28.0	57.4
16.9	7.8	53	14	1,398	28.2	91.3	4.5	57.2
15.3	7.3	38	7	1,265	29.0	91.9	3.3	53.9
21.0	8.5	55	9	1,438	32.3	90.3	5.1	58.5
13.6	7.3	49	11	1,537	27.3	90.4	4.4	56.3
17.6	7.7	60	6	1,063	35.0	90.8	4.1	52.4
16.8	8.9	66	8	1,127	40.5	90.7	3.9	54.6
15.0	7.1	59	8	975	41.5	92.1	2.6	53.4
20.3	9.0	72	7	963	43.4	91.7	2.8	53.9
20.8	9.2	66	12	1,028	45.6	90.7	2.2	51.2
13.3	5.1	39	33	1,700	27.9	82.0	9.9	54.9
19.0	6.9	49	9	1,588	34.8	90.8	4.3	55.3
17.6	6.2	43	20	1,668	25.9	84.7	9.7	54.4
16.9	7.0	48	9	1,509	31.6	90.1	4.4	56.9
22.2	7.1	50	9	1,339	41.8	92.2	2.3	56.6
16.9	7.2	63	12	1,294	36.8	89.8	4.9	55.3
23.3	8.1	53	7	1,111	44.2	93.3	1.9	52.6
24.1	7.8	44	9	1,324	37.1	93.5	1.8	55.3
24.4	7.5	41	8	1,233	38.2	94.1	1.3	53.5
26.0	7.8	40	8	1,401	35.7	91.5	3.3	54.7
17.4	6.0	19	172	2,659	18.0	33.9	37.1	55.0
16.4	6.2	34	5	1,672	30.2	91.4	4.3	51.5
18.8	6.4	33	16	1,653	29.5	87.4	6.3	50.8
18.1	6.6	36	21	1,701	29.3	87.3	6.5	52.0
14.9	6.5	47	18	1,618	27.6	87.9	5.8	52.9
14.0	6.4	39	16	1,805	30.8	80.8	12.4	52.2
21.7	6.7	35	18	1,678	29.6	83.2	9.7	53.8
19.3	6.1	40	6	1,307	35.7	93.7	2.2	52.8

四川省

县市名称	人口数	1982年人均工农业总产值（元）	人口密度（人／平方公里）	人口性别比	人口年龄中位数（岁）	0—14岁人口占总人口百分比	65及65岁以上人口占总人口百分比	15—49岁育龄妇女占总人口百分比
乐至县	814,501	368	622	105.6	23.0	36.2	5.0	21.4
宜宾市	245,064	1,574	2,269	106.5	27.1	26.6	5.2	25.8
泸州市	303,403	2,221	2,107	107.8	27.4	24.7	5.3	26.8
泸县	1,371,115	355	667	106.8	24.0	32.9	4.1	23.7
富顺县	1,045,260	354	670	106.3	23.5	34.5	4.3	22.9
合江县	783,324	326	322	107.5	23.1	34.5	4.7	22.7
纳溪县	455,586	350	352	105.5	19.8	37.7	4.0	22.1
叙永县	737,685	273	248	106.8	19.6	37.9	4.9	21.5
古蔺县	674,898	229	182	105.3	19.7	38.8	5.5	20.7
宜宾县	1,049,411	283	309	105.5	19.5	38.5	4.3	21.7
南溪县	492,191	342	462	104.2	20.2	37.3	4.0	22.6
江安县	436,980	258	479	107.1	20.3	36.4	4.2	22.2
长宁县	369,120	286	410	106.0	20.1	36.8	4.4	22.0
高县	465,466	266	388	105.1	20.1	37.3	5.0	21.6
筠连县	300,256	284	214	105.7	19.6	38.1	4.8	21.8
珙县	311,428	413	287	116.5	23.1	35.1	4.4	21.3
兴文县	138,100	278	184	112.7	21.3	35.0	4.8	21.4
屏山县	219,812	272	144	106.1	19.5	38.3	4.3	21.4
乐山市	954,384	663	487	104.6	25.0	31.9	5.6	24.1
仁寿县	1,378,180	355	548	106.1	20.2	37.8	4.6	21.1
眉山县	707,759	571	525	100.6	22.1	34.8	4.9	23.9
犍为县	520,746	413	384	104.5	20.3	35.6	5.0	22.8
井研县	393,306	372	457	105.8	24.6	35.3	5.2	22.0
峨眉县	372,787	734	300	108.8	23.4	32.9	4.8	23.3
夹江县	324,242	365	435	100.9	23.9	33.9	5.0	23.8
洪雅县	307,929	394	158	101.3	21.2	34.5	4.9	23.1
彭山县	279,019	418	575	101.0	25.6	31.4	5.8	24.4
沐川县	229,862	306	177	110.8	19.5	37.6	4.6	20.8
青神县	184,742	380	462	101.6	24.0	33.1	5.9	23.5
丹棱县	143,489	395	315	101.0	21.3	34.6	5.2	23.2
峨边县	120,161	454	126	113.7	19.0	39.3	3.7	20.2
马边县	148,781	271	63	105.4	17.3	43.9	3.9	19.5
金口河工农区	54,488	243	99	111.5	19.3	38.5	3.5	21.4
温江县	241,962	660	861	98.8	25.5	31.2	4.9	26.1

（续49）

1981年人口出生率（‰）	1981年人口死亡率（‰）	1981年婴儿死亡率（‰）	每万人拥有大学生人数	每万人拥有初中文化程度人数	文盲、半文盲占12及12岁以上人口比重	农林牧渔业人口占在业人口百分比	工业人口占在业人口百分比	在业人口占总人口百分比
15.9	6.6	48	8	1,427	34.5	93.4	1.8	52.4
15.3	5.7	14	178	2,544	15.5	22.1	48.3	54.9
18.7	5.7	17	172	2,808	17.4	24.9	48.6	56.4
17.6	6.3	26	4	1,430	32.5	91.2	4.5	57.3
19.9	7.0	38	16	1,449	32.5	87.3	6.1	53.9
15.7	6.4	41	9	1,560	32.7	90.5	3.5	56.8
18.9	6.4	42	5	1,221	30.1	93.8	2.4	54.0
20.8	7.0	33	9	1,226	32.6	87.0	5.7	51.2
25.8	8.4	43	5	998	42.7	92.7	2.2	51.3
20.7	6.9	45	7	1,277	30.6	92.0	2.7	53.3
22.9	7.0	39	19	1,374	31.8	86.5	7.6	53.3
19.8	6.5	35	15	1,468	27.6	87.7	5.5	52.9
22.8	7.1	49	8	1,291	34.5	90.1	3.6	53.3
19.4	6.9	34	9	1,192	35.4	90.7	3.0	52.8
22.2	7.4	51	10	1,071	42.3	87.5	5.4	49.4
20.8	6.9	45	24	1,299	33.6	75.8	17.4	52.9
19.0	6.8	48	15	1,273	36.5	84.3	7.9	49.8
24.3	7.6	52	10	1,168	37.4	89.3	2.5	53.8
17.1	6.1	45	59	2,018	21.1	64.5	23.4	54.9
19.1	6.5	51	9	1,521	30.6	91.7	3.0	50.7
18.8	6.3	45	26	1,835	22.6	86.4	6.8	53.8
17.9	6.5	33	12	1,542	30.5	84.1	8.2	52.8
19.0	6.6	46	11	1,601	29.5	90.5	3.5	54.7
18.1	5.6	28	81	1,902	22.3	70.2	18.1	55.2
16.0	5.5	44	62	1,911	23.3	79.4	10.9	55.4
17.2	6.1	33	12	1,580	28.9	90.8	3.1	55.3
17.9	7.1	49	17	1,856	26.1	86.3	6.2	66.4
19.8	6.7	48	10	1,160	38.9	90.4	2.9	53.0
18.3	6.3	42	33	1,720	23.3	85.2	7.6	55.1
19.4	6.3	41	15	1,704	25.7	90.8	2.5	55.1
23.8	5.8	30	23	1,299	43.6	76.4	12.7	52.2
31.0	7.8	49	12	757	54.6	89.2	2.7	48.6
15.7	4.6	19	97	1,499	34.0	64.9	26.3	51.2
15.9	5.8	40	57	1,941	20.6	79.1	8.3	56.6

四川省

县市名称	人口数	1982年人均工农业总产值（元）	人口密度（人／平方公里）	人口性别比	人口年龄中位数（岁）	0—14岁人口占总人口百分比	65及65岁以上人口占总人口百分比	15—49岁育龄妇女占总人口百分比
郫县	392,994	576	910	97.9	25.4	30.7	4.9	26.5
新都县	487,822	685	1,002	99.7	25.3	30.6	4.9	26.4
广汉县	493,292	759	940	100.9	25.3	30.0	4.9	26.4
什邡县	380,522	1,097	511	106.6	26.6	27.8	4.7	26.3
彭县	692,336	537	491	104.1	25.9	28.4	5.1	26.2
灌县	490,678	642	383	104.5	25.5	30.5	5.5	24.6
崇庆县	577,259	546	545	103.2	26.0	29.5	5.5	24.9
大邑县	445,962	526	293	105.1	25.7	31.8	4.5	23.9
邛崃县	584,096	538	500	102.4	23.6	34.1	4.7	23.0
浦江县	229,620	468	415	99.7	21.1	35.4	4.5	23.8
新津县	256,186	491	749	99.5	24.9	32.7	5.1	24.9
绵阳市	776,162	594	512	109.5	24.7	31.3	4.4	24.2
德阳县	685,900	592	581	109.2	25.2	30.3	4.7	24.8
绵竹县	473,431	626	384	108.9	26.3	28.4	4.7	25.4
安县	454,992	399	324	108.6	24.0	32.7	4.2	24.0
江油县	768,606	483	285	110.1	24.3	32.9	4.0	23.8
梓潼县	381,906	368	265	105.8	22.9	35.4	4.3	22.4
剑阁县	582,301	282	206	104.9	20.6	36.3	4.4	22.1
广元县	780,785	317	157	108.9	22.5	34.9	4.5	22.4
旺苍县	397,246	268	158	112.1	21.1	36.2	4.3	21.9
青川县	199,984	272	68	106.8	20.5	37.1	4.5	21.6
平武县	184,718	320	31	113.4	22.1	35.7	4.5	21.3
北川县	150,099	315	69	110.6	20.1	36.6	4.4	21.7
遂宁县	1,139,341	445	557	104.7	23.7	34.7	5.1	22.5
三台县	1,340,553	351	559	106.5	22.7	35.3	4.9	21.9
中江县	1,297,840	327	629	107.7	21.4	36.1	5.0	21.4
蓬溪县	1,089,032	376	552	107.0	24.3	34.5	5.1	21.7
射洪县	905,963	376	609	104.1	22.9	34.4	4.8	22.3
盐亭县	593,243	325	324	103.5	21.2	35.6	4.9	21.6
南充市	220,531	1,261	976	110.0	26.6	25.2	4.6	26.1
南充县	1,314,702	341	545	106.9	23.3	35.6	4.6	22.2
南部县	1,163,282	249	484	105.6	19.6	38.8	4.3	21.0
岳池县	970,715	258	522	106.1	23.4	34.6	4.3	23.0
营山县	775,781	281	613	103.7	23.3	34.9	4.5	22.5

(续50)

1981年人口出生率(‰)	1981年人口死亡率(‰)	1981年婴儿死亡率(‰)	每万人拥有大学生人数	每万人拥有初中文化程度人数	文盲、半文盲占12及12岁以上人口比重	农林牧渔业人口占在业人口百分比	工业人口占在业人口百分比	在业人口占总人口百分比
14.7	6.5	48	33	2,053	19.1	84.7	6.8	55.8
16.8	6.0	30	20	2,008	19.9	82.8	9.2	56.3
19.1	6.1	25	18	1,972	28.1	77.9	13.9	57.3
15.0	6.4	36	21	1,798	31.5	76.2	15.9	62.3
16.5	6.6	35	31	1,802	27.2	81.8	11.3	59.4
14.7	5.9	33	50	1,990	21.2	75.1	15.4	56.0
14.9	6.1	46	19	1,890	21.8	84.8	8.3	57.5
14.2	5.6	42	31	1,793	22.9	83.2	8.7	56.0
14.2	5.9	32	13	1,824	21.4	87.1	5.8	54.1
17.7	5.4	30	15	2,098	20.1	87.6	4.9	53.2
16.2	6.7	56	24	1,974	21.2	82.5	8.5	54.7
12.7	7.0	40	73	1,652	33.8	75.8	12.8	57.1
15.7	6.5	27	48	1,706	30.8	77.3	16.2	58.9
13.8	6.9	36	28	1,458	39.1	81.9	11.8	61.4
12.3	6.8	42	20	1,269	37.0	89.4	4.3	58.9
15.5	6.6	37	45	1,490	36.6	77.7	14.4	57.7
14.2	7.5	45	44	1,369	37.2	86.1	4.3	54.8
15.3	8.8	58	21	1,351	36.2	92.4	1.6	54.7
12.2	7.2	47	39	1,426	39.8	77.7	13.5	53.1
11.5	6.7	51	24	1,408	36.0	78.7	13.3	52.1
13.7	7.6	37	29	1,255	42.7	86.7	6.0	51.8
16.2	7.6	42	43	1,260	42.5	80.8	11.6	56.4
15.6	7.1	55	13	1,139	42.9	88.9	3.3	55.0
18.3	7.1	37	12	1,416	33.0	87.8	6.5	53.5
14.0	8.7	63	7	1,431	34.4	92.5	3.1	55.1
16.5	8.5	53	5	1,230	35.6	94.5	1.6	53.8
17.0	7.9	43	7	1,510	32.9	90.9	4.1	54.1
14.4	7.3	40	8	1,558	33.5	89.6	5.0	53.1
10.3	7.2	52	8	1,678	30.6	91.5	3.3	54.1
17.9	5.6	24	200	2,508	17.2	31.4	40.3	57.4
19.2	6.6	46	8	1,383	29.8	92.5	3.6	55.2
14.1	6.6	46	6	1,123	42.8	91.0	4.1	52.2
17.5	7.2	60	7	1,297	34.6	92.2	3.1	55.2
17.9	7.5	49	6	1,353	34.5	92.2	3.2	56.0

四川省

县市名称	人口数	1982年人均工农业总产值(元)	人口密度(人/平方公里)	人口性别比	人口年龄中位数(岁)	0—14岁人口占总人口百分比	65及65岁以上人口占总人口百分比	15—49岁育龄妇女占总人口百分比
广安县	1,049,714	271	625	106.9	22.3	33.6	4.2	23.0
蓬安县	587,534	343	839	107.8	24.7	34.9	4.4	22.6
仪陇县	844,810	255	1,035	106.7	23.2	36.5	4.6	22.4
武胜县	688,418	296	702	105.2	23.6	33.3	4.6	23.5
西充县	604,269	326	548	104.0	22.9	35.9	5.0	21.7
阆中县	822,995	363	426	104.0	24.0	33.4	4.9	23.6
苍溪县	723,125	280	301	102.9	22.1	35.0	4.4	23.7
华云工农区	301,503	311	1,723	119.2	24.4	33.1	3.8	22.2
达县市	189,118	1,616	1,139	116.6	26.0	28.8	3.4	25.2
达县	1,211,380	348	420	104.9	22.1	35.3	4.3	23.0
宣汉县	1,001,641	313	286	106.0	19.9	38.0	4.3	21.6
开江县	473,197	274	459	111.1	21.4	35.8	4.0	22.3
万源县	394,067	393	118	109.1	20.5	37.1	4.7	21.8
通江县	598,113	259	134	103.3	20.0	38.4	4.9	21.8
南江县	521,335	277	152	106.4	20.3	37.6	4.6	22.2
巴中县	1,044,166	387	408	104.7	24.4	35.1	5.1	23.3
平昌县	724,722	314	301	102.8	20.4	37.5	4.8	22.5
大竹县	928,461	468	464	107.5	22.2	33.7	4.4	23.0
渠县	1,175,199	333	693	106.8	21.3	35.6	4.1	21.8
邻水县	775,864	309	407	105.2	19.5	37.2	4.4	22.1
白沙工农区	65,784	395	119	113.2	20.3	37.8	3.6	21.6
雅安县	270,075	627	255	105.0	24.2	33.3	4.7	23.4
名山县	233,950	393	382	102.1	20.2	35.7	4.7	22.8
荥经县	121,239	502	69	102.7	19.1	37.1	4.4	22.3
汉源县	299,739	306	137	102.0	19.5	37.5	4.9	21.9
石棉县	111,058	645	42	121.9	24.8	32.5	4.3	22.0
天全县	128,872	441	54	107.3	19.4	37.7	4.5	21.3
芦山县	99,888	408	74	110.6	20.3	36.8	4.2	20.8
宝兴县	48,475	405	16	107.8	20.2	35.9	4.4	21.5
汶川县	84,976	357	21	117.8	22.2	35.6	4.2	20.7
理县	42,262	393	10	115.6	22.7	36.2	4.5	20.7
茂汶羌族自治县	79,208	368	20	105.5	18.4	42.5	4.2	20.3
松潘县	60,633	403	7	116.2	23.1	37.5	4.7	19.8
南坪县	49,430	349	9	118.5	21.5	37.8	5.0	19.9

（续51）

1981年人口出生率（‰）	1981年人口死亡率（‰）	1981年婴儿死亡率（‰）	每万人拥有大学生人数	每万人拥有初中文化程度人数	文盲、半文盲占12及12岁以上人口比重	农林牧渔业人口占在业人口百分比	工业人口占在业人口百分比	在业人口占总人口百分比
15.5	7.1	44	9	1,334	32.8	92.5	2.6	56.4
15.4	7.3	48	9	1,444	34.3	91.2	3.5	55.5
19.3	7.6	64	6	1,120	41.8	92.4	3.1	55.0
17.6	6.7	55	8	1,298	34.2	93.7	2.4	56.9
15.5	7.1	49	8	1,629	27.8	91.8	3.5	54.9
16.2	7.2	47	10	1,498	34.7	89.8	5.0	56.8
18.6	7.0	45	6	1,250	39.4	93.0	1.8	55.7
19.3	5.6	37	45	1,450	34.7	70.7	24.2	56.5
16.5	4.4	20	196	2,541	14.7	27.7	46.7	58.6
15.5	7.4	53	9	1,547	29.3	91.0	5.0	56.6
18.5	7.7	51	8	1,208	33.0	93.0	2.0	54.0
16.1	8.1	62	12	1,341	33.9	92.4	2.9	56.7
15.1	7.9	62	14	1,194	39.0	87.1	5.5	52.7
16.0	6.6	38	8	1,201	39.2	92.5	2.0	51.0
14.4	6.9	47	11	1,230	37.8	92.0	2.6	53.8
16.9	7.5	56	8	1,136	42.8	93.0	2.3	55.6
18.0	6.8	46	6	1,190	38.0	92.2	2.7	53.7
14.0	8.0	44	12	1,635	33.5	88.9	5.9	57.4
15.8	6.7	40	9	1,301	37.0	90.9	3.9	54.9
19.7	7.4	38	9	1,478	34.1	92.5	3.0	55.2
18.1	7.7	50	23	1,258	34.6	72.5	20.5	51.9
15.5	5.4	29	109	1,923	22.9	65.6	19.1	53.3
19.7	6.2	32	22	1,936	23.3	91.3	3.6	53.5
14.8	5.3	29	21	1,781	28.2	83.1	8.6	52.4
23.7	7.6	46	16	1,370	37.9	91.6	2.3	52.1
23.4	8.2	33	47	1,754	32.0	60.9	31.7	55.2
17.9	6.1	30	19	1,696	25.8	82.5	8.4	49.3
19.8	5.6	25	26	1,662	29.2	87.6	4.5	49.7
16.9	6.1	41	30	1,489	35.7	84.6	6.4	51.7
24.8	7.0	46	60	1,540	32.3	64.5	20.5	51.6
24.3	8.2	50	36	1,530	36.7	69.7	15.3	52.6
34.8	9.4	46	21	1,026	50.6	85.1	4.2	43.5
32.4	10.3	71	26	1,107	51.7	70.8	20.1	51.3
28.2	8.8	46	33	1,166	52.0	70.4	19.3	51.9

四川省

县市名称	人口数	1982年人均工农业总产值（元）	人口密度（人／平方公里）	人口性别比	人口年龄中位数（岁）	0—14岁人口占总人口百分比	65及65岁以上人口占总人口百分比	15—49岁育龄妇女占总人口百分比
金川县	69,461	345	13	119.0	23.4	36.0	4.9	20.5
小金县	68,345	345	12	110.5	19.5	40.1	4.4	20.6
黑水县	58,119	374	14	114.6	23.7	37.8	3.9	20.4
马尔康县	60,922	325	10	127.4	26.9	29.7	4.0	22.2
壤塘县	28,165	387	4	111.5	26.3	33.6	6.1	20.1
阿坝县	43,735	510	4	96.2	23.3	37.8	6.6	20.5
若尔盖县	53,050	722	5	103.5	22.5	38.0	5.9	20.0
红原县	27,029	927	3	101.8	20.4	38.9	4.4	21.3
康定县	86,131	460	8	110.1	22.6	35.0	4.5	22.8
泸定县	64,218	325	33	103.7	19.5	40.1	5.3	21.0
丹巴县	57,944	337	14	111.3	22.4	37.0	5.0	20.9
九龙县	38,687	237	6	104.1	17.8	43.5	4.6	20.1
雅江县	34,512	321	5	105.4	20.5	38.5	4.1	21.5
道孚县	41,733	426	11	110.4	22.4	37.0	4.2	20.8
炉霍县	33,869	464	7	111.3	23.3	35.3	4.0	21.4
甘孜县	51,314	421	7	96.0	22.1	37.8	4.4	22.5
新龙县	37,415	338	4	111.4	25.8	33.0	5.9	20.6
德格县	52,006	419	7	97.9	20.5	39.6	5.3	20.8
白玉县	34,717	336	4	96.5	23.5	37.6	5.2	21.8
石渠县	54,755	493	3	97.9	19.2	42.1	5.2	19.9
色达县	30,726	577	3	101.4	22.7	36.5	5.3	21.0
理塘县	40,767	432	3	93.7	21.7	38.6	4.2	22.4
巴塘县	43,727	303	7	94.0	22.2	38.2	4.7	22.7
乡城县	22,725	370	4	96.3	21.1	38.3	3.6	22.4
稻城县	23,075	336	4	97.2	20.6	37.6	4.3	22.6
得荣县	14,052	236	8	100.3	23.2	35.2	5.6	21.9
西昌市	149,560	461	864	115.9	26.5	29.5	4.2	24.4
西昌县	257,002	314	103	101.1	20.3	38.5	5.3	21.8
木里藏族自治县	101,396	280	8	108.8	20.2	38.9	3.9	21.0
盐源县	243,251	284	28	104.3	18.4	42.0	4.2	20.6
德昌县	145,539	318	66	104.3	19.2	40.2	4.7	21.3
会理县	367,825	378	75	105.1	20.2	36.9	4.5	21.7
会东县	297,773	285	136	108.4	19.0	40.1	4.6	20.6
宁南县	139,019	400	82	102.4	19.5	38.6	4.9	22.0

1981年人口出生率（‰）	1981年人口死亡率（‰）	1981年婴儿死亡率（‰）	每万人拥有大学生人数	每万人拥有初中文化程度人数	文盲、半文盲占12及12岁以上人口比重	农林牧渔业人口占在业人口百分比	工业人口占在业人口百分比	在业人口占总人口百分比
20.7	7.4	59	27	1,432	39.5	67.9	23.2	51.5
25.8	9.4	78	17	1,139	42.4	81.0	10.8	49.3
29.9	12.8	89	22	855	58.8	71.1	21.1	54.4
17.4	9.1	96	106	1,555	37.3	45.7	33.9	57.8
28.5	10.0	95	43	823	57.6	69.5	18.3	55.8
34.6	14.0	156	31	667	64.1	84.8	4.1	48.0
34.0	12.4	113	54	754	54.9	77.6	12.3	51.2
32.5	8.8	108	71	1,080	47.4	69.7	8.7	48.7
26.0	8.9	76	109	1,288	45.1	62.3	11.6	50.4
18.8	9.7	78	31	1,437	34.1	82.2	7.3	48.9
26.7	9.6	76	37	1,169	45.8	68.4	24.7	51.6
37.8	12.4	82	20	564	68.3	89.9	0.6	48.1
27.6	13.8	128	24	564	71.5	76.2	13.6	50.7
29.9	12.2	84	31	907	59.8	71.3	16.7	50.4
29.4	11.3	119	25	700	59.9	70.2	18.6	53.6
32.0	12.6	96	21	459	69.6	87.8	1.8	50.6
30.3	13.1	132	24	730	66.5	70.3	22.4	55.7
33.2	10.9	87	15	352	75.7	89.9	0.9	48.6
31.9	15.1	155	26	300	77.9	89.0	3.4	52.8
38.2	15.2	123	14	298	80.9	91.4	0.5	44.9
31.7	12.4	171	23	520	72.8	81.3	8.9	54.0
33.5	16.8	159	19	391	79.3	87.7	1.4	49.4
29.3	11.4	116	24	526	73.5	87.1	2.0	52.8
30.9	13.8	147	26	474	76.5	86.0	2.7	54.6
32.3	17.1	166	21	402	77.7	86.8	1.5	54.9
29.0	8.0	60	32	596	66.0	86.0	1.2	56.5
16.9	4.5	22	201	2,480	17.6	34.8	29.7	55.8
26.4	8.6	42	11	1,383	43.6	94.5	1.0	52.3
28.3	11.0	100	17	634	68.5	79.8	12.6	52.4
36.0	8.9	57	15	671	66.9	91.8	2.8	49.6
25.4	8.9	49	21	1,209	45.8	86.9	4.4	51.0
18.8	6.5	49	23	1,035	49.6	83.4	10.3	53.2
25.0	7.0	57	14	677	61.4	91.5	4.1	50.8
23.5	8.0	60	18	1,041	47.8	89.3	3.6	51.2

四川省　贵州省

县市名称	人口数	1982年人均工农业总产值（元）	人口密度（人/平方公里）	人口性别比	人口年龄中位数（岁）	0—14岁人口占总人口百分比	65及65岁以上人口占总人口百分比	15—49岁育龄妇女占总人口百分比
普格县	115,292	306	60	111.0	18.2	42.8	3.4	19.6
布拖县	119,510	272	70	102.3	18.0	42.9	3.2	20.9
金阳县	110,199	226	73	104.2	18.0	43.2	3.9	20.6
昭觉县	189,771	257	72	102.1	18.1	42.9	3.1	21.3
喜德县	111,041	267	48	102.2	17.3	44.7	2.9	20.6
冕宁县	244,811	322	56	102.9	19.5	39.6	4.8	21.2
越西县	180,223	272	69	104.4	17.3	44.5	3.3	20.3
甘洛县	136,974	279	65	103.1	17.0	45.1	3.4	20.0
美姑县	135,095	242	62	101.9	17.3	44.6	3.2	20.4
雷波县	185,379	256	67	111.8	18.2	43.0	4.0	18.9
贵州省								
贵阳市	1,319,432	1,417	664	108.3	25.0	29.8	5.0	25.4
水城特区	796,638	156	201	111.0	17.6	44.2	3.7	19.5
盘县特区	818,390	263	203	106.8	17.9	43.1	4.2	20.5
六枝特区	474,524	779	288	107.0	18.3	42.1	4.5	20.3
遵义市	341,963	1,178	1,129	113.6	25.6	30.2	3.9	25.8
遵义县	1,139,764	479	226	103.6	18.7	40.5	4.6	21.6
桐梓县	520,772	244	163	105.8	18.2	42.1	4.7	20.5
绥阳县	390,304	355	152	106.4	19.1	40.0	4.9	21.3
正安县	467,464	242	184	106.8	18.7	41.1	4.5	20.9
道真县	271,277	249	119	106.7	18.6	41.4	4.4	21.0
务川县	316,453	243	114	106.4	17.8	42.9	4.5	20.3
凤冈县	309,872	247	164	103.1	17.8	42.3	4.1	21.3
湄潭县	363,060	311	195	103.5	18.3	41.1	4.3	21.3
余庆县	229,195	319	140	103.2	18.2	41.2	4.4	21.9
仁怀县	438,285	236	244	103.9	18.6	41.1	5.3	20.6
赤水县	255,917	893	141	105.0	20.0	37.4	4.7	22.0
习水县	507,375	216	163	104.1	18.7	40.6	4.5	20.8
铜仁县	255,527	368	164	111.0	21.0	34.9	5.5	22.9
江口县	174,487	270	95	110.5	19.6	38.7	6.0	21.2
玉屏县	106,674	329	216	110.5	22.1	35.5	6.3	22.8
石阡县	295,148	229	137	104.0	19.1	39.9	4.7	21.7
思南县	484,200	218	217	103.7	19.4	39.4	4.7	22.0

（续53）

1981年人口出生率（‰）	1981年人口死亡率（‰）	1981年婴儿死亡率（‰）	每万人拥有大学生人数	每万人拥有初中文化程度人数	文盲、半文盲占12及12岁以上人口比重	农林牧渔业人口占在业人口百分比	工业人口占在业人口百分比	在业人口占总人口百分比
41.6	15.1	120	26	638	63.2	90.4	2.4	49.2
48.6	19.6	154	15	381	72.9	91.9	2.2	51.7
43.1	21.4	143	12	386	73.9	93.0	1.0	51.0
47.9	21.3	149	23	279	66.2	90.5	2.3	52.4
44.8	16.4	109	16	528	63.7	89.3	2.5	50.9
28.4	10.3	64	24	1,107	54.1	87.3	6.0	51.9
41.9	12.2	78	18	765	57.7	86.5	5.5	49.1
40.7	11.0	68	17	719	64.8	89.1	2.6	48.9
46.2	18.0	111	10	221	79.0	92.9	1.5	51.1
41.1	14.3	83	16	722	55.9	89.3	4.5	48.8
17.1	6.3	30	226	2,484	20.1	31.3	41.7	54.1
28.4	8.3	53	31	864	61.7	77.1	16.0	47.4
29.2	8.0	57	13	1,114	55.6	86.6	9.2	49.2
33.4	9.3	61	25	1,058	52.0	80.9	12.5	48.2
16.2	4.7	32	235	2,808	15.5	26.5	50.8	54.6
23.7	8.0	58	11	1,384	35.8	90.3	4.6	48.2
27.4	9.2	64	8	1,136	44.0	90.7	3.1	46.9
26.5	8.2	61	9	1,121	44.4	94.2	1.0	50.1
26.1	9.1	67	7	939	51.0	94.7	0.8	50.0
22.4	8.5	75	10	1,171	45.2	93.8	0.9	48.9
26.1	8.3	52	9	963	53.2	92.9	2.2	49.7
19.3	7.8	60	9	1,136	48.9	93.9	1.0	48.8
21.3	7.8	60	11	1,460	32.7	91.9	2.2	48.4
18.7	7.3	61	11	1,171	42.6	92.4	1.7	48.6
25.5	9.2	57	7	1,077	45.7	93.3	2.1	47.6
15.1	7.2	47	31	1,646	31.1	79.3	9.7	51.6
19.0	7.6	52	7	1,123	44.9	92.8	2.0	49.2
21.9	8.4	52	57	1,597	35.9	73.7	11.6	46.9
29.1	9.1	47	14	987	47.7	92.7	1.7	47.6
22.5	8.2	74	22	1,857	29.0	83.5	5.2	51.0
28.3	10.6	70	9	1,061	48.6	93.4	1.7	50.6
24.1	9.1	66	9	1,211	47.0	93.3	1.8	51.4

贵州省

县市名称	人口数	1982年人均工农业总产值(元)	人口密度(人/平方公里)	人口性别比	人口年龄中位数(岁)	0—14岁人口占总人口百分比	65及65岁以上人口占总人口百分比	15—49岁育龄妇女占总人口百分比
印江县	322,218	183	165	106.2	19.0	40.7	4.9	20.8
德江县	337,197	197	162	103.0	17.8	43.3	4.8	20.6
沿河县	402,859	171	163	103.4	18.3	42.5	4.7	20.6
松桃苗族自治县	480,424	215	170	109.4	19.3	40.3	5.5	20.1
万山特县	63,366	562	164	100.7	20.2	34.9	4.6	23.4
兴义县	500,296	209	176	102.6	19.4	39.1	5.0	21.6
兴仁县	322,456	136	179	101.3	17.9	42.8	4.8	20.4
普安县	208,756	198	146	103.5	18.1	42.7	5.1	20.1
晴隆县	207,732	236	157	104.5	18.6	41.6	5.1	20.6
贞丰县	250,323	185	166	101.5	19.1	39.8	4.9	21.4
望谟县	212,646	284	71	99.8	18.8	40.8	4.2	22.0
册亨县	157,564	262	61	100.6	18.4	41.5	4.2	21.3
安龙县	306,564	142	133	100.8	19.1	39.8	4.8	21.4
毕节县	916,214	202	268	102.4	17.4	44.1	5.3	19.6
大方县	710,796	182	200	104.0	16.8	45.6	5.0	18.7
黔西县	625,580	219	249	105.0	17.3	44.3	4.9	19.5
金沙县	473,868	245	187	104.6	17.3	43.8	4.5	19.8
织金县	713,618	135	194	104.2	16.6	46.3	4.4	19.0
纳雍县	565,111	148	232	103.7	16.5	46.5	4.6	18.8
威宁彝族回族苗族自治县	760,785	184	119	108.9	17.3	44.2	3.9	20.0
赫章县	450,978	184	139	104.4	17.9	42.8	4.6	20.6
安顺市	207,883	996	1,029	101.7	23.7	33.2	5.0	25.0
安顺县	386,207	285	288	103.5	19.1	40.0	5.1	21.1
开阳县	335,144	351	165	107.7	18.8	39.9	4.3	21.5
息烽县	205,910	363	191	107.5	18.5	41.2	4.4	20.8
修文县	257,023	284	238	106.5	18.3	41.6	4.1	21.4
清镇县	373,602	842	248	107.0	18.6	41.5	4.5	21.0
平坝县	267,567	1,027	271	104.9	19.3	40.0	4.7	21.7
普定县	306,664	147	255	102.5	17.8	43.2	5.2	19.8
关岭布依族苗族自治县	243,211	235	165	102.7	18.6	41.4	5.2	20.7
镇宁布依族苗族自治县	268,218	195	152	100.9	19.0	41.2	5.4	20.9
紫云苗族布依族自治县	246,887	178	108	103.3	18.4	41.9	4.6	20.7
凯里县	317,503	550	245	111.2	20.0	38.1	4.1	22.4
黄平县	275,463	151	166	104.7	18.5	40.7	4.9	21.4

（续54）

1981年人口出生率（‰）	1981年人口死亡率（‰）	1981年婴儿死亡率（‰）	每万人拥有大学生人数	每万人拥有初中文化程度人数	文盲、半文盲占12及12岁以上人口比重	农林牧渔业人口占在业人口百分比	工业人口占在业人口百分比	在业人口占总人口百分比
30.4	9.2	54	9	1,162	47.2	94.3	1.1	50.2
31.3	7.4	38	9	1,116	52.4	93.8	1.4	47.7
33.9	6.9	33	8	1,059	54.2	94.5	0.8	50.3
33.3	9.2	46	8	1,027	47.7	94.5	1.3	49.3
18.4	8.4	75	47	1,686	34.9	67.5	25.4	46.6
27.6	7.8	59	26	963	47.3	89.7	3.2	50.2
32.2	9.0	51	12	991	52.6	93.5	1.7	48.1
32.8	9.8	59	13	853	56.5	92.3	3.0	48.1
35.0	9.6	56	15	912	58.0	91.4	3.7	49.0
31.4	12.4	98	12	853	58.7	93.1	2.0	51.2
34.0	12.6	117	9	519	68.9	94.9	0.6	48.2
37.6	13.2	102	14	602	65.3	93.3	0.9	48.4
31.8	9.6	72	14	1,042	48.1	93.4	1.9	50.4
29.3	7.7	53	19	1,065	50.2	90.5	3.0	45.4
31.7	7.2	37	9	865	56.4	93.8	1.9	45.5
29.8	8.0	37	11	817	56.2	92.1	2.8	46.6
24.0	7.7	46	8	1,048	43.7	91.5	2.3	45.3
36.6	8.8	34	7	736	60.6	94.4	1.5	45.8
31.3	8.6	46	6	729	64.9	95.0	1.2	45.0
24.1	7.2	54	6	529	72.3	95.6	0.9	48.5
24.5	8.8	74	9	664	65.9	93.0	2.8	47.2
18.4	6.9	47	171	2,343	23.5	35.5	38.7	52.8
27.7	8.5	64	20	1,163	47.8	88.9	7.0	49.7
33.4	8.0	55	17	1,218	37.8	87.7	7.5	49.1
24.6	6.9	47	37	1,270	35.1	82.9	9.6	47.5
25.6	6.9	45	44	1,530	33.4	76.8	15.9	47.0
31.5	8.0	51	41	1,395	37.9	78.3	16.2	48.6
24.4	6.6	45	67	1,456	39.1	78.1	14.9	49.1
32.2	9.2	65	11	998	52.1	93.8	1.4	47.5
36.0	11.1	72	11	882	56.0	92.9	1.9	50.1
37.9	11.6	90	18	886	56.9	90.9	4.0	50.3
39.0	11.3	82	8	679	64.4	94.1	1.2	49.8
36.5	7.6	66	104	1,483	38.5	68.1	17.9	51.9
29.8	8.1	52	10	970	47.9	92.8	2.2	49.6

县市名称	人口数	1982年人均工农业总产值（元）	人口密度（人/平公里）	人口性别比	人口年龄中位数（岁）	0—14岁人口占总人口百分比	65及65岁以上人口占总人口百分比	15—49岁育龄妇女占总人口百分比
施秉县	117,770	188	76	104.5	18.2	41.2	4.9	21.5
三穗县	153,790	157	148	106.2	18.7	40.4	4.8	21.3
镇远县	198,005	431	105	105.1	18.7	40.3	5.5	21.7
岑巩县	162,570	172	110	109.4	19.5	38.6	6.0	21.6
天柱县	308,261	143	131	105.3	18.9	40.0	4.9	21.3
锦屏县	165,205	200	104	103.5	18.8	40.0	4.3	22.1
剑河县	157,320	357	77	106.9	17.4	43.4	3.7	20.7
台江县	128,239	651	106	104.9	16.7	45.8	3.8	20.2
黎平县	368,630	160	83	106.0	19.2	39.6	3.8	22.3
榕江县	230,426	395	70	106.0	18.3	41.4	4.0	21.5
从江县	239,146	277	71	103.3	18.4	41.4	3.9	21.1
雷山县	113,409	383	98	111.6	18.4	41.2	3.7	21.0
麻江县	174,047	142	142	103.9	18.7	40.8	4.7	21.4
丹寨县	128,109	290	136	107.5	18.4	41.3	3.9	21.1
都匀市	97,620	1,422	1,479	108.8	25.5	26.7	4.0	27.6
都匀县	274,920	333	121	104.7	20.4	36.3	4.5	23.5
荔波县	127,489	276	52	101.7	17.8	42.8	4.2	20.6
贵定县	228,862	734	140	104.9	19.7	39.0	5.2	21.7
福全县	225,961	331	134	106.7	17.8	42.9	4.7	20.1
瓮安县	337,976	393	172	106.5	17.9	42.6	4.2	20.8
独山县	258,184	249	105	102.3	19.6	37.5	4.7	22.3
平塘县	240,350	205	85	102.9	18.8	40.1	4.9	21.6
罗甸县	247,908	148	83	101.5	18.0	42.7	4.4	21.0
长顺县	189,488	229	121	104.5	18.7	41.1	5.4	20.3
龙里县	161,964	316	106	105.9	19.3	39.4	5.3	21.3
惠水县	327,833	276	133	103.4	19.7	39.4	5.6	21.3
三都水族自治县	231,836	162	97	103.1	18.1	42.6	4.4	20.7
云南省								
昆明市	1,425,779	2,159	651	111.7	27.3	26.4	4.8	25.9
呈贡县	116,699	469	216	94.0	21.3	34.6	6.7	23.7
晋宁县	207,570	800	149	96.6	20.2	35.4	6.1	23.0
安宁县	125,671	2,841	96	98.9	21.3	34.6	5.9	23.7
富民县	119,719	340	116	99.1	20.0	37.0	6.1	22.6

（续55）

1981年人口出生率（‰）	1981年人口死亡率（‰）	1981年婴儿死亡率（‰）	每万人拥有大学生人数	每万人拥有初中文化程度人数	文盲、半文盲占12及12岁以上人口比重	农林牧渔业人口占在业人口百分比	工业人口占在业人口百分比	在业人口占总人口百分比
35.5	9.6	70	14	1,070	44.0	91.8	1.9	49.1
29.1	8.9	70	10	1,263	35.8	92.5	1.7	49.9
29.1	10.8	87	16	1,136	42.3	87.8	4.1	47.9
24.4	9.8	77	11	1,186	46.2	92.2	1.9	45.6
31.7	9.0	64	12	1,389	36.3	93.2	1.6	48.6
29.7	9.2	79	13	1,127	42.2	90.0	3.3	50.7
27.8	8.7	75	12	791	52.6	92.5	1.7	48.7
36.1	11.0	103	13	739	61.3	92.2	1.6	46.5
28.6	9.6	86	8	729	55.2	93.8	1.5	51.9
31.5	7.8	60	11	742	56.6	92.6	1.8	51.1
27.6	7.9	70	10	341	75.9	94.5	1.4	52.4
28.5	10.4	98	13	776	57.8	92.6	1.2	51.4
30.1	10.3	77	11	992	48.0	93.0	1.6	50.0
31.3	8.4	65	15	878	56.4	90.9	4.0	50.3
12.5	5.1	26	244	2,934	12.6	12.3	48.4	55.4
22.0	9.1	72	65	1,376	37.2	85.0	9.8	54.0
31.7	10.1	84	15	867	56.0	92.2	1.6	49.1
29.8	9.2	59	31	1,355	39.1	81.4	9.7	48.5
35.5	9.4	59	16	1,398	36.0	89.7	3.4	47.9
37.0	7.7	45	13	1,277	37.9	89.8	4.4	48.0
26.1	8.1	58	15	1,253	44.1	89.2	3.6	53.4
26.0	9.1	68	10	813	52.9	95.1	0.8	49.0
35.7	10.3	80	9	665	64.2	94.4	1.1	47.2
35.9	11.0	72	12	950	56.2	93.7	1.6	49.4
24.1	8.7	71	17	1,123	42.3	90.4	3.2	49.8
30.8	11.3	88	22	905	59.1	89.1	5.7	49.2
37.6	9.8	66	12	691	59.4	94.2	1.2	49.7
12.0	4.8	19	277	2,331	16.2	26.3	48.7	59.3
10.6	6.8	40	10	1,403	31.6	90.1	4.4	57.1
10.9	6.3	38	7	1,483	38.6	92.6	2.1	55.8
13.8	6.5	37	16	1,453	36.3	87.8	4.1	53.6
11.5	6.5	47	9	1,400	36.4	90.9	3.1	53.4

云南省

县市名称	人口数	1982年人均工农业总产值（元）	人口密度（人／平方公里）	人口性别比	人口年龄中位数（岁）	0—14岁人口占总人口百分比	65及65岁以上人口占总人口百分比	15—49岁育龄妇女占总人口百分比
东川市	240,213	501	143	110.7	19.7	38.6	4.6	21.5
昭通市	115,897	978	783	104.5	20.5	35.3	5.6	22.5
昭通县	403,331	222	193	102.5	17.3	44.0	4.5	20.2
鲁甸县	241,549	227	159	106.1	17.0	44.9	4.3	19.4
巧家县	416,437	154	128	106.0	17.4	43.8	4.5	19.5
盐津县	271,101	185	129	104.9	17.9	42.9	4.3	19.9
大关县	192,473	191	107	105.6	17.7	43.3	3.9	19.9
永善县	328,974	178	116	104.6	17.8	43.2	4.4	19.8
绥江县	118,435	285	134	104.1	18.7	40.7	4.6	20.4
镇雄县	847,326	197	224	104.1	17.0	45.3	4.6	19.2
彝良县	367,865	192	128	105.2	17.8	43.3	4.1	20.2
威信县	257,448	300	182	102.8	18.2	42.2	4.6	20.6
水富县	70,522	2,369	221	105.6	19.0	40.7	3.9	20.7
曲靖县	400,752	961	278	104.5	20.1	37.6	5.0	22.5
沾益县	318,796	485	110	104.7	19.5	39.3	5.1	21.7
马龙县	167,793	350	96	106.7	18.6	41.2	4.1	21.3
宣威县	1,027,960	405	164	107.1	17.6	43.7	4.3	20.2
富源县	482,853	268	144	107.0	17.5	44.2	4.0	20.1
罗平县	402,363	270	129	104.2	17.7	43.3	4.3	20.5
师宗县	259,162	298	91	104.3	17.6	43.8	4.1	20.2
陆良县	448,819	355	214	100.8	17.7	43.2	4.2	20.8
宜良县	342,350	431	182	100.5	21.3	34.4	6.1	23.3
路南彝族自治县	182,947	267	103	101.0	18.8	39.6	5.0	21.5
寻甸回族彝族自治县	416,758	230	105	104.6	18.4	41.2	5.2	20.6
嵩明县	272,846	294	189	101.9	21.5	34.2	6.5	22.6
会泽县	710,381	349	117	106.2	18.6	40.7	5.1	20.7
楚雄县	364,051	416	81	104.2	20.3	35.1	4.2	23.2
双柏县	138,042	274	34	104.6	19.8	36.6	4.5	22.2
牟定县	182,094	340	122	99.0	19.4	38.4	4.4	22.3
南华县	196,824	708	84	101.8	19.9	37.5	4.1	22.6
姚安县	176,281	347	98	99.7	20.6	34.3	5.2	23.0
大姚县	258,736	356	62	101.1	20.6	35.1	5.2	22.8
永仁县	91,379	566	42	102.1	20.6	36.6	4.8	22.4
元谋县	168,823	316	94	100.5	19.8	37.7	5.0	22.2

1981年人口出生率（‰）	1981年人口死亡率（‰）	1981年婴儿死亡率（‰）	每万人拥有大学生人数	每万人拥有初中文化程度人数	文盲、半文盲占12及12岁以上人口比重	农林牧渔业人口占在业人口百分比	工业人口占在业人口百分比	在业人口占总人口百分比
22.7	7.4	56	44	1,344	47.0	68.5	20.4	50.2
27.1	8.6	64	99	1,691	36.3	43.9	26.5	47.7
27.1	8.6	71	2	722	64.6	96.7	0.7	48.5
34.3	11.0	91	5	617	64.8	95.7	0.7	48.9
34.8	11.1	74	4	596	63.5	95.7	0.9	50.0
35.1	12.4	91	4	568	56.9	93.0	1.9	47.5
37.4	11.6	82	5	557	63.0	93.6	1.3	48.2
30.5	9.3	58	5	651	59.3	94.7	1.0	48.3
20.5	9.0	62	9	1,019	38.9	88.1	4.1	49.6
33.6	10.9	60	3	508	64.4	94.7	1.7	45.5
33.5	11.6	84	5	480	62.7	94.0	2.2	49.0
24.0	8.8	71	6	590	59.2	93.2	2.1	44.8
26.5	9.5	71	42	1,088	39.9	82.7	9.2	50.8
17.3	6.5	58	47	1,374	43.9	74.1	14.7	50.8
22.0	7.3	64	19	1,052	52.7	83.1	11.1	50.5
17.9	7.0	69	41	1,069	51.9	82.7	11.6	47.2
28.3	6.9	66	8	980	50.9	88.2	7.7	49.3
30.1	7.6	67	7	875	56.7	90.4	5.7	47.7
31.5	8.3	78	8	907	55.1	90.4	5.3	48.2
27.8	8.3	82	4	724	60.6	91.0	4.6	47.0
20.2	6.4	71	10	956	54.9	90.1	5.6	46.8
15.6	6.8	42	11	1,506	33.0	88.7	4.1	54.0
19.6	6.0	44	8	1,281	41.2	92.1	2.2	51.5
20.2	7.3	59	8	858	54.4	93.6	2.1	49.8
17.3	7.0	48	15	1,498	37.0	88.8	5.5	52.9
25.5	8.8	90	8	744	59.0	92.6	3.9	51.3
17.3	7.2	60	36	1,061	43.3	81.7	8.7	54.0
18.3	7.8	49	6	674	52.0	92.5	2.2	55.1
17.8	7.5	47	11	1,138	37.0	90.3	5.0	51.3
21.9	8.5	57	7	813	48.7	91.6	3.4	54.1
16.4	8.9	55	7	1,167	41.4	93.0	2.3	53.8
20.9	8.8	79	11	1,138	39.1	90.0	5.4	54.7
23.9	8.8	76	8	990	40.4	90.8	2.6	54.4
23.0	7.4	60	6	1,229	38.6	90.4	2.9	50.8

云南省

县市名称	人口数	1982年人均工农业总产值（元）	人口密度（人/平方公里）	人口性别比	人口年龄中位数（岁）	0—14岁人口占总人口百分比	65及65岁以上人口占总人口百分比	15—49岁育龄妇女占总人口百分比
武定县	217,072	282	65	101.3	19.6	38.2	4.8	22.0
禄劝县	382,203	193	87	102.9	18.6	40.4	4.7	21.2
禄丰县	362,942	372	100	105.4	20.2	36.9	4.9	21.8
玉溪县	276,413	1,691	275	97.0	22.9	34.8	5.3	24.2
江川县	199,958	353	235	95.4	19.7	37.2	5.8	22.5
澄江县	121,155	359	157	97.9	19.6	37.2	5.3	22.4
通海县	203,429	454	282	92.4	21.1	35.2	6.5	23.5
华宁县	163,866	342	125	102.9	19.3	39.0	5.3	21.2
易门县	154,624	614	98	109.1	20.4	34.2	4.2	22.6
峨山彝族自治县	121,844	466	62	99.8	19.9	36.7	4.2	22.3
新平彝族傣族自治县	220,834	309	52	101.5	18.4	40.7	3.3	21.5
元江哈尼族彝族傣族自治县	160,102	404	56	101.7	18.7	40.0	4.0	21.4
个旧市	327,929	1,336	205	108.5	23.8	31.2	4.0	24.8
开远市	204,916	1,039	102	107.3	22.8	33.8	4.4	23.8
蒙自县	248,458	552	112	100.5	20.2	37.3	4.7	22.8
屏边苗族自治县	125,633	185	66	105.9	18.2	41.6	3.4	20.2
建水县	408,883	299	104	99.1	20.0	37.6	5.3	22.4
石屏县	245,690	236	80	95.2	19.5	38.7	5.6	22.0
弥勒县	392,260	419	98	100.7	19.1	39.4	4.7	21.8
泸西县	278,489	297	166	103.7	18.7	40.3	4.3	21.3
元阳县	301,442	159	132	103.0	17.7	42.7	3.5	20.5
红河县	208,348	152	102	101.8	18.2	41.9	3.4	20.8
金平县	253,218	213	69	101.9	17.1	44.3	3.1	20.5
绿春县	157,648	167	50	105.0	17.6	42.9	3.1	20.8
河口瑶族自治县	67,627	451	52	104.8	19.5	37.6	2.8	23.9
文山县	311,082	275	102	101.7	19.0	40.5	4.3	21.4
砚山县	327,139	195	84	100.4	18.3	42.1	4.1	21.1
西畴县	208,793	202	135	103.2	18.2	41.4	4.5	20.0
麻栗坡县	231,089	226	96	102.6	17.9	42.1	3.9	20.1
马关县	299,179	208	109	103.5	18.7	40.8	4.2	20.5
丘北县	331,017	224	64	101.5	17.0	45.1	3.8	19.9
广南县	575,330	189	72	100.3	18.0	42.7	3.9	20.7
富宁县	328,950	189	60	100.8	17.9	12.9	3.5	21.0
思茅县	117,877	479	29	104.0	20.3	37.2	3.7	23.1

（续57）

1981年人口出生率（‰）	1981年人口死亡率（‰）	1981年婴儿死亡率（‰）	每万人拥有大学生人数	每万人拥有初中文化程度人数	文盲、半文盲占12及12岁以上人口比重	农林牧渔业人口占在业人口百分比	工业人口占在业人口百分比	在业人口占总人口百分比
24.6	8.9	74	8	967	48.8	92.7	2.4	52.6
22.1	7.6	67	4	724	56.8	95.2	1.0	51.5
19.1	7.1	55	22	1,159	39.5	79.9	10.9	52.0
14.4	5.6	27	37	1,418	34.5	71.7	19.0	56.4
14.8	5.7	32	9	1,300	46.0	89.4	5.7	52.6
14.9	6.2	39	21	1,251	44.6	88.3	6.1	54.5
17.7	6.7	36	12	1,249	38.6	86.8	7.6	53.6
20.9	6.7	48	10	983	44.3	91.1	3.6	52.8
14.0	5.6	30	30	1,462	32.7	74.6	19.9	55.6
16.2	6.2	46	15	1,268	37.6	88.3	5.0	53.5
21.5	7.6	71	8	669	56.0	92.9	2.0	51.1
19.4	7.2	62	12	873	54.0	91.4	2.9	50.6
20.2	6.5	43	69	2,323	24.3	37.6	47.0	55.4
22.1	6.1	33	49	1,786	34.8	60.7	21.8	54.9
27.2	7.9	54	26	1,385	41.6	81.5	9.3	52.6
35.6	11.2	77	9	784	55.4	88.6	4.8	51.5
24.8	7.3	53	11	1,297	37.8	86.7	6.9	51.1
24.2	7.9	59	9	1,312	38.0	90.4	3.2	50.7
22.7	7.2	53	9	1,453	40.4	89.0	5.6	52.5
22.3	6.4	51	9	1,063	52.2	90.3	4.8	49.9
39.1	14.1	92	4	386	76.5	94.8	1.1	50.4
32.0	11.0	70	5	509	72.4	94.1	1.4	49.9
45.2	13.6	92	4	417	75.7	94.2	1.1	49.2
32.0	11.0	72	8	469	76.0	90.3	4.0	50.4
24.2	7.3	76	18	1,502	40.4	84.8	2.3	50.0
29.1	7.6	57	28	1,045	45.8	86.3	4.5	50.9
32.5	9.1	62	7	782	56.6	94.3	1.6	50.5
30.7	8.1	58	6	943	43.7	94.9	0.9	50.2
31.4	8.8	52	6	725	57.7	93.7	1.1	49.1
33.9	9.7	66	6	995	48.4	90.9	4.0	50.9
36.0	9.2	75	7	747	59.5	93.3	2.3	47.4
38.5	12.8	100	4	535	63.8	95.7	0.8	48.8
37.7	11.8	80	4	531	69.9	94.6	0.8	47.8
23.0	5.9	37	62	1,427	35.7	67.3	11.2	52.3

云南省

县市名称	人口数	1982年人均工农业总产值（元）	人口密度（人／平方公里）	人口性别比	人口年龄中位数（岁）	0—14岁人口占总人口百分比	65及65岁以上人口占总人口百分比	15—49岁育龄妇女人口占总人口百分比
普洱县	173,606	357	50	103.9	19.5	38.2	4.5	21.7
墨江哈尼族自治县	325,869	206	60	104.0	18.0	42.7	4.1	20.1
景东县	310,933	233	69	104.3	19.4	39.2	4.1	21.5
景谷县	254,914	305	33	103.6	19.2	39.6	4.2	21.0
镇沅县	187,239	202	44	105.8	19.5	39.0	4.7	20.8
江城哈尼族彝族自治县	77,497	204	22	104.7	18.8	40.8	3.9	21.3
孟连傣族拉祜族佤族自治县	81,150	236	41	101.4	19.2	39.4	3.0	23.9
澜沧拉祜族自治县	392,631	183	45	101.9	18.4	41.3	3.3	21.9
西盟佤族自治县	64,784	223	47	100.3	18.1	42.0	1.8	24.0
景洪县	275,056	611	39	101.6	20.7	34.9	3.3	25.1
勐海县	235,104	342	43	99.6	19.9	37.2	3.8	23.7
勐腊县	136,287	379	19	103.6	20.6	35.5	2.9	24.9
下关市	119,877	1,782	465	113.0	25.7	29.0	3.5	26.0
大理县	259,111	363	214	94.4	20.5	36.2	5.1	24.0
漾濞县	80,824	263	41	103.7	18.6	40.8	4.4	20.7
祥云县	367,355	231	147	99.5	18.8	39.8	5.1	21.6
宾川县	270,279	201	103	99.4	18.7	40.6	4.7	21.5
弥渡县	260,157	231	166	100.3	19.2	39.2	4.8	21.8
南涧彝族自治县	183,548	206	102	101.4	18.4	40.8	4.1	20.9
巍山彝族回族自治县	245,431	196	108	100.3	18.8	39.7	4.3	21.6
永平县	142,156	232	49	101.9	18.6	40.4	4.3	21.2
云龙县	165,736	218	35	101.1	19.1	39.8	5.3	20.8
洱源县	262,881	338	89	98.4	18.9	40.5	4.4	21.7
剑川县	134,947	272	58	96.3	19.0	39.4	4.7	22.3
鹤庆县	221,220	311	92	99.1	18.0	39.9	4.5	21.9
保山县	659,300	383	132	100.3	20.7	35.4	4.8	23.4
施甸县	260,733	272	130	100.9	22.0	35.0	5.4	22.6
腾冲县	470,311	305	80	103.0	21.4	35.8	5.5	22.4
龙陵县	219,497	251	76	102.7	20.7	36.6	5.3	22.2
昌宁县	279,016	360	72	103.3	20.1	36.4	4.4	22.6
潞西县	242,639	418	81	100.6	19.9	38.3	4.5	23.0
梁河县	119,519	341	103	103.7	19.8	38.7	4.8	21.7
盈江县	190,247	352	43	98.1	19.0	40.7	4.2	22.3
陇川县	123,177	500	64	97.6	18.7	41.1	3.7	22.6

（续58）

1981年人口出生率（‰）	1981年人口死亡率（‰）	1981年婴儿死亡率（‰）	每万人拥有大学生人数	每万人拥有初中文化程度人数	文盲、半文盲占12及12岁以上人口比重	农林牧渔业人口占在业人口百分比	工业人口占在业人口百分比	在业人口占总人口百分比
23.0	5.9	43	11	1,279	38.7	86.3	6.5	52.4
35.4	11.2	80	5	739	53.6	93.5	2.0	49.7
27.0	10.0	63	7	790	50.5	93.9	1.6	52.1
30.4	9.7	69	5	679	59.9	91.8	3.1	52.1
27.7	11.0	68	5	644	59.4	93.2	2.0	51.4
29.6	7.9	64	9	964	50.7	83.8	6.8	50.9
38.1	12.4	95	9	521	72.1	91.2	2.1	54.5
38.7	15.1	129	5	433	76.8	93.9	2.3	53.5
41.8	16.5	111	7	466	68.4	89.9	3.4	53.9
24.1	6.1	56	26	1,268	45.0	85.4	4.6	53.6
32.2	14.2	143	9	652	56.8	90.7	3.5	53.5
28.9	7.8	86	15	1,149	44.1	87.1	3.2	53.3
12.2	4.7	50	158	2,396	16.6	22.4	51.5	57.5
17.1	7.8	48	14	1,548	34.9	85.1	9.2	53.4
23.1	9.4	72	15	1,166	43.6	85.8	5.3	49.6
14.8	7.1	53	5	852	53.1	94.0	1.7	49.1
23.8	6.6	41	9	1,286	38.0	94.0	1.3	47.3
17.1	7.3	60	6	1,330	37.9	93.1	1.8	51.6
28.7	9.9	66	6	888	44.6	93.8	1.6	51.3
22.7	8.2	57	8	1,105	41.5	92.7	2.3	51.3
25.0	8.6	73	9	1,076	42.1	90.6	3.1	49.1
30.2	11.0	74	7	1,079	46.8	92.2	2.5	50.4
23.3	8.8	60	10	1,198	40.9	92.7	2.6	47.4
21.6	8.0	54	11	1,563	36.3	89.4	4.5	47.4
23.2	8.5	62	9	1,088	43.1	92.1	3.0	47.8
15.5	6.8	55	15	1,030	48.8	89.3	4.5	52.1
18.0	6.9	51	7	1,009	48.4	93.3	2.1	51.5
22.4	8.9	62	11	1,252	37.8	89.5	4.5	48.6
23.5	9.2	95	6	870	52.6	92.1	2.7	51.7
19.8	8.4	75	8	973	42.5	92.5	2.9	52.8
27.7	7.8	68	31	780	53.9	83.2	6.4	49.9
26.7	8.4	61	12	1,065	41.5	89.7	3.3	50.8
33.8	10.5	79	11	746	55.4	90.4	2.8	50.0
30.6	10.6	84	15	896	54.6	86.4	4.8	47.8

云南省　西藏自治区

县市名称	人口数	1982年人均工农业总产值（元）	人口密度（人／平方公里）	人口性别比	人口年龄中位数（岁）	0—14岁人口占总人口百分比	65及65岁以上人口占总人口百分比	15—49岁育龄妇女占总人口百分比
瑞丽县	66,505	588	73	97.8	19.7	37.0	3.8	24.8
畹町镇	7,776	545	75	98.5	21.3	34.6	4.2	25.9
丽江纳西族自治县	291,940	380	38	102.6	20.6	35.8	5.4	22.6
永胜县	320,551	189	63	98.9	19.2	39.4	4.2	22.4
华坪县	128,572	316	57	101.6	20.1	37.3	5.1	22.3
宁蒗彝族自治县	168,734	308	27	100.0	17.0	44.9	3.7	20.4
泸水县	96,334	241	41	105.6	18.7	41.3	3.8	21.0
碧江县	49,647	131	31	103.0	17.5	44.2	3.9	20.2
福贡县	45,943	165	25	102.3	17.5	44.6	3.6	20.9
贡山独龙族怒族自治县	29,000	147	6	100.7	18.8	41.9	4.2	21.9
兰坪县	145,625	274	33	101.0	18.4	41.9	4.2	20.9
中甸县	105,626	541	9	103.7	20.5	37.8	4.7	22.1
德钦县	52,757	313	7	97.1	23.5	34.7	4.9	23.5
维西县	118,228	282	25	98.7	18.3	41.9	4.3	21.1
临沧县	224,017	283	84	103.4	19.7	38.2	4.2	21.7
风庆县	349,620	261	101	101.6	19.7	37.8	4.1	22.3
云县	330,110	204	88	103.9	18.6	40.7	3.6	20.9
永德县	264,268	211	80	102.0	18.6	40.9	4.3	21.2
镇康县	119,779	275	45	101.7	18.4	41.5	4.0	21.5
双江县	126,140	271	55	101.5	19.2	39.1	3.7	22.0
耿马傣族佤族自治县	182,831	331	48	101.2	18.7	40.7	3.7	22.2
沧源佤族自治县	124,207	216	49	102.5	18.7	41.1	3.1	22.7
西藏自治区								
拉萨市	105,866	687	155	114.2	24.9	30.0	2.5	26.1
林周县	42,488	104	10	92.9	19.8	38.8	4.4	22.9
当雄县	27,661	462	3	97.1	21.1	38.2	6.0	21.4
尼木县	22,978	178	7	91.0	21.0	36.4	4.1	24.4
曲水县	24,697	401	15	94.2	20.7	36.5	3.9	24.3
堆龙德庆县	35,596	207	14	99.2	21.0	35.9	2.8	24.4
达孜县	20,838	420	16	99.5	20.3	37.7	3.0	23.3
墨竹工卡县	32,878	312	6	93.9	20.1	38.6	3.8	22.8
工布江达县	18,762	345	1	99.2	21.6	36.7	4.3	23.0
林芝县	29,291	1,019	3	103.8	23.5	32.4	3.3	26.2

（续59）

1981年人口出生率（‰）	1981年人口死亡率（‰）	1981年婴儿死亡率（‰）	每万人拥有大学生人数	每万人拥有初中文化程度人数	文盲、半文盲占12及12岁以上人口比重	农林牧渔业人口占在业人口百分比	工业人口占在业人口百分比	在业人口占总人口百分比
24.3	7.2	73	33	1,189	44.9	81.4	5.9	52.2
22.0	6.9	75	58	1,713	30.0	64.6	9.4	52.7
17.9	8.0	66	27	1,436	38.1	83.2	8.1	54.0
22.4	8.7	66	9	1,020	48.6	92.6	2.9	50.8
25.6	8.5	65	12	974	48.4	88.8	5.2	50.7
35.2	10.4	94	11	502	70.7	91.2	3.2	47.0
38.9	12.3	82	30	682	62.0	86.1	2.5	50.4
45.6	11.9	94	20	674	69.2	90.8	1.2	50.7
44.0	21.9	141	12	605	72.9	90.9	1.2	50.9
38.5	13.9	75	19	737	60.9	86.8	2.3	51.5
29.9	9.2	68	10	724	63.3	92.8	2.6	50.5
29.4	10.8	109	30	823	52.4	79.8	9.3	53.2
24.6	12.8	99	20	733	67.0	89.0	2.4	57.0
35.0	12.5	100	12	735	56.3	92.9	1.3	50.9
25.7	8.4	66	27	1,014	50.5	83.6	6.5	51.5
27.4	10.0	70	7	849	49.6	93.2	2.8	53.3
33.0	10.5	75	7	643	59.9	93.8	2.0	51.3
30.5	9.5	77	6	525	67.8	94.7	1.4	50.9
29.6	9.6	96	8	451	71.3	92.7	1.5	48.9
32.9	11.8	98	12	655	62.2	91.9	2.7	53.4
35.7	11.5	113	10	696	65.4	90.2	2.3	50.6
39.5	16.9	129	13	730	58.8	89.7	3.4	52.3
18.6	4.7		266	1,946	26.8	13.0	35.6	55.6
32.0	10.9		14	114	72.0	89.6	3.2	43.4
39.7	10.6		3	102	86.6	90.6	0.2	51.3
34.5	11.0		8	116	81.4	94.0	0.7	56.5
29.1	9.3		18	249	77.3	92.7	0.5	57.0
29.7	8.8		72	503	66.6	80.7	13.7	55.9
31.1	9.3		22	281	66.7	86.8	4.9	54.0
36.3	13.1		9	145	79.5	94.7	0.2	54.4
31.4	10.6		22	310	64.5	89.9	1.8	53.4
23.9	6.8		143	1,349	42.7	55.9	21.2	55.8

西藏自治区

县市名称	人口数	1982年人均工农业总产值（元）	人口密度（人/平方公里）	人口性别比	人口年龄中位数（岁）	0—14岁人口占总人口百分比	65及65岁以上人口占总人口百分比	15—49岁育龄妇女占总人口百分比
米林县	12,891	531	1	95.0	22.8	34.2	5.1	24.3
墨脱县	7,642	188	0.2	100.3	22.3	35.0	4.9	23.5
昌都县	69,360	403	7	102.6	22.4	36.9	4.7	22.5
江达县	52,506	255	4	94.7	21.0	38.5	6.0	21.5
贡觉县	35,914	255	6	94.8	24.6	34.3	6.2	23.4
类乌齐县	27,546	274	5	98.8	20.4	38.7	6.7	20.7
丁青县	42,585	264	4	96.1	21.2	37.2	5.6	22.1
察雅县	43,733	255	5	91.8	23.4	34.1	6.3	23.3
八宿县	28,986	255	2	94.2	22.7	35.6	5.2	23.1
左贡县	32,779	256	3	93.9	21.4	36.1	4.6	23.3
芒康县	60,340	255	5	94.3	22.6	35.2	5.2	23.8
波密县	24,915	308	2	103.2	24.1	33.5	4.7	23.3
察隅县	12,544	265	0.7	95.2	21.4	36.2	4.2	23.2
洛隆县	28,643	207	4	92.4	21.2	36.8	5.4	22.7
边坝县	22,192	252	3	92.9	21.6	35.3	5.1	23.5
乃东县	38,847	438	18	103.4	22.9	33.0	3.8	24.4
扎囊县	29,888	390	14	96.7	21.3	36.4	3.9	23.3
贡嘎县	36,213	292	16	96.0	20.1	38.7	4.0	23.1
桑日县	12,152	373	6	92.2	21.3	36.6	3.8	24.2
穷结县	14,472	297	14	94.3	21.5	36.1	4.3	24.4
曲松县	11,882	396	6	100.9	20.8	37.5	3.7	23.0
措美县	10,857	396	2	98.2	21.7	36.5	4.0	23.7
洛扎县	14,628	348	4	93.3	21.0	37.4	4.5	23.4
加查县	13,740	396	3	92.9	21.2	37.0	4.7	23.4
朗县	10,920	401	1	96.6	21.3	37.3	4.7	22.8
隆子县	24,799	461	4	96.0	21.1	36.4	4.3	23.9
错那县	12,712	312	0.4	93.7	20.9	36.0	4.4	24.1
浪卡子县	25,260	678	3	97.0	20.6	37.8	4.2	22.8
日喀则县	65,769	270	18	102.1	21.0	36.3	3.9	22.6
南木林县	50,621	314	6	92.8	20.7	37.0	4.7	23.7
江孜县	49,221	396	13	94.2	19.5	39.2	3.7	23.2
定日县	34,615	272	2	97.4	20.5	37.8	4.8	22.9
萨迦县	33,633	466	5	97.5	20.0	38.6	4.2	22.6
拉孜县	33,271	343	8	95.3	20.8	36.3	4.4	23.7

（续60）

1981年人出生口率（‰）	1981年人口死亡率（‰）	1981年婴儿死亡率（‰）	每万人拥有大学生人数	每万人拥有初中文化程度人数	文盲、半文盲占12及12岁以上人口比重	农林牧渔业人口占在业人口百分比	工业人口占在业人口百分比	在业人口占总人口百分比
24.6	7.4		30	468	63.0	83.9	2.6	55.9
21.5	8.2		0	65	85.0	81.6	6.1	54.8
30.1	9.7		65	668	66.5	69.4	9.8	49.8
30.6	13.7		7	203	83.6	93.8	1.1	49.0
29.2	12.3		4	368	86.4	96.6	0.3	65.0
32.0	11.2		8	219	75.9	92.6	0.9	52.0
28.4	8.1		5	164	82.5	95.2	0.4	53.4
26.8	11.4		8	207	84.9	96.0	0.4	57.7
32.4	15.1		9	158	81.4	93.3	0.4	57.0
30.9	9.5		7	123	87.9	94.1	0.4	57.4
27.7	13.3		6	104	88.7	95.2	0.6	56.5
24.4	9.3		76	768	55.6	67.5	8.5	53.7
24.3	8.6		18	277	62.2	80.6	2.7	53.9
35.4	12.2		10	206	80.1	94.1	0.5	55.4
34.2	16.3		13	203	80.5	94.5	0.5	58.7
25.2	6.6		102	749	50.3	75.7	7.5	57.9
31.2	8.9		13	330	69.1	94.9	0.2	54.9
36.6	8.4		6	192	64.8	95.4	0.4	55.6
32.9	10.5		16	277	70.7	93.3	0.1	56.1
28.0	6.3		12	213	64.0	92.2	0.4	56.6
32.1	7.3		19	243	56.3	87.1	2.8	57.9
32.3	11.1		17	224	72.7	90.7	0.8	56.2
39.1	14.4		12	220	65.2	90.6	1.7	54.9
32.5	9.1		17	279	62.8	90.5	1.1	51.8
35.1	11.5		18	320	76.7	88.0	0.6	54.0
34.3	8.4		10	179	78.5	91.8	0.4	56.2
30.9	7.5		15	277	60.6	91.5	0.8	57.8
36.9	14.6		7	229	71.9	93.5	1.0	53.3
29.8	8.3		51	479	66.8	73.6	9.4	52.8
35.0	8.0		5	74	88.6	97.3	0.1	54.5
36.5	7.1		17	176	77.8	90.2	3.3	51.8
23.5	5.1		5	79	85.7	96.2	0.2	59.9
31.3	9.3		7	112	85.8	96.2	0.1	54.2
30.4	7.4		9	201	84.6	93.6	1.9	58.5

西藏自治区　陕西省

县市名称	人口数	1982年人均工农业总产值（元）	人口密度（人／平方公里）	人口性别比	人口年龄中位数（岁）	0—14岁人口占总人口百分比	65及65岁以上人口占总人口百分比	15—49岁育龄妇女占总人口百分比
昂仁县	27,844	479	1	96.5	20.8	36.9	5.3	22.2
谢通门县	29,947	350	2	95.2	21.8	36.0	4.3	23.9
白朗县	30,965	341	13	100.1	19.8	39.0	4.0	22.4
仁布县	24,564	272	11	95.7	19.3	38.1	5.2	22.3
康马县	15,259	321	3	97.5	19.3	40.8	3.5	22.5
定结县	12,317	257	2	102.0	19.5	40.1	3.9	21.9
仲巴县	6,172	477	0.3	115.0	22.2	38.9	6.3	20.8
亚东县	9,541	397	2	97.3	21.5	35.9	4.7	24.6
吉隆县	8,481	258	1	100.8	19.7	39.5	4.9	21.0
聂拉木县	9,435	216	1	102.0	20.7	37.7	4.6	21.7
萨嘎县	7,845	470	1	99.3	20.7	38.8	5.2	21.4
岗巴县	6,722	357	2	97.3	19.5	39.9	2.6	23.6
那曲县	51,558	673	3	102.9	22.0	37.5	4.3	22.2
嘉黎县	16,678	403	1	98.5	21.3	38.2	5.6	21.5
比如县	30,622	278	3	94.1	21.5	38.5	6.5	21.5
聂荣县	19,541	494	2	93.8	20.3	40.0	4.6	21.5
安多县	24,691	684	1	99.7	21.1	39.2	4.8	21.4
申扎县	32,579	512	0.2	98.1	22.2	36.8	6.1	21.7
索县	23,240	271	4	97.1	21.9	36.3	6.7	21.6
班戈县	22,583	675	0.2	93.3	21.2	38.2	5.8	22.1
巴青县	24,102	327	2	96.2	18.9	42.2	5.4	20.4
普兰县	6,531	469	1	94.8	22.7	34.8	6.1	23.4
札达县	3,836	394	0.2	93.9	21.0	37.0	4.4	23.5
噶尔县	7,186	486	0.4	118.4	23.2	30.2	3.5	23.3
日土县	4,704	457	0.1	99.8	21.0	36.5	4.0	22.0
革吉县	8,213	419	0.2	101.8	20.9	38.0	5.0	22.0
改则县	11,013	428	0.1	95.5	20.4	39.3	4.7	22.9
措勤县	7,965	429	0.3	98.5	24.0	34.9	7.0	21.9
陕西省								
西安市	2,196,556	2,257	2,500	110.0	25.8	24.5	3.9	28.1
长安县	746,901	396	476	99.3	23.8	33.2	5.0	25.9
铜川县	377,704	1,063	625	127.3	23.7	29.7	2.4	24.0
耀县	249,445	486	154	110.0	21.8	34.7	3.4	24.2

（续61）

1981年人口出生率（‰）	1981年人口死亡率（‰）	1981年婴儿死亡率（‰）	每万人拥有大学生人数	每万人拥有初中文化程度人数	文盲、半文盲占12及12岁以上人口比重	农林牧渔业人口占在业人口百分比	工业人口占在业人口百分比	在业人口占总人口百分比
30.3	8.5		4	107	78.2	95.8	0.2	58.0
34.9	11.7		8	86	81.0	94.9	1.4	57.9
34.1	7.1		9	57	89.0	96.3	0.4	54.6
36.6	7.7		9	151	80.0	95.2	0.3	54.9
35.6	7.9		11	175	73.0	91.5	1.0	53.1
24.6	8.3		9	291	65.4	90.9	0.2	56.7
37.1	8.1		19	88	72.5	87.8	0.4	54.0
29.9	6.3		44	594	58.1	71.5	10.3	51.8
33.4	13.5		39	158	76.2	90.1	1.4	57.8
31.6	7.6		45	229	74.5	83.3	1.2	55.5
37.0	9.4		31	152	82.5	84.7	0.4	53.5
36.3	9.3		22	189	82.2	89.5	0	54.3
33.2	13.7		62	445	68.7	70.9	5.2	50.6
34.9	15.4		2	144	85.2	89.4	0.[illegible]	51.9
34.9	10.0		16	144	82.2	91.6	1.6	52.1
33.3	14.2		12	128	88.1	93.8	0.2	53.3
38.9	14.4		26	134	81.2	80.2	7.9	52.2
33.8	11.0		18	132	82.0	91.4	0.3	53.2
34.2	11.1		10	170	80.7	94.1	0	53.5
32.9	14.1		13	159	82.5	92.7	0	55.6
35.9	8.8		15	241	79.0	90.9	0.5	47.6
30.1	7.8		6	320	64.5	89.7	0.9	57.8
24.8	11.7		41	345	64.4	84.0	0.3	55.0
24.8	10.0		141	896	60.0	52.8	8.8	62.7
32.7	10.3		13	259	71.7	88.2	0.2	58.0
38.8	15.5		7	181	86.8	92.5	0	58.2
43.3	10.2		22	107	87.1	94.1	0	56.3
31.1	17.2		9	113	90.1	92.7	0	58.1
14.9	5.0	22	369	2,898	10.5	20.8	50.8	58.2
22.9	7.9	28	49	2,885	20.6	79.9	11.8	53.0
13.7	4.9	37	79	2,416	20.7	25.2	53.6	53.1
18.4	6.1	19	40	2,073	30.1	73.1	17.0	51.1

陕西省

县市名称	人口数	1982年人均工农业总产值（元）	人口密度（人/平方公里）	人口性别比	人口年龄中位数（岁）	0—14岁人口占总人口百分比	65及65岁以上人口占总人口百分比	15—49岁育龄妇女占总人口百分比
宝鸡市	338,754	2,607	909	115.5	27.3	24.6	3.7	27.8
宝鸡县	626,929	532	196	107.9	23.2	32.5	4.4	25.6
凤翔县	422,967	381	357	104.6	22.4	34.0	4.3	25.7
岐山县	387,086	706	434	104.9	23.5	32.2	4.7	26.4
扶风县	387,516	445	500	104.0	21.5	35.4	4.6	25.4
武功县	388,394	470	833	105.3	21.3	35.0	4.6	25.2
眉县	248,377	450	286	109.6	23.0	33.0	4.7	25.2
陇县	206,114	348	85	108.3	21.5	34.8	3.4	24.8
千阳县	113,261	344	118	111.3	22.2	34.7	3.8	24.2
麟游县	74,830	298	47	115.3	20.7	36.3	3.6	22.5
凤县	117,247	512	37	120.7	25.5	31.0	4.2	23.4
太白县	46,938	360	17	120.9	22.4	35.0	5.0	21.8
蓝田县	534,859	206	270	102.6	23.3	33.5	5.2	24.4
临潼县	645,490	541	588	99.5	23.0	34.0	4.7	25.8
渭南县	662,616	568	556	100.0	23.0	31.6	5.2	26.0
华县	297,447	708	263	104.4	24.5	29.6	4.9	25.6
华阴县	180,523	988	222	108.9	24.6	31.6	4.2	25.5
潼关县	111,599	364	213	104.5	23.1	32.1	4.5	25.3
大荔县	536,116	566	303	98.4	23.7	31.7	5.3	26.7
蒲城县	613,690	374	345	100.9	22.6	33.2	4.9	25.9
澄城县	321,305	396	286	105.0	23.4	32.3	4.8	25.2
白水县	215,926	335	233	105.5	21.6	34.9	4.3	24.2
韩城县	300,504	961	185	111.4	23.4	32.5	4.2	24.1
合阳县	363,571	315	294	100.4	22.8	32.9	4.9	25.6
富平县	615,394	406	500	101.2	22.1	33.7	4.4	26.0
咸阳市	497,424	2,355	909	105.7	24.4	30.2	3.6	27.7
兴平县	441,492	580	909	102.9	22.9	35.0	4.5	25.3
周至县	502,674	288	169	105.8	21.2	35.7	5.0	24.3
户县	469,556	799	399	102.2	23.4	32.0	4.7	26.5
三原县	311,046	580	556	101.5	23.2	32.4	4.3	26.7
泾阳县	388,902	516	500	100.2	22.6	34.4	4.2	26 2
高陵县	181,863	485	625	98.6	23.5	33.1	4.4	26.9
乾县	432,035	367	435	104.8	21.7	35.3	4.7	24.8
礼泉县	358,535	350	357	101.0	22.6	34.6	4.6	25.7

（续62）

1981年人口出生率（‰）	1981年人口死亡率（‰）	1981年婴儿死亡率（‰）	每万人拥有大学生人数	每万人拥有初中文化程度人数	文盲、半文盲占12及12岁以上人口比重	农林牧渔业人口占在业人口百分比	工业人口占在业人口百分比	在业人口占总人口百分比
12.2	4.9	19	232	2,640	13.6	18.5	55.3	60.6
17.9	7.6	26	42	1,708	34.7	79.5	13.7	53.6
18.7	6.5	12	15	1,821	33.1	88.0	6.2	48.9
17.2	6.8	22	37	2,229	27.9	74.1	18.7	50.0
22.7	6.5	20	14	2,193	29.7	87.5	5.9	48.1
23.0	6.3	14	81	1,908	32.5	82.4	8.0	49.2
21.4	7.1	27	32	1,981	33.7	83.6	7.3	51.6
20.1	9.0	55	15	1,114	50.1	89.5	3.5	53.7
18.7	8.1	38	21	1,526	39.4	86.5	4.9	52.6
21.4	8.8	41	21	1,294	45.6	87.6	3.3	53.1
15.0	8.0	30	138	1,829	32.8	55.5	24.0	54.9
20.2	8.3	40	42	1,494	39.0	73.8	13.5	52.5
20.2	7.9	31	29	2,271	28.3	89.1	5.1	55.2
20.7	6.1	24	46	2,315	21.0	81.9	10.8	53.6
16.1	6.5	23	51	2,606	20.2	81.0	9.5	55.5
18.8	7.9	23	57	2,700	20.2	78.4	13.0	58.1
19.5	6.1	24	86	2,551	21.9	64.3	24.7	57.2
17.4	7.4	38	30	2,415	24.1	79.3	9.9	55.5
22.6	6.8	35	20	2,065	29.6	87.2	5.9	54.0
17.3	6.1	27	26	2,294	25.2	84.6	8.2	53.1
19.1	6.9	36	26	2,175	28.3	78.8	12.7	53.8
19.7	6.1	33	20	2,232	30.0	80.9	11.4	51.6
18.9	6.9	29	47	2,689	22.1	68.2	21.1	54.0
17.9	7.5	26	15	2,086	26.7	86.3	6.3	54.5
19.1	5.7	23	23	2,378	22.2	85.3	7.7	51.7
19.8	4.8	24	194	2,565	15.4	46.3	37.6	57.3
20.6	5.8	16	63	2,125	29.2	75.3	18.1	51.6
22.1	6.9	20	17	1,598	37.0	90.9	3.2	51.1
21.2	6.7	28	53	2,303	24.2	79.0	12.9	54.6
20.6	5.7	22	47	2,650	19.9	80.2	10.9	54.6
24.2	6.0	26	25	2,392	22.1	86.2	6.5	52.9
21.8	6.1	32	35	2,522	19.3	84.8	6.9	55.1
21.2	5.8	11	16	1,667	36.1	89.3	4.8	47.5
22.1	5.7	18	17	2,013	29.5	90.2	3.1	51.0

陕西省

县市名称	人口数	1982年人均工农业总产值（元）	人口密度（人／平方公里）	人口性别比	人口年龄中位数（岁）	0—14岁人口占总人口百分比	65及65岁以上人口占总人口百分比	15—49岁育龄妇女人口占总人口百分比
永寿县	145,569	364	164	110.0	20.4	36.8	3.5	23.5
彬县	241,836	325	200	110.3	20.2	36.6	3.2	23.9
长武县	140,353	272	238	108.7	20.5	35.7	3.6	24.4
旬邑县	206,968	243	122	110.8	20.5	36.0	3.4	23.8
淳化县	147,841	281	154	108.8	21.1	34.9	3.6	24.1
汉中市	396,793	794	714	107.1	25.2	29.4	5.0	25.9
南郑县	503,093	330	177	107.7	23.4	32.5	5.1	24.1
城固县	452,213	449	199	107.4	24.2	33.0	5.3	23.8
洋县	406,266	257	127	110.5	24.1	33.6	5.7	22.7
西乡县	385,999	239	128	110.2	22.4	35.1	5.1	22.4
勉县	393,299	353	164	108.0	24.1	31.0	5.3	24.4
宁强县	312,854	277	96	107.9	22.7	33.9	5.4	22.1
略阳县	191,790	502	68	116.4	26.3	30.9	5.5	22.0
镇巴县	267,762	181	78	112.6	22.7	35.3	5.3	21.5
留坝县	44,587	259	23	122.5	25.5	31.5	7.2	20.8
佛坪县	33,828	311	26	122.7	25.1	33.7	6.8	19.8
安康县	765,894	256	208	113.7	22.4	34.6	4.6	22.4
汉阴县	252,455	228	189	115.3	22.7	34.1	4.7	22.6
石泉县	172,022	524	113	114.1	22.7	34.5	5.3	21.6
宁陕县	72,045	252	20	120.6	24.5	34.2	6.4	19.9
紫阳县	321,338	173	145	117.8	23.0	34.1	4.9	21.1
岚皋县	165,006	217	90	115.2	24.0	34.0	5.4	20.9
平利县	224,806	286	85	114.6	24.2	34.2	5.9	20.8
镇坪县	56,938	244	41	113.9	22.6	36.8	5.9	20.4
旬阳县	407,662	251	115	111.3	22.8	34.0	4.7	21.7
白河县	192,693	253	133	113.9	21.5	36.1	4.8	20.1
商县	451,816	307	169	112.2	22.0	34.4	4.7	22.3
洛南县	391,205	327	154	108.3	22.3	33.4	4.5	23.1
丹凤县	253,693	211	104	109.1	20.4	36.8	4.7	21.7
商南县	203,506	242	88	110.1	20.3	36.6	4.9	21.4
山阳县	367,645	255	104	112.8	20.2	37.0	4.4	21.4
镇安县	263,939	258	76	116.1	22.5	35.0	5.4	20.3
柞水县	139,068	232	60	118.1	22.6	34.3	4.9	20.8
延安市	250,846	487	70	109.0	21.9	33.8	3.8	24.7

（续63）

1981年人口出生率（‰）	1981年人口死亡率（‰）	1981年婴儿死亡率（‰）	每万人拥有大学生人数	每万人拥有初中文化程度人数	文盲、半文盲占12及12岁以上人口比重	农林牧渔业人口占在业人口百分比	工业人口占在业人口百分比	在业人口占总人口百分比
19.2	6.4	18	17	1,470	43.7	86.9	4.5	49.1
18.7	7.2	34	14	1,367	48.7	88.4	5.1	51.2
18.3	7.3	26	18	1,685	40.4	90.9	2.2	51.6
18.4	7.1	36	13	1,301	47.6	89.9	3.6	49.9
18.2	7.1	37	17	1,897	34.1	87.8	3.9	49.8
18.0	6.5	31	110	2,591	23.0	58.0	24.5	56.1
17.6	7.7	54	35	1,709	39.1	87.8	6.6	56.7
18.7	8.6	51	39	1,880	36.9	84.5	8.4	52.7
20.3	9.2	81	27	1,927	35.6	83.4	9.3	48.4
22.2	10.1	81	18	1,314	49.6	88.1	4.1	48.9
16.7	8.2	66	45	1,908	39.2	77.4	12.5	53.4
15.5	9.1	69	13	1,051	55.1	87.4	4.6	49.0
17.2	9.5	58	49	1,271	49.6	68.7	18.6	48.8
22.6	10.1	101	9	828	56.1	92.5	1.7	52.6
17.8	11.1	74	40	1,303	45.8	78.0	7.7	48.6
24.1	11.6	79	35	1,118	48.6	76.0	9.0	46.0
21.1	8.7	62	31	1,365	44.3	79.2	9.7	47.8
25.1	9.7	88	12	1,109	50.6	88.5	3.5	44.3
23.3	9.6	69	24	1,248	47.5	84.0	5.2	42.7
22.1	10.9	67	25	1,098	51.6	82.1	5.7	48.2
26.6	10.4	72	9	854	58.2	89.3	3.2	48.7
22.9	11.1	79	11	754	59.8	88.4	2.9	42.7
20.7	9.9	63	11	901	58.1	90.1	2.5	45.7
25.4	9.7	49	22	816	56.2	86.9	2.6	44.9
21.1	9.6	74	10	1,017	52.0	90.6	2.9	49.2
23.3	9.0	67	9	878	57.7	89.9	2.7	47.5
19.8	7.7	42	39	1,738	35.6	87.0	4.7	52.1
17.5	9.0	61	30	1,681	37.7	87.0	6.4	55.7
22.8	8.7	43	17	1,623	39.5	90.8	2.2	50.5
23.2	9.1	63	19	1,466	40.1	89.9	2.2	48.6
22.8	8.2	66	12	1,241	45.3	92.0	1.6	50.1
19.5	9.8	74	16	992	52.0	91.1	1.9	50.2
19.5	10.0	87	25	1,250	47.7	88.3	3.1	49.9
28.0	5.2	23	77	1,909	37.3	67.7	15.8	51.1

县市名称	人口数	1982年人均工农业总产值（元）	人口密度（人/平方公里）	人口性别比	人口年龄中位数（岁）	0—14岁人口占总人口百分比	65及65岁以上人口占总人口百分比	15—49岁育龄妇女占总人口百分比
延长县	119,774	261	52	105.6	20.4	36.6	4.0	23.4
延川县	124,740	441	64	103.9	20.1	37.4	4.2	23.2
子长县	168,984	184	70	104.4	20.2	37.3	4.2	23.1
安塞县	121,597	237	41	107.2	19.5	39.2	3.8	22.5
志丹县	90,185	253	24	107.1	20.1	38.5	3.4	23.1
吴旗县	93,289	149	25	111.6	20.6	36.2	3.4	23.6
甘泉县	60,667	272	27	110.4	20.2	37.7	3.4	23.1
富县	121,521	337	29	111.6	21.2	35.9	3.4	23.3
洛川县	149,609	294	79	107.3	20.0	37.1	3.5	23.3
宜川县	93,860	248	32	106.4	21.2	35.6	4.5	23.3
黄龙县	51,973	368	22	120.3	22.8	34.3	3.7	21.6
黄陵县	85,113	540	37	113.7	21.7	35.1	3.9	22.9
宜君县	84,620	326	57	113.8	21.4	35.8	4.2	22.0
榆林县	290,451	417	41	106.3	21.4	36.0	4.7	23.3
神木县	255,501	293	33	111.1	22.1	34.8	5.1	22.3
府谷县	160,682	321	50	113.3	23.2	34.3	6.3	21.4
㑇山县	223,080	245	55	105.4	20.6	36.0	4.5	23.8
靖边县	188,134	233	37	104.7	20.2	37.3	3.7	24.2
定边县	222,594	248	32	107.5	20.0	37.9	3.7	23.8
绥德县	260,076	173	139	107.7	22.4	32.0	5.0	24.1
米脂县	164,089	275	135	104.7	21.6	34.4	5.4	23.9
佳县	194,931	270	91	107.3	20.6	35.7	4.4	22.7
吴堡县	63,274	238	147	107.1	22.2	33.2	5.3	22.9
清涧县	162,791	146	86	106.5	21.4	34.3	4.3	23.3
子洲县	217,620	173	106	104.9	20.4	36.3	4.8	23.1
甘肃省								
兰州市	1,416,371	3,082	667	115.3	25.5	26.1	2.9	27.8
永登县	413,058	744	73	104.3	20.1	35.8	3.1	25.2
皋兰县	179,849	229	53	102.1	20.1	36.6	4.1	24.7
榆中县	367,044	247	113	105.5	20.0	36.5	4.2	23.6
嘉峪关市	81,378	1,709	65	132.7	26.1	28.9	1.4	24.8
金昌市	111,477	2,420	57	122.9	24.2	31.4	1.9	24.7
永昌县	200,963	522	37	106.8	19.6	36.4	2.8	24.4

（续64）

1981年人口出生率（‰）	1981年人口死亡率（‰）	1981年婴儿死亡率（‰）	每万人拥有大学生人数	每万人拥有初中文化程度人数	文盲、半文盲占12及12岁以上人口比重	农林牧渔业人口占在业人口百分比	工业人口占在业人口百分比	在业人口占总人口百分比
24.1	6.1	31	13	1,674	42.2	88.5	4.1	49.8
23.8	5.0	22	16	1,638	41.5	88.9	3.6	50.5
28.4	5.6	36	11	1,643	44.8	88.0	5.5	50.3
31.2	5.7	38	11	1,081	58.2	91.8	1.3	48.0
30.6	5.9	50	12	1,022	58.7	90.9	1.8	51.6
26.0	5.2	40	14	1,284	49.0	88.0	5.0	52.0
28.2	5.3	22	19	1,446	46.1	82.0	7.3	43.3
22.2	6.1	51	26	1,755	37.0	80.8	7.4	49.2
22.8	6.0	33	17	1,651	33.3	87.4	2.8	48.0
17.3	5.7	35	16	1,795	37.5	88.2	2.4	51.9
22.8	6.3	47	30	1,618	40.6	82.9	4.1	53.2
17.6	6.0	28	33	2,111	30.7	73.5	13.0	47.0
18.3	6.8	34	19	1,638	37.7	85.1	5.8	52.9
26.2	6.8	50	45	1,475	44.2	78.0	10.9	49.9
26.4	7.7	55	10	1,269	52.4	90.3	3.9	53.5
29.6	7.9	61	12	1,303	51.5	89.1	3.9	54.1
27.4	7.0	66	9	1,219	49.0	91.7	2.8	52.7
31.0	4.9	32	11	1,239	52.2	90.3	3.1	50.6
23.9	5.0	34	12	1,204	48.2	88.8	3.6	47.3
20.4	6.5	42	25	2,000	38.8	88.5	3.2	54.3
24.5	7.5	70	17	1,850	40.9	85.4	6.5	48.0
26.9	7.7	59	11	1,477	45.0	88.1	3.4	40.2
22.7	7.2	36	22	2,131	33.7	85.8	4.2	52.7
21.8	6.0	27	13	1,663	40.4	88.2	2.5	40.3
31.3	7.2	72	12	1,661	44.0	90.4	2.2	39.9
12.8	3.6	20	288	2,548	13.3	16.7	55.7	58.1
19.0	6.0	41	22	1,497	39.7	85.7	8.7	54.9
20.6	5.2	23	13	1,660	32.6	88.0	5.5	51.8
19.1	5.4	29	13	1,495	34.4	89.6	4.8	52.5
16.8	3.5	14	127	2,454	17.1	20.5	59.0	58.5
16.2	4.5	30	99	2,360	21.5	34.3	51.5	56.1
16.8	4.8	34	23	1,387	41.7	80.9	8.9	51.6

甘肃省

县市名称	人口数	1982年人均工农业总产值（元）	人口密度（人／平方公里）	人口性别比	人口年龄中位数（岁）	0—14岁人口占总人口百分比	65及65岁以上人口占总人口百分比	15—49岁育龄妇女占总人口百分比
玉门市	184.777	4,296	14	118.0	23.5	30.3	5.1	26.5
酒泉县	267,041	575	79	104.4	20.3	34.7	2.6	25.3
敦煌县	102,343	637	3	105.2	20.3	33.8	2.5	26.0
金塔县	109,667	604	6	106.8	20.3	35.0	2.8	24.1
肃北蒙古族自治县	9,516	694	0.1	112.1	19.8	38.5	2.2	22.7
阿克塞哈萨克族自治县	6,827	705	0.2	120.7	20.6	37.8	1.4	23.7
安西县	73,403	531	3	111.5	21.6	31.6	1.9	26.2
张掖县	381,955	521	102	108.4	20.3	35.2	2.7	24.3
肃南裕固族自治县	33,816	749	2	105.0	18.2	40.5	2.1	23.0
民乐县	191,127	281	65	109.8	19.7	36.2	2.9	23.6
临泽县	115,853	390	42	105.9	19.8	36.4	2.7	23.5
高台县	127,210	467	29	104.6	19.8	36.4	2.8	23.6
山丹县	169,267	484	34	106.9	20.1	36.0	2.6	24.9
武威县	763,719	410	144	103.6	19.2	37.7	3.0	24.5
民勤县	241,510	339	15	100.9	19.5	36.9	3.8	23.6
古浪县	287,269	159	57	104.2	18.9	38.3	2.9	24.4
景泰县	169,858	266	31	101.2	19.3	38.3	3.3	25.1
天祝藏族自治县	184,410	274	28	113.4	19.5	37.0	2.6	22.9
定西县	370,278	224	101	106.5	19.3	37.3	3.6	23.2
靖运县	452,395	300	60	111.6	19.3	39.5	3.2	22.7
会宁县	422,492	114	75	103.6	19.1	37.2	3.2	24.3
通渭县	344,854	121	119	105.0	18.2	40.0	3.4	21.7
陇西县	377,457	307	157	106.6	18.8	39.0	3.5	22.3
渭源县	281.544	137	136	106.8	19.8	36.9	3.8	22.5
临洮县	419,415	157	146	105.5	20.4	35.4	4.3	23.9
天水市	186,460	1,117	150	107.5	23.3	32.3	3.5	25.5
张家川回族自治县	214,657	119	166	104.9	18.7	39.9	3.6	22.1
天水县	719,740	408	156	107.9	20.0	38.0	4.0	22.2
清水县	243,392	171	123	107.5	20.3	36.4	3.3	23.0
徽县	187,312	294	69	109.9	23.6	33.9	4.9	21.9
两当县	47,251	265	34	117.1	24.2	34.1	4.5	21.3
礼县	396,112	149	93	107.0	19.6	39.2	3.8	20.9
西和县	286,332	147	155	106.6	19.6	38.4	4.1	20.8
武山县	322,127	210	160	107.8	18.6	40.1	3.8	21.1

(续65)

1981年人口出生率(‰)	1981年人口死亡率(‰)	1981年婴儿死亡率(‰)	每万人拥有大学生人数	每万人拥有初中文化程度人数	文盲、半文盲占12及12岁以上人口比重	农林牧渔业人口占在业人口百分比	工业人口占在业人口百分比	在业人口占总人口百分比
13.5	4.0	29	113	2,421	17.5	40.9	43.1	55.3
17.5	5.6	30	44	1,627	34.5	76.1	10.2	51.1
20.2	5.1	18	35	1,850	30.4	78.2	5.9	52.9
17.0	5.3	28	16	1,268	39.7	88.7	2.9	51.5
24.1	7.8	59	109	1,406	26.8	60.8	7.7	47.6
28.9	6.1	87	70	1,841	24.2	49.4	22.7	48.9
16.6	5.3	22	40	1,987	27.2	68.2	8.2	54.9
19.3	6.4	41	42	1,573	38.1	78.4	9.5	52.1
18.5	4.9	45	48	1,235	37.4	79.4	3.4	46.0
19.4	6.8	66	9	897	54.5	94.9	0.8	54.6
19.1	5.9	23	18	1,048	52.6	91.8	1.7	53.8
19.3	6.7	44	16	1,240	43.8	88.9	4.0	50.5
17.6	6.0	58	28	1,507	38.9	82.2	9.9	52.2
19.9	5.5	34	33	1,326	41.8	83.2	7.0	51.3
15.4	6.2	43	13	1,469	37.3	91.8	1.8	48.6
19.3	5.1	35	9	1,087	49.9	94.4	0.9	52.8
23.3	4.7	24	30	1,476	33.9	89.2	5.0	50.8
19.3	5.9	51	19	996	52.5	86.6	5.5	53.6
19.9	5.0	36	29	1,281	45.0	86.0	5.4	53.8
24.9	4.3	17	29	1,410	38.1	76.5	17.0	50.1
22.5	5.3	35	9	1,131	49.8	94.3	1.4	53.4
18.1	5.0	27	8	909	55.2	94.1	1.6	51.3
18.1	4.7	23	26	1,042	53.9	85.3	7.4	52.4
18.5	6.2	42	13	906	55.7	94.9	1.0	54.2
20.0	5.4	24	22	1,235	44.0	94.0	1.7	54.4
16.5	4.4	11	199	2,111	23.6	33.6	45.1	52.8
21.7	5.2	25	8	667	70.6	94.5	1.0	52.3
22.9	6.0	12	30	1,061	49.5	84.3	8.6	49.6
18.7	5.9	14	12	850	60.4	94.2	1.0	56.5
20.0	8.3	38	24	1,118	49.7	86.7	6.7	53.1
20.8	9.9	60	24	1,036	49.7	81.0	6.2	54.1
24.3	5.9	26	12	727	67.2	93.7	1.9	51.1
23.3	6.4	30	8	743	64.1	92.6	2.0	49.6
27.2	4.8	24	19	895	57.8	91.0	4.5	52.1

甘肃省

县市名称	人口数	1982年人均工农业总产值(元)	人口密度(人/平方公里)	人口性别比	人口年龄中位数(岁)	0—14岁人口占总人口百分比	65及65岁以上人口占总人口百分比	15—49岁育龄妇女占总人口百分比
甘谷县	422,744	289	269	103.7	18.7	39.8	4.5	21.9
秦安县	441,533	172	275	103.9	19.5	37.4	4.4	22.5
漳县	139,065	202	64	105.2	19.6	38.0	3.5	22.1
武都县	423,546	134	90	108.5	19.4	39.1	4.2	20.6
岷县	358,280	118	100	105.6	18.9	39.8	3.2	21.9
宕昌县	240,710	137	73	105.6	18.6	39.8	3.2	21.6
成县	204,697	249	120	107.0	23.2	34.7	4.9	21.8
康县	186,477	196	64	109.4	24.0	35.4	5.2	20.5
文县	209,482	525	39	107.6	20.0	38.1	5.4	20.9
平凉县	351,307	392	183	106.1	20.1	36.8	3.5	24.3
泾川县	268,578	204	182	108.2	20.3	35.1	3.5	24.5
灵台县	197,760	244	99	110.9	20.2	36.2	3.7	23.2
崇信县	75,833	242	89	107.6	20.3	35.4	3.3	24.0
华亭县	147,089	557	125	116.1	22.2	33.7	3.3	23.7
庄浪县	325,768	112	214	104.7	18.9	39.0	3.7	22.4
静宁县	368,808	137	127	104.0	19.1	37.4	3.6	23.2
庆阳县	441,732	595	120	112.2	21.3	34.2	3.0	24.8
环县	241,056	155	26	109.1	20.1	36.5	3.5	23.9
华池县	93,596	189	24	110.2	21.0	33.3	3.2	25.1
合水县	123,894	278	42	107.3	19.7	37.6	3.0	24.1
正宁县	168,933	243	124	108.5	19.9	37.2	3.3	24.2
宁县	390,837	252	148	105.8	20.1	36.6	3.4	24.7
镇原县	382,634	198	109	105.8	20.1	36.3	3.4	24.2
临夏县	423,227	232	321	103.1	19.8	36.9	3.8	24.1
康乐县	169,811	173	172	103.4	19.9	37.1	3.7	24.0
永靖县	167,449	3,118	88	109.4	19.7	37.0	3.5	23.4
广河县	129,054	135	243	101.0	18.7	38.4	3.7	23.6
和政县	141,518	153	147	106.1	19.2	37.4	3.6	23.3
东乡族自治县	187,310	92	123	104.1	18.4	40.9	3.6	22.0
积石山保安族东乡族撒拉族自治县	169,483	124	189	106.4	19.8	36.3	3.7	23.5
临潭县	119,671	132	85	105.2	19.8	38.1	3.5	22.8
卓尼县	78,993	243	15	102.2	19.1	40.2	3.8	21.7
舟曲县	101,582	291	39	103.7	18.8	39.7	3.8	21.7
迭部县	45,574	593	9	110.8	24.1	36.5	3.9	21.1

（续66）

1981年人口出生率（‰）	1981年人口死亡率（‰）	1981年婴儿死亡率（‰）	每万人拥有大学生人数	每万人拥有初中文化程度人数	文盲、半文盲占12及12岁以上人口比重	农林牧渔业人口占在业人口百分比	工业人口占在业人口百分比	在业人口占总人口百分比
24.3	4.9	18	15	917	54.8	92.5	3.0	47.4
19.5	4.8	13	20	1,050	54.4	91.0	4.1	50.2
20.8	5.2	26	12	914	61.5	94.0	0.8	54.2
20.1	6.8	37	20	689	67.6	91.7	2.3	52.4
26.5	6.4	35	11	602	73.4	94.8	1.0	52.6
20.4	5.9	33	8	428	76.5	95.2	1.0	52.9
22.0	8.7	35	23	971	54.8	90.8	3.7	53.3
21.6	9.8	57	13	605	66.2	93.9	1.1	51.2
21.2	7.2	33	23	911	59.1	88.9	5.4	53.0
18.0	5.3	33	51	1,330	42.5	73.7	14.2	50.7
14.9	6.6	39	16	1,312	43.2	91.7	2.9	55.1
18.4	7.7	31	12	1,227	45.8	93.2	1.5	53.2
19.3	7.4	37	16	1,107	51.2	90.1	3.5	54.1
16.9	5.5	39	43	1,306	46.9	71.1	21.5	56.4
18.1	4.8	29	7	720	63.9	95.2	1.0	51.9
17.0	4.8	29	8	887	58.8	94.2	1.4	53.2
21.1	5.4	29	49	1,498	39.4	77.1	13.0	55.3
23.1	5.7	29	9	863	56.2	93.3	1.6	53.8
23.7	5.2	34	17	1,137	51.0	87.8	4.8	56.4
20.5	5.4	30	15	1,212	48.2	89.7	3.6	53.0
19.0	6.5	39	12	1,130	54.2	92.7	1.1	49.6
20.8	5.7	20	12	1,247	47.5	93.7	1.6	52.8
19.2	6.0	21	8	1,152	49.4	95.0	0.9	53.9
21.2	6.8	75	27	1,003	58.9	85.3	6.5	51.6
26.1	7.2	69	12	667	69.2	95.8	0.7	54.8
15.1	5.9	62	37	1,061	50.7	84.9	9.3	53.8
29.9	7.7	88	9	344	78.9	94.7	0.9	50.2
22.7	8.5	94	9	639	72.3	95.3	0.7	54.1
28.9	7.2	64	7	305	84.9	96.7	0.4	51.0
20.8	7.5	70	7	496	76.3	97.1	0.1	53.8
19.5	6.8	56	13	616	68.9	92.8	1.6	52.7
28.8	8.0	72	25	670	67.2	88.8	2.7	50.6
23.1	6.6	21	14	653	72.1	89.7	5.1	50.5
28.3	8.6	76	47	981	62.3	78.1	8.3	54.3

甘肃省　青海省

县市名称	人口数	1982年人均工农业总产值（元）	人口密度（人／平方公里）	人口性别比	人口年龄中位数（岁）	0—14岁人口占总人口百分比	65及65岁以上人口占总人口百分比	15—49岁育龄妇女占总人口百分比
玛曲县	25,560	748	3	99.8	18.7	41.8	4.6	19.8
碌曲县	22,492	453	4	93.5	19.6	39.7	4.9	21.5
夏河县	121,582	379	14	100.0	20.2	37.3	4.9	22.3
青海省								
西宁市	589,967	1,306	1,632	108.4	22.5	32.2	2.1	26.9
大通县	336,327	579	112	82.7	18.0	41.6	2.4	21.8
平安县	85,630	545	114	100.6	17.6	43.1	2.5	22.7
民和县	287,389	236	161	104.3	17.6	42.8	2.9	21.8
乐都县	259,672	285	92	104.6	18.0	42.0	2.9	22.3
湟中县	393,885	347	162	104.4	17.4	43.1	2.6	21.3
湟源县	119,369	345	75	108.8	18.6	39.1	2.5	22.5
互助土族自治县	305,779	165	92	105.0	17.8	42.4	2.8	21.4
化隆回族自治县	175,746	249	64	104.0	17.1	44.4	3.0	20.7
循化撒拉族自治县	83,613	232	48	99.3	16.7	46.0	3.7	20.0
门源回族自治县	124,761	481	18	111.0	18.5	39.7	2.2	22.6
祁连县	36,405	574	2	104.7	17.0	45.5	2.7	20.4
海晏县	17,535	495	8	107.7	17.7	42.9	2.3	21.7
刚察县	40,990	774	3	123.5	20.3	38.2	2.5	20.2
同仁县	57,219	335	17	95.2	18.0	42.7	5.0	20.3
尖扎县	35,234	275	21	99.4	17.4	43.8	4.1	20.2
泽库县	34,330	475	5	99.7	16.8	46.1	4.7	18.3
河南蒙古族自治县	20,581	631	3	99.1	16.9	45.8	4.9	19.1
共和县	119,136	516	7	124.0	20.4	36.5	2.2	21.7
同德县	34,787	745	5	100.0	16.2	47.4	3.7	19.1
贵德县	76,036	340	21	102.0	18.9	39.8	3.7	21.9
兴海县	40,800	418	3	101.0	16.4	46.8	3.7	19.1
贵南县	54,241	495	8	104.3	17.4	44.4	3.2	20.4
玛沁县	24,750	731	2	102.2	17.6	43.8	3.1	20.5
班玛县	16,757	603	3	97.8	18.5	42.4	4.5	19.8
甘德县	19,367	378	3	95.4	17.9	43.7	4.3	19.6
达日县	19,445	621	1	98.2	17.9	44.2	3.5	20.0
久治县	14,435	642	2	96.2	18.3	43.2	4.8	20.2
玛多县	8,954	1,264	0.4	111.9	18.6	42.7	2.3	19.7

（续67）

1981年人口出生率（‰）	1981年人口死亡率（‰）	1981年婴儿死亡率（‰）	每万人拥有大学生人数	每万人拥有初中文化程度人数	文盲、半文盲占12及12岁以上人口比重	农林牧渔业人口占在业人口百分比	工业人口占在业人口百分比	在业人口占总人口百分比
34.3	15.6	171	54	566	68.0	83.6	2.2	48.1
36.2	14.0	164	50	614	52.5	80.2	2.1	49.4
28.4	8.4	79	68	840	60.4	68.9	10.1	47.9
13.5	3.3	30	247	2,938	14.3	11.9	55.4	50.9
27.0	8.3	90	33	1,151	54.8	79.8	14.1	49.1
28.7	6.9	77	37	1,428	46.4	79.0	11.3	47.6
29.1	8.0	82	17	866	64.0	92.4	2.6	47.1
25.3	7.1	62	38	1,386	46.4	85.7	7.7	47.8
24.1	7.2	70	14	1,215	49.8	92.4	2.7	47.5
22.7	6.9	71	35	1,630	38.4	80.2	8.5	48.5
32.9	9.8	96	15	915	58.4	91.9	3.0	47.1
39.2	10.4	96	20	588	75.0	92.9	1.7	46.8
40.2	9.0	94	26	609	68.7	90.9	1.7	45.0
22.0	5.8	75	34	1,046	54.2	84.0	8.3	47.8
34.1	9.1	105	37	890	56.7	77.3	10.1	42.2
27.5	8.0	92	37	1,157	44.1	77.1	4.2	45.9
29.3	10.3	117	51	1,393	45.9	70.3	18.2	49.9
28.9	6.9	64	55	871	50.2	75.8	8.7	45.1
33.4	7.8	76	29	707	58.6	82.4	5.5	46.6
36.9	10.4	102	13	370	73.1	89.3	0.9	44.4
37.0	7.0	143	29	537	65.4	84.0	2.5	43.3
27.6	5.7	61	87	1,719	36.9	55.0	28.3	48.7
37.5	7.2	61	20	552	58.6	86.5	2.7	40.8
23.0	7.4	60	18	980	56.1	89.8	2.8	48.3
36.6	9.7	81	19	510	68.3	88.9	1.6	42.1
33.1	7.1	66	32	853	57.3	91.0	1.5	39.9
36.2	12.6	143	80	895	57.0	67.2	9.8	41.9
37.5	13.7	159	30	664	65.7	78.8	9.0	46.8
36.3	19.2	216	23	347	77.2	88.5	2.0	42.5
41.8	25.5	244	24	365	76.8	84.7	2.9	45.1
40.8	18.0	215	36	532	66.7	82.7	1.4	42.6
45.0	17.0	166	55	968	56.4	67.3	5.0	46.7

青海省　宁夏回族自治区　新疆维吾尔自治区

县市名称	人口数	1982年人均工农业总产值（元）	人口密度（人／平方公里）	人口性别比	人口年龄中位数（岁）	0—14岁人口占总人口百分比	65及65岁以上人口占总人口百分比	15—49岁育龄妇女占总人口百分比
玉树县	54,463	406	4	91.9	17.9	43.9	3.9	20.8
杂多县	26,432	616	1	95.6	16.9	45.6	3.4	20.0
称多县	32,130	199	2	92.0	17.3	45.0	3.7	20.0
治多县	16,275	982	0.2	90.4	17.4	45.2	3.3	21.6
囊谦县	47,264	315	4	91.6	17.0	45.6	4.6	19.4
曲麻莱县	16,346	566	0.3	95.5	17.0	45.9	3.1	20.7
格尔木市	57,202	246	0.5	120.6	19.3	39.3	0.7	25.4
乌兰县	76,083	797	2	120.9	20.5	35.8	1.8	23.0
都兰县	60,985	592	1	122.7	20.1	37.4	2.2	21.1
天峻县	13,926	620	1	99.8	18.0	42.5	3.3	21.4
大柴旦（地区）	21,793	476	0.6	118.8	19.2	36.9	0.2	26.6
冷湖（地区）	17,156	3,806	1.1	121.4	23.4	30.4	0.2	29.4
茫崖（地区）	22,501	620	0.6	153.8	23.4	30.3	0.2	24.3
宁夏回族自治区								
银川市	363,509	1,200	249	105.5	23.5	30.5	3.4	27.3
永宁县	152,787	591	110	102.0	19.2	39.7	4.0	23.4
贺兰县	157,233	539	96	103.4	19.4	38.6	4.0	23.7
石咀山市	304,228	1,458	224	121.1	21.3	34.4	1.9	23.9
平罗县	229,959	528	79	107.3	19.2	39.0	3.8	22.8
陶乐县	19,001	466	18	106.9	18.6	41.0	2.9	22.8
吴忠县	211,052	663	190	102.8	18.5	41.9	3.8	22.4
青铜峡县	184,966	1,342	76	105.0	19.0	40.5	3.5	22.8
中卫县	245,445	383	42	102.0	17.7	42.5	3.8	22.3
中宁县	177,681	439	63	102.9	18.7	40.9	4.3	22.5
灵武县	188,154	606	37	106.2	18.6	42.0	3.2	22.5
盐池县	119,235	796	14	103.7	17.4	44.6	3.0	22.0
同心县	208,863	118	25	104.7	16.2	46.7	3.1	20.8
固原县	546,403	169	62	107.3	16.9	45.2	2.7	20.7
海原县	239,777	70	35	103.8	16.3	46.1	2.6	21.2
西吉县	307,365	96	71	105.6	16.3	46.6	2.6	20.4
隆德县	159,925	175	88	108.4	18.4	40.3	3.3	21.7
泾源县	79,993	138	104	107.5	16.4	46.3	3.3	19.6
新疆维吾尔自治区								
乌鲁木齐市	956,843	1,231	80	105.2	23.2	31.5	2.2	28.1

（续68）

1981年人口出生率（‰）	1981年人口死亡率（‰）	1981年婴儿死亡率（‰）	每万人拥有大学生人数	每万人拥有初中文化程度人数	文盲、半文盲占12及12岁以上人口比重	农林牧渔业人口占在业人口百分比	工业人口占在业人口百分比	在业人口占总人口百分比
34.6	16.0	100	50	548	67.7	80.9	4.2	44.6
40.1	9.9	104	18	337	70.7	89.8	1.6	44.7
35.3	13.5	165	15	312	75.0	89.1	1.1	44.1
39.2	11.5	127	18	401	72.2	88.4	1.0	46.4
36.5	8.5	91	9	255	79.0	94.2	0.6	46.3
42.0	12.3	127	20	355	75.8	85.7	1.8	43.1
13.9	2.1	47	124	3,055	24.2	27.6	30.9	45.1
19.8	6.2	66	93	2,205	25.6	63.1	14.8	46.8
21.6	6.6	77	55	1,716	34.5	84.3	6.8	48.8
28.9	9.5	122	45	906	50.6	71.3	6.1	43.3
13.0	2.2	319	81	3,189	12.5	9.5	33.6	47.2
17.0	1.3	193	219	3,604	5.9	0	28.3	59.0
29.0	2.5	206	141	3,630	10.0	1.6	39.5	61.6
16.4	3.7	21	243	2,888	17.2	29.9	38.9	52.9
22.3	4.7	26	45	1,542	40.6	87.1	5.2	46.8
22.1	5.2	34	37	1,599	37.5	86.1	7.2	50.1
17.9	3.7	22	87	2,918	19.0	29.7	56.5	48.8
23.8	5.5	44	31	1,716	41.0	82.4	10.7	49.0
22.8	5.3	31	45	1,541	39.5	82.0	4.4	47.8
25.5	5.1	39	51	1,661	39.9	71.1	17.6	45.0
23.6	5.4	33	35	1,720	39.3	76.1	15.4	47.9
22.4	5.6	31	29	1,845	35.8	79.9	9.5	43.7
24.8	5.8	29	25	2,113	34.4	85.8	5.8	46.1
27.9	4.6	42	37	1,652	40.4	70.2	22.1	45.0
32.0	6.7	53	17	1,171	43.7	83.2	5.8	41.4
40.6	6.7	60	13	852	55.8	91.3	2.1	44.5
40.2	8.1	75	23	904	56.6	88.9	3.8	44.9
45.4	8.0	75	13	691	62.0	92.4	1.3	44.7
45.1	8.2	74	10	684	67.6	93.4	1.3	45.6
28.1	7.8	83	17	1,029	59.2	91.2	1.8	48.9
37.5	8.8	66	13	577	71.7	90.6	1.8	46.1
12.8	3.0	25	245	2,902	12.3	4.5	56.6	51.5

新疆维吾尔自治区

县市名称	人口数	1982年人均工农业总产值（元）	人口密度（人／平方公里）	人口性别比	人口年龄中位数（岁）	0—14岁人口占总人口百分比	65及65岁以上人口占总人口百分比	15—49岁育龄妇女占总人口百分比
乌鲁木齐县	164,406	424	16	104.8	19.0	40.3	2.9	23.7
克拉玛依市	168,868	6,541	22	119.3	22.2	31.8	1.1	26.6
石河子市	549,410	574	1,194	103.8	20.3	36.3	2.7	25.4
吐鲁番县	186,032	580	12	105.0	19.4	39.0	3.4	23.4
鄯善县	135,507	350	3	105.2	19.1	39.8	3.6	22.7
托克逊县	88,144	445	6	104.7	17.7	42.7	3.7	21.7
哈密市	94,878	554	1,790	105.6	22.5	31.5	2.1	27.7
哈密县	167,550	734	2	105.5	18.4	41.2	2.9	23.0
巴里坤哈萨克自治县	98,622	458	3	104.1	17.8	42.3	2.6	22.9
伊吾县	16,527	373	1	109.7	17.6	43.4	2.6	21.9
昌吉县	209,679	570	26	107.2	20.0	37.3	2.7	24.7
米泉县	132,985	987	42	104.7	18.4	41.5	2.6	23.3
呼图壁县	162,071	771	18	104.5	18.4	41.3	2.6	23.3
玛纳斯县	136,834	1,527	13	104.8	18.4	41.8	2.7	23.1
奇台县	198,750	498	11	104.4	18.2	41.6	2.8	23.1
阜康县	108,381	606	13	106.8	19.2	39.9	2.6	23.5
吉木萨尔县	117,588	423	15	104.8	18.1	41.8	3.2	22.6
木垒哈萨克自治县	77,299	322	6	104.5	17.7	43.0	2.8	22.3
伊宁市	225,027	1,253	2,027	104.2	19.6	38.3	3.4	24.1
奎屯市	223,968	217	204	104.8	19.7	36.9	2.5	24.9
伊宁县	288,540	325	58	106.7	17.1	44.8	3.1	20.9
察布查尔锡伯自治县	134,555	476	30	106.2	17.5	43.3	2.7	22.0
霍城县	275,075	537	52	105.9	17.8	42.8	2.8	22.2
巩留县	108,788	413	26	106.6	16.4	46.6	2.7	20.5
新源县	208,243	468	31	108.1	17.4	44.4	2.6	21.3
昭苏县	113,130	451	10	105.8	16.7	45.8	2.3	21.3
特克斯县	93,806	378	12	107.9	17.0	45.6	2.5	20.9
尼勒克县	107,117	366	10	107.5	16.8	45.9	2.5	20.8
塔城县	118,089	459	30	104.4	18.4	41.0	2.5	23.5
额敏县	149,095	476	16	104.9	17.8	42.9	2.4	22.7
乌苏县	139,701	1,693	10	109.1	18.5	42.3	2.6	22.2
沙湾县	146,813	1,809	11	105.0	17.4	44.0	2.6	22.2
托里县	58,636	379	3	106.0	17.1	44.9	2.5	21.3
裕民县	39,594	590	6	109.3	17.4	44.5	1.7	21.9

（续69）

1981年人口出生率（‰）	1981年人口死亡率（‰）	1981年婴儿死亡率（‰）	每万人拥有大学生人数	每万人拥有初中文化程度人数	文盲、半文盲占12及12岁以上人口比重	农林牧渔业人口占在业人口百分比	工业人口占在业人口百分比	在业人口占总人口百分比
24.3	4.6	34	15	1,975	28.2	73.7	17.9	44.9
22.6	3.1	28	94	3,449	8.6	1.1	70.3	54.1
9.2	3.0	21	56	2,780	19.7	75.0	16.7	45.8
31.9	8.7	79	27	1,641	25.0	71.6	11.1	51.1
31.5	8.2	79	18	1,593	26.0	82.3	6.0	52.9
26.6	6.3	57	17	1,692	23.7	79.9	8.9	47.6
12.1	2.1	19	132	2,934	13.5	14.0	30.8	47.9
20.2	4.4	49	21	2,067	25.4	69.8	25.8	44.3
24.8	4.7	43	17	1,735	32.3	83.5	6.4	42.5
28.8	6.1	68	36	1,633	26.9	78.0	3.8	42.5
17.2	3.7	30	70	2,427	23.3	63.3	18.5	46.3
20.7	4.1	27	26	2,103	28.9	74.6	15.3	44.1
18.3	3.6	28	23	2,260	26.4	83.4	7.5	42.2
19.3	4.7	44	24	2,140	27.0	81.3	6.5	42.1
20.2	4.4	40	22	2,158	27.6	79.9	8.2	42.6
20.4	4.3	47	24	2,112	28.3	63.3	26.6	44.8
19.7	3.9	27	12	1,796	33.2	83.8	5.7	41.9
21.6	4.5	48	13	1,880	28.3	80.1	4.6	40.5
25.1	6.3	76	108	2,135	20.2	28.3	37.5	38.6
10.4	3.2	31	41	2,706	20.1	82.3	10.8	45.6
34.9	8.7	91	14	1,341	31.8	84.5	8.2	42.1
27.0	6.3	71	32	2,029	20.7	72.7	15.9	36.2
27.0	5.9	77	17	1,816	32.3	87.7	4.3	41.1
33.9	7.1	82	19	1,591	28.6	81.8	7.0	36.9
32.5	6.5	78	21	1,825	21.8	82.3	8.7	37.2
34.6	7.9	100	25	1,942	19.5	80.9	7.1	35.7
40.8	7.4	73	20	1,467	27.6	80.8	6.7	36.4
36.0	7.1	70	21	1,621	24.3	79.3	6.5	35.1
20.6	5.1	72	65	2,220	20.9	66.9	12.3	41.3
24.0	5.3	62	27	2,103	20.1	73.3	13.9	37.6
28.2	4.5	45	22	2,012	28.1	70.1	13.8	40.9
24.2	4.6	49	15	1,815	30.4	80.8	7.6	41.7
34.1	7.9	76	29	1,778	15.6	67.4	12.1	31.8
29.7	6.5	81	33	2,115	21.6	78.7	4.2	40.0

新疆维吾尔自治区

县市名称	人口数	1982年人均工农业总产值（元）	人口密度（人／平方公里）	人口性别比	人口年龄中位数（岁）	0—14岁人口占总人口百分比	65及65岁以上人口占总人口百分比	15—49岁育龄妇女占总人口百分比
和布克赛尔蒙古自治县	35,384	866	1	108.1	17.4	44.1	2.8	21.0
阿勒泰县	169,163	473	15	105.7	18.0	41.9	2.2	23.2
布尔津县	46,495	396	5	107.0	16.8	46.2	3.0	20.2
富蕴县	74,853	521	2	105.4	17.3	44.0	2.3	22.2
福海县	55,220	518	2	109.8	17.8	43.0	2.1	21.9
哈巴河县	55,867	449	7	105.9	16.1	47.3	2.8	20.2
青河县	38,215	505	3	106.3	15.6	48.5	2.3	19.6
吉木乃县	28,046	475	4	107.9	17.3	44.4	2.6	21.3
博乐县	133,320	495	18	107.0	18.1	42.3	2.1	23.0
精河县	90,689	473	8	107.7	18.2	42.4	2.3	22.5
温泉县	63,008	548	10	107.0	17.3	44.3	2.2	21.8
库尔勒市	121,991	288	144	104.7	21.1	35.3	2.5	26.4
库尔勒县	74,279	2,035	12	106.2	20.4	37.6	4.0	23.5
轮台县	341,96	299	5	108.8	19.4	39.8	5.2	21.3
尉犁县	72,430	777	1	108.5	20.6	36.7	3.7	23.6
若羌县	23,435	847	0.1	112.9	19.7	39.2	3.1	23.0
且末县	37,156	422	0.3	111.0	19.2	41.3	4.3	21.1
焉耆回族自治县	120,031	359	67	108.4	19.7	38.2	3.3	23.5
和静县	145,003	597	4	107.3	18.6	41.2	2.4	23.1
和硕县	50,322	506	4	100.0	18.5	41.6	2.6	24.5
博湖县	41,603	473	12	107.5	17.8	43.5	2.6	21.6
阿克苏县	332,750	762	18	108.6	22.0	35.9	3.4	24.3
温宿县	161,918	401	11	106.1	19.2	40.4	4.7	21.7
库车县	304,633	381	21	106.6	19.4	40.0	4.5	21.9
沙雅县	146,477	344	5	110.3	19.1	41.4	5.0	20.4
新和县	106,593	316	21	105.6	19.3	39.6	5.2	21.7
拜城县	147,381	358	147	105.8	19.7	39.4	4.7	22.2
乌什县	138,771	339	16	106.0	19.8	38.7	4.6	22.7
阿瓦提县	134,094	423	10	107.1	19.2	40.7	4.3	21.5
柯坪县	27,846	175	3	106.1	19.2	41.5	5.7	20.6
阿图什县	132,488	182	9	104.9	18.1	43.4	3.9	20.8
阿克陶县	108,532	279	5	104.0	18.6	43.2	5.3	20.6
阿合奇县	22,456	263	2	101.3	18.1	43.5	3.9	20.8
乌恰县	32,839	370	2	104.2	17.8	44.3	3.2	21.1

（续70）

1981年人口出生率（‰）	1981年人口死亡率（‰）	1981年婴儿死亡率（‰）	每万人拥有大学生人数	每万人拥有初中文化程度人数	文盲、半文盲占12岁及12岁以上人口比重	农林牧渔业人口占在业人口百分比	工业人口占在业人口百分比	在业人口占总人口百分比
31.0	7.9	84	32	1,957	18.0	63.7	11.4	35.8
22.2	4.0	50	54	2,462	15.5	61.0	21.9	40.2
36.9	7.2	75	28	2,026	19.1	69.0	10.9	37.3
30.2	6.0	68	32	2,023	18.7	53.5	33.5	41.5
27.5	4.8	43	29	2,272	19.2	76.0	12.5	40.8
35.5	6.8	58	20	1,891	21.1	76.9	6.7	33.4
41.5	7.4	67	24	1,577	22.5	76.7	7.7	39.6
31.0	6.4	54	32	2,419	16.9	67.2	11.1	37.8
25.1	4.7	61	54	2,013	21.7	72.4	10.7	42.9
31.3	5.8	55	24	2,071	25.2	82.5	6.7	43.2
29.3	6.2	75	25	1,872	40.3	82.0	6.5	42.1
17.4	4.6	51	104	2,514	16.1	18.7	51.7	46.1
23.0	5.9	58	25	2,120	24.7	95.4	1.2	47.5
33.6	9.5	93	20	1,226	37.2	83.2	5.8	48.3
20.9	4.9	49	31	2,149	28.4	87.6	5.1	45.2
28.7	6.3	61	35	2,093	27.7	77.6	6.5	46.0
40.3	10.7	83	23	1,362	44.0	69.8	17.1	48.9
21.9	5.1	61	34	2,105	29.9	64.5	23.0	42.9
24.1	5.5	73	26	2,015	29.3	71.1	20.1	44.1
21.6	3.4	40	35	2.242	23.9	67.2	18.0	42.3
29.9	5.3	51	29	1,746	37.9	85.3	3.7	42.7
22.4	6.2	75	59	2,109	28.5	71.2	15.7	49.4
31.3	10.0	103	22	1,450	36.4	86.2	5.4	45.9
33.7	9.4	104	18	1,112	32.4	79.4	9.6	49.2
42.3	10.9	111	13	1,022	44.5	86.1	5.5	48.2
37.6	11.3	143	13	1,010	40.1	87.9	3.7	51.2
37.6	11.6	116	14	1,059	48.7	85.4	7.0	50.7
34.8	12.9	111	15	1,107	41.6	89.3	3.7	51.5
35.6	10.1	88	18	1,381	36.2	90.0	3.2	49.2
45.7	15.2	131	19	1,509	31.9	84.0	3.0	47.8
39.3	12.6	147	42	1.137	34.4	83.3	2.9	45.6
41.8	10.9	107	18	722	43.4	91.2	1.7	50.5
46.5	15.7	217	46	1,178	32.2	79.4	3.1	41.1
45.4	11.2	154	35	1,389	32.4	63.2	18.3	41.8

新疆维吾尔自治区

县市名称	人口数	1982年人均工农业总产值（元）	人口密度（人／平方公里）	人口性别比	人口年龄中位数（岁）	0—14岁人口占总人口百分比	65及65岁以上人口占总人口百分比	15—49岁育龄妇女占总人口百分比
喀什市	274,128	360	2,741	105.2	20.6	37.5	4.0	23.7
疏附县	173,150	411	48	107.2	19.6	40.0	5.5	21.4
疏勒县	209,915	252	95	104.5	22.0	38.7	6.2	22.0
英吉沙县	153,587	259	45	105.0	20.7	38.9	5.8	21.9
泽普县	117,197	403	117	108.1	23.1	36.2	4.5	23.2
莎车县	450,857	379	55	104.7	22.9	36.2	5.5	23.1
叶城县	262,818	328	9	106.1	21.0	38.1	4.6	22.5
麦盖提县	145,559	513	17	105.7	20.8	39.1	4.8	22.4
岳普湖县	94,150	358	31	106.6	22.7	37.7	6.7	21.8
伽师县	218,442	207	31	106.4	21.2	40.0	6.2	20.9
巴楚县	256,936	328	11	108.7	19.4	41.4	5.2	21.0
塔什库尔干塔吉克自治县	20,153	167	0.4	106.6	18.5	43.6	5.5	20.6
和田县	283,381	379	7	105.5	20.6	39.3	6.3	22.3
墨玉县	279,133	414	11	104.6	20.1	40.6	6.0	21.9
皮山县	159,647	263	4	105.1	19.7	39.4	5.0	21.9
洛浦县	169,023	338	12	105.0	20.4	40.2	7.6	20.9
策勒县	99,728	299	3	104.3	19.5	40.8	6.2	20.6
于田县	146,701	283	4	107.6	19.6	41.5	5.5	20.8
民丰县	24,051	291	0.5	105.9	17.6	44.2	4.2	20.7

（续71完）

1981年人口出生率（‰）	1981年人口死亡率（‰）	1981年婴儿死亡率（‰）	每万人拥有大学生人数	每万人拥有初中文化程度人数	文盲、半文盲占12及12岁以上人口比重	农林牧渔业人口占在业人口百分比	工业人口占在业人口百分比	在业人口占总人口百分比
31.5	11.7	144	85	1,598	35.0	59.3	18.6	47.5
41.6	15.9	179	15	966	46.3	92.2	2.3	53.1
36.4	13.9	150	15	1,026	40.6	91.6	2.5	53.1
47.1	20.1	214	12	852	41.6	90.3	2.9	50.7
42.3	14.6	136	24	1,388	39.3	79.2	9.3	53.2
43.2	21.4	228	13	926	47.9	89.0	4.8	55.5
46.4	16.5	166	12	1,218	41.4	83.9	6.8	53.0
37.6	10.1	129	20	1,250	43.2	86.8	4.8	48.9
41.6	17.0	198	16	1,009	41.9	92.0	1.3	54.2
42.6	17.9	205	10	670	51.4	94.1	1.1	53.3
39.5	12.1	142	21	989	46.7	87.7	4.9	46.3
46.4	9.2	87	33	1,093	44.0	77.8	1.3	45.8
36.7	11.6	107	39	926	43.5	81.1	8.3	54.2
40.9	13.4	130	8	522	55.0	95.0	0.9	56.0
42.3	15.9	169	13	867	42.3	90.9	3.0	54.0
38.7	13.5	125	9	850	44.8	90.9	3.6	54.9
42.8	12.1	108	16	1,147	41.4	88.8	4.1	50.5
41.3	12.7	119	11	792	47.0	91.7	2.5	53.7
41.1	9.4	107	30	1,312	38.8	77.9	6.4	46.2

五、第三次全国人口普查1%户抽样资料部份数据

（电子计算机汇总）

1. 省、直辖市、自治区各种文化

地区	总人口数(人)	大学毕业			大学肄业或在校		
		小计	男	女	小计	男	女
总计	10,039,178	4.5	3.3	1.2	1.6	1.2	0.4
北京	92,245	36.1	23.3	12.8	12.5	8.2	4.3
天津	78,244	15.4	10.1	5.3	6.8	4.5	2.3
河北	529,520	3.5	2.4	1.1	1.0	0.7	0.3
山西	252,932	4.3	3.3	1.0	1.6	1.2	0.4
内蒙	192,395	4.2	3.1	1.1	1.3	0.9	0.4
辽宁	356,214	7.4	5.5	1.9	2.9	2.0	0.8
吉林	226,048	6.2	4.5	1.7	2.4	1.7	0.8
黑龙江	325,286	5.2	3.9	1.3	1.7	1.2	0.5
上海	118,417	24.4	17.1	7.3	10.6	7.6	3.0
江苏	604,724	4.7	3.6	1.2	1.7	1.4	0.3
浙江	389,636	3.4	2.5	0.8	1.5	1.2	0.3
安徽	495,613	3.0	2.3	0.7	1.1	0.9	0.2
福建	258,075	4.6	3.7	0.8	1.3	1.0	0.3
江西	332,854	3.5	2.8	0.7	1.3	1.1	0.3
山东	744,992	2.6	2.0	0.6	1.0	0.8	0.2
河南	748,783	2.5	1.9	0.6	0.8	0.7	0.2
湖北	477,868	4.4	3.3	1.1	1.9	1.5	0.4
湖南	540,672	3.3	2.6	0.8	1.2	1.0	0.2
广东	593,703	3.6	2.9	0.8	1.2	1.0	0.3
广西	364,378	4.6	2.9	1.6	1.0	0.7	0.3
四川	996,382	3.2	2.3	0.8	1.2	0.9	0.3
贵州	284,888	3.0	2.1	0.8	0.8	0.6	0.2
云南	325,180	2.6	1.9	0.7	0.9	0.6	0.2
西藏	18,775	4.4	3.5	0.9	0.4	0.2	0.2
陕西	288,420	6.2	4.8	1.4	2.4	1.8	0.5
甘肃	195,616	4.5	3.3	1.2	1.1	0.8	0.3
青海	38,903	6.6	5.1	1.5	1.5	1.0	0.5
宁夏	38,852	5.0	3.8	1.3	1.5	1.1	0.4
新疆	129,563	5.0	3.7	1.4	1.7	1.2	0.5

程度人口占总人口数的比例（‰）

高	中		初	中		小	学	
小　计	男	女	小　计	男	女	小　计	男	女
66.3	40.9	25.5	177.5	111.6	65.8	353.8	203.7	150.0
176.3	86.0	90.3	290.2	162.3	128.0	262.4	144.1	118.3
135.7	70.2	65.5	285.2	165.2	120.0	304.2	165.6	138.6
75.4	45.7	29.7	192.5	119.0	73.5	363.3	205.8	157.5
73.9	43.8	30.1	220.6	132.7	87.9	386.8	209.5	177.4
76.1	45.4	30.7	192.0	118.6	73.4	328.5	184.5	143.9
93.8	53.6	40.3	276.3	154.0	122.3	356.2	186.9	169.2
109.0	60.3	48.7	208.2	121.7	86.5	359.9	188.9	171.0
93.8	52.6	41.2	222.1	129.8	92.3	355.4	189.7	165.7
204.1	107.5	96.7	280.3	158.7	121.6	251.0	132.4	118.6
69.0	44.6	24.4	200.6	127.7	72.9	326.3	192.3	134.1
52.1	32.2	19.9	178.1	111.6	66.4	392.4	229.4	163.0
40.3	27.9	12.4	142.5	99.9	42.6	297.0	190.1	106.9
56.7	39.1	17.6	126.9	89.6	37.2	363.1	225.9	137.2
54.9	37.6	17.3	132.8	90.6	42.2	385.5	225.3	160.2
58.9	39.2	19.8	176.9	115.1	61.7	337.4	195.8	141.6
63.6	40.5	23.2	190.7	122.1	68.6	311.8	177.3	134.4
75.1	47.4	27.8	186.3	121.4	64.8	357.0	200.6	156.3
65.2	40.9	24.3	172.7	107.6	65.2	430.5	240.7	189.7
79.1	53.1	26.0	168.6	108.2	60.4	408.3	225.1	183.2
65.3	41.4	23.9	156.5	99.0	57.5	386.8	220.4	166.4
39.4	23.3	16.1	154.7	96.7	58.0	414.9	242.3	172.6
29.6	19.0	10.6	113.4	80.5	32.9	287.3	192.8	91.6
27.8	17.4	10.4	101.7	67.3	34.4	293.4	185.5	107.9
12.6	6.6	6.1	35.0	23.8	11.2	161.2	112.1	49.1
78.7	47.8	30.9	195.3	121.8	73.5	326.5	184.0	142.5
63.4	41.8	21.7	121.9	82.1	39.8	276.0	179.0	97.0
51.6	29.7	21.9	138.5	88.0	50.5	259.2	169.4	89.8
50.0	31.8	18.1	156.1	98.1	58.0	254.2	156.3	97.9
66.1	36.1	30.0	175.0	98.6	76.4	337.3	181.9	155.4

2．省、直辖市、自治区的市（不含市辖县）

地区	市总人口数(人)	大学毕业			大学肄业或在校		
		小计	男	女	小计	男	女
总计	1,435,386	20.2	14.3	5.9	9.3	6.8	2.5
北京	55,816	55.9	36.0	20.0	20.2	13.2	7.0
天津	51,364	22.3	14.5	7.7	10.3	6.8	3.5
河北	59,226	19.0	12.8	6.2	7.4	5.3	2.2
山西	42,282	15.0	10.8	4.3	7.3	5.4	1.8
内蒙	31,518	16.1	11.2	4.9	7.4	5.0	2.4
辽宁	118,753	17.1	12.5	4.6	8.1	5.7	2.4
吉林	55,545	17.4	12.2	5.2	9.1	6.1	3.0
黑龙江	84,985	14.0	10.2	3.7	5.2	3.6	1.6
上海	63,278	40.0	27.9	12.1	15.2	10.9	4.3
江苏	67,121	27.3	19.6	7.7	13.3	10.6	2.7
浙江	68,405	10.2	7.1	3.1	6.2	4.8	1.4
安徽	48,630	17.9	13.1	4.8	9.5	7.7	1.8
福建	32,960	19.5	15.2	4.3	8.6	6.7	1.9
江西	40,831	15.4	11.7	3.7	9.3	7.3	2.0
山东	87,194	10.9	7.9	3.0	5.8	4.6	1.3
河南	71,854	15.8	11.6	4.1	7.0	5.3	1.7
湖北	54,454	25.2	17.9	7.2	14.2	10.7	3.5
湖南	50,635	19.9	14.8	5.1	11.0	8.6	2.4
广东	69,836	18.7	13.9	4.8	8.1	6.2	1.9
广西	24,708	20.1	14.0	6.0	9.5	6.6	2.9
四川	98,708	17.3	12.3	5.0	8.9	6.5	2.4
贵州	40,144	12.0	8.2	3.8	4.8	3.6	1.1
云南	24,337	20.0	14.3	5.7	8.6	6.1	2.5
西藏	1,103	29.9	23.6	6.3	4.5	2.7	1.8
陕西	40,438	25.8	19.0	6.8	13.9	10.5	3.4
甘肃	19,348	26.0	17.9	8.1	8.7	6.7	2.0
青海	5,949	24.0	17.5	6.6	8.1	5.2	2.9
宁夏	6,490	16.3	11.9	4.5	1.2	0.8	0.5
新疆	19,474	19.1	13.4	5.8	8.5	5.8	2.7

各种文化程度人口占总人口数的比例（‰）

高中			初中			小学		
小计	男	女	小计	男	女	小计	男	女
153.2	80.9	72.2	276.1	156.9	119.2	296.8	164.4	132.4
230.8	112.8	118.0	295.8	165.3	130.5	225.2	121.6	103.5
170.8	85.6	85.1	324.5	185.3	139.2	262.3	141.6	120.7
144.6	77.1	67.6	309.3	180.6	128.7	303.3	177.4	125.9
137.1	70.3	66.8	289.4	167.2	122.2	322.4	186.8	135.5
149.5	77.6	71.9	296.2	165.6	130.6	292.2	158.2	134.0
132.5	70.2	62.3	385.0	204.2	180.8	262.0	138.6	123.4
189.0	97.6	91.3	269.2	147.8	121.4	277.2	145.4	131.7
141.0	70.5	70.5	316.1	172.5	143.7	287.5	152.8	134.7
286.6	150.2	136.4	303.3	171.7	131.6	188.5	93.8	94.7
173.3	95.9	77.4	300.0	169.9	130.1	259.0	142.8	116.1
79.8	46.3	33.5	224.2	134.2	90.0	357.4	205.8	151.6
129.2	73.6	55.7	249.9	148.8	101.1	294.7	170.1	124.6
131.4	78.3	53.1	204.4	125.5	78.9	342.1	190.2	151.9
119.5	67.6	51.8	218.8	124.9	93.8	364.6	200.4	164.1
117.0	67.2	49.8	245.0	144.4	100.6	322.5	180.7	141.8
155.6	81.5	74.1	280.9	162.1	118.8	294.2	165.0	129.2
200.8	103.6	97.2	281.4	163.6	117.7	261.9	145.4	116.6
155.0	83.4	71.6	253.5	145.8	107.7	350.9	192.9	158.1
180.5	98.9	81.6	224.5	133.2	91.3	345.5	180.7	164.7
165.0	87.7	77.3	250.8	143.9	106.9	310.7	170.5	140.2
126.1	63.1	63.0	247.6	138.8	108.9	347.3	197.6	149.7
69.5	36.7	32.7	175.9	108.0	68.0	271.3	171.7	99.6
103.5	54.4	49.1	217.4	122.3	95.1	339.1	198.1	141.0
80.7	36.3	44.4	188.6	110.6	78.0	356.3	204.9	151.4
188.3	99.4	89.0	272.8	155.3	117.5	279.6	155.4	124.2
184.3	96.1	88.2	247.1	144.2	102.9	306.2	180.5	125.6
130.4	62.5	67.9	292.1	161.4	130.8	310.3	170.3	140.0
108.8	55.8	53.0	301.2	164.3	137.0	288.6	157.9	130.7
144.6	70.7	73.8	263.9	146.6	117.3	317.2	170.7	146.6

3. 省、直辖市、自治区的镇各种文化

地区	镇总人口数(人)	大学毕业			大学肄业或在校		
		小计	男	女	小计	男	女
总计	632,607	14.1	11.0	3.0	2.4	1.9	0.5
北京	3,702	27.3	20.3	7.0	2.4	1.9	0.5
天津	1,911	18.3	12.0	6.3	0.0	0.0	0.0
河北	12,130	16.7	11.6	5.0	1.1	0.7	0.3
山西	15,565	19.6	16.6	3.0	2.7	2.4	0.3
内蒙	24,210	9.0	7.3	1.7	0.5	0.4	0.1
辽宁	32,614	12.9	10.2	2.8	0.9	0.8	0.1
吉林	34,116	9.9	7.3	2.6	0.6	0.5	0.1
黑龙江	44,222	7.5	6.0	1.5	1.4	1.0	0.4
上海	6,542	32.9	23.1	9.8	33.5	24.6	8.9
江苏	28,160	18.9	15.4	3.4	2.6	2.0	0.5
浙江	31,343	13.4	10.6	2.8	3.1	2.6	0.5
安徽	23,000	15.8	13.0	2.8	1.9	1.4	0.5
福建	21,501	14.4	12.0	2.4	0.8	0.7	0.1
江西	22,714	12.6	10.6	2.0	1.2	1.0	0.2
山东	56,917	8.5	6.6	1.9	2.7	2.1	0.5
河南	35,685	9.7	7.7	2.1	1.5	1.3	0.3
湖北	28,093	15.4	11.9	3.5	3.4	2.9	0.5
湖南	30,362	14.8	11.9	2.9	1.8	1.6	0.2
广东	39,935	10.9	9.2	1.7	1.4	1.2	0.2
广西	18,269	18.8	14.0	4.9	3.6	2.1	1.5
四川	45,149	20.9	15.6	5.2	3.2	2.5	0.7
贵州	15,161	17.9	13.7	4.2	2.0	1.6	0.5
云南	17,962	12.5	9.6	2.8	3.0	2.5	0.5
西藏	743	29.6	26.9	2.7	1.3	0.0	1.3
陕西	14,201	25.6	20.0	5.6	4.7	4.0	0.7
甘肃	10,602	18.8	14.3	4.4	2.9	2.0	0.9
青海	3,148	21.3	18.1	3.2	0.6	0.6	0.0
宁夏	2,334	25.7	19.3	6.4	21.9	15.9	6.0
新疆	12,316	14.0	10.4	3.7	1.1	0.8	0.3

程度人口占总人口数的比例（‰）

高中			初中			小学		
小计	男	女	小计	男	女	小计	男	女
148.6	84.0	64.6	261.4	155.4	106.0	321.1	184.7	136.4
201.8	101.3	100.5	353.9	218.5	135.3	236.6	141.8	94.8
160.1	84.8	75.4	305.6	196.2	109.4	296.2	178.4	117.7
144.4	77.7	66.6	259.6	159.3	100.3	338.3	199.3	139.0
152.8	91.2	61.6	334.9	221.1	113.8	310.7	199.7	111.0
143.9	76.9	67.0	297.1	165.7	131.4	294.4	158.9	135.5
201.7	109.3	92.4	309.8	175.3	134.5	276.0	154.0	122.0
209.8	111.3	98.4	272.2	153.2	119.0	267.4	139.6	127.8
157.7	81.9	75.8	268.4	149.5	118.9	299.8	156.5	143.3
250.1	135.3	114.8	278.8	170.0	108.8	238.9	138.0	100.9
146.0	83.7	62.3	269.7	160.7	109.0	303.9	175.4	128.5
121.8	68.3	53.5	262.8	154.6	108.1	347.8	200.2	147.6
136.8	80.9	55.9	271.6	163.2	108.3	305.5	177.8	127.7
137.9	83.8	54.1	221.7	138.1	83.6	344.0	200.0	144.0
145.3	86.1	59.2	232.7	142.9	89.8	349.7	201.5	148.2
96.2	57.6	38.6	216.2	133.6	82.6	343.6	199.0	144.6
121.3	69.1	52.2	262.9	159.0	103.9	311.0	177.2	133.8
152.1	86.6	65.6	265.4	159.3	106.0	317.6	180.6	137.0
156.4	89.1	67.3	258.7	155.0	103.7	355.6	216.9	138.6
143.0	88.2	54.7	224.0	137.1	86.9	354.9	202.4	152.5
166.4	93.9	72.5	240.3	147.9	92.4	338.8	193.5	145.3
152.1	85.9	66.1	287.2	168.4	118.8	343.2	213.8	129.4
135.2	76.0	59.2	260.7	146.8	113.8	338.8	190.8	148.0
114.5	68.1	46.4	220.7	133.6	87.1	362.8	213.3	149.5
63.3	31.0	32.3	169.6	106.3	63.3	355.3	230.1	125.2
182.2	108.1	74.1	288.6	178.4	110.2	291.8	174.5	117.3
177.1	100.5	76.6	243.4	150.1	93.3	302.9	184.9	118.0
161.7	93.1	68.6	288.1	173.8	114.4	305.0	182.7	122.3
135.4	76.7	58.7	296.5	179.9	116.5	260.5	140.1	120.4
143.3	75.6	67.7	251.9	138.8	113.0	306.3	163.8	142.6

4. 省、直辖市、自治区的县（不含镇）

地区	县总人口数(人)	大学毕业			大学肄业或在校		
		小计	男	女	小计	男	女
总计	7,971,185	0.9	0.7	0.2	0.2	0.1	0.0
北京	32,727	3.2	2.1	1.2	0.5	0.3	0.2
天津	24,969	1.0	0.8	0.2	0.1	0.1	0.0
河北	458,164	1.1	0.9	0.3	0.1	0.1	0.0
山西	195,085	0.8	0.7	0.1	0.3	0.2	0.1
内蒙	136,667	0.6	0.5	0.1	0.0	0.0	0.0
辽宁	204,847	0.9	0.8	0.2	0.2	0.1	0.0
吉林	136,387	0.8	0.7	0.1	0.2	0.1	0.0
黑龙江	196,079	0.8	0.6	0.1	0.2	0.2	0.0
上海	48,597	3.0	2.3	0.6	1.6	1.1	0.5
江苏	509,443	1.0	0.8	0.2	0.2	0.1	0.0
浙江	289,888	0.7	0.6	0.1	0.2	0.2	0.0
安徽	423,983	0.6	0.5	0.1	0.1	0.1	0.0
福建	203,614	1.1	1.0	0.1	0.2	0.1	0.0
江西	269,309	1.0	0.8	0.1	0.1	0.1	0.0
山东	600,881	0.8	0.7	0.1	0.1	0.1	0.0
河南	641,244	0.6	0.5	0.1	0.1	0.1	0.0
湖北	395,321	0.8	0.7	0.1	0.1	0.1	0.0
湖南	459,675	0.8	0.6	0.2	0.1	0.1	0.0
广东	483,932	0.9	0.7	0.1	0.2	0.2	0.0
广西	321,401	2.6	1.5	1.1	0.2	0.1	0.0
四川	852,525	0.6	0.5	0.1	0.2	0.1	0.0
贵州	229,583	0.4	0.3	0.1	0.1	0.1	0.0
云南	282,881	0.5	0.3	0.1	0.0	0.0	0.0
西藏	16,929	1.7	1.2	0.5	0.1	0.1	0.0
陕西	233,781	1.6	1.4	0.3	0.2	0.2	0.0
甘肃	165,666	1.0	0.9	0.1	0.1	0.1	0.0
青海	29,806	1.5	1.2	0.3	0.3	0.2	0.1
宁夏	30,028	1.0	0.8	0.2	0.0	0.0	0.0
新疆	97,773	1.1	0.9	0.2	0.4	0.4	0.0

各种文化程度人口占总人口数的比例（‰）

高中			初中			小学		
小计	男	女	小计	男	女	小计	男	女
44.2	30.2	13.9	153.0	100.0	53.0	366.6	212.3	154.3
80.5	38.5	42.0	273.5	150.7	122.8	328.9	182.6	146.3
61.7	37.2	24.4	202.7	121.5	81.2	391.1	213.9	177.2
64.6	40.8	23.9	175.6	110.0	65.7	371.8	209.7	162.1
53.9	34.2	19.7	196.6	118.1	78.5	406.9	215.1	191.7
47.1	32.4	14.7	149.4	99.4	50.0	342.9	195.1	147.7
54.2	35.0	19.2	208.0	121.6	86.4	423.6	220.2	203.3
51.2	32.3	18.9	167.4	103.2	64.2	416.7	218.9	197.8
59.0	38.3	20.7	170.9	106.9	64.0	397.4	213.2	184.2
90.6	48.1	42.5	250.5	140.2	110.3	334.1	181.9	152.2
51.0	35.7	15.3	183.7	120.3	63.3	336.4	199.7	136.7
38.0	25.0	13.0	158.0	101.7	56.4	405.5	238.1	167.4
24.9	19.8	5.0	123.2	90.9	32.4	296.8	193.1	103.7
36.0	28.0	8.0	104.3	78.7	25.6	368.5	234.4	134.2
37.5	29.0	8.6	111.3	81.0	30.3	391.7	231.0	160.7
47.0	33.4	13.7	163.3	109.1	54.1	339.0	197.7	141.3
50.1	34.3	15.8	176.6	115.6	61.0	313.8	178.7	135.1
52.3	36.8	15.5	167.5	112.9	54.6	372.9	209.7	163.2
49.3	33.1	16.2	158.2	100.2	58.0	444.2	247.6	196.6
59.2	43.6	15.6	155.9	102.2	53.7	421.8	233.4	188.4
51.9	34.9	17.0	144.5	92.7	51.7	395.4	225.8	169.6
23.4	15.4	8.0	136.9	88.0	48.9	426.5	249.0	177.5
15.6	12.1	3.5	92.7	71.4	21.4	286.7	196.6	90.2
15.8	11.0	4.8	84.1	58.3	25.8	285.1	182.7	102.4
6.0	3.5	2.4	19.1	14.5	4.6	140.0	100.9	39.1
53.4	35.2	18.2	176.2	112.6	63.7	336.7	189.5	147.3
42.1	31.7	10.4	99.5	70.5	29.0	270.7	178.4	92.3
24.2	16.4	7.8	92.1	64.3	27.7	244.2	167.8	76.4
30.6	23.2	7.5	113.8	77.4	36.4	246.3	157.3	89.1
40.7	24.2	16.5	147.6	84.0	63.6	345.1	186.4	158.8

5，全国各种文化程度人口

年　　龄	同年龄总人口数(人)	大学毕业			大学肄业或在校		
		小计	男	女	小计	男	女
总　　计	**8,896,820**	**5.1**	**3.7**	**1.3**	**1.8**	**1.4**	**0.5**
6—9	**913,667**	**0.0**	**0.0**	**0.0**	**0.0**	**0.0**	**0.0**
6	204,830	0.0	0.0	0.0	0.0	0.0	0.0
7	218,277	0.0	0.0	0.0	0.0	0.0	0.0
8	239,922	0.0	0.0	0.0	0.0	0.0	0.0
9	250,638	0.0	0.0	0.0	0.0	0.0	0.0
10—14	**1,316,096**	**0.0**	**0.0**	**0.0**	**0.0**	**0.0**	**0.0**
10	251,164	0.0	0.0	0.0	0.0	0.0	0.0
11	272,667	0.0	0.0	0.0	0.0	0.0	0.0
12	264,813	0.0	0 0	0.0	0.0	0.0	0.0
13	282,509	0.0	0.0	0.0	0.0	0.0	0.0
14	244,943	0.0	0.0	0.0	0.0	0.0	0.0
15—19	**1,254,113**	**0.1**	**0.1**	**0.0**	**4.7**	**3.5**	**1.2**
15	227,269	0.0	0.0	0.0	0.0	0.0	0.0
16	256,824	0.0	0.0	0.0	0.5	0.4	0.1
17	244,350	0.0	0.0	0.0	3.1	2.4	0.7
18	251,153	0.1	0.1	0.0	8.4	6.2	2.2
19	274,517	0.5	0.3	0.2	10.5	7.7	2.8
20—24	**744,786**	**2.4**	**1.7**	**0.7**	**6.5**	**4.6**	**1.9**
20	156,417	1.4	1.2	0.3	10.1	7.2	3.0
21	106,766	2.2	1.6	0.6	10.5	7.4	3.1
22	143,581	2.4	1.5	0.8	6.4	4.6	1.8
23	142,913	2.6	1.9	0.6	3.9	2.7	1.2
24	195,109	3.3	2.3	1.0	3.2	2.4	0.8
25—29	**926,699**	**6.2**	**4.0**	**2.2**	**1.9**	**1.5**	**0.5**
25	188,778	4.5	3.2	1.4	3.2	2.3	0.9
26	179,368	6.0	3.9	2.2	2.5	1.9	0.6
27	196,816	6.7	4.1	2.5	1.8	1.4	0.4
28	186,744	7.1	4.5	2.6	1.2	0.9	0.2
29	174,993	6.9	4.3	2.5	0.8	0.7	0.2
30—34	**729,360**	**7.0**	**4.9**	**2.1**	**0.9**	**0.8**	**0.2**
30	173,150	6.8	4.6	2.3	0.6	0.4	0.1
31	146,233	7.0	4.7	2.4	0.5	0.4	0.1
32	153,533	7.3	5.1	2.2	1.0	0.8	0.2
33	131,391	7.1	5.1	2.0	1.2	1.0	0.2
34	125,053	6.5	5.0	1.6	1.5	1.3	0.2

占同年龄人口数的比例（‰）

高中			初中			小学		
小计	男	女	小计	男	女	小计	男	女
74.8	46.1	28.7	200.2	126.0	74.3	399.2	229.9	169.3
0.0	0.0	0.0	0.0	0.0	0.0	558.7	304.9	253.8
0.0	0.0	0.0	0.0	0.0	0.0	153.0	83.1	69.9
0.0	0.0	0.0	0.0	0.0	0.0	437.7	240.9	196.8
0.0	0.0	0.0	0.0	0.0	0.0	720.8	394.7	326.1
0.0	0.0	0.0	0.0	0.0	0.0	840.4	455.9	384.5
0.8	0.5	0.3	146.8	82.9	63.9	750.3	401.2	349.1
0.0	0.0	0.0	0.0	0.0	0.0	882.9	475.5	407.5
0.0	0.0	0.0	7.6	4.4	3.2	892.6	480.7	411.8
0.0	0.0	0.0	78.9	43.2	35.7	824.0	443.5	380.5
0.7	0.4	0.3	257.3	143.3	113.9	644.2	343.9	300.3
3.7	2.2	1.5	398.1	228.4	169.7	498.8	256.8	242.0
152.4	87.8	64.6	466.8	264.3	202.5	282.1	131.7	150.4
27.1	16.0	11.1	472.9	274.8	198.1	398.8	197.7	201.1
86.3	51.3	35.0	492.5	286.3	206.2	324.7	153.7	170.9
154.6	91.5	63.1	481.3	271.0	210.3	271.6	124.9	146.7
215.6	123.2	92.4	459.0	253.9	205.0	228.2	102.3	125.8
258.2	145.8	112.5	432.0	238.7	193.4	204.3	89.2	115.1
282.7	162.4	120.2	334.7	203.4	131.2	230.3	108.5	121.8
285.1	160.6	124.5	383.0	218.8	164.2	201.3	86.5	114.8
332.3	181.4	151.0	337.2	196.2	141.0	200.4	89.3	111.1
315.7	179.8	135.9	322.3	194.9	127.5	222.6	105.7	116.9
274.6	162.1	112.4	315.2	196.1	119.1	247.2	118.4	128.8
235.2	140.9	94.3	317.8	206.7	111.1	263.2	131.3	131.9
133.5	85.8	47.7	299.6	197.1	102.5	334.9	178.4	156.4
200.5	123.6	77.0	315.4	206.5	108.8	281.1	141.0	140.1
166.0	104.0	62.0	313.2	206.7	106.6	306.0	157.0	149.0
128.1	84.2	44.0	304.4	200.9	103.5	336.4	178.2	158.1
97.8	66.0	31.9	290.5	190.4	100.1	364.9	200.1	164.8
72.2	49.4	22.7	272.7	180.0	92.7	388.6	218.0	170.7
54.2	36.8	17.4	231.7	156.2	75.5	443.6	253.8	189.7
52.9	36.8	16.1	261.1	173.8	87.3	404.9	229.8	175.1
46.3	32.6	13.8	258.9	173.5	85.3	421.0	237.5	183.5
48.6	33.5	15.1	237.3	159.9	77.4	448.0	255.9	192.1
61.5	40.3	21.3	198.2	135.8	62.5	472.5	272.5	200.0
64.5	42.2	22.2	187.8	128.3	59.5	487.7	284.1	203.6

年　　龄	同年龄总人口数(人)	大学毕业			大学肄业或在校		
		小计	男	女	小计	男	女
35—39	540,749	13.4	9.6	3.8	1.0	0.7	0.2
35	123,303	9.4	6.8	2.6	1.2	1.0	0.3
36	112,894	14.8	10.4	4.4	0.8	0.6	0.2
37	105,001	14.7	10.5	4.2	0.7	0.5	0.2
38	102,692	14.1	10.2	3.9	0.8	0.5	0.3
39	96,859	14.4	10.5	3.9	1.2	0.9	0.3
40—44	482,872	20.2	15.0	5.2	1.8	1.4	0.4
40	99,963	16.1	11.3	4.8	1.3	0.9	0.4
41	99,647	18.5	13.5	5.0	1.8	1.5	0.3
42	93,244	21.6	16.1	5.6	2.1	1.7	0.4
43	93,977	22.7	17.1	5.6	2.2	1.6	0.5
44	96,041	22.4	17.5	4.9	1.8	1.5	0.3
45—49	474,901	14.8	11.6	3.1	1.3	1.1	0.2
45	96,189	19.6	15.4	4.2	1.7	1.5	0.2
46	97,261	17.3	13.6	3.6	1.3	1.1	0.2
47	92,967	14.7	11.5	3.2	1.3	1.1	0.3
48	94,559	11.6	9.1	2.5	1.0	0.8	0.1
49	93,925	10.6	8.4	2.1	1.0	0.8	0.2
50—54	407,075	8.6	6.9	1.7	1.1	0.9	0.2
50	85,573	10.1	8.1	2.0	1.0	0.8	0.2
51	81,341	9.3	7.4	1.9	0.9	0.8	0.2
52	83,846	8.4	6.7	1.6	1.2	1.0	0.2
53	77,507	7.8	6.3	1.4	1.1	0.9	0.2
54	78,808	7.4	6.0	1.4	1.1	0.9	0.2
55—59	339,233	5.5	4.6	0.9	0.7	0.6	0.1
55	71,011	6.0	4.8	1.2	0.8	0.6	0.2
56	69,010	6.4	5.3	1.1	0.7	0.6	0.1
57	70,576	5.1	4.5	0.6	0.8	0.7	0.1
58	68,023	5.1	4.3	0.8	0.6	0.5	0.1
59	60,613	4.8	3.9	1.0	0.7	0.6	0.1
60—64	274,159	3.9	3.3	0.6	0.5	0.5	0.1
60	61,597	4.8	4.1	0.7	0.7	0.6	0.1
61	57,897	3.9	3.1	0.7	0.7	0.6	0.1
62	56,619	3.9	3.2	0.7	0.5	0.4	0.1
63	49,977	3.0	2.4	0.6	0.5	0.4	0.1
64	48,069	3.6	3.2	0.4	0.3	0.3	0.0
65以上	493,110	3.7	2.6	1.1	0.4	0.2	0.1

（续完）

高中			初中			小学		
小计	男	女	小计	男	女	小计	男	女
58.3	38.1	20.2	215.8	147.5	68.2	431.6	256.2	175.3
58.8	38.0	20.8	199.6	135.0	64.5	478.7	278.4	200.2
51.2	33.5	17.8	221.1	151.0	70.0	451.1	260.3	190.9
53.6	35.1	18.6	231.9	157.5	74.4	422.3	249.9	172.4
59.2	38.1	21.1	222.1	153.8	68.2	402.9	245.0	158.0
70.0	47.0	23.0	206.1	141.8	64.3	389.2	242.1	147.2
60.8	42.5	18.3	145.7	103.2	42.5	384.5	250.9	133.6
67.5	45.5	21.9	181.1	125.5	55.6	383.7	241.7	142.0
65.9	45.4	20.5	162.9	114.0	48.9	387.5	249.3	138.2
62.8	43.6	19.3	143.6	101.0	42.6	388.4	253.2	135.2
55.5	39.6	15.9	124.8	89.8	35.0	388.5	256.2	132.4
51.6	37.9	13.7	113.4	84.1	29.3	374.4	254.6	119.8
35.6	27.1	8.4	95.0	76.3	18.7	332.1	242.6	89.5
45.8	34.3	11.5	105.5	80.6	24.9	363.6	253.7	109.9
39.9	29.8	10.0	97.5	76.7	20.8	350.8	249.9	100.8
34.9	26.9	8.0	93.8	75.1	18.8	329.9	239.0	90.9
29.8	23.3	6.5	90.9	75.4	15.6	314.4	237.0	77.3
27.0	21.1	6.0	86.7	73.4	13.2	300.5	233.0	67.5
23.8	19.4	4.4	77.8	67.6	10.2	272.3	218.7	53.6
25.3	20.5	4.8	83.0	71.1	11.8	283.3	222.6	60.7
25.4	20.5	4.9	82.0	71.1	10.9	280.8	224.4	56.4
24.2	19.8	4.4	79.7	69.1	10.5	270.8	218.4	52.4
22.4	18.4	3.9	73.3	64.1	9.2	265.0	213.8	51.2
21.5	17.7	3.8	70.3	61.8	8.5	260.2	213.5	46.7
17.2	14.2	3.0	58.2	51.6	6.6	238.8	199.8	39.0
18.7	15.4	3.3	66.2	58.3	7.9	256.0	210.1	45.9
18.7	15.3	3.4	60.9	53.8	7.1	245.6	203.3	42.3
16.6	13.7	2.9	57.7	51.2	6.5	238.6	200.2	38.4
16.4	13.4	3.0	54.4	48.6	5.8	225.5	191.4	34.1
15.1	12.8	2.3	50.6	45.3	5.4	226.1	192.6	33.5
11.8	9.6	2.2	42.3	37.7	4.6	201.8	174.5	27.2
14.2	11.3	2.8	50.0	44.5	5.4	213.7	182.2	31.5
12.5	10.3	2.1	44.8	32.9	4.9	210.1	180.9	29.1
11.7	9.7	2.0	40.9	36.6	4.2	198.9	173.1	25.9
9.8	8.1	1.7	37.9	33.9	4.0	192.8	167.9	25.0
9.9	7.9	2.0	35.7	31.7	4.0	189.0	165.6	23.4
6.7	5.6	1.0	24.1	22.0	2.0	143.0	127.2	15.8

6．全国市（不含市辖县）各种文化

年龄	同年龄总人口数(人)	大学毕业 小计	男	女	大学肄业或在校 小计	男	女
总计	**1,307,807**	**22.2**	**15.7**	**6.5**	**10.2**	**7.5**	**2.7**
6—9	**94,166**	**0.0**	**0.0**	**0.0**	**0.0**	**0.0**	**0.0**
6	21,271	0.0	0.0	0.0	0.0	0.0	0.0
7	22,037	0.0	0.0	0.0	0.0	0.0	0.0
8	23,935	0.0	0.0	0.0	0.0	0.0	0.0
9	26,923	0.0	0.0	0.0	0.0	0.0	0.0
10—14	**150,857**	**0.0**	**0.0**	**0.0**	**0.0**	**0.0**	**0.0**
10	27,785	0.0	0.0	0.0	0.0	0.0	0.0
11	30,417	0.0	0.0	0.0	0.0	0.0	0.0
12	30,478	0.0	0.0	0.0	0.0	0.0	0.0
13	33,375	0.0	0.0	0.0	0.0	0.0	0.0
14	28,802	0.0	0.0	0.0	0.0	0.0	0.0
15—19	**171,208**	**0.3**	**0.2**	**0.1**	**30.1**	**22.2**	**7.9**
15	23,790	0.0	0.0	0.0	0.0	0.0	0.0
16	29,524	0.1	0.1	0.0	3.8	3.1	0.7
17	32,671	0.0	0.0	0.0	20.3	15.5	4.9
18	40,617	0.3	0.2	0.1	45.5	33.6	11.8
19	44,606	0.8	0.5	0.3	56.5	41.1	15.4
20—24	**138,955**	**7.6**	**5.0**	**2.5**	**30.4**	**21.5**	**8.9**
20	24,191	4.3	3.4	0.9	57.7	41.0	16.7
21	23,016	6.1	4.2	2.0	42.5	29.4	13.1
22	29,068	7.2	4.1	3.1	28.0	19.9	8.1
23	26,981	7.9	5.7	2.3	18.7	12.9	5.8
24	35,699	10.7	6.9	3.8	15.1	11.1	3.9
25—29	**159,177**	**21.9**	**13.4**	**8.5**	**9.8**	**7.4**	**2.4**
25	33,017	15.7	10.8	4.9	16.6	12.0	4.7
26	31,991	19.8	11.7	8.1	12.4	9.2	3.2
27	33,655	23.5	14.3	9.2	9.2	7.3	2.0
28	31,959	25.4	15.2	10.2	6.0	4.8	1.2
29	28,555	25.8	15.5	10.4	4.1	3.4	0.8
30—34	**116,651**	**26.1**	**17.4**	**8.7**	**4.6**	**3.8**	**0.8**
30	27,406	26.5	16.8	9.7	2.8	2.0	0.8
31	23,998	25.8	16.5	9.3	2.5	2.0	0.5
32	24,928	26.7	18.1	8.6	4.8	4.1	0.8
33	20,661	27.8	19.3	8.5	6.1	5.1	1.0
34	19,658	23.2	16.3	7.0	7.8	6.8	1.1

程度人口占同年龄人口数的比例（‰）

高中			初中			小学		
小计	男	女	小计	男	女	小计	男	女
168.1	88.8	79.3	303.0	172.2	130.8	325.8	180.5	145.3
0.0	0.0	0.0	0.0	0.0	0.0	660.6	343.5	317.1
0.0	0.0	0.0	0.0	0.0	0.0	127.5	65.7	61.8
0.0	0.0	0.0	0.0	0.0	0.0	579.3	300.8	278.6
0.0	0.0	0.0	0.0	0.0	0.0	883.3	459.3	424.0
0.0	0.0	0.0	0.0	0.0	0.0	950.2	495.0	455.2
1.8	0.9	0.9	301.6	151.5	150.1	668.4	353.2	315.2
0.0	0.0	0.0	0.0	0.0	0.0	966.1	505.9	460.1
0.0	0.0	0.0	12.2	5.9	6.3	959.5	499.1	460.4
0.0	0.0	0.0	186.0	90.4	95.6	787.4	414.5	372.9
1.1	0.6	0.4	566.6	282.1	284.5	407.1	224.0	183.1
8.3	4.2	4.2	713.6	364.7	348.9	250.6	136.8	113.8
346.6	167.8	178.8	488.8	261.1	227.6	111.6	57.6	54.0
80.6	40.6	40.0	697.4	358.8	338.6	193.1	103.5	89.6
254.5	125.6	128.9	572.5	303.4	269.0	142.4	74.5	67.9
358.0	176.3	181.7	486.6	261.4	225.3	111.7	58.0	53.7
430.6	204.9	225.7	424.6	229.9	194.6	80.7	40.8	39.9
464.6	223.6	241.0	382.1	209.3	172.8	76.0	37.1	38.9
480.2	239.1	241.1	348.4	194.4	154.0	102.0	47.7	54.3
511.1	247.6	263.4	322.7	178.8	143.9	80.2	37.9	42.3
526.3	249.8	276.5	321.9	175.7	146.2	80.8	36.8	44.0
494.7	246.0	248.7	339.9	191.0	148.8	102.7	48.9	53.8
460.8	236.9	223.8	364.4	202.8	161.6	112.4	52.6	59.9
432.5	222.5	210.0	377.9	213.4	164.5	122.2	56.7	65.5
232.0	122.6	109.4	491.2	268.7	222.5	185.1	91.0	94.1
374.8	196.5	178.4	407.8	227.8	180.0	136.6	63.5	73.1
304.6	159.0	145.7	454.8	248.5	206.3	158.2	75.1	83.0
211.4	112.2	99.2	517.9	282.2	235.7	177.3	85.6	91.7
148.8	81.6	67.2	545.6	296.3	249.2	209.1	106.1	102.9
102.7	54.5	48.3	535.8	291.8	244.1	253.8	129.9	123.9
113.9	64.2	49.7	452.7	254.0	198.7	321.7	167.3	154.4
77.3	42.1	35.2	535.9	296.9	239.0	275.1	141.4	133.7
72.5	41.3	31.3	525.7	295.3	230.4	292.0	147.3	144.7
94.6	54.0	40.6	472.3	265.7	206.6	322.2	166.8	155.4
165.8	92.2	73.6	359.7	205.0	154.7	358.7	186.8	171.9
185.5	106.5	79.0	320.6	180.6	140.0	383.4	208.0	175.4

年龄	同年龄总人口数(人)	大学毕业			大学肄业或在校		
		小计	男	女	小计	男	女
35—39	84,398	53.3	36.0	17.3	4.3	3.1	1.2
35	19,186	36.3	24.4	11.8	6.5	4.9	1.6
36	17,537	60.7	39.7	21.0	4.0	2.8	1.2
37	16,001	58.7	39.5	19.2	2.6	1.7	0.9
38	15,846	56.4	38.2	18.2	3.4	2.3	1.1
39	15,828	57.2	40.1	17.2	4.7	3.4	1.3
40—44	83,261	77.1	54.5	22.6	5.6	4.0	1.6
40	16,113	64.5	42.9	21.6	4.4	2.6	1.8
41	16,813	72.8	51.2	21.6	5.5	4.5	1.0
42	16,554	81.9	57.9	24.0	5.9	4.2	1.8
43	16,619	84.2	59.8	24.4	6.6	4.5	2.1
44	17,162	81.6	60.2	21.4	5.5	4.0	1.5
45—49	83,834	57.6	43.0	14.6	4.1	3.2	1.0
45	17,171	72.6	54.6	18.1	5.3	4.3	1.0
46	17,204	66.0	49.7	16.3	4.0	3.2	0.8
47	16,824	55.6	40.5	15.1	4.1	2.9	1.2
48	16,575	48.3	35.8	12.5	3.5	2.7	0.8
49	16,060	44.3	33.4	10.8	3.7	2.7	1.1
50—54	68,227	38.4	29.8	8.6	4.3	3.2	1.1
50	14,412	46.3	36.1	10.2	3.7	2.8	0.9
51	14,130	39.8	30.5	9.3	4.0	3.1	0.8
52	14,311	35.4	27.7	7.7	5.0	3.8	1.1
53	12,836	34.8	27.3	7.6	4.2	3.0	1.2
54	12,538	35.0	27.0	8.1	4.5	3.1	1.4
55—59	50,556	27.0	21.6	5.4	3.3	2.5	0.8
55	11,124	28.2	21.8	6.5	3.3	2.2	1.1
56	10,528	30.2	23.8	6.4	3.6	3.0	0.6
57	10,280	25.9	22.1	3.8	3.8	3.0	0.8
58	9,975	25.6	20.6	5.0	3.0	2.3	0.7
59	8,649	24.4	19.1	5.3	2.4	1.8	0.6
60—64	38,957	20.3	16.5	3.7	2.3	1.8	0.5
60	8,976	23.6	19.6	4.0	3.2	2.5	0.8
61	8,446	18.8	14.4	4.4	2.4	1.9	0.5
62	7,802	22.2	18.2	4.0	2.1	1.7	0.4
63	7,099	16.2	13.0	3.2	2.3	1.5	0.7
64	6,634	19.6	16.9	2.7	1.5	1.4	0.2
65以上	67,560	13.4	10.9	2.4	1.8	1.1	0.7

（续完）

高中			初中			小学		
小计	男	女	小计	男	女	小计	男	女
163.0	89.7	73.4	328.6	189.0	139.7	351.6	187.0	164.6
170.0	94.7	75.3	320.1	182.9	137.1	383.0	208.6	174.4
141.9	79.5	62.3	346.8	203.0	143.8	359.0	194.4	164.5
153.1	82.9	70.2	348.1	198.4	149.7	341.5	177.1	164.4
170.5	90.6	80.0	327.0	190.9	136.1	330.9	173.9	156.9
180.7	100.8	79.9	300.9	169.3	131.6	336.4	175.8	160.5
144.2	86.3	57.9	235.7	138.4	97.4	379.2	195.7	183.5
166.8	96.6	70.2	275.9	157.7	118.2	356.4	190.7	165.8
158.3	91.4	66.9	253.7	148.5	105.2	371.0	194.9	176.1
143.7	84.8	58.9	232.3	134.7	97.6	383.8	194.5	189.3
128.1	78.5	49.6	213.5	125.2	88.3	394.3	195.8	198.5
125.2	80.5	44.7	205.3	126.6	78.7	389.7	202.3	187.4
93.7	63.6	30.1	185.8	129.9	56.0	391.4	223.9	167.5
116.9	75.9	40.9	193.9	125.6	68.3	393.2	209.9	183.3
104.0	70.6	33.5	185.9	124.4	61.5	397.4	215.5	181.9
91.9	64.1	27.8	186.8	129.4	57.4	396.2	224.3	171.8
81.0	56.2	24.8	183.2	134.6	48.6	392.2	235.8	156.4
72.9	50.1	22.9	178.8	135.9	42.9	377.5	235.3	142.2
66.3	48.4	17.8	161.1	126.0	35.1	358.1	235.2	122.9
74.0	53.8	20.3	171.7	131.1	40.6	360.0	227.3	132.7
71.3	51.1	20.2	166.5	130.9	35.5	369.9	243.1	126.8
64.9	47.9	17.0	165.0	128.8	36.3	360.5	241.2	119.3
62.7	47.6	15.1	154.1	123.6	30.5	351.7	229.8	121.9
56.9	40.8	16.1	145.8	114.1	31.7	346.5	234.1	112.4
46.5	33.1	13.4	126.9	102.4	24.4	342.8	240.0	102.8
49.4	36.0	13.3	142.8	115.0	27.9	355.4	242.7	112.7
50.4	36.2	14.2	133.5	107.5	26.0	352.6	243.8	108.8
44.0	30.4	13.5	124.6	99.9	24.7	341.4	239.6	101.8
47.1	32.7	14.4	117.1	94.7	22.4	327.7	232.0	95.7
40.2	29.3	11.0	112.3	92.0	20.2	333.7	241.4	92.3
36.0	25.0	11.0	99.2	81.6	17.6	304.4	227.1	77.3
40.4	26.1	14.4	110.6	91.1	19.5	319.3	232.1	87.2
34.6	24.9	9.7	102.5	83.5	19.1	314.5	230.5	83.9
37.3	26.4	10.9	99.8	84.7	15.1	297.7	227.8	70.0
32.5	23.2	9.3	91.4	75.1	16.3	291.6	220.3	71.3
33.9	24.1	9.8	87.1	69.5	17.6	292.9	222.3	70.5
20.4	15.3	5.1	52.0	43.7	8.3	223.0	177.7	45.3

7. 全国镇各种文化程度人口

年　　龄	同年龄总人口数(人)	大学毕业			大学肄业或在校		
		小计	男	女	小计	男	女
总　　计	572,204	15.5	12.2	3.3	2.7	2.1	0.6
6—9	46,950	0.0	0.0	0.0	0.0	0.0	0.0
6	10,559	0.0	0.0	0.0	0.0	0.0	0.0
7	11,128	0.0	0.0	0.0	0.0	0.0	0.0
8	12,028	0.0	0.0	0.0	0.0	0.0	0.0
9	13,235	0.0	0.0	0.0	0.0	0.0	0.0
10—14	71,887	0.0	0.0	0.0	0.0	0.0	0.0
10	13,605	0.0	0.0	0.0	0.0	0.0	0.0
11	14,557	0.0	0.0	0.0	0.0	0.0	0.0
12	14,536	0.0	0.0	0.0	0.0	0.0	0.0
13	15,617	0.0	0.0	0.0	0.0	0.0	0.0
14	13,572	0.0	0.0	0.0	0.0	0.0	0.0
15—19	78,374	0.4	0.3	0.1	6.9	5.4	1.6
15	12,207	0.0	0.0	0.0	0.0	0.0	0.0
16	14,544	0.0	0.0	0.0	0.9	0.7	0.2
17	15,829	0.1	0.0	0.1	4.7	3.5	1.2
18	17,276	0.2	0.2	0.0	10.8	8.3	2.5
19	18,518	1.6	1.1	0.5	14.5	11.4	3.1
20—24	55,030	6.9	5.3	1.6	7.4	5.4	2.0
20	10,360	4.5	3.8	0.8	13.5	9.3	4.2
21	8,533	6.2	4.6	1.6	11.3	8.7	2.6
22	10,993	6.2	4.5	1.6	7.1	5.5	1.6
23	10,815	7.5	6.1	1.4	2.9	1.9	0.9
24	14,329	9.1	6.9	2.2	4.4	3.3	1.0
25—29	65,206	18.6	12.3	6.3	1.9	1.6	0.3
25	13,239	12.5	8.4	4.1	2.6	2.1	0.5
26	12,540	19.5	13.0	6.5	2.5	2.3	0.2
27	13,897	20.1	12.8	7.3	2.0	1.7	0.4
28	13,090	20.7	13.5	7.2	1.3	1.1	0.2
29	12,440	20.3	13.8	6.5	1.0	0.6	0.4
30—34	52,439	21.1	15.4	5.7	1.3	1.1	0.2
30	12,091	20.3	14.1	6.2	0.7	0.6	0.1
31	10,635	19.9	14.0	5.9	0.7	0.6	0.1
32	11,355	22.9	16.7	6.2	1.4	1.1	0.3
33	9,409	19.3	13.4	6.0	1.7	1.5	0.2
34	8,949	23.0	18.9	4.1	2.2	2.0	0.2

占同年龄人口数的比例(‰)

高中			初中			小学		
小计	男	女	小计	男	女	小计	男	女
164.3	92.9	71.4	289.0	171.8	117.2	355.0	204.2	150.8
0.0	0.0	0.0	0.0	0.0	0.0	671.3	352.7	318.7
0.0	0.0	0.0	0.0	0.0	0.0	161.6	82.5	79.1
0.0	0.0	0.0	0.0	0.0	0.0	575.7	303.7	271.9
0.0	0.0	0.0	0.0	0.0	0.0	893.7	472.2	421.4
0.0	0.0	0.0	0.0	0.0	0.0	956.3	500.6	455.7
1.7	0.9	0.8	283.1	143.9	139.2	691.6	363.1	328.5
0.0	0.0	0.0	0.0	0.0	0.0	974.3	501.1	473.2
0.0	0.0	0.0	17.9	9.5	8.4	960.2	500.9	459.4
0.0	0.0	0.0	180.0	88.6	91.4	797.2	418.4	378.8
0.6	0.3	0.4	512.8	259.1	253.7	461.4	250.3	211.1
8.0	4.3	3.7	697.4	358.7	338.7	272.0	147.7	124.2
339.2	174.0	165.2	515.0	269.8	245.2	114.0	59.6	54.4
87.8	46.1	41.7	702.6	366.3	336.4	183.3	97.3	86.0
239.6	127.5	112.1	599.5	313.7	285.8	134.9	72.2	62.7
360.2	186.1	174.0	507.4	262.7	244.7	104.2	54.5	49.7
432.7	222.8	209.9	447.7	233.8	213.9	86.9	45.0	41.9
478.1	238.9	239.2	394.0	211.2	182.8	85.7	42.9	42.8
476.0	248.1	227.9	337.7	191.3	146.4	126.7	63.4	63.3
507.1	256.1	251.1	348.5	194.5	154.0	95.4	47.3	48.1
528.3	263.7	264.6	318.9	178.0	140.9	99.4	51.2	48.2
502.0	257.1	245.0	319.8	180.4	139.5	122.2	60.7	61.5
461.7	246.0	215.6	331.4	183.6	147.8	142.8	72.5	70.3
413.1	227.7	185.5	359.7	211.1	148.6	157.1	77.5	79.6
259.2	144.7	114.4	395.7	231.3	164.4	247.2	126.0	121.1
379.0	207.7	171.2	356.9	207.1	149.8	182.3	87.2	95.0
318.9	173.7	145.2	384.8	224.0	160.8	205.6	99.4	106.1
246.7	141.5	105.1	403.5	232.9	170.5	251.3	126.1	125.1
201.1	112.7	88.4	413.0	239.3	173.6	280.4	146.9	133.5
146.5	85.9	60.7	421.1	254.3	166.8	318.7	172.1	146.6
122.2	74.4	47.8	385.4	235.7	149.7	373.6	209.9	163.6
111.1	66.4	44.7	431.5	253.9	177.6	334.8	181.5	153.3
92.7	56.7	36.0	445.4	271.7	173.7	343.7	191.0	152.7
110.1	67.0	43.1	394.6	243.6	151.0	376.8	213.3	163.5
147.3	89.0	58.3	330.6	207.8	122.9	406.2	228.9	177.3
161.4	100.1	61.2	297.6	187.6	110.0	423.1	246.6	176.4

年　　龄	同年龄总人口数(人)	大学毕业			大学肄业或在校		
		小　计	男	女	小　计	男	女
35—39	41,130	40.7	31.7	9.0	1.4	1.1	0.3
35	9,235	27.5	21.9	5.6	1.2	1.0	0.2
36	8,384	45.1	35.4	9.7	1.3	1.2	0.1
37	8,183	46.3	35.3	11.0	1.0	0.7	0.2
38	7,729	45.4	36.0	9.4	1.7	1.0	0.6
39	7,599	40.9	31.3	9.6	1.7	1.4	0.3
40—44	38,843	54.2	43.5	10.7	3.6	3.0	0.7
40	7,773	45.4	35.8	9.6	2.6	1.8	0.8
41	8,014	50.4	38.7	11.7	4.2	3.5	0.7
42	7,619	53.9	43.2	10.8	4.1	3.3	0.8
43	7,749	60.4	48.8	11.6	4.9	4.3	0.6
44	7,688	61.0	51.5	9.5	2.3	2.0	0.4
45—49	35,737	36.7	31.5	5.2	2.2	2.0	0.2
45	7,430	52.0	42.0	10.0	2.6	2.4	0.1
46	7,405	45.0	39.3	5.7	2.2	2.2	0.0
47	7,070	36.6	33.0	3.7	2.5	2.3	0.3
48	7,016	24.9	21.1	3.8	1.9	1.9	0.0
49	6,816	23.2	20.8	2.3	1.9	1.3	0.6
50—54	27,079	18.5	16.0	2.5	2.2	2.0	0.2
50	6,007	19.1	16.1	3.0	2.2	2.0	0.2
51	5,640	18.8	16.1	2.7	1.8	1.2	0.5
52	5,572	21.4	17.4	3.9	2.2	2.2	0.0
53	4,958	16.5	14.9	1.6	1.8	1.6	0.2
54	4,902	16.1	15.1	1.0	3.3	3.1	0.2
55—59	18,833	15.1	13.6	1.5	1.3	1.1	0.2
55	4,236	16.8	14.9	1.9	1.4	1.4	0.0
56	3,958	19.7	17.2	2.5	0.5	0.3	0.3
57	3,806	12.3	12.1	0.3	1.1	1.1	0.0
58	3,531	15.6	14.4	1.1	1.4	0.8	0.6
59	3,302	10.0	8.5	1.5	2.1	1.8	0.3
60—64	14,439	9.6	8.4	1.2	0.6	0.6	0.1
60	3,341	13.8	12.6	1.2	0.9	0.6	0.3
61	3,134	9.3	8.0	1.3	1.0	1.0	0.0
62	2,903	7.2	6.5	0.7	0.3	0.3	0.0
63	2,588	7.0	5.4	1.5	0.4	0.4	0.0
64	2,473	9.7	8.5	1.2	0.4	0.4	0.0
65以上	26,257	5.4	4.6	0.9	0.9	0.5	0.4

（续完）

高中			初中			小学		
小计	男	女	小计	男	女	小计	男	女
136.5	85.3	51.3	322.5	203.1	119.5	394.0	233.0	161.1
141.7	89.4	52.3	315.8	200.0	115.8	420.6	249.5	171.1
118.3	71.7	46.6	336.8	215.4	121.4	405.4	239.4	166.0
117.2	73.0	44.2	335.1	208.0	127.1	391.1	230.6	160.5
142.1	88.1	54.0	324.2	202.9	121.4	374.4	220.2	154.2
165.4	105.5	59.9	299.6	188.1	111.6	372.3	221.3	150.9
136.9	90.9	46.0	235.3	152.7	82.6	403.8	240.7	163.1
153.1	95.5	57.6	266.7	167.6	99.1	395.3	224.9	170.5
136.3	87.5	48.8	261.7	166.8	94.8	399.9	244.7	155.2
131.6	87.9	43.7	227.2	144.9	82.3	415.3	251.7	163.5
138.2	93.3	44.9	217.1	143.1	73.9	406.1	239.6	166.5
125.1	90.5	34.6	202.4	140.3	62.0	402.8	242.7	160.1
94.0	70.3	23.7	206.8	158.8	48.0	383.2	247.0	136.2
112.2	83.6	28.7	212.1	150.7	61.4	394.2	245.0	149.3
107.5	77.1	30.4	199.2	147.7	51.5	386.2	240.6	145.6
91.4	68.0	23.3	199.7	153.9	45.8	388.0	244.1	143.8
81.5	63.9	17.7	210.7	166.5	44.2	388.0	259.1	128.8
75.1	57.5	17.6	212.9	176.8	36.1	358.3	246.8	111.5
68.1	56.5	11.6	192.1	164.4	27.7	340.7	248.3	92.4
70.6	57.4	13.2	210.1	178.3	31.8	351.6	247.7	103.9
70.6	59.6	11.0	204.4	172.5	31.9	349.1	253.7	95.4
69.6	56.7	12.9	192.0	164.4	27.6	343.3	251.6	91.7
66.2	55.3	10.9	182.5	157.1	25.4	325.1	242.2	82.9
62.2	52.6	9.6	165.4	145.5	20.0	330.5	245.2	85.3
48.5	40.5	8.0	139.7	121.6	18.1	318.0	244.7	73.3
56.9	47.7	9.2	157.0	136.0	21.0	329.3	250.0	79.3
52.8	42.4	10.4	147.5	126.8	20.7	322.6	247.3	75.3
48.1	40.2	7.9	139.5	123.0	16.6	320.3	245.1	75.1
39.9	34.0	5.9	132.0	116.4	15.6	317.8	245.3	72.5
42.1	36.3	5.8	116.6	101.2	15.4	295.6	233.5	62.1
27.3	22.5	4.8	93.3	81.3	12.0	283.5	227.5	56.0
33.8	27.5	6.3	114.0	98.8	15.3	291.8	227.8	64.1
31.9	26.8	5.1	99.6	88.4	11.2	286.9	230.7	56.2
27.9	23.4	4.5	87.5	74.4	13.1	286.6	229.4	57.2
20.9	17.8	3.1	84.6	74.6	10.0	264.7	212.5	52.2
18.6	14.2	4.4	73.2	63.9	9.3	284.3	236.6	47.7
13.3	10.9	2.4	42.2	37.9	4.3	204.7	168.8	35.9

8. 全国县（不含镇）各种文化程度

年龄	同年龄总人口数(人)	大学毕业			大学肄业或在校		
		小计	男	女	小计	男	女
总计	7,016,809	1.0	0.8	0.2	0.2	0.2	0.0
6—9	772,551	0.0	0.0	0.0	0.0	0.0	0.0
6	173,000	0.0	0.0	0.0	0.0	0.0	0.0
7	185,112	0.0	0.0	0.0	0.0	0.0	0.0
8	203,959	0.0	0.0	0.0	0.0	0.0	0.0
9	210,480	0.0	0.0	0.0	0.0	0.0	0.0
10—14	1,093,352	0.0	0.0	0.0	0.0	0.0	0.0
10	209,774	0.0	0.0	0.0	0.0	0.0	0.0
11	227,693	0.0	0.0	0.0	0.0	0.0	0.0
12	219,799	0.0	0.0	0.0	0.0	0.0	0.0
13	233,517	0.0	0.0	0.0	0.0	0.0	0.0
14	202,569	0.0	0.0	0.0	0.0	0.0	0.0
15—19	1,004,531	0.1	0.1	0.0	0.2	0.1	0.0
15	191,272	0.0	0.0	0.0	0.0	0.0	0.0
16	212,756	0.0	0.0	0.0	0.0	0.0	0.0
17	195,850	0.0	0.0	0.0	0.1	0.1	0.0
18	193,260	0.1	0.1	0.0	0.4	0.3	0.1
19	211,393	0.3	0.2	0.1	0.4	0.3	0.1
20—24	550,801	0.7	0.6	0.1	0.3	0.2	0.1
20	121,866	0.6	0.5	0.1	0.4	0.3	0.1
21	75,217	0.6	0.5	0.1	0.6	0.5	0.1
22	103,520	0.6	0.5	0.1	0.3	0.2	0.1
23	105,117	0.7	0.5	0.1	0.2	0.1	0.0
24	145,081	0.9	0.7	0.2	0.2	0.2	0.1
25—29	702,316	1.5	1.1	0.4	0.1	0.1	0.0
25	142,522	1.2	0.9	0.3	0.2	0.1	0.1
26	134,837	1.5	1.2	0.4	0.2	0.1	0.0
27	149,264	1.6	1.0	0.6	0.1	0.1	0.0
28	141,695	1.7	1.2	0.5	0.1	0.1	0.0
29	133,998	1.6	1.1	0.5	0.1	0.1	0.0
30—34	560,270	1.7	1.3	0.4	0.1	0.1	0.0
30	133,653	1.6	1.2	0.4	0.1	0.1	0.0
31	111,600	1.8	1.2	0.5	0.1	0.1	0.0
32	117,250	1.6	1.2	0.4	0.1	0.1	0.0
33	101,321	1.7	1.5	0.3	0.1	0.0	0.0
34	96,446	1.6	1.4	0.2	0.2	0.1	0.0

人口占同年龄人口数的比例（‰）

高	中		初	中		小	学	
小计	男	女	小计	男	女	小计	男	女
50.2	34.3	15.8	173.8	113.6	60.2	416.5	241.2	175.3
0.0	0.0	0.0	0.0	0.0	0.0	539.4	297.3	242.1
0.0	0.0	0.0	0.0	0.0	0.0	155.6	85.3	70.3
0.0	0.0	0.0	0.0	0.0	0.0	412.6	230.0	182.6
0.0	0.0	0.0	0.0	0.0	0.0	691.5	382.6	309.0
0.0	0.0	0.0	0.0	0.0	0.0	819.1	448.1	370.9
0.6	0.4	0.2	116.4	69.4	47.0	765.5	410.3	355.2
0.0	0.0	0.0	0.0	0.0	0.0	866.0	469.8	396.3
0.0	0.0	0.0	6.3	3.8	2.5	879.3	477.0	402.3
0.0	0.0	0.0	57.4	33.7	23.7	830.8	449.2	381.7
0.6	0.4	0.2	196.0	115.8	80.2	690.3	367.3	323.0
2.7	1.8	1.0	333.2	200.3	132.9	549.3	281.2	268.1
104.7	67.4	37.3	459.3	264.4	194.9	324.2	149.9	174.3
16.6	11.0	5.6	430.3	258.5	171.8	438.1	215.8	222.3
52.5	35.8	16.7	474.1	282.1	192.1	362.9	170.3	192.6
104.1	69.7	34.4	478.3	273.3	205.0	311.9	141.8	170.1
151.1	97.1	53.9	467.2	260.8	206.4	271.8	120.4	151.4
195.4	121.2	74.3	445.9	247.3	198.7	241.7	104.2	137.5
213.5	134.5	79.0	330.9	206.9	124.0	273.0	128.3	144.7
221.4	135.2	86.1	397.9	228.8	169.2	234.4	99.5	134.9
250.8	151.1	99.7	343.9	204.6	139.4	248.5	109.6	138.9
245.6	153.0	92.6	317.7	197.5	120.2	266.9	126.4	140.5
207.5	134.3	73.2	300.9	195.7	105.2	292.6	140.0	152.6
169.1	112.3	56.8	298.9	204.6	94.3	308.4	155.0	153.4
99.6	72.0	27.6	247.2	177.7	69.5	376.9	203.1	173.8
143.6	98.9	44.7	290.1	201.6	88.5	323.7	163.9	159.8
118.9	84.5	34.4	273.0	195.1	77.9	350.4	181.7	168.7
98.3	72.5	25.8	247.1	179.6	67.5	380.2	204.0	176.2
76.8	58.1	18.7	221.7	162.0	59.7	407.9	226.2	181.7
58.7	45.0	13.8	202.8	149.3	53.6	423.9	241.0	182.8
35.4	27.6	7.8	171.4	128.3	43.0	475.5	276.0	199.5
42.7	33.1	9.6	189.4	141.3	48.1	437.8	252.3	185.5
36.3	28.4	7.9	183.7	138.0	45.7	456.2	261.4	194.8
32.9	25.9	7.0	172.2	129.4	42.8	481.7	279.0	202.7
32.3	25.2	7.2	153.0	114.9	38.1	501.8	294.0	207.8
30.8	23.8	7.1	150.5	112.1	38.4	514.9	303.1	211.8

年　　龄	同年龄总人口数(人)	大学毕业			大学肄业或在校		
		小　计	男	女	小　计	男	女
35—39	415,221	2.5	2.0	0.5	0.2	0.2	0.0
35	94,882	2.3	1.8	0.5	0.2	0.2	0.0
36	86,973	2.6	2.1	0.5	0.1	0.1	0.0
37	80,817	2.8	2.3	0.5	0.2	0.2	0.0
38	79,117	2.6	2.1	0.5	0.2	0.1	0.1
39	73,432	2.4	2.0	0.4	0.4	0.3	0.1
40—44	360,768	3.4	2.9	0.5	0.8	0.7	0.1
40	76,077	2.8	2.1	0.7	0.5	0.5	0.0
41	74,820	2.9	2.4	0.5	0.7	0.6	0.1
42	69,071	3.6	3.1	0.6	1.0	0.9	0.1
43	69,609	3.9	3.4	0.5	0.8	0.7	0.1
44	71,191	3.9	3.5	0.4	0.9	0.9	0.0
45—49	355,330	2.5	2.3	0.2	0.5	0.5	0.0
45	71,588	3.5	3.3	0.3	0.7	0.7	0.0
46	72,652	2.9	2.5	0.4	0.5	0.5	0.0
47	69,073	2.5	2.3	0.2	0.5	0.5	0.0
48	70,968	1.7	1.6	0.1	0.3	0.3	0.0
49	71,049	1.7	1.6	0.1	0.3	0.3	0.0
50—54	311,769	1.2	1.1	0.1	0.3	0.2	0.0
50	65,154	1.3	1.2	0.1	0.3	0.3	0.0
51	61,571	1.4	1.3	0.1	0.2	0.2	0.0
52	63,963	1.2	1.1	0.1	0.3	0.3	0.0
53	59,713	1.2	1.1	0.1	0.3	0.3	0.0
54	61,368	1.1	1.0	0.1	0.2	0.2	0.0
55—59	269,844	0.8	0.8	0.1	0.2	0.2	0.0
55	55,651	0.7	0.7	0.0	0.3	0.2	0.0
56	54,524	0.9	0.9	0.0	0.2	0.2	0.0
57	56,490	0.8	0.8	0.1	0.2	0.2	0.0
58	54,517	0.7	0.7	0.0	0.2	0.1	0.0
59	48,662	1.0	0.9	0.1	0.2	0.2	0.0
60—64	220,763	0.6	0.6	0.0	0.2	0.2	0.0
60	49,280	0.8	0.8	0.0	0.2	0.2	0.0
61	46,317	0.8	0.7	0.0	0.3	0.3	0.0
62	45,914	0.6	0.5	0.1	0.2	0.2	0.0
63	40,290	0.4	0.3	0.0	0.2	0.2	0.0
64	38,962	0.5	0.5	0.0	0.1	0.1	0.0
65以上	399,293	2.0	1.1	0.9	0.1	0.1	0.0

（续完）

高中			初中			小学		
小计	男	女	小计	男	女	小计	男	女
29.3	23.0	6.3	182.3	133.6	48.7	451.5	272.6	178.9
28.2	21.6	6.7	163.9	119.0	44.8	503.7	295.4	208.3
26.5	20.5	6.0	184.6	134.4	50.2	474.1	275.5	198.6
27.5	21.8	5.7	198.5	144.4	54.1	441.4	266.3	175.2
28.9	22.7	6.1	191.1	141.6	49.5	420.2	261.6	158.5
36.3	29.3	6.9	175.9	131.1	44.9	402.4	258.5	143.9
33.3	27.1	6.2	115.2	89.8	25.5	383.6	264.7	118.9
37.7	29.6	8.1	152.3	114.4	37.9	388.3	254.3	134.1
37.6	30.5	7.1	131.9	100.5	31.4	389.8	262.0	127.8
35.9	28.8	7.1	113.1	88.0	25.0	386.6	267.5	119.1
29.0	24.4	4.6	93.3	75.4	17.9	385.2	272.4	112.8
25.9	22.0	4.0	81.7	67.8	13.9	367.7	268.5	99.2
16.0	14.2	1.8	62.3	55.3	7.0	312.9	246.6	66.3
21.9	19.2	2.7	73.2	62.5	10.7	353.3	265.2	88.2
17.8	15.4	2.4	66.2	58.1	8.1	336.1	259.0	77.1
15.3	13.7	1.6	60.4	53.8	6.6	307.9	242.1	65.8
12.7	11.6	1.1	57.6	52.6	5.0	288.9	235.1	53.8
12.1	11.0	1.0	53.7	49.4	4.3	277.5	231.1	46.4
10.7	9.9	0.8	49.6	46.4	3.3	247.5	212.5	35.1
10.4	9.7	0.7	51.6	48.0	3.6	260.1	219.2	40.8
10.7	9.9	0.8	51.5	48.1	3.4	254.0	217.4	36.6
11.1	10.3	0.9	50.8	47.5	3.3	244.5	210.4	34.0
10.0	9.1	0.9	46.9	43.6	3.3	241.4	208.0	33.3
11.0	10.2	0.8	47.2	44.4	2.8	236.9	206.7	30.2
9.5	8.8	0.7	39.6	37.2	2.4	213.8	189.1	24.7
9.7	8.9	0.8	44.0	41.1	2.9	230.5	200.6	30.0
10.1	9.2	0.8	40.6	38.1	2.5	219.4	192.3	27.1
9.5	8.9	0.6	40.0	37.5	2.5	214.4	190.0	24.4
9.2	8.5	0.7	37.9	35.8	2.1	200.8	180.5	20.3
8.8	8.3	0.5	35.2	33.1	2.1	202.3	181.2	21.1
6.5	6.0	0.4	28.9	27.2	1.8	178.3	161.8	16.5
8.1	7.6	0.5	34.6	32.4	2.2	189.2	170.1	19.1
7.1	6.6	0.5	30.5	28.6	1.9	185.8	168.5	17.3
6.3	6.0	0.4	27.9	26.0	1.8	176.6	160.2	16.4
5.1	4.8	0.3	25.5	24.1	1.4	170.8	155.7	15.1
5.2	4.8	0.5	24.6	23.3	1.3	165.3	151.5	13.8
3.9	3.7	0.3	18.1	17.3	0.8	125.4	115.9	9.5

9．市、镇、县按年龄、性别分的文盲、

年　　龄	文盲、半文盲人口数			占同年龄人口‰		
	合　计	男	女	合　计	男	女
总　　计	**2,376,900**	**731,184**	**1,645,716**	**318.6**	**98.0**	**220.6**
12	25,714	7,297	18,417	97.1	27.6	69.5
13	27,650	7,708	19,942	97.9	27.3	70.6
14	24,361	6,595	17,766	99.5	26.9	72.5
15—19	**117,704**	**26,831**	**90,873**	**93.9**	**21.4**	**72.5**
15	23,011	5,995	17,016	101.3	26.4	74.9
16	24,636	6,147	18,489	95.9	23.9	72.0
17	21,827	5,074	16,753	89.3	20.8	68.6
18	22,289	4,790	17,499	88.7	19.1	69.7
19	25,941	4,825	21,116	94.5	17.6	76.9
20—24	**106,865**	**21,835**	**85,030**	**143.5**	**29.3**	**114.2**
20	18,610	3,235	15,375	119.0	20.7	98.3
21	12,530	2,362	10,168	117.4	22.1	95.2
22	18,756	3,825	14,931	130.6	26.6	104.0
23	22,380	4,877	17,503	156.6	34.1	122.5
24	34,589	7,536	27,053	177.3	38.6	138.7
25—29	**207,485**	**45,081**	**162,404**	**223.9**	**48.6**	**175.3**
25	36,866	7,777	29,089	195.3	41.2	154.1
26	36,986	7,695	29,291	206.2	42.9	163.3
27	43,814	9,374	34,440	222.6	47.6	175.0
28	44,531	9,803	34,728	238.5	52.5	186.0
29	45,288	10,432	34,856	258.8	59.6	199.2
30—34	**191,510**	**49,938**	**141,572**	**262.6**	**68.5**	**194.1**
30	47,390	11,754	35,636	273.7	67.9	205.8
31	38,930	10,052	28,878	266.2	68.7	197.5
32	39,580	10,798	28,782	257.8	70.3	187.5
33	34,094	9,096	24,998	259.5	69.2	190.3
34	31,516	8,238	23,278	252.0	65.9	186.1
35—39	**151,431**	**40,197**	**111,234**	**280.0**	**74.3**	**205.7**
35	31,110	8,208	22,902	252.3	66.6	185.7
36	29,458	7,466	21,992	260.9	66.1	194.8
37	29,063	7,405	21,658	276.8	70.5	206.3
38	30,891	8,470	22,421	300.8	82.5	218.3
39	30,909	8,648	22,261	319.1	89.3	229.8

半文盲人口及占同年龄人口数的比例（‰）

市文盲、半文盲人口数			占同年龄人口‰		
小计	男	女	小计	男	女
189,422	52,644	136,778	163.9	45.6	118.4
809	308	501	26.5	10.1	16.4
842	305	537	25.2	9.1	16.1
792	287	505	27.5	10.0	17.5
3,872	1,208	2,664	22.6	7.1	15.6
686	225	461	28.8	9.5	19.4
787	267	520	26.7	9.0	17.6
763	247	516	23.4	7.6	15.8
747	224	523	18.4	5.5	12.9
889	245	644	19.9	5.5	14.4
4,353	1,103	3,250	31.3	7.9	23.4
582	137	445	24.1	5.7	18.4
515	126	389	22.4	5.5	16.9
803	203	600	27.6	7.0	20.6
964	238	726	35.7	8.8	26.9
1,489	399	1,090	41.7	11.2	30.5
9,546	2,235	7,311	60.0	14.0	45.9
1,599	401	1,198	48.4	12.1	36.3
1,606	370	1,236	50.2	11.6	38.6
2,041	439	1,602	60.6	13.0	47.6
2,083	484	1,599	65.2	15.1	50.0
2,217	541	1,676	77.6	18.9	58.7
9,445	2,529	6,916	81.0	21.7	59.3
2,258	576	1,682	82.4	21.0	61.4
1,954	497	1,457	81.4	20.7	60.7
1,980	524	1,456	79.4	21.0	58.4
1,691	487	1,204	81.8	23.6	58.3
1,562	445	1,117	79.5	22.6	56.8
8,363	2,240	6,123	99.1	26.5	72.5
1,616	448	1,168	84.2	23.4	60.9
1,538	425	1,113	87.7	24.2	63.5
1,536	409	1,127	96.0	25.6	70.4
1,772	463	1,309	111.8	29.2	82.6
1,901	495	1,406	120.1	31.3	88.8

年　　龄	文盲、半文盲人口数			占同年龄人口‰		
	合　计	男	女	合　计	男	女
40—44	186,891	57,851	129,040	387.0	119.8	267.2
40	35,018	10,498	24,520	350.3	105.0	245.3
41	36,222	10,900	25,322	363.5	109.4	254.1
42	35,566	10,932	24,634	381.4	117.2	264.2
43	38,180	11,950	26,230	406.3	127.2	279.1
44	41,905	13,571	28,334	436.3	141.3	295.0
45—49	247,593	80,864	166,729	521.4	170.3	351.1
45	44,612	14,135	30,477	463.8	147.0	316.8
46	47,981	15,245	32,736	493.3	156.7	336.6
47	48,831	15,907	32,924	525.3	171.1	354.1
48	52,228	17,437	34,791	552.3	184.4	367.9
49	53,941	18,140	35,801	574.3	193.1	381.2
50—54	250,948	86,907	164,041	616.5	213.5	403.0
50	51,112	17,377	33,735	597.3	203.1	394.2
51	48,932	16,768	32,164	601.6	206.1	395.4
52	51,629	17,943	33,686	615.8	214.0	401.8
53	48,868	17,065	31,803	630.5	220.2	410.3
54	50,407	17,754	32,653	639.6	225.3	414.3
55—59	230,539	83,608	146,931	679.6	246.5	433.1
55	46,320	16,667	29,653	652.3	234.7	417.6
56	46,069	16,607	29,462	667.6	240.6	426.9
57	48,079	17,521	30,558	681.2	248.3	433.0
58	47,481	17,275	30,206	698.0	254.0	444.1
59	42,590	15,538	27,052	702.7	256.3	446.3
60—64	202,812	75,079	127,733	739.8	273.9	465.9
60	44,143	16,107	28,036	716.6	261.5	455.2
61	42,158	15,608	26,550	728.2	269.6	458.6
62	42,131	15,645	26,486	744.1	276.3	467.8
63	37,781	13,979	23,802	756.0	279.7	476.3
64	36,599	13,740	22,859	761.4	285.8	475.5
65以上	405,397	141,393	264,004	820.7	286.3	534.5
15—54	1,460,427	409,504	1,050,923	262.6	73.6	189.0
15—59	1,690,966	493,112	1,197,854	286.6	83.6	203.0

（续1）

市文盲、半文盲人口数			占同年龄人口‰		
小计	男	女	小计	男	女
13,171	3,654	9,517	158.2	43.9	114.3
2,126	610	1,516	131.9	37.9	94.1
2,334	666	1,668	138.8	39.6	99.2
2,523	704	1,819	152.4	42.5	109.9
2,880	777	2,103	173.3	46.8	126.5
3,308	897	2,411	192.8	52.3	140.5
22,405	5,758	16,647	267.3	68.7	198.6
3,744	942	2,802	218.0	54.9	163.2
4,173	1,038	3,135	242.6	60.3	182.2
4,466	1,140	3,326	265.5	67.8	197.7
4,838	1,289	3,549	291.9	77.8	214.1
5,184	1,349	3,835	322.8	84.0	238.8
25,367	6,724	18,643	371.8	98.6	273.2
4,962	1,314	3,648	344.3	91.2	253.1
4,926	1,272	3,654	348.6	90.0	258.6
5,284	1,426	3,858	369.2	99.6	269.6
5,037	1,336	3,701	392.4	104.1	288.3
5,158	1,376	3,782	411.4	109.7	301.6
22,931	6,454	16,477	453.6	127.7	325.9
4,681	1,265	3,416	420.8	113.7	307.1
4,523	1,271	3,252	429.6	120.7	308.9
4,732	1,329	3,403	460.3	129.3	331.0
4,783	1,373	3,410	479.5	137.6	341.9
4,212	1,216	2,996	487.0	140.6	346.4
20,952	6,325	14,627	537.8	162.4	375.5
4,513	1,336	3,177	502.8	148.8	353.9
4,453	1,325	3,128	527.2	156.9	370.4
4,220	1,260	2,960	540.9	161.5	379.4
4,018	1,244	2,774	566.0	175.2	390.8
3,748	1,160	2,588	565.0	174.9	390.1
46,574	13,514	33,060	688.4	199.7	488.6
96,522	25,451	71,071	106.6	28.1	78.5
119,453	31,905	87,548	124.9	33.4	91.6

年　　龄	镇文盲、半文盲人口数			占同年龄人口‰		
	合　计	男	女	合　计	男	女
总　　计	83,163	24,209	58,954	167.3	48.7	118.6
12	331	105	226	22.8	7.2	15.5
13	392	133	259	25.1	8.5	16.6
14	307	107	200	22.6	7.9	14.7
15—19	1,912	571	1,341	24.4	7.3	17.1
15	320	90	230	26.2	7.4	18.8
16	365	119	246	25.1	8.2	16.9
17	371	119	252	23.4	7.5	15.9
18	375	107	268	21.7	6.2	15.5
19	481	136	345	26.0	7.3	18.6
20—24	2,489	617	1,872	45.2	11.2	34.0
20	321	60	261	31.0	5.8	25.2
21	307	80	227	36.0	9.4	26.6
22	469	106	363	42.7	9.6	33.0
23	582	148	434	53.8	13.7	40.1
24	810	223	587	56.5	15.6	41.0
25—29	5,049	1,184	3,865	77.4	18.2	59.3
25	884	189	695	66.8	14.3	52.5
26	862	190	672	68.7	15.2	53.6
27	1,062	245	817	76.4	17.6	58.8
28	1,094	265	829	83.6	20.2	63.3
29	1,147	295	852	92.2	23.7	68.5
30—34	5,058	1,516	3,542	96.5	28.9	67.5
30	1,229	357	872	101.6	29.5	72.1
31	1,038	311	727	97.6	29.2	68.4
32	1,069	342	727	94.1	30.1	64.0
33	892	253	639	94.8	26.9	67.9
34	830	253	577	92.7	28.3	64.5
35—39	4,315	1,312	3,003	104.9	31.9	73.0
35	861	277	584	93.2	30.0	63.2
36	780	215	565	93.0	25.3	67.4
37	895	265	630	109.4	32.4	77.0
38	867	270	597	112.2	34.9	77.2
39	912	285	627	120.0	37.5	82.5

（2）

县文盲、半文盲人口数			占同年龄人口‰		
小计	男	女	小计	男	女
2,104,315	654,331	1,449,984	362.3	112.7	249.7
24,574	6,884	17,690	111.8	31.3	80.5
26,416	7,270	19,146	113.1	31.1	82.0
23,262	6,201	17,061	114.8	30.6	84.2
111,920	25,052	86,868	111.4	24.9	86.5
22,005	5,680	16,325	115.0	29.7	85.3
23,484	5,761	17,723	110.4	27.1	83.3
20,693	4,708	15,985	105.7	24.0	81.6
21,167	4,459	16,708	109.5	23.1	86.5
24,571	4,444	20,127	116.2	21.0	95.2
100,023	20,115	79,908	181.6	36.5	145.1
17,707	3,038	14,669	145.3	24.9	120.4
11,708	2,156	9,552	155.7	28.7	127.0
17,484	3,516	13,968	168.9	34.0	134.9
20,834	4,491	16,343	198.2	42.7	155.5
32,290	6,914	25,376	222.6	47.7	174.9
192,890	41,662	151,228	274.6	59.3	215.3
34,383	7,187	27,196	241.2	50.4	190.8
34,518	7,135	27,383	256.0	52.9	203.1
40,711	8,690	32,021	272.7	58.2	214.5
41,354	9,054	32,300	291.9	63.9	228.0
41,924	9,596	32,328	312.9	71.6	241.3
177,007	45,893	131,114	315.9	81.9	234.0
43,903	10,821	33,082	328.5	81.0	247.5
35,938	9,244	26,694	322.0	82.8	239.2
36,531	9,932	26,599	311.6	84.7	226.9
31,511	8,356	23,155	311.0	82.5	228.5
29,124	7,540	21,584	302.0	78.2	223.8
138,753	36,645	102,108	334.2	88.3	245.9
28,633	7,483	21,150	301.8	78.9	222.9
27,140	6,826	20,314	312.1	78.5	233.6
26,632	6,731	19,901	329.5	83.3	246.2
28,252	7,737	20,515	357.1	97.8	259.3
28,096	7,868	20,228	382.6	107.1	275.5

年龄	镇文盲、半文盲人口数			占同年龄人口‰		
	合计	男	女	合计	男	女
40—44	6,454	1,910	4,544	166.2	49.2	117.0
40	1,064	284	780	136.9	36.5	100.3
41	1,182	371	811	147.5	46.3	101.2
42	1,279	381	898	167.9	50.0	117.9
43	1,343	412	931	173.3	53.2	120.1
44	1,586	462	1,124	206.3	60.1	146.2
45—49	9,899	2,705	7,194	277.0	75.7	201.3
45	1,686	475	1,211	226.9	63.9	163.0
46	1,925	538	1,387	260.0	72.7	187.3
47	1,992	515	1,477	281.8	72.8	208.9
48	2,056	531	1,525	293.0	75.7	217.4
49	2,240	646	1,594	328.6	94.8	233.9
50—54	10,248	3,046	7,202	378.4	112.5	266.0
50	2,081	624	1,457	346.4	103.9	242.6
51	2,004	593	1,411	355.3	105.1	250.2
52	2,070	608	1,462	371.5	109.1	262.4
53	2,022	574	1,448	407.8	115.8	292.1
54	2,071	647	1,424	422.5	132.0	290.5
55—59	8,992	2,705	6,287	477.5	143.6	333.8
55	1,858	536	1,322	438.6	126.5	312.1
56	1,808	529	1,279	456.8	133.7	323.1
57	1,822	561	1,261	478.7	147.4	331.3
58	1,742	533	1,209	493.3	150.9	342.4
59	1,762	546	1,216	533.6	165.4	368.3
60—64	8,457	2,591	5,866	585.7	179.4	406.3
60	1,823	536	1,287	545.6	160.4	385.2
61	1,791	565	1,226	571.5	180.3	391.2
62	1,714	492	1,222	590.4	169.5	420.9
63	1,611	518	1,093	622.5	200.2	422.3
64	1,518	480	1,038	613.8	194.1	419.7
65以上	19,260	5,707	13,553	731.5	216.8	514.8
15—54	45,424	12,861	32,563	115.3	32.7	82.7
15—59	54,416	15,566	38,850	131.9	37.7	94.1

（续3完）

县文盲、半文盲人口数			占同年龄人口‰		
小计	男	女	小计	男	女
167,266	52,287	114,979	463.6	144.9	318.7
31,828	9,604	22,224	418.4	126.2	292.1
32,706	9,863	22,843	437.1	131.8	305.3
31,764	9,847	21,917	459.9	142.6	317.3
33,957	10,761	23,196	487.8	154.6	333.2
37,011	12,212	24,799	519.9	171.5	348.3
215,289	72,401	142,888	605.9	203.8	402.1
39,182	12,718	26,464	547.3	177.7	369.7
41,883	13,669	28,214	576.5	188.1	388.3
42,373	14,252	28,121	613.5	206.3	407.1
45,334	15,617	29,717	638.8	220.1	418.7
46,517	16,145	30,372	654.7	227.2	427.5
215,333	77,137	138,196	690.7	247.4	443.3
44,069	15,439	28,630	676.4	237.0	439.4
42,002	14,903	27,099	682.2	242.0	440.1
44,275	15,909	28,366	692.2	248.7	443.5
41,809	15,155	26,654	700.2	253.8	446.4
43,178	15,731	27,447	703.6	256.3	447.3
198,616	74,449	124,167	736.0	275.9	460.1
39,781	14,866	24,915	714.8	267.1	447.7
39,738	14,807	24,931	728.8	271.6	457.2
41,525	15,631	25,894	735.1	276.7	458.4
40,956	15,369	25,587	751.3	281.9	469.3
36,616	13,776	22,840	752.5	283.1	469.4
173,403	66,163	107,240	785.5	299.7	485.8
37,807	14,235	23,572	767.2	288.9	478.3
35,914	13,718	22,196	775.4	296.2	479.2
36,197	13,893	22,304	788.4	302.6	485.8
32,152	12,217	19,935	798.0	303.2	494.8
31,333	12,100	19,233	804.2	310.6	493.6
339,563	122,172	217,391	849.0	305.5	543.5
1,318,481	371,192	947,289	309.4	87.1	222.3
1,517,097	445,641	1,071,456	334.8	98.4	236.5

10．少数民族分年龄、性

年龄	总人口			大学毕业			大学肄业或在校		
	合计	男	女	小计	男	女	小计	男	女
总计	319,320	195,204	124,116	3,325	2,169	1,156	693	460	233
6—9	26,880	14,959	11,921	—	—	—	—	—	—
6	1,373	776	597	—	—	—	—	—	—
7	5,034	2,788	2,246	—	—	—	—	—	—
8	9,245	5,184	4,061	—	—	—	—	—	—
9	11,228	6,211	5,017	—	—	—	—	—	—
10—14	65,012	36,449	28,563	—	—	—	—	—	—
10	12,221	6,789	5,432	—	—	—	—	—	—
11	12,766	7,191	5,575	—	—	—	—	—	—
12	13,428	7,450	5,978	—	—	—	—	—	—
13	14,046	7,918	6,128	—	—	—	—	—	—
14	12,551	7,101	5,450	—	—	—	—	—	—
15—19	63,804	35,659	28,145	5	3	2	208	135	73
15	11,934	6,668	5,266	—	—	—	—	—	—
16	12,827	7,309	5,518	3	2	1	4	2	2
17	12,934	7,243	5,691	1	—	1	23	10	13
18	13,109	7,250	5,859	—	—	—	68	45	23
19	13,000	7,189	5,811	1	1	—	113	78	35
20—24	34,781	20,068	14,713	102	70	32	256	170	86
20	7,996	4,470	3,526	13	10	3	75	49	26
21	5,475	3,066	2,409	9	3	6	55	37	18
22	6,754	3,855	2,899	19	12	7	57	37	20
23	6,533	3,802	2,731	19	14	5	39	23	16
24	8,023	4,875	3,148	42	31	11	30	24	6
25—29	35,784	22,117	13,667	302	202	100	63	49	14
25	7,805	4,673	3,132	31	20	11	17	13	4
26	6,985	4,326	2,659	68	43	25	19	14	5
27	7,511	4,704	2,807	70	45	25	16	11	5
28	7,126	4,403	2,723	64	41	23	6	6	—
29	6,357	4,011	2,346	69	53	16	5	5	—
30—34	26,725	16,971	9,754	257	196	61	27	24	3
30	6,215	3,807	2,408	49	38	11	4	3	1
31	5,260	3,366	1,894	60	42	18	7	6	1
32	5,879	3,763	2,116	66	50	16	4	4	—
33	4,834	3,117	1,717	36	28	8	4	3	1
34	4,537	2,918	1,619	46	38	8	8	8	—

别、文化程度的人口数

单位：人

高中			初中			小学		
小计	男	女	小计	男	女	小计	男	女
30,717	19,186	11,531	81,884	52,404	29,480	202,701	120,985	81,716
—	—	—	—	—	—	26,880	14,959	11,921
—	—	—	—	—	—	1,373	776	597
—	—	—	—	—	—	5,034	2,788	2,246
—	—	—	—	—	—	9,245	5,184	4,061
—	—	—	—	—	—	11,228	6,211	5,017
73	40	33	7,720	4,304	3,416	57,219	32,105	25,114
—	—	—	—	—	—	12,221	6,789	5,432
—	—	—	97	51	46	12,669	7,140	5,529
—	—	—	795	404	391	12,633	7,046	5,587
15	8	7	2,769	1,556	1,213	11,262	6,354	4,908
58	32	26	4,059	2,293	1,766	8,434	4,776	3,658
8,708	4,922	3,786	28,123	16,431	11,692	26,760	14,168	12,592
321	182	139	4,926	2,828	2,098	6,687	3,658	3,029
1,008	553	455	5,818	3,474	2,344	5,994	3,278	2,716
1,786	1,017	769	5,776	3,380	2,396	5,348	2,836	2,512
2,536	1,432	1,104	5,785	3,374	2,411	4,720	2,399	2,321
3,057	1,738	1,319	5,818	3,375	2,443	4,011	1,997	2,014
9,647	5,632	4,015	12,904	8,062	4,842	11,872	6,134	5,738
2,033	1,155	878	3,330	2,019	1,311	2,545	1,237	1,308
1,654	916	738	2,150	1,290	860	1,607	820	787
2,059	1,178	881	2,370	1,443	927	2,249	1,185	1,064
1,860	1,137	723	2,254	1,395	859	2,361	1,233	1,128
2,041	1,246	795	2,800	1,915	885	3,110	1,659	1,451
5,967	3,972	1,995	11,848	7,939	3,909	17,604	9,955	7,649
1,783	1,132	651	2,605	1,765	840	3,369	1,743	1,626
1,337	877	460	2,398	1,607	791	3,163	1,785	1,378
1,256	835	421	2,519	1,708	811	3,650	2,105	1,545
940	666	274	2,342	1,540	802	3,774	2,150	1,624
651	462	189	1,984	1,319	665	3,648	2,172	1,476
1,869	1,310	559	7,548	5,149	2,399	17,024	10,292	6,732
472	346	126	1,952	1,279	673	3,738	2,141	1,597
303	224	79	1,666	1,139	527	3,224	1,955	1,269
393	272	121	1,649	1,137	512	3,767	2,300	1,467
372	244	128	1,226	878	348	3,196	1,964	1,232
329	224	105	1,055	716	339	3,099	1,932	1,167

年　龄	总人口			大学毕业			大学肄业或在校		
	合　计	男	女	小　计	男	女	小　计	男	女
35—39	20,055	12,986	7,069	270	182	88	13	10	3
35	4,580	2,924	1,656	39	28	11	2	2	—
36	4,050	2,556	1,494	65	47	18	2	1	1
37	3,929	2,537	1,392	48	26	22	2	2	—
38	3,943	2,577	1,366	65	45	20	3	2	1
39	3,553	2,392	1,161	53	36	17	4	3	1
40—44	15,325	10,689	4,636	375	296	79	29	19	10
40	3,602	2,386	1,216	50	37	13	5	4	1
41	3,217	2,182	1,035	74	55	19	6	4	2
42	2,918	2,049	869	77	61	16	5	4	1
43	2,943	2,124	819	96	77	19	7	2	5
44	2,645	1,948	697	78	66	12	6	5	1
45—49	10,782	8,389	2,393	279	240	39	20	16	4
45	2,592	1,934	658	67	55	12	5	4	1
46	2,363	1,825	538	75	66	9	1	1	—
47	2,065	1,581	484	58	50	8	6	3	3
48	2,003	1,603	400	49	43	6	5	5	—
49	1,759	1,446	313	30	26	4	3	3	—
50—54	7,137	5,950	1,187	127	107	20	11	10	1
50	1,642	1,313	329	35	29	6	1	1	—
51	1,480	1,241	239	25	22	3	2	2	—
52	1,474	1.241	233	28	25	3	5	5	—
53	1,281	1,083	198	20	15	5	—	—	—
54	1,260	1,072	188	19	16	3	3	2	1
55—59	4,537	3,937	600	60	50	10	9	7	2
55	1,146	987	159	14	11	3	2	2	—
56	974	823	151	18	15	3	3	2	1
57	836	730	106	14	12	2	1	1	—
58	820	727	93	5	4	1	1	1	—
59	761	670	91	9	8	1	2	1	1
60—64	3,127	2,780	347	21	20	1	5	4	1
60	831	730	101	6	6	—	—	—	—
61	701	624	77	7	6	1	3	2	1
62	586	514	72	1	1	—	1	1	—
63	532	482	50	4	4	—	—	—	—
64	477	430	47	3	3	—	1	1	—
65以上	5,371	4,250	1,121	1,527	803	724	52	16	36

（续完）

高中			初中			小学		
小计	男	女	小计	男	女	小计	男	女
1,481	989	492	5,065	3,509	1,556	13,226	8,296	4,930
306	215	91	1,028	720	308	3,205	1,959	1,246
278	180	98	1,022	697	325	2,683	1,631	1,052
286	193	93	1,015	693	322	2,578	1,623	955
278	178	100	1,044	734	310	2,553	1,618	935
333	223	110	956	665	291	2,207	1,465	742
1,347	971	376	3,380	2,447	933	10,194	6,956	3,238
356	248	108	846	588	258	2,345	1,509	836
283	202	81	787	552	235	2,067	1,369	698
256	188	68	644	480	164	1,936	1,316	620
237	168	69	574	438	136	2,029	1,439	590
215	165	50	529	389	140	1,817	1,323	494
731	575	156	2,042	1,640	402	7,710	5,918	1,792
200	148	52	485	371	114	1,835	1,356	479
181	134	47	450	360	90	1,656	1,264	392
137	111	26	379	296	83	1,485	1,121	364
117	102	15	386	319	67	1,446	1,134	312
96	80	16	342	294	48	1,288	1,043	245
375	331	44	1,426	1,256	170	5,198	4,246	952
77	71	6	326	281	45	1,203	931	272
74	65	9	286	252	34	1,093	900	193
93	83	10	299	261	38	1,049	867	182
63	52	11	258	234	24	940	782	158
68	60	8	257	228	29	913	766	147
234	207	27	849	793	56	3,385	2,880	505
59	52	7	209	193	16	862	729	133
59	52	7	213	204	9	681	550	131
39	34	5	163	149	14	619	534	85
44	42	2	144	135	9	626	545	81
33	27	6	120	112	8	597	522	75
135	118	17	477	434	43	2,489	2,204	285
47	40	7	133	119	14	645	565	80
32	28	4	100	94	6	559	494	65
24	22	2	94	83	11	466	407	59
17	15	2	80	74	6	431	389	42
15	13	2	70	64	6	388	349	39
150	119	31	502	440	62	3,140	2,872	268

11．少数民族分年龄性

年龄	12岁及以上的人口数			文盲、
	合计	男	女	合计
总计	463,467	235,436	228,031	196.014
12	18,335	9,312	9,023	4,907
13	18,869	9,665	9,204	4,823
14	16,832	8,618	8,214	4,281
15—19	82,196	41,514	40,682	18,392
15	15,861	8,007	7,854	3,927
16	16,783	8,659	8,124	3,956
17	16,550	8,422	8,128	3,616
18	16,697	8,309	8,388	3,588
19	16,305	8,117	8,188	3,305
20—24	47,364	23,972	23,392	12,583
20	10,666	5,274	5,392	2,670
21	7,208	3,606	3,602	1,733
22	9,036	4,569	4,467	2,282
23	9,075	4,619	4,456	2,542
24	11,379	5,904	5,475	3,356
25—29	53,206	27,222	25,984	17,422
25	11,404	5,727	5,677	3,599
26	10,256	5,265	4,991	3,271
27	11,051	5,767	5,284	3,540
28	10,777	5,434	5,343	3,651
29	9,718	5,029	4,689	3,361
30—34	41,834	21,782	20,052	15,109
30	9,776	4,913	4,863	3,561
31	8,072	4,248	3,824	2,812
32	9,087	4,797	4,290	3,208
33	7,687	4,034	3,653	2,853
34	7,212	3,790	3,422	2,675
35—39	34,179	17,713	16,466	14,124
35	7,560	3,900	3,660	2,980
36	6,697	3,427	3,270	2,647
37	6,567	3,352	3,215	2,638
38	6,910	3,642	3,268	2,967

别的文盲、半文盲人口数

半文盲人口数		文盲、半文盲占12岁及以上人口的‰		
男	女	合计	男	女
69,171	126,843	422.9	149.2	273.7
1,862	3,045	10.6	4.0	6.6
1,747	3,076	10.4	3.8	6.6
1,517	2,764	9.2	3.3	6.0
5,855	12,537	39.7	12.6	27.1
1,339	2,588	8.5	2.9	5.6
1,350	2,606	8.5	2.9	5.6
1,179	2,437	7.8	2.5	5.3
1,059	2,529	7.7	2.3	5.5
928	2,377	7.1	2.0	5.1
3,904	8,679	27.1	8.4	18.7
804	1,866	5.8	1.7	4.0
540	1,193	3.7	1.2	2.6
714	1,568	4.9	1.5	3.4
817	1,725	5.5	1.8	3.7
1,029	2,327	7.2	2.2	5.0
5,105	12,317	37.6	11.0	26.6
1,054	2,545	7.8	2.3	5.5
939	2,332	7.1	2.0	5.0
1,063	2,477	7.6	2.3	5.3
1,031	2,620	7.9	2.2	5.7
1,018	2,343	7.3	2.2	5.1
4,811	10,298	32.6	10.4	22.2
1,106	2,455	7.7	2.4	5.3
882	1,930	6.1	1.9	4.2
1,034	2,174	6.9	2.2	4.7
917	1,936	6.2	2.0	4.2
872	1,803	5.8	1.9	3.9
4,727	9,397	30.5	10.2	20.3
976	2,004	6.4	2.1	4.3
871	1,776	5.7	1.9	3.8
815	1,823	5.7	1.8	3.9
1,065	1,902	6.4	2.3	4.1

年　　龄	12岁及以上的人口数			文盲
	合　　计	男	女	合　　计
39	6,445	3,392	3,053	2,892
40—44	31,701	16,490	15,211	16,376
40	7,398	3,749	3,649	3,796
41	6,148	3,205	2,943	2,931
42	6,006	3,138	2.868	3,088
43	6,130	3,227	2,903	3,187
44	6,019	3,171	2,848	3,374
45—49	28,451	14,758	13,693	17,669
45	6,441	3,315	3,126	3,849
46	5,774	2,993	2,781	3,411
47	5,440	2,798	2,642	3,375
48	5,549	2,934	2,615	3,546
49	5,247	2,718	2,529	3,488
50—54	24,054	12,327	11,727	16,917
50	5,781	2,827	2,954	4,139
51	4,713	2,424	2.289	3,233
52	4,804	2,501	2,303	3,330
53	4,401	2,326	2,075	3,120
54	4,355	2,249	2,106	3,095
55—59	18,869	9,608	9,261	14,332
55	4,352	2,263	2,089	3,206
56	3,839	1,981	1,858	2,865
57	3,617	1,767	1,850	2,781
58	3,697	1,896	1,801	2,877
59	3,364	1,701	1,663	2,603
60—64	16,250	7,916	8,334	13,123
60	4,182	2,001	2,181	3,351
61	3,296	1,625	1,671	2,595
62	3,110	1,536	1,574	2,524
63	2,863	1,381	1,482	2,331
64	2,799	1,373	1,426	2,322
65以上	31,327	14,539	16,788	25,956
15—54	342,985	175,778	167,207	128,592
15—59	361,854	185,386	176,468	142,924

（续完）

半文盲人口数		文盲、半文盲占12岁及以上人口的‰		
男	女	合计	男	女
1,000	1,892	6.2	2.2	4.1
5,801	10,575	35.4	12.4	22.7
1,363	2,433	8.2	2.9	5.2
1,023	1,908	6.3	2.2	4.1
1,089	1,999	6.7	2.3	4.3
1,103	2,084	6.9	2.4	4.5
1,223	2,151	7.3	2.6	4.6
6,369	11,300	38.1	13.7	24.4
1,381	2,468	8.3	3.0	5.3
1,168	2,243	7.4	2.5	4.8
1,217	2,158	7.3	2.6	4.7
1,331	2,215	7.7	2.9	4.8
1,272	2,216	7.5	2.7	4.8
6,377	10,540	36.5	13.8	22.7
1,514	2,625	8.9	3.3	5.7
1,183	2,050	7.0	2.6	4.4
1,260	2,070	7.2	2.7	4.5
1,243	1,877	6.7	2.7	4.0
1,177	1,918	6.7	2.5	4.1
5,671	8,661	30.9	12.2	18.7
1,276	1,930	6.9	2.8	4.2
1,158	1,707	6.2	2.5	3.7
1,037	1,744	6.0	2.2	3.8
1,169	1,708	6.2	2.5	3.7
1,031	1,572	5.6	2.2	3.4
5,136	7,987	28.3	11.1	17.2
1,271	2,080	7.2	2.7	4.5
1,001	1,594	5.6	2.2	3.4
1,022	1,502	5.4	2.2	3.2
899	1,432	5.0	1.9	3.1
943	1,379	5.0	2.0	3.0
10,289	15,667	56.0	22.2	33.8
42,949	85,643	277.5	92.7	184.8
48,620	94,304	308.4	104.9	203.5

12. 在业人口的年龄

年　　龄	在业人口		
	合　计	男	女
总　　计	5,215,908	2,937,436	2,278,472
15—19	929,186	449,813	479,373
15	117,113	51,700	65,413
16	168,607	80,219	88,388
17	186,549	91,752	94,797
18	211,102	104,455	106,647
19	245,815	121,687	124,128
20—24	695,119	365,483	329,636
20	144,412	71,910	72,502
21	98,822	50,406	48,416
22	134,338	71,302	63,036
23	134,022	71,910	62,112
24	183,525	99,955	83,570
25—29	869,532	470,985	398,547
25	177,152	96,027	81,125
26	168,299	91,200	77,099
27	184,389	100,268	84,121
28	175,125	94,876	80,249
29	164,567	88,614	75,953
30—34	686,069	375,509	310,560
30	162,905	87,886	75,019
31	137,466	74,828	62,638
32	144,229	79,726	64,503
33	123,794	67,992	55,802
34	117,675	65,077	52,598
35—39	507,832	281,479	226,353
35	115,903	64,018	51,885
36	106,227	58,280	47,947
37	98,699	54,455	44,244
38	96,301	53,803	42,498
39	90,702	50,923	39,779

状况及其所占比例

在业人口占同年龄人口数的‰			占在业人口总数的%		
合计	男	女	合计	男	女
782.2	440.5	341.7	1,000.0	563.2	436.8
740.9	358.7	382.2	178.1	86.2	91.9
515.3	227.5	287.8	22.5	9.9	12.5
656.5	312.4	344.2	32.3	15.4	16.9
763.4	375.5	388.0	35.8	17.6	18.2
840.5	415.9	424.6	40.5	20.0	20.4
895.4	443.3	452.2	47.1	23.3	23.8
933.3	490.7	442.6	133.3	70.1	63.2
923.3	459.7	463.5	27.7	13.8	13.9
925.6	472.1	453.5	18.9	9.7	9.3
935.6	496.6	439.0	25.8	13.7	12.1
937.8	503.2	434.6	25.7	13.8	11.9
940.6	512.3	428.3	35.2	19.2	16.0
938.3	508.2	430.1	166.7	90.3	76.4
938.4	508.7	429.7	34.0	18.4	15.6
938.3	508.5	429.8	32.3	17.5	14.8
936.9	509.5	427.4	35.4	19.2	16.1
937.8	508.1	429.7	33.6	18.2	15.4
940.4	506.4	434.0	31.6	17.0	14.6
940.6	514.8	425.8	131.5	72.0	59.5
940.8	507.6	433.3	31.2	16.8	14.4
940.0	511.7	428.3	26.4	14.3	12.0
939.4	519.3	420.1	27.7	15.3	12.4
942.2	517.5	424.7	23.7	13.0	10.7
941.0	520.4	420.6	22.6	12.5	10.1
939.1	520.5	418.6	97.4	54.0	43.4
940.0	519.2	420.8	22.2	12.3	9.9
940.9	516.2	424.7	20.4	11.2	9.2
940.0	518.6	421.4	18.9	10.4	8.5
937.8	523.9	413.8	18.5	10.3	8.1
936.4	525.7	410.7	17.4	9.8	7.6

年龄	在业人口		
	合计	男	女
40—44	441,830	253,768	188,062
40	92,999	52,319	40,680
41	92,119	52,481	39,638
42	85,282	48,983	36,299
43	85,173	49,238	35,935
44	86,257	50,747	35,510
45—49	402,729	245,013	157,716
45	84,914	50,342	34,572
46	84,120	50,331	33,789
47	78,567	47,651	30,916
48	78,464	48,656	29,808
49	76,664	48,033	28,631
50—54	293,552	195,948	97,604
50	65,999	42,467	23,532
51	60,456	39,894	20,562
52	59,938	40,329	19,609
53	53,909	36,496	17,413
54	53,250	36,762	16,488
55—59	199,662	145,643	54,019
55	45,986	32,328	13,658
56	42,355	30,429	11,926
57	41,554	30,429	11,125
58	38,027	28,288	9,739
59	31,740	24,169	7,571
60—64	110,358	87,240	23,118
60	28,435	21,958	6,477
61	24,678	19,353	5,325
62	22,587	17,960	4,627
63	18,239	14,620	3,619
64	16,419	13,349	3,070
65以上	80,039	66,555	13,484
15—35	3,295,809	1,725,808	1,570,001
15—54	4,825,849	2,637,998	2,187,851
15—59	5,025,511	2,783,641	2,241,870

（续完）

在业人口占同龄人口数的‰			占在业人口总数的‰		
合计	男	女	合计	男	女
915.0	525.5	389.5	84.7	48.7	36.1
930.3	523.4	407.0	17.8	10.0	7.8
924.5	526.7	397.8	17.7	10.1	7.6
914.6	525.3	389.3	16.4	9.4	7.0
906.3	523.9	382.4	16.3	9.4	6.9
898.1	528.4	369.7	16.5	9.7	6.8
848.0	515.9	332.1	77.2	47.0	30.2
882.8	523.4	359.4	16.3	9.7	6.6
864.9	517.5	347.4	16.1	9.6	6.5
845.1	512.6	332.5	15.1	9.1	5.9
829.8	514.6	315.2	15.0	9.3	5.7
816.2	511.4	304.8	14.7	9.2	5.5
721.1	481.4	239.8	56.3	37.6	18.7
771.3	496.3	275.0	12.7	8.1	4.5
743.2	490.5	252.8	11.6	7.6	3.9
714.9	481.0	233.9	11.5	7.7	3.8
695.5	470.9	224.7	10.3	7.0	3.3
675.7	466.5	209.2	10.2	7.0	3.2
588.6	429.3	159.2	38.3	27.9	10.4
647.6	455.3	192.3	8.8	6.2	2.6
613.8	440.9	172.8	8.1	5.8	2.3
588.8	431.2	157.6	8.0	5.8	2.1
559.0	415.9	143.2	7.3	5.4	1.9
523.7	398.7	124.9	6.1	4.6	1.5
402.5	318.2	84.3	21.2	16.7	4.4
461.6	356.5	105.2	5.5	4.2	1.2
426.2	334.3	92.0	4.7	3.7	1.0
398.9	317.2	81.7	4.3	3.4	0.9
364.9	292.5	72.4	3.5	2.8	0.7
341.6	277.7	63.9	3.1	2.6	0.6
162.0	134.7	27.3	15.3	12.8	2.6
872.3	456.8	415.5	631.9	330.9	301.0
867.9	474.4	393.5	925.2	505.8	419.5
851.8	471.8	380.0	963.5	533.7	429.8

13. 市（不含市辖县）在业人

年　　龄	在业人口		
	合　计	男	女
总　　计	808,928	457,499	351,429
15—19	96,801	49,339	47,462
15	6,122	3,038	3,084
16	12,243	6,346	5,897
17	17,793	9,346	8,447
18	26,730	13,569	13,161
19	33,913	17,040	16,873
20—24	125,701	65,103	60,598
20	19,926	9,998	9,928
21	20,337	10,141	10,196
22	26,649	13,861	12,788
23	25,163	13,270	11,893
24	33,626	17,833	15,793
25—29	150,602	79,981	70,621
25	30,998	16,561	14,437
26	30,192	15,924	14,268
27	31,803	16,827	14,976
28	30,391	16,237	14,154
29	27,218	14,432	12,786
30—34	111,196	60,529	50,667
30	26,177	14,051	12,126
31	22,911	12,368	10,543
32	23,734	12,957	10,777
33	19,688	10,757	8,931
34	18,686	10,396	8,290
35—39	80,453	44,221	36,232
35	18,278	10,128	8,150
36	16,761	9,402	7,359
37	15,249	8,306	6,943
38	15,058	8,222	6,836
39	15,107	8,163	6,944

口的年龄状况及其所占比例

在业人口占同年龄人口数的‰			占在业人口总数的‰		
合计	男	女	合计	男	女
761.1	430.4	330.6	1,000.0	565.6	434.4
565.4	288.2	277.2	119.7	61.0	58.7
257.3	127.7	129.6	7.6	3.8	3.8
414.7	214.9	199.7	15.1	7.8	7.3
544.6	286.1	258.5	22.0	11.6	10.4
658.1	334.1	324.0	33.0	16.8	16.3
760.3	382.0	378.3	41.9	21.1	20.9
904.6	468.5	436.1	155.4	80.5	74.9
823.7	413.3	410.4	24.6	12.4	12.3
883.6	440.6	443.0	25.1	12.5	12.6
916.8	476.8	439.9	32.9	17.1	15.8
932.6	491.8	440.8	31.1	16.4	14.7
941.9	499.5	442.4	41.6	22.0	19.5
946.1	502.5	443.7	186.2	98.9	87.3
938.8	501.6	437.3	38.3	20.5	17.8
943.8	497.8	446.0	37.3	19.7	17.7
945.0	500.0	445.0	39.3	20.8	18.5
950.9	508.1	442.9	37.6	20.1	17.5
953,2	505.4	447.8	33.6	17.8	15.8
953.2	518.9	434.3	137.5	74.8	62.6
955.2	512.7	442.5	32.4	17.4	15.0
954.7	515.4	439.3	28.3	15.3	13.0
952.1	519.8	432.3	29.3	16.0	13.3
952.9	520.6	432.3	24.3	13.3	11.0
950.6	528.8	421.7	23.1	12.9	10.2
953.3	524.0	429.3	99.5	54.7	44.8
952.7	527.9	424.8	22.6	12.5	10.1
955.8	536.1	419.6	20.7	11.6	9.1
953.0	519.1	433.9	18.9	10.3	8.6
950.3	518.9	431.4	18.6	10.2	8.5
954.4	515.7	438.7	18.7	10.1	8.6

年　　龄	在　业　人　口		
	合　　计	男	女
40—44	78,082	43,014	35,068
40	15,308	8,402	6,906
41	15,922	8,814	7,108
42	15,530	8,501	7,029
43	15,459	8,394	7,065
44	15,863	8,903	6,960
45—49	71,582	43,683	27,899
45	15,452	8,890	6,562
46	15,037	8,865	6,172
47	14,289	8,730	5,559
48	13,721	8,756	4,965
49	13,083	8,442	4,641
50—54	45,830	32,993	12,837
50	10,754	7,349	3,405
51	9,901	7,089	2,812
52	9,440	6,952	2,488
53	8,119	5,953	2,166
54	7,616	5,650	1,966
55—59	26,195	20,384	5,811
55	6,372	4,831	1,541
56	5,787	4,477	1,310
57	5,276	4,102	1,174
58	4,822	3,815	1,007
59	3,938	3,159	779
60—64	13,080	10,514	2,566
60	3,570	2,844	726
61	3,026	2,408	618
62	2,570	2,094	476
63	2,091	1,685	406
64	1,823	1,483	340
65以上	9,406	7,738	1,668
15—35	502,578	265,080	237,498
15—54	760,247	418,863	341,384
15—59	786,442	439,247	347,195

（续完）

在业人口占同年龄人口数的‰			占在业人口总数的‰		
合计	男	女	合计	男	女
937.8	516.6	421.2	96.5	53.2	43.4
950.0	521.4	428.6	18.9	10.4	8.5
947.0	524.2	422.8	19.7	10.9	8.8
938.1	513.5	424.6	19.2	10.5	8.7
930.2	505.1	425.1	19.1	10.4	8.7
924.3	518.8	405.5	19.6	11.0	8.6
853.9	521.1	332.8	88.5	54.0	34.5
899.9	517.7	382.2	19.1	11.0	8.1
874.0	515.3	358.8	18.6	11.0	7.6
849.3	518.9	330.4	17.7	10.8	6.9
827.8	528.3	299.5	17.0	10.8	6.1
814.6	525.7	289.0	16.2	10.4	5.7
671.7	483.6	188.2	56.7	40.8	5.9
746.2	509.9	236.3	13.3	9.1	4.2
700.7	501.7	199.0	12.2	8.8	3.5
659.6	485.8	173.9	11.7	8.6	3.1
632.5	463.8	168.7	10.0	7.4	2.7
607.4	450.6	156.8	9.4	7.0	2.4
518.1	403.2	114.9	32.4	25.2	7.2
572.8	434.3	138.5	7.9	6.0	1.9
549.7	425.2	124.4	7.2	5.5	1.6
513.2	399.0	114.2	6.5	5.1	1.5
483.4	382.5	101.0	6.0	4.7	1.2
455.3	365.2	90.1	4.9	3.9	1.0
335.8	269.9	65.9	16.2	13.0	3.2
397.7	316.8	80.9	4.4	3.5	0.9
358.3	285.1	73.2	3.7	3.0	0.8
329.4	268.4	61.0	3.2	2.6	0.6
294.5	237.4	57.2	2.6	2.1	0.5
274.8	223.5	51.3	2.3	1.8	0.4
139.0	114.4	24.7	11.6	9.6	2.1
830.5	438.0	392.4	621.3	327.7	293.6
839.4	462.5	376.9	939.8	517.8	422.0
822.4	459.3	363.1	972.2	543.0	429.2

14. 镇在业人口的年

年龄	在业人口		
	合计	男	女
总计	337,754	204,423	133,331
15—19	41,690	21,217	20,473
15	2,502	1,213	1,289
16	5,262	2,737	2,525
17	8,133	4,214	3,919
18	11,409	5,802	5,607
19	14,384	7,251	7,133
20—24	49,452	26,445	23,007
20	8,735	4,518	4,217
21	7,564	3,937	3,627
22	10,033	5,295	4,738
23	9,929	5,341	4,588
24	13,191	7,354	5,837
25—29	60,091	33,534	26,557
25	12,132	6,648	5,484
26	11,593	6,351	5,242
27	12,813	7,131	5,682
28	12,056	6,768	5,288
29	11,497	6,636	4,861
30—34	48,586	28,846	19,740
30	11,179	6,413	4,766
31	9,868	5,821	4,047
32	10,531	6,308	4,223
33	8,706	5,201	3,505
34	8,302	5,103	3,199
35—39	37,912	23,609	14,303
35	8,526	5,331	3,195
36	7,746	4,833	2,913
37	7,547	4,661	2,886
38	7,098	4,417	2,681
39	6,995	4,367	2,628

龄状况及其所占比例

在业人口占同年龄人口数的‰			占在业人口总数的‰		
合计	男	女	合计	男	女
744.9	450.8	294.0	1,000.0	605.2	394.8
531.9	270.7	261.2	123.4	62.8	60.6
205.0	99.4	105.6	7.4	3.6	3.8
361.8	188.2	173.6	15.6	8.1	7.5
513.8	266.2	247.6	24.1	12.5	11.6
660.4	335.8	324.6	33.8	17.2	16.6
776.8	391.6	385.2	42.6	21.5	21.1
898.6	480.6	418.1	146.4	78.3	68.1
843.1	436.1	407.0	25.9	13.4	12.5
886.4	461.4	425.1	22.4	11.7	10.7
912.7	481.7	431.0	29.7	15.7	14.0
918.1	493.9	424.2	29.4	15.8	13.6
920.6	513.2	407.4	39.1	21.8	17.3
921.6	514.3	407.3	177.9	99.3	78.6
916.4	502.2	414.2	35.9	19.7	16.2
924.5	506.5	418.0	34.3	18.8	15.5
922.0	513.1	408.9	37.9	21.1	16.8
921.0	517.0	404.0	35.7	20.0	15.7
924.2	533.4	390.8	34.0	19.6	14.4
926.5	550.1	376.4	143.9	85.4	58.4
924.6	530.4	394.2	33.1	19.0	14.1
927.9	547.3	380.5	29.2	17.2	12.0
927.4	555.5	371.9	31.2	18.7	12.5
925.3	552.8	372.5	25.8	15.4	10.4
927.7	570.2	357.5	24.6	15.1	9.5
921.8	574.0	347.8	112.2	69.9	42.3
923.2	577.3	346.0	25.2	15.8	9.5
923.9	576.5	347.4	22.9	14.3	8.6
922.3	569.6	352.7	22.3	13.8	8.5
918.4	571.5	346.9	21.0	13.1	7.9
920.5	574.7	345.8	20.7	12.9	7.8

年　　龄	在　业　人　口		
	合　　计	男	女
40—44	34,907	22,072	12,835
40	7,099	4,287	2,812
41	7,317	4,634	2,683
42	6,822	4,313	2,509
43	6,901	4,419	2,482
44	6,768	4,419	2,349
45—49	29,358	20,250	9,108
45	6,410	4,265	2,145
46	6,173	4,181	1,992
47	5,782	3,944	1,838
48	5,631	3,972	1,659
49	5,362	3,888	1,474
50—54	18,241	14,194	4,047
50	4,449	3,362	1,087
51	3,940	3,039	901
52	3,722	2,923	799
53	3,127	2,461	666
54	3,003	2,409	594
55—59	9,493	7,744	1,749
55	2,386	1,925	461
56	2,077	1,695	382
57	1,945	1,598	347
58	1,686	1,393	293
59	1,399	1,133	266
60—64	4,534	3,661	873
60	1,265	1,031	234
61	1,023	828	195
62	912	713	199
63	725	592	133
64	609	497	112
65以上	3,490	2,851	639
15—35	208,345	115,373	92,972
15—54	320,237	190,167	130,070
15—59	329,730	197,911	131,819

（续完）

在业人口占同年龄人口数的‰			占在业人口总数的‰		
合计	男	女	合计	男	女
898.7	568.2	330.4	103.4	65.3	38.0
913.3	551.5	361.8	21.0	12.7	8.3
913.0	578.2	334.8	21.7	13.7	7.9
895.4	566.1	329.3	20.2	12.8	7.4
890.6	570.3	320.3	20.4	13.1	7.3
880.3	574.8	305.5	20.0	13.1	7.0
821.5	566.6	254.9	86.9	60.0	27.0
862.7	574.0	288.7	19.0	12.6	6.4
833.6	564.6	269.0	18.3	12.4	5.9
817.8	557.9	260.0	17.1	11.7	5.4
802.6	566.1	236.5	16.7	11.8	4.9
786.7	570.4	216.3	15.9	11.5	4.4
673.6	524.2	149.5	54.0	42.0	12.0
740.6	559.7	181.0	13.2	10.0	3.2
698.6	538.8	159.8	11.7	9.0	2.7
668.0	524.6	143.4	11.0	8.7	2.4
630.7	496.4	134.3	9.3	7.3	2.0
612.6	491.4	121.2	8.9	7.1	1.8
504.1	411.2	92.9	28.1	22.9	5.2
563.3	454.4	108.8	7.1	5.7	1.4
524.8	428.2	96.5	6.1	5.0	1.1
511.0	419.9	91.2	5.8	4.7	1.0
477.5	394.5	83.0	5.0	4.1	0.9
423.7	343.1	80.6	4.1	3.4	0.8
314.0	253.5	60.5	13.4	10.8	2.6
378.6	308.6	70.0	3.7	3.1	0.7
326.4	264.2	62.2	3.0	2.5	0.6
314.2	245.6	68.5	2.7	2.1	0.6
280.1	228.7	51.4	2.1	1.8	0.4
246.3	201.0	45.3	1.8	1.5	0.3
132.6	108.3	24.3	10.3	8.4	1.9
800.5	443.3	357.2	616.9	341.6	275.3
813.1	482.9	330.3	948.1	563.0	385.1
799.0	479.6	319.4	976.2	586.0	390.3

15. 县（不含镇）在业人口

年　　龄	在业人口		
	合　计	男	女
总　　计	4,069,226	2,275,514	1,793,712
15—19	790,695	379,257	411,438
15	108,489	47,449	61,040
16	151,102	71,136	79,966
17	160,623	78,192	82,431
18	172,963	85,084	87,879
19	197,518	97,396	100,122
20—24	519,966	273,935	246,031
20	115,751	57,394	58,357
21	70,921	36,328	34,593
22	97,656	52,146	45,510
23	98,930	53,299	45,631
24	136,708	74,768	61,940
25—29	658,839	357,470	301,369
25	134,022	72,818	61,204
26	126,514	68,925	57,589
27	139,773	76,310	63,463
28	132,678	71,871	60,807
29	125,852	67,546	58,306
30—34	526,287	286,134	240,153
30	125,549	67,422	58,127
31	104,687	56,639	48,048
32	109,964	60,461	49,503
33	95,400	52,034	43,366
34	90,687	49,578	41,109
35—39	389,467	213,649	175,818
35	89,099	48,559	40,540
36	81,720	44,045	37,675
37	75,903	41,488	34,415
38	74,145	41,164	32,981
39	68,600	38,393	30,207

的年龄状况及其所占比例

在业人口占同年龄人口数的‰			占在业人口总数的‰		
合计	男	女	合计	男	女
789.9	441.7	348.2	1,000.0	559.2	440.8
787.1	377.5	409.6	194.3	93.2	101.1
567.2	248.1	319.1	26.7	11.7	15.0
710.2	334.4	375.9	37.1	17.5	19.7
820.1	399.2	420.9	39.5	19.2	20.3
895.0	440.3	454.7	42.5	20.9	21.6
934.4	460.7	473.6	48.5	23.9	24.6
944.0	497.3	446.7	127.8	67.3	60.5
949.8	471.0	478.9	28.4	14.1	14.3
942.9	483.0	459.9	17.4	8.9	8.5
943.4	503.7	439.6	24.0	12.8	11.2
941.1	507.0	434.1	24.3	13.1	11.2
942.3	515.4	426.9	33.6	18.4	15.2
938.1	509.0	429.1	161.9	87.8	74.1
940.4	510.9	429.4	32.9	17.9	15.0
938.3	511.2	427.1	31.1	16.9	14.2
936.4	511.2	425.2	34.3	18.8	15.6
936.4	507.2	429.1	32.6	17.7	14.9
939.2	504.1	435.1	30.9	16.6	14.3
939.3	510.7	428.6	129.3	70.3	59.0
939.4	504.5	434.9	30.9	16.6	14.3
938.1	507.5	430.5	25.7	13.9	11.8
937.9	515.7	422.2	27.0	14.9	12.2
941.6	513.6	428.0	23.4	12.8	10.7
940.3	514.0	426.2	22.3	12.2	10.1
938.0	514.5	423.4	95.7	52.5	43.2
939.1	511.8	427.3	21.9	11.9	10.0
939.6	506.4	433.2	20.1	10.8	9.3
939.2	513.4	425.8	18.7	10.2	8.5
937.2	520.3	416.9	18.2	10.1	8.1
934.2	522.8	411.4	16.9	9.4	7.4

年龄	在业人口		
	合计	男	女
40—44	328,841	188,682	140,159
40	70,592	39,630	30,962
41	68,880	39,033	29,847
42	62,930	36,169	26,761
43	62,813	36,425	26,388
44	63,626	37,425	26,201
45—49	301,789	181,080	120,709
45	63,052	37,187	25,865
46	62,910	37,285	25,625
47	58,496	34,977	23,519
48	59,112	35,928	23,184
49	58,219	35,703	22,516
50—54	229,481	148,761	80,720
50	50,796	31,756	19,040
51	46,615	29,766	16,849
52	46,776	30,454	16,322
53	42,663	28,082	14,581
54	42,631	28,703	13,928
55—59	163,974	117,515	46,459
55	37,228	25,572	11,656
56	34,491	24,257	10,234
57	34,333	24,729	9,604
58	31,519	23,080	8,439
59	26,403	19,877	6,526
60—64	92,744	73,065	19,679
60	23,600	18,083	5,517
61	20,629	16,117	4,512
62	19,105	15,153	3,952
63	15,423	12,343	3,080
64	13,987	11,369	2,618
65以上	67,143	55,966	11,177
15—35	2,584,886	1,345,355	1,239,531
15—54	3,745,365	2,028,968	1,719,397
15—59	3,909,339	2,146,483	1,762,856

（续完）

在业人口占同年龄人口数的‰			占在业人口总数的‰		
合计	男	女	合计	男	女
911.5	523.0	388.5	80.8	46.4	34.4
927.9	520.9	407.0	17.3	9.7	7.6
920.6	521.7	398.9	16.9	9.6	7.3
911.1	523.6	387.4	15.5	8.9	6.6
902.4	523.3	379.4	15.4	9.0	6.5
893.7	525.7	368.0	15.6	9.2	6.4
849.3	509.6	339.7	74.2	44.5	29.7
880.8	519.5	361.3	15.5	9.1	6.4
865.9	513.2	352.7	15.5	9.2	6.3
846.9	506.4	340.5	14.4	8.6	5.8
832.9	506.3	326.7	14.5	8.8	5.7
819.4	502.5	316.9	14.3	8.8	5.5
736.1	477.2	258.9	56.4	36.6	19.8
779.6	487.4	292.2	12.5	7.8	4.7
757.1	483.4	273.7	11.5	7.3	4.1
731.3	476.1	255.2	11.5	7.5	4.0
714.5	470.3	244.2	10.5	6.9	3.6
694.7	467.7	227.0	10.5	7.1	3.4
607.7	435.5	172.2	40.3	28.9	11.4
669.0	459.5	209.4	9.1	6.3	2.9
632.6	444.9	187.7	8.5	6.0	2.5
607.8	437.8	170.0	8.4	6.1	2.4
578.1	423.4	154.8	7.7	5.7	2.1
542.6	408.5	134.1	6.5	4.9	1.6
420.1	331.0	89.1	22.8	18.0	4.8
478.9	366.9	112.0	5.8	4.4	1.4
445.4	348.0	97.4	5.1	4.0	1.1
416.1	330.0	86.1	4.7	3.7	1.0
382.8	306.4	76.4	3.8	3.0	0.8
359.0	291.8	67.2	3.4	2.8	0.6
167.9	139.9	27.9	16.5	13.8	2.7
887.4	461.9	425.5	635.2	330.6	304.6
879.0	476.2	402.8	920.4	498.6	421.8
862.8	473.7	389.1	960.7	527.2	433.2

16. 省、直辖市、自治区各行业人

地　　区	各行业人口数（人）			各行业人口所占比例		
	合　计	男	女	合　计	男	女
总　　计	5,215,908	2,937,436	2,278,472	782.2	440.5	341.7
北　　京	54,306	30,361	23,945	757.6	423.6	334.0
天　　津	44,533	25,612	18,921	750.2	431.4	318.7
河　　北	276,152	165,312	110,840	753.1	450.8	302.3
山　　西	130,737	75,827	54,910	775.8	449.9	325.8
内　　蒙	90,583	55,079	35,504	729.7	443.7	286.0
辽　　宁	177,524	107,823	69,701	698.8	424.4	274.4
吉　　林	95,825	62,476	33,349	632.9	412.7	220.3
黑　龙　江	132,739	87,538	45,201	626.5	413.2	213.4
上　　海	74,441	39,372	35,069	766.9	405.6	361.3
江　　苏	347,292	185,393	161,899	808.7	431.7	377.0
浙　　江	210,096	128,964	81,132	762.9	468.3	294.6
安　　徽	259,534	143,696	115,838	819.8	453.9	365.9
福　　建	117,080	72,110	44,970	714.6	440.1	274.5
江　　西	156,117	90,024	66,093	767.6	442.7	325.0
山　　东	401,331	223,874	177,457	781.4	435.9	345.5
河　　南	400,186	217,171	183,015	820.9	445.5	375.4
湖　　北	257,374	141,796	115,578	799.5	440.5	359.0
湖　　南	283,447	161,338	122,109	793.7	451.8	341.9
广　　东	307,117	167,462	139,655	782.3	426.5	355.7
广　　西	185,780	99,408	86,372	814.1	435.6	378.5
四　　川	547,371	296,282	251,089	837.1	453.1	384.0
贵　　州	139,301	73,109	66,192	827.9	434.5	393.4
云　　南	165,981	87,241	78,740	840.5	441.8	398.7
西　　藏	10,214	5,168	5,046	856.2	433.2	423.0
陕　　西	150,113	84,942	65,171	777.2	439.8	337.4
甘　　肃	103,356	55,869	47,487	828.7	447.9	380.7
青　　海	18,592	10,218	8,374	804.8	442.3	362.5
宁　　夏	17,945	9,691	8,254	798.7	431.3	367.4
新　　疆	60,841	34,280	26,561	774.6	436.4	338.2

口占15岁以上人口数*的比例（‰）

农、林、牧、渔业			矿业及木材采运业			电力、煤气、自来水的生产和供应业		
小 计	男	女	小 计	男	女	小 计	男	女
576.3	309.8	266.4	12.6	10.1	2.4	2.3	1.7	0.6
216.4	118.3	98.1	9.2	7.8	1.5	4.1	2.8	1.3
235.1	141.0	94.0	4.7	3.7	1.1	4.7	3.3	1.4
584.1	336.1	248.0	14.5	12.4	2.1	1.7	1.2	0.4
553.4	295.6	257.8	34.5	31.0	3.5	2.8	2.1	0.7
498.4	296.8	201.6	19.7	15.4	4.3	3.1	2.3	0.9
320.6	197.6	123.0	24.9	18.9	6.0	4.9	3.5	1.4
351.5	243.7	107.8	29.4	21.3	8.1	2.9	2.3	0.7
316.7	227.3	89.5	40.7	29.4	1.3	3.9	2.7	1.2
196.4	81.6	114.8	0.4	0.4	0.1	4.6	3.5	1.2
535.8	255.2	280.6	8.8	7.1	1.7	1.6	1.2	0.4
475.1	305.6	169.5	7.6	6.5	1.1	2.2	1.8	0.4
666.3	349.6	316.7	9.1	7.2	1.9	1.4	1.1	0.4
499.3	294.9	204.4	14.0	11.9	2.2	2.8	2.2	0.6
571.8	306.9	264.9	15.5	12.0	3.5	2.8	2.0	0.7
624.0	331.5	292.5	11.5	9.8	1.7	1.5	1.2	0.3
691.9	359.0	332.9	9.1	7.8	1.3	1.7	1.2	0.4
610.6	322.0	288.6	5.4	4.2	1.1	2.0	1.5	0.5
633.9	346.3	287.6	11.0	9.4	1.6	1.8	1.3	0.5
567.7	297.2	270.6	7.1	5.4	1.7	2.8	2.2	0.6
687.3	353.6	333.7	6.1	4.8	1.2	1.6	1.2	0.4
694.0	358.2	335.8	10.2	8.7	1.5	1.8	1.3	0.5
710.1	358.9	351.2	8.3	6.5	1.8	1.7	1.3	0.4
718.9	360.5	358.4	10.4	7.9	2.4	2.1	1.5	0.6
724.1	344.5	379.6	1.8	1.4	0.4	3.4	2.7	0.8
590.0	314.2	275.7	9.1	7.8	1.3	1.8	1.3	0.5
674.2	343.9	330.3	11.4	9.2	2.2	2.5	1.7	0.8
568.9	290.8	278.1	12.2	9.5	2.7	4.2	2.9	1.3
606.2	303.2	303.0	19.6	14.9	4.8	3.1	2.3	0.8
555.9	302.4	253.5	17.5	12.1	5.4	3.6	2.3	1.3

*含15岁人口，下同。

地　　区	制　造　业			地质勘探和普查业			建　筑　业		
	小　计	男	女	小　计	男	女	小　计	男	女
总　　计	92.5	51.8	40.7	1.2	1.0	0.3	16.5	13.4	3.1
北　　京	244.0	122.9	121.1	0.7	0.5	0.2	54.8	42.3	12.5
天　　津	292.8	149.3	143.5	3.8	2.9	0.9	37.8	30.1	7.7
河　　北	68.4	41.4	27.0	2.1	1.6	0.5	12.9	10.6	2.3
山　　西	81.6	50.8	30.8	1.2	1.0	0.2	15.1	11.4	3.7
内　　蒙	71.8	39.9	31.9	2.4	1.8	0.5	21.4	15.8	5.6
辽　　宁	193.3	107.2	86.1	1.6	1.3	0.4	31.3	23.9	7.4
吉　　林	118.1	64.0	54.1	1.5	1.2	0.3	20.2	14.9	5.3
黑　龙　江	119.6	65.0	54.6	1.1	0.9	0.2	23.7	16.6	7.1
上　　海	353.6	184.4	169.3	0.3	0.3	0.0	34.0	29.0	4.9
江　　苏	158.0	91.2	66.8	0.7	0.6	0.2	25.1	23.3	1.8
浙　　江	179.0	83.4	95.6	0.5	0.4	0.1	23.1	21.2	1.9
安　　徽	62.2	39.7	22.5	0.9	0.8	0.2	13.7	11.4	2.3
福　　建	90.7	52.3	38.4	0.9	0.7	0.1	21.1	18.4	2.6
江　　西	82.0	54.4	27.7	1.9	1.5	0.5	18.2	16.0	2.2
山　　东	72.0	40.3	31.8	0.6	0.5	0.1	11.5	9.8	1.6
河　　南	49.6	29.7	19.9	1.0	0.7	0.2	6.7	5.3	1.4
湖　　北	85.7	47.8	38.0	1.0	0.7	0.2	14.2	10.8	3.4
湖　　南	68.6	41.0	27.7	1.0	0.8	0.2	11.9	10.2	1.7
广　　东	95.0	45.0	50.0	0.9	0.7	0.2	15.1	12.4	2.6
广　　西	42.3	24.3	17.9	1.3	0.9	0.3	8.4	6.2	2.2
四　　川	55.3	34.3	21.0	0.9	0.7	0.2	11.5	9.0	2.4
贵　　州	37.7	22.0	15.7	1.5	1.0	0.4	9.8	6.8	3.0
云　　南	36.4	21.5	14.9	1.6	1.2	0.4	12.2	9.1	3.1
西　　藏	17.8	9.3	8.5	2.8	2.2	0.6	11.6	8.2	3.4
陕　　西	77.0	46.4	30.6	1.5	1.3	0.3	16.9	13.8	3.0
甘　　肃	53.4	31.7	21.8	2.1	1.7	0.5	13.8	10.5	3.4
青　　海	73.6	39.2	34.5	9.7	8.1	1.6	30.5	21.0	9.5
宁　　夏	57.7	33.6	24.0	4.5	3.3	1.1	15.1	10.8	4.3
新　　疆	59.4	32.0	27.4	3.7	2.7	1.0	29.4	19.6	9.8

（续1）

交通运输、邮电通信业			商业、饮食业、物资供销及仓储业			住宅管理、公共事业管理和居民服务业		
小计	男	女	小计	男	女	小计	男	女
13.4	10.3	3.1	23.3	13.2	10.1	3.6	2.0	1.6
31.1	22.6	8.5	54.1	26.2	28.0	15.6	8.1	7.5
32.7	24.4	8.3	54.2	28.9	25.4	11.1	6.3	4.8
9.2	7.6	1.6	17.6	11.0	6.6	2.5	1.4	1.1
12.9	10.6	2.3	20.4	11.6	8.9	3.1	1.6	1.5
17.7	13.4	4.3	29.3	16.0	13.3	4.3	2.0	2.3
22.1	16.3	5.8	41.5	20.9	20.5	6.9	3.6	3.3
16.9	12.1	4.8	36.1	18.4	17.7	5.8	2.8	3.0
19.5	14.4	5.1	38.5	19.1	19.4	5.8	2.7	3.1
37.1	28.9	8.2	54.1	30.0	24.2	15.0	8.9	6.1
16.4	12.6	3.8	23.7	14.5	9.2	4.3	2.7	1.6
14.0	11.8	2.2	25.2	14.5	10.7	4.2	2.5	1.7
10.3	7.8	2.5	20.2	11.5	8.7	3.5	2.2	1.3
16.5	13.8	2.6	24.6	15.6	9.1	3.9	2.4	1.5
11.6	8.6	3.0	20.1	11.1	9.0	3.7	2.4	1.3
7.8	6.4	1.4	17.4	11.2	6.2	2.1	1.3	0.8
7.8	6.2	1.6	16.5	10.0	6.5	2.1	1.1	1.0
14.1	10.8	3.4	23.1	13.2	9.8	3.0	1.6	1.4
11.2	8.7	2.5	16.8	8.7	8.0	2.4	1.4	1.0
17.1	13.1	4.0	31.3	19.5	11.8	4.5	2.5	2.0
10.9	8.0	3.0	18.5	10.1	8.4	2.3	1.2	1.1
10.5	8.1	2.4	19.0	10.5	8.5	2.3	1.3	1.0
8.4	6.1	2.2	14.9	7.7	7.2	1.6	0.7	0.9
10.7	7.9	2.7	14.0	8.1	6.0	1.3	0.5	0.8
22.2	15.7	6.5	11.2	5.4	5.9	1.8	0.7	1.1
11.2	8.9	2.3	18.4	10.5	7.8	3.4	1.6	1.8
11.9	9.2	2.8	16.8	9.7	7.1	2.3	0.9	1.4
22.9	17.5	5.4	19.5	10.3	9.2	4.2	1.5	2.3
14.9	11.3	3.6	20.7	10.8	9.9	2.6	1.3	1.3
20.2	13.7	6.5	25.8	15.1	10.8	3.3	1.6	1.7

地区	卫生、体育和社会福利事业			教育文化艺术事业			科学研究和综合技术服务事业		
	小计	男	女	小计	男	女	小计	男	女
总计	6.2	3.2	2.9	18.5	12.0	6.6	1.8	1.2	0.7
北京	13.1	4.8	8.3	44.0	22.1	21.9	30.5	18.6	11.9
天津	11.0	4.7	6.4	30.6	15.0	15.6	6.9	4.4	2.5
河北	5.6	3.2	2.4	16.4	10.2	6.2	1.1	0.7	0.4
山西	7.0	3.8	3.2	23.2	14.2	9.0	1.4	0.9	0.4
内蒙	8.0	3.7	4.2	27.0	16.7	10.3	2.0	1.2	0.8
辽宁	8.7	3.8	5.0	21.8	12.3	9.5	2.9	1.8	1.0
吉林	7.6	3.6	4.0	24.1	14.3	9.8	1.9	1.2	0.7
黑龙江	9.1	4.1	4.9	24.3	13.7	10.5	1.9	1.2	0.7
上海	14.0	4.8	9.3	29.9	15.3	14.6	7.8	5.2	2.6
江苏	4.5	2.4	2.1	17.7	11.5	6.2	1.2	0.8	0.4
浙江	5.9	3.1	2.9	15.1	8.9	6.2	0.7	0.5	0.2
安徽	5.1	2.9	2.2	16.9	11.9	5.0	0.8	0.5	0.3
福建	6.1	3.1	3.0	19.4	12.5	6.9	0.9	0.6	0.3
江西	6.5	3.7	2.9	18.4	12.6	5.9	1.6	1.0	0.6
山东	5.4	3.2	2.2	16.4	11.6	4.9	0.8	0.5	0.3
河南	5.6	3.4	2.2	18.3	12.6	5.8	0.8	0.5	0.3
湖北	6.1	3.1	3.0	19.5	13.2	6.2	2.0	1.3	0.7
湖南	4.7	2.4	2.2	16.5	10.8	5.7	1.1	0.7	0.4
广东	6.3	3.3	3.0	16.9	11.8	5.1	1.2	0.8	0.5
广西	4.5	2.4	2.1	16.3	12.2	4.1	1.0	0.6	0.4
四川	5.5	3.2	2.3	14.1	8.8	5.3	1.5	0.9	0.6
贵州	4.1	2.1	2.1	15.1	10.4	4.7	0.9	0.5	0.4
云南	4.8	2.5	2.3	14.4	10.2	4.1	1.0	0.6	0.3
西藏	8.0	4.4	3.5	16.1	11.7	4.4	1.9	1.2	0.8
陕西	7.3	4.2	3.1	22.1	15.1	7.1	3.5	2.4	1.2
甘肃	5.9	3.5	2.4	18.1	13.6	4.5	1.9	1.3	0.6
青海	7.9	3.9	4.1	22.4	15.4	7.0	3.8	2.5	1.3
宁夏	6.5	3.3	3.2	25.0	18.0	7.0	2.2	1.1	1.2
新疆	7.8	3.4	4.4	22.8	12.7	10.1	1.7	1.1	0.6

（续2完）

金融、保险业			国家机关、政党和群众团体			其他行业		
小计	男	女	小计	男	女	小计	男	女
1.5	1.1	0.5	12.0	9.5	2.5	0.5	0.3	0.2
2.6	1.2	1.4	36.0	24.5	11.6	1.4	0.8	0.5
2.3	1.3	0.9	21.1	15.4	5.7	1.4	0.7	0.7
1.5	1.0	0.5	15.3	12.3	3.0	0.2	0.1	0.1
2.0	1.3	0.6	16.2	13.3	2.9	1.0	0.8	0.2
2.4	1.7	0.7	21.4	16.3	5.1	0.8	0.5	0.2
1.7	1.1	0.6	15.5	11.5	4.0	1.0	0.7	0.3
2.0	1.3	0.7	14.3	11.2	3.0	0.7	0.5	0.2
1.8	1.2	0.6	19.7	14.7	5.0	0.2	0.1	0.1
2.2	1.3	0.9	17.1	12.1	5.0	0.1	0.1	0.1
1.2	0.8	0.4	9.2	7.5	1.7	0.4	0.2	0.2
1.4	0.9	0.5	8.5	7.0	1.5	0.4	0.2	0.1
1.2	0.9	0.4	7.8	6.3	1.5	0.1	0.1	0.0
1.8	1.3	0.5	12.2	10.0	2.2	0.4	0.3	0.1
1.6	1.2	0.4	11.6	9.3	2.3	0.3	0.1	0.1
1.3	1.0	0.4	8.7	7.3	1.4	0.3	0.2	0.1
1.2	0.9	0.3	8.3	6.9	1.4	0.2	0.1	0.1
1.6	1.1	0.6	11.0	9.0	1.9	0.3	0.2	0.1
1.2	0.7	0.4	11.3	9.1	2.2	0.5	0.3	0.2
1.9	1.4	0.6	14.1	11.0	3.1	0.3	0.2	0.2
1.4	1.0	0.3	8.9	7.4	1.5	3.4	1.5	1.9
1.3	0.8	0.4	8.8	7.1	1.7	0.3	0.2	0.2
1.6	1.1	0.5	11.8	9.2	2.7	0.3	0.2	0.1
1.7	1.3	0.4	10.8	8.6	2.2	0.2	0.2	0.1
1.8	1.3	0.6	31.2	24.2	7.0	0.4	0.3	0.1
1.7	1.2	0.5	12.3	10.2	2.1	1.1	0.9	0.2
1.7	1.3	0.4	11.9	9.5	2.4	0.6	0.4	0.2
2.4	1.6	0.8	21.5	17.4	4.2	1.1	0.7	0.3
1.5	1.2	0.3	17.5	14.9	2.7	1.6	1.4	0.2
2.6	1.7	0.9	20.0	15.6	4.4	0.9	0.5	0.3

17. 省、直辖市、自治区的市（不含市辖县）

地区	各行业人口数（人）			各行业人口所占比例		
	合计	男	女	合计	男	女
总计	808,928	457,499	351,429	761.1	430.4	330.6
北京	34,329	18,862	15,467	761.5	418.4	343.1
天津	30,744	17,386	13,358	759.6	429.5	330.0
河北	35,244	21,412	13,832	787.0	478.2	308.9
山西	23,207	14,006	9,201	764.9	461.7	303.3
内蒙	16,202	9,333	6,869	731.9	421.6	310.3
辽宁	68,520	38,108	30,412	750.0	417.1	332.9
吉林	27,205	15,972	11,233	681.6	400.2	281.4
黑龙江	41,472	24,193	17,279	692.7	404.1	288.6
上海	38,118	21,475	16,643	698.0	393.2	304.7
江苏	40,644	22,653	17,991	776.5	432.8	343.7
浙江	41,509	23,488	18,021	805.2	455.6	349.6
安徽	27,539	15,638	11,901	789.2	448.2	341.1
福建	17,127	10,020	7,107	722.7	422.8	299.9
江西	20,516	11,688	8,828	742.4	422.9	319.4
山东	49,531	27,744	21,787	774.9	434.0	340.8
河南	40,886	23,161	17,725	793.1	449.3	343.8
湖北	32,330	17,924	14,406	784.3	434.8	349.5
湖南	28,421	16,149	12,272	771.8	438.5	333.3
广东	39,683	21,717	17,966	762.9	417.5	345.4
广西	13,679	7,460	6,219	766.5	418.0	348.5
四川	56,816	31,415	25,401	783.6	433.3	350.3
贵州	20,637	11,202	9,435	813.7	441.7	372.0
云南	13,829	7,667	6,162	805.2	446.4	358.8
西藏	584	343	241	777.6	456.7	320.9
陕西	23,184	13,010	10,174	786.1	441.1	345.0
甘肃	11,153	6,505	4,648	788.5	459.9	328.6
青海	3,021	1,701	1,320	751.3	423.0	328.3
宁夏	3,209	1,800	1,409	749.9	420.7	329.3
新疆	9,589	5,467	4,122	733.3	418.1	315.2

各行业人口占15岁以上人口数的比例（‰）

农、林、牧、渔业			矿业及木材采运业			电力、煤气、自来水的生产和供应业		
小计	男	女	小计	男	女	小计	男	女
184.2	95.2	89.0	31.3	24.7	6.6	6.9	4.8	2.1
65.0	32.0	33.0	8.5	7.1	1.4	6.0	4.1	1.9
100.7	58.6	42.2	6.8	5.3	1.5	6.0	4.2	1.8
137.7	68.8	68.9	79.1	66.3	12.8	8.4	5.7	2.6
181.4	92.9	88.4	92.1	80.5	11.6	8.1	5.6	2.4
124.9	71.2	53.8	45.0	34.2	10.8	10.0	6.7	3.3
95.8	53.3	42.5	33.8	24.5	9.4	9.2	6.2	3.0
131.4	89.0	42.4	35.3	25.4	9.9	7.3	5.7	1.6
94.0	61.0	33.0	83.5	61.9	21.6	8.5	5.5	3.0
6.4	3.5	2.9	0.2	0.2	0.0	6.4	4.7	1.6
84.7	36.3	48.4	27.5	22.1	5.4	7.0	5.0	2.0
400.5	227.4	173.1	5.2	4.5	0.6	4.0	3.3	0.7
205.0	94.5	110.5	62.0	48.5	13.5	7.0	4.9	2.2
238.4	134.3	104.1	10.5	7.7	2.9	4.2	2.9	1.4
253.1	133.3	119.9	20.1	15.2	4.9	6.4	4.6	1.7
319.3	158.7	160.6	24.7	21.6	3.1	4.7	3.6	1.1
241.4	116.6	124.7	49.2	41.7	7.5	8.4	5.9	2.5
102.4	49.7	52.8	12.3	9.1	3.3	7.7	5.4	2.3
223.4	118.5	105.0	13.4	11.2	2.2	6.6	4.6	2.0
201.7	99.7	102.0	5.1	3.8	1.3	5.0	3.5	1.5
210.0	97.8	112.2	14.7	11.5	3.1	5.2	3.7	1.5
296.4	144.2	152.2	19.8	15.7	4.1	6.5	4.0	2.5
450.8	223.2	227.6	38.7	30.1	8.6	5.1	3.7	1.5
281.2	132.3	148.9	42.1	29.2	12.9	7.9	4.9	2.9
95.9	42.6	53.3	1.3	0.0	1.3	18.6	14.6	4.0
234.9	112.7	122.2	22.1	18.1	4.0	4.4	2.9	1.5
174.0	86.5	87.5	51.3	40.5	10.7	7.4	4.7	2.6
92.8	41.8	51.0	2.0	0.5	1.5	7.5	5.0	2.5
242.3	114.0	128.3	83.0	63.6	19.4	7.9	5.6	2.3
102.7	55.9	46.8	45.6	30.9	14.7	11.1	7.0	4.1

地区	制造业			地质勘探和普查业			建筑业		
	小计	男	女	小计	男	女	小计	男	女
总计	285.9	151.1	134.8	3.2	2.4	0.7	50.4	36.9	13.5
北京	300.0	149.9	150.2	0.8	0.5	0.2	71.4	53.8	17.5
天津	369.1	189.5	179.5	5.3	4.1	1.2	50.3	39.3	11.0
河北	278.6	154.0	124.7	6.7	5.3	1.4	65.9	51.2	14.7
山西	244.1	138.1	106.1	4.5	3.7	0.8	57.5	40.8	16.8
内蒙	241.8	124.1	117.6	6.1	4.7	1.4	68.7	47.3	21.4
辽宁	366.0	193.7	172.2	1.7	1.3	0.3	51.3	35.5	15.8
吉林	269.7	140.5	129.2	1.9	1.5	0.4	49.2	35.7	13.5
黑龙江	252.7	130.9	121.8	2.5	2.0	0.5	54.3	36.1	18.2
上海	410.6	216.8	193.9	0.5	0.4	0.1	35.2	27.8	7.4
江苏	398.3	206.5	191.8	3.1	2.4	0.6	37.8	28.7	9.1
浙江	242.2	119.2	123.1	1.3	1.2	0.2	26.9	22.7	4.2
安徽	255.6	134.8	120.9	4.6	3.8	0.8	71.8	54.7	17.1
福建	240.8	126.9	113.8	2.7	2.4	0.3	43.0	32.2	10.8
江西	248.2	138.4	109.8	2.4	1.5	0.8	38.6	29.9	8.8
山东	244.8	131.2	113.7	1.7	1.4	0.3	32.8	26.2	6.7
河南	255.0	135.8	119.2	4.1	3.2	0.9	42.6	31.8	10.8
湖北	362.9	190.3	172.5	3.3	2.5	0.8	65.4	45.2	20.2
湖南	277.6	148.6	129.0	3.8	2.9	0.9	45.6	34.3	11.4
广东	261.6	131.3	130.3	3.2	2.6	0.7	37.7	27.6	10.1
广西	263.6	141.1	122.5	5.4	3.0	2.4	53.9	38.8	15.1
四川	235.0	130.7	104.4	2.7	2.1	0.7	52.0	37.2	14.8
贵州	143.3	80.5	62.8	3.9	2.6	1.3	40.6	28.1	12.5
云南	219.8	123.9	95.9	6.5	4.6	1.9	71.6	50.4	21.2
西藏	145.1	71.9	73.2	1.3	1.3	0.0	10.5	71.9	38.6
陕西	282.3	154.6	127.7	3.6	2.8	0.8	51.2	39.9	11.3
甘肃	278.8	159.4	119.4	2.6	2.1	0.6	73.9	52.9	21.1
青海	269.1	135.0	134.0	13.9	11.4	2.5	22.6	81.1	41.5
宁夏	155.6	80.6	75.0	1.9	0.9	0.9	58.0	38.6	19.4
新疆	209.5	106.3	103.2	11.0	7.6	3.4	97.6	62.0	35.6

（续1）

交通运输、邮电通信业			商业、饮食业、物资供销及仓储业			住宅管理、公共事业管理和居民服务业		
小计	男	女	小计	男	女	小计	男	女
43.3	31.7	11.5	54.9	26.1	28.9	13.5	6.7	6.8
42.0	29.8	12.2	70.3	32.2	38.1	23.3	12.2	11.1
44.8	33.1	11.7	71.3	36.6	34.7	15.4	8.6	6.8
43.9	34.4	9.6	48.3	21.9	26.4	13.2	6.6	6.6
40.6	31.1	9.5	43.6	17.7	25.9	11.0	4.6	6.4
51.8	37.5	14.2	63.1	29.1	34.0	13.1	6.3	6.9
39.7	27.9	11.8	61.2	26.0	35.2	13.4	6.5	6.9
33.2	23.4	9.8	57.2	25.6	31.7	13.7	6.4	7.3
38.9	27.7	11.1	57.7	24.5	33.2	12.6	5.7	6.9
51.5	40.0	11.6	73.0	39.2	33.9	21.4	12.2	9.2
53.9	39.8	14.2	54.2	26.9	27.3	17.4	9.5	7.9
27.5	21.8	5.7	40.1	21.2	18.9	9.5	5.3	4.2
45.9	32.7	13.2	51.8	24.1	27.7	12.3	6.0	6.2
40.3	32.1	8.2	49.4	26.9	22.5	12.0	6.1	5.9
35.6	24.4	11.2	47.1	21.5	25.7	12.0	6.1	6.0
30.0	23.5	6.5	42.8	21.8	21.0	9.5	5.4	4.1
41.7	31.5	10.1	55.4	25.7	29.7	11.9	5.7	6.2
58.1	41.7	16.4	60.2	28.8	31.4	14.2	6.8	7.3
50.3	36.8	13.5	48.4	20.4	28.0	10.8	4.9	5.9
59.4	44.3	15.1	73.9	39.1	34.8	17.9	8.0	9.9
50.6	37.0	13.6	54.4	23.5	30.9	15.5	6.4	9.0
42.3	29.8	12.5	46.2	23.0	23.2	10.5	5.0	5.5
28.7	19.9	8.8	32.6	13.7	18.9	7.2	3.0	4.2
45.1	30.9	14.2	42.6	19.9	22.7	7.1	3.0	4.1
97.2	70.6	26.6	54.6	22.6	32.0	17.3	6.7	10.7
33.7	25.6	8.1	46.1	20.4	25.7	15.2	6.5	8.6
43.9	32.2	11.7	55.9	26.6	29.3	12.7	4.9	7.8
69.1	50.7	18.4	55.0	26.1	28.8	12.7	4.2	8.5
47.2	33.0	14.3	52.1	19.6	32.5	7.7	4.0	3.7
76.2	50.4	25.8	56.6	28.5	28.1	12.5	5.8	6.7

（续）

地区	卫生、体育和社会福利事业			教育文化艺术事业			科学研究和综合技术服务事业		
	小计	男	女	小计	男	女	小计	男	女
总计	13.3	5.2	8.1	32.1	16.8	15.2	8.6	5.4	3.2
北京	17.0	5.6	11.4	57.4	28.5	28.9	45.3	27.6	17.7
天津	13.8	5.6	8.3	36.1	17.1	19.0	9.9	6.3	3.6
河北	14.9	6.8	8.1	30.8	15.2	15.5	5.9	3.8	2.1
山西	11.5	4.2	7.3	31.6	14.8	16.8	5.0	3.3	1.7
内蒙	16.7	6.1	10.5	41.4	21.1	20.2	6.8	4.1	2.8
辽宁	13.4	4.7	8.7	27.9	13.2	14.7	6.7	4.2	2.4
吉林	12.6	4.8	7.8	33.8	16.9	17.0	5.4	3.4	2.0
黑龙江	14.3	5.6	8.7	31.9	15.2	16.7	5.2	3.2	2.0
上海	17.8	5.4	12.4	37.8	18.7	19.0	12.2	8.1	4.0
江苏	12.1	5.2	6.9	36.5	20.3	16.2	8.5	5.4	3.1
浙江	9.4	3.9	5.5	20.4	11.4	9.0	2.6	1.8	0.8
安徽	12.2	5.2	7.0	28.4	15.8	12.6	5.1	3.3	1.8
福建	11.2	4.2	7.0	34.0	20.7	13.3	4.3	2.8	1.5
江西	13.4	5.8	7.6	27.9	15.6	12.3	5.3	3.3	2.0
山东	10.2	4.7	5.5	25.1	14.8	10.3	4.8	2.9	1.9
河南	14.6	6.7	8.0	30.6	17.7	12.8	6.1	3.8	2.3
湖北	15.5	5.8	9.8	39.4	20.1	19.3	11.2	7.2	4.0
湖南	12.2	5.0	7.3	30.1	16.8	13.2	6.9	4.2	2.7
广东	13.5	5.2	8.2	29.4	15.7	13.6	6.4	4.1	2.4
广西	14.3	5.0	9.3	30.8	17.3	13.4	8.2	5.2	3.1
四川	12.6	5.3	7.3	27.5	14.5	13.0	7.2	4.2	2.9
贵州	9.7	4.0	5.7	21.7	12.2	9.5	3.3	2.1	1.2
云南	13.0	4.3	8.7	27.4	15.5	11.9	7.2	4.5	2.6
西藏	30.6	16.0	14.6	78.6	46.6	32.0	12.0	4.0	8.0
陕西	12.3	5.2	7.1	34.7	20.2	14.4	13.0	8.1	4.8
甘肃	11.9	5.0	6.9	31.7	16.5	15.2	12.0	7.6	4.4
青海	16.2	7.0	9.2	33.8	18.4	15.4	12.2	7.7	4.5
宁夏	11.2	6.1	5.1	37.2	22.2	15.0	10.8	5.1	5.6
新疆	16.2	6.3	9.9	40.1	20.7	19.3	6.2	4.5	1.7

（续2完）

金融、保险业			国家机关、政党和群众团体			其他行业		
小计	男	女	小计	男	女	小计	男	女
2.8	1.6	1.2	29.6	21.1	8.4	1.2	0.7	0.5
3.2	1.4	1.8	49.4	32.6	16.9	1.8	1.2	0.6
3.0	1.7	1.3	25.8	18.8	7.0	1.2	0.6	0.6
3.5	2.1	1.4	49.8	36.0	13.8	0.4	0.2	0.2
2.7	1.4	1.3	28.7	21.1	7.7	2.5	1.8	0.6
2.9	1.6	1.3	37.3	26.2	11.1	2.4	1.4	1.0
2.0	1.1	0.9	26.5	18.0	8.5	1.5	1.0	0.6
2.9	1.7	1.2	25.9	18.8	7.1	2.0	1.4	0.6
2.5	1.4	1.2	33.7	23.2	10.6	0.4	0.3	0.1
2.6	1.5	1.1	22.2	14.7	7.5	0.1	0.0	0.1
2.5	1.4	1.2	30.8	22.1	8.7	2.0	1.1	0.9
1.7	1.1	0.6	13.0	10.3	2.7	0.7	0.5	0.3
1.7	1.0	0.7	25.4	18.6	6.8	0.4	0.1	0.2
2.8	1.7	1.1	28.2	21.4	6.8	0.9	0.7	0.2
2.5	1.5	1.0	29.0	21.6	7.4	0.6	0.3	0.3
2.4	1.5	0.9	20.9	15.9	5.0	1.1	0.9	0.2
3.6	2.0	1.6	27.4	20.6	6.8	1.2	0.6	0.6
3.7	1.9	1.8	27.4	20.0	7.4	0.5	0.3	0.2
3.4	2.0	1.4	37.7	27.4	10.3	1.4	0.9	0.5
4.3	2.4	1.9	42.5	29.7	12.8	1.3	0.5	0.8
3.7	2.2	1.5	30.8	23.1	7.7	5.4	2.2	3.1
2.5	1.4	1.1	21.1	15.7	5.4	1.1	0.5	0.6
2.1	0.9	1.1	25.3	17.3	8.0	0.8	0.4	0.5
3.1	2.0	1.1	30.2	20.7	9.5	0.5	0.3	0.2
5.3	2.7	2.7	102.5	79.9	22.6	6.7	5.3	1.3
2.5	1.6	0.9	28.6	21.4	7.2	1.5	0.8	0.6
3.1	1.8	1.3	28.1	18.2	9.9	1.3	1.1	0.3
2.0	1.2	0.7	41.8	32.1	9.7	0.7	0.7	0.0
1.9	1.4	0.5	30.6	24.1	6.5	2.6	1.9	0.7
3.7	1.7	2.1	43.2	29.7	13.5	1.1	0.8	0.4

18. 省、直辖市、自治区的镇各行业

地　　区	各行业人口数（人）			各行业人口所占比例		
	合　计	男	女	合　计	男	女
总　　计	337,754	204,423	133,331	744,9	450.8	294.0
北　　京	2,442	1,441	1,001	839.2	495.2	344.0
天　　津	1,126	724	402	778.7	500.7	278.0
河　　北	6,854	4,221	2,633	766.8	472.2	294.6
山　　西	9,243	6,530	2,713	787.4	556.3	231.1
内　　蒙	10,584	6,636	3,948	656.6	411.7	244.9
辽　　宁	18,326	10,813	7,513	751.9	443.6	308.2
吉　　林	15,988	9,454	6,534	672.3	397.5	274.8
黑　龙　江	19,621	11,769	7,852	660.7	396.3	264.4
上　　海	4,094	2,405	1,689	747.5	439.1	308.4
江　　苏	17,241	9,926	7,315	809.3	465.9	343.4
浙　　江	17,917	10,959	6,958	756.2	462.5	293.7
安　　徽	12,471	7,510	4,961	747.4	450.1	297.3
福　　建	10,399	6,597	3,802	690.2	437.9	252.4
江　　西	11,136	6,893	4,243	728.7	451.0	277.6
山　　东	31,839	18,314	13,525	790.4	454.6	335.7
河　　南	19,404	11,442	7,962	783.8	462.2	321.6
湖　　北	16,155	9,356	6,799	794.5	460.1	334.4
湖　　南	16,882	10,539	6,343	760.7	474.9	285.8
广　　东	20,854	12,621	8,233	732.7	443.4	289.3
广　　西	9,716	5,723	3,993	745.1	438.9	306.2
四　　川	26,012	16,264	9,748	748.3	467.9	280.4
贵　　州	7,363	4,237	3,126	715.0	411.4	303.6
云　　南	9,826	5,965	3,861	779.6	473.3	306.3
西　　藏	423	274	149	786.2	509.3	277.0
陕　　西	8,058	5,195	2,863	769.5	496.1	273.4
甘　　肃	5,645	3,586	2,059	740.7	470.5	270.2
青　　海	1,617	1,074	543	751.0	498.8	252.2
宁　　夏	1,160	683	477	757.2	445.8	311.4
新　　疆	5,358	3,272	2,086	680.2	415.4	264.8

人口占15岁以上人口数的比例（‰）

农、林、牧、渔业			矿业及木材采运业			电力、煤气、自来水的生产和供应业		
小 计	男	女	小 计	男	女	小 计	男	女
151.5	82.5	69.0	34.9	26.7	8.1	8.9	6.6	2.3
59.5	36.4	23.0	7.2	4.5	2.7	6.5	4.8	1.7
111.3	80.9	30.4	0.0	0.0	0.0	7.6	6.2	1.4
208.1	114.4	93.6	9.4	7.2	2.2	3.8	3.2	0.6
78.0	46.9	31.2	102.7	88.2	14.5	11.2	8.9	2.3
92.8	59.2	33.6	60.2	45.6	14.6	8.1	6.0	2.1
67.9	37.1	30.8	66.9	47.7	19.2	12.6	9.6	3.0
99.7	59.2	40.4	103.3	73.4	29.9	5.1	3.7	1.4
118.3	85.1	33.2	32.5	21.3	11.2	7.4	5.4	2.0
20.3	15.7	4.6	0.4	0.4	0.0	8.9	8.0	0.9
76.9	36.1	40.7	13.3	11.5	1.8	8.2	6.9	1.4
153.5	110.8	42.7	6.9	5.8	1.1	7.8	6.5	1.4
120.6	60.9	59.7	11.1	8.1	3.0	7.7	5.5	2.2
127.0	84.0	42.9	16.9	12.1	4.8	9.9	7.0	2.9
138.3	71.1	67.3	55.4	40.4	15.0	10.2	7.1	3.1
433.5	221.9	211.6	8.4	6.7	1.7	5.9	5.0	0.9
330.6	61.5	169.1	11.6	9.9	1.7	7.9	6.2	1.7
155.2	76.9	78.3	19.5	14.8	4.7	8.7	6.2	2.4
113.0	57.0	56.0	82.8	67.1	15.7	10.1	7.2	2.9
128.8	75.8	53.0	8.3	6.3	2.0	9.3	7.2	2.1
140.6	64.7	75.8	13.1	10.0	3.1	9.7	7.7	2.1
37.4	18.0	19.4	53.2	43.6	9.6	9.6	6.6	3.0
139.3	66.0	73.3	18.3	12.8	5.4	9.5	6.7	2.8
206.3	104.1	102.2	23.9	18.4	5.5	11.4	7.9	3.5
120.8	63.2	57.6	1.9	1.9	0.0	20.4	18.6	1.9
114.2	58.0	56.2	41.1	35.3	5.7	14.6	10.2	4.4
114.8	60.0	54.8	39.5	31.8	7.7	14.2	9.4	4.7
51.1	29.7	21.4	85.9	70.1	15.8	22.8	14.9	7.9
110.3	52.2	58.1	29.4	15.0	14.4	13.1	9.8	3.3
70.3	42.4	27.9	22.2	16.1	6.1	10.0	5.8	4.2

地　　区	制造业			地质勘探和普查业			建筑业		
	小计	男	女	小计	男	女	小计	男	女
总　　计	235.5	130.9	104.6	5.8	4.6	1.2	34.5	26.5	8.0
北　　京	356.4	202.7	153.6	5.5	4.1	1.4	55.3	39.9	15.5
天　　津	314.7	175.0	139.7	9.0	6.9	2.1	63.6	56.0	7.6
河　　北	217.9	122.4	95.5	11.6	9.8	1.8	32.4	24.5	7.9
山　　西	241.6	156.3	85.3	1.8	1.6	0.2	33.6	27.7	5.9
内　　蒙	141.4	76.2	65.2	7.3	5.3	2.0	43.8	34.2	9.6
辽　　宁	293.0	161.2	131.8	10.5	7.8	2.7	35.7	25.3	10.4
吉　　林	202.2	105.8	96.4	4.9	3.9	1.0	29.7	20.2	9.5
黑 龙 江	206.3	108.7	97.7	1.9	1.5	0.3	30.0	20.9	9.1
上　　海	377.6	209.4	168.2	0.7	0.7	0.0	17.7	13.1	4.6
江　　苏	392.9	206.1	186.8	2.5	2.1	0.4	19.0	15.6	3.4
浙　　江	324.5	165.1	159.3	1.9	1.7	0.2	30.4	25.2	5.1
安　　徽	243.0	142.5	100.4	4.3	3.8	0.5	33.8	27.8	6.0
福　　建	215.4	115.4	100.0	2.7	2.3	0.4	40.4	33.3	7.0
江　　西	206.6	122.7	83.9	11.4	8.9	2.5	39.8	30.2	9.6
山　　东	158.2	90.9	67.3	1.9	1.5	0.4	26.6	22.7	3.9
河　　南	173.8	107.2	66.6	2.5	2.0	0.5	17.9	14.9	3.0
湖　　北	283.4	146.5	137.0	7.2	5.6	1.6	31.8	24.0	7.8
湖　　南	245.4	142.2	103.3	7.6	6.2	1.4	34.3	28.1	6.2
广　　东	256.6	133.7	122.9	2.3	1.9	0.4	32.3	25.1	7.2
广　　西	221.9	130.1	91.8	8.6	7.1	1.5	29.5	20.1	9.4
四　　川	269.1	156.7	112.4	5.8	4.5	1.3	41.0	31.6	9.4
贵　　州	197.7	113.1	84.6	10.8	7.6	3.2	53.3	36.2	17.1
云　　南	177.6	100.9	76.7	10.7	7.9	2.9	40.6	30.0	10.6
西　　藏	122.7	59.5	63.2	1.9	1.9	0.0	81.8	65.1	16.7
陕　　西	251.2	155.6	95.7	7.9	7.0	1.0	62.3	46.5	15.8
甘　　肃	183.0	105.9	77.2	19.7	14.7	5.0	57.1	45.8	11.3
青　　海	180.7	101.7	79.0	32.5	26.9	5.6	77.1	58.1	19.0
宁　　夏	217.4	108.4	109.0	45.0	35.9	9.1	25.5	20.2	5.2
新　　疆	133.4	70.8	62.6	13.3	10.3	3.0	64.1	44.7	19.4

(续1)

交通运输、邮电通信业			商业、饮食业、物资供销及仓储业			住宅管理、公共事业管理和居民服务业		
小 计	男	女	小 计	男	女	小 计	男	女
50.9	39.0	11.8	91.0	47.9	43.1	11.6	5.9	5.8
51.2	39.5	11.7	108.6	54.0	54.6	14.1	6.9	7.2
45.6	40.1	5.5	74.7	48.4	26.3	12.4	7.6	4.8
40.6	33.0	7.6	85.7	49.7	36.0	9.3	6.2	3.1
44.8	37.7	7.1	87.2	52.9	34.2	9.5	5.8	3.7
49.2	38.2	11.0	84.2	44.1	40.1	12.6	5.1	7.4
48.4	36.2	12.2	106.9	52.1	54.9	17.0	9.1	7.9
40.4	28.9	11.5	91.3	44.0	47.3	11.6	5.7	5.9
41.8	31.8	10.0	104.5	51.0	53.4	13.0	6.3	6.7
63.5	44.0	19.5	93.1	49.5	43.6	26.5	16.8	9.7
66.9	47.7	19.2	110.4	59.9	50.5	16.3	8.7	7.7
42.7	34.4	8.4	89.8	48.8	40.9	10.6	5.4	5.2
51.3	40.2	11.1	126.8	66.7	60.1	16.9	8.5	8.4
53.3	41.6	11.7	88.4	51.0	37.4	9.8	4.8	5.0
58.0	43.1	14.9	79.6	40.0	39.5	10.5	4.6	6.0
24.6	20.1	4.5	45.6	26.7	18.8	6.2	3.6	2.6
37.8	30.8	7.0	80.4	45.7	34.7	9.9	5.3	4.7
57.1	45.4	11.6	91.0	48.1	42.9	10.8	5.4	5.5
57.6	44.5	13.1	76.6	35.2	41.4	9.3	4.5	4.8
56.8	43.5	13.3	107.0	60.9	46.2	13.7	7.7	6.0
70.0	49.9	20.1	102.1	49.9	52.2	10.9	5.1	5.8
67.7	53.3	14.4	113.1	56.8	56.3	13.0	6.0	7.0
46.0	34.3	11.7	89.3	42.3	47.0	5.7	2.0	3.7
70.9	54.0	17.0	75.2	39.3	35.9	8.7	3.3	5.5
146.8	111.5	35.3	65.1	29.7	35.3	7.4	3.7	3.7
53.2	40.7	12.5	76.0	42.1	33.9	12.1	5.7	6.4
76.4	57.1	19.3	85.9	47.5	38.4	9.6	2.9	6.7
54.3	43.7	10.7	56.2	28.8	27.4	11.6	7.0	4.6
35.2	26.1	9.1	65.9	28.7	37.2	13.7	6.5	7.2
58.8	41.3	17.5	111.8	64.2	47.6	10.9	5.6	5.3

地区	卫生、体育和社会福利事业			教育文化艺术事业			科学研究和综合技术服务事业		
	小计	男	女	小计	男	女	小计	男	女
总　　计	19.0	8.2	10.8	34.8	19.8	15.0	4.0	2.6	1.4
北　　京	23.7	8.2	15.5	48.1	20.6	27.5	30.6	19.6	11.0
天　　津	25.6	12.4	13.1	49.8	20.1	29.7	3.5	2.8	0.7
河　　北	18.2	8.4	9.8	32.3	18.1	14.2	5.3	3.6	1.7
山　　西	20.4	10.0	10.5	45.5	29.6	15.8	4.3	3.1	1.3
内　　蒙	18.5	7.1	11.4	46.7	23.7	23.0	4.8	2.9	2.0
辽　　宁	18.0	7.5	10.5	29.0	14.9	14.1	3.6	2.4	1.2
吉　　林	13.8	5.9	7.9	28.8	14.2	14.5	2.7	1.6	1.1
黑　龙　江	17.0	6.6	10.4	33.3	16.6	16.8	1.4	1.0	0.4
上　　海	25.7	9.5	16.2	55.5	27.2	28.3	10.0	6.8	3.3
江　　苏	16.8	7.2	9.6	30.2	19.0	11.2	1.9	1.2	0.7
浙　　江	17.3	7.6	9.8	26.4	15.4	11.0	2.1	1.4	0.7
安　　徽	25.2	10.8	14.3	43.6	25.5	18.1	3.1	1.9	1.2
福　　建	19.3	8.6	10.7	42.5	24.8	17.7	2.5	1.9	0.6
江　　西	19.0	8.5	10.5	33.3	20.5	12.8	5.0	3.1	1.9
山　　东	12.8	5.7	7.1	24.7	15.3	9.4	1.1	0.7	0.4
河　　南	17.4	8.2	9.2	34.1	21.0	13.1	1.3	0.7	0.6
湖　　北	22.3	9.8	12.5	37.0	22.1	15.0	4.9	3.2	1.7
湖　　南	18.8	7.5	11.3	30.6	17.7	12.9	4.5	3.0	1.4
广　　东	19.2	8.9	10.3	29.7	18.1	11.6	2.0	1.5	0.6
广　　西	24.0	11.0	13.0	37.1	21.3	15.8	4.3	2.9	1.4
四　　川	22.4	10.0	12.4	37.4	21.3	16.1	9.8	6.0	3.8
贵　　州	20.3	8.7	11.6	42.0	21.5	20.6	5.0	2.5	2.5
云　　南	21.3	8.9	12.5	35.9	21.3	14.5	3.8	2.7	1.1
西　　藏	37.2	16.7	20.4	57.6	44.6	13.0	9.3	9.3	0.0
陕　　西	21.1	10.0	11.1	39.3	23.4	15.9	8.8	6.8	2.0
甘　　肃	18.2	7.3	10.9	39.8	24.0	15.7	5.8	3.7	2.1
青　　海	30.7	14.4	16.3	39.9	22.8	17.2	10.7	6.5	4.2
宁　　夏	20.2	7.2	13.1	62.7	32.6	30.0	2.6	1.3	1.3
新　　疆	28.7	11.2	17.5	55.9	27.8	28.1	5.0	2.8	2.2

（续2完）

金融、保险业			国家机关、政党和群众团体			其他行业		
小计	男	女	小计	男	女	小计	男	女
6.5	4.2	2.3	54.7	44.5	10.2	1.3	0.8	0.5
7.9	3.8	4.1	62.9	49.5	13.4	1.7	0.7	1.0
2.1	1.4	0.7	57.4	42.2	15.2	1.4	0.7	0.7
8.3	5.0	3.2	82.9	66.6	16.3	0.9	0.1	0.8
10.1	6.2	3.9	92.3	77.4	14.9	4.5	4.1	0.4
8.5	5.4	3.1	77.4	57.9	19.5	1.1	0.7	0.3
4.8	2.9	2.0	36.3	29.0	7.2	1.3	0.9	0.4
4.7	2.9	1.8	33.5	27.3	6.2	0.7	0.7	0.0
4.7	3.0	1.7	48.4	37.0	11.3	0.2	0.1	0.1
5.3	3.7	1.6	42.0	34.3	7.7	0.2	0.0	0.2
6.1	4.1	1.9	47.4	39.6	7.8	0.5	0.3	0.2
5.2	3.4	1.8	36.3	30.6	5.6	0.7	0.3	0.4
8.5	5.6	2.9	51.5	42.1	9.3	0.2	0.1	0.1
7.8	5.3	2.5	53.8	45.2	8.6	0.7	0.6	0.1
5.8	4.4	1.4	55.2	46.3	9.0	0.6	0.2	0.4
4.0	2.9	1.2	35.8	30.3	5.6	1.2	0.9	0.3
5.2	3.6	1.5	53.1	45.0	8.1	0.2	0.2	0.0
7.3	4.7	2.6	56.2	46.4	9.8	2.2	1.1	1.1
5.5	3.5	2.1	62.1	49.8	12.3	2.4	1.4	1.0
6.7	4.0	2.7	59.2	48.6	10.6	0.6	0.2	0.4
7.4	5.2	2.2	61.4	51.8	9.6	4.3	1.9	2.4
7.2	4.3	3.0	60.8	48.7	12.1	0.8	0.4	0.4
8.8	4.9	4.0	67.5	51.8	15.7	1.3	1.0	0.3
9.0	6.3	2.6	82.7	67.3	15.4	1.5	1.0	0.5
9.3	5.6	3.7	104.1	78.1	26.0	0.0	0.0	0.0
8.7	5.6	3.1	56.8	48.1	8.7	2.1	1.1	1.1
7.7	5.2	2.5	65.9	53.3	12.6	3.1	2.0	1.2
12.5	7.4	5.1	79.9	64.1	15.8	5.1	2.8	2.3
7.2	5.9	1.3	109.0	96.0	13.1	0.0	0.0	0.0
10.7	6.5	4.2	80.7	63.6	17.1	4.3	2.3	2.0

19. 省、直辖市、自治区的县（不含镇）各

地区	各行业人口数（人）			各行业人口所占比例		
	合计	男	女	合计	男	女
总计	4,069,226	2,275,514	1,793,712	789.9	441.7	348.2
北京	17,535	10,058	7,477	740.1	424.5	315.6
天津	12,663	7,502	5,161	725.9	430.1	295.9
河北	234,054	139,679	94,375	747.9	446.3	301.6
山西	98,287	55,291	42,996	777.3	437.2	340.0
内蒙	63,797	39,110	24,687	742.8	455.4	287.5
辽宁	90,678	58,902	31,776	655.6	425.9	229.7
吉林	52,632	37,050	15,582	600.1	422.5	177.7
黑龙江	71,646	51,576	20,070	585.8	421.7	164.1
上海	32,229	15,492	16,737	871.6	419.0	452.6
江苏	289,407	152,814	136,593	813.4	429.5	383.9
浙江	150,670	94,517	56,153	752.8	472.3	280.6
安徽	219,524	120,548	98,976	828.3	454.9	373.5
福建	89,554	55,493	34,061	716.0	443.7	272.3
江西	124,465	71,443	53,022	775.7	445.3	330.5
山东	319,961	177,816	142,145	781.6	434.3	347.2
河南	339,896	182,568	157,328	826.7	444.0	382.6
湖北	208,889	114,516	94,373	802.3	439.9	362.5
湖南	238,144	134,650	103,494	798.9	451.7	347.2
广东	246,580	133,124	113,456	790.0	426.5	363.5
广西	162,385	86,225	76,160	823.0	437.0	386.0
四川	464,543	248,603	215,940	849.8	454.8	395.0
贵州	111,301	57,670	53,631	839.3	434.9	404.4
云南	142,326	73,609	68,717	848.7	438.9	409.8
西藏	9,207	4,551	4,656	865.2	427.7	437.6
陕西	118,871	66,737	52,134	776.0	435.7	340.3
甘肃	86,558	45,778	40,780	840.7	444.6	396.1
青海	13,954	7,443	6,511	824.4	439.7	384.7
宁夏	13,576	7,208	6,368	815.0	432.7	382.3
新疆	45,894	25,541	20,353	796.9	443.5	353.4

行业人口占15岁以上人口数的比例（‰）

农、林、牧、渔业			矿业及木材采运业			电力、煤气、自来水的生产和供应业		
小计	男	女	小计	男	女	小计	男	女
694.5	374.1	320.4	6.7	5.7	1.1	0.7	0.6	0.1
523.7	292.5	231.3	10.9	9.5	1.4	0.1	0.0	0.0
557.0	337.4	219.6	0.3	0.1	0.2	1.3	1.0	0.3
658.7	380.7	278.0	5.4	4.9	0.6	0.6	0.5	0.1
686.7	367.3	319.4	14.3	13.7	0.6	0.8	0.6	0.2
670.8	399.6	271.2	5.6	4.9	0.7	0.4	0.4	0.0
513.6	321.2	192.4	11.7	10.2	1.5	0.8	0.7	0.1
519.9	364.1	155.8	6.6	5.2	1.4	0.3	0.3	0.0
474.0	343.2	130.8	21.8	15.5	6.3	0.7	0.6	0.1
503.1	206.7	296.4	0.8	0.6	0.2	1.3	0.9	0.5
629.6	300.6	329.1	5.8	4.7	1.1	0.4	0.4	0.1
532.4	348.8	183.6	8.3	7.1	1.3	1.0	0.9	0.1
761.4	401.3	360.1	2.0	1.7	0.3	0.3	0.3	0.1
593.6	350.8	242.8	14.3	12.6	1.7	1.7	1.5	0.2
667.9	359.3	308.7	10.9	8.8	2.1	1.5	1.1	0.3
690.3	369.3	321.0	9.7	8.2	1.5	0.6	0.5	0.1
770.2	401.3	368.8	4.0	3.5	0.5	0.4	0.4	0.1
726.7	384.3	342.4	3.1	2.6	0.5	0.6	0.5	0.1
723.4	396.0	327.4	5.3	4.9	0.4	0.6	0.5	0.1
668.7	350.3	318.5	7.3	5.6	1.7	1.8	1.5	0.3
766.6	395.8	370.7	4.8	3.9	0.9	0.8	0.6	0.2
788.5	408.2	380.3	6.2	5.5	0.7	0.7	0.6	0.1
804.0	407.6	396.4	1.7	1.5	0.2	0.5	0.4	0.0
802.3	403.2	399.1	6.1	5.0	1.1	0.8	0.7	0.1
799.0	380.0	418.9	1.9	1.5	0.4	1.5	1.0	0.5
690.8	370.6	320.3	4.4	4.0	0.4	0.4	0.3	0.1
784.4	400.3	384.1	3.8	3.2	0.7	1.0	0.8	0.3
747.8	383.2	364.6	5.3	3.9	1.4	1.1	0.9	0.1
745.3	374.9	370.4	2.5	2.3	0.1	1.0	0.7	0.2
725.2	393.9	331.3	10.5	7.3	3.2	1.1	0.8	0.3

地区	制造业			地质勘探和普查业			建筑业		
	小计	男	女	小计	男	女	小计	男	女
总计	40.0	24.3	15.7	0.4	0.3	0.1	7.9	7.4	0.5
北京	123.7	61.8	61.8	0.0	0.0	0.0	23.1	20.7	2.4
天津	114.0	53.8	60.2	0.0	0.0	0.0	6.8	6.6	0.2
河北	34.1	23.0	11.1	1.2	0.9	0.3	4.7	4.4	0.4
山西	27.8	20.1	7.7	0.3	0.3	0.1	3.1	2.8	0.3
内蒙	14.9	11.4	3.5	0.5	0.4	0.1	5.0	4.2	0.7
辽宁	61.7	40.6	21.1	0.1	0.1	0.0	17.3	16.0	1.3
吉林	26.3	17.9	8.4	0.3	0.3	0.0	4.4	3.9	0.5
黑龙江	33.4	22.1	11.2	0.2	0.2	0.1	7.3	6.0	1.3
上海	265.9	132.8	133.2	0.0	0.0	0.0	34.6	33.2	1.4
江苏	108.5	67.3	41.2	0.3	0.2	0.1	23.6	23.0	0.6
浙江	145.5	64.5	81.0	0.1	0.1	0.0	21.3	20.3	1.0
安徽	25.3	20.7	4.6	0.2	0.2	0.1	4.8	4.7	0.1
福建	47.2	30.6	16.6	0.3	0.2	0.1	14.6	14.0	0.6
江西	41.6	33.4	8.2	1.0	0.7	0.2	12.6	12.2	0.4
山东	36.6	21.1	15.5	0.3	0.3	0.1	6.6	6.0	0.6
河南	16.4	11.7	4.7	0.5	0.4	0.1	1.5	1.4	0.1
湖北	26.4	17.5	8.9	0.1	0.1	0.0	4.7	4.3	0.4
湖南	29.6	20.1	9.5	0.1	0.1	0.0	6.1	5.9	0.2
广东	52.5	22.6	29.9	0.4	0.3	0.1	9.7	8.7	1.0
广西	10.4	6.8	3.6	0.4	0.3	0.1	2.8	2.3	0.5
四川	17.9	13.8	4.1	0.3	0.3	0.1	4.2	3.9	0.3
贵州	5.1	3.7	1.4	0.3	0.2	0.0	0.5	0.4	0.1
云南	7.0	5.1	1.9	0.5	0.4	0.1	4.0	3.3	0.7
西藏	3.5	2.3	1.1	2.9	2.3	0.7	1.0	0.8	0.2
陕西	25.5	18.1	7.5	0.7	0.6	0.1	7.2	6.6	0.6
甘肃	12.9	8.6	4.2	0.8	0.7	0.1	2.4	2.0	0.3
青海	13.6	8.4	5.1	5.7	4.9	0.8	2.7	2.1	0.6
宁夏	17.8	14.7	3.1	1.4	1.0	0.4	3.1	2.8	0.4
新疆	15.2	9.8	5.4	0.7	0.5	0.1	9.2	6.5	2.7

（续1）

交通运输、邮电通信业			商业、饮食业、物资供销及仓储业			住宅管理、公共事业管理和居民服务务业		
小　计	男	女	小　计	男	女	小　计	男	女
4.0	**3.4**	**0.6**	**10.8**	**7.5**	**3.3**	**0.9**	**0.7**	**0.2**
7.9	7.0	0.9	16.7	11.4	5.3	1.1	0.5	0.6
3.4	2.9	0.5	12.9	9.2	3.7	1.1	0.9	0.2
3.4	3.0	0.3	11.2	8.3	2.9	0.8	0.5	0.3
3.4	3.2	0.2	8.7	6.3	2.4	0.6	0.4	0.2
3.0	2.6	0.4	10.3	7.4	2.9	0.5	0.3	0.2
5.9	5.0	0.8	16.9	12.1	4.8	0.9	0.6	0.3
3.1	2.4	0.7	11.5	8.1	3.3	0.6	0.3	0.3
4.6	3.6	1.0	13.2	8.7	4.4	0.8	0.4	0.4
11.9	10.4	1.5	20.4	13.5	7.0	3.9	2.9	1.1
7.9	6.6	1.3	14.0	9.9	4.1	1.6	1.4	0.3
7.2	6.5	0.6	13.7	8.7	5.0	2.0	1.5	0.5
3.0	2.5	0.5	9.4	6.4	3.0	1.5	1.3	0.2
7.5	7.0	0.5	12.3	9.2	3.1	1.7	1.5	0.2
3.0	2.5	0.5	9.8	6.5	3.3	1.7	1.5	0.1
2.7	2.4	0.3	10.6	8.0	2.6	0.6	0.4	0.1
1.7	1.5	0.2	7.8	5.9	1.9	0.5	0.3	0.1
3.8	3.1	0.6	11.9	8.0	3.8	0.6	0.5	0.2
2.9	2.6	0.4	8.4	5.3	3.1	0.8	0.7	0.1
6.4	5.2	1.3	17.3	12.5	4.8	1.4	1.1	0.3
3.4	2.5	0.9	9.7	6.3	3.4	0.6	0.5	0.1
2.7	2.4	0.3	9.5	5.9	3.5	0.6	0.5	0.1
1.6	1.3	0.2	5.8	3.9	1.9	0.2	0.1	0.1
2.6	2.1	0.5	6.5	4.5	2.0	0.1	0.1	0.0
10.6	7.0	3.7	5.5	2.9	2.5	0.4	0.1	0.3
4.0	3.5	0.5	9.1	6.5	2.6	0.5	0.3	0.2
2.8	2.5	0.3	6.4	4.6	1.7	0.3	0.2	0.1
8.0	6.3	1.7	6.4	4.2	2.2	1.2	0.2	1.0
4.7	4.4	0.3	8.5	6.9	1.6	0.3	0.1	0.2
2.2	1.6	0.6	7.1	5.3	1.8	0.2	0.1	0.1

地区	卫生、体育和社会福利事业			教育文化艺术事业			科学研究和综合技术服务事业		
	小计	男	女	小计	男	女	小计	男	女
总计	3.5	2.4	1.2	14.3	10.3	4.1	0.2	0.2	0.1
北京	4.2	2.7	1.5	18.0	10.3	7.8	2.3	1.4	0.9
天津	3.3	1.9	1.4	16.3	9.7	6.6	0.2	0.1	0.1
河北	3.9	2.5	1.4	13.9	9.3	4.7	0.3	0.2	0.1
山西	4.7	3.2	1.5	19.1	12.6	6.5	0.2	0.2	0.0
内蒙	3.7	2.5	1.3	19.6	14.3	5.4	0.2	0.1	0.1
辽宁	4.0	2.5	1.5	16.5	11.3	5.2	0.3	0.2	0.1
吉林	3.7	2.4	1.2	18.4	13.1	5.3	0.1	0.1	0.0
黑龙江	4.6	2.8	1.7	18.3	12.3	6.0	0.5	0.3	0.1
上海	6.7	3.1	3.7	14.5	8.4	6.1	1.1	0.7	0.4
江苏	2.7	1.7	1.0	14.1	9.7	4.4	0.1	0.1	0.0
浙江	3.7	2.3	1.4	12.4	7.4	4.9	0.1	0.1	0.0
安徽	3.0	2.1	0.8	13.7	10.5	3.2	0.1	0.1	0.0
福建	3.6	2.2	1.3	13.9	9.5	4.4	0.1	0.1	0.0
江西	4.2	2.9	1.3	15.4	11.3	4.1	0.6	0.4	0.2
山东	4.0	2.7	1.2	14.3	10.7	3.6	0.2	0.1	0.1
河南	3.7	2.7	1.0	15.9	11.4	4.4	0.1	0.1	0.0
湖北	3.4	2.1	1.2	15.0	11.5	3.5	0.3	0.2	0.1
湖南	2.7	1.7	0.9	13.7	9.5	4.2	0.1	0.1	0.1
广东	3.9	2.5	1.4	13.6	10.5	3.1	0.3	0.2	0.1
广西	2.3	1.6	0.7	13.6	11.1	2.5	0.1	0.1	0.0
四川	3.4	2.5	1.0	10.9	7.3	3.6	0.2	0.1	0.1
贵州	1.8	1.2	0.6	11.8	9.2	2.6	0.1	0.1	0.1
云南	2.7	1.8	0.9	11.4	8.8	2.6	0.1	0.1	0.0
西藏	4.9	3.0	1.9	9.6	7.6	2.0	0.8	0.6	0.3
陕西	5.4	3.6	1.8	18.5	13.5	5.1	1.3	0.9	0.4
甘肃	4.2	3.1	1.1	14.6	12.4	2.2	0.2	0.2	0.0
青海	3.1	1.8	1.3	17.5	13.8	3.7	0.9	0.7	0.2
宁夏	4.0	2.3	1.7	18.4	15.5	2.8	0.0	0.0	0.0
新疆	3.0	1.6	1.4	14.3	8.8	5.6	0.2	0.2	0.1

（续2完）

金融、保险业			国家机关、政党和群众团体			其他行业		
小计	男	女	小计	男	女	小计	男	女
0.9	0.7	0.2	4.6	4.1	0.6	0.3	0.2	0.1
0.8	0.6	0.3	7.2	6.0	1.2	0.4	0.2	0.3
0.6	0.4	0.2	7.1	5.2	1.9	1.7	0.9	0.7
1.1	0.8	0.3	8.4	7.3	1.1	0.2	0.1	0.1
1.0	0.8	0.2	6.1	5.5	0.6	0.3	0.2	0.1
1.2	1.0	0.2	6.8	5.9	0.9	0.3	0.3	0.0
1.0	0.8	0.2	4.5	4.1	0.4	0.6	0.5	0.1
0.9	0.7	0.2	3.8	3.5	0.3	0.2	0.1	0.1
0.7	0.7	0.0	5.9	5.2	0.7	0.1	0.0	0.0
1.1	0.6	0.5	6.0	5.1	0.9	0.1	0.1	0.0
0.8	0.6	0.2	3.7	3.4	0.3	0.2	0.1	0.1
0.8	0.6	0.3	4.1	3.4	0.7	0.3	0.2	0.1
0.7	0.5	0.1	2.8	2.5	0.3	0.1	0.0	0.0
0.9	0.7	0.2	4.2	3.6	0.6	0.3	0.2	0.1
1.0	0.8	0.2	4.4	3.7	0.8	0.2	0.1	0.1
0.9	0.7	0.2	4.1	3.7	0.4	0.1	0.1	0.0
0.7	0.6	0.1	3.2	2.9	0.4	0.1	0.1	0.0
0.9	0.7	0.2	4.8	4.4	0.5	0.1	0.1	0.0
0.6	0.4	0.2	4.2	3.8	0.4	0.2	0.2	0.1
1.1	1.0	0.2	5.3	4.5	0.8	0.2	0.1	0.1
0.8	0.6	0.1	3.4	3.1	0.3	3.2	1.4	1.7
0.7	0.5	0.2	3.8	3.3	0.5	0.2	0.1	0.1
0.9	0.8	0.1	4.9	4.3	0.6	0.1	0.1	0.0
1.0	0.8	0.2	3.4	2.9	0.5	0.1	0.1	0.0
1.2	0.9	0.3	22.5	17.6	4.9	0.0	0.0	0.0
1.0	0.8	0.2	6.1	5.5	0.6	1.0	0.9	0.1
1.0	0.9	0.1	5.7	5.1	0.6	0.3	0.2	0.1
1.2	0.9	0.2	9.3	7.9	1.4	0.6	0.5	0.2
0.9	0.7	0.2	5.8	5.0	0.7	1.5	1.4	0.1
1.2	1.1	0.2	6.4	5.8	0.6	0.3	0.2	0.1

20. 省、直辖市、自治区各职业

地　　区	各职业人口数（人）			各职业人口所占比例		
	合　计	男	女	合　计	男	女
总　　计	5,215,908	2,937,436	2,278,472	782.2	440.5	341.7
北　　京	54,306	30,361	23,945	757.6	423.6	334.0
天　　津	44,533	25,612	18,921	750.2	431.4	318.7
河　　北	276,152	165,312	110,840	753.1	450.8	302.3
山　　西	130,737	75,827	54,910	775.8	449.9	325.8
内　　蒙	90,583	55,079	35,504	729.7	443.7	286.0
辽　　宁	177,524	107,823	69,701	698.8	424.4	274.4
吉　　林	95,825	62,476	33,349	632.9	412.7	220.3
黑　龙　江	132,739	87,538	45,201	626.5	413.2	213.4
上　　海	74,441	39,372	35,069	766.9	405.6	361.3
江　　苏	347,292	185,393	161,899	808.7	431.7	377.0
浙　　江	210,096	128,964	81,132	762.9	468.3	294.6
安　　徽	259,534	143,696	115,838	819.8	453.9	365.9
福　　建	117,080	72,110	44,970	714.6	440.1	274.5
江　　西	156,117	90,024	66,093	767.6	442.7	325.0
山　　东	401,331	223,874	177,457	781.4	435.9	345.5
河　　南	400,186	217,171	183,015	820.9	445.5	375.4
湖　　北	257,374	141,796	115,578	799.5	440.5	359.0
湖　　南	283,447	161,338	122,109	793.7	451.8	341.9
广　　东	307,117	167,462	139,655	782.3	426.5	355.7
广　　西	185,780	99,408	86,372	814.1	435.6	378.5
四　　川	547,371	296,282	251,089	837.1	453.1	384.0
贵　　州	139,301	73,109	66,192	827.9	434.5	393.4
云　　南	165,981	87,241	78,740	840.5	441.8	398.7
西　　藏	10,214	5,168	5,046	856.2	433.2	423.0
陕　　西	150,113	84,942	65,171	777.2	439.8	337.4
甘　　肃	103,356	55,869	47,487	828.7	447.9	380.7
青　　海	18,592	10,218	8,374	804.8	442.3	362.5
宁　　夏	17,945	9,691	8,254	798.7	431.3	367.4
新　　疆	60,841	34,280	26,561	774.6	436.4	338.2

人口占15岁以上人口数* 的比例（‰）

各类专业、技术人员			国家机关、党团组织企事业单位负责人		
小计	男	女	小计	男	女
39.7	24.5	15.1	12.1	10.9	1.3
103.4	50.0	53.4	28.9	23.4	5.5
76.7	39.3	37.4	25.1	21.0	4.1
32.8	19.8	13.0	11.1	10.1	1.0
45.7	27.4	18.3	14.5	13.4	1.1
51.0	29.7	21.3	16.2	14.7	1.6
57.4	30.0	27.4	21.8	18.9	2.8
50.2	27.3	22.9	18.8	16.4	2.3
57.5	30.8	26.7	20.8	18.4	2.4
80.7	43.7	37.1	24.6	20.4	4.2
42.5	28.3	14.1	14.2	12.7	1.5
35.5	21.4	14.1	11.3	10.1	1.2
32.0	21.4	10.5	9.7	9.0	0.8
37.2	23.7	13.5	10.0	9.0	1.0
38.1	24.7	13.4	11.0	10.0	1.0
34.1	23.2	10.9	10.2	9.3	0.9
32.5	21.3	11.2	8.7	8.0	0.7
41.3	26.4	14.8	12.9	11.5	1.4
31.8	20.4	11.5	9.4	8.5	0.9
37.5	25.1	12.4	10.6	9.6	1.0
30.3	21.1	9.2	8.1	7.4	0.8
30.7	18.8	11.9	8.6	7.6	0.9
30.3	19.0	11.2	9.3	8.4	0.9
31.4	20.5	10.8	8.3	7.5	0.8
36.5	22.8	13.7	16.8	14.4	2.3
45.0	29.4	15.6	11.8	10.9	0.9
37.1	25.0	12.1	9.9	9.1	0.8
59.7	37.1	22.7	14.6	13.7	1.0
51.2	32.7	18.6	13.7	12.9	0.8
63.8	35.5	28.3	17.6	16.1	1.5

* 含15岁人口，下同.

地区	办事人员和有关人员			商业工作人员			服务性工作人员		
	小计	男	女	小计	男	女	小计	男	女
总计	10.1	7.7	2.5	14.1	7.6	6.5	17.2	9.0	8.2
北京	31.8	19.4	12.4	28.9	12.2	16.7	56.1	25.8	30.4
天津	23.8	15.5	8.3	28.9	15.3	13.6	48.5	25.1	23.4
河北	9.9	7.7	2.2	11.7	7.1	4.6	12.7	7.8	4.9
山西	12.9	9.6	3.3	13.5	6.9	6.6	15.6	9.5	6.1
内蒙	15.7	11.0	4.7	15.2	7.1	8.1	21.5	11.6	10.0
辽宁	15.6	10.7	4.9	23.8	11.0	12.9	32.5	14.9	17.6
吉林	13.9	10.0	3.8	20.0	8.5	11.5	27.5	12.7	14.8
黑龙江	15.1	10.9	4.2	21.4	8.7	12.7	36.2	17.6	18.6
上海	24.5	15.7	8.8	30.6	16.8	13.8	57.6	26.9	30.7
江苏	8.7	6.8	1.9	17.0	10.7	6.3	20.6	12.3	8.3
浙江	6.8	5.2	1.6	17.6	10.8	6.8	17.5	9.3	8.2
安徽	6.9	5.4	1.5	12.6	6.4	6.2	13.5	7.6	5.8
福建	10.9	8.9	2.0	16.3	10.1	6.2	13.7	7.6	6.2
江西	8.9	7.1	1.8	12.4	6.3	6.1	15.5	7.8	7.7
山东	6.9	5.5	1.3	10.8	7.1	3.7	12.5	7.7	4.7
河南	7.8	6.0	1.7	10.6	6.0	4.6	10.2	6.1	4.1
湖北	9.4	7.1	2.2	13.9	7.6	6.3	18.1	9.2	9.0
湖南	8.3	6.5	1.8	10.7	5.2	5.5	12.7	6.3	6.3
广东	10.5	8.4	2.2	20.7	12.8	7.9	17.1	8.1	9.0
广西	7.6	6.2	1.3	10.8	5.6	5.2	10.4	4.7	5.7
四川	8.1	6.1	2.1	9.9	4.8	5.1	11.7	6.3	5.5
贵州	7.9	5.9	2.0	9.2	4.5	4.7	8.9	3.7	5.2
云南	8.2	6.5	1.7	7.7	4.1	3.6	9.5	4.0	5.5
西藏	14.6	11.5	2.1	5.3	2.4	2.8	9.8	5.7	4.1
陕西	11.8	9.5	2.4	10.7	5.7	5.0	14.9	8.1	6.7
甘肃	10.2	7.9	2.4	9.5	4.8	4.7	12.4	5.9	6.5
青海	16.8	13.7	3.1	11.9	5.7	6.2	18.7	10.0	8.8
宁夏	12.6	9.3	3.2	12.2	5.9	6.3	16.2	7.9	8.4
新疆	17.4	13.6	2.8	14.5	7.0	7.5	23.2	11.9	11.3

（续完）

农、牧、林、渔劳动者			生产工人、运输工人和有关人员			不便分类的其他劳动者		
小　计	男	女	小　计	男	女	小　计	男	女
563.0	299.6	263.5	125.1	80.9	44.3	0.8	0.4	0.3
188.4	96.9	91.5	317.5	194.4	123.1	2.6	1.5	1.1
219.4	128.2	91.2	325.5	185.8	139.6	2.3	1.2	1.1
576.2	330.3	245.9	97.8	67.4	30.3	0.9	0.5	0.4
537.8	281.4	256.3	134.9	101.1	33.8	0.9	0.6	0.3
484.9	284.2	200.7	123.6	84.6	39.0	1.5	0.9	0.6
299.3	178.3	121.0	246.8	159.7	87.1	1.6	0.8	0.7
342.4	235.3	107.1	159.2	101.9	57.2	1.0	0.5	0.5
290.9	205.9	85.0	183.7	120.4	63.3	1.0	0.5	0.4
181.4	74.2	107.2	366.5	207.4	159.0	1.0	0.5	0.5
515.0	238.1	277.0	189.8	122.3	67.5	0.9	0.6	0.4
460.0	293.0	167.0	213.7	118.3	95.4	0.6	0.3	0.3
660.8	344.5	316.3	83.7	59.1	24.6	0.6	0.4	0.2
497.0	293.3	203.7	128.8	87.1	41.7	0.6	0.3	0.3
562.7	300.8	261.9	118.6	85.7	32.9	0.4	0.2	0.2
593.5	315.3	278.2	113.2	67.5	45.6	0.3	0.2	0.1
687.3	354.9	332.4	63.4	42.8	20.6	0.5	0.3	0.1
588.1	302.9	285.2	115.2	75.4	39.9	0.6	0.3	0.2
624.4	337.7	286.7	96.1	67.1	29.0	0.4	0.2	0.2
554.7	287.2	267.5	130.6	75.1	55.5	0.5	0.3	0.2
682.9	349.7	333.2	61.2	40.0	21.2	2.9	0.9	2.0
690.6	355.1	335.5	76.9	54.1	22.8	0.6	0.4	0.3
707.0	356.1	350.8	55.0	36.6	18.4	0.5	0.3	0.2
709.0	352.1	356.9	66.1	46.8	19.3	0.2	0.2	0.1
707.6	329.7	378.0	65.1	46.4	18.8	0.4	0.3	0.1
584.0	308.9	275.2	98.6	67.0	31.6	0.4	0.3	0.1
668.0	338.1	329.9	80.8	56.7	24.1	0.7	0.4	0.3
546.8	272.3	274.5	134.7	88.9	45.8	1.5	1.0	0.6
592.3	293.8	298.5	100.1	68.5	31.5	0.5	0.3	0.2
491.2	256.6	234.6	146.1	95.1	51.0	0.8	0.5	0.3

21. 省、直辖市、自治区的市（不含市辖县）

地区	各职业人口数（人）			各职业人口所占比例		
	合计	男	女	合计	男	女
总计	808,928	457,499	351,429	761.1	430.4	330.6
北京	34,329	18,862	15,467	761.5	418.4	343.1
天津	30,744	17,386	13,358	759.6	429.5	330.0
河北	35,244	21,412	13,832	787.0	478.2	308.9
山西	23,207	14,006	9,201	764.9	461.7	303.3
内蒙	16,202	9,333	6,869	731.9	421.6	310.3
辽宁	68,520	38,108	30,412	750.0	417.1	332.9
吉林	27,205	15,972	11,233	681.6	400.2	281.4
黑龙江	41,472	24,193	17,279	692.7	404.1	288.6
上海	38,118	21,475	16,643	698.0	393.2	304.7
江苏	40,644	22,653	17,991	776.5	432.8	343.7
浙江	41,509	23,488	18,021	805.2	455.6	349.6
安徽	27,539	15,638	11,901	789.2	448.2	341.1
福建	17,127	10,020	7,107	722.7	422.8	299.9
江西	20,516	11,688	8,828	742.4	422.9	319.4
山东	49,531	27,744	21,787	774.9	434.0	340.8
河南	40,886	23,161	17,725	793.2	449.3	343.8
湖北	32,330	17,924	14,406	784.3	434.8	349.5
湖南	28,421	16,149	12,272	771.8	438.5	333.3
广东	39,683	21,717	17,966	762.9	417.5	345.4
广西	13,679	7,460	6,219	766.5	418.0	348.5
四川	56,816	31,415	25,401	783.6	433.3	350.3
贵州	20,637	11,202	9,435	813.7	441.7	372.0
云南	13,829	7,667	6,162	805.2	446.6	358.8
西藏	584	343	241	777.6	456.7	320.9
陕西	23,184	13,010	10,174	786.1	441.1	345.0
甘肃	11,153	6,505	4,648	788.5	459.9	328.6
青海	3,021	1,701	1,320	751.3	423.0	328.3
宁夏	3,209	1,800	1,409	749.9	420.7	329.3
新疆	9,589	5,467	4,122	733.3	418.1	315.2

各职业人口占15岁以上人口数的比例（‰）

各类专业、技术人员			国家机关、党团组织、企事业单位负责人		
小计	男	女	小计	男	女
86.7	43.7	43.1	31.8	27.0	4.8
133.9	63.4	70.5	38.0	30.0	8.0
94.6	46.1	48.5	31.7	26.2	5.5
87.1	42.1	45.0	39.2	34.1	5.1
84.5	40.5	44.0	32.0	28.3	3.7
91.0	42.0	49.0	38.4	33.1	5.3
89.6	40.5	49.1	37.2	31.0	6.2
81.5	38.5	43.0	34.3	28.3	6.0
85.2	38.5	46.7	33.9	29.0	4.9
108.0	57.3	50.7	30.7	24.9	5.8
97.5	51.0	46.4	40.6	33.6	7.0
56.5	31.3	25.2	18.3	15.2	3.1
77.9	41.6	36.3	30.8	27.2	3.7
73.7	42.0	31.6	25.9	21.9	3.9
74.7	39.5	35.2	27.4	23.7	3.7
65.2	35.8	29.4	26.8	23.2	3.5
81.5	41.6	39.9	35.3	31.1	4.2
102.1	50.4	51.7	39.7	33.6	6.0
82.3	43.3	39.0	33.0	28.2	4.8
83.2	44.8	38.4	28.8	24.5	4.3
86.1	45.3	40.7	29.6	25.2	4.5
77.5	39.4	38.1	24.1	20.5	3.6
63.8	32.4	31.4	22.5	19.1	3.4
92.2	47.7	44.4	29.2	25.3	3.8
143.8	70.6	73.2	43.9	38.6	5.3
91.4	50.9	40.5	29.1	25.7	3.4
98.3	50.3	48.1	30.1	26.1	4.0
111.4	53.3	57.9	34.6	31.3	3.2
97.2	47.0	50.2	33.7	30.8	2.8
112.2	53.8	58.4	33.4	29.4	4.1

地区	办事人员和有关人员			商业工作人员			服务性工作人员		
	小计	男	女	小计	男	女	小计	男	女
总计	**30.8**	**20.9**	**9.9**	**32.0**	**14.2**	**17.9**	**51.8**	**22.4**	**29.3**
北京	43.1	25.2	17.8	37.0	14.5	22.5	73.5	30.9	42.6
天津	31.5	20.0	11.5	36.2	18.0	18.2	64.0	31.5	32.5
河北	38.3	26.8	11.5	32.2	14.3	17.9	56.2	27.9	28.3
山西	31.3	20.5	10.8	29.1	10.4	18.7	42.8	20.3	22.5
内蒙	36.1	23.0	13.1	33.7	13.0	20.7	51.8	23.1	28.6
辽宁	28.5	18.3	10.1	35.2	13.4	21.8	54.7	20.6	34.1
吉林	26.9	17.6	9.3	33.0	12.8	20.2	49.8	20.0	29.9
黑龙江	27.7	18.1	9.6	32.4	11.9	20.4	64.4	26.6	37.8
上海	35.9	22.1	13.8	37.6	19.4	18.3	69.1	32.1	37.0
江苏	35.6	24.6	11.0	32.8	15.8	17.0	57.7	25.9	31.8
浙江	13.6	9.9	3.7	26.6	14.5	12.0	33.0	14.8	18.1
安徽	32.1	23.9	8.2	31.8	12.8	19.0	52.8	23.8	29.0
福建	31.6	23.5	8.0	30.3	15.6	14.7	35.7	16.6	19.0
江西	24.8	18.7	6.1	31.0	14.1	17.0	42.2	18.1	24.1
山东	22.1	16.6	5.5	23.6	12.3	11.4	42.6	21.2	21.5
河南	34.2	24.1	10.1	33.3	14.2	19.1	49.5	23.3	26.2
湖北	35.4	23.7	11.7	37.2	17.2	20.0	64.9	24.9	40.0
湖南	34.4	24.1	10.3	31.7	13.3	18.4	49.6	18.6	31.0
广东	33.7	23.2	10.5	43.3	21.7	21.5	51.1	18.8	32.3
广西	29.8	21.2	8.6	32.2	13.6	18.5	50.4	18.5	31.8
四川	29.4	19.7	9.7	25.1	11.3	13.8	39.4	17.8	21.6
贵州	22.9	15.8	7.1	21.5	9.5	11.9	29.7	11.9	17.9
云南	29.4	20.5	8.9	26.4	11.4	15.0	44.0	16.8	27.1
西藏	51.9	34.6	17.3	25.3	8.0	17.3	62.6	29.3	33.3
陕西	29.6	21.4	8.2	27.2	11.2	16.0	48.5	22.2	26.3
甘肃	33.6	23.3	10.3	32.2	12.5	17.9	52.2	21.6	30.5
青海	41.0	33.6	7.5	34.6	14.2	20.4	46.5	22.1	24.4
宁夏	32.5	21.3	11.2	31.5	11.5	20.1	41.4	17.3	24.1
新疆	39.9	28.2	11.7	31.7	13.0	18.7	52.9	25.0	27.9

（续完）

农、牧、林、渔劳动者			生产工人、运输工人和有关人员			不便分类的其他劳动者		
小 计	男	女	小 计	男	女	小 计	男	女
176.9	89.6	87.3	348.6	211.4	137.2	2.5	1.3	1.1
57.1	25.9	31.2	375.0	226.1	148.9	3.9	2.3	1.6
90.1	50.4	39.7	408.3	235.6	172.6	3.2	1.7	1.5
132.1	64.3	67.8	399.0	267.0	132.0	3.1	1.7	1.4
165.1	79.0	86.2	377.0	260.7	116.3	3.0	1.9	1.1
119.7	65.5	54.1	356.9	219.7	137.2	4.4	2.1	2.3
86.6	45.6	41.0	415.5	246.2	169.3	2.8	1.5	1.3
127.8	85.0	42.8	325.8	197.0	128.8	2.4	1.0	1.4
90.0	56.6	33.4	356.6	222.1	134.5	2.5	1.3	1.2
6.0	3.3	2.7	409.0	233.8	176.1	0.8	0.4	0.4
79.4	32.6	46.7	429.0	246.9	182.1	3.9	2.1	1.7
385.1	214.3	170.8	270.6	154.7	115.8	1.5	0.8	0.7
200.9	91.2	109.7	360.3	226.2	134.1	2.6	1.5	1.1
236.8	133.5	103.3	286.6	168.3	118.3	2.3	1.3	1.0
242.6	130.3	112.3	298.1	177.6	120.4	1.6	0.9	0.7
299.5	146.3	153.2	293.9	178.2	115.7	1.1	0.6	0.5
236.9	113.1	123.8	320.0	200.4	119.6	2.5	1.5	1.0
95.8	44.9	50.9	406.6	238.8	167.8	2.6	1.4	1.2
219.6	115.1	104.5	318.8	194.8	124.0	2.2	1.1	1.1
190.4	92.7	97.7	330.9	190.7	140.2	1.5	0.9	0.6
206.9	94.6	112.3	323.5	197.2	126.3	8.0	2.2	5.7
293.4	141.8	151.6	291.9	181.2	110.7	2.8	1.6	1.2
446.7	219.7	227.0	205.1	132.6	72.5	1.5	0.7	0.8
271.6	124.3	147.4	310.9	199.3	111.6	1.6	1.1	0.5
87.9	34.6	53.3	359.5	238.3	121.2	2.7	2.7	0.0
231.9	110.1	121.8	326.9	198.6	128.4	1.4	1.1	0.3
170.1	82.3	87.8	369.3	242.1	127.2	2.6	1.7	0.9
88.3	38.1	50.2	391.9	228.3	163.6	3.0	2.0	1.0
219.2	101.2	118.0	293.3	191.2	102.1	1.2	0.5	0.7
102.0	53.5	48.6	360.1	214.7	145.5	1.0	0.5	0.5

22. 省、直辖市、自治区的镇各职业

地区	各职业人口数（人）			各职业人口所占比例		
	合计	男	女	合计	男	女
总计	**337,754**	**204,423**	**133,331**	**744.9**	**450.8**	**294.0**
北京	2,442	1,441	1,001	839.2	495.2	344.0
天津	1,126	724	402	778.7	500.7	278.0
河北	6,854	4,221	2,633	766.8	472.2	294.6
山西	9,243	6,530	2,713	787.4	556.3	231.1
内蒙	10,584	6,636	3,948	656.6	411.7	244.9
辽宁	18,326	10,813	7,513	751.9	443.6	308.2
吉林	15,988	9,454	6,534	672.3	397.5	274.8
黑龙江	19,621	11,769	7,852	660.7	396.3	264.4
上海	4,094	2,405	1,689	747.5	439.1	308.4
江苏	17,241	9,926	7,315	809.3	465.9	343.4
浙江	17,917	10,959	6,958	756.2	462.5	293.7
安徽	12,471	7,510	4,961	747.4	450.1	297.7
福建	10,399	6,597	3,802	690.2	437.9	252.4
江西	11,136	6,893	4,243	728.7	451.0	277.6
山东	31,839	18,314	13,525	790.4	454.6	335.7
河南	19,404	11,442	7,962	783.8	462.2	321.6
湖北	16,155	9,356	6,799	794.5	460.1	334.4
湖南	16,882	10,539	6,343	760.7	474.9	285.8
广东	20,854	12,621	8,233	732.7	443.4	289.3
广西	9,716	5,723	3,993	745.1	438.9	306.2
四川	26,012	16,264	9,748	748.3	467.9	280.4
贵州	7,363	4,237	3,126	715.0	411.4	303.6
云南	9,826	5,965	3,861	779.6	473.3	306.3
西藏	423	274	149	786.2	509.3	277.0
陕西	8,058	5,195	2,863	769.5	496.1	273.4
甘肃	5,645	3,586	2,059	740.7	470.5	270.2
青海	1,617	1,074	543	751.0	498.8	252.2
宁夏	1,160	683	477	757.2	445.8	311.4
新疆	5,358	3,272	2,086	680.2	415.4	264.8

人口占15岁以上人口数的比例（‰）

各类专业、技术人员			国家机关、党团组织、企事业单位负责人		
小计	男	女	小计	男	女
98.2	53.3	45.0	43.5	39.3	4.2
128.2	58.4	69.8	50.5	46.0	4.5
102.4	52.6	49.8	47.7	40.1	7.6
98.0	54.7	43.3	47.5	43.1	4.5
125.1	74.2	50.9	63.5	60.1	3.3
102.9	48.9	54.0	44.2	40.1	4.1
97.6	47.1	50.5	46.8	41.8	5.0
83.2	38.4	44.8	39.6	35.7	3.8
81.9	37.5	44.4	41.1	35.9	5.2
115.6	57.9	57.7	45.5	37.2	8.2
97.6	54.6	43.0	56.8	50.2	6.6
90.0	48.5	41.5	36.7	33.4	3.3
110.1	59.6	50.5	51.5	47.0	4.6
99.4	56.9	42.5	36.8	33.8	3.0
101.0	56.5	44.4	40.7	37.4	3.3
66.4	39.1	27.3	32.1	28.9	3.2
80.7	47.7	33.0	40.0	37.2	2.8
103.6	58.3	45.3	51.7	45.8	5.9
96.4	54.5	41.9	44.7	41.2	3.6
85.9	51.2	34.6	32.4	29.2	3.2
107.1	61.9	45.2	44.2	40.2	4.1
119.5	62.7	56.7	48.2	43.1	5.1
124.3	65.0	59.3	44.4	39.9	4.5
114.1	64.4	49.7	46.2	42.1	4.1
156.1	87.4	68.8	53.9	46.5	7.4
123.1	73.4	49.7	52.7	49.4	3.3
113.5	62.6	50.9	43.8	39.9	3.9
149.1	87.3	61.8	43.2	41.8	1.4
173.0	101.2	71.8	44.4	42.4	2.0
133.6	66.9	66.6	45.3	40.5	4.8

地区	办事人员和有关人员			商业工作人员			服务性工作人员		
	小计	男	女	小计	男	女	小计	男	女
总计	39.8	31.2	8.7	50.9	23.3	27.6	52.9	26.2	26.7
北京	62.9	45.4	17.5	50.9	17.9	33.0	86.6	44.0	42.6
天津	44.3	31.1	13.1	45.0	27.0	18.0	52.6	31.8	20.7
河北	46.3	36.5	9.8	51.0	27.7	23.3	42.8	24.8	18.0
山西	63.0	49.2	13.9	49.8	25.5	24.4	47.8	31.3	16.5
内蒙	46.8	31.9	14.9	40.3	15.8	24.6	62.4	33.5	28.9
辽宁	36.6	25.9	10.7	53.2	20.4	32.8	67.3	29.3	38.0
吉林	30.2	22.7	7.5	49.3	18.0	31.2	63.5	29.1	34.4
黑龙江	29.1	21.3	7.8	55.0	19.5	35.5	66.8	33.5	33.2
上海	35.1	27.0	8.0	51.7	24.8	26.8	76.3	37.4	38.9
江苏	40.6	33.4	7.1	67.2	33.3	33.9	59.3	30.1	29.2
浙江	26.3	20.1	6.2	51.5	27.1	24.4	44.7	22.8	21.8
安徽	35.4	27.8	7.6	76.8	34.0	42.8	60.2	30.6	29.6
福建	41.0	33.9	7.1	55.2	30.1	25.1	40.7	18.7	22.0
江西	42.6	34.5	8.0	44.5	19.5	25.0	50.1	21.7	28.4
山东	24.8	20.2	4.6	26.1	14.1	11.9	27.9	17.3	10.6
河南	39.6	31.7	7.9	48.6	23.8	24.8	37.1	22.9	14.2
湖北	39.6	32.1	7.5	50.9	23.9	27.0	56.2	25.2	31.0
湖南	41.2	33.6	7.6	48.9	20.4	28.5	56.7	24.6	32.1
广东	38.9	32.7	6.2	70.6	38.6	32.0	47.9	23.4	24.5
广西	41.6	34.8	6.7	53.1	23.5	29.6	49.2	19.7	29.4
四川	53.6	40.8	12.8	56.4	24.4	32.0	64.9	32.9	32.0
贵州	41.0	30.7	10.3	54.1	22.6	31.5	45.0	17.6	27.4
云南	55.5	44.5	10.9	36.3	15.7	20.6	52.1	22.5	29.7
西藏	52.0	40.9	11.2	20.4	5.6	14.9	63.2	44.6	18.6
陕西	53.0	42.1	10.9	38.5	17.8	20.7	50.2	24.6	25.6
甘肃	50.5	38.7	11.8	45.5	19.8	25.7	58.3	27.6	30.7
青海	52.9	42.3	10.7	31.6	15.3	16.3	57.1	29.7	27.4
宁夏	47.0	37.9	9.1	38.5	17.0	21.5	54.2	20.2	33.9
新疆	51.7	40.4	11.3	50.3	23.5	26.8	54.8	26.8	28.1

（续完）

农、牧、林、渔劳动者			生产工人、运输工人和有关人员			不便分类的其他劳动者		
小计	男	女	小计	男	女	小计	男	女
144.3	77.2	67.1	312.8	198.9	113.9	2.4	1.5	0.9
43.0	23.0	19.9	414.1	258.8	155.3	3.1	1.7	1.4
92.7	64.3	28.4	392.8	253.8	139.0	1.4	0.0	1.4
196.8	105.7	91.1	282.7	179.0	103.7	1.6	0.7	0.9
63.2	34.2	29.0	371.9	279.5	92.3	3.2	2.3	0.9
92.8	59.2	33.6	263.1	179.8	83.3	4.1	2.5	1.6
61.4	33.3	28.1	384.7	243.5	141.2	4.2	2.3	2.0
98.5	57.4	41.0	305.8	194.7	111.1	2.3	1.5	0.8
111.7	78.9	32.8	274.0	168.9	105.0	1.1	0.7	0.4
18.6	13.9	4.7	399.9	238.3	161.6	4.9	2.6	2.4
68.1	29.6	38.5	416.0	232.1	183.9	3.8	2.5	1.2
145.7	104.8	41.0	359.2	204.7	154.5	2.1	1.3	0.8
114.4	55.4	59.0	295.2	193.0	102.2	3.8	2.8	1.1
127.2	83.9	43.3	288.3	179.5	108.7	1.7	1.1	0.6
136.2	69.7	66.5	312.0	210.8	101.2	1.6	0.9	0.7
405.4	204.4	201.0	206.5	130.0	76.6	1.2	0.6	0.6
322.3	155.2	167.1	213.9	142.5	71.4	1.7	1.3	0.3
149.3	71.7	77.6	341.5	202.1	139.4	1.7	1.1	0.6
110.4	54.4	56.0	360.6	245.2	115.4	1.7	1.0	0.7
122.8	71.9	50.9	332.7	195.3	137.4	1.7	1.1	0.5
137.0	62.2	74.8	308.2	194.6	113.7	4.7	2.0	2.7
42.6	22.8	19.8	359.9	239.2	120.8	3.1	1.8	1.2
132.2	60.1	72.1	272.1	174.3	97.8	2.0	1.3	0.8
192.8	93.8	99.0	281.6	189.5	92.1	1.0	0.9	0.2
120.8	65.1	55.8	316.0	217.5	98.5	3.7	1.9	1.9
104.7	49.8	54.8	344.9	237.4	107.5	2.4	1.5	0.9
106.4	52.7	53.7	318.1	226.5	91.6	4.6	2.8	1.8
41.8	20.4	21.4	368.8	258.2	110.5	6.5	3.7	2.8
99.2	43.1	56.1	299.0	182.8	116.2	2.0	1.3	0.7
66.9	39.7	27.2	274.9	175.8	99.0	2.8	1.8	1.0

23. 省、直辖市、自治区的县（不含镇）

地　区	各职业人口数（人）			各职业人口所占比例		
	合　计	男	女	合　计	男	女
总　计	4,069,226	2,275,514	1,793,712	789.9	441.7	348.2
北　京	17,535	10,058	7,477	740.1	424.5	315.6
天　津	12,663	7,502	5,161	725.9	430.1	295.9
河　北	234,054	139,679	94,375	747.9	446.3	301.6
山　西	98,287	55,291	42,996	777.3	437.2	340.0
内　蒙	63,797	39,110	24,687	742.8	455.4	287.5
辽　宁	90,678	58,902	31,776	655.6	425.9	229.7
吉　林	52,632	37,050	15,582	600.1	422.5	177.7
黑龙江	71,646	51,576	20,070	585.8	421.7	164.1
上　海	32,229	15,492	16,737	871.6	419.0	452.6
江　苏	289,407	152,814	136,593	813.4	429.5	383.9
浙　江	150,670	94,517	56,153	752.8	472.3	280.6
安　徽	219,524	120,548	98,976	828.3	454.9	373.5
福　建	89,554	55,493	34,061	716.0	443.7	272.3
江　西	124,465	71,443	53,022	775.7	445.3	330.5
山　东	319,961	177,816	142,145	781.6	434.3	347.2
河　南	339,896	182,568	157,328	826.7	444.0	282.6
湖　北	208,889	114,516	94,373	802.3	439.9	362.5
湖　南	238,144	134,650	103,494	798.9	451.7	347.2
广　东	246,580	133,124	113,456	790.0	426.5	363.5
广　西	162,385	86,225	76,160	823.0	437.0	386.0
四　川	464,543	248,603	215,940	849.8	454.8	395.0
贵　州	111,301	57,670	53,631	839.3	434.9	404.4
云　南	142,326	73,609	68,717	848.7	438.9	409.8
西　藏	9,207	4,551	4,656	865.2	427.7	437.6
陕　西	118,871	66,737	52,134	776.0	435.7	340.3
甘　肃	86,558	45,778	40,780	840.7	444.6	396.1
青　海	13,954	7,443	6,511	824.4	439.7	384.7
宁　夏	13,576	7,208	6,368	815.0	432.7	382.3
新　疆	45,894	25,541	20,353	796.9	443.5	353.4

各职业人口占15岁以上人口数的比例（‰）

各类专业、技术人员			国家机关、党团组织企事业单位负责人		
小计	男	女	小计	男	女
24.8	18.0	6.8	5.3	5.0	0.3
42.3	23.5	18.8	8.9	7.9	1.0
33.1	22.5	10.7	7.7	7.3	0.4
23.2	15.6	7.6	6.0	5.7	0.3
29.0	19.9	9.1	5.8	5.5	0.2
31.0	22.9	8.0	5.3	5.2	0.1
29.0	20.1	8.9	7.2	6.9	0.3
27.0	19.2	7.8	6.0	5.8	0.2
38.0	25.3	12.6	9.4	8.9	0.5
35.3	21.4	13.9	12.5	11.4	1.2
31.1	23.4	7.6	7.7	7.4	0.4
23.6	15.6	8.0	6.5	6.0	0.5
21.0	16.4	4.6	4.3	4.2	0.2
22.9	16.3	6.6	3.7	3.6	0.2
25.8	19.1	6.7	5.3	5.1	0.3
26.1	19.7	6.3	5.4	5.2	0.2
23.5	17.2	6.3	3.5	3.3	0.2
26.8	20.2	6.6	5.7	5.3	0.3
20.8	15.0	5.8	3.8	3.6	0.2
25.4	19.4	6.0	5.6	5.3	0.3
20.2	16.2	3.9	3.8	3.6	0.2
18.8	13.3	5.6	4.0	3.7	0.3
16.5	12.9	3.6	4.0	3.9	1.0
18.9	14.4	4.5	3.3	3.1	0.2
22.9	16.2	6.8	13.0	11.1	1.9
30.7	22.2	8.5	5.7	5.5	0.2
23.1	18.8	4.3	4.6	4.5	0.1
36.1	26.8	9.3	6.3	5.9	0.4
28.2	22.7	5.5	5.7	5.6	0.1
43.3	27.1	16.2	10.2	9.8	0.4

地　　区	办事人员和有关人员			商业工作人员			服务性工作人员		
	小计	男	女	小计	男	女	小计	男	女
总　计	3.3	2.9	0.4	7.2	4.9	2.3	7.0	4.7	2.2
北　京	6.6	5.0	1.6	10.7	7.1	3.6	19.3	13.8	5.6
天　津	4.2	3.7	0.5	10.7	8.1	2.6	12.0	9.6	2.4
河　北	4.8	4.1	0.7	7.7	5.5	2.2	5.6	4.5	1.2
山　西	3.9	3.3	0.5	6.3	4.3	2.0	6.0	4.9	1.2
内　蒙	4.6	4.0	0.7	5.7	3.9	1.8	6.1	4.5	1.6
辽　宁	3.4	3.0	0.5	11.2	7.7	3.5	11.7	8.7	3.1
吉　林	3.5	3.2	0.4	6.1	3.9	2.2	7.6	4.9	2.6
黑龙江	5.6	4.8	0.8	7.9	4.5	3.4	15.0	9.4	5.6
上　海	6.1	4.7	1.4	17.1	11.8	5.2	37.9	17.7	20.3
江　苏	2.8	2.5	0.3	11.6	8.6	3.1	12.9	9.3	3.6
浙　江	2.7	2.3	0.5	11.2	7.9	3.4	10.3	6.2	4.1
安　徽	1.8	1.6	0.2	6.0	3.8	2.2	5.3	4.1	1.3
福　建	3.4	3.1	0.3	9.0	6.7	2.3	6.3	4.5	1.8
江　西	3.0	2.5	0.5	6.1	3.7	2.4	7.6	4.8	2.9
山　东	2.7	2.4	0.4	7.3	5.6	1.8	6.2	4.7	1.5
河　南	2.5	2.2	0.3	5.5	3.9	1.6	3.7	3.0	0.7
湖　北	2.9	2.6	0.3	7.4	4.9	2.5	7.8	5.4	2.3
湖　南	2.6	2.3	0.3	5.3	3.0	2.2	4.8	3.5	1.3
广　东	4.1	3.7	0.4	12.4	9.0	3.4	8.7	4.9	3.8
广　西	3.3	3.0	0.3	6.0	3.7	2.3	4.2	2.4	1.8
四　川	2.4	2.0	0.4	4.9	2.7	2.2	4.7	3.0	1.6
贵　州	2.4	2.0	0.4	3.4	2.2	1.2	2.1	1.0	1.0
云　南	2.5	2.2	0.3	3.7	2.5	1.2	2.8	1.3	1.5
西　藏	10.1	8.4	1.7	3.1	1.9	1.2	3.4	2.1	1.3
陕　西	5.6	4.9	0.6	5.6	3.8	1.8	6.0	4.3	1.7
甘　肃	4.1	3.5	0.6	3.7	2.6	1.1	3.5	2.2	1.4
青　海	6.4	5.4	1.1	4.0	2.5	1.5	7.3	4.5	2.7
宁　夏	4.3	3.7	0.7	4.7	3.4	1.3	6.3	4.3	2.0
新　疆	7.6	6.7	0.9	5.7	3.4	2.3	12.1	6.9	5.2

（续完）

农、牧、林、渔劳动者			生产工人、运输工人和有关人员			不便分类的其他劳动者		
小计	男	女	小计	男	女	小计	男	女
679.5	362.4	317.1	62.5	43.5	19.0	0.3	0.1	0.1
456.1	240.9	215.2	196.1	126.2	69.9	0.2	0.1	0.0
530.1	314.0	216.1	127.8	64.7	63.1	0.2	0.1	0.1
650.6	374.8	275.8	49.4	35.7	13.7	0.5	0.3	0.2
671.2	352.9	318.3	54.9	46.3	8.6	0.2	0.1	0.1
652.6	382.7	269.8	37.3	31.9	5.4	0.3	0.3	0.0
481.8	291.6	190.2	111.1	87.7	23.3	0.3	0.2	0.1
506.2	351.9	154.3	43.6	33.5	10.1	0.1	0.0	0.0
432.7	309.8	122.9	77.1	58.9	18.3	0.2	0.1	0.1
464.5	187.8	276.7	297.4	163.9	133.5	0.8	0.4	0.4
605.9	280.8	325.1	141.0	97.4	43.6	0.3	0.2	0.1
516.5	335.5	181.0	181.9	98.7	83.1	0.2	0.1	0.1
755.7	396.0	359.7	33.9	28.7	5.2	0.2	0.1	0.0
590.8	348.8	242.1	79.7	60.6	19.1	0.1	0.1	0.1
658.5	352.1	306.3	69.3	57.9	11.4	0.1	0.0	0.0
657.9	352.6	305.3	75.8	44.1	31.6	0.1	0.1	0.0
765.7	397.2	368.5	22.2	17.0	5.1	0.1	0.1	0.0
700.4	361.8	338.6	51.4	39.6	11.8	0.2	0.1	0.1
712.6	386.3	326.4	48.9	38.0	10.9	0.1	0.1	0.0
654.8	339.2	315.6	78.9	44.9	34.0	0.2	0.1	0.1
762.0	391.8	370.2	21.1	15.6	5.6	2.3	0.7	1.6
784.4	404.5	379.9	30.4	25.4	4.9	0.2	0.1	0.1
801.4	405.2	396.2	9.4	7.6	1.9	0.2	0.1	0.0
792.6	394.9	397.7	24.8	20.5	4.4	0.1	0.0	0.0
781.0	363.9	417.2	31.7	24.2	7.5	0.1	0.1	0.0
684.6	364.9	319.7	37.8	30.1	7.7	0.1	0.1	0.0
778.0	394.3	383.6	23.6	18.7	4.9	0.2	0.1	0.1
720.0	360.0	359.9	43.8	34.3	9.6	0.5	0.4	0.2
733.4	366.3	367.1	32.1	26.5	5.6	0.2	0.2	0.0
637.6	332.4	305.2	79.9	56.9	22.9	0.5	0.3	0.2

24. 省、直辖市、自

地　　区	合　计	1人户	2人户	3人户	4人户	5人户	6人户	7人户	8人户
总　　计	2,202,081	176,033	222,285	353,861	430,239	403,039	288,356	174,819	87,968
北　　京	23,381	2,412	3,545	5,364	5,164	3,590	1,892	883	337
天　　津	19,140	1,717	2,446	4,195	4,189	3,029	1,865	965	468
河　　北	123,363	10,848	14,263	22,558	26,261	22,397	13,601	7,582	3,553
山　　西	58,985	5,994	7,222	10,114	12,115	10,486	6,892	3,763	1,567
内　　蒙	41,848	3,291	3,744	6,335	7,872	8,063	5,912	3,622	1,695
辽　　宁	84,977	5,836	9,453	18,044	18,895	15,488	9,550	4,678	1,963
吉　　林	50,742	3,679	4,735	8,940	10,099	9,208	6,910	4,037	1,876
黑　龙　江	71,328	3,695	6,436	12,313	14,894	13,934	9,923	5,730	2,704
上　　海	31,157	3,212	4,357	7,719	7,676	4,681	2,147	891	321
江　　苏	150,780	16,519	17,398	29,565	33,916	26,375	15,316	7,026	3,022
浙　　江	95,611	11,265	11,231	15,816	20,823	17,666	10,495	5,070	2,080
安　　徽	104,718	8,239	9,452	13,188	18,280	20,547	16,310	10,536	4,954
福　　建	51,453	4,064	4,257	6,345	8,775	9,413	7,600	5,076	2,830
江　　西	64,931	4,666	5,241	7,888	10,686	11,158	9,585	7,068	4,408
山　　东	173,469	13,790	19,830	32,050	36,783	31,663	20,627	11,434	4,806
河　　南	154,155	9,973	13,607	21,444	27,574	28,610	22,715	15,282	8,354
湖　　北	100,980	6,414	10,060	15,956	19,170	19,028	14,160	8,787	4,451
湖　　南	122,902	10,701	13,915	19,314	24,795	24,264	16,044	8,667	3,489
广　　东	118,884	10,451	9,782	14,349	19,607	21,353	17,376	12,265	7,005
广　　西	68,994	4,590	5,364	7,621	10,222	11,430	10,581	8,435	5,482
四　　川	227,542	19,037	23,705	39,265	46,545	42,474	29,462	16,225	7,022
贵　　州	56,597	3,629	4,700	6,644	9,193	10,333	8,826	6,574	3,834
云　　南	60,973	2,914	4,574	7,212	9,758	10,635	9,520	7,237	4,674
西　　藏	3,167	287	326	389	450	407	373	319	237
陕　　西	61,078	3,927	5,848	9,981	12,399	11,701	8,407	4,710	2,413
甘　　肃	37,310	1,321	2,357	4,693	6,638	7,718	6,353	4,068	2,134
青　　海	7,184	390	533	830	1,176	1,243	1,123	813	494
宁　　夏	7,356	398	505	907	1,110	1,272	1,211	905	555
新　　疆	29,076	2,774	3,399	4,822	5,174	4,873	3,580	2,171	1,240

治区家庭户的规模

9人户	10人户	11人户	12人户	13人户	14人户	15人户	16人户	17人户	18人户	19人户	20人及以上户
38,408	16,055	6,117	2,593	1,109	567	278	123	75	50	30	76
140	37	12	1	2	—	1	—	—	1	—	—
175	53	25	9	3	—	1	—	—	—	—	—
1,406	609	179	56	20	12	3	7	2	1	—	5
569	176	61	17	6	—	1	1	—	—	—	1
773	314	127	53	26	13	4	1	1	1	—	1
708	244	80	26	7	4	—	1	—	—	—	—
798	283	104	39	21	4	5	—	2	2	—	—
1,044	409	146	61	23	3	3	3	2	1	1	3
118	24	8	3	—	4	5	—	—	1	—	3
1,088	366	117	40	19	12	5	1	2	—	—	2
760	255	83	33	12	14	8	5	2	—	—	1
2,083	754	233	76	36	55	28	10	8	8	3	10
1,539	786	373	184	89	60	30	15	4	8	5	5
2,179	1,133	447	238	107	18	8	1	1	1	—	1
1,639	569	163	60	25	50	30	9	5	5	2	8
3,912	1,682	573	227	93	18	4	3	1	2	—	1
1,844	718	253	75	35	6	7	1	1	—	1	3
1,155	375	116	37	11	85	50	27	21	7	4	13
3,517	1,677	747	373	175	67	25	11	6	4	4	5
2,865	1,348	566	256	112	19	6	—	3	1	1	2
2,441	895	300	101	38	11	4	—	—	—	1	2
1,793	709	238	83	23	47	29	14	6	5	3	4
2,425	1,107	484	233	92	12	1	1	—	—	1	—
158	102	54	31	19	15	3	5	1	—	1	2
996	412	165	65	27	22	13	5	7	2	1	4
1,113	465	225	115	56	8	2	2	—	—	1	—
280	153	73	44	19	4	—	—	—	—	—	—
275	132	57	21	4	4	2	—	—	—	1	—
615	268	108	36	9							

25．省、直辖市、自治区的市

地　　区	合　计	1人户	2人户	3人户	4人户	5人户	6人户	7人户	8人户
总　　计	341,674	31,875	44,277	74,680	74,586	56,615	32,428	15,888	6,850
北　京	14,308	1,433	2,255	3,478	3,196	2,150	1,056	464	182
天　津	13,002	1,219	1,722	3,108	2,921	1,976	1,156	521	241
河　北	14,970	1,831	2,324	4,051	3,212	2,057	922	346	135
山　西	9,482	1,050	1,041	1,756	2,117	1,601	1,063	513	207
内　蒙	7,326	542	788	1,373	1,629	1,540	863	389	116
辽　宁	29,352	1,833	3,673	7,267	6,674	5,224	2,765	1,153	508
吉　林	13,166	974	1,452	2,894	2,772	2,298	1,482	741	343
黑龙江	19,623	988	2,154	4,203	4,308	3,677	2,274	1,204	506
上　海	16,147	1,444	2,172	3,823	3,626	2,696	1,382	630	245
江　苏	18,105	2,294	3,041	4,778	4,113	2,342	1,030	327	122
浙　江	17,313	2,012	2,279	3,266	3,946	3,036	1,626	742	267
安　徽	11,184	1,111	1,308	2,199	2,433	1,902	1,235	627	230
福　建	7,352	735	824	1,331	1,568	1,239	771	467	228
江　西	8,832	815	924	1,448	1,736	1,584	1,046	622	343
山　东	21,226	2,152	2,788	4,702	4,655	3,426	1,946	981	395
河　南	15,809	1,563	1,728	2,941	3,333	2,777	1,758	966	421
湖　北	12,815	1,109	1,922	3,180	2,855	2,007	1,035	445	161
湖　南	11,984	1,249	1,894	2,801	2,629	1,859	875	440	174
广　东	16,042	1,909	1,768	2,809	3,263	2,711	1,727	997	474
广　西	5,439	501	706	1,049	1,121	866	537	307	177
四　川	24,033	2,347	3,395	5,497	5,251	3,806	2,228	939	350
贵　州	8,315	612	843	1,300	1,550	1,431	1,052	778	446
云　南	5,463	530	795	1,185	1,172	804	450	258	154
西　藏	97	15	15	14	19	13	12	5	1
陕　西	9,027	836	1,200	1,957	2,073	1,484	843	377	156
甘　肃	4,210	264	494	936	902	773	463	212	94
青　海	1,262	76	137	225	296	241	156	69	31
宁　夏	1,479	147	149	270	295	279	171	96	47
新　疆	4,311	284	486	839	921	816	504	272	96

（不含市辖县）家庭户的规模

9人户	10人户	11人户	12人户	13人户	14人户	15人户	16人户	17人户	18人户	19人户	20人及以上户
2,771	1,006	399	153	84	21	16	8	3	4	2	8
67	17	5	1	2	—	1	—	—	1	—	—
93	26	13	2	3	—	1	—	—	—	—	—
54	25	6	3	1	1	—	1	1	—	—	—
78	37	14	2	1	—	1	1	—	—	—	—
54	21	6	3	2	1	—	—	—	—	—	—
169	54	23	6	2	—	2	—	1	—	—	—
125	53	21	5	3	—	—	3	—	—	—	1
189	71	24	13	8	—	1	—	—	1	—	1
101	20	6	2	—	—	1	—	1	—	—	—
40	9	3	3	—	5	—	—	—	—	—	—
95	24	13	3	2	2	2	1	—	—	—	1
94	32	9	2	2	—	1	—	—	—	—	—
103	49	24	5	3	1	1	1	—	—	—	1
160	75	33	24	14	—	—	—	—	—	—	1
122	39	12	4	3	—	1	—	—	—	—	1
201	71	26	13	7	2	1	—	—	—	—	—
74	20	4	1	1	2	—	—	—	—	1	—
42	12	7	—	—	2	—	—	—	—	—	—
230	85	42	18	6	—	1	—	—	—	1	—
92	41	21	10	8	1	1	—	—	—	—	1
140	49	19	8	2	—	—	1	—	—	—	1
199	71	23	5	3	2	—	—	—	—	—	—
53	29	19	5	6	2	1	—	—	—	—	—
2	1	—	—	—	—	—	—	—	—	—	—
63	25	6	3	2	—	—	—	—	—	—	—
42	19	6	3	—	—	—	—	—	—	—	—
18	8	1	4	—	—	—	—	—	—	—	—
17	5	2	1	—	—	—	—	—	—	—	—
54	18	11	4	3	—	—	—	—	—	—	—

26. 省、直辖市、自

地　　区	合　计	1人户	2人户	3人户	4人户	5人户	6人户	7人户	8人户
总　　计	142,915	16,139	21,046	29,444	29,157	22,217	13,160	6,827	2,953
北　　京	949	132	180	271	201	118	30	12	4
天　　津	462	50	100	137	89	46	26	12	2
河　　北	2,940	498	494	643	624	366	181	86	28
山　　西	3,087	419	571	630	638	460	217	105	30
内　　蒙	5,455	572	546	927	1,012	938	740	427	171
辽　　宁	8,328	898	1,179	2,112	1,786	1,278	681	258	88
吉　　林	8,423	872	1,004	1,811	1,660	1,378	924	494	188
黑　龙　江	10,514	714	1,260	2,041	2,303	1,904	1,249	637	275
上　　海	1,643	253	291	421	385	192	63	24	8
江　　苏	7,737	1,473	1,405	1,857	1,483	843	397	169	71
浙　　江	8,280	1,371	1,418	1,695	1,811	1,126	536	207	71
安　　徽	5,305	671	829	1,006	981	826	494	292	128
福　　建	4,505	499	582	822	849	799	478	254	120
江　　西	4,662	472	556	812	900	764	580	295	173
山　　东	12,902	1,091	1,850	2,798	2,795	2,142	1,217	630	243
河　　南	7,130	636	907	1,211	1,359	1,204	814	527	271
湖　　北	6,096	505	1,044	1,383	1,348	928	490	244	98
湖　　南	6,466	936	1,253	1,404	1,277	826	439	223	70
广　　东	7,888	654	793	1,249	1,565	1,421	946	625	325
广　　西	3,721	283	471	742	813	618	392	235	92
四　　川	10,164	1,208	2,025	2,496	2,017	1,390	646	238	93
贵　　州	3,447	485	404	529	738	549	385	205	95
云　　南	3,629	248	548	719	754	642	393	164	97
西　　藏	55	14	7	9	7	4	7	6	1
陕　　西	2,910	427	564	638	582	390	173	73	39
甘　　肃	2,130	134	277	448	445	400	222	117	50
青　　海	633	85	84	95	120	99	74	49	14
宁　　夏	534	70	63	90	109	89	63	30	13
新　　疆	2,920	469	341	448	506	477	303	189	95

治区的镇家庭户的规模

9人户	10人户	11人户	12人户	13人户	14人户	15人户	16人户	17人户	18人户	19人户	20人及以上户
1,201	444	175	74	29	19	14	5	1	1	2	7
—	—	1	—	—	—	—	—	—	—	—	—
—	—	—	—	—	—	—	—	—	—	—	—
12	6	1	—	—	—	—	1	—	—	—	—
8	4	4	1	—	—	—	—	—	—	—	—
76	30	10	3	2	1	—	—	—	—	—	—
32	9	4	3	—	—	—	—	—	—	—	—
56	28	6	1	1	—	—	—	—	—	—	—
86	30	8	5	2	—	—	—	—	—	—	—
3	2	1	—	—	—	—	—	—	—	—	—
25	8	4	1	—	—	—	—	—	—	—	1
29	10	3	1	1	—	—	—	—	—	—	1
54	18	5	—	—	1	—	—	—	—	—	—
48	22	16	8	3	1	2	1	1	—	—	—
63	35	4	3	2	—	2	—	—	—	1	—
95	30	4	5	2	—	—	—	—	—	—	—
118	44	18	12	—	4	4	—	—	—	—	1
32	14	7	1	2	—	—	—	—	—	—	—
25	6	2	2	—	1	1	1	—	—	—	—
161	68	40	19	8	5	4	1	—	1	1	2
43	12	13	1	3	2	—	1	—	—	—	—
37	8	4	—	—	1	—	—	—	—	—	1
42	10	4	—	—	—	—	—	—	—	—	1
41	13	6	1	2	1	—	—	—	—	—	—
—	—	—	—	—	—	—	—	—	—	—	—
14	7	2	1	—	—	—	—	—	—	—	—
30	5	1	1	—	—	—	—	—	—	—	—
7	4	—	1	—	1	—	—	—	—	—	—
7	—	—	—	—	—	—	—	—	—	—	—
57	21	7	4	1	1	1	—	—	—	—	—

27. 省、直辖市、自治区的县

地区	合计	1人户	2人户	3人户	4人户	5人户	6人户	7人户	8人户
总计	1,717,492	128,019	156,962	249,737	326,496	324,207	242,768	152,104	78,165
北京	8,124	847	1,110	1,615	1,767	1,322	806	407	151
天津	5,676	448	624	950	1,179	1,007	683	432	225
河北	105,453	8,519	11,445	17,864	22,425	19,974	12,498	7,150	3,390
山西	46,416	4,525	5,610	7,728	9,360	8,425	5,612	3,145	1,330
内蒙	29,067	2,177	2,410	4,035	5,231	5,585	4,309	2,806	1,408
辽宁	47,297	3,105	4,601	8,665	10,435	8,986	6,104	3,267	1,367
吉林	29,153	1,833	2,279	4,235	5,667	5,532	4,504	2,802	1,345
黑龙江	41,191	1,993	3,022	6,069	8,283	8,353	6,400	3,889	1,923
上海	13,367	1,515	1,894	3,475	3,665	1,793	702	237	68
江苏	124,938	12,752	12,952	22,930	28,320	23,190	13,889	6,530	2,829
浙江	70,018	7,882	7,534	10,855	15,066	13,504	8,333	4,121	1,742
安徽	88,229	6,457	7,315	9,983	14,866	17,819	14,581	9,617	4,596
福建	39,596	2,830	2,851	4,192	6,358	7,375	6,351	4,355	2,482
江西	51,437	3,379	3,761	5,628	8,050	8,810	7,959	6,151	3,892
山东	139,341	10,547	15,192	24,550	29,333	26,095	17,464	9,823	4,168
河南	131,216	7,774	10,972	17,292	22,882	24,629	20,143	13,789	7,662
湖北	82,069	4,800	7,094	11,393	14,967	16,093	12,635	8,098	4,192
湖南	104,452	8,516	10,768	15,109	20,889	21,579	14,730	8,004	3,245
广东	94,954	7,888	7,221	10,291	14,779	17,221	14,703	10,643	6,206
广西	59,834	3,806	4,187	5,830	8,288	9,946	9,652	7,893	5,213
四川	193,345	15,482	18,285	31,272	39,277	37,278	26,588	15,048	6,579
贵州	44,835	2,532	3,453	4,815	6,905	8,353	7,389	5,591	3,293
云南	51,881	2,136	3,231	5,308	7,832	9,189	8,677	6,815	4,423
西藏	3,015	258	304	366	424	390	354	308	235
陕西	49,141	2,664	4,084	7,386	9,744	9,827	7,391	4,260	2,218
甘肃	30,970	923	1,586	3,309	5,291	6,545	5,668	3,739	1,990
青海	5,289	229	312	510	760	903	893	695	449
宁夏	5,343	181	293	547	706	904	977	779	495
新疆	21,845	2,021	2,572	3,535	3,747	3,580	2,773	1,710	1,049

（不含镇）家庭户的规模

9人户	10人户	11人户	12人户	13人户	14人户	15人户	16人户	17人户	18人户	19人户	20人及以上户
34,436	14,605	5,543	2,366	996	527	248	110	71	45	26	61
73	20	6	—	—	—	—	—	—	—	—	—
82	27	12	7	—	—	—	—	—	—	—	—
1,340	578	172	53	19	11	3	5	1	1	—	5
483	135	43	14	5	—	—	—	—	—	—	1
643	263	111	47	22	12	4	1	1	1	—	1
507	181	53	17	5	3	—	1	—	—	—	—
617	202	77	33	17	4	3	—	1	2	—	—
769	308	114	43	13	3	3	—	2	1	1	2
14	2	1	1	—	—	—	—	—	—	—	—
1,023	349	110	36	19	4	4	—	—	—	—	1
636	221	67	29	9	12	4	1	1	—	—	1
1,935	704	219	74	34	13	8	5	2	—	—	1
1,388	715	333	171	83	49	26	9	7	8	3	10
1,956	1,023	410	211	91	58	26	14	4	6	4	4
1,422	500	147	51	20	18	7	1	1	1	—	1
3,593	1,567	529	202	86	45	25	8	5	5	2	6
1,738	684	242	73	32	18	4	3	1	2	—	—
1,088	357	107	35	11	5	5	—	1	—	1	2
3,126	1,524	665	336	161	78	45	26	21	6	3	11
2,730	1,295	532	245	101	63	25	10	6	4	3	5
2,264	838	277	93	36	16	6	—	3	1	1	1
1,552	628	211	78	20	11	3	—	—	—	—	1
2,331	1,065	459	227	84	45	28	14	6	5	3	3
156	101	54	31	19	12	1	1	—	—	1	—
919	380	157	61	25	15	3	4	1	—	1	1
1,041	441	218	111	56	20	13	5	7	2	1	4
255	141	72	39	19	7	2	2	—	—	1	—
251	127	55	20	4	4	—	—	—	—	—	—
504	229	90	28	5	1	—	—	—	—	1	—

28. 全国按年龄、性别、婚

年龄	合计	男	女
总计	176,033	111,527	64,506
0—5	1,407	727	680
6—18	4,158	2,728	1,430
19—24	12,028	8,854	3,174
25—29	15,828	13,009	2,819
30—39	22,272	20,171	2,101
40—49	20,283	18,409	1,874
50—59	22,615	15,850	6,765
60以上	77,442	31,779	45,663

年龄	有配偶				丧
	小计	男	女		小计
			无存活子女	有存活子女	
总计	39,745	27,930	5,980	5,835	71,396
0—5	—	—	—	—	—
6—18	49	16	—	33	2
19—24	2,902	1,498	110	1,294	22
25—29	7,280	5,063	689	1,528	127
30—39	10,286	8,571	1,254	461	364
40—49	6,789	5,509	1,053	227	1,232
50—59	5,823	3,462	1,896	465	7,471
60以上	6,616	3,811	978	1,827	62,178

姻分的单身户状况

未		婚
小计	男	女
53,487	48,224	5,263
1,407	727	680
4,103	2,710	1,393
8,994	7,255	1,739
7,925	7,452	473
10,177	10,037	140
9,484	9,368	116
5,786	5,570	216
5,611	5,105	506

（续完）

偶			离			婚
男	女		小计	男	女	
	无存活子女	有存活子女			无存活子女	有存活子女
25,242	9,143	37,011	11,405	10,131	683	591
—	—	—	—	—	—	—
1	—	1	4	1	—	3
16	1	5	110	85	7	18
107	5	15	496	387	60	49
318	24	22	1,445	1,245	136	64
944	219	69	2,778	2,588	131	59
3,608	3,134	729	3,535	3,210	226	99
20,248	5,760	36,170	3,037	2,615	123	299

29. 省、直辖市、自

地区	小计	户的类别			户主	
		一对夫妇户	亲属户	非亲属户	12岁以下	13—18
总计	222,285	105,543	115,694	1,084	1,474	3,192
北京	3,545	1,806	1,731	8	49	37
天津	2,446	1,211	1,228	7	10	11
河北	14,263	7,384	6,840	39	159	184
山西	7,222	3,459	3,748	15	126	121
内蒙	3,744	2,146	1,569	29	8	41
辽宁	9,453	5,422	4,002	29	21	84
吉林	4,735	2,664	2,053	18	17	64
黑龙江	6,436	4,044	2,361	31	8	94
上海	4,357	1,883	2,446	28	14	30
江苏	17,398	8,542	8,771	85	79	200
浙江	11,231	5,102	6,113	16	66	149
安徽	9,452	4,156	5,271	25	31	137
福建	4,257	1,426	2,806	25	60	110
江西	5,241	2,351	2,859	31	61	95
山东	19,830	10,983	8,816	31	38	208
河南	13,607	6,449	7,109	49	66	189
湖北	10,060	4,625	5,402	33	72	162
湖南	13,915	6,854	7,023	38	135	281
广东	9,782	3,197	6,521	64	51	121
广西	5,364	2,086	3,303	11	13	76
四川	23,705	9,470	14,196	39	115	340
贵州	4,700	2,446	2,235	19	20	79
云南	4,574	2,015	2,542	17	14	81
西藏	326	—	—	326	4	5
陕西	5,848	2,563	3,250	35	203	167
甘肃	2,357	970	1,380	7	17	66
青海	533	209	319	5	7	16
宁夏	505	252	249	4	1	6
新疆	3,399	1,828	1,551	20	9	38

治区二人户的状况

年龄			户主的婚姻状况			
19—24	25—59	60岁及以上	未婚	有配偶	丧偶	离婚
21,129	122,714	73,776	27,215	151,448	34,907	6,754
239	2,321	899	168	2,826	418	70
156	1,413	856	151	1,832	405	47
1,366	7,415	5,139	1,786	9,995	1,999	287
883	3,501	2,591	742	4,889	1,145	304
586	1,910	1,199	393	2,688	567	84
1,088	5,193	3,067	735	7,369	1,122	199
780	2,529	1,345	430	3,520	624	132
1,338	3,419	1,577	553	4,852	853	164
173	2,522	1,618	192	3,181	837	124
1,128	9,174	6,817	1,701	12,583	2,655	343
925	6,356	3,735	1,443	7,700	1,557	444
623	5,672	2,989	1,750	5,820	1,465	367
473	2,405	1,209	703	2,490	779	208
564	2,638	1,883	607	3,421	895	239
1,816	9,842	7,926	2,291	14,245	2,855	372
1,029	7,115	5,208	2,104	8,752	2,246	419
1,180	5,666	2,980	1,232	7,003	1,396	334
1,353	7,563	4,583	1,859	9,399	2,016	461
699	5,530	3,381	1,578	5,606	2,160	368
398	3,081	1,796	1,045	3,002	1,032	254
1,787	14,562	6,901	3,418	15,123	4,452	557
510	2,416	1,675	574	3,126	807	166
493	2,690	1,296	490	3,092	804	168
23	230	64	—	321	—	—
695	3,256	1,527	686	3,893	859	163
268	1,550	456	333	1,554	333	111
56	381	73	64	355	76	28
87	291	120	43	388	52	20
413	2,073	866	144	2,423	498	321

30. 省、直辖市、自

地区	合计	一对夫妇户	二代户	三代及以上户
总计	2,202,081	105,543	1,422,114	375,982
北京	23,381	1,806	14,436	3,633
天津	19,140	1,211	12,500	2,887
河北	123,363	7,384	79,351	19,533
山西	58,985	3,459	38,406	8,680
内蒙	41,848	2,146	28,904	4,679
辽宁	84,977	5,422	58,766	11,140
吉林	50,742	2,664	34,220	6,956
黑龙江	71,328	4,044	49,046	9,457
上海	31,157	1,883	18,651	6,357
江苏	150,780	8,542	98,014	22,249
浙江	95,611	5,102	61,827	14,103
安徽	104,718	4,156	68,653	17,782
福建	51,453	1,426	30,699	11,968
江西	64,931	2,351	40,245	14,167
山东	173,469	10,983	116,148	25,455
河南	154,155	6,449	96,919	31,131
湖北	100,980	4,625	62,158	20,746
湖南	122,902	6,854	82.429	17,817
广东	118,884	3,197	70,298	26,760
广西	68,994	2,086	41.437	15,080
四川	227,542	9,470	152,190	36,637
贵州	56,597	2,446	38,043	9,624
云南	60,973	2,015	37,797	13,886
西藏	3,167	—	—	—
陕西	61,078	2,563	38,639	11,593
甘肃	37,310	970	23,232	8,090
青海	7,184	209	4,505	1,342
宁夏	7,356	252	5,109	1,146
新疆	29,076	1,828	19,492	3,084

治区家庭户的类别

一代户和其他亲属及非亲属	二代户和其他亲属及非亲属	单身户	其他户
26,510	59,854	36,034	176,044
388	490	216	2,412
259	415	151	1,717
1,533	3,198	1,516	10,848
850	1,180	416	5,994
471	1,647	710	3,291
851	2,183	779	5,836
600	1,825	798	3,679
756	3,033	1,297	3,695
445	401	208	3,212
1,390	2,718	1,348	16,519
852	1,669	793	11,265
977	3,065	1,846	8,239
700	1,430	1,166	4,064
719	1,549	1,234	4,666
1,327	4,068	1,698	13,790
1,590	4,930	3,163	9,973
1,012	3,447	2,578	6,414
1,257	2,578	1,266	10,701
1,743	3,666	2,769	10,451
1,057	2,565	2,168	4,601
2,189	5,216	2,803	19,037
442	1,372	1,041	3,629
407	1,854	2,100	2,914
2,880	—	—	287
924	1,934	1,498	3,927
272	1,727	1,698	1,321
125	360	253	390
64	215	172	398
430	1,119	349	2,774

31. 省、直辖市、自治区的市

地区	合计	一对夫妇户	二代户	三代及以上户
总计	341,674	19,499	221,505	52,083
北京	14,308	1,143	8,684	2,280
天津	13,002	828	8,568	1,870
河北	14,970	1,143	9,894	1,497
山西	9,482	409	6,417	1,219
内蒙	7,326	465	5,176	748
辽宁	29,352	2,071	20,115	4,045
吉林	13,166	805	8,832	1,783
黑龙江	19,623	1,305	13,454	2,641
上海	16,147	803	9,005	4,085
江苏	18,105	1,232	11,117	2,540
浙江	17,313	838	10,739	3,031
安徽	11,184	517	7,520	1,533
福建	7,352	244	4,452	1,539
江西	8,832	344	5,588	1,635
山东	21,226	1,335	14,228	2,796
河南	15,809	708	10,172	2,598
湖北	12,815	709	8,173	2,109
湖南	11,984	773	7,988	1,491
广东	16,042	567	9,533	2,809
广西	5,439	306	3,312	996
四川	24,033	1,244	15,380	4,054
贵州	8,315	384	5,686	1,215
云南	5,463	290	3,503	905
西藏	97	—	—	—
陕西	9,027	450	5,995	1,345
甘肃	4,210	209	2,981	545
青海	1,262	54	900	169
宁夏	1,479	69	1,029	156
新疆	4,311	254	3,064	449

（不含市辖县）家庭户的类别

一代户和其他亲属及非亲属	二代户和其他亲属及非亲属	单身户	其他户
5,672	8,021	3,013	31,881
280	341	147	1,433
214	225	78	1,219
285	248	72	1,831
163	178	46	1,050
91	254	50	542
396	678	214	1,833
209	415	148	974
276	741	218	988
333	321	156	1,444
470	348	104	2,294
198	341	154	2,012
145	257	101	1,111
137	162	83	735
117	213	120	815
238	354	123	2,152
200	396	172	1,563
287	325	103	1,109
176	239	68	1,249
434	557	233	1,909
106	149	63	507
310	482	216	2,347
99	219	100	612
58	97	80	530
82	—	—	15
203	142	56	836
65	97	49	264
18	34	11	76
21	44	13	147
61	164	35	284

32. 省、直辖市、自治

地区	合计	一对夫妇户	二代户	三代及以上户
总计	**142,915**	**8,136**	**93,483**	**18,065**
北京	949	80	625	77
天津	462	36	330	31
河北	2,940	171	1,779	322
山西	3,087	204	2,076	233
内蒙	5,455	292	3,719	445
辽宁	8,328	658	5,788	646
吉林	8,423	549	5,694	858
黑龙江	10,514	799	7,158	1,146
上海	1,643	110	1,001	229
江苏	7,737	476	4,781	734
浙江	8,280	488	5,254	917
安徽	5,305	292	3,419	700
福建	4,505	159	2,722	858
江西	4,662	191	3,050	699
山东	12,902	833	8,936	1,620
河南	7,130	289	4,539	1,282
湖北	6,096	356	4,105	880
湖南	6,466	374	3,988	803
广东	7,888	237	4,795	1,674
广西	3,721	176	2,436	649
四川	10,164	599	6,641	1,326
贵州	3,447	142	2,260	428
云南	3,629	194	2,453	582
西藏	55	—	—	—
陕西	2,910	121	1,743	328
甘肃	2,130	101	1,525	275
青海	633	36	426	36
宁夏	534	27	366	54
新疆	2,920	146	1,874	233

区的镇家庭户的类别

一代户和其他亲属及非亲属	二代户和其他亲属及非亲属	单身户	其他户
2,622	3,260	1,207	16,142
12	21	2	132
6	9	—	50
109	47	14	498
115	29	11	419
69	289	69	572
100	195	43	898
99	270	81	872
127	442	128	714
32	15	3	253
131	115	27	1,473
104	99	47	1,371
74	108	41	671
133	90	44	499
107	92	51	472
91	239	92	1,091
146	159	79	636
77	109	64	505
251	78	36	936
149	262	117	654
57	75	42	286
173	154	63	1,208
45	63	24	485
39	70	43	248
41	—	—	14
230	37	24	427
31	46	18	134
21	18	11	85
9	5	3	70
44	124	30	469

33. 省、直辖市、自治区的县

地　　区	合　　计	一对夫妇户	二代户	三代及以上户
总　　计	1,717,492	77,908	1,107,126	305,834
北　　京	8,124	583	5,127	1,276
天　　津	5,676	347	3,602	986
河　　北	105,453	6,070	67,678	17,714
山　　西	46,416	2,846	29,913	7,228
内　　蒙	29,067	1,389	20,009	3,486
辽　　宁	47,297	2,693	32,863	6,449
吉　　林	29,153	1,310	19,694	4,315
黑 龙 江	41,191	1,940	28,434	5,670
上　　海	13,367	970	8,645	2,043
江　　苏	124,938	6,834	82,116	18,975
浙　　江	70,018	3,776	45,834	10,155
安　　徽	88,229	3,347	57,714	15,549
福　　建	39,596	1,023	23,525	9,571
江　　西	51,437	1,816	31,607	11,833
山　　东	139,341	8,815	92,984	21,039
河　　南	131,216	5,452	82,208	27,251
湖　　北	82,069	3,560	49,880	17,757
湖　　南	104,452	5,707	70,453	15,523
广　　东	94,954	2,393	55,970	22,277
广　　西	59,834	1,604	35,689	13,435
四　　川	193,345	7,627	130,169	31,257
贵　　州	44,835	1,920	30,097	7,981
云　　南	51,881	1,531	31,841	12,399
西　　藏	3,015	—	—	—
陕　　西	49,141	1,992	30,901	9,920
甘　　肃	30,970	660	18,726	7,270
青　　海	5,289	119	3,179	1,137
宁　　夏	5,343	156	3,714	936
新　　疆	21,845	1,428	14,554	2,402

（不含镇）家庭户的类别

一代户和其他亲属及非亲属	二代户和其他亲属及非亲属	单身户	其他户
18,216	48,573	31,814	128,021
96	128	67	847
39	181	73	448
1,139	2,903	1,430	8,519
572	973	359	4,525
311	1,104	591	2,177
355	1,310	522	3,105
292	1,140	569	1,833
353	1,850	951	1,993
80	65	49	1,515
789	2,255	1,217	12,752
550	1,229	592	7,882
758	2,700	1,704	6,457
430	1,178	1,039	2,830
495	1,244	1,063	3,379
998	3,475	1,483	10,547
1,244	4,375	2,912	7,774
648	3,013	2,411	4,800
830	2,261	1,162	8,516
1,160	2,847	2,419	7,888
894	2,341	2,063	3,808
1,706	4,580	2,524	15,482
298	1,090	917	2,532
310	1,687	1,977	2,136
2,757	—	—	258
491	1,755	1,418	2,664
176	1,584	1,631	923
86	308	231	229
34	166	156	181
325	831	284	2,021

34. 省、直辖市、自治区民

地区	合计		二个民族混合户	
	户数	占家庭户的‰	户数	占家庭户的‰
总计	52,318	23.8	43,171	825.2
北京	648	27.7	644	993.8
天津	235	12.3	232	987.2
河北	1,645	13.3	1,618	983.6
山西	147	2.5	143	972.8
内蒙	2,342	56.0	2,333	996.2
辽宁	13,451	158.3	5,635	418.9
吉林	1,674	33.0	1,673	999.4
黑龙江	2,690	37.7	2,683	997.4
上海	139	4.5	139	1,000.0
江苏	358	2.4	358	1,000.0
浙江	290	3.0	290	1,000.0
安徽	389	3.7	386	992.3
福建	440	8.6	440	1,000.0
江西	66	1.0	66	1,000.0
山东	390	2.2	383	982.1
河南	825	5.4	814	986.7
湖北	2,217	22.0	2,181	983.8
湖南	2,748	22.4	2,634	958.5
广东	749	6.3	733	978.6
广西	7,101	102.9	6,686	941.6
四川	2,692	11.8	2,570	954.7
贵州	4,096	72.4	3,846	939.0
云南	4,155	68.1	4,066	978.6
西藏	97	30.6	82	845.4
陕西	99	1.6	99	1,000.0
甘肃	637	17.1	602	945.1
青海	446	62.1	404	905.8
宁夏	175	23.8	171	977.1
新疆	1,377	47.4	1,260	915.0

族混合户及其所占的比例

三个民族混合户		四个以上民族混合户	
户　　数	占家庭户的‰	户　　数	占家庭户的‰
1,247	23.8	7,900	151.0
4	6.2	—	0.0
3	12.8	—	0.0
24	14.6	3	1.8
4	27.2	—	0.0
9	3.8	—	0.0
105	7.8	7,711	573.3
1	0.6	—	0.0
7	2.6	—	0.0
—	0.0	—	0.0
—	0.0	—	0.0
—	0.0	—	0.0
2	5.1	1	2.6
—	0.0	—	0.0
—	0.0	—	0.0
3	7.7	4	10.3
11	13.3	—	0.0
36	16.2	—	0.0
110	40.0	4	1.5
15	20.0	1	1.3
320	45.1	95	13.4
114	42.3	8	3.0
211	51.5	39	9.5
86	20.7	3	0.7
15	154.6	—	0.0
—	0.0	—	0.0
31	48.7	4	6.3
29	65.0	13	29.1
4	22.9	—	0.0
103	74.8	14	10.2

35。全国人口按年龄、性别、

年龄	总					
	合计	男	女	未婚		
				小计	男	女
总计	6,667,053	3,414,729	3,252,324	1,902,685	1,115,728	786,957
15—19	1,254,113	638,024	616,089	1,219,328	631,192	588,136
15	227,269	117,004	110,265	226,507	116,705	109,802
16	256,824	132,443	124,381	255,286	131,997	123,289
17	244,350	124,762	119,588	240,998	124,040	116,958
18	251,153	126,785	124,368	242,246	125,248	116,998
19	274,517	137,030	137,487	254,291	133,202	121,089
20—24	744,786	379,801	364,985	442,089	272,859	169,230
20	156,417	77,413	79,004	131,328	72,129	59,199
21	106,766	53,163	53,603	79,472	46,054	33,418
22	143,581	73,678	69,903	90,272	56,150	34,122
23	142,913	73,653	69,260	69,421	46,609	22,812
24	195,109	101,894	93,215	71,596	51,917	19,679
52—29	926,699	477,661	449,038	136,340	112,790	23,550
25	188,778	97,748	91,030	48,539	37,628	10,911
26	179,368	92,612	86,756	32,374	26,491	5,883
27	196,816	101,654	95,162	25,060	21,527	3,533
28	186,744	96,046	90,698	17,610	15,562	2,048
29	174,993	89,601	85,392	12,757	11,582	1,175
30—34	729,360	379,928	349,432	35,786	33,488	2,298
30	173,150	88,869	84,281	10,311	9,496	815
31	146,233	75,665	70,568	7,419	6,929	490
32	153,533	80,692	72,841	7,180	6,743	437
33	131,391	68,828	62,563	5,793	5,447	346
34	125,053	65,874	59,179	5,083	4,873	210
35—39	540,749	284,728	256,021	19,855	19,107	748
35	123,303	64,837	58,466	4,736	4,519	217
36	112,894	58,928	53,966	4,320	4,136	184
37	105,001	55,029	49,972	3,777	3,671	106
38	102,692	54,449	48,243	3,632	3,494	138
39	96,859	51,485	45,374	3,390	3,287	103
40—44	482,872	257,285	225,587	15,236	14,808	428
40	99,963	52,983	46,980	3,407	3,309	98

文化程度分的婚姻状况

计								
有配偶			丧偶			离婚		
小计	男	女	小计	男	女	小计	男	女
4,247,859	2,115,185	2,132,674	476,544	152,178	324,366	39,965	31,638	8,327
34,416	6,742	27,674	62	38	24	307	52	255
745	293	452	9	6	3	8	—	8
1,506	433	1,073	9	9	—	23	4	19
3,303	709	2,594	6	6	—	43	7	36
8,780	1,514	7,266	13	6	7	114	17	97
20,082	3,793	16,289	25	11	14	119	24	95
301,167	106,179	194,988	353	165	188	1,177	598	579
24,891	5,220	19,671	23	8	15	175	56	119
27,136	7,041	20,095	38	18	20	120	50	70
53,046	17,398	35,648	46	22	24	217	108	109
73,157	26,870	46,287	80	31	49	255	143	112
122,937	49,650	73,287	166	86	80	410	241	169
785,132	361,445	423,687	1,954	1,197	757	3,273	2,229	1,044
139,480	59,659	79,821	241	136	105	518	325	193
146,172	65,604	80,568	285	166	119	537	351	186
170,698	79,426	91,272	400	257	143	658	444	214
167,887	79,652	88,235	470	282	188	777	550	227
160,895	77,104	83,791	558	356	202	783	559	224
685,517	340,901	344,616	3,915	2,375	1,540	4,142	3,164	978
161,300	78,358	82,942	673	388	285	866	627	239
137,351	67,740	69,611	679	420	259	784	576	208
144,642	72,755	71,887	811	487	324	900	707	193
123,964	62,244	61,720	842	537	305	792	600	192
118,260	59,804	58,456	910	543	367	800	654	146
510,280	258,896	251,384	6,687	3,547	3,140	3,927	3,178	749
116,593	58,999	57,594	1,123	633	490	851	686	165
106,656	53,562	53,094	1,164	640	524	754	590	164
99,155	50,040	49,115	1,302	690	612	767	628	139
96,791	49,581	47,210	1,483	736	747	786	638	148
91,085	46,714	44,371	1,615	848	767	769	636	133
450,829	232,760	218,069	12,316	5,905	6,411	4,491	3,812	679
93,744	47,997	45,747	1,932	944	988	880	733	147

年　龄	总					
	合　计	男	女	未　婚		
				小　计	男	女
41	99,647	53,108	46,539	3,277	3,180	97
42	93,244	49,677	43,567	2,875	2,797	78
43	93,977	49,947	44,030	2,803	2,720	83
44	96,041	51,570	44,471	2,874	2,802	72
45—49	**474,901**	**251,221**	**223,680**	**11,185**	**10,801**	**384**
45	96,189	51,215	44,974	2,474	2,388	86
46	97,261	51,346	45,915	2,378	2,311	67
47	92,967	48,783	44,184	2,242	2,165	77
48	94,559	50,115	44,444	2,114	2,044	70
49	93,925	49,762	44,163	1,977	1,893	84
50—45	**407,075**	**214,499**	**192,576**	**7,195**	**6,793**	**402**
50	85,573	45,032	40,541	1,661	1,565	96
51	81,341	43,136	38,205	1,529	1,451	78
52	83,846	44,361	39,485	1,474	1,402	72
53	77,507	40,594	36,913	1,259	1,175	84
54	78,808	41,376	37,432	1,272	1,200	72
55—60	**339,233**	**175,458**	**163,775**	**5,060**	**4,670**	**390**
55	71,011	37,210	33,801	1,119	1,033	86
56	69,010	35,816	33,194	1,068	1,000	68
57	70,576	36,595	33,981	1,063	982	81
58	68,023	34,837	33,186	958	882	76
59	60,613	31,000	29,613	852	773	79
60—64	**274,159**	**136,928**	**137,231**	**3,916**	**3,527**	**389**
60	61,597	31,065	30,532	824	745	79
61	57,897	29,205	28,692	822	750	72
62	56,619	28,273	28,346	847	777	70
63	49,977	24,608	25,369	703	629	74
64	48,069	23,777	24,292	720	626	94
65—69	**212,321**	**102,027**	**110,294**	**2,965**	**2,608**	**357**
65	47,965	23,296	24,669	692	621	71
66	44,821	21,736	23,085	633	545	88
67	41,369	19,858	21,511	568	505	63
68	42,471	20,280	22,191	561	491	70
69	35,695	16,857	18,838	511	446	65
70以上	**280,785**	117,169	163,616	**3,730**	**3,085**	**645**
平均初婚年龄	23	25	21	—	—	—

（续1）

计								
有配偶			丧偶			离婚		
小计	男	女	小计	男	女	小计	男	女
93,458	48,200	45,258	2,103	1,035	1,068	809	693	116
87,160	44,963	42,197	2,312	1,145	1,167	897	772	125
87,519	45,169	42,350	2,720	1,273	1,447	935	785	150
88,948	46,431	42,517	3,249	1,508	1,741	970	829	141
434,245	**225,377**	**208,868**	**23,786**	**10,118**	**13,668**	**5,685**	**4,925**	**760**
89,071	46,318	42,753	3,588	1,622	1,966	1,056	887	169
89,469	46,208	43,261	4,245	1,818	2,427	1,169	1,009	160
85,066	43,714	41,352	4,611	1,992	2,619	1,048	912	136
85,868	44,715	41,153	5,356	2,272	3,084	1,221	1,084	137
84,771	44,422	40,349	5,986	2,414	3,572	1,191	1,033	158
356,312	**188,779**	**167,533**	**38,286**	**14,455**	**23,831**	**5,282**	**4,472**	**810**
76,387	40,043	36,344	6,420	2,484	3,936	1,105	940	165
72,130	38,155	33,975	6,606	2,613	3,993	1,076	917	159
73,375	39,093	34,282	7,909	2,954	4,955	1,088	912	176
67,149	35,574	31,575	8,127	3,026	5,101	972	819	153
67,271	35,914	31,357	9,224	3,378	5,846	1,041	884	157
274,166	**148,584**	**125,582**	**55,321**	**18,655**	**36,966**	**4,386**	**3,549**	**837**
59,700	32,111	27,589	9,261	3,307	5,954	931	759	172
56,780	30,595	26,185	10,243	3,475	6,768	919	746	173
57,239	31,062	26,177	11,378	3,804	7,574	896	747	149
53,764	29,200	24,564	12,421	4,056	8,365	880	699	181
46,683	25,616	21,067	12,318	4,013	8,305	760	598	162
193,054	**108,066**	**84,988**	**73,892**	**22,768**	**51,124**	**3,297**	**2,567**	**730**
45,869	25,319	20,550	14,108	4,387	9,721	796	614	182
42,063	23,400	18,663	14,337	4,517	9,820	675	538	137
39,701	22,255	17,446	15,376	4,718	10,658	695	523	172
33,748	19,030	14,718	14,945	4,492	10,453	581	457	124
31,673	18,062	13,611	15,126	4,654	10,472	550	435	115
123,010	**73,095**	**49,915**	**84,327**	**24,735**	**59,592**	**2,019**	**1,589**	**430**
30,122	17,442	12,680	16,615	4,795	11,820	536	438	98
26,981	15,901	11,080	16,788	4,965	11,823	419	325	94
23,650	14,084	9,566	16,736	4,949	11,787	415	320	95
23,463	14,209	9,254	18,086	5,298	12,788	361	282	79
18,794	11,459	7,335	16,102	4,728	11,374	288	224	64
99,731	**64,361**	**35,370**	**175,345**	**48,220**	**127,125**	**1,979**	**1,503**	**476**
—	—	—	—	—	—	—	—	—

年龄	大学毕								
	合计	男	女	未婚			有配偶		
				小计	男	女	小计	男	女
总计	45,121	33,220	11,901	4,349	2,985	1,364	39,380	29,300	10,080
15—19	184	124	60	181	123	58	3	1	2
15	—	—	—	—	—	—	—	—	—
16	10	3	7	10	3	7	—	—	—
17	7	5	2	7	5	2	—	—	—
18	31	22	9	26	22	7	2	—	2
19	136	94	42	135	93	42	1	1	—
20—24	1,810	1,297	513	1,598	1,158	440	211	139	72
20	226	181	45	219	177	42	7	4	3
21	239	174	65	233	171	62	6	3	3
22	341	221	120	322	209	113	19	12	7
23	366	275	91	323	249	74	43	26	17
24	638	446	192	501	352	149	136	94	42
25—29	5,773	3,697	2,076	1,807	1,259	548	3,954	2,430	1,524
25	852	595	257	551	401	150	300	193	107
26	1,083	694	389	499	343	156	581	350	231
27	1,311	814	497	359	257	102	950	555	395
28	1,324	833	491	251	166	85	1,070	666	404
29	1,203	761	442	147	92	55	1,053	666	387
30—34	5,078	3,548	1,530	321	207	114	4,723	3,316	1,407
30	1,182	792	390	107	74	33	1,070	714	356
31	1,029	682	347	85	55	30	935	621	314
32	1,115	779	336	61	33	28	1,048	742	306
33	933	673	260	40	26	14	888	644	244
34	819	622	197	28	19	9	782	595	187
35—39	7,225	5,193	2,032	102	63	39	7,058	5,097	1,961
35	1,165	839	326	28	13	15	1,123	817	306
36	1,672	1,179	493	30	20	10	1,630	1,155	475
37	1,545	1,106	439	20	15	5	1,506	1,085	421
38	1,449	1,052	397	12	7	5	1,425	1,036	389
39	1,394	1,017	377	12	8	4	1,374	1,004	370
40—44	9,747	7,258	2,489	63	50	13	9,558	7,126	2,432
40	1,605	1,128	477	8	6	2	1,577	1,108	469
41	1,842	1,346	496	8	7	1	1,812	1,323	489
42	2,017	1,499	518	11	11	—	1,988	1,476	512
43	2,135	1,608	527	25	19	6	2,079	1,572	507
44	2,148	1,677	471	11	7	4	2,102	1,647	455

业						大学毕业或在校					
丧偶			离婚			合计	男	女	未婚		
小计	男	女	小计	男	女				小计	男	女
750	463	287	642	472	170	16,138	12,060	4,078	12,303	9,022	3,281
—	—	—	—	—	—	5,867	4,352	1,515	5,863	4,350	1,513
—	—	—	—	—	—	—	—	—	—	—	—
—	—	—	—	—	—	131	106	25	131	106	25
—	—	—	—	—	—	761	578	183	760	578	182
—	—	—	—	—	—	2,102	1,559	543	2,102	1,559	543
—	—	—	—	—	—	2,873	2,109	764	2,870	2,107	763
—	—	—	1	—	1	4,810	3,421	1,389	4,775	3,402	1,373
—	—	—	—	—	—	1,587	1,125	462	1,586	1,125	461
—	—	—	—	—	—	1,119	785	334	1,117	784	333
—	—	—	—	—	—	919	660	259	914	657	257
—	—	—	—	—	—	553	384	169	548	382	166
—	—	—	1	—	1	632	467	165	610	454	156
4	3	1	8	5	3	1,781	1,351	430	1,454	1,096	358
—	—	—	1	1	—	611	441	170	576	417	159
1	1	—	2	—	2	451	342	109	397	302	95
1	1	—	1	1	—	356	280	76	278	218	60
1	—	1	2	1	1	218	174	44	134	104	30
1	1	—	2	2	—	145	114	31	69	55	14
8	6	2	26	19	7	670	550	120	108	84	24
1	1	—	4	3	1	98	73	25	27	16	11
—	—	—	9	6	3	77	62	15	17	17	—
1	1	—	5	3	2	152	126	26	28	25	3
3	2	1	2	1	1	153	125	28	17	14	3
3	2	1	6	6	—	190	164	26	19	12	7
20	7	13	45	26	19	516	388	128	20	18	2
2	1	1	12	8	4	154	121	33	9	8	1
2	1	1	10	3	7	92	69	23	2	2	—
10	3	7	9	3	6	70	52	18	5	4	1
3	1	2	9	8	1	83	56	27	1	1	—
3	1	2	5	4	1	117	90	27	3	3	—
55	28	27	71	54	17	882	698	184	25	23	2
9	6	3	11	8	3	131	94	37	2	2	—
8	4	4	14	12	2	177	146	31	5	5	—
8	4	4	10	8	2	196	157	39	5	5	—
12	6	6	19	11	8	203	154	49	9	9	—
18	8	10	17	15	2	175	147	28	4	2	2

年龄	大学毕								
	合计	男	女	未婚			有配偶		
				小计	男	女	小计	男	女
45—49	7,022	5,530	1,492	58	50	8	6,833	5,390	1,443
45	1,885	1,482	403	12	11	1	1,845	1,452	393
46	1,680	1,326	354	16	14	2	1,634	1,292	342
47	1,368	1,073	295	10	8	2	1,337	1,050	287
48	1,098	857	241	7	7	—	1,064	834	230
49	991	792	199	13	10	3	953	762	191
50—54	3,506	2,824	682	34	26	8	3,342	2,715	627
50	864	695	169	11	6	5	826	672	154
51	757	602	155	8	8	—	726	578	148
52	701	564	137	3	2	1	673	549	124
53	601	491	110	5	4	1	572	467	105
54	583	472	111	7	6	1	545	449	96
55—59	1,869	1,552	317	32	24	8	1,702	1,431	271
55	424	342	82	5	5	—	397	320	77
56	445	366	79	7	5	2	406	343	63
57	359	316	43	4	3	1	327	288	39
58	348	293	55	11	8	3	309	263	46
59	293	235	58	5	3	2	263	217	46
60—64	1,064	893	171	17	8	9	929	807	122
60	296	255	41	3	1	2	272	238	34
61	224	181	43	3	1	2	190	158	32
62	221	184	37	4	3	1	193	166	27
63	149	120	29	2	1	1	126	109	17
64	174	153	21	5	2	3	148	136	12
65—69	580	490	90	13	6	7	476	424	52
65	146	114	32	4	2	2	125	103	22
66	116	101	15	2	2	—	95	86	9
67	110	94	16	2	2	—	90	83	7
68	103	90	13	2	—	2	80	74	6
69	105	91	14	3	—	3	86	78	8
70以上	1,263	814	449	123	11	112	591	424	167
平均初婚年龄	25	25	25	—	—	—	—	—	—

（续3）

业						大学肄业或在学					
丧偶			离婚			合计	男	女	未婚		
小计	男	女	小计	男	女				小计	男	女
62	39	23	69	51	18	595	499	96	21	21	—
12	8	4	16	11	5	162	143	19	9	9	—
11	6	5	19	14	5	124	108	16	4	4	—
10	8	2	11	7	4	123	98	25	—	—	—
16	9	7	11	7	4	93	79	14	5	5	—
13	8	5	12	12	—	93	71	22	3	3	—
72	37	35	58	46	12	429	348	81	16	16	—
18	9	9	9	8	1	85	70	15	3	3	
14	7	7	9	9	—	77	62	15	2	2	—
15	7	8	10	6	4	99	83	16	6	6	—
7	6	1	17	14	3	83	66	17	2	2	—
18	8	10	13	9	4	85	67	18	3	3	—
87	55	32	48	42	6	250	204	46	6	6	—
15	11	4	7	6	1	58	44	14	3	3	—
21	9	12	11	9	2	51	44	7	1	1	
13	12	1	15	13	2	57	48	9	—	—	—
21	15	6	7	7	—	44	34	10	2	2	—
17	8	9	8	7	1	40	34	6	—	—	—
88	55	33	30	23	7	150	126	24	3	3	—
17	12	5	4	4	—	42	34	8	—	—	—
22	16	6	9	6	3	38	33	5	—	—	—
17	10	7	7	5	2	28	24	4	2	2	—
18	7	11	3	3	—	26	20	6	—	—	—
14	10	4	7	5	2	16	15	1	1	1	—
79	49	30	12	11	1	69	56	13	2	1	1
14	6	8	3	3	—	13	11	2	—	—	—
15	10	5	4	3	1	20	15	5	1	—	1
17	8	9	1	1	—	15	14	1	1	1	—
17	12	5	4	4	—	10	8	2	—	—	—
16	13	3	—	—	—	11	8	3	—	—	—
275	84	91	274	95	79	119	67	52	10	2	8
—	—	—	—	—	—	28	28	28	—	—	—

年龄	大学肄业或在校								
	有配偶			丧偶			离婚		
	小计	男	女	小计	男	女	小计	男	女
总计	3,643	2,917	726	117	74	43	75	47	28
15—19	4	2	2	—	—	—	—	—	—
15	—	—	—	—	—	—	—	—	—
16	—	—	—	—	—	—	—	—	—
17	1	—	1	—	—	—	—	—	—
18	—	—	—	—	—	—	—	—	—
19	3	2	1	—	—	—	—	—	—
20—24	35	19	16	—	—	—	—	—	—
20	1	—	1	—	—	—	—	—	—
21	2	1	1	—	—	—	—	—	—
22	5	3	2	—	—	—	—	—	—
23	5	2	3	—	—	—	—	—	—
24	22	13	9	—	—	—	—	—	—
25—29	326	254	72	1	1	—	—	—	—
25	35	24	11	—	—	—	—	—	—
26	54	40	14	—	—	—	—	—	—
27	78	62	16	—	—	—	—	—	—
28	84	70	14	—	—	—	—	—	—
29	75	58	17	1	1	—	—	—	—
30—34	557	464	93	2	1	1	3	1	2
30	71	57	14	—	—	—	—	—	—
31	59	45	14	1	—	1	—	—	—
32	123	100	23	1	1	—	—	—	—
33	135	111	24	—	—	—	1	—	1
34	169	151	18	—	—	—	2	1	1
35—39	486	363	123	3	3	—	7	4	3
35	142	111	31	—	—	—	3	2	1
36	87	65	22	1	1	—	2	1	1
37	65	48	17	—	—	—	—	—	—
38	81	55	26	—	—	—	1	—	1
39	111	84	27	2	2	—	1	1	—
40—44	838	658	180	7	6	1	12	11	1
40	127	90	37	1	1	—	1	1	—
41	166	135	31	2	2	1	4	4	—
42	187	148	39	2	2	—	2	2	—
43	189	142	47	2	1	1	3	2	1
44	169	143	26	—	—	—	2	2	—

（续4）

高中								
合计	男	女	未婚			有配偶		
			小计	男	女	小计	男	女
664,767	**409,568**	**255,199**	**372,695**	**221,268**	**151,42**	**286,819**	**184,711**	**102,108**
191,153	**110,109**	**81,044**	**189,122**	**109,226**	**79,89**	**2,015**	**876**	**1,139**
6,158	3,629	2,529	6,151	3,625	2,52	7	4	3
22,168	13,171	8,997	22,150	13,161	8,98	17	10	7
37,779	22,354	15,425	37,707	22,318	15,38	71	35	36
54,158	30,943	23,215	53,829	30,795	23,03	326	147	179
70,890	40,012	30,878	69,285	39,327	29,95	1,594	680	914
210,527	**120,967**	**89,560**	**153,897**	**91,092**	**62,80**	**56,457**	**29,780**	**26,677**
44,596	25,125	19,471	41,656	23,930	17,72	2,923	1,186	1,737
35,483	19,363	16,120	30,763	17,292	13,47	4,708	2,065	2,643
45,324	25,815	19,509	34,453	20,332	14,12	10,839	5,467	5,372
39,237	23,169	16,068	24,371	15,129	9,242	14,818	8,013	6,805
45,887	27,495	18,392	22,654	14,409	8,245	23,169	13,049	10,120
123,744	**79,513**	**44,231**	**26,808**	**18,636**	**8,172**	**96,447**	**60,540**	**35,907**
37,855	23,328	14,527	13,455	9,071	4,384	24,303	14,188	10,115
29,778	18,656	11,122	7,268	5,041	2,227	22,404	13,540	8,864
25,215	16,563	8,652	3,560	2,612	948	21,538	13,869	7,669
18,268	12,318	5,950	1,731	1,283	448	16,441	10,969	5,472
12,628	8,648	3,980	794	629	165	11,761	7,974	3,787
39,551	**26,851**	**12,700**	**1,448**	**1,118**	**330**	**37,790**	**25,530**	**12,260**
9,168	6,375	2,793	451	357	94	8,662	5,982	2,680
6,775	4,761	2,014	273	223	50	6,445	4,497	1,948
7,460	5,143	2,317	263	207	56	7,137	4,894	2,243
8,086	5,291	2,795	250	166	84	7,772	5,087	2,685
8,062	5,281	2,781	211	165	46	7,774	5,070	2,704
31,527	**20,618**	**10,909**	**552**	**449**	**103**	**30,534**	**19,902**	**10,632**
7,248	4,688	2,560	155	118	37	7,014	4,523	2,491
5,785	3,781	2,004	104	83	21	5,611	3,656	1,955
5,632	3,684	1,948	108	92	16	5,451	3,544	1,907
6,083	3,915	2,168	90	70	20	5,888	3,783	2,105
6,779	4,550	2,229	95	86	9	6,570	4,396	2,174
29,346	**20,501**	**8,845**	**410**	**372**	**38**	**28,395**	**19,782**	**8,613**
6,747	4,553	2,194	97	86	11	6,541	4,397	2,144
6,563	4,519	2,044	96	87	9	6,356	4,373	1,983
5,860	4,064	1,796	90	82	8	5,671	3,915	1,756
5,219	3,723	1,496	75	68	7	5,037	3,584	1,453
4,957	3,642	1,315	52	49	3	4,790	3,513	1,277

年龄	大学肄业或在校								
	有配偶			丧偶			离婚		
	小计	男	女	小计	男	女	小计	男	女
45—49	**556**	**463**	**93**	**9**	**8**	**1**	**9**	**7**	**2**
45	150	131	19	2	2	—	1	1	—
46	116	100	16	1	1	—	3	3	—
47	118	93	25	3	3	—	2	2	—
48	84	71	13	2	2	—	2	1	1
49	88	68	20	1	—	1	1	—	1
50—54	**391**	**317**	**74**	**15**	**10**	**5**	**7**	**5**	**2**
50	79	65	14	3	2	1	—	—	—
51	71	58	13	1	—	1	3	2	1
52	88	74	14	2	1	1	3	2	1
53	76	60	16	4	3	1	1	1	—
54	77	60	17	5	4	1	—	—	—
55—59	**217**	**179**	**38**	**21**	**14**	**7**	**6**	**5**	**1**
55	51	39	12	3	1	2	1	1	—
56	43	38	5	6	5	1	1	—	1
57	51	44	7	5	3	2	1	1	—
58	37	27	10	3	3	—	2	2	—
59	35	31	4	4	2	2	1	1	—
60—64	**124**	**109**	**15**	**17**	**9**	**8**	**6**	**5**	**1**
60	36	31	5	4	2	2	2	1	1
61	32	28	4	4	3	1	2	2	—
62	20	18	2	4	2	2	2	2	—
63	22	19	3	4	1	3	—	—	—
64	14	13	1	1	1	—	—	—	—
65—69	**51**	**44**	**7**	**13**	**8**	**5**	**3**	**3**	—
65	11	10	1	2	1	1	—	—	—
66	12	10	2	6	4	2	1	1	—
67	10	9	1	2	2	—	2	2	—
68	9	8	1	1	—	1	—	—	—
69	9	7	2	2	1	1	—	—	—
70以上	**58**	**45**	**13**	**29**	**14**	**15**	**22**	**6**	**16**
平均初婚年龄	—	—	—	—	—	—	—	—	—

高			中					
合计	男	女	未婚			有配偶		
			小计	男	女	小计	男	女
16,886	12,884	4,002	189	177	12	16,202	12,360	3,842
4,407	3,297	1,110	53	50	3	4,248	3,175	1,073
3,878	2,902	976	32	30	2	3,759	2,807	952
3,247	2,504	743	33	30	3	3,109	2,400	709
2,814	2,200	614	35	35	—	2,683	2,093	590
2,540	1,981	559	36	32	4	2,403	1,885	518
9,689	7,906	1,783	99	87	12	9,042	7,457	1,585
2,169	1,754	415	26	22	4	2,039	1,660	379
2,065	1,669	396	15	14	1	1,951	1,591	360
2,030	1,659	371	22	20	2	1,905	1,571	334
1,733	1,430	303	17	15	2	1,599	1,339	260
1,692	1,394	298	19	16	3	1,548	1,296	252
5,819	4,803	1,016	63	51	12	5,182	4,348	834
1,329	1,096	233	16	14	2	1,210	1,012	198
1,288	1,053	235	14	10	4	1,167	972	195
1,173	968	205	11	9	2	1,049	875	174
1,115	911	204	11	10	1	971	808	163
914	775	139	11	8	3	785	681	104
3,223	2,631	592	43	33	10	2,624	2,211	413
874	699	175	8	4	4	742	611	131
722	599	123	15	13	2	588	507	81
663	548	115	8	7	1	549	459	90
489	404	85	9	7	2	391	335	56
475	381	94	3	2	1	354	299	55
1,754	1,477	277	25	13	12	1,266	1,127	139
458	383	75	4	2	2	349	311	38
374	310	64	4	2	2	266	232	34
323	275	48	4	2	2	214	194	20
313	262	51	7	2	5	221	197	24
286	247	39	6	5	1	216	193	23
1,548	1,308	240	39	14	25	865	798	67
24	25	24	—	—	—	—	—	—

年龄	高中						初		
	丧偶			离婚			合计	男	女
	小计	男	女	小计	男	女			
总计	3,368	2,275	1,093	1,885	1,314	571	1,588,311	1,011,599	576,712
15—19	6	3	3	10	4	6	585,438	331,488	253,950
15	—	—	—	—	—	—	107,469	62,447	45,022
16	—	—	—	1	—	1	126,497	73,533	52,964
17	1	1	—	—	—	—	117,600	66,220	51,380
18	2	1	1	1	—	1	115,269	63,772	51,497
19	3	1	2	8	4	4	118,603	65,516	53,087
20—24	43	27	16	130	68	62	249,245	151,503	97,742
20	1	1	—	16	8	8	59,910	34,219	25,691
21	2	1	1	10	5	5	35,998	20,949	15,049
22	6	5	1	26	11	15	46,282	27,981	18,301
23	16	11	5	32	16	16	45,042	28,024	17,018
24	18	9	9	46	28	18	62,013	40,330	21,683
25—29	143	101	42	346	236	110	277,604	182,653	94,951
25	25	18	7	72	51	21	59,534	38,989	20,545
26	35	27	8	71	48	23	56,181	37,068	19,113
27	35	28	7	82	54	28	59,917	39,545	20,372
28	29	19	10	67	47	20	54,254	35,553	18,701
29	19	9	10	54	36	18	47,718	31,498	16,220
30—34	96	67	29	217	136	81	169,029	113,897	55,132
30	13	7	6	42	29	13	45,212	30,088	15,124
31	22	18	4	35	23	12	37,853	25,374	12,479
32	22	16	6	38	26	12	36,440	24,557	11,883
33	13	10	3	51	28	23	26,045	17,837	8,208
34	26	16	10	51	30	21	23,479	16,041	7,438
35—39	178	91	87	263	176	87	116,683	79,777	36,906
35	32	16	16	47	31	16	24,606	16,651	7,955
36	28	19	9	42	23	19	24,958	17,052	7,906
37	22	10	12	51	38	13	24,352	16,542	7,810
38	44	17	27	61	45	16	22,807	15,799	7,008
39	52	29	23	62	39	23	19,960	13,733	6,227
40—44	300	173	127	241	174	67	70,344	49,835	20,509
40	50	30	20	59	40	19	18,104	12,547	5,557
41	73	32	41	38	27	11	16,233	11,356	4,877
42	49	30	19	50	37	13	13,386	9,413	3,973
43	64	40	24	43	31	12	11,727	8,439	3,288
44	64	41	23	51	39	12	10,894	8,080	2,814

(续6)

中								
未婚			有配偶			丧偶		
小计	男	女	小计	男	女	小计	男	女
791,944	483,111	308,833	777,697	514,420	263,277	13,271	10,078	3,193
576,060	328,642	247,418	9,297	2,817	6,480	19	14	5
107,397	62,406	44,991	64	37	27	5	4	1
126.291	73,429	52,862	198	98	100	4	4	—
116,970	66,009	50,961	622	209	413	1	1	—
112,922	63,123	49,799	2,320	644	1,676	3	1	2
112,480	63,675	48,805	6,093	1,829	4,264	6	4	2
158,781	106,727	52,054	90,067	44,534	45,533	89	62	27
52,330	31,784	20,546	7,522	2,413	5,109	7	4	3
27,899	17,983	9,916	8,054	2,941	5,113	11	9	2
30,599	20,901	9,698	15,625	7,042	8,583	14	10	4
23,458	17,021	6,437	21,509	10,960	10,549	13	7	6
24,495	19,038	5,457	37,357	21,178	16,179	44	32	12
45,760	37,686	8,074	230,363	143,929	86,434	513	387	126
16,526	13,296	3,230	42,782	25,542	17,240	70	51	19
11,161	9,276	1,885	44,787	27,633	17,154	73	54	19
8,928	7,432	1,496	50,691	31,903	18,788	112	84	28
5,700	4,799	901	48,181	30,489	17,692	124	91	33
3,445	2,883	562	43,922	28,362	15,560	134	107	27
6,644	5,691	953	160,754	107,091	53,663	653	454	199
2,509	2,100	409	42,335	27,746	14,589	126	88	38
1,620	1,384	236	35,896	23,758	12,138	118	83	35
1,224	1,054	170	34,870	23,256	11,614	145	109	36
708	620	88	25,042	17,010	8,032	123	87	36
583	533	50	22,611	15,321	7,290	141	87	54
2,305	2,147	158	112,484	76,334	36,150	1,092	699	393
533	480	53	23,728	15,933	7,795	164	103	61
502	455	47	24,089	16,355	7,734	210	130	80
425	412	13	23,534	15,857	7,677	228	152	76
447	420	27	21,969	15,107	6,862	231	148	83
398	380	18	19,164	13,082	6,082	259	166	93
1,167	1,122	45	67,371	47,464	19,907	1,179	748	431
332	320	12	17,343	11,921	5,422	270	177	93
271	260	11	15,589	10,845	4,744	235	146	89
215	206	9	12,831	8,982	3,849	230	140	90
186	177	9	11,212	8,031	3,181	210	133	77
163	159	4	10,396	7,685	2,711	234	152	82

年龄	高			中			初		
	丧偶			离婚			合计	男	女
	小计	男	女	小计	男	女			
45—49	288	187	101	207	160	47	45,094	36,215	8,879
45	55	37	18	51	35	16	10,147	7,752	2,395
46	50	34	16	37	31	6	9,483	7,458	2,025
47	57	38	19	48	36	12	8,724	6,978	1,746
48	59	41	18	37	31	6	8,600	7,129	1,471
49	67	37	30	34	27	7	8,140	6,898	1,242
50—54	381	229	152	167	133	34	31,669	27,503	4,166
50	72	43	29	32	29	3	7,099	6,088	1,011
51	66	44	22	33	20	13	6,673	5,783	890
52	70	40	30	33	28	5	6,679	5,797	882
53	79	48	31	38	28	10	5,681	4,968	713
54	94	54	40	31	28	3	5,537	4,867	670
55—59	439	302	137	135	102	33	19,743	17,515	2,228
55	70	44	26	33	26	7	4,701	4,140	561
56	82	52	30	25	19	6	4,205	3,713	492
57	89	66	23	24	18	6	4,069	3,613	456
58	109	74	35	24	19	5	3,698	3,306	392
59	89	66	23	29	20	9	3,070	2,743	327
60—64	465	316	149	91	71	20	11,595	10,347	1,248
60	102	69	33	22	15	7	3,077	2,744	333
61	98	64	34	21	15	6	2,592	2,308	284
62	90	69	21	16	13	3	2,313	2,073	240
63	74	48	26	15	14	1	1,895	1,696	199
64	101	66	35	17	14	3	1,718	1,526	192
65—69	411	297	114	52	40	12	6,282	5,754	528
65	98	63	35	7	7	—	1,487	1,357	130
66	94	68	26	10	8	2	1,391	1,274	117
67	85	64	21	20	15	5	1,228	1,118	110
68	75	55	20	10	8	2	1,235	1,135	100
69	59	47	12	5	2	3	941	870	71
70以上	618	482	136	26	14	12	5,585	5,112	473
平均初婚年龄	—	—	—	—	—	—	24	24	22

（续7）

中								
未婚			有配偶			丧偶		
小计	男	女	小计	男	女	小计	男	女
548	**520**	**28**	**42,778**	**34,392**	**8,386**	**1,247**	**864**	**383**
138	128	10	9,686	7,391	2,295	215	140	75
129	122	7	9,008	7,093	1,915	241	154	87
104	102	2	8,278	6,627	1,651	254	177	77
86	80	6	8,142	6,761	1,381	266	194	72
91	88	3	7,664	6,520	1,144	271	199	72
279	**257**	**22**	**29,450**	**25,741**	**3,709**	**1,503**	**1,129**	**374**
78	72	6	6,698	5,774	924	234	163	71
62	57	5	6,251	5,446	805	275	208	67
39	36	3	6,209	5,429	780	342	257	85
50	45	5	5,234	4,606	628	315	244	71
50	47	3	5,058	4,486	572	337	257	80
168	**147**	**21**	**17,537**	**15,762**	**1,775**	**1,701**	**1,325**	**376**
44	36	8	4,222	3,765	457	358	275	83
21	20	1	3,782	3,375	407	322	252	70
39	36	3	3,616	3,244	372	342	270	72
33	26	7	3,257	2,967	290	347	266	81
31	29	2	2,660	2,411	249	332	262	70
92	**75**	**17**	**9,699**	**8,849**	**850**	**1,604**	**1,255**	**349**
19	17	2	2,669	2,424	245	338	263	75
29	27	2	2,198	1,998	200	320	248	72
18	15	3	1,911	1,751	160	342	270	72
12	6	6	1,545	1,429	116	304	232	72
14	10	4	1,376	1,247	129	300	242	58
60	**44**	**16**	**4,743**	**4,482**	**261**	**1,403**	**1,164**	**239**
15	13	2	1,166	1,084	82	280	236	44
13	9	4	1,074	1,019	55	290	233	57
12	7	5	933	882	51	271	220	51
9	6	3	905	858	47	305	260	45
11	9	2	665	639	26	257	215	42
80	**53**	**27**	**3,154**	**3,025**	**129**	**2,268**	**1,977**	**291**
—	—	—	—	—	—	—	—	—

年龄	初中			小				
	离婚			合计	男	女	未	
	小计	男	女				小计	男
总计	5,399	3,990	1,409	2,053,541	1,238,698	814,843	506,463	292,336
15—19	62	15	47	353,767	165,120	188,647	342,040	163,173
15	3	—	3	90,631	44,933	45,698	90,376	44,827
16	4	2	2	83,382	39,483	43,899	82,883	39,348
17	7	1	6	66,376	30,531	35,845	65,055	30,246
18	24	4	20	57,304	25,699	31,605	54,080	25,206
19	24	8	16	56,074	24,474	31,600	49,646	23,546
20—24	308	180	128	171,529	80,778	90,751	85,846	55,299
20	51	18	33	31,488	13,528	17,960	24,084	12,341
21	34	16	18	21,397	9,530	11,867	13,596	7,965
22	44	28	16	31,959	15,176	16,783	17,070	11,263
23	62	36	26	35,335	16,924	18,411	14,669	10,595
24	117	82	35	51,350	25,620	25,730	16,427	13,135
25—29	968	651	317	310,312	165,366	144,946	40,874	37,079
25	156	100	56	53,060	26,618	26,442	12,184	10,461
26	160	105	55	54,889	28,157	26,732	9,057	8,116
27	186	126	60	66,203	35,078	31,125	8,089	7,525
28	249	174	75	68,149	37,365	30,784	6,417	6,062
29	217	146	71	68,011	38,148	29,863	5,127	4,915
30—34	978	661	317	323,522	185,144	138,378	15,494	15,104
30	242	154	88	70,100	39,787	30,313	4,167	4,039
31	219	149	70	61,569	34,734	26,835	3,099	3,016
32	201	138	63	68,786	39,289	29,497	3,120	3,039
33	172	120	52	62,080	35,806	26,274	2,714	2,653
34	144	100	44	60,987	35,528	25,459	2,394	2,357
35—39	802	597	205	233,367	138,555	94,812	9,014	8,911
35	181	135	46	59,020	34,330	24,690	2,242	2,217
36	157	112	45	50,929	29,381	21,548	2,072	2,041
37	165	121	44	44,339	26,240	18,099	1,703	1,689
38	160	124	36	41,379	25,157	16,222	1,594	1,576
39	139	105	34	37,700	23,447	14,253	1,403	1,388
40—44	627	501	126	185,662	121,142	64,520	5,821	5,767
40	159	129	30	38,358	24,163	14,195	1,358	1,346
41	138	105	33	38,610	24,841	13,769	1,278	1,267
42	110	85	25	36,219	23,612	12,607	1,096	1,086
43	119	98	21	36,513	24,073	12,440	1,072	1,059
44	101	84	17	35,962	24,453	11,509	1,017	1,009

（续8）

学									
婚	有配偶			丧偶			离婚		
女	小计	男	女	小计	男	女	小计	男	女
214,127	1,465,904	884,420	581,484	67,257	50,046	17,211	13,917	11,896	2,021
178,867	11,601	1,926	9,675	15	9	6	111	12	99
45,549	251	105	146	2	1	1	2	—	2
43,535	491	133	358	1	1	—	7	1	6
34,809	1,305	282	1,023	2	2	—	14	1	13
28,874	3,177	488	2,689	2	2	—	45	3	42
26,100	6,377	918	5,459	8	3	5	43	7	36
30,547	85,181	25,224	59,957	121	57	64	381	198	183
11,743	7,344	1,171	6,173	9	2	7	51	14	37
5,631	7,752	1,546	6,206	15	6	9	34	13	21
5,807	14.802	3,871	10,931	13	7	6	74	35	39
4,074	20,547	6,269	14,278	32	9	23	87	51	36
3,292	34,736	12,367	22,369	52	33	19	135	85	50
3,795	267,369	126,826	140,543	811	536	275	1,258	925	333
1,723	40,628	15,998	24,630	89	53	36	159	106	53
941	45,528	19,840	25,688	118	72	46	186	129	57
564	57,712	27,271	30,441	150	98	52	252	184	68
355	61,219	30,939	30,280	202	129	73	311	235	76
212	62,282	32,778	29,504	252	184	68	350	271	79
390	304,069	167,040	137,029	1,997	1,387	610	1,962	1,613	349
128	65,224	35,241	29,983	321	210	111	388	297	91
83	57,774	31,211	26,563	347	233	114	349	274	75
81	64,851	35,619	29,232	390	269	121	425	362	63
61	58,517	32,499	26,018	462	335	127	387	319	68
37	57,703	32,470	25,233	477	340	137	413	361	52
103	219,513	126,150	93,363	3,040	1,944	1,096	1,800	1,550	250
25	55,771	31,375	24,396	601	389	212	406	349	57
31	47,950	26,690	21,260	555	355	200	352	295	57
14	41,694	23,869	17,825	592	374	218	350	308	42
18	38,797	22,892	15,905	632	391	241	356	298	58
15	35,301	21,324	13,977	660	435	225	336	300	36
54	173,443	110,822	62,621	4,516	2,885	1,631	1,882	1,668	214
12	35,951	22,080	13,871	727	447	280	322	290	32
11	36,185	22,744	13,441	802	520	282	345	310	35
10	33,841	21,586	12,255	876	573	303	406	367	39
13	34,077	22,068	12,009	966	602	364	398	344	54
8	33,389	22,344	11,045	1,145	743	402	411	357	54

年龄	初中			小				
	离婚			合计	男	女	未	
	小计	男	女				小计	男
45—49	521	439	82	157,711	115,229	42,482	3,387	3,338
45	108	93	15	34,976	24,406	10,570	891	877
46	105	89	16	34,115	24,307	9,808	759	749
47	88	72	16	30,674	22,223	8,451	673	665
48	106	94	12	29,726	22,413	7,313	587	580
49	114	91	23	28,220	21,880	6,340	477	467
50—54	437	376	61	110,834	89,011	21,823	1,597	1,548
50	89	79	10	24,244	19,048	5,196	389	379
51	85	72	13	22,837	18,252	4,585	348	339
52	89	75	14	22,708	18,315	4,393	326	317
53	82	73	9	20,541	16,574	3,967	281	269
54	92	77	15	20,504	16,822	3,682	253	244
55—59	337	281	56	81,013	67,776	13,237	960	903
55	77	64	13	18,179	14,921	3,258	214	206
56	80	66	14	16,952	14,033	2,919	213	202
57	72	63	9	16,839	14,129	2,710	207	190
58	61	47	14	15,337	13,018	2,319	190	179
59	47	41	6	13,706	11,675	2,031	136	126
60—64	200	168	32	55,315	47,852	7,463	621	554
60	51	40	11	13,165	11,226	1,939	120	114
61	45	35	10	12,163	10,476	1,687	153	139
62	42	37	5	11,263	9,799	1,464	114	97
63	34	29	5	9,637	8,389	1,248	123	108
64	28	27	1	9,087	7,962	1,125	111	96
65—69	76	64	12	35,699	31,602	4,097	392	336
65	26	24	2	8,499	7,447	1,052	89	78
66	14	13	1	7,842	6,946	896	97	79
67	12	9	3	6,924	6,141	783	71	61
68	16	11	5	6,833	6,100	733	60	53
69	8	7	1	5,601	4,968	633	75	65
70以上	83	57	26	34,810	31,123	3,687	417	324
平均初婚年龄	—	—	—	23	25	21	—	—

（续9）

学									
婚	有配偶			丧偶			离婚		
女	小计	男	女	小计	男	女	小计	男	女
49	145,474	105,329	40,145	6,654	4,569	2,085	2,196	1,993	203
14	32,437	22,334	10,103	1,210	807	403	438	388	50
10	31,548	22,242	9,306	1,323	880	443	485	436	49
8	28,325	20,330	7,995	1,287	871	416	389	357	32
7	27,251	20,415	6,836	1,410	983	427	478	435	43
10	25,913	20,008	5,905	1,424	1,028	396	406	377	29
49	99,837	80,314	19,523	7,714	5,612	2,102	1,686	1,537	149
10	22,095	17,351	4,744	1,403	994	409	357	324	33
9	20,731	16,553	4,178	1,396	1,022	374	362	338	24
9	20,460	16,528	3,932	1,576	1,156	420	346	314	32
12	18,381	14,883	3,498	1,569	1,143	426	310	279	31
9	18,170	14,999	3,171	1,770	1,297	473	311	282	29
57	69,867	59,176	10,691	8,995	6,605	2,390	1,191	1,092	99
8	16,045	13,288	2,757	1,656	1,189	467	264	238	26
11	14,770	12,352	2,418	1,718	1,250	468	251	229	22
17	14,515	12,330	2,185	1,876	1,385	491	241	224	17
11	13,032	11,218	1,814	1,885	1,408	477	230	213	17
10	11,505	9,988	1,517	1,860	1,373	487	205	188	17
67	44,291	39,351	4,940	9,656	7,288	2,368	747	659	88
6	10,903	9,519	1,384	1,956	1,428	528	186	165	21
14	9,842	8,673	1,169	1,999	1,513	486	169	151	18
17	8,969	8,046	923	2,031	1,527	504	149	129	20
15	7,558	6,764	794	1,817	1,396	421	139	121	18
15	7,019	6,349	670	1,853	1,424	429	104	93	11
56	25,791	23,775	2,016	9,111	7,123	1,988	405	368	37
11	6,432	5,847	585	1,871	1,421	450	107	101	6
18	5,786	5,313	473	1,870	1,476	394	89	78	11
10	4,937	4,565	372	1,833	1,440	393	83	75	8
7	4,829	4,484	345	1,868	1,493	375	76	70	6
10	3,807	3,566	241	1,669	1,293	376	50	44	6
93	19,468	18,487	981	4,627	2,031	2,596	298	281	17
—	—	—	—	—	—	—	—	—	—

年　龄	文			盲		
				未　婚		
	合　计	男	女	小　计	男	女
总　计	**2,299,175**	**709,584**	**1,589,591**	**214,931**	**107,006**	**107,925**
15—19	**117,704**	**26,831**	**90,873**	**106,062**	**25,678**	**80,384**
15	23,011	5,995	17,016	22,583	5,847	16,736
16	24,636	6,147	18,489	23,821	5,950	17,871
17	21,827	5,074	16,753	20,499	4,884	15,615
18	22,289	4,790	17,499	19,284	4,543	14,741
19	25,941	4,825	21,116	19,875	4,454	15,421
20—24	**106,865**	**21,835**	**85,030**	**37,192**	**15,181**	**22,011**
20	18,610	3,235	15,375	11,453	2,772	8.681
21	12,530	2,362	10,168	5,864	1,859	4,005
22	18,756	3,825	14,931	6,914	2,788	4,126
23	22,380	4,877	17,503	6,052	3,233	2,819
24	34,589	7,536	27,053	6,909	4,529	2,380
25—29	**207,485**	**45,081**	**162,404**	**19,637**	**17,034**	**2,603**
25	36,866	7,777	29,089	5,247	3,982	1,265
26	36,986	7,695	29,291	3,992	3,413	579
27	43,814	9,374	34,440	3,846	3,483	363
28	44,531	9,803	34,728	3,377	3,148	229
29	45,288	10,432	34,856	3,175	3,008	167
30—34	**191,510**	**49,938**	**141,572**	**11,771**	**11,284**	**487**
30	47,390	11,754	35,636	3,050	2,910	140
31	38,930	10,052	28,878	2,325	2,234	91
32	39,580	10,798	28,782	2,484	2,385	99
33	34,094	9,096	24,998	2,064	1,968	96
34	31,516	8,238	23,278	1,848	1,787	61
34—39	**151,431**	**40,197**	**111,234**	**7,862**	**7,519**	**343**
35	31,110	8,208	22,902	1,769	1,683	86
36	29,458	7,466	21,992	1,610	1,535	75
37	29,063	7,405	21,658	1,516	1,459	57
38	30,891	8,470	22,421	1,488	1,420	68
39	30,909	8,648	22,261	1,479	1,422	57
40—44	**186,891**	**57,857**	**129,040**	**7,750**	**7,474**	**276**
40	35,018	10,498	24,520	1,610	1,549	61
41	36,222	10,900	25,322	1,619	1,554	65
42	35,566	10,932	24,634	1,458	1,407	51
43	38,180	11,950	86,230	1,436	1,388	48
44	41,905	13,571	28,334	1,627	1,576	51

半文盲								
有配偶			丧偶			离婚		
小计	男	女	小计	男	女	小计	男	女
1,674,416	499,417	1,174,999	391,781	89,242	302,539	18,047	13,919	4,128
11,496	1,120	10,376	22	12	10	124	21	103
423	147	276	2	1	1	3	—	3
800	192	608	4	4	—	11	1	10
1,304	183	1,121	2	2	—	22	5	17
2,955	235	2,720	6	2	4	44	10	34
6,014	363	5,651	8	3	5	44	5	39
69,216	6,483	62,733	100	19	81	357	152	205
7,094	446	6,648	6	1	5	57	16	41
6,614	485	6,129	10	2	8	42	16	26
11,756	1,003	10,753	13	—	13	73	34	39
16,235	1,600	14,635	19	4	15	74	40	34
27,517	2,949	24,568	52	12	40	111	46	65
186,673	27,466	159,207	482	169	313	693	412	281
31,432	3,714	27,718	57	14	43	130	67	63
32,818	4,201	28,617	58	12	46	118	69	49
39,729	5,766	33,963	102	46	56	137	79	58
40,892	6,519	34,373	114	43	71	148	93	55
41,802	7,266	34,536	151	54	97	160	104	56
177,624	37,460	140,164	1,159	460	699	956	734	222
43,938	8,618	35,320	212	82	130	190	144	46
36,242	7,608	28,634	191	86	105	172	124	48
36,613	8,144	28,469	252	91	161	231	178	53
31,610	6,893	24,717	241	103	138	179	132	47
29,221	6,197	23,024	263	98	165	184	156	28
140,205	31,050	109,155	2,354	803	1,551	1,010	825	185
28,815	6,240	22,575	324	124	200	202	161	41
27,289	5,641	21,648	368	134	234	191	156	35
26,905	5,637	21,268	450	151	299	192	158	34
28,631	6,708	21,923	573	179	394	199	163	36
28,565	6,824	21,741	639	215	424	226	187	39
171,224	46,908	124,316	6,259	2,065	4,194	1,658	1,404	254
32,205	8,401	23,804	875	283	592	328	265	63
33,350	8,780	24,570	983	331	652	270	235	35
32,642	8,856	23,786	1,147	396	751	319	273	46
34,925	9,772	25,153	1,466	491	975	353	299	54
38,102	11,099	27,003	1,788	564	1,224	388	332	56

年　龄	文			盲		
	合　计	男	女	未	婚	
				小　计	男	女
45—49	**247,593**	**80,864**	**166,729**	**6,982**	**6,695**	**287**
45	44,612	14,135	30,477	1,371	1,313	58
46	47,981	15,245	32,736	1,438	1,392	46
47	48,831	15,907	32,924	1,422	1,360	62
48	52,228	17,437	34,791	1,394	1,337	57
49	53,941	18,140	35,801	1,357	1,293	64
50—54	**250,948**	**86,907**	**164,041**	**5,170**	**4,859**	**311**
50	51,112	17,377	33,735	1,154	,083	71
51	48,932	16,768	32,164	1,094	, 031	63
52	51,629	17,943	33,686	1,078	,021	57
53	48,868	17,065	31,803	904	840	64
54	50,407	17,754	32,653	940	884	56
55—59	**230,539**	**83,608**	**146,931**	**3,831**	**3,539**	**292**
55	46,320	16,667	29,653	837	769	68
56	46,069	16,607	29,462	812	762	50
57	48,079	17,521	30,558	802	744	58
58	47,481	17,275	30,206	711	657	54
59	42,590	15,538	27,052	669	607	62
60—64	**202,812**	**75,079**	**127,733**	**3,140**	**2,854**	**286**
60	44,143	16,107	28,036	674	609	65
61	42,158	15,608	26,550	622	570	52
62	42,131	15,645	26,486	701	653	48
63	37,781	13,979	23,802	557	507	50
64	36,599	13,740	22,859	586	515	71
65—69	**167,937**	**62,648**	**105,289**	**2,473**	**2,208**	**265**
65	37,362	13,984	23,378	580	526	54
66	35,078	13,090	21,988	516	453	63
67	32,769	12,216	20,553	478	432	46
68	33,977	12,685	21,292	483	430	53
69	28,751	10,673	18,078	416	367	49
70以上	**237,460**	**78,745**	**158,715**	**3,061**	**2,681**	**380**
平均初婚年龄	22	27	20	—	—	—

（续11完）

半文盲								
有配偶			丧偶			离婚		
小计	男	女	小计	男	女	小计	男	女
222,402	67,443	154,959	15,526	4,451	11,075	2,683	2,275	408
40,705	11,835	28,870	2,094	628	1,466	442	359	83
43,404	12,674	30,730	2,619	743	1,876	520	436	84
43,899	13,214	30,685	3,000	895	2,105	510	438	72
46,644	14,541	32,103	3,603	1,043	2,560	587	516	71
47,750	15,179	32,571	4,210	1,142	3,068	624	526	98
214,250	72,235	142,015	28,601	7,438	21,163	2,927	2,375	552
44,650	14,521	30,129	4,690	1,273	3,417	618	500	118
42,400	13,929	28,471	4,854	1,332	3,522	584	476	108
44,040	14,942	29,098	5,904	1,493	4,411	607	487	120
41,287	14,219	27,068	6,153	1,582	4,571	524	424	100
41,873	14,624	27,249	7,000	1,758	5,242	594	488	106
179,661	67,688	111,973	44,378	10,354	34,024	2,669	2,027	642
37,775	13,687	24,088	7,159	1,787	5,372	549	424	125
36,612	13,515	23,097	8,094	1,907	6,187	551	423	128
37,681	14,281	23,400	9,053	2,068	6,985	543	428	115
36,158	13,917	22,241	10,056	2,290	7,766	556	411	145
31,435	12,288	19,147	10,016	2,302	7,714	470	341	129
135,587	56,939	78,648	62,062	13,845	48,217	2,223	1,641	582
31,247	12,496	18,751	11,691	2,613	9,078	531	389	142
29,213	12,036	17,177	11,894	2,673	9,221	429	329	100
28,059	11,815	16,244	12,892	2,840	10,052	479	337	142
24,106	10,374	13,732	12,728	2,808	9,920	390	290	100
22,762	10,018	12,744	12,857	2,911	9,946	394	296	98
90,683	43,243	47,440	73,310	16,094	57,216	1,471	1,103	368
22,039	10,087	11,952	14,350	3,068	11,282	393	303	90
19,748	9,241	10,507	14,513	3,174	11,339	301	222	79
17,466	8,351	9,115	14,528	3,215	11,313	297	218	79
17,419	8,588	8,831	15,820	3,478	12,342	255	189	66
14,011	6,976	7,035	14,099	3,159	10,940	225	171	54
75,595	41,582	34,013	157,528	33,532	23,996	1,276	950	326
—	—	—	—	—	—	—	—	—

第五部分

世界主要国家人口数据

一、国土面积和人口发展情况

1. 国土面积与人口

地　　区	国土面积（万平方公里）	人　口　数①（万人）				
		1980年	1982年	1983年	1984年	1985年
世界总计	13,584	445,300	460,700	468,400	476,000	483,700
亚洲						
中国②	960.0	98,705	101,541	102,495	103,475	104,532
阿富汗	64.8	1,595	1,679	1,722	1,767	1,814
孟加拉国	14.4	8,868	9,259	9,465	9,673	9,866
缅甸	67.7	3,364	3,591	3,675	3,761	3,715⑥
柬埔寨	18.1	640	661	682	706	728
印度③	297.5	65,680	71,069④	72,505④	73,899④	74,490④
印度尼西亚	190.5	14,636	15,304	15,645	15,989	16,339
伊朗	164.8	3,835	4,078	4,207	4,341	4,421
伊拉克	43.5	1,324	1,411	1,482	1,536	1,590
日本	37.2	11,681	11,845	11,926	12,002	12,075
约旦	9.8	292	313	325	338	351
朝鲜	21.9	5,615	5,828	5,935	6,041	6,144
其中：南半部	9.8	3,812	3,933	3,993	4,051	4,106
科威特	1.8	137	150	157	164	171
老挝	23.7	368	383	392	402	412
黎巴嫩	1.0	267	264	264	264	267
马来西亚	33.0	1.370	1,446	1,482	1,519	1,568
蒙古	156.6	166	175	180	184	189
尼泊尔	14.1	1,401	1,538	1,574	1,611	1,663
巴基斯坦	80.4	8,258	8,776	9,048	9,329	9,618
菲律宾	30.0	4,832	5,074	5,196	5,317	5,438
沙特阿拉伯	215.0	937	1,023	1,066	1,109	1,154
新加坡	0.06	241	247	250	252	256
斯里兰卡	6.6	1,475	1,519	1,542	1,560	1,584
叙利亚	18.5	870	930	961	993	1,027
泰国	51.4	4,646	4,849	4,946	5,040	5,130
土耳其	78.1	4,444	4,631	4,728	4,827	4,927
越南	32.9	5,418	5,640	5,747	5,857	5,971
也门	19.5	598	631	648	666	685
民主也门	33.3	197	209	216	223	229
欧洲						

(续1)

地　　　区	国土面积（万平方公里）	人　口　数①（万人）				
		1980年	1982年	1983年	1984年	1985年
阿尔巴尼亚	2.9	267	278	284	290	296
奥地利	8.4	755	757	755	755	756
比利时	3.3	985	986	986	986	990
保加利亚	11.1	886	892	894	896	896
捷克斯洛伐克	12.8	1,531	1,537	1,541	1,546	1,550
丹麦	4.3	512	512	511	511	511
芬兰	33.8	478	482	486	488	490
法国	54.7	5,388	5,448	5,473	5,495	5,517
民主德国	10.8	1,674	1,670	1,670	1,667	1,664
联邦德国⑤	24.8	5,967	5,976	5,956	5,933	5,917
希腊	13.1	964	979	985	990	993
匈牙利	9.3	1,071	1,071	1,069	1,067	1,064
意大利	30.1	5,643	5,664	5,684	5,700	5,713
荷兰	3.7	1,414	1,431	1,436	1,442	1,448
挪威	32.4	409	411	413	414	415
波兰	31.3	3,558	3,623	3,657	3,691	3,720
葡萄牙	9.2	977	993	1,001	1,009	1,023
罗马尼亚	23.8	2,222	2,248	2,255	2,262	2,302
西班牙	50.5	3,754	3,796	3,817	3,839	3,860
瑞典	45.0	831	833	833	834	835
瑞士	4.1	632	639	642	644	647
英国	24.5	5,631	5,634	5,638	5,649	5,662
南斯拉夫	25.6	2,230	2,263	2,280	2,296	2,312
非洲						
阿尔及利亚	238.2	1,867	1,986	2,052	2,105	2,172
安哥拉	124.7	772	814	834	854	875
布隆迪	2.8	412	431	442	454	472
中非	62.3	231	241	246	252	261
刚果	34.2	153	161	165	170	174
埃及	100.1	4,213	4,452	4,592	4,719	4,850
埃塞俄比亚	122.2	3,852	4,040	4,139	4,244	4,335
加蓬	26.8	106	110	111	113	115
加纳	23.9	1,154	1,224	1,270	1,315	1,359
几内亚	24.6	541	566	579	593	607

（续2）

地区	国土面积（万平方公里）	人口数①（万人）				
		1980年	1982年	1983年	1984年	1985年
象牙海岸	32.2	817	880	930	946	981
肯尼亚	58.3	1,667	1,804	1,877	1,954	2,033
利比亚	176.0	297	333	347	362	360⑥
马达加斯加	58.7	870	920	940	973	998
马里	124.0	710	751	774	797	821
毛里塔尼亚	103.1	163	173	178	183	189
摩洛哥	44.7	2,005	2,036	2,088	2,141	2,194
莫桑比克	80.2	1,212	1,291	1,326	1,360	1,396
尼日尔	126.8	531	561	577	594	611
尼日利亚	92.4	8,056	8,613	8,902	9,204	9,520
卢旺达	2.6	516	555	576	587	607
索马里	63.8	402	429	442	454	465
南非	122.2	2,861	3,004	3,080	3,159	3,239
苏丹	250.6	1,868	1,980	2,036	2,095	2,155
突尼斯	16.4	639	673	684	703	726
乌干达	23.6	1,311	1,400	1,447	1,496	1,548
喀麦隆	47.5	850	928	957	987	1,019
坦桑尼亚	94.5	1,858	1,978	2,041	2,106	2,173
扎伊尔	234.5	2,638	2,740	2,816	2,967	3,036
赞比亚	75.3	583	603	624	645	667
大洋洲						
澳大利亚	768.7	1,470	1,518	1,538	1,556	1,575
新西兰	26.9	311	316	320	323	325
北美洲						
加拿大	997.6	2,404	2,463	2,488	2,513	2,537
美国	937.3	22,774	23,235	23,454	23,668	23,928
拉丁美洲						
阿根廷	267.7	2,824	2,916	2,963	3,010	3,056
玻利维亚	109.9	560	592	608	625	643
巴西	851.2	12,129	12,681	12,966	13,258	13,556
智利	75.7	1,110	1,149	1,168	1,188	1,201
哥伦比亚	113.9	2,589	2,697	2,750	2,806	2,862
古巴	11.1	972	980	990	999	1,010
多米尼加共和国	4.8	544	574	596	610	624

（续3完）

地　　区	国土面积（万平方公里）	人口数①（万人）				
		1980年	1982年	1983年	1984年	1985年
厄瓜多尔	28.4	812	861	886	911	938
危地马拉	10.9	692	732	752	774	796
墨西哥	197.3	6,939	7,312	7,498	7,679	7,852
巴拿马	7.7	196	204	209	213	218
巴拉圭	40.7	315	336	347	358	369
秘鲁	128.5	1,730	1,823	1,871	1,920	1,970
波多黎各	0.9	321	326	327	328	328
乌拉圭	17.6	291	295	297	299	301
委内瑞拉	91.2	1,502	1,594	1,639	1,685	1,732
苏联	2,240.2	26,554	27,004	27,254	27,507	27,862

注：①年中人口数。②中国人口数指年底的常住人口，在全国人口总数内暂未包括台湾省和港澳同胞以及海外华侨和中国留学生。③不包括查谟、克什米尔和锡金。④1982年、1983年、1984年和1985年数与以前年度数字不可比。⑤不包括西柏林。

2. 人口密度

单位：人／平方公里

地区	1980年	1982年	1983年	1984年	1985年
世界总计	33	34	34	35	36
中国	103	106	107	108	109
美国	24	25	25	25	26
日本	310	314	316	318	320
联邦德国	240	241	240	239	239
英国	229	231	231	232	232
法国	98	99	100	100	101
意大利	190	189	189	189	190
加拿大	2	2	2	3	3
澳大利亚	2	2	2	2	2
苏联	12	12	12	12	12
民主德国	155	155	155	154	154
捷克斯洛伐克	120	120	120	121	121
波兰	115	116	117	118	119
匈牙利	115	115	115	115	114
罗马尼亚	93	94	95	96	97
加保利亚	80	80	81	81	81
南斯拉夫	88	88	89	90	90
印度	221	237	244	248	250
印度尼西亚	79	82	84	84	86
埃及	42	45	46	46	48
尼日利亚	87	93	96	100	103
墨西哥	37	37	38	39	40
巴西	14	15	15	16	16

3. 世界人口年龄构成

单位：万人

年龄 \ 年份	1970年	1980年	1985年①	1990年①	2000年①
总计	369,322	444,957②	483,665	524,621	612,181
0 — 9 岁	98,019	106,703	109,229	115,264	127,160
10 — 14 岁	40,308	49,946	52,111	51,836	58,052
15 — 19 岁	36,502	54,133	49,527	51,724	54,501
20 — 24 岁	30,133	39,395	44,632	49,045	51,052
25 — 29 岁	24,872	35,439	38,881	44,128	50,789
30 — 34 岁	23,679	29,177	34,941	38,390	48,059
35 — 39 岁	21,575	24,072	28,696	34,441	43,122
40 — 44 岁	19,785	22,807	23,570	28,181	37,316
45 — 49 岁	17,005	20,413	22,202	22,996	33,210
50 — 54 岁	13,733	18,450	19,665	21,452	26,765
55 — 59 岁	12,866	15,302	17,481	18,691	21,285
60 — 64 岁	10,776	11,806	14,108	16,190	19,094
65岁及以上	20,070	26,314	28,621	32,282	41,776

注：①预测数字。②因资料来源不同，此数与第3页1980年世界人口总计数略有出入。

4. 主要国家人口年龄构成

单位：%

地区	年份	0－14岁	15—64岁	65岁及65岁以上
中国	1982	33.4	61.7	4.9
美国	1984	21.9	66.2	11.9
日本	1983	22.5	67.7	9.8
联邦德国	1982	16.9	68.1	15.0
英国	1983	19.6	65.3	15.1
法国	1983	21.8	65.0	13.2
意大利	1981	21.6	65.4	13.0
加拿大	1984	21.7	68.1	10.2
澳大利亚	1983	24.4	65.6	10.0
民主德国	1984	19.3	67.0	13.7
捷克斯洛伐克	1982	24.4	63.9	11.7
波兰	1983	25.0	65.4	9.6
匈牙利	1983	21.9	65.7	12.4
罗马尼亚	1982	27.0	63.0	10.0
保加利亚	1982	22.1	66.4	11.5
南斯拉夫	1981	24.6	66.3	9.1
印度	1981	39.1	57.4	3.5
印度尼西亚	1984	39.5	57.2	3.3
埃及	1976	39.9	56.5	3.6
墨西哥	1979	46.2	50.5	3.3
巴西	1983	37.7	58.3	4.0

5. 人口出生率

单位：‰

地区	1980年	1982年	1983年	1984年	1985年
世界总计	29.4	28.5	27.3	27.0	
中国	18.2	21.1	18.6	17.5	17.8
美国	15.8	15.9	15.6	15.5	15.7
日本	13.7	12.9	12.7	12.5	11.9
联邦德国	10.1	10.1	9.7	9.5	9.6
英国	13.5	12.8	12.8	12.9	13.3
法国	14.7	14.7	13.7	13.8	13.9
意大利	11.2	10.9	10.6	10.3	10.1
加拿大	15.5	15.1	15.0	15.0	14.8
澳大利亚	15.3	15.8	15.8	15.1	15.7
苏联	18.3	18.9	19.8	19.6	19.4
民主德国	14.6	14.4	14.0	13.7	13.7
捷克斯洛伐克	16.3	15.2	14.8	14.7	14.5
波兰	19.5	19.4	19.7	18.9	18.2
匈牙利	13.9	12.5	11.9	11.7	12.2
罗马尼亚	18.0	15.3	14.3	15.5	15.8
保加利亚	14.5	13.9	13.7	13.6	13.3
南斯拉夫	17.0	16.7	16.6	16.4	15.9
印度	33.2①	33.3	33.2	—	31.5
印度尼西亚	42.5	31.7	30.7	—	30.4
埃及	41.0	36.9	38.4	—	—
尼日利亚	49.3②	—	—	—	50.4③
墨西哥	35.3	32.7	35.0	33.2	32.3
巴西	—	—	—	—	30.6③

注：①1978年数字，②1975—1980年数字，③1980—1985年数字，

6. 人口死亡率

单位：‰

地区	1980年	1982年	1983年	1984年	1985年
世界总计	11.5	11.4	10.6	11.0	
中国	6.3	6.6	7.1	6.7	6.6
美国	8.7	8.6	8.7	8.6	8.7
日本	6.2	6.1	6.2	6.2	6.2
联邦德国	11.6	11.6	11.7	11.3	11.5
英国	11.8	11.8	11.7	11.4	11.8
法国	10.2	10.1	10.2	9.8	10.1
意大利	9.7	9.4	9.9	9.3	9.5
加拿大	7.2	7.1	7.0	7.0	7.2
澳大利亚	7.4	7.6	7.3	7.1	7.5
苏联	10.3	10.1	10.4	10.8	10.6
民主德国	14.2	13.7	13.3	13.3	13.5
捷克斯洛伐克	12.2	11.8	12.0	11.8	11.8
波兰	9.8	9.2	9.5	9.9	10.3
匈牙利	13.6	13.5	13.9	13.7	13.9
罗马尼亚	10.4	10.0	10.4	10.3	10.9
保加利亚	11.1	11.2	11.4	11.3	12.0
南斯拉夫	9.0	8.9	9.6	9.3	9.1
印度	14.1①	13.4	13.3	—	11.6
印度尼西亚	11.5	13.3	13.0	—	12.0
埃及	11.0	10.2	12.5	—	—
尼日利亚	17.8②	—	—	—	17.1③
墨西哥	6.2	5.6	—	—	—
巴西	—	—	—	—	8.4③

注：①1978年数字，②1975—1980年数字，③1980—1985年数字。

7. 人口自然增长率

单位：‰

地　区	1980年	1982年	1983年	1984年	1985年
世界总计	17.9	17.1	16.1	16.0	
中国	11.9	14.5	11.5	10.8	11.2
美国	7.1	7.3	6.9	6.9	7.0
日本	7.5	6.8	6.5	6.3	5.7
联邦德国	-1.5	-1.5	-2.0	-1.8	-1.9
英国	1.7	1.0	1.1	1.5	1.5
法国	4.7	4.6	3.5	4.0	3.8
意大利	1.5	1.5	0.7	1.0	0.6
加拿大	8.3	8.0	8.0	8.0	7.6
澳大利亚	7.9	8.2	8.5	8.0	8.2
苏联	8.0	8.8	9.4	8.8	8.8
民主德国	0.4	0.7	0.7	0.4	0.2
捷克斯洛伐克	4.1	3.4	2.8	2.9	2.7
波兰	9.7	10.2	10.2	9.0	7.9
匈牙利	0.3	-1.0	-2.0	-2.0	-1.7
罗马尼亚	7.6	5.3	3.9	5.2	4.9
保加利亚	3.4	2.7	2.3	2.3	1.3
南斯拉夫	8.0	7.8	7.0	7.1	6.8
印度	19.1①	19.9	19.9	—	19.9
印度尼西亚	31.0	18.4	17.7	—	18.4
埃及	30.0	26.7	25.9	—	—
尼日利亚	31.5②	—	—	—	33.3③
墨西哥	29.1	27.1	—	—	—
巴西	—	—	—	—	22.2③

注：①1978年数字，②1975—1980年数字，③1980—1985年数字，

8. 平均期望寿命①

单位：岁

地区	1970—1975年		1975—1980年		1980—1985年	
	男	女	男	女	男	女
世界总计	55	57	56	59	58	60
中国	67②	69②			66③	69③
美国	68	75	69	77	70	78
日本	71	76	73	78	74	79
联邦德国	68	74	69	75	70	77
英国	69	75	69	75	71	77
法国	69	76	70	78	71	79
意大利	69	75	70	76	71	78
加拿大	69	75	70	77	71	79
澳大利亚	69	76	70	76	71	78
苏联	65④	74④	71		65⑤	74⑤
民主德国	69	74	69	75	70	76
捷克斯洛伐克	67	74	67	74	68	75
波兰	67	73	67	75	68	76
匈牙利	67	73	67	73	68	75
罗马尼亚	65	70	68	73	69	74
保加利亚	70	74	69	75	70	75
南斯拉夫	65	70	67	72	69	74
印度	49	48	50	49	53	52
印度尼西亚	44	46	46	49	51	54
埃及	51	54	54	56	56	58
尼日利亚	43	47	46	49	47	50
墨西哥	61	65	62	67	64	68
巴西	58	62	60	64	61	66

注：①平均期望寿命指新生婴儿按当时特定的死亡水平预期能活到的平均岁数，②26个省市的部分地区1975年数字。③1981年数字。④1971—1972年数字。⑤1984年数字。

9. 婴儿死亡率

单位：‰

地区	1970—1975年	1975—1980年	1984年	1985年
中国			35①	
美国	18	14	11	11
日本	12	9	6	6
联邦德国	22	15	10	10
英国	17	14	10	9
法国	16	11	9	8
意大利	26	18	12	12
加拿大	16	12	9	8
澳大利亚	17	13	9	9
苏联	27.7②			29
民主德国	17	13	11	10
捷克斯洛伐克	21	19	15	15
波兰	27	23	19	19
匈牙利	34	27	19	20
罗马尼亚	40	31	25	24
保加利亚	26	22	17	16
南斯拉夫	45	35	28	27
印度	133	129	90	89
印度尼西亚	112	99	97	96
埃及	127	110	94	93
尼日利亚	152	141	110	109
墨西哥	69	70	51	50
巴西	95	82	68	67

注：①1981年数字。②1974年数字。

二、人口构成情况

1. 城市人口占全国人口比重①

单位：%

地区	1970年	1975年	1980年	1983年
世界总计	37.0	38.0	40.0	41.0
中国	17.4	17.3	19.4	23.5
美国	73.6	73.7	73.7	74.0
日本	71.4	75.7	76.2	76.4
联邦德国	81.3	83.1	84.7	85.5
英国	88.5	89.8	90.8	91.4
法国	71.7	73.2	75.2	76.4
意大利	64.4	66.9	69.3	70.8
加拿大	75.7	75.6	75.0	75.0
澳大利亚	85.2	85.9	86.3	86.6
苏联	56.0	60.0	62.8	64.5
民主德国	73.7	75.2	76.7	77.6
捷克斯洛伐克	55.2	59.1	62.9	65.0
波兰	52.1	54.2	56.6	58.2
匈牙利	45.6	50.1	53.5	55.6
罗马尼亚	40.8	46.2	50.6	53.1
保加利亚	52.3	58.6	64.0	66.8
南斯拉夫	34.8	38.5	42.3	44.7
印度	19.8	21.5	23.4	24.7
印度尼西亚	17.1	19.4	22.2	24.1
埃及	42.2	43.5	44.7	45.8
尼日利亚	16.4	18.2	20.4	22.0
墨西哥	59.0	63.0	66.7	68.7
巴西	55.8	61.8	67.5	70.7

注：①城市人口指各国确定为城镇范围内的人口，各国的城镇标准不完全相同。

2. 农业人口占全国人口比重①

单位：%

地　　区	1965年	1970年	1975年	1980年	1985年
世界总计	56.4	54.1	52.3	50.2	48.1
中　　国②	82.0	82.6	82.7	80.6	63.4
美　　国	5.4	4.3	3.9	3.5	3.1
日　　本	26.0	19.3	15.1	11.0	8.1
联邦德国	10.8	7.5	6.6	5.8	5.1
英　　国	3.4	2.8	2.7	2.6	2.5
法　　国	17.9	13.6	11.1	8.6	6.7
意大利	24.8	18.8	15.4	12.0	9.5
加拿大	10.3	7.8	6.5	5.3	4.3
澳大利亚	9.6	8 1	7.4	6.9	6.4
苏　　联	33.8	25.7	22.8	20.0	17.5
民主德国	15.1	12.6	11.6	10.6	6.7
捷克斯洛伐克	21.3	16.9	15.1	13.3	11.7
波　　兰	43.6	38.9	33.7	28.5	24.0
匈牙利	34.6	27.6	24.0	20.3	17.2
罗马尼亚	56.6	48.7	39.6	30.5	23.0
保加利亚	45.7	34.8	26.5	18.1	12.4
南斯拉夫	56.8	49.8	41.0	32.3	24.8
印　　度	72.9	71.7	70.7	69.8	68.7
印度尼西亚	70.5	66.3	61.8	57.2	52.4
埃　　及	55.0	52.0	48.8	45.7	42.5
尼日利亚	72.1	71.0	69.6	68.1	66.7
墨西哥	49.6	44.1	40.3	36.5	33.0
巴　　西	48.5	44.9	37.9	31.2	25.2

注：①外国农业人口指以农业为生的人口。②中国是乡村人口占全国总人口的比重，乡村人口指县人口(不包括镇人口)，包括脱离了农业但仍居住在农村的人口，因比同国外农业人口的计算口径不一致。

3. 就　业　人　数

单位：万人

地　　区	1980年	1982年	1983年	1984年	1985年
中　　国①	41,896	44,706	46,004	47,597	49,873
美　　国	9,930	5,953	10,083	10,501	10,715
日　　本	5,536	5,638	5,733	5,766	5,807
联邦德国	2,580	2,518	2,479	2,483	2,500
英　　国	2,498	2,357	2,328	2,374	2,407
法　　国	2,135	2,125	2,115	2,094	
意大利	2,031	2,030	2,035	2,042	2,051
加拿大	1,071	1,064	1,073	1,100	1,131
澳大利亚	628	638	624	646	665
苏　　联	12,563	12,190	12,879	12,947	—
民主德国	776	785	789	792	794
捷克斯洛伐克	736	744	747	753	761
波　　兰	1,732	1,699	1,704	1,700	1,714
匈牙利	504	499	496	493	490
罗马尼亚	1,035	1,043	1,046	1,050	1,059
保加利业	402	410	411	410	410
南斯拉夫②	568	598	610	622	638
印　　度③	2,231	2,349	2,398	2,421	—
印度尼西亚	5,178④	5,780	—	—	—
埃　　及	980	1,011	1,153	—	—
巴　　西	—	4,793	4,847	5,021	—

注：①中国为社会劳动者人数。②南斯拉夫未包括个体经济。③印度就业人数未包括农民及企业以外的从业人员。据印度1981年普查，全部就业人数为22,189万人，其中自耕农9,243万人雇农5,544万人，家庭工业劳动者889万人。④1978年数字。

4. 女职工人数

单位:万人

地　　区	1980年	1982年	1983年	1984年	1985年
中　　国	3,699	4,093	4,199	4,325	4,500
美　　国	3,991	4,424	4,483	4,602	4,739
日　　本	1,354	1,418	1,486	1,518	1,548
联邦德国	865	907	929	931	938
加拿大	460	439	450	473	486
澳大利亚	186①	202		216	222
苏　　联②	5,757	5,891	5,935	5,967	6,001
民主德国②	379	382	384	385	385
捷克斯洛伐克②	315	322	325	330	334
波　　兰②	530	509	514	523	535
匈牙利②	180	176	174	173	176
罗马尼亚②	275	289	291	295	303
保加利亚②	198	203	204	206	207
南斯拉夫	202	210	225	233	241
南朝鲜	173	225	244	256	281

注：①1979年数字。②国营和合作社营部门。

5. 就业人口在农业、工业①

国家	1980			1982		
	农业	工业	其他行业	农业	工业	其他行业
中国②	72.11	13.37	14.52	71.61	13.26	15.13
美国	3.55	30.76	65.69	3.59	28.63	67.78
日本	10.43	35.34	54.23	9.72	34.85	55.43
联邦德国	5.58	44.07	50.35	5.56	42,60	51.84
英国	2.60	37.71	59.69	2.72	34.70	62.58
法国	8.66	35.88	55.46	8.18	34.53	57.29
意大利	14.27	37,90	47.83	12.42	37.09	50.49
加拿大	5.42	28.57	66.01	5.26	26.51	68.23
澳大利亚	6.52	30.84	62.64	6.42	29.47	64.11
苏联	20.09	38.31	41.60	19.71	38.24	42.05
民主德国	4.38	52.45	43.17	4.34	52.17	43,49
捷克斯洛伐克	14.27	46.47	39.26	13.98	46.10	39.92
波兰	30.54	38.17	31.29	31.33	36.75	31.92
匈牙利	22.02	41.07	36,91	23.25	39.48	37.27
罗马尼亚	29.83	43.82	26.35	28.98	44.24	26.78
保加利亚	24.13	42.54	33.33	23.17	42.68	34.15
南斯拉夫③	4.93	51.58	43.49	5.02	51.50	43.48
印度④	5.78⑤	38.64	55.58	5.58	38.85	55.57
印度尼西亚	60.92	9.27⑥	29.81⑦	54.65	14.91	30.44
埃及	42.35	20.10	37.55	39.07	21.86	39.07
巴西	—	—	—	29.51	23.39	47.10

注：①工业包括矿业、制造业、电业、煤气业和建筑业。②中国的工业未包括建筑业。③南斯拉夫的农业包括个体农民，工业和其他行业未包括个体经济。④印度的农业只包括农业企业就业人数，

和其他行业中所占的比重

单位:%

1983			1984			1985		
农业	工业	其他行业	农业	工业	其他行业	农业	工业	其他行业
70.67	13.09	16.24	68.36	13.32	18.32	62.53	16.74	20.73
3.51	28.25	68.24	3.31	28.68	68.01	3.12	28.27	68.61
9.26	34.77	55.97	8.88	34.82	56.30	8.77	34.87	56.36
5.61	41.77	52.62	5.60	41.32	53.08	5.56	41.00	53.44
2.71	33.66	63.63	2.61	32.90	64.49	2.58	32.36	65.06
8.03	33.79	58.18	7.93	33.00	59.07	—	—	—
12.43	36.12	51.45	11.90	34.48	53.62	11.21	33.63	55.16
5.49	25.51	69.00	5.36	25.88	68.76	5.22	25.46	69.32
6.56	28.00	65.44	6.18	27.98	65.84	6.17	27.41	66.42
19.68	38.17	42.15	19.55	38.09	42.36	—	—	—
4.31	51.96	43.73	4.29	51.95	43.76	4.28	51.89	43.83
13.79	46.18	40.03	13.68	45.95	40.37	13.67	45.73	40.60
31.12	36.47	32.41	30.12	36.88	33.00	29.81	36.87	33.32
23.39	38.91	37.70	22.97	38.62	38.41	24.25	38.57	39.18
29.26	44.26	26.48	29.21	44.24	26.55	28.90	44.57	26.53
22.82	42.96	34.22	22.38	43.07	34.55	21.95	43.17	34.88
5.08	51.48	43.44	5.14	51.45	43.41	5.17	51.41	43.42
5.50	38.41	56.09	5.41	37.94	56.65	—	—	—
—	—	—	—	—	—	—	—	—
40.94	21.25	37.81	—	—	—	—	—	—
—	—	—	—	—	—	—	—	—

⑤1978年数字, ⑥1978年数字。 ⑦1978年数字。

6. 一些国家失业情况

	1980年	1982年	1983年	1984年	1985年
失业人数（万人）					
美国①	764	1,068	1,072	854	831
日本②	114	136	156	161	156
联邦德国	88.9	188	226	227	230
英国③	166	292	310④	316	327
法国	147	192	196	232	
意大利⑤	168	205	226	239	247
加拿大②	86.5	131	145	140	133
澳大利亚②	39.5	46.1	68.7	60.5	57.1
印度	1,532	1,865	2,030	2,303	2,486
印度尼西亚	23.3	36.8	35.4	57.7	
失业率（%）					
美国①	7.0	9.5	9.5	7.4	7.1
日本②	2.0	2.4	2.6	2.7	2.6
联邦德国	3.8	7.5	9.1	9.1	9.3
英国③	6.8	10.9	11.6④	11.7	11.9
法国	6.3	8.1	8.3	9.7	
意大利⑤	7.6	9.1	9.9	10.4	10.6
加拿大②	7.5	11.0	11.9	11.3	10.5
澳大利亚②	5.9	6.7	9.9	8.6	7.9

注：①16岁以上。②15岁以上。③不包括临时失业者。④1983年4月起，不包括60岁以上男人。⑤14岁以上。⑥1983年以后为10岁以上。⑦15—17岁。

三、文教和卫生发展情况

1. 在校大学生人数

单位：万人

地区	1975年	1980年	1984年
中国	50.1	114.4	139.6
美国	1,118.5	1,209.7	1,246.8
日本	224.9	241.2	240.3
联邦德国	104.1	122.3	150.3
英国	73.3	82.7	89.7①
法国	103.9	107.7	114.4①
意大利	97.7	111.8	118.2
加拿大	81.8	88.8	119.3①
澳大利亚	27.5	32.4	35.8
苏联	485.4	523.5	528.0
民主德国	38.6	42.1	43.2
捷克斯洛伐克	15.5	19.7	17.5
波兰	57.5	58.9	45.7
匈牙利	10.8	10.1	10.0
罗马尼亚	16.5	19.3	16.6
保加利亚	12.9	10.1	10.4
南斯拉夫	39.5	41.2	37.5
印度	461.6	534.6②	
印度尼西亚	27.8	56.6③	98.0
埃及	48.0	71.6	87.4①
尼日利亚	4.5	15.0	18.2①
墨西哥	56.2	89.8	107.2①
巴西	109.0	140.9	147.9①

注：①1983年数字。②1979年数字。④1981年数字。

2. 在校中学生人数

单位：万人

地区	1975年	1980年	1984年
中国	4,436.1	5,508.1	4,554.2
美国	2,054.6	1,455.6	1,377.9
日本	879.6	952.0	1,061.3
联邦德国	363.8	430.1	596.8①
英国	515.4	534.2	529.6②
法国	489.0	501.4	522.6①
意大利	487.5	530.8	534.5
加拿大	259.0	232.3	232.3①
澳大利亚	109.6	109.6	124.7
苏联	2,317.2	2,027.5	2,000.8
民主德国	46.1	50.6	43.6
捷克斯洛伐克	32.1	38.9	35.5
波兰	194.6	167.4	154.8
匈牙利	37.2	35.7	42.0
罗马尼亚	87.0	87.1	150.0
保加利亚	34.4	31.5	33.6
南斯拉夫	226.4	242.6	236.3
印度	2,363.9		
印度尼西亚	357.0	572.2	744.6
埃及	217.6	292.9	320.2①
尼日利亚	85.5	234.6	356.1①
墨西哥	293.9	474.2	606.4①
巴西	193.6	281.9	294.4①

注：①1983年数字。②1982年数字。

3，在校小学生人数

单位：万人

地区	1975年	1980年	1984年
中国	15,094.1	14,627.0	13,557.1
美国	2,684.6	2,744.8	2,683.9
日本	1,028.1	1,175.1	1,146.4
联邦德国	642.5	504.4	236.6①
英国	572.5	491.1	447.4②
法国	460.2	461.0	426.0①
意大利	483.3	442.3	390.9
加拿大	244.0	218.5	225.2①
澳大利亚	160.3	168.8	157.1
苏联	2,136.6	2,171.4	2,324.5
民主德国	257.9	220.4	200.8
捷克斯洛伐克	188.1	190.4	203.7
波兰	431.0	416.7	467.7
匈牙利	105.1	116.2	128.7
罗马尼亚	288.9	323.7	303.5
保加利亚	98.0	99.4	107.2
南斯拉夫	149.5	143.2	145.5
印度	6,566.0	7,268.8	7,703.9②
印度尼西亚	1,777.7	2,553.7	2,990.9
埃及	418.1	466.3	535.0①
尼日利亚	595.0	1,376.0	1,438.3①
墨西哥	1,146.1	1,466.6	1,521.9
巴西	1,954.9	2,259.8	2,455.6①

注：①1983年数字，②1982年数字，

4．大学教师数

单位：万人

地区	1975年	1980年	1984年
中国	15.6	24.7	31.5
美国	67.0	39.6	39.2①
日本	19.1	21.4	23.8
联邦德国	14.5	17.2	18.2
英国	—	6.3④	—
意大利	—	4.9④	5.0
加拿大	—	5.3	5.8②
澳大利亚	—	2.1	2.2
苏联	31.7	36.5	37.6①
民主德国	3.5	3.9	4.2
捷克斯洛伐克	2.1	2.2	2.3
匈牙利	1.2	1.4	1.5
罗马尼亚	1.4	1.5	1.3
保加利亚	1.2	1.4	1.5
南斯拉夫	—	2.4	2.5②
印度	23.6	27.7③	—
印度尼西亚	—	6.1④	7.6
埃及	—	3.4①	3.3②
尼日利亚	—	1.1	—
墨西哥	4.3	7.8	9.9②
巴西	9.3	11.0	12.3②

注：①1982年数字，②1983年数字，③1979年数字，④1981年数字。

5．中学教师数

单位：万人

地　区	1975年	1980年	1984年
中　国	209.2	302.2	255.7
美　国	110.9	109.5	104.3
日　本	50.3	55.4	60.3
联邦德国		29.8	43.8①
法　国	31.6	25.6	31.1①
意大利	43.3	51.9	53.4①
加拿大	14.4	12.9②	13.1①
澳大利亚	7.4	8.5	10.3
捷克斯洛伐克	3.3	3.3	3.2
波　兰	17.0	13.9	14.2
匈牙利	2.3	4.8	5.0
罗马尼亚	4.7		
保加利亚	2.7	2.6	2.6
南斯拉夫		13.1	13.2
印度尼西亚	38.5	47.0②	
埃　及	7.9	12.2	15.0①
尼日利亚		8.1	9.8①
墨西哥	17.0	26.8	33.8①
巴　西	13.3	19.8	18.0①

注：①1983年数字。②1982年数字。

6. 小学教师数

单位：万人

地区	1975年	1980年	1984年
中国	520.4	549.9	537.0
美国	135.4	139.0	141.4
日本	40.3	47.1	47.2
联邦德国	27.3	27.4	14.0
英国	28.6	26.0	24.5③
法国	20.4	20.9	17.4②
意大利	25.5	27.4	28.1②
加拿大	11.9	14.3③	14.2
澳大利亚	7.8	9.1	10.3
苏联	239.9	232.1	243.0
民主德国	15.9	19.9	16.9
捷克斯洛伐克	9.6	9.0	6.4
波兰	20.8	21.2	29.5
匈牙利	6.7	7.5	8.6
罗马尼亚	14.5	15.7	14.8
保加利亚	4.8	5.2	6.1
南斯拉夫	6.1	5.9	6.2
印度	155.9	134.5	138.9③
印度尼西亚	60.3	78.7	113.1
埃及	11.8	14.1	17.1
尼日利亚		37.0	36.0②
墨西哥	25.6	37.5	43.7
巴西	89.7	88.4	96.8②

注：①1981年数字。②1983年数字。③1982年数字。

7. 大学生入学率

单位：%

地区	1975年	1985年	1984年
世界总计	10.3	11.2	11.8
美国	57.3	56.0	57.3
日本	24.6	30.5	29.6
联邦德国	24.5	26.2	29.1
英国	18.9	20.2	20.3②
法国	24.5	25.5	26.8②
意大利	25.1	27.2	26.3
加拿大	39.3	38.3	44.0②
澳大利亚	24.0	25.4	27.1
苏联	22.2	21.2	21.4
民主德国	29.5	30.3	30.3
捷克斯洛伐克	12.1	17.1	15.9
波兰	16.8	17.6	15.9
匈牙利	11.7	12.9	15.2
罗马尼亚	9.2	11.0	11.7
保加利亚	19.2	16.1	16.8
南斯拉夫	20.0	21.8	20.2②
印度	8.6	—	
印度尼西亚	2.4	3.9③	6.5
埃及	13.5	17.6	21.0②
尼日利亚	0.8	2.2	3.3②
墨西哥	10.6	14.1	15.2②
巴西	10.7	11.9	11.3②

注；①大学生入学率指入学人数占20—24岁人口的比率。②1983年数字。③1981年数字。

8. 中小学生入学率①

单位：%

地区		1975年		1980年		1984年	
		男	女	男	女	男	女
世界总计	小学	102.7	86.4	102.3	86.2	106.3	90.9
	中学	48.3	37.7	50.6	39.5	51.5	40.9
美国			99	95	96	99	98
日本		95	95	96	97	97	98
联邦德国		79	81	77	80	78②	81②
英国		93	94	92	93	91③	93③
法国			93	92	100	94②	100②
意大利		87	82	83	82	83	
加拿大		94	95	96	97	105②	103②
澳大利亚		98	98	97	98	100	101
苏联			95		100		103
民主德国			93	94	95		95
捷克斯洛伐克		74	80	74	82	72	79
波兰		89	89	91	92	93	94
匈牙利		87	84	89	88	91	91
罗马尼亚		93	93	94	92	89	90
保加利亚			96	95	94	99	98
南斯拉夫		87	82	91	86	89	86
印度		66	40	69	44	71②	45②
印度尼西亚		62	49	79	65	86	77
埃及		73	46	78	53	83②	60②
尼日利亚			31	70	51	64②	
墨西哥		80	71	89	85	88	
巴西		73	72	82	80	86②	

注：①：中小学生入学率指入学人数占适龄人口的比率。中小学生适龄人口的范围各国具体规定不同②1983年数字。③1982年数字。

9. 15岁以上文盲人口数

地区	15岁以上文盲人口（万人）			文盲率（%）		
	合计	男	女	合计	男	女
中国	23,772	7,320	16,452	31.9	19.2	45.3
美国				0.5		
日本				1.0	1.0	1.0
意大利	249	93	156	6.1	4.7	7.4
苏联				0.2	0.2	0.2
波兰	33	9	24	1.2	0.7	1.7
匈牙利	10	3	7	1.1	0.7	1.5
南斯拉夫	176	37	139	10.4	4.5	16.1
印度	23,810	9,390	14,420	59.2	45.2	74.3
印度尼西亚	2,833	949	1,883	32.7	22.5	42.3
埃及	1,332	505	827	61.8	46.4	77.6
墨西哥	645	255	391	17.0	13.8	20.1
巴西	1,872	856	1,016	25.5	23.7	27.2

注：①1980年前后的数字。

10．公共教育经费占国民生产总值的比重①

单位：%

地　　区	1975年	1980年	1984年
世界总计	**5.8**	**5.6**	**5.6④**
美国	6.5	6.9	6.7③
日本	5.5	5.9	5.7④
联邦德国	5.1	4.7	4.5⑤
英国	6.7	5.7	5.3⑤
法国	5.2	5.1	5.8④
意大利	4.5	5.0⑥	5.7⑤
加拿大	7.8	7.7	7.4
澳大利亚	6.2	5.9	6.0⑤
苏联	7.6	7.1	6.6⑤
捷克斯洛伐克	4.7	4.8	5.1
匈牙利	4.1	4.7	5.4
罗马尼亚	3.5	3.3	2.1
保加利亚	5.5	5.6	6.6
南斯拉夫	5.4	5.1	3.9⑤
印度	2.8	3.0	3.2④
印度尼西亚	3.0	1.9	2.2③
埃及②	5.0	4.5④	4.1⑤
尼日利亚②	4.3⑦	3.9⑥	2.2⑤
墨西哥	3.8	3.0	2.8⑤
巴西	3.0	3.4	3.3⑤

注：①公共教育经费包括公共教育支出和政府对私人教育补助，教育经费包括日常经费和投资支出。②埃及、尼日利亚公共教育经费仅指联邦政府支出。③1981年数字。④1983年数字。⑤1979年数字。⑥1976年数字。

11. 各类学校经费占全部教育经费的比重

单位：%

<table>
<tr><th>地　　区</th><th>年份</th><th>学龄前教育</th><th>小学</th><th>中学</th><th>大学</th><th>其他</th><th>未分列</th></tr>
<tr><td>美国</td><td>1981</td><td colspan="3">63.4</td><td>36.6</td><td></td><td></td></tr>
<tr><td>日本</td><td>1982</td><td>1.3</td><td>37.7</td><td>35.1</td><td>10.5</td><td>7.4</td><td>8.1</td></tr>
<tr><td>联邦德国</td><td>1983</td><td>3.9</td><td>15.1</td><td>53.7</td><td>14.6</td><td>7.9</td><td>4.7</td></tr>
<tr><td>英国</td><td>1983</td><td>2.6</td><td>22.3</td><td>41.5</td><td>21.7</td><td colspan="2">11.9</td></tr>
<tr><td>法国</td><td>1982</td><td>8.4</td><td>21.4</td><td>41.1</td><td>12.6</td><td>11.2</td><td>5.5</td></tr>
<tr><td>意大利</td><td>1983</td><td>5.7</td><td>21.3</td><td>37.3</td><td>10.1</td><td>0.0</td><td>25.5</td></tr>
<tr><td>加拿大</td><td>1984</td><td colspan="3">63.8</td><td>27.9</td><td>8.3</td><td></td></tr>
<tr><td>澳大利亚</td><td>1983</td><td>1.6</td><td colspan="2">60.9</td><td>29.4</td><td>4.9</td><td>3.2</td></tr>
<tr><td>苏联</td><td>1984</td><td>23.9</td><td>34.0</td><td>14.9</td><td>13.5</td><td>13.6</td><td></td></tr>
<tr><td>民主德国</td><td>1984</td><td>11.9</td><td colspan="2">56.2</td><td>21.3</td><td></td><td>10.6</td></tr>
<tr><td>捷克斯洛伐克</td><td>1984</td><td>11.3</td><td>43.3</td><td>13.6</td><td>14.8</td><td>16.3</td><td>0.6</td></tr>
<tr><td>波兰</td><td>1984</td><td>10.2</td><td>33.4</td><td>17.8</td><td>20.0</td><td>18.4</td><td>0.2</td></tr>
<tr><td>匈牙利</td><td>1984</td><td>12.5</td><td>38.5</td><td>18.7</td><td>24.2</td><td>6.1</td><td></td></tr>
<tr><td>保加利亚</td><td>1984</td><td>19.3</td><td colspan="2">46.7</td><td>12.0</td><td>22.0</td><td></td></tr>
<tr><td>南斯拉夫</td><td>1983</td><td colspan="3">73.1</td><td>17.7</td><td>1.9</td><td>6.7</td></tr>
<tr><td>印度</td><td>1980</td><td colspan="2">36.9</td><td>24.2</td><td>13.5</td><td>3.0</td><td>22.4</td></tr>
<tr><td>埃及</td><td>1981</td><td colspan="3">68.0</td><td>32.0</td><td></td><td></td></tr>
<tr><td>尼日利亚</td><td>1981</td><td></td><td>17.2</td><td>39.8</td><td>25.0</td><td>0.6</td><td>17.4</td></tr>
<tr><td>墨西哥</td><td>1983</td><td>4.1</td><td>30.8</td><td>15.7</td><td>28.8</td><td>6.3</td><td>14.4</td></tr>
<tr><td>巴西</td><td>1983</td><td colspan="2">44.2</td><td>7.2</td><td>19.9</td><td>1.3</td><td>27.4</td></tr>
</table>

12．平均每一护理人员服务人口数

单位：人

地　　区	1965年	1980年	1982年
中　　国	7,720	1,710	—
美　　国	220	140	180
日　　本	380	240	210
德邦联国	500	170	180
英　　国	380	140	120
法　　国	—	120	130
意 大 利	790	—	250
加 拿 大	190	90	120
澳大利亚	110	120	100
苏　　联	280	100	—
捷克斯洛伐克	200	130	140
波　　兰	410	240	—
匈 牙 利	200	150	160
罗马尼亚	630	270	300
保加利亚	410	190	190
南斯拉夫	1,120	280	300
印　　度	9,910	5,460	—
印度尼西亚	5,320	2,300	—
埃　　及	2,000	1,500	1,610
尼日利亚	6,140	3,010	3,000
墨 西 哥	900	—	—
巴　　西	1,500	—	1,200

13. 平均每一医生服务人口数

单位：人

地　　区	1975年	1980年	1984年
中　　国	1,053	855	746
美　　国	610	549	—
日　　本	845	780①	735
联邦德国	500	442	431②
英　　国	677④	626①	—
法　　国	650	580①	480②
意大利	502⑥	346④	—
加拿大	580	550①	—
澳大利亚	656⑤	559	—
苏　　联	303	265	241
民主德国	618	494	462
捷克斯洛伐克	420	363	345②
波　　兰	620	574①	541②
匈牙利	389	347	390②
罗马尼亚	760	678	—
保加利亚	460	407	394②
南斯拉夫	810	679	—
印　　度	3,039	2,545	—
印度尼西亚	16,387	11,681①	—
埃　　及	1,147⑤	815	760②
尼日利亚	17,630	9,591	—
墨西哥	2,736⑧	—	—
巴　　西	1,510⑤	1,139	—

注：①1979年数字。②1982年数字。③1980年数字。④1977年数字。⑤1976年数字。⑥1973年数字。⑦1985年数字。⑧1974年数字。

四、土地利用及其他

1. 土地利用情况

(1984年)　　　　单位：万公顷

地区	耕地面积①	灌溉面积	牧场草地面积	森林面积
世界总计	137,619	21,972	315,134	409,062
其中：发达国家②	65,408	6,203	125,721	182,463
发展中国家	72,211	15,769	189,413	226,599
中国	9,685	4,445	22,434	11,525
美国	18,788	1,983	24,147	26,519
日本	422	325	62	2,520
联邦德国	722	32	461	733
英国	693	15	1,165	226
法国	1,747	116	1,239	1,460
意大利	910	297	493	641
丹麦	262	40	23	49
加拿大	4,650	63	2,380	32,613
澳大利亚	4,794	163	43,845	10,600
苏联	22,770	1,949	37,320	93,200
民主德国	473	17	125	297
捷克斯洛伐克	503	19	166	458
波兰	1,454	10	408	872
匈牙利	504	23	125	165
罗马尼亚	994	261	442	634
保加利亚	381	121	204	386
南斯拉夫	702	16	638	929
印度	16,485	3,970	1,190	6,742
印度尼西亚	1,550	542	1,185	12,180
埃及	231	247		0.2
尼日利亚	2,850	120	2,095	1,520
墨西哥	2,315	510	7,450	4,570
巴西	6,350	220	16,500	56,528
阿根廷	2,585	166	14,280	5,980

注：①按中国的口径计算，不包括可可，橡胶、果树等多年生作物用地。②发达国家包括苏联和东欧国家。

2. 人均粮食产量

单位：公斤

地区	1980年	1982年	1983年	1984年	1985年
世界总计	**403**	**423**	**402**	**432**	**436**
中国	327	352	380	396	365
美国	1,419	1,750	1,088	1,562	1,712
日本	125	131	131	146	144
联邦德国	401	426	395	452	455
英国	376	415	406	502	422
法国	922	923	886	1,091	1,052
意大利	332	333	326	367	335
丹麦	1,414	1,613	1,296	1,922	1,705
加拿大	1,758	2,271	1,969	1,785	1,993
澳大利亚	1,161	947	2,164	1,889	1,726
苏联	765	723	769	625	734
民主德国	689	718	703	795	836
捷克斯洛伐克	745	725	767	842	818
波兰	669	767	801	875	848
匈牙利	1,350	1,376	1,336	1,469	1,438
罗马尼亚	372	1,052	937	1,130	1,099
保加利亚	888	1,126	912	985	819
南斯拉夫	735	810	786	823	721
印度	223	210	251	250	239
印度尼西亚	257	275	286	282	292
埃及	209	192	211	198	209
尼日利亚	213	209	166	176	203
墨西哥	329	340	337	375	393
巴西	455	432	351	419	457
阿根廷	835	1,420	1,421	1,292	1,178

第 六 部 分

全国自然状况和行政区划

一、自然状况

1. 自 然 资 源

项 目	1987年
一、土 地	
国土面积	960万平方公里(约144亿亩)
二、气 候	
年平均降水量	630毫米
年降水总量	60,000亿立方米
国土面积中各类气候所占比重	
1.湿润地区(干燥度小于1.0)	32%
2.半湿润地区(干燥度1.0～1.5)	15%
3半干旱地区(干燥度1.5～2.0)	22%
4.干旱地区(干燥度大于2.0)	31%
三、森 林	
森林面积	11,525万公顷 (17.3亿亩)
森林复盖率	12.0%
林木蓄积量	102.6亿立方米
四、草 原	
草原面积	31,908万公顷 (约47.9亿亩)
其中：可利用面积	22,434万公顷 (约33.7亿亩)
五、水文、水利	
1.河川年径流总量	26,144亿立方米
2.淡水总面积	1,664万公顷 (约2.5亿亩)
其中：可养殖面积	503万公顷 (约0,75亿亩)
其中：已养殖面积	305万公顷 (约0.46亿亩)
3.水力资源蕴藏量	6.76亿千瓦
其中：可开发量	3.79亿千瓦
4.海洋渔场面积	81.8万平方海里 (42亿亩)
5.海水可养殖面积	49.2万公顷(738万亩)
其中：已养殖面积	16.3万公顷(244万田)
6.大陆海岸线长度	18,000多公里
六、矿产资源	
煤保有储量	8,593.9亿吨
铁矿石保有储量	495.7亿吨
磷(矿石)	141.8亿吨
钾盐(氯化钾)	22,435万吨
盐(氯化钠)	1,241.0亿吨

注：1.本表数字除第二、四项外，均未包括台湾省.

2.人口总数中包括现役军人.

3.本表草原、水面、水力资源等数字、大多是前几年的清查数，有待进一步普查和勘测.

2. 土 地 状 况

项 目	面 积	占总面积（%）
总 面 积	**约960万平方公里**	
1. 按地形分类：		
山 地	约320万平方公里	33.3
高 原	约250万平方公里	26.0
盆 地	约180万平方公里	18.8
平 原	约115万平方公里	12.0
丘 陵	约 95万平方公里	9.9
2. 按地高分：		
500米以下	241.7万平方公里	25.2
500—1000米	162.5万平方公里	16.9
1000—2000米	239.9万平方公里	25.0
2000—3000米	67.6万平方公里	7.0
3000米以上	248.3万平方公里	25.9
3. 按特征分类：		
其中：		
耕 地	9,589万公顷	10.0
森 林	11,525万公顷	12.0
淡水总面积	1,664万公顷	1.7
草 原	31,908万公顷	33.2
其中：可利用草原	22,434万公顷	23.4

注：本表数字多为过去清查数，其中耕地面积偏小，有待进一步核查。

3. 主 要 山 脉 基 本 情 况

名 称	山峰高程（米）	雪线高程（米）	冰川面积（平方公里）
阿尔泰山	4,374	3,000—3,200	287
天 山	7,435	3,600—4,400	9,548
祁连山	5,826	4,300—5,240	2,063
帕米尔	7,579		2,258
昆仑山			11,639
喀喇昆仑山	8,611	5,100—5,400	3,265
塘古拉山	6,137		2,082
羌塘高原	6,596		3,566
念青塘古拉山	7,111	4,500—5,700	7,536
横断山	7,556	4,600—5,500	1,456
喜马拉雅山	8,848	4,300—6,200	11,055
冈底斯山	7,095	5,800—6,000	2,188

4. 湖泊面积

湖区	湖水面积（平方公里）	湖水贮量（亿立米）	淡水贮量	占湖泊淡水总贮量（%）
合　计	75,610	7,510	2,150	100.0
青藏高原	36,560	5,460	880	40.9
东部平原	23,430	820	820	38.2
蒙新高原	8,670	760	20	0.9
东北平原	4,340	200	160	7.4
云南高原	1,100	240	240	11.2
其　它	1,501	30	30	1.4

5. 主要河流基本情况

名　称	流域面积（平方公里）	河　长（公里）	年径流量（亿立方米）
长　江	1,808,500	6,300	9793
黄　河	752,443	5,464	560
黑龙江（中国境内）	896,756	3,101	1,192
珠　江	442,585	2,210	3,070
辽　河	228,960	1,390	145
海　河	264,647	1,090	284
淮　河	269,150	1,000	530

6. 河流流域面积

流域名称	流域面积（平方公里）	占外流河、内陆河流域面积合计（%）
外流河内陆河合计	9,559,370	100.00
外流河	6,114,728	63.97
黑龙江及绥芬河	875,342	9.16
辽河、鸭绿江及沿海诸河	345,207	3.61
海滦河	319,029	3.34
黄　河	752,443	7.87
淮河及山东沿海诸河	327,443	3.43
长　江	1,808,500	18.92
浙闽台诸河	241,155	2.52
珠江及沿海诸河	578,141	6.05
元江及澜沧江	240,194	2.51
怒江及滇西诸河	154,756	1.62
雅鲁藏布江及藏南诸河	369,588	3.87
藏西诸河	52,930	0.55
额尔齐斯河	50,000	0.52
内陆河	3,444,642	36.03
内蒙内陆河	309,923	3.24
河西内陆河	517,822	5.42
准噶尔内陆河	322,316	3.37
中亚细亚内陆河	79,516	0.83
塔里木内陆河	1,121,636	11.73
青海内陆河	301,587	3.15
羌塘内陆河	701,489	7.34
松花江、黄河、藏南闭流区	90,353	0.95

注：本表所列面积系水利部门量算初步汇总数，有待进一步核实。

二、全国行政区划

1. 中华人民共和国行政区划

（截至一九八七年十二月三十一日止）

省级		地级		县级		市			市辖区
合计	行政单位	合计	行政单位	合计	行政单位	合计	地级	县级	
30	3 直辖市 22 省 5 自治区	156	117 地区 30 自治州 1 行政区 8 盟	1986	1817 县 110 自治县 51 旗 3 自治旗 3 特区 1 工农区 1 林区	378	170	208	632
北京市				8	8 县				10
天津市				5	5 县				13
河北省		9	9地区	131	127 县 4自治县	18	9	9	36
山西省		6	6地区	96	96 县	10	5	5	17
内蒙古自治区		8	8 盟	72	18 县 51 旗 3自治旗	16	4	12	16
辽宁省				39	34 县 5自治县	19	13	6	55
吉林省		2	1地区 1自治州	33	31 县 2自治县	14	6	8	18
黑龙江省		4	4地区	60	59 县 1自治县	19	10	9	63
上海市				10	10 县				12
江苏省				54	54 县	21	11	10	42
浙江省		2	2地区	58	57 县 1自治县	18	9	9	22
安徽省		7	7地区	65	65 县	16	9	7	35
福建省		3	3地区	59	59 县	11	6	5	17
江西省		5	5地区	77	77 县	12	6	6	17
山东省		5	5地区	86	86 县	25	10	15	33

省级	地级		县级		市			市辖区
行政单位	合计	行政单位	合计	行政单位	合计	地级	县级	
河南省	5	5 地区	111	111 县	18	12	6	40
湖北省	7	6 地区 1 自治州	54	51 县 2自治县 1林区	25	8	17	27
湖南省	7	6 地区 1 自治州	80	74 县 6自治县	24	6	18	24
广东省	4	3 地区 1 行政区	92	82 县 10自治县	18	11	7	27
广西壮族自治区	8	8 地区	77	65 县 12自治县	11	5	6	21
四川省	9	6 地区 3 自治州	174	165 县 8自治县 1工农区	19	11	8	31
贵州省	7	4 地区 3 自治州	75	61 县 11自治县 3特区	8	2	6	6
云南省	15	7 地区 8 自治州	114	86 县 28自治县	11	2	9	4
西藏自治区	6	6 地区	76	76 县	2	1	1	1
陕西省	6	6 地区	89	89 县	8	4	4	14
甘肃省	9	7 地区 2 自治州	67	60 县 7自治县	13	5	8	10
青海省	7	1 地区 6 自治州	37	30 县 7自治县	2	1	1	4
宁夏回族自治区	2	2 地区	16	16 县	4	2	2	6
新疆维吾尔自治区	13	8 地区 5 自治州	71	65 县 6自治县	16	2	14	11
* 台湾省								

* 台湾省的行政区划资料暂缺.

1953年全国人口年龄结构图

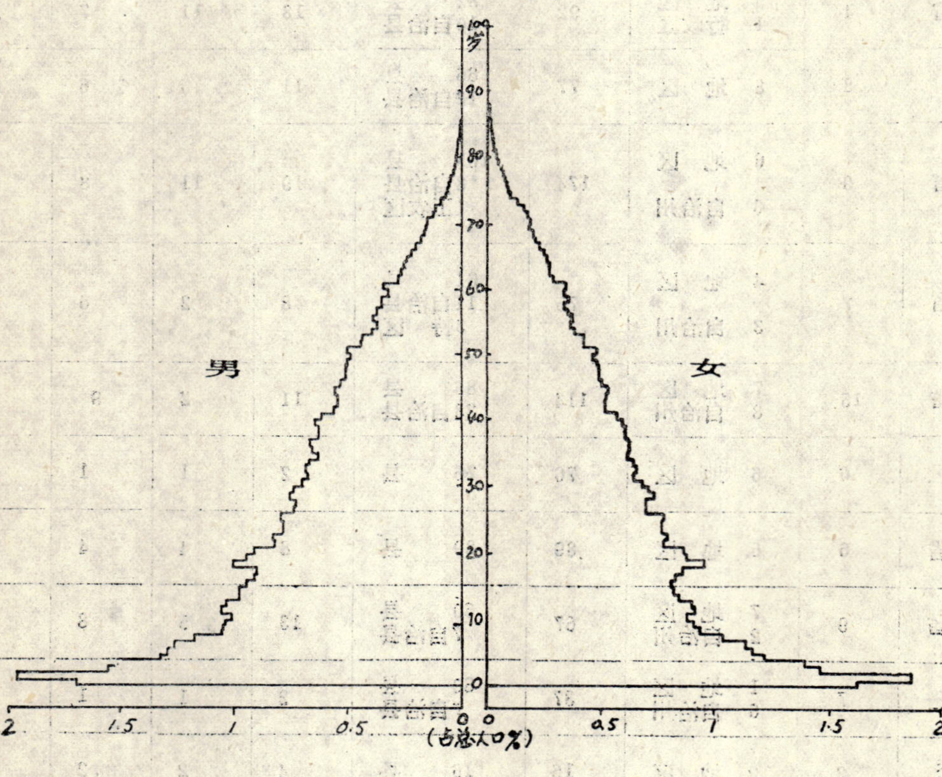

1 9 6 4 年全国人口年龄结构图

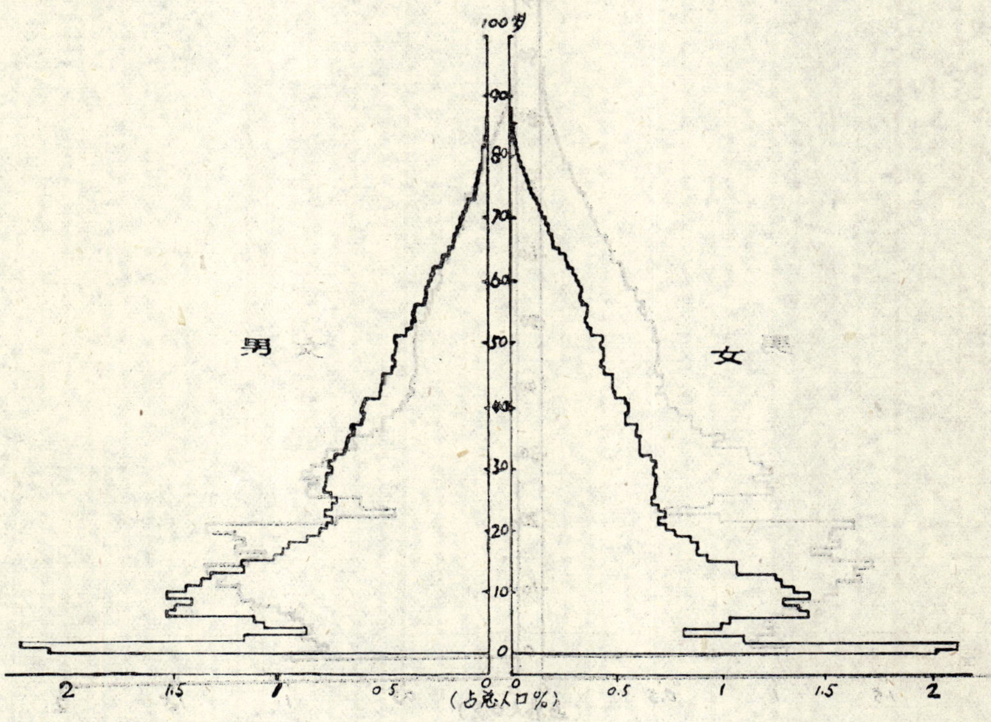

1982年全国人口年龄结构图

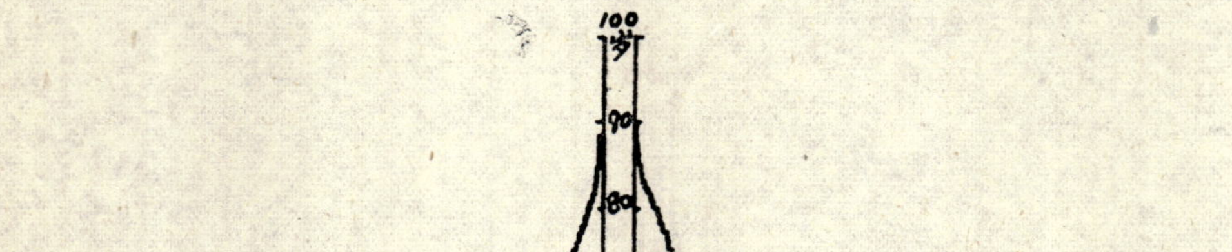

1987年全国人口年龄结构图

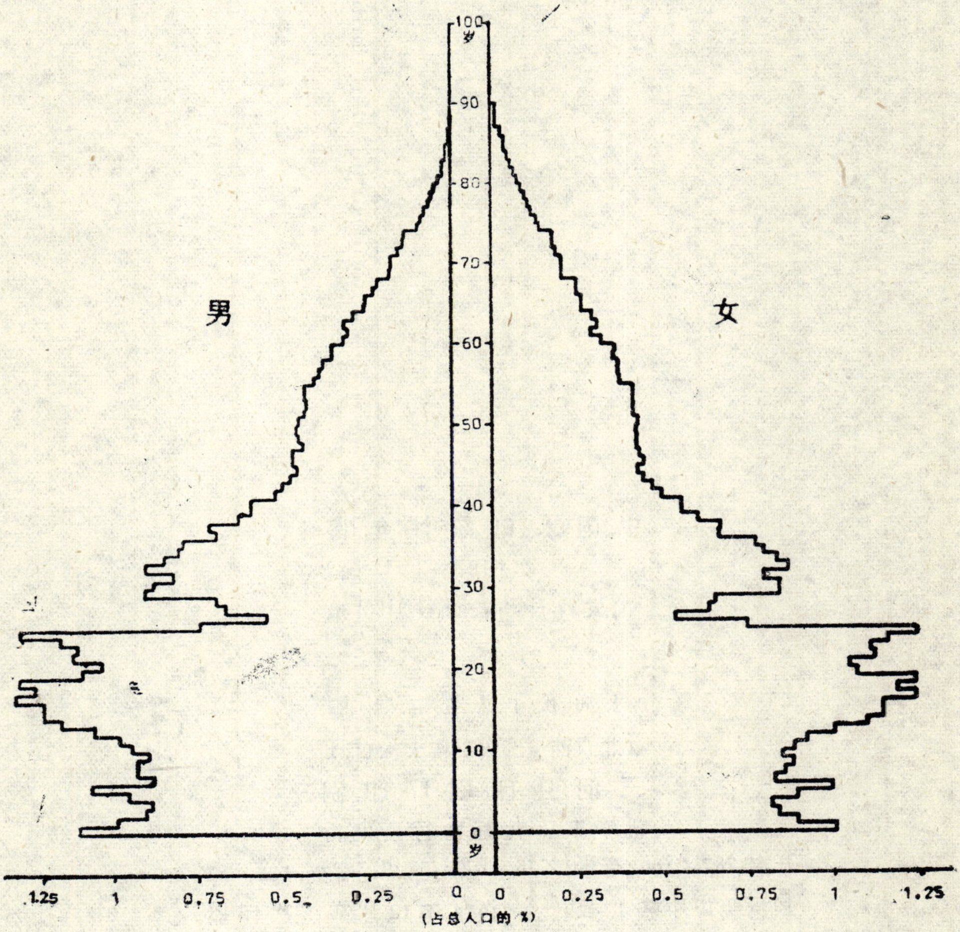

中国人口统计年鉴

1988

国家统计局人口统计司编

＊

中国农业出版社 出版

（北京西城区太平桥大街4号）

三河县印刷厂印刷

新华书店首都发行所发行

开本：787×1092毫米1/16　印张：57.9　字数：1800千字

1988年10月第1版　　1988年10月第1次印刷

印数：1—4,000册

ISBN 7—5050—0405—0/C·24　　定价：27元